Japon

 GUIDES BLEUS

Direction :	Nathalie Pujo
Direction littéraire :	Armelle de Moucheron
Responsable de collection :	Béatrice Hemsen-Vigouroux
Rédaction des introductions :	Patrick Duval (journaliste et écrivain), Nathalie Kouamé (maître de conférences à l'Institut national des langues et civilisations orientales), Guillaume Loiret (journaliste), Emmanuel Lozerand (professeur de langue et de littérature japonaises à l'Institut national des langues et civilisations orientales), Philippe Pons (collaborateur au journal *Le Monde* et auteur), Christine Shimizu (conservateur en chef du Patrimoine), Jean-Luc Toula-Breysse (journaliste et écrivain)
Rédaction générale :	Lionel Crooson, Patrick Duval, Guillaume Loiret ; pour Okinawa, Antonio Guerreiro (ethnologue, chercheur, membre fondateur de l'Institut de recherches sur le Sud-Est asiatique)
Édition :	Joël Ambroggi, Floriane Charron
Avec la collaboration de :	Dimitri Bourrié, Alice Cazelles, Ève Delmas
Lecture-correction :	Anne Baron, Michel Mazoyer, Geneviève Peillon
Cartographie :	Frédéric Clémençon, Aurélie Huot
Fabrication :	Nathalie Lautout, Caroline Le Page
Informatique éditoriale :	Lionel Barth
Mise en pages :	Étienne Hénocq, Raphaël Tardif
Couverture :	Susan Pak Poy (réalisation), François Supiot (conception)
Crédit photographique :	en fin d'ouvrage

Nous remercions particulièrement l'Office national du tourisme japonais (JNTO) pour sa précieuse collaboration.

Conformément à une jurisprudence constante (Toulouse, 14.01.1987), les erreurs ou omissions involontaires qui auraient pu subsister dans ce guide, malgré nos soins et les contrôles de l'équipe de rédaction, ne sauraient engager la responsabilité de l'Éditeur.

Régie exclusive de publicité : Hachette Livre ; contact : Valérie Habert ☎ 01 43 92 32 52.
Le contenu des annonces publicitaires insérées dans ce guide n'engage en rien la responsabilité de l'Éditeur.

© **HACHETTE LIVRE** (Hachette Tourisme), 2010
43, quai de Grenelle, 75015 Paris ; www.hachette.com

Tous droits de traduction, de reproduction et d'adaptation réservés pour tous pays.

À nos lecteurs

Ne manquez pas de nous faire part de vos remarques, par courrier (Hachette Tourisme – Guides Bleus Monde, 43, quai de Grenelle, 75905 Paris Cedex 15) ou par e-mail (bleus@hachette-livre.fr). Informez-nous aussi de vos découvertes personnelles : nous accordons la plus grande attention au courrier de nos lecteurs.

Sommaire

Découvrir

Les régions du guide	9
Le Japon à la carte	12
Propositions d'itinéraires	16

Partir

Adresses utiles	21
Quand partir	21
Se documenter	22
Formalités	23
À emporter	24
Le voyage par avion	24
Le voyage en train	25
Le voyage organisé	26

Séjourner

Se loger	29
Se restaurer	31
Se déplacer	34
Vivre au quotidien	37

Classification des sites, monuments, musées…

★★★	Exceptionnel
★★	Très intéressant
★	Intéressant

Autres symboles et abréviations

→	Voir, se reporter à
▶	Début de détour
◀	Fin de détour
♥	Adresse « coup de cœur » de la rédaction
❶, OT	information touristique
Bldg	building
DAB	distributeur automatique de billets
ét.	étage
h. pl.	hors plan
JR	Japan Railways
r.	dates de règne
slt	seulement

Comprendre

La nature et les hommes	49
Le Japon aujourd'hui	56
Histoire du Japon	76
Religions et spiritualités	98
L'art japonais	107
La langue et son écriture	122
La littérature	129
Au pays des mangas	136
Le cinéma	141
Les arts de la scène	147
La gastronomie	153

Visiter

Tôkyô et le Kantô — 161

Présentation	161
Tôkyô	165
Hakone	244
Kamakura	250
Nikkô	258
Yokohama	263

Le Chûbu — 269

Présentation	269
Le mont Fuji	274
Gifu	278
Le château d'Inuyama	279
Le musée Meiji Mura	280
Gujô Hachiman	281
La péninsule d'Izu	282
Atami	282
Shimoda	283
Shuzenji	286
Kanazawa	287
La péninsule de Noto	292
Matsumoto et les Alpes japonaises	294
Matsumoto	294
Les Alpes japonaises	296
La vallée Kisoji	297

Nagano	299
Togakushi	300
Obuse	301
Jigokudani Yaen kôen	301
Bessho Onsen	302
Karuizawa	303
L'île de Sado	304
Nagoya	305
Takayama	312
Shirakawa-gô	316

Le Kansai   317

Présentation	317
Le sanctuaire Ise-jingû	321
La péninsule de Shima	325
Kôbe	327
Le château Himeji-jô	331
Le mont Kôya	333
Kumano	338
Kii-Tanabe	340
Shirahama	340
Kii-Katsuura	340
Kawayu Onsen	341
Yunomine Onsen	342
Kyôto	343
Le Saihô-ji	391
La villa Ôyamazaki-Asahi Beer	392
Le mont Hiei	392
Le Byôdô-in	393
Ôhara	393
Le musée Miho	394
Nara	395
Asuka	402
Le monastère de Hase	403
Yoshino	403
Ôsaka	407

Le Chûgoku   413

Présentation	413
Hagi	420
Yamaguchi	425
Hiroshima	427
Miyajima	432
Iwakuni	433
Kurashiki	435
Okayama	438
Le château Matsuyama-jô	439
Fukiya	439
Matsue et Izumo	440
Matsue	441
Izumo	444
Onomichi	446
Tsuwano	449

Le Tôhoku   455

Présentation	455
Aizu Wakamatsu	459
Kitakata	461
Les lacs de Bandai	462
Aomori	463
La péninsule de Shimokita	465
Sendai	469
Shiogama	472
Matsushima	473
Kinka-san	474
Entre Sendai et Aomori	475
Hiraizumi	475
Morioka	477
Kakunodate	480
Le parc national Towada-Hachimantai	482
Hirosaki	483

Hokkaidô   485

Présentation	485
Daisetsuzan et Akan	490
Le parc national de Daisetsuzan	491
Le parc national d'Akan	492
Hakodate	495
Yunokawa Onsen	499
Matsumae	499
Sapporo	502
Jôzankei Onsen	506
Otaru	506
Noboribetsu	507
Le lac Tôya-ko	507
La péninsule de Shiretoko	508
Abashiri	509
Le parc national de Shiretoko	511
Wakkanai	514
L'île Rishiri-tô	516
L'île Rebun-tô	516

Shikoku	**517**

Présentation	517
La côte ouest	522
Uwajima	522
Ôzu	523
Uchiko	524
Matsuyama	524
Imabari	528
Kôchi	530
Katsurahama	532
La grotte de Ryûga-dô	532
Nakamura et la rivière Shimanto	533
Takamatsu	534
Yashima	536
Le musée Isamu Noguchi	537
Kotohira	537
L'île Megi jima	539
L'île Shôdo shima	539
L'île Nao shima	542
Tokushima	543
Naruto	545
La vallée de l'Iya	545

Le Kyûshû	**547**

Présentation	547
Beppu	551
Yufuin	553
Les 60 bouddhas d'Usuki	553
La péninsule de Kunisaki	554
Le sanctuaire Usa-jingû	554
Fukuoka	556
Dazaifu	562
Yanagawa	563
Entre Fukuoka et Nagasaki	564
Le triangle des potiers	564
Hirado	566
Kagoshima	568
La péninsule de Satsuma	573
L'île Yaku shima	574
Kumamoto et le mont Aso	575
La région d'Aso	580
Miyazaki	582
Aoshima	584
Le sanctuaire Udo-jingû	585
Le parc national Kirishima	585
Nagasaki	586
La péninsule de Shimabara	592
Les îles Ryûkyû et Okinawa	594

En savoir plus

Petit dictionnaire	601
Lexique	605
Bibliographie	613
Index thématique des encadrés	619
Index général	623

Thémas
Pour aller plus loin, des sujets traités de façon approfondie en 1 à 5 pages abondamment illustrées

■ Le kimono traditionnel	42-43
■ Femmes du Japon	68-69
■ Sur la route de Tôkaidô	90-91
■ À l'école de l'Occident	116-117
■ Le sumo	182-183
■ L'empereur, symbole de la nation	190-191
■ La pop culture	218-219
■ Les images bouddhiques	256-257
■ La maison traditionnelle	284-285
■ Les dames de la cour de Heian	354-355
■ Les jardins	374-375
■ Le mystère des temples de bois	404-405
■ Le thermalisme comme art de vivre	418-419
■ La Voie des Fleurs	451
■ Les sanctuaires shintoïstes	466-467
■ Les indigènes du Japon	500-501
■ Le pèlerinage des 88 temples	529
■ Les arts martiaux	540-541
■ Une terre volcanique	576-577
■ Les îles Ryûkyû et Okinawa	594-598

Cartes et plans

Que voir au Japon
  en début d'ouvrage (garde avant)

Tôkyô : plan d'ensemble
  en fin d'ouvrage (garde arrière)

■ Tôkyô et le Kantô
Que voir dans le Kantô　　　　　　　　162

Tôkyô :
— le réseau ferré　　　　　　　　168-169
— plan I : le quartier d'Asakusa　　　177
— plan II : le quartier de Ryôgoku　　179
— plan III : Ueno　　　　　　　　　185
— plan IV : quartiers du Palais
  impérial et de Nihonbashi　　196-197
— plan V : les quartiers
  de Tsukiji et de Ginza　　　　　　203
— plan VI : le quartier de Shinjuku　210-211
— plan VII : le quartier de Harajuku
　　　　　　　　　　　　　　222-223
— plan VIII : le quartier de Roppongi　228
— plan IX : le quartier
  d'Ikebukuro　　　　　　　　234-235
— plan X : le quartier d'Ebisu　　　　238

Le parc de Hakone　　　　　　246-247
Kamakura　　　　　　　　　252-253
Nikkô　　　　　　　　　　　260-261
Yokohama　　　　　　　　　264-265

■ Le Chûbu
Que voir dans le Chûbu　　　　270-271
Le mont Fuji et les cinqs lacs　　　275
Kanazawa　　　　　　　　　　289
Nagoya　　　　　　　　　306-307
Takayama　　　　　　　　　　313

■ Le Kansai
Que voir dans le Kansai　　　　　319
Ise : plan du sanctuaire intérieur Naikû　323

Le mont Kôya　　　　　　　336-337
Kumano, au sud
  de la péninsule de Kii　　　　　339
Kyôto :
— plan I : plan d'ensemble　　346-347
— plan II : le quartier de la gare　358-359
— plan III : les quartiers est　　　370

Nara　　　　　　　　　　396-397
Ôsaka　　　　　　　　　　　409

■ Le Chûgoku
Que voir dans le Chûgoku　　414-415
Hagi　　　　　　　　　　422-423
Hiroshima　　　　　　　　428-429
Matsue　　　　　　　　　　　442
Tsuwano　　　　　　　　　　450

■ Le Tôhoku
Que voir dans le Tôhoku　　　　456
Sendai　　　　　　　　　　　471
Morioka　　　　　　　　478-479

■ Hokkaidô
Que voir à Hokkaidô　　　　486-487
Hakodate　　　　　　　　　　497
Sapporo　　　　　　　　　　503

■ Shikoku
Que voir à Shikoku　　　　　518-519
Matsuyama　　　　　　　　526-527

■ Le Kyûshû
Que voir dans le Kyûshû　　　　548
Fukuoka　　　　　　　　558-559
Kagoshima　　　　　　　570-571
Nagasaki　　　　　　　　　　587

Les îles Ryûkyû et Okinawa
L'archipel des Ryûkyû　　　　　594
Okinawa　　　　　　　　　　597

découvrir

partir

séjourner

comprendre

visiter

en savoir plus

Une présentation rapide
des richesses touristiques
du pays

Les régions du guide	9
Que voir	12
Propositions de circuits	16

Découvrir

Lorsque les Japonais évoquent leur pays, ils utilisent le plus souvent le mot *wa*, « harmonie ». Et de fait, ce pays aux contrastes si violents, à l'histoire si mouvementée, est peut-être, dans le monde, celui qui dégage la plus forte impression de sérénité et, précisément, d'harmonie. Que l'on observe un moine zen ratissant le sable de son jardin ou un *sushiman* déposant une lamelle de thon sur une boulette de riz, c'est la même perfection dans le geste qui frappe le visiteur et le rassure tout à la fois. Le Japon est resté fermé au monde durant plus de 250 ans, passant directement, à la fin du XIXe s., du féodalisme à la modernité. D'où sans doute ce mélange unique de traditions millénaires et de haute technologie. Il n'est pas rare de passer, dans la même journée, d'une maison à toit de chaume à une tour en verre de 50 étages, d'une cérémonie shintoïste à un concert néopunk, d'un défilé en costume d'Edo à une usine entièrement robotisée… Pour les richesses naturelles, l'archipel offre une grande diversité, des épaisses forêts du « Pays de neige », au nord, aux récifs coralliens d'Okinawa (à l'extrême sud), en passant par les paysages volcaniques de Kyûshû ou la côte déchiquetée de la mer du Japon.

Les régions du guide

■ Tôkyô et le Kantô   *p. 159*

La capitale a beau héberger la plus grande concentration humaine du monde, devant New York, Mexico ou Shanghai, elle n'en reste pas moins une ville fascinante à visiter, pour sa démesure mais aussi pour ses milliers de recoins cachés : petits bars, ruelles commerçantes, temples, sanctuaires, jardins zen… Ceux qui aiment la mode iront flâner du côté de **Shibuya★★★** et **Omotesandô dôri★★**. Les vêtements les plus invraisemblables y sont exposés dans des bâtiments démentiels signés des plus grands noms de l'architecture mondiale. N'hésitez pas à sortir de la ville : un simple métro vous conduira à **Yokohama★**, dont la ville chinoise fleure bon les *dim sun* et l'encens, ou à **Kamakura★★★** dont le Grand Bouddha défie les siècles. Pas question, enfin, de manquer **Nikkô★★** et son **Tôshô-gû★★★**, magnifique ensemble de temples construits par les Tokugawa au début du XVIIe s.

◀ Le fameux pavillon d'Or de Kyôto.

■ Le Chûbu   p. 269

À mi-chemin entre le Kantô et le Kansai, la région a connu un brusque essor après les Jeux olympiques d'hiver de 1998 qui se sont déroulés à **Nagano★**. Cette région de hautes montagnes, idéale pour le ski l'hiver et la randonnée l'été, recèle cependant bien d'autres attraits comme ses sources chaudes *(onsen)*, dont certaines sont jalousement occupées par des singes, ou encore ses authentiques villages paysans comme **Shirakawa-gô★★★** dont les maisons à toit de chaume sont classées au patrimoine de l'Unesco. Non loin de là, la petite ville de **Takayama★★★**, avec sa rivière et ses maisons traditionnelles, n'est pas sans évoquer Kyôto, en plus intime. Les amateurs d'histoire se régaleront des **châteaux** de Matsumoto★★★ et Inuyama★★★, qui comptent parmi les mieux conservés, et ceux qui apprécient les jardins ne manqueront pas de pousser jusqu'à **Kanazawa★★★**, au nord, dont le **Kenroku-en★★★** est l'un des trois plus beaux du pays. Dans le sud du Chûbu se trouvent le célèbre **mont Fuji★★★** et la péninsule d'**Izu★★**, charmant chapelet de villages de pêcheurs, où nombre de Tokyoïtes possèdent leur résidence secondaire.

■ Le Kansai   p. 317

Il a fallu des circonstances exceptionnelles pour que **Kyôto★★★**, capitale impériale pendant près de 11 siècles, cède sa place à Tôkyô à la fin du XIXe s. Avec ses 2 000 temples et sanctuaires (dont le fameux **pavillon d'Or★★★**), ses dizaines de jardins zen et ses quartiers de geishas, elle reste la plus visitée de l'archipel. C'est là que survit le « vrai » Japon, celui des *ryôtei* (restaurants traditionnels) et des *ryokan* (auberges à la japonaise) où l'on peut expérimenter le petit déjeuner à base de poisson et le couchage sur tatamis. Les autres villes du Kansai, Ôsaka mise à part, participent du même attachement au passé et à la tradition, à commencer par **Nara★★★**, première capitale du pays, dont certains temples figurent parmi les plus vieux bâtiments en bois du monde. Destination prisée par les voyageurs en quête de spiritualité : le **mont Kôya★★★**, entièrement dédié au bouddhisme Shingon et qui compte quelque 110 temples. Ce n'est pas à **Ôsaka★★**, en revanche, véritable fourmilière électrique, qu'il faut rechercher la sérénité : prise comme cadre par le cinéaste Ridley Scott pour ses films *Blade Runner* et *Black Rain*, elle semble dépasser Tôkyô dans sa course vers le futur.

■ Le Chûgoku   p. 413

Facilement accessible en train (les Shinkansen qui relient Tôkyô à Ôsaka poursuivent vers Okayama et Hiroshima), le sud de la région en est la partie la plus industrialisée. On s'arrêtera cependant quelques heures à **Kurashiki★★★**, pour visiter les anciens entrepôts à riz *(kura)* qui bordent le canal, ainsi qu'à **Iwakuni★★★**, qui a su conserver intact son ancien quartier des samouraïs. Entièrement reconstruite après la guerre, **Hiroshima★★★** est redevenue une ville « presque » normale malgré la terrifiante présence, en son centre, du dôme calciné par la bombe atomique et son immense **parc de la Paix★★★** dédié aux victimes. À quelques kilomètres se

◄ Exemple abouti d'une restitution à l'identique : le château Matsuyama-jô, dans le Chûgoku.

trouve le célèbre sanctuaire d'**Itsukushima★★★**, à Miyajima, dont le portique émergeant des eaux est devenu l'une des « cartes postales » du Japon. Les préfectures de **Shimane** et **Tottori**, au nord de Chûgoku, sont moins faciles d'accès mais aussi plus sauvages et plus authentiques. La ville de **Matsue★★★** et le sanctuaire d'**Izumo★★★**, tous deux situés au bord du **lac Shinji**, forment le cœur de ce Japon immuable qui avait tant séduit, au XIXe s., l'écrivain Lafcadio Hearn.

■ Le Tôhoku *p. 455*
Situé au nord de Honshû, c'est une région de montagnes, qui s'ouvre à la fois sur l'océan Pacifique, à l'est, et la mer du Japon, à l'ouest. La côte occidentale, avec ses grands lacs et son littoral escarpé, se visite surtout l'été car l'hiver, elle se transforme en « Pays de neige » *(Yuki guni)*, celui-là même que décrit Kawabata Yasunari dans son ouvrage du même nom. La partie orientale, en revanche, jouit d'un climat plus favorable et l'on peut, toute l'année, admirer la baie de Matsushima, considérée comme l'un des plus beaux paysages du Japon avec ses dizaines d'îlots plantés de pins. On retrouve ces étranges paysages composés de falaises torturées dans la préfecture d'**Aomori★★**, au nord, à quelques encablures de Hokkaidô. Mais si les touristes se pressent ici nombreux, au printemps, c'est surtout pour admirer la floraison des 5 000 cerisiers de **Hirosaki★★**, jolie ville féodale dominée par un magnifique château. Si l'histoire de la région vous intéresse, ne manquez pas de visiter la petite ville de **Hiraizumi★★★** au passé grandiose, mais victime de tant d'incendies qu'elle disparut presque complètement.

■ Hokkaidô *p. 485*
Composée à 70 % de forêts, l'île la plus au nord est également la moins peuplée : à peine 5 % de la population y réside. On y trouve les plaines les plus vastes du pays et les paysages les plus verts. **Sapporo★**, capitale administrative, constitue un bon point de départ pour visiter les parcs nationaux de l'île, qui comptent parmi les plus beaux du pays : celui d'**Akan★★**, à l'est, offre déjà de très belles possibilités d'excursions, tout comme celui de **Daisetsuzan★**, au centre, dont les sources chaudes attirent toute l'année des milliers de touristes. Mais si vous ne deviez en visiter qu'un seul, il faudrait sans hésiter choisir **Shiretoko★★★**, « le lieu où finit la terre », au nord-est de l'île. Ce site, classé au patrimoine mondial de l'Unesco, s'étend autour de cinq lacs aux eaux cristallines et abrite des dizaines d'espèces protégées. Enfin, pour une vraie sensation de « bout du monde », vous monterez jusqu'à **Wakkanai★★**, la ville la plus septentrionale du pays, où vous découvrirez une culture à mi-chemin entre Russie et Japon. Les îles **Rishiri-tô★★** et **Rebun-tô★★★**, toutes proches, disposent d'un patrimoine naturel exceptionnel.

■ Shikoku *p. 517*
Injustement maintenue à l'écart des circuits touristiques classiques, la plus petite des quatre grandes îles japonaises est surtout connue pour son pèlerinage des 88 temples que chaque Japonais se doit d'avoir accompli au moins une fois dans sa vie. Il est possible, en une ou deux semaines, de visiter les principaux sites de Shikoku, qui vous révéleront un Japon rural et plus humain que celui de Tôkyô ou d'Ôsaka. Les paysages sont, avec sa gastronomie, l'atout le plus important de l'île. Nulle part ailleurs on ne trouve des gorges aussi impressionnantes que celles de la **vallée de l'Iya★★★**, et la magnifique **rivière Shimanto★★**, qui serpente paresseusement au milieu des rizières et qu'aucun barrage ne défigure, ravira les amateurs de pêche et de randonnée. Créé par l'homme au pied d'une montagne, le **parc Ritsurin★★★** à **Takamatsu★★**, est un très bel exemple de « paysage emprunté ». Mais Shikoku réserve d'autres belles surprises comme l'île-musée de **Nao shima★★★**, dans la mer Intérieure, ou le sanctuaire **Konpira★★★**, l'un des plus célèbres du Japon.

Okinawa

L'arc des Ryûkyû, couramment appelé Okinawa (du nom de l'île principale), est un chapelet de 140 îles et îlots situé à l'extrême sud de l'archipel nippon. Il est, de ce fait, plus proche de Taïwan que du Kyûshû et son climat (20 à 23 °C toute l'année) en fait une destination touristique très appréciée l'hiver. Destination balnéaire très prisée des Japonais, Okinawa est, du fait de ses eaux bleu turquoise et de ses longues plages de sable blanc, le paradis des plagistes, surfers ou plongeurs sous-marins. → *théma p. 594-598*.

Sur le rabat arrière de la couverture, un Tableau chronologique indique les périodes de l'histoire japonaise. En fin de volume, le Petit dictionnaire répertorie le vocabulaire spécifique.

■ Le Kyûshû *p. 547*

Troisième plus grande île japonaise après Honshû et Hokkaidô, le Kyûshû vous séduira d'abord par la gentillesse et la simplicité de ses habitants que le *shôchû*, alcool local à base de pomme de terre, et le climat méridional rendent particulièrement accueillants. On appréciera surtout la grande variété des paysages : la végétation luxuriante des parcs naturels de l'île **Hirado**★★★ ou de la péninsule de **Satsuma**★★★, ou la beauté presque lunaire du **mont Aso**★★★, un massif composé de cinq sommets volcaniques encadrant la plus grande caldeira du monde. Les volcans, certains sont toujours en activité, ont donné naissance à des dizaines de sources chaudes comme celles de **Beppu**, qui attirent chaque année près de 20 millions de visiteurs. À ne pas manquer non plus : **Kumamoto**★★★ et son **château**★★, **Nagasaki**★★★ et ses **maisons occidentales**★★, miraculeusement épargnées par la bombe atomique, ou enfin **Kagoshima**★★★, à la pointe sud, surnommée la « Naples de l'Orient ».

Le Japon à la carte

■ Les lieux symboliques du Japon

Symbole du Japon éternel, le **mont Fuji**★★★ *(p. 274)* est sans doute la première image qui vient à l'esprit. Situé à une centaine de kilomètres de la capitale, on peut l'escalader l'été mais on se contente, la plupart du temps, de l'apercevoir de loin, par exemple depuis le sommet de la **mairie de Tôkyô**★★★ *(p. 212)* qui symbolise, elle, le Japon moderne.

Le *torii*, portique qui marque l'entrée des sanctuaires, est au shintoïsme ce que la croix est au christianisme. Trois *torii* sont particulièrement célèbres : celui de **Miyajima**★★★ *(p. 433)* construit en pleine mer, celui de **Kyôto**★★ *(p. 376)*, élevé en 1929, impressionnant par sa taille (24,2 m) et sa couleur rouge vermillon et, enfin, celui du **sanctuaire Yasukuni-jinja**★★ *(p. 200)*, à Tôkyô, élevé avec des cyprès vieux de 1 700 ans. Objet de polémiques avec la Chine car il abrite les cendres de criminels de guerre, le bâtiment n'a rien d'extraordinaire et on lui préférera le **sanctuaire Ise-jingû**★★★ *(p. 321)*, reconstruit tous les 20 ans avec les mêmes techniques et le même bois depuis le IIIe s.

Est-ce à cause du roman de Mishima ? Le **pavillon d'Or**★★★ *(p. 378)*, à Kyôto, est probablement le temple le plus visité de l'archipel. Incendié par un moine à la fin des années 1950, il a été reconstruit à l'identique presque aussitôt. Son alter ego, le **pavillon d'Argent★★★** *(p. 369)*, situé au nord de la ville, a aussi ses adeptes, même s'il n'a d'argent que le nom. C'est enfin également à Kyôto que se trouve le plus célèbre (et probablement le plus parfait) des jardins zen du pays, au **temple Ryôan-ji★★★** *(p. 378)*.

■ Temples et sanctuaires

99 % des Japonais partagent leur pratique religieuse entre temples bouddhiques et sanctuaires shintoïstes. C'est à Kyôto et Nara, deux anciennes capitales, que se concentrent les plus beaux édifices religieux du pays, ces deux villes ayant été épargnées par les bombardements de la Seconde Guerre mondiale. Parmi les plus visités : les **pavillons d'Or★★★** *(p. 378)* et **d'Argent★★★** *(p. 369)* mais aussi le **Daitoku-ji★★★** *(p. 377)* et le **temple Kiyomizu★★★** *(p. 380)*. Non loin de là, le **mont Kôya★★★** *(p. 333)* est le siège de la secte bouddhiste Shingon, fondée par Kûkai en 816. On peut suivre les traces de ce maître sur l'île de Shikoku en réalisant, à pied ou en voiture, le « pèlerinage des 88 temples ».
Si vous êtes davantage attiré par le zen, c'est à **Kamakura★★★** *(p. 250)* que le moine Eisai fonda, au XIIe s., les premiers temples de cette branche du bouddhisme. Haut lieu du shintoïsme, **Nikkô★★★** *(p. 258)* possède l'un des plus beaux sanctuaires du pays : le **Tôshô-gû★★** *(p. 186)*, érigé dans un style richement décoré qui rappelle l'architecture chinoise.

■ Les jardins

Imitateurs des Chinois, les Japonais sont vite passés maîtres dans l'art des jardins, développant, à partir du XVIe s., leur propre style. Quelque 700 jardins, appartenant à des temples, des sanctuaires, des villes ou même à des particuliers, sont ouverts au public. Chaque année est publié un « Top 25 » qui varie assez peu. Le n° 1 est, depuis plusieurs années, celui du **musée d'Art d'Adachi★★★** *(p. 444 ; → photo p. 618)*, immédiatement suivi par celui de la villa **Katsura★★★** *(p. 390)* à Kyôto. Cette ville arrive d'ailleurs largement en tête, puisqu'elle apparaît neuf fois dans la liste avec des merveilles comme la **villa Murin-an** *(p. 373)*, le **Sanjûsangen-dô** *(p. 361* ; méconnu mais effectivement d'une beauté à couper le souffle). C'est également à Kyôto que vous pourrez admirer les plus beaux jardins zen (dits jardins « secs ») que cette liste ne prend pas en compte. Le plus célèbre est le **jardin sec du Ryôan-ji★★★** *(p. 378)* avec ses 15 rochers qu'on ne peut embrasser d'un même regard. Parmi les jardins « nationaux » sont généralement considérés comme les deux plus beaux le **Kenroku-en★★★** *(p. 290)* à Kanazawa (dans le Chûbu) et le **Kôraku-en★★★** *(p. 438)* à Okayama. On peut y ajouter le **parc Ritsurin★★★** *(p. 535)*, à Takamatsu (Shikoku) qui est aussi l'un des plus étendus du pays.

■ L'architecture moderne

C'est naturellement à Tôkyô que se concentrent les expériences architecturales les plus audacieuses. Un quartier en particulier, **Omotesandô dori★★** *(p. 224)*, est devenu, ces dernières années, un véritable laboratoire pour les plus grands architectes de la planète. Les grandes enseignes de la mode et du luxe rivalisent ici d'originalité en faisant bâtir des immeubles dont les formes semblent défier les lois de la gravité. Un architecte japonais, Tange Kenzô, a profondément marqué la ville de son empreinte en construisant un **hôtel de ville★★★** *(p. 212)* qui évoque une cathédrale du futur puis, quelques années plus tard, le siège de la **Fuji TV★★★** *(p. 208)*, dans la baie de Tôkyô, un Meccano géant abritant une boule aux reflets multicolores. Autre « star » nipponne de l'architecture, l'autodidacte Andô Tadao. Ancien boxeur, il a construit de nombreux musées aux lignes très pures dans plusieurs villes de province, notamment sur l'île **Nao shima★★★** *(p. 542)*, en face de Shikoku. Parmi ses réalisations les plus récentes, la **galerie** commerciale **Omotesandô Hills★★** *(p. 225)* à Tôkyô. Objet de controverse lors de sa construction en 1997, la provocante **gare de Kyôto★★** *(p. 357)*, signée Hara Hiroshi, fait désormais partie des « monuments » les plus visités de la ville.

■ L'habitat traditionnel

Tremblements de terre, incendies, bombardements de la Seconde Guerre mondiale et, pour finir, l'urbanisation galopante ont peu à peu fait disparaître la quasi-totalité des habitations traditionnelles du pays. Seuls quelques villages reculés de Kyûshû, Hokkaidô ou Shikoku possèdent encore quelques fermes authentiques. Des associations se préoccupent de restaurer des maisons à toit de chaume dans la **vallée de l'Iya★★★** *(p. 545)* ou des *machiya* (maisons hébergeant plusieurs familles d'artisans) à Kyôto. Classé au patrimoine de l'Unesco, le village-musée **Shirakawa-gô★★★** *(p. 316)* conserve une bonne centaine de *gasshô zukuri* (chaumières conçues pour résister aux hivers les plus rigoureux), que l'on peut visiter. Tout près de Tôkyô, le **Musée architectural en plein air d'Edo-Tôkyô★★** *(p. 243)* regroupe 35 maisons construites entre le début de l'ère Meiji et les années 1960. Le **Nihon Minka-en★★★** (Parc des maisons populaires japonaises ; *p. 243*) regroupe en village 25 demeures plus anciennes provenant de différentes régions du Japon, démontées et remontées ici pièce par pièce. C'est sur le même principe qu'a été conçu le **Shikoku mura★★** *(p. 536)*, à Takamatsu, où sont rassemblées une vingtaine d'habitations représentatives des quatre préfectures de l'île.

■ Les musées

Le Japon est probablement l'un des pays au monde possédant le plus de musées. Outre les classiques musées d'art et d'artisanat, ceux consacrés à l'histoire, à l'archéologie ou aux cultures régionales, on trouve, surtout à Tôkyô, des centaines de musées thématiques : poupées, sacs à main, nouilles, tabac, héros de cinéma… À cela, il faut ajouter les temples ou les sanctuaires qui exposent des œuvres religieuses (sculptures, peintures, objets de culte) parfois classés Trésors nationaux (c'est le cas, par exemple, du **Sanjûsangen-dô★★★** à Kyôto ; *p. 361*).
On ne compte qu'une douzaine de musées nationaux pour tout le Japon. Les deux plus importants sont le **Musée national de Tôkyô★★★** *(p. 188)*, qui couvre l'ensemble de l'histoire japonaise et possède de belles pièces venues de Chine et de Corée, et celui de **Kyôto★★★** *(p. 362)*, réputé pour ses sculptures d'époques Nara, Heian et Kamakura. Si vous appréciez les estampes, voyez les magnifiques collections du **musée Ôta kinen★★** *(p. 224)*, à Tôkyô, et du **musée des Estampes japonaises★★** *(p. 296)* à Matsumoto.

■ La floraison des cerisiers et le rougeoiement des érables

Bien qu'on puisse visiter le Japon toute l'année, le printemps et l'automne sont particulièrement recommandés. Aux alentours du 10 avril, la floraison des cerisiers est à son apogée, un phénomène passionnément suivi par la population qui, 10 jours durant, se presse dans les parcs pour le *ohanami* (littéralement : « regarder les fleurs »). À l'heure du déjeuner, qu'on soit lycéen, vendeur ou chef de section dans une usine, on se retrouve pour pique-niquer sous les arbres. Le soir, on dîne à la lueur des lampions en éclusant force gorgeons de saké. Le **parc d'Ueno★★** *(p. 184)* à Tôkyô et le **parc Maruyama★★★** *(p. 382)* à Kyôto sont les plus courus pour faire la fête, mais la **promenade de la philosophie★★★** *(p. 369)* et les bords de la **rivière Kamo** *(p. 366)*, à Kyôto, sont réputés pour la beauté de leurs cerisiers.
Vers la mi-novembre, c'est au tour des érables d'enflammer la forêt. Il y en a presque partout et les Japonais organisent des week-ends *momijigan* (« voir les érables ») pour aller les admirer. Parmi les sites les plus fameux figurent

Nikkô*** *(p. 258)*, Hakone*** *(p. 244)* ou le temple Saihô-ji*** *(p. 391)*, à Kyôto, également célèbre pour ses mousses.

■ Le Japon féodal

L'époque féodale, au Japon, commence au XIIe s. avec l'ère Kamakura et se termine en 1867-1868 avec la restauration impériale. Construits entre 1425 et 1650, la plupart des châteaux ont été détruits par des incendies ou des séismes. Ceux qui avaient résisté aux catastrophes naturelles ont été rasés, à la fin du shogunat, comme symboles de l'ancien régime. Enfin, les bombardements de la Seconde Guerre mondiale endommageront sérieusement les rares forteresses encore debout. Presque toutes celles qu'on peut admirer aujourd'hui ont été reconstruites dans les années 1950 avec des matériaux modernes. C'est notamment le cas des **châteaux** d'**Ôsaka**** *(p. 411)*, de **Kumamoto**** *(p. 578)* ou de **Nagoya*** *(p. 309)*. Une dizaine ont miraculeusement survécu, dont le plus célèbre est **Himeji-jô**** *(p. 331)*, au nord de Kyôto. Celui d'**Inuyama**** *(p. 279)*, l'un des plus anciens (1425), est lui aussi parfaitement conservé. L'un des plus impressionnants est assurément celui de **Matsumoto**** *(p. 294)*, au nord du Chûbu, sombre bâtisse dominant un plan d'eau. Non loin de là, la ville de Kanazawa a su préserver le quartier de **Naga machi**** *(p. 288)* autrefois habité par les samouraïs.

■ Les parcs nationaux

Le Japon compte 383 parcs naturels dont 28 sont classés parcs nationaux et 55 « quasi nationaux ». Les 300 restants sont de simples parcs préfectoraux gérés localement. Dans le nord du Japon, les parcs de **Shiretoko**** *(p. 511)* et d'**Akan**** *(p. 492)* sont de véritables joyaux naturels, merveilleusement préservés, alternant forêts, falaises et lacs profonds. Plus touristiques car abritant des sites historiques, les parcs de **Nikkô**** *(p. 258)* et de **Hakone**** *(p. 244)* sont également plus accessibles depuis Tôkyô et faciles à visiter en une journée d'excursion. À Kyûshû, vous découvrirez des paysages volcaniques presque lunaires autour du **mont Aso**** *(p. 580)* tandis que les **Alpes japonaises*** *(p. 296)*, situées dans le Chûbu, rappellent la Suisse. Elles sont propices au ski et aux bains en plein air dans de délicieuses sources chaudes.

Propositions de circuits

Sachant que l'archipel japonais s'étire sur près de 3 000 kilomètres et que le territoire est constitué à 80 % de montagnes, seul l'avion (pas nécessairement plus cher que le train) permet de combiner, dans un même voyage les paysages du Grand Nord (Hokkaidô) avec les plages du Sud (Okinawa) en passant, bien sûr, par les incontournables Tôkyô et Kyôto. Le réseau ferré est cependant très développé sur l'île principale (Honshû) et l'on peut, grâce au célèbre Shinkansen, boucler un circuit Tôkyô-Kyôto-Nara en moins d'une semaine.

▲ Cerisiers en fleur à Hirosaki (Tôhoku).

Bon à savoir : quatre des circuits proposés partent de Tôkyô, mais pour visiter l'ouest du Japon, il est préférable d'atterrir à Ôsaka (aéroport international du Kansai) ou à Nagoya (aéroport international du Chûbu) • on peut aussi, notamment dans le cadre d'un circuit « Tôkaidô », atterrir à Tôkyô et repartir par Ôsaka • prévoyez dans tous les cas d'ajouter 24 h aux durées indiquées, le vol entre l'Europe et le Japon durant 12 h, auxquelles il convient d'ajouter 7 à 8 h de décalage horaire.

1 Tôkyô et ses environs
4 jours. 300 km à Tôkyô et alentour.
Itinéraire idéal pour un premier contact, alliant modernité et tradition.

- *Jour 1* : **Tôkyô***** *(p. 165)*. Matinée à **Asakusa***** *(p. 177)*, après-midi au parc d'**Ueno et ses musées**** *(p. 185)*. Soirée à **Roppongi Hills**** *(p. 230)*.
- *Jour 2* : **Tôkyô***** *(p. 165)*. Tôt le matin, marché aux poissons de **Tsukiji***** *(p. 205)*, matinée au **Palais impérial***** *(p. 195)*, après-midi à **Ginza**** *(p. 204)*, soirée à **Shinjuku**** *(p. 209)* ou **Shibuya***** *(p. 215)*.
- *Jour 3* : **Tôkyô-Nikkô** *(128 km)*. Excursion à **Nikkô***** *(p. 258)* avec la visite du sanctuaire **Tôshô-gû***** *(p. 259)*.
- *Jour 4* : **Tôkyô-Yokohama** *(50 km)*. Journée à **Kamakura***** *(p. 250)* et soirée à **Yokohama*** *(p. 263)* avec dîner dans **Chinatown**** *(p. 267)*.

2 La route du Tôkaidô
1 semaine. 800 km.
En suivant l'ancienne route des *daimyô*, on vivra le contraste entre la vie trépidante de Tôkyô ou Ôsaka et la sérénité des temples de Kyôto et Nara.

- *Jours 1, 2 et 3* : **Tôkyô***** *(p. 165)*. Même programme que l'itinéraire 1.
- *Jour 4* : **Tôkyô-Kyôto** *(600 km)*. Départ tôt le matin en train pour **Kyôto***** *(p. 343)*. Visite du château **Nijô-jô***** *(p. 364)*, du **pavillon d'Or***** *(p. 378)* et du **Ryôan-ji***** *(p. 378)*. Dîner à **Gion***** *(p. 367)*, le quartier des geishas.
- *Jour 5* : **Kyôto***** *(p. 343)*. Le **pavillon d'Argent***** *(p. 369)* et la **promenade de la philosophie***** *(p. 369)*, le temple **Nanzen-ji***** *(p. 372)* et le sanctuaire **Heian-jingû***** *(p. 376)* et son magnifique **jardin***** *(p. 376)*. L'après-midi, visite du temple **Kiyomizu***** *(p. 380)* et du **Sanjûsangen-dô***** *(p. 361)*. Soirée à **Ponto-chô***** *(p. 366)*, au bord de la rivière **Kamo** *(p. 366)*.
- *Jour 6* : **Kyôto-Nara** *(45 km)*. Le matin, visite du temple **Tôdai-ji***** *(p. 400)* et du parc de **Nara***** *(p. 398)*, dit le « parc aux daims ». L'après-midi, le temple **Hôryû-ji***** *(p. 402)*.
- *Jour 7* : **Nara-Ôsaka** *(40 km)*. Visite d'**Ôsaka**** *(p. 407)*.

3 Ville et montagne : Tôkyô, Kyôto et le Chûbu
11 jours. 1 650 km.
Ce circuit permet, en un temps relativement court, de découvrir les principales richesses touristiques de l'île de Honshû.

- *Jours 1, 2 et 3* : **Tôkyô***** *(p. 165)*. Même programme que l'itinéraire 1.
- *Jour 4* : **Tôkyô-Izu** *(120 km)*. Visite du parc national de **Hakone**** *(p. 248)*. Promenade en bateau sur le lac **Ashi*** *(p. 248)*.
- *Jour 5* : **Izu-Takayama** *(560 km)*. Départ via **Nagoya*** *(p. 305)* pour **Takayama***** *(p. 312)*. Visite de la ville.
- *Jour 6* : **Takayama-Kanazawa** *(90 km)*. Le matin, marché de **Takayama***** *(p. 314)* puis départ pour le village de **Shirakawa-gô***** *(p. 316)* et visite de ses maisons *gasshô zukuri*. Départ pour Kanazawa.

- *Jour 7* : **Kanazawa-Kyôto** *(400 km)*. Visite de **Kanazawa***** *(p. 287)* et en particulier du **musée d'Art contemporain du XXIe siècle***** *(p. 291)* et du jardin **Kenroku-en***** *(p. 290)*. Train pour Kyôto via Nagoya en fin d'après-midi.
- *Jour 8* : **Kyôto***** *(p. 343)*. Visite du château **Nijô-jô***** *(p. 364)*, du **pavillon d'Or***** *(p. 378)* et du temple **Ryôan-ji***** *(p. 378)*. Dîner à **Gion***** *(p. 367)*, le quartier des geishas.
- *Jours 9, 10 et 11* : **Kyôto-Nara-Ôsaka** *(85 km)*. Même programme que les jours 5, 6 et 7 de l'itinéraire 2.

4 Pays de neige : de Tôkyô à Hokkaidô
15 jours. 2 800 km.
Découverte du Grand Nord et des plus beaux parcs nationaux de l'archipel.

- *Jours 1 à 4* : **Tôkyô-Kyôto** *(600 km)*. Même programme que l'itinéraire 2.
- *Jour 5* : **Kyôto-Nagano** *(450 km)* via **Nagoya*** *(p. 305)*. Visite du château de **Matsumoto**** *(p. 294)* et du temple **Zenkô-ji**** *(p. 299)* à Nagano.
- *Jour 6* : **Nagano-Niigata-Sado shima** *(235 km)*. Départ pour **Niigata**. Excursion sur l'île **Sado shima*** *(p. 304)*.
- *Jour 7* : **Niigata-Aizu Wakamatsu** *(120 km)*. Départ pour **Aizu Wakamatsu**** *(p. 459)*. Visite du parc national.

▲ Brise-glace en mer d'Okhotsk (Hokkaidô).

- *Jour 8* : **Aizu Wakamatsu-Sendai** *(210 km)*. Visite de **Sendai**** *(p. 469)* et de **Matsushima*** *(p. 473)*.
- *Jour 9* : **Sendai-Aomori** *(300 km)*. Parc national de **Towada-Hachimantai*** *(p. 482)*. Soirée à **Aomori**** *(p. 463)*.
- *Jour 10* : **Aomori-Hakodate** *(100 km)*. Journée à **Hakodate**** *(p. 495)*, ville romantique et animée.
- *Jour 11* : **Hakodate-Sapporo** *(280 km)*. Visite de **Sapporo*** *(p. 502)* et notamment du marché de **Nijô***** *(p. 505)*.
- *Jour 12* : **Sapporo-Daisetsuzan-Akan** *(500 km)*. Départ pour les parcs nationaux **Daisetsuzan*** *(p. 490)* et/ou **Akan**** *(p. 492)*.
- *Jour 13* : **Parcs nationaux**. Prévoir de visiter les deux magnifiques lacs **Kussharo-ko***** *(p. 494)* et **Mashû-ko***** *(p. 494)*, considérés comme les plus beaux panoramas de Hokkaidô.
- *Jours 14 et 15* : **Akan-Shiretoko-Tôkyô** *(50 km)*. Visite du parc national de **Shiretoko***** *(p. 511)* et, en particulier de ses **Cinq Lacs***** *(p. 512)*. Retour à **Tôkyô***** *(p. 165)* en avion.

5 L'ouest de Honshû, les îles de Kyûshû et Shikoku
3 semaines. 3 000 km.
Hors des sentiers battus, le Japon rural, avec un climat plus doux et les beaux paysages de la mer du Japon. L'idéal est d'arriver et de repartir par l'aéroport international du Kansai.

- *Jours 1 à 4* : **Kyôto-Nara-Ôsaka** *(85 km)*. Même programme que les jours 4, 5, 6 et 7 de l'itinéraire 2.
- *Jour 5* : **Autour d'Ôsaka** *(50 km)*. Une journée et une nuit (dans un temple) au mont **Kôya***** *(p. 333)*. Promenade dans le cimetière de l'**Okuno-in***** *(p. 334)* vieux de plus de 2 000 ans.

- *Jour 6* : **Ôsaka-Takamatsu** *(160 km)*. Départ pour **Takamatsu**** *(p. 534)* en bateau depuis Wakayama ou par l'île Awaji shima. Visite du parc **Ritsurin**** *(p. 535)* et du temple **Zentsû-ji**** *(p. 538)*, lieu de naissance de Kûkai.

- *Jour 7* : **Takamatsu-Nao shima** *(10 km)*. Excursion sur l'île-musée **Nao shima**** *(p. 542)*.

- *Jour 8* : **Takamatsu-Shôdo shima** *(20 km)*. Excursion sur l'île **Shôdo shima**** *(p. 539)* avec ses rizières en terrasses et son vieux théâtre kabuki **Kanamaru-za*** *(p. 537)*.

- *Jour 9* : **Takamatsu-Matsuyama** *(200 km)*. Départ pour **Matsuyama**** *(p. 524)* en suivant la côte qui borde la mer Intérieure. Visite du **château**** *(p. 525)* et séance de bain au fameux **Dôgo onsen honkan**** *(p. 525)*.

- *Jour 10* : **Matsuyama-Hiroshima** *(150 km)*. Rejoindre **Hiroshima**** *(p. 427)* par le pont suspendu du **Kurushima kaikyô**** *(p. 528)*. Visite du **musée de Hiroshima pour la Paix**** *(p. 432)* et recueillement au **parc de la Paix**** *(p. 431)*. L'après-midi, excursion au sanctuaire d'**Itsukushima**** *(p. 432)* à **Miyajima**** *(p. 432)*, dont le *torii* émerge des flots.

- *Jour 11* : **Hiroshima-Hagi** *(225 km)*. Visite de **Hagi**** *(p. 420)* et de son quartier des samouraïs de **Horiuchi**** *(p. 423)*.

- *Jour 12* : **Hagi-Yamaguchi** *(50 km)*. Visite de **Yamaguchi**** *(p. 425)*. Balade le long de la rivière **Ichinosaka gawa**** *(p. 425)* bordée d'azalées et de cerisiers jusqu'à la pagode à cinq étages du temple **Rurikô-ji**** *(p. 425)*.

- *Jour 13* : **Yamaguchi-Fukuoka** *(150 km)*. Passage sur l'île de Kyûshû. Visite de **Fukuoka**** *(p. 556)*. Excursion à **Yanagawa**** *(p. 563)*, véritable « petite Venise » du Kyûshû. Le soir, dîner sur les trottoirs du quartier de Nakasu.

- *Jour 14* : **Fukuoka-Nagasaki** *(150 km)*. Départ pour **Nagasaki**** *(p. 586)*. Visite de la ville, notamment du **jardin Glover**** *(p. 590)* avec ses belles résidences de style colonial.

- *Jour 15* : **Nagasaki-Unzen** *(32 km)*. Excursion au mont **Unzen*** *(p. 593)*, impressionnant massif volcanique d'où jaillissent les « sources de l'enfer ». Pour les plus courageux, ascension du mont **Fugen dake**** *(p. 593)* d'où la vue sur le mont Aso est grandiose.

- *Jour 16* : **Nagasaki-Kumamoto** *(210 km)*. Départ pour **Kumamoto**** *(p. 578)* et visite de la ville.

- *Jours 17 et 18* : **Autour de Kumamoto**. Visite du mont **Aso**** *(p. 580)*, ensemble de cinq sommets volcaniques formant la plus grande caldeira du monde.

- *Jour 19* : **Kumamoto-Kagoshima** *(195 km)*. Départ pour **Kagoshima**** *(p. 568)*. Visite de la ville et notamment du très beau jardin **Sengan-en**** *(p. 569)*.

- *Jour 20* : **Autour de Kagoshima**. Ascension du **volcan Sakurajima**** *(p. 572)*, presque aussi célèbre que le mont Fuji.

- *Jour 21* : **Kagoshima-Yahu shima** *(50 km)*. Excursion (en avion) sur l'île **Yaku shima**** *(p. 574)* dont les **cèdres millénaires**** *(p. 574)* lui valent d'être classée au patrimoine mondial de l'Unesco. En soirée, retour sur **Kagoshima**** *(p. 568)* puis **Ôsaka**** *(p. 407)*.

découvrir

partir

séjourner

comprendre

visiter

en savoir plus

Informations utiles à la préparation de votre voyage

Adresses utiles	21
Quand partir	21
Se documenter	22
Formalités	23
À emporter	24
Le voyage par avion	24
Le voyage en train	25
Le voyage organisé	26

Partir

Adresses utiles

À Paris : *Office de tourisme*, JNTO, 4, rue Ventadour, 75001 ☎ 01.42.96.20.29 ; www.tourismejapon.fr • *Ambassade*, 7, av. Hoche, 75008 ☎ 01.48.88.62.00 ; www.fr.emb-japan.go.jp

En Belgique : *Ambassade*, 58, av. des Arts, 1000 Bruxelles ☎ 02.513.23.40 ; www.be.emb-japan.go.jp

En Suisse : *Consulat*, 82, rue de Lausanne, 1202 Genève ☎ 022.716.99.00 ; www.geneve.ch.emb-japan.go.jp

Au Canada : *Office de tourisme*, JNTO, 481, University Ave., Toronto, ONT. M5G 2E9 ☎ (416) 366.7140 ; www.jnto.go.jp/canada • *Consulat*, Suite 2120, 600 de la Gauchetière Ouest, Montréal H3B 4L8 ☎ (514) 866.3429 ; www.montreal.ca.emb-japan.go.jp

Quand partir

La meilleure saison est le **printemps** pour admirer la floraison des cerisiers *(ohanami)*, en mars à Kyûshû et début avril dans le reste du pays, et participer à toutes les manifestations liées à cet événement. À cette période, les températures sont assez douces, et vous évitez la saison des pluies (juin et juillet) ainsi que les fortes chaleurs de l'**été**. Toutefois, si vous souhaitez profiter des plages, faire des randonnées dans les montagnes ainsi que profiter des plus belles fêtes locales et feux d'artifice, l'été sera plus adapté. L'**automne** est aussi une saison idéale pour partir (17 °C en moyenne), à l'époque du rougeoiement des feuilles dans les forêts *(kôyô)*. Le nord du Japon est envahi par la neige l'**hiver**, et son accès peut éventuellement devenir difficile ; les journées sont toutefois ensoleillées et agréables pour un séjour au ski.

◀ Moines bouddhistes au temple de l'Okuno-in, sur le mont sacré Kôya-san.

❶ Il n'existe d'office du tourisme du Japon ni en Belgique ni en Suisse.

✎ CONSEIL
Si vous décidez de partir en mars ou en avril, réservez longtemps à l'avance, car ces mois correspondent à la période des vacances scolaires et donc à la haute saison.

✎ POUR CONNAÎTRE LA MÉTÉO
Météo France ☎ 32.50 (0,34 €/mn) ; www.meteofrance.com
• Météo Consult ☎ 32.01 (1,35 € par appel puis 0,34 €/mn) ; www.meteoconsult.fr
• La Chaîne Météo ☎ 32.09 (1,35 € par appel puis 0,34 €/mn) ; www.lachainemeteo.com

✎ À NOTER
Reportez-vous également aux introductions de chaque région du guide.

✎ BON À SAVOIR
Réductions *Air France* :
« Coup de cœur », tarifs consultables uniquement sur Internet le mercredi ; « Évasion » (42, 30, 21, 14, 7, 4, 0) pour tous.
Le tarif Évasion 42 est le plus avantageux (rés. 42 j. à l'avance ; nuit du sam. au dim. sur place ; non modifiable, non remboursable).
Attention : les tarifs Évasion 21 à 0 sont modifiables sous conditions. Tarifs « Semaine » : 84 % de réduction sur les vols en semaine et en journée. Également des tarifs « Jeunes » pour les moins de 25 ans, « Couple » et « Senior » très avantageux.

Se documenter

■ Librairies spécialisées (Paris)

Book off, 29-31, rue Saint-Augustin, 75002 ☎ 01.42.60.04.77 ; ouv. du lun. au sam. 10 h-19 h 30. Livres d'occasion en japonais, mangas et DVD.

Culture Japon, 101*bis*, quai Branly, 75015 ☎ 01.45.79.02.00 ; ouv. du mar. au sam. 12 h-19 h. Au r.-d.-c. de la Maison de la culture du Japon, on trouve dans cette librairie-boutique des livres de cuisine, des romans, des méthodes de langues, des beaux livres, etc.

Junku, 18, rue des Pyramides, 75001 ☎ 01.42.60.89.12 ; www.junku.fr ; ouv. du lun. au sam. 10 h-19 h. Ouvrages en français et japonais sur la culture japonaise. Mangas, guides de voyages, méthodes de langues, revues, journaux, films et musiques de jeux vidéo.

■ Librairies de voyage

À Paris

Chemins en pages, 121, av. Ledru-Rollin, 75011 ☎ 01.43.38.15.77 ; ouv. lun. 15 h-19 h 30, du mar. au ven. 10 h 30-19 h 30, sam. 9 h 30-19 h 30. Guides, beaux livres, récits de voyages, méthodes de langues, livres de cuisine, cartes, rayon jeunesse.

IGN, 107, rue La Boétie, 75008 ☎ 01.43.98.80.00 ; www.ign.fr ; ouv. lun. 12 h-18 h 30, du mar. au ven. 11 h-19 h, sam. 11 h-18 h 30. Cartes et guides toutes destinations.

Itinéraires, 60, rue Saint-Honoré, 75001 ☎ 01.42.36.12.63 ; www.itineraires.com ; ouv. lun. au sam. 10 h-19 h. Commandes sur le site Internet.

Librairie Voyageurs du monde, 55, rue Sainte-Anne, 75002 ☎ 01.42.86.17.37 ; www.vdm.com ; ouv. du lun. au sam. 9 h 30-19 h. Librairie du tour-opérateur Voyageurs du Monde, spécialisée dans les guides de voyages.

Ulysse, 26, rue Saint-Louis-en-l'Île, 75004 ☎ 01.43.25.17.35 ; www.ulysse.fr ; ouv. du mar. au ven. 14 h-20 h. Une des plus anciennes librairies de voyage, un grand choix de guides anciens et de documents inédits.

En Belgique

Anticyclone des Açores, 34, rue Fossé-aux-Loups, 1000 Bruxelles ☎ 02.217.52.46 ; ouv. du lun. au sam. 11 h-18 h. La plus grande librairie de voyage de Belgique.

Peuples et continents, 17/19, galerie Ravenstein, 1000 Bruxelles ☎ 02.511.27.75 ; www.peuplesetcontinents.com ; ouv. du lun. au ven. 9 h-18 h, sam. 10 h-18 h.

Le Monde à livre ouvert, 24, rue Bas-de-la-Place, 5000 Namur ☎ 081.413.490 ; www.lemondealivreouvert.be ; ouv. du lun. au sam. 10 h-18 h.

En Suisse

Le Vent des routes, 50, rue des Bains, 1205 Genève ☎ 022.800.33.81 ; www.vdr.ch ; ouv. du lun. au ven. 9 h-18 h 30, sam. 9 h-17 h.

Travel Bookshop, Rindermarkte 20, 8001 Zurich ; ☎ 044.252.38.83 ; www.travelbookshop.ch ; ouv. lun. 13 h-18 h 30, du mar. au ven. 9 h-18 h 30, sam. 9 h-17 h.

■ Instituts culturels (Paris)

Centre culturel franco-japonais, 8-10, passage Turquetil, 75011 ☎ 01.43.48.83.64 ; www.ccfj-paris.org ; ouv. du lun. au sam. 12 h-18 h. Expositions, concerts, cours de japonais.

Espace culturel Bertin Poirée, 8-12, rue Bertin-Poirée, 75001 ☎ 01.44.76.06.06 ; www.tenri-paris.com ; ouv. du mar. au ven. 10 h-20 h, à partir de 12 h lun., sam. 12 h-18 h 30. Siège de l'association Tenri. Cours de japonais, bibliothèque, expositions et conférences.

Espace Japon, 12, rue de Nancy, 75010 ☎ 01.47. 00.77.47 ; www.espacejapon.com ; ouv. du mar. au ven. 13 h-19 h, sam. 13 h-18 h. Bibliothèque, expositions, cours du soir de japonais, stages de calligraphie, d'origami et de *sumi-e* (peinture à l'encre de Chine).

Maison de la culture du Japon à Paris, 101*bis*, quai Branly, 75015 ☎ 01.44.37.95.00 ; www. mcjp.asso.fr ; ouv. du mar. au sam. 12 h-19 h, jusqu'à 20 h le jeu. Expositions, films et conférences. Dispose également d'une boutique d'artisanat, d'une bibliothèque et d'un pavillon de thé où sont dispensés des cours.

■ **Musées** (Paris)

Musée national des Arts asiatiques - Guimet, 6, pl. d'Iéna, 75016 ☎ 01.56.52.53.00 ; www. guimet.fr ; ouv. du mer. au lun. 10 h-18 h. Riche panorama de l'art japonais, depuis la période Jômon. Belles collections de paravents (du XVIe au XIXe s.) et d'estampes. Pavillon de thé où l'on peut assister à des démonstrations.

Bibliothèque nationale de France, 58, rue de Richelieu, 75002 ☎ 01.53.79.59.59. Des manuscrits et des estampes japonaises sont conservés parmi des objets rassemblés par des savants revenant d'Orient.

Formalités

■ **Argent, cartes, chèques de voyage**

La devise japonaise est le **yen** (円, prononcer « en »). L'entrée des **devises** étrangères est illimitée, mais il faut déclarer toute somme supérieure à 7 000 euros. Vous pouvez changer votre argent avant de partir ou sur place dans les banques, bureaux de change, postes principales et dans certains hôtels.

La plupart des **cartes bancaires** (Visa, American Express, MasterCard et Diners Club) sont acceptées dans tous les grands hôtels et restaurants ainsi que dans certains magasins et bureaux de poste, mais il est plus difficile de retirer de l'argent dans les DAB (distributeurs automatiques ; → *Séjourner*, p. 37).

La plupart des achats se faisant en liquide, il est préférable de changer vos **chèques de voyage** dès votre arrivée au Japon.

■ **Passeport**

Un passeport est nécessaire pour entrer au Japon, il doit être valide pour la durée du séjour si vous restez moins de 90 jours. Si vous souhaitez rester plus longtemps, il faut faire une demande à l'ambassade du Japon en France et se faire enregistrer à la mairie du quartier de la ville où vous résidez.

Le Japon en ligne

www.ambafrance-jp.org : informations administratives de l'ambassade de France au Japon.

www.autrementlejapon.com : organisateur de voyages thématiques. Vous trouverez sur le site un forum, des témoignages ainsi qu'un agenda culturel.

www.destinationjapon.fr : aide à la préparation du voyage, conseils, réservations, circuits.

www.jipango.com : présentation par thèmes (littérature, cuisine, travail...). On peut s'abonner gratuitement au *mail service* (informations sur les manifestations culturelles japonaises à Paris).

www.lejapon.org : site généraliste sur le Japon. Initiation à la langue, informations, forum, comptes rendus de films.

www.tourisme-japon.fr : site de l'Office national du tourisme japonais. Très complet, il aborde tous les aspects du voyage.

www.voyjapon.net : site de l'agence Voyageurs au Japon, qui propose des promotions, des circuits, des hôtels ; on peut aussi y acheter le Japan Rail Pass.

www.wasabi.fr : magazine sur la cuisine et les restaurants japonais.

www.j-hotel.or.jp (anglais) : possibilité de réserver son hôtel en ligne par ville et par catégorie en visualisant l'hôtel et les chambres.

www.jpinn.com (anglais) : le site de Japanese Inn Group, pour réserver des hôtels traditionnels à des prix abordables (photos et plans).

✎ **BON À SAVOIR**
Les commissions sont moins importantes lors d'un retrait à un DAB que lors d'un change d'espèces ou de chèques de voyage.

■ Douane

Il est interdit d'introduire des revues pédophiles et des **produits alimentaires** sur le territoire japonais, sous peine de saisie. Il est possible d'emporter des médicaments pour un usage personnel si le stock ne dépasse pas un mois. Au retour, ce sont les appareils hi-fi et **appareils photo** qu'il faudra déclarer (sous peine d'une amende élevée) si leurs montants dépassent 175 euros par adulte et 90 euros par enfant. Les **droits de douane** sont de 3 à 5 % pour les appareils photo et varient de 7 à 15 % pour les autres produits. En plus de ces droits, il faut ajouter la TVA de 19,6 %.

■ Vaccinations, santé, assistance

Aucun vaccin n'est nécessaire. Vous pouvez boire l'eau du robinet sans aucun risque. Dans les pharmacies sur place, tous les médicaments usuels sont disponibles.

Vérifiez les assurances incluses dans le prix du billet, sinon vous pouvez souscrire à une assurance couvrant les frais d'annulation, de maladie sur place, de rapatriement et de perte ou vol des bagages.

À emporter

■ Vêtements

En été, en plus de vêtements légers, pensez à prendre un imperméable car c'est la saison des pluies. Au printemps et à l'automne, le climat varie selon les régions où vous partez : il commence à faire chaud dans le sud du pays, et il fait encore froid dans le nord. Emportez aussi des chaussures faciles à ôter car on se déchausse souvent au Japon.

■ Bagages

Les bagages pas trop volumineux sont conseillés, car les consignes automatiques et les espaces pour bagages dans les trains sont souvent de petite taille.

■ Matériel photo et vidéo

Le Japon est un pays réputé en la matière. Vous trouverez donc sur place des pellicules pour tirage papier et diapositives. Vous pouvez aussi faire développer vos pellicules sur place, le service est rapide et de bonne qualité. Pour les utilisateurs d'appareils numériques, vous disposerez d'un large choix de cartes mémoire, chargeurs et autres appareils à des prix très intéressants.

■ Divers

Prévoyez un **adaptateur** pour prises plates si vous utilisez un appareil électrique rechargeable (appareil photo, rasoir, téléphone…).

Si vous souhaitez sillonner le Japon en train, le **Japan Rail Pass** peut être avantageux mais il faut l'acheter avant votre départ (→ *Séjourner, p. 36-37*).

Le voyage par avion

■ Lignes régulières

Depuis Paris

All Nippon Airways (ANA), 29-31, rue Saint-Augustin, 75002 ☎ 01.53.83.52.52 ; www.anaskyweb.com Compagnie détenant un vaste réseau intérieur.

Japan Airlines (JAL), 4, rue de Ventadour, 75001 ☎ 0.810.747.700 ; www.fr.jal.com Propose des vols sans escale depuis la France (durée 12 h).

Air France, 49, av. de l'Opéra, 75002 ☎ 0.820.820.820 ; www.airfrance.fr Vols quotidiens pour les principales villes du Japon.

Aeroflot, 127, av. des Champs-Élysées, 75008 ☎ 01.42.25.31.92 ; www.aeroflot.com Vols quotidiens avec escale à Moscou.
Alitalia, 31, rue Mogador, 75009 ☎ 0.820.31.53.15 ; www.alitalia.fr Vols quotidiens avec escale à Rome.
Lufthansa, comptoir à Roissy-Charles-de-Gaulle T1 ☎ 0.826.10.33.34 ; www.lufthansa.fr Vols du jeudi au mardi avec escale à Francfort.

Depuis la Belgique
Brussels Airlines, b.house, Airport Bldg 26, Ringbaan, 1831 Diegem ☎ 0.902.51.600 ; www.brusselsairlines.fr
Ainsi que la plupart des compagnies internationales.

Depuis la Suisse
Swiss, ☎ 0.848.700.700 ; www.swiss.com

■ Vols et séjours à tarifs négociés, billetteries en ligne
Certaines de ces compagnies proposent, en plus du vol, des locations de voitures ou des circuits accompagnés. Bien comparer les différentes prestations proposées et les conditions de voyage et de vente. Pour plus de détails, consulter ci-après la rubrique « Le voyage organisé ».
Anyway ☎ 0.892.302.301 ; www.anyway.com Charters et vols réguliers sur la plupart des compagnies européennes.
Ebookers ☎ 0.899.705.405 ; www.ebookers.fr
Expedia ☎ 0.892.301.300 ; www.expedia.fr Vols, séjours, location d'hôtel et de voiture. Consulter la rubrique « Activités sur place » : réservation de visites guidées, musées, spectacles, restaurants.
Go Voyages ☎ 0.899.651.651 ; www.govoyages.com ; promotions sur les voyages, croisières, vols charters et vols réguliers.
Lastminute.com ☎ 0.899.785.000 ; www.lastminute.com Vols et séjours. Spécialiste des départs de dernière minute.
Look Voyages ☎ 01.45.15.31.70 ; www.lookvoyages.com Vols charters et réguliers, séjours.
Nouvelles Frontières ☎ 01.49.20.64.00 ; www.nouvelles-frontieres.com Vols charters et vols réguliers.
Opodo www.opodo.fr Vols réguliers à tarifs négociés, promotions, offres spéciales sur les vols et séjours.
Voyagermoinscher.com, site qui compare les billets d'avion et les offres de voyages disponibles sur Internet. Une sélection des meilleures affaires du moment : promotions, dernières minutes ou enchères.
Voyages-sncf.com ☎ 0.892.308.308 ; www.voyages-sncf.com Première agence de voyage sur Internet, accessible 24 h/24 et 7 j./7, vous propose ses meilleurs prix sur les billets de train et d'avion, chambres d'hôtel, locations de voiture, séjours clés en main ou Alacarte®. Vous avez également accès à des services exclusifs : l'envoi gratuit des billets à domicile, « Alerte résa » pour être informé de l'ouverture des réservations, le calendrier des meilleurs prix, mais aussi des offres de dernière minute, de nombreuses promotions…

Le voyage en train

Le **Transsibérien** permet de traverser toute la Russie avant de se rendre au Japon. Le voyage dure 15 jours, et il est nécessaire d'avoir un visa pour passer en Russie. Ensuite il faut prendre un bateau à Nakhodka pour Yokohama. Rens. auprès d'*Inexco Voyages*, 3, rue Gramont, 75002 Paris ☎ 01.47.42.25.95 ; www.inexco.fr

Le voyage organisé

Les voyagistes proposent un grand nombre de circuits, thématiques ou plus généralistes, individuels ou en groupe, plus ou moins affinés en fonction des besoins des voyageurs et de leurs budgets.

■ Les généralistes (Paris)

Arts et vie, 251, rue de Vaugirard, 75015 ☎ 01.40.43.20.21 ; www.artsvie.asso.fr Voyages au Japon en janvier et en octobre.
Directours, 90, av. des Champs-Élysées, 75008 ☎ 01.45.62.62.62 ; www.directours.com
Kuoni, plusieurs agences dans Paris ☎ 0.820.051.515 ; www.kuoni.fr
Nouvelles Frontières, 87, bd de Grenelle, 75015 ☎ 01.49.20.64.00 ; www.nouvelles-frontieres.fr
Terre entière, 10, rue de Mézières, 75006 ☎ 01.44.39.03.03 ; www.terreentiere.com
Terres d'Aventure, 30, rue Saint-Augustin, 75002 ☎ 01.43.25.69.37 ; www.terdav.com
Thomas Cook Voyages, plusieurs agences dans Paris ☎ 01.76.77.73.10 ; www.thomascook.fr
Tourmonde, 22, rue Caumartin, 75009 ☎ 01.44.56.30.30 ; www.tourmonde.fr

■ Les spécialistes du Japon (Paris)

ANA Sales, 15, rue Marsollier, 75002 ☎ 01.43.12.87.65 ; www.hallojapon.com
Apsara, 1, cité Paradis, 75010 ☎ 01.47.70.26.55. Un très beau voyage au mois de mars pour les cerisiers en fleur.
Asia, 1, rue Dante, 75005 ☎ 01.44.41.50.10 ; www.asia.fr Ce spécialiste de l'Asie propose un voyage de 11 j. dans les principales villes de l'île Honshû : « Samouraïs et jardins zen », ainsi que des séjours à la carte.
Destination Japon, 11, rue Villedo, 75001 ☎ 01.42.96.09.32 ; www.destinationjapon.fr Formules train + hôtel dans différentes villes.
Jaltour, 4, rue Ventadour, 75001 ☎ 01.44.55.15.30 ; www.jalpak.fr Spécialiste du Japon depuis 25 ans, il propose un grand nombre de circuits, excursions et vols.
La Maison de la Chine, 76, rue Bonaparte, 75006 ☎ 01.40.51.95.00 ; www.maisondelachine.fr Trois circuits pour le Japon : « Traversée du Japon » (7 j. au départ de Tôkyô), « Mémoire de samouraï » (10 j.) et « Grands sites du Japon » (16 j. au départ de Paris).
La Route du Japon, 34, rue Robert-Giraudineau, 94300 Vincennes ☎ 01.43.74.96.67 ; www.exoticvoyages.fr Plus d'une dizaine de circuits à travers le Japon, des excursions et des promotions.
NostalAsie, 19, rue Damesme, 75013 ☎ 01.43.13.29.29 ; www.ann.fr Voyages sur mesure.
Universal Netlink International, 18, rue des Pyramides, 75001 ☎ 01.53.45.93.30 ; www.jtb-uni.com 4 circuits de 6 à 12 jours.
Visiteurs en Asie, 43, rue de la Chaussée-d'Antin, 75009 ☎ 01.56.02.02.24 ; www.visiteurs-en-asie.fr Circuits « Splendeurs du Japon ».
Voyageurs au Japon, 48, rue Sainte-Anne, 75001 ☎ 0.820.000.610 ; www.voyjapon.com Possibilité de louer une maison en ville, avec accueil par les voisins.
Voyageurs du monde, 55, rue Sainte-Anne, 75002 ☎ 0.892.235.656 ; www.vdm.com Circuits et voyages sur mesure.
Yoketaï, 54-56, av. Bosquet, 75007 ☎ 01.45.56.58.20 ; www.atlv.net Circuits en individuel, en petit groupe et sur mesure.

découvrir

partir

séjourner

comprendre

visiter

en savoir plus

Toutes les informations utiles sur place

Se loger	29
Se restaurer	31
Se déplacer	34
Vivre au quotidien	37

Séjourner

Se loger

Les **grandes villes** possèdent toutes un important parc hôtelier allant du palace cinq étoiles aux *business hotels*, établissements économiques à l'occidentale, en passant par les hôtels à la japonaise *(ryokan)* où les matelas sont remplacés par des futons.

Dans les **villages**, ces derniers hôtels sont souvent plus nombreux, mais d'autres solutions sont à votre disposition comme les *minshuku* (chambres chez l'habitant) ou le *shukubô* (hébergement dans les temples → *encadré p. 349*).

En dehors des grandes villes, les adeptes du **camping** trouveront facilement des terrains aménagés, mais ces établissements ne fonctionnent généralement qu'en juillet et en août.

Les **périodes** les plus chargées correspondent aux vacances japonaises, notamment la *Golden Week* en mai, ou à celles des examens (mi-février, mars, septembre et novembre) lorsque les étudiants « montent » à la capitale.

De manière générale, l'**arrivée** dans les hôtels ne se fait jamais avant 15 h et rarement après 19 h, et on vous demandera de quitter la chambre au plus tard à 10 h. Ces horaires sont moins stricts dans les grands hôtels mais davantage dans les *ryokan*, où le repas du soir (inclus dans la prestation) est rarement servi après 19 h.

• **Auberges de jeunesse et YMCA** : c'est l'un des hébergements les moins chers, mais les auberges de jeunesse réclament presque toujours la carte de la Fédération internationale. À défaut, on peut en acquérir une, valable un an, auprès de la **Japan Youth Hostels National Office**, qui procure également la liste des 350 auberges de jeunesse du pays : Suidabashi Nishiguchi Kaikan, 2-20-7, Misaki-chô, Chiyoda-ku, Tôkyô 101-0061 ☎ 03/3288.1417.

◂ Une rue commerçante à Ôsaka.

Urgences
- Police ☎ 110.
- Ambulance ☎ 119.

BON À SAVOIR
• Pour le calcul du prix, les hôtels prennent en compte non pas la chambre mais le nombre de personnes qui l'occupent.

• Une taxe de 10 % est systématiquement ajoutée à la note dans les grands hôtels, ce qui n'est pas le cas dans les *business hotels*.

• Dans les *ryokan*, c'est le service qui est facturé en plus : 15 %.

• En réservant votre hôtel en même temps que votre vol vous bénéficierez généralement d'un forfait plus avantageux.

En fin de volume, le Lexique fournit un vocabulaire de base et quelques formules usuelles pour se faire comprendre en japonais.

▲ Façade d'un *love hotel* à Ôsaka.

On peut aussi réserver sur le site Internet de la fédération : www.jyh.or.jp/english Les YMCA, en revanche, sont accessibles à tous.

• **Les *business hotels*** : de style occidental, ce sont ceux qu'utilisent le plus volontiers les touristes. Les chambres ne sont jamais très grandes, mais le confort minimal y est toujours assuré et on en trouve dans tous les quartiers.

• **Les grands hôtels de style occidental** : ils correspondent à nos trois à cinq étoiles et présentent toutes les garanties de confort.

• **Les « hôtels-capsules »** : les Japonais n'utilisent ces boîtes en forme de chambre à coucher (on ne peut pas s'y tenir debout) que lorsqu'ils ont raté le dernier métro ou qu'ils sont trop éméchés pour rentrer chez eux. Situés aux alentours immédiats des grandes gares, ils sont très bon marché et généralement assez confortables. Déconseillés cependant à ceux qui souffrent de claustrophobie.

• **Les *love hotels*** : comme leur nom l'indique, ce sont des hôtels pour couples. On peut y passer une nuit (tarifs généralement assez bas) ou n'y rester que 2 h. Les chambres sont souvent décorées de façon délirante et équipées de toutes sortes de gadgets sexuels. On en trouve dans les quartiers « chauds » des grandes villes.

• **Le logement chez l'habitant** : le *minshuku* est une pratique courante. Ce sont le plus souvent des fermes ou des maisons de pêcheurs qui hébergent occasionnellement des touristes, leur offrant deux délicieux repas par jour pour un prix très raisonnable. Si vous comptez vous déplacer, cette formule est très avantageuse.

• **L'hébergement dans les temples** : pour une ou deux nuits, cette formule *(shukubô)*, pas nécessairement bon marché, permet d'expérimenter la vie religieuse et de goûter la fameuse *shôjin ryôri*, la cuisine (végétarienne) des moines *(→ encadré p. 335)*.

• **Les *ryokan*** : dans ces hôtels à la japonaise, les chambres ont toutes des tatamis, et on dort sur un futon déplié chaque soir et rangé chaque matin. Le service y est impeccable et les repas (toujours compris) de très bonne qualité. Attention, le repas du soir est rarement servi après 19 h. Le petit déjeuner, pris à l'aube, est à la japonaise (riz, algue, poisson…). Le **Welcome Inns Reservation Center** *(www.itcj.or.jp)* et le **Japanese Inn Group** *(www.jpinn.com)* proposent un service de réservation en ligne dans des établissements aux tarifs raisonnables.

> 🖉 **BON À SAVOIR**
> • Liste complète des *minshuku* au TIC (Tourist Information Center) de Tôkyô : Tôkyô Kotsu Kaikan 10F, 2-10-1, Yuraku-chô, Chiyoda-ku ☎ 03/3201.3331 (M° Yurakuchô), ou sur Internet : www.minshuku.jp/english/list.html
> Vous pouvez aussi vous adresser à l'Association des *minshuku* du Japon : 1-29-5, Takadanobaba, Shinjuku-ku ☎ 03/3232.6561.
> • Au restaurant, chez un commerçant ou dans un taxi, il faut demander « *Ryoshushô kudasai* » pour obtenir un reçu. Si vous souhaitez que le reçu soit établi à votre nom, il vous faudra apprendre à le prononcer à la japonaise, car il sera écrit en *katakana*, le syllabaire réservé aux noms étrangers. Vous pouvez, plus simplement, faire écrire *Ue sama* (« destiné aux supérieurs »), formule très utilisée.

Se restaurer

■ Comment se comporter à table

Les habitudes de table sont sensiblement différentes des nôtres même si, du fait de la mondialisation, ces différences tendent à s'estomper.

• **Au début du repas** : « *Itadakimasu* » est l'équivalent de notre « Bon appétit », mais on ne prononce cette formule que si l'on mange aussi car elle signifie à peu près : « Je commence à manger. »

Les restaurants français ou italiens ainsi que les *family restaurants* fournissent fourchettes et couteaux. Les **baguettes** sont la règle partout ailleurs. Si vous êtes fâché avec leur maniement, vous pouvez essayer de demander « *Fôku kudasai* » (« Une fourchette, s'il vous plaît ») et « *Naifu kudasai* » (« Un couteau »).

Dans les restaurants, avant toute commande, le serveur apporte systématiquement un verre d'eau (ou une tasse de thé) et une serviette chaude *(o shibori)*. Celle-ci n'est jamais parfumée.

• **Pendant le repas** : il est important d'observer certaines règles, souvent en relation avec la religion. Ainsi, on ne plante jamais ses **baguettes** dans le riz (on les pose sur le bol ou à côté), car dans le rituel bouddhique, ce geste est réservé à l'offrande faite aux morts. On évite également de se passer de la nourriture de baguettes à baguettes, car c'est, là encore, un geste lié aux enterrements (après la crémation, on se passe ainsi les os du défunt).

Quelle que soit la **boisson** qui accompagne votre repas, ne vous servez pas vous-même (sauf si vous mangez seul, bien sûr). Tenez votre verre tandis que votre hôte le remplit, puis prenez la bouteille et servez-le à votre tour. Valable tout au long du repas, cette habitude implique que vous soyez toujours attentif aux autres convives. Avant de boire, levez votre verre en disant « *kanpai !* » (santé !) d'une voix forte.

• **À la fin du repas** : lorsqu'on a terminé un bon repas, il est d'usage de dire « *Gochisô sama deshita* » (« Nous avons fait bonne chère ») pour manifester son sentiment de gratitude envers notre hôte qui a préparé le repas. Au restaurant, on paie le plus souvent à la caisse en apportant la fiche que le serveur a laissée sur la table. « L'addition s'il vous plaît » se dit « *O kanjô onegaishimasu* », sauf dans les *sushi-ya* où l'on utilise l'expression « *Onegaishimasu* ».

■ Les restaurants

Il existe toutes sortes de restaurants, qui ne servent la plupart du temps qu'un seul type de plat. Voici les principaux.

Des riz et des nouilles

Le **riz** qui accompagne presque tous les repas est servi blanc, sauf lorsqu'il est cuisiné en pilaf ou en curry. Il ne porte plus alors le nom de *gohan*, réservé au riz blanc, mais de *raisu* (de l'anglais *rice*) : dans l'esprit des Japonais, il s'agit d'un tout autre plat. Le riz des sushis est assaisonné de vinaigre et de sucre, mais il s'agit d'un usage particulier : même si, par politesse, ils s'abstiennent de toute remarque, la plupart des Japonais sont choqués de voir les Occidentaux verser de la sauce soja sur du riz blanc. Cela tient à l'idée de pureté qui s'attache au riz, véritable symbole national, si important dans l'esprit nippon que le même mot, *gohan*, est utilisé pour signifier « riz » et « repas ».

Les Japonais n'appliquent pas les mêmes restrictions aux **nouilles** (*udon*, *soba*, *râmen*), plat importé de Chine, qu'ils aspirent bruyamment (pour ne pas se brûler). Ce qui, en France, serait considéré comme une impolitesse est ici, dans une certaine mesure, recommandé : si vous ne faites pas de bruit, on vous demandera peut-être si le plat ne vous plaît pas…

☞ **EN SAVOIR PLUS**
• Sur la cuisine japonaise, reportez-vous également au chapitre « Gastronomie », p. 153.
• Concernant les horaires de service, → p. 38.

▲ Il est commode, lorsqu'on ne lit pas le japonais, d'aller dans les restaurants qui disposent, en devanture, des plats en résine *(mihon)* très réalistes sous lesquels les prix sont généralement indiqués. C'est le cas des restaurants qui se trouvent au dernier étage des grands magasins et où l'on peut très agréablement déjeuner pour une somme raisonnable.

> ### Temps et rythmes du Japon
>
> Le voyageur qui se rend au Japon doit savoir qu'il n'entre pas seulement dans un autre espace : il pénètre également dans un système de temps différent. Les Japonais perçoivent en effet l'écoulement des jours d'une manière originale, qui combine diverses conceptions du temps (agricole, étatique, etc.). Malgré l'adoption du calendrier grégorien depuis 1873, ils continuent de se référer au système des ères impériales où le temps une succession de périodes dont la durée est fixée par l'État. Ainsi, 2008 est la 20e année de l'ère Heisei (« paix et accomplissement ») qui fut ouverte pour l'intronisation de l'empereur actuel (1989). Autrefois, les empereurs pouvaient décréter plusieurs changements d'ère au cours de leur mandat, pour mieux conjurer une catastrophe naturelle ou fêter un heureux événement.
>
> La presse et l'administration actuelles entretiennent cette datation traditionnelle, que les Japonais ont tellement intériorisée qu'il leur est difficile de citer leur propre date d'anniversaire selon le calendrier chrétien. Certains font aussi attention à bien connaître les jours « fastes » et « néfastes » qu'indiquent les agendas inspirés par les traditions divinatoires de la Voie du Yin et du Yang. Il y a moins d'un demi-siècle, le taux de natalité a brutalement chuté à l'occasion d'une 43e année « Feu aîné-Cheval » du cycle sexagésimal chinois (1966) : les femmes nées cette année-là sont réputées difficiles à marier.

• Les ***famiresu*** *(family restaurant)* sont des restaurants familiaux ouverts 24 h/24 et 7 j./7, très prisés par les Japonais et présents dans tout le pays. On peut y trouver des plats japonais et occidentaux à des prix très bas.

• Dans les ***izakaya***, sorte de bistrots, on ne sert que des en-cas ou des petits plats (sashimi, pickles, poissons) pour accompagner sa boisson. Ils ont souvent une lanterne rouge sur la devanture.

• Les ***kare-ya*** sont spécialisés dans un plat très populaire : le *kare raisu*, riz au curry accompagné de poulet ou de crevettes et de légumes. Les prix sont assez bas.

• Dans les restaurants de ***râmen***, on mange pour moins de 1 000 yens un bol de nouilles chinoises, servies dans un bouillon de viande et accompagnées de quelques légumes ou d'œufs.

• Les ***ryôtei*** sont les restaurants spécialistes de la *kaiseki ryôri* (→ encadré p. 350). Portée au niveau d'un art par quelques grands chefs de Kyôto, cette cuisine est la plus chère qu'on puisse trouver (payer un repas 50 000 yens n'a rien d'exceptionnel), et peu de clients sont capables d'en apprécier toutes les subtilités. C'est la raison pour laquelle certains restaurants de *kaiseki* n'acceptent les clients que s'ils sont « présentés » par un habitué de la maison. Il existe néanmoins différents types d'établissements, et l'on peut déguster cette cuisine étonnante pour moins de 5 000 yens au déjeuner.

- Souvent situés près des gares, les **shokudô** proposent des plats occidentaux *(yôshoku)* et japonais *(washoku)* ainsi que des menus *(teishoku)* très bon marché.

- Les **soba-ya** fonctionnent sur le même principe que les restaurants de *râmen* et proposent des nouilles japonaises : *udon* et *soba*.

- Dans un **sushi-ya,** on regarde le chef préparer les sushis et sashimis, assis derrière le bar. Si l'on souhaite aller dans un bon restaurant de sushis, cela peut revenir cher, mais à midi les menus dépassent rarement les 1 500 yens. Il existe également de nombreux *sushi* « tournants » *(kaitenzushi),* où les plats défilent devant les clients sur un tapis rotatif. On choisit autant de plats qu'on le désire et on empile les assiettes à côté de soi. Chaque couleur correspond à un prix différent : à la fin du repas, on compte les assiettes pour régler l'addition. Si rien ne vous inspire, vous pouvez commander directement vos sushis au chef.

- Lorsqu'on séjourne dans un **temple**, on goûte à la *shôjin ryôri*, cuisine végétarienne préparée par des moines bouddhistes et réputée excellente pour la santé *(→ encadré p. 335)*.

- Dans une **tonkatsu-ya**, outre le *tonkatsu* (côtelette de porc panée), on peut déguster d'autres spécialités : *korokke* (croquettes de pomme de terre), *ebifurai* (crevettes panées) et *kakifurai* (huîtres panées).

- Bien que certains restaurants servent de l'anguille *(unagi)* parmi d'autres plats, il vaut mieux la déguster dans une authentique **unagi-ya** où le chef sait choisir ses poissons et est passé maître dans l'art de les préparer.

■ Les boissons

- Le **saké** : le mot désigne toute forme d'alcool. Le vin de riz, la boisson nationale, est appelé *nihon-shu* (vin japonais) par opposition, notamment, au *budo-shu* (vin fabriqué à partir de raisin). Il est obtenu, comme le vin, par fermentation – non par distillation, comme on le croit souvent – et titre rarement plus de 15°. Il en existe plus de 2 500 sortes, du plus pur (le *junmai-shu*, assez cher) au plus commun (le *nibaizô-shu*, qui se révèle être souvent une horrible piquette). Entre les deux se situe le ***honjôzô-shu***, qui ne doit pas contenir plus de 25 % d'alcool ajouté. La qualité du saké dépend essentiellement de celle de l'eau et du degré de polissage du riz.

Indépendamment de la qualité, on trouve du saké *amakuchi* (doux) ou *karakuchi* (fort). Qu'on le boive *kan* (chaud), *hitohada* (à température du corps) ou *hiya* (froid), il est toujours servi dans de toutes petites coupes *(ochoko)*, ce qui oblige les convives à se servir souvent, rituel auquel les Japonais sont très sensibles. On n'en trouve pas dans les établissements étrangers. Dans les restaurants de cuisine nippone, le saké est le plus souvent servi chaud *(atsukan)* dans un petit carafon *(tokkuri)*.

- La **bière** : elle est devenue l'alcool le plus vendu au Japon. On en trouve de nombreuses marques ; les plus consommées sont Asahi, Kirin, Suntôry et Sapporo (→ encadré p. 506).

- Le **thé** : les Japonais sont de grands consommateurs de thé vert, dont les effets antioxydants sont aujourd'hui reconnus par la médecine. On empêche la fermentation de ce thé produit au Japon grâce à une méthode d'origine chinoise consistant à chauffer les feuilles à la vapeur dans des étuves. La production se classe en deux grandes catégories : le *sencha*, qui représente près de 80 % du total et

> ☞ **EN SAVOIR PLUS**
> Concernant la cérémonie du thé *(cha no yu)*, lire les encadrés p. 120 et 232.

> 🔖 **BON À SAVOIR**
> Si vous êtes au Japon au mois de mai, ne manquez pas de goûter le *shincha*, « nouveau thé » que l'on ne peut acheter que durant quelques jours. Sa fraîcheur et son arôme presque lacté donnent l'impression d'avaler un « bol de verdure ».

n'utilise que les deux feuilles les plus hautes de la plante ainsi que les bourgeons, et le *bancha* qui exploite les feuilles situées plus bas. Il existe de nombreuses sous-catégories sans parler du classement par région (Shizuoka, Kagoshima, Uji et Ise sont les plus connues) ou par la forme donnée aux feuilles : bouclée, façonnée en aiguille de pin, en bâtonnet aplati… On peut également mélanger le thé *bancha* à du riz grillé et obtenir ainsi le *genmaicha*, ou à de l'orge *(mugicha)*. Il existe enfin un thé sans théine, le *oolong cha*, qu'on sert généralement après le repas.

■ La pâtisserie *(wagashi)*

Rien à voir avec la pâtisserie de type occidental. Les ingrédients de base en sont le sucre de canne, les haricots *azuki* (rouges ou blancs), la farine de blé ou de riz, le soja et l'igname (→ *encadré*). Les gâteaux japonais sont rarement consommés en fin de repas comme des desserts mais plutôt servis avec un bol de thé vert ou de thé de cérémonie *(matcha)* dans des pâtisseries-salons de thé. D'autres ingrédients sont utilisés dans la pâtisserie japonaise « moderne » : le potimarron, la châtaigne, le sésame, le cédrat *(yuzu)* ou encore la poudre de thé *matcha*, qui permet de réaliser de succulents entremets et des glaces.

Se déplacer

Il est très facile d'utiliser les transports en commun : train, métro, bus ou encore bateau et avion pour les grandes distances. L'usage de l'automobile est en revanche plus délicat en raison de la signalisation, souvent uniquement en japonais, et de la conduite à gauche (→ *encadré p. 36*).

■ Autocar *(basu)*

C'est le moyen le plus économique à condition d'avoir le temps. Il faut, par exemple, une nuit entière pour se rendre de Tôkyô à Kyôto ou Nara alors que le Shinkansen met moins de 3 h. Les principales compagnies d'autocars sont Tôkyû 東急 et Hatobus はとバス. Les cars de nuit peuvent attirer des personnes voyageant avec un petit budget et sont néanmoins confortables.

■ Avion *(hikôki)*

Les lignes intérieures sont très pratiques et pas beaucoup plus chères que le train lorsqu'on veut visiter un maximum de villes dans le minimum de temps. All Nippon Airways et Japan Airlines desservent à elles deux toutes les grandes villes et de nombreuses petites îles.

Douceurs sacrées

Les premiers **gâteaux** de riz *(mochi)* sont arrivés au Japon, via la Corée, avec le bouddhisme, au VIᵉ s., mais les premiers gâteaux typiquement japonais *(wagashi)*, c'est-à-dire utilisant le haricot rouge comme base sucrée, ne se répandent qu'à partir du retour de Chine du moine Eisai qui, en 1191, introduit le bouddhisme zen dans l'archipel. Les moines remplacent alors peu à peu la viande par le *yôkan* : littéralement « soupe de mouton » mais, en réalité, simple pâte de haricots rouges. Associé à la pâte de riz, le *yôkan* permettra dès lors de réaliser toutes sortes de petits gâteaux dont les formes et les couleurs s'accordent aux saisons ou à la symbolique japonaise. Ainsi, par exemple, on offre un gâteau en forme de daurade *(tai)* en signe de bonne fortune car *tai* est la dernière syllabe du mot *omedetai*, qui signifie « heureux événement ».

■ Bateau *(fune)*

Le Japon étant constitué de milliers d'îles, il est parfois plus pratique de se rendre d'une île à une autre en ferry, même si ce mode de transport est de moins en moins utilisé par les Japonais. Les quatre grandes îles (Hokkaidô, Honshû, Shikoku et Kyûshû) sont reliées par des tunnels ou des ponts, mais il est agréable d'y aller en bateau afin d'admirer les paysages, et cela revient souvent moins cher. *Rens. à la Japan Long Distance Ferry Association ☎ 03/3501.0889.*

■ Bus *(basu)*

La plupart des villes ont un réseau assez développé. Cependant, il se révèle parfois difficile à utiliser pour un étranger, les destinations étant souvent indiquées en japonais et les bus n'étant pas numérotés. On s'acquitte d'un **tarif unique** quelle que soit la longueur du trajet effectué, mais dans les bus qui desservent la **banlieue** ou circulent d'une ville à une autre, on prend un ticket en montant, et on paie en sortant la somme indiquée (sur le tableau lumineux près du chauffeur) correspondant au numéro de son ticket.

Dans les bus à tarif unique, on entre par l'avant et on dépose la somme requise dans une machine située près du chauffeur – mieux vaut faire l'appoint. Dans les autres bus, on entre par le milieu ou par l'arrière et on sort par l'avant.

■ Métro *(chikatetsu)* et train urbain *(densha)*

Idéal pour se déplacer à Fukuoka, Kyôto, Ôsaka, Sapporo, Tôkyô et Yokohama, le **métro** se combine aux différentes lignes de **chemin de fer** privées, même si on doit généralement reprendre un autre ticket. L'ensemble du réseau ferroviaire fonctionne de 5 h du matin à minuit avec des heures de pointe situées entre 7 h 30 et 9 h et entre 17 h et 19 h. Le samedi soir, les derniers trains sont également souvent bondés.

Un **plan** de métro en caractères latins, disponible gratuitement à l'OT et dans certaines grandes stations, est indispensable pour se repérer. Ceux qui sont affichés dans les gares sont presque toujours en japonais seulement. Les **correspondances** entre stations sont indiquées par des ronds aux couleurs de la ligne croisée. Les **directions** sont indiquées par le nom du terminus. Avant chaque arrêt, une voix annonce, en japonais et en anglais, le nom de la station suivante et les correspondances qu'il est possible de prendre. La **sortie** est toujours signalée par des panneaux jaunes *(Exit)*. Dans les grandes stations, ces panneaux, visibles dès la descente du train, indiquent également les hôtels, musées, parcs et grands magasins.

▲ La station de métro Ginza, à Tôkyô.

🖉 BON À SAVOIR

Les lignes de train privées fonctionnent presque toutes suivant le double système express/omnibus avec, parfois, un super-express qui ne s'arrête que 2 ou 3 fois entre les terminus. Les express *(kyûkô densha)* se reconnaissent à un signe rouge affiché à l'avant et à l'arrière du train. Les omnibus *(kakueki teisha)* ne portent que le nom du terminus inscrit en noir.

Conduire au Japon

Le permis international n'est pas suffisant, car la France n'a pas signé la convention internationale sur les permis de conduire. Vous devrez donc obligatoirement faire « traduire » votre permis par le consulat de France à Tôkyô ou à Ôsaka (service payant, délai d'une journée en moyenne). Louer une voiture ne pose aucun problème particulier dès lors que l'on peut présenter son permis (accompagné de sa traduction japonaise) et une carte de crédit. Les prix sont sensiblement les mêmes qu'en France.

Nous vous déconseillons vivement l'automobile à Tôkyô où la circulation est souvent très dense et où il est presque impossible de se garer (les habitants doivent justifier d'un garage pour acquérir une voiture). Le réseau ferré est bien plus rapide. Vous pouvez, en revanche, tenter l'expérience à l'intérieur du pays, notamment si vous voyagez à plus de trois personnes. Si le code de la route est le même qu'en Europe, sachez cependant qu'on roule à gauche comme en Grande-Bretagne et que le réseau autoroutier est l'un des plus chers du monde, presque toutes les routes étant payantes. De plus, en dehors de quelques grands axes, la signalisation n'est plus faite qu'en japonais, et il vous faudra repérer à l'avance les caractères du nom de la ville où vous souhaitez vous rendre.

■ Taxis *(takushî)*

On en trouve jusque dans les plus petites villes. Les voitures sont spacieuses et confortables, conduites par un chauffeur ganté de blanc. Un taxi libre se reconnaît à la lumière rouge placée à l'avant – verte s'il est occupé. Pour appeler une voiture, il suffit de lever le bras. Les rues n'ayant souvent pas de nom, il est préférable de montrer au chauffeur un plan dessiné ou une carte de visite. À défaut, indiquez-lui un bâtiment connu ou une station de métro proche de l'endroit où vous vous rendez.

Pour un long trajet, on gagne à prendre le train ou le métro, quitte à choisir le taxi une fois dans le quartier qui vous intéresse : les petites courses se paient en effet au forfait. On ne donne jamais de **pourboire**. La nuit, le tarif augmente de 30 %. Une particularité peut surprendre au début : la portière arrière s'ouvre et se ferme automatiquement. Enfin, les chauffeurs n'aiment pas beaucoup ouvrir leur coffre dans lequel ils transportent souvent leurs propres affaires, préférant placer vos bagages sur le siège avant. Cela ne les empêche pas d'accepter jusqu'à quatre personnes !

■ Train *(densha)*

Le réseau ferré interurbain est sans doute l'un des plus performants du monde. Des trains à grande vitesse (**Shinkansen**) gérés par la société JR (Japan Railways, l'ancienne compagnie nationale des chemins de fer privatisée en 1991) relient les principales villes à une fréquence qui peut atteindre un train tous les quarts d'heure entre Tôkyô et Ôsaka. Leur vitesse dépasse souvent les 250 km/h. Chaque Shinkansen propose deux classes : la classe supérieure est appelée « Green Car », les compartiments sont verts avec des sièges plus larges, et la réservation y est obligatoire ; elle est en revanche facultative (mais recommandée et comprise dans le Japan Rail Pass) en 2e classe.

D'autres trains, gérés par les JR mais également par d'autres compagnies privées complètent ce dispositif, assurant notamment la desserte des banlieues.

▶ Les Shinkansen assurent des liaisons ultrarapides entre les principales villes.

Les grandes gares sont desservies par les **express** et les **super-express** *(kyûkô densha)* tandis que les stations de moindre importance ne sont accessibles que par l'**omnibus** *(kakueki teisha)*. On est donc parfois amené à effectuer une partie du trajet en super-express et une autre en omnibus.

Les **billets** de Shinkansen s'achètent au comptoir à l'entrée de la gare et parfois en machine. Ceux des autres trains sont en *self-service* comme les tickets de métro. Si l'on hésite, on peut payer la somme minimale et acquitter le complément à la sortie sans supplément.

■ Vélo

Il est très facile de se déplacer à bicyclette, de nombreux Japonais le font. Le plus difficile pour vous sera la lecture des panneaux de signalisation qui ne sont pas retranscrits en caractères romains sur les petites routes. Sinon, d'une ville à une autre, vous pouvez mettre votre vélo dans le bus ou le train, à condition qu'il soit pliable et rangé dans un sac.

En ville, veillez à garer votre vélo dans les emplacements prévus à cet effet, sous peine d'enlèvement par la police. Il est aussi préférable de rouler sur la chaussée, bien que la plupart des Japonais utilisent les trottoirs !

Vivre au quotidien

■ Argent

Le yen est la monnaie japonaise. Début 2010, 1 € valait 120 yens (ou 0,80 € pour 100 yens). Vous pouvez facilement vous procurer des yens avant de partir. Il existe des billets de 1 000, 2 000, 5 000 et 10 000 yens. Les pièces sont de 1, 5, 10, 50, 100 et 500 yens.

• **Les cartes de paiement** : Visa, American Express, MasterCard et Diners Club sont acceptées dans tous les grands hôtels et restaurants ainsi que dans la plupart des boutiques de souvenirs. Il n'est pas évident, en revanche, de retirer des yens dans les **distributeurs automatiques de billets** (DAB) avec une carte de type Visa. Dans certaines grandes villes, seuls les distributeurs de la City Bank (de plus en plus nombreux) et les bureaux de poste affichant le signa ATM acceptent les cartes étrangères. Attention toutefois aux commissions : très élevées.

• **Les chèques de voyages** : ils ne sont pas très pratiques au Japon où l'on a l'habitude de payer en liquide. Les risques de vol étant assez minimes, il est préférable de changer au moins une partie de ses chèques de voyages dès l'arrivée. Pensez à prendre des chèques en yen plutôt qu'en dollar.

✐ BON À SAVOIR

• Valable 7, 14 ou 21 jours, le Japan Rail Pass s'achète obligatoirement AVANT le départ, dans votre pays d'origine. Il est en effet impossible de l'acheter sur place. Très avantageux, il permet de voyager librement sur les lignes JR de l'ensemble du pays, ce qui inclut les Shinkansen et la ligne Yamanote à Tôkyô.

• Si vous voyagez en train, n'hésitez pas à acheter, dans les voitures ou dans les gares, des *bentô*, ces plateaux-repas qui sont un peu la vitrine de la cuisine régionale. Extrêmement variés, toujours frais et très esthétiques, ils sont également très bon marché (→ encadré p. 155).

Sécurité cartes bancaires

Pour vous permettre de faire immédiatement opposition, avant de partir, procurez-vous auprès de votre agence bancaire le numéro de téléphone à composer de l'étranger. Notez-le, ainsi que le numéro d'identification de votre carte bancaire (mais surtout pas celui de votre code secret). Sinon, depuis la France, vous pouvez appeler le ☎ 0.892.705.705 (service groupé de mise en opposition).

• **American Express.** Numéro en France : ☎ 01.47.77.72.00.
• **Diners Club.** Numéro en France : ☎ 0.810.314.159.
• **Eurocard/MasterCard.** Numéro vert international (en anglais) : ☎ 0.800.902.390 ou en France : ☎ 01.45.67.84.84.
• **Visa.** Un numéro aux États-Unis peut être appelé en PCV de presque tous les pays du monde : numéro indicatif de sortie du pays + ☎ 1.410.581.38.36 (interlocuteurs français).

- **Change** : il est possible de changer ses devises dans certains hôtels et banques ou dès l'arrivée à l'aéroport : les banques des aéroports sont ouvertes de 9 h jusqu'au dernier vol, et un bureau de change est ouvert 24 h/24 tous les jours de l'année à l'intérieur de la zone douanière.

- **Pourboires et taxes** : la pratique du pourboire n'existe pas au Japon. Une taxe de 10 % est cependant ajoutée à votre note si celle-ci dépasse 2 500 yens par personne pour les restaurants et 5 000 yens pour les hôtels (à l'exception des *business hotels*). Autrement, une taxe à la consommation de 5 % est ajoutée au prix annoncé à la plupart des produits en vente.

- **Budget** : le yen suivant plus ou moins le cours du dollar, le coût de la vie est élevé lorsque celui-ci s'apprécie face à l'euro et diminue lorsque la monnaie européenne se renforce ce qui est le cas depuis quelques années. Une **chambre** d'hôtel de bonne catégorie pour deux personnes coûte en moyenne 15 000 yens par jour. Si, grâce à la formule du *teishoku* (menu de midi), on peut facilement déjeuner pour moins de 1 000 yens, le **repas** du soir revient en général plus cher : entre 4 000 et 10 000 yens par personne. Un ticket de **métro** coûte au minimum 150 yens, un **café** 300 yens. Le prix d'entrée des **musées** varie entre 300 et 1 000 yens.

■ Cartes de visite

Même si vous n'êtes au Japon que pour un temps limité, vous aurez sans doute l'occasion d'échanger votre carte de visite *(meishi*, si possible imprimée dans les deux langues). C'est en effet un rituel courant dès qu'on parle plus de 2 mn avec quelqu'un. Il faut savoir que les Japonais ne possèdent pas de carte d'identité : leur *meishi* en tient lieu.

Si vous n'avez pas pensé à en commander avant de partir (par exemple à l'*Espace Japon* : 12, rue de Nancy, 75010 Paris), vous pouvez le faire à Tôkyô, à l'*Imperial Hotel* ☎ 03/3504.1111, ou à la papeterie *Itoya* ☎ 03/3561.8311. Dans les deux cas, compter une semaine de délai.

■ Heure locale

Il faut ajouter 8 h à l'heure de Paris (7 h seulement en été, car les Japonais ne changent pas d'heure) pour connaître celle de Tôkyô. Ainsi, lorsqu'il est midi à Paris, il est 20 h à Tôkyô. Deux à trois jours sont généralement nécessaires pour se remettre du décalage horaire *(jisaboke)*, surtout dans le sens Paris-Tôkyô.

■ Horaires

Banques *(ginkô)*. Elles sont ouvertes de 9 h à 15 h du lundi au vendredi, et fermées les samedis, dimanches et jours fériés.

Commerces. Ils ouvrent, en général, de 10 h à 20 h et ne ferment jamais le dimanche *(→ Shopping, p. 41)*. Les grands magasins ferment un jour de la semaine qui varie suivant les enseignes.

Musées *(bijutsukan* ou *hakubutsukan)*. La plupart sont ouverts tous les jours sauf le lundi de 10 h 30 à 17 h. Tous les musées ferment pour les fêtes du Nouvel An, du 29 décembre au 3 janvier.

Parcs et jardins. Ils sont généralement ouverts de 9 h à 16 h 30 et fermés le lundi. Les jardins appartenant à des temples ont des horaires variables.

Restaurants. La plupart des établissements ne fermant pas entre le déjeuner (à partir de 11 h 30) et le dîner (17 h 30), on mange à peu près n'importe quand. Il est cependant préférable de déjeuner avant 14 h si l'on veut profiter du *teishoku* (menu à prix fixe) proposé presque partout. Attention, les restaurants ferment très tôt, et il est difficile de dîner après 21 h en dehors des quartiers animés des grandes villes ou des *family restaurants* ouverts 24h/24.

La fête des dieux

Chaque ville a son (ou ses) *matsuri*. Le mot, qui signifie « festival », vient du verbe *matsuru*, « déifier ». Aussi anciens que le shintoïsme dont ils sont issus, les *matsuri* sont l'expression la plus spectaculaire du culte des *kami*. En les honorant chaque année à date fixe (généralement au moment de planter le riz), on veut s'assurer de leur protection et de leur bienveillance. Tout *matsuri* commence par une séance de purification au sanctuaire, suivie par une série d'offrandes. Une fois cette cérémonie achevée, un cortège se forme derrière un groupe d'hommes (plus rarement de femmes) portant un ou plusieurs *mikoshi*, palanquins sacrés à l'intérieur desquels sont censés se tenir les *kami*. Ces temples portatifs, qui pèsent parfois plusieurs centaines de kilos, traversent la ville à grands renforts de chants, de cris et de roulement de tambours.

Les jours de *matsuri*, des petites échoppes vendant des spécialités culinaires ou des souvenirs sont installées dans tout le quartier. Tout au long de la journée sont organisés des danses ou des démonstrations de tir à l'arc à cheval (*yabusame* ; → encadré p. 221). Certains *matsuri*, d'origine plus récente, commémorent des événements historiques, représentés par des acteurs costumés.

▶ Le costume des porteurs de *mikoshi* n'a pas changé au cours des siècles : un kimono court (*happi*) et un bandeau autour du front (*hachimaki*).

■ Informations touristiques

Au **Tourist Information Center** (TIC) de chaque grande ville, vous trouverez, en anglais, tous les rens. nécessaires. ❶ *ouv. de 9 h à 17 h ; f. dim. et j. fériés.*

■ Internet *(intânetto)*

Vous pourrez surfer ou consulter votre courrier électronique pratiquement partout dans les grandes villes, où les cybercafés sont légion. Le forfait horaire varie entre 500 et 1 000 yens. Les grands hôtels – mais également de plus en plus d'établissements plus modestes – offrent une **connexion wi-fi**, généralement payante dans la chambre, souvent gratuite dans le *business center*.

■ Jours fériés

Si un jour férié tombe un dimanche, le lundi est férié.
1er janvier : Nouvel An • **2e lundi de janvier** : jour des Adultes • **11 février** : fondation du Japon • **20 ou 21 mars** : équinoxe de printemps • **29 avril** : fête de l'ère Shôwa • **3 mai** : jour de la Constitution • **4 mai** : journée verte • **5 mai** : fête des Enfants • **3e lundi de juillet** : fête de la Mer • **3e lundi de septembre** : fête des Personnes âgées • **23 septembre** : équinoxe d'automne • **10 octobre** : fête de la Santé et du Sport • **3 novembre** : jour de la Culture • **23 novembre** : fête du Travail • **23 décembre** : anniversaire de l'empereur.

■ Médias

• **Presse écrite** : les quotidiens japonais ont les plus gros tirages du monde (deux d'entre eux, le *Yomiuri* et l'*Asahi*, tirant chacun à plus de 10 millions d'exemplaires). Il existe également des centaines de magazines spécialisés. Quatre quotidiens **en anglais** sont disponibles, dont le *Japan Times*, connu pour ses petites annonces d'emploi (lundi), et l'*Asahi Evening News*. De très nombreux journaux **gratuits** (principalement de petites annonces) se sont également développés ces dernières années. Côté presse **en français**, on peut trouver *Le Monde* ainsi que les principaux quotidiens et magazines français dans les librairies internationales des grandes villes.

• **Télévision et radio** : outre la chaîne nationale NHK, chaque région dispose d'un réseau de plusieurs **télévisions** commerciales (près de 100 chaînes). Tous les programmes sont en principe diffusés en japonais, mais des films étrangers sont parfois projetés en VO, disponible sur les postes équipés du système Bilingual. Certains grands hôtels reçoivent TV5 Asie. Côté **radio**, outre la FEN (*Far East Network*, 810 kHz), qui émet en anglais sur tout le Japon, InterFM à Tôkyô (76.1) et FM Cocolo dans le Kansai (76.5) sont les deux radios destinées aux expatriés anglophones.

■ Musées et expositions
Les musées sont très nombreux (la plus petite localité a le sien) mais, à quelques exceptions près, peu d'explications sont données en anglais. Dans les grandes villes, les grands magasins (*Mitsukoshi, Seibu, Takashimaya...*) organisent régulièrement des expositions de grande qualité qui tournent dans tout le Japon. Elles sont généralement annoncées dans le *Japan Times* ou le *Tôkyô Journal*.

■ Parcs *(kôen)* et jardins *(gyoen)*
Nombreux, souvent très beaux, ils permettent aux habitants des grandes villes de garder un contact avec la nature. Au mois d'avril, toute la population se rend dans les grands parcs pour admirer les cerisiers en fleur *(ohanami)*. En automne, c'est le rougeoiement des érables *(kôyô)* qui mobilise les foules.

■ Photo et film
Les Japonais ne voient généralement aucun inconvénient à se laisser photographier lorsqu'on le leur demande gentiment : « *Sumimasen, shashin o torasete itadakemasuka ?* » (« S'il vous plaît, puis-je vous prendre en photo ? ») Attention, il est interdit de photographier dans certains temples et musées, de même que dans la plupart des magasins : vérifiez à l'entrée.
Côté technique, le Japon est le paradis des amateurs d'images. Veillez, cependant, à ce que le mode d'emploi accompagnant l'appareil soit bien en anglais et que le voltage soit compatible avec le 220 V. Notez que le système **vidéo** en vigueur au Japon, NTSC, n'est pas compatible avec le système SECAM ou PAL qu'on trouve en Europe. Le plus prudent est de se limiter aux modèles réservés à l'exportation. N'oubliez pas votre passeport si vous souhaitez bénéficier de la détaxe (5 %).

■ Poste *(yûbinkyoku)*
Dans toutes les grandes villes, la **poste centrale** est ouverte du lundi au vendredi de 9 h à 19 h, le samedi de 9 h à 15 h, le dimanche de 9 h à 12 h. Les postes de quartier sont ouvertes du lundi au vendredi de 9 h à 17 h, sauf jours fériés. On peut se faire écrire en **poste restante** à Tôkyô : Central Post Office (2-3-3, Ote machi, Chiyoda-ku) : ouvert 24 h/24.

■ Santé
Les médecins et les hôpitaux japonais ont une très bonne réputation. Le seul problème qui peut se poser est celui de la langue. En cas de maladie ou d'accident hors d'une grande ville, le mieux est d'appeler la police (☎ 110) ou une ambulance (☎ 119).

■ Sécurité
La police est particulièrement efficace, et le pays peut se vanter d'enregistrer l'un des taux de criminalité les moins élevés du monde *(→ encadré p. 67)*. Chaque quartier a son *koban* (on dit également *police-box*), sorte de commissa-

riat miniature qui emploie trois ou quatre policiers chargés aussi bien de renseigner que de surveiller et de prévenir toute violence. Le système est si efficace que les contrôles d'identité sont pratiquement inexistants.

■ Shopping

• **Commerces** : ils sont ouverts, en général, de 10 h à 20 h et ne ferment jamais le dimanche. Pour les noctambules, de nombreux **supermarchés** fonctionnent 24 h/24 et, un peu partout, des **distributeurs automatiques** vous permettront de trouver à n'importe quelle heure des cigarettes, des boissons chaudes ou froides ainsi que toutes sortes de produits – du riz ou des fleurs aux revues pornographiques !

• *Conbini* (convenience store) : ces supérettes de quartier, ouvertes 24 h/24 et 7 j./7 sont très pratiques car on y trouve de tout : *bentô*, boissons, magazines, piles… Elles sont présentes partout sous différentes enseignes : *7 Eleven, Lawson, Family Market,* etc.

• *Hyakuen shop* (百円ショップ : « magasins à 100 yens ») : tout ce qui s'y trouve coûte 100 yens. Très pratique pour rapporter quelques souvenirs car en plus des produits pour la maison ou le bureau on peut y trouver des objets typiques tels que de la vaisselle, des jouets ou des éventails.

• **Grands magasins** (*depâto, department store,* デパート) : dans chaque grande ville, ils sont ouverts de 10 h à 19 h 30 ou 20 h (jusqu'à 18 h 30 ou 19 h le week-end), avec un jour de fermeture hebdomadaire, variable selon l'enseigne (mais jamais le dimanche).

• **Que rapporter ?** La production artisanale est d'une grande variété et, le plus souvent, de très bonne qualité. Qu'il s'agisse de céramique, de laque, de vannerie ou de textile, chaque région possède son style et ses spécialités.

Si vous n'avez pas le temps de visiter les échoppes de souvenirs de chaque ville, vous pouvez, le dernier jour, concentrer vos achats à Tôkyô dans certaines boutiques présentant un large choix à des prix raisonnables. Parmi les articles les plus vendus figurent les estampes (le plus souvent, il s'agit de reproductions récentes), les objets en laque (bols, baguettes, boîtes à bijoux) ou en céramique, les kimonos anciens ou encore les perles. Partout, vous trouverez un grand choix de poupées (récentes ou anciennes), de papier japonais, de masques ainsi que toute une gamme de petits objets décoratifs en bois, en céramique ou en tissu. On peut aussi rapporter de l'encens, du thé vert, ▶▶▶

Entrées payantes et accès libres

Sauf indication contraire portée dans ce guide, l'entrée des temples, sanctuaires, châteaux et musées (des bâtiments en général) est toujours payante. En revanche, celle des jardins et parcs reste gratuite, sauf ceux qui appartiennent aux établissements religieux.

🖉 BON À SAVOIR
Gare aux produits de contrefaçon (bijoux, vêtements, montres, bagagerie, etc.), plus ou moins bien imités, vendus dans la rue à des prix souvent très bas. Vous pourriez être inculpé de recel à la douane et avoir à payer une forte amende.

Tailles et pointures *(saizu)*

• **Tailles**

Hommes. Les quatre tailles les plus courantes sont S (small), M (medium), L (large) et LL (extra-large).
Femmes. Les lettres sont remplacées par des chiffres : le 9 correspond au 38, le 11 au 40 et le 13 au 42.

• **Pointures**

Hommes. Le 24 1/2 (japonais) correspond au 39, le 26 au 41 1/2, le 27 1/2 au 43.
Femmes. Le 23 équivaut au 36, le 23 1/2 au 37, le 24 au 38.
Enfants. Le 12 (japonais) correspond au 19, le 15 au 22, le 16 au 27, le 18 au 29.

THÉMA

Le kimono traditionnel

Véritable symbole du Japon éternel, le kimono est, à l'origine, un simple vêtement (de *ki*, « porter, se vêtir », et *mono*, « chose »). Aujourd'hui, le terme désigne une longue robe dont le côté gauche se rabat sur le côté droit et qui est maintenue grâce à une ceinture, appelée *obi*, pouvant mesurer jusqu'à 4 mètres de long. Le nœud de l'*obi* tout comme la couleur et les motifs du kimono varient selon les âges, les saisons et les occasions. Tous les kimonos sont cependant taillés à partir de la même base : une pièce de tissu de 11 mètres de long sur 36 centimètres de large. Celle-ci est ensuite découpée en huit morceaux rectangulaires qui sont assemblés par des coutures droites. La longueur s'ajuste à la taille en y repliant une partie du tissu.

▲ Apprenties geishas *(maiko)* dans un sanctuaire de Kyôto.

■ Un vêtement venu de Chine

Importé de Chine, le kimono est à l'origine un simple sous-vêtement *(kosode)* ; il ne se japonise véritablement qu'au début du Xe s. (période de fermeture à la Chine) aussi bien pour la forme que pour les motifs. Comme souvent au Japon, un « code » précis entre alors en vigueur, les règles les plus compliquées étant celles que doit observer la famille impériale. Ainsi, à l'époque Heian, les femmes de la cour étaient tenues de porter jusqu'à 16 kimonos superposés ! À partir de Kamakura (1192-1333), ces règles sont toutefois assouplies, et les femmes mariées sont autorisées à porter un kimono plus simple, à manches courtes *(tomesode)*, les jeunes filles devant, quant à elles, conserver le *furisode*, à manches plus longues et flottantes. Il faut attendre l'époque Edo pour que le kimono se démocratise et devienne un simple « vêtement de visite » *(hômongi)* que les femmes mettent pour se rendre à une exposition ou à un concert. Dans le même temps, il devient un symbole social et permet à chaque femme d'afficher son rang grâce au raffinement plus ou moins poussé de son kimono.

■ Masculin/féminin

Aujourd'hui, peu de femmes sont disposées à prendre les 45 minutes nécessaires pour l'enfiler (à condition d'avoir de l'aide !), même si la plupart d'entre elles ont un jour ou l'autre suivi des cours pour cela en même temps qu'elles se sont initiées à l'art floral *(ikebana)* ou à la cérémonie du thé. De plus, le port du kimono implique une démarche particulière – on ne peut faire que de tout petits pas – peu adaptée à la vie moderne. Enfin, le prix pour acquérir un kimono (1 500 euros minimum) est également un frein. Pour toutes ces raisons, il n'est plus guère porté par les Japonaises qu'à l'occasion de cérémonies (fête des Enfants, fête de la Majorité, mariages, funérailles...). Il est alors loué la plupart du temps, ce qui inclut généralement la prestation d'habillage. Mis à part quelques personnes âgées (à Kyôto notamment), seules les geishas font aujourd'hui un usage quotidien du kimono traditionnel.

Les kimonos pour messieurs se distinguent par leur grande sobriété et leur couleur, toujours sombre. Les manches, plus courtes, sont toujours cousues sous les aisselles. L'homme porte par-dessus une veste large, le *haori*, et un *hakama*, sorte de pantalon jupe qu'on retrouve dans les costumes des prêtres shintoïstes. Tombé en désuétude, le kimono pour hommes n'est plus porté aujourd'hui que par des artistes (musiciens, acteurs de kabuki, de nô, etc.) et, pour le reste de la population, à l'unique occasion du mariage.

▲ Kimonos de mariage.

■ Autour du kimono

Le kimono ne peut se porter qu'avec des *tabi*, chaussettes dont le gros orteil est séparé, et des *zori*, sandales en bois ou en plastique à semelles compensées. Les hommes chaussent quant à eux des *setta* (sandales de paille à semelle de cuir). Dérivé du kimono dont il est une sorte de version simplifiée, le *yukata* reste quant à lui extrêmement populaire. Fabriqué en coton léger, il se porte à la maison comme un peignoir. La plupart des hôtels en mettent un à disposition dans les chambres, et, dans les stations thermales *(onsen)*, il n'est pas rare de voir les clients se promener dans les rues en *yukata* au sortir du bain. Le bruit des dizaines de *geta* (socques de bois) sur le pavé contribue largement au charme de ces stations.

◄ Pour la fête des Enfants de trois, cinq et sept ans, en novembre, on les revêt de kimonos traditionnels richement décorés.

▶▶▶ du saké et même des pâtisseries souvent vendues sous vide et pouvant ainsi se conserver durant un mois environ. Enfin, il peut être intéressant d'acheter un appareil photo ou une caméra, beaucoup moins chers qu'en France.

■ Sports

Les plus souvent relayés par les médias japonais sont le base-ball (*yakyû* ; → *encadré p. 579*), le golf (également très pratiqué) et le sumo (→ *théma p. 182-183*). Depuis la Coupe du monde de football, en 2002, ce sport est devenu très populaire. Le rugby, depuis 2007, semble susciter le même engouement.

• **Alpinisme et randonnée** : les montagnes ne manquent pas. L'ascension du **mont Fuji**, la plus populaire, ne se pratique que l'été (→ *p. 274*). Les circuits de randonnée sont bien balisés, notamment à l'intérieur des 28 parcs nationaux que compte le pays. Un guide en anglais répertorie les plus belles randonnées : *Hiking in Japan* (Lonely Planet). On peut également trouver des informations pratiques sur le site : www.outdoorjapan.com

• **Arts martiaux** : à moins d'être pratiquant dans son propre pays, il est difficile d'apprendre un art martial au cours d'un voyage touristique. On peut en revanche assez facilement assister à des entraînements ou à des compétitions.

• **Ski** : en hiver, les pistes du nord de Honshû ou de Hokkaidô attirent de nombreux skieurs. L'OT japonais publie une brochure proposant une vingtaine de stations dont les prix sont sensiblement les mêmes qu'en France. Une sélection plus large est disponible sur le site www.snowjapan.com. Dans certaines régions, on peut souvent associer les plaisirs de la glisse à ceux du bain dans une source thermale *(onsen)*.

• **Sports nautiques** : en été, c'est au sud de l'archipel, à Okinawa notamment, qu'on se presse pour pratiquer la plongée et les sports nautiques.

■ Tabac *(tabako)*

Bien qu'on trouve partout des distributeurs de cigarettes, les lois restreignant le droit de fumer se sont beaucoup durcies : non seulement de nombreux bars et restaurants sont devenus non-fumeurs, mais dans certains quartiers de Tôkyô la cigarette est interdite jusque dans la rue ! Des « coins fumeurs » ont été aménagés.

■ Téléphone *(denwa)*

Peu de pays au monde sont aussi bien équipés. Il y en a absolument partout : dans les cafés, les boutiques, les hôtels, les grands magasins, les banques, les halls d'immeubles et même dans

---

Que faire en cas de séisme ?

D'abord, ne pas s'affoler. Commencer par éteindre tout ce qui peut provoquer un incendie (gaz, radiateur…) et ouvrir la porte de la pièce où l'on se trouve afin de pouvoir sortir en cas de besoin. Se mettre ensuite à l'abri sous un lit ou sous une table. Dans une maison traditionnelle, les toilettes sont le lieu le plus sûr : du fait de l'étroitesse de la pièce, elles s'effondrent toujours en dernier. Dans un immeuble, éviter à tout prix les ascenseurs. Dans la rue, s'éloigner de tout ce qui menace de s'écrouler. Les grands immeubles sont en principe conçus pour résister aux plus fortes secousses, mais les vitres cèdent plus facilement. Les trains, en particulier les trains à grande vitesse, sont tous équipés d'un système de sécurité qui interrompt le courant dès qu'une secousse dépasse le seuil admis.

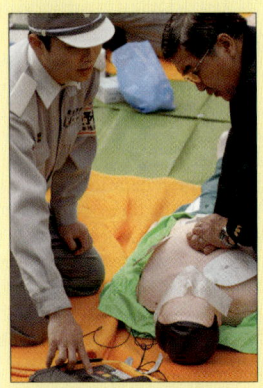

▲ Des simulations de séisme ont lieu régulièrement afin que chacun soit prêt le jour venu.

Vivre au quotidien • 45

> ### Téléphoner
>
> - **Pour appeler le Japon depuis la France** : composez le ☎ 00.81 suivi de l'indicatif de la ville (sans le 0) et du n° de votre correspondant.
> - **Pour appeler d'une ville à l'autre au Japon** : toujours composer, d'abord, l'indicatif local (03 pour Tôkyô).
> - **Renseignements en anglais** : ☎ 5295.1010.
> - **Renseignements internationaux** : ☎ 0057.
>
> - **Pour appeler du Japon en France** : vous devez d'abord passer par l'une des compagnies Japan Telecom (☎ 0088.41), IDC (☎ 0120/03.0061) ou KDDI (☎ 001.010) ; puis composez le 33 et le n° de votre correspondant sans le 0 initial.
>
> Remplacez le 33 par le 32 si vous souhaitez obtenir la **Belgique**, par le 41 pour la **Suisse**.
>
> Pour appeler en **PCV**, composez le ☎ 0039 suivi de l'indicatif du pays.

les Shinkansen. Il est très rare de tomber sur un téléphone en panne ou qui ne rend pas la monnaie. Si vous ne maîtrisez pas le japonais, il est plus simple de demander à votre hôtel de téléphoner pour vous. La plupart des **téléphones publics** fonctionnent avec des cartes en vente dans des distributeurs placés un peu partout à proximité ou à l'intérieur des cabines. Attention, seuls les **téléphones internationaux** ISDN gris permettent d'appeler à l'extérieur du pays.

Téléphones portables (keitai denwa). Même lorsqu'on active l'option internationale de son mobile français, il n'est pas évident de s'en servir, et dans tous les cas cela revient très cher. On peut **louer** un téléphone dès l'arrivée à l'aéroport (plusieurs opérateurs) pour un tarif raisonnable avec un mode d'emploi en anglais. Un passeport et une carte de crédit suffisent.

■ Toilettes (toire ; te arai)

On en trouve à peu près partout, particulièrement dans les stations de métro, les gares, les hôtels, les cafés, les grands magasins, etc. Elles sont toujours gratuites et très propres. Une « Association pour le renouveau des toilettes au Japon » s'est même donné comme but de mettre à la disposition du public des installations plus luxueuses et plus confortables encore. Dans les restaurants où l'on doit se déchausser et dans les maisons particulières, une paire de pantoufles spéciales est mise à votre disposition à l'entrée afin de vous éviter le contact froid du carrelage. Les toilettes à la japonaise ont la forme d'une cuve allongée, recouverte à l'une des extrémités ; la position correcte consiste à se tenir face à cette partie recouverte, le dos à la porte.

■ Tremblements de terre (jishin)

Ils sont très fréquents. Heureusement, les fortes secousses sont assez rares. Le dernier grand tremblement de terre s'est produit à Kôbe le 17 janvier

BON À SAVOIR
Les communications internationales sont 40 % moins chères le dimanche ainsi que tous les jours entre 23 h et 8 h du matin, quelle que soit la compagnie.

BON À SAVOIR
Sur la porte des toilettes, le signe 男 indique les cabines pour hommes et le signe 女 celles pour dames.

EN SAVOIR PLUS
Sur le milieu naturel, reportez-vous au chapitre « La nature et les hommes » (p. 49) et au théma sur le volcanisme, p. 576-577.

1995, faisant 5 000 morts et des dizaines de milliers de sans-abri. Dans chaque quartier, un refuge est prévu (en général dans les parcs de la ville et les cours d'écoles), et chaque habitant sait exactement ce qu'il a à faire pour porter les premiers secours *(→ encadré p. 44)*.

■ Usages

Les Japonais tendent à éviter le **contact physique**, du moins en public. Personne ici ne se « fait la bise » ni ne se serre la main. Une simple courbette suffit pour se saluer avec un degré d'inclinaison plus ou moins prononcé en fonction du respect dû à la personne rencontrée.

Si c'est une première rencontre, dire : « *Hajimemashite* » (« Enchanté ») puis « *Yoroshiku onegaishimasu* » (« Je m'en remets à vous », davantage utilisé dans les relations d'affaires). Il faut également savoir, si vous visitez une famille japonaise, que l'on est tenu d'enlever ses **chaussures** à l'entrée et d'enfiler des pantoufles que votre hôte mettra à votre disposition. On se déchausse également à l'entrée des temples.

Sachez enfin qu'une grande importance est accordée à l'apparence physique et à la **propreté** : une tenue négligée sera considérée comme une agression tandis que l'élégance suscitera un élan de sympathie. → *aussi* « *Comment se comporter à table* », *p. 31*.

■ Vie nocturne

Pour les Japonais, sortir le soir signifie généralement aller boire dans un ou plusieurs bars en grignotant des « *tsumami* » (amuse-bouche). Après 20 h, vous croiserez sans doute des groupes de *salarymen* éméchés (ou jouant à l'être) qui « font l'échelle », passant de bar en bar pour se détendre et développer des relations moins formelles qu'au bureau. Ce qui n'empêche pas, dès le lendemain matin, la hiérarchie de reprendre ses droits.

Les **bars** japonais sont souvent minuscules (quatre ou cinq places), et l'arrivée d'étrangers déclenche presque toujours une certaine gêne. Mieux vaut donc être accompagné par un Japonais. Certains bars sont équipés de matériel de **karaoké**, mais le répertoire proposé se centre le plus souvent à la chanson japonaise traditionnelle *(enka)*. Les jeunes fréquentent plus volontiers des karaokés « privatifs » où l'on peut louer une pièce pour y chanter avec ses amis. Ceux qui sont situés dans les quartiers touristiques proposent souvent un répertoire de chansons en anglais et même, parfois, en français.

■ Voltage

Le Japon fonctionne en 100 volts, mais la plupart des appareils européens s'utilisent sur l'archipel, à condition de posséder un adaptateur pour la prise (presque tous les grands hôtels en fournissent).

découvrir

partir

séjourner

comprendre

visiter

en savoir plus

La nature et les hommes	49
Le Japon aujourd'hui	56
Histoire du Japon	76
Religions et spiritualités	98
L'art japonais	107
La langue et son écriture	122
La littérature	129
Au pays des mangas	136
Le cinéma	141
Les arts de la scène	147
La gastronomie	153

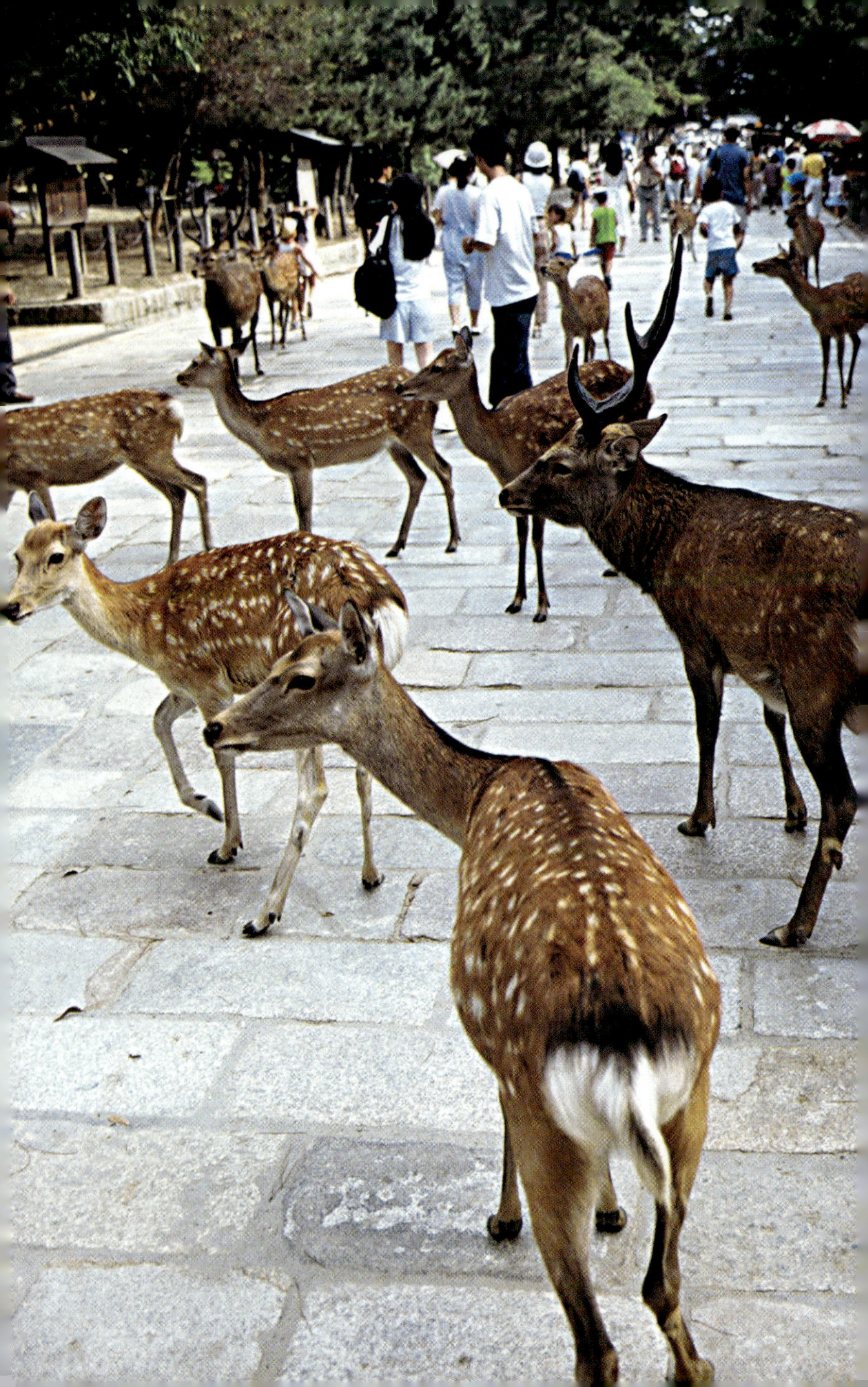

La nature et les hommes

par Philippe Pons

Pays étroit, étiré selon un axe nord-est/sud-ouest, le Japon se présente comme un arc insulaire s'étendant de Wakkanai, sur le détroit de La Pérouse, à hauteur du 45e degré de latitude nord, jusqu'à l'archipel d'Okinawa, qui voisine le tropique du Cancer. Cet écart de latitude, comparable à celui qui sépare Montréal de La Havane, lui confère un large éventail climatique, allant de la zone tempérée froide à la zone subtropicale, et une grande variété de paysages, de la banquise hivernale sur Hokkaidô à la mangrove à Okinawa. Pays de volcans, l'archipel, situé sur la « ceinture de feu » du Pacifique, à la jonction de trois plaques tectoniques et sur des failles actives, est l'une des régions les plus sismiques du monde.

En dépit d'une urbanisation massive, fruit de la priorité accordée depuis l'ère Meiji (1868-1912) à l'industrialisation, et du saccage de l'environnement auquel a donné lieu la Haute Croissance (1960-1973), la nature demeure le référent suprême de la culture nippone. Que reste-t-il de cette relation si particulière des Japonais à leur milieu en ce début de XXIe s. ? Assurément, une sensibilité qui découle d'une expérience émotionnelle, plus que conceptualisée, du rapport à la nature.

Mer et montagne

L'arc insulaire japonais, composé essentiellement de quatre îles, a plus de 30 000 km de littoral, et la montagne y couvre les trois cinquièmes du territoire. L'île principale (Honshû) est flanquée de deux grandes îles (Shikoku et Kyûshû) ; les marches septentrionales et méridionales sont formées de Hokkaidô et de l'archipel d'Okinawa. À ces grandes îles s'ajoute un chapelet de 3 600 petites îles et îlots, plus ou moins éloignés, souvent inhabités, qui n'ont néanmoins une grande importance stratégique. En effet, compte tenu de la délimitation des zones économiques exclusives de 200 milles marins, leur existence multiplie par 10 la superficie du territoire national : de 377 500 km², l'archipel étend sa souveraineté sur 4,4 millions de km²...

À l'exception de la plaine du Kantô (région de Tôkyô), dominée par le majestueux Fuji-san – volcan qui sommeille depuis le XVIIIe s. –, et de la plaine de

◀ À Nara, les visiteurs se mêlent aux daims qui vaquent en liberté parmi les édifices religieux.

▲ La baie de Nagasaki, parsemée d'îles.

Les quatre saisons sont distinctes. L'été chaud, clair et moite, marqué par les fortes pluies des moussons, s'achève sur le passage des typhons, tandis que l'hiver, fortement neigeux dans l'est du Honshû, est généralement calme et ensoleillé sur la face pacifique. Le printemps et l'automne sont les plus belles saisons.

Tokachi sur Hokkaidô, la montagne est omniprésente. Si Hokkaidô peut rappeler par ses pâturages des paysages de l'Europe du Nord, ailleurs l'infini déroulement des rizières, parfois en terrasses, scande le paysage, souvent barré à l'horizon par un versant boisé. Les conifères qui grimpent à l'assaut des pentes alternent avec les vaporeux bambous.

Variété paysagère

L'allongement de l'archipel lui confère une grande variété climatique et paysagère. La végétation subtropicale (banians, lianes, cannes à sucre…) des îles du Sud fait place, en remontant vers le nord, aux feuillus toujours verts des plaines centrales (chênes, camélias, théiers) puis aux pins, cèdres, cyprès et au cryptomeria *(sugi)*, arbre roi au Japon, dont on se sert notamment dans la construction. Dans le nord de Honshû (région du Tôhoku) commence la forêt tempérée froide, avec ses arbres à feuilles caduques et ses sapins.

Pays volcanique, le Japon compte de nombreux lacs (de caldeira, de cratère…), marais et lagunes qui attirent les cygnes et les grues à aigrettes. Les lacs figurent parmi les « paysages célèbres » *(meisho)* abondamment représentés en peinture et célébrés en littérature. Les côtes plus encore. Les trois grands « paysages japonais » depuis l'époque Edo sont tous au contact de la mer : le *torii* caressé par le ressac de l'île sanctuaire de Miyajima (non loin de Hiroshima) ; le pont céleste (*Ama no hashidate*), bande de sable au centre de Honshû

En dépit des matières nouvelles, la présence du végétal est une caractéristique de la vie quotidienne, ne serait-ce que par les tatamis (nattes de sol) ; l'art des jardins en est une autre expression.

sur la mer du Japon ; et, près de Sendai, la baie de Matsushima, avec ses îlots rocheux plantés de pins. Découpé, déchiqueté parfois, s'égrenant en caps et en baies fourmillant d'îlots, le littoral peut être de toute beauté, mais il a aussi été asservi à l'industrialisation et souvent saccagé.

Est ou Ouest

À l'exception de Hokkaidô et d'Okinawa, les Japonais organisent leur espace moins selon un axe nord-sud qu'est-ouest : le Japon « de l'envers » (sur la mer du Japon) et le Japon « de l'endroit » (du côté pacifique). Le berceau de la civilisation nippone fut la région de Nara et de Kyôto, où résidait la cour impériale et où se trouvaient les grands monastères, et se prolongeait vers le Kyûshû par la mer Intérieure. Le port de Hakata (englobé aujourd'hui dans la mégapole de Fukuoka) était le point de transit des marchandises – et des influences – venues du continent (Chine et Corée).

Au début du Ier millénaire, les contrées au-delà de Nagoya (à l'est) étaient encore considérées comme lointaines : c'est là que, à la fin du XIIe s., se développa la classe des guerriers. Ils installèrent leur « gouvernement sous la tente » *(bakufu)*, c'est-à-dire le régime des shoguns, à Kamakura (sud de Tôkyô) puis, au début du XVIIe s., à Edo (ancien nom de Tôkyô). Les guerriers allaient régner sur le pays, confinant l'empereur et sa cour à Kyôto dans une fonction cérémonielle. Le régime shogunal marqua surtout la suprématie de l'Est sur l'Ouest, d'un Japon du cheval et du guerrier, terrien et patriarcal, sur un Japon du riz et des bateaux, des marchands et des aristocrates.

▲ Rizières en terrasses dans la préfecture d'Okayama (Chûgoku).

Le Japon rural

Le Japon est l'un des rares pays où n'a cessé de se renforcer la concentration du pouvoir et de la richesse dans les grandes villes, à commencer par Tôkyô. La paysannerie a cependant longtemps bénéficié d'une protection exceptionnelle en raison de la surreprésentation électorale des campagnes, alors que la part de l'agriculture dans le PIB a chuté de 8,8 % en 1960 à 1 % en 2000, et que le taux d'autosuffisance est passé pour la même période de 90 à 40 %. La riziculture n'a survécu que grâce aux subventions de l'État. Cette protection a plusieurs raisons.

La paysannerie, constituée en majorité de petites exploitations (1,2 ha en moyenne), fruit de la réforme agraire de 1946, était un enjeu électoral majeur pour le PLD (Parti libéral démocrate) par la relation clientéliste du député avec ses électeurs (subventions et travaux publics en échange de voix). Pendant les décennies de croissance, les campagnes furent en outre le grand réservoir de main-d'œuvre bon marché permettant aux entreprises les ajustements aux à-coups de la conjoncture. Les valeurs socioculturelles de la communauté villageoise (système patriarcal de la maisonnée, frugalité, ténacité…) ont enfin constitué une armature de l'identité nationale dont la nostalgie du « pays natal » *(furusato)* est un thème récurrent dans la culture populaire. Sous les coups de boutoir de la mondialisation et du poids des nouvelles couches urbaines, le monde rural a commencé à se dépeupler, entamant un irréversible déclin.

Un peuplement concentré

Près d'un quart de l'archipel est inhabité. Bien que peu élevée (3 000 m), la forte ossature montagneuse complique les communications. Les pentes souvent abruptes rendent difficile l'accès aux vallées encaissées et exigent souvent de complexes travaux d'infrastructures. Ce relief tourmenté a porté les Japonais vers les plaines du littoral, densément peuplées. Le développement historique et économique a favorisé le Japon « de l'endroit », où se concentre la population et où l'industrialisation fut la plus rapide.

La grande majorité de la population (80 %) vit en milieu urbain. La mégalopole de Tôkyô compte plus de 30 millions d'habitants. Une longue traînée urbaine s'étire le long du Pacifique jusqu'au Kansai puis, un peu plus clairsemée, jusqu'à Kitakyûshû, à un millier de kilomètres de la capitale. La politique de Haute Croissance économique (1960-1973) s'est traduite par un accaparement des plaines littorales de la côte pacifique par les complexes industriels.

La nature, référent suprême

« Les Japonais aiment la nature. » C'est là un constat autant qu'un cliché… car on a tout et rien dit. Il existe indéniablement dans l'archipel une expérience de la nature, sans équivalent au monde, qui relève d'une conception singulière du rapport de l'homme à son milieu. La richesse du vocabulaire pour évoquer les nuances paysagères les plus subtiles, les variations saisonnières ou les éléments (différentes sortes de pluies, de nuages, de vents…), témoigne de cette sensibilité millénaire, aussi diffuse que prégnante.

Mais force est de constater aussi que ce peuple « amoureux de la nature » a maltraité sans ménagement son environnement, endommagé irrémédiablement des sites archéologiques, dévasté son patrimoine naturel (terrains regagnés sur la mer, remblaiement des côtes en vue d'objectifs productifs ou de protection contre les raz de marée) et que le développement effréné auquel il s'est livré a provoqué de meurtrières maladies de la pollution.

Cette attitude en apparence contradictoire s'explique : le géographe Augustin Berque souligne ainsi le caractère sélectif de l'attachement des Japonais à la nature : ils n'aiment pas n'importe quelle nature, celle qu'ils vénèrent est moins une nature objective, écologique, qu'une nature qui répond à une certaine idée dans laquelle interviennent conventions et « artificialité ». Le bonsaï (arbre nain) en est un exemple : c'est bien la nature mais hautement élaborée.

◀ Dans quel pays la télévision annonce-t-elle, en automne et au printemps, la progression du rougeoiement des érables ou de la floraison des cerisiers ? Quel peuple aime à ce point écouter le chant des oiseaux ou celui des insectes, admirer la Lune ou le ballet des lucioles ? Où, ailleurs qu'au Japon, prête-t-on tant d'attention au vent de l'été ? Une petite clochette *(fûrin)* pendue à l'extérieur des maisons tinte dès qu'une brise l'effleure, apportant un sentiment de fraîcheur dans la torpeur estivale…

Mentalités et milieu

Sans tomber dans un déterminisme géographique simplificateur, le milieu n'est pas sans influence sur les mentalités. Dans le cas japonais, les aléas naturels (éruptions, séismes et raz de marée, déchaînements climatiques) ne sont pas des phénomènes « anodins ». En 1923, le tremblement de terre du Kantô (région de Tôkyô) fit 140 000 morts et disparus. En 1995, celui de Kôbe, 5 478… L'archipel profite des bienfaits de la nature, mais il est aussi victime de ses violences dévastatrices.

Ce rappel constant des deux « âmes » de la nature (bienveillante et féroce) n'est pas étranger à la conception particulière de la relation de l'homme à son milieu qu'entretiennent les Japonais. Histoire et expérience émotionnelle d'un environnement turbulent structurent ici les tempéraments et l'existence sociale. Alors que, dans la tradition occidentale, l'homme cherche à soumettre les forces de la nature, les croyances religieuses et l'esthétique nippones mettent l'accent sur la symbiose entre vie humaine et environnement naturel. L'idée de nature dans son acception moderne d'environnement est une notion récente ici, datant du contact avec l'Occident au XIXᵉ s. : auparavant, la nature était pensée comme le principe de toute existence.

☞ **EN SAVOIR PLUS**
Sur le volcanisme, voir le théma p. 576-577.

Traditions religieuses et nature

Dans la cosmogonie que véhiculent les premiers textes, tels que le *Kojiki* (VIIIᵉ s. ; → *encadrés p. 78 et 99*), l'homme et la nature sont placés dans une situation de communion inséparable. Le culte shintoïste (animisme et religion première du Japon) fait de l'être humain un élément du cycle de la nature, et du monde phénoménal une sorte d'absolu excluant tout principe qui le transcenderait. Le shintoïsme n'établit pas de distinction radicale entre divin et naturel : son panthéon est composé d'éléments naturels (astres, montagnes, arbres, etc.) comme d'êtres humains.

À l'opposé des religions qui postulent une création à l'origine du monde, le shintoïsme conçoit celle-ci comme un « surgissement naturel ». La nature existe immédiatement, indépendamment de toute détermination antérieure. « La nature n'est ici ni bonne ni mauvaise. Elle est. Et il faut coexister avec elle », commente Yamaori Tetsuo, spécialiste des croyances populaires : « Derrière le déchaînement des forces de la nature se profile le sacré. Le [shintoïsme] cherche à l'apaiser et à en déchiffrer les signes. » Aujourd'hui encore, avant que commence une construction, un rite shintoïste est pratiqué dans le but d'apaiser les divinités du sol.

L'animisme perce sous le langage quotidien : le tonnerre se dit par exemple « grondement des divinités » *(kaminari)*.

☞ **EN SAVOIR PLUS**
Sur le shintoïsme et le bouddhisme, reportez-vous au chapitre « Religions », p. 98.

Sur le rabat arrière de la couverture, un Tableau chronologique indique les périodes de l'histoire japonaise. En fin de volume, le Petit dictionnaire répertorie le vocabulaire spécifique.

La douce mélancolie des choses

Le rapport symbiotique à la nature peut être ici à l'origine d'une résignation mélancolique devant l'impermanence du monde, sentiment que résume l'expression *mono no aware* : « la douce mélancolie », « le pathétique des choses ». De cette acceptation de la finitude de l'existence, découle un trait de l'attitude des Japonais devant la vie : un scepticisme parfois amer, un pessimisme fondamental auquel le bouddhisme n'est pas étranger. Sans doute, nombre de Japonais ne sont pas loin de partager ce sentiment qui sourd de la formule nourrie de sagesse zen : « J'ai connu ce qu'il y a au milieu des rires et des pleurs : c'est rien tout simplement. » Mais, loin de s'immobiliser devant le constat de la vanité de toute action, ils semblent trouver dans ce « pathétique des choses » une force mobilisatrice.

Dans le shintoïsme, le temps est sans début et sans fin. Il n'est qu'une succession d'événements et l'on recherchera l'harmonie de chaque moment séparément. De même qu'ils sont sensibles aux cycles naturels, les Japonais se plient à leurs effets : le changement inhérent à l'écoulement du temps. Plutôt que de tendre à l'immuable, ils cherchent plutôt à esquiver le temps par des reconstructions périodiques, à l'identique, comme au sanctuaire d'Ise (→ *encadré p. 323*).

Le bouddhisme, arrivé au VIe s., n'a en rien entamé cette conception, comme en témoigne le syncrétisme entre les deux religions jusqu'au milieu du XIXe s. Il a en revanche exacerbé cette expérience du transitoire en soulignant l'impermanence fondamentale de toute chose. Et l'éphémère (dont les fleurs de cerisiers que disperse le moindre souffle de vent sont un symbole) est l'un des grands thèmes de l'esthétique nippone.

Nature et littérature

Une tradition plus que millénaire mêle étroitement le sentiment de la nature à l'art et aux lettres pour donner naissance à une culture des plus raffinées. Les évocations paysagères révèlent, dès l'anthologie poétique *Man'yôshû* (compilée au VIIIe s.), cet attachement à la nature qui s'épanouira à l'époque Heian (VIIIe-XIIe s.) dans une littérature écrite essentiellement alors par des femmes. Les « batailles des saisons » sont symptomatiques de la prégnance du thème de la nature : dans ces joutes littéraires, les concurrents composaient des poèmes ponctués d'allusions aux charmes de chaque saison.

Sous-jacente à cette symbiose entre l'homme et la nature se profile l'idée que le monde phénoménal est saisissable tel qu'il se donne, dans l'instant de son expérience. La tradition poétique du haïku (→ *p. 132*) est imprégnée de ce sentiment d'immédiateté : « Ce qu'est le pin, apprends-le du pin / Ce qu'est le bambou, apprends-le du bambou », écrit le poète Bashô (XVIIe s.), qui enjoint qui veut le suivre sur le chemin poétique de « retourner à la nature ». En littérature, l'évocation de la saison a une fonction unificatrice donnant sa cohérence à des impressions fugaces et dispersées. Les « mots de saisons » (expressions utilisées comme référence obligée à telle époque de l'année) sont répertoriés dans des almanachs poétiques, guides pratiques à l'usage des compositeurs de haïkus – qui demeurent aujourd'hui encore une expression populaire. Le romancier Kawabata Yasunari (prix Nobel de littérature 1968) scande par exemple certains de ses romans du rythme des saisons.

Dans *Le Dit du Genji* (début XIe s. ; → *p. 118*), monument de la littérature classique, les personnages ne sont jamais isolés de l'environnement naturel : les variations les plus subtiles de la nature reflètent les mouvements de leur âme. Ainsi, les herbes de l'automne inclinées et agonisantes semblent-elles plaindre la princesse mourante que visite le prince Genji.

La prégnance de la nature dans l'esthétique explique que, jusqu'à l'époque Edo (XVIIe-milieu XIXe s.), prédomine en peinture le paysage et non le portrait.

Une prise de conscience trébuchante

Peut-être les Japonais ont-ils tardé à prendre conscience du saccage écologique parce qu'ils tendaient à percevoir la nature comme inépuisable. La marche forcée vers la modernisation puis le redressement après la défaite de 1945 avaient banni toute autre priorité. Mais, dans les années 1960-1970, la destruction de l'environnement a pris de telles proportions qu'elle provoqua une crise identitaire : le « miracle économique » tournait au cauchemar écologique. La maladie de Minamata – intoxication des habitants des pourtours de la mer de Shiranui (Kyûshû) par le mercure organique qui y était déversé par une usine chimique – fut emblématique du heurt de deux conceptions du rapport de l'homme à la nature : l'une symbiotique, l'autre prédatrice. « Les pêcheurs qui vivaient en symbiose avec la nature ont longtemps refusé de croire que la mer pouvait être porteuse de mort alors qu'ils avaient en face d'eux une usine pour laquelle la nature était simplement à asservir », commente Ishimure Michiko, qui, jeune institutrice, vécut ce drame et y consacra des récits d'une grande sensibilité.

Sur la vague finissante de la contestation étudiante, des écrivains, des cinéastes et des auteurs de théâtre se firent l'écho de ce désarroi. Pour certains sur le registre de la révolte (refus de l'idée euphorisante du progrès) ; pour d'autres, du mysticisme d'un ordre primitif sacrifié à l'industrialisation. Ce fut le cas du cinéaste Imamura Shôhei dans son film *Profond désir des dieux* (1968), tandis que le jeune théâtre contestataire renouait avec le folklore et les forces « dionysiaques » de l'inconscient collectif. Dans son roman *Kôzui wa waga tamashii ni oyobite* (1973 ; « L'inondation arrive jusqu'à mon âme »), Ôe Kenzaburô (prix Nobel de Littérature 1994) critiquait avec véhémence une civilisation agressive et destructive dans son obsession d'efficacité.

L'activisme des mouvements de citoyens et les grands procès entamés contre les pollueurs allaient contraindre l'État à réagir. Aujourd'hui, le Japon dispose des normes environnementales parmi les plus sévères du monde. À l'avant-garde de la recherche des énergies alternatives, il mise sur son héritage culturel pour forger de nouveaux modes de coexistence homme-nature, après un lourd tribut payé au « progrès ».

Une exception culinaire nippone

La chasse à la **baleine** attire au Japon de vives critiques internationales. En jouant de la clause du moratoire sur la pêche aux cétacés de 1986 permettant une chasse « à fins scientifiques », il prend chaque année un certain quota de baleines. Tôkyô mène en outre campagne au sein de la Commission baleinière internationale pour mettre fin au moratoire en faisant valoir que certaines espèces n'ont plus besoin d'être protégées. La consommation de chair de baleine fait partie de sa tradition culinaire, proclame le Japon. Jusqu'au début des années 1960, les cantines scolaires servaient de la baleine, alors peu chère et riche en protéines. À Tôkyô, une centaine d'*izakaya* (brasseries) en servent en petits plats pour accompagner le saké, et une trentaine de restaurants à travers le pays en ont fait leur spécialité. La baleine occupe une place particulière dans l'histoire de la pêche au Japon : dans les cinq ports baleiniers, de petits sanctuaires honorent l'« âme » des baleines sacrifiées à l'appétit des hommes. La virulence de la bataille entre partisans et adversaires de la chasse a donné un tour émotionnel à la défense de cette tradition culinaire alimentant parfois, même chez ceux qui n'apprécient guère la chair de baleine, un sursaut identitaire.

Le Japon aujourd'hui

par Philippe Pons

La société japonaise a plus changé au tournant du nouveau millénaire que pendant les quarante années qui ont suivi la défaite de 1945 : elle est aujourd'hui plus complexe, plus diversifiée et plus inégalitaire. Jusque dans les années 1960, le Japon a été un pays vaincu, occupé pendant sept ans par les États-Unis puis lancé dans un redressement spectaculaire. Si la rupture de 1945 est profonde (démocratisation, forts clivages idéologiques, redémarrage économique), les mécanismes d'intégration sociale se situent dans une relative continuité par rapport à l'avant-guerre.

L'éclatement de la « bulle » (valorisation excessive des actifs immobiliers et boursiers) au début des années 1990, qui a provoqué une récession de près de douze ans, a modifié le « pacte social » sur lequel avait été bâti ce qu'il est convenu d'appeler le « miracle économique », c'est-à-dire une spectaculaire expansion, par l'apparition de disparités durables entre générations et régions. Cette évolution sociale s'est reflétée dans la vie politique avec l'arrivée au pouvoir, en août 2009, du parti démocrate (centre gauche) qui mettait fin à un demi-siècle de gouvernement du parti conservateur libéral démocrate.

De l'Expo d'Ôsaka à la valorisation du yen (1970-1985)

L'Exposition universelle d'Ôsaka (1970) consacre le Japon comme le troisième Grand : troisième puissance économique du monde et seconde de la sphère capitaliste. Mais dans les années suivantes, l'archipel va subir de plein fouet deux chocs pétroliers. Après un moment de panique, son système productif s'avère plus résistant que celui de la plupart des pays industrialisés, et il va être perçu comme un modèle pour l'Occident, qui vient puiser des recettes de croissance chez le premier exportateur de la planète. Mais à cette époque, le Japon est aussi confronté aux limites de son modèle de développement et à des formes de contestation nouvelles. À la fin de la période, avec la valorisation du yen à partir de 1985, il ajoute néanmoins à sa puissance industrielle et commerciale une force financière qui en fit le premier créancier de la planète.

Le Japon en bref
chiffres de 2008

Superficie : 377 921 km² (un peu plus étendu que l'Allemagne) • les **quatre îles** principales sont, du nord au sud, Hokkaidô, Honshû, Shikoku et Kyûshû, auxquelles s'ajoute l'archipel d'Okinawa.

Point culminant : le mont Fuji (alt. 3 776 m).

Population : 127,69 millions d'hab.

　Densité : 338 hab./km².

　Indice de fécondité : 1,37 enfant par femme.

　Proportion de personnes âgées de plus de 65 ans : 22,1 %.

　Nombre de suicides : 32 249.

　Taux de croissance : 0.

　Espérance de vie moyenne : 86 ans (femmes), 79 ans (hommes).

　Population active : 63,8 millions dont 41 % de femmes.

　Taux de chômage : 4,1 %.

　Nombre de résidents étrangers : 2 millions.

　Immigration et pratique du droit d'asile : l'accès au territoire japonais est lié à l'obtention d'un emploi dans un secteur précis, et le séjour est limité à une durée déterminée.

Éducation : 98 % des Japonais et des Japonaises finissent l'école secondaire, et 53,7 % font des études supérieures (54 % pour les hommes et 52 % pour les femmes).

Religions : shintoïsme : 50,7 % • bouddhisme : 43,3 % • christianisme : 1,2 % • autres : 4,8 %.

Capitale : Tôkyô (8,5 millions d'hab.).

Villes principales : Yokohama (3,6 millions d'hab.), Ôsaka (2,6 millions), Nagoya (2,2 millions).

Régions les plus peuplées : Tôkyô et sa périphérie (30 millions d'hab.) • le Kansai (région de Kôbe-Kyôto-Ôsaka, 2ᵉ pôle économique de l'archipel (24 millions d'hab.).

Langue officielle : japonais.

Organisation territoriale : 47 préfectures regroupées en 8 régions, du nord au sud : Hokkaidô, Tôhoku, Kantô, Chûbu, Kinki (Kansai), Chûgoku, Shikoku, Kyûshû.

Institutions : le Japon est une démocratie parlementaire. Aux termes de la Constitution, l'**empereur** est « le symbole de l'État et de l'unité du peuple », il n'a pas de pouvoir de gouvernement. Système représentatif bicaméral : chambre basse (551 **députés** élus tous les 4 ans) ; chambre haute (242 **sénateurs** élus pour 6 ans).

Économie :

　Monnaie : le yen. Début 2010, 1 euro = 120 yens ; 100 yens = 0,80 euro.

　PIB : 507 000 milliards de yens (2ᵉ puissance économique du monde après les États-Unis • taux de croissance du PNB : - 0,7 % en termes réels.

　PIB/hab. : 34 000 dollars.

　Inflation : 1,1 %.

　Agriculture : 1,4 % du PNB. Faible superficie agricole ; tissu d'exploitations morcelé et population (3,8 %) vieillissante. Autosuffisance alimentaire : 40 %.

　Secteur secondaire (industrie) : 26,5 % du PNB ; emploie 26,8 % de la population active • secteurs forts : électronique, technologie de la communication, biotechnologies, automobile.

　Secteur tertiaire : 72 % du PIB ; emploie 68 % de la population active • secteurs en croissance : ressources humaines, prise en charge des personnes âgées.

　Salaire mensuel moyen : 379 000 yens (3 090 euros).

　Nombre d'heures de travail par semaine : 38.

　Taux de syndicalisation : 18 %.

　Principaux clients : États-Unis (22 %), Chine (13 %), Corée du Sud (7,8 %).

　Principaux fournisseurs : Chine (20,7 %), États-Unis (13,7 %), Corée du Sud (4,8 %).

Société

Une période tourmentée

Alors qu'allait s'ouvrir l'Exposition universelle d'Ôsaka, perçue par les Japonais comme la consécration de leur redressement, une suite d'événements entama l'euphorie. La fin de la décennie 1960 avait été placée sous le signe de la violence. La contestation étudiante, marquée par la montée du radicalisme et les spectaculaires combats de rue menés par la Zengakuren (Fédération des organisations autonomes étudiantes), avait culminé avec la bataille épique entre policiers et étudiants pour la prise de l'amphithéâtre Yasuda à l'université de Tôkyô en janvier 1969. En mars de l'année suivante, le groupuscule Armée rouge détournait un avion sur la Corée du Nord ; deux ans plus tard, repliée au Liban sous la direction d'une femme, Shigenobu Fusako, une fraction de ce groupuscule massacrait 26 personnes à l'aéroport de Tel-Aviv. Entre-temps, en novembre 1970, le suicide de Mishima (→ p. 97) avait suscité l'effroi.

> Empoisonnement par le mercure organique déversé dans la mer par l'usine chimique Chisso, la « maladie de Minamata » provoque une dégénérescence du système nerveux. En 2006, pour le 50ᵉ anniversaire de la reconnaissance officielle de la maladie, on dénombrait 12 000 victimes reconnues et près de 2 000 morts. Le nombre des malades s'élèverait à 30 000.

Des failles apparaissaient en outre dans la confiance aveugle en ce « Progrès humain dans l'harmonie » (thème de l'Expo) avec les grandes affaires de pollution, dont celle de Minamata (Kyûshû), l'une des plus graves tragédies environnementales du XXᵉ s. par son ampleur et sa durée. Le consensus n'était pas entier non plus à Narita (environs de Tôkyô) où, de 1969 à 1991, des paysans révoltés menèrent une lutte aux allures de guérilla contre les forces de l'ordre et un État qui les dépouillait de leurs terres pour construire le nouvel aéroport de Tôkyô.

Une allergie nucléaire tempérée

Des accidents – à la centrale de Tôkaimura en septembre 1999 (nord de Tôkyô ; deux morts), puis ceux consécutifs au séisme en juillet 2007 à la plus grande centrale du pays, Kashiwazaki-Karina – réveillent régulièrement l'allergie nucléaire du seul pays au monde à avoir subi la bombe atomique. Anomalies, défaillances humaines et danger naturel ne sont pas pour rassurer l'opinion en dépit des déclarations des politiques et des scientifiques, selon lesquels le risque est maîtrisé. Dépendant des importations pour ses approvisionnements en énergie, le Japon développe le nucléaire depuis 1957. En 2008, celui-ci répondait à plus de 30 % des besoins en électricité, plaçant l'archipel au 3ᵉ rang mondial, après les États-Unis et la France. Cette proportion avoisine les 40 % en 2010. La première usine de retraitement, entrée en activité en 2006 à Rokkashomura (nord de Honshû), permettra la production de nouveaux combustibles selon un procédé français (MOX) et sous la surveillance de l'Agence internationale de l'énergie atomique (AIEA). Le Japon sera le premier pays ne disposant pas d'arme atomique à procéder au retraitement du combustible irradié en quantités importantes. Selon les sondages menés régulièrement par les pouvoirs publics, un cinquième de la population est opposé à l'énergie nucléaire ; une proportion équivalente est favorable au statu quo et près de la moitié pour le développement mesuré de nouvelles centrales.

La fin de l'âge d'or

Les années 1970 ont été une période de transition, d'une croissance moyenne rapide (9 % par an) entre 1960 et 1973 à une expansion plus équilibrée (3,8 %). Celle-ci est tirée par les exportations, bien que leur part dans le PIB (12 % entre 1974 et 1989) soit inférieure à celle de la France. La croissance ralentit, mais la productivité est stimulée par une politique pionnière d'économie d'énergie et l'emploi est maintenu. Plus que le renchérissement du coût de l'énergie à la suite des chocs pétroliers, c'est le mouvement de résistance à la destruction de l'environnement qui va marquer la fin de l'euphorie de la Haute Croissance (1960-1973). D'une vigueur exceptionnelle, il fut à l'origine de grands procès contre les pollueurs qui contraignirent le gouvernement à prendre des mesures drastiques.

Au cours de cette période, le ferment de la contestation passa des syndicats et du monde étudiant aux mouvements de citoyens et d'habitants, dans lesquels les femmes furent particulièrement actives. Une évolution symptomatique du recul des idéologies et de l'apparition de formes d'action collective en marge des organisations politiques ou syndicales. Ces mouvements, qui mettaient en cause une croissance aveugle menée sous la houlette d'un État dirigiste, constituèrent une force mobilisatrice qui permit aux partis de gauche (socialiste et communiste) de conquérir les mairies des grandes villes, à commencer par Tôkyô, ouvrant « l'ère des municipalités rouges » (1967-1975).

▲ Le Parlement de Tôkyô (aussi appelé Diète).

La pérennité du camp conservateur

L'un des paradoxes des années 1960-1980 tient à la stabilité politique, en dépit de la contestation et de dérapages dans la gestion du pouvoir, qui conduisirent même en prison un ex-Premier ministre, Tanaka Kakuei, en 1976. Certes, entre 1963 et 1983, la représentation du PLD (Parti libéral démocrate), parti majoritaire depuis 1955 au Parlement, régressa (passant de 54 % à 45 %). Mais la capacité de celui-ci à conserver le pouvoir a de quoi surprendre. Bien que la grande presse fasse preuve d'une relative timidité, les Japonais sont l'un des peuples les mieux informés du monde. Et leur système démocratique n'a rien à envier à celui de l'Occident. L'absence d'une opposition crédible – et donc d'une alternance possible –, le consensus frileux d'une classe moyenne inquiète de toute remise en cause de ses intérêts expliquent cette stabilité politique. Mais elle tient aussi aux caractéristiques du système de pouvoir du PLD.

En 1967, le jeu fut quelque peu troublé par l'apparition d'un petit parti centriste, le Kômeitô, émanation de la puissante secte bouddhique Sôka Gakkai, appelé à partir du milieu des années 1990 à constituer une force d'appoint au PLD en perte de vitesse.

Sur le rabat arrière de la couverture, vous trouverez un Tableau chronologique indiquant les grandes périodes de l'histoire japonaise.

Plus qu'un parti monolithique, celui-ci est un amalgame de clans reposant sur des réseaux de clientèles dont l'idéologie va du centre gauche à la droite. Ce pluralisme lui permet de refléter des segments divers de la société et de réagir aux crises, tandis que des mécanismes de régulation internes contiennent les ambitions et les rivalités de ses membres, afin de maintenir une unité, garante de son hégémonie. Ce que les politologues ont nommé le « système de 1955 » (année de création du PLD par la fusion de deux formations conservatrices) revient au jeu d'équilibre entre un parti dominant et une gauche – sociale-démocrate, socialiste et communiste – rejetée dans une situation purement oppositionnelle de contrepoids.

Une habile politique de compensation

Placé sous le signe du compromis, et non exempt de collusion et de corruption, le « système de 1955 » favorisa une politique de redistribution de la richesse qui a assuré la paix sociale, condition pour les libéraux démocrates d'une économie compétitive. L'adaptabilité du camp conservateur a fait glisser le clivage gauche-droite vers un autre registre : la capacité à gérer le changement. Sensible aux pressions de sa base électorale, le PLD a souvent soustrait à la gauche ses propositions pour les mettre en œuvre, passant ainsi aux yeux de l'opinion pour un parti ayant le monopole du réalisme. Il a pu ainsi alterner des politiques productivistes et d'autres accordant la priorité à la justice sociale ou apportant des réponses ponctuelles aux victimes de la croissance (paysannerie et petits entrepreneurs). Au cours des années 1970, afin d'enrayer leur mécontentement dû aux excès de la croissance, il va mettre davantage l'accent sur la compensation sociale, une politique facilitée (à l'excès…) par son hégémonie sur l'appareil d'État et qui se traduisit par une débauche de travaux d'infrastructures.

Priorité à la production

La Haute Croissance fut l'époque où se structurèrent – et furent portés aux nues à l'étranger – les mécanismes du modèle japonais (recettes vouées aux gémonies deux décennies plus tard, lorsque le Japon fut accusé de ne pas se plier assez rapidement aux impératifs du néolibéralisme…). Les trois piliers de l'« usine Japon » (raccourci pour désigner un pays arc-bouté sur la production) sont : l'État développeur, incarné par le puissant Miti (ministère du Commerce international et de l'Industrie ; → *encadré*) ; le système d'emploi garanti (« à vie ») et de salaire à l'ancienneté ; le syndicat d'entreprise (non de branche). Datant

---

Du Miti au Meti

Le ministère de l'Industrie et du Commerce international (Miti), devenu en 2001 Meti (ministère de l'Économie, du Commerce international et de l'Industrie), n'a pas fait que changer de nom : il a aussi perdu une partie de son influence dans une économie désormais plus dérégulée et plus diversifiée. En quête de clés expliquant l'expansion japonaise dans les années 1960-1980, les économistes occidentaux lui ont souvent attribué un pouvoir excessif. Orchestrant la concertation entre les administrations et les grands groupes industriels, le Miti a fait preuve d'un dirigisme subtil, régulant leur « concurrence excessive » sans entamer les mécanismes du marché. Il a encouragé une concentration de l'offre dans les mains de grandes entreprises dominant certaines branches et il a orchestré l'ouverture du marché intérieur en fonction des capacités de chaque secteur à affronter la concurrence étrangère. À la suite des crises pétrolières, en étroite collaboration avec les maisons de commerce, il a arrêté les grandes lignes de la stratégie exportatrice du pays. Aujourd'hui, le Meti joue un rôle essentiel d'impulsion dans la recherche et le développement.

◀ La présence américaine revisitée : dans le quartier America mura d'Ôsaka.

du lendemain de la Première Guerre mondiale et destiné à endiguer les idées socialistes ainsi qu'à fixer la main-d'œuvre par la promotion de l'idéologie de l'« entreprise-famille », ce système a été généralisé à l'ensemble des entreprises d'une certaine taille au lendemain de la défaite.

À la sortie de l'université, un jeune recruté pouvait espérer faire carrière dans la même entreprise et être assuré que son salaire augmenterait au fil des années. Le syndicat d'entreprise auquel les employés « permanents » (en CDI) sont automatiquement adhérents, est le seul interlocuteur de la direction. Il coopère d'autant plus volontiers que les engagements (garantie de l'emploi et augmentation de salaire) sont respectés. Les ajustements en matière d'emploi s'effectuaient à la marge de cette « aristocratie » des salariés permanents, en jouant sur le volet des employés temporaires qui, à travail égal, ne bénéficient ni de la rémunération ni des garanties des premiers. La sous-traitance, souvent inscrite dans un réseau d'entreprises *(keiretsu)* placées dans la mouvance de la maison mère, accentuait la souplesse du système.

Les artisans de la croissance

Dans les années 1960-1980, l'idéologie du « familialisme » de l'entreprise (vécue comme un collectif de destin) et une aspiration égalitaire ont été des ferments d'intégration. Cependant, l'employé permanent, archétype à l'étranger du salarié nippon, est loin d'être représentatif de l'ensemble des travailleurs. Les CDD ainsi que la « piétaille » des PME, non syndiquée, mal payée et souvent imparfaitement protégée par le Code du travail, en sont une autre facette : tout un petit peuple besogneux, industrieux, une foule d'ingénieurs anonymes formés dans l'esprit d'endurance et de persévérance.

À la fin de la décennie 2000-2010, les entreprises de moins de 300 salariés employaient encore près

La mutation du syndicalisme

Longtemps puissant, le mouvement syndical est en déclin à la suite des privatisations et de la précarisation engendrée par la récession. Le taux de syndicalisation est passé de 30 % en 1980 à 18,2 % en 2008. Le mouvement ouvrier japonais a perdu sa conscience de classe plus vite qu'en Europe. À la Haute Croissance (1960-1973), l'institution d'un système de bras de fer annuel entre patronat et syndicats (« offensives de printemps », *shuntô*) pour déterminer les salaires faisait suite à une période de luttes sociales intenses : grèves féroces de plusieurs semaines dans les aciéries de Muroran (Hokkaidô, 1952), voire de plusieurs mois dans les mines de Mitsui à Miike (Kyûshû) en 1960 ; violences parfois meurtrières de la pègre engagée comme police parallèle. Par la suite, seule la confédération Sôhyô (puissante dans le secteur public) a tenu tête au pouvoir conservateur. La privatisation des chemins de fer en 1986 signa son arrêt de mort : deux ans plus tard, elle fusionnait avec sa rivale du secteur privé pour former l'énorme organisation Rengô. Dans les années 1990, sont apparues une multitude de petites organisations syndicales, ouvertes à tous les travailleurs, qui s'efforcent de faire respecter le Code du travail. Mais elles restent très minoritaires.

des deux tiers des travailleurs et produisaient plus de la moitié du PIB. Si, dans la grande entreprise (plus de 1 000 employés), les mises à pied sont rares en raison des résistances syndicales, dans les plus petites, ce n'est pas le cas : bien que les dégraissages à l'américaine ne se soient pas imposés comme la norme (même au cours de la récession des années 1990), le capitalisme japonais n'est pas plus « vertueux » que d'autres. Mais il s'est toujours montré attentif à la stabilité sociale, garantie à ses yeux de la compétitivité.

Classe moyenne : question de point de vue

Jusqu'à la fin des années 1980, l'amélioration du niveau de vie de la majorité a été constante. Et le Japon est devenu le premier pays d'Asie à développer un marché de consommation de masse. Les villes se sont transformées rapidement, les quartiers « aux fleurs luxuriantes » (c'est-à-dire commerçants) et les grands magasins se sont multipliés. Chaque année, des nouveautés s'ajoutaient à la panoplie du consommateur. En 1966, on comptait une voiture pour 35 habitants ; en 1971, une pour 11. Et se fit jour chez la majorité la conscience d'appartenir à une classe moyenne, définie en termes non pas de revenus, mais de standardisation des modes de vie par la diffusion des valeurs de la société de consommation. Une homogénéisation des conditions de vie par un niveau d'éducation élevé, une forte mobilité sociale et un écart relativement réduit de salaires ont renforcé cette conscience d'appartenance à une vaste classe moyenne. Le conformisme social tendait en outre à minimiser les différences apparentes entre riches et pauvres (absence de goût ostentatoire, souci de respectabilité).

Cette perception, qui perdurera jusqu'à l'éclatement de la « bulle spéculative » au début des années 1990, ne signifie pas que la société soit homogène. Les différences de classes existaient – existent – comme les discriminations ou les marginalisations. C'est le cas des descendants des parias de l'époque féodale discriminés en raison des interdits bouddhiques et shintoïstes sur l'évitement de la souillure qui frappaient certains métiers considérés comme impurs (équarrisseur, boucher, tanneur). En dépit de l'abolition de la discrimination à l'ère Meiji, ceux que l'on nomme aujourd'hui *burakumin* (habitants des hameaux spéciaux) sont encore près de 3 millions, victimes d'une discrimination non affichée. C'est le cas également des Coréens vivant dans l'archipel (600 000), légèrement dépassés en nombre par les Chinois dans un pays à l'immigration sévèrement contrôlée (2 millions de résidents étrangers à la fin des années 2000).

Une inquiétude latente

La société « petite-bourgeoise » des années 1970-1980 était plus inquiète que sereine. Alors que les générations précédentes, mobilisées par l'effort collectif, se projetaient dans l'avenir, les suivantes eurent tendance à se replier sur la vie de couple. Le Japon a certes forcé les portes de la prospérité, les grands objectifs ont été atteints. Mais les aspects lourdement négatifs de la croissance ont eu raison de l'optimisme fondé sur le progrès. L'absence d'une idée précise sur l'avenir, conjuguée au désenchantement consécutif au recul des grandes utopies de changement, conduisit la jeune génération des années 1980 (*shinjinrui*, « nouvelle race ») à une fuite dans l'éphémère des modes et à une consommation compulsive qui atteignit son paroxysme avec l'« économie de bulle ». Ce malaise social latent favorisa une floraison de nouvelles sectes, comme ce fut le cas lors des périodes de troubles sociaux antérieures (déclin du shogunat dans la première moitié du XIXe s., lendemain de la défaite de 1945).

Une sociabilité au quotidien

Malgré les profondes transformations socio-économiques des années 1960-1980 (et les dérapages qu'elles engendrèrent), le Japon n'a pas connu au cours de cette période de rupture du lien social. Certes non exempte de phénomènes dysfonctionnels (dont un symptôme est le taux élevé de suicide), cette stabilité sociale a survécu aux douloureuses restructurations consécutives à l'éclatement de la bulle financière de la décennie 1990. En dépit de la densité humaine des mégalopoles, de l'exiguïté des logements, de la durée des transports et du rythme parfois frénétique de la vie urbaine, les rapports sociaux restent largement exempts d'irascibilité. Les relations personnelles, la confiance qui se construit au fil des rencontres et la dimension affective entre les êtres continuent à jouer un rôle fondamental dans le fonctionnement d'une société où la parole donnée vaut autant qu'un contrat et le compromis l'emporte souvent sur le recours à la justice.

La ville et ses villages

L'une des caractéristiques des mégalopoles japonaises tient à l'emboîtement des espaces : grands ensembles des banlieues dortoirs, ville moderne avec ses avenues rectilignes et ses gratte-ciel (dont certains signés de grands noms de l'architecture contemporaine) et, en contrepoint, nichés dans le quadrillage des grandes artères, des quartiers de petites rues et de lacis de ruelles, bordées de petits immeubles et de maisons individuelles souvent modestes. La circulation

L'un des grands pôles de convivialité au quotidien était, et jusqu'à un certain point est encore, le bain public *(sentô)*. Un goût pour le bain en commun – qui régresse avec la verticalité des villes – que partagent l'élite et le petit peuple, comme en témoigne la fréquentation des sources thermales *(onsen* ; → *théma p. 418-419*). Les ablutions, le coudoiement des corps nus (séparés selon les sexes), les longs moments passés dans la baignoire commune et les bavardages font encore du *sentô* un lieu de rencontre du quartier, même pour ceux qui disposent chez eux d'une salle de bains.

▼ Tôkyô, une mégalopole qui a su conserver des quartiers anciens (ici Tsukuda jima).

automobile y est réduite et le vélo est roi. Leur charme tient moins à une architecture ancienne (qui a largement disparu) qu'à la convivialité minimaliste du voisinage qui s'en dégage. La rue n'est pas un simple lieu de transit, mais un espace commun. Les riverains entretiennent la chaussée devant leur porte, l'agrémentent de fleurs en pots (qui ne sont ni volés ni cassés la nuit). On trouve au fil de ces rues une ingéniosité à petite échelle, jouant sur les matériaux et les lumières, l'étroitesse de l'espace. C'est aussi un lieu de mixité sociale qui tend à disparaître dans les tours d'habitation.

Le temps long des mentalités

Les attitudes et les mentalités évoluent moins vite qu'on serait porté à le croire au regard de la rapidité des évolutions socio-économiques. Réinventées, adaptées, exprimées différemment, certaines valeurs tendent à perdurer. Tôkyô et les grandes métropoles ne se réduisent pas à leurs quartiers scintillant de richesse, aux vitrines des grandes marques et aux restaurants des meilleures cuisines du monde.

Ce n'est guère que dans les années 1970 que la mentalité de « peuple pauvre » des Japonais commença à s'effacer. L'élévation du niveau de vie est un phénomène relativement récent : un progrès dont beaucoup ont mesuré la précarité au cours de la récession consécutive à l'éclatement de la « bulle spéculative ». Et en dépit des progrès accomplis en matière de couverture sociale, persiste le sentiment diffus qu'il faut lutter constamment et endurer pour conserver la tête hors de l'eau.

Le « matérialisme honnête » du petit peuple, hérité du vieux fonds pragmatique d'une culture ancrée dans les réalités présentes, rétive à l'abstraction et sceptique sur la capacité de l'homme à infléchir son destin, véhicule aussi un grand appétit de vivre, un goût du présent, une soif de se payer du bon temps.

Travail et loisirs

Dans un pays qui a inventé la notion de « mort par excès de travail » *(karôshi)*, invoquée dans des procès intentés à son entreprise par la famille du défunt, celle de loisir s'est imposée tardivement. Le travail n'a jamais été ressenti au Japon comme une calamité, ni comme dégradant : servir n'est pas déchoir. S'il y a des métiers moins gratifiants que d'autres (et si certains, au cours de l'histoire, ont été sources de discrimination), toute activité humaine est *a priori* respectable. Une telle conception du travail et des rapports interpersonnels, conjuguée à la politesse traditionnelle, lubrifie les rapports sociaux.

Nostalgies

Dans les années 1960-1970, le fort exode des campagnes vers les villes fut ressenti pour beaucoup comme un déracinement douloureux, synonyme de perte de repères, dont témoignent ces chansons, ringardes mais encore très populaires, du genre *enka* : elles disent l'amour perdu, la séparation et l'amitié, évoquent le village natal – grand thème du sentimentalisme du petit peuple. Sorte de blues nippon, les *enka* ont résisté à toutes les modes. Elles expriment la douleur de vivre et appellent à boire et à oublier.

Cet attachement à une vision traditionnelle du monde imprègne aussi une série de films des années 1970-1980, *Otoko wa tsurai yo* (« C'est dur d'être un homme ! »), dont la majorité des Japonais ont vu au moins un épisode. Elle raconte les tribulations d'un camelot : héros des faubourgs, pétri de générosité, il est disponible, gentil *(yasashii)*, qualité ici appréciée entre toutes. Derrière la farce, il y a une aspiration tenace à cette solidarité qui fut un apanage de la « ville basse », celle du petit peuple.

▲ Tôkyô *by night* : le carrefour de Shibuya.

Si les jeunes générations aspirent à plus de temps libre, les loisirs restent pour beaucoup une activité de récupération. Les Japonais travaillent en moyenne quarante heures par semaine. Les vacances annuelles ne dépassent guère deux semaines, mais les jours fériés sont plus nombreux qu'en France. Les grandes périodes de vacances sont le Nouvel An *(shôgatsu)*, la *Golden Week* en mai (suite de jours chômés) et la fête bouddhique des morts *(O-bon)* à la mi-août.

Plusieurs facteurs expliquent que les Japonais prennent peu de vacances. Les fardeaux (éducation des enfants, insuffisance de la couverture sociale, prix des logements) qui pèsent sur tout père de famille le contraignent aux heures supplémentaires. Jouent également des pressions diffuses : le salarié prend rarement toutes ses vacances, moins par loyauté envers l'entreprise que pour se faire bien voir et assurer ainsi ses chances dans la course à la promotion, mais aussi pour éviter de donner plus de travail à ses collègues.

Les plaisirs communautaires

Que font les Japonais de leur temps libre ? Ils voyagent, animés d'une sorte de gloutonnerie touristique. Le tourisme de masse, qui a débuté dans les années 1970 et s'est développé au cours de la période de la bulle spéculative, a survécu à la récession, quoique le marché des loisirs se soit contracté depuis la fin des années 1990. La grande destination de petites vacances en famille, en groupe ou entre copains, est un bref séjour dans une auberge d'*onsen* (source thermale). Point

La fête de la nuit

Si le loisir est une notion récente, le goût des plaisirs est en revanche enraciné dans la mentalité d'un peuple qui a forgé une jolie expression : « être habile au plaisir » *(asobi jôzu)*. En d'autres termes, savoir s'amuser. Le dîner figure en bonne place : alors que le déjeuner est frugal, le dîner (et l'après-dîner dans une foultitude de petits bars) est la grande affaire. Ce qui donne aux quartiers nocturnes des villes une grande gaieté. Les Japonais font preuve d'un esprit citadin. Ils aiment déambuler en ville. Avec sa myriade de restaurants, d'estaminets, de bars parfois minuscules, son kaléidoscope d'enseignes et de lanternes, la rue la nuit dégage une énergie communicative. Le bar est l'ultime étape de la soirée. À côté des établissements à hôtesses, souvent hors de prix, il y a une multitude de repaires d'habitués. Fréquentés par les hommes, ils le sont de plus en plus par les femmes accompagnées ou entre elles. Sous couvert d'ivresse, chacun se livre, dans ses joies comme ses déconvenues.

Société

ici de régime et d'eau minérale : l'*onsen* est un lieu où l'on fait ripaille et où l'on s'adonne à un hédonisme bon enfant. Certes, les sources thermales, abondantes dans un pays volcanique, ont des vertus thérapeutiques, mais on s'y rend surtout pour se détendre et s'amuser.

Les Japonais savent ouvrir et fermer des parenthèses et se laisser aller à leur appétit de vivre, de rire, de jouir de l'euphorie collective. Un goût qui s'exprime dans cette régénérescence du lien social que sont les innombrables *matsuri* (fêtes d'un quartier, d'une région, d'une divinité…). Avec ses bateleurs, ses forains, ses guinguettes et ses lampions, la fête est marquée par le passage d'un autel du culte shintoïste, placé sur une châsse portée à dos d'homme. Autre grand moment de liesse populaire : la floraison des cerisiers. À la nuit tombée, on se retrouve dans les parcs entre collègues et amis pour célébrer avec force boisson le retour du printemps. Le karaoké et le *pachinko* (sorte de billard électrique vertical ; → *encadré p. 198*) sont encore les grandes distractions de masse.

Un Japon moins « japonais » ?

La plus longue récession qu'a connue le pays depuis la guerre (10 ans), engendrée par l'éclatement de la bulle financière au début des années 1990 et conjuguée à la mondialisation, a assombri l'atmosphère mais n'a pas eu raison de cette sociabilité au quotidien et des valeurs qui structurent les mentalités.

C'est néanmoins un Japon très différent de celui des décennies 1960-1980 qui apparaît. Politiquement plus instable, plus activement engagé dans l'alliance américaine, l'archipel est davantage projeté à l'extérieur par des opérations militaires de maintien de la paix et aspire à jouer un plus grand rôle sur la scène internationale. Mais le pays est aussi taraudé par le débat sur la perception de son passé militariste et par des questionnements sur son identité qui alimentent des poussées de fièvre néonationalistes.

Une « bulle » destructive

L'économie de bulle qu'a connue le Japon dans la seconde partie des années 1980 a pour origine la décision des ministres des Finances des cinq pays les plus riches, prise en septembre 1985 à New York, de laisser s'apprécier les monnaies des pays industrialisés afin de faciliter les exportations des États-Unis, qui croulaient sous les déficits. En un an, le yen s'est valorisé de 30 %. Cet afflux de liquidités est une manne pour la spéculation et se traduit par une inflation démesurée des actifs. Les entreprises se lancent dans une ingénierie financière dont elles tirent plus de bénéfices que de leur métier d'origine (la manufacture). C'est l'époque où « le Japon achète le monde » (des tableaux de maîtres aux studios de cinéma américains)… et se découvre mal aimé du reste de la planète. Profitant de l'« économie de casino », la pègre (yakuzas ; → *encadré*) pénètre durablement l'économie légale.

La flambée de l'immobilier, qui balaie le rêve du salarié d'acquérir un logement, les scandales à grande échelle (délits d'initiés et autres) qui plombent le parti gouvernemental et la perte de compétitivité des entreprises, plus préoccupées de faire de l'argent que de produire, se traduisent à la fin des années 1980 par un climat délétère inquiétant. En 1990, un durcissement de la politique financière fait éclater la bulle et déclenche le krach financier.

L'activité se ralentit, les profits s'effondrent et le chômage s'installe : 5,5 % en 1998 (un taux élevé pour le Japon et, en réalité, sans doute le double si l'on applique des critères européens à son évaluation). Ceux qui ont acquis des logements au prix fort voient leurs avoirs dévalorisés de moitié. Le système déraille, le Japon industriel hoquette, le pacte social se rompt.

Le doute s'installe

La décennie 1980 s'était achevée sur la mort, en janvier 1989, de l'empereur Hirohito, qui avait déjà été ressentie comme une page qui se tournait. Le monarque au nom duquel avait été menée la guerre et qui dut annoncer la défaite à son peuple avant de devenir, aux termes de la Constitution, le « symbole de l'unité de la nation », avait été à l'horizon de la vie de deux générations de Japonais *(→ théma p. 190-191)*. Cette impression diffuse de fin d'une époque se poursuit au début de la décennie suivante. Alors que la crise économique se généralise et que l'inquiétude pour l'avenir s'aggrave, des événements dramatiques accentuent la perte de confiance. En 1995, les Japonais découvrent leur vulnérabilité : le séisme de Kôbe (janvier ; 5 478 morts) révèle l'impréparation de l'archipel aux situations de crise ; en mars, l'attentat au gaz sarin dans le métro de Tôkyô par la secte Aum shinrikyô (12 morts et près de 5 000 intoxiqués) aggrave le désarroi. Les premières faillites bancaires exacerbent enfin l'impression de paralysie du gouvernement.

Le « théâtre Koizumi »

À la suite d'une scission en son sein en 1993, le PLD avait temporairement perdu les rênes du gouvernement. Pullulement de petits partis, incapacité de l'opposition d'apparaître comme une force crédible : les cabinets de coalition se succèdent sans pouvoir enrayer la déflation et le malaise social. De retour aux commandes en 1996, le parti conservateur met en place un plan de réformes, mais il faudra attendre l'accession au pouvoir du populiste Koizumi Junichirô pour remobiliser les espoirs de changement. Au cours des cinq ans du mandat de celui-ci (2001-2006), ce que la presse nippone a baptisé le « théâtre Koizumi » – pour stigmatiser un style poudre aux yeux – va donner naissance à un nouveau conservatisme. Brandissant l'étendard des réformes, pourfendant la bureaucratie, crucifiant ses adversaires étiquetés « forces de résistance », le fringant Premier ministre apporte un souffle nouveau dans la vie politique et ramène au PLD une partie de l'électorat abstentionniste. Prônant un néolibéralisme à la Thatcher ▶▶▶

Une pègre contenue

Le Japon est à la fois le pays avancé où la criminalité est parmi les plus faibles du monde et celui qui a l'une des pègres les mieux organisées. Les **yakuzas** (mot qui viendrait d'une combinaison perdante au jeu de dés) sont les héritiers d'une criminalité qui remonte au XVIIe s. Elle a un code d'honneur non sans similitude avec la mafia sicilienne d'autrefois et des traditions popularisées par le roman et le cinéma (tatouages, section du doigt en signe de repentir, aujourd'hui abandonnée). Depuis l'entrée en vigueur de la législation antigang (1992), certaines bandes ont été mises hors la loi alors qu'auparavant elles étaient considérées comme des « associations fraternelles » ayant pignon sur rue.

À la fin des années 2000, la police dénombrait 100 000 yakuzas. La plus grande organisation, Yamaguchi-gumi, en rassemble près de la moitié. Si le nombre des gangsters identifiés diminue, celui des quasi-membres (dans la mouvance d'une bande sans y appartenir formellement) augmente. Les yakuzas sont présents dans les activités de toutes les pègres (prostitution, jeux clandestins, trafic de drogue, rackets) mais aussi dans la construction et surtout désormais dans la spéculation immobilière et boursière. Ils sont à l'origine de l'extension d'une zone grise de l'économie, aux limites imprécises entre légalité et illégalité.

THÉMA

Femmes du Japon

Bien que, à l'étranger, l'image de la Japonaise n'ait guère changé, coincée entre des réminiscences de *Madame Chrysanthème* de Pierre Loti, des stéréotypes sur la ménagère soumise attendant son mari à une heure tardive ou de la consommatrice avide de marque, sa situation a singulièrement évolué au cours des dernières décennies. Un code de féminité qui privilégie la réserve plus que l'extraversion, conjugué à une position sociale cantonnée au foyer dans les années 1950-1960, a donné de la Japonaise l'image d'une femme moins émancipée que l'Occidentale. Une vision réductrice.

▲ Utamaro Kitagawa (1753-1806), *Femme au voile* (Musée national des Arts asiatiques Guimet, Paris).

■ Une place de plus en plus importante

Loin d'être « soumises et enfantines », les Japonaises sont partie prenante des mutations sociales et insufflent par leur nouvelle attitude un vent de renouveau. Leur influence se fera de plus en plus sentir en raison du vieillissement de la population, qui se traduit par une diminution du nombre des hommes qualifiés et par la nécessité de faire davantage appel à elles.
En termes statistiques, elles percent lentement le « plafond de verre » leur barrant l'accès à la tête d'entreprises ou aux échelons élevés de la fonction publique : à la fin des années 2000, 10 % d'entre elles avaient des postes à responsabilité alors que le salariat féminin représente près de la moitié de la population active. En dépit de la loi sur l'égalité des sexes dans le travail (1986), le Japon arrive à la fin de la liste des pays développés en matière de parité.

■ Des situations diverses

Les Japonaises se répartissent en trois groupes : les salariées qui ne s'arrêtent pas de travailler en dépit de la naissance d'un enfant ; celles qui reprennent un emploi après l'entrée de leur progéniture à l'école primaire ; et les femmes au foyer à plein-temps. La première catégorie n'augmente guère, la troisième diminue et la deuxième augmente : plus de 60 % des ménages nippons ont deux revenus.
L'insuffisance des structures permettant aux femmes de poursuivre une activité tout en élevant leur enfant explique en grande partie leurs allers et retours sur le marché du travail. Celles qui reprennent un emploi ne peuvent espérer que des contrats à durée déterminée, qui impliquent, à travail égal, une rémunération inférieure.
De même que le nombre des Japonaises parlementaires (11,3 % en 2009) reflète mal leur rôle dans la vie publique (notamment au niveau local), une approche statistique de leur situation sur le marché du travail donne une

vision réductrice de leur influence sur la société, souligne la sociologue Ueno Chizuko, l'une des voix du féminisme radical né dans le sillage des luttes étudiantes des années 1960-1970.

■ La lutte des femmes

Les Japonaises ont activement participé à tous les mouvements sociaux du Japon moderne : combat pour les droits, mouvements socialiste et anarchiste, luttes ouvrières et écologiques. Le féminisme nippon, qui n'est en rien une « importation » de l'occupation américaine, mène des combats analogues à ceux réalisés en Occident, mais en cherchant des réponses qui s'inscrivent dans un contexte culturel différent et en se plaçant le plus souvent sur un terrain autre que celui de la compétition avec les hommes.

La modernisation s'est opérée sans remettre en cause la distinction des sphères féminine et masculine. Les Japonaises ont leur monde, distinct de celui des hommes, et l'apprécient : elles sortent ou voyagent entre elles. Et si elles se battent contre les discriminations au travail, elles ne souhaitent en rien connaître le même sort que les hommes.

Les Japonaises jouent un rôle important dans les mouvements de consommateurs et se rebiffent contre toute atteinte à la loi autorisant l'avortement (1948) :

▲ Sortie entre amies.

▼ Couple dans le parc Yoyogi, à Tôkyô.

dans un pays où la contraception dépend encore largement du préservatif (la pilule, introduite en 1999, reste peu employée), l'interruption volontaire de grossesse est largement pratiquée.

■ L'irrésistible ascension

L'empreinte des Japonaises sur la société tient autant à l'action des « femmes en mouvement » – notamment dans le tissu associatif, où se trouvent les forces vives de la démocratie dans l'archipel – qu'à l'évolution silencieuse de leurs comportements envers le travail et la vie de famille, avec pour premier souci l'indépendance.

Les Japonaises sont à l'avant-garde de tendances lourdes de la société. Elles rompent avec le rôle de « bonne épouse et mère avisée », retardent l'âge du mariage – qui se fait de moins en moins par présentation *(omiai)* –, se dérobent à la procréation et divorcent plus souvent. Sans avoir rien à envier aux Occidentales en matière de liberté sexuelle, elles tendent à ne pas faire de la relation amoureuse le centre de leur vie et bien souvent prennent l'initiative dans la relation avec les hommes. « Elles sont plus attachées à leur liberté qu'aux apparences du pouvoir », estime la sociologue Iwao Sumiko.

▶▶▶ et encourageant la déréglementation, il contribue, en dégageant le secteur bancaire de l'ornière, à accélérer une sortie de crise largement entamée par les mutations de l'appareil productif dans le secteur privé et servie par l'expansion chinoise.

Un tournant en 2009

Après trois cabinets qui se sont succédé à un peu plus d'un an d'intervalle (ceux de Abe Shinzô, Fukuda Yasuo et Aso Tarô), les Japonais ont choisi le changement en portant au pouvoir, lors des élections du 30 août 2009, l'opposition démocrate (centre gauche), mettant fin à un demi-siècle d'hégémonie du PLD. Le parti démocrate du Japon, certes hétérogène (formé de transfuges du camp conservateur, d'ex-socialistes et de syndicalistes), était apparu comme une force d'alternance crédible à la suite de sa victoire aux sénatoriales de juillet 2007. Deux ans plus tard, les électeurs ont confirmé leur choix. La défaite cuisante du PLD (qui a perdu les deux tiers de ses sièges) est largement due au sentiment ressenti par beaucoup que le pouvoir politique était indifférent aux difficultés rencontrées par la plupart des Japonais, dont la montée des inégalités sociales était un indice. Et les élections du 30 août 2009 ont pris un tour de référendum sur une pratique du pouvoir et une logique socio-économique. Les démocrates se proposaient d'inverser les priorités en faisant de l'amélioration des conditions de vie – et non plus de la croissance – l'objectif fondamental de leur politique.

« Décennie perdue » et nouveaux défis

Restructurations, cures d'amaigrissement des entreprises afin de se recentrer sur leur métier d'origine, démantèlement (ou réorganisation) des réseaux de sous-traitance, plus grande attention portée aux actionnaires : au cours des 10 années de récession, les entreprises se sont réformées en profondeur. Plus orientées vers le profit que vers la conquête des marchés, elles consacrent une part importante de leurs ressources à la recherche et au développement. Ces transformations, destinées à renouer avec la compétitivité et à s'adapter à la mondialisation, se sont étalées dans le temps, permettant d'amortir le coût social de cette refonte du modèle. Mais, à la suite de la crise financière de septembre 2008 aux États-Unis et de ses répercussions au Japon, les effets sociaux de ces restructurations sont devenus flagrants : couverture sociale insuffisante, inégalités, précarité.

Mettant un terme à ce que les économistes ont baptisé la « décennie perdue », le Japon avait renoué à partir de 2006 avec la croissance entraînée par les secteurs les plus compétitifs. L'archipel dominait les marchés de la robotique, des écrans plans, des caméras numériques, des puces électroniques. Et Toyota était en passe de devenir le premier constructeur automobile mondial. Mais si les secteurs en plein essor engrangeaient des bénéfices, d'autres stagnaient ou sombraient. Dans l'« usine Japon » des années 1960-1980, les premiers tiraient les seconds, entraînant l'ensemble du pays. Ce n'était plus le cas. Les provinces commençaient à souffrir : des régions se dépeuplaient et dépérissaient au profit des pôles de croissance autour des grandes villes.

Le Japon se trouve surtout confronté à deux nouveaux défis : l'aggravation des inégalités sociales et une dénatalité, couplée au vieillissement, qui déstabilise la répartition de la richesse entre les générations. Le taux de fécondité compte parmi les plus faibles du monde tandis que le nombre des personnes âgées augmente : de 7,1 % en 1960, la proportion des plus de 65 ans est passée à plus de 20 % à la fin de la première décennie 2000. L'autre grand défi est l'appauvrissement d'une partie de la population.

▶ Les SDF commencent à se voir dans les grandes villes, rassemblés en villages de tentes.

Une société à deux vitesses

Les sans-abri, témoins à charge de la rupture du pacte social dans les grandes villes, ne représentent que la partie émergée d'une nouvelle pauvreté. La récession a mis au tapis nombre de PME et le redressement conjoncturel a accentué les disparités sur le marché du travail plus qu'il n'y a remédié. Recul de l'emploi permanent au profit des CDD, rémunération liée au résultat et non plus à l'ancienneté, développement du travail précaire : avec l'apparition d'un Japon à deux vitesses, l'inégalité est devenue un thème du débat politique.

Le coefficient de Gini (mesurant le degré de disparité des revenus) a longtemps été au Japon parmi les plus faibles du monde. Ce n'est plus le cas : l'archipel a désormais l'un des taux de pauvreté les plus élevés des pays avancés. Selon une étude publiée en octobre 2009 par le ministère des Affaires sociales, 15,7 % des Japonais avaient en 2007 des revenus inférieurs de moitié à la moyenne des ressources disponibles. Une situation qui ne semblait pas appelée à s'améliorer, l'écart entre les 10 % les plus riches et les 10 % les plus pauvres tendant à s'élargir.

L'aggravation des inégalités, longtemps mise sur le compte du vieillissement par le gouvernement, s'est en fait creusée parmi les jeunes générations en raison de l'accroissement du travail temporaire et d'une augmentation de la précarité de l'emploi dont les *freeters* (néologisme de l'anglais free et de l'allemand *Arbeiter*, « travailleur ») sont un exemple. Ces jeunes de 15 à 34 ans, qui vont de petits boulots en petits boulots, forment ce que le quotidien *Asahi* a baptisé la « génération perdue ». Ils étaient 2 millions en 2008. La formation s'effectuant essentiellement dans le cadre de l'entreprise, l'intérimaire n'a aucune chance d'en acquérir une. Il est donc condamné à la précarité.

Sortie de crise à la japonaise

Au plus fort de la récession qui a suivi l'éclatement de la bulle spéculative, les « recettes » de la gestion à l'anglo-saxonne avaient semblé une bible à certains entrepreneurs japonais dans le désarroi : la seconde économie du monde s'enlisait, alors que les États-Unis indiquaient la voie royale de sortie de crise. Le capitalisme nippon a évolué : il est plus différencié dans ses modes de gestion, plus sélectif dans les choix de ses partenaires, plus ouvert aux acteurs étrangers et plus autonome envers l'État. Mais en fait, il a plus modifié (voire renforcé) son modèle économique qu'il n'a adopté les recettes américaines.

Des entreprises qui avaient privilégié le travail temporaire pendant la crise tendent, depuis le milieu des années 2000, à revenir aux CDI : la fidélisation des employés leur apparaissant comme un atout dans la concurrence mondiale. Elles ont pris conscience que la réduction des effectifs et l'utilisation massive d'employés temporaires se soldait par une baisse de qualité, et partant de compétitivité. Bien qu'il accorde désormais une plus grande importance à l'actionnariat, le patronat japonais n'a pas fait des profits de celui-ci la préoccupation majeure de sa gestion : la principale richesse d'une entreprise, estime-t-il, reste ses employés, particulièrement dans une société vieillissante qui devra faire face à une pénurie de main-d'œuvre qualifiée.

Après une vague de déréglementations et de privatisations, animées d'une aversion toute thatchérienne pour le secteur public, le Japon s'oriente vers la reconstruction d'une société plus solidaire, plus « fraternelle », selon l'expression du Premier ministre Yukio Hatoyama, mettant l'accent sur la dépendance mutuelle comme contrepoint au « tout-marché ».

Le secteur des services reste l'un des moins productifs avec un emploi surnuméraire important : c'est le cas par exemple dans les grands magasins, mais aussi dans les chantiers sur la voie publique, qui emploient un nombre considérable d'hommes et de femmes à canaliser la circulation. Mesuré à l'aune de la productivité, ce suremploi est un non-sens. Mais c'est un choix de société visant à conserver une qualité du service (essentielle ici et considérée comme un élément de concurrence), à réduire le chômage et à maintenir dans la vie active des retraités.

Jeunesse, jeunesses

En accentuant les disparités, les crises successives ont érodé l'esprit petit-bourgeois des jeunes adultes des années 1960-1980. Les jeunes se détournent de l'archétype du salarié au parcours balisé de l'université à l'entreprise. Sans avoir un autre modèle à mettre en œuvre, ils se démarquent de cette conception linéaire de la vie. Certains prennent leurs distances par rapport aux modes ; d'autres s'enferment dans la déréalisation du monde que permet le virtuel (phénomène dont l'*otaku*, accro devant son écran, est la figure symptomatique) ; d'autres enfin, en quête de sens à leur vie, sont disponibles aux expériences. Leurs valeurs se diffusent par capillarité et non plus sous forme de message politique. Contrairement aux générations des années 1960-1970,

Planète jeunes

Les mutations économiques et sociales en cours se reflètent dans le comportement des jeunes. Les ados aux extravagances vestimentaires des quartiers branchés (comme Shibuya ou Harajuku à Tôkyô) ne sont que la partie visible, outrancière – et en cela marginale – de l'attitude devant la vie des jeunes Japonais. Au-delà de cette « défonce dans le look » ou du mal-être perceptible chez les personnages des romans de Murakami Ryû, la planète jeunes est complexe et différenciée. Tour à tour grave et rieuse, insouciante mais peu violente, encore relativement moins touchée par la drogue que le reste des pays industrialisés, la jeunesse cherche sa voie dans une société qui vit la « dé-sublimation » de l'expansion économique exponentielle. Le meilleur n'est plus inscrit dans l'avenir mais dans le présent. Une modernité que reflètent les romans de l'auteur le plus représentatif de son époque et le plus lu à l'étranger, Murakami Haruki (né en 1949), dont les personnages évoluent dans un monde aux repères fluctuants.

les jeunes Japonais du début du millénaire n'aspirent pas à changer le monde, ils se contentent de se dérober aux contraintes. Victimes de la dévalorisation du diplôme, qui n'assure plus automatiquement une carrière, nombre de jeunes se demandent pourquoi subir les pressions du travail dans une grande entreprise sans avoir en retour l'assurance d'un emploi. En 2008, l'âge de la majorité est passé de 20 à 18 ans.

Mais cette génération a aussi des difficultés à s'insérer. Dix pour cent des jeunes diplômés sont chômeurs. Les *freeters* (→ *ci-avant*) ne sont que pour une minorité l'expression d'aspirations nomades : la majorité d'entre eux est en revanche victime d'une nouvelle précarité subie. Le Japon connaît aussi un phénomène, devenu préoccupant, que les sociologues anglais ont baptisé *neet (not in education, employment or training)* : jeunes à la dérive, pour la plupart adolescents introvertis qui refusaient d'aller à l'école. Adultes, ils restent refermés sur eux-mêmes. Ils sont le symptôme d'une société devenue férocement compétitive, qui condamne leur inadaptation, la mettant au compte de la fainéantise. Ils étaient quelque 600 000 dans ce cas à la fin des années 2000 et forment une partie des jeunes qui se suicident.

De nouvelles solidarités

La jeune génération s'affranchit de certaines conventions sociales structurant les comportements en fonction des positions et du milieu de référence (entreprise, université). Dans une société de réseaux comme le Japon, les technologies de la communication, à commencer par l'omniprésent portable connecté à Internet, ouvrent de nouveaux espaces de liberté (réels ou fictifs). Elles confèrent aussi une ampleur nouvelle aux « communautés sans proximité » transcendant les âges et les hiérarchies et entamant le formalisme social.

Traditionnellement dense au Japon, le tissu associatif s'est enrichi de nouveaux courants, notamment dans le domaine du bénévolat à la suite du séisme de Kôbe en 1995, qui ont essaimé une multitude de petites organisations. Apolitique, la jeune génération fait ici preuve d'une forme d'altruisme. Par leur culture transnationale, les jeunes sont aussi plus ouverts à l'étranger. Jusqu'à la fin des années 1980, l'ailleurs était l'Europe ou les États-Unis. Désormais, ils découvrent le reste de l'Asie, s'affranchissant des inhibitions à l'égard d'une région où les blessures de l'expansionnisme du Japon impérial restent vives.

Identité

La société japonaise du tournant du siècle a renoué avec une fierté nationale de bon aloi grâce à sa jeunesse : la Coupe du monde de football en 2002 fut l'occasion de cette réaffirmation d'une identité nippone, déclinée en *J-League* (Japan League, qui rassemble les équipes professionnelles de football), *J-Pop*, etc. Mais était notable aussi une résurgence d'un néonationalisme plus politique. Depuis l'ère Meiji, le Japon cherche à se situer par rapport à l'Occident en soulignant ses spécificités socioculturelles. Au « dépassement de la modernité occidentale », thème d'idéologues d'avant-guerre, a fait pendant au lendemain de la défaite une vulgate identitaire insistant sur l'homogénéité d'une « ethnie unique ». Une littérature de masse sur la « japonité » *(nihonjin-ron)*, gommant l'histoire comme le caractère composite de la société, fleurit dans les années 1970 et s'est déclinée par la suite avec la vogue postmoderniste dans l'archipel. Des productions qui alimentent une vision tenace, notamment à l'étranger, d'un Japon fantasmatique, qui présenterait des invariants transcendant l'histoire.

Le spectre du révisionnisme

Depuis les années 1980-1990 est notable une résurgence de la polémique sur le passé, qui a contribué à renforcer le courant négationniste. Les visites du Premier ministre Koizumi au sanctuaire Yasukuni (→ *encadré p. 200*) puis la réapparition de la question des « femmes de réconfort » (200 000 Asiatiques et quelques Européennes contraintes à se prostituer pour l'armée impériale au cours de la période militariste), remise sur le tapis en 2007 par des déclarations maladroites de son successeur, Abe Shinzô, en furent des symptômes. Une résurgence qui a pour toile de fond des polémiques récurrentes : sur les manuels scolaires, dont certains édulcorent les crimes de l'armée impériale ; sur la réintroduction de l'enseignement du patriotisme à l'école et l'obligation de faire chanter l'hymne national aux élèves.

La majorité des Japonais ne partage pas les visions négationnistes de la droite. La réflexion sur le passé a donné lieu, au lendemain de la défaite, à un intense bouillonnement intellectuel : des romans – dont ceux, remarquables, de Ôoka Shôhei (*Les Feux, Journal d'un prisonnier de guerre…*) –, mais aussi des films et des témoignages ont stigmatisé la guerre menée par le Japon impérial ; des historiens japonais ont disséqué ses causes et dénoncé les crimes auxquels elle a donné lieu. Ce travail sans concession sur la mémoire nationale se poursuit. Lors du 50ᵉ anniversaire de la défaite, en août 1995, le Premier ministre socialiste Murayama Tomiichi a exprimé sans détour le repentir du pays. Mais l'écho donné aux déclarations d'hommes politiques négationnistes ou de quelques personnages médiatiques tend à étouffer ces efforts de mémoire et donne à penser que le Japon dans son ensemble refuse d'assumer son passé.

L'interprétation du passé, enjeu politique

En Europe, l'après-guerre a disparu du discours politique comme articulation fondamentale. Au Japon, l'interprétation de cette période reste un enjeu démocratique en raison de l'ambiguïté de la césure introduite par la défaite. La reddition du 2 septembre 1945 était supposée marquer une rupture avec le passé. Mais l'occupant américain en maintint un élément central, le système impérial, dont il pensait qu'il était un pilier de l'unité nationale. En 1947 se tint à Tôkyô le procès, bâclé, des dirigeants japonais accusés de crimes de guerre ; il se voulait le pendant de celui de Nuremberg pour les nazis et releva à bien des égards du déni de justice. Sept inculpés furent pendus, les États-Unis en libérèrent d'autres par la suite pour reconstruire la droite face à une Chine qu'ils s'inquiétaient de voir « virer au rouge ». Certains devaient accéder aux plus hautes fonctions dès la fin des années 1950.

Une Constitution pacifique

La révision de la Constitution, adoptée en 1947 pendant l'occupation américaine, est à l'ordre du jour. Elle a pour principal enjeu un réexamen des principes pacifistes de l'article 9, qui stipule que le Japon « renonce à la guerre en tant que droit souverain de la nation, à la menace ou à l'usage de la force comme moyen de règlement des conflits internationaux ». L'adoption, en mai 2007, d'une loi autorisant la tenue d'un référendum constitutionnel pour ratifier le nouveau texte constitue une étape importante vers la réforme. Ses partisans souhaitent que le Japon devienne un « pays normal » en se libérant des entraves sur la participation de son armée à un système de défense collective ainsi qu'à des missions de maintien de la paix. Au prix de contorsions sémantiques, un contingent des « Forces d'autodéfense » (FAD ; *jietai*) fut déployé dans le sud de l'Iraq de février 2004 à juillet 2006 dans le cadre de missions strictement humanitaires et de reconstruction. Pour les défenseurs de l'article 9, la Constitution actuelle, première loi fondamentale pacifiste au monde, est la meilleure garantie de respect international du Japon. La majorité des Japonais reste profondément attachée au pacifisme. L'enjeu de cette révision relève, en dernière analyse, du sens que l'on entend donner à la défaite de 1945.

▶ Les habitants de l'île d'Okinawa atteignent des records de longévité, dans un Japon à la proportion croissante de personnes âgées.

Aujourd'hui, les tergiversations sur les responsabilités historiques du Japon l'isolent sur la scène asiatique, situation aggravée par les polémiques sur le passé dans l'archipel ainsi que par les raidissements, non exempts d'arrière-pensées de politique interne, des Chinois ou des Coréens. Elles le placent dans une impasse intellectuelle : Tôkyô ne peut avancer un argument allant à l'encontre de visions de ses voisins sans être suspect de révisionnisme.

La crise socio-économique qu'a traversée l'archipel a engendré un climat d'inquiétude latente qui encourage dolorisme et autojustification émotionnelle chez le seul peuple du monde à avoir subi la bombe atomique. Le Japon ne peut s'en dégager que par une écriture commune de l'histoire avec ses voisins, comme l'ont fait l'Allemagne et la France. Une telle approche n'est encore qu'embryonnaire en Asie orientale.

Stabilité sociale

Au début du nouveau millénaire, le Japon est entré dans une nouvelle séquence de son histoire. Sous le double effet d'une crise structurelle d'origine interne et de la mondialisation, le fameux « modèle » japonais a grippé. Au fil de réformes douloureuses, accentuées par le vieillissement de la population, l'archipel a remis à plat le « pacte social » qui avait assuré croissance et stabilité. La « décennie perdue », formule stigmatisant la récession qui a suivi l'éclatement de la bulle spéculative jusqu'au milieu des années 2000, constitue une péripétie, douloureuse certes, mais sans catastrophe, au regard de l'histoire moderne du Japon. La crise a jusqu'à un certain point redynamisé l'économie, stimulant une renaissance de cet esprit d'entreprise qui a innervé l'histoire nationale depuis l'essor du capitalisme marchand au XVIIᵉ s., qui fut le prélude à la modernité. Elle a modifié la gouvernance d'entreprise et changé la donne du marché du travail.

Mais elle a entamé le modèle social de développement égalitaire des années 1960-1980 et aggravé des phénomènes dysfonctionnels dont témoigne une recrudescence des suicides. Ceux-ci sont moins dus à des dispositions culturelles qu'à des causes économiques. Un autre problème est la difficulté d'insertion des jeunes, rejetés vers la précarité. Mais ces hiatus dans la stabilité sociale n'ont jamais atteint un seuil alarmant : l'archipel ignore encore aujourd'hui le « phénomène des banlieues ». En augmentation, le taux de criminalité reste l'un des plus faibles du monde. En dépit de disparités nouvelles, le Japon conserve, à la fin de la décennie 2000, une stabilité sociale enviable. Même essoufflé, l'archipel demeure à la tête d'une Asie plus que jamais foyer de la croissance mondiale.

Histoire du Japon

par Nathalie Kouamé

Shimaguni : « un pays insulaire ». C'est ainsi que de nombreux Japonais se plaisent à qualifier le Japon, laissant entendre par cette expression conventionnelle que leur langue et leur culture auraient présenté dès le départ, et de façon comme naturelle (du fait d'un isolement géographique), des caractéristiques uniques au monde. Or, depuis la formation de l'archipel (vers 10000 av. J.-C.) jusqu'à nos jours, le Japon n'a jamais cessé d'être en contact avec des civilisations extérieures, dont il a importé des techniques, des vocables, des religions, des institutions politiques... Il lui est même arrivé de connaître des vagues d'immigration plus ou moins importantes. À l'instar des autres sociétés humaines, la civilisation « japonaise » est donc le fruit d'un long et profond métissage culturel. En l'occurrence, deux univers l'ont influencée : celui de la Chine et celui de l'Occident. Les rapports entretenus avec ces deux civilisations ont été complexes et fluctuants : tantôt on imita fidèlement ces modèles, tantôt on prit ses distances, pour mieux dominer ce à quoi on s'était auparavant soumis. Cette préoccupation constante pour l'extérieur ne fut pas sans retour : la créativité des artistes du japonisme de la seconde moitié du XIXe s. ou les efforts entrepris par les hommes d'affaires occidentaux du siècle dernier pour percer les secrets d'un « miracle économique » nippon sont un bel hommage rendu à la civilisation du Soleil-Levant et à ses hommes.

Aux origines de la civilisation japonaise
(10000 av. J.-C. - 794 apr. J.-C.)

La première histoire de l'archipel fut celle d'une société très archaïque, qui parvint à maîtriser l'agriculture et l'écriture bien après les grandes civilisations du Moyen-Orient, de l'Occident et de l'Asie. Ce n'est que lorsqu'ils réussirent à rattraper leur retard matériel que ses habitants élaborèrent les premières formes d'une organisation politique ; elle devait constituer la base d'un État impérial qui survécut à toutes les vicissitudes de l'histoire.

Les premiers potiers du monde (Jômon : 10000-400 av. J.-C.)
Toutes proportions gardées, on peut dire qu'à l'époque préhistorique, le Japon offrait à ses habitants de bien meilleures conditions naturelles qu'aujourd'hui : les hommes de la civilisation de Jômon jouissaient d'un

climat relativement doux, pouvaient compter sur une flore forestière et maritime généreuse et n'avaient pas à craindre la cohabitation avec des animaux trop dangereux. Dans quelle mesure la clémence de leur environnement explique-t-elle le fait qu'ils furent les premiers hommes à inventer la céramique, vers 10000 av. J.-C. ? En tout cas, si nombre de leurs poteries, fabriquées sans four ni tour, mais cuites dans les cendres du foyer, semblent avoir eu un usage domestique, une partie de ces céramiques – celles ornées de « motifs [faits avec des] cordes » (*jômon*) – témoigne d'un goût esthétique certain, probablement motivé par des préoccupations rituelles. Le même constat s'impose pour leurs objets de laque ou leurs figurines de terre cuite (*dogû*) aux formes parfois étranges.

Pour le reste, les hommes de Jômon vivaient essentiellement d'une économie de prédation (chasse, pêche, cueillette), utilisant des outils rudimentaires (pointes de flèche en pierre taillée, harpons en os...). Ils étaient déjà sédentaires, comme l'indiquent les amas de coquillages (*kaizuka*) de leurs sites villageois à habitat semi-enterré (*tateana*).

Des rizières et des cloches (Yayoi : Ve s. av. J.-C. - IIIe s. apr. J.-C.)

Les hommes de Jômon connaissaient déjà l'agriculture, mais c'est pendant la période suivante de Yayoi que celle-ci se développa de manière significative, notamment sous la forme d'une riziculture irriguée. En revanche, l'élevage restait encore inconnu. À la même époque, on vit aussi apparaître simultanément le bronze et le fer dans un archipel qui, décidément, ne respectait pas le schéma « classique » de l'évolution des sociétés humaines où agriculture, bronze et fer apparaissent successivement. Faut-il expliquer l'apparition concomitante de toutes ces nouveautés fondamentales par la venue d'hommes originaires d'un continent asiatique plus évolué ? Quoi qu'il en soit, les hommes de Yayoi joignirent tout naturellement l'utilitaire au religieux : la riziculture fournit le riz alimentaire mais aussi le saké rituel ; les techniques métallurgiques permirent la fabrication d'outils de fer tout comme la production d'épées et de cloches (*dôtaku*) de bronze à valeur magique.

Néanmoins, l'essor matériel semble avoir accentué les tensions, comme l'attestent les vestiges des installations défensives des villages de l'époque. Du reste, les premières sources écrites (*Histoire des Han antérieurs*, rédigée au Ier s., et *Histoire des Wei*, Chine) mentionnant les habitants de l'archipel évoquent clairement les conflits guerriers de Yayoi.

Des tombes rondes et/ou carrées (Kofun : IVe-VIe s.)

Les grands « tertres funéraires anciens » (*kofun*) qui surgirent ici et là à partir du IVe s. signalent moins une évolution matérielle de la civilisation qu'un changement dans les rapports sociaux : ces tombes furent le moyen de valoriser l'importance des chefs qui y étaient inhumés. Selon les périodes et les régions, ces monuments funéraires eurent des tailles, des formes et des mobiliers divers, mais les plus typiques restent les *kofun* en forme de « trou de serrure » (de forme carrée à l'avant et ronde à l'arrière), comme la gigantesque tombe (486 m de long) qui se trouve de nos jours dans la ville de Sakai et qui abrite peut-être la dépouille d'un chef connu aujourd'hui comme « empereur Nintoku ». L'époque Kofun vit en effet les débuts d'une première centralisation

▲ L'immense sépulture (*kofun*) dite « de l'empereur Nintoku », au sud d'Ôsaka.

> *Sur le rabat arrière de la couverture, vous trouverez un Tableau chronologique indiquant les grandes périodes de l'histoire japonaise.*

Récit des faits anciens

Le *Kojiki* (*Récit des faits anciens*), l'une des œuvres les plus célèbres de la littérature japonaise, fournit un matériau clé aux historiens du Japon traditionnel. Achevée en 712, cette histoire officielle du Japon, depuis « le commencement du Ciel et de la Terre » jusqu'au règne de l'impératrice Suiko (début du VIIe s.), reflète à la fois les préoccupations politiques de ses commanditaires et les croyances anciennes. En effet, pour diffuser une version de l'histoire conforme aux intérêts du clan impérial, les auteurs de l'ouvrage, qui disaient « corriger les mensonges » circulant à leur époque sur les divers clans et provinces, ont livré un certain nombre de récits pétris de l'imaginaire de leur temps.

Le texte se présente comme une longue généalogie de *kami* et d'empereurs, et raconte, par exemple, de quelle façon **Jinmu**, premier empereur (mythique) du pays, descend de la grande déesse solaire Amaterasu Ômikami et comment tous les empereurs nippons sont issus de lui. Sorti de l'oubli au XVIIIe s. grâce aux travaux du lettré **Motoori Norinaga** (30 années d'études pour à peine 200 pages !), le *Kojiki* a été l'une des bibles de tous ceux qui ont voulu croire au caractère divin de la dynastie impériale du Japon.

politique, avec l'apparition dans la région de Yamato (actuel département de Nara), à la fin du IVe s., d'un clan familial qui réussit peu à peu à étendre sa domination sur une grande partie de l'archipel.

Si les origines de ce pouvoir, qu'on dira plus tard « impérial », restent encore très obscures, on comprend mieux en revanche la combinaison de multiples facteurs, qui explique son ascendant sur les autres clans *(uji)* : aménagement et contrôle de terres fertiles, exploitation de groupes spécialisés dans une tâche productive *(be)*, usage de l'écriture (chinoise), forte conscience dynastique, enfin, relations diplomatiques avec le continent (empire chinois, royaumes coréens). Au milieu du VIe s., l'adoption du bouddhisme par la cour du Yamato augmenta encore son prestige : le souverain du royaume coréen de Paekche, qui cherchait une alliance avec le Japon, fit connaître à celui-ci les supposés bienfaits de cette religion venue de Chine.

Dans l'orbite de la Chine (600-794)

Les chefs du Yamato eurent très tôt des relations avec les souverains chinois, mais ce n'est qu'à partir de l'an 600, lorsque l'impératrice Suiko et son neveu le prince Shôtoku *(→ encadré p. 403)* les renouèrent après un siècle d'interruption, que la cour se mit résolument à l'école de la Chine. Cette acculturation fut concrétisée par l'envoi d'ambassades en direction du continent (plus d'une quinzaine aux VIIe et VIIIe s.). Les emprunts furent multiples et, comme en témoignent les *Chroniques du Japon* (*Nihon shoki*, 720), un pas décisif fut franchi à partir de la seconde moitié du VIIe s. avec la réforme de l'ère Taika (645-646). Dès lors, certaines structures sociales furent abolies (notamment les *be*) et un corps hiérarchisé de fonctionnaires fut créé (au profit des membres des *uji*) ; les terres furent nationalisées et le territoire découpé sur la base de nouvelles circonscriptions administratives (provinces et districts) ; on imposa également un système de taxes ; enfin on adopta un mode de gouvernement fondé sur l'usage de codes pénal, administratif et civil.

Toutes ces transformations, sans doute progressives, de la société japonaise s'inspiraient ouvertement du modèle chinois et se firent au profit de la cour du Yamato, dont le chef finit par s'attribuer lui aussi le titre (chinois) d'« empereur » *(tennô)*. Cette cour « impériale » n'était pas, loin s'en faut, aussi puissante que celle des Tang (618-907) : ayant dû cesser de s'immiscer dans les affaires coréennes depuis la défaite navale de Hakusukinoe (663), elle eut à combattre jusqu'au IXe s. les peuples insoumis du nord (Emishi, à ne pas confondre avec les Aïnous).

L'univers de Heian (794-1192)

Contrairement à l'image répandue, y compris parmi les Japonais, de l'atmosphère particulière qui régnait à Heian (actuelle ville de Kyôto), la cour impériale ne fut pas seulement un monde clos à l'intérieur duquel des femmes et des hommes raffinés se consacraient tout entiers à la composition de poèmes et aux rencontres amoureuses. Elle fut également le théâtre d'âpres luttes d'intérêt dans lesquelles des provinciaux et des guerriers eurent leur rôle à jouer.

Heian : une ville de contrastes

Un peu comme nos rois mérovingiens, les souverains du Yamato se sont longtemps déplacés de palais en palais chaque fois que l'un d'entre eux décédait. Cependant, sous l'influence de la Chine, les capitales impériales se fixèrent peu à peu : Fujiwara, Nara. En 794 on établit définitivement le palais de l'empereur à Heian. Selon les critères de la géomancie chinoise, la position du site fut alors jugée parfaite : cette cité de la « paix et (de la) tranquillité » *(heian)* était protégée au nordest par le mont Hiei et favorisée par la direction méridionale de la rivière Kamo. Le plan fut bâti sur le modèle de Changan (actuelle Xi'an), la capitale des Tang, mais en des proportions plus modestes : le palais était situé au nord, de sorte que l'empereur puisse regarder vers le midi, direction faste.

En principe, la ville, coupée en deux par une très grande avenue « du Moineau rouge » (85 m de largeur et 4 km de longueur), aurait dû offrir au regard un plan régulier en damier. Elle fut cependant très vite livrée aux desiderata de la population (peut-être 150 000 habitants

▲ Le festival Aoi matsuri, à Kyôto, rappelle les fastes de la vie de cour à Heian.

vers l'an 1000) : aux abords de quartiers qui abritaient de grandes artères bordées d'arbres, des canaux réguliers et de magnifiques bâtiments (à la chinoise ou à la japonaise), des parties entières furent laissées à l'abandon, quand elles ne devinrent pas des repaires de brigands et de misérables (comme la fameuse porte Rashômon). Ce relatif désordre ainsi que les incendies, les épidémies et les tremblements de terre à répétition n'empêchèrent pas l'épanouissement dans la cité d'une civilisation unique en son genre.

La Voie du Bouddha

L'histoire ancienne du bouddhisme japonais fut celle d'une religion étrangère importée pour des raisons diplomatiques, officialisée pour des raisons politiques, et longtemps cantonnée dans le cercle étroit des élites sociales et spirituelles. En effet, à l'époque de Heian, les moines de cette religion universaliste, qui enseignait qu'il était possible d'échapper à la douleur et à l'impermanence de toute chose en comptant sur la compassion des

☞ **EN SAVOIR PLUS**
• Sur la vie des femmes à la cour de Heian, consultez le théma p. 354-355.
• Sur le bouddhisme, reportez-vous au chapitre « Religions », p. 100.

bodhisattvas, eurent pratiquement pour seules ouailles les membres de la cour impériale. À partir du Xe s., un Bouddha prit une importance toute particulière aux yeux des aristocrates : ce fut Amida, maître du Paradis de l'Ouest où renaissent tous les êtres vivants qui ont pensé à lui ou ont prononcé son nom selon la formule consacrée : « *Namu Amida butsu* » (gloire au Bouddha Amida). Lorsque, au siècle suivant, le culte amidiste se fondit avec la croyance selon laquelle le monde était entré dans une période de profonde décadence spirituelle – la « Fin de la Loi » *(mappô)* –, les artistes japonais se surpassèrent pour dédier au bouddha salvateur des chapelles, des icônes et des statues.

Mais la Voie du Bouddha ne fut pas la seule à s'épanouir en ces siècles inquiets : en plus de la croyance ancienne en l'existence d'une myriade de *kami* (divinités du shintoïsme), les nobles de Heian se passionnèrent pour les pratiques divinatoires de la Voie du Yin et du Yang importée de Chine. Un déplacement dans la capitale ou la réfection d'un bâtiment se faisaient après consultation d'un spécialiste de la Voie, qui en prédisait le caractère faste ou néfaste.

Désordres à la cour et entrée en scène des guerriers

Au début du XIIe s., chacun pouvait constater que la société japonaise s'était fortement éloignée des règles politiques et sociales jadis imposées pour garantir la domination absolue du *tennô*. En effet, les empereurs en titre avaient déjà depuis longtemps cessé de gouverner : après le système des Fujiwara (→ *encadré*) se généralisa celui des « empereurs retirés » (*insei* : l'empereur abdiquait au profit de son successeur, entrait en religion dans un monastère de la capitale, d'où il dirigeait tant bien que mal les affaires de l'État). La cour n'en était pas moins traversée par une multitude de conflits alimentés par les fortes tendances au népotisme, au clientélisme et à la corruption des uns et des autres. En province, les terres publiques échappaient chaque jour un peu plus au système fiscal officiel, parce que les familles aristocratiques et les grands établissements bouddhiques jouissaient de nombreux privilèges. Au fil du temps, le désintérêt relatif de la cour pour l'administration du pays, l'absence d'une armée gouvernementale et la privatisation des terres avaient engendré un climat d'insécurité général dont profitaient pirates, révoltés, « moines-soldats » *(sôhei)*, notables prévaricateurs et brigands de tout poil.

La stratégie des Fujiwara

La position dominante du clan Fujiwara à la cour impériale de Heian est typique d'une tradition politique japonaise, où le réel pouvoir n'appartient pas toujours à celui qui en a pourtant tous les titres officiels. De fait, pendant deux siècles (X^e et XIe s.), les Fujiwara ont régné à la place des empereurs. Leur hégémonie fut le fruit d'une remarquable politique qui leur a permis d'accaparer les postes administratifs les plus convoités et d'acquérir une fortune considérable.

Cette stratégie comprenait deux volets. On pourrait qualifier le premier de « matrimonial », puisqu'il s'agissait de marier les filles Fujiwara avec les empereurs, de sorte que les princes héritiers soient rattachés au clan par des liens de sang ; les chefs Fujiwara ont été grands-pères, beaux-pères ou oncles d'empereurs et, à ce titre, ont exercé sur eux une grande influence. Le second volet fut d'animer une nombreuse clientèle qui leur assura le concours d'une bonne partie de l'administration de leur époque. **Michinaga** (966-1027) fut le plus puissant des Fujiwara. Ayant occupé les fonctions de ministre des Affaires suprêmes et de régent, il exploita admirablement le « système Fujiwara » en donnant naissance à une descendance pléthorique (il fut le grand-père de trois empereurs du XIe s.).
→ *aussi encadré p. 353.*

Ces dysfonctionnements de la société de Heian expliquent l'essor d'une classe de guerriers. Ces derniers avaient d'abord offert leurs services aux nobles de la cour, aux notables des provinces et aux temples, mais une grande partie d'entre eux finit par être intégrée dans les deux plus grands clans de samouraïs de la fin de l'époque : le clan des Taira et celui des Minamoto, tous deux issus – ironie de l'histoire – d'une cour impériale qui avait dû autrefois envoyer en province le surplus de ses princes.

Minamoto contre Taira
Dans les années 1150, les aristocrates de Heian commirent une grave erreur politique en recourant à la force militaire des samouraïs pour régler leurs querelles. De fait, à l'issue des conflits des ères Hôgen (1156) et Heiji (1160), le chef du clan des Taira, Kiyomori, se retrouva en position dominante à la cour impériale. Celle-ci ne put se débarrasser de lui qu'en faisant à nouveau appel à des guerriers. C'est ainsi que, en 1180, débuta la guerre des Minamoto contre les Taira, le premier grand conflit militaire étendu à la quasi-totalité de l'archipel. Les opérations guerrières se succédèrent pendant cinq années, pour finir par la tragique bataille de Dan no Ura (1185), dans le détroit de Shimonoseki, où se noyèrent une grande partie des guerriers du clan des Taira ainsi que leur protégé, le jeune empereur Antoku, âgé de 8 ans, dont la légende dit qu'il emporta dans les flots le sabre divin, l'un des trois objets sacrés de la maison impériale.

▲ À Kyôto, le temple Ninna-ji, construit à la fin du IXe s. et restauré au XVIIe s., était dirigé par des membres de la famille impériale ayant pris le statut de religieux.

L'aube du Moyen Âge
(1192-1333)

Le Japon de l'époque Kamakura présente bien des similitudes avec le Moyen Âge occidental : on y retrouve la même dispersion des pouvoirs publics, la même force des liens d'homme à homme dans la classe dominante des guerriers et le même besoin de renouveau spirituel qui s'exprime, ici aussi, par l'apparition de nouveaux courants religieux.

Le shogunat de Kamakura
Lorsque Minamoto no Yoritomo reçut, en 1192, de l'empereur Go-Toba, le titre prestigieux de *Sei i tai shôgun* (« général chargé de la pacification des barbares »), les principes fondamentaux de son gouvernement étaient déjà clairement définis. Parallèlement aux institutions impériales, le shogun, suzerain des samouraïs, avait sa propre

Le *Dit des Heike* (→ p. 118) raconte les hauts faits d'armes de la guerre civile en cette fin de XIIe s. et brosse un tableau coloré de ses héros : le guerrier Kumagai Naozane, qui fit le choix d'entrer en religion pour expier un crime commis contre un adolescent à la bataille d'Ichinotani ; Minamoto no Yoshitsune (le Chevalier sans peur et sans reproche de l'histoire du Japon), dont le courage et le raffinement forcèrent le respect de l'empereur Go-Shirakawa ; Minamoto no Yoritomo, impitoyable et génial politique qui institua le premier État militaire (bakufu) du Japon : le gouvernement de Kamakura.

capitale, dans l'est du pays (actuel Kantô), à Kamakura ; ses propres fonctionnaires – en fait, au début du régime, les vassaux qui l'avaient soutenu dans la guerre contre les Taira – ; enfin, ses propres terres, celles que géraient ces derniers pour son compte et celles que lui avait confiées la cour impériale de Kyôto. Le fait que les descendants directs de Yoritomo ne réussirent pas à s'imposer et durent très rapidement céder leur place au clan des Hôjô ne remit nullement en question les structures du nouveau régime. Même la réaction de l'empereur Go-Toba (1221) ne put empêcher l'inévitable : au XIIIe s., le Japon entrait définitivement dans l'âge des guerriers.

Néanmoins, la classe militaire fut toujours hétérogène. À l'époque Kamakura, il n'y avait aucune commune mesure entre les grands samouraïs possédant cheval, armure, arc et sabre *(katana)*, entourés de vassaux et remplissant des fonctions officielles, et les petites gens d'armes allant pieds nus et se consacrant à diverses tâches domestiques. Seul un certain état d'esprit, peut-être, unifiait ce groupe ; on l'appelait à l'époque la « Voie de l'Arc et des Flèches » : fidélité au seigneur, mépris de la mort et esthétique de la sobriété. La personnalité des uns et des autres décidait de la réalisation effective de cet idéal.

▲ Fronton d'une maison de samouraï à Yamaguchi (Chûgoku).

Un premier décollage économique

Jusqu'à l'époque Kamakura, la plupart des communautés paysannes ont vécu de façon autarcique : on consommait ce que l'on fabriquait et vice versa. Or, à partir du XIIIe s., cette société essentiellement agricole se mit à évoluer, lentement mais sûrement : saké, poissons, huile, tissus et houes en fer, toutes sortes de produits agricoles

---

Histoire de la Nonne-Shogun

À une époque où la figure du samouraï était déjà devenue centrale dans l'idéologie dominante du Japon, une femme réussit à se faire une place dans la société de son temps : **Hôjô Masako** (1157-1225). Masako était la fille aînée du puissant Hôjô Tokimasa, mais elle fut aussi et surtout l'épouse du fondateur du shogunat de Kamakura, Minamoto no Yoritomo. À la mort de celui-ci (1199), elle conserva son influence dans le nouveau régime et plaça au poste de shogun leur fils aîné Yoriie, puis leur cadet Sanetomo, qu'elle jugea plus compétent. Avec la même détermination qu'elle avait mise à écarter du pouvoir Yoriie, elle évinça son propre père lorsque celui-ci complota pour faire périr Sanetomo. Mais Sanetomo finit par être assassiné (1219), comme son frère aîné l'avait été (1204). C'est ainsi que s'éteignit la lignée issue de Minamoto no Yoritomo.

Pour garder le pouvoir, Masako fit nommer au poste de shogun un aristocrate issu de la cour impériale de Kyôto. Lorsque l'empereur Go-Toba tenta de soulever le pays contre le shogunat (1221), c'est elle qui harangua les troupes à Kamakura pour les exhorter à sauver le régime des guerriers. On l'appelait Ama-Shôgun, la « Nonne-Shogun ».

et artisanaux commencèrent à être échangés dans de toutes nouvelles foires régionales ; la monnaie de cuivre chinoise servit désormais de support aux transactions commerciales, qui se multipliaient. Enfin, de nouveaux acteurs apparurent, qui insufflèrent une énergie nouvelle dans l'économie traditionnelle : des artisans (par exemple des forgerons ou des fondeurs répondant aux besoins spécifiques des guerriers), des marchands, des transporteurs, des paysans-marchands ou des paysans-artisans.

Ce premier réveil économique reposa sans doute sur les progrès agricoles enregistrés depuis les XIe et XIIe s. : l'extension de la surface agricole utile par des défrichements importants, l'apparition de la double récolte annuelle (riz et céréales) ainsi que l'utilisation plus systématique d'engrais, d'outils en fer et de la force animale accrurent manifestement les rendements et la production agricoles, permettant ainsi de dégager un surproduit commercialisable. Dans ce contexte, la population prit mieux en main son destin, notamment en s'organisant en corporations *(za)*. Toutefois, elle continua d'être la victime des calamités naturelles, des famines et des exactions des seigneurs.

Un bouddhisme populaire

Dans quelle mesure l'arrivée au pouvoir des guerriers et le réveil économique des campagnes expliquent-ils que, à la même époque, des religieux bouddhistes se soient mis à sillonner l'archipel en tous sens, et qu'il y ait eu des gens pour prêter l'oreille à leurs prédications ? En effet, si le premier bouddhisme japonais fut une affaire de moines et d'aristocrates, c'est dans toutes les couches de la société que la Voie du Bouddha se diffusa à partir du XIIIe s. Dans les « nouvelles religions » de l'époque Kamakura, il y eut autant d'idées nouvelles que de tendances anciennes : les nouvelles écoles amidistes, celles du zen et celle du moine Nichiren ont toutes été fondées par des religieux, eux-mêmes formés dans des écoles bouddhiques traditionnelles, qui partageaient les préoccupations de leurs maîtres. Comment gagner

▲ **Sculptures bouddhiques d'époque Kamakura dans les grottes d'Usuki (nord-est du Kyûshû).**

son Salut ? Comment obtenir l'Éveil *(satori)* ? Quel rapport les êtres vivants ont-ils avec Bouddha ? Ils proposèrent des réponses qui surent convaincre : le moine Hônen, fondateur de l'école de la Terre pure, préconisa de prononcer la formule amidiste aussi souvent que possible, cependant que son disciple, Shinran, expliqua qu'il suffisait de croire en Amida pour accéder à sa Terre pure.

Les adeptes du zen furent davantage préoccupés par le souci d'atteindre l'Éveil, sans l'aide de rites ou de livres, par leur « propre pouvoir » de méditation. Leur message fut entendu par de nombreux samouraïs qui souhaitaient justement acquérir la maîtrise de leur corps et de leur esprit. Ces courants religieux du Moyen Âge ont survécu jusqu'à nos jours.

Mongols et *kamikaze*

C'est vers Amaterasu, la plus grande divinité du panthéon shintoïste, que les Japonais se tournèrent lorsque les armées mongoles tentèrent, à deux reprises, d'envahir l'archipel par l'île de Kyûshû. Du côté mongol, la conquête du Japon n'était que la suite logique d'une vaste entreprise militaire amorcée par Gengis Khan et poursuivie par son petit-fils Kubilay Khan, qui fut vainqueur de la Chine en 1279. Du côté japonais, les incursions mongoles provoquèrent un terrible choc pour un peuple qui n'avait jamais eu à subir de sérieuses agressions extérieures.

La première attaque, en 1274, fut l'occasion pour les guerriers nippons de découvrir les redoutables méthodes de combat des 30 000 agresseurs, partis de Corée sur 900 navires : formations en rangs serrés, explosifs, flèches empoisonnées d'une portée deux fois supérieure à celle des arcs japonais, bruit infernal des tambours et des gongs. Seule une tempête sauva alors l'archipel des Mongols. Quelques années plus tard, le khan déploya une force militaire bien plus conséquente : deux corps d'armée représentant 140 000 hommes et 4 000 navires tentèrent de débarquer en 1281. Le système de défense mis au point par les dirigeants de Kamakura (remblai de pierre et mobilisation du ban et de l'arrière-ban) n'aurait sans doute pas résisté à un tel assaut. Cette fois encore, une tempête de quarante-huit heures vint balayer l'armada mongole : les générations ultérieures considérèrent que le Japon avait dû alors son salut à ce « vent divin » *(kamikaze)*.

Le Japon dans tous ses états (1333-1615)

Excepté la parenthèse mongole, l'histoire du premier État guerrier du Japon avait finalement été assez pacifique. Il en alla autrement de celle du gouvernement militaire de Muromachi, quartier de Kyôto où se fixèrent les shoguns Ashikaga (1338-1573) : dès l'installation du shogunat, s'ouvrit une ère de turbulences qui ne devaient cesser que deux siècles et demi plus tard. Cette époque meurtrière fut cependant un moment culturel privilégié où, sous l'influence de la Chine et de l'Europe, les lettrés et les artistes, mais aussi les samouraïs et les hommes du commun, firent preuve d'ouverture et de créativité.

Deux empereurs et deux cours impériales ! (1333-1392)

Considéré du point de vue de la nation japonaise, l'épisode mongol connut un heureux dénouement, mais les conséquences sur la politique intérieure furent désastreuses, car les samouraïs qui avaient combattu n'eurent pas la possibilité de se dédommager sur l'ennemi de leurs efforts. La déception des vassaux directs *(gokenin)* du shogun, aggravée par la dépréciation graduelle de leur position sociale et l'amenuisement de leurs revenus (du fait des trop nombreux partages entre héritiers), explique que le shogunat des Hôjô ne trouva personne pour le soutenir lors du coup d'État organisé conjointement par le clan des guerriers Ashikaga et l'empereur Go-Daigo (1333).

L'entente entre les fossoyeurs de Kamakura fut cependant éphémère : Go-Daigo rêvait de restituer à la cour impériale ses antiques prérogatives, tandis qu'Ashikaga Taka'uji souhaitait instituer un nouveau shogunat. Il n'y avait pas de compromis possible. Taka'uji chassa Go-Daigo de la capitale, Kyôto, et mit sur le trône impérial un prince moins exigeant, Kômyô, qui lui conféra la fonction de shogun (1338). Go-Daigo s'en alla fonder sa cour au sud de Kyôto, à Yoshino, créant ainsi une situation politique unique dans l'histoire du pays, où deux cours impériales prétendaient détenir la légitimité politique. Après bien des combats, où les uns et les autres choisirent leur camp selon des intérêts très prosaïques, le conflit entre la cour du nord et celle du sud se termina par un compromis proposé par Yoshimitsu, troisième shogun Ashikaga (1392).

Les Ashikaga : samouraïs ou lettrés ?

Yoshimitsu fut sans conteste le plus brillant shogun de sa lignée. Il suivit avec autant de brio la Voie des Armes que celle des Lettres. La première le conduisit à réprimer certains gouverneurs qui avaient profité des désordres engendrés par la guerre des deux cours pour accroître leur autorité dans les provinces ; elle l'amena aussi à renouer des relations officielles avec la Chine, cette fois-ci pour le compte du shogunat, la cour impériale étant tenue à l'écart de ces échanges avec la dynastie des Ming (1368-1644). De fructueuses relations économiques renforcèrent alors les liens entre les deux pays : des navires japonais dotés de licences commerciales vendaient en Chine des armes, des éventails et des laques ; ils en rapportaient de la soie grège, des tissus et de la monnaie de cuivre. Dans la Voie des Lettres, Yoshimitsu s'illustra par la construction du pavillon d'Or de Kyôto et par le patronage des fondateurs du théâtre nô, Kan'ami et son fils Zeami.

Bien que certains de ses successeurs aient été eux aussi de généreux mécènes, aucun ne parvint à égaler son œuvre politique. De fait, après sa mort (1408), tous les shoguns Ashikaga furent les victimes des deux forces qui travaillaient la société japonaise de l'époque : les tendances centrifuges des grands féodaux, et les aspirations à l'indépendance de « communes » paysannes *(sô)* régionales ou interrégionales. La première moitié du XVe s. vit les premières grandes jacqueries de l'histoire du Japon, animées par d'universelles revendications : baisse des impôts et des corvées, moratoire des dettes...

Une guerre de cent ans

De 1467 à 1477 (incidents d'Ônin), une querelle relative à la succession du huitième shogun Ashikaga suffit à embraser l'archipel. Le désordre profita à tous ceux qui, dans les provinces, prirent la place des dirigeants engagés dans les combats qui se déroulaient à Kyôto. Le Japon fut dès lors livré aux plus ambitieux : petits fonctionnaires, barons, samouraïs de campagne ou simples aventuriers. Chacun usa des armes pour acquérir ou protéger des territoires. Des communautés paysannes, des quartiers urbains, des sectes religieuses entrèrent également dans les conflits de cette longue guerre

Heurs et malheurs des chrétiens du Japon

Pendant la Contre-Réforme, la mission japonaise inaugurée par François Xavier (1549-1551 ; → *encadré p. 426*) suscita les plus vifs espoirs, puis la plus grande déception des catholiques d'Europe. Le message évangélique fut d'abord bien accueilli par une population japonaise accoutumée depuis des siècles à assimiler et à mêler des croyances et des pratiques religieuses de toute nature (shintoïsme, bouddhisme, taoïsme...). Il est cependant très difficile de savoir quel fut le sentiment religieux éprouvé par les samouraïs, les paysans et les citadins qui se convertirent à la religion nouvelle. Ont-ils été sensibles aux valeurs égalitaristes des Évangiles, dans une époque où leur société était marquée par une mobilité sociale sans précédent dans l'histoire ? Sont-ce les règles et les cérémonies de l'Église catholique qui ont séduit ce peuple traditionnellement fort respectueux des rites ? Le succès des missionnaires vient-il de leur extraordinaire capacité à s'adapter aux coutumes locales ? S'explique-t-il par les mœurs jugées décadentes du clergé bouddhique de l'époque, ou par le fait que, bien souvent, le baptême d'un seul seigneur entraînait automatiquement la conversion de tous ses vassaux et sujets ? Au début du XVIIe s., les jésuites prétendirent avoir converti 300 000 personnes. À la fin du siècle, au terme d'une terrible répression, plus aucun Japonais n'osait se dire chrétien.

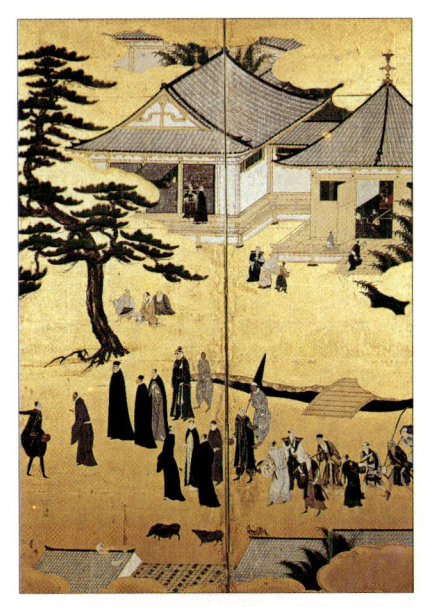

◀ L'arrivée des Portugais au Japon, détail du *Paravent dit des Portugais*, couleurs et feuilles d'or sur papier, école picturale Kanô (fin XVIe-début XVIIe s.), musée national d'Art ancien, Lisbonne.

civile qui dura jusqu'à la fin du XVIe s. Des principautés se constituèrent, totalement indépendantes des pouvoirs officiels (empereur, shogun) : elles étaient gouvernées par des *daimyô*, grands féodaux qui édictaient leurs lois, établissaient le cadastre de leurs terres et percevaient les impôts à partir des châteaux autour desquels ils rassemblaient des marchands et des artisans.

Vers 1542, les Européens arrivèrent dans ce « Japon à l'envers ». Au début il s'agissait principalement de marchands portugais et de jésuites. D'emblée, les Japonais furent fascinés par les nouveautés qu'apportaient ces « Barbares du Sud » *(nanban-jin)* : leurs mousquets, leur religion catholique, leur science de la navigation, leurs machines à imprimer… Les missionnaires semblent avoir réussi à convertir une partie non négligeable de la population. En tout cas, le commerce avec ces « barbares » intéressa fortement les Japonais, qui exportèrent par leur intermédiaire en Chine leur métal argent contre de la soie grège.

« S'il ne chante pas, le coucou… »

Dans le dernier tiers du XVIe s., trois *daimyô* d'une trempe extraordinaire devaient réunifier l'archipel : Oda Nobunaga, son fidèle vassal Toyotomi Hideyoshi et leur allié Tokugawa Ieyasu. Pour caractériser la personnalité de chacun de ces hommes, la postérité composa un haïku sur le thème : « S'il ne chante pas, le coucou… » « Tuons-le », aurait dit Nobunaga ; « Faisons-le chanter » aurait pensé Hideyoshi, tandis qu'Ieyasu aurait déclaré : « Attendons qu'il chante. » En réalité, contrairement à ce que laisse entendre ce poème, la cruauté, la violence et l'opportunisme furent le fait des trois hommes, qui partageaient également une origine modeste et eurent tous trois les mêmes obstacles à surmonter pour parvenir au pouvoir suprême : il leur a fallu soumettre les autres *daimyô*, les sectes religieuses en armes (moines-soldats et forteresses), les pirates, les ligues paysannes.

Leurs stratégies purent être cependant différentes : par exemple, Hideyoshi tenta de détourner les énergies guerrières des samouraïs en organisant – en vain – deux conquêtes de la Corée (1592, puis 1597-1598) ; Ieyasu éprouva la fidélité des grands seigneurs en leur faisant financer la construction d'un immense château (1606-1636) dans son quartier général d'Edo (actuelle Tôkyô). Nos trois hommes n'eurent pas non plus le même destin : après la trahison d'un de ses vassaux, Nobunaga se suicida avec son fils (1582) ; Hideyoshi mourut de maladie en laissant un héritier trop jeune (1598) ; seul Ieyasu put imposer son clan grâce aux victoires militaires de Sekigahara (1600) et d'Ôsaka (1614-1615) remportées sur les partisans de Hideyoshi.

Le Japon d'Edo (1615-1867)

La « culture japonaise » telle qu'on se la représente aujourd'hui en Occident est largement celle de l'époque des shoguns Tokugawa. Le trio formé par le samouraï poursuivant la Voie du Guerrier (bushido), la geisha enchanteresse et le lutteur de sumo est caractéristique de l'époque Edo. Les estampes *ukiyo-e*, le théâtre kabuki et la consommation de poisson cru (sushis et sashimis) datent également de cette période. Tous ces éléments étaient étroitement associés aux mœurs urbaines qui se développèrent alors sous l'impulsion d'une classe marchande active. Mais au-delà (ou en deçà) de l'éclat de cette culture populaire et citadine, le sort du Japon restait commandé par les intérêts politiques de la classe dominante des guerriers.

Un archipel à quatre portes

Dans le contexte historique d'une Asie orientale marquée par un accroissement sans précédent des échanges, les trois premiers shoguns du clan Tokugawa mirent en place une politique étrangère motivée par le double souci de se protéger de l'extérieur (notamment des Européens) et d'assurer leur hégémonie à l'intérieur (contre les *daimyô* susceptibles de s'enrichir du commerce international). Les historiens ont longtemps qualifié cette politique de « fermeture du pays à la chaîne » (*sakoku*). En réalité, au départ, le shogunat cherchait surtout à ponctionner les juteux bénéfices des transactions internationales : d'une part, Ieyasu réinstaura un système de licences commerciales pour les bateaux marchands japonais qui se rendaient en Asie orientale ; d'autre part, il fit main basse sur les importations de soie grège chinoise.

Ses successeurs allèrent plus loin en limitant au strict minimum le nombre des ports d'échanges internationaux (1616) ainsi que celui des partenaires étrangers autorisés (1639) et en interdisant aux Japonais de sortir de l'archipel (1635). Les marchands ibériques furent boutés hors du Japon ; on ne garda que les Hollandais, cantonnés avec les Chinois à Nagasaki. Cette ville devint l'une des quatre portes ouvertes sur le monde extérieur avec le fief de Matsumae (qui exploitait les Aïnous de Hokkaidô), l'île Tsu shima

Un comptoir sur l'eau

L'île artificielle de **Deshima** (Dejima) fut construite dans la rade de Nagasaki en 1634 pour héberger les Portugais venus commercer au Japon. Lorsqu'on chassa ces derniers, les Hollandais y furent transférés pour en devenir les locataires exclusifs (1641). Ils y installèrent le comptoir de la Compagnie hollandaise des Indes orientales. Pendant deux siècles, l'île constitua un petit monde clos, rattaché à la terre ferme par un seul pont surveillé jour et nuit. Malgré sa taille minuscule (elle avait la forme d'un éventail long de 200 m), elle abritait 65 bâtiments : bureaux, résidences et magasins. On trouva même assez d'espace pour des jardins et des prés. Les 12 ou 13 Hollandais qui y résidaient ne pouvaient en sortir sans autorisation expresse. Les Japonais eux-mêmes n'y pénétraient qu'avec une bonne raison : interprétariat, commerce ou prostitution. Le nombre de navires hollandais admis à venir chaque année à Deshima était fixé par Edo (plus qu'un seul au XIXe s.) ; ils apportaient de Batavia (actuelle Jakarta, en Indonésie) du sucre, des médicaments, des cuirs, des tissus, des livres, des armes, des objets usuels.

Sur le rabat arrière de la couverture, un Tableau chronologique indique les périodes de l'histoire japonaise. En fin de volume, le Petit dictionnaire répertorie le vocabulaire spécifique.

Geisha

« Personne pratiquant un art d'agrément » : lorsqu'on le traduit de façon littérale, le mot *geisha* perd un peu le caractère enchanteur qu'il a en japonais. Expliqué en termes historiques, il peut même prendre une connotation sordide puisque, pendant la période Edo, les geishas n'étaient rien d'autre que des prostituées de catégorie moyenne, qui peuplaient les multiples quartiers de plaisir des centres urbains : Yoshiwara à Edo, Shimabara à Kyôto et Shinmachi à Ôsaka, pour ne parler que des quartiers autorisés des trois plus grandes villes de l'époque. Dans *Vie d'une amie de la volupté* (1686), le romancier **Ihara Saikaku** a présenté un tableau fort réaliste de la très rigoureuse hiérarchie du monde des « quartiers fleuris » où, par leur art de la danse, de la musique et du chant, les geishas s'efforçaient de tenir leur rang, un temps – celui de leur jeunesse –, entre les rarissimes grandes courtisanes (*tayû*) et les innombrables filles sans joie situées au bas de l'échelle.
→ *aussi encadré p. 367.*

(à mi-chemin de la Corée), par où passaient les ambassades coréennes, et le fief de Satsuma (sud de Kyûshû), qui dominait l'archipel des Ryûkyû. La proscription du christianisme (1614) fit partie intégrante de cette politique de repli.

Edo melting-pot

Au début du XVIIIe s., avec 1 million d'habitants, la capitale politique des Tokugawa, Edo, était l'une des plus grandes villes du monde. Le centre urbain était tout entier occupé par le grandiose château où résidaient le shogun, sa famille et certains de ses fonctionnaires. Autour de ce point névralgique, la ville s'étendait chaque jour un peu plus dans toutes les directions, du fait des divers flux de populations : d'une part, les Tokugawa avaient imposé aux *daimyô* et à leurs vassaux de venir vivre une année sur deux à Edo pour mieux les contrôler (les épouses et héritiers devaient cependant résider à Edo de façon permanente) ; d'autre part, les provinciaux et les pauvres venaient régulièrement y chercher une solution à leur détresse économique. La sociologie d'Edo était donc complexe, puisque toutes les classes sociales et toutes les régions de l'archipel se retrouvaient là.

Les dirigeants organisèrent, autant que faire se peut, cet espace urbain. Ainsi, l'idéologie confucianiste officielle d'un corps social composé de quatre ordres (guerriers, paysans, artisans, marchands) fut à l'origine de ce que l'on pourrait appeler une « ségrégation sociospatiale » : les quartiers des samouraïs, ceux des roturiers et ceux des temples étaient juxtaposés. Cela n'empêchait pas la promiscuité quotidienne de tous les citadins, qui pouvaient, le jour, se côtoyer dans le quartier populaire de Nihonbashi, carrefour commercial et routier, et, la nuit, se retrouver dans les multiples lieux de plaisir de la ville.

Nippons des villes et des campagnes

La société des Tokugawa fut la continuation du « beau XVIe siècle » qui avait vu fleurir villes et mouvements populaires. En effet, en dépit de la prééminence sociale des guerriers, la civilisation de l'époque fut marquée par les pratiques et l'imaginaire des marchands et des paysans. Des raisons économiques expliquent en partie ce phénomène. Dans les villes, toutes sortes de catégories professionnelles acquirent alors une certaine prospérité : les marchands, les prêteurs, les artisans, les propriétaires de terrains et d'immeubles furent bien souvent plus riches que les samouraïs de basse ou de moyenne catégorie, qui devaient se contenter du salaire que leur versait leur seigneur (*daimyô* ou shogun) et se retrouvèrent couverts de dettes.

☞ **EN SAVOIR PLUS**
Sur les influences occidentales dans l'art japonais, consultez le théma p. 116-117.

▲ Restitution d'une rue commerçante de l'époque Edo, dans le Chûgoku.

Dans les campagnes, la commercialisation progressive des produits agricoles s'accompagna de l'essor d'une classe de propriétaires terriens favorisée.
Certes, l'aisance des élites citadines et rurales ne prémunit pas le corps social contre les famines, les hausses de prix et autres pressions seigneuriales abusives, mais elle suffit à y diffuser des pratiques et des goûts nouveaux : théâtres bunraku et kabuki, estampes *ukiyo-e*, pèlerinages religieux (en particulier celui vers Ise), littérature populaire (soutenue par les remarquables progrès de l'édition et de l'alphabétisation des masses). La contestation ne fut pas la moindre des pratiques populaires de l'époque Edo, où éclatèrent des milliers d'émeutes en tout genre – ce qui montre que tradition et rébellion peuvent rimer, même au Japon.

Culture occidentale et identité japonaise

Les lettrés réalisèrent toutes sortes de synthèses de courants religieux, philosophiques, littéraires et scientifiques. Leur réflexion devait profondément influencer les acteurs de la modernisation du Japon à partir de la seconde moitié du XIXe s. Les « études hollandaises » *(rangaku)* furent l'un des axes majeurs de la pensée de l'époque. Le terme désignait alors toutes les connaissances transmises par les Néerlandais : médecine, arts militaires, sciences naturelles, géographie… Concrètement, le shogunat et les *daimyô* envoyaient certains de leurs vassaux se former à Nagasaki ou bien recrutaient des spécialistes de *rangaku* ; les livres d'auteurs occidentaux circulaient également dans l'archipel. Les esprits nippons furent ainsi préparés à affronter au XIXe s. la supériorité scientifique et technique de l'Occident.

Parallèlement, les Japonais de l'époque Edo forgèrent une idéologie nationaliste qui devait donner à leurs descendants une redoutable assurance. Le point de départ de cette réflexion fut une série d'études littéraires sur des textes de l'époque antique, notamment le *Kojiki* (→ *encadrés p. 78 et 99*). Les spécialistes de ces « études nationales » *(kokugaku)* crurent trouver dans ces classiques une voie ancienne propre au Japon. Dans leur sillage, mais partant d'une approche plus historique, les lettrés du fief de Mito (au nord de Tôkyô) élaborèrent, au début du XIXe s., une théorie shinto-confucianiste promise à un fameux destin et résumée dans le slogan : « Respectons l'empereur et expulsons les barbares. » ▶▶▶

THÉMA

Sur la route de Tôkaidô

C'est l'histoire de deux compères, Yajirobei et Kitahachi, qui « n'eurent de cesse d'égrener bourdes, sornettes et calembredaines en faisant leurs quatre cents coups » sur le Tôkaidô. Ainsi commence *À pied sur le Tôkaidô* (*Jippensha Ikkû*, trad. J.-A. Campignon), l'un des best-sellers de l'époque Edo, qui raconte les aventures de deux farceurs sur la « route de la mer de l'Est » *(tôkaidô)* qui reliait Edo à Kyôto par la côte pacifique. Il n'est pas surprenant que l'auteur de l'ouvrage ait choisi un tel décor pour mettre en scène ses personnages, car le Tôkaidô constituait l'axe majeur du réseau des voies terrestres de son époque.

▲ Titsuka, étape illustrée par Hiroshige Utagawa (1797-1858) dans sa série *Les Cinquante-trois Relais du Tôkaidô* (Paris, BNF, Estampes).

■ Un réseau ancien

Les origines du Tôkaidô remontent à la fin du VIIe s., lorsque l'État impérial découpa le territoire national en sept « circuits » *(dô)*, c'est-à-dire en sept vastes circonscriptions traversées par une grande voie menant à la capitale. Les sept grand-routes devaient essentiellement servir à acheminer vers les entrepôts du palais impérial les produits fiscaux de la soixantaine de « provinces » *(kuni)* du pays. Avec la création du premier shogunat (1192), la route de Tôkaidô prit une importance capitale, car elle permettait de garder un contact étroit avec Kyôto. Son caractère stratégique explique qu'on ait pris alors la peine d'y restaurer l'antique système des relais.

■ Une voie stratégique

Mais c'est surtout avec l'arrivée au pouvoir de Tokugawa Ieyasu, au début du XVIIe s., que l'artère connut un extraordinaire développement. Ieyasu la réaménagea avec un soin

▲ À Hakone, une procession costumée de *daimyô* rappelle les grandes heures du Tôkaidô.

■ Cinquante-trois étapes

En principe, le Tôkaidô avait une fonction officielle : l'artère devait servir en priorité aux courriers et aux espions du shogun ainsi qu'aux 150 seigneurs de l'Ouest qui étaient tenus de se rendre à Edo accompagnés de leurs vassaux pour le « service de résidence alternée » (un an à Edo, un an dans leur fief). En réalité, la grand-route était empruntée par toutes sortes de personnes : colporteurs, saltimbanques, prostituées, touristes, pèlerins (en particulier ceux qui se rendaient à Ise, fort nombreux), travailleurs saisonniers, vagabonds, poètes…

extrême de façon à pouvoir contrôler le grand centre politique, économique et culturel qu'était la région de Kyôto et d'Ôsaka. Dès 1601, il fit améliorer le système de chevaux de poste et mit en place un réseau particulièrement dense de villes d'étapes *(shuku-eki)* dont le nombre fut fixé à 53.

Pendant l'époque Edo, la voie présenta de remarquables qualités bien qu'elle fût de dimensions assez étroites (entre 5 et 10 m de largeur) : facile à parcourir à pied grâce à un confortable revêtement (une couche de graviers recouverte de sable en plaine), elle était bordée de pins et de cèdres qui offraient au voyageur leur ombre rafraîchissante. En chemin, on trouvait des points d'eau et, à chaque lieue, une indication sur les distances parcourues. En somme, tout était prévu pour faciliter la circulation des hommes (les marchandises empruntaient les voies d'eau). La qualité de l'itinéraire explique qu'à l'époque une dépêche urgente pouvait franchir en deux ou trois jours seulement les 500 km qui séparaient Edo de Kyôto.

Les moins pauvres des voyageurs du Tôkaidô utilisaient les services offerts par les 53 villes d'étape établies tout au long de la route. Là, ils avaient leurs auberges attitrées, en général de beaux établissements avec portail, clôture et jardin. Les gens de condition plus modeste utilisaient les services d'une multitude d'auberges et trouvaient dans les boutiques du lieu toutes sortes d'articles usuels (tabac, sandales, thé, légumes…). Le système commercial établi sur le Tôkaidô devint si sophistiqué que chaque ville d'étape finit par proposer une spécialité locale pour le plus grand plaisir touristique des voyageurs : soupe à l'igname de Mariko, gâteaux de riz de Futakawa, étoffes teintes de Narumi… La prostitution se retrouvait en revanche partout. L'artiste Hiroshige n'a pas manqué de le rappeler dans sa série d'estampes consacrée au Tôkaidô, dans laquelle il dépeint avec humour des voyageurs littéralement happés par les racoleuses des relais.

▶ Aujourd'hui, autoroutes et voies ferrées empruntent l'artère du Tôkaidô, où se concentrent une bonne partie des activités économiques du Japon. Au loin, le mont Fuji.

▶▶▶ **Le Japon menacé**

À partir de la fin du XVIIIe s., les Européens ont plusieurs fois tenté de convaincre le shogunat d'ouvrir les portes du Japon. Les Japonais ne s'étonnèrent donc pas que le commodore américain Matthew Perry vienne, en 1853, renouveler cette demande. Il faut croire que, cette fois-ci, le ton des étrangers fut assez comminatoire pour que le shogunat s'inquiète. Après plusieurs mois de réflexion, on se résolut à l'impensable : un premier traité d'amitié avec les États-Unis (1854). L'événement fut perçu, à juste titre, par les autres nations étrangères comme un recul du Japon, et la même année des traités analogues furent signés avec la Grande-Bretagne et la Russie. Les Occidentaux auraient eu tort de ne pas exiger davantage : sous la menace latente d'un conflit militaire qui paraissait si vraisemblable depuis la guerre de l'Opium (1839-1842), des négociations aboutirent en 1858 à la signature de plusieurs traités de commerce.

▲ Cliché d'un samouraï du clan Aizu, à Aizu Wakamatsu (Tôhoku).

L'ouverture du Japon porta un sérieux coup à la crédibilité du régime shogunal. Des *daimyô* avides de pouvoir, des activistes sensibles aux thèses nationalistes, des membres de la cour de Kyôto profitèrent de la brèche ouverte pour remettre en question la légitimité politique du shogun au nom de celle de son seul véritable rival : l'empereur. Vint un temps où un fief osa faire la guerre aux armées shogunales (1864-1866). Le quinzième shogun de la lignée Tokugawa prit alors la sage décision d'abandonner ses fonctions (1867).

De l'ouverture à la guerre (1868-1945)

En démissionnant, le dernier shogun espérait continuer de dominer le pays en s'appuyant sur son réseau de vassaux et ses immenses domaines. Mais les puissants fiefs du Sud-Ouest (Chôshû, Satsuma) remportèrent la guerre contre ses derniers partisans (1868-1869). Dès les premiers jours de 1868, ce parti antishogunal proclama la restauration du pouvoir impérial. Quelques mois plus tard, il annonça l'avènement d'un « gouvernement éclairé » *(meiji)*. L'empereur et sa cour furent transférés à Edo, rebaptisée Tôkyô (capitale de l'Est). Mais tout restait encore à faire : hormis la volonté de résister aux Occidentaux, les nouveaux dirigeants n'avaient aucun plan d'action clairement défini pour remplacer l'ancien régime.

Des réformes, encore des réformes, toujours des réformes

Le Japon de Meiji (1868-1912) fut un véritable laboratoire dans lequel toutes sortes d'expériences furent entreprises, qui finirent par bouleverser les structures de la société traditionnelle. La figure du *tennô* fut au cœur du nouveau régime, comme le confirma la Constitution du Grand Empire du Japon (1889) qui en fit le détenteur de la souveraineté, le déclara « sacré et inviolable » (du fait de sa prétendue ascendance divine) et lui donna tous les pouvoirs. En réalité, ce furent toujours ses ministres et conseillers, voire des militaires, qui dirigèrent le nouvel État. Les anciens ordres furent abolis, il n'y eut plus que des « sujets » de l'empereur, ayant des droits (liberté de croyance religieuse…) et des obligations (service militaire, paiement de l'impôt).

Pour « enrichir le pays et renforcer l'armée », les hommes de Meiji rénovèrent l'économie, soutenus par une bourgeoisie d'affaires issue des milieux d'entrepreneurs et de samouraïs de l'ancien régime. La liste de leurs innovations est impressionnante : création du yen et d'un système bancaire, modernisation des infrastructures de communication, mise en valeur de Hokkaidô, construction puis dénationalisation d'usines pilotes, mise en place d'un réseau d'écoles et d'universités… L'essor de l'industrie (textile, aciéries, chantiers navals…) et l'apparition de puissants conglomérats industriels et financiers (zaibatsus des familles Mitsui et Mitsubishi) furent le fruit des efforts entrepris, auxquels participèrent des experts occidentaux appelés à grands frais.

Naissance d'un impérialisme nippon

Sitôt mis en place, le gouvernement de Meiji chercha à s'imposer en Asie. Imitation jusqu'au-boutiste d'un Occident plus que jamais impérialiste, désir de compenser les humiliations accumulées depuis l'ouverture de l'archipel ? Des années 1870 aux années 1910, les maîtres du Japon inaugurèrent une politique d'expansion qui prit pour cible plusieurs pays voisins. Leur première victime fut la Corée, qu'ils obligèrent à s'ouvrir à son tour (1876) et qu'ils engagèrent dans la voie de la modernisation. Dès lors, les prétentions de la Chine sur la péninsule coréenne parurent insupportables : les Japonais entrèrent en guerre contre l'Empire continental (1894-1895) et, victorieux, obtinrent Formose (actuelle Taïwan), avant d'annexer purement et simplement la Corée (1910). Entre-temps, ils avaient dû éliminer la menace que faisaient peser les visées

☞ **EN SAVOIR PLUS**
Sur l'image de l'empereur, consultez le théma p. 190-191.

Les premiers échanges franco-japonais

Les deux pays sont entrés en contact lorsqu'une délégation japonaise, envoyée par des seigneurs chrétiens de Kyûshû, rencontra au Vatican un représentant du roi Henri III (1585). Quelques années plus tard, une tempête forçait une autre ambassade du Japon à se réfugier à Saint-Tropez, où elle fut bien accueillie par des autochtones fort intrigués par ces « petits hommes » (1615). Le premier Français à fouler le sol nippon, le dominicain Guillaume Courtet, n'eut point l'occasion d'approfondir ces premières relations puisque, arrivé en pleine période de répression antichrétienne, il subit le martyre (1637).

Néanmoins, les deux peuples ne s'ignorèrent pas totalement pendant les deux siècles de fermeture : les Français se montrèrent très amateurs d'objets provenant du Japon ; les Japonais éclairés purent entendre parler d'un certain Napoléon. Une fois signé le premier traité entre les deux pays (1858), les relations franco-japonaises s'épanouirent véritablement. C'est ainsi que, à la fin du shogunat des Tokugawa et au début de l'ère Meiji, les Français Léon de Rosny (enseignant le japonais en France), Léon Roches (diplomate au Japon), Léonce Verny (créateur de l'arsenal de Yokosuka), Albert Du Bousquet (qui organisa l'armée de terre japonaise) ou Gustave Boissonade (auteur d'un projet de Code civil pour le Japon) ont été les grands artisans d'un rapprochement fondé sur la volonté de moderniser le Japon.

▲ Prise d'un drapeau chinois par un officier japonais (*Le Petit Journal illustré*, 1894, Paris, BNF, Imprimés).

expansionnistes de la Russie sur leurs intérêts en Corée et en Mandchourie : après avoir engagé les hostilités par une attaque surprise (1904), le Japon réussit à infliger une sévère défaite à la Russie (1905). L'événement eut un retentissement considérable, qui fit entrer le Japon dans le concert des grandes puissances de l'époque – ce que la récente alliance anglo-japonaise (1902) avait déjà autorisé.

La Première Guerre mondiale permit au Japon, qui avait déclaré la guerre à l'Allemagne dès 1914, de siéger à Versailles parmi les cinq nations victorieuses (1919) et de renforcer sa présence dans le Pacifique et en Chine. Cependant, à la conférence de Washington (1922), les Occidentaux commencèrent à exprimer de la méfiance à l'égard de ses ambitions.

La « démocratie de Taishô »

Plus encore que la société de Meiji, celle de l'ère Taishô (1912-1926) et du début de l'ère Shôwa (1926-1989) manifesta ses aspirations à la démocratie et à la défense des intérêts populaires. En particulier, les années 1920 virent la multiplication des émeutes et des conflits du travail, l'essor de l'idéologie marxiste et, même, une très relative émancipation féminine (celles des *modern girls* des villes). Cependant, cette évolution libérale fut régulièrement contrariée par divers facteurs : les tendances autoritaires des oligarques du gouvernement, qui s'opposaient aux parlementaires de la chambre basse de la Diète ; la collusion entre les partis politiques et le milieu des affaires ; l'apathie des masses rurales et urbaines (qui obtinrent cependant le suffrage universel masculin en 1925). D'une certaine façon, la maladie handicapante dont souffrait l'empereur Taishô et le grand tremblement de terre qui frappa Tôkyô en 1923 (140 000 morts, parmi lesquels 4 000 Coréens massacrés à titre de boucs émissaires) furent les éléments mortifères de cette société travaillée par quantité de forces vives. Ces mêmes années constituèrent une étape supplémentaire dans l'occidentalisation du pays : base-ball et athlétisme, jazz et danses modernes, cinéma et bars furent l'objet d'un véritable engouement, générant une nouvelle culture populaire urbaine.

Le choix de la guerre

Le vent de libéralisme qui avait commencé à souffler au lendemain de la Première Guerre mondiale retomba dès le début des années 1930. Le point de départ de cette inversion de tendance fut la conquête militaire de la Mandchourie par des officiers japonais (1931). Manifestement approuvé par une partie de l'armée, et justifié par l'idée que le Japon devait étendre son empire, ce coup de force aboutit à la création du royaume du Mandchoukouo (1932), dirigé formellement par celui qui avait été le dernier empereur de Chine, Puyi. Le Japon quitta la Société des Nations lorsque celle-ci condamna son action (1933). Dans la foulée, d'autres interventions menées en Mongolie et en Chine renforcèrent au Japon la domination des militaires sur les civils dans la direction de la politique étrangère, et même de la politique tout court.

Le militarisme engendra un totalitarisme assez différent de ceux de l'Italie et de l'Allemagne contemporaines, ne serait-ce que parce que le Japon n'eut pas de parti de masse ; mais le climat qui accompagna l'ascension des militaires (assassinats politiques à répétition, putsch de 1936) ainsi que les mesures de contrôle de la population (lois liberticides, surveillance des citoyens, propagande) font penser aux fascismes d'Europe. Bien entendu, le discours officiel développait des thématiques japonaises : on mit l'accent sur l'« essence nationale » *(kokutai)*, la « volonté impériale », les valeurs confucianistes de loyauté et de piété filiale, et sur le code moral des guerriers d'autrefois.

« Le monde entier sous un même toit »

La Seconde Guerre mondiale commença lorsque le Japon agressa la Chine (1937). Un an plus tard, les Japonais menaient des opérations ponctuelles contre les Soviétiques (1938 et 1939) et, à partir de 1940, profitant du déclenchement des hostilités en Europe, ils s'emparaient progressivement de l'Indochine. Dans un conflit désormais mondial, le Japon choisit ses alliés (adhésion à l'Axe en 1940, pacte de non-agression avec l'URSS en 1941). Le blocus économique imposé par les Occidentaux (1941) n'empêcha pas le Japon de vouloir aller jusqu'au bout du processus militaire engagé : l'attaque surprise de la flotte américaine du Pacifique à Pearl Harbor (îles Hawaii, décembre 1941) devait être le signal d'une conquête éclair de l'Asie du Sud-Est et des îles situées au nord de l'Australie (1941-1942). Le Japon réalisait là son rêve d'une « sphère de coprospérité de la Grande Asie orientale », c'est-à-dire d'un système économique lui permettant d'exploiter sans vergogne les ressources naturelles

La bataille d'Okinawa

Après la conquête du petit îlot d'Iwo Jima (mars 1945), Okinawa devient l'objectif principal de l'armée américaine dans le Pacifique, qui met en œuvre la plus grande armada depuis le début de la guerre : 1 321 navires (dont 40 porte-avions et 18 cuirassés) transportant 183 000 soldats. L'opération « Iceberg » doit précéder l'invasion du Japon à partir de l'île de Kyûshû, en novembre. Le 1er avril 1945, le débarquement sur la côte ouest d'Okinawa rencontre peu de résistance, l'armée japonaise s'étant littéralement enterrée dans la partie sud, où se trouve la capitale préfectorale, Naha : le commandement est décidé à défendre l'île jusqu'au bout, à bloquer et détruire les forces aéronavales prévues pour le débarquement au Japon.

Le « typhon d'acier » *(tetsu no bôfû)*, comme l'appelleront les Okinawais, fait rage pendant 82 jours, jusqu'à la fin de la résistance japonaise, le 21 juin. Les pertes humaines sont considérables : près de 130 000 civils (un tiers de la population de l'île) – dont une partie contraints au suicide par l'armée impériale –, 66 000 militaires japonais morts au combat, des blessés par milliers... Les pertes américaines atteignent 12 300 tués et plus de 30 000 blessés. Un mois plus tard, les États-Unis exigent la reddition sans conditions du Japon, malgré des contacts secrets visant à lui trouver une sortie honorable du conflit. Début août, les explosions nucléaires de Hiroshima et Nagasaki tueront sur-le-champ moins de Japonais que la bataille d'Okinawa.   A.G.

◀ À la fin de la guerre, des pilotes « kamikazes » lançaient de tels avions chargés d'explosifs sur des cibles ennemies.

et humaines des zones conquises. Mais la supériorité militaire des Américains finit par l'emporter : à partir de la défaite navale de Midway (juin 1942), les reconquêtes territoriales successives, les bombardements aériens répétés sur les villes de l'archipel, enfin l'explosion de deux bombes atomiques lâchées sur Hiroshima et Nagasaki (les 6 et 9 août 1945) aboutirent à la capitulation d'un Japon exsangue et atterré par la défaite. Alors que, pendant la guerre du Pacifique, le Japon avait joué la carte du panasiatisme, de nombreux pays d'Asie gardent encore aujourd'hui un très douloureux souvenir de sa période ultra-impérialiste : massacre de Nankin (en Chine), exploitation esclavagiste des populations soumises, expériences « scientifiques »…

La reconstruction (1945-1973)

Le 15 août 1945, par voie radiophonique, l'empereur Hirohito encouragea son peuple à « supporter l'insupportable », la capitulation. Les dirigeants nippons signèrent solennellement l'acte de reddition le 2 septembre à bord du cuirassé américain *Missouri*, en baie de Tôkyô. Le pays était totalement en ruine : 2 millions de Japonais étaient morts dans le conflit mondial, 6 millions attendaient d'être rapatriés, le niveau de la production industrielle et agricole avait gravement diminué, le tissu urbain était dramatiquement endommagé. Qui aurait pu imaginer, à la fin de l'été 1945, que le Japon serait, un demi-siècle plus tard, la deuxième puissance économique mondiale ?

L'occupation du shogun MacArthur

De 1945 à 1951, le Japon eut à « supporter » sept années d'occupation étrangère. Pour l'essentiel, les Alliés se reposèrent sur les États-Unis, en particulier sur le général MacArthur, à qui Truman confia les pleins pouvoirs. Pendant les trois premières années, le shogun américain chercha surtout à transformer la société japonaise. Sa priorité fut d'éliminer tout ce qui avait porté le régime précédent : de nombreux militaires furent exécutés ou durent passer devant le Tribunal international de Tôkyô de 1946 à 1948 ; des fonctionnaires, des hommes d'affaires, des responsables politiques firent l'objet de purges ; le shintoïsme perdit le statut de religion d'État qu'il avait depuis l'ère Meiji ; les libertés élémentaires furent rendues, le vote des femmes admis (fin 1945), le mouvement syndical encouragé… Sur le plan des structures politiques, une nouvelle Constitution (1946) donna au pays un véritable régime parlementaire dans lequel l'empereur n'était plus que le « symbole de l'État et de l'unité de la nation » ; l'article 9 stipule même que « le peuple japonais renonce à jamais à la guerre ». Cette réforme structurelle fut doublée d'une audacieuse réforme agraire, qui permit une redistribution foncière au profit des petits paysans (1947-1949).

Après leur entrée dans la guerre froide (1948), les Américains se préoccupèrent davantage d'assurer la prospérité économique du Japon. La guerre de Corée (1950-1953) profita d'ailleurs grandement à l'économie japonaise. Bientôt, les États-Unis considérèrent que le Japon pouvait reprendre en main son destin : le traité de paix de San Francisco lui redonna son indépendance (1951).

Le « Jinmu Boom »

Pour les Japonais des années 1950, le « miracle économique » qui s'opérait sous leurs yeux était un événement national sans précédent depuis l'époque reculée de Jinmu, premier empereur (légendaire) du Japon. D'où l'expression « Jinmu Boom » qui servit à le qualifier. Il est vrai que le redressement de l'économie à partir de 1950 fut très impressionnant : de 1953 à 1961, la production industrielle augmenta de 217 % (de 28 % dans le même temps en Grande-Bretagne) tandis que les exportations s'accrurent de 232 % (42 % en Grande-Bretagne) ! Dans les années 1960, le Japon devint la première société de consommation d'Asie : les foyers s'équipèrent de télévisions, de réfrigérateurs... La réussite sociale exceptionnelle de l'industriel Matsushita Kônosuke (Panasonic), la mise en circulation du Shinkansen (1964), l'organisation des Jeux olympiques à Tôkyô (1964) et celle de l'Exposition universelle à Ôsaka (1970) furent les symboles de la fantastique réussite d'un Japon qui, à la fin de la décennie, disputait déjà à l'Allemagne de l'Ouest sa place de troisième puissance économique.

En réalité, ce fabuleux destin procédait aussi bien de facteurs extérieurs (guerre de Corée, soutien financier et technique des États-Unis, faibles coûts des taux de fret maritime...) que de facteurs internes, notamment la reprise en main d'une partie importante de l'économie par les trusts reconstitués, le taux relativement réduit des dépenses militaires et l'exploitation judicieuse des qualités de la population japonaise de l'époque (abondance, haut niveau de qualification, discipline, épargne).

Le seppuku de Mishima

La Haute Croissance (1960-1973) eut un impact important sur la société : baisse de la natalité, urbanisation (dans les années 1960, Tôkyô devint la première ville du monde), développement de la famille nucléaire (limitée aux deux parents et à leurs enfants), essor des loisirs, etc. Sur le plan politique, le pays se montra toutefois moins porté au changement : dès les premières élections d'après-guerre, les conservateurs dominèrent les autres partis (fondation du Parti libéral démocrate Jimintô en 1955). En tout cas, les réussites du Japon lui permirent d'acquérir peu à peu une reconnaissance à l'extérieur de ses frontières : normalisation des relations avec les pays voisins, entrée dans le GATT (1955), puis à l'ONU (1956) et à l'OCDE (1963).

Si la majorité des Japonais se satisfait de cette évolution, la modernisation accélérée du pays, qui signifiait en réalité son occidentalisation, provoqua un certain malaise. En témoigne par exemple le développement d'une vague d'antiaméricanisme qui atteignit son apogée au moment de la révision du pacte de sécurité nippo-américain (1960). Une minorité se montra même hostile à toute évolution récente du pays. C'est ainsi qu'en 1970 l'écrivain Mishima Yukio signifia son refus de l'esprit et de la lettre de la Constitution de 1946 par un acte spectaculaire : à l'instar des samouraïs d'antan qu'il admirait, il se donna volontairement la mort selon le rite traditionnel du seppuku (incision de l'abdomen). L'affaire fit grand bruit à l'époque, mais le Japon poursuivit la voie de l'expansion économique, certes de façon moins fulgurante à partir du choc pétrolier de 1973.

Religions et spiritualités

par Jean-Luc Toula-Breysse

Le syncrétisme définit la croyance religieuse au Japon : selon un adage populaire, « le Japonais naît et se marie shintoïste et meurt bouddhiste ». Les habitants de l'archipel pratiquent, successivement ou simultanément, plusieurs rituels, sans nécessairement avoir la foi. Ils suivent les coutumes, vont au temple au gré des innombrables fêtes qui jalonnent le calendrier dans l'espoir de bénéficier de protections. Le sens du sacré prévaut sur la religion dès lors qu'elle représente une organisation établie et qu'elle manifeste un dogme. Si la liberté des religions a été garantie par la Constitution promulguée en 1946, dans la sphère intime les différentes croyances vivent en harmonie depuis des siècles. Dans des temples bouddhiques se trouvent bien souvent des petits sanctuaires shintoïstes et même, parfois, des symboles chrétiens.

Le shintoïsme

Religion originelle du Japon vénérant les forces de la nature, le *shintô* (Voie du Divin) est une croyance de type animiste et chamaniste qui se fonde sur le respect des *kami*, terme souvent traduit par « divinité » ou « esprit ». En les honorant plus qu'en les adorant, tous les Japonais (qu'ils soient bouddhistes, chrétiens, athées) respectent encore aujourd'hui ces entités tutélaires, perpétuant des croyances dont les origines se perdent dans la nuit des temps.

Le shintoïsme primitif

Le shintoïsme n'a ni fondateur, ni dogme, ni code moral. Cette croyance non doctrinaire, antérieure à l'introduction du bouddhisme, ne trace pas de frontière nette entre sacré et profane. Peu codifiée et peu théorisée, elle n'explique pas le monde : sa mythologie, difficile à appréhender, se retrouve dans le *Kojiki* (→ *encadrés p. suiv. et p. 78*) et le *Nihon shoki* (*Chronique du Japon*) rédigé en 720. Au-delà du mythe, le shintoïsme tend à rendre harmonieuses les relations des êtres humains avec la nature, les énergies de l'univers et les *kami*. Le panthéon comprend une infinité de ces divinités séjournant dans la mer, les montagnes, les fleuves, le vent ou le feu. Certains *kami* peuvent être, par syncrétisme, considérés comme des apparitions circonstancielles des bouddhas, d'autres sont des ancêtres divinisés de clans locaux. Ils sont généralement bienveillants dès lors qu'ils sont honorés, à l'exemple d'Inari, l'une des divinités les plus populaires et les plus anciennes, protectrice des céréales et du commerce ainsi que des maisons ; plus de 25 000 sanctuaires lui sont dédiés dans l'archipel.

Le shintoïsme • 99

▲ Officiants du culte shintoïste au sanctuaire Meiji-jingū, à Tôkyô.

Le shintoïsme nationaliste

À l'ère Meiji, le shintoïsme d'État insista sur ses symboles nationaux : dans un esprit idéologique, le rêve de la pureté exaltait un sombre retour à l'ordre antique et aux origines de la race. La volonté politique était alors de rejeter le bouddhisme, spiritualité venue de l'étranger (→ ci-après), les plus réactionnaires n'hésitant pas à supprimer tout ce qui le rappelait dans des lieux de culte shintoïstes. Aux yeux des partisans de la restauration impériale, les grandes sectes bouddhiques dominantes avaient perverti « la pureté originelle du pays des dieux ». En réaction, le gouvernement créa une administration des cultes dont les fonctionnaires étaient tous shintoïstes. Au début du XXe s., le militarisme national instrumentalisa le shintoïsme au nom de la mobilisation générale des esprits jusqu'à glorifier, durant la guerre du Pacifique, le sacrifice, dans un « suicide volontaire », de jeunes pilotes en leur donnant le nom *kamikaze* (vent divin). À la suite de la capitulation nippone, les Américains ordonnèrent la séparation du shintoïsme et de l'État tout en tolérant la pratique cultuelle, à condition qu'elle ne s'exerce que dans un espace religieux.

Le shintoïsme aujourd'hui

Par un ensemble de pratiques et de rites, ce culte imprègne de nombreux aspects de la vie quotidienne. Le prêtre shintoïste, reconnaissable à sa coiffe noire et à sa longue robe blanche, a pour sacerdoce d'être une personne connaissant « les rites qui donnent prise sur les forces surnaturelles ». Dans les sanctuaires ou lieux sacrés, reconnaissables par des portiques spécifiques appelés *torii*, les

Littéralement, qu'il soit terrestre ou céleste, *kami* signifie « ce qui est au-dessus des hommes » ou « supérieur à la condition humaine ».

☞ **EN SAVOIR PLUS**
Sur les lieux du culte shintoïste (sanctuaires), consultez le théma p. 466-467.

Naissance mythologique

La plus ancienne chronique du Japon, rédigée en 712, le *Kojiki* (*Récits des choses anciennes*), relate les origines mythologiques du Japon. Selon cet antique texte, une des pierres angulaires du shintoïsme, la déesse **Izanami** et son frère, le dieu **Izanagi**, donnèrent naissance à l'archipel en enfantant les montagnes et les fleuves, le vent et les minéraux des multiples îles du pays. Ce couple de *kami* aurait plongé dans les eaux une lance aux pouvoirs surnaturels et aurait ainsi créé la première terre nippone, le Pays des huit grandes îles. Quand Izanami meurt, brûlée par la naissance du feu, Izanagi, désespéré, part à sa recherche dans le monde des ténèbres et la découvre décomposée. Stupéfait à cette vue morbide, il s'enfuit. Pour se purifier ensuite du contact avec la mort, il se baigne et donne naissance au *kami* du soleil et au *kami* de la lune.

Le *Kojiki* évoque également l'ascendance divine de l'empereur, la religion et l'histoire du pays fondées sur le respect des dieux. La lumineuse Amaterasu, déesse du soleil, serait l'ancêtre directe de Jinmu, fondateur de la dynastie impériale en 660 av. J.-C. Ce mythe apparaît comme une légitimation politique et une sacralisation de l'illustre lignée.

Grands arbres et petites herbes, pierre, sable, le sol que nous foulons, les vents, les flots, toutes les choses, toutes, ont une âme divine. Le murmure des bises dans les bois au printemps, le bourdonnement de l'insecte dans les herbes humides de l'automne, autant de strophes du chant de la Terre. Soupirs de la brise, fracas du torrent, autant d'hymnes de vie dont tous doivent se réjouir.

Chant liturgique shintoïste.

fidèles viennent se recueillir sans jamais oublier de se rincer la bouche et les mains. Car les ablutions, expression ancestrale de la purification des corps dictée par les rites shintoïstes, sont primordiales. En ville comme à la campagne, en travers d'un *torii*, autour d'un rocher, d'un arbre ou sur le fronton d'un édifice – notamment les brasseries de saké, « nectar des dieux » –, une corde *(shimenawa)* indique le caractère sacré des lieux. Elle matérialise la pureté de l'endroit. Pour se concilier un *kami* « possesseur du sol » et s'assurer de ses faveurs, on lui érige une demeure, un autel devant lequel sont déposées des offrandes. Il n'est pas rare de voir, dans une grande entreprise, un petit édifice dédié à un *kami* auquel le personnel rend hommage afin d'obtenir protection et prospérité.

Le bouddhisme

Alors que le Japon s'ouvrait au monde occidental, le rejet du bouddhisme permit à l'homme d'affaires et orientaliste Émile Guimet (1836-1918) d'acheter, lors de son séjour dans l'empire insulaire, une somme de trésors bouddhiques aujourd'hui exposés au musée national des Arts asiatiques (musée Guimet) à Paris.

Apparu dans l'archipel au milieu du VIe s. de notre ère, le bouddhisme a marqué la civilisation japonaise d'une empreinte profonde, qui ne se limite pas au zen. De même qu'il n'existe pas un shintoïsme unique, il n'existe pas un bouddhisme japonais, mais une somme d'écoles et de sectes, de courants et de ramifications, qui ont vu le jour tant pour des raisons spirituelles que politiques. D'autre part, il est important de comprendre que, dans la tradition bouddhique, le terme « secte » *(shûha, -shû)* ne porte nullement la connotation péjorative et inquiétante que nous lui donnons en Occident.

Le Bouddha historique

Dans ce panorama des premières religions au Japon, il ne faut pas ignorer parallèlement l'influence du confucianisme et du taoïsme (→ *Petit dictionnaire*). Ces deux pensées traditionnelles chinoises, introduites en même temps que le bouddhisme, ont joué un rôle important sur la morale autant que l'organisation sociale et l'ordre politique de l'archipel.

Originaire de l'Inde, la doctrine bouddhique est apparue au VIe s. av. notre ère avec Siddharta Gautama, également nommé Shakyamuni (le sage des Shakyas). Selon les écrits canoniques, ce prince est né dans un petit royaume au pied des contreforts méridionaux de l'Himalaya, à Kapilavastu. Fils du chef du clan des Shakyas et de la reine Maya, il reçut une éducation princière, épousa la princesse Yasodhara et devint père d'un garçon appelé Rahula. Après des années d'insouciance, il découvrit la souffrance de la condition humaine à la vue d'un vieillard, d'un malade et d'un cadavre. Il abandonna sa famille et ses biens pour mener dans la vallée du Gange une vie d'ascète, mais les mortifications et les abstinences ne lui permirent pas de trouver le salut. C'est au cours d'une

▲ Statue de Bouddha dans le temple Hôryû-ji de Nara (VIIe s.).

☞ **EN SAVOIR PLUS**
Sur les canons des représentations bouddhiques, consultez le théma p. 256-257.

longue méditation qu'il parvint à l'intuition de la vérité suprême : âgé de 35 ans, il devint alors le Bouddha (*Butsu* en japonais), qualificatif signifiant « l'Éveillé ». De son premier sermon au parc des Gazelles à Sarnath et jusqu'à sa mort, à l'âge de 80 ans, à Kusinagara, le sage parmi les sages transmit oralement son enseignement.

Le message de l'Éveillé
Le bouddhisme a pour but, par l'expérience individuelle, de se libérer des misères de la vie, de sortir du cycle des renaissances s'enchaînant sans fin (samsara), conditionné par le karma, pour atteindre l'extinction totale (nirvana), et de comprendre la loi de causalité des actions psychiques ou physiques (karma). Les bouddhistes ne croient pas en l'essence de l'âme, mais en une conscience qui transmigre de corps en corps selon les désirs et les actes. Partant du constat que la douleur accompagne l'existence, le Bouddha enseigne comment s'affranchir des illusions, des désirs et de l'ignorance à travers les Quatre Nobles Vérités : la souffrance, l'origine de la souffrance, la cessation de la souffrance, et la voie menant à la cessation de la souffrance (désignée comme l'Octuple Sentier).

Le bouddhisme entre au Japon
D'après la chronique japonaise *Nihon shoki*, le bouddhisme entra officiellement au Japon en 552 par la péninsule coréenne, lorsque le roi de Kudara (ou Paekche) envoya une mission diplomatique à l'empereur Kinmei. Parmi les cadeaux protocolaires se trouvaient une statuette dorée du Bouddha et plusieurs rouleaux d'écritures, des sutras (textes

Les trois Véhicules

Au gré de son histoire, le **bouddhisme** a engendré trois courants, appelés «Véhicules».

• Le **Hinayana** (Petit Véhicule ; vers le IIIe s. av. J.-C.), répandu en Asie méridionale, aujourd'hui représenté par la seule école encore existante : le **Theravada** (Doctrine des anciens), qui s'attache à suivre respectueusement le modèle de l'*arhat*, celui qui réalise pleinement le fruit de la doctrine. Ses adeptes travaillent à leur propre salut.

• Le **Mahayana** (Grand Véhicule), apparu au tournant de notre ère. Ce courant, attentif à la libération de tous les êtres, met l'accent sur la compassion et se fonde sur l'idéal du bodhisattva (→ *Petit dictionnaire* ; *bosatsu* en japonais), littéralement « être d'Éveil ». Le Mahayana prédomine dans une grande partie de l'Asie orientale, et au Japon sous le nom *Daijô*.

• Le **Vajrayana** (Véhicule de Diamant), appelé également **tantrisme**, branche du Mahayana qui se caractérise par des rites ésotériques ; principalement pratiqué en Mongolie, au Tibet, dans les royaumes himalayens mais aussi au Japon par certaines sectes.

> **O-bon : la fête des âmes**
>
> Cette grande fête estivale bouddhique, célébrée à la pleine lune du 7e mois du calendrier ancien, honore les âmes des défunts. D'origine chinoise, elle tire son nom d'une cérémonie bouddhique indienne exprimant aux morts gratitude et regret : O-bon est un diminutif d'*Urabon-e*, ou *Urabanna*, qui dérive du sanskrit *Ullambana*, nom d'un sutra contant la délivrance d'une mère en enfer par son fils. La fête apparut à la cour impériale japonaise en 657 puis se popularisa dans l'ensemble de l'archipel au cours du Xe s. grâce à la secte Jôdo-shû. À cette période se forme la croyance que les esprits des disparus reviennent dans le monde des vivants chaque année trois jours pour voir leur famille. Afin de permettre aux âmes de trouver leur chemin, des lanternes sont allumées dans les cimetières et au seuil des demeures ; les sépultures sont visitées et entretenues. Moment privilégié de recueillement et aussi de réjouissances, cette fête des souvenirs est l'occasion d'assister à de joyeuses danses traditionnelles *(bon-odori)* jusque tard dans la nuit.

des paroles attribuées à l'Éveillé ou à ses disciples immédiats). Un demi-siècle plus tard, le prince Shôtoku (573-622 ; → encadré p. 403) adopta le bouddhisme comme religion officielle. Malgré une vive opposition de certains membres de la cour, cette doctrine gagna peu à peu la faveur des membres de la haute société aristocratique et guerrière, avant de toucher le peuple en faisant appel aux élans les plus intimes du cœur humain.

Les Six sectes de Nara

Quand, en 710, le pouvoir impérial fit de Nara la nouvelle capitale, les architectes s'inspirèrent du modèle de la capitale chinoise des Tang, où se dressaient d'imposants temples et monastères bouddhiques. Les échanges intellectuels et religieux avec le grand voisin continental révélèrent la multiplicité des courants. Les premières écoles bouddhiques japonaises se développèrent. Désignées comme les « Six sectes de Nara », elles eurent une grande influence politique et sont directement inspirées d'écoles chinoises. Chacune, s'appuyant sur des textes bouddhiques distincts, prit un nom se référant aux écrits étudiés. Bien que, en apparence, leurs approches diffèrent, elles partagent fondamentalement l'enseignement de la doctrine.

- **Sanron-shû.** En 625, le moine coréen **Ekan** introduit au Japon cette école chinoise qui prend pour référence les traités du sage indien Nagarjuna (IIe-IIIe s.), fondateur de l'école dite du Milieu. Elle réfute le dualisme, fruit de l'illusion, préférant aborder la relativité et la vacuité. Ses adeptes s'attachent à l'interdépendance des phénomènes et récusent la réalité d'un moi immuable ayant une nature propre.

- **Jôjitsu-shû.** Proche de la précédente et vite absorbée par elle, cette école de la « Perfection de la vérité » prend pour base de son enseignement un texte dû à Harivarman, bouddhiste indien du IIIe-IVe s. Elle met l'accent sur la vacuité.

- **Hossô-shû.** Cette école, introduite au Japon par le moine **Dôshô** (629-700), considère qu'il n'y a pas de réalité en dehors de la pensée, car les sens ne produisent que des illusions. Sous l'influence du moine Gyôki, elle opte au VIIIe s. pour un syncrétisme shinto-bouddhique.

- **Kusha-shû.** Inspirée de l'enseignement du penseur indien Vasubandhu (IVe s.), elle se fonde elle aussi sur la non-réalité du moi, car l'individu est constitué de cinq agrégats non permanents : le corps, les sensations, la perception des images, les formations mentales ou constructions psychiques, et la conscience.

> *Sur le rabat arrière de la couverture, un Tableau chronologique indique les périodes de l'histoire japonaise. En fin de volume, le Petit dictionnaire répertorie le vocabulaire spécifique.*

- **Kegon-shû.** Introduite au Japon en 736 par le religieux chinois Daoxuan (**Dôzen** en japonais), elle est l'une des plus importantes des Six sectes de Nara et influencera les écoles futures. Pour ses fidèles, l'ensemble de l'univers et tout ce qui le constitue sont la manifestation de Vairocana, « Le Tout Rayonnant » (Dainichi Nyorai en japonais), personnification de la sagesse de la loi universelle. Assimilé, dans le culte shintoïste, à la déesse du soleil Amaterasu, il deviendra la divinité suprême de l'école Shingon (→ ci-après).

- **Ritsu-shû.** École issue du courant hinayaniste (→ encadré p. 101), introduite au Japon en 754 par le religieux chinois **Ganjin**, elle insiste sur l'enseignement moral, le respect rigoureux des règles de la discipline monastique et a instauré des rituels complexes d'ordination.

Les sectes de Heian

Devant le fort pouvoir temporel des écoles de Nara, l'empereur déplace sa capitale à Kyôto (Heian-kyô) à la fin du VIIIe s. C'est alors que les sectes Shingon et Tendai gagnent l'archipel pour s'y développer pleinement.

- **Shingon-shû.** Cette école ésotérique, dite des « Paroles véritables », fut fondée au Japon par le moine **Kûkai** (774-835 ; → encadré p. 334), de son nom honorifique posthume Kôbô Daishi, « grand maître qui propage la Loi ». Après avoir étudié le bouddhisme en Chine, il transmit à son retour la voie tantrique (→ encadré p. 101) qui affirme que, avec l'aide d'un maître, on peut atteindre l'état de bouddha en une vie. Son enseignement s'établit sur la récitation des mantras (incantations mystiques de formules), la pratique des mudras (gestes qui correspondent à une attitude mentale) et sur la visualisation de mandalas (diagrammes servant de support à la méditation). L'école Shingon, merveilleux jardin de symboles, a son centre principal au mont Kôya-san. Ici, les officiants répètent les sutras glorifiant le bouddha Vairocana et pratiquent des rites tels que le *goma*, cérémonie autour du feu symbolisant la combustion des passions.

- **Tendai-shû.** Du nom du mont Tiantai en Chine du Sud, cette secte, fondée par le moine Zhiyi (538-597), prend pour référence le *Sutra du Lotus,* texte fondamental et populaire dans le Mahayana (→ encadré p. 101). Ses adeptes considèrent que les différents ensembles de sutras s'adressent à des auditeurs différents selon leur niveau d'avancée spirituelle. L'école fut établie en 805 au Japon sur le mont Hiei par **Saichô** (767-822), connu également sous son nom posthume Dengyô Daishi. L'enseignement ésotérique de cette école, tout comme celui de sa rivale Shingon-shû, insiste sur le fait que tous les êtres ont l'aptitude d'atteindre l'Éveil dès lors qu'ils pratiquent l'étude des saintes écritures, la méditation, l'ascèse et la dévotion. En 993, la secte Tendai s'est scindée en deux branches rivales : *jimon* (clan du temple) et *sanmon* (clan de la montagne). Elle donnera naissance à d'autres courants comme l'amidisme.

L'amidisme

Le culte dédié à **Amida** (en sanskrit Amitabha), Bouddha du Paradis de l'Ouest, « Lumière infinie », symbole de la transmutation de la passion en pureté spirituelle, prend au XIIIe s. un caractère singulier, fort éloigné du bouddhisme primitif. Amida, selon ses fidèles, accueille en son paradis les âmes des défunts. L'idée de piété, de salut et d'un sauveur, étrangère au message originel de l'Éveillé, pourrait être apparue sous l'influence du culte zoroastrien pratiqué en Iran. Les garants de l'orthodoxie dénoncent cette déviation théiste comme une dégénérescence. **Trois grandes écoles amidistes** ont vu le jour au Moyen Âge ; rejetant les rites complexes des écoles précédentes, elles ont rencontré un vif succès auprès des classes populaires. Reposant

◀ Kannon, divinité de la compassion née d'Amida, est une figure bouddhique des plus populaires au Japon. Les artistes l'ont parfois dotée de membres démultipliés pour satisfaire aux attentes des fidèles.

Le zen occupe une place de choix dans la société japonaise : prônant la simplicité et le dépouillement (concepts esthétiques et spirituels appelés *wabi* et *sabi*), il a influencé des générations de maîtres d'art. La cérémonie du thé, la peinture, la calligraphie, la poésie, l'arrangement floral, l'art du jardin, le tir à l'arc, l'architecture en témoignent magnifiquement.

QUELQUES EXEMPLES DE *KÔAN* :
- « Quel son produit le claquement d'une seule main ? »
- « Si vous rencontrez quelqu'un qui a découvert la Vérité, il ne vous est pas permis de dire quelque chose quand il passe, ni de passer sans rien dire. Alors, dites : comment allez-vous l'aborder ? »
- Un maître saisit un bâton et déclare : « Je n'appelle pas ceci un bâton. Comment l'appelez-vous ? Si vous l'appelez bâton, vous le touchez. Si vous ne l'appelez pas bâton, vous allez contre. »

sur le même socle doctrinal, ces écoles présentent peu de différences.

- **Jôdo-shû**, « secte de la Terre pure », fondée par le religieux bouddhiste **Hônen** (1133-1212). Selon lui, la seule évocation d'Amida sauverait les êtres, sans nécessairement pratiquer, des affres de l'enfer.

- **Jôdo shin-shû**, « secte authentique de la Terre pure », créée par **Shinran** (1173-1262), disciple de Hônen. Elle enseigne dans le même esprit, mais plus radicalement, que le salut procède de la seule force de la foi en Amida.

- **Ji-shû**. Un nouveau schisme donne naissance à cette secte, fondée par **Ippen** (1239-1289), ancien moine Tendai, qui considère que tous les humains peuvent accéder à la Terre pure dès lors qu'ils récitent quotidiennement, comme une pratique centrale, le *Nenbutsu* (abréviation de *Namu Amida Butsu* : « Au nom du Bouddha Amida »). Ippen inaugure la danse de prière *Ôdôri nenbutsu*.

Le bouddhisme zen

D'origine indienne, le zen (*dhyana* en sanskrit, *chan* en chinois) aurait été introduit en Chine par le moine bouddhiste Bodhidharma au VIe s. La Zen-shû, « école de méditation », ne pénétra au Japon qu'au début de la période Kamakura (fin XIIe s.) et fut d'abord adoptée par la classe dominante militaire. Cette Voie ne s'appuie sur aucun texte sacré. La dévotion, la notion de l'au-delà et les spéculations métaphysiques lui sont étrangères. Seules priment la pratique, la discipline et l'expérimentation, la transmission de maître à disciple, de « cœur à cœur ». Le zen est représenté par **trois écoles principales**.

- **Rinzai-shû**. La première, fondée par **Eisai** (1141-1215 ; → encadré p. 254), préconise une méditation active, notamment par l'exercice du *kôan* : il s'agit d'une phrase énigmatique et paradoxale, proposée par un maître à ses disciples et destinée à susciter l'éveil (*satori*) en suggérant. La solution ne peut être trouvée ni par la logique ni par un quelconque raisonnement (→ *ci-contre*).

- **Sôtô-shû**. Elle vit le jour au Japon avec **Dôgen** (1200-1253), disciple d'Eisai. Elle privilégie l'expérience personnelle à la stricte observance

La Voie

Dô ou *Tô* signifie, en japonais, « Voie ». Avant d'être une technique, le *Dô* s'apparente au chemin de la vie, un chemin spirituel pour accéder à la paix intérieure en expérimentant la plénitude du vide. L'acte et le résultat ne faisant qu'un, il n'y a pas de but à atteindre car le but est la Voie. L'origine du mot *Dô* (*Tao* ou *Dao* en chinois) vient du taoïsme, croyance chinoise mettant en valeur la communion de l'homme avec la nature, également cœur de la doctrine du sage Laozi (Lao-tseu ; fin du VIe s. av. J.-C.). La Voie est notre esprit de chaque jour. Dans la tradition bouddhique, particulièrement dans les écoles zen, toute Voie se fonde sur la pratique, l'étude et la discipline. Selon le moine chinois Sengcan (Seng-tsan ; en japonais Sôsan ; vers 600), « la Voie parfaite, selon les sages, ne connaît aucune difficulté, si ce n'est qu'elle se refuse aux préférences. Si vous souhaitez la Voie devant vos propres yeux, n'ayez aucune idée pour elle ou contre elle ». Ce concept extrême-oriental nécessite une parfaite maîtrise de soi, un absolu équilibre entre le corps et l'esprit.

De nombreuses pratiques et méthodes permettent de comprendre sa propre nature. Ces voies sont multiples, du *Butsudô* (Voie du Bouddha) au *Bushidô* (Voie du Guerrier). Au Japon, cette discipline chevaleresque est bâtie sur un ensemble de principes moraux, d'une éthique constituant un code d'honneur, marquée principalement par le zen mais aussi par des influences confucianistes et shintoïstes. Les arts martiaux (*Budô*), à l'exemple du *Jûdô* (Voie de la Souplesse), du *Kendô* (Voie du Sabre), de l'*Aikidô* (Voie de l'Harmonie du souffle) et du *Kyudô* (Voie du Tir à l'arc), développent par une application physique les sentiments de non-peur (→ *théma p. 540-541*). Le *Dô* s'exprime également, par exemple, dans la Voie du Thé (*Chadô*) ou la Voie de l'Encens (*Kôdô*), en tant que discipline de concentration sur le monde du silence, loin de l'ego.

de préceptes doctrinaires en pratiquant la méditation silencieuse en posture assise (*zazen*).

- **Ôbaku-shû.** Établie par des bouddhistes chinois au temple Manpuku-ji à Uji au milieu du XVIIe s., cette école zen plus modeste emprunte par syncrétisme des pratiques aux doctrines de l'école amidiste Jôdo-shû (→ *ci-avant*).

L'école Nichiren

Du nom du maître fondateur **Nichiren** (1222-1282), cette école appuie sa doctrine sur une interprétation des enseignements du *Sutra du Lotus*. Les pratiquants vénèrent ce texte qu'ils considèrent comme le testament spirituel du Bouddha historique, Gautama. De nos jours, la Nichiren-shû perdure à travers plusieurs branches et sous-sectes et a inspiré plusieurs mouvements néobouddhistes, dont la secte moraliste Sôka-Gakkai, liée au Komeito, « Parti de justice et d'intégrité » des déshérités. En France, elle figure dans la liste des « sectes à dangerosité présumée ».

Les monothéismes

Bien que la croyance à un Dieu unique reste étrangère à la mentalité populaire, des centaines d'églises et de temples protestants, mais aussi quelques synagogues et mosquées jalonnent les paysages de l'archipel.

▲ À Nagasaki, monument aux martyrs chrétiens.

Le christianisme

Après le débarquement du jésuite François Xavier à Kagoshima, sur l'île méridionale de Kyûshû, le 15 août 1549, son escouade de missionnaires convertit au message christique romain, en à peine trois décennies, quelque 100 000 fidèles. Face à l'expansion de cette nouvelle foi et à l'influence grandissante de l'Église, le chef militaire Tokugawa Ieyasu lança, à partir de 1597, une vague de persécutions qui obligèrent les catholiques à vivre dans la clandestinité pendant plus de 200 ans *(→ encadrés p. 85, 454 et 567)*. Le protestantisme apparut avec l'ouverture de l'empire insulaire au monde occidental, à l'ère Meiji, mais c'est seulement après 1945 que des mouvements évangélistes anglo-saxons engagèrent des actions de prosélytisme.

Même si, pour les jeunes mariés japonais, célébrer leur union devant un prêtre ou un pasteur est de nos jours une tendance très en vogue (notamment pour l'apparat du culte et la belle robe blanche), le christianisme – dont chacun reconnaît les idéaux louables – attire moins de 2 % de la population. Les chrétiens sont majoritairement protestants. L'Église catholique est la plus active dans le milieu de l'éducation : le pays compte 18 universités catholiques formant une élite influente.

Judaïsme et islam

Si les petites communautés juives sont principalement constituées, depuis le XIXe s., d'Européens et d'Américains, quelques Japonais se réclament du judaïsme.

Bien que le Coran soit traduit en japonais depuis le début du XXe s., l'islam est très minoritaire. À l'exception de quelques intellectuels s'intéressant au monde arabe ou à l'Asie centrale et à des conversions liées au mariage, les musulmans sont des résidents étrangers, essentiellement des migrants venus d'Indonésie et du Pakistan. Certains chiffres, non vérifiables, estiment à 100 000 leur nombre, dont à peine 10 % de Japonais convertis.

L'art japonais

par Christine Shimizu

Si la culture chinoise a fourni une impulsion décisive à l'art japonais au VIIIe s., les artistes insulaires ont su très rapidement se dégager de cette influence pour traduire leurs propres idéaux. À l'ordonnance de l'art chinois se sont vite opposés une liberté et un individualisme qui ont régi des principes esthétiques auxquels l'Occident était peu enclin : irrégularité des surfaces, simplicité des bois naturels, compositions stylisées et asymétriques, accidents recherchés et effets de hasard. Il a érigé ces spécificités en code d'élégance.

Un art de la concision et de la suggestion

Le propos de l'art nippon n'est jamais de reproduire à l'identique la nature, ce qui ne produirait qu'approximation et inexactitude, mais plutôt d'en suggérer l'essence. Aussi, il n'est point besoin de détailler une peinture de paysage ou de faire un bouquet des fleurs de saison pour en rendre l'atmosphère : un seul élément choisi avec soin suffit à l'évocation.

L'art japonais repose essentiellement sur le profond amour et le respect de la nature, si imprévisible sur une terre où séismes et raz de marée sont choses courantes. La qualité des matériaux bruts est exaltée, comme le montrent

Un conservatoire exceptionnel

Au VIIIe s., les temples bouddhiques et les bureaux gouvernementaux possédaient des greniers *(kura, sôko)* où étaient entreposés des impôts en nature et des objets offerts par des familles aristocratiques. La seule construction subsistant de ce genre est le **Shôsô-in**, édifié sur le domaine du Tôdai-ji, à Nara. L'édifice rectangulaire, construit sur pilotis, est formé de trois parties, dont les murs ont des structures différentes. Des piliers de bois superposés, de section triangulaire, se croisent dans les angles du bâtiment. Les murs de la partie centrale sont constitués de planches posées horizontalement. Chaque partie est percée d'une porte, formée de planches jointes verticalement et s'ouvrant sur la façade. En 756, à la mort de l'empereur Shômu, son épouse, l'impératrice Kômyôshi, fit don au monastère du Tôdai-ji de plus de 600 objets précieux (mobilier, laques, céramiques, instruments de musique) qui furent préservés dans cet édifice et qui permettent encore d'imaginer la vie de la cour à Nara. De nombreux motifs témoignent de l'influence chinoise de l'époque des Tang (618-907) et de la Perse sassanide (IIIe-VIIe s.), transmise par la route de la Soie.

l'architecture de bois non peint, les papiers aux fibres apparentes qui couvrent les parois murales, ou encore les céramiques léchées par les flammes. Ce style dépouillé, qui caractérise tout aussi bien le théâtre nô que l'art des jardins, accorde à l'imagination une grande importance.

La véritable vénération de la nature, fondement du shintoïsme ($\rightarrow$ p. 53), a probablement engendré un goût particulier pour des formes irrégulières : une simple coupe en porcelaine n'épouse-t-elle pas les contours d'une feuille ou d'une montagne ? La quête de raffinement qui préside à l'art japonais a amené ce peuple à concevoir un véritable culte du Beau : l'art « courtois » du XIIe s., dans lequel couleurs, poésie et calligraphie se répondent, en offre le parfait exemple ainsi que la cérémonie du thé ($\rightarrow$ encadrés p. 120 et 232) où communient les arts des jardins et de l'architecture, de la peinture et de la céramique au XVIe s.

Bien que les formes d'art religieux et d'art profane soient dépendantes du patronage de la cour seigneuriale et du shogun, elles répondent à des impératifs d'ordre différent : pour l'art religieux, ils sont rituels et dogmatiques, mais reflètent les aspirations des fidèles ; pour l'art profane, ils sont politiques et économiques et témoignent du goût de l'autorité en place et de son pouvoir. Il nous a donc paru approprié de séparer ces deux manifestations artistiques.

Temples et monastères bouddhiques

Les plus anciens témoignages d'architecture religieuse (sanctuaire d'Ise) ressortent du culte indigène, le shintoïsme. Cependant, c'est à la suite de l'adoption du bouddhisme et de ses codes artistiques, au VIe s., qu'apparurent des édifices d'un genre nouveau, promis à un riche avenir. Le bouddhisme fut une source constante d'innovations et suscita des formes architecturales adaptées à des dogmes spécifiques, l'organisation de l'espace et les bâtiments répondant à des nécessités particulières.

Les premiers édifices

L'envoi d'une sculpture bouddhique par le roi coréen de Paekche en 552 consacra l'introduction officielle de cette doctrine au Japon. La venue d'architectes, de charpentiers et de tuiliers coréens

---

Au centre du monde

La **pagode** (tô) est l'édifice central du temple bouddhique au VIIe s. Si l'origine est indubitablement chinoise, il est difficile d'en établir le prototype : tour de guet chinoise, stupa indien ? Construite sur un plan carré, elle possède des toitures superposées décroissantes. Elles sont surmontées d'une flèche composée d'une base carrée, d'un bol retourné et de pétales de lotus sur lesquels est fichée une hampe en bronze ornée de neuf anneaux circulaires. Au sommet de celle-ci sont placés une sphère et un symbole bouddhique, le « joyau qui exauce les désirs ».

La pagode japonaise se distingue de ses modèles continentaux en pierre ou en brique, par un emploi exclusif du bois. Aucun escalier ne donne accès aux étages. La structure repose sur un pilier central, symbole du mont Meru, centre de l'univers dans la cosmogonie indienne ; à sa base est enterré un dépôt de fondation sous forme de reliques (textes religieux, statuettes, offrandes). Au VIIIe s., le niveau inférieur de la pagode conservait des statues figurant des scènes de la vie du Bouddha historique (Hôryû-ji, à Nara), mais dans les sectes ésotériques, au Xe s., le décor fut modifié et les murs couverts de peintures figurant des *mandara* (Daigo-ji, à Kyôto).

en 577 et 588 permit de fonder les premiers établissements religieux selon des normes habituelles au continent (temple Hôkô-ji, auj. temple d'Asuka, 588-606). L'ensemble cultuel comprenait une aire sacrée *(garan)* délimitée par un mur d'enceinte, percé de portes orientées. À l'intérieur étaient édifiées une pagode *(tô)*, une « salle d'or » *(kondô)* renfermant les images de dévotion et une salle de lecture des textes *(kôdô)*, lieu d'étude et d'enseignement. Selon les époques, ces édifices furent organisés sur des plans différents : axe nord-sud, est-ouest, ou tripartite. Des bâtiments secondaires étaient disséminés autour de l'enceinte : pavillons de la Tour et du Tambour sonnant les heures, dortoir, réfectoire, entrepôt des textes sacrés. L'influence chinoise était perceptible dans les structures des édifices. Construits en bois, ils reposaient sur des terrasses en terre damée revêtue de dalles de pierre. Des colonnes cylindriques surmontées de consoles soutenaient une charpente en bois et une couverture de tuiles canal semi-cylindriques. À la fin du VIIe s., l'aire sacrée s'agrandit : une double enceinte enserra des pagodes jumelles (Yakushi-ji et Tôdai-ji, à Nara).

Les temples ésotériques

Au IXe s., l'introduction de nouvelles doctrines modifia sensiblement l'architecture bouddhique. L'installation de monastères dans des régions isolées et montagneuses détermina une nouvelle configuration des édifices qui durent s'adapter à la topographie. Un « style japonais » *(wayô)* prédomina, privilégiant des structures sur pilotis, des corridors extérieurs à plancher de bois et des toitures en bardeaux d'écorces de cyprès. De nouveaux édifices firent alors leur apparition, comme une « pagode aux multiples trésors » *(tahôtô)* constituée d'un dôme semi-circulaire blanc sur lequel s'appuyaient des auvents, une salle de prières *(raidô)*, une salle de récitation des formules secrètes *(shingondô)* et une salle du rite de la circumambulation *(kanjôdô)*.

Le style zen

Avec l'introduction du bouddhisme zen, au XIIe s., les monastères de cette secte furent construits selon de nouveaux principes. L'aire sacrée comprit désormais un étang de lotus, une porte de l'Éveil *(sanmon)*, une salle du Bouddha *(butsuden)* et une salle de la Loi bouddhique *(hattô)* disposés sur un plan axial. De part et d'autre de cet axe furent installés la salle du fondateur, la salle de méditation *(zendô)*, les bains, les toilettes. Des pièces de réception et les appartements des supérieurs complétérent l'ensemble. Les édifices sur plan carré devinrent la norme, et des éléments architecturaux spécifiques virent le jour : fenêtres cintrées en arc polylobé, ouvertures à claire-voie, toits pentus, toits incurvés à la chinoise, plafond à chevrons apparents et plafond de planches jointes.

Des **jardins** destinés à la méditation furent aménagés dans les temples et à proximité des appartements des prélats : les uns de taille réduite étaient réservés à la contemplation et recréaient sur une petite surface un paysage symbolique, parfois d'un

▲ Porte de l'Éveil *(sanmon)* du temple Tôfuku-ji, à Kyôto, 1380-1405 (époque Muromachi). Cette porte majestueuse, couverte d'un toit en demi-croupe doublé d'un auvent, donne accès aux divers bâtiments cultuels de ce monastère zen.

dépouillement extrême (jardin sec fait de graviers et de roches au Ryôan-ji, Kyôto). Les autres permettaient aux moines de déambuler le long de sentes étroites dans un paysage recomposé (Saihô-ji).

Le style ornemental
Un style composite naquit à Nikkô à l'occasion de l'édification des mausolées des shoguns Tokugawa (XVIIe s.). Il combinait des modules zen à des éléments de tradition spécifiquement japonaise et à des espaces empruntés à l'architecture shintoïste. Sculptures et ornements en laque ou en polychromie en rehaussaient les façades et les toitures.

Dans la seconde moitié du XVIIe s., la secte zen Ôbaku donna à ses temples un style « exotique », fortement marqué par l'architecture chinoise : terrasses couvertes de dalles de pierre, balustrades en bois à décor de svastikas, toits de tuiles surmontés d'épis de faîtage en forme de poisson, piliers reposant sur des bases moulurées, peintures rouges.

Sculpture bouddhique

Elle est dépendante de principes iconographiques précis transmis depuis la Corée et la Chine. Aux premières sculptures un peu rigides, succédèrent des œuvres dont le style alternait entre réalisme et idéalisation des formes. L'adoption de doctrines bouddhiques continentales (sectes Shingon, Tendai, Zen) et la création de sectes proprement japonaises (Jôdo, Jôdo shin-shû, Nichiren) enrichirent le répertoire iconographique, offrant aux sculpteurs des formes nouvelles. Ce foisonnement de représentations fut augmenté de véritables portraits de moines.

Les sources chinoises (VIe-VIIIe siècle)
Les premières sculptures bouddhiques furent réalisées sous l'influence de fondeurs et de sculpteurs coréens. Elles suivaient les modes en usage sur le continent et se faisaient l'écho des styles des grottes rupestres chinoises de Yungang et de Longmen. Frontalité, régularité et symétrie des plis du vêtement, visage rectangulaire et cou épais, paupières lourdes caractérisent ainsi la triade en bronze du Bouddha Shaka de 623, œuvre de **Kuratsukuribe no Tori** (Hôryû-ji, Nara). Cependant, à la différence du continent où la pierre était largement employée, les sculpteurs japonais privilégièrent le bois (camphrier, cyprès) qu'ils rehaussèrent de polychromies (Kudara Kannon, au Hôryû-ji).

Toujours à Nara, l'élégante statue en bois du Bouddha de l'Avenir en méditation, conservée au Chûgû-ji, et la tête en bronze de Bouddha du Yamada dera témoignent, à la fin du VIIe s., de la transition vers une statuaire aux formes plus souples et épanouies, indices de l'influence de la Chine de l'époque Tang (618-907). Les visages s'arrondirent en un bel ovale, les yeux s'effilèrent en amande, les lèvres petites furent délicatement ourlées et le cou souligné de trois plis gracieux. Le VIIIe s. marqua l'apogée de ce style où se côtoyaient le réalisme (portraits de moine assis en méditation, divinités gardiennes courroucées) et une grande béatitude (Bouddhas). Outre le bronze et le bois, des matériaux originaux apparurent : terre séchée, « laque sec creux » (laque posée sur une armature légère en bois), « laque sec plein » (laque posée sur une ébauche de statue en bois). Ces surfaces furent enrichies de polychromies ou de dorures à la feuille. Les temples de Nara en conservent encore de rares exemples, pourtant d'une extrême fragilité.

▶ Un des deux *Niô* (Rois-Gardiens) de la porte centrale du temple Hôryû-ji, à Nara, terre séchée sur une armature de bois, vers 711 (époque Tenpyô). Les recherches de volume et de musculature témoignent des premiers essais de réalisme dans la sculpture japonaise. Ils influenceront la production ultérieure de l'époque Kamakura.

Une sérénité infinie (IXe-XIIe siècle)
Probablement en raison de son coût élevé, la statuaire en laque *(→ encadré p. 293)* fut abandonnée au IXe s., et le bois devint le matériau exclusif des sculpteurs. Les statues furent taillées dans un grand bloc de bois évidé, les avant-bras et les mains étant rapportés (technique *ichiboku zukuri*). Du point de vue stylistique, ces œuvres prenaient pour modèles de rares statuettes chinoises en bois de santal. Le vêtement monastique couvrant les épaules et le bas-ventre des bouddhas tombait en plis concentriques ou semi-concentriques autour des genoux. Au milieu du XIe s., le sculpteur **Jôchô** transforma radicalement la statuaire, en créant des œuvres formées de pièces de bois assemblées par tenon et mortaise (technique *yosegi zukuri*). Son chef-d'œuvre est la sculpture d'Amida Nyorai, au Byôdô-in (1053), qui fut entièrement recouverte de feuilles d'or. Le visage rond aux yeux clos reflète une grande douceur, les plis de la robe couvrent avec naturel les épaules, et le buste est rendu avec un volume mieux compris. L'image de ce bouddha bienveillant eut un succès considérable et influença la statuaire du XIIe s.

Le retour au réalisme
Au XIIe s., les sculpteurs de l'**atelier Kei** (Kôkei, Unkei, Kaikei), à Nara, furent confrontés aux œuvres classiques du VIIIe s. à l'occasion de la restauration des temples de la ville : ils y découvrirent un art réaliste. Rejetant l'idéalisation de l'époque précédente, ils développèrent alors des formes sculpturales nouvelles : l'étude des musculatures imprima du mouvement aux corps et renouvela les poses des divinités (*Niô* de la porte du Sud du Tôdai-ji, Nara). L'art du portrait sculpté atteignit un sommet de vérisme : visages aux traits ridés, corps décharnés rendirent tout aussi bien les traits physiques que les qualités spirituelles des modèles. La sculpture de têtes amovibles et encastrées dans les corps permit d'incruster les yeux de cristal de roche, ce qui accrut l'effet réaliste.

Peinture religieuse

Tout comme la sculpture, les œuvres peintes s'inscrivaient dans les pratiques rituelles des temples et des monastères. Réalisées sur soie ou sur chanvre dans des formats souvent grands, elles étaient suspendues (kakemono : rouleau vertical) dans les salles lors de fêtes et

☞ **EN SAVOIR PLUS**
Sur le bouddhisme, voir le chapitre « Religions », p. 100.

de cérémonies particulières. D'autres, de petite taille, de format horizontal (emakimono), servaient à l'éducation des moines ou des fidèles et retraçaient, par exemple, l'histoire de la création du temple ou du fondateur de la doctrine. Des peintures secrètes n'étaient destinées qu'à un usage interne, en particulier dans les sectes ésotériques.

Un primitivisme à la chinoise (VIIe-VIIIe siècle)

Les seules représentations picturales du VIIe s. qui nous soient parvenues consistent en une broderie (*Mandara du pays de la Longévité*, au Chûgû-ji, Nara) et en peintures à l'huile sur laque ornant les faces du *Reliquaire aux élytres de coléoptère* (Hôryû-ji, Nara). Les scènes disposées en plans étagés témoignent de l'influence de la peinture chinoise (grottes de Dunhuang) et coréenne. Au début du VIIIe s., les grandes compositions qui couvraient les murs de la salle d'Or du Hôryû-ji et figuraient les quatre paradis bouddhiques (incendiées en 1949) montraient de nouveaux apports continentaux. Les visages gagnèrent en volume ; les corps, partiellement recouverts de voiles transparents et lointainement inspirés des « drapés mouillés » des peintures indiennes d'Ajanta, s'assouplirent et se déhanchèrent.

☞ **EN SAVOIR PLUS**
Sur les canons de représentations bouddhiques, consultez le théma p. 256-257.

▶ Dainichi Nyorai, détail du *Mandara du monde du Diamant*, daté 899, couleurs sur soie, temple Kyôôgokoku-ji, à Kyôto. La divinité principale du culte Shingon siège dans l'enceinte centrale supérieure du *mandara* et forme de ses mains le geste du « poing de sagesse ».

De l'ésotérisme aux premières peintures shintoïstes (IXe-XIIIe siècle)

Au IXe s., la peinture religieuse fut entièrement renouvelée par le développement des sectes ésotériques Shingon et Tendai, qui imposèrent une iconographie très codifiée de nouvelles divinités (divinités courroucées, *mandara*). D'abord maladroit, le style acquit une maturité et un caractère décoratif au XIIe s. Les peintres utilisèrent de riches couleurs sur les vêtements, des touches colorées sur les visages, des applications de feuilles d'or collées sur et sous la soie. La dévotion particulière dont le Bouddha Amida fut l'objet aux XIe et XIIe s. s'accompagna de la réalisation de peintures le figurant accueillant les âmes des défunts dans son paradis, ou bien encore descendant du ciel entouré d'une cohorte de divinités musiciennes (parois du Hôô-dô du Byôdô-in).

Une doctrine religieuse syncrétique incorpora les divinités shintoïstes au panthéon bouddhique, faisant émerger une peinture shintoïste. Les divinités y furent représentées sous une apparence anthropomorphe et les lieux sacrés (montagne, cascade, sanctuaire) traités dans le style de la peinture traditionnelle japonaise (peinture du Yamato) avec un sens aigu du réalisme et de la topographie.

La peinture zen : l'encre et le papier (XIIIe-XVe siècle)

La contribution la plus importante des moines zen à l'art fut le développement d'une technique picturale appelée « peinture d'eau et d'encre » *(suiboku-ga)*, basée sur l'emploi exclusif d'encre, à laquelle étaient adjoints quelques légers lavis de couleurs pâles. Née en Chine, la peinture à l'encre y était devenue, au XIIe s., un moyen d'expression religieuse chez les moines du bouddhisme Chan (Zen). Parvenue au Japon au siècle suivant, elle conquit les milieux religieux au XIVe s., puis gagna les milieux séculiers sous les shoguns Ashikaga (1338-1573). Les artistes, préférant le papier à la soie, jouèrent sur l'opposition entre les lavis d'encre plus ou moins foncés servant à définir des masses d'eau, des brumes, et les traits de « pinceau sec », peu chargé d'eau, souvent dessinés d'un geste rapide. D'autres motifs furent exécutés sans cernes, ce qui créa un effet velouté.

La **calligraphie** *(→ encadré p. 194)* fut également un moyen d'expression de la ferveur religieuse et de la concentration mentale propre au zen ; seule ou associée à un motif pictural, elle orna des rouleaux verticaux et des rouleaux horizontaux. Le temple Shôkoku-ji, à Kyôto, accueillit une école picturale très importante au XVe s. dont **Sesshû** (1420-1506 ?) fut le principal représentant.

Le tableau des dieux

Le *mandara* (mandala en sanskrit) est un diagramme rituel qui trouve son origine dans la tradition indienne brahmanique. Il fut adopté par le bouddhisme ésotérique et transmis aux régions himalayennes et chinoises, puis au Japon. Symbole du cosmos, il permet de réaliser des groupements de divinités ou de symboles divins chargés d'une force magique qui apparaissent agencés selon un ordre précis, autour d'une figure centrale. Sur les peintures, les divinités sont figurées dans des enceintes percées de portes. Au Japon, ces diagrammes apparaissent au IXe s. avec l'introduction des sectes ésotériques et prennent appui sur des recueils iconographiques rapportés par des moines ayant étudié en Chine. Les plus importants sont le *Mandara des Deux Mondes*, composé du *Mandara du monde du Diamant* et du *Mandara du monde de la Matrice*, tous deux organisés autour du Bouddha suprême Dainichi Nyorai. Les premiers exemples, transmis par le moine Kûkai en 806 et conservés au temple Tô-ji (Kyôto) furent reproduits, et des copies en sont encore utilisées lors de cérémonies spécifiques. Ce temple possède aussi un important *mandara* sculpté composé de 21 statues en bois polychrome, datant de 839.

Sur le rabat arrière de la couverture, vous trouverez un Tableau chronologique indiquant les grandes périodes de l'histoire japonaise.

Les fouilles ont mis au jour des villages fortifiés d'époque Yayoi, comme Karako-Kagi (Nara), comprenant des maisons semi-enterrées, couvertes de chaume, et des greniers construits sur pilotis.

☞ **EN SAVOIR PLUS**
Sur la maison japonaise, reportez-vous également aux pages théma p. 284-285.

Des capitales à la chinoise

Inspirées de l'urbanisme de la capitale chinoise des Tang, Chang-an (actuelle Xi'an), les capitales impériales japonaises furent des modèles de plan en damier préétabli. La première ville à suivre ces principes fut Fujiwara-kyô (694-710), puis Nara (710-794) et enfin Heian-kyô (actuelle Kyôto), capitale de 794 à 1868. La ville de Nara s'inscrivait dans un rectangle orienté au sud, point cardinal bénéfique, selon les principes de la géomancie chinoise. La partie septentrionale était occupée par la cité impériale et le palais, protégé par un mur et un fossé. Une grande artère, partant du palais et du trône, en formait la colonne vertébrale et traversait la ville du nord au sud, la divisant en deux zones égales. À l'intérieur de celles-ci, des rues se coupaient à angle droit et définissaient des parcelles sur lesquelles étaient édifiées des demeures aristocratiques et des temples. La surface occupée par les unes et les autres était fonction de leur importance politique (temples officiels et privés). Le mur d'enceinte de la ville était percé de portes. L'actuelle Kyôto a conservé ce plan et les noms des rues anciennes (Première Rue, Deuxième Rue, etc.) selon leur situation par rapport au palais.

Architecture profane

Qu'il s'agisse des demeures aristocratiques de Kyôto ou des grandes fermes du Tôhoku, l'habitat japonais est essentiellement en bois, matériau abondant dans le pays. Toutefois, c'est dans les demeures seigneuriales et monacales de Kyôto que se forgea un style très particulier qu'on lui connaît encore : espaces modulables par des parois coulissantes, nattes de paille, cloisons de papier... La parfaite intégration du bâti dans l'environnement naturel en est l'un des éléments les plus remarquables. Elle se traduit par les larges ouvertures de la maison sur l'extérieur, jardin ou paysage.

Naissance du style japonais (VIIIe-XIe siècle)

Au VIIIe s., deux styles architecturaux furent employés dans la capitale impériale, Nara. Les édifices abritant des bureaux gouvernementaux ou servant une fonction officielle étaient réalisés sur le modèle chinois : toitures de tuiles, terrasses en terre damée revêtue d'un dallage de pierres, piliers de bois reposant sur un soubassement en pierre. En revanche, la résidence privée de l'empereur et les demeures aristocratiques adoptaient un style indigène : maisons sur pilotis, couverture en bardeaux d'écorce de cyprès. L'intérieur des pièces était modulé par des écrans portatifs, des paravents, et des stores en bambou. Ce style *(shinden zukuri)* s'imposa à l'époque de Heian (IXe-XIIe s.) : les villas aristocratiques construites sur pilotis se composaient d'un bâtiment principal ouvert vers le sud et prolongé sur ses côtés est et ouest par des corridors disposés en U, conduisant à des pavillons. L'ensemble, ouvert par des fenêtres à abattants de bois et des portes à vantaux, surplombait un jardin et un étang. Le Hôô-dô du Byôdô-in (1053), ancienne villa aristocratique transformée en temple, en donne aujourd'hui un aperçu.

Tatami et fusuma (XIVe-XVe siècle)

Au XIVe s. émergea un nouveau style de résidence *(shoin zukuri)* qui devait aboutir à la maison japonaise moderne. L'édifice en bois était toujours couvert de bardeaux d'écorce de cyprès, mais cette toiture débordait largement au-dessus d'une véranda profonde en façade et montée sur pilotis. Des cloisons coulissantes divisaient l'intérieur des pièces. Les unes *(shôji)* étaient constituées d'un bâti de bois tendu de papier translucide, les

▶ Donjon du château d'Inuyama, préfecture de Gifu, vers 1601-1620.

autres *(fusuma)* couvertes de papier opaque qui pouvait être décoré de peintures. D'autres parois coulissantes en bois plein et à claies, donnant sur l'extérieur, étaient empruntées à l'architecture zen. D'épaisses cloisons amovibles en bois *(amado)* protégeaient la maison du froid.
Ce style fut achevé au XVe s., lorsqu'un décor intérieur, composé de niches décoratives, fut mis en place. Il comprenait le *tokonoma*, espace au plancher légèrement surélevé, destiné à recevoir une peinture suspendue ou un arrangement floral, les *chigaidana*, étagères disposées à niveaux différents le long d'un mur, et le *tsukeshoin*, banquette surélevée aménagée le long d'un mur percé d'ouvertures recouvertes de papier translucide et servant à l'origine de bureau. Le sol fut entièrement couvert de nattes de paille (tatami). Le Tôgudô, petit édifice construit dans l'enceinte du pavillon d'Argent à Kyôto, est un premier exemple de ce style *shoin*.

Châteaux seigneuriaux (XVIe siècle)

Le château, symbole d'autorité, devint au XVIe s. un lieu défensif et fortifié. Les guerres civiles qui avaient dévasté le pays au XVe s. et l'introduction des armes à feu par les Portugais au milieu du XVIe s. modifièrent les tactiques militaires et stimulèrent la création d'une architecture, dont le château d'Azuchi (aujourd'hui disparu, sur la rive est du lac Biwa) devint l'archétype. Aux palissades de bois antérieures furent désormais préférés les douves enjambées par un pont de pierre ou de terre, les hauts murs en pierre appareillée disposés en chicane et les tourelles d'angle munies de meurtrières et de mâchicoulis. Au centre de l'espace ainsi délimité se dressèrent un donjon à plusieurs étages – les uns soulignés de toits à pignon, les autres de toits en arc cintré (dit « à la chinoise ») – et une résidence. Peu de ces édifices subsistent, principalement en raison des mesures prises au XVIIe s. par les shoguns Tokugawa pour empêcher des agrandissements et des restaurations pouvant mettre en péril l'équilibre politique. Les donjons des châteaux de Himeji ou de Matsue en fournissent cependant des exemples.

Villas impériales et pavillons de thé (XVIe-XVIIe siècle)

L'esthétique sobre prônée par le maître de thé **Sen no Rikyû** (1522-1591) affecta l'architecture de la salle de thé. Celle-ci prit la forme d'une chaumière rustique de petite taille, construite à l'intérieur d'un jardin. L'accès se faisait par une étroite porte d'entrée surélevée. Le sol était recouvert de nattes de paille, les murs enduits de torchis, les piliers de bois juste équarris ; l'unique module décoratif consistait en un *tokonoma*. Quelques enrichissements décoratifs furent apportés par les maîtres de thé successifs : rehauts de laque noire sur les piliers, présence de fenêtres, jardin plus étendu avec bancs, lanternes de pierre et bassin à ablution. Cette mode du pavillon de thé gagna les résidences aristocratiques, si bien que se développa un style architectural *(sukiya zukuri)*, d'une grande élégance, aux couleurs sobres, largement ouvert sur le jardin. La villa princière de Katsura, à Kyôto, en est l'achèvement suprême. ▶▶▶

À l'école de l'Occident

■ Les découvreurs du Japon : les Portugais

Lorsque les Portugais découvrirent l'archipel en 1543, les Japonais furent mis en présence d'une civilisation tout autre que celle de la Chine, qu'ils côtoyaient jusque-là. Ces premiers contacts donnèrent lieu à quelques échanges artistiques, dont certains témoignent du prosélytisme des missionnaires chrétiens et d'autres du commerce organisé par les navires marchands portugais.

À la suite de la venue de François Xavier au Japon (1549), on assista à la conversion de seigneurs féodaux et de leurs sujets. Les missionnaires commandèrent, pour les besoins du culte, des peintures religieuses, des ciboires en céramique provenant des fours de Hagi, des lutrins, retables et boîtes à hosties en bois laqué incrusté de nacre aux marques de la Compagnie de Jésus. Des objets (coffres en laque) furent également réalisés pour être vendus à Lisbonne. De leur côté, les artistes japonais trouvèrent dans la venue de ces « hommes aux longs nez » des sujets de peintures, dont ils ornèrent des écritoires et des boîtes en laque, des paravents à fond de feuilles d'or. Ces derniers figurent des ports imaginaires de l'Inde et du Japon dans lesquels relâchaient les navires portugais, ou transposent des scènes champêtres ou des figures de cavaliers occidentaux.

L'ensemble de cette production est appelé art des « Barbares du Sud » (art *nanban*), terme désignant les Européens venus au Japon par l'Asie du Sud-Est. Elle couvre la seconde moitié du XVIe s. et les premières années du siècle suivant.

▲ L'arrivée des Portugais au Japon, détail du *Paravent dit des Portugais* (couleurs et feuilles d'or sur papier, école picturale Kanô, fin XVIe-début XVIIe s., coll. du Musée national d'art ancien, Lisbonne). Ces figures exotiques (marchands et missionnaires) dans une composition traditionnelle (nuages dorés stylisés, vue plongeante au-dessus des toits) faisaient le charme de ces peintures.

■ Les sciences hollandaises

Une deuxième période d'influence de l'art occidental sur la production japonaise se situe au XVIIIe s., dans un mouvement désigné sous le nom « études hollandaises » *(rangaku)*. Il prit naissance à Nagasaki, où la petite île de Dejima accueillait les navires de la Compagnie hollandaise des Indes orientales. Celle-ci était la seule ouverture du Japon sur l'Occident, durant sa longue période d'isolationnisme (1639-1854). L'importation de livres scientifiques et de gravures sur cuivre, autorisées par le

▶ *Jour d'hiver* (huile sur toile, 1918, coll. part.). Natif de Tôkyô, Shimizu Yoshio (1891-1954) renouvelle la représentation féminine en figurant son modèle en buste et à contre-jour, s'éloignant définitivement des peintures de « jolies femmes » des estampes japonaises. S'attachant à l'introspection plutôt qu'à des détail décoratifs et anecdotiques, il rejoint les tendances de la peinture à l'huile occidentale.

shogun vers 1720, permit aux artistes et intellectuels de découvrir des aspects de la culture occidentale : vues d'optique, perspective linéaire et peinture à l'huile influencèrent des peintres installés sur le fief d'Akita (Odano Naotake), à Nagasaki (Kawahara Keiga) ou à Edo (Utagawa Toyoharu).

■ **Une occidentalisation acharnée**
Au début de l'ère Meiji (1868-1912), après l'ouverture forcée des ports au commerce international par le commodore Perry en 1854, le gouvernement japonais eut hâte de rattraper le retard technique pris pendant les années d'isolationnisme et décida de se mettre aux leçons de l'Occident. Le fief de Satsuma envoya des étudiants à Londres. Puis, en 1867, le shogun et le seigneur de Satsuma prirent part pour la première fois à une manifestation internationale, l'Exposition universelle de Paris. Le gouvernement Meiji accéléra cette modernisation du pays en accueillant des professeurs étrangers, dont des Italiens qui enseignèrent à la jeune École des beaux-arts de Tôkyô. Les Expositions universelles de Vienne (1873), de Philadelphie (1876) ou de Paris (1878, 1889) furent l'occasion pour les Japonais de faire connaître leur production, mais aussi de suivre les modes de l'Occident (Art nouveau).

■ **En marche vers l'art moderne**
Tandis que, dans le dernier quart du XIXe s., la France était fascinée par le Japon et s'inspirait de ses arts (mouvement appelé « **japonisme** ») en peinture (Manet, Van Gogh) et dans les arts décoratifs (Christofle, Gallé, cristal de Baccarat), le Japon découvrait des artistes français majeurs, de Rodin à Gauguin et Cézanne. Des peintres japonais venus en France à partir des années 1900 (Kuroda Seiki, Asai Chû) développèrent la peinture à l'huile au Japon, jetant les bases de l'art moderne. Ce courant, appelé *yôga* (peinture occidentalisante), se prolonge jusqu'à nos jours en opposition avec le courant traditionaliste (*nihonga*). Après la Seconde Guerre mondiale, les artistes japonais se mirent aux leçons des États-Unis (pop art, op art, expressionnisme abstrait) qu'ils retraduisirent avec originalité.

◀ *L'école élémentaire de Kuramochi*, 1888 (parc Meiji Mura, à Inuyama) trahit l'influence des architectures coloniales avec ses colonnettes donnant accès à une galerie et à un balcon placés sur le mur pignon, sous un fronton triangulaire.

Peinture profane

Au Xe s., des figures typiquement indigènes remplacèrent le style chinois alors en vigueur et donnèrent naissance à des styles originaux où dominaient couleur et stylisation des motifs. La diversité des supports contribua à l'élaboration de compositions d'une grande ingéniosité et de formes d'un étonnant modernisme. Outre les rouleaux horizontaux et verticaux, une part importante de la décoration intérieure fut constituée de parois coulissantes *(fusuma)* ou de paravents *(byôbu)* tendus de papier, de portes *(sugido)* et d'écrans portatifs *(tsuitate)* en bois, tous rehaussés de peintures.

La leçon de la Chine

La création d'un Bureau officiel de peinture en 701 au sein du gouvernement impérial témoignait de l'importance accordée à cette expression artistique. Les peintres y étaient spécialisés dans un genre pictural (peinture religieuse, peinture de genre, peinture de fleurs et d'oiseaux), influencé par le style chinois de l'époque Tang (618-907). Les peintures étaient réalisées sur papier, tissu de chanvre, laque ou bois et ornaient des paravents, des rouleaux horizontaux enluminés, des instruments de musique ou du petit mobilier.

L'art de l'enluminure (XIIe-XIVe siècle)

Ce style chinois de peinture fut définitivement supplanté au Xe s. par un genre proprement japonais appelé « **peinture du Yamato** », tirant ses sujets de la vie japonaise. Ces peintures, réalisées avec des pigments opaques et richement colorés, couvrirent les portes coulissantes et les paravents des demeures, et illustrèrent des romans sur des rouleaux horizontaux, comme le célèbre *Dit du Genji*, écrit par la dame de cour Murasaki shikibu à la fin du XIe s. Dans les fragments qui en subsistent, des femmes à la longue chevelure noire et aux robes multicolores se meuvent dans des demeures figurées en vue plongeante et sans toiture (vers 1120-1140). Ce roman devint un leitmotiv dans l'art japonais. D'autres rouleaux animés d'épisodes de la vie du petit peuple furent peints en couleurs légères. Cet art de l'enluminure culmina au XIIIe s. dans des rouleaux figurant des scènes militaires et des vies de moines célèbres.

◀ Détail du rouleau enluminé illustrant le *Dit du Genji* (couleurs sur papier, milieu XIIe s. ; Tokugawa Reimeikai Foundation, Tôkyô). Les fragments des rouleaux illustrant ce roman comptent parmi les chefs-d'œuvre de la peinture. La composition, la stylisation des visages, la représentation d'une architecture et de costumes japonais témoignent de la volonté de se libérer des modèles chinois et de créer un art original.

L'âge d'or des paravents (XVe-XVIIe siècle)

Cette peinture du Yamato fut perpétuée par les artistes de l'**atelier Tosa**, membres du Bureau officiel de peinture. Ils s'exprimèrent sur de petits formats (feuilles d'album) et sur des paravents de papier dont le fond était tapissé de grandes feuilles d'or carrées. Les thèmes étaient empruntés à la littérature et à la poésie. Au XVe s., concurremment à cette école, apparut l'**atelier Kanô**, dont les artistes devinrent les peintres officiels du shogun. **Kanô Motonobu** (1476-1559) sut combiner au XVIe s. des éléments picturaux empruntés à la peinture monochrome du zen et des motifs colorés du style Tosa. Cet atelier perdura durant toute l'époque Edo.

La fin du XVIe s. et le début du XVIIe s., âge d'or de la peinture sur paravents, furent marqués par l'art de Kanô Eitoku, Hasegawa Tôhaku, et Tawaraya Sôtatsu. **Kanô Eitoku** (1543-1590) inventa la « vue en gros plan » d'arbres ou d'animaux qui dominaient de leur taille toute la salle où ils étaient présentés. Les œuvres magistrales de **Tawaraya Sôtatsu** (vers 1560-1642) allièrent des thèmes littéraires classiques et des compositions fondées sur la géométrie, d'un étonnant modernisme. Elles donnèrent naissance à un grand courant décoratif, « l'**école Rin** » *(Rinpa)*, dont Ogata Kôrin, à Kyôto, et Sakai Hôitsu, à Edo (actuelle Tôkyô), furent les principaux représentants. La stylisation des motifs naturalistes était soulignée par des fonds de feuilles d'or ou d'argent.

La multiplicité des écoles (XVIIe-XIXe siècle)

De nombreux ateliers apparurent au XVIIIe s. tant à Kyôto qu'à Edo, parallèlement aux précédents. Un nouveau courant de peinture à l'encre et en couleurs légères, le **Nanga** (peinture du Sud), fut conduit par des peintres qui s'inspiraient des lettrés du sud de la Chine des XIVe-XVe s. D'autres artistes se mirent à l'étude des techniques de la peinture occidentale. Un courant réaliste (école Maruyama-Shijô) se développa à Kyôto : **Maruyama Ôkyô** (1733-1795) combinait des encrages chinois à des perspectives occidentales et à des études d'après nature. D'autres peintres, individualistes, comme **Itô Jakuchû** (1716-1800), subirent l'influence de la peinture animalière et colorée chinoise de l'époque Ming (1368-1644).

La demande en œuvres d'art de la bourgeoisie marchande et des citadins donna naissance à un courant de peintures de genre *(ukiyo-e)*, sur soie et sur papier, qui trouvait son inspiration dans la vie animée et les distractions de Kyôto, Ôsaka et Edo. Les **estampes** de Harunobu, Utamaro, Sharaku et Hokusai en sont représentatives.

Arts décoratifs

Les arts décoratifs japonais frappèrent les Occidentaux au XIXe s. en raison de leur très haute qualité technique et esthétique. Qu'il s'agisse du travail de la laque, de la céramique, du métal (dinanderie, étain, argent, acier), mais aussi de l'art textile (tissage, brocart, damas, teinture au nœud, impression, décor à la colle), de la vannerie ou du papier, des villes et des villages ont acquis une renommée ancestrale pour leur savoir-faire. Certains de ces procédés sont encore perpétués de nos jours par des artistes de talent, récompensés par le titre de « Trésor national vivant ».

La cérémonie du thé

Cette « discipline esthétique, fondée sur la loi bouddhique, visant à atteindre le salut spirituel » (Sen no Rikyû, 1522-1591) trouve son origine dans les milieux du bouddhisme zen. Le service d'un thé appelé *matcha*, obtenu à partir de feuilles de thé réduites en poudre et fouettées dans de l'eau chaude, se fait selon des règles strictes et une codification de gestes *(sarei)* établies dans la seconde moitié du XVe s. par le premier maître de thé Murata Jûkô (1422-1502). Des concepts dérivés des règles de vie de la communauté monastique zen – harmonie entre l'homme et son environnement, respect d'une personnalité supérieure, sérénité de l'esprit, pureté de l'être – président au bon déroulement du service du thé et du repas qui l'accompagne.

La cérémonie du thé *(cha no yu)* est à l'origine d'une esthétique particulière reposant sur la notion de *wabi sabi* (froidure et solitude, patine du temps), développée par les premiers maîtres du thé, qui influença diverses expressions artistiques à la fin du XVIe s. : architecture, céramique, laque, vannerie. Les participants sont invités à apprécier ces objets sélectionnés avec soin, dans une salle ou un pavillon de thé de petites dimensions. → *aussi encadré p. 232.*

Le grès : un art majeur

La création d'une céramique cuite à haute température (grès) au VIIIe s. dans les fours de Sanage (Seto, au nord-est de Nagoya) fut le point de départ d'une production dont le développement se situa à l'époque médiévale, entre le XIIe et le XVIe s. Des fours furent établis sur tout le territoire, parmi lesquels six demeureront actifs jusqu'à l'époque moderne : Tanba, Bizen, Tokoname, Shigaraki, Echizen et Seto. Seul ce dernier appliquait sur le corps des pièces un revêtement brillant vitreux (appelé couverte) et imitait des formes chinoises pour des usages rituels (vases d'autel, urnes funéraires, chiens gardiens de sanctuaires). Les autres sites fabriquaient exclusivement des formes utilitaires (jarres et bols), sans revêtement. Cet art du grès connut un essor exceptionnel à partir du XVe s., les maîtres de thé faisant réaliser dans les fours de Shigaraki et de Bizen des récipients aux formes particulières et prenant comme critère esthétique les accidents et déformations en cours de cuisson. À la suite de l'invasion de la Corée par les troupes japonaises (1592, 1597), de nombreux potiers coréens émigrèrent dans le sud du Japon où ils construisirent des fours à la demande des seigneurs locaux (Hagi, Agano, Takatori, Satsuma), produisant des céramiques pour la cérémonie du thé (→ *encadrés p. 232 et ci-contre*).

La porcelaine : un succès commercial

Vers 1610, la découverte d'un gisement de « pierre à porcelaine » à Izumiyama (Arita, nord-est de Kyûshû) par un potier coréen émigré, Ri Sampei, permit de cuire des porcelaines de grande qualité dans une région jusque-là vouée à l'art du grès. Vers 1620, la technique était suffisamment maîtrisée pour obtenir des pièces revêtues d'une couverte de couleur céladon (vert pâle) ou rouille, et des décors largement brossés en bleu de cobalt *(sometsuke)*

▶ Porcelaine à décor de fleurs peintes en émaux polychromes sur la couverte (milieu XVIIe s., fours d'Arita au Kyûshû ; collection du musée national de Céramique, Sèvres). La qualité des décors sur porcelaine s'accrut rapidement dans les années 1640, si bien que la Compagnie hollandaise des Indes orientales passa commande, à partir de 1650, de nombreuses pièces destinées à l'exportation.

sous une couverte translucide. Vers 1640, des émaux colorés *(iro-e)*, posés sur la couverte et cuits à basse température, enrichirent les compositions. Ces pièces à la pâte blanche et translucide furent commercialisées sous le nom « porcelaine d'Imari », du nom du port où elles étaient embarquées.

À partir de 1650, la situation politique chinoise empêchant tout commerce, la Compagnie hollandaise des Indes orientales se tourna vers le Japon pour se fournir en porcelaines. Les pièces les plus célèbres appartiennent au style Kakiemon (v. 1670-1690) dont la surface d'un blanc laiteux portait des décors souvent décentrés, aux couleurs variées (rouge orangé, vert, jaune, bleu) cernées de noir. Vers 1690, la mode des Kakiemon fut brusquement remplacée en Europe par celle des grands plats et potiches en « Imari de brocart », aux riches décors bleu, rouge et or. Parallèlement à cette production à caractère commercial destinée à l'Occident, des objets de luxe (v. 1690-1720) étaient réalisés pour le seigneur Nabeshima. D'une qualité éblouissante, ils se distinguaient par le choix et la composition des motifs, associant des couleurs céladon et bleu, et d'autres délicates finement cernées de bleu.

La laque

La laque est obtenue à partir de la sève de l'arbre *Rhus vernicifera*. Après raffinage, évaporation de l'eau et adjonction d'huile et de colorants, elle est appliquée en couches superposées sur un objet en bois (cyprès, thuya, magnolia, cerisier, paulownia), en papier mâché, du textile (chanvre), voire de la porcelaine. Les objets japonais en laque sont, à de rares exceptions (décors muraux du Kôdai-ji à Kyôto et du Chûson-ji à Hiraizumi), de petite taille (coffrets de toilette, écritoires, nécessaires à encens), compte tenu du fait qu'aucun meuble ne fait partie du décor intérieur des maisons.

Les découvertes archéologiques ont permis de retracer l'origine de l'utilisation de la laque à l'époque néolithique (Jômon ancien, 5000-2500 ans av. notre ère). Au Ier millénaire avant notre ère, des arcs, des peignes, des cuillers, des bols et des coupes furent ornés de motifs géométriques peints en laque rouge et noire. Au VIIe s., la laque servit de support à des scènes narratives peintes à l'huile *(Reliquaire aux élytres de coléoptère,* au Hôryû-ji, Nara), puis fut utilisée pour la réalisation de grandes sculptures.

La création la plus originale des laqueurs japonais fut le *maki-e,* mis au point à la fin du IXe s. ou au début du siècle suivant. Elle consistait à appliquer, entre des couches de laque transparente, des feuilles découpées ou des poudres d'or ou d'argent. Posées de manière plus ou moins dense, elles créaient un fond poudré, un motif géométrique ou naturaliste.

▲ **Coffre à décor d'herbes automnales et de bambous. Bois laqué et doré, XVIe s. (époque Momoyama ; collection du temple Kôdai-ji, Kyôto). La division de la surface en deux parties à décors contrastés et les motifs automnaux sont caractéristiques d'une production de laques réalisés spécialement pour le mausolée du chef de guerre Toyotomi Hideyoshi au Kôdai-ji, à Kyôto.**

À partir du XIIIe s., de nouvelles techniques accrurent le rendu réaliste : relief *(takamaki-e),* dégradés de poudres d'or *(bokashi),* découpes carrées de petites feuilles d'or délicatement posées les unes à côté des autres *(kirikane).* Après le XVIe s., elles furent associées à des incrustations de nacre, des feuilles d'étain ou de plomb.

La langue et son écriture

par Emmanuel Lozerand

Au concours des langues réputées « les plus difficiles du monde », le japonais occupe encore une place de choix. Pourtant le cliché se périme, car la langue de l'archipel est aujourd'hui en voie d'internationalisation. Les jeunes collégiens français le savent, qui apprennent à lire les mangas « dans le texte » ; mais, plus encore, d'innombrables étudiants, en particulier dans la zone pacifique (en Corée, en Chine, en Asie du Sud-Est, mais aussi en Australie et… en Nouvelle-Calédonie), qui souhaitent étudier au Japon ou travailler avec des Japonais. Peu à peu, le japonais devient une langue comme une autre, que l'on peut apprendre, avec sa rationalité et ses bizarreries, ses difficultés et ses évidences.

Un système graphique original, mais rationnel

D'après un prêtre français du XVIIIe s., le système graphique japonais serait « un artifice du démon ayant pour objet d'augmenter les peines des ministres du saint Évangile ». Néanmoins, malgré sa complexité apparente, qui peut dérouter au premier contact, cette écriture n'a rien que de très logique. C'est un système mixte, qui s'est forgé par étapes, et qui a acquis, depuis huit siècles environ, une grande stabilité.

Rencontre avec l'écriture chinoise

Dès le Ve s., on voit apparaître dans l'archipel des textes chinois, écrits en langue chinoise, à l'aide des signes d'écriture chinois, longtemps appelés en français « idéogrammes ». On les nomme aujourd'hui plus précisément « sinogrammes » ou « caractères chinois ». Ces sinogrammes, élaborés sur le continent il y a plusieurs millénaires, ont été normalisés à la fin du IIIe s. avant notre ère. On en compte plusieurs dizaines de milliers au total, mais 4 000 à 5 000 seulement sont d'usage courant. Leur caractéristique essentielle est de renvoyer à la fois à une prononciation et à une signification. Ainsi 魚 transcrit le mot chinois *yu*, qui désigne le poisson, mais il exprime aussi directement l'idée de poisson elle-même. On comprend ainsi que les sinogrammes puissent être utilisés pour noter des langues autres que le chinois : rien ne nous interdirait

▶ Utamaro Kitagawa (1753-1806), *La Courtisane Urazuru de Keizetsurô écrivant une lettre*, Paris, musée Guimet. L'inscription de gauche, en caractères chinois de haut en bas, indique le titre de l'œuvre. À droite, le peintre a signé également en *kanji*.

d'écrire « un 魚 nage dans la 海 », et de prononcer cette phrase en français (il faut savoir, bien sûr, que 海 signifie « mer »). Il « suffirait » de mettre les sinogrammes en correspondance avec les mots d'une autre langue : c'est ce qu'ont fait non seulement les Japonais, mais aussi les Coréens et les Vietnamiens.

L'acclimatation de l'écriture chinoise

L'introduction des sinogrammes ne se fit pas sans difficultés, car le japonais et le chinois présentaient des différences considérables sur le plan phonétique comme sur le plan grammatical. Si les premiers textes attestés gardent la trace de tâtonnements initiaux, parfois vertigineux, les Japonais procédèrent fondamentalement de deux manières.

• Soit ils associèrent à un sinogramme un mot du fonds japonais déjà existant, de sens équivalent. Ainsi, au signe graphique 犬, lu en chinois *quan*, ils firent correspondre la prononciation japonaise *inu*, parce que c'est ainsi qu'ils appelaient le « chien ». On appelle cette manière de prononcer les caractères « **lecture kun** ». Elle ressemble tout à fait à celle qui est la nôtre quand nous lisons « trois » l'idéogramme, pardon : le chiffre 3 (que les Anglais lisent *three* et les Japonais *san*...).

• Mais ils utilisèrent aussi une autre méthode qui consiste à reproduire d'une manière approximative la prononciation chinoise d'origine d'un caractère (c'est ce que nous faisons quand nous francisons des mots d'origine étrangère). C'est ainsi que la prononciation *xiao* du sinogramme 孝 (qui désigne la vertu confucéenne de « piété filiale ») a été « japonisée » par les oreilles et les bouches nippones en... *kô*. C'est ce qu'on appelle une « **lecture on** ». Les Japonais purent alors importer de nombreux mots d'origine chinoise, en particulier pour exprimer des notions qu'ils ne connaissaient pas.

L'indépendance relative de l'écrit

Une des difficultés (pour l'apprenti) de ce double système de lecture est que chaque caractère chinois est susceptible d'être lu de plusieurs manières (plus d'une dizaine dans des cas extrêmes). Fondamentalement donc, on ne peut lire un sinogramme en japonais que si l'on connaît déjà le mot qu'il transcrit.

Dans certains cas enfin, il existe une relative liberté de prononciation. Cette possibilité tend à se restreindre depuis le XXe s., car la langue a été normalisée. Elle était plus fréquente à l'époque Edo par exemple, où l'indépendance du signe graphique par rapport à l'oralité était plus grande.

La fabrication des syllabaires

Parallèlement à l'importation et à l'adaptation des sinogrammes *(kanji)*, les Japonais s'attellent à la fabrication de deux syllabaires *(kana)* de 49 signes chacun, pour noter directement, phonétiquement, les syllabes de leur langue (→ *Lexique p. 605*). Le premier, dit *katakana*, présente des formes anguleuses : アイウエオ *(a i u e o)*, カキクケコ *(ka ki ku ke ko)* par exemple. Il a été créé dans les monastères bouddhiques, en prélevant une partie de certains sinogrammes. C'est ainsi que le *katakana* カ *ka* vient du sinogramme 加, prononcé *ka* en lecture *on*. Les *hiragana*, de forme plus arrondie – あいうえお *(a i u e o)*, かきくけこ *(ka ki ku ke ko)* –, ont été fabriqués en accentuant l'aspect cursif des caractères calligraphiés d'une main rapide. C'est ainsi que け *ke* vient du caractère 計. Ces syllabaires ne sont pas porteurs de sens.

Un équilibre a été trouvé dans l'usage combiné des trois types d'écriture – sinogrammes, en lectures *kun* et *on*, et syllabaires – à partir du Moyen Âge, dans des œuvres comme le *Dit des Heike* (→ *p. 130*). Il n'a pas varié dans ses principes jusqu'à aujourd'hui, même si l'utilisation respective des deux syllabaires a changé au cours de l'histoire. En japonais contemporain, à côté des sinogrammes, généralement dévolus aux mots porteurs de sens – noms, verbes, qualificatifs –, les *katakana* servent à noter les termes d'origine occidentale (par exemple *misuterî* ミステリー, le roman policier, à partir de l'anglais *mystery*), certains éléments à forte valeur expressive comme les « onomatopées » (bien connues des lecteurs de mangas japonais : → *encadré p. 127*), ou encore à mettre en valeur certains mots normalement notés autrement (un peu comme nos italiques). Les *hiragana*, eux, sont utilisés essentiellement pour les éléments grammaticaux du discours (terminaisons ou particules par exemple), mais ils peuvent aussi servir pour les mots du fonds proprement japonais.

On voit ainsi qu'il existe parfois plusieurs graphies possibles pour un seul terme. Cela peut certes apparaître comme une difficulté particulière : c'est aussi une liberté, et un moyen d'expression très efficace.

Écrit en chinois, lu en japonais !

Les Japonais ont très vite perdu la capacité de lire les textes chinois classiques dans une prononciation continentale. En revanche, ils ont inventé une technique étonnante, qui leur permet de comprendre le texte écrit en chinois en le lisant directement dans leur langue. Il s'agit de reprendre chacun des sinogrammes du texte premier, dans un ordre adapté à la syntaxe japonaise, et de leur donner une prononciation japonaise, tout en ajoutant les éléments grammaticaux nécessaires. Ainsi, alors que le texte chinois propose : 看 *kan* (voir) 月光 *yueguang* (la lumière de la lune), on peut le lire et le traduire en japonais, en reprenant les trois sinogrammes dans un ordre différent : 月光 *gekkô* (la lumière de la lune) を *o* (particule du complément d'objet) 看る *miru* (voir).

Cette technique permet également de composer des textes, chinois pour l'œil mais japonais pour l'oreille. Ce feuilleté sino-japonais s'appelle le *kanbun*. Il a été au centre de la vie intellectuelle nippone pendant des siècles, de l'époque de Nara jusqu'aux réformes de l'éducation d'après-guerre. Le *kanbun* a ainsi assuré une étroite intimité des lettrés avec la culture continentale, mais ce fut aussi un instrument de modernité incomparable puisque c'est dans ce style riche de potentialités (il permet de mettre en action deux systèmes linguistiques simultanément) qu'ont été présentées à l'ère Meiji un grand nombre de réalités occidentales, à commencer par le *Contrat social* de Jean-Jacques Rousseau par exemple.

Plasticité et adaptabilité du système graphique

Ce système complexe se prête sans difficulté à l'insertion de signes venant d'autres types d'écriture, que ce soient les chiffres arabes ou autres signes mathématiques (le signe = se lit *ikôru*, pour *equal* en anglais), l'alphabet romain (par exemple pour les acronymes : IOC *ai ô shî*, pour le CIO), les signes typographiques occidentaux (& *ando*) ou les symboles informatiques (@ *atto*)…

Une des difficultés qu'a dû affronter l'écriture japonaise fut celle de l'imprimerie. Pendant des siècles, le problème ne s'était pas posé puisque les Japonais utilisaient un procédé de gravure sur bois très efficace, adapté à leur sys-

▲ Des indications bilingues facilitent le séjour de l'étranger dans les grandes villes.

tème graphique. En revanche, quand ils ont dû augmenter les tirages, avec le développement de la presse en particulier, à la fin du XIXe s., ils ont alors été contraints de recourir à la typographie occidentale. La complexité de leur système a dès lors constitué une entrave tout au long du XXe s. où les machines à écrire, volumineuses et difficiles à utiliser, furent peu employées. En revanche, les noces célébrées entre l'écriture japonaise et l'informatique ont été particulièrement heureuses, et nul ne songe plus, comme dans l'après-guerre par exemple, à prôner une romanisation intégrale pour se débarrasser d'une écriture archaïque qui ferait obstacle à la modernisation du pays.

Une langue une et plurielle

Les origines de la langue japonaise sont obscures. On y décèle des apports altaïques (coréen, turc, mongol) et austronésiens, vraisemblablement issus de nombreux mouvements de population. Depuis la fin du XIXe s., avec la construction de l'État-nation, s'est mise en place une langue nationale commune, devenue d'emploi courant dans les médias et à l'école, ainsi que dans la vie quotidienne, mais avant cela c'est bien une situation de plurilinguisme qui prévalait. À l'écrit dominait un mode d'écriture feuilleté appelé sino-japonais (→ *encadré*), auquel se joignait pour certains types de textes une langue littéraire aujourd'hui appelée « classique », héritée de la langue parlée à la cour impériale de Heian. À l'oral coexistaient un grand nombre de dialectes, dont certains demeurent encore vivaces aujourd'hui. L'un d'entre eux, celui parlé par les classes moyennes de Tôkyô, servit de base à l'élaboration du japonais moderne, qui s'imposa dans l'usage courant après 1905.

Principes généraux de la syntaxe

D'un point de vue grammatical, la langue moderne comporte quelques caractéristiques simples et fortes.

Le centre de la phrase (ou de la proposition) est toujours placé à la fin. Il est complété par diverses expansions placées devant lui. Ainsi, là où le français

☞ **EN SAVOIR PLUS**
Le Lexique, en fin de volume (p. 605), complète cette présentation de la langue japonaise.

Une langue sans sujet ?

On dit parfois que la langue japonaise ne connaîtrait pas le sujet. Cela vient peut-être du fait que l'expression du sujet grammatical n'y est pas obligatoire. Un principe d'économie permet en effet de ne pas préciser le sujet quand celui-ci est évident. Il faut rappeler d'autre part que cette langue accorde une grande place aux conditions d'énonciation. Si quelqu'un parle, sauf précision contraire, il parle de lui-même, cela va de soi, sans qu'il ait besoin de dire explicitement « je ». Mais cela ne signifie pas pour autant que le japonais ignore l'expression du sujet personnel, n'en déplaise à ceux qui voudraient faire du Japon l'utopie, plus ou moins imprégnée de zen, d'une culture du non-moi.

La langue regorge au contraire de termes qui permettent de signaler la première personne : certains sont plus formels (*watakushi*), d'autres plus virils (*ore*), d'autres plus féminins (*atashi*). Et si l'on a pu dire que la richesse du lexique nippon pour désigner les phénomènes climatiques traduisait la très grande sensibilité des Japonais à l'égard de la nature, ne peut-on avancer, de manière similaire, que cette même richesse lexicale, en matière de dénominations du sujet parlant cette fois, témoigne de leur vif intérêt pour l'expression de la subjectivité, dans ses différentes dimensions ?

dit « le chat mange la souris », le japonais dit « *neko* (chat) *ga nezumi* (souris) *o taberu* (mange) ». Dans ce cas, comme fréquemment, les fonctions grammaticales de *neko* (chat : sujet) et de *nezumi* (souris : complément d'objet) sont indiquées par des particules spécifiques (ici : *ga* et *o*) placées juste après le mot concerné.

D'autre part, le japonais est souvent qualifié de langue « agglutinante » parce que de nombreuses précisions grammaticales sont apportées par un jeu de suffixes placés les uns à la suite des autres après le radical. Ainsi, par exemple, *yomu* signifie « je lis » ; *yomi-tai*, « je veux lire » ; *yomi-taku-nai*, « je ne veux pas lire » ; *yomi-taku-na-katta*, « je n'ai pas voulu lire ». Ici, ce sont respectivement le mode du désir, la négation et l'aspect accompli qui sont indiqués par les suffixes -*tai*, -*nai* et -*katta*, parfois légèrement modifiés.

Enfin, une règle générale veut que les éléments secondaires précèdent les éléments essentiels qu'ils caractérisent. Le déterminant est placé avant le déterminé : « le livre du professeur » se traduit ainsi en japonais « *sensei* (professeur) *no* (particule de détermination) *hon* (livre) » ; et « la lettre que Michiko a écrite » devient « *Michiko ga kaita* (a écrit) *tegami* (lettre) ».

Le japonais présente en outre certaines particularités syntaxiques intéressantes. On y trouve par exemple un système verbal sophistiqué pour rendre compte de la hiérarchie sociale, ou un lexique varié pour exprimer les divers types de dons, mais ces éléments qui frappent l'Occidental non averti ne doivent pas cacher la simplicité des principes fondamentaux de l'organisation de la langue.

Le lexique

La langue possède un très riche vocabulaire, avec de nombreuses strates historiques.

• Il existe un ensemble de **mots « indigènes »**, dits *Yamato kotoba* (« mots du Yamato »), un nom ancien du Japon), qui semblent appartenir à un fonds premier de la langue, tel qu'il existait avant l'arrivée du chinois. On ne peut cependant y avoir accès qu'à partir des textes les plus anciens qui, par définition, impliquent le contact avec le continent. Il existe parmi eux un grand nombre de noms désignant des réalités concrètes de la nature (*sakura* : cerisier) ou des productions humaines (*kagami* : miroir), mais aussi de nombreux verbes et qualificatifs, ces derniers désignant souvent l'impression ressentie par le locuteur face au monde (*utsukushii* : « je trouve cela magnifique »).

◀ Caractères d'origine chinoise et notations en syllabaires japonais alternent sur ces caisses d'emballage.

- Le **vocabulaire importé de Chine** *(kango)*, ou créé sur le modèle chinois, est très riche. Il comporte de nombreuses notions abstraites issues de la pensée continentale, mais il a aussi permis au XIXe s. de traduire nombre de concepts occidentaux, soit par création simple, soit par réactivation avec un sens modifié de termes peu employés. Des mots essentiels comme *jiyû* (la liberté) ou *shakai* (la société) ont ainsi pu entrer en circulation rapidement et s'imposer dans la langue.

- Un troisième groupe est composé des **termes « venus d'Occident »** *(gairai-go)*. Certains remontent à l'arrivée des Portugais au XVIe s., comme *kasutera* qui désigne un gâteau supposé venir de Castille... D'autres proviennent d'autres langues, comme le français (*mesena* < mécénat) ou l'allemand (*zemi* < *Seminar*), mais ils sont pour la plupart d'origine anglo-saxonne, en particulier pour tout ce qui touche aux sciences et aux techniques (*dêta* < *data*, *fairu* < *file* par exemple). On notera que ces mots sont très souvent fortement accommodés en japonais : *pasokon* désigne ainsi ce que d'autres nomment *personal computer* (*pâsonaru konpyûtâ*).

Les « onomatopées »

Le japonais regorge de mots singuliers, qu'il vaut mieux appeler « impressifs » qu'onomatopées puisqu'ils servent à imiter les bruits, certes, mais aussi, plus largement, à exprimer des sensations ou des sentiments. Souvent bâtis sur un redoublement de syllabe, ils sont fréquemment employés dans la vie quotidienne comme dans les mangas, mais aussi dans des textes littéraires. Le japonais peut ainsi imiter le miaulement du chat *(nyânyâ)*, mais aussi le bruit de l'eau qui tombe à verse *(zâzâ)*. Il peut exprimer l'impression que provoquent un franc sourire rayonnant *(nikoniko)* ou un rire bruyant *(geragera)*, mais aussi un sommeil paisible *(suyasuya)* ou une colère noire *(kankan ni)*. Un grand nombre de modulations formelles sont possibles, qui permettent de préciser avec finesse les différentes modalités d'un état ou d'une action. Ainsi, à partir de *koro*, qui évoque l'idée de roulement, on peut former toute une série de mots qui décrivent chacun une manière spécifique de rouler ou de tourner : *korokoro, korori, koron, korotto*... entre autres !

Phonologie

Terminons par le plus facile : la prononciation. Le japonais comporte peu de consonnes : K et G ; S (parfois SH) ou Z (parfois J) ; T (parfois CH ou TS) et D ; N et M ; P et B ; H et R (plus proche de notre « l »), et encore moins de voyelles : A, I, U (prononcé « ou », mais sans arrondir la bouche en avant), E (entre « é » et « è »), O. Ces sons ne sont pas extrêmement différents de ceux du français.

Pourquoi la langue japonaise donne-t-elle l'impression d'être si vocalique ? C'est en particulier parce qu'elle n'autorise que peu de combinaisons de phonèmes. La plupart des syllabes sont ouvertes, c'est-à-dire qu'elles se terminent par une voyelle (comme l'indiquent bien les syllabaires, composés selon cette logique : さしすせそ *sa shi su se so*, たちつてと *ta chi tsu te to*).

Les syllabes peuvent être allongées (notées alors ici par un accent circonflexe), tout en restant vocaliques : il ne faut pas confondre *shujin* (l'époux) et *shûjin* (le prisonnier) ! Elles peuvent parfois être fermées, si elles se terminent par le phonème N, comme dans *san* ou *kanpai*. Enfin notons l'existence d'un petit coup d'arrêt à l'intérieur de certains mots, comme *ippon*, qui se prononce en réalité « i - [ ] - po - n ». On le voit, cette langue est très sensible au nombre d'unités rythmiques (appelées « mores »). Ce compte des temps est au fondement de la poésie et de la chanson : le haïku, par exemple, se compose d'un unique verset comportant successivement 5, 7 et 5 temps.

Si la phonologie ne pose guère de problème aigu à un francophone, cette simplicité même impose une grande rigueur dans le respect de ses règles. Et si cette langue est relativement aisée à prononcer, n'est-elle pas, à rebours, plus difficile à entendre, la simplicité du système phonétique pouvant donner l'impression à l'auditeur que tous les sons sont plus ou moins semblables ? Simplicité à l'encodage, mais complexité au décodage ?

La littérature

par Emmanuel Lozerand

La notion de « littérature japonaise » est très récente. Au sens strict, elle ne date que de la fin du XIXe s., quand fut introduite dans l'archipel la conception de la littérature comme art du langage, et quand naquit aussi l'idée même qu'il pourrait exister une littérature nationale. Auparavant, le Japon vivait dans le respect de la culture chinoise : *bungaku*, le mot qui désigne aujourd'hui la littérature au sens courant du terme, a ainsi été employé pendant des siècles au sens restreint d'étude des classiques chinois.

La littérature dite classique

Il est d'usage de distinguer une littérature « classique », antérieure à l'ère Meiji, d'une littérature « moderne » et « contemporaine ». C'est pourtant un découpage bien artificiel qui fait fi de profondes continuités historiques, tout en unifiant dans une masse compacte et sans histoire les œuvres des temps passés.

Les premiers textes japonais (VIIIe siècle)

Dès que le Japon se situe par rapport à la Chine, dans les tout premiers textes rédigés en japonais, figurent des œuvres poétiques. Une gigantesque compilation, le *Recueil des dix mille feuilles* (***Man'yôshû***), affirme très tôt un génie littéraire autochtone. D'emblée sont fixés des thèmes, comme l'amour ou le voyage, ou des principes métriques, comme l'alternance de segments de cinq et sept temps, qui commanderont toute l'histoire du lyrisme japonais.

Parallèlement, une œuvre énigmatique, la *Chronique des choses anciennes* (***Kojiki***), rassemble et organise les récits des origines *(→ encadrés p. 78 et 99)*. Certains y voient le chant du cygne d'une pensée mythique. Oublié sitôt composé, ce texte connaîtra une deuxième vie à partir du XVIIIe s., quand les partisans des « études nationales » *(kokugaku)*, comme Motoori Norinaga (1730-1801), y chercheront une « voie des dieux » purement japonaise.

L'âge d'or de la cour impériale (IXe-XIIe siècle)

Quand la capitale se fixe à Heian-kyô (actuelle Kyôto) au IXe s., une littérature de cour en japonais prend son essor. Elle est essentiellement rédigée en syllabaire *hiragana* et coexiste avec la littérature en sino-japonais qui joue un rôle éminent *(→ La langue et son écriture, p. 122)*.

La poésie occupe une place centrale sous la forme quasi exclusive du ***waka*** (littéralement « chant japonais »), composé d'une suite de 5-7-5-7-7 syllabes.

◀ De nos jours, des festivals de poésie classique voient rivaliser les candidats en costumes d'époque Heian.

Elle a une grande importance politique puisque les empereurs font compiler une série d'anthologies, dont la première est le *Recueil de poèmes japonais d'hier et d'aujourd'hui* (**Kokin wakashû**) au début du Xe s., mais elle irrigue aussi la vie quotidienne : il n'est pas question, par exemple, d'écrire une lettre ou de faire une visite sans composer un *waka*. Une esthétique très élaborée se développe, qui trouvera un point d'aboutissement dans le *Nouveau Recueil* (*Shin Kokinshû*) compilé par **Fujiwara no Teika** (1162-1241) au XIIIe s. Les femmes, bien que minoritaires, ne sont pas étrangères au monde de la poésie, comme **Izumi shikibu** (v. 978-v. 1033) : « Indifférente au désordre / De mes cheveux épars / Je reposais, abandonnée / Ah, combien me manque / Celui qui d'abord les caressa ! » (Trad. Dominique Palmé.)

Le témoignage le plus ancien d'une littérature romanesque est *Le Conte du coupeur de bambous* (*Taketori monogatari*, IXe s.) qui raconte les aventures de la princesse Kaguyahime et de ses prétendants. Très rapidement, autour de l'an 1000, apparaît le monumental *Dit du Genji* (**Genji monogatari**), composé par une dame d'honneur de l'impératrice, **Murasaki shikibu**. En narrant les multiples amours d'un fils d'empereur écarté de la succession, Hikaru (le Radieux), elle dresse sans doute le portrait d'un amant idéal, mais elle décrit aussi les effets du passage du temps sur les êtres.

L'intérêt pour l'analyse psychologique transparaît également dans le genre des notes journalières (*nikki*), inauguré avec *Le Journal de Tosa* (*Tosa nikki*) de **Ki no Tsurayuki** (v. 868-v. 945). Le plus bel exemple en est le *Journal d'une éphémère* (*Kagerô nikki*, Xe s.), qui décrit le paysage intérieur d'une épouse délaissée.

À la fin de la période, les *Histoires qui sont maintenant du passé* (*Konjaku monogatari*) constituent le chef-d'œuvre d'une littérature d'anecdotes (*setsuwa*), initialement liée à la prédication bouddhique. Mêlant tous les registres, du sublime au trivial, elle propose un regard sans équivalent sur la société de l'époque. Véritable introduction aux mentalités religieuses populaires, elle accorde une grande place aux phénomènes surnaturels.

Les bouleversements du temps des guerriers (XIIIe-XVIe siècle)

Au Moyen Âge, avec l'apparition d'une nouvelle couche dominante, les valeurs changent, la langue également. Une épopée, le *Dit des Heike* (*Heike monogatari* ; → encadré p. 386), raconte les combats fratricides qui viennent d'opposer deux grands clans guerriers, les Taira et les Minamoto, pour la conquête du pouvoir à la fin du XIIe s. À l'origine, l'œuvre était psalmodiée sur les routes par des conteurs aveugles, qui s'accompagnaient d'une sorte de luth appelé *biwa*. Elle en a gardé une forte dimension orale, rythmique, présente dans son

célèbre commencement, qui chante la fragilité des choses humaines : « Du monastère de Gion / le son de la cloche / de l'impermanence de toute chose / est la résonance. » (Trad. René Sieffert.)
Avec **Zeami** (1363-1443), un théâtre nouveau apparaît, le nô (→ « *Les arts de la scène* », p. 147), où le livret, sorte de long poème dramatique chanté, joue un rôle important.
Une pratique de poésie collective se développe, issue du *waka* : c'est le « poème lié » *(renga)*, où les différents participants doivent tour à tour enchaîner des versets.
De remarquables essais libres sont composés « au fil du pinceau » *(zuihitsu)*, comme *Les Heures oisives (Tsurezuregusa)* de **Yoshida Kenkô** (v. 1283-v. 1350) ou les *Notes de ma cabane de moine (Hôjôki)* de **Kamo no Chômei** (v. 1155-1216) : « Le cours de la rivière qui va jamais ne tarit, et pourtant ce n'est jamais la même eau. L'écume qui flotte sur les eaux dormantes tantôt se dissipe, tantôt se reforme, et il n'est d'exemple que longtemps elle ait duré. Pareillement advient-il des hommes et des demeures qui sont en ce monde. » (Trad. René Sieffert.)

Le goût des bourgeois : l'époque Edo (XVIIe-XIXe siècle)

Après la fin des guerres entre seigneurs, une paix civile s'établit au début du XVIIe s. De grandes métropoles se développent, Edo (future Tôkyô) et Ôsaka en particulier. Des couches nouvelles de lecteurs apparaissent. L'imprimerie et l'édition prospèrent.
Le roman connaît alors une immense expansion, avec **Ihara Saikaku** (1642-1693) d'abord et ses récits du monde flottant, comme *L'Homme qui ne vécut que pour aimer (Kôshoku ichidai otoko)*. **Ueda Akinari** (1734-1809) s'inspire largement d'histoires fantastiques chinoises pour composer ses célèbres *Contes de pluie et de lune (Ugetsu monogatari)*, que Mizoguchi adaptera au cinéma. La fiction se diversifie au début du XIXe s. **Jippensha Ikkû** (1765-1831) narre les aventures picaresques de deux personnages lamentables, engagés *Sur la route de l'Est, montés sur le destrier Genou (Tôkaidôchû hizakurige)*. **Shikitei Sanba** (1776-1822) place le lecteur *Au bain public (Ukiyoburo)*, dont il reproduit les dialogues animés. **Tamenaga Shunsui** (v. 1790-1844), avec *L'Almanach des pruniers (Umegoyomi)*, développe des intrigues amoureuses d'une infinie complexité. Mais le plus célèbre de tous est **Takizawa Bakin** (1767-1848), avec son grand roman-fleuve, *Histoire des huit chiens de Satomi*

L'art de la liste et ses séductions

Les *Notes de chevet* **(*Makura no sôshi*)** de **Sei shônagon** datent du Xe s. environ, mais leur charme est intact et elles ont inspiré de nombreux écrivains français du XXe s., comme Georges Perec dans *Je me souviens* ou Roland Barthes dans son *Roland Barthes par Roland Barthes*. On trouve dans cette œuvre des listes plus surprenantes les unes que les autres. Ce sont parfois de simples énumérations (de lacs, de plaines ou de montagnes, par exemple), qui jouent avec l'encyclopédisme ; mais ces listes sont souvent délibérément subjectives comme celle des « Choses détestables » : « Un visiteur qui parle longtemps alors qu'on est pressé ; un bébé qui crie juste au moment où on voudrait écouter quelque chose ; on a eu la folie de faire coucher secrètement un homme dans un endroit où il n'aurait jamais dû venir et voilà qu'il ronfle. » (Trad. André Beaujard.) D'autres listes enfin sont proprement inimaginables comme celle des « Choses qui gagnent à être peintes », ou des « Choses qui perdent à être peintes », sans oublier celle des « Choses qui n'offrent rien d'extraordinaire au regard mais qui prennent une importance exagérée quand on écrit leur nom en caractères chinois »…

Sur le rabat arrière de la couverture, vous trouverez un Tableau chronologique indiquant les grandes périodes de l'histoire japonaise.

(*Satomi hakkenden*), sa rhétorique flamboyante et ses aventures extraordinaires.

Une forme populaire de la poésie liée, le *haikai no renga* (parfois abrégé en *haikai*) connaît un grand succès dès le XVIIe s. La figure majeure en est **Matsuo Bashô** (1644-1694), véritable « saint homme du *haikai* », vénéré jusqu'à aujourd'hui par d'innombrables disciples. Certains d'entre eux éditeront après sa mort les *Sept livres* (*Haikai shichibushû*) de son école. Avec lui, les versets initiaux des poèmes liés se détachent de plus en plus nettement de l'ensemble et ne sont plus composés que pour eux-mêmes : « Première averse / le singe aussi aimerait / un petit manteau. » (Trad. René Sieffert.)

Bashô a aussi écrit des proses poétiques, comme *La Sente étroite du bout du monde* (*Oku no hosomichi*, 1689), où s'intercalent de nombreux versets : « Les poux et les puces / et le cheval qui urine / près de mon chevet » (Trad. René Sieffert.) En poésie, de nombreux genres populaires prolifèrent, parmi lesquels une forme satirique, appelée *senryû*, parfois crûment érotique.

▲ La poète Matsuo Bashô arpenta durant cinq mois le Tôhoku (statue à Hiraizumi).

Alors qu'au kabuki c'est l'acteur qui triomphe, un grand dramaturge, **Chikamatsu Monzaemon** (1653-1724), émerge grâce au théâtre de marionnettes (*jôruri* ou **bunraku**). Il invente le drame domestique (*sewamono*), avec son *Double Suicide d'amour à Sonezaki* (*Sonezaki shinjû*, 1703) qui arracha les larmes du public. Il ne faudrait pas oublier enfin les arts de la parole comme celui des « histoires à chute » *(rakugo)*, où un conteur incarne seul sur scène différents personnages. → « *Les arts de la scène* », p. 151.

La littérature moderne et contemporaine

Les années qui suivent la restauration impériale de l'ère Meiji sont placées sous le signe de la réforme. Il s'agit de s'adapter à la situation nouvelle créée par l'entrée du Japon dans le « concert des nations ».

Le temps des réformes et des expérimentations

Les intellectuels qui introduisent le savoir occidental prisent peu les activités littéraires. **Fukuzawa Yukichi** (1835-1901) traite celles-ci de manière critique dans son *Encouragement à l'étude* (*Gakumon no susume*, 1872-1876), mais cela ne l'empêchera pas, à la fin de sa vie, de fonder l'autobiographie moderne avec *La Vie du vieux Fukuzawa racontée par lui-même* (*Fukuô jiden*, 1899).

Le roman a connu un grand succès à l'époque d'Edo, mais c'est un genre bas, vulgaire. Une des premières tâches des réformateurs, après la restauration de Meiji, sera de lui donner une dignité nouvelle. **Tsubo'uchi Shôyô** (1859-1935) plaide pour sa réforme dans *L'Essence du roman* (*Shôsetsu shinzui*, 1885-1886). Dès lors, les expérimentations se succéderont. **Futabatei Shimei** (1864-1909) fait une première tentative en langue moderne avec *Nuages à la dérive* (*Ukigumo*, 1887-1889), où il dépeint les difficultés d'un jeune fonctionnaire médiocre. **Mori Ôgai** (1862-1922) au contraire souhaite explorer les riches possibilités de la langue classique et, dans *La Danseuse* (*Maihime*, 1890), il dépeint la découverte de l'Occident par un jeune étudiant boursier. D'autres font des choix d'écriture similaires. La toute jeune **Higuchi Ichiyô** (1872-1896) est une des premières à évoquer le monde de l'enfance dans *Qui est le plus grand ?* (*Takekurabe*, 1895-1896). **Kôda Rohan** (1867-1947) essaie de saisir le secret de la création artistique en décrivant le travail d'un charpentier ambitieux dans *La Pagode à cinq étages* (*Gojû no tô*, 1891-1892). **Izumi Kyôka** (1873-1939), avec *L'Ermite du mont Kôya* (*Kôya hijiri*, 1900), se situe dans la veine fantastique.

La poésie demeure bien vivante. **Masaoka Shiki** (1867-1902) contribue puissamment à son renouvellement en reconsidérant l'esthétique de genres anciens comme le *haikai* (réduit à présent à des versets isolés, celui-ci est désormais appelé *haiku*). Shiki mourra très jeune, frappé de tuberculose, mais il laisse de magnifiques essais au fil du pinceau comme *Un lit de malade, six pieds de long* (*Byôshô rokushaku*, 1902). Le *waka* connaît lui aussi un renouveau et prend peu à peu le nom de *tanka*. À côté de Shiki, une femme s'y illustre, **Yosano Akiko** (1878-1942), par son recueil *Cheveux épars* (*Midaregami*, 1901), où la passion s'exprime avec fougue sous l'égide d'une image suggestive empruntée à Izumi shikibu.

Après la guerre russo-japonaise : l'entrée dans le XXᵉ siècle

Natsume Sôseki (1867-1916) impose son univers dans les colonnes du quotidien *Asahi shinbun* qui publiera en feuilleton la quasi-totalité de ses chefs-d'œuvre, de *Sanshirô* en 1908 à *Clair-obscur (Meian)*, inachevé, en 1916. Il fait le choix d'écrire en langue moderne, comme tous les écrivains désormais. Ses personnages lancés dans la vie contemporaine se débattent avec une existence souvent grise. Dans le même temps, **Mori Ôgai** se tourne vers des récits historiques, comme *L'Intendant Sanshô* (*Sanshô dayû*, 1915), lui aussi adapté à l'écran par Mizoguchi. Il y fait sentir l'opacité et les ironies de l'histoire.

Shimazaki Tôson (1872-1943) et **Tayama Katai** (1871-1930) donnent le coup d'envoi du mouvement naturaliste (*shizen shugi*) et de ce qu'on appellera plus tard « récit de la vie privée » (*watakushi shôsetsu*). Dans *La Rupture de l'interdit* (*Hakai*, 1906), Tôson raconte comment un jeune homme issu d'une classe discriminée divulgue le secret de sa condition, rompant ainsi la promesse faite à son père. Dans *Futon* (1907), Katai relate le comportement lâche et veule d'un professeur amoureux d'une jeune étudiante.

Ishikawa Takuboku (1886-1912) décrit de manière bouleversante ses échecs dans un recueil de *tanka*,

Je suis un chat (1905-1906), de Natsume Sôseki

« *Wagahai wa neko de aru. Namae wa mada nai.* » Il est bien étrange, ce narrateur félin qui prend ainsi la parole pour affirmer cocassement : « Je suis un chat. Je n'ai pas encore de nom. » Il parle japonais, c'est certain, mais d'une manière quelque peu inhabituelle. Pour se désigner lui-même, il emploie ainsi le terme *wagahai*, extrêmement pompeux (on aurait presque pu le traduire par un « nous » de majesté), et puis il n'utilise pas la langue littéraire ordinaire, encore en vogue à l'époque. Non, il est un de ceux qui inaugurent l'emploi écrit du dialecte de Tôkyô, alors tout à fait surprenant. Il passe ses journées à paresser et à déambuler dans la maison d'un professeur d'anglais à l'estomac fragile. Doté de pouvoirs linguistiques étonnants, il s'intéresse aux conversations vaines, mais hautes en couleur, que celui-ci entretient avec ses amis, tandis qu'avec l'acuité de son regard de chat il s'étonne de la manière de vivre de ses étranges contemporains humains. Plein de drôlerie (comme dans la scène où le chat se débat avec un gâteau de riz gluant), ce roman est aussi un livre douloureusement sensible aux évolutions les plus inquiétantes du Japon moderne.

☞ EN SAVOIR PLUS
Reportez-vous également, en fin de volume, à la Bibliographie (p. 613) et aux Index.

Une poignée de sable (*Ichiaku no suna*, 1910) : « Si tristesse / Est la saveur des choses / Je l'ai trop tôt goûtée. » (Trad. sous la dir. d'Alain Gouvret.)

Littérature pure et littérature de masse

Le XXe s. est un âge d'or du roman et de la nouvelle. Les grands auteurs se multiplient. Dans *La Sumida* (*Sumidagawa*, 1909), **Nagai Kafû** (1879-1959) décrit Tôkyô et le monde de la ville basse en train de disparaître. **Akutagawa Ryûnosuke** (1892-1927) déploie ses talents de conteur virtuose dans *Rashômon* (1915), qui sera porté à l'écran par Kurosawa. À côté d'essais ludiques et provocateurs comme *Éloge de l'ombre* (*In'ei raisan*, 1933), **Tanizaki Jun'ichirô** (1886-1965) se voue sans relâche à toutes les formes de fiction. Il poursuivra sa carrière après guerre avec *Bruine de neige* (*Sasame yuki*, 1943-1948) ou *La Clef* (*Kagi*, 1956). Une littérature prolétarienne se développe dans les années 1920. Parmi les œuvres qui analysent le mieux les terribles conditions de travail d'un pays en voie d'industrialisation, on peut citer *D'une fabrique de caramels* (*Kyarameru kôba kara*, 1928), de la toute jeune **Sata Ineko** (1904-1998), ou *Le Bateau-usine* (*Kani kôsen*, 1929) de **Kobayashi Takiji** (1903-1933). **Kawabata Yasunari** (1899-1972) commence son activité dans des mouvements d'avant-garde modernistes au cœur des années 1930. Après avoir expérimenté les récits « qui tiennent dans le creux de la main », il compose ses « tragédies du sentiment humain », comme *Pays de neige* (*Yukiguni*, 1935-1948). Il obtient le prix Nobel en 1968.

Mais la poésie continue à faire preuve d'une grande vitalité. **Hagiwara Sakutarô** (1886-1942) publie *Hurler à la lune* (*Tsuki ni hoeru*, 1916), sous le patronage de Baudelaire, et **Miyazawa Kenji** (1896-1933) *Le Printemps et les esprits combattants* (*Haru to shura*, 1924), où il mêle inspiration bouddhique et vision scientifique. Il est également connu pour ses contes à destination de l'enfance (largement lus aujourd'hui par un public d'adultes).

Dans ces années d'avant-guerre, la littérature populaire prend son essor avec le développement des médias de masse. Inauguré par **Nakazato Kaizan** (1885-1944) et son *Col du grand bodhisattva* (*Daibosatsu no tôge*, 1913-1944), le roman historique deviendra un genre majeur et connaîtra d'énormes succès commerciaux, comme *Miyamoto Musashi* (1935-1939) de **Yoshikawa Eiji** (1892-1962), traduit en français sous le titre *La Pierre et le Sabre*.

Après la Seconde Guerre mondiale

Les combats achevés, des romanciers essaient de rendre compte de cette expérience historique

---

Le succès planétaire du *haiku*

En 1920, la *Nouvelle Revue française* consacrait un numéro spécial aux « haï-kaïs ». Cette forme japonaise brève, présentée en France dès 1905, avait immédiatement séduit de jeunes poètes, lassés par une tradition rhétorique trop pompeuse. Julien Vocance écrivit ainsi pendant la Première Guerre mondiale : « Dans un trou du sol, la nuit / En face d'une armée immense / Deux hommes. » Ou encore : « Le poète japonais / Essuie son couteau / Cette fois l'éloquence est morte. » Les surréalistes aiment et pratiquent eux aussi le *haiku*, puis le genre connaît une deuxième heure de gloire, après guerre, lorsque, à la suite des beatniks, dans les années 1950, on en fait une sorte de « poésie zen », directement liée à la spiritualité orientale. La réalité japonaise est tout autre, bien sûr, mais force est de constater que le *haiku*, considéré comme une forme très brève, en trois temps, une sorte d'instantané de réalité, a outrepassé depuis longtemps les frontières nippones pour devenir un des rares genres poétiques mondiaux.

Le roman policier

Ihara Saikaku a bien écrit des *Enquêtes sous un cerisier* (*Ôin hiji*, 1689) qui relatent des affaires juridiques célèbres, mais c'est surtout durant l'ère Meiji qu'émerge au Japon une littérature policière vouée à un grand succès. Parmi les maîtres du genre, on compte **Edogawa Ranpo** (1894-1965), qui choisit son pseudonyme littéraire en hommage à… Edgar Allan Poe (dont on entend le nom dans la prononciation japonaise). Il déploie dans ses récits un imaginaire axé sur la fantasmagorie et la perversion, comme dans le terrifiant *La Chenille* (*Imomushi*, 1929), où se noue une relation sadique entre un invalide de guerre et son épouse. **Matsumoto Seichô** (1909-1992), surnommé « le Simenon japonais », fut une véritable institution nationale, souvent très critique par rapport aux autorités. Dans son récit le plus célèbre, *Ten to sen* (*Points et lignes*, 1957-1958, publié en français sous le titre *Tôkyô Express*), la résolution de l'intrigue passe par un examen approfondi des indicateurs d'horaire de chemin de fer, mais c'est bien de corruption administrative qu'il s'agit. Parmi les jeunes auteurs, mentionnons deux femmes : **Koike Mariko** (née en 1952), et son suspense psychologique *Le Chat dans le cercueil* (*Hitsugi no naka no neko*, 1990) ; **Miyabe Miyuki** (née en 1960), plus tournée vers la description sociale, comme dans *Une carte pour l'enfer* (*Kasha*, 1993).

tragique, comme **Ishikawa Jun** (1899-1987) avec *Jésus dans les décombres* (*Yakeato no Iesu*, 1946) ou **Ôoka Shôhei** (1909-1988) avec *Les Feux* (*Nobi*, 1948-1952). **Dazai Osamu** (1909-1948) peint dans *Soleil couchant* (*Shayô*, 1947) le crépuscule d'une famille de la haute société.

Le tout jeune **Mishima Yukio** (1925-1970) fait sensation avec *Confession d'un masque* (*Kamen no kokuhaku*, 1949), sorte d'autobiographie fantasmatique. **Kaikô Takeshi** (1930-1989) compose sur un mode picaresque son *Opéra des gueux* (*Nihon sanmon opera*, 1959), et **Fukazawa Shichirô** (1914-1987) fait revivre dans ses *Études à propos des chansons de Narayama* (*Narayama bushikô*, 1956) des légendes issues du fond des temps.

Ôe Kenzaburô (né en 1935) obtiendra le Nobel à son tour en 1994. Il a créé un univers romanesque touffu, centré depuis *Une affaire personnelle* (*Kojinteki na taiken*, 1964) sur la figure de son fils handicapé, alors qu'**Abe Kôbô** (1924-1993) place ses héros dans des mondes angoissants, comme dans *La Femme des sables* (*Suna no onna*, 1962). Plus récemment, **Furui Yoshikichi** (né en 1937) peint des personnages dont l'identité menace de s'effriter, comme *Yôko* (1971). Depuis *Le Cap* (*Misaki*, 1975), **Nakagami Kenji** (1946-1992) élève à la dignité de mythe la terre de Kumano et les catégories sociales auxquelles il appartient, discriminées depuis des siècles à cause de leurs professions en contact avec la « souillure » (→ *p. 62*). **Murakami Haruki** (né en 1949) exprime une sensibilité postmoderne, à la fois lyrique et ironique dans de vastes constructions romanesques comme *La Course au mouton sauvage* (*Hitsuji o meguru bôken*, 1982).

Les romancières sont plus présentes que jamais : **Tsushima Yûko** (née en 1947) explore les blessures du deuil dans *Territoire de la lumière* (*Hikari no ryôbun*, 1979) ; **Ogawa Yôko** (née en 1962) bâtit un monde d'obsessions dans *La Piscine* (*Daibingu pûru*, 1990). Les femmes sont également très actives dans l'écriture poétique, comme **Tawara Machi** (née en 1962), qui vendit plusieurs millions d'exemplaires d'un recueil de *tanka* intitulé *L'Anniversaire de la salade* (*Sarada kinenbi*, 1987) : « Tu m'as dit : / "Hum, c'est délicieux !" / et c'est pourquoi le 6 juillet / Je fêterai désormais / "l'anniversaire de la salade". » (Trad. Patrick De Vos.)

Au pays des mangas

par Guillaume Loiret

Produit d'une culture graphique ancestrale, marché soumis aux lois de la consommation de masse, art codifié, inépuisable réservoir de genres et de sous-genres : le manga est un phénomène culturel omniprésent dans l'archipel. Pourtant, la traduction littérale du mot japonais pourrait laisser croire à un genre mineur : quelle importance accorder à cette « image dérisoire » ou « esquisse rapide » ?

Aux origines du manga

Certains en attribuent la paternité au célèbre Hokusai, qui réalisa à partir de 1814 des caricatures connues sous le nom *Hokusai manga*. Mais il faut remonter à l'époque Heian pour trouver les plus lointaines origines du genre : les *e-makimono*, rouleaux dessinés qui présentent une succession de scènes animées et intègrent avec humour un dessin simple et du texte. Le rouleau des « dessins de bêtes représentant des humains » (*Chôju Jinbutsu Giga*, vers 1150) figure ainsi les singes, des lapins, des grenouilles s'entraînant au sumo et caricaturant des postures humaines. Les estampes *(ukiyo-e)* peuvent également passer pour ancêtres du manga : ces peintures apparues à l'époque Edo offrent des scènes de vie quotidienne et se popularisent via les premiers livres d'illustrations. Dans la première moitié du XIXe s., Hiroshige ou Hokusai donneront ses lettres de noblesse à l'estampe, influençant directement de nombreux mangakas (dessinateurs) par leur sens de l'animation et du mouvement.

Des débuts à l'âge d'or

À la fin du XIXe s., alors que le pays met un terme à sa politique de fermeture, la diffusion de revues satiriques occidentales est déterminante pour l'avenir du manga. Le dessinateur **Kitazawa Rakuten** (1876-1955) devient la référence de la caricature nippone – il fondera même en 1934 la première école de bande dessinée au Japon. Le marché du manga se développe à un rythme soutenu avec l'apparition des premières séries dans la presse, des BD pour enfants et des magazines de jeunesse. Kôdansha, l'une des principales maisons d'édition de mangas, est fondée en 1909 et lance une revue spécialisée pour les garçons (*Shônen Club*, 1914) puis son équivalent pour jeunes filles (*Shôjo Club*, 1923). C'est le début de l'ère industrielle du manga, dont la presse devient le principal vecteur.

Après 1945, dans un Japon en reconstruction, la pénurie de papier fait rage et l'inondation de *comic strips* (bandes dessinées) apportés par les GI symbolise la nouvelle donne américaine. La renaissance vient d'un jeune mangaka, **Tezuka Osamu** (1928-1989), influencé par Walt Disney et précurseur du

---

▶ Hiroshi, le héros de *Quartier lointain*, se trompe de train pour rentrer chez lui et redécouvre son passé... Le style de Taniguchi Jirô, épuré, en noir et blanc, au graphisme minutieux, a fait le succès de ce manga au Japon et à l'étranger.

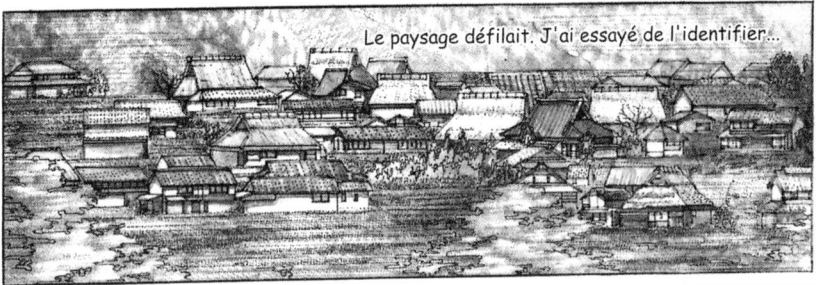

J'ai tout de suite vu que je n'étais pas dans le bon train.

C'EST BIZARRE...

COMMENT EST-CE QUE J'AI PU ME TROMPER ?

Le paysage défilait. J'ai essayé de l'identifier...

... Mais il ne me disait rien.

MESSIEURS DAMES, BONJOUR !

RAFRAÎCHISSEMENTS, THÉ, BIÈRES, SANDWICHS, FRIANDISES...

> **Abécédaire des genres de manga**
>
> *gekiga* : manga d'auteur, plutôt dramatique, pour jeunes adultes.
> *hentai* : érotique (voire pornographique) pour hommes.
> *jôhô* : explicatif et didactique
> *josei* : pour femmes.
> *kowai* : horreur.
> *labukome* : intrigue amoureuse qui finit bien.
> *seinen* : pour adultes.
> *sekai-kei* : intrigue relationnelle avec pour arrière-plan la fin du monde.
> *shôjo* : pour adolescents (filles).
> *shônen* : pour adolescents (garçons).
> *story-manga* : manga au style cinématographique.
> *supokon* : affrontement sportif acharné valorisant la persévérance.
> *yaoi* et *yuri* : érotique (voire pornographique) pour femmes.
> *yon-koma* : humoristique ou satirique en quatre cases.
> *yônen* : pour les tout-petits.

manga moderne. Récit rythmé qui rebondit sur des centaines de pages, utilisation de techniques du cinéma d'Hollywood, style graphique inspiré des dessins animés américains : le créateur d'Astro Boy enchaîne les succès dans les années 1950-1980. Parfois surnommé « dieu du manga », il abordera tous les styles (bluette, science-fiction, biographie de Hitler ou de Bouddha) et se lancera dans l'animation dès les années 1960.

Avec la révolution Tezuka, le manga entre dans son âge d'or et les courants se diversifient davantage. Une BD plus sombre et réaliste émerge ainsi à la fin des années 1960. Dessin soigné, dialogues ciselés, prédilection pour les sujets sociaux et politico-philosophiques : le mouvement *gekiga* (manga dramatique) révèle de grands auteurs comme Tatsumi Yoshihiro ou Tsuge Yoshiharu, et la revue avant-gardiste *Garô* (1964) donne un nouveau souffle au manga pour adultes. Mais les années 1960-1990 consacrent surtout le succès des productions grand public pour adolescents : avec leurs héros sympathiques et leurs histoires stéréotypées, ces albums conquièrent un large public et représentent plus de la moitié des tirages aujourd'hui. *Captain Tsubasa* (*Olive et Tom* en France), *Dragon Ball* ou *Naruto* sont les stars du *shônen*, alors que le *shôjo* a ses *Lady Oscar*, *Sailor Moon* ou *Nana*.

Spécificités graphiques et narratives

Techniquement, le manga se présente comme une BD de format poche ou semi-poche, riche en planches (200 pages en moyenne), imprimée en noir et blanc, et qui se lit de droite à gauche (sens de lecture japonais). La narration repose sur l'image avant tout et utilise une décomposition du temps et de l'action. L'accès au récit doit être facile et la compréhension de l'action immédiate, car un manga se lit vite (et parfois dans des situations difficiles : métro, rayons de librairie…). C'est pourquoi les effets de mouvement (lignes de vitesse) et l'expressivité des visages sont amplifiés, parfois à outrance. Le fait que ces visages soient souvent peu japonais relève d'interprétations variables : utilité des « grands yeux » pour avoir des personnages plus expressifs, influences de la BD occidentale, besoin de héros exotiques… Notons enfin l'omniprésence des « onomatopées » (→ *encadré p. 127*) : un silence *(shiin)*, une inquiétude

◀ *Weekly Shônen Jump* est l'une des principales revues consacrées aux mangas au Japon.

(mon mon), une explosion *(boom)* deviennent des éléments à part entière du graphisme de la case.

Un bien de consommation de masse

Les mangas au Japon se présentent la plupart du temps sous forme de séries publiées dans des *mangashi* : ces magazines (dits « de prépublication ») sont un élément essentiel du système de production et d'édition. Hebdomadaires ou mensuels, visant chacun un public particulier, il en existe plus de 200 dont les plus populaires tirent à des millions d'exemplaires : *Weekly Shônen Jump*, *Weekly Shônen Magazine*, *Shônen Sunday*… Dans la rue, le métro, les supérettes, les Japonais dévorent ces périodiques du fait de leur faible prix (300 à 600 yens) et de l'infinie variété de genres existant. On estime que, chaque semaine, une personne sur deux lit au moins un manga alors que 120 millions d'exemplaires en sont écoulés, revues et albums confondus. Car si une série se vend bien, le manga sortira sous forme d'album, et si celui-ci est un succès, place au circuit marketing : produits dérivés, jeu vidéo, adaptation en film d'animation. Le marché du manga au Japon (en moyenne, 4 milliards d'euros pour 40 % des publications) est une industrie tentaculaire et parfaitement organisée, au point d'être devenu l'un des phénomènes culturels nippons qui s'exportent le mieux : il s'est ainsi vendu plus de 250 millions d'exemplaires des aventures de *Dragon Ball* à travers le monde.

Un phénomène de société

Est-ce parce que le Japon est l'un des pays où on lit le plus (le quotidien *Asahi* détient ainsi le record mondial des tirages) ? Parce que le dessin et l'image caractérisent son graphisme depuis neuf siècles (mi-XIIe s.) ? Parce que les prix du manga en font un média accessible ? Ou que l'extrême variété de ses thèmes séduit la quasi-totalité de la population, de l'écolier au troisième âge, du policier au voyou, de l'amateur de cuisine à celui de science-fiction ? Toujours est-il que cette « image dérisoire » s'est imposée partout dans l'archipel ; les mascottes les plus populaires (Hello Kitty, Doraemon, Astro Boy) colonisent les publicités, et même le gouvernement publie une version

Du manga à l'animation

Le dessin et sa version animée ont un destin commun au Japon. Comme le manga, l'animation *(anime)* doit beaucoup aux arts graphiques traditionnels (rouleaux peints, estampes, théâtre d'ombres) ainsi qu'à l'influence américaine. Les premiers films d'animation japonais utilisent l'encre de Chine dans les années 1910 ; **Kitayama Seitarô** s'impose comme l'un des pères du genre à cette époque. Mais il faut attendre l'après-guerre pour assister à son véritable essor, sous l'impulsion du manga. Le mangaka Tezuka Osamu pose avec le studio Mushi, dans les années 1960, les bases de l'animation moderne en portant à l'écran ses albums à succès *(Astro Boy ; Le Roi Léo)*. La pratique est devenue habituelle, et la plupart des best-sellers sont depuis adaptés en *anime*, comme *Akira* (1988) de Ôtomo Katsuhiro. Il arrive que l'inverse se produise : ainsi *Evangelion*, d'après le film d'Anno Hideaki.

Si l'animation est bien devenue un genre cinématographique à part entière (en témoigne l'oscar remporté par *Le Voyage de Chihiro* de **Miyazaki Hayao** en 2003), elle ne s'est jamais totalement affranchie de l'influence du manga. Même les stars actuelles du studio Ghibli lui doivent beaucoup : Miyazaki a parfois adapté ses propres mangas *(Nausicaä ; Princesse Mononoké)*, et Takahata Isao a connu un remarquable succès avec *Mes voisins les Yamada* (1999), tiré de l'œuvre de Hisaichi Ishii.

Les mangas au musée

- **Osamu Tezuka Manga Museum** 手塚治虫記念館 *(Tezuka Osamu kinenkan)* : à Takarazuka (préfecture du Hyôgo), 7-65, Mukogawa-chô ☎ 0797/81.2970. Dans la ville natale de Tezuka, musée grand public et un peu kitsch ; collection d'originaux du maître et atelier de fabrication d'animations.

- **Kyôto International Manga Museum** 京都国際漫画ミュージアム *(Kyôto kokusai manga myûjiamu)* : Karasuma-Oike, Nakagyô-ku ☎ 075/254.7414 ; www.kyotomm.jp Ouvert en novembre 2006, collection de 300 000 mangas et produits dérivés, 40 000 volumes consultables sur place.

- **Kawasaki City Museum** 川崎市市民ミュージアム *(Kawasaki-shi shimin myûjiamu)* : 1-2 Todoroki, Nakahara-ku, préfecture de Kanagawa ☎ 044/754.4500 • à 40 mn de Tôkyô, en train et bus. Important département de conservation des mangas, historique des influences occidentales, expositions fréquentes.

- **Ghibli Museum** ジブリ美術館 *(Jiburi bijutsukan)*, à Mitaka : 1-1-83 Shimorenjaku ☎ 057/005.5777 • à 20 mn de Tôkyô-Shinjuku par le train. Musée du studio Ghibli, dédié à l'animation japonaise et aux films très populaires de Miyazaki et de Takahata.

manga de son rapport annuel ! Irriguant tous les secteurs de la vie, le manga est par conséquent une manière de voir le pays comme dans un miroir, d'y retrouver ses peurs et ses fantasmes. Celui de l'apocalypse urbaine par exemple, sujet habituel (*Akira* d'Ôtomo Katsuhiro, *Jacaranda* de Shiriagari Kotobuki ...) qui évoque inévitablement le traumatisme atomique et le tremblement de terre de Kôbe (1995). De même, les mangas ne manquent pas de s'inspirer de l'actualité japonaise, des tendances et des débats de société.

Élément essentiel de la culture populaire et grand public, le manga est aussi devenu l'objet d'un culte conditionnant jusqu'au mode de vie de certains fans qui se retrouvent dans des clubs de mangas *(manken)*, des cafés-bibliothèques *(mangakissa)*, à l'occasion de *comiket* (rassemblements de passionnés) et de *cosplay* (parades déguisées). Le phénomène *otaku* (« celui qui s'abrite à la maison ») désigne certains de ces mordus tombés dans une obsession du virtuel qui les coupe de toute autre réalité sociale ou culturelle : expression d'un mal-être, qui touche 1 % de la population nippone.

La France, seconde patrie du manga

Les débuts du manga en France ont été difficiles. Les premiers albums rencontrent un faible public et la critique s'acharne sur des dessins jugés vulgaires et grossiers dans les années 1980. Le succès attendra encore quelques années, avec la sortie chez Glénat d'*Akira* (à partir de 1990) et le record enregistré par *Dragon Ball* : 15 millions d'exemplaires de la série sont vendus entre 1991 et 2003. Les années 2000 marquent enfin une reconnaissance publique et critique : une BD sur trois achetées en France aujourd'hui est un manga, et le Festival d'Angoulême récompense régulièrement des artistes nippons depuis le prix obtenu en 2003 par Taniguchi Jirô pour *Quartier lointain* (Casterman). La France est ainsi devenue le 2e consommateur de mangas au monde, et les maisons d'édition pullulent, entre les historiques (Kana, Tonkam, Casterman), les converties (Éd. du Seuil, Philippe Picquier) et les indépendantes (Imho, Le Lézard noir, Cornélius). Prolongement logique de ce succès : le manga « à la française », initié dans les années 1990, émerge sous les plumes de jeunes auteurs (Jenny, Reno Lemaire, Kara...).

La culture manga faisant des émules un peu partout dans le monde, le Japon a mis en place au printemps 2007 un prix international destiné à récompenser les auteurs étrangers les plus talentueux.

Le cinéma

par Jean-Luc Toula-Breysse

Indubitablement, le cinéma japonais est l'un des plus captivants au monde. Des premières prises de vues – révélant la troublante émanation des geishas ou la transformation, à l'orée du XXe s., du quartier déjà chic de Ginza à Tôkyô – aux récents films d'animation (Japananimation) qui ont contribué au renouveau du 7e Art nippon, l'éventail des œuvres est largement ouvert, témoignant d'une singularité stupéfiante et foisonnante. Au pays des « images du monde flottant » *(ukiyo-e)*, mettre les nouvelles techniques au service de récits anciens n'est pas antinomique car ici, depuis toujours, la modernité se fonde sur la tradition. Des grands maîtres d'hier aux nouvelles générations, les auteurs s'approprient une grammaire cinématographique venue de l'étranger, la transgressent pour mieux la réinventer.

L'histoire de drôles de bobines

Les opérateurs des frères Lumière, en filmant Tôkyô et Kyôto, en 1897, juste après l'arrivée du Kinétoscope d'Edison, font entrer le cinéma dans l'empire insulaire. Le succès est immédiat pour ce nouveau spectacle populaire.

De la scène au studio
Le premier film de fiction japonais, signé Shibata Tsunekichi, est composé d'extraits d'une pièce de kabuki, *Promenade sous les feuillages d'érables* (1899). Devant l'opposition des acteurs de kabuki, craignant de perdre leur notoriété, les producteurs innovent en offrant les rôles féminins à des actrices et non à des hommes comme en était l'usage dans le théâtre classique *(→ « Les arts de la scène », p. 147)*. La guerre russo-japonaise (1904-1905) favorise la réalisation de documentaires et de films militaristes. Dès les années 1920, le Japon figure parmi les grands pays producteurs au monde avec 839 films recensés en 1925, malgré le terrible tremblement de terre de 1923 dans lequel périrent de nombreux artistes et techniciens. Sans négliger les récits historiques empruntés au répertoire théâtral traditionnel, le 7e Art nippon, influencé par l'Occident, aborde rapidement les films à sujets contemporains qui trouvent un public avec l'avènement du parlant au début des années 1930.

Propagande et censure
Sous le strict contrôle du gouvernement militariste, l'industrie cinématographique jusqu'à la fin de la Seconde Guerre mondiale exalte des valeurs nationalistes et devient une arme de propagande. Avec l'autorité américaine

Les bons et mauvais genres

La très parcellaire diffusion des films japonais en Occident ne laisse voir que la pointe de l'iceberg d'une production prolifique. Si les drames d'époque *(jidai-geki)* et les drames contemporains *(gendai-geki)* constituent un fécond vivier pour les films d'auteur et les chefs-d'œuvre récompensés dans les compétitions internationales, l'archipel a une production des plus variées. C'est tout l'intérêt pour les amateurs de curiosités. Les films de genre traditionnels se subdivisent selon des styles précis : les populaires films d'aventures *(chanbara-eiga)* qui ont généralement pour protagonistes des samouraïs ; les films de sabre *(ken-geki)* à l'image de *Zatoichi*, légendaire combattant aveugle qui inspira, entre autres, Kitano Takeshi ; les films noirs *(yakuza-eiga)* ; les films de monstres *(kaijû-eiga)*, avec pour figure de proue *Godzilla*, créature imaginée en 1954 dans les studios Tôhô ; les films de fantômes *(bake-mono)* ; les films sur la vie quotidienne du peuple *(shomin-geki)* ; les comédies *(kigeki-eiga)* ; les films érotiques *(→ encadré p. 144)*. De quoi satisfaire tous les publics !

---

d'occupation (1945-1949), une autre censure est mise en place, traquant notamment les films qui vantent les valeurs féodales et militaristes. Après Hiroshima, le cinéma réaliste plante la caméra dans le quotidien d'une société défaite. Les mélodrames consacrés à l'amour et à la pauvreté sont alors un genre très apprécié. Au début des années 1950, la peur du communisme provoque dans les grands studios une vague de licenciements de personnels jugés suspects. La décennie qui suit fait la part belle aux films de gangsters. Mais au milieu des années 1960, les puissants studios Nikkatsu, Shôchiku, Tôhô, Daei, Tôei, qui ont longtemps dominé la production, commencent à être ébranlés avec l'apparition de la télévision.

Un carré d'as

Figurant dans le panthéon cinématographique mondial, les maîtres du 7e Art au Japon ont pour noms Mizoguchi, Ozu, Naruse et Kurosawa. Marqués par l'expressionnisme allemand, les littératures russe et française et par le sceau des studios d'Hollywood, ils ont connu tour à tour le muet et le parlant, le noir et blanc et la couleur, le 35 mm et le cinémascope.

Mizoguchi Kenji (1898-1956)

Réalisateur prolixe avec près de 85 longs-métrages, l'homme qui aimait les femmes dénonce leur destin tragique, qu'elles soient d'anonymes victimes, des courtisanes ou des prostituées. Mizoguchi les filme à fleur de peau, montre leur courage dans l'adversité. Ses héroïnes, tiraillées entre la révolte et la passion, aspirent à la liberté et ne se résignent jamais devant l'injustice. Maître du plan-séquence, ce perfectionniste affectionne les méandres du désir et les questions sociales. Sa sensibilité aiguë le conduit à représenter les misères et la grandeur de l'humanité. Parmi ses chefs-d'œuvre : *La Vie d'Oharu, femme galante* (1952), *Les Contes de la lune vague après la pluie* (1953) et son dernier film, *La Rue de la honte* (1956).

◀ Mizoguchi Kenji, *La Vie d'Oharu, femme galante* (1952).

Ozu Yasujirô (1903-1963)

Réalisateur connu pour ses mélodrames épurés, filmés à hauteur de tatami, Ozu, artisan rigoureux, révèle l'infra-ordinaire nippon. Auteur intimiste portant un regard de calligraphe sur la décomposition d'un système de valeurs traditionnelles, ce virtuose, si japonais et si universel, exprime le temps qui passe. Ses fictions, qui se regardent comme des documents de société, dessinent un paysage intérieur porté par le réel, avec toujours le même intérêt pour la vie familiale et les changements de saison. Ce n'est que 15 ans après sa mort que le public français découvre, en 1978, l'univers du maître grâce à son chef-d'œuvre *Voyage à Tôkyô* (1953). Aux fresques d'un cinéma spectaculaire, il préfère filmer, à travers des histoires sans importance, les sentiments violents de ses antihéros. De ses premiers films muets à son ultime réalisation en couleur, *Le Goût du saké* (1962), Ozu, qui détestait dévoiler ses propres sentiments, porte un regard humaniste, trivial et poétique sur l'insoutenable légèreté de l'existence.

Naruse Mikio (1905-1969)

Injustement oublié en Europe, lui aussi excellait à montrer dans une tonalité sociale le courage des femmes. Ses héroïnes luttent pour leur dignité. Sous le prisme d'un pessimisme poétique, la caméra du maestro du mélodrame populaire se focalise sur le visage et les mouvements de ses interprètes. Par plans très courts, Naruse, qui a tourné pas moins de 87 films, s'attache aux récits de famille et adapte à l'écran des œuvres littéraires de Kawabata Yasunari – à l'exemple de *Trois Sœurs aux cœurs de jeunes filles* (1935) – et de la célèbre romancière Hayashi Fumiko (1903-1951) dont *L'Éclair* (1952), *Chrysanthème tardif* (1954) et *Nuages flottants* (1955). Confrère et ami d'Ozu, il est l'auteur de *Ma femme, sois comme une rose* (1935), meilleur film de l'année au Japon et premier film parlant nippon exploité aux États-Unis. Dans les années 1960, il s'intéresse au destin des hôtesses de bar *(Quand une femme monte l'escalier)* ou au sombre quotidien tragique de personnages sans illusion (*Tourments, Nuages épars*).

Kurosawa Akira (1910-1998)

Le plus illustre des maîtres n'est plus à présenter. Quelques chefs-d'œuvre dans des genres très différents rappellent le génie éblouissant de ce peintre, sensible au désespoir de la condition humaine. Sa puissance expressive, aussi esthétique que dynamique, génère des images splendides. Son premier succès international *Rashômon* (1950), Lion d'or au Festival de Venise, puis *Les Sept Samouraïs* (1954) furent salués par la critique. En s'inspirant de l'aristocratique théâtre nô, particulièrement par le hiératisme des attitudes, il adaptera à l'écran des drames shakespeariens : *Le Château de l'araignée* (d'après *Macbeth*), *Ran* (d'après *Le Roi Lear*). Après l'échec commercial de *Dodes'kaden* (1970), une descente onirique dans le

▶ Kurosawa Akira, adaptant dans *Rashômon* (1950) deux nouvelles d'Akutagawa Ryûnosuke, met en scène une interrogation abyssale sur la nature humaine.

réalisme d'un bidonville, il continue à tourner grâce à des financements soviétiques (*Dersou Ouzala*, 1975), américains (*Kagemusha*, 1980) et français (*Ran*, 1985). Sa dernière œuvre, *Madadayo* (1993), met en scène l'hommage d'anciens élèves à leur maître, une tendre chronique sur la vieillesse.

De la Nouvelle Vague nippone à aujourd'hui

Dans une société de consommation de plus en plus triomphante, de jeunes cinéastes mettent à mal les formes traditionnelles du cinéma japonais en bousculant les codes. Des dérangeants meneurs Ôshima et Imamura aux iconoclastes Kitano et Kurosawa (Kiyoshi), la relève est assurée, parfois violente, toujours critique.

Un vent de liberté

En premier lieu, le radical et féroce **Ôshima Nagisa** (né en 1932), porte-parole du renouveau du 7e Art japonais, incarne un cinéma contestataire. Ses *Contes cruels de la jeunesse* (1960) dépeignent la violence d'une société. Ce briseur de tabous, furieusement inventif, joue à merveille des dissonances malmenant les conventions narratives. Quand Anatole Dauman, le producteur français de Jean-Luc Godard et de Robert Bresson, lui propose de tourner *L'Empire des sens* (1976), le père sulfureux de la Nouvelle Vague défie l'hypocrisie vertueuse. Il ira jusqu'à filmer, dans *Max mon amour* (1986), Charlotte Rampling amoureuse d'un chimpanzé. L'autre rebelle, **Imamura Shôhei** (1926-2006), brille dans la critique sociale. Double Palme d'or au Festival de Cannes avec *La Ballade de Narayama* (1983) et *L'Anguille* (1997), cet ancien assistant d'Ozu n'attache aucune importance aux convenances. Un rien cynique, il varie les genres et préfère défendre la cause du petit peuple en brossant les désirs violents à travers le sexe, la mort et le rire.

Au diable les conventions

Figure la moins connue et la plus intéressante de cette Nouvelle Vague, le réalisateur **Shinoda Masahiro** (né en 1931) dénonce dans les années 1960 la pesanteur des codes d'une société formelle et aime à cinématographier la jeunesse en révolte. Son style original s'exprime pleinement dans *Double Suicide à Amijima* (1969), adaptation d'une célèbre pièce de bunraku. Sa maîtrise du

---

Érotisme et sexualité

Les images érotiques de l'*ukiyo-e* illustraient les sources anciennes de ravissement. À la suite des mouvements étudiants des années 1960, des cinéastes déplacent les interdits. Désir et plaisir empruntent d'autres sentes plus extrêmes et provocantes. *L'Empire des sens* (1976) d'**Ôshima Nagisa** illustre ce virage. De nombreuses scènes furent censurées au Japon. L'absence de tabou autour du sexe, à l'exception des poils pubiens que la législation a chassés pendant des décennies, a produit une infinie variation de fantasmes. Il n'y a pas de moralisme dans le jeu de l'amour et de la cruauté. Les scènes sadomasochistes ou fétichistes, d'une violence parfois insoutenable, ne sont pas rares.

Projeté dans de petites salles, le *pinku-eiga* (cinéma rose, érotique), longtemps frappé de la honte pour, disait-on, sa nullité artistique, apparaît avec le recul comme l'expression d'une dénonciation de l'ordre social. Les étreintes filmées par le pape du genre, le libertaire Wakamatsu Kôji (né en 1936) demeurent anthologiques. Dans les années 1970, le studio Nikkatsu évite la faillite en lançant une série intitulée « roman porno » dont le maître est Tanaka Noburu (1937-2006), influencé par le surréalisme. Ce genre représente près des deux tiers de la production jusqu'à l'arrivée de la vidéo dans les années 1980 qui engendrera l'érotico-trash. Mais c'est une autre histoire.

noir et blanc, son sens théâtral donnent à *Fleur pâle* (1964), film de yakuzas, une qualité esthétique digne d'une représentation cérémonielle.

Très populaire dans les années 1950, **Kinoshita Keisuke** (1912-1998), bien que retenu et sentimental, est connu dans son pays pour ses satires. Il fut révélé en France par la comédie *Carmen revient au pays* (1951), mettant en scène une strip-teaseuse de Tōkyō qui débarque dans son village natal avec une amie (premier film japonais en couleur). 25 ans avant Imamura, il adapte un roman inspiré lui-même du théâtre de kabuki et décrivant l'effroyable existence paysanne : *La Ballade de Narayama* (1958), une œuvre poétique et poignante au style pudique.

Série noire et frayeur

Après une grande traversée du désert, le cinéma japonais est sorti de sa torpeur dans les années 1990 sous l'impulsion de **Kitano Takeshi** (né en 1947), créateur tous azimuts qui fit sa première apparition au côté de David Bowie dans *Furyo*, d'Oshima Nagisa (1983). Star de la télé, Kitano a le talent de faire oublier ses pitreries d'animateur du petit écran dès lors qu'il devient réalisateur, scénariste, acteur et monteur de ses propres films, à l'image de *Hana-bi* (littéralement « Feux d'artifice »). Lion d'or du Festival de Venise en 1997, cette œuvre, à la beauté formelle, oscille entre

Il y a évidemment d'autres réalisateurs de talent à découvrir au gré des rétrospectives et sorties de DVD, comme Teshigahara Hiroshi, Yoshida Kijû, Suzuki Seijun...

☞ **EN SAVOIR PLUS**
Concernant les mangas et films d'animation, consultez le chapitre « Mangas », p. 139.

▲ En 2004, Kitano Takeshi s'emparait de la série culte *Zatoichi* pour donner sa version du personnage éponyme, dans un film dont l'esthétique oscille entre estampe et clip vidéo.

l'amour et la violence, couple et gangsters. Comme dans *Sonatine* (1994), l'imprévisible et irrévérencieux histrion a imposé une image dérangeante d'une société interlope, celle d'une violence glacée.

Dans le genre « frisson nippon », **Kurosawa Kiyoshi** (né en 1955), qui n'a aucun lien de parenté avec son aîné Akira, est le nouveau maître de la terreur. Icône des cinéphiles, il explore déjà depuis plus de 20 ans des univers des plus inquiétants, aux frontières du paranormal. Enfant du V-cinéma (réalisations à petit budget distribuées sur le marché de la vidéo), ce cinéaste de la peur, celle que chacun porte en soi, crée un style tout personnel en mettant en scène l'indicible. Hanté par les traumatismes de la société contemporaine et par les bouleversements des rapports humains, préférant le paranormal à un banal quotidien, il excelle dans les silences qui assourdissent et effraient. *Kairo* (2001) et ses fantômes high-tech, *Doppelgänger* (2002), une déroutante histoire de double, *License to live* (1998), une réflexion sur la mémoire et la perte des repères dans un monde qui se défait, ou plus récemment *Rétribution* (2007), histoire policière et surnaturelle, stigmatisent les responsabilités de notre humanité.

Un présent plein d'avenir

Dans un tout autre genre, la génération montante, en quête de nouveaux repères, représente une relève pleine de promesses. **Kawase Naomi** (née en 1969) dissèque les séquelles intimes (*Shara*, 2003 ; *La Forêt de Mogari*, 2007). **Kore-Eda Hirokazu** (né en 1962) excelle dans la narration vagabonde (*Nobody knows*, 2004). L'iconoclaste et fantasque **Ishii Katsuhito** (né en 1966), avec *The Taste of Tea* (2005), livre en une chronique familiale désopilante et jubilatoire un regard fantaisiste et tendre sur le Japon d'aujourd'hui baigné dans la culture pop *(→ théma p. 218-219)*. Après des années de doute, le cinéma retrouve une dynamique incontestable. La progression est saisissante : 270 films ont été produits en 1999, 417 en 2006.

Les arts de la scène

par Guillaume Loiret

Il existe au Japon un mythe fondateur du théâtre. Un spectacle donné, selon la légende du *Kojiki* (→ *encadrés p. 78 et 99*), par des dieux pour faire sortir la déesse du soleil de la caverne où elle s'était réfugiée. Il est vrai que les trois arts dramatiques classiques (nô, kabuki et bunraku, déclarés « bien oral et immatériel de l'humanité » par l'Unesco) sont empreints de sacré et de légendes. Et comme dans le mythe, il est bien difficile de dresser des frontières entre les arts de la scène japonais : chant, danse, musique, art dramatique y sont intimement liés, dans les genres traditionnels comme dans le théâtre et la danse modernes, le butô notamment.

Aux origines du théâtre japonais

On se perd facilement dans la préhistoire du théâtre japonais tant les influences sont hétérogènes, et l'on sait finalement peu de chose avant la pénétration des cultures chinoise et coréenne. Mais deux pistes au moins sont à explorer. La première est une danse religieuse fort célèbre au Japon, le **kagura**. Ses origines se perdent dans la nuit des temps et la mythologie nippone, provenant autant de rituels agraires populaires que de danses pratiquées dans les temples shintoïstes par les prêtresses (→ *aussi Takachiho, p. 581*). Danse des dieux exécutée sur une musique d'accompagnement, le *kagura* est l'un des fondements du théâtre classique au Japon, de même que les pratiques folkloriques du cycle agraire *(dengaku)* comme les danses pour le repiquage du riz ou les chants de fertilité. Les *dengaku* deviendront des danses de cour.

La seconde piste est celle des voisins asiatiques, Chine et Corée, dont les arts dramatiques et les danses sont importés avec le bouddhisme aux VIIe-VIIIe s. Ainsi les *gigaku*, ensemble de divertissements d'origine indienne mêlant danses sacrées et numéros grotesques ; les *bugaku*, danses de cour à la chorégraphie géométrique et très solennelle, interprétées lors d'offices religieux ; et les spectacles de foire chinois appelés *sangaku* puis **sarugaku** (danses de singes). Composés, entre autres, de farces et de marionnettes, animés par des conteurs ambulants, des jongleurs ou des acrobates, ces spectacles vont jouer un rôle considérable dans la naissance du théâtre japonais quelques siècles plus tard.

Apparition et évolution du théâtre nô

Cette action dramatique lente et symbolique, composée de danse, musique et chants, est un art classique mondialement célèbre qui exerce une fascination tenace sur les Japonais.

Le nô tel qu'on le connaît aujourd'hui est apparu au XIVe s. sous l'égide de deux acteurs de *sangaku*, Kan'ami et son fils Zeami. Grâce au soutien du shogun Ashikaga Yoshimitsu, qui entend développer un art élégant et raffiné adapté aux goûts d'un public aristocratique, **Kan'ami** synthétise des styles issus du *sarugaku*, du *kagura* et du *dengaku* pour donner au nô sa première école, avant que **Zeami** ne lui confère ses lettres de noblesse. Il en perfectionne les règles, la gestuelle des acteurs, et impose l'élégance *(yûgen)* comme idéal. Zeami est aussi l'auteur d'une bonne partie des 250 pièces du répertoire de nô (figé depuis le XVIIe s.) et de traités qui font toujours référence chez les acteurs contemporains.

Le nô est aussi un art de classe, étroitement lié à l'aristocratie des samouraïs et au pouvoir impérial, et dépendant de leur mécénat. Mais en devenant le divertissement favori de la classe militaire, il s'enferme peu à peu dans les châteaux et dans des sanctuaires réservés à l'aristocratie, et son austérité et son mépris pour le public populaire vont à deux reprises menacer son existence : lors de la restauration de Meiji en 1868 et au lendemain de la Seconde Guerre mondiale. C'est grâce au courage de certains maîtres, au regain d'intérêt et au rajeunissement du public, que le nô va renaître de ses cendres. Il compte aujourd'hui 1 500 acteurs professionnels, plus de 60 scènes permanentes à travers le pays (dont 25 à Tôkyô) et des millions d'amateurs.

▲ Acteur de théâtre nô.

L'extravagant kabuki

Aussi populaire et extravagant que le nô est élitiste et dépouillé, le kabuki perpétue un art scénique unique au monde. Stylisé à l'extrême, chaque geste y est une danse, et chaque parole est rythmée et musicale. Ses costumes somptueux et son maquillage éclatant valent à eux seuls le détour.

Les pièces de kabuki racontent invariablement des amours déçues sur fond d'événements historiques, des récits épiques qui se terminent souvent par un double suicide. Leurs décors sont toujours très inventifs, parfois rotatifs ou équipés de trappes pour faire disparaître les comédiens. Et si les acteurs déclament leurs textes sur un ton monocorde, leur jeu est à la fois spectaculaire et codifié, comme en attestent de nombreuses estampes du XVIIIe s. représentant de célèbres comédiens.

Mais le kabuki n'a pas toujours été une distraction intellectuelle. Né à l'époque Edo, il était alors pratiqué par des courtisanes et incluait des scènes érotiques que le pouvoir shogunal jugea vite obscènes. Sans aller jusqu'à censurer complètement ce théâtre, les autorités interdisent aux femmes de monter sur scène à partir de 1629. Le kabuki devient alors un théâtre d'hommes (comme celui de Shakespeare d'ailleurs), et cette restriction, qui perdure aujourd'hui encore, est à l'origine du célèbre style ***onnagata*** (la manière féminine) selon lequel un homme interprète un rôle féminin de manière stylisée et symbolique, avec pour but d'exprimer la féminité aussi bien sinon mieux qu'une femme. Ces acteurs, vêtus de somptueux kimonos et subtilement maquillés, sont aujourd'hui les plus prestigieux et les plus applaudis.

Comme dans le nô, la plupart des grands noms sont issus de familles comptant plusieurs générations d'acteurs, et chaque nouvel arrivant doit étudier attentivement le jeu de ses prédécesseurs dans un rôle particulier.

Dramaturgie du nô et du kabuki

Gestuelle, rôles, costumes : le théâtre classique japonais est particulièrement codifié et reste difficile à comprendre et à apprécier sans en connaître certaines caractéristiques.

• **La représentation** : une pièce de nô classique dure entre huit et dix heures et est composée de cinq pièces jouées dans un ordre strict, entre lesquelles sont intercalés des intermèdes comiques appelés *kyôgen* (→ *ci-après*). En général un kabuki est divisé en cinq actes et ne dure « que » trois à quatre heures.

• **La scène** : une estrade surélevée et carrée pour les deux genres, le public disposé sur trois côtés. Dans le nô, le décor est minimaliste, l'orchestre se tient au fond et le chœur à droite. Sur la gauche, une passerelle étroite appelée *hashigakari* relie la scène aux coulisses. On l'appelle *hanamichi* dans le kabuki, où la scène est truffée d'astuces (scène tournante, trappes, acteurs volant grâce à des câbles).

• **Les acteurs** : les plus importants dans un nô sont le *shite* (personnage principal, chante et danse, porte un masque), le *waki* (personnage secondaire, sans masque, donne la réplique au *shite*), le chœur chanté (*jiutai*, six à huit personnes) et l'orchestre. Dans le kabuki, outre le rôle féminin *onnagata*, les grands types de rôle sont l'*aragoto* (jeu fougueux et démesuré) et le *wagoto* (style plus doux). Un récitant chante certains passages.

• **Les costumes** : en soie et brocart, aux ornements sophistiqués, issus des vêtements de cérémonie des samouraïs dans le nô ; richement décorés et colorés dans le kabuki. Les **masques** de nô, en bois sculpté et peint, traduisent le caractère d'un personnage. Pas de masques dans le kabuki, mais des **maquillages** extravagants rouge, bleu, vert qui amplifient les expressions du visage.

• **La musique** : sa place est prépondérante. Orchestres composés d'instruments traditionnels. Trois tambours et une flûte donnent rythme et atmosphère aux pièces de nô ; le shamisen est le plus important dans le kabuki.

• **Le répertoire** : environ 250 œuvres, souvent d'inspiration bouddhiste, pour le nô, où l'on distingue les pièces réalistes (*genzai-mono*, l'acteur interprète un être humain) des pièces « oniriques » (intervention de créatures imaginaires).

▲ Représentation de kabuki.

Le répertoire du kabuki a beaucoup emprunté au nô, au *kyôgen* et au bunraku (→ *ci-après*). Il compte plusieurs centaines d'œuvres réparties dans trois grands styles : pièces historiques, pièces de mœurs et morceaux de danse.

Bunraku : un théâtre de marionnettes

Dans ce troisième grand genre classique, les personnages sont représentés par des marionnettes de grande taille, actionnées simultanément par trois manipulateurs vêtus en noir qui ne se dissimulent pas. Par une extrême sophistication du jeu, ces poupées sont parvenues à exprimer tous les registres d'émotions : l'action est contée par un chanteur qu'accompagne un joueur de shamisen tandis que s'opère la magie du spectacle. Le bunraku naquit

---

Musiques et instruments traditionnels

- **biwa** : luth à quatre ou cinq cordes grattées avec un plectre, à manche court et sans caisse de résonance. Joué lors de cérémonies religieuses, ballades épiques, et en musique moderne. Les styles *satsuma* et *chikuzen* viennent du sud du Kyûshû.

- **flûtes** : nombreuses dans la musique traditionnelle. Les plus connues sont les flûtes traversières (*yokobue* et *shinobue*), les orgues à bouche (*shô*) et le hautbois (*hichiriki*). → aussi Shakuhachi.

- **gagaku** : musique de cour d'origine chinoise apparue au Vᵉ s., connaît son apogée à l'ère Heian. Elle comprend des instrumentations religieuses, profanes, des chants et danses *bugaku*. Large palette d'instruments traditionnels.

- **jiuta-mai** : répertoire de danses et de chants raffinés du Kansai (Kyôto, Ôsaka).

- **koto** : longue cithare à 13 cordes, se joue à genoux en pinçant les cordes à l'aide d'onglets attachés aux doigts. D'origine sino-coréenne, c'est l'un des instruments les plus anciens du Japon. Répertoire varié.

- **minyô** : chants folkloriques.

- **shakuhachi** : grosse flûte droite de bambou à cinq trous et bec biseauté. Les moines zen en ont fait un instrument de méditation. Accompagne souvent koto et shamisen, chants folkloriques et musiques contemporaines.

- **shamisen** : luth à trois cordes joué avec un plectre, à caisse carrée en bois et peau, à manche long, importé de Chine via Okinawa au XVIᵉ s. Instrument de prédilection des geishas, essentiel dans le kabuki et le bunraku.

- **shômyô** : chants liturgiques des moines bouddhistes.

- **taiko** : terme générique désignant les tambours. Au sens strict, il s'agit d'un large tonneau en bois qui se joue à l'aide de maillets. On trouve aussi dans cette famille le *tsuri-daiko* (gong), le *kotsuzumi* (petit tambour à double caisse en forme de sablier) ou l'*uchiwa-daiko* (tambourin muni d'un manche).

▼ **Harunobu Suzuki (1725-1770), *Courtisanes exposées à la vue du public, une jouant du shamisen* (Paris, musée Guimet).**

au XVIIe s. de la rencontre de conteurs itinérants aveugles avec des montreurs de marionnettes. En 1684, le dramaturge Takemoto Gidayû, rejoint par le grand auteur de kabuki Chikamatsu Monzaemon, ouvrit dans le quartier de Dôtonbori, à Ôsaka, un théâtre dédié à ce qui devint le bunraku. Une émulation se fit entre les deux formes d'art dramatique, qui valut même au kabuki d'être, durant le XVIIIe s., supplanté par le bunraku.

Les spectacles comiques

Parce qu'il serait insoutenable de suivre un spectacle de nô sans interruption, des intermèdes comiques sont intercalés entre les pièces : c'est l'art du *kyôgen* (paroles folles), des farces dynamiques à l'humour assez basique. À l'origine inséparable du nô, le *kyôgen* s'est peu à peu affirmé comme un art scénique à part entière et a fini par être joué seul. La télévision a médiatisé le style de jeunes acteurs issus de grandes familles (les Shigeyama font partie des plus célèbres), et le *kyôgen* connaît aujourd'hui une renaissance en tant que théâtre populaire.

Fort différent dans son style et sa pratique, le *rakugo* est un monologue comique traditionnel. C'est un conteur qui fait le spectacle, assis seul au milieu d'une scène, provoquant les rires du public en déclamant des histoires drôles ou tragiques du petit peuple d'Edo. Le *rakugo* est moins populaire aujourd'hui que dans les années 1960, quand certains conteurs étaient d'immenses stars, et le nombre de *yôse* (petits théâtres comiques) a fortement diminué.

Immensément populaire, le *manzai* est un genre comique apparu à Ôsaka au XIXe s. Il consiste en une suite de plaisanteries stupides (quiproquos, jeux de mots) échangées à un rythme étourdissant par deux comédiens aux rôles bien définis : le *boke*, écervelé débitant des âneries, et le *tsukkomi*, qui réprimande le premier et lui inflige de grandes gifles sur le crâne. Ce duo comique est très souvent reproduit dans les shows télévisés japonais. L'acteur et réalisateur Kitano Takeshi fit partie d'un célèbre duo de *manzai* se produisant à Asakusa (quartier de Tôkyô) avant de passer au cinéma.

Butô, la danse des ténèbres

Née au Japon dans les années 1960, cette danse est la forme d'expression scénique qui connaîtra le plus grand succès à l'étranger après la guerre. Son précurseur, **Hijikata Tatsumi** (1928-1986), ne le sait pas encore lorsqu'il crée *Kinjiki* en 1959, qui fait immédiatement scandale. Sombre, fait de convulsions et de contorsions, interprété par des danseurs quasiment nus et souvent peints en blanc, le butô se présente immédiatement comme une danse révolutionnaire, opposée autant aux influences occidentales du ballet classique qu'au théâtre japonais traditionnel. Elle se veut protestataire, provocatrice, désespérée, née sur les cendres du Japon d'après-guerre, sur l'effroi provoqué par Hiroshima, et portée par le vent de révolte qui souffle alors sur les milieux artistiques underground. Les premiers artistes de butô se tournent vers les influences littéraires françaises (Sade, Artaud, Genet) et l'expressionnisme allemand. C'est sur ces bases que Hijikata, Ôno Kazuo ou Takai Tomiko se lancent dans cette danse à corps perdu.

Restée confidentielle au Japon, la danse butô a acquis reconnaissance et légitimité à l'étranger. Elle trouve refuge en France dès les années 1970, et aujourd'hui de grands représentants du butô moderne, comme la troupe Sankai Juku ou la danseuse Ikeda Carlotta, se produisent très souvent à Paris, Berlin ou New York.

Aujourd'hui sorti de la marginalité, le butô s'est diversifié. Il y a certes perdu de son caractère transgressif et iconoclaste, mais son style a évolué, il s'enrichit

> ### Le théâtre japonais en France
>
> Le théâtre classique japonais se fait une réputation en France à l'Exposition universelle de 1900 : *La Geisha et le Samouraï*, un kabuki adapté, est une révélation pour le public et un choc pour Gide, Picasso ou Rodin. Dans la foulée, plusieurs metteurs en scène tentent de monter des pièces nippones, comme Jacques Copeau avec le nô *Kantan* (1924 – il ne sera jamais joué) puis Firmin Gémier avec *Le Masque* (1927, kabuki traduit). Le poète Paul Claudel, ambassadeur de France au Japon de 1921 à 1927 (→ encadré p. 552), contribue ensuite à faire connaître le nô dans l'Hexagone. Après la guerre, ce sera au tour de Marguerite Yourcenar de se passionner pour les nô de Mishima Yukio, qu'elle traduit, ou d'Ariane Mnouchkine, qui monte des spectacles inspirés du nô et du bunraku, alors que le Festival d'Avignon a multiplié les invitations d'artistes japonais depuis les années 1980. Ces échanges théâtraux ont aussi été rendus possibles grâce à des acteurs japonais installés à Paris pour y enseigner leurs techniques, Oida Yoshi ou Fuseya Junji, par exemple.

d'étroites collaborations (musique, vidéo) et se singularise toujours par son originalité. Le mouvement post-butô compte à la fois des puristes et des danseurs, formés au butô ou influencés par lui, qui le mêlent à des mouvements contemporains, comme Teshigawara Saburo ou Itoh Kim.

Le renouveau du théâtre contemporain

Au début du XXe s., le théâtre d'inspiration occidentale réussit à se frayer un chemin entre le nô et le kabuki : c'est le mouvement **Shingeki** (Nouveau Théâtre), porté par une génération de nouveaux auteurs comme Murayama Tomoyoshi (1901-1977) ou Kishida Kunio (1890-1954), qui écrivent et mettent en scène les premières pièces japonaises de style occidental. Après la guerre, le théâtre contemporain connaît une nouvelle jeunesse grâce aux œuvres des romanciers et dramaturges Abe Kôbô et **Mishima Yukio**. Ce dernier publie en 1956 un recueil de *Cinq nô modernes* et produit plusieurs pièces de kabuki moderne pour la compagnie Bungaku-za. D'autres dramaturges et metteurs en scène contribueront à moderniser les genres traditionnels, par exemple Ichikawa Ennosuke III et son « Super Kabuki » (très énergique, écrit en japonais moderne).

Dans les années 1960, l'esthétique du Shingeki est sérieusement critiquée par le « mouvement des petits théâtres » (**Shôgekijô**) qui, sous l'impulsion de Kara Jûrô, va profondément marquer le théâtre japonais contemporain. Pièces surréalistes, critique sociale et politique, distance avec l'art occidental, explosion du nombre de petites compagnies et de petites salles... D'underground, le Shôgekijô est devenu aujourd'hui un théâtre populaire, habile et pétillant qui permet au public d'apprécier le travail de grands dramaturges contemporains tels Hisashi Inoue ou **Hirata Oriza**. Auteur d'une quarantaine de pièces, metteur en scène de ses propres textes, directeur de compagnie, Hirata est imprégné de culture occidentale et a su créer des pièces novatrices, à la portée et à l'humour universels, jouées dans de nombreux pays étrangers.

La gastronomie

par Patrick Duval

L'idée que se font les Occidentaux de la gastronomie nippone se réduit souvent aux *sushi* devenus, depuis les années 1980, l'un des modes de restauration les plus appréciés d'une clientèle soucieuse à la fois de « garder la ligne » et d'afficher une certaine forme d'élitisme. Mais les Japonais mangent-ils autre chose que du poisson ? Jusqu'à la restauration de Meiji en 1868, la consommation de viande était relativement rare du fait de l'interdit du bouddhisme, mais les habitudes alimentaires importées d'Occident ont vite été adoptées par les Japonais qui consomment aujourd'hui autant de viande que de poisson. Ils ont même « inventé » pour elle de délicieux modes de préparation et d'assaisonnement comme le *shabu-shabu* ou les *yakitori*, qui figurent désormais parmi les plats japonais les plus appréciés des étrangers. Les Japonais sont également très friands de légumes, consommés en beignets ou dans d'autres préparations culinaires. Découvrir sur place l'incroyable variété de la cuisine japonaise est donc sans doute l'un des grands plaisirs d'un voyage sur l'archipel.

Chanko-nabe : la cuisine des lutteurs de sumo (→ *théma p. 182-183*)

Le nom japonais de ce plat, *chanko*, viendrait du chinois *shaa-kuo* qui désigne un pot-au-feu pékinois. Il aurait été importé au Japon il y a 200 ans par deux lutteurs japonais et aurait été adopté depuis par tous les lutteurs qui parviennent, grâce à lui (et à 14 h de sommeil par jour en moyenne), à grossir tout en se musclant. Composé d'une douzaine d'ingrédients, le *chanko-nabe* est un plat hyperprotéiné à base de viande de bœuf, de poulet, de poisson, d'œufs et de légumes. Le tout mijote longuement dans un bouillon dont la composition varie selon le cuisinier. Le *chanko-nabe* se décline à partir de quatre recettes de base. La plus simple est le *mizutaki*. Les aliments sont simplement cuits dans de l'eau, sans épices

▶ Chaque région revendique une ou plusieurs spécialités en fonction de la production et des coutumes locales, souvent liées à la pratique religieuse, et bien sûr du climat : le boeuf du Kyûshû, par exemple, est particulièrement prisé.

Dépaysement garanti

Vous découvrirez au Japon des goûts peu répandus en Occident comme les algues *wakame* ou *nori* (que certains chefs français commencent à intégrer dans leurs compositions), du *kabocha*, sorte de courge si douce qu'on l'utilise souvent en pâtisserie, ou encore de la feuille de *shiso* dont la saveur acidulée apporte au poisson cru une note végétale d'une incroyable délicatesse. Quant au « *tofu* de sésame » (*gomadôfu*), lui aussi rarement exporté, vous le dégusterez avec ravissement dans les repas de cuisine *kaiseki* (→ encadré p. 350) où il est servi simplement coiffé d'une pincée de *wasabi* (→ encadré p. 297). Qu'il s'agisse de *sushi*, de *tenpura* ou de porc pané, les plats japonais « typiques » sont le plus souvent servis dans des restaurants hautement spécialisés dont les chefs revendiquent 10, voire 20 ou 30 ans de métier ! Les regarder travailler est sans doute l'un des spectacles les plus instructifs qu'on puisse imaginer tant leurs gestes sont précis et empreints de grâce. N'hésitez pas, lorsque vous en avez l'occasion, à vous installer au comptoir plutôt qu'en salle.

---

ni condiments. Au moment de déguster, on plonge chaque bouchée dans une sauce. Viennent ensuite le *soppadaki* et le *misodaki*. Le bouillon du premier est préparé à partir d'os de poulet agrémentés, celui du second de pâte *miso*. Enfin, le *shiodaki* utilise l'algue *konbu* comme base du bouillon.

Si vous aimez la nourriture un peu consistante, n'hésitez pas à aller tenir compagnie aux sumotoris dans leurs restaurants favoris, installés principalement dans les quartiers où sont concentrées les *sumô-beya*, écoles où les lutteurs s'entraînent et s'affrontent. Bien souvent, ces restaurants sont tenus par d'anciens lutteurs recyclés dans la restauration.

Fugu, le poisson-poison

Le tétrodon, *fugu* en japonais, est un plat très rare et relativement cher (un repas complet peut facilement atteindre les 30 000 yens) qui n'est servi que dans quelques restaurants spécialisés. En principe impropre à la consommation, le *fugu* peut cependant être dégusté qu'après qu'un cuisinier spécialisé en a retiré le poison mortel (tétrodotoxine) que contiennent son foie, ses ovaires et ses yeux. Une licence d'État est obligatoire pour ouvrir un restaurant de *fugu*. Malgré cela, on déplore chaque année quelques décès dus, le plus souvent, à une consommation privée. Si le poisson n'est pas tué dans les conditions *ad hoc*, le poison peut en effet en contaminer la chair et de fait le consommateur. Le *fugu* a peu de goût en lui-même et il est le plus souvent consommé avec du *ponzu* (sauce à base de soja et de *yuzu*, un agrume japonais très parfumé) agrémenté de radis blanc râpé légèrement pimenté. Le poisson est ensuite présenté en *nabe* (cuit à la marmite avec des légumes). À la fin, on mélange du riz chaud et un œuf au reste du bouillon. C'est le *zosui*.

On accompagne généralement un repas de *fugu* de *hirezake* : du saké chaud dans lequel flotte un aileron de *fugu* grillé que le serveur flambera devant vous avant de le recouvrir d'un petit couvercle. Il est possible qu'une heure ou deux après le repas vos lèvres soient légèrement endolories : c'est le poison qui, bien qu'inoffensif, fait encore un peu d'effet.

◀ Un repas de *fugu* commence par une assiette de *sashimi*, lamelles de poisson cru servies sur un joli plat coloré. Les tranches sont si fines qu'on peut voir le dessin de l'assiette.

Gastronomie ferroviaire

Au Japon, le bien-manger est un art qui se vit au quotidien, y compris dans les chemins de fer. Plutôt que de fades sandwiches jambon-beurre, d'alléchants coffrets-repas appelés *ekiben* sont proposés aux voyageurs (de *eki* 駅, « gare », et *bentô* 弁当, « coffret-repas »). En dépit d'un prix vraiment modique, la qualité de ces encas est toujours au rendez-vous et la fraîcheur garantie par un étiquetage précis, à l'heure près. Manger des *ekiben* est un bon moyen de s'initier à la richesse de la cuisine de l'archipel. Ces coffrets-repas sont vendus dans les trains sur des chariots, ou encore dans les kiosques de gare, avec des spécialités propres pour chacune d'entre elles. Ainsi est-il courant d'entendre des Tokyoïtes demander à leurs amis de leur rapporter un *ekiben* d'un week-end en province. Sous des couvercles carrés, des assortiments de mets variés (poisson, riz, prunes salés ou légumes marinés) sont délicatement coupés, parfois en forme de fleurs, rangés avec art comme dans une boîte à bijoux. Délice de la vue, de l'odorat et du goût, il y a là de quoi combler les gourmets. L.C.

Cette sensation est très recherchée par les vrais amateurs. Précisons enfin que le *fugu* est une nourriture d'hiver : on n'en trouve qu'entre le mois d'octobre et la fin du mois de mars.

Kaiseki ryôri : la haute cuisine

À l'origine, la *kaiseki ryôri* était une cuisine légère destinée à accompagner la cérémonie du thé afin de protéger l'estomac contre les brûlures *(→ encadrés p. 120 et 132)*. Aujourd'hui, c'est le fleuron de l'art culinaire nippon, et un repas de *kaiseki* comprend une multitude de petits plats, toujours servis dans une vaisselle de prix. La *kaiseki ryôri* est d'abord une cuisine « naturelle » qui juxtapose les ingrédients sans les lier ni les recouvrir par une sauce. L'esthétique y est largement aussi importante que le goût, de même que la notion de saison. Un repas de *kaiseki* est presque toujours servi dans une pièce particulière avec tatamis.

Oden

C'est peut-être l'un des plats les plus populaires au Japon et le moins apprécié des étrangers à cause de l'odeur qu'il dégage et de son aspect peu ragoûtant. Il s'agit d'une sorte de potée dans laquelle on fait cuire très longtemps des légumes (navets, pommes de terre), du *tofu*, des algues et différents types de boulettes à base de poisson. Il est souvent servi dans la rue, et il est très apprécié des *salarymen* qui ont un peu forcé sur l'alcool, car il est censé aider à dessaouler. On le trouve aussi en plat à emporter à côté de la caisse, dans certains *conbini*.

Okonomiyaki

Il s'agit, à l'origine, d'une spécialité de Hiroshima, mais on en consomme aujourd'hui un peu partout au Japon. L'*okonomiyaki* (littéralement : « grillé selon votre goût ») se présente sous la forme d'une grosse crêpe à base d'œufs, de farine et d'eau dans laquelle on ajoute du chou râpé puis un certain nombre d'ingrédients suivant son *okonomi* (goût) : viande de bœuf, légumes ou fruits de mer ou même tout cela à la fois si on a de l'appétit ! Le tout est cuit

> ☞ EN SAVOIR PLUS
> Le Lexique, en fin de volume (p. 605), fournit les traductions des principaux ingrédients et plats de la cuisine japonaise.

devant vous sur une plaque chauffante, certains restaurants proposant à leurs clients de s'occuper eux-mêmes de la cuisson. Une fois que c'est prêt, on saupoudre la crêpe de bonite séchée et on verse sur le tout une sauce brune et sucrée. C'est l'un des plats les moins chers et les plus nourrissants qu'on puisse trouver au Japon et il est en cela très apprécié des jeunes.

Robata yaki

Difficile de trouver une traduction française pour ce genre de restaurant qui n'existe qu'ici. Imaginez une grande salle un peu campagnarde, au milieu de laquelle sont entassés poissons, coquillages et légumes. À genoux devant lui, les cuisiniers préparent, sur un feu de bois, ce que vous leur désignez du doigt. Une fois cuit, le plat vous est présenté sur une longue pelle en bambou. Pour mettre de l'ambiance, le personnel crie les commandes à pleine voix, ce qui donne l'impression d'être au marché au moment où les commerçants liquident les invendus. Le repas se termine en principe par l'*onigiri*, une boule de riz grillée qu'on trempe dans le *shoyu* (sauce de soja).

> ☞ EN SAVOIR PLUS
> Pour être plus à l'aise avec les usages de la table, les types de restaurants, les boissons et les pâtisseries, reportez-vous au chapitre « Séjourner », p. 31.

Sashimi, *sushi* : poissons crus

C'est la spécialité japonaise par excellence et souvent la seule que connaissent les touristes avant de venir. La façon la plus « pure » de déguster le poisson cru est le *sashimi* – simple tranche que l'on trempe délicatement dans le *shoyu* (→ ci-avant). Mais la spécialité connue dans le monde entier est le *nigiri sushi* (la tranche est posée sur une boulette de riz légèrement vinaigrée) et sa variante, le *maki sushi* (le poisson est enroulé avec du riz dans une algue *nori*). Il existe d'autres formes de *sushi* moins connues comme le *hako-zushi* (*sushi* pressé) ou le *nare-zushi* (fermenté). Dans tous les cas, le poisson est entièrement débarrassé de ses arêtes.

> Les *nigiri sushi* sont servis avec du gingembre mariné dans du vinaigre qui permet de « laver la bouche » du goût du poisson précédent. On peut en redemander autant qu'on veut, mais sachez qu'on n'en sert jamais avec le *sashimi*.

La variété des poissons et des coquillages – pour partie inconnus en Occident – qu'on peut commander à la carte est infinie et dépend toujours des arrivages. Attention, un repas à la carte – sans faire de folies – peut facilement grimper jusqu'à 8 000 yens par personne, certains restaurants de très haut niveau facturant même ce prix pour une simple paire de *sushi* ! Si vous voulez être rassasié sans payer trop cher, allez plutôt dans les *sushi-ya* à midi : les menus dépassent rarement 1 500 yens (→ « Séjourner », p. 33).

> ✐ BON À SAVOIR
> Un assortiment classique de *sushi* (*moriawase*) comprend en général 8 à 10 pièces, parmi lesquelles on trouve du thon, du thon gras, une crevette cuite ou crue, de la seiche ou du poulpe, du maquereau et de l'omelette japonaise. Le saumon (*sake*), très apprécié en France, n'est que rarement présent sur un plateau de *sushi* japonais.

Pour commander à la pièce dans une *sushi-ya*, il suffit généralement de montrer le poisson ou le coquillage dans la vitrine réfrigérée, mais il est bien plus amusant d'essayer de commander directement en japonais.

Soba, udon, râmen : nouilles

On les consomme souvent en quelques minutes, installé au bar, en aspirant bruyamment (c'est parfaitement admis) afin de ne pas se brûler. Il y a trois sortes de nouilles : • les *soba* sont des pâtes de sarrasin qu'on peut consommer chaudes dans une soupe (il y en a plus de 10 variétés) ou bien froides sur un lit de bambou, saupoudrées d'algues *nori* – on les trempe alors dans une sauce à base de soja • les *udon* sont des pâtes de blé assez épaisses, que l'on mange toujours brûlantes dans une soupe de bœuf ou de porc • les *râmen* sont des nouilles de blé qui se mangent également en soupe ; on peut les accompagner de *gyôza*, raviolis grillés qu'on trempe dans une sauce piquante.

Sukiyaki, shabu-shabu : fondue de bœuf

À l'exception de la coupe des aliments, réalisée en cuisine, la préparation de ce plat se fait sur la table, et c'est probablement ce qui a rendu le *sukiyaki* (*suki* signifie « aimer » et *yaki* « grillé ») aussi populaire. Dans

▲ D'origine chinoise, les nouilles sont aujourd'hui l'un des plats les plus populaires au Japon.

un plat en fonte, on commence par faire griller de fines tranches de bœuf, puis l'on verse un bouillon de soja et on sucre légèrement avant d'ajouter les légumes et le *tofu* (fromage de soja). On mange au fur et à mesure en plongeant chaque bouchée dans un œuf cru, ce qui a pour effet de refroidir un peu le mélange et d'en adoucir le goût. Le *sukiyaki* est toujours servi avec du riz blanc.

Le *shabu-shabu* est une variante de ce plat. Les ingrédients sont les mêmes, mais le bouillon est plus abondant et non sucré. La viande est trempée soit dans une sauce *ponzu* (→ *ci-avant*), soit dans une sauce *goma* (à base de sésame). Dans le cas du *shabu-shabu*, on ajoute des nouilles japonaises que l'on fait toujours cuire en dernier.

Tenpura : beignets

Les ingrédients sont trempés dans une pâte réalisée avec de l'eau et de la farine puis plongés quelques secondes dans de l'huile bouillante et servis immédiatement. Cette méthode de cuisson des aliments a été importée au XVIe s. par les Portugais. Nous vous conseillons, là encore, de choisir un menu *(teishoku)* qui comprend en général cinq ou six pièces (poisson, légumes) servies au fur et à mesure sur une serviette en papier qui absorbe l'huile. Les *tenpura* se trempent dans une sauce à base de soja dans laquelle on mélange du radis râpé présenté sous forme d'une pyramide blanche.

Teppan-yaki

La cuisine sur « **plaque chauffante** » est d'abord un spectacle : devant chaque table, un cuisinier armé d'un long couteau et d'une pelle métallique jongle avec la viande et les crevettes au-dessus d'une plaque chauffante. Lorsque les ingrédients sont bien grillés, il les arrose de citron et joue de la salière et du poivrier comme de castagnettes. Cette cuisine simple et délicieuse est largement exportée dans le monde entier. Le menu comprend également une petite entrée, de la viande (ou des coquillages) grillée, du riz et un dessert.

Tofu : la cuisine des moines

La *tôfu ryôri* (cuisine de *tofu*) est une cuisine végétarienne inspirée par celle des moines bouddhistes *(shôjin ryôri* ; → encadré p. 335). Presque tous les plats qui composent le menu – celui-ci change chaque saison – sont à base de *tofu* (fromage de soja), aliment qui présente l'avantage d'être à la fois peu calorique et riche en protéines. Celui-ci peut être consommé froid, assaisonné d'un simple filet de soja, ou chaud *(yu dôfu)* ou encore frit dans de la fécule de pomme de terre *(agedashi dôfu)*.

Tonkatsu : porc pané

Cette façon typiquement nippone de préparer le porc consiste à l'enduire d'une pâte à base d'œufs, de farine et de chapelure et à plonger le tout dans de l'huile bouillante. *Ton* désigne « le porc » et *katsu* signifie « pané ». Il existe différentes sortes de *tonkatsu*, le plus fin étant le filet, toujours servi avec une salade de chou finement haché qu'on arrose d'une sauce douce *(amakuchi)* ou un peu plus forte *(karakuchi)*. Le riz est servi à part, sauf dans le cas du **katsudon** où le porc et le riz sont servis dans le même bol avec un œuf et des oignons grillés. Le *tonkatsu* est un plat particulièrement économique : menus à partir de 1 000 yens. D'autres spécialités panées sont servies dans les mêmes restaurants : l'*ebifurai* (crevettes panées) et le *kakifurai* (huîtres panées) également délicieux.

Unagi : anguille grillée

Cuisiné à la japonaise, le poisson est ouvert en deux dans le sens de la longueur et enfilé sur de petites brochettes en bambou avant d'être cuit à la vapeur puis grillé et, enfin, recouvert d'une sauce sucrée (→ encadré p. 539). Le goût peut être relevé d'une pointe de *sanshô*, poivre japonais. L'*unagi* est généralement servi dans une boîte laquée sur un lit de riz blanc *(kabayaki teishoku)*. Vous pouvez commander, en supplément, des *kimoyaki* (foie d'anguille grillé) qu'on vous servira en brochettes avec du gingembre. Le soir, un repas d'*unagi* peut atteindre 4 000 à 5 000 yens par personne, mais le *teishoku* du déjeuner dépassera rarement les 2 500 yens. On peut également goûter l'*unagi* (ou sa variante marine, l'*anago*) dans les *sushi-ya* sous forme de *nigiri sushi*.

▲ Anguilles en vente au grand marché aux poissons de Tôkyô (Tsukiji).

Yakitori : brochettes de poulet

Malgré l'étymologie (*tori* « oiseau », *yaki* « grillé »), les brochettes servies dans ce genre de restaurant ne sont pas toutes à base de poulet (ailes, foie, gésier...). Un *yakitori kôsu* (menu de *yakitori*) comporte toujours, en plus, des légumes et même, parfois, de la viande de bœuf ou de porc également grillée au feu de bois sur des bâtons en bambou. En revanche, les brochettes fourrées au fromage, très prisées en France, sont quasi inconnues au Japon. Les *yakitori* se mangent en principe sans riz. Celui-ci se commande à la fin sous forme de boulettes *(nigiri)* enveloppées dans des algues. On peut, suivant son goût, arroser les brochettes de citron ou les tremper dans une sauce légèrement sucrée.

Il existe une variante du *yakitori*, appelée *kushi-age* ou *kushi-katsu*, originaire d'Ôsaka : toutes les brochettes sont panées et les ingrédients utilisés beaucoup plus variés.

découvrir

partir

séjourner

comprendre

visiter

en savoir plus

**Région par région,
les villes, sites et itinéraires**

■ Tôkyô et le Kantô		161
■ Le Chûbu		269
■ Le Kansai		317
■ Le Chûgoku		413
■ Le Tôhoku		455
■ Hokkaidô		485
■ Shikoku		517
■ Le Kyûshû		547

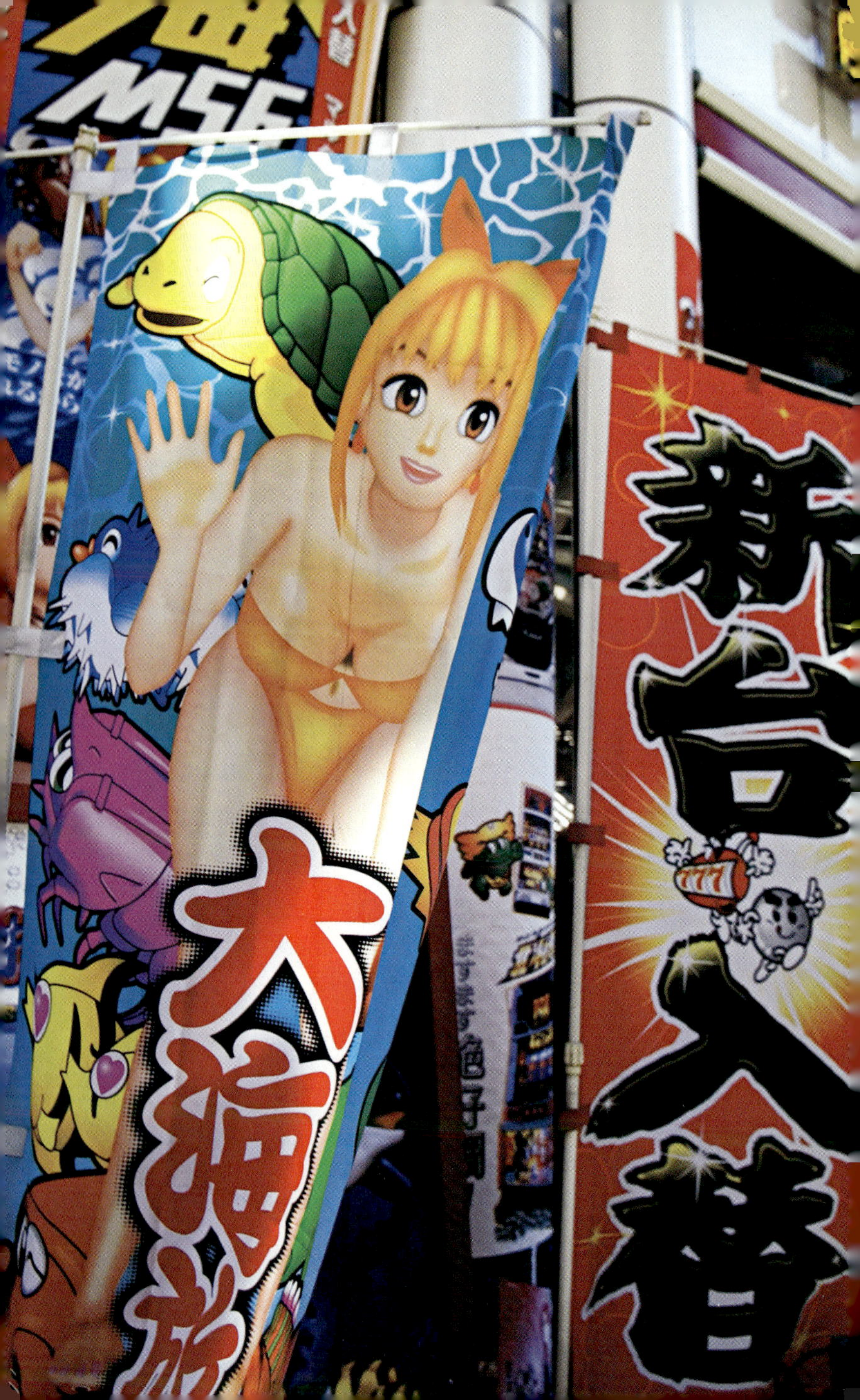

Tôkyô et le Kantô 関東

Les entrées principales	
Tôkyô***	165
Hakone**	244
Kamakura***	250
Nikkô***	258
Yokohama*	263

Démesure. C'est le premier mot qui vient à l'esprit lorsqu'on évoque le « Grand Tôkyô », qui englobe non seulement la capitale japonaise mais aussi son interminable banlieue, dont Yokohama, premier port du pays. En apparence, cette gigantesque mégalopole, le plus vaste complexe urbain du monde, est un enchevêtrement d'autoroutes suspendues et de lignes ferroviaires aériennes serpentant entre les tours, passant parfois à l'intérieur même des immeubles… Mais le visiteur découvrira vite que Tôkyô et sa région sont beaucoup plus que cela. Il suffit de grimper au sommet de l'hôtel de ville, véritable cathédrale des temps modernes, dominant une forêt de tours pourtant déjà très hautes, pour embrasser du regard la plaine du Kantô jusqu'au mont Fuji, dont le sommet flotte parfois au-dessus des nuages. Partout, la poésie et la beauté se cachent derrière le béton. À Kamakura, par exemple, où des moines zen méditent à l'ombre du grand bouddha de bronze. Ou encore à Nikkô, où les Tokugawa ont fait bâtir un fabuleux ensemble de temples inspiré de l'architecture chinoise. Il n'est d'ailleurs pas nécessaire d'aller si loin pour tomber sous le charme : le centre de Tôkyô lui-même fourmille de sanctuaires, de marchés, de jardins où le Japon éternel côtoie en permanence celui des mangas et des robots.

▲ Le musée national des Sciences nouvelles, à Tôkyô.

◀ Enseignes de salle de jeux.

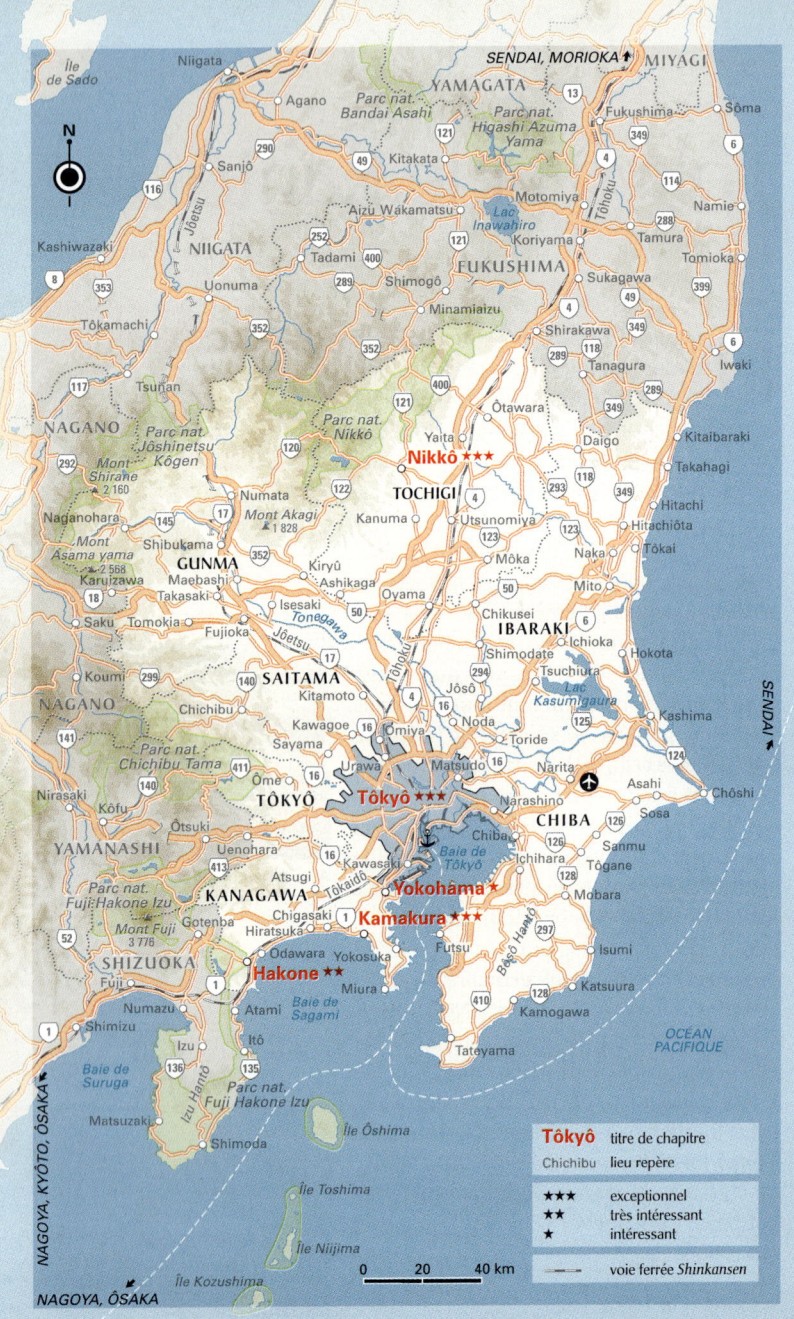

Que voir dans le Kantô

« À l'est de la barrière »

C'est la signification du mot *Kantô*, qu'on utilise pour désigner la région de Tôkyô. Cette appellation fait référence à la barrière de Hakone qui, sous les Tokugawa, était l'un des principaux points de contrôle du Tôkaidô, la route qui reliait Edo (Tôkyô), où résidait le shogun, à Kyôto, la capitale impériale, située dans le Kansai (« l'ouest de la barrière »).

Les deux régions se sont d'ailleurs souvent disputé le pouvoir au cours des siècles et, bien avant que Tôkyô devienne la capitale du pays, en 1868, le Kantô avait déjà été, à deux reprises, le centre politique du Japon. En 1192, d'abord, le chef de guerre Minamoto no Yoritomo installe sa capitale à Kamakura, au sud d'Edo. Elle le restera jusqu'en 1333. Cette période marque le début du féodalisme nippon et l'émergence des samouraïs comme classe dirigeante. C'est aussi durant l'ère Kamakura que se développe le bouddhisme zen, venu de Chine, dont la philosophie rigoureuse s'accorde parfaitement à la discipline militaire. Miraculeusement épargnée par les bombes de la Seconde Guerre mondiale, la ville a conservé de nombreux témoignages de cette période.

Le centre névralgique du Japon

Une brève restauration du pouvoir impérial orchestrée par le général Ashikaga Taka'uji débouche sur une longue période de guerres civiles qui déchireront le pays durant plus de deux siècles. Celles-ci ne prendront véritablement fin qu'à l'avènement du shogun Tokugawa Ieyasu, en 1603, qui instaure une dictature militaire, réglemente sévèrement la circulation sur le territoire et ordonne la fermeture totale du pays *(sakoku)*. L'époque Edo, du nom de la capitale qu'il choisit, durera plus de deux siècles et demi, faisant du Kantô, de façon irréversible, le centre névralgique du Japon. Aussi, lorsque le dernier Tokugawa est contraint, en 1867, de remettre le pouvoir à l'empereur Mutsuhito, ce dernier n'a pas d'autre choix que de transporter sa cour de Kyôto à Edo, qu'il rebaptise Tôkyô : la capitale de l'Est. À partir de cette date, le Kantô ne cessera de se développer et d'augmenter sa population, malgré le séisme meurtrier de 1923 (140 000 morts) et

▲ Kamakura, temple Engaku-ji (fin XIIIe s.).

malgré les bombardements de la Seconde Guerre mondiale qui détruisent la capitale à 80 %.

Plus grande mégalopole du monde

Situé au centre de Honshû, la plus grande île de l'archipel, le Kantô couvre aujourd'hui six préfectures *(ken)* : Ibaraki, Tochigi, Gunma, Saitama, Chiba, Kanagawa, et une préfecture métropolitaine *(to)* : Tôkyô. Près du tiers de la population nippone, soit 41 millions de personnes, vit sur ses 32 280 km² (8,6 % de la superficie du Japon). La densité y est évidemment très élevée, avec une moyenne de 1 900 hab./km², allant jusqu'à 5 665 dans certains quartiers de Tôkyô et jusqu'à plus de 8 000 à Yokohama. Traditionnellement ouverte aux étrangers, la deuxième ville la plus peuplée du Japon est d'ailleurs souvent assimilée à la capitale formant, avec six autres villes limitrophes de plus de 500 000 habitants chacune, le « Grand Tôkyô ». Premier pôle économique du pays, Tôkyô est la ville du monde au PIB le plus élevé. C'est aussi le centre politique de l'archipel, toutes les administrations étant situées dans les alentours immédiats du Palais impérial. C'est enfin à Tôkyô que se concentrent les meilleures universités : Waseda, Keio et surtout la fameuse Tôkyô Daigaku (université de Tôkyô, souvent abrégée en Tôdai), équivalent nippon de l'ENA.

▲ La capitale offre un paysage urbain varié.

Pôle industriel et touristique

Située à l'est de Tôkyô, la préfecture de Chiba est, avec celle de Saitama, au nord, le lieu de résidence de nombreux Japonais qui travaillent dans la capitale et passent chaque jour entre deux et trois heures dans les transports en commun. Ce n'est pas pour autant, uniquement, une cité-dortoir : deuxième région agricole du pays après le Hokkaidô, Chiba est, en même temps, un grand centre de production et de transformation des produits de la mer, notamment les algues, très consommées dans l'archipel. Sa situation exceptionnelle sur la baie de Tôkyô lui a par ailleurs permis de développer une importante activité industrielle (chimie, pétrochimie et machines-outils) dont près de la moitié est destinée à l'exportation. Elle abrite également l'aéroport international de Narita ainsi que le parc d'attractions Tôkyô Disneyland, première destination touristique du pays avec 17 millions de visiteurs par an.

Autre activité importante pour la région : la production d'énergie nucléaire de la centrale de Tôkaimura, à 150 km au nord de Tôkyô (préfecture d'Ibaraki), toujours en service malgré les risques de tremblement de terre et malgré un grave accident survenu en 1999 (l'un des deux réacteurs a cependant été arrêté définitivement).

Une région encore fortement agricole

L'hyperindustrialisation du Kantô n'empêche pas la région qui entoure la capitale de rester une zone agricole très active. Son relief est en effet constitué d'une vaste plaine de 7 000 km^2 entourée de collines et de montagnes dont le célèbre mont Fuji, à une centaine de kilomètres de la capitale, mais qu'on distingue parfaitement, par temps clair, depuis les tours de Shinjuku. Les deux tiers de cette plaine sont recouverts d'une couche de limon provenant d'anciennes éruptions volcaniques et constituant une terre extrêmement fertile. Le climat y étant particulièrement favorable avec des hivers secs et ensoleillés et des étés chauds et humides, on y cultive une grande variété de céréales et de légumes.

Au nord du Kantô, l'orge occupe la première place des cultures : elle est destinée à la production de bière, première boisson nationale (bien avant le saké) et dont les trois plus grandes marques, Asahi, Kirin et Sapporo, ont leur siège à Tôkyô. Plus au sud, des milliers de petits exploitants cultivent du riz ou du blé en été et des légumes en hiver ; et il n'est pas rare de voir, jusqu'en plein Tôkyô, des choux ou des salades pousser entre deux immeubles.

Tôkyô★★★ 東京

Avec plus de 33,4 millions d'habitants, Tôkyô et sa banlieue constituent la plus importante agglomération du monde. Loin devant New York, Mexico ou Séoul. Maintes fois détruite, maintes fois rebâtie, la capitale offre aujourd'hui le visage d'une ville ultramoderne, certes, mais à échelle humaine. La vie de la plupart des quartiers s'organise à la manière de villages, autour d'une rue commerçante haute en couleur *(shôtengai)* et d'un sanctuaire ou d'un temple comme dans l'ancien quartier d'Asakusa. Pourtant la ville est véritablement tentaculaire, au point que même les chauffeurs de taxi les plus expérimentés peinent à s'y reconnaître. C'est pourquoi, après une semaine de vie tokyoïte trépidante, le besoin d'évasion peut se faire sentir. Alors, aux portes de la ville, s'ouvre la cité portuaire de Yokohama, avec son Chinatown. Et non loin de là, vers l'ouest, Kamakura, avec ses temples zen et son décor campagnard, se prête merveilleusement à une escapade d'un jour, tandis que, vers le nord, il en faut deux pour visiter les magnifiques temples multicolores de Nikkô au milieu des collines boisées.

Situation : à 375 km E. de Kyôto, 740 km S. d'Aomori. Tôkyô se trouve à la même latitude qu'Oran et Bagdad : 35° N.

8,76 millions d'hab. (pour 23 arrondissements intra-muros, répartis sur 621 km^2) ; 12,91 millions d'hab. (ensemble du département de Tôkyô, soit 2 187 km^2) ; préfecture de Tôkyô ; capitale du Japon depuis 1868.

ℹ *Tourist Information Center (TIC) :* Tôkyô Kôtsû Kaikan 10F (IV C3), 2-10-1 Yûraku-chô, Chiyoda-ku ☎ 03/3201.3331. M° Yûrakuchô 有楽町 ; ouv. 9 h-17 h sf dim. et j. fériés.

ℹ *Tôkyô Tourist Information Center :* mairie de Tôkyô (VI A2/3), r.-d.-c., 2-8-1, Nishi Shinjuku, Shinjuku-ku ☎ 03/5321.3077 ; ouv. t.l.j. 9 h 30-18 h 30 ; www.tourism.metro.tokyo.jp

Tôkyô mode d'emploi

■ L'arrivée par avion

L'**aéroport international de Narita** 成田国際空港, l'un des plus fréquentés au monde, est situé à 66 km E. L'**aéroport de Haneda** (30 km S.-O. de Tôkyô) reçoit principalement les vols intérieurs et ceux d'Asie.

Plusieurs possibilités pour gagner Tôkyô en fonction de la destination et du budget.

• **En taxi :** déconseillé vu la distance à parcourir et, parfois moins rapide.

• **En train :** le moins cher, le **Skyliner**, vous dépose en 1 h à la gare d'Ueno 上野駅 III B3. Le voyage permet de se faire une idée assez précise de la

Comment payer le métro ?

Le prix varie selon la distance parcourue, et les guichets sont automatiques. Au-dessus des machines, un plan du métro indique le prix pour chaque station. Malheureusement, ces plans ne sont souvent qu'en japonais : demander à quelqu'un de le lire pour vous ou mettre dans la machine la somme minimum pour obtenir un ticket puis payer le complément à l'arrivée au bureau *Fare Adjustment*. Cependant, de nombreuses machines offrent une option d'affichage en anglais. Pour acheter le billet, il faut introduire des pièces, ou un billet de 1 000 yens, et presser le bouton correspondant au montant souhaité. Ces machines rendent la monnaie (en cas de problème, appuyer sur le bouton rouge pour que l'argent retombe).

Les tickets de métro ne peuvent être utilisés sur les lignes JR et réciproquement (ils peuvent cependant l'être sur certaines autres compagnies de train privées), et certaines lignes privées, comme la ligne Tôyoko-sen ou la Inokashira-sen, ont leur propre billetterie. Il faut donc bien choisir la machine correspondant à la ligne qu'on veut emprunter. Pour éviter tous ces tracas, il suffit d'acheter une carte (1 000, 3 000 ou 5 000 yens) valable pour tout le réseau du métro et une carte *Suica* pour les lignes JR. Le montant du trajet sera automatiquement débité à la sortie.

☞ Plan du métro en double page suivante.

banlieue de Tôkyô. Départ toutes les 30 mn. Le **Narita-Express** (N'EX) relie l'aéroport aux principaux centres de Tôkyô et offre une solution économique aux possesseurs du forfait Japan Railpass (→ *p. 37*). Comptez 1 h pour rejoindre la gare de Tôkyô 東京駅 **IV D2**, 80 mn pour Shinjuku 新宿 **VI C2**, 90 mn pour Ikebukuro 池袋 **IX B2** ou Yokohama 横浜. Au retour, il est conseillé de réserver sa place la veille ou même quelques jours avant en périodes de pointe.

• **En limousine-bus :** légèrement plus cher que le train, mais départs toutes les 10 mn depuis différentes plates-formes, en fonction de la destination. Certains de ces limousines-bus desservent en 1 h le **TCAT** *(Tôkyô City Air Terminal)*, proche de **Ginza** 銀座 **V A1** (à 15 mn en taxi). Le TCAT est relié au M° Suitengû mae 水天宮前 **h. pl. IV par D2** à partir de l'endroit où la ligne Hanzômon 半蔵門線 dessert **Shibuya** 渋谷 **h. pl. VII par A3**. D'autres, moins fréquents, desservent les **grands hôtels** : cette solution n'est avantageuse que si l'on y a réservé une chambre, ou si ces hôtels sont proches du vôtre (par exemple : pour se rendre à Shinjuku **VI C2**, descendre à l'hôtel *Keiô Plaza* 京王プラザ). Au retour, il est prudent de vérifier les horaires auprès de la réception et de réserver sa place la veille.

• **Livraison de bagages :** si vous êtes très chargé, un service transporte les valises dans les 48 h n'importe où à Tôkyô pour un prix forfaitaire. Ce système fonctionne également dans le sens du retour. Téléphonez 2 ou 3 jours à l'avance à *Air Baggage Service Company* ☎ 03/3545.1131 ou à *Yamato Transport Co. Ltd.* ☎ 03/3541.3411. Certaines compagnies aériennes offrent le même service à leurs passagers, moyennant supplément.

■ Se déplacer

• **En métro et en train :** le moyen le plus commode est le métro dont on peut combiner l'utilisation avec les différentes lignes de chemin de fer privées. L'ensemble du réseau ferroviaire fonctionne de 5 h du matin à minuit, mais nous vous recommandons fortement d'éviter les heures de pointe (→ « Séjourner » *p. 35*).

Vous utiliserez sans doute beaucoup la ligne JR **Yamanote-sen** 山手線, reconnaissable à sa couleur verte, qui dessert les principaux centres de la ville : Shinjuku **VI A-B1**, Harajuku **VI C2**, Shibuya **h. pl. VII par A3**, Yûrakuchô **V A1** (à deux pas de Ginza **V A1**), Tôkyô **III B3**, Akihabara **h. pl. III par A3**, Ueno **IV D2**, Ikebukuro **IX B2**. Les lignes de métro que vous serez le plus amené à fréquenter sont la **Maruno'uchi-sen** 丸の内線, la **Hibiya-sen** 日比谷線 et la **Ginza-sen** 銀座線, qui dessert Asakusa **I B2**.

• **En autobus :** tarif unique quelle que soit la longueur du trajet effectué (le système est différent en banlieue où le prix dépend du nombre de stations). On entre par l'avant et on dépose la somme affichée dans une machine située près du chauffeur. Il est conseillé d'avoir l'appoint, bien que la machine rende la monnaie, pour ne pas retarder les autres voyageurs.

• **En taxi :** → « *Séjourner* », *p. 36*.

• **En voiture :** la conduite se fait à g., le réseau des rues et autoroutes est labyrinthique, le stationnement est interdit à peu près partout ; bref, déconseillé.

■ Renseignements utiles
• **Urgences**
Police ☎ 110.
Ambulance ☎ 119.
Dentistes. *Tôkyô Clinic Dental Office*, Mori Bldg 32F, 3-4-30, Shiba kôen, Minato-ku plan d'ensemble C2 ☎ 03/ 3431.4225 *(f. sam. et dim.)*. Les quatre dentistes du cabinet parlent anglais.
Hôpitaux et cliniques. *International Clinic*, 1-5, Azabudai, Minato-ku VIII B2 ☎ 03/3582.2646. Médecins généralistes parlant plusieurs langues • *Iryô Center* (Croix-Rouge japonaise), 4-1-22, Hiroo, Shibuya-ku plan d'ensemble C1 ☎ 03/3400.1311.
Pharmacies internationales. *Pharmacie américaine*, Hibiya Park Bldg, 1-8-1 Yûrakuchô, Chiyoda-ku IV C3 ☎ 03/3271.4034 *(f. dim.)* • *Hibiya Pharmacy*, Mitsui Bldg, 1-1-2 Yûrakuchô, Chiyoda-ku IV C3 ☎ 03/3501.6377.

• **Objets perdus :** dans un **train**, téléphonez au service des objets trouvés de la gare de Tôkyô (☎ 03/3231.1880) ou d'Ueno (☎ 03/3841.8069). Pour les lignes JR (Yamanote-sen 山手線), contactez le ☎ 03/3423.0111. Dans le **métro**, l'**autobus** ou dans la **rue**, adressez-vous au Bureau central des objets trouvés de la police métropolitaine plan d'ensemble A-B2 (1-9-11, Koraku, Bunkyô-ku ☎ 03/3501.0110), c'est également là que sont transmis tous les objets au bout de 3 à 5 jours. Sinon aller au r.-d.-c. de Kôtsû Kaikan Bldg IV C3 (2-10-1, Yûraku-chô, Chiyoda-ku ☎ 03/3216.2953). Dans un **taxi**, contactez le Tôkyô Taxi Kindaika Center VI C2 (Shinseikaikan Bldg, 33, Shinano machi, Shinjuku-ku ☎ 03/3648.0300).

• **Gares ferroviaires :** presque tous les trains pour les autres villes partent de la gare Tôkyô eki IV D2 (M° Tôkyô 東京駅 sur les lignes Yamanote-sen 山手線 et Maruno'uchi-sen 丸の内線). Certains autres, cependant, partent de Shinjuku VI C2 ou d'Ueno III B3.

LES 12 PLANS DE TÔKYÔ
• Plan d'ensemble   en fin d'ouvrage
• Métro et réseau ferré   168-169
• Plan I : Asakusa   177
• Plan II : Ryôgoku   179
• Plan III : Ueno   185
• Plan IV : Les quartiers du Palais impérial et Nihonbashi   196-197
• Plan V : Tsukiji et Ginza   203
• Plan VI : Shinjuku   210-211
• Plan VII : Harajuku   222-223
• Plan VIII : Roppongi   228
• Plan IX : Ikebukuro   234-235
• Plan X : Ebisu   238

Tôkyô en 11 promenades
❶ L'ancien quartier d'Asakusa★★★   176
❷ Le parc d'Ueno et ses musées★★   184
❸ Du Palais impérial à Ginza★★   194
❹ De Tsukiji à la baie de Tôkyô★★   205
❺ Shinjuku★★   209
❻ Le quartier de Shibuya★★★   215
❼ Le parc Yoyogi, Harajuku et Aoyama★★   220
❽ De Roppongi à Akasaka★   227
❾ Ikebukuro★   232
❿ D'Ebisu à Shinagawa★★   237
⓫ Quelques sites hors des circuits touristiques★★   241

168 • Tôkyô et le Kantô

Le réseau ferré de Tôkyô.

Tôkyô • Plan du métro • 169

Stations et lignes:

- Akabane-Iwabuchi
- Shimo
- Ôji-Kamiya
- Ôji (ÔJI-EKIMAE)
- Nishigahara
- TABATA
- Komagome
- Hon-Komagome
- Sendagi
- Nezu
- Yushima
- Suehirochô
- Ochanomizu
- Ogawamachi
- Shin-Ochanomizu
- Awajichô
- Ôtemachi
- Nijûbashi mae
- Tôkyô
- Yûrakuchô
- Ginza-itchôme
- Ginza
- Higashi-Ginza
- Tsukijishijô
- Kachidoki
- Tsukishima
- Toyosu
- Tatsumi
- Shin-Kiba
- LIGNE TÔBU ISESAKI
- Kita-Senjû
- Machiya
- MINOWABASHI
- MACHIYA-EKIMAE
- Nishi-Nippori
- NIPPORI
- UGUISUDANI
- Uenohirokoji
- Ueno-Okachimachi
- OKACHIMACHI
- Nakaokachimachi
- Akihabara
- Iwamotochô
- Kanda
- SHIN-NIHONBASHI
- Mitsukoshi mae
- Bakuro-Yokoyama
- BAKUROCHÔ
- Kodenmachô
- Ningyôchô
- Nihonbashi
- Kyôbashi
- Takarachô
- Shintomichô
- Kayabachô
- Hatchôbori
- Monzen-Nakachô
- Tsukiji
- Kita-Ayase
- Ayase
- Minami-Senjû
- Minowa
- Iriya
- NARIHIRA BASHI
- Tawaramachi
- Inarichô
- Ueno
- Shin-Okachimachi
- Kura mae
- Asakusabashi
- Ryôgoku
- Higashi-Nihonbashi
- Suitengû mae (Tôkyô City Air Terminal)
- Hamachô
- Morishita
- Kiyosumi-shirakawa
- Kikukawa
- Sumiyoshi
- Nishi-Ôjima
- Kiba
- Tôyôchô
- Asakusa
- Honjo-Azumabashi
- Oshiage
- KINSHICHÔ
- Motoyawata
- Shinozaki
- Mizue
- Ichinoe
- Funabori
- Higashi-Ôjima
- Ôjima
- Minami-Sunamachi
- Nishi-Kasai
- KEISEI-YAWATA
- NARITA KÛKÔ
- Nishi-Funabashi
- Baraki-Nakayama
- Myôden
- Gyôtoku
- Minami-Gyôtoku
- Urayasu
- Kasai
- LIGNE TÔBU ISESAKI
- LIGNE KEISEI
- LIGNE JR JOBAN
- LIGNE KEISEI KANAMACHI
- LIGNE HOKUSÔ-KÔDAN
- LIGNE HIGASHI-NARITA
- LIGNE TÔBU KAMEIDO
- LIGNE JR SÔBU
- LIGNE TÔYÔ
- LIGNE YURIKAMONE — ARIAKE
- TÔKYÔ MONORAIL — HANEDA
- LIGNE RINKAI
- LIGNE JR KEIYÔ

Légende:

- Ligne Eidan Yûrakuchô
- Ligne Eidan Hanzômon
- Ligne Eidan Nanboku
- Nouvelle Ligne Yûrakuchô
- Ligne Arakawa (tramway)
- Ligne Yamanote (JR)
- Autres lignes JR
- Autres lignes
- Correspondances

Tôkyô

Trouver une adresse

À part quelques grandes artères, les rues n'ont pas de nom. Cette originalité s'explique par le fait que, pour les Japonais, une maison appartient à un « bloc » *(chôme 丁目)* ou à un quartier *(machi 町)* et non à une rue. Deux maisons voisines peuvent donc très bien avoir des numéros qui ne se suivent pas. Donner des noms aux rues bouleverserait complètement cette organisation de l'espace. Si l'on ne possède pas de plan, il est donc très difficile, même pour un Nippon, de trouver une adresse. Dans la plupart des cas, l'habitude est de dessiner un plan et de l'adresser à son visiteur. De tels plans se trouvent toujours au verso des cartes des restaurants ou des boutiques.

Un particulier indique à ses amis hôtels, magasins ou temples comme autant de points de repères. À moins que ce ne soit la gare la plus proche d'où lui téléphoner afin qu'il vienne les chercher. Sinon, il suffit de montrer son adresse au poste de police le plus proche *(koban* ou *police box)*. Là comme ailleurs, les Japonais ont l'art de dessiner un petit plan parfaitement clair en moins de 2 mn.

▲ Shinjuku, l'un des cœurs de la métropole.

• **Représentations diplomatiques et institutions**
Ambassade de Belgique IV A2 : 5-4, Niban-chô, Chiyoda-ku ☎ 03/3262.0191, M° Kôjimachi 麹町 ; www.diplomatie.be/tokyofr
Ambassade du Canada h. pl. IV par A3 : 7-3-38, Akasaka, Minato-ku ☎ 03/3408.2101, M° Aoyama-itchôme 青山一丁目.
Ambassade et consulat de France h. pl. IV par A1 : 4-11-44, Minami Azabu, Minato-ku ☎ 03/5420.8800, M° Hiroo 広尾 ; www.ambafrance-jp.org
Ambassade de Suisse h. pl. V par A1 : 5-9-12, Minami Azabu, Minato-ku ☎ 03/3473.0121, M° Roppongi 六本木.
Chambre de commerce et d'industrie française du Japon h. pl. IV par A2 : Iida Bldg, 5-5, Rokuban-chô, Chiyoda-ku ☎ 03/3288.9621, M° Yotsuya 四谷 ; www.ccifj.or.jp
Institut franco-japonais h. pl. IV par A1 : 15, Funagawara-chô, Ichigaya ☎ 03/5261.3933, M° Iidabashi 飯田橋 ; www.institut.jp
Maison franco-japonaise X B1 : 3-9-25, Ebisu, Shibuya-ku ☎ 03/5421.7641, M° Ebisu 恵比寿.

• **Distributeurs automatiques de billets** (DAB) : l'intérieur de **tous les bureaux de poste** (ouv. 9 h-17 h sf sam. et dim.) est désormais pourvu de billetteries acceptant les cartes de crédit internationales (option d'affichage en anglais dans un coin de l'écran). Celles de **la Citibank** présentent l'avantage d'être accessibles 24 h sur 24 (une dizaine à Tôkyô, notamment à Aoyama **h. pl. IV par A3**, Hanae Mori Bldg, 3-6-1 Kita-Aoyama, près du M° Omotesandô 表参道 ; Shibuya **h. pl. VII par A3**, Dogenzaka Kabuto Bldg, 2-25-12 Dogenzaka ; et Ginza **V A1**, Kurosawa Bldg, 6-9-2, Ginza). Liste complète : www.citibank.com/locations/ap/jp/jp/tokyo/tokyo.htm

Sur le rabat arrière de la couverture, un Tableau chronologique indique les périodes de l'histoire japonaise. En fin de volume, le Petit dictionnaire répertorie le vocabulaire spécifique.

■ Ambiances

Pour bien « sentir » la ville et percevoir la variété des « villages » qui la composent, il faut arpenter les ruelles du quartier d'**Asakusa I B2** (→ p. 176) dont la galerie marchande Nakamise conduit au **temple Sensô-ji I B1** (→ p. 178). Assister à la vente aux enchères des thons aux marché aux poissons de **Tsukiji V B3** (→ p. 205), marcher en avril sous les allées de **cerisiers en fleur** du parc d'Ueno **II A-B2-3** (→ p. 184) ou du jardin du Palais impérial **IV B2** (→ p. 195) et faire une heure ou deux de lèche-vitrines à **Shibuya h. pl. VII par A3** (→ p. 215) ou **Roppongi VIII A2** (→ p. 227). Enfin, passer une soirée sous les néons de **Shinjuku VI C2** (→ p. 209) et se mêler à la clientèle interlope des petits bars du **Golden Gai VI D1** (→ p. 215).

■ Fêtes et manifestations

• **Janvier :** le 1ᵉʳ, pour le **Nouvel An**, les maisons sont décorées avec des branches de pin et de bambou, on mange des *mochi* (préparation à base de pâte de riz cuit), et de nombreuses femmes revêtent leur kimono ; celle du Meiji-jingû **h. pl. VII par A1** attire le plus de monde • le 2, l'empereur présente **ses vœux** au peuple ; le Palais impérial est alors exceptionnellement ouvert au public • le 6, grande **parade des pompiers** *(Dezomeshiki)* : démonstration d'acrobatie, dont la tradition remonte au XVIIᵉ s., à Harumi **h. pl. V par B3**, à 15 mn en bus de Yûrakuchô • **le 11**, on fête ceux qui ont eu **20 ans dans l'année** ; les jeunes femmes vont en kimono traditionnel au temple de leur quartier ou au sanctuaire Meiji-jingû.

• **Février :** du 15 février au 24 mars, **fête des Pruniers en fleur** *(Shiraume matsuri)* : célébrations au sanctuaire Yushima tenjin **III A3** à Ueno.

• **Mars :** le 18, **danse du dragon doré** *(Kinryû no mai)* au temple Sensô-ji **I B1** d'Asakusa : un dragon de 15 m de longueur manipulé par les jeunes gens du quartier poursuit une fleur de lotus, tandis que des geishas exécutent une danse traditionnelle. Cette fête très visuelle célèbre la pêche miraculeuse, en l'an 628, d'une statuette de la déesse Kannon.

• **Avril :** entre le 7 et le 10, les Japonais se rendent dans les parcs de la ville pour célébrer la **fête des Cerisiers en fleur** *(hanami*, littéralement « voir les fleurs »*)* : sous les arbres, on vient boire, chanter et danser jusque tard dans la nuit. Les meilleurs endroits sont le parc d'Ueno **III A-B2-3**, le cimetière d'Aoyama **h. pl. IV par A3** et le parc Chidorigafuchi **IV B1**, au N. du Palais impérial • du 10 au 16,

À ne pas manquer

Le temple Sensô-ji*** d'Asakusa	178
Le parc d'Ueno**	186
et le Musée national***	188
Les jardins du Palais impérial***	195
Ginza et le théâtre Kabuki-za***	204
Le marché aux poissons de Tsukiji***	205
Le quartier de Harajuku***	223
et l'avenue Omotesandô dôri**	224
Le Rainbow Bridge et la baie de Tôkyô**	207
La tour	230
et le musée Mori à Roppongi**	231

✐ BON À SAVOIR
La nuit du 31 déc. au 1ᵉʳ janv., les trains roulent exceptionnellement toute la nuit pour permettre d'assister aux cérémonies qui se déroulent dans les sanctuaires shintoïstes.

▲ Pour le Nouvel An, les pompiers exécutent des acrobaties censées détourner les incendies.

Sannô matsuri au sanctuaire Hie-jinja. Une année sur deux, une gigantesque parade costumée se déploie, entre 9 h et 18 h • **du 21 au 23, festival de Printemps** au sanctuaire Yasukuni-jinja IV A1, démonstrations gratuites d'arts martiaux et de sumo.

• **Mai : le 2ᵉ week-end** se tient l'une des plus importantes fêtes shintoïstes de l'année, la *Kanda matsuri* qui commémore la victoire des Tokugawa à Sekigahara en 1600 : processions de *mikoshi*, danses de geishas, parades de samouraïs, défilés de prêtres à cheval, ce spectacle se déroule durant 3 à 4 j. autour du sanctuaire Kanda Myôjin **h. pl. III par A3**. Attention : le festival n'a lieu que les années impaires • **le 3ᵉ week-end**, lors du *Sanja matsuri* (→ *encadré p. 178*), défilés de *mikoshi*, parades costumées, danses traditionnelles mais également exhibition des tatoués de la ville • **fin mai**, fête du sanctuaire Yushima tenjin III A3 (à Ueno). **Défilés en costumes** de l'époque Heian et, tous les deux ans, procession de *mikoshi*.

• **Juin : le 6**, *Kappa matsuri* : de jeunes pêcheurs portent des *mikoshi* depuis le sanctuaire Ebara **plan d'ensemble D2** jusqu'à la mer • **le 2ᵉ dimanche**, le *Torigoe-jinja taisai* commémore le héros légendaire Yamato-Takeru ; à cette occasion, le plus lourd *mikoshi* du Japon (4 t) est porté au sanctuaire Torigoe-jinja **h. pl. I par A3**.

• **Juillet : le 1ᵉʳ, fête de l'Eau** (*Suijô matsuri*) : des bateaux décorés descendent la rivière Sumida du pont Yanagi II A1 à la baie de Tôkyô, où des prêtres shintoïstes lancent à l'eau des poupées en papier qui éloignent ainsi la malchance de la ville • **le dernier samedi du mois**, grand **feu d'artifice** offert par la ville à ses habitants, tiré depuis la rivière Sumida, à contempler depuis un pont.

• **Août : du 5 au 9**, en prévision de la **fête des Morts** (*O-Bon*), des danses traditionnelles *(Bon odori)* ont lieu au temple Tsukiji Hongan-ji V B2 (M° Tsukiji 築地駅) • **autour du 15**, au sanctuaire Tomioka Hachiman-gû II A2, a lieu le *Fukagawa Hachiman matsuri* avec un défilé de *mikoshi* sur lesquels la foule jette de l'eau ; tous les trois ans, cette cérémonie prend une dimension exceptionnelle.

• **Septembre :** à la fin du mois, Grand Festival de Tôkyô dans le parc Yoyogi VII A1 avec des défilés de chars et des spectacles.

• **Octobre : le 1ᵉʳ, fête de la Ville** de Tôkyô (*Tomin no hi*). À partir de 18 h, grande parade de chars le long de Sotobori dôri IV A1-D3 et de Chûô dôri V A2-B3 à Ginza.

• **Novembre : du 1ᵉʳ au 7**, fête de la **Naissance de l'empereur Meiji** au sanctuaire Meiji-jingû **h. pl. VII par A1** ; de nombreuses jeunes Japonaises revêtent leur kimono traditionnel pour l'occasion ; spectacles de danse à Harajuku VI A-B1 • **le 15**, on **fête les enfants** qui ont 3, 5 et 7 ans *(Shichi-go-san)*. Ils viennent, accompagnés de leur famille, se faire photographier dans les grands sanctuaires, principalement ceux de Meiji-jingû et d'Asakusa I B2.

• **Décembre : le 14**, on honore, au Sengaku-ji **plan d'ensemble D2**, les **47 rônin**, samouraïs qui se sont donné la mort après avoir vengé leur maître contraint à se suicider *(→ encadré p. 242)* : un défilé à travers la ville reconstitue le chemin qu'ils ont parcouru pour aller tuer Yoshinaka Kira le 14 décembre 1702.

■ Se restaurer

La plupart des restaurants ne fermant pas entre le déjeuner (à partir de 11 h 30) et le dîner (17 h 30), on peut généralement **manger à n'importe quelle heure** de la journée. Il est cependant préférable de déjeuner avant 14 h pour profiter du tarif avantageux des **menus à prix fixe** *(teishoku)* proposés presque partout. Attention, **les restaurants ferment tôt**, et il est difficile de dîner après 21 h en dehors de quartiers animés comme Shinjuku, Ginza ou Roppongi.

Avec plus de 80 000 restaurants, Tôkyô est sans doute la capitale gastronomique, sinon du monde, du moins du pays, proposant toutes les spécialités japonaises et internationales. On peut y déguster de la cuisine de Hiroshima ou d'Okinawa, mais aussi de la cuisine d'Afrique du Nord, d'Italie et bien sûr de France.

■ Shopping

Les grands magasins sont situés à proximité des grandes gares. À **Shibuya h. pl. VII par A3** : *Tokyû, Seibu, Marui, Tôkyû Hands*, etc. ; à **Shinjuku VI C2** : *Isetan, Mitsukoshi, Odakyû, Takano, Marui, My City*, etc. ; à **Ginza V A1** : *Mitsukoshi, Takashimaya, Matsuzakaya, Matsuya, Wakô, Seibu, Le Printemps*, etc. Le plus important de ces grands magasins *(depâto*, de l'anglais *department store)* est le *Tôbu* d'**Ikebukuro IX B2**. Ils sont tous ouverts de 10 h à 19 h 30 ou 20 h (jusqu'à 18 h 30 ou 19 h le week-end), avec un jour de fermeture hebdomadaire qui est le mercredi pour *Le Printemps, Daimaru, Matsuzakaya, Marui, Isetan* et *Takashimaya*, et le jeudi pour *Seibu, Matsuya, Tôkyû* et *Odakyû*. Seul *Mitsukoshi* ferme le lundi.

■ Spectacles

On peut voir à Tôkyô les trois formes de **théâtre** traditionnel : les représentations de **kabuki** ont lieu au Kabuki-za **V B2**, 4-12-5 Ginza, Chûô-ku ☎ 03/3541.3131, www.shochiku.co.jp/play/kabukiza/theater • celles de **nô** au théâtre national de Nô **h. pl. VII par C1**, 4-18-1 Sendagaya, Shibuya-ku ☎ 03/3423.1331 • celles de **bunraku** (théâtre de marionnettes) au Nouveau Théâtre national **IV A2**, 1-1-1 Honmachi, Shibuya-ku, ☎ 03/5351.3011 (à certaines périodes de l'année uniquement, programmes sur : www.nntt.jac.go.jp).

Tôkyô dans l'histoire

Un hameau nommé Edo

Au Moyen Âge, le nom de Tôkyô est Edo, car ce hameau perdu dans la plaine de Musashi est le domaine de la famille Edo. Un château y est édifié, en 1457, par un seigneur nommé Ôta Dôkan, au bord de l'anse de Hibiya. Bientôt, une petite agglomération se développe sous les remparts. Mais le sort de ce modeste village de pêcheurs bascule en 1590 par une décision de l'unificateur du Japon Toyotomi Hideyoshi, qui règne depuis Ôsaka et accorde à Tokugawa Ieyasu six provinces dans la région du Kantô en récompense de sa campagne victorieuse contre le clan Hôjô.

C'est dans le château d'Edo que Ieyasu installe alors son gouvernement seigneurial. Puis Hideyoshi meurt en 1598. Deux ans plus tard, la bataille de Sekigahara scelle la victoire de Ieyasu, qui s'autoproclame shogun. Il décide de diriger le pays depuis Edo, qui devient ainsi capitale shogunale, c'est-à-dire siège du pouvoir réel, le pouvoir symbolique demeurant confiné dans les palais de Kyôto, la capitale impériale.

Rivale d'Ôsaka

Edo se développe considérablement. Mais, conscient des risques qu'il prend en s'installant si loin de la capitale impériale, Ieyasu, nouveau maître du Japon, oblige tous les *daimyô* possédant un fief à habiter une année sur deux à Edo. Lorsque ceux-ci regagnent leurs provinces respectives, leurs familles

Un héros vaincu

En 1868, la plaine d'Ueno fut le théâtre de violents affrontements entre partisans du shogun et de l'empereur. L'un des héros de cette bataille fut le général **Saigô Takamori**. Après avoir dirigé le mouvement pour la restauration du pouvoir impérial, Takamori se révolta contre le gouvernement qu'il avait lui-même contribué à mettre en place (cette histoire est superbement racontée dans *La Noblesse de l'échec. Héros tragiques de l'histoire du Japon*, d'Ivan Morris, 1980). Il souleva une armée de 40 000 hommes et mena une rébellion, appelée « révolte de Satsuma » (→ *p. 569*), de l'ancien nom de Kagoshima, ville natale de Takamori au S. de l'île de Kyûshû. Cette révolte fut écrasée par l'armée impériale, et le général fut tué au cours de la bataille.

Réhabilité en 1891, sa figure de héros noble vaincu est restée populaire. Son épopée a inspiré de très nombreux films dont, en 2003, *Le Dernier Samouraï* d'Edward Zwick avec Tom Cruise et Watanabe Ken.

---

sont tenues de rester dans la capitale. Cette mesure radicale décourage toute idée de révolte chez ces vassaux. De plus, ceux-ci se trouvent contraints de financer de coûteux allers-retours, pour eux-mêmes ainsi que pour leur suite. Cet usage, qui prend le nom de *sankin kôtai*, rythme la vie d'Edo, et cet afflux d'activité ne tarde pas à attirer commerçants et financiers, venus de toutes les provinces. Edo devient ainsi une métropole rivalisant d'importance avec Ôsaka.

Et bientôt, s'étend une cité dont les six dixièmes sont occupés par les résidences des *daimyô*, tandis que le reste revient aux roturiers et aux temples. Car les codes hiérarchiques de la société d'alors ne permettent pas aux différentes castes de vivre dans les mêmes quartiers. Les samouraïs s'installent donc dans la ville haute, *yamanote*, tandis que commerçants et artisans s'entassent dans la ville basse, *shitamachi*. Edo, qui ne cesse de s'agrandir, prospère : dès la fin du XVIIe s., sa population atteint le million d'habitants. L'une des clefs de ce développement réside dans la montée de la classe marchande. Progressivement, une culture populaire originale se constitue, distincte de celle d'Ôsaka, engendrant, notamment, la création du théâtre kabuki.

Paix, fléaux et restauration

Comme tout le Japon, Edo est isolée du reste du monde au XVIIe s. (→ *« Histoire du Japon », p. 87*). Elle traverse une longue période de paix durant laquelle, cependant, elle est ravagée par des incendies et des séismes. En 1718, la répétition de ces catastrophes incite le shogun Tokugawa Yoshimune à mettre en place un corps de pompiers doté d'une solide organisation. Puis, au milieu du XIXe s., Edo traverse une période troublée par des émeutes. C'est alors que, en 1853, les navires à vapeur du commodore américain Perry, les « bateaux noirs », viennent mouiller dans la baie. La menace de leurs canons impose à Yoshinobu, quinzième et dernier shogun Tokugawa, un traité autorisant les échanges commerciaux avec les États-Unis.

Cet accord, après plus de deux siècles d'une stricte politique de fermeture du pays, bouleverse les rapports de force sur l'échiquier de la politique intérieure. Au terme d'une courte guerre civile (→ *encadré*), les partisans de l'ouverture et d'un retour de l'empereur finissent par l'emporter. Et, en 1867, les Tokugawa sont renversés par la nouvelle armée impériale qui porte au pouvoir Mutsuhito, futur empereur Meiji. L'une de ses premières décisions est, en 1869, de rebaptiser Edo sous le nom de Tôkyô, « capitale de l'Est ». Un palais impérial est bâti au cœur d'un immense parc en plein cœur de la ville qui, dans le même temps, s'occidentalise et se modernise.

Capitale d'un nouveau Japon

Mais Tôkyô connaît des difficultés lorsque l'abolition du *sankin kôtai* ruine l'activité commerciale générée jusqu'alors par les déplacements des *daimyô*. La population décroît fortement. Cependant, après quelques années, le courant s'inverse, et le nombre d'habitants s'élève à 2,17 millions en 1920. Mais trois ans plus tard, le grand séisme du Kantô, suivi d'un incendie, détruit les deux tiers des habitations et cause la mort de 140 000 personnes.

▲ La campagne dans la ville : au pied des tours du quartier de Shinbashi.

La reconstruction qui s'ensuit modifie considérablement le tissu urbain. De larges avenues sont percées. Des ponts métalliques et des bâtiments à étages, capables de résister aux incendies, sont édifiés. La catastrophe engendre la migration d'une partie de la population vers les banlieues qui s'urbanisent rapidement : en 1932, les limites administratives de la ville, considérablement élargies, dépassent 500 km^2, et, en 1940, la population atteint 6,78 millions. L'ouverture d'un grand port est sur le point de faire de Tôkyô la porte de l'Asie lorsqu'est déclenchée la Seconde Guerre mondiale. De terribles bombardements provoquent de gigantesques incendies réduisant une grande partie de la ville en cendres. Après la fin des hostilités, il faut attendre 10 ans pour que la reconstruction soit à peu près achevée.

Tôkyô aujourd'hui

Un urbanisme galopant

En 1964, se déroulent à Tôkyô les Jeux olympiques, pour la première fois en Asie. La ville semble alors véritablement renaître de ses cendres. Commence alors une période de très forte croissance économique. Des gratte-ciel et des autoroutes intra-urbaines modifient profondément le paysage. Parmi les incidences socio-économiques de cette modernisation rapide se pose le problème de la longueur des déplacements quotidiens. La frénésie de construction se poursuit néanmoins jusque dans les années 1980, entraînant une explosion des prix du terrain, qui ne s'arrête qu'avec l'éclatement de la « bulle spéculative », au début des années 1990.

Une ville vivable

Une stabilisation s'opère depuis le début du XXIe s. Parmi ses nombreux atouts, la ville possède un réseau de transports en commun, particulièrement fiable et efficace, apte à dissuader les particuliers d'utiliser leur voiture. Contrairement à un cliché, les zones d'habitations, intra-muros et périphériques, sont à échelle humaine et connaissent une véritable vie de quartier. De même, les banlieues, bien desservies et parfaitement équipées, n'ont rien à envier au centre-ville. La municipalité est cependant confrontée au problème du vieillissement de sa population et, comme d'autres capitales, à l'augmentation du nombre des sans-abri (→ *encadré p. 186*).

☞ Plans de la promenade ❶ :
plan I page suivante
et plan II p 179.

L'autre voyage

Parfois surgit un Japon aux règles profondément antisociales. C'est le cas, par exemple, des yakuzas, clans pratiquant le crime organisé avec leur code d'honneur et leur hiérarchie *(→ encadré p. 67)*. Loin de se cacher, ceux qui appartiennent à ces gangs se reconnaissent à leurs cheveux crêpés, à leurs tatouages et, parfois, à leurs phalanges manquantes... Vous en croiserez forcément si vous vous baladez, le soir, du côté de **Kabuki-chô*** *(→ p. 215)*, quartier « chaud » de Tôkyô.

Parfois liés aux yakuzas, les *uyoku* sont des groupes d'extrême droite qui réclament tour à tour le retour au pouvoir de l'empereur, le droit pour leur pays d'avoir une véritable armée *(→ encadré p. 74)* ou l'expulsion de tous les étrangers. On les voit, devant les grandes gares, tenant d'interminables discours à bord de leurs camionnettes grises ou diffusant des chants militaires. Curieusement, ils ne sont presque jamais inquiétés par la police.

Moins inquiétants, les « cosplay » (contraction des mots anglais *costume* et *play*) font désormais partie du paysage urbain japonais. Ces jeunes gens, déguisés en personnages de manga, de films d'animation ou de jeux vidéo, miment à la perfection les attitudes et les expressions de leurs héros. Ils ont succédé aux rockers des années 1980 et on peut les voir, chaque dimanche, aux abords de la station **Harajuku***** *(→ p. 223)* à Tôkyô.

▲ La porte Kaminari-mon marque l'entrée du Sensô-ji.

❶ L'ancien quartier d'Asakusa***

Situation : plans I et II

Si l'on ne devait passer qu'une demi-journée à Tôkyô, ce serait sans hésiter à Asakusa, partie la plus authentique de la ville, avec ses maisons basses, ses échoppes et ses restaurants où l'on s'assoit à même le sol. Les habitants ont su honorer, depuis l'époque Edo, leur réputation d'être ouverts et authentiques. Les nombreuses fêtes traditionnelles qui s'y déroulent ainsi que l'extrême popularité du temple Sensô-ji en font l'un des quartiers les plus visités de Tôkyô.

Accès : M° Asakusa 浅草 (ligne Ginza-sen 銀座線 ou Toei Asakusa-sen 都営浅草線).

Combien de temps : 1 journée.

■ **La porte Kaminari-mon***** 雷門
I B2 (porte du Tonnerre)
Juste à la sortie du métro.
Pour atteindre le temple Sensô-ji, il faut d'abord passer sous la grande **lanterne en papier** de la porte du Tonnerre et les effrayants dieux du vent (à g.) et de la foudre (à dr.), dont le rôle est d'éloigner du temple les mauvais esprits.

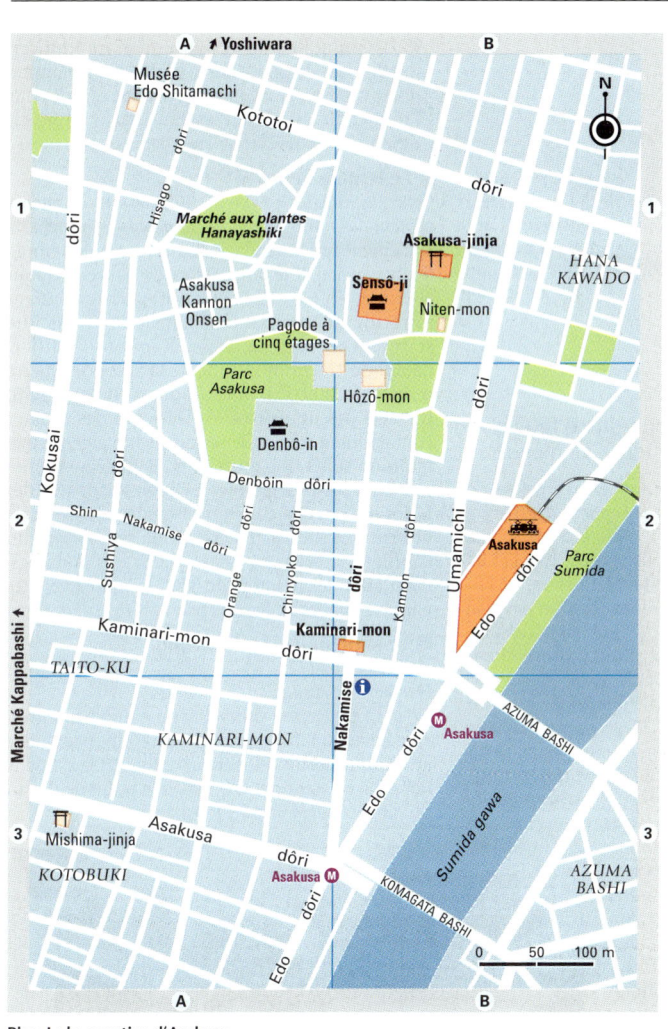

Plan I : le quartier d'Asakusa.

■ **La rue Nakamise dôri**★★★ 仲見世通り I B2-3
Remonter la porte Kaminari-mon vers le N.

Depuis la Kaminari-mon, cette allée marchande conduit au temple Sensô-ji. Elle est bordée de nombreuses échoppes de **souvenirs typiques de l'ancien Japon** : kimonos d'été en coton léger *(yukata)*, éventails, socques de bois aux lanières multicolores, peignes de geishas ou biscuits salés. Moins envahies par la foule, les rues parallèles donnent un aperçu du Tôkyô des années 1950. Comme la Nakamise dôri, elles mènent à la porte Hozo-mon, qui donne accès au temple Sensô-ji.

☞ **MANIFESTATION**
Le 8 avril, la fête des Fleurs (*Hana matsuri*) célèbre l'anniversaire de la naissance du Bouddha. Défilé d'enfants au Sensô-ji.

Le plus grand festival shintoïste du monde

Chaque année, le 3e week-end de mai, le *Sanja matsuri* attire près de 2 millions de personnes au sanctuaire Asakusa-jinja **I B1** d'où partent les défilés. Ce festival shintoïste est l'un des trois plus importants de la capitale, les deux autres étant le *Kanda matsuri* et le *Sannô matsuri*, en alternance une année sur deux (→ *p. 172*). Il est perpétué en hommage aux trois pêcheurs qui seraient à l'origine du sanctuaire d'Asakusa. D'énormes palanquins sont transportés dans les rues d'Asakusa par des centaines de volontaires en costumes traditionnels. Oubliant la coutumière réserve japonaise et encouragés par la foule, les porteurs hurlent et chantent. Ils finissent par entrer dans un véritable état de transe qui leur permet de poursuivre leur effort.

▶ Les amateurs de design pourront admirer, juste en face du pont Azuma bashi **I B3**, la **flamme** dorée conçue par le Français Philippe Starck pour l'immeuble de la bière Asahi. Cette flamme est devenue l'un des symboles d'Asakusa. ◀

■ **Le temple Sensô-ji**★★★ 浅草寺 **I B1**
Ouv. t.l.j. 6 h-17 h • à 6 h, 10 h et 14 h, les bonzes récitent des sutras au son des tambours.
Également appelé **Asakusa Kannon**, c'est le temple le plus ancien et le plus célèbre de Tôkyô. Il aurait été fondé en 628 après que trois pêcheurs eurent miraculeusement ramené dans leurs filets une statuette en or de la déesse Kannon. L'édifice, datant de 1692, fut victime de la Seconde Guerre mondiale. Reconstruit à l'identique en 1958, il recèle des **peintures** réalisées par des artistes contemporains et, entre ses piliers, un gigantesque **lampion** sphérique rouge flanqué d'idéogrammes noirs. Au pied du temple, les fidèles déposent des **bâtons d'encens** dans un immense récipient de bronze. Cet encens, représentation symbolique du souffle des dieux, est censé guérir des maladies. À cet effet, les pèlerins dirigent la fumée vers les parties malades de leur corps.

■ **Le sanctuaire Asakusa-jinja**★★
浅草神社 **I B1**
Derrière le Sensô-ji.
Ce petit sanctuaire shintoïste fut édifié par le troisième shogun Tokugawa, pour rendre hommage aux trois pêcheurs qui avaient découvert la statuette de la déesse Kannon. C'est aussi le point de départ du fameux *Sanja matsuri* (→ *encadré*).

Le marché aux plantes Hanayashiki yûenchi★
花やしき遊園地 **I A1** *(100 m vers le N. depuis le Sensô-ji • t.l.j. 10 h-18 h).* Inauguré en 1853, ce parc

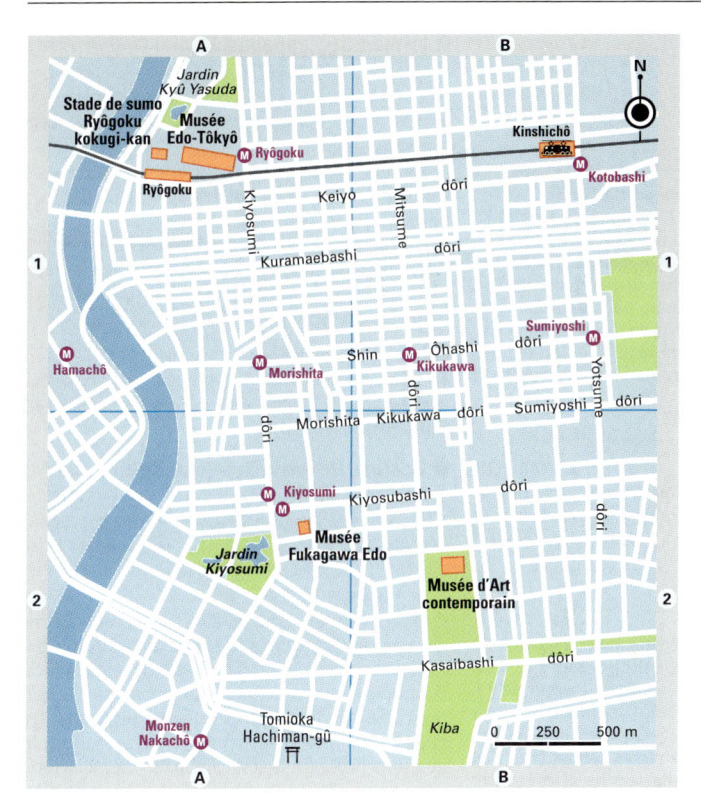

était voué, à la fin de l'époque Edo, à la détente des pèlerins. Aujourd'hui, c'est un agréable parc de loisirs.

Plan II : le quartier de Ryôgoku.

■ Yoshiwara★ 吉原 h. pl. I par A1
À 1,5 km vers le N. depuis le M° Asakusa par Kokusai dôri.

À l'époque Edo, le quartier de Yoshiwara, au N. du temple Sensô-ji, comptait plus de 300 maisons closes employant quelque 3 000 « filles ». La prostitution étant officiellement interdite depuis 1957, seule demeure aujourd'hui, à titre de témoignage, la **maison Matsubaya-ke★** 松葉屋 *(4-31-1, Senzoku, Taitô-ku* ☎ *03/3874.9401)*. Il s'agit de l'une des rares **maisons de courtisanes** encore debout. Il s'y pratiquait jadis le *hikitejaya* (les clients dînaient puis montaient, accompagnés, à l'étage). Bien sûr, cette maison n'emploie plus de prostituées mais elle propose, chaque soir à 21 h 20, un **spectacle** à vocation touristique, mettant en scène des courtisanes.

Sur le rabat arrière de la couverture, un Tableau chronologique indique les périodes de l'histoire japonaise. En fin de volume, le Petit dictionnaire répertorie le vocabulaire spécifique.

☞ Pour la suite de la promenade ❶ voir le plan II page précédente.

♥ RESTAURANT
Komagata Dôjô 駒形道場 : 1-7-12, Komagata, Taitô-ku (h. pl. I par A1) ; ouv. t.l.j. 11 h-21 h. On mange assis sur des nattes de paille autour d'un brasero où cuisent de petits poissons en forme d'anguilles : des *komagata* (loches) très goûteuses. Ambiance populaire et prix modiques.

☞ EN SAVOIR PLUS
Pour un aperçu du monde du sumo, reportez-vous au théma p. 182-183.

☞ CONSEIL
Pour assister à un combat de sumo, il est possible d'acheter au stade, à partir de 9 h du matin, des tickets d'entrée pour la journée. Il s'agit de places debout (très bon marché), car les places assises sont réservées très longtemps à l'avance par les sociétés.

♥ RESTAURANT
Chanko Tomoegata
ちゃんこ巴潟 : 2-17-6, Ryôgoku, Sumida-ku (II A1), M° Ryôgoku 両国 ; ouv. t.l.j. 11 h 30-22 h, dim. 12 h-22 h. Tenu par le fils d'un ancien lutteur de sumo, ce restaurant pittoresque et plein d'ambiance est très fréquenté par les lutteurs. On peut choisir les plats sur un menu avec photos.

■ Le marché Kappabashi★ かっぱ橋道具街 (Kappabashi dôgugai) h. pl. I par A2-3

10 mn à pied vers l'O. depuis le M° Tawaramachi 田原町 (ligne Ginza-sen) • ouv. 10 h-17 h sf dim. et j. fériés.

Dans cette avenue se concentrent les commerces spécialisés dans les **ustensiles de cuisine** destinés principalement aux professionnels de la restauration. Outre de la vaisselle traditionnelle – théières, tasses ou assiettes –, sont vendus ici les fameux plats factices en résine, les *mihon*, ressemblant à s'y méprendre à de vrais plats.

Les transports en commun étant peu pratiques pour aller de Kappabashi à Ryôgoku, nous vous conseillons vivement, si vous suivez cet itinéraire, de prendre un taxi (comptez 10 mn).

■ Le stade de sumo Ryôgoku Kokugi-kan★ 両国国技館 II A1

2 km vers le S. depuis Asakusa • 1-3-28, Yokohami, Sumida-ku • M° Ryôgoku 両国 (ligne Toei Ôedo-sen 都営大江戸線) • ouv. du lun. au ven. 9 h 30-17 h • www.sumo.or.jp

Dans ce stade ont lieu, en janv., mai et sept., trois des six grands tournois de sumo qui se déroulent chaque année au Japon. En dehors de ces périodes, il est possible de pénétrer gratuitement dans le hall pour admirer les impressionnants **portraits** des grands champions suspendus aux murs. Tout le quartier entourant le stade Ryôgoku vit au rythme des lutteurs de sumo. Aussi n'est-il pas rare d'en croiser, vêtus de kimonos et chaussés de socques de bois, occupés à faire leurs courses. Ceux-ci font partie des nombreuses écoles de lutteurs qui entourent le stade Kokugi-kan. À proximité se trouvent des **boutiques spécialisées** ainsi que des **restaurants** servant la fameuse soupe (*chanko-nabe* ; → « Gastronomie », p. 153) grâce à laquelle les lutteurs prennent du poids.

Au 1er étage, le petit **musée du Sumo**★ 相撲の博物館 (Sumô no hakubutsukan ; *entrée gratuite*) expose des objets liés au sumo, tels que ceintures et tabliers de parade, ainsi que des estampes reproduisant de grands combats.

■ Le musée Edo-Tôkyô★★★ 江戸東京博物館 (Edo-Tôkyô hakubutsukan) II A1

Derrière le Kokugi-kan (côté E. • 1-4-1, Yokoami, Sumida-ku ☎ 03/3626.9974 • M° Ryôgoku 両国 (ligne Ginza-sen) • ouv. t.l.j. sf lun. 9 h 30-17 h 30 (jusqu'à 19 h 30 les sam.) www.edo-tokyo-museum.or.jp

Tel un immense entrepôt situé juste à côté du stade Kokugi-kan, ce musée, ouvert en 1993, a été bâti avec la hauteur exacte, près de 63 m, qu'atteignait la tour principale du château d'Edo. Employant les techniques les plus modernes, il présente, sur 5 étages, l'**histoire de Tôkyô** depuis la construction de l'ancienne Edo, au début du XVIIe s., jusqu'à nos jours. Des moyens exceptionnels sont mis en œuvre pour reconstituer la vie quotidienne de la capitale, notamment dans les quartiers de plaisir de la ville basse, aux différentes époques de son histoire. Une copie grandeur nature du **pont Nihon bashi** ainsi qu'une reconstitution d'un théâtre kabuki et du château d'Edo transportent le visiteur à l'époque Edo (1615-1867). Au 6e étage, plusieurs cafés et restaurants proposent des spécialités traditionnelles de la capitale.

■ Le jardin Kiyosumi★★
清澄庭園 (**Kiyosumi teien**) II A2

3-3-9, Kiyosumi, Kôtô-ku ☎ *03/3641.5892 • M° Kiyosumi-shirakawa* 清澄白川 *(sortie n° 3 ; ligne Toei Ôedô-sen* 都営大江戸線 *ou Hanzômon-sen* 半蔵門線*) • ouv. t.l.j. 9 h-17 h.*

Créé au début du XVIIIe s. pour agrémenter la demeure d'un *daimyô*, ce jardin avait souffert du séisme de 1923. Il a été racheté dans les années 1930 par Iwasaki Yatarô, fondateur de la compagnie Mitsubishi, qui l'a fait réaménager avec, notamment, une cinquantaine de **rochers** venus des quatre coins du pays. Certains, disposés en travers du petit **étang** central, forment un pont « naturel ». C'est assurément l'un des plus beaux et des plus secrets jardins de Tôkyô avec ses arbres venus de toute l'Asie, dont de magnifiques **cerisiers de Taïwan**, et ses fleurs qui éclosent à chaque saison. Le jardin est cependant plus spectaculaire au printemps.

Prendre sur 300 m la rue commerçante qui part à l'E. du jardin.

■ Le musée Fukagawa Edo★★
深川江戸資料館
(**Fukagawa Edo shiryôkan**) II A2

1-3-28, Shirakawa, Kôtô-ku ☎ *03/3630.8625 • t.l.j. 9 h 30-17 h, sf. 2e et 4e lun. du mois.*

Jusqu'à la construction, en 1993, du musée Edo-Tôkyô, ce musée était le seul à présenter, grandeur nature, la vie quotidienne à l'époque des shoguns. Tout un quartier de l'Edo du XVIIe s., avec ses **maisons en bois**, y est reconstitué. La tour de garde était destinée à surveiller les premières flammes d'un éventuel incendie. ▶▶▶

Les bains publics

La salle de bains, dans les maisons japonaises, ne s'est généralisée que dans les années 1960-1970. Auparavant, toute la famille se rendait chaque soir au bain public du quartier *(sentô)* pour se laver puis se détendre dans un bain ressemblant au bassin d'une petite piscine à l'eau très chaude. C'était l'occasion, à la fin de la journée, de rencontrer ses voisins et de se tenir au courant des derniers cancans. Si, faute de clients, nombre de *sentô* de Tôkyô ont dû fermer leurs portes, la tradition demeure. Dans la plupart des quartiers, dont Asakusa ou Ueno, certains continuent à s'y rendre, plutôt par plaisir que par nécessité, puisque la plupart des logements bénéficient du confort. Comme dans les *onsen* (stations thermales), les bains des hommes sont séparés de ceux des femmes. Chacun est tenu de se laver très soigneusement sous la douche avant de pénétrer dans le bain. Le *sentô* est souvent installé dans un bâtiment traditionnel, ses baignoires sont parfois en bois de cyprès, et le prix est modique.

THÉMA

Le sumo

Si cette lutte qui oppose des adversaires dépassant parfois les 200 kilos est, avec le base-ball, le « sport » le plus populaire de l'archipel, c'est d'abord parce qu'il est profondément lié à l'identité japonaise et au shintoïsme dont il reprend certains rituels. Pourtant, depuis quelques années, le sumo est dominé par des lutteurs d'origine étrangère, ce qui n'est pas sans influence sur la perception qu'en ont les Japonais. Doit-il, comme le judo ou le karaté, s'internationaliser, ou s'agit-il d'une tradition « purement » japonaise n'ayant pas vocation à être exportée ? Pour le moment, à de très rares exceptions près, les tournois n'ont lieu qu'au Japon.

▲ Ce n'est qu'au début de l'époque Edo que le sumo se professionnalise, les lutteurs jouissant dès lors d'un prestige considérable dans la société japonaise.

■ Les origines

Plus qu'un sport, le sumo est une lutte rituelle dont les origines rejoignent celles du Japon lui-même. Selon le *Kojiki* (712), c'est en effet un combat de sumo entre deux divinités qui présida à l'occupation de l'archipel par les Japonais. La lignée impériale aurait été créée par le vainqueur de ce combat : Takemikazuchi. Codifié à partir du VIe s., le sumo est très lié au culte shintoïste, comme le suggèrent quelques rituels auxquels doivent se plier les lutteurs avant de combattre : jeter du sel en l'air ou boire une gorgée d'eau purificatrice. Les premiers combats historiquement identifiés ont eu lieu en 642 à la cour impériale en l'honneur de l'envoyé de la cour de Corée. À partir de cette date, les empereurs successifs ne cesseront plus d'organiser des fêtes autour de combats.

■ Les règles

Il s'agit de pousser son adversaire hors d'un terre-plein d'argile de forme circulaire, ou de lui faire toucher le sol avec une partie quelconque du corps autre que la plante des pieds. Les lutteurs sont entièrement nus à l'exception d'une ceinture *(mawashi)* qui entoure les hanches et protège l'entrejambe. Durant l'avant-combat, les deux adversaires se jaugent du regard et, selon certains spécialistes, c'est à ce moment « psychologique » intense que se décide l'issue du combat. Lorsque l'arbitre *(gyôji)* retourne son éventail *(gunbai)*, les deux lutteurs se précipitent l'un contre l'autre de toute leur force après avoir obligatoirement posé les poings sur le sol. Le combat en lui-même ne dure généralement pas plus de quelques secondes, mais il existe plus de 60 techniques différentes permettant de l'emporter.

■ Les tournois

Depuis 1958, six grands tournois sont organisés au long de l'année : trois ont lieu au Kokugi-kan de Tôkyô en janvier, mai et septembre ; un à Ôsaka en mars, un à Nagoya en juillet et un à Fukuoka en novembre.

Ces tournois (*yushô*) se déroulent sur 15 jours, chaque lutteur rencontrant 15 adversaires. Le vainqueur du tournoi est celui qui a obtenu le plus de victoires. Il faut remporter au minimum deux tournois d'affilée pour pouvoir prétendre au titre de *yokozuna* (grand champion).

■ La hiérarchie du sumo

Les lutteurs professionnels (environ 800 en tout) sont répartis en six divisions dont seules les deux premières : *jûryô* (26 lutteurs) et *makuuchi* (42 lutteurs maximum) assurent un salaire aux athlètes. Eux seuls portent le nom de *sekitori* (« celui qui a franchi la barrière ») et ont le droit d'arborer le *ô-ichô-mage*, un chignon arrangé en forme de feuille de gingko. Au-dessus des *makuuchi* (4 grades), adulés du public, règnent les *yokozuna*, l'élite du sumo. Cette dignité n'est accordée qu'exceptionnellement à des lutteurs qui, au-delà des tournois remportés, ont fait preuve, dans leur comportement, à la fois de puissance, de technique et de « grâce » (*hinkaku*), notion laissée à l'appréciation du jury de l'association japonaise de sumo. Une fois élevé à la dignité de *yokozuna*, un lutteur ne peut plus être déclassé, et c'est à lui de décider quand mettre fin à sa carrière.

▲ Avant de s'affronter, les lutteurs exécutent à trois ou quatre reprises (suivant leur grade) une série de mouvements rituels, faisant notamment pivoter leurs mains et levant leurs jambes afin de montrer qu'ils ne cachent aucune arme.

■ Une internationalisation progressive

À partir du début des années 1980, le sumo, jusqu'alors exclusivement réservé aux lutteurs japonais, s'est peu à peu ouvert aux étrangers. Les premiers à avoir atteint les sommets du classement sont d'origine hawaïenne, Akebono devenant, en 1993, le premier *yokozuna* non japonais. Depuis le début des années 2000, le sport national est largement dominé par des lutteurs d'origine mongole dont deux représentants, Asashoryu et Hakuhô, ont été promus *yokozuna*, respectivement en 2003 et 2007. Ils devront cependant compter avec un lutteur originaire de Bulgarie, Kotooshu, qui, en mai 2008, est devenu le premier Européen à remporter un tournoi.

◀ Les tournois internationaux voient aussi les affrontements de *sumotori* féminines.

▶▶▶ Les **boutiques d'artisans** et les commerces sont reconstitués ainsi que les maisons particulières dont le mobilier révèle la couche sociale du propriétaire.

En allant vers l'E., rejoignez Mitsume dôri et tournez à dr. ; marchez pendant 10 mn.

■ Le musée d'Art contemporain★★
東京都現代美術館
(Tôkyô-to gendai bijutsukan) II B2
M° Kiyosumi-shirakawa (sortie n° 3 ; lignes Toei Ôedô-sen ou Hanzômon-sen 半蔵門線*) ou M° Kiba (sortie n° 3 ; ligne Tôzai* 東西線*) • 4-1-1, Miyoshi, Kôtô-ku* ☎ *03/5245.5111 • ouv. t.l.j. sf lun. 10 h-18 h • www.mot-art-museum.jp*
En bordure du parc Kiba, le **MOT**, Museum of Contemporary Art Tôkyô, est méconnu du fait de son éloignement du centre-ville. Ses **collections permanentes** présentent cependant un grand intérêt pour les amateurs d'art contemporain. Elles comprennent de très belles toiles d'**artistes occidentaux** comme David Hockney, Andy Warhol ou Roy Lichtenstein, et d'**artistes japonais** comme Yoshida Katsurô et Nakamura Kazumi, jugés très représentatifs de l'avant-garde japonaise des 30 dernières années. La présentation est faite selon un ordre chronologique, par tranches de 10 ans, permettant au visiteur d'apprécier l'évolution des thèmes et des styles.

> ✎ **BON À SAVOIR**
> Au musée d'Art contemporain, des expositions temporaires présentent des artistes contemporains japonais, chinois ou américains.

❷ Le parc d'Ueno et ses musées★★

☞ Plan de la promenade ❷ (plan III) page suivante.

🛈 OT dans la gare d'Ueno.

Situation : plan III ; au N.-E. de Tôkyô.

Parce qu'elle dominait la plaine, la colline d'Ueno fut d'abord un endroit stratégique pour les gardiens du château d'Edo chargés de la protection du shogun. Aujourd'hui, avec son parc, son marché très populaire et ses nombreux musées, Ueno est l'un des principaux « centres » de Tôkyô.

Accès : M° Ueno 上野 (ligne Hibiya-sen 日比谷線 ou Ginza-sen 銀座線) ; gare d'Ueno (lignes JR Yamanote-sen 山手線, JR Keihin-Tôhoku-sen 京浜東北線, Skyliner).

Combien de temps : une journée entière.

■ Le parc d'Ueno★★
上野公園 **(Ueno kôen) III A-B2-3**
Depuis la gare et le M° Ueno, longez le parc vers le N. jusqu'à l'entrée principale (5 mn).
Au début du XVIIᵉ s., les *daimyô* installèrent ici leur résidence, mais ils durent bientôt faire place au shogun lui-même. Celui-ci fit édifier plusieurs

> ✎ **BON À SAVOIR**
> Depuis Ueno, vous êtes à une station de l'av. Kappabashi★ かっぱ橋 (h. pl. I par A2-3 ; → p. 180), où sont regroupés les magasins d'ustensiles de cuisine (descendre au M° Inarichô 稲荷町, ligne Ginza-sen).

Tôkyô ❷ Le parc d'Ueno et ses musées • 185

Plan III : Ueno.

Des villages de SDF

Comme dans de nombreuses nations industrielles, le phénomène inquiétant des sans-logis se développe au Japon, depuis l'éclatement de la « bulle spéculative » au milieu des années 1990. Les *homeless*, selon un terme emprunté à l'anglais, se sont regroupés dans les parcs publics ou le long de la rivière Sumida à Tôkyô. Confrontés à l'indifférence, ils vivent en autarcie, sous des toits de carton ou de plastique, en de véritables villages que les autorités de la ville essaient tant bien que mal de cacher. Curieusement, ces SDF ne mendient jamais et préfèrent s'organiser en groupe. Ce sont souvent des journaliers ne bénéficiant d'aucune protection sociale ou d'anciens employés d'entreprises, victimes de « dégraissages » massifs – un nouveau libéralisme importé des États-Unis ayant mis fin, brutalement, au système japonais de l'emploi à vie. Ils étaient ainsi, en 2007, 18 500 à vivre au jour le jour dans tout le pays.

♥ **HÉBERGEMENT**
Suigetsu Hotel Ôgai-sô
水月ホテル鴎外荘 : 3-3-21, Ikenohata, Taitô-ku (III A2), à 10 mn de la gare d'Ueno ; www.ohgai.co.jp
La maison de Mori Ôgai, écrivain de l'ère Meiji, plantée au milieu d'un jardin charmant, a été transformée en hôtel.

temples presque tous détruits durant les batailles de 1868 (→ *encadré p. 174*). Ce n'est qu'en 1873 que l'idée d'un parc public, le premier du Japon, commença à germer. Une fois celui-ci terminé, en 1890, la ville en fit cadeau à l'empereur Meiji, et il fallut attendre 1924 pour que son petit-fils, Hirohito, le restitue à la municipalité. L'allée centrale est bordée de centaines de **cerisiers** qui, lorsqu'ils fleurissent au début du mois d'avril, attirent une foule joyeuse.

Depuis le début des années 1990, des centaines de sans-abri s'entassent dans des tentes de fortune recouvertes de bâches de plastique bleu ou dorment dans des cartons (→ *encadré*).

■ L'étang Shinobazu★★ 不忍池 (Shinobazu no ike) III A3
À 300 m O. de l'entrée principale du parc.

Situé juste en face du musée Shitamachi, c'est une **réserve naturelle** en pleine ville. L'étang sert en effet de refuge à des dizaines d'espèces d'oiseaux dont des cormorans sauvages. En été, la surface de l'eau est entièrement recouverte de feuilles de nénuphars, et l'on peut, chaque soir, entendre coasser les grenouilles. En automne, les amoureux louent des pédalos et glissent entre les milliers de canards qui, en route vers le S., ont envahi l'étang. Un **aquarium** (*à l'extrémité N.*) présente une grande variété de poissons exotiques.

■ Le musée de la Ville basse★★★ 下町風俗資料館 (Shitamachi fûzoku shiryôkan) III B3
Au bord du coin S.-O. de l'étang, près de la statue de Saigô Takamori • 2-1, Ueno kôen, Taitô-ku ☎ 03/3823.7451 • ouv. t.l.j. sf lun. 9 h 30-16 h 30.
Ouvert en 1980, ce musée constitue une excellente introduction aux quartiers d'Ueno et d'Asakusa. Au r.-d.-c., une rue d'Asakusa au XIXe s., reconstituée dans les moindres détails de façon très réaliste. Photos, affiches et objets divers évoquent les **quartiers d'Asakusa et d'Ueno** au début du XXe s. et jusqu'à la Seconde Guerre mondiale. Tous les objets (jouets, ustensiles, outils…) sont des donations des habitants du quartier et peuvent être pris en main et examinés de près. Le musée ressemble de ce fait à l'intérieur d'un appartement privé, plein de souvenirs émouvants.

Depuis le musée Shitamachi, remontez vers le N. le long de l'étang en empruntant le côté E. Le Tôshô-gû se trouve à 500 m.

■ Le Tôshô-gû★★ 東照宮 III A2
À 200 m N. de l'étang • ouv. t.l.j. 9 h-17 h, f. à 16 h 30 l'hiver • fête annuelle le 17 avr.

Dédié à la mémoire du shogun Tokugawa Ieyasu, le Tôshô-gû est le seul édifice shintoïste de Tôkyô à être classé **Trésor national**. Inauguré en 1627, il a miraculeusement résisté à toutes les calamités (guerres, tremblements de terre, bombardements) qui ont été fatales à la plupart des monuments de Tôkyô, et notamment aux combats qui ont opposé, en 1868, partisans du shogun et partisans de l'empereur. Le chemin qui mène au lieu de prière est bordé de **lanternes en pierre** offertes au shogun par les *daimyô*. Le Tôshô-gû est construit dans un style d'inspiration chinoise dont on ne trouve d'autres exemples qu'à Nikkô. Les dragons ornant la porte Kara-mon, de style chinois, située à l'entrée du temple, ont été réalisés en 1651 par Hidari Jingorô, l'un des plus fameux sculpteurs japonais. Le trésor du temple comprend des armes et des lettres ayant appartenu à la famille Tokugawa.

■ Le musée national d'Art occidental★★★
国立西洋美術館 (**Kokuritsu seiyô bijutsukan**) III B2
À 400 m E. du Tôshô-gû • 7-7, Ueno kôen, Taitô-ku ☎ 03/3828.5131 • M° ou gare d'Ueno • ouv. t.l.j. sf lun. 9 h 30-17 h (jusqu'à 20 h le ven.) • www.nmwa.go.jp
Le plus ancien (1959) des deux bâtiments a été dessiné par Le Corbusier. À l'intérieur, on sera surpris de trouver de nombreuses œuvres de Renoir, Manet, Cézanne, Degas… ainsi que des bronzes de Rodin, dont les plus grands sont exposés sur le parvis du musée. L'essentiel des collections est dû à la perspicacité d'un a(r)mateur d'art du début du XXe s., Matsukata Kôjirô, qui les a léguées à l'État. Celles-ci se sont cependant encore enrichies, après la mort de Matsukata en 1950, d'œuvres de Max Ernst, Juan Miró ou encore Jackson Pollock.

• **Le rez-de-chaussée du bâtiment principal** est entièrement consacré à **Auguste Rodin** à l'exception d'une œuvre de Jean-Baptiste Carpeaux datant de 1857. Parmi les huit statues du sculpteur français, toutes acquises par Matsukata, on admirera particulièrement *Le Baiser* (1887) ou encore *Orphée* (1890). Au 1er étage sont exposées la **peinture italienne** d'avant le XVIIe s. (dont une peinture sur bois du XIVe s., *Saint Michel et le Dragon*, attribuée à l'école de Sienne), la **peinture flamande** du XVIIe s. ainsi que des **chefs-d'œuvre hollandais, espagnol et français** des XVIIe et XVIIIe s. Parmi les toiles exposées en permanence : un *Christ sur la Croix* du Greco, un *Saint Thomas* peint par Georges de La Tour ou encore une *Madone à l'enfant avec trois saints* de Giovan Domenico Tiepolo.

• **Le rez-de-chaussée du « nouveau bâtiment »** présente à la fois la **peinture postimpressionniste** (avec notamment un Van Gogh de 1889, *Roses*, un Gauguin et un Cézanne) et celle du XXe s. (entre autres : Picasso, Van Dongen, Foujita, Derain, Rouault, Pollock ou encore Soutine).

Le 1er étage est divisé en deux parties : l'une est consacrée à la **peinture néoclassique** et aux **impressionnistes** avec des œuvres de Delacroix, Daumier, Courbet, Fantin-Latour, Renoir, Pissarro ou Boudin ; l'autre étant presque entièrement dédiée à **Claude Monet** avec une quinzaine de toiles réalisées à différentes périodes de la vie de l'artiste, entre 1864 et 1917.

■ Le musée national des Sciences★
国立科学博物館 (**Kokuritsu kagaku hakubutsukan**) III B2
À 100 m N. • 7-20, Ueno kôen, Taitô-ku ☎ 03/5777.8600 • ouv. t.l.j. sf lun. 9 h-17 h (jusqu'à 20 h le ven.) • www.kahaku.go.jp
Juste à côté du musée d'Art occidental. La partie la plus récente et la plus interactive, notamment pour les enfants, est la « Science Discovery Plaza » où sont proposées diverses expériences physiques.

♥ RESTAURANT

Sasanoyuki 笹乃雪 : 15-10, Negishi, Taitô-ku (III B1), à 3 mn de la gare d'Uguisudani 鴬谷 (ligne JR Yamanote-sen), en face de l'école primaire Negishi ☎ 03/3873.1145 ; ouv. t.l.j. sf lun. 11 h-21 h. Spécialités de tofu et cuisine de bonze, ambiance populaire et sympathique, prix très raisonnables.

SEPT TRÉSORS NATIONAUX À NE PAS MANQUER

- La cloche de bronze Dôtaku (Ier s. av. J.-C.)
- Un pichet en or et argent surmonté d'une tête de dragon (VIIIe s.)
- Un ensemble d'objets rituels ayant servi, au VIIIe s., à l'inauguration du temple Kôfuku-ji
- Une paire de chaussures ornementales en bronze de la période Kofun (V^e et VIe s.)
- Un sabre en métal avec des inscriptions en argent de la période Kofun (V^e et VIe s.)
- Un encensoir de la période Asuka (VIIe s.) faisant partie des trésors du Hôryû-ji
- Un paysage chinois peint par Ikeno Taiga (1723-1776)

▶ Le Musée national est le plus ancien et le plus grand musée du pays.

■ Le musée d'Art de la ville de Tôkyô★
東京都美術館 **(Tôkyô-to bijutsukan)** III B2

À 150 m N.-O. du musée des Sciences • 8-36, Ueno kôen, Taitô-ku ☎ *03/3823.6921 • ouv. t.l.j. sf lun. 9 h 30-17 h • www.tobikan.jp*

Créé en 1926 et totalement rénové en 1975, ce musée possède un fonds de près de 1 000 œuvres d'**art contemporain**, principalement japonaises. Peintures, calligraphies et sculptures sont alternativement exposées. Une autre partie du musée accueille des expositions temporaires organisées, le plus souvent, en partenariat avec de grands médias.

■ Le Musée national de Tôkyô★★★
東京国立博物館
(Tôkyô kokuritsu hakubutsukan) III B2

À 300 m N.-E. du musée d'Art • 13-9, Ueno kôen, Taitô-ku ☎ *03/3822.1111 • M° Ueno • ouv. t.l.j. sf lun. 9 h 30-17 h ; d'avr. à sept., ouv. jusqu'à 18 h les w.-e. et j. fériés ; nocturnes jusqu'à 20 h en période d'exposition spéciale • www.tnm.go.jp • prévoir 1/2 journée pour la visite.*

Le Musée national est né à l'emplacement d'une exposition temporaire qui connut un grand succès en 1872. En 1881, un premier bâtiment principal – en partie détruit par le tremblement de terre de 1923 – est confié à l'architecte anglais Josiah Conder et inauguré l'année suivante. En 1900, le musée est rattaché à la Maison impériale. Ses collections se divisaient alors en quatre domaines : l'histoire, les beaux-arts, les arts appliqués et les objets naturels. Il ne sera baptisé Musée national qu'en 1952.

Il abrite la plus belle collection d'art japonais au monde : **89 000 pièces exposées** en alternance dont pas moins de **80 Trésors nationaux** (peintures, sculptures, armures, sabres, céramiques, objets en laque…). Malheureusement, peu de commentaires accompagnent ces œuvres parfois un peu difficiles à appréhender pour un visiteur occidental. De conception relativement classique (exceptés le Hôryû-ji et le Heisei-kan qui datent de 1999), le Musée national est divisé en cinq bâtiments.

• **Le Hon-kan** *(au centre)*, est le bâtiment principal, construit dans le style dit « impérial » (c'est-à-dire, en réalité, une appropriation japonaise du style occidental) en 1938 par l'architecte Watanabe Jin. C'est là qu'est rassemblé l'**art japonais**. Les collections sont présentées à la fois de façon chronologique (depuis 10 000 ans av. J.-C. jusqu'au XIXe s. apr. J.-C.) et par genre. Des expositions thématiques sont organisées presque toute l'année.

Sculptures : on trouvera plusieurs **statues** des époques de Nara (divinité bouddhiste Nikkô Bosatsu), Heian (Jûni shinshô, les 12 généraux divins du panthéon bouddhiste) ou encore Kamakura, avec celle du célèbre Minamoto Yoritomo en bois polychrome aux yeux incrustés de cristal de roche.

Masques : l'art du masque fait son apparition au Japon en 612 avec la naissance du *gigaku*, l'une des premières formes théâtrales qu'ait connu l'archipel. Mais ce sont surtout les **masques de nô**, nés à l'époque Muromachi, qu'on peut admirer ici. De petite dimension, ils peuvent exprimer la douleur ou la joie suivant les mouvements du comédien. Autres masques remarquables : ceux qui étaient utilisés pour le *kyôgen*, un théâtre comique qui existe encore de nos jours.

Arts du métal : nombre des objets métalliques présentés ici sont liés au **bouddhisme** ou à la **cérémonie du thé**. Ils sont presque tous d'époque Heian ou Muromachi. Mais les collections sont également très riches en miroirs, gardes et montures d'épées ainsi qu'en armures de toutes les époques.

Porcelaines : presque chaque région possède son style de **porcelaine** et de **poterie**. On verra ici des pièces des XVIIe et XVIIIe s. en provenance de Kutani, de Kyôto ou encore de Nabeshima.

Peintures : chaque époque, depuis Heian jusqu'à Edo, est représentée par plusieurs œuvres.

– Époque Heian : nombreuses œuvres bouddhistes mais aussi **peintures profanes** sur portes coulissantes et paravents. Le style de ces peintures est appelé « Yamato », de l'ancien nom du Japon. Ne pas manquer le *Roi paon***, l'oiseau déifié qui dévore les serpents (début du XIIe s.), l'une des plus belles peintures du musée. On voit la divinité aux quatre bras assise sur une feuille de lotus tenant dans ses mains divers emblèmes comme l'orange, la grenade ou la fleur de lotus.

▶▶▶

Les trésors de l'archipel

Conscient de la valeur de son patrimoine, le Japon a utilisé, dès 1897, le terme **Trésor national** *(Kokuhô)* pour désigner le fleuron de ses biens culturels. Jusqu'en 1950, celui-ci formait un ensemble de 5 824 œuvres d'art et 1 059 édifices. Mais cette année-là, une loi nouvelle fut promulguée pour préciser les critères et renforcer la protection de ces œuvres. Si toutes reçurent le label de « biens culturels importants », seules certaines furent alors répertoriées comme « Trésors nationaux ». C'est ainsi que, en 2006, 860 de ces œuvres étaient reconnues comme telles, ainsi que 213 structures architecturales.

Selon cette même idée, le Japon a également aujourd'hui le souci d'accorder une reconnaissance officielle à des artistes et artisans particulièrement talentueux, afin que leur savoir-faire ne soit pas menacé de disparition. Le titre « Trésor national vivant » est ainsi accordé chaque année à quelques céramistes, danseuses, acteurs de kabuki ou même cuisiniers qui, bénéficiant d'une protection spéciale, sont appointés par le gouvernement. Ces détenteurs d'une tradition jouissent alors dans l'archipel d'un grand prestige, comparable à celui des académiciens en France.

THÉMA

L'empereur, symbole de la nation

La relation entre les Japonais et leur empereur est un sujet qu'il convient d'aborder avec prudence. Le *Tennô* (littéralement, celui qui vient du ciel) incarne en effet l'âme même du Japon et, pour de nombreux Japonais, descend de la déesse du soleil Amaterasu.

◄ **L'empereur Hirohito en 1928, en costume traditionnel.**

■ L'empereur et le Japon moderne

Éloigné de toute décision politique durant près de 1 000 ans par les shoguns, l'empereur est revenu au pouvoir en 1868, soutenu par un véritable mouvement populaire, et a paradoxalement été l'instrument principal de l'entrée du Japon dans le monde moderne. Durant la Seconde Guerre mondiale, bien que toujours détenteur – en théorie – d'un pouvoir absolu, l'empereur est plus ou moins manipulé par l'armée, et c'est en son nom que les généraux les plus extrémistes agressent les pays voisins (Chine, Corée, Indonésie…) et se rangent aux côtés de l'Allemagne nazie.

■ Hirohito au lendemain de la guerre

Après la défaite, l'empereur Hirohito (r. 1926-1989) accepta d'endosser la responsabilité du Japon dans la guerre et se dit prêt à être exécuté. Les Américains lui laissèrent cependant la vie sauve et lui permirent même de conserver son trône à condition qu'il renonce publiquement à son caractère divin. C'est ce qu'il fit le 1er janvier 1946 lors d'une allocution radiophonique, enjoignant à son peuple de renoncer à « l'idée erronée selon laquelle l'empereur est divin et le peuple japonais supérieur aux autres peuples ». Il fallut d'ailleurs traduire les propos du souverain en japonais moderne, car celui-ci parlait dans une langue de cour qui n'était connue que de quelques lettrés… Décédé en 1989, Hirohito détient le record du plus long règne (64 ans) des empereurs japonais.

■ La fonction impériale aujourd'hui

Selon la Constitution dictée par les Américains, l'empereur actuel n'a plus aucun rôle politique – un peu à l'image de la royauté britannique –, mais demeure malgré tout le symbole de l'unité japonaise. C'est lui qui nomme formellement le Premier ministre et reçoit les lettres de créance des ambassadeurs, mais il n'est pour ainsi dire jamais autorisé à donner le moindre avis personnel et ne peut exprimer publiquement que des lieux communs.

▶ L'empereur Akihito et son épouse Michiko lors d'une conférence de presse, en 2006.

■ Les noms de l'empereur

De son vivant, l'empereur n'est désigné que par son titre, *Tennô Heika*, ou par son prénom (Akihito depuis 1989) mais, à son décès, il prend le nom de l'ère de son règne. Ainsi l'empereur Mutsuhito est-il devenu l'empereur Meiji, Hirohito a-t-il pris le nom de Shôwa (la Paix accomplie), et l'empereur actuel restera-t-il dans les mémoires sous le nom de Heisei (la Paix éclairée). Les Japonais utilisent plus souvent la datation impériale que le calendrier chrétien et l'on date un document officiel de l'année 20 de l'ère Heisei plutôt que de 2008 (→ *encadré p. 32*).

■ Tabous et vie privée

Tout ce qui touche à la vie privée de l'empereur ou à celle de sa famille est organisé jusque dans les moindres détails par l'Agence impériale qui impose un véritable black-out sur ce qui se passe derrière le « mur de chrysanthèmes », c'est-à-dire à l'intérieur du palais. Aucun journal, aucun magazine n'est autorisé à publier la moindre information importante sans que celle-ci soit visée par l'Agence. Un tabou qui a, malgré tout, été transgressé en premier lieu en 1993, lorsque l'impératrice Michiko, victime d'une dépression nerveuse, perdit soudain la voix. En 2005, ce fut au tour de la princesse Masako, épouse du prince héritier Naruhito, de faire la une des magazines, à la suite d'une grave dépression due, en partie, à la pression subie pour donner un héritier mâle à la dynastie. À 40 ans passés, elle n'a eu en effet « qu' » une fille.

Un grand débat s'est d'ailleurs ouvert cette année-là, à l'initiative du Premier ministre d'alors, Koizumi Junichirô, sur l'opportunité de modifier la loi fondamentale interdisant jusque-là aux femmes de monter sur le trône. Cela ne sera finalement pas nécessaire, le fils cadet de l'empereur ayant eu un fils en 2006, le prince Hisahito, qui, selon toute probabilité, montera sur le trône à la mort de son oncle.

▲ Les douves du Palais impérial, à Tôkyô, préservent l'intimité de la famille régnante.

▶▶▶ – *Époque Kamakura* : à cette période se développe la peinture sur **rouleaux de soie** appelée *emakimono*. Certains, comme le *Heiji Monogatari Ekotoba* (fin du XIIe s.) relatent des événements politiques, d'autres retracent la vie d'un moine célèbre (*Ippen Shônin Eden*, 1299), d'autres encore ont simplement été réalisés dans un but de prosélytisme religieux.
– *Époque Muromachi* : on voit apparaître les premières œuvres à l'**encre de Chine** (*sumi-e*) et notamment des **paysages★** de Sesshû (1420-1506) dont le pinceau nerveux rend à merveille la nature japonaise.
– *Époque Momoyama* : plusieurs œuvres des écoles Tosa et Kanô où l'on sent l'**influence chinoise**.
– *Époque Edo* : elle est surtout marquée par la naissance de l'*ukiyo-e*, l'art de l'**estampe**. Des œuvres des plus grands artistes sont représentées ici. Ne pas manquer, en particulier, les portraits d'acteurs de Sharaku, les 36 vues du mont Fuji de Hokusai ou encore les 53 étapes de la route du Tôkaidô de Hiroshige.

• **Le Tôyô-kan** *(vers la dr.)* a été inauguré en 1986. Il est l'œuvre de Taniguchi Yoshio. Ses dix salles d'exposition sont consacrées à l'art et à l'archéologie de l'Asie. Si la Chine et la Corée sont les pays les mieux représentés avec, en particulier, des **poteries** datant de la période Yang Chao (2500 à 2000 av. J.-C.), on peut également admirer des œuvres en provenance d'Inde, d'Asie centrale et même d'Égypte. Parmi les **peintures**, *Personnages sous un arbre*, peinture sur papier du VIIe s. en provenance de la province chinoise du Sin-kiang ou encore *Deux patriarches purifiant leur cœur* de Che K'o datant du Xe s.

• **Le Hyôkei-kan** *(vers la g.)* n'est ouvert que pour des **expositions temporaires**. Le bâtiment, construit en 1900 en l'honneur du prince héritier Yoshihito, le futur empereur Taishô, est particulièrement représentatif de l'architecture de l'ère Meiji, très inspirée de l'Occident.

• **Le Heisei-kan** *(derrière le Hyôkei-kan)* est un bâtiment récent construit pour commémorer le mariage de l'actuel prince héritier (Naruhito). Il est consacré à l'**archéologie** depuis les origines jusqu'à l'époque prémoderne. Entre autres Trésors nationaux, on peut y admirer une **cloche de bronze Dôtaku★★** du Ier s. av. J.-C., ou encore des **statuettes** vieilles de près de 4 000 ans. Le premier étage accueille des expositions temporaires.

• **Le Hôryû-ji**, enfin, conserve les trésors (319 œuvres et objets) offerts à la famille impériale par le temple Hôryû-ji de Nara en 1878. La plupart des objets présentés dans ces six salles datent des VIe et VIIe s. et font partie des plus précieux **Trésors du patrimoine national**. Parmi les raretés présentées, signalons le *Shôtoku Taishi Eden*★★★, une série de panneaux peints en 1069 qui racontent la vie du prince Shôtoku. Le bâtiment est l'œuvre de Taniguchi Yoshio. Il est remarquable de simplicité et d'élégance et concourt, par ses éclairages et sa scénographie, à une visite inoubliable.

■ **Le zoo d'Ueno★★** 上野動物園 (**Ueno dôbutsuen**) III A2
À 400 m S.-O. du Musée national ☎ *03/3828.5171* • *ouv. t.l.j. sf lun. 9 h 30-17 h (admission jusqu'à 16 h).*
Le plus ancien et l'un des plus grands zoos du Japon compte plus de **450 espèces** d'animaux différentes. À l'O., on peut caresser les animaux et voir des oiseaux rares en liberté. La maison des reptiles a été récemment refaite, et l'on peut y voir des alligators de taille impressionnante.

■ **Le temple Kan Ei-ji★** 寛永寺 III B2
À 300 m N. du Musée national • *ouv. t.l.j. 9 h 30-16 h.*
Construit, au départ, pour défendre le château d'Edo, il est devenu la propriété des Tokugawa, et six des quinze shoguns y sont enterrés. Le bâtiment

original, qui datait de 1625, a été détruit en 1868 lors de bataille pour la restauration du pouvoir impérial. Pour le remplacer, on a démonté (en 1875) un temple qui se trouvait dans la préfecture de Saitama, qu'on a reconstruit ici pierre par pierre. Aujourd'hui, le Kan Ei-ji est la propriété de la secte Tendai.

Un peu plus loin se trouve le **temple Jômyô-in**, célèbre pour ses 20 000 images de Jizô (le dieu des pèlerins).

■ Le cimetière Yanaka**
谷中霊園 (Yanaka reien) III A-B1
À 400 m N. du Kan Ei-ji (traversez Kototoi dôri) • gare Nippori 日暮里 *(ligne Yamanote-sen), sortie O.*

Très apprécié des Tokyoïtes au moment de la floraison des cerisiers début avril. Si vous arrivez par le M° Nippori, vous commencerez cette balade par le **temple Tennô-ji** *(au N.-E. du cimetière)* fondé en 1690 et surtout connu pour son **bouddha en bronze** qui trône à l'entrée. Il est dédié à Bishamonten, l'une des sept divinités de la chance.

Vous parcourrez ensuite les paisibles allées du cimetière sur lesquelles le temps ne semble pas avoir de prise. De nombreux admirateurs de **Natsume Sôseki** (1867-1916), sans doute le plus populaire des romanciers japonais, viennent chaque jour se recueillir sur sa tombe.

Sortir du cimetière par la porte O. (vers la pagode Daien-ji) et le longer vers la dr. puis tourner à dr.

■ Le musée de Sculpture Asakura
Chôso-kan** 朝倉彫塑館 III A1
À 200 m N.-O. du cimetière • 7-18-10, Yanaka, Taitô-ku ☎ *03/5828.8731 • ouv. 9 h 30-16 h 30, f. les lun. et ven.*

La maison du sculpteur Asakura Fumio (1883-1964) a été transformée en musée après sa mort. C'est l'artiste lui-même qui en a dessiné les plans en 1936 dans un style qui mélange le moderne (façade en béton noir) et le traditionnel. Le ravissant **jardin intérieur**, également conçu par Asakura, vaut à lui seul la visite. Ses bronzes, notamment ceux de ses chats, sont exposés sur les trois niveaux de la maison avec des photos et divers documents évoquant la vie de cet « enfant de Tôkyô ».

Revenez vers le M° Nippori 日暮里 *et passez de l'autre côté des voies ; le musée de la Calligraphie est à 5 mn à pied vers le S.-E.*

☞ **EN SAVOIR PLUS**
Sur l'iconographie bouddhique, reportez-vous au théma p. 256-257.

☞ Plan de la promenade ❷ (plan III) p. 185.

Écrivain à 1 000 yens

La renommée de **Natsume Sôseki** auprès des lecteurs japonais commença bien avant que son portrait ne figure sur les billets de 1 000 yens (en 1984).
Né à Edo en 1867, Natsume Kinnosuke se choisit le pseudonyme « Sôseki » (obstiné) en 1888. Après des études de chinois, d'architecture et d'anglais, il entame une carrière d'enseignant, notamment à Matsuyama, dans l'île de Shikoku. De cette expérience, il tire son premier roman *Botchan* (→ *encadré p. 528*) qui, paru en 1905, demeure l'un des grands classiques étudiés par les écoliers nippons. Sôseki passe ensuite quelques années à voyager, en Angleterre d'abord, puis en Mandchourie, alors occupée par le Japon, et s'inspire de ces voyages pour plusieurs de ses récits.
À partir de 1907, il se consacre entièrement à l'écriture et publie une vingtaine de romans dont le fameux *Je suis un chat* (→ *encadré p. 133*), traduit dans le monde entier. De santé fragile, Sôseki meurt en 1916 à l'âge de 49 ans.

> ### La Voie de l'Écriture
>
> La **calligraphie** ou *shodô* (Voie de l'Écriture) arrive au Japon aux alentours du VIe s., en même temps que l'usage des idéogrammes chinois *(kanji ;* → « *La langue et son écriture* », *p. 124)*. En complément des *kanji*, les Japonais élaborent un syllabaire phonétique, les *kana*, dérivé des idéogrammes et mieux adaptés à leur langue. Se développe alors une calligraphie purement japonaise appelée *wayô*.
> À l'époque Kamakura (1192-1333), la calligraphie devient l'une des expressions du bouddhisme zen qui s'implante dans l'archipel. Le style qui se développe alors est nommé *gyôsho*, mot signifiant « courir » en chinois, car les lettres donnent l'impression de bouger sur le papier. Le caractère devenant indéchiffrable et abstrait, l'artiste se rapproche de la vacuité présente en toute chose. Il existe quatre autres grands styles de calligraphie : le style standard *kaisho*, où les idéogrammes ont une forme carrée, et le style *tensho*, le plus ancien, utilisé notamment pour les sceaux personnels. Quant aux styles *reisho* et *sôsho*, ils sont utilisés par les religieux.
> Aujourd'hui, la calligraphie est enseignée dans de nombreuses écoles et dans la plupart des collèges. Elle est très souvent utilisée pour écrire les poèmes *haiku* ou *waka* (→ « *La littérature* », *p. 133 et 134*). Chaque année, de grands concours nationaux sont organisés dans tout le Japon et sont retransmis à la télévision.

■ **Le musée de la Calligraphie★** 書道博物館 (**Shodô hakubutsukan**) III B1
2-10-4, Negishi, Taitô-ku ☎ *03/3872.2645* • *gare Nippori* 日暮里 *: ligne Yamanote-sen (sortie O.)* • *ouv. 9 h 30-16 h 30 sf. lun. ; f. du 15 juin au 15 juil.*
Ce petit musée retrace l'évolution de la calligraphie depuis ses origines chinoises jusqu'à nos jours avec de nombreux exemples des différentes écoles.

■ **Le marché d'Ameyoko★★** アメ横市場 (**Ameyoko ichiba**) III B3
Au S. du parc d'Ueno • *gare Okachimachi* 御徒町*, ligne JR Yamanote-sen).*
À la fin de la Seconde Guerre mondiale, les habitants de Tôkyô qui manquaient de presque tout venaient ici faire du marché noir. *Ameyoko* est l'abréviation de *Ameya yokochô*, « la rue des marchands de bonbons », marchandise très rare à cette époque et qui faisait l'objet de tous les trafics. Le quartier en a gardé quelque chose d'un peu « voyou » sans pour cela qu'il soit dangereux de s'y promener. Vêtements, chaussures, sacs, articles militaires… tout cela s'empile ici façon **marché aux puces** et coûte 30 à 50 % moins cher que dans les boutiques du centre. C'est également un quartier où se concentrent salles de *pachinko* (sorte de billard électrique vertical ; → *encadré p. 194*) et hôtels de passe appelés pudiquement *soaplands*.
À proximité de la voie de chemin de fer, Ameyoko devient un fantastique **marché de comestibles** où l'on trouve du poisson, des algues, du thé et des *tsukemono* (légumes vinaigrés).

❸ Du Palais impérial à Ginza★★

Situation : plans IV et V, p. 196-197 et 203.

« Centre vide » de Tôkyô, le Palais impérial est le lieu de résidence des empereurs depuis la restauration de Meiji en 1868. Fermée au public, la résidence du couple impérial est entourée de jardins formant le plus grand espace vert de la capitale. Libres d'accès, ils se prêtent à la promenade. En allant vers le sud, Ginza est le quartier des grands magasins de luxe.

Accès : l'entrée principale du palais se trouve à 10 mn à pied du M° Ôtemachi 大手町 (lignes Maruno'uchi-sen 丸ノ内線, Chiyoda-sen 千代田線, Hanzômon-sen 半蔵門線, Tôzai-sen 東西線, Toei Mita-sen 都営三田線).

Combien de temps : 1 journée, comptez 1 j. supplémentaire si vous voulez voir le marché aux poissons et tous les musées inclus dans cet itinéraire.

■ Le Palais impérial***
皇居 (Kôkyo) IV B2

C'est ici qu'Ôta Dôkan, le premier seigneur d'Edo, avait choisi de bâtir son château en 1457, mais le bâtiment tomba en ruine après l'assassinat d'Ôta en 1486. Une nouvelle forteresse fut élevée à partir de 1590 par Tokugawa Ieyasu, le premier shogun de la dynastie des Tokugawa, qui perdura jusqu'à la restauration impériale en 1868. Celle-ci fut à son tour presque entièrement détruite par les bombardements américains en 1945, et le palais actuel *(f. au public)* date de la fin des années 1960. L'empereur et sa famille vivent dans un bâtiment

▲ La résidence impériale n'est accessible que deux jours dans l'année : le 2 janvier et le 23 décembre, jour anniversaire du souverain.

de type occidental situé à l'O. du parc, le palais Fukiage, construit au début des années 1990. Le palais impérial est entouré de très beaux **jardins** dont certains sont ouverts au public.

■ Le parc Kôkyo Higashi gyoen*** 皇居東御苑 IV B-C1-2
Accès par la porte Ôte-mon, à 5 mn à pied du M° Ôtemachi 大手町 • ouv. 9 h-16 h.

On peut accéder dans ce « jardin de l'est » par trois portes : la Ôte-mon (l'entrée principale), la Hirakawa-mon et la Kitahanebashi-mon. Ouvert au public depuis 1968, on peut y voir les ruines de l'ancien château d'Edo (XVIIe s.). Les milliers d'espèces d'arbres venues de toutes les régions du Japon en font l'un des plus riches **jardins botaniques** du pays. Au milieu du parc se trouvent le **Ninomaru****, un ravissant jardin japonais, dessiné en 1630, ainsi qu'un petit lac et une maison de thé. Dans le **musée** *(entrée gratuite ; situé à la porte Ôtemachi)*, on peut voir quelques objets liés à l'histoire de la famille impériale. Par mesure de sécurité, chaque entrée est contrôlée, et un jeton de plastique (à rendre à la sortie) est remis à chaque visiteur.

Quittez le parc Higashi par le N.

■ Le parc Kitanomaru kôen** 北の丸公園 IV B1
Au N.-O. du parc Kôkyo Higashi gyoen.

Cette partie du Jardin impérial n'a été ouverte au public qu'en 1969, à l'occasion du 60e anniversaire de Hirohito. Elle renferme **trois musées** (Sciences, Art moderne, Artisanat) et l'une des plus belles salles de concerts de la capitale, le **Nippon Budôkan** 日本武道館, construite au moment des Jeux olympiques de 1964. Bien que les plus grands noms de la pop (des Beatles à Bob Dylan) s'y soient produits, cette salle était au départ dédiée aux arts martiaux, et de nombreuses compétitions de judo ou de karaté s'y déroulent encore aujourd'hui.

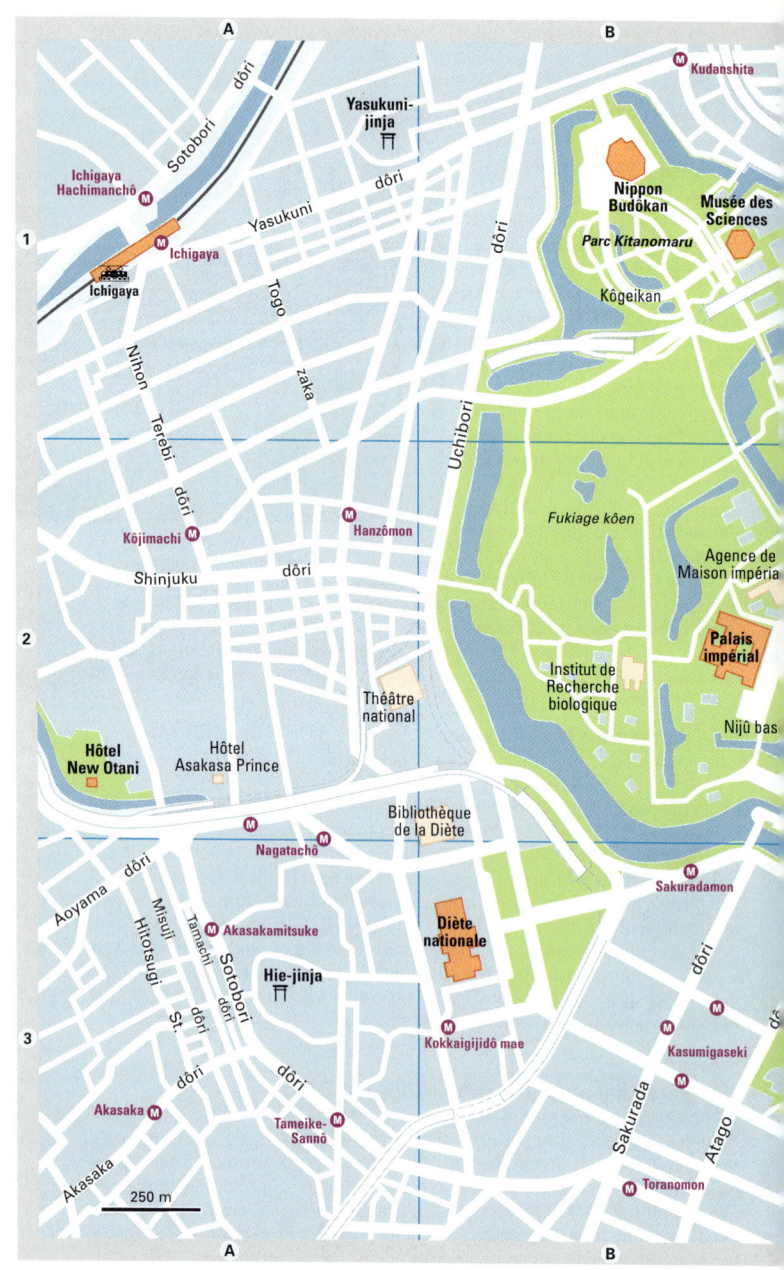

Plan IV : quartiers du Palais impérial et de Nihonbashi.

Tôkyô • Plan IV : quartiers du Palais impérial et de Nihonbashi • 197

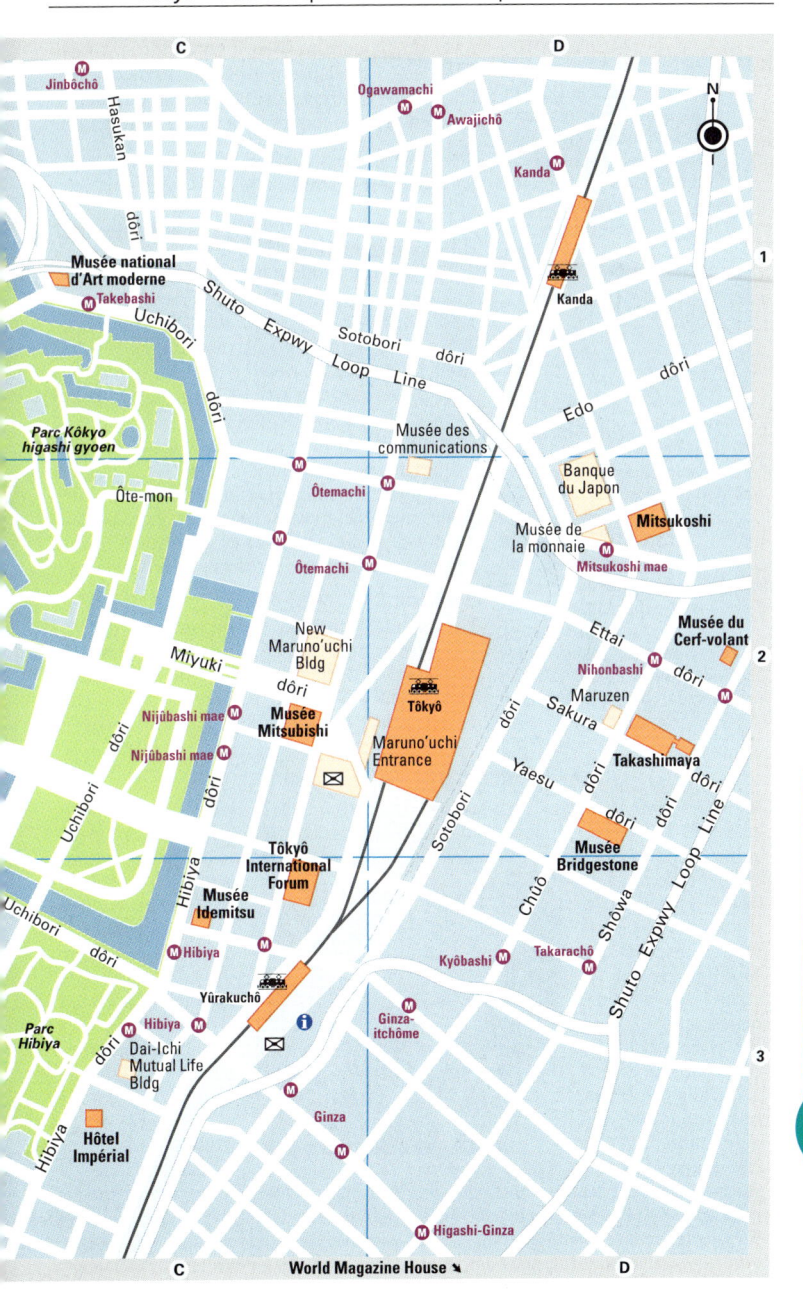

C

- Jinbôchô
- Hasukan dôri
- Musée national d'Art moderne
- Takebashi
- Uchibori dôri
- Shuto Expwy Loop Line
- Sotobori dôri
- Parc Kôkyo higashi gyoen
- Ôte-mon
- Ôtemachi
- Musée des communications
- Ôtemachi
- New Maruno'uchi Bldg
- Miyuki dôri
- Nijûbashi mae
- Musée Mitsubishi
- Nijûbashi mae
- Tôkyô
- Maruno'uchi Entrance
- Sotobori dôri
- Tôkyô International Forum
- Musée Idemitsu
- Hibiya dôri
- Uchibori dôri
- Hibiya
- Yûrakuchô
- Hibiya
- Dai-Ichi Mutual Life Bldg
- Parc Hibiya
- Hibiya dôri
- Hôtel Impérial

D

- Ogawamachi
- Awajichô
- Kanda
- Kanda
- Edo dôri
- Banque du Japon
- Musée de la monnaie
- Mitsukoshi
- Mitsukoshi mae
- Ettai dôri
- Musée du Cerf-volant
- Nihonbashi
- Maruzen
- Sakura dôri
- Yaesu dôri
- Takashimaya
- Chûô dôri
- Shôwa dôri
- Musée Bridgestone
- Shuto Expwy Loop Line
- Kyôbashi
- Takarachô
- Ginza-itchôme
- Ginza
- Higashi-Ginza
- World Magazine House

Tôkyô

☞ **MANIFESTATION**
Kagami biraki : le 11 janv. au Nippon Budôkan (IV B1), les grands maîtres d'arts martiaux viennent faire des démonstrations devant un public à qui l'on offre un *shiruko* (soupe sucrée de haricots rouges avec du *mochi*).

À l'O. du Kitanomaru kôen, le **parc Chidorigafuchi** 千鳥ヶ淵 est célèbre, pour ses allées de cerisiers. En avril, tous les employés de bureau du quartier viennent y pique-niquer à l'heure du déjeuner.

Sortir par la porte Kitahanebashi-mon. Le musée national d'Art moderne est juste en face.

■ Le musée national d'Art moderne★★
東京国立近代美術館 (**Momat** ; *Tôkyô kokuritsu kindai bijutsukan*) **IV C1**

3, Kitanomaru kôen, Chiyoda-ku ☎ *03/3272.8600 • M° Kudanshita* 九段下 *(lignes Toei Shinjuku-sen* 都営新宿線, *Hanzômon-sen, Tôzai-sen) ou M° Takebashi* 竹橋 *(ligne Tôzai-sen) • ouv. t.l.j. sf lun. 10 h-17 h (jusqu'à 20 h le ven.) • www.momat.go.jp • compter 2 h.*

Situé juste en face du parc Kitanomaru, le « Momat », entièrement rénové en 2002, possède 9 000 toiles et sculptures d'artistes contemporains, principalement japonais. Les œuvres exposées sont renouvelées cinq fois par an afin que le public puisse découvrir toute la richesse des collections.

✎ **BON À SAVOIR**
Si l'on veut visiter le musée dans l'ordre chronologique, il est préférable de commencer par le 3ᵉ étage où sont exposées les œuvres réalisées entre l'ère Meiji et le début de l'ère Shôwa, puis de redescendre jusqu'au 1ᵉʳ étage où sont exposées les œuvres les plus récentes. Le rez-de-chaussée est, quant à lui, réservé aux expositions temporaires, généralement de très bonne qualité.

• **Galerie 1** (3ᵉ étage)
Une première partie montre un ensemble de toiles réalisées pour la grande **exposition « Bunten »** organisée en 1907 à l'initiative du ministère de l'Éducation. On y sent la volonté des artistes japonais de sortir du carcan de la peinture tradition-

---

Comment jouer au *pachinko* ?

Jeu typiquement nippon, le *pachinko* attire des milliers de Japonais depuis les années 1950 et fascine tout Occidental qui pénètre dans l'un de ces « parlors » où les joueurs, insensibles au vacarme assourdissant, sont figés devant des vitrines, observant des heures durant la pluie des billes d'acier. On commence par acheter un certain nombre de billes (pour 100 yens au minimum) et l'on choisit une vitrine. On verse ensuite ses billes dans une sorte de mangeoire et, à l'aide d'une poignée située sur le côté, on les projette dans un circuit vertical où elles sont happées dans des trous gagnants – d'autres billes viennent s'ajouter à celles qu'on a déjà – ou perdants – la bille disparaît purement et simplement. La poignée permet seulement de contrôler la force de propulsion des billes. Lorsqu'on a eu de la chance et qu'on a amassé un grand nombre de billes (certains joueurs « professionnels » disparaissent presque derrière les piles de boîtes à la fin de la journée), on se présente à la caisse où elles sont pesées et échangées contre de l'argent. Tout comme le monde de la nuit et du sexe, celui des *pachinko* est lié à la mafia avec la particularité qu'une grande partie est détenue par des gangs nord-coréens.

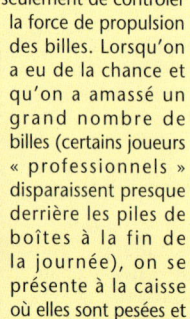

nelle. Ce sera chose faite avec le **mouvement Gaikôha** (les « pleinairistes ») conduit par Kuroda Seiki à la fin du XIXe s. et qui annonce les prémices de l'impressionnisme.

On passe ensuite à une série d'œuvres représentatives de l'ère Taishô. Kishida Ryûsei et Yorozu Tetsugorô, deux fortes personnalités du monde de l'**avant-garde nippone**, bousculent le relatif conformisme en vigueur à cette époque et proclament, avec le sculpteur et poète Takamura Kôtarô, la liberté pour chaque artiste de développer un style personnel.

La fin de l'ère Taishô sera marquée par le grand tremblement de terre de Tôkyô en 1923. Fascinés par le cataclysme mais aussi par la reconstruction accélérée de la ville, des artistes comme Koga Harue en donnent une vision proche des **mouvements constructivistes et surréalistes** qui se développent en Occident. On trouve aussi, dans cette section, des toiles réalisées par des peintres qui se sont expatriés en France (Fujita Tsuguharu et Saeki Yûzô) ou aux États-Unis (Kuniyoshi Yasuo ou Noda Hideo).

• **Galerie 2** (2e étage)
Cette galerie présente un retour à la **tradition japonaise** en réaction aux mouvements avant-gardistes incarné par Takamura Kôtarô. Certains peintres comme Yasuda Yukihiko et Kobayashi Kôkei se réclamant même de la peinture chinoise ancienne. Ce phénomène s'accentue encore avec l'entrée en guerre du pays, contre la Chine d'abord, puis contre les États-Unis et, à quelques exceptions près, la production artistique se résume aux **commandes de l'armée**.

Il faudra attendre le début des années 1960 pour voir apparaître une nouvelle réflexion sur le graphisme, qui se traduira, comme en Europe ou aux États-Unis, par la naissance d'une école de **peinture abstraite**, dont plusieurs exemples sont exposés ici.

• **Galeries 3 et 4** (1er étage)
Cette dernière partie est consacrée à la **création contemporaine** depuis les années 1970 jusqu'à nos jours. Introduction de la photographie et de matériaux naturels (bois, pierre ou eau) puis de la vidéo dans l'art. Les œuvres étant continuellement changées, il est difficile de citer tel ou tel nom d'artiste.

Presque en face du musée *(sur la g. en sortant)*, on trouvera la galerie réservée à l'**artisanat contemporain**.

Remontez le long du parc Kitanomaru sur 200 m.

☞ **EN SAVOIR PLUS**
Sur les influences occidentales dans l'art japonais, lire le théma p. 116-117.

☞ **Pour la promenade ❸**, voir le plan IV, p. 196-197, et le plan V, p. 203.

♥ **RESTAURANT**
Kandagawa honten
神田川本店 : 2-5-11, Soto Kanda, Chiyoda-ku (h. pl. IV par C1), à 15 mn à pied du M° Ochanomizu お茶の水 (ligne JR Chûô-sen 中央線 ou ligne Maruno'uchi-sen 丸の内線) ; ouv. 11 h 30-13 h 30 et 17 h-21 h 30, f. les dim. et 2e sam. du mois. Dans une maison ancienne digne d'un film de samouraïs, une pièce entière avec tatamis est mise à votre disposition pour déguster la meilleure anguille de Tôkyô.

Le sanctuaire de la discorde

Le sanctuaire **Yasukuni** est célèbre dans le monde entier pour les polémiques qui y sont liées. Pourtant, comme bien d'autres « monuments aux morts », il n'avait été fondé, au XIXe s., que pour honorer les défunts de la guerre civile qui avait précédé l'avènement de l'ère Meiji.

La discorde débute en 1978 lorsque, sous la pression de l'extrême droite nationaliste, les noms de 14 criminels de guerre condamnés à mort par le tribunal de Tôkyô en 1947, sont ajoutés à la liste des défunts honorés. Parmi ceux-ci se trouvent le sinistre général Matsui Iwane, responsable du massacre de Nankin en 1937, et le général Tôjô Hideki, Premier ministre durant la Seconde Guerre mondiale. Malgré tout, une faction de députés conservateurs et de ministres continue à participer aux cérémonies. Ce qui, au Japon comme à l'étranger, soulève une vague de protestations. Celles-ci atteignirent leur paroxysme en 2001 lorsque le Premier ministre **Koizumi Junichiro** décida d'une visite annuelle au sanctuaire. Cette nouvelle résonna comme une provocation dans les pays d'Asie victimes de la barbarie de l'armée impériale. Cependant Koizumi persista jusqu'à son départ en 2007.

Depuis, le nouveau pouvoir semble avoir choisi d'écouter la grande majorité des Japonais pour qui ces lubies d'un autre âge portent un grave préjudice à l'image moderne et démocratique de leur pays, ainsi qu'à ses intérêts économiques.

■ **Le musée des Sciences**★
科学博物館 (**Kagaku hakubutsukan**) IV B1
2-1, Kitanomaru kôen, Chiyoda-ku ☎ *03/3272.8600* • *métros identiques au Momat* • *ouv. t.l.j. 9 h 30-16 h 50* • *www.jsf.or.jp* • *compter 1 h 30.*

Ouvert en 1964, l'année des Jeux olympiques de Tôkyô, ce musée construit en forme d'étoile à cinq branches s'est donné pour mission de mettre à la portée du public (et notamment des enfants) les grandes **découvertes scientifiques**, passées et actuelles. Sur 4 niveaux sont abordés les principaux thèmes de la science moderne (le nucléaire, l'électricité, les moteurs, l'espace, le génome, etc.) avec une approche très didactique. Les découvertes scientifiques les plus récentes, et notamment les dernières machines industrielles, sont en démonstration dans ce musée qui se renouvelle constamment.

En sortant du parc Kitanomaru par la porte Tayasumon derrière le Nippon Budôkan, sur la g.

■ **Le sanctuaire Yasukuni-jinja** 靖国神社 IV A1
3-1-1, Kudan-Kita, Chiyoda-ku ☎ *03/3261.8326* • *M° Ichigaya* 市ヶ谷 *(lignes Toei Shinjuku-sen 都営新宿線, Yûrakuchô-sen 有楽町線, Nanboku-sen 南北線, JR Yamanote-sen 山手線)* • *ouv. t.l.j. 9 h-16 h 30, jusqu'à 17 h de mars à oct.* • *www.yasukuni.or.jp* • *compter 1 h 30.*

Dédié aux 2,5 millions de Japonais « morts pour le pays » depuis 1868 jusqu'à la fin de la Seconde Guerre mondiale, c'est en 1869 qu'il fut inauguré, revendiquant alors le plus haut *torii* du pays. De conception classique, son architecture est d'une sobriété austère. Ce sanctuaire shintoïste est visité chaque année par des millions de Japonais venus honorer leurs morts. Cependant, ce lieu représente aussi un symbole fort pour l'extrême droite nationaliste (→ *encadré*).

Le musée★ 遊就館 (**Yasukuni yûshûkan**) fut créé en 1882 et entièrement rénové à la fin des années 1990. Il présente de nombreux **objets liés à la guerre**. Parmi les plus spectaculaires, une réplique d'avion utilisé par les kamikazes ainsi qu'un sous-marin torpilleur monoplace utilisé pour des actions suicide. Lettres, photos et uniformes tachés de sang tendent à présenter le Japon comme une victime de la Seconde Guerre mondiale en occultant sa responsabilité dans le conflit et en faisant l'impasse sur les atrocités commises par l'armée impériale.

■ **Le parc Hibiya**★
日比谷公園 (**Hibiya kôen**) IV B-C3
Retraverser le parc Kitanomaru et le parc Kôkyo Higashi et suivre Uchibori dôri vers le S. • *M° Hibiya* 日比谷.

Inauguré en 1903, ce fut le premier parc de **style occidental** du Japon. Chaque jour, employés de bureau et *office ladies* s'installent ici pour déjeuner d'un *bentô*, notamment en avril au moment où fleurissent les azalées. Au milieu du parc, un restaurant sert en terrasse, pendant l'été, ce qui constitue une halte fort agréable au milieu de la verdure.

L'**hôtel** *Imperial (face à l'entrée principale du parc Hibiya)* se repère de loin grâce à sa haute silhouette rouge. À deux pas de l'hôtel, le long des voies ferrées, court l'**International Arcade**★★ où l'on peut acheter, en détaxe, souvenirs, bijoux et matériel électronique.

Le **Tôkyô International Forum**★ 東京国際フォーラム (Nihon Kokusai Forum ; M° *Yûrakuchô* 有楽町) est l'un des *must* architecturaux de la fin du XXᵉ s. Cet immense bâtiment de verre, évoquant quelque poisson géant, a été conçu par Rafael Viñoly en 1996.

▲ Le Tôkyô International Forum accueille des concerts et des conférences.

Sortir du parc devant l'hôtel Imperial et remonter jusqu'à l'Imperial Theater. Le musée Idemitsu est contigu à ce théâtre.

■ Le musée Idemitsu★★
出光美術館 (**Idemitsu bijutsukan**) **IV C3**
Au 9ᵉ ét. du Kokusai Bldg, 3-1-1, Maruno'uchi, Chiyoda-ku ☎ *03/3213.9402* • *M° Hibiya* 日比谷 • *ouv. t.l.j. sf lun. 10 h-17 h (jusqu'à 19 h le ven.)* • *www.idemitsu.co.jp/museum* • *durée de la visite : 1 h 30.*

Cette propriété de la famille Idemitsu (le numéro 1 japonais de la distribution de carburant automobile) possède une impressionnante collection d'**art traditionnel japonais** allant des poteries de l'époque Jômon aux estampes du XIXᵉ s. en passant par des manuscrits bouddhistes de différentes époques, notamment les calligraphies du moine zen Sengai. Il est également réputé pour ses céramiques de Corée, ses bronzes et ses laques de Chine. Les œuvres exposées changent tout au long de l'année, et des expositions thématiques, pas nécessairement limitées à l'art japonais, sont parfois organisées. Du musée, la **vue**★★★ sur le Palais impérial est unique.

Revenir au M° Hibiya 日比谷.

■ Autour du pont Nihon bashi★ 日本橋 **IV D2**
M° Nihonbashi 日本橋 *(lignes Ginza-sen* 銀座線*, Toei Asakusa-sen* 都営浅草線*, Tôzai-sen).*

Construit une première fois en 1604, le **Nihon bashi**★ (pont du Japon) servit durant des siècles de « point zéro » pour établir les distances entre Tôkyô et les autres villes. L'ancien pont, peint en

Timbres de collection

Trente fois par an, la poste japonaise édite une nouvelle série de timbres de collection. Ceux-ci sont affichés quelques jours avant la mise en vente dans tous les bureaux de poste. Il faut impérativement les acheter le jour même de leur parution, car les guichets sont littéralement pris d'assaut. Une seconde chance est cependant donnée, à la poste centrale de Tôkyô *(2-3-3, Ôtemachi, Chiyoda-ku* ☎ *03/3241. 4891)* située en face de la gare de Tôkyô où une boutique de philatélie vend également des timbres anciens. Les thèmes, extrêmement variés, vont du sumo aux fleurs et aux animaux en passant par les reproductions d'estampes connues.

En ce qui concerne les timbres ordinaires, on les trouve dans les postes de quartier ainsi que dans les boutiques à l'intérieur des grands hôtels mais jamais dans les bureaux de tabac.

De la cave au grenier

Les **grands magasins** nippons, généralement agréables, méritent d'être découverts même si l'on ne souhaite pas y faire des achats.

Le niveau le plus spectaculaire se trouve au sous-sol, toujours réservé à l'alimentation. Comme dans un marché, des centaines de vendeurs interpellent gaiement les clients pour leur faire goûter leurs spécialités. L'ascenseur mène au dernier étage où une terrasse est aménagée pour la détente avec, suivant les cas, des expositions de bonsaïs ou de poissons rouges, des terrains de jeux pour enfants, des brasseries en plein air et même, parfois, un petit temple. Dans tous les cas, la vue est superbe. Quant à l'avant-dernier étage, c'est généralement celui des restaurants. Concurrence oblige, chacun a sa spécialité, et les menus de midi y sont toujours très avantageux. À ce même étage, se tiennent souvent des expositions de peintures ou d'objets artisanaux.

En redescendant, il ne faut pas manquer le rayon des kimonos traditionnels (pouvant coûter plus de 15 000 €) ou celui de la papeterie japonaise et de la calligraphie. Enfin, tous les grands magasins sont équipés de toilettes, toujours gratuites, et de téléphones, dans la cage d'escalier à mi-étage.

♥ BOULANGERIE

Ginza Kimuraya 銀座木村屋 : 4-5-7, Chûô-ku (IV D2), en face du grand magasin Mitsukoshi • boutique ouv. t.l.j. 10 h-21 h • salon de thé ouv. t.l.j. 10 h-20 h 30 • restaurant ouv. t.l.j. 11 h-21 h. Son petit pain rond fourré à la pâte de haricot rouge *(anpan)* fait la renommée de la maison depuis cinq générations.

rouge, figure sur de nombreuses estampes. Le pont actuel, qui date de 1911, est presque entièrement occulté par une voie express (un projet est à l'étude pour la déplacer) rendant très difficile une vision d'ensemble. De chaque côté du pont, sur Chûô dôri, vous trouverez les **deux grands magasins** les plus connus de Tôkyô. Au N., *Mitsukoshi*★ et au S. *Takashimaya*★. Tous deux sont de véritables institutions depuis le tout début du XXe s. L'intérieur de *Takashimaya*, dans le style Art déco, vaut largement la visite.

Dans la 1re rue à g. après le pont, en direction de *Takashimaya (vers le S.)*, un étonnant **musée du Cerf-Volant**★ 凧の博物館 **IV D2** (Tako no hakubutsukan ; *1-12-10, Nihonbashi, Chûô-ku* ☎ *03/3275.2704* • *www.tako.gr.jp*) né en 1977 de la passion de l'ancien patron du restaurant *Tameiken* situé dans le même immeuble. Plus de 400 cerfs-volants de toute forme et de toute origine y sont exposés dont certains sont de véritables œuvres d'art peintes à la main. Le site Internet du musée liste toutes les manifestations liées aux cerfs-volants qui ont lieu au Japon.

■ **Le musée Mitsubishi Ichigôkan**
三菱一号館美術館 (Mitsubishi Ichigôkan bijutsukan) **IV C2**
6-1 Maruno'uchi 2-chôme, Chiyoda-ku, M° Tôkyô 東京 *(ligne JR Yamanote-sen* 山手線, *ligne Maruno'uchi-sen)* • *http://mimt.jp*

Situé dans un des premiers immeubles de bureaux du quartier Maruno'uchi, le musée a pour objectif d'implanter l'art et la culture dans un quartier d'affaires, avec en prévision un café et une boutique.

Reprendre Chûô dôri vers Ginza jusqu'au croisement avec Yaesu dôri.

■ **Le musée Bridgestone**★★ ブリヂストン 美術館 (Bridgestone bijutsukan) **IV D2**
1-10-1, Kyobashi, Chûô-ku ☎ *03/3463.0241* • *M° Tôkyô* 東京 *(ligne JR Yamanote-sen* 山手線, *ligne Maruno'uchi-sen), Nihonbashi* 日本橋 *(lignes Ginza-sen* 銀座線, *Toei Asakusa-sen* 都営浅草線, *Tôzai-sen), M° Kyobashi* 居橋 *(ligne Ginza-sen)* • *ouv. du mar. au sam. 10 h-20 h, dim. et fêtes 10 h-18 h* • *www.bridgestone-museum.gr.jp* • *compter 1 h 30.*

Van Gogh, Cézanne, Monet... beaucoup de grands peintres occidentaux du XIXe s. sont présents dans ce musée créé en 1952 par Ishibashi Shôjirô, le président de la célèbre marque de pneumatiques. Le musée possède 1 600 œuvres (majoritairement

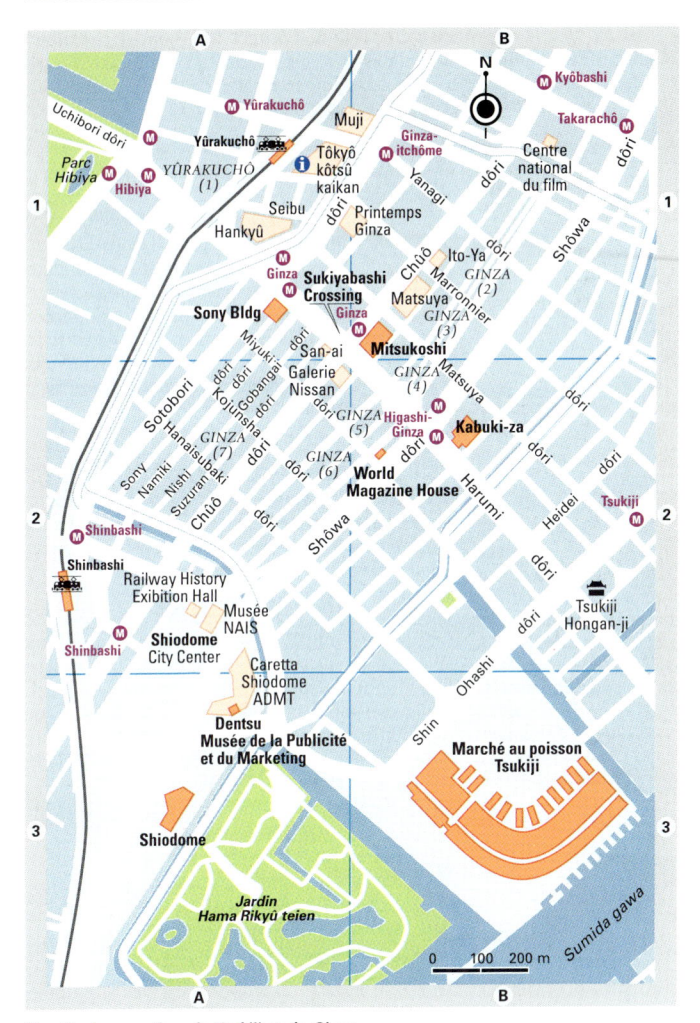

Plan V : les quartiers de Tsukiji et de Ginza.

d'impressionnistes français) exposées alternativement ou lors de rétrospectives consacrées à un artiste. On y trouve également les œuvres d'artistes japonais influencés par l'**impressionnisme**. Le musée continue d'acquérir régulièrement de nouvelles œuvres quoique à un rythme moins soutenu que dans les années 1980, durant lesquelles les collections se sont enrichies de célèbres toiles comme le *Saltimbanque assis les bras croisés* de Picasso (1923) où *Mlle Georgette Charpentier assise* de Renoir (1876). Cette dernière œuvre, acquise par Bridgestone en 1987, fut exposée au 3e Salon des impressionnistes à Paris en 1877 et fut l'objet, à l'époque, de vives critiques à cause de la façon jugée grotesque dont Renoir avait peint les bras et les jambes de cette fillette

> ☞ **EN SAVOIR PLUS**
> Sur les influences occidentales dans l'art japonais, lire le théma p. 116-117.

> ☞ **Pour la suite de la promenade ❸**, voir le plan V p. 203.

de 4 ans, fille de Georges Charpentier (l'éditeur de Zola et de Maupassant). En hommage à cette toile et à son auteur, le salon de thé du musée a été baptisé « Georgette ».

■ L'avenue Chûô dôri★★ 中央通り V A2-B1

M° Ginza 銀座 *(lignes Maruno'uchi-sen, Ginza-sen 銀座線, Hibiya-sen 日比谷線)*.

Tout au long de Chûô dôri, qui traverse le quartier de Ginza, comparé parfois aux Champs-Élysées, se succèdent de nombreuses boutiques de luxe ainsi que des grands magasins dont *Matsuya* et *Mitsukoshi*. Les Tokyoïtes aiment y faire du lèche-vitrines, surtout les dimanches d'été lorsque le quartier devient piétonnier. Les visiteurs étrangers y apprécient les 8 étages de la papeterie *Itoya* avec son choix de papiers japonais.

Tournez à g. après Mitsukoshi et marchez jusqu'à Shôwa dôri. Sur le côté g., se dresse le théâtre Kabuki-za.

■ Le théâtre Kabuki-za★★★ 歌舞伎座 V B2

M° Higashi-Ginza 東銀座 *(lignes Toei Asakusa-sen 都営浅草線, Hibiya-sen 日比谷線)*, 4-12-15, Ginza ☎ 03/3541.3131 • rés. : *www.shochiku.co.jp/play/kabukiza/theater*

> ✎ **BON À SAVOIR**
> Il y a généralement deux représentations par jour au Kabuki-za, à 11 h et à 16 h 30, le spectacle complet durant entre 4 h et 5 h. Il est cependant possible d'acheter un billet sur place pour voir un seul acte depuis le 4ᵉ étage. Des résumés en anglais sont disponibles ainsi que des écouteurs assurant une traduction simultanée.

Ouvert en 1889, mais le bâtiment actuel est une réplique datant de 1950. Nous vous conseillons vivement d'assister à une représentation, non seulement pour le spectacle, souvent époustouflant, mais aussi pour l'ambiance de la salle où les aficionados encouragent leurs acteurs préférés de leurs applaudissements. On peut apporter son *bentô* et manger tout en regardant la pièce.

Tournez dans la 1ʳᵉ rue à g. après le théâtre et continuez jusqu'au carrefour suivant.

■ Le quartier de la presse★ V A1

M° Yûrakuchô 有楽町 *(lignes JR Yamanote-sen 山手線, Yûrakuchô-sen 有楽町線)*.

L'immeuble moderne du *World Magazine House* abrite le siège de nombreux périodiques nippons. Le r.-d.-c. et le 1ᵉʳ étage sont réservés au public, qui peut y feuilleter librement les magazines du monde entier. Vous pouvez ainsi vous installer à une table de la cafétéria avec *L'Express*, *Voici* ou *Elle*… à condition de les remettre en place en partant.

> ♥ **RESTAURANT**
> **Sushi Ginza Shimon**
> 鮨銀座鰤門 :
> Sakaguchi Bldg (6ᵉ ét.), 5-5-13, Ginza, Chûô-ku (V A1), dans la Namiki dôri, à côté de la boutique Cartier ☎ 03/5537.0010 ; ouv. t.l.j. 11 h 30-15 h et 17 h-23 h. Une excellente *sushi-ya* ouverte en 2003 où l'on pousse le raffinement jusqu'à vous proposer trois sortes de sauce de soja !

Prenez à dr. en sortant du *Magazine House*. En continuant jusqu'au bout de cette rue, vous arriverez en face du **centre commercial** de Sukiyabashi. Sur votre dr., après le cinéma de la Toei, se trouve une société spécialisée dans les films de *yakuza* (gangsters).

Revenez sur vos pas et dirigez-vous vers le carrefour le plus important de Ginza, **Sukiyabashi Crossing**, où les partis politiques (surtout l'extrême droite) viennent chacun à leur tour aboyer leurs idées dans des haut-parleurs. Traversez en direction du **Sony Building** (toujours moderne bien que construit en 1966), qui outre le *showroom* de la célèbre marque, abrite deux des restaurants les plus chers de Tôkyô : *Maxim's de Paris (☎ 03/3572.3621)* et *Sabatini di Firenze (☎ 03/3573.0013)*. Juste à côté se trouve l'élégant immeuble d'Hermès *(5-4-1, Ginza ☎ 03/3569.3611)*, tout en briques de verre (17 000 au total), dessiné par Renzo Piano en 2002. Une galerie située au 8ᵉ étage présente régulièrement des expositions d'art moderne.

❹ De Tsukiji à la baie de Tôkyô★★

Situation : plan V ; E. de Tôkyô.

Déménagée de Nihonbashi à Tsukiji en 1923, à la suite du grand tremblement de terre, la halle aux poissons de Tôkyô est sans doute l'un des sites les plus visités bien qu'il s'agisse d'un marché réservé aux restaurateurs. De là, il est relativement facile d'explorer la baie de Tôkyô avec ses recoins évoquant l'époque Edo comme l'île de Tsukuda jima ou la partie la plus récente, Daiba, constituée de terrains gagnés sur la mer et auxquels on accède par l'impressionnant Rainbow Bridge.

■ **Le marché aux poissons de Tsukiji★★★** 築地市場 **(Tsukiji shijô ; Tsukiji Fish market)** V B3
M° Tsukijishijô 築地市場 *(ligne Toei Ôedo-sen* 都営大江戸線*) • ouv. aux visiteurs 9 h-15 h • www.tsukiji-market.or.jp*
En arpentant les minuscules allées du marché, on peut voir des centaines d'espèces de poissons différentes ainsi que des coquillages aux formes les plus extravagantes. Plus de 2 000 tonnes de produits de la mer sont vendues ici quotidiennement. Profitez-en pour essayer le poisson cru (ultra-frais, bien sûr) au petit déjeuner ! De nombreux bars à sushis sont installés dans et autour du marché. Choisissez toujours ceux où il y a la queue (garantie de qualité) : on n'attend jamais très longtemps mais pas question, non plus, de s'attarder au comptoir.
Des pourparlers sont en cours pour un nouveau déménagement du marché aux poissons, mais ce projet ne se réalisera probablement pas avant les années 2010-2015.

▲ La vente aux enchères des thons se déroule chaque matin à partir de 6 h, au fond du marché de Tsukiji (interdit aux touristes). Les acheteurs examinent à l'aide d'une lampe et d'un crochet les thons gelés alignés sur le sol. Une fois l'inspection achevée, les vendeurs, debout sur un escabeau, hurlent les prix à toute vitesse tandis que des mains se lèvent dans la foule des acheteurs. Certains thons peuvent atteindre le prix d'une voiture !

☞ **Plan de la promenade** ❹**, voir le plan V p. 203.**

♥ RESTAURANT
Daiwa Sushi 大和寿司 : 6-5-2-1, Tsukiji, Chûô-ku (V B2) ☎ 03/3547.6807 ; ouv. 5 h-13 h 30, f. les dim. et 2ᵉ mer. du mois. Le poisson y est d'une fraîcheur exceptionnelle, puisque le restaurant est situé à l'intérieur même du marché de Tsukiji. Il y a presque toujours la queue, mais le jeu en vaut la chandelle.

☞ **EN SAVOIR PLUS**
Sur les sanctuaires shintoïstes, voyez les pages thématiques p. 466-467.

☞ **EN SAVOIR PLUS**
Sur les jardins japonais, consultez le théma p. 374-375.

Sur le rabat arrière de la couverture, un Tableau chronologique indique les périodes de l'histoire japonaise. En fin de volume, le Petit dictionnaire répertorie le vocabulaire spécifique.

■ L'île Tsukuda jima★ 佃島 h. pl. V par B2
À 15 mn à pied vers l'E. depuis le M° Tsukiji 築地 (ligne Hibiya-sen 日比谷線), en empruntant le pont Tsukuda ohashi • accès possible par le M° Tsukishima 月島 (lignes Yûrakuchô-sen 有楽町線, Toei Ôedo-sen 都営大江戸線).

Ce quartier a miraculeusement résisté aux tremblements de terre et aux bombardements de 1945. En fait, il ne s'agit que d'une rue dont certaines maisons datent de l'époque Edo. À l'une des extrémités se dresse le sanctuaire shintoïste **Sumiyoshi-jinja**, dédié aux divinités marines. Quelques touristes japonais viennent visiter Tsukuda jima pour respirer l'atmosphère d'Edo en dégustant la spécialité locale : le *tsukudani*, un biscuit salé à base de poisson et d'algues recouvert d'une sauce de soja. *Tensuya Honten (1-9, Tsukuda)* en est le spécialiste incontesté depuis plus de 100 ans.

Revenir vers le marché aux poissons et avancer en direction de Shiodome.

■ Le jardin Hama Rikyû onshi kôen★★★
浜離宮恩賜公園 V A-B3
M° Shiodome 汐留 (sortie 10 ; lignes Toei Ôedo-sen 都営大江戸線, Yurikamome-sen ゆりかもめ線) ; bateaux depuis Asakusa (rens. : www.suijobus.co.jp).

Entre le marché aux poissons et le quartier de Shiodome se trouve ce jardin, créé en 1654 sous le shogunat des Tokugawa, qui l'utilisaient comme réserve de chasse. Devenu propriété de l'empereur lors de la restauration de Meiji, en 1868, il sera donné à la ville de Tôkyô par Hirohito en 1945. Soigneusement restauré, c'est aujourd'hui l'un des plus beaux jardins de Tôkyô en même temps qu'une **réserve d'oiseaux**. Il est organisé autour de **trois lacs** dont le plus grand, au centre, abrite deux îles desservies par des ponts en bois. Plusieurs pavillons de thé agrémentaient autrefois la promenade, mais tous ont été détruits par un bombardement en 1944. Un seul, le Nakajima no Chaya, a été reconstruit à l'identique en 1983. On y accède par un ponton de bois. Du thé vert et des pâtisseries traditionnelles vous seront proposés pour une somme modique.

■ Shinbashi 新橋 et Shiodome★ 汐留 V A2-3
Juste en face du jardin • M° Shinbashi 新橋 (lignes JR Yamanote-sen 山手線, Toei Asakusa-sen 都営浅草線, Ginza-sen 銀座線, Yurikamome-sen ゆりかもめ線) ou M° Shiodome 汐留 (lignes Toei Ôedo-sen 都営大江戸線, Yurikamome-sen).

Ce quartier, situé en face de la baie de Tôkyô, a été entièrement rénové en 2003. Il s'articule désormais autour de la place Caretta où s'élève l'**immeuble Dentsû** (première agence de publicité mondiale), une tour de verre aux lignes très pures réalisée

▲ Vue de la baie de Tôkyô, la capitale nippone dévoile sa démesure.

en 2002 par l'architecte français Jean Nouvel. La **vue***** sur la baie de Tôkyô depuis le dernier étage est à couper le souffle, et l'on peut en profiter gratuitement. Plusieurs restaurants sont aménagés le long des façades qui proposent, à midi, des menus déjeuners au même prix que n'importe où ailleurs dans la ville.

■ Le musée de la Publicité et du Marketing*
広告とマーケティングの資料館
(Kôkoku to marketing no shiryôkan) V A3

Vers l'O. depuis le M° Shinbashi 新橋, *au r.-d.-c. de l'immeuble Dentsû • Caretta Shiodome B1-B2, 1-8-2, Higashi-Shinbashi* ☎ *03/6218.2500 • ouv. du mar. au ven. 11 h-18 h 30, sam. et fêtes 11 h-16 h 30 • entrée gratuite • www.admt.jp*

Ce musée qui a ouvert ses portes en 2004, raconte l'histoire de la pub japonaise depuis les premières estampes qui, au XVIIe s., véhiculaient les réclames jusqu'aux dernières campagnes télévisées. Il est pourvu d'une salle de projection, d'un magasin de souvenirs et d'une librairie.

Depuis Shiodome ou Shinbashi, on peut prendre le monorail (ligne Yurikamome) qui traverse la baie de Tôkyô sur le Rainbow Bridge.

■ Le quartier Odaiba** お台場
plan d'ensemble D3

Gare de Daiba 台場 *(ligne Yurikamome-sen* ゆりかもめ線*).*

Aménagé sur des terrains gagnés sur la mer, ce quartier fait face à la baie de Tôkyô. Devenu l'un des lieux les plus romantiques de la capitale, il accueille durant le week-end des milliers de

♥ **RESTAURANT**
Sushizen 寿司禅 : Dentsû Bldg 46F, Caretta Shiodome, 1-8-1 Higashi-Shinbashi, Minato-ku (V A2) ☎ 03/3569.0068 ; ouv. 11 h-15 h et 17 h-22 h 30. Une excellente *sushi-ya* où l'on bénéficie d'une des plus belles vues de Tôkyô.
Cher le soir, le menu de midi est à moins de 4 000 yens.

🖉 **BON À SAVOIR**
Il est possible de coupler cette visite avec celle d'Asakusa (→ promenade ❶) en remontant la rivière Sumida en bateau-mouche. Départs du M° Daiba 台場 ; rens. sur www.suijobus.co.jp

☞ Pour la suite de la promenade ❹, reportez-vous au plan d'ensemble en fin de volume (garde arrière).

jeunes couples venus contempler le Rainbow Bridge, depuis la promenade aménagée de Daiba. La nuit, brillant de mille feux, le quartier semble évoquer New York.

- **La statue de la Liberté** 自由の女神像 **plan d'ensemble D3** (Jiyû no megamizô) et **l'immeuble de Fuji TV★** フジTVビル **plan d'ensemble D3** (Fuji terebi). Le prêt par la France de la statue de la Liberté du pont de Grenelle (à l'occasion de l'Année de la France au Japon en 1998-1999) a également largement contribué au succès de Daiba. Une nouvelle statue, identique à l'originale, a d'ailleurs été fondue et implantée définitivement sur le site. De même, le siège de la chaîne de télévision Fuji, construit par l'architecte Tange Kenzô en 1996, attire chaque jour des milliers de visiteurs. Sa silhouette, qui évoque un Meccano géant, est devenue l'un des symboles de la capitale. On peut le visiter et même monter dans la boule d'où l'on a une vue extraordinaire de toute la baie. Derrière ce bâtiment se dresse la *Flamme de la Liberté*, œuvre du Français Marc Couturier, inaugurée à la fin de l'année 2000 et qui symbolise l'amitié entre la France et le Japon.

- **Le musée des Sciences maritimes★** 船の科学館 **plan d'ensemble D3** (Fune no kagaku-kan ; *gare Fune no kagakukan* 船の科学館, *ligne Yurikamome-sen • sur un bateau à la gare* ☎ *03/5500.1111 • ouv. t.l.j. sf lun. 10 h-17 h • www.funenokagakukan.or.jp*). À l'intérieur d'un immense paquebot (il s'agit d'une copie en béton) est retracée toute l'histoire de la marine japonaise. Instruments de mesure, maquettes de bateaux et de sous-marins, cartes anciennes… évoquant des expéditions scientifiques jusqu'aux pôles sont exposés. Deux piscines découvertes sont mises à la disposition du public l'été.

- **Le musée national des Sciences nouvelles★★** 日本科学未来館 **plan d'ensemble D3** (Nihon kagaku miraikan ; *à 300 m S.-O. • gare Telecom Center, ligne Yurikamome-sen • 2-41, Aomi, Kôtô-ku* ☎ *03/3570.9151 • t.l.j. sf mar. 10 h-17 h • www.miraikan.jst.go.jp • nombreuses explications en anglais*). Ouvert en juillet 2001, ce musée se veut un lieu de découverte des sciences les plus récentes et les plus novatrices en même temps qu'un point de rencontre entre les chercheurs et le grand public. De grandes expositions thématiques sont régulièrement organisées autour de la robotique, des nanotechnologies ou encore de tout ce qui a trait à l'exploration spatiale. Une attention de plus en plus grande est accordée aux questions touchant l'environnement.

- **Les sources thermales Ôedo onsen monogatari★★** 大江戸温泉物語 **plan d'ensemble D3** (*même accès • 2-57, Omi, Kôtô-ku* ☎ *03/5500.1126 • t.l.j. 22 h/24, f. 9 h-11 h*). Au beau milieu des constructions futuristes de Odaiba, les établissements thermaux Ôedo onsen monogatari proposent un étonnant voyage dans le passé. Dès l'entrée, le visiteur choisit un *yukata* coloré et des socques, seuls vêtements autorisés à l'intérieur. Puis il pénètre dans une immense salle de bois inspirée des maisons traditionnelles de l'époque Edo. Après une douche (obligatoire), il ira se baigner et se détendre dans différents types de bains alimentés par de véritables sources jaillissant dans un décor minéral et végétal très dépaysant. Il pourra ensuite s'allonger sur des tatamis puis se restaurer dans l'une des nombreuses échoppes de ce complexe unique au Japon.

- **Tôkyô Big Sight★** 東京国際展示場 **plan d'ensemble D3** (Tôkyô kokusai tenjijô ; *gare Kokusai Tenjijô Seimon* 国際展示場正門, *ligne Yurikamome-sen • www.bigsight.jp*), surprenant parc d'expositions reconnaissable à ses quatre pyramides inversées. Il a été conçu par la compagnie Sato Sogokeikau en 1994. C'est là qu'ont lieu la plupart des grands Salons internationaux et, parfois, de grandes expositions.

❺ Shinjuku★★

Situation : plan VI ; au N.-O. de Tôkyô.

Situé à l'O. du Palais impérial, Shinjuku est, depuis le XVIIe s., l'un des grands centres de Tôkyô. Ce quartier, très animé de jour comme de nuit, présente deux visages. L'O. de la gare de Shinjuku est constitué d'une succession de tours gigantesques incluant la monumentale mairie de Tôkyô. À l'inverse, l'E. de cette gare est un dédale de ruelles, de bars et de petits restaurants évoquant le Tôkyô d'avant-guerre.

Accès : gare Shinjuku 新宿, lignes JR Yamanote-sen 山手線, JR Chûô-sen 中央線, Keiô-sen 京王線, Odakyû-sen 小田急線 ; M° Shinjuku 新宿 (lignes Maruno'uchi-sen 丸ノ内線, Toei Ôedo-sen 都営大江戸線, Toei Shinjuku-sen 都営新宿線).

Combien de temps : 1 journée et 1 soirée.

La visite commence par la partie O. En sortant de la gare de Shinjuku côté O., vous êtes devant le magasin Odakyû. Partez ensuite vers la g., en direction des grands buildings.

■ Le musée Tôgô Seiji★★ 損保ジャパン東郷青児美術館
(Sompo Japan Tôgô Seiji bijutsukan) VI B2
À 300 m N.-O. de la gare de Shinjuku, 200 m O. de la station Shinjuku-Nishiguchi 新宿西口 • *Sompo Japan Bldg, Shinjuku-ku, Nishi-Shinjuku 1-26-1, Sompo Japan Honsha Bldg 42F* ☎ *03/3272.8600* • *ouv. 10 h-18 h, f. lun. et j. fériés* • *www.sompo-japan.co.jp/museum*

LES 12 PLANS DE TÔKYÔ
- Plan d'ensemble en fin d'ouvrage
- Métro et réseau ferré   168-169
- Plan I : Asakusa   177
- Plan II : Ryôgoku   179
- Plan III : Ueno   185
- Plan IV : Les quartiers du Palais impérial et Nihonbashi   196-197
- Plan V : Tsukiji et Ginza   203
- Plan VI : Shinjuku   210-211
- Plan VII : Harajuku   222-223
- Plan VIII : Roppongi   228
- Plan IX : Ikebukuro   234-235
- Plan X : Ebisu   238

☞ Plan de la promenade ❺ (plan VI), p. 210-211.

⋞ PANORAMA
La vue, depuis le musée Tôgô Seiji, est l'une des plus belles de Tôkyô.

Shinjuku-Est, Shinjuku-Ouest

Selon la légende, dans les années 1590, Tokugawa Ieyasu, qui n'est pas encore devenu shogun, accorde à son fidèle vassal Naitô Kiyonari la propriété d'un territoire qui allait devenir Shinjuku. De cette origine, la partie est de ce quartier aurait conservé le surnom « Naitô Shinjuku ». Or les hasards de la phonétique font que *naito* évoque aussi la prononciation japonaise du mot anglais *night*, « la nuit ». Et ce nom convient parfaitement à Shinjuku-Est où, de nos jours, abondent bars et discothèques. En effet, le « commerce de l'eau » *(mizu shôbai ; → encadré p. 214)* est ici un euphémisme pour désigner l'industrie de l'alcool et du sexe.

Relativement préservé des effets du tremblement de terre de 1923, Shinjuku fut en revanche presque entièrement détruit par les bombardements de 1945. Cependant, Shinjuku-Ouest se métamorphosa, au début des années 1970, en un quartier de tours conçues pour résister aux séismes les plus violents. C'est ainsi que cette partie de Shinjuku est largement marquée de l'empreinte de l'architecte Tange Kenzô (1913-2005 ; → *encadré p. 213*) qui a dessiné non seulement la nouvelle mairie de Tôkyô en 1991, mais aussi plusieurs des bâtiments voisins tels le Shinjuku Park Hyatt.

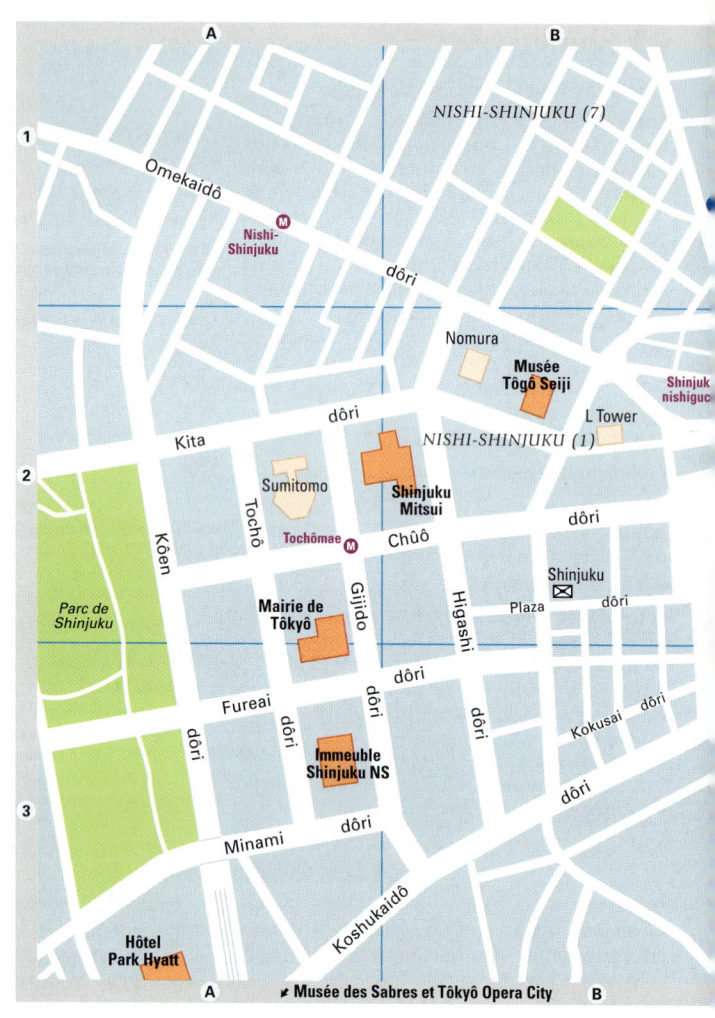

Plan VI : le quartier de Shinjuku.

Au 42ᵉ étage de cet immeuble qui appartient à une compagnie d'assurances, un musée présente une centaine d'œuvres du peintre Tôgô Seiji (1897-1978), spécialisé dans le portrait féminin. Mais si les visiteurs se pressent ici tous les jours de l'année, c'est parce qu'il abrite une toile de Vincent Van Gogh – **Les Tournesols** –, achetée 40 millions de dollars aux beaux temps de la bulle spéculative. La toile, dont certains experts ont mis en doute l'authenticité, est malgré tout conservée dans un véritable coffre-fort thermique et n'est donc visible qu'à travers une épaisse vitre. Il y a aussi un Cézanne et un Renoir.

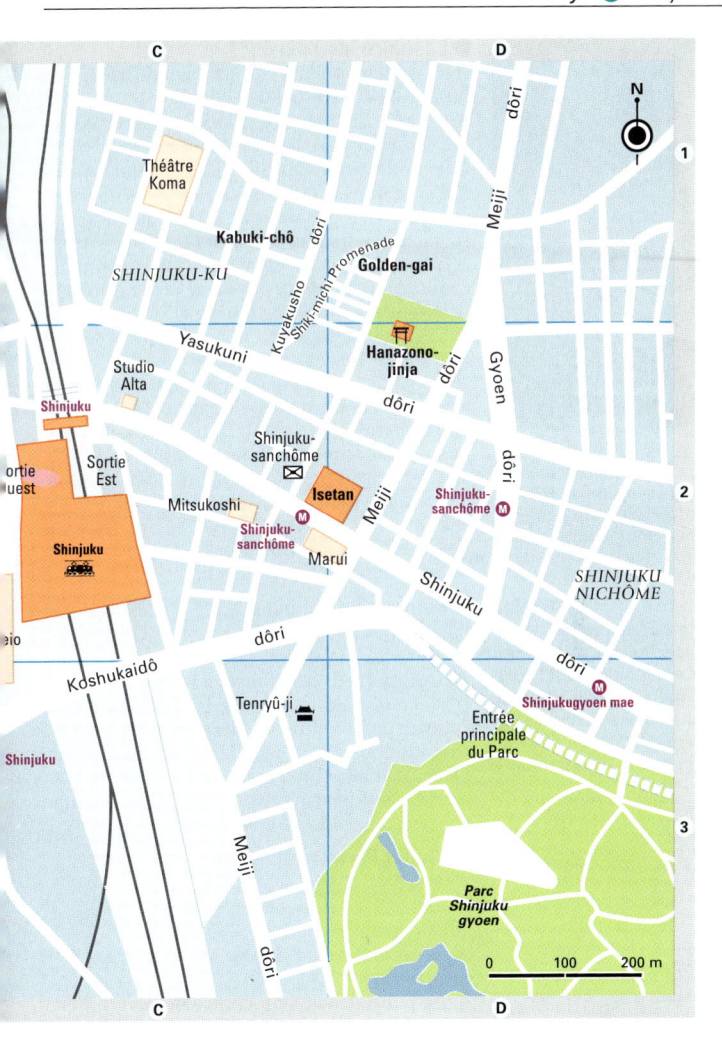

■ L'immeuble Shinjuku Mitsui★★ 新宿三井ビル VI A/B2
À 200 m O. du musée.

Avec ses 224 m et ses 55 étages, c'était la tour la plus haute avant la construction de la mairie, qui la dépasse de 19 m. Édifiée en 1974, elle est reconnaissable à sa façade en miroirs bleutés. Nous vous conseillons de prendre un verre à l'une des terrasses de la **Go-Go Plaza**. Il y a des arbres et même une cascade ! Au r.-d.-c., le **Pentax Forum** propose régulièrement des expositions de photographies.

▲ Interrogé sur les influences qui l'avaient amené à concevoir ainsi la nouvelle mairie de Tôkyô, Tange Kenzô citait régulièrement la cathédrale Notre-Dame de Paris.

◂ PANORAMA
Le panorama est grandiose depuis le 53ᵉ étage du Shinjuku Center Bldg, dont l'accès est gratuit, ou du 50ᵉ étage du Shinjuku Nomura Bldg. Ce dernier abrite en outre un grand nombre de restaurants.

Sur le rabat arrière de la couverture, un Tableau chronologique indique les périodes de l'histoire japonaise. En fin de volume, le Petit dictionnaire répertorie le vocabulaire spécifique.

■ **La mairie de Tôkyô**★★★ 東京都庁
(Tôkyô Metropolitan Government Building ou TMGB, Tôkyô-tochô) VI A2/3
À 150 m S. de l'immeuble Shinjuku Mitsui ; face au M° Tochômae 都庁前 (ligne Toei Ôedo-sen).
Elle mérite vraiment une visite d'autant qu'au r.-d.-c. se trouve l'OT de la ville, où vous trouverez gratuitement toutes sortes de documents en anglais (et même en français) sur tout ce qu'on peut voir à Tôkyô et dans les environs. Cette étonnante construction, imaginée par Tange Kenzô (qui avait déjà réalisé l'ancienne mairie à Yûrakuchô en 1957), fut inaugurée en 1991. Le **bâtiment central** se compose de deux formidables tours de 48 étages et hautes de 243 m dont les façades de granit « perforé » par des milliers de fenêtres évoquent un circuit électronique géant. La mairie est devenue l'un des monuments incontournables de la ville avec ses deux **observatoires** situés au 45ᵉ étage de chacune des deux tours *(accès gratuit 9 h 30-22 h, jusqu'à 19 h le week-end)*. La **vue**★★ à 360° sur tout Tôkyô est impressionnante. Par temps clair, on distingue aisément le mont Fuji.

■ **L'immeuble Shinjuku NS**★★ 新宿NSビル
(Shinjuku NS Building) VI A3
À 200 m S. de la mairie.
Achevé en 1982, ce bâtiment a l'originalité d'être creux en son centre et éclairé par un toit en verre (plus de 6 000 vitres !). Un petit pont traverse l'immeuble de part en part à la hauteur du 29ᵉ étage. Outre l'horloge géante exposée au r.-d.-c., on trouvera un étage entièrement consacré aux ordinateurs, que l'on peut manipuler en toute liberté.

■ **L'hôtel Park Hyatt Tôkyô**
パークハイアット東京 **VI A3**
À 400 m S.-O. de l'immeuble NS • M° Hatsudai 初台 (ligne Keiô Shin-sen 京王新線) • 3-7-1-2, Nishi-Shinjuku, Shinjuku-ku ☎ 03/5322.1234 • www.tokyo.park.hyatt.com
Autre point de vue imprenable de la ville, l'élégant salon de thé situé au 40ᵉ étage de cet hôtel, à quelques centaines de mètres de la mairie. Conçu, comme la mairie de Tôkyô, par l'architecte Tange Kenzô, cet hôtel est célèbre dans le monde entier depuis que la réalisatrice Sofia Coppola y a tourné *Lost in Translation* en 2003.

■ **Le musée des Sabres**★ 刀剣博物館
(Tôken hakubutsukan) h. pl. VI par A3
15 mn à pied de l'hôtel Park Hyatt ou M° Hatsudai 初台 (ligne Keiô Shin-sen 京王新線) • 4-25-10, Yoyogi, Shibuya-ku ☎ 03/3379.1386 • ouv. t.l.j. sf lun. 10 h-16 h 30 • www.nbthk.com

Un peu à l'écart des tours, ce petit musée possède quelque 120 sabres qui sont exposés tour à tour (un peu plus d'une trentaine sont visibles en même temps). Les différentes étapes de la fabrication d'un sabre, trempage, affûtage… sont bien expliquées, et l'on peut admirer de véritables pièces de collection datant, pour la plupart, de l'époque Edo.

Revenir vers le M° Hatsudai 初台. L'Opéra se trouve de l'autre côté de la grande av. Koshu Kaidô.

■ **Tôkyô Opera City★**
東京オペラ シティ *h. pl. VI par A3*
3-20-2, Nishi-Shinjuku, Shinjuku-ku ☎ *03/5353.0770 • M° Hatsudai 初台 (ligne Keiô Shin-sen 京王新線) • www.operacity.jp*

Inauguré en 1997, l'Opéra de Tôkyô est, disent les spécialistes, l'un des meilleurs au niveau de la qualité acoustique. Différentes salles de diverses tailles proposent toute l'année des concerts de musique classique aussi bien que de musique contemporaine.

Au 3ᵉ étage, une **galerie d'art** *(☎ 03/5353.0756)* propose des expositions de peintres, d'architectes, de sculpteurs ou de photographes, principalement japonais.

Le 4ᵉ étage abrite un musée très intéressant, le **NTT Intercommunication Centre★** géré par Nippon Telephone and Telegraph, l'ancien opérateur historique des télécommunications nippones et qui explore les relations entre l'art et la technologie. La **vidéo**, notamment, est à l'honneur, avec des œuvres de Bill Viola ou de Nam June Paik qui font partie des collections permanentes. De nombreuses expositions thématiques *(rens. www.ntticc.or.jp)*.

Reprendre la ligne Keiô Shin-sen pour Shinjuku. Repasser devant le grand magasin Odakyû et tourner dans l'une des ruelles vers la dr. C'est ici que commence la partie E. de Shinjuku. Après un petit quartier de bars rappelant le Tôkyô d'avant-guerre, l'immeuble Alta, dont la façade arbore un écran de télévision géant, sert de point de rendez-vous. La grande av. partant vers la dr., Shinjuku dôri, est très commerçante.

■ **Shinjuku dôri★** 新宿通り *VI C-D2-3*
Zone piétonnière le dim.

Tous les étrangers qui vivent à Tôkyô connaissent la librairie *Kinokuniya* qui leur sert de point de rendez-vous à Shinjuku. Son rayon international (avec, notamment, un grand choix de livres en français) a été en partie déménagé dans l'autre librairie *Kinokuniya*, située dans le grand magasin *Takashimaya Times Square (sortie S. de la gare)*, mais

☞ **Plan de la promenade ❺ (plan VI), p. 210-211.**

Tange Kenzô le visionnaire

Originaire de l'île de Shikoku et décédé à Tôkyô en 2005 à l'âge de 91 ans, Tange Kenzô a profondément marqué le visage de la capitale depuis la reconstruction d'après-guerre jusqu'au début des années 2000. En remportant le concours pour la réalisation du parc de la Paix de Hiroshima, en 1947, il gagne une réputation internationale et obtient des commandes dans le monde entier. Mais c'est surtout à Tôkyô qu'il construit ses plus beaux bâtiments.

En 1963, il réalise le stade olympique couvert de Yoyogi (→ p. 220), une synthèse extraordinaire de l'architecture traditionnelle shintoïste avec les techniques et les matériaux les plus modernes. Les tours de verre de l'**hôtel Akasaka Prince VI A2**, qu'il dessine en 1972, ou l'**immeuble Hanae Mori VII C2** en 1978, sont demeurés, jusqu'à aujourd'hui, d'une stupéfiante modernité. Mais sa consécration suprême vient en 1991 avec la réalisation de la **mairie de Tôkyô VI A2/3**, à Shinjuku. Cette véritable cathédrale des temps modernes est suivie, en 1996, par la réalisation du **siège de la télévision Fuji plan d'ensemble D3** ressemblant à un immense Meccano incrusté d'une boule géante (→ p. 208). En France, on lui doit le centre commercial de la place d'Italie, à Paris (1991), ou le musée des Arts asiatiques de Nice (1996).

> **Le commerce de l'eau et de la nuit**
>
> Au Japon, le monde de la nuit est appelé *mizu shôbai*, soit « commerce de l'eau ». Pourtant, ce monde, partie intégrante de la vie de l'employé de bureau (*salaryman*), tourne autour de l'alcool et non de l'eau. C'est ainsi que, après le travail, il est courant d'aller écluser avec ses collègues un ou deux verres de whisky allongé d'eau (*mizu wari*).
>
> La capitale compte des milliers de bars. Presque tous se caractérisent par leur exiguïté et la présence d'une *mama-san*, personnage clef de la nuit nippone, à laquelle les habitués se confient comme à une mère, d'où son nom de *mama*. L'ambiance étant plutôt familiale, l'arrivée d'étrangers peut être ressentie comme une gêne. Il est donc conseillé, la première fois, d'être introduit par un ami japonais.
>
> Il existe, bien entendu, plusieurs sortes de bars. Les plus populaires sont, sans doute, les salles de karaoké, où les clients chantent devant un micro avec une musique de fond. Le répertoire est généralement composé de chansons parlant d'amour et de nostalgie. Cependant, des établissements disposent d'un catalogue de chansons américaines et même, parfois, francophones, avec des titres d'Adamo, d'Aznavour ou d'Yves Montand. Viennent ensuite les « bars à hôtesses » où, suivant le quartier et l'établissement, un verre peut être facturé au prix d'un repas, ou beaucoup plus. Il est donc prudent de toujours demander le prix avant de s'asseoir.

présente encore un choix raisonnable d'ouvrages en anglais sur le Japon. Un peu plus loin, sur le même trottoir, *Isetan*★ est un des grands magasins connus à Tôkyô. C'est le seul immeuble de Shinjuku à avoir été épargné par les bombardements de mai 1945. Faites un petit tour sur la **terrasse**, équipée d'aquariums, de terrains de jeux pour enfants, de cafétérias… Comme dans tous les grands magasins de Tôkyô, on peut déjeuner dans l'un des nombreux **restaurants** de l'avant-dernier étage.

■ Le parc Shinjuku gyoen★★ 新宿御苑 VI D3

En sortant d'Isetan, continuez dans Shinjuku dôri jusqu'au M° Shinjukugyoen mae 新宿御苑前 (ligne Maruno'uchi-sen), puis tournez à dr. dès que vous apercevez les arbres du jardin ; l'entrée se trouve un peu plus loin sur la g. • ouv. t.l.j. sf lun. 9 h-16 h 30 • entrée payante.

Le Shinjuku gyoen n'est ouvert au public que depuis la fin de la Seconde Guerre mondiale. Outre sa taille (c'est, après le parc Yoyogi, le plus grand parc de Tôkyô), l'originalité de ce jardin consiste à faire coexister les styles occidental et japonais. Au N., on passe d'un très beau **parc à la française**, dessiné par Henri Martinet, à un jardin de style anglais, tandis qu'au S. on serpente dans les allées d'un superbe **jardin japonais** parsemé de petits ponts et de lanternes. Un joli pavillon de thé permet de faire une halte dans un cadre magique. Cette partie du parc est également réputée pour ses **chrysanthèmes** au mois de novembre. En avril, ce sont près de 2 000 **cerisiers** qui fleurissent au Shinjuku gyoen en un éventail de 65 couleurs différentes ! Le parc est alors envahi par une foule de familles qui apportent leur repas et s'installent sous les arbres.

La **serre tropicale**, avec ses nombreuses variétés de cactus, est également très agréable à visiter.

Revenez sur vos pas jusqu'au grand magasin Isetan puis tournez à dr. et, après avoir traversé Yasukuni dôri, faites quelques mètres sur la g.

■ Le sanctuaire Hanazono-jinja★
花園神社 VI D2

Ce petit sanctuaire shintoïste constitue un havre de paix tout à fait inattendu au milieu de la fureur citadine. On y vient prier le renard Inari, divinité des bonnes affaires. Et, vu le nombre de commerces qui l'entourent, le sanctuaire ne manque pas de fidèles… Chaque année, début novembre, la **fête du Coq** (*Tori no ichi*) est un spectacle à ne pas manquer. On vend ce jour-là des *kumade*, petits râteaux en bois qui symbolisent l'argent que l'on va amasser pendant l'année. Un marché aux puces se tient le 1er samedi et le 3e dimanche du mois à l'entrée du sanctuaire.

Du sanctuaire Hanazono, vous n'avez que quelques pas à faire en direction de la gare de Shinjuku sur Yasukuni dôri pour parvenir à l'entrée du Kabuki-chô. Si vous y allez directement depuis la gare, prenez la sortie E. et suivez les indications « Kabuki-chô ».

■ **Le Kabuki-chô★** 歌舞伎町 **VI C1**
Son nom, signifiant « quartier du kabuki », trouve son origine dans le projet avorté, au lendemain de la guerre, d'y déménager le théâtre Kabukiza de Ginza. Or le Kabuki-chô est l'un des quartiers les plus chauds de Tôkyô avec ses librairies pornos, ses discothèques et ses centaines de bars et de restaurants. De nombreuses boîtes de nuit se trouvent autour et à l'intérieur du théâtre **Koma Stadium** *(le ticket d'entrée donne droit à autant de consommations qu'on le désire)*. Bien que le Japon soit un pays très sûr, il convient d'être vigilant à Kabuki-chô, comme dans tous les quartiers chauds du monde.

■ **Le quartier Golden-gai★**
ゴールデン街 **VI D1**
À l'E. du Kabuki-chô en remontant Yasukuni dôri.
Ce quartier de bars minuscules ne semble pas avoir changé depuis 50 ans. Les soirs d'été, des travestis vêtus de kimonos apostrophent joyeusement les passants. Un moment menacé d'être rasé pour faire place à un grand magasin, le Golden-gai a finalement été sauvé. Véritable village au cœur de la fourmilière humaine de Shinjuku, il demeure un coin rempli de poésie. À moins d'y être accompagné par un habitué japonais, il convient de se limiter à une simple promenade. L'anglais est rarement parlé, et l'on n'accepte pas facilement les clients de passage.

Comme l'ensemble du quartier, le Shinjuku gyoen appartenait autrefois au seigneur Naitô. En 1868, au moment de la restauration Meiji, il revint à la famille impériale, qui y donnait ses réceptions.

♥ BAR
La jetée ラ.ジュテ :
1-1-8, Kabuki-chô (VI C1)
☎ 03/3208.9645. Le nom de ce bar francophone du quartier Golden-gai est un hommage au cinéaste français Chris Marker, par ailleurs grand connaisseur du Japon, où il a tourné plusieurs films. Essentiellement fréquenté par des expatriés français.

❻ Le quartier de Shibuya★★★

Situation : plan VII ; à l'O. de Tôkyô.

Le carrefour de Shibuya vit au rythme de hordes de piétons se croisant sans se heurter, s'arrêtant net au feu rouge puis se lançant tête baissée au feu vert. L'image fait les délices de médias étrangers en mal de clichés sur le Japon. C'est ici que bat l'un des cœurs de Tôkyô. Et la nuit venue, Shibuya scintille de ses mille néons.

Accès : gare de Shibuya 渋谷 (ligne JR Yamanote-sen 山手線, Tôkyû Tôyoko-sen 東横線, Keiô

☞ **Plan de la promenade ❻ (plan VII), pages 222-223.**

Inokashira-sen 京王井の頭線) ; M° Shibuya 渋谷 (lignes Ginza-sen 銀座線, Hanzômon-sen 半蔵門線).

Combien de temps : 1 jour.

■ La gare de Shibuya**
渋谷駅 (Shibuya eki) h. pl. VII par A3
C'est une véritable « ville dans la ville », avec ses grands magasins et ses centaines de boutiques qui essaient par tous les moyens de happer les voyageurs au départ ou à l'arrivée des trains. Près de 700 000 voyageurs fréquentent chaque jour ses six lignes de métro et de chemin de fer qui en font l'un des principaux centres de Tôkyô.

■ Autour de la gare*** VII A3
En sortant de la gare par la sortie « Hachikô », on débouche sur un carrefour hérissé de néons et d'écrans géants diffusant en permanence clips musicaux et publicitaires. Partez au hasard dans les petites **rues piétonnes** *(en face de la gare)*, de nombreux *coffee shops* et petits restaurants, fréquentés en majeure partie par des jeunes, vous permettront de souffler un peu. À moins que vous ne préfériez visiter l'un après l'autre les *depâto* (grands magasins) du quartier. Aux derniers étages de chacun d'entre eux, vous trouverez un choix de cafés et de restaurants qui proposent presque tous un *teishoku* à midi.
Outre le classique *Seibu*, qu'on retrouve dans d'autres quartiers, il ne faut pas rater les **magasins** *Parco***, qui sont toujours à l'avant-garde aussi bien pour leur décoration intérieure, sans cesse renouvelée, que pour le choix des produits proposés. **Vêtements**, gadgets, sacs, papeterie… on trouve là tout ce que le Japon « branché » est capable de fournir. Attention, il y a trois *Parco* avec chacun sa spécialité. L'un d'entre eux, *Parco III*, possède une **galerie d'avant-garde** *(au 7e ét.)* où sont souvent proposées des expositions de designers ou de photographes ultra-branchés.

▶ **Le musée des Arts et Traditions populaires***** 民芸館 h. pl. VII par A3 (Mingeikan ; M° *Komaba-Tôdai mae* 駒場東大前, ligne *Keiô Inokashira-sen* • 4-3-33, Komaba, Meguro-ku ☎ 03/3467.4527 • *ouv. t.l.j. sf lun.* 10 h-17 h • *signalétique en anglais* • www.mingeikan.or.jp). Situé très à l'écart du centre de Shibuya, ce musée créé par le philosophe Yanagi Soetsu en 1936 mérite pourtant le déplacement, ne serait-ce que pour l'architecture de cette magnifique **maison traditionnelle**. Cependant, ce musée présente une collection unique au Japon de 17 000 objets de

▲ Un « homme-grenouille » devant la gare de Shibuya.

L'histoire du chien Hachikô

Un professeur d'université qui habitait non loin de la gare de Shibuya avait un chien nommé Hachikô. Chaque matin, celui-ci accompagnait son maître jusqu'à la gare et, le soir, venait l'attendre au même endroit. Un jour de 1925, le professeur mourut dans un accident. Durant neuf années, le chien Hachikô continua à venir tous les soirs à la sortie de la gare. Lorsqu'il mourut à son tour, en 1935, on l'enterra auprès de son maître au cimetière d'Aoyama. Cette belle histoire fit la une des journaux, et une collecte fut organisée pour édifier, devant la gare de Shibuya, une statue du chien fidèle. Mais celle-ci ayant été fondue pour les besoins de la guerre, on en fit une nouvelle dès 1948. C'est aujourd'hui l'un des points de rendez-vous les plus populaires ; une sortie de la gare a même été officiellement baptisée « Hachikô exit ». Du fait de cette popularité, il est même devenu difficile d'apercevoir la petite statue au milieu de la foule, et seul le hasard permet d'y retrouver la personne avec laquelle on a rendez-vous.

la vie de tous les jours, réalisés par des **artisans anonymes**. Cet anonymat du créateur est d'ailleurs l'une des conditions pour qu'un objet soit admis dans la collection du musée. Laques, céramiques, textiles, objets en bois sont magnifiquement mis en valeur. Une pièce entière est consacrée à l'**artisanat coréen** sous la très longue dynastie des Yi (1392-1910). ◀

Depuis la sortie « Hachikô » de la gare de Shibuya, prendre à g. vers le Bldg 109. Remontez l'av. qui part à dr. de ce building et, arrivé au magasin Tôkyû, continuer à g. sur une centaine de mètres. L'entrée du complexe Bunkamura se trouve sur la dr.

■ Le musée d'Art Tôkyû Bunkamura★★ 東急文化村ザミュージアム (Tôkyû Bunkamura Museum) h. pl. VII par A3
À l'arrière du magasin Tôkyû • Dogenzaka 2-24-1, Shibuya-ku ☎ 03/3477.9111 • galerie ouv. t.l.j. sf dim. 10 h-19 h 30 ; musée ouv. t.l.j. 10 h-19 h, jusqu'à 21 h ven. et sam. • www.bunkamura.co.jp

Les grands magasins *Tôkyû* ont conçu, en 1989, le Bunkamura, littéralement « village de la culture », qui est l'un des complexes culturels les plus dynamiques de Tôkyô. Il s'agissait alors, pour cette enseigne, de se donner une image haut de gamme en proposant des **expositions** et des **festivals** de cinéma (principalement français). C'est d'ailleurs à un architecte français, Jean-Michel Wilmotte, que *Tôkyû* a fait appel pour concevoir le bâtiment. Celui-ci comprend une salle de cinéma, un grand auditorium qui accueille concerts classiques, concerts de jazz ou de musique rock, un théâtre et deux galeries présentant toute l'année des expositions de grande envergure. Un café-restaurant à l'enseigne des *Deux Magots* partage le r.-d.-c. avec une très belle librairie d'art.

Prenez à dr. en sortant du Bunkamura et remontez la rue sur 200 m. Prenez à g. devant le théâtre de nô Kanze Nôgakudo. Le musée Toguri est à 100 m sur la g.

■ Le musée d'Art Toguri★★ 戸栗美術館 (Toguri bijutsukan) h. pl. VII par A3
1-11-3, Shoto, Shibuya-ku ☎ 03/3465.0070 • ouv. t.l.j. sf lun. 9 h 30-17 h 30 • www.toguri-museum.or.jp

Créé en 1987 par un collectionneur privé, Toguri Toru, ce petit musée situé derrière le Bunkamura possède une collection de plus de 7 000 **porcelaines** de styles chinois, coréen et japonais principalement produites aux XVIIe et XVIIIe s. dans une région appelée Hizen. Les principaux styles de porcelaines exposés sont de type *Imari* (toujours de couleur bleue), *Iroe* (ce qui signifie porcelaine de couleurs), *Kakiemon* (selon le nom de l'inventeur de cette technique particulière), *Kutani* et *Nabeshima*. Des expositions thématiques sont régulièrement organisées afin de faire tourner la collection. Le musée possède aussi un jardin très agréable.

Revenez vers la statue du chien Hachikô et remontez sur 600 m l'avenue qui part juste en face de la gare et passe devant le magasin Marui. Le musée Tepco se trouve dans cette avenue, sur le côté g., au moment où celle-ci fait un coude vers la dr.

■ Le musée de l'Électricité Tepco★ 電力館 (Denryoku-kan) VII A3
1-12-10, Jinnan, Shibuya-ku ☎ 03/3477.1191 • M° Shibuya • ouv. t.l.j. sf mer. 10 h-18 h • brochure en anglais à l'entrée, sinon explications exclusivement en japonais.

Créé par la société qui gère l'électricité de Tôkyô (Tôkyô Electric Power Company ou Tepco), ce musée propose, sur sept étages, une exploration très

THÉMA

La pop culture

Depuis le début de la décennie 2000, les bandes dessinées, la musique pop et les films d'animation nippons ont renouvelé l'image du Japon à l'étranger, lui donnant une note « cool », démarquée de celle du productivisme effréné qui fut la sienne pendant des décennies. L'archipel est devenu le grand foyer de la culture pop contemporaine en Asie, par une japonisation accélérée des cultures de masse de la région, mais aussi en Occident, où elle se taille une place de choix avec ses icônes (Pokémon ou Hello Kitty), le design « néo-zen » ou la vogue des sushis. Contrairement aux clichés passés (les « samouraïs de l'entreprise », sexe et violence des mangas...), le message de la pop contemporaine est « cool ».

▲ Doraemon en Père Noël et Hello Kitty.

■ Un phénomène omniprésent

Les productions japonaises (mangas de Taniguchi Jirô et d'Aoyama Gôshô, animations de Miyazaki Hayao, jeux vidéo...) connaissent un tel engouement à l'étranger qu'un jeune économiste américain, Douglas McGray, en a fait un nouvel « indice » : le *Gross national cool* (en jouant sur l'expression *Gross national product*, ce produit national brut à l'aune duquel se mesure l'expansion) pour souligner leur impact économique. Conscient de l'effet positif de la pop dans le renouvellement de l'image nationale, le gouvernement l'exploite dans sa diplomatie culturelle en en faisant une sorte d'aboutissement naturel du pacifisme d'après-guerre.

Le contraste est frappant entre les hauts et les bas de la conjoncture économique et une expansion protéiforme de la pop culture nippone. L'archipel est une « fabrique à images » intégrées au quotidien sous forme de produits dérivés qui détrône Hollywood... et Londres pour la mode dans la rue. Ce kaléidoscope reflète une société en ébullition où se forgent des styles – être, penser, communiquer et agir – qui remodèlent les rapports sociaux.

▶ Jeune femme déguisée en Pikachu.

■ Une société *kawai*

La pop japonaise – entendue comme un ensemble de comportements, une sorte de style national – est « cool » dans le sens où elle reflète un anticonformisme bon enfant qui se traduit par une esquive de l'autorité plus que par une rébellion et se conjugue à une appétence teintée de naïveté pour l'insolite et le futile.

Le Japon a poussé le phénomène à l'extrême avec la déferlante du *kawai*

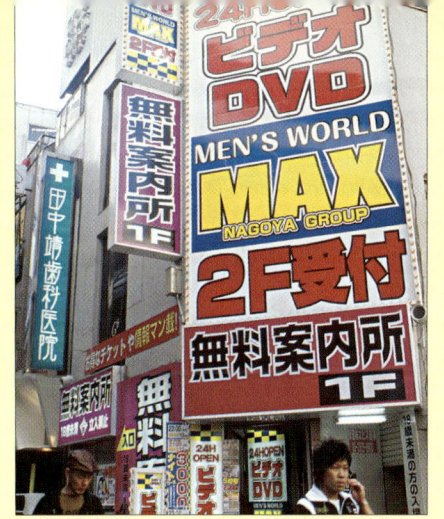

▲ Les enseignes colorées sont les témoins de la culture pop : dans les rues de Tôkyô, elles mettent en avant les loisirs et les nouvelles technologies.

(le mignon) qui est devenu une dimension de l'imaginaire juvénile dans toute l'Asie et génère une prolifique industrie. On qualifiera le *kawai* de puéril, de refus du monde adulte : c'est en réalité une expression de disponibilité affective à la fantaisie d'autant moins à rejeter dans l'infantilisme que sa vogue est portée par des jeunes Japonaises qui sont aussi à l'avant-garde des mutations sociales *(→ théma p. 68-69)*.

■ Les origines

Plusieurs facteurs concourent à ce boom. D'abord, la mutation de l'économie vers les services et les loisirs, qui coïncide avec de nouvelles conceptions de la vie, du travail. Moins riche, le Japon se doit d'être inventif. Et il l'est au quotidien : c'est dans la rue que stylistes et designers cherchent leur inspiration, en observant la constante réinvention du look dont elle est le théâtre.

Deuxième facteur : le phénomène, au départ marginal, des *otaku* (accros du virtuel, introvertis) s'est progressivement désenclavé et a nourri les « industries du contenu », nouveau fer de lance des exportations nippones de biens culturels.

▶ Dans le quartier de Harajuku, à Tôkyô.

Troisième facteur : un héritage culturel. Plusieurs éléments peuvent avoir prédisposé les Japonais à la réception de la pop culture contemporaine. Depuis sa reprise de contact avec l'Occident au XIXe s., le Japon a fait preuve d'un étonnant éclectisme dans l'adoption et l'adaptation de la culture étrangère : postmoderne, il l'a été avant la lettre par le choix de l'hybridation, dont les villes sont une expression par leurs étonnants collages architecturaux, et dont aujourd'hui la cuisine fusion ou la mode dans la rue sont d'autres manifestations.

■ Le modèle nippon

Les Japonais entretiennent, en outre, « une relation à la fois ludique et affective à l'objet technique », note la sociologue Christine Condominas. Une disposition à s'amuser, à se laisser emporter dans la fantaisie, qui renaît peut-être sous la forme de la pop moderne en enrichissant de mignardises et de magique la plate notion de loisir.
Le boom mondial de la pop nippone remédie aux distorsions de l'image du Japon productiviste et homogène (mythe tenace que des historiens contemporains se sont employés à déconstruire), en y substituant celle d'un pays à la culture éclatée, diversifiée. Il se traduit aussi par un rapprochement entre l'archipel et ses voisins : la frénésie des jeunes Asiatiques pour la pop nippone est en rupture avec la rancœur des générations précédentes, victimes du colonialisme.

▶▶▶ complète de l'énergie électrique depuis sa production jusqu'à sa consommation. L'approche est souvent **ludique**, et de nombreux **jeux multimédias** sont proposés, notamment aux enfants.

Redescendre l'av. vers la gare jusqu'à ABC Mart et prendre à dr. jusqu'à atteindre Kôen dôri (qui mène au parc Yoyogi). Prenez celle-ci à dr. Le musée du Tabac et du Sel se trouve un peu plus haut sur la dr.

■ Le musée du Tabac et du Sel★ タバコと塩の博物館 (Tabako to shio no hakubutsukan) VII A3

1-16-8, Jinnan, Shibuya-ku ☎ 03/3476.2041 • M° Shibuya 渋谷 • ouv. t.l.j. sf lun. 10 h-18 h • www.jti.co.jp/Culture/museum • sur place, explications en japonais uniquement.

Au Japon, le sel et le tabac ont en commun d'être contrôlés par une même régie, d'où ce musée. Le tabac a fait ici son apparition au début du XVIIe s. et, comme toujours dans ce pays, il a engendré des rituels qui sont décrits dans ce musée appartenant à la société Japan Tobacco Inc., illustrés de nombreux objets, dessins et photos, sur les deux premiers étages. Un étage entier est consacré au tabac dans le monde, et l'on peut admirer une très belle collection de 2 000 **paquets de cigarettes** en provenance du monde entier. Au 3e niveau, c'est l'**histoire du sel** et de son exploitation au Japon qui est racontée. Très pauvre en sel minéral, le pays a dû très tôt s'intéresser au sel marin. Le climat étant très humide sur l'archipel, il a fallu inventer des techniques d'évaporation originales qui sont détaillées ici.

■ Les studios de la NHK★ NHKスタジオパーク (NHK Studio Park) h. pl. VII par A3

Remontez Kôen dôri jusqu'au parc Yoyogi et longez celui-ci vers la g. sur 300 m • 2-2-1, Jinnan, Shibuya-ku ☎ 03/3485.8034 • ouv. 10 h-18 h, jusqu'à 17 h d'oct. à mars, f. le 3e lun. du mois.

Il est possible de visiter le siège de la radiotélévision nationale, ou plus exactement une partie de ses studios appelés « Studiopark ». Tous les métiers de la télévision sont évoqués, notamment celui de présentateur de journaux télévisés avec la possibilité, pour le visiteur, d'essayer le téléprompteur ou encore de jouer les « Monsieur météo ».

■ Le stade national de Yoyogi 国立代々木競技場 (Kokuritsu yoyogi kyôgijô) h. pl. VII par A2

À 200 m E. des studios de la NHK ☎ 03/3468.1177 • vis. t.l.j. 10 h-16 h ; patinoire ouv. du 15 oct. au 1er avr. 10 h-20 h.

Il s'agit de l'une des plus belles réalisations architecturales d'après-guerre. Construit pour les Jeux olympiques de 1964 par le célèbre architecte Tange Kenzô, ce bâtiment en deux parties réconcilie tradition japonaise et avant-garde. C'est ce même architecte qui a conçu la mairie de Tôkyô (→ p. 212). Lorsqu'il n'accueille pas de compétitions, on peut visiter le gymnase. Deux **piscines**, dont l'une est ouverte toute l'année, et une **patinoire** sont également accessibles au public.

Marcher quelques minutes vers le N. pour entrer dans le parc Yoyogi.

❼ Le parc Yoyogi, Harajuku et Aoyama★★

Situation : plan VII ; à l'O. de Tôkyô.

Au départ de la gare de Harajuku, le grand parc Yoyogi, avec son célèbre sanctuaire Meiji-jingû, est un agréable lieu de promenade. De là, il est possible de marcher vers le quartier « branché » et coloré de Harajuku avant de découvrir le Tôkyô de la mode et du design à Aoyama.

Accès : gare de Harajuku 原宿 (ligne JR Yamanote-sen 山手線) ; M° Meijijingû mae 明治神宮前 (ligne Chiyoda-sen 千代田線) ; M° Yoyogi kôen 代々木公園 (ligne Chiyoda-sen) ; M° Sangûbashi 参宮橋 (ligne Odakyû-sen 小田急線).

☞ Plan de la promenade ❼ (plan VII) pages suivantes.

■ **Le parc Yoyogi kôen**★★ 代々木公園 VII A1
C'est, avec le Shinjuku gyoen, le plus vaste espace vert, sanctuaire de verdure de la ville. Chaque dimanche, l'entrée (côté Harajuku) est envahie par des dizaines de jeunes filles vêtues des costumes les plus insensés, d'inspiration française (Marie-Antoinette) ou satanique. Les lèvres maquillées de noir, la peau traversée d'épingles à nourrice, le plus souvent factices, elles passent leur journée à poser (en silence) pour les photographes amateurs et les touristes.

• **Le jardin Jingû naien**★★ 明治神宮内苑 h. pl. VII par A1 *(dans la partie N. du parc • ouv. t.l.j. 8 h 30-17 h).* L'entrée se fait en passant sous un immense *torii* en bois de cyprès vieux de 1 700 ans. Ce jardin intérieur du sanctuaire Meiji-jingû est l'un des plus connus du Japon, en raison sans doute de la centaine de variétés d'iris dont il est planté. L'empereur Meiji l'aurait dessiné lui-même pour son épouse. Organisé autour d'un ravissant étang, il est surtout fréquenté au mois de juin, au moment où les iris sont en fleur.

• **Le sanctuaire Meiji-jingû**★★ 明治神宮 h. pl. VII par A1 *(accès depuis le jardin).* Ce sanctuaire fut achevé huit ans après la mort de l'empereur Meiji, c'est-à-dire en 1920, pour faire entrer le monarque au panthéon des divinités shintoïstes. C'est l'un des lieux du culte shintoïste les plus célèbres du Japon. Il s'y déroule un grand nombre de cérémonies, notamment pour le Nouvel An

☞ **MANIFESTATIONS**
• Le 15 janvier débute le premier tournoi de sumo. Les grands champions se rendent au sanctuaire Meiji-jingû pour sacrifier au rituel shintoïste au cours duquel un lutteur est promu au rang de *yokozuna* (grand champion).
• Du 29 avr. au 3 mai, fêtes du Printemps au sanctuaire. Danses et musiques traditionnelles ainsi que représentations de théâtre nô.
• Le 15 novembre, lors de la fête des Enfants de sept, cinq et trois ans, le parc est envahi d'une foule de petits garçons et de petites filles eux aussi parés de magnifiques habits de cérémonie.

L'art du tir à l'arc à cheval

Le *yabusame* (→ *photo p. 541*) existe depuis plus de 1 000 ans au Japon où il était très pratiqué à l'époque Kamakura, aussi bien pour la chasse que pour la guerre. Il serait originaire de Mongolie d'où il serait venu via la Corée. Une influence que d'aucuns croient retrouver dans les costumes portés par les cavaliers.

Deux écoles (Takeda et Ogasawara), assez différentes dans leurs styles, perpétuent cette pratique, qui ne totaliserait qu'une centaine d'adeptes pour tout le pays. La première école revendique les techniques originelles pratiquées au Xe s., tandis que la seconde, née sous les Tokugawa, met l'accent sur l'esthétique plus que sur l'efficacité. L'exercice, extrêmement difficile, consiste, pour le cavalier, à atteindre une cible placée le long d'une piste de sable alors que son cheval est lancé au grand galop.

Des démonstrations sont souvent organisées près de certains sanctuaires shintoïstes *(généralement début novembre)* comme le Meiji-jingû. On peut aussi en voir à Kamakura (→ *p. 250*) ou à Tsuwano (→ *p. 449*), dans le Chûgoku.

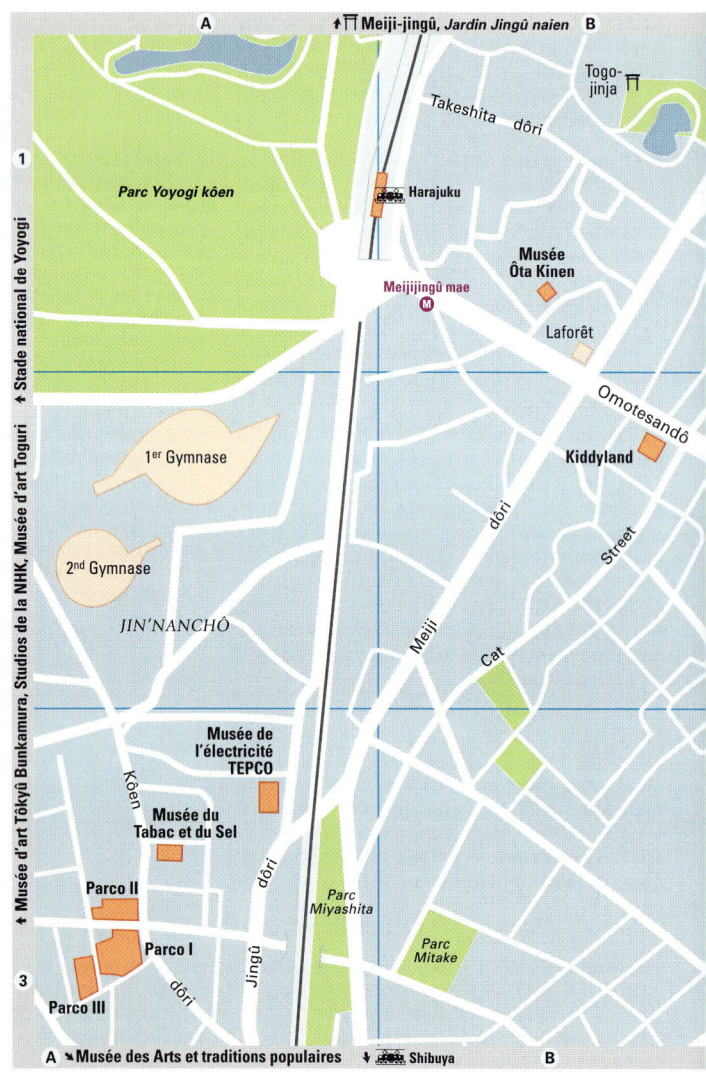

Plan VII : le quartier de Harajuku.

qui donne lieu à un interminable défilé, le *Hatsu-môde*. Deux fois par an *(fin mai et début nov.)*, on y donne des représentations gratuites de *bugaku* (musique et danses de cour) et de théâtre nô. Les amateurs d'art équestre peuvent assister, début novembre, à d'extraordinaires démonstrations de *yabusame* (→ encadré p. préc.).

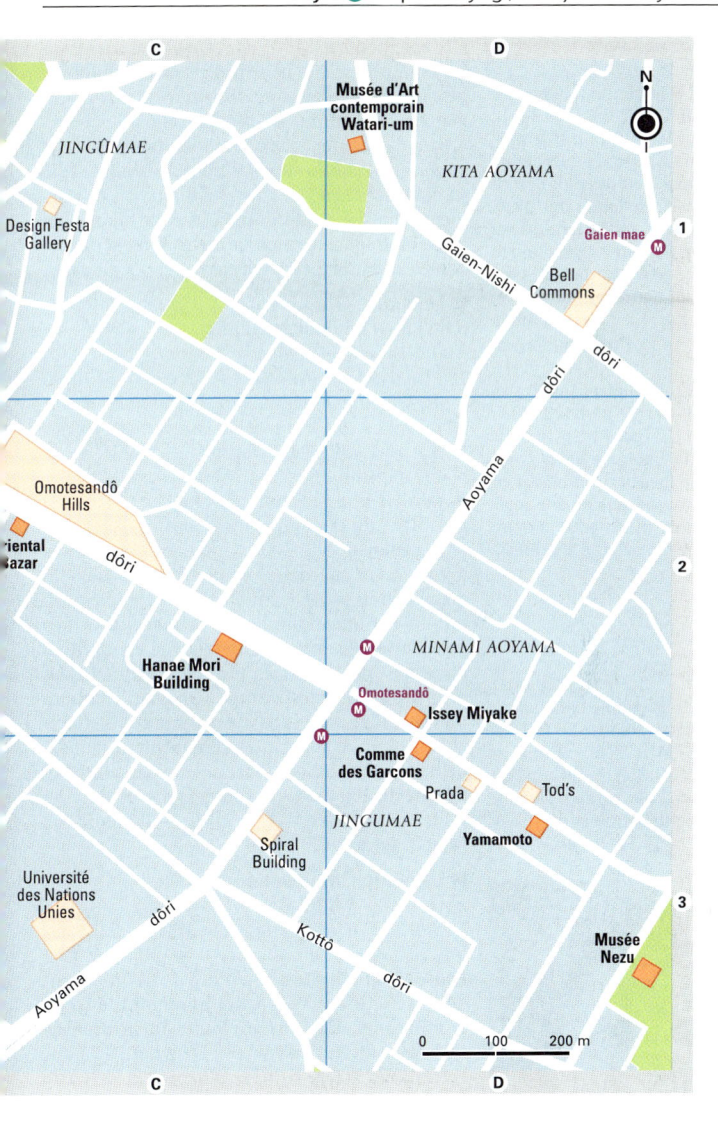

■ Le quartier de Harajuku★★★ 原宿 VII B1
À 100 m E. du parc Yoyogi • M° Meijijingû mae ou gare de Harajuku • t.l.j. jusqu'à 20 h.

Il s'agit d'un ancien quartier de petits commerces reconverti en quartier le plus branché de Tôkyô. Essentiellement fréquenté par les jeunes et les adolescents

♥ SHOPPING

• Kiddy Land キディランド : 6-1-9 Jingûmae, Shibuya-ku (VII B1) ☏ 03/3409.3431 ; t.l.j. 10 h 30-21 h sf 3ᵉ mar. du mois. Dans le quartier de Harajuku, l'un des plus grands magasins de jouets de Tôkyô. On y trouve, sur 6 étages, aussi bien les jouets traditionnels (cerfs-volants, toupies, etc.) que les dernières nouveautés électroniques.

• L'Oriental Bazaar オリエンタルバザー : 5-9-13, Jingûmae, Shibuya-ku (VII B1) ☏ 03/3400.3933 ; ouv. t.l.j. sf jeu. 9 h 30-18 h 30. Juste à côté de *Kiddy Land*. C'est la meilleure adresse pour acheter ses cadeaux en une seule fois : vaisselle, kimonos anciens, poupées et même antiquités…

♥ RESTAURANT

Le Bretagne : Jingû mae, 4-9-8, Shibuya-ku (VII B1) ☏ 03/3478.7855 ; ouv. t.l.j. sf lun. 10 h 30-22 h, jusqu'à minuit les ven., sam. et dim. La seule vraie crêperie bretonne de Tôkyô. Et elle est excellente.

▲ Promenade dominicale dans Harajuku.

aux vêtements excentriques, il se compose d'un labyrinthe de ruelles où se juxtapose une multitude de cafés et de magasins de mode créatifs à bon marché. Très animé, coloré et bon enfant.
À titre d'exemple, la rue piétonne très populaire appelée **Takeshita dôri** *(face à la sortie Takeshita guchi du M° Harajuku)*, avec ses boutiques de vêtements, d'insignes, d'autocollants et de bijoux fantaisie, est fréquentée presque exclusivement par des adolescents aux cheveux décolorés et des touristes.

■ Le musée Ôta kinen★★ 太田記念美術館 (Ôta kinen bijutsukan) VII B1

À 100 m vers le S. depuis Takeshita dôri, 1-10-10, Jingû mae, Shibuya-ku ☏ *03/3403.0880 • M° Meijijingû mae ou gare de Harajuku • ouv. 10 h 30-17 h 30, f. lun. et du 25 à la fin de chaque mois • www.ukiyoe-ota-muse.jp*

Niché dans un petit immeuble de style contemporain, ce musée fondé par Ôta Seizo, l'ancien président de la compagnie d'assurances Toho, possède quelque 12 000 estampes et 900 rouleaux présentés en alternance, faute de place. Tous les deux ou trois mois, le musée propose une exposition thématique nouvelle qui permet chaque fois de montrer des œuvres différentes. La collection, l'une des plus riches au monde, comprend des originaux d'artistes comme Hokusai, Utamaro ou Hiroshige, mais aussi des centaines d'autres artistes moins connus. Un **jardin de pierre** entouré de bancs en bambou, ainsi qu'une petite **bibliothèque** de 200 ouvrages sont à la disposition des visiteurs, à qui il est demandé de se déchausser à l'entrée du musée.

■ L'avenue Omotesandô dôri★★
表参道通り VII B1-D3

Depuis la gare Meijijingû mae, en marchant vers le S.-E.

Extrêmement fréquentée à tout moment de la semaine mais particulièrement le w.-e., Omotesandô dôri mérite bien son surnom de « Champs-Élysées de Tôkyô ». D'un bout à l'autre, cette large artère bordée d'arbres et de cafés rappelle en effet la célèbre avenue parisienne. Depuis le début des années 2000, cette avenue est également devenue un haut lieu de l'architecture contemporaine internationale. Les immeubles les plus remarquables sont ceux des grandes marques de la mode.
En descendant l'avenue, admirez le **Hanae Mori Building** *(sur la g.)*, « doyen » des immeubles d'architecte, dont l'étonnante et toujours d'avant-

Images du monde flottant

Les fameuses **estampes japonaises**, qui, en France, firent jadis l'objet des sous-entendus les plus grivois, sont connues au Japon sous le nom *ukiyo-e* (images du monde flottant). Pourtant, avant de qualifier le monde des plaisirs, le mot *ukiyo* est d'abord un terme bouddhique désignant le monde terrestre. Cet art de l'estampe s'est principalement développé à l'époque Edo durant laquelle les artistes recourent à cette technique en imprimant sur le papier l'empreinte d'un bloc de bois gravé, en plusieurs passages de couleurs. Cela permet, grâce à un grand nombre de tirages, d'assurer à une œuvre une large diffusion. Parmi les maîtres du XVIIIe s. **Sharaku** est connu pour ses portraits expressifs d'acteurs de kabuki tandis qu'Utamaro l'est pour ses jolies femmes au visage diaphane. Puis vient **Hokusai**, peintre éminemment prolixe, qui durant la première moitié du XIXe s. est l'auteur de la série *36 Vues du mont Fuji*. Il est bientôt suivi par **Hiroshige** avec ses *53 Étapes du Tôkaidô*. Tous ces artistes exercent une forte influence sur certains peintres occidentaux du XIXe s. comme Toulouse-Lautrec, Monet ou encore Van Gogh. Quant à l'érotisme et à la pornographie, ils ne furent que l'un des sujets parmi tant d'autres traités par les artistes du monde flottant.

▲ Hokusai. *Sous la vague au large de Kanagawa*, de la série **36 Vues du mont Fuji** (musée national des Arts asiatiques-Guimet, Paris).

garde façade de verre en accordéon a été imaginée par l'architecte Tange Kenzô en 1978. Toujours sur le côté g. de l'avenue, ne manquez pas l'immeuble Todd's dessiné par Itô Toyo en 2003 ou celui de Chanel, signé Peter Marino en 2004. Un peu plus bas, un curieux bâtiment flanqué d'un cône de verre abrite l'**Association japonaise des infirmières**. Il a été conçu en 2000 par Kurokawa Kishô.

Sur le côté dr. de l'avenue, toujours en descendant, un complexe immense et audacieux, le **Omotesandô Hills**, créé par Andô Tadao a remplacé, en 2006, un ensemble de petites maisons qui dataient des années 1960. L'une d'entre elles a cependant été préservée à titre de témoignage. L'architecte a réussi l'exploit de créer, en profondeur, un espace gigantesque sur 5 niveaux sans que la hauteur extérieure du bâtiment dépasse celle qu'avaient les petites maisons.

■ **Le musée Nezu**★★★ 根津美術館 (**Nezu bijutsukan**) VII D3
6-5-1, Minami Aoyama, Minato-ku ☎ *03/3400.2536* • *à 500 m S.-E. du M° Omotesandô* 表参道 （lignes Ginza-sen 銀座線, Chiyoda-sen, Hanzômon-sen 半蔵門線） • *ouv. t.l.j. sf lun. 10 h-17 h* • *www.nezu-muse.or.jp*

Le Nezu bijutsukan est l'un des musées à voir absolument à Tôkyô, même dans le cadre d'un court séjour. Et ce, autant pour ses collections que pour ses adorables pavillons de thé dispersés dans le parc.

Créé en 1941 par Nezu Kaichirô, le président des lignes de chemin de fer et des grands magasins *Tôbu*, ce musée a commencé par exposer les collections personnelles de ce grand amateur d'art asiatique qu'était Nezu. Toute sa vie, celui-ci n'a cessé d'acheter des calligraphies anciennes, des céramiques ou encore des objets liés au bouddhisme en provenance de Chine, de Corée et, bien sûr du Japon. Passionné de cérémonie du thé, qu'il pratiquait lui-même, Nezu accumulera, à partir de 1909, une fantastique collection d'objets liés au thé, certains datant du XVIe s.

Bombardé en 1945, le musée a déjà été entièrement reconstruit en 1954, et une nouvelle galerie a été ajoutée en 1991. La rénovation actuelle devrait permettre de mettre en œuvre les techniques muséographiques les plus modernes.

▶ **Le musée Okamoto Tarô*** h. pl. VII par A3 *(à 10 mn à pied du musée Nezu • 6-1-19, Minami Aoyama, Minato-ku ☎ 03/3406.0801 • ouv. t.l.j. sf mar. 10 h-18 h)*. Cet artiste disparu en 1996 et dont on peut voir une sculpture géante au début d'Aoyama dôri (sur le côté g. en venant de Shibuya) avait ici son atelier. Sur deux étages sont exposées quelques-unes de ses œuvres (de grandes toiles très colorées), mais c'est surtout dans le jardin qu'on pourra voir les sculptures les plus étonnantes. ◀

■ **L'avenue Aoyama dôri***
青山通り VII C3-D1-2
En marchant vers le S.-O. depuis le M° Omotesandô.

La galerie **Spiral** *(à 100 m sur le côté g. ; 5-6-23, Minami-Aoyama, Minato-ku, ☎ 03/3498.1171 • www.spiral.co.jp)* a été construite en 1985 : c'est l'un des hauts lieux de l'**art moderne** avec des expositions d'architectes, de photographes ou de designers. Le lieu lui-même, enroulé autour d'un axe central, est intéressant et mérite une visite.

En continuant sur le même trottoir se trouve la plus grande concentration d'antiquaires de tout Tôkyô dans **Kottô dôri*** 骨董通り. Certains sont spécialisés dans les meubles, d'autres dans les estampes, d'autres enfin sont des généralistes et proposent aussi bien des kimonos anciens que des calligraphies, des bronzes ou des bouddhas en bois.

▶ **Le musée d'Art contemporain Watari-Um*** ワタリウム美術館 VII D1 (Watari-Um bijutsukan ; *3-7-6, Jingû mae, Shibuya-ku ☎ 03/3402.3001 • M° Gaien mae* 外苑前*, ligne Ginza-sen* 銀座線*, sortie n° 3 • ouv. t.l.j. sf lun. 11 h-19 h • www.watarium.co.jp)*. Ce musée atypique a été imaginé, en 1990, par l'architecte suisse Mario Botta. Il accueille des expositions d'artistes contemporains (Fabrice Hyber ou Nam June Paik) ou d'artistes plus classiques comme le photographe allemand August Sander ou le Russe Rodtchenko. ◀

Les créateurs nippons à Paris

Les débuts de la mode japonaise en France peuvent être situés en 1965, lorsque les jeunes stylistes **Takada Kenzô** et **Miyake Issey**, débarquent à Paris. Tandis que le premier travaille en free-lance, le second suit la formation de la prestigieuse école de la Chambre syndicale de la haute couture parisienne.

Les créations de Kenzo, riches en couleurs, et sa coupe « kimono » font que sa boutique de la place des Victoires est prise d'assaut. Miyake Issey présente son premier défilé parisien en 1973, bientôt suivi par **Yamamoto Kansai** et son style « kimono » aux couleurs plus vives que celui de Kenzô. Dès lors, le mouvement est lancé, et la mode nippone se pose en concurrente des modes française et italienne.

En 1977, **Mori Hanae** ouvre une boutique à Paris et devient la première Japonaise membre de la Chambre syndicale de la haute couture à Paris. Puis, au début des années 1980, deux stylistes, Kawakubo Rei, de **Comme des garçons**, et Yamamoto Yohji, provoquent un véritable choc en lançant un style très dépouillé. Dans les années 1990, débarque à Paris une nouvelle génération de couturiers nippons sans complexe comme Zucca et Hishinuma Yoshiki. Ces créateurs sont si bien implantés qu'ils exportent maintenant vers le Japon depuis Paris.

❽ De Roppongi à Akasaka★

Situation : plan VIII ; au S. de Tôkyô.

Surtout connu pour ses boîtes de nuit et ses magasins de luxe, Roppongi était essentiellement fréquenté par des touristes étrangers et des expatriés. Depuis la construction, en 2003, d'un immense complexe immobilier, le « Roppongi Hills », le quartier a pris un nouvel essor.

Accès : M° Shiba-kôen 芝公園 (ligne Toei Mita-sen 都営三田線) et Roppongi 六本木 (lignes Hibiya-sen 日比谷線, Toei Ôedo-sen 都営大江戸線).

Combien de temps : 1/2 journée.

☞ Plans de la promenade ❽ : plan VIII (p. 228), plan IV (p. 196-197) et plan d'ensemble, en fin de volume (garde arrière).

■ La tour de Tôkyô★ 東京タワー (Tôkyô tawâ) h. pl. VIII par B2
Dans le parc Shiba kôen • ouv. t.l.j. 9 h-22 h • vis. à éviter le dim. • www.tokyotower.co.jp
Construite en 1958, elle a longtemps servi d'argument à ceux qui accusaient le Japon de copier sans complexe les inventions de l'Occident. De fait, on peut être surpris que, plus d'un demi-siècle après Eiffel, les Japonais aient éprouvé le besoin d'élever au centre de Tôkyô une tour quasi jumelle de celle de Paris. Deux différences cependant : elle est peinte en rouge et blanc et elle est plus haute de 11 m (333 m) ! L'aquarium, le musée de Cire et le musée des Sciences, tous un peu vieillots, n'attirent que peu de visiteurs.

■ Le temple Zôjô-ji★ 増上寺 h. pl. VIII par B2
Dans le parc Shiba kôen, juste à côté de la tour de Tôkyô.
Fondé en 1393, ce temple était, avec le Kan Ei-ji, l'un des plus grands centres bouddhiques de la ville. Sous le régime de Tokugawa Ieyasu, le site comportait 48 temples et plus d'une centaine de bâtiments. Ravagé par les incendies à trois reprises, le Zôjô-ji a été reconstruit pour la dernière fois en 1974. Seule la gigantesque **porte Sangadatsu-mon** (21 m de hauteur), laquée de rouge, date de 1612.

▲ La tour de Tôkyô se repère de loin.

Le Zôjô-ji est aujourd'hui le quartier général de la secte Jôdo pour la région du Kantô.

Depuis la tour de Tôkyô, suivre Gaien Higashi dôri sur 1 km.

■ Le carrefour de Roppongi★ 六本木交差点 (Roppongi kôsaten ; Roppongi Crossing) VIII B1
M° Roppongi (lignes Hibiya-sen, Toei Ôedo-sen).
Gaien Higashi dôri, qui relie la tour de Tôkyô au carrefour Roppongi, est un axe assez souvent encombré, surtout le soir, mais les nombreux **commerces**

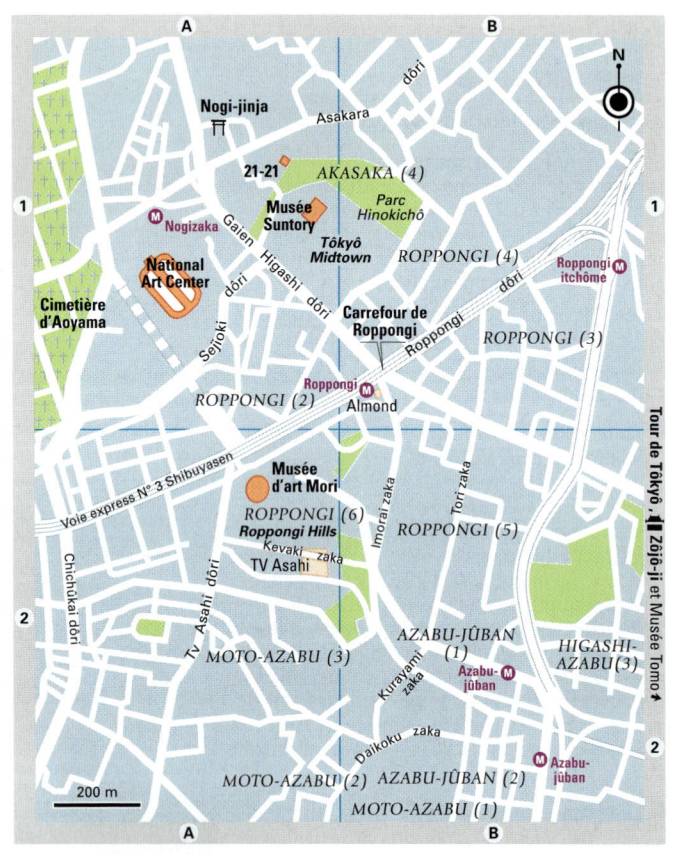

Plan VIII : le quartier de Roppongi.

et **restaurants** qui le bordent en font un lieu de promenade agréable. Le grand bâtiment gardé en permanence par des policiers armés *(sur la g., à mi-chemin)* est l'ambassade de Russie.

Le carrefour de Roppongi, surmonté d'une autoroute, est le centre vivant du quartier avec, comme principal point de repère, la pâtisserie-salon de thé *Almond*, dont la façade violette sert de lieu de rendez-vous à tous les étrangers.

Traversez le carrefour et continuez sur Gaien Higashi dôri sur 200 m.

■ **Tôkyô Midtown**★★ 東京ミッドタウン (**Tôkyô middotaun**) VIII A-B1
M° *Roppongi (lignes Hibiya-sen, Toei Ôedo-sen).*
Ce complexe, bâti à l'emplacement où se trouvait autrefois l'Agence de défense nationale, a été inauguré en mars 2007. Il comprend, outre des espaces verts, des bureaux, des logements, une galerie commerçante et un hôtel de luxe : le Ritz-Carlton. Deux espaces culturels agrémentent cet ensemble architectural : le musée Suntory transféré ici depuis Akasaka-Mitsuke où il était installé depuis 1975, et un centre de design.

Depuis sa création en 1961, le nouveau **musée Suntory**★★ サントリー美術館 (Santorî bijutsukan) a organisé pas moins de 300 expositions afin de faire tourner les 3 000 pièces de son exceptionnelle collection. Celle-ci est constituée principalement de **peintures**, de laques, de céramiques – dont de nombreux Trésors nationaux – et surtout d'**objets en verre** ayant quelque rapport avec la boisson (rappelons que Suntory est avant tout une grande marque de bière et de whisky et qu'elle produit des centaines de boissons, alcoolisées ou non).

À la pointe O. de Tôkyô Midtown, les promoteurs du site ont voulu réserver un espace au **design**. Mélange d'acier, de béton brut et de verre, le très aérien bâtiment conçu par Andô Tadao est si léger qu'on pense à un oiseau de papier. Ce centre d'une surface globale de 1 700 m² n'accueille pas seulement des expositions. Il se veut avant tout un **lieu de réflexion** où les designers, aussi bien japonais qu'étrangers, sont invités à créer et à lancer de nouveaux concepts. Le nom, **21/21**, a été choisi pour exprimer la volonté du centre d'aller au-delà de la perfection qui est notée 20/20 chez les collégiens.

■ Le National Art Center★★★ VIII A1

M° Nogizaka 乃木坂 (ligne Chiyoda-sen 千代田線) • 7-22-2, Roppongi, Minato-ku • www.nact.jp/english • ouv. t.l.j. sf mar. 10 h-18 h (jusqu'à 20 h le ven.)

L'architecte de ce très beau bâtiment, **Kisho Kurokawa**, est mort l'année même de son inauguration, en 2007, après avoir été candidat (malheureux) au poste de gouverneur de Tôkyô : ce musée est un peu son œuvre-testament. On ne peut qu'être admiratif devant ses lignes très douces auxquelles la légèreté du verre ajoute une magnifique transparence. Dans le hall, presque aussi vaste qu'une gare, s'élèvent deux colonnes au sommet desquelles on trouve deux restaurants dont la **brasserie Paul Bocuse**, une collaboration entre le célèbre chef français et le chef japonais Hiramatsu.

Une douzaine de salles réparties sur trois niveaux accueillent des **expositions temporaires** dignes des grands musées internationaux, comme « L'enfant dans les collections du Louvre », une rétrospective René Lalique ou encore « Les trésors de la dynastie des Habsbourg ».

Continuez Gaien Higashi dôri sur 500 m jusqu'au M° Nogizaka 乃木坂. 30 m avant la station, descendez sur la dr. jusqu'au sanctuaire Nogi.

■ Le sanctuaire Nogi-jinja★ 乃木神社 VIII A1

M° Nogizaka 乃木坂 (ligne Chiyoda-sen 千代田線) • 8-11-27, Akasaka, Minato-ku ☎ 03/3478.3001 • marché aux puces devant le sanctuaire le 2ᵉ dim. de chaque mois, sf en nov.

Construit dans un style occidental, ce petit sanctuaire est dédié à la mémoire du général **Nogi Maresuke** (1849-1912), qui s'illustra lors de la guerre sino-japonaise puis de la guerre russo-japonaise. Si Nogi est resté célèbre, c'est surtout parce qu'il s'est suicidé afin de suivre dans la tombe l'empereur Meiji, qui venait de décéder. Tandis qu'il s'ouvrait le ventre selon l'ancienne tradition des samouraïs, son épouse se tranchait la gorge.

On ne peut visiter la **maison du général**, attenante au sanctuaire, que deux jours par an, les 12 et 13 septembre (jour anniversaire de sa mort), de 9 h 30 à 16 h 30. Les autres jours, il est tout de même possible, depuis un niveau surélevé, d'apercevoir la pièce où le général a accompli son seppuku. Rien n'a été déplacé, pas même sa chemise tachée de sang.

Remontez sur Gaien Higashi dôri et traversez-la en direction du M° Nogizaka 乃木坂. La grande av. qui part vers la g. conduit à l'une des entrées du cimetière d'Aoyama.

■ Le cimetière d'Aoyama★★
青山墓地 (Aoyama bochi) VIII A1
Même métro que le sanctuaire Nogi.
Avec ses 100 000 tombes, c'est la plus grande nécropole de Tôkyô. On s'y promène en toute sérénité aussi bien en couple qu'en famille, comme dans n'importe quel espace vert. Ses longues allées ombragées sont particulièrement fréquentées en avril, au moment où les cerisiers sont en fleur. De très nombreuses personnalités japonaises, artistes, politiciens, y reposent à l'exemple du général Nogi et de son épouse qui se suicidèrent dans leur demeure à quelques pas du cimetière. Plus inattendue, la « tombe » du chien Hachikô *(→ encadré p. 216)* !

Revenir vers le carrefour Roppongi et prendre Roppongi dôri à dr., en direction de Shibuya. À 200 m à g. s'élève la tour Mori (→ encadré) qui domine le complexe Roppongi Hills.

■ Roppongi Hills★★
六本木ヒルズ VIII A2
M° *Roppongi (lignes Hibiya-sen, Toei Oedo-sen)* • *6-10-1, Roppongi, Minato-ku* • *www.roppongihills.com* • *ouv. magasins 11 h-21 h, restaurants 11 h-23 h.*
Inauguré en 2003, cet ensemble a été conçu par le magnat de l'immobilier Mori Minoru *(→ encadré)*, comme un projet d'urbanisme où se côtoient l'art et le commerce, les logements et les espaces verts, de grands restaurants et des cinémas… C'est une véritable petite ville qui s'articule autour de la **Mori Tower**, gigantesque cylindre de verre et d'acier. Tous les grands noms du luxe et de la gastronomie (notamment française) sont représentés ici.
Depuis la rue (Roppongi dôri), un escalator conduit au pied de la tour *(mais on peut aussi y accéder directement par le métro)* où une promenade mi-végétale mi-minérale est aménagée pour les piétons. On passe sous une araignée géante, *Maman*, signée de la Française Louise Bourgeois, pour aboutir en face du siège de la télévision *Asahi* au pied duquel s'enroule un très beau jardin japonais.

▲ Dès la première année d'exploitation, le complexe Roppongi Hills a enregistré plus de 1 million de visiteurs.

Mori, l'empereur de la pierre

Le promoteur à l'origine de **Roppongi Hills** VIII A2 (2003), Mori Minoru, est assurément l'un des hommes les plus puissants de la planète. En 1993, il a succédé à son père, Mori Taikichirô, le fondateur de l'entreprise, qui, en 1991 et 1992, avait été classé par la revue *Forbes* cinquième homme le plus riche du monde.

Grand admirateur de Le Corbusier, Mori a contribué à changer le visage de Tôkyô. Contrairement à son père, qui s'était contenté de multiplier les tours sans réel souci d'esthétique, Mori Minoru, lui, veut visiblement laisser une trace. La **tour Mori** VIII A2, haute de 238 m, qui s'élève au centre du complexe Roppongi Hills, représente une réussite plastique. Elle séduit par l'élégante simplicité de son design tout en constituant un véritable défi technologique, aussi bien par ses dimensions que par ses caractéristiques antisismiques. Mori Minoru est également à l'origine d'**Omotesandô Hills** VII C2 (2006), dont la réalisation a été confiée à Andô Tadao.

Depuis quelques années, l'empereur de la pierre s'attaque aux autres grandes villes du monde en construisant, notamment, le Shanghai World Financial Centre avec ses 492 m de hauteur pour 101 étages.

Le **Mori Art Museum**★★ 森美術館 (Mori bijutsu-kan ; *au 53ᵉ ét. de la tour • www.mori.art.museum*) a été aménagé dans un espace qui occupe la quasi-totalité de l'étage. Le musée n'a pas de collection propre mais propose toute l'année des **expositions thématiques** d'envergure grâce à la collaboration des plus grands musées du monde. Les choix du directeur du musée (David Elliott, un Anglais) sont très éclectiques et vont du « Sourire dans l'art japonais » à une rétrospective Le Corbusier en passant par des vidéos de Bill Viola ou « 100 ans d'art et de design danois »…
Le ticket pour le musée donne également accès au **Tôkyô City View**, une plate-forme à 360° qui offre le plus impressionnant **point de vue** qu'on puisse avoir sur Tôkyô.

Reprendre le métro à Roppongi.

■ **La Diète nationale**★
国会議事堂 **(Kokkai gijidô) IV B3**
M° Kokkaigijidô mae 国会議事堂前 *(lignes Maruno'uchi-sen* 丸の内線*, Chiyoda-sen* 千代田線*) • 1-7-1, Nagata-chô • ouv. du lun. au ven. 8 h-17 h • les explications sont généralement données en japonais, mais certains guides parlent l'anglais.*
Achevé en 1936, le bâtiment qui abrite la Chambre des députés a été conçu sur le modèle du Sénat américain. De forme pyramidale, il est surmonté d'une tour soutenue par des piliers qui évoque quelque temple grec. Il est possible de visiter l'intérieur en dehors des sessions parlementaires. Vous pourrez voir la chambre des débats aux murs recouverts de bois sculpté et surtout la pièce réservée à l'empereur, décorée à l'or fin.

Revenir vers le M° Kokkaigijidô mae 国会議事堂前 *et tourner à dr. en direction de Nagata-chô puis prenez la 1ʳᵉ rue à g.*

■ **Le sanctuaire Hie-jinja**★ 日枝神社 **IV A3**
Derrière un immense portique rouge, caché derrière une épaisse végétation, le sanctuaire avait été choisi par le shogun Tokugawa Ietsuna, au XVIIᵉ s., pour assurer la protection de son château par les *kami*. Mais le Hie-jinja est surtout célèbre pour avoir été, en 1936, le point de départ d'un coup d'État (raté) visant à restaurer l'autorité de l'empereur presque entièrement confisquée par les militaires.

Sortir du sanctuaire par Sotobori dôri (au N.) et remontez vers le carrefour d'Akasaka-Mistuke. L'hôtel New Otani est situé de l'autre côté d'Aoyama dôri.

♥ **RESTAURANT**
Roku Roku (sushi) :
6-10-3, Roppongi, Minato-ku, au dernier étage de l'hôtel **Grand Hyatt** ☎ 03/4333.8788 ; ouv. t.l.j. 11 h 30-14 h 30 (jusqu'à 15 h 30 le week-end) et 18 h-22 h. Décor dépouillé et poisson frais. Prix raisonnables à l'heure du déjeuner.

☞ **Pour la suite de la promenade ❽**, voir le plan IV (p. 196-197).

Le Parlement japonais

Créée en 1889 par la Constitution de Meiji, la Diète japonaise, qui détient le pouvoir législatif, est composée de deux chambres, à l'exemple du Parlement britannique : celle des représentants, ou chambre basse, et celle des conseillers, dite chambre haute ou Sénat. Composée de 480 membres élus pour quatre ans au suffrage universel direct (avec une dose de proportionnelle), la chambre basse est la plus importante sur le plan politique puisqu'elle choisit le Premier ministre qui est toujours issu du parti majoritaire.

Depuis la fin de la Seconde Guerre mondiale, le PLD (Parti libéral démocrate, conservateur) occupe le pouvoir, presque sans interruption. La Chambre des conseillers se compose de 242 membres élus pour six ans, renouvelés par moitié tous les trois ans. Comme pour la Chambre des représentants, les conseillers sont élus au suffrage universel dans les circonscriptions préfectorales au scrutin majoritaire, tandis qu'une partie d'entre eux sont élus à la proportionnelle.

La Voie du Thé

Liée à l'arrivée du bouddhisme zen au Japon, la Voie du Thé *(sadô* ou *chadô)* est, au même titre que l'arrangement floral ou la calligraphie, une discipline spirituelle doublée d'un art. Grâce à la forte concentration de théine contenue dans le thé *matcha*, les moines pouvaient résister au sommeil et prolonger d'autant la méditation. Formalisée par Sen no Rikyû (1522-1591), également célèbre pour avoir dessiné les plus beaux jardins zen de Kyôto, la cérémonie du thé est enseignée principalement par deux écoles, Omotesenke et Urasenke. Elle consiste à préparer et à servir un thé vert *matcha* en respectant un rituel précis aussi bien pour chauffer l'eau que pour « battre » le thé à l'aide d'un fouet en bambou. Autrefois, un repas léger de *kaiseki* (→ *encadré p. 350)* était servi afin de compenser l'amertume du thé, mais aujourd'hui celui-ci est le plus souvent accompagné d'une pâtisserie traditionnelle. Il faut plusieurs années pour maîtriser cet art où sont présentes les notions d'harmonie mais aussi celles de simplicité et de dépouillement.

Il est cependant possible d'assister à une cérémonie, et même de prendre un cours au **Centre de cérémonie du thé de Tôkyô** *h.* **pl. VI par C1** *(Sakurai-kai, 3-2-25, Shimo-Ochiai, Shinjuku-ku,* ☎ *03/3951.9043)* ou encore dans certains grands hôtels qui ont une pièce spécialement aménagée à cet effet, comme l'*Imperial* (☎ *03/3504.1111)*, l'*Okura* (☎ *03/3582.0111)* ou le **New Otani** (☎ *03/3265.1111)*. → *aussi encadré p. 120.*

☞ **EN SAVOIR PLUS**
Sur les jardins japonais, voyez les pages thématiques p. 374-375.

■ **L'hôtel *New Otani* Tôkyô★**
ホテルニューオータニ東京 **IV A2**
M° *Nagatachô* 永田町 *(sortie n° 7* ; *lignes Hanzômon-sen* 半蔵門線, *Yûrakuchô-sen* 有楽町線) • *4-1, Kioi-chô, Chiyoda-ku* ☎ *03/3265.1111* • *www.newotani.co.jp/en/tokyo*

Inauguré en 1964, l'année des Jeux olympiques de Tôkyô, l'hôtel *New Otani* est, aujourd'hui encore, l'un des palaces les plus réputés de la ville, aussi bien pour le confort des chambres que pour le service. La clientèle apprécie notamment le très beau **jardin japonais**, vieux de 400 ans (le terrain appartenait autrefois aux Tokugawa) et le **musée d'Art** (☎ *03/3221.4111)* que les présidents successifs de l'hôtel ont continuellement enrichi. On peut y admirer des œuvres occidentales (Chagall, Modigliani…) et japonaises : très belle collection d'estampes. L'hôtel possède aussi une pièce pour la cérémonie du thé *(participation payante • jeu., ven. et sam. de 11 h à 16 h).*

❾ Ikebukuro★

☞ **Plan de la promenade ❾** (plan IX) p. 234-235.

Situation : plan IX ; N. de Tôkyô.

C'est, après Shinjuku, le plus important centre de Tôkyô en termes de fréquentation. Organisé autour d'une gare démesurément grande, Ikebukuro a pourtant quelque chose d'un peu provincial avec ses boutiques un peu démodées et ses cinémas populaires. Quartier de loisirs et de commerces, il est fréquenté pour ses deux grands magasins, *Seibu* et *Tôbu*, qui enserrent la gare comme un immense étau.

Accès : M° Ikebukuro 池袋 (lignes Yûrakuchô-sen 有楽町線, Maruno'uchi-sen 丸の内線 et JR Yamanote-sen 山手線).

Combien de temps : 1/2 journée.

■ *Seibu* 西武 et *Tôbu*★ 東武 IX B2-3
Autour de la gare et du métro.

Ces deux **grands magasins** sont de véritables villes. Le rayon alimentation, au sous-sol de ces deux établissements, est un immense **marché couvert**. On y trouve aussi bien les spécialités culinaires d'Okinawa que des fromages de Hokkaidô ou des vins français.

Depuis la gare, sortir côté E., traversez Meiji dôri pour rejoindre Ekimae dôri. Bifurquez à g. juste après le magasin Big Camera et prenez la rue piétonne en direction du complexe Sunshine City.

■ Meiji dôri 明治通り et Ekimae dôri★ 駅前通り IX B2-D1

La **Meiji dôri** est devenue, ces dernières années, l'avenue de la **fringue**, et toutes les marques branchées y ont ouvert des succursales.

Sur **Ekimae dôri**, outre les très nombreuses boutiques et restaurants, vous apercevrez, dans les rues adjacentes, les *love hotels*, reconnaissables à leurs formes baroques. Ce sont des hôtels de passe fréquentés par des couples le plus souvent illégitimes.

Au bout de la rue piétonne Sunshine 60 dôri, à 500 m, obliquez à dr.

■ Sunshine City★ サンシャインシティ IX C/D-2

Construit en 1978 à l'emplacement de l'ancienne prison de Suga, le complexe de Sunshine City est un ensemble de quatre immeubles (en tout, 60 000 m²), dont le **Sunshine 60**, qui culmine à 240 m. La **vue**★★★, de là-haut, est si impressionnante que certains prétendent distinguer la courbe de la Terre ! Véritable fourmilière, à moitié souterraine, le complexe comprend un hôtel, un centre culturel et des dizaines de boutiques et de restaurants. À noter aussi un parc à thème très kitsch consacré à la nourriture *(Nanjatown)* avec notamment un musée des *gyôza* original *(→ encadré p. 236).*

■ Le musée de l'Orient ancien★ 古代オリエント博物館 (Kodai oriento hakubutsukan) IX D2

Sunshine City (7ᵉ ét.), 3-1-4, Higashi Ikebukuro, Toshima-ku ☎ 03/ 3989.3491 • M° Higashi-ikebukuro 東池袋 • ouv. t.l.j. sf lun. 10 h-17 h • compter 1 h.

Situé à l'E. du Sunshine City, il s'agit du seul musée du Japon spécialisé dans l'archéologie du Moyen-Orient. Les objets exposés (statues, bijoux, poteries…) viennent principalement de Syrie, mais aussi d'Iran et d'Irak. Les expositions sont renouvelées tous les six mois.

■ L'aquarium★ 水族館 (Suizokukan) et le planétarium★ プラネタリウム (planetarium) IX D2

10ᵉ et 11ᵉ ét. du Sunshine 60 ☎ 03/3989.3466 • ouv. t.l.j. 10 h-17 h • entrée payante.

La visite de l'aquarium se justifie, ne serait-ce que pour l'étonnant spectacle de cirque avec des poissons dressés, qui se déroule toutes les heures. Au même étage se trouve un superbe planétarium avec un dôme de 11 m de hauteur.

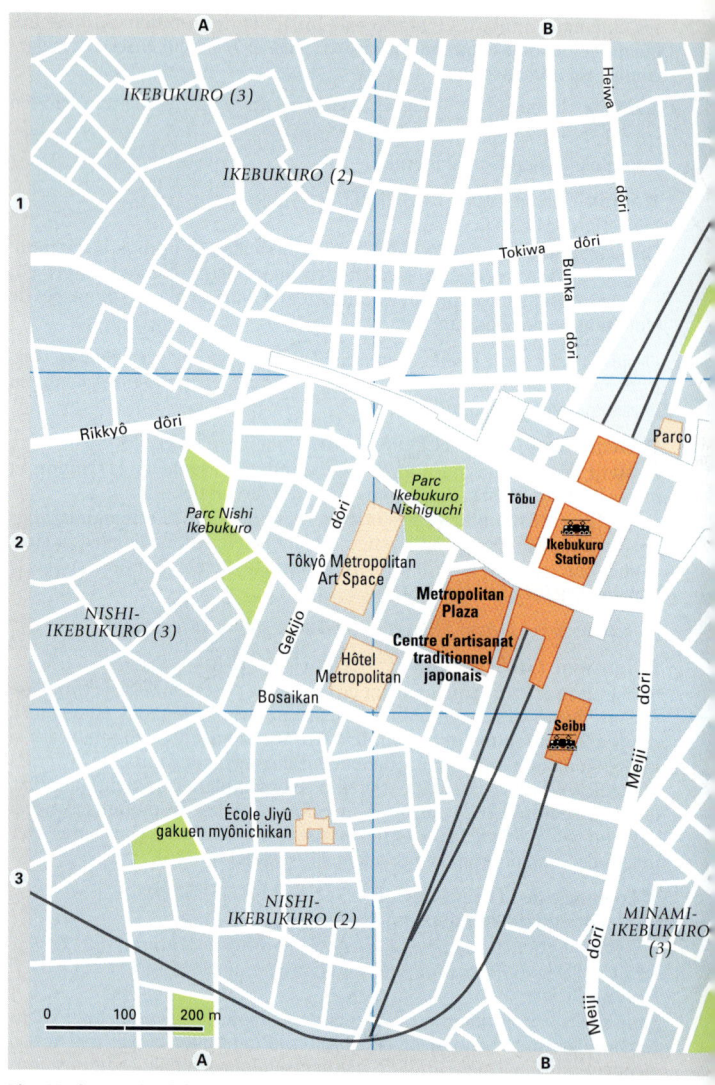

Plan IX : le quartier d'Ikebukuro.

Emprunter les souterrains sous la gare et rejoignez le côté O. en suivant les indications pour le grand magasin Tôbu.

■ Le Centre d'artisanat traditionnel japonais★
伝統的工芸品センター *(Dentôteki kôgeihin sentâ)* **IX B2**
Metropolitan Plaza, 1-11-1, Nishi-Ikebukuro, Toshima-ku ☎ *03/5954.6066*
• *ouv. t.l.j. 11 h-19 h.*

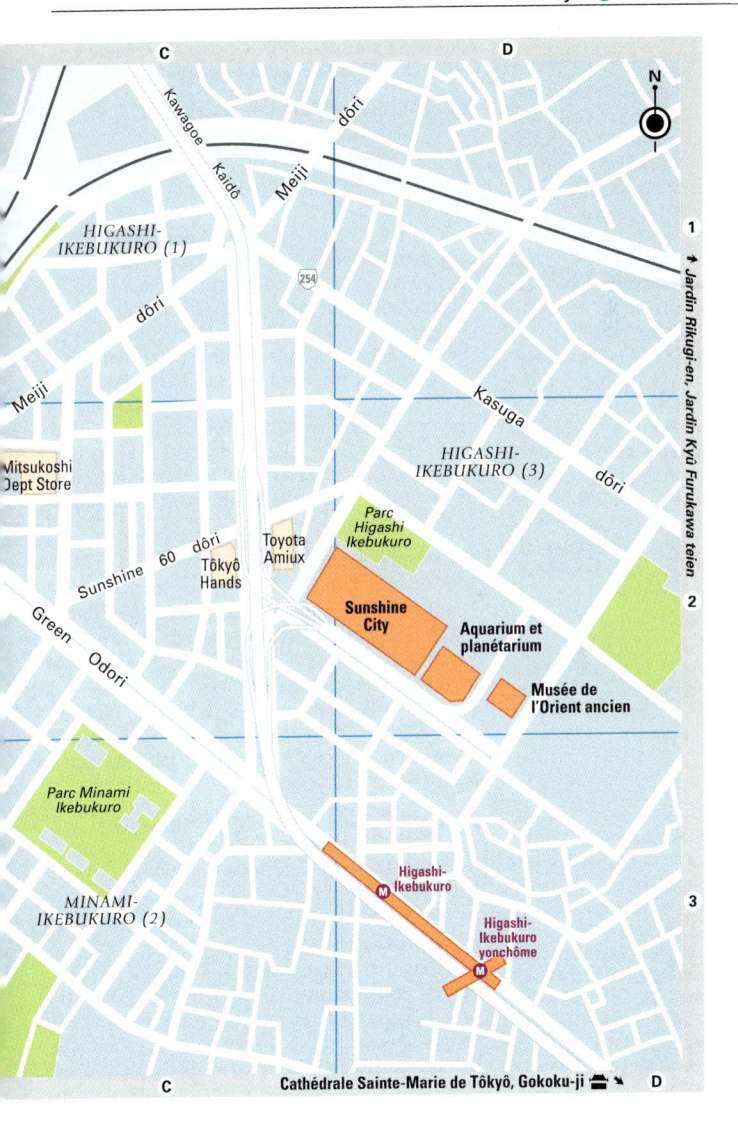

À la fois centre d'exposition et de vente, ce *showroom* rassemble des exemples d'artisanat provenant de la plupart des régions. Les objets présentés vont des textiles (kimono, linge de table…) aux couteaux en passant par les poupées, la papeterie et surtout la céramique (un étage entier). Authenticité et qualité caractérisent la plupart des articles exposés. On peut souvent assister à des démonstrations par des artisans venus des quatre coins du Japon.

Un musée des raviolis

Les *gyôza* font partie de ce que les Japonais appellent *chûka ryori* (cuisine chinoise), qui comprend également les *râmen* (nouilles) et le *châhan* (riz cantonais). Très populaires, ces raviolis fourrés d'ail, de porc et de crevettes se trempent dans la sauce de soja avant d'être avalés en une seule bouchée. Il y aurait, au Japon, plus de 1 000 restaurants servant de ces *gyôza*. Le fait que ceux-ci diffèrent légèrement d'une région à l'autre a inspiré l'idée de leur consacrer un « musée » : le *Gyôza Stadium*, qui a ouvert ses portes en 2004 dans l'immeuble Sunshine d'Ikebukuro. On peut y déguster plus de 15 sortes de *gyôza* dans des échoppes du Tôkyô d'avant-guerre reconstituées. L'ensemble est kitsch et plutôt amusant.
Accès : 3-1-3, Higashi Ikebukuro Sunshine City World IX C/D2 • *ouv. t.l.j. 10 h-22 h.*

♥ **RESTAURANT**
Rokkasen 六歌仙
1-11-1, Nishi-Ikebukuro, Toshima-ku (h. pl. IX par A3)
☎ *03/5391.3984 ;*
ouv. t.l.j. 11 h 30-22 h.
Un restaurant spécialisé dans le *fugu*. Ici, le chef a son diplôme d'État et peut même, si vous le demandez, tuer et préparer le poisson devant vous. Ambiance familiale et prix très raisonnables.

Sur le rabat arrière de la couverture, vous trouverez un Tableau chronologique indiquant les grandes périodes de l'histoire japonaise.

À 10 mn à pied du centre d'artisanat. Prendre à g. en face du Tôkyô Metropolitan Space Art.

■ L'école Jiyû gakuen myônichikan**
自由学園明日館 IX A3
2-31-3, Nishi-Ikebukuro, Toshima-ku ☎ *03/3971.7535* • *vis. guidées t.l.j. 10 h-16 h, sf pendant conférences : il est prudent de téléphoner avant.*

Contrairement à l'hôtel *Imperial* démoli en 1968, cette école privée, également conçue (en 1921) par l'architecte américain Frank Lloyd Wright, a été non seulement préservée mais classée « importante propriété culturelle » en 1997 et totalement restaurée en 1999-2001. Pour cet établissement qui se voulait une école de la liberté, Wright a imaginé une « maison pour demain » (signification de *Miyônichikan*) d'une très grande modernité pour l'époque. Très belle façade à colonnes carrées reliées par de hautes vitres et, à l'intérieur, mobilier de forme hexagonale conçu par Endô Arata, un élève de Wright.

■ Le temple Gokoku-ji*
護国寺 h. pl. IX par D3
Otsuka 5-40-1, Bunkyô-ku ☎ *03/3941.0764* • *M° Gokokuji* 護国寺 *(ligne Yûrakuchô-sen)* • *ouv. t.l.j. jusqu'à la tombée de la nuit* • *marché aux puces le 2ᵉ sam. du mois, de 7 h à 16 h.*

Juste à la sortie du métro s'élève le temple bouddhique Gokoku-ji. Il fut érigé en 1681 par Tsunayoshi, le cinquième shogun Tokugawa. Le bâtiment principal date de cette époque.

■ La cathédrale Sainte-Marie de Tôkyô*
東京カテドラル聖マリア大聖堂
(**Tôkyô cathédrale Sei Maria daiseidô**)
h. pl. IX par D3
3-16-5, Sekiguchi, Bunkyô-ku • *M° Gokokuji* 護国寺
(ligne Yûrakuchô-sen).

Dessinée par Tange Kenzô (→ *encadré p. 213*), elle est entièrement recouverte d'acier. D'en bas, la forme de l'église évoque une grue (symbole de longévité et de paix), mais, vu du ciel, le bâtiment dessine une immense croix. Cette cathédrale a été construite en 1964, l'année des Jeux olympiques de Tôkyô, pour commémorer le 100ᵉ anniversaire de la reconnaissance du catholicisme par le dernier shogun Tokugawa.

■ Le jardin Rikugi-en** 六義園 h. pl. IX par D1
À 7 mn à pied du M° Komagome 駒込 *(lignes Nanboku-sen* 南北線, *JR Yamanote-sen* 山手線*) : prendre Hongo dôri en direction de Shinobazu dôri et tourner à dr. juste avant d'atteindre celle-ci* •

*6-16-3, Honkomagome, Bunkyô-ku ☎ 03/3941.
2222 • ouv. t.l.j. 9 h-17 h.*

Réalisé en 1702 par Yanagisawa Yoshiyasu pour le 5ᵉ shogun Tokugawa, ce magnifique jardin était, à l'origine, un hommage à la poésie japonaise traditionnelle de style *waka* (poèmes en 31 syllabes). Le nom Rikugi fait d'ailleurs référence aux six éléments qui constituent un poème *waka*.

Typique de l'époque Edo, il est constitué de collines qui entourent un étang et reproduisent des paysages célèbres du Japon comme, par exemple, celui de Waka no ura dans la préfecture de Wakayama.

Revenir vers la gare de Komagome 駒込 et monter l'avenue Hongo dôri vers le N. sur 800 m.

■ **Le jardin Kyû Furukawa teien**★
旧古河庭園 **h. pl. IX par D1**
*1-27-39, Nishigahara, Kita-ku ☎ 03/3910.0394
• ouv. t.l.j. 9 h-17 h.*

Surtout connu pour ses 90 variétés de roses (floraison en mai), il possède aussi une partie japonaise agrémentée d'une maison de thé où l'on peut déguster un *matcha*. Le bâtiment de style occidental qui clôt le jardin est l'œuvre de Josiah Conder (1852-1920), un architecte anglais invité au Japon par le gouvernement Meiji pour construire, entre autres, le Musée impérial (aujourd'hui Musée national) à Ueno et qui publia en Occident de nombreux ouvrages sur les jardins japonais.

❿ D'Ebisu à Shinagawa★★

Situation : plan X ; au S. de Shibuya, sur la ligne JR.

En 1657, un grave incendie détruisit presque entièrement Edo. Alors se développèrent quelques quartiers périphériques comme Shinagawa, Takanawa ou Meguro. Zones essentiellement résidentielles jusqu'à la fin des années 1990, elles se sont développées depuis que les Shinkansen s'y arrêtent. Plus au N., Ebisu et Daikanyama ont bénéficié, au début des années 1990, de plans d'urbanisme ambitieux.

Combien de temps : 1 journée.

■ **Ebisu Garden Place**★ 恵比寿 **X B1**
M° Ebisu 恵比寿 (lignes Hibiya-sen 日比谷線, JR Yamanote-sen 山手線), emprunter le long tapis roulant vers Ebisu Garden Place • 1/2 journée.

Au début des années 1990, au plus fort de la bulle spéculative, un gigantesque projet d'urbanisme

▲ **Les poupées Daruma sont vendues sans yeux.**

Poupée zen et chat porte-bonheur

La poupée **Daruma** représente un moine zen nommé Bodhidarma dont les Japonais ont simplifié le nom en Daruma. Selon la légende, il pratiqua la méditation si intensément que ses jambes et ses bras finirent par tomber et que le moine devint un homme-tronc. Malgré ce destin peu enviable, la poupée Daruma est non seulement l'image même de la sagesse, mais elle est aussi réputée faciliter la réalisation des vœux. Elle est toujours vendue sans yeux, remplacés par deux ronds blancs. Lorsqu'on souhaite la réussite d'un projet, on peint le premier œil. Si ce projet se réalise, on peint le second.

Le **Maneki neko** est un autre personnage porte-bonheur qu'on offre, ou que l'on s'offre, lorsque l'on veut que l'argent vienne. On voit souvent ce chat à l'entrée des commerces ou des restaurants, sa patte levée semblant dire au client « Venez ici ! ». On trouve ces deux objets caractéristiques du Japon dans la plupart des magasins de souvenirs, notamment à la sortie des temples.

☞ **Plan de la promenade ❿ (plan X) page suivante.**

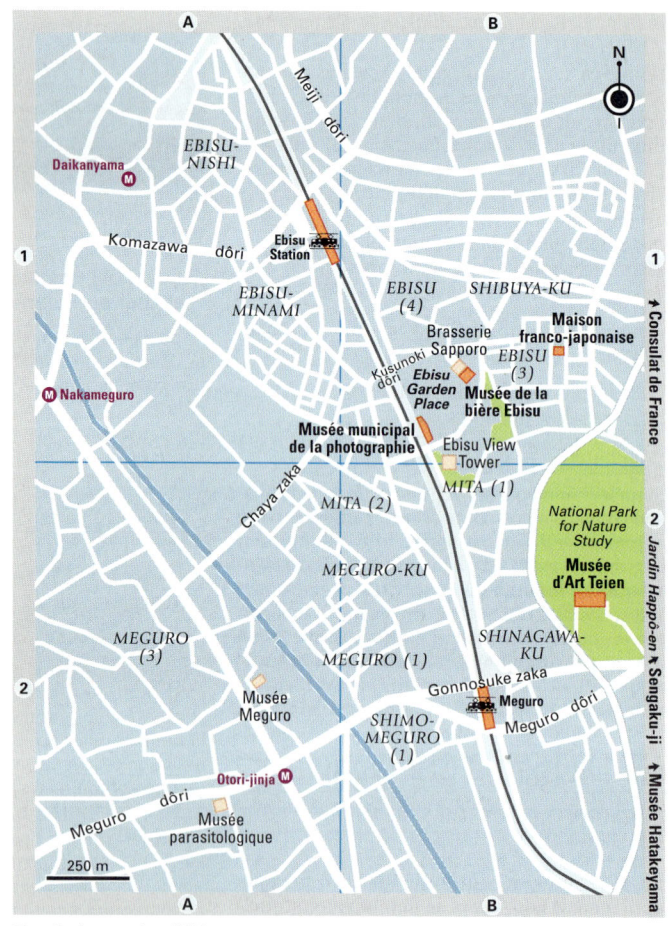

Plan X : le quartier d'Ebisu.

– qui s'achèvera en 1994 – est décidé. Tout le quartier s'organise autour d'une place, Ebisu Garden Place, mi-centre commercial mi-agora, délimitée sur trois côtés par des grands magasins, des restaurants et des hôtels de luxe, tandis qu'à l'extrémité N. se dresse un château français du XVIIe s. !

• **Le musée municipal de la Photographie**★ 東京都写真美術館 **X B1** (Tôkyô-to shashin bijutsukan ; *à 500 m à pied vers le S.* • *1-13-3, Mita, Meguro-ku* ☎ *03/3280.0099* • *ouv. t.l.j. sf lun. 10 h-18 h, jusqu'à 20 h les jeu. et ven.*). Sur cinq niveaux, ce musée ultramoderne propose des expositions (souvent interactives) sur les tendances les plus avant-gardistes de la photo et des nouveaux médias.

• **Le musée de la Bière Yebisu**★ 恵比寿麦酒記念館 **X B1** (Yebisu beer kinenkan ; *à quelques pas, 4-20-1, Ebisu, Shibuya-ku* ☎ *03/5423.7255* • *ouv.*

Des grands chefs français au Japon

Les Japonais sont de grands gourmets. Cela fait d'ailleurs quelques décennies que la cuisine française a pignon sur rue à Tôkyô, où l'on compte plusieurs centaines d'établissements, de la simple brasserie à la haute gastronomie étoilée. Par suite de la baisse du yen par rapport à l'euro, en 2006 il était devenu moins cher de dîner dans un trois-étoiles à Tôkyô qu'à Paris.

La Tour d'argent fut l'une des premières grandes tables parisiennes à ouvrir une succursale à Tôkyô. Et, aujourd'hui, la plupart des grands chefs français sont présents dans la capitale et parfois en province, comme **Michel Bras** qui a ouvert, en 2000, un restaurant à Tôya sur Hokkaidô. Grand admirateur de la gastronomie nippone, **Joël Robuchon** s'associe, en 1994, à Jean-Claude Vrinat propriétaire du célèbre restaurant *Taillevent* pour lancer le *Château-restaurant Taillevent-Robuchon* qui devient en 2004 le *Château Robuchon*. En outre, il fonde, en 2003, un « Atelier » identique à celui de Paris dans le nouveau complexe de Roppongi Hills. Puis en 2005, c'est au tour d'**Alain Ducasse** de se lancer sur le marché nippon. Il ouvre, en partenariat avec Chanel, le restaurant *Beige* dans le quartier de Ginza. Il est suivi, la même année, par **Pierre Gagnaire**, qui inaugure un restaurant intimiste à Omotesandô, à deux pas de l'immeuble Prada.

D'autres projets mettent en avant la cuisine française. Et, chaque année, des dizaines de futurs chefs japonais font leurs classes dans de grands restaurants de l'Hexagone. Pour leur faciliter les choses, Alain Ducasse s'est même associé à l'École de cuisine Tsuji. Son idée est de transplanter à Tôkyô son centre de formation professionnelle.

---

t.l.j. sf lun. 10 h-18 h • accès gratuit), construit à l'emplacement où se trouvait le siège des brasseries Yebisu à la fin du XIXe s., propose un voyage technologique dans le monde de la bière avec un zoom sur chaque étape du processus de fermentation. On peut aussi goûter un nombre impressionnant de sortes de bières accompagnées ou non d'un repas (nombreux restaurants aux 38e et 39e étages).

• **La Maison franco-japonaise** 日仏会館 **X B1** (Nichifutsu kaikan ; *3-9-25, Ebisu, Shibuya-ku* ☎ *03/5421.7651* ● *à l'un des angles de la Garden Place*), a pour vocation d'accueillir chaque année des « pensionnaires » français travaillant sur un sujet lié au Japon. Sa bibliothèque est la plus grande d'Asie en ce qui concerne les ouvrages en français.

D'Ebisu, vous pouvez assez facilement vous rendre à pied à Daikanyama (15 mn par Komazawa dôri vers l'O.).

■ **Daikanyama**★ 代官山 **X A1**
Gare de Daikanyama 代官山 *(ligne Tôkyû Tôyoko-sen* 東急東横線*).*
Deuxième rendez-vous de la mode après Omotesandô, Daikanyama est très apprécié des jeunes pour ses boutiques de vêtements et ses ruelles bordées de **maisons de style européen** : cafés-terrasses et boutiques de mode. On y trouve

♥ **RESTAURANT**
Le Château (1-13-1, Mita ☎ 03/5424.1337), qui abrite la table de Joël Robuchon, est devenu l'un des hauts lieux de la gastronomie française de Tôkyô. Assez cher le soir, très abordable à l'heure du déjeuner ; mais il est indispensable de réserver.

♥ **RESTAURANT**
Pachon : 29-18, Sarugakucho Hillside Terrace B1F ☎ 03/3476.5025 ; ouv. t.l.j. 11 h 30-22 h. Spécialités du Sud-Ouest de la France. Dîner au coin du feu en hiver.

aussi de très nombreux cafés et restaurants de conception occidentale avec terrasses arborées et décoration décalée. Bref, un quartier où il fait bon se promener à l'ombre des arbres en découvrant à chaque coin de rue des bâtiments inattendus, œuvres dues, le plus souvent, à des architectes japonais de talent. Le plus connu d'entre eux, le **Hillside Terrace Complex**, a été conçu en 1992 par Maki Fumihiko, un élève de Tange Kenzô, qui a obtenu le prix Pritzker l'année suivante.

Revenir vers Ebisu à pied pour prendre la ligne JR Yamanote-sen 山手線 *ou un taxi.*

■ Le musée d'Art Teien**
庭園美術館 **(Teien bijutsukan)** X B2

M° Meguro 目黒 *(lignes Toei Mita-sen* 都営三田線*, Nanboku-sen* 南北線*, JR Yamanote-sen* 山手線*)* ; M° Shirokanedai 白金台 *(lignes Toei mita-sen, Nanboku-sen)* • 5-21-9, Shirokanedai, Minato-ku ☎ 03/3443.0201 • ouv. 10 h-18 h, f. les 2e et 4e mer. du mois • www.teien-art-museum.ne.jp

Ce musée était jusqu'en 1981 la demeure du prince Asaka (1887-1981), l'oncle de l'empereur Hirohito. Construit en 1933 dans le plus pur esprit Art déco par le Français Henri Rapin, le bâtiment vaut en soi la visite. Le mobilier, les éclairages, les statues… tout est d'époque et merveilleusement conservé. Ouvert au public depuis 1983, le musée Teien propose trois ou quatre expositions par an sur des thèmes aussi variés que le design danois, les bijoux Art déco français ou encore un hommage à René Lalique (qui a signé par ailleurs la porte d'entrée du bâtiment).

Prendre Meguro dôri jusqu'au M° Shirokanedai 白金台 *(10 mn à pied). Le jardin Happô-en est indiqué à partir de la station.*

■ Le jardin Happô-en** 八芳園 h. pl. X par B2

M° Shirokanedai 白金台 *(lignes Toei mita-sen* 都営三田線*, Nanboku-sen* 南北線*)* • 1-1-1, Shirokanedai, Minato-ku ☎ 03/3433.3111 • ouv. t.l.j. 10 h-17 h • www.happo-en.com

Ce havre de paix était autrefois la demeure d'un conseiller de Tokugawa Ieyasu, Ôkubo Hikozaemon, mais il a été entièrement redessiné au début du XXe s. lorsqu'il est devenu la propriété du groupe Hase. Joliment vallonné, il entoure un **lac** rempli de carpes multicolores et réserve, à chaque tournant, un nouveau paysage. Une très belle collection de **bonsaïs** centenaires est exposée au centre du jardin et l'on peut assister à une cérémonie du thé dans le très joli pavillon réservé à cet effet.

♥ **RESTAURANT**
Tonki とんき : 1-1-2, Shimo-Meguro chôme, Meguro-ku (h. pl. X par B2), à 1 mn du M° Meguro 目黒 ☎ 03/3491.9928 ; ouv. 16 h-23 h, f. mar. et 3e lun. du mois. Le meilleur *tonkatsu* (côtelette de porc panée) de Tôkyô : la pâte est si légère que la maison en garde jalousement la recette. Il faut parfois attendre plus d'une heure avant de pouvoir s'asseoir. Plat conseillé : le « filet double ».

▼ Le jardin Happô-en est l'un des plus beaux de Tôkyô et pourtant aussi l'un des plus méconnus des touristes du fait, sans doute, qu'il est quelque peu excentré.

■ Le musée Hatakeyama kinenkan★★
畠山記念館 **h. pl. X par B2**
À 500 m S. du jardin • M° Takanawadai 高輪台 (ligne Toei Asakusa-sen 都営浅草線) • 2-20-12, Shirokanedai, Minato-ku ☎ 03/3447.5787 • ouv. t.l.j. 10 h-16 h 30, jusqu'à 17 h d'avr. à sept. • www.ebara.co.jp/csr/hatakeyama

Ce joli bâtiment a été dessiné par l'industriel Hatakeyama Issei lui-même dans les années 1950 et ouvert au public en 1964. Il évoque, en plus grand, un pavillon de thé. Les collections sont presque entièrement constituées d'objets patiemment rassemblés par Hatakeyama et tous liés à la **cérémonie du thé**. On peut d'ailleurs déguster un excellent *matcha* après ou avant la visite. Quatre expositions sont organisées chaque année permettant de faire tourner les pièces de la collection et explorant des thèmes tels les costumes de théâtre nô, l'art Ming ou les peintures « Sogenga » représentatives des époques Song (960-1279) ou Yuan (1279-1368). Un très beau **jardin** entoure le musée.

■ Le temple Sengaku-ji★★
泉岳寺 **h. pl. X par B2**
M° Sengakuji 泉岳寺 (ligne Toei Asakusa-sen 都営浅草線) • 2-11-1, Takanawa, Minato-ku ☎ 03/3441.5560 • ouv. t.l.j. 7 h-17 h, jusqu'à 18 h d'avr. à sept.

Ce temple bouddhiste zen de construction récente est surtout connu pour son cimetière où reposent les cendres des 47 *rônin* (→ *encadré p. 242*). Chaque jour, des dizaines de visiteurs (dont beaucoup de classes avec leur professeur) viennent brûler de l'encens en se recueillant. Un petit **musée** situé à l'entrée du temple rappelle les détails de l'histoire *(explications en japonais)*.

⑪ Quelques sites hors des circuits touristiques

Tôkyô est une ville très étendue, et tous les sites ne sont pas groupés dans les mêmes quartiers. Voici quelques promenades qui n'entrent pas dans les circuits traités plus haut. Il faut prévoir une demi-journée pour chacune de ces visites.

S'organiser : Den-en Chôfu est situé non loin de Jiyûgaoka **plan d'ensemble D1**. Il est possible de visiter ces deux quartiers le même jour. De Shibuya **h. pl. VII par A3**, prendre la ligne Tôkyû Tôyoko-sen 東急東横線 et descendre à Den-en-Chôfu 田園調布 (15 mn de trajet). Sortir côté O.

L'art des bonsaïs

Comme nombre de traditions japonaises, l'art des bonsaïs serait, à l'origine, une technique chinoise développée au VIᵉ s., sous la dynastie des Tang. Au Japon, les premières mentions de bonsaïs remontent à l'époque Kamakura (1192-1333), mais c'est à partir du milieu du XVIIᵉ s. que les Japonais apprivoisent la technique en l'améliorant. Réservé dans un premier temps à la noblesse, l'art du bonsaï gagne peu à peu toutes les couches de la population. Comme l'art floral (→ *théma p. 451)*, il symbolise la relation de l'homme avec le ciel et la terre. Le bonsaï est un objet d'art vivant dont seul celui qui l'a soigné connaît l'histoire tortueuse.

Il existe quatre grands groupes de bonsaïs. Le premier rassemble les bonsaïs à un seul tronc ; le second, les bonsaïs à troncs multiples ; le troisième, ceux qui sont composés de plusieurs arbres de la même espèce, et le quatrième, ceux qui le sont d'espèces différentes. Ces arbres miniatures demandant un soin extrême, ils sont, au Japon, l'objet d'expositions et de concours.

☞ **Plan de la promenade ⑪ (plan d'ensemble), en fin de volume (garde arrière).**

♥ **CAFÉ-GALERIE**
Kosôan 古層庵 : Jiyûgaoka 1-24-23 (plan d'ensemble D1) ☎ 03/3718.4203. Authentique maison traditionnelle entourée d'un adorable jardin japonais. On y sert, sur tatami, l'*amazake*, dessert à base de riz fermenté. Atmosphère des films d'Ozu.

La légende des 47 *rônin*

L'histoire commence en 1701 à Edo, lorsque le jeune aristocrate Asano Naganori se voit confier par le shogun la mission d'accueillir un envoyé impérial. Le jour de l'audience venu, le maître de cérémonie Yoshinaka Kira réprimande le jeune Asano pour manquement à l'étiquette. Impétueux, ce dernier se sent humilié. Il s'enflamme et dégaine son sabre, blessant légèrement Yoshinaka. Un tel geste de colère ne peut être toléré par le shogun, qui ordonne à Asano de se suicider. C'est ainsi que les samouraïs attachés au service d'Asano se retrouvent soudainement sans maître, et deviennent ainsi des *rônin*. L'année suivante, 47 d'entre eux, avec à leur tête un nommé Ôishi Yoshio, pénètrent dans la demeure de l'infortuné Yoshinaka à qui ils coupent la tête. La vengeance de leur maître est accomplie et, à leur tour, il ne leur reste plus qu'à se faire seppuku, en 1703, sur ordre du shogun.

Les tombes de ces 47 *rônin* s'élèvent encore aujourd'hui dans le temple Sengaku-ji, non loin de celle de leur maître. Code de l'honneur ou vulgaire vendetta, cette légende a, depuis trois siècles, inspiré nombre de romanciers et de metteurs en scène.

■ **Den-en Chôfu★** 田園調布
hors plan d'ensemble par D1

Gare de Den-en Chôfu (lignes Tôkyû Tôyoko-sen, Tôkyû Meguro-sen 東急目黒線*).*

Zone entièrement résidentielle, noyée sous la verdure, c'est à Den-en Chôfu qu'habitent presque tous les *people* de la scène japonaise. C'est un quartier de maisons individuelles, souvent réalisées par de grands architectes et toutes entourées de jardins privés. Au printemps, la végétation exubérante déborde jusque dans la rue, et les odeurs d'arbres en fleurs ravissent le promeneur.

■ **Jiyûgaoka★★** 自由が丘
plan d'ensemble D1

Gare de Jiyûgaoka 自由が丘 *(lignes Tôkyû Tôyoko-sen, Tôkyû Ôimachi-sen* 東急大井町線*).*

Avec ses ruelles commerçantes et ses galeries couvertes qui courent autour de la gare, Jiyûgaoka est un **village** à explorer tranquillement en flânant. Selon un sondage, c'est là qu'une majorité de jeunes choisiraient d'habiter, s'ils en avaient les moyens.

En sortant de la gare, côté N., traversez la place et prenez la rue piétonne qui se trouve exactement en face. En suivant toujours la même direction, vous arriverez au temple Kuhonbutsu.

■ **Le temple Kuhonbutsu★** 九品仏
plan d'ensemble D1

Gare de Kuhonbutsu 九品仏 *(ligne Tôkyû Ôimachi-sen* 東急大井町線*).*

Ce temple de quartier date de 1678. On peut flâner dans les jardins qui entourent les quatre bâtiments.

■ **Le sanctuaire shintoïste Okusawa★** 奥沢
plan d'ensemble D1

Au N. de la gare de Kuhonbutsu 九品仏*, à dr. après avoir traversé les 2 voies ferrées.*

Le serpent est le symbole de ce sanctuaire dont la fête a lieu les 14 et 15 septembre.

Plus loin, vous trouverez une **Venise** miniature avec un pont et même une authentique gondole ! Plusieurs restaurants et boutiques d'inspiration italienne s'y sont installés.

■ **Shimokitazawa★★** 下北沢
hors plan d'ensemble par B1

Gare de Shimokitazawa 下北沢 *: à 15 mn de Shibuya par la ligne Keiô Inokashira-sen* 京王井の頭線*, à 15 mn de Shinjuku par la ligne Odakyû-sen* 小田急線*.*

Comme Jiyûgaoka, le quartier de Shimokitazawa est l'un des préférés de la jeunesse en raison des nombreux bars et restaurants, mais aussi des boutiques de mode qui se disputent une clientèle branchée et relativement aisée. Tout autour de la gare serpentent des ruelles qu'il est agréable de découvrir à pied aussi bien de jour que le soir.

■ Le quartier de Kichijô-ji★★ 吉祥寺 hors plan d'ensemble par B1

Gare de Kichijôji 吉祥寺*, à 30 mn de Shibuya par la ligne Keiô Inokashira-sen* 京王井の頭線*, à 30 mn de Shinjuku par la ligne JR Chûo-sen* 中央.

Un peu excentré comparé aux grands centres comme Shibuya ou Shinjuku, ce quartier est cependant très animé du fait de la présence de plusieurs écoles et universités.

• Le week-end, surtout au moment de la floraison des cerisiers, les familles affluent de tout Tôkyô pour envahir les allées du **parc Inokashira kôen**★ 井の頭公園, qui serpentent autour d'un lac où l'on peut faire de la barque.

• Au S. du parc, le **musée Ghibli**★★ 三鷹の森ジブリ美術館 (Mitaka no mori jiburi bijutsukan ; *1-1-83, Shimo-Renjaku, Mitaka-shi • ouv. 10 h-18 h, f. mar. et le 1er lun. du mois • www.ghibli-museum.jp*) est entièrement consacré au travail du réalisateur de cinéma d'animation **Miyazaki Hayao** (*Le Voyage de Chihiro, Princesse Mononoké*, etc.) célèbre dans le monde entier. Attention, compte tenu de la demande, le musée n'accepte pas les visiteurs de passage. *Il est obligatoire de réserver sa place assez longtemps à l'avance sur le site Internet (en français).*

■ Le Musée architectural en plein air Edo-Tôkyô★★ 江戸東京建物園 (Edo-Tôkyô Tatemono-en) hors plan d'ensemble par A1

Gare de Musashi Koganei 武蔵小金井*, ligne JR Chûo-sen* 中央線 *puis 5 mn de bus jusqu'au musée • 3-7-1, Sakurachô, Koganei-shi ☎ 042/388.3300 • ouv. t.l.j. sf lun. 9 h 30-16 h 30, jusqu'à 17 h 30 d'avr. à sept. • prévoir 1/2 journée.*

Situé au milieu d'un parc, ce musée, inauguré en 1993, est une extension du musée Edo-Tôkyô (→ *p. 180*). Il retrace en grandeur réelle sur 7 ha l'**histoire architecturale** de la capitale depuis l'époque Edo. 35 maisons ont été reconstruites ici après avoir été démontées pièce par pièce de différents quartiers de Tôkyô. Les plus anciennes remontent au début de l'ère Meiji tandis que les plus récentes datent des années 1960. Plusieurs commerces, comme un atelier de photographe, un bar, une *police-box* ou un fleuriste, ont également été intégrés à l'ensemble. On peut visiter chacune des maisons et admirer le mobilier qui est également d'époque.

■ Le Nihon Minka-en★★★ 日本民家園 *à 17 km O. de Tôkyô*

À 15 mn à pied de la gare Mukôgaoka Yûen 向ヶ丘遊園 (*ligne Odakyû-sen* 小田急線 *au départ de Shinjuku*) • *7-1-1, Masugata, Tama-ku, Kawasaki (Kanagawa Prefecture)* ☎ *044/922.2181 • ouv. t.l.j. 9 h 30-16 h 30 • prévoir 1/2 journée.*

Depuis 1965, ce « parc des maisons populaires japonaises » a lui aussi pour mission de conserver une trace des **habitations d'autrefois**. Regroupées par « villages », les 25 demeures qui composent ce parc sont toutes de « vraies » maisons transportées ici depuis leur région d'origine : Nara, Nagoya, Toyama, Nagano, etc. Les plus anciennes datent des débuts de l'époque Edo et ont été classées au Patrimoine culturel national, comme la maison Kitamura initialement construite en 1687 et déplacée de la ville de Hadano (préfecture de Kanagawa) jusqu'ici. Un **musée** rassemble nombre d'objets de la vie quotidienne des différentes régions du Japon.

Hakone★★ 箱根

Situation : 90 km S.-O. de Tôkyô, 11 km N. d'Atami.

13 500 hab. ; préfecture de Kanagawa.

ℹ en face de la gare Hakone-Yumoto 箱根湯本 **(C2)** ☎ 0460/5.8911 ; ouv. t.l.j. 9 h 30-17 h 30 ; www.hakone.or.jp

ℹ www.kanagawa-kankou.or.jp : site Internet de la préfecture de Kanagawa (Yokohama, Kamakura, Hakone).

À ne pas manquer

Vues★★★ sur le mont Fuji

Ôwakudani★★   245

Le lac Ashi★★   248

Le musée en plein air★★   249

✎ **BON À SAVOIR**
Le *Hakone Free Pass*, valable 2 ou 3 j., peut se révéler rentable même pour un w.-e. Il permet d'utiliser le bus, le petit train de montagne et même le bateau pirate qui traverse le lac Ashi. Le forfait peut être étendu à l'aller-retour depuis Tôkyô (gare de Shinjuku). En vente dans toutes les gares de la ligne Odakyû 小田急.

Voir carte régionale p. 162

Au cœur d'une région volcanique particulièrement riche en paysages naturels et en sources thermales, Hakone est l'une des destinations de week-end les plus prisées des Tokyoïtes : il est préférable, si l'on ne veut pas se retrouver englué dans la foule, d'y aller en semaine. Le circuit classique, depuis la gare de Gôra, vous mènera au mont Sôun et aux fumerolles d'Ôwakudani, puis au lac Ashi que vous traverserez pour arriver à Hakone machi. De là, vous remonterez en bus jusqu'à Hakone-Yumoto où sont concentrés les plus beaux *onsen* de la région, avant de terminer par l'étonnant musée en plein air rassemblant des œuvres d'artistes européens comme Picasso, Moore ou Dubuffet.

Hakone mode d'emploi

Accès : gare d'Odawara 小田原 **D1** accessible depuis Tôkyô : à la gare de Tôkyô, emprunter le Shinkansen (trajet de 40 mn) ou la ligne JR Tôkaidô 東海道 (1 h 35) et **trains** (1 h 30) et **autobus** (2 h 10) des lignes Odakyû 小田急 partent également de la gare de Shinjuku. Ensuite, bus ou petit train pour la gare de Gôra 強羅 **B1**.

Combien de temps : 2 j. si l'on veut visiter les musées et profiter des sources thermales. En prévoyant 1 j. supplémentaire, on peut coupler cette visite avec celle de la région des Cinq Lacs et le mont Fuji *(→ p. 274)*.

Se déplacer : à pied, en autobus, train et bateau.

Organiser sa visite : qu'on choisisse le sens horaire ou anti-horaire, la visite de Hakone se fait de façon circulaire. Depuis Gôra, on peut se diriger soit vers Tôgendai, au N. du lac Ashi, soit vers Hakone-Yumoto. Toutes les visites peuvent se faire en bus d'où l'intérêt de prendre le Hakone Free Pass.

Fêtes et manifestations : le 31 juil., **fête du sanctuaire de Hakone A2** sur le lac Ashi : du riz rouge de fête est offert au Dragon, dieu du lac où un feu d'artifice est tiré et où on fait flotter ensuite des milliers de lanternes • le 16 août (fête des morts), des torches disposées sur le mont Myôjôga take 明星岳 **C1** forment le caractère « *dai* » (大 : grand), visible de toute la ville ; cette coutume, appelée **Daimonji yaki** ou **Gozan no okuribi**, a pour but d'éclairer les morts sur le chemin du retour à la fin de leur visite sur terre • le 3 nov., à Hakone-Yumoto **D2**, défilé en costumes pour la **Hakone daimyô gyôretsu** : 170 hommes et femmes reconstituent les cortèges des *daimyô* et de leur cour qui se rendaient autrefois à Edo.

Hakone dans l'histoire

En s'emparant du château d'Odawara en 1590, le général Toyotomi Hideyoshi (1536-1598) apporta à Hakone ses premiers « touristes » et fut à l'origine de la tradition des *onsen*, alors directement creusés dans la roche. Au début de l'ère des Tokugawa, Hakone n'était encore qu'une simple étape du Tôkaidô *(→ théma p. 90-91)*. Mais en 1619, le second shogun Tokugawa, Hidetada, décida d'en faire une barrière (Hakone sekisho) dont le passage était obligatoire sous peine de mort. En réalité, il s'agissait surtout, pour le pouvoir militaire, de vérifier que les voyageurs ne transportaient pas d'armes et ne préparaient donc pas de rébellion. Il ne reste rien de la barrière originale, mais une réplique a été réalisée à 200 m de Hakone machi.

Visiter Hakone

■ Ôwakudani** 大涌谷 B2

De la gare de Gôra, funiculaire jusqu'à la station Sôunzan 早雲山, *puis téléphérique dir. Tôgendai* 桃源台. *Descendre à la station Ôwakudani* 大涌谷.

La vue sur le **volcan Soûn** 早雲山 (Sôun-zan), depuis les cabines du téléphérique, est impressionnante : de toutes parts s'élèvent des fumerolles et, par endroits, une eau bouillonnante jaillit même de la terre.

Un **musée d'Histoire naturelle** 大湧谷自然科学館 (Ôwakudani shizen kagakukan ; *à quelques mètres de la station • ouv. t.l.j. 9 h-16 h*) rappelle la dernière éruption du mont Sôun, il y a 1 000 ans env., et explique les phénomènes chimiques qu'on peut observer aujourd'hui.

Un chemin serpente entre les roches noires et les sources d'eau chaude jusqu'à un point où l'on peut acheter (et manger sur place) des **œufs** cuits dans une sorte de piscine d'eau thermale. Noircis par le soufre, ils sont réputés pour allonger la vie de sept ans, d'où leur succès. Leur consommation autour de grandes tables fait l'objet d'un véritable rituel.

♥ **HÉBERGEMENTS**

• *Fuji Guest House* 富士箱根ゲストハウス : 912, Sengokuhara (A-B1) ☎ 0460/4.6577. Deux bâtiments, 14 chambres très simples mais une bonne ambiance familiale, et un *onsen* en plein air font de cette adresse l'une des plus sympathiques et des moins chères de la ville.

• *Fujiya* 富士屋 : 359, Miyanoshita (B2) ☎ 0460/2.2211. Construit en 1878, avec ses 146 chambres de luxe, c'est le premier hôtel à l'occidentale de la région. Charlie Chaplin, Albert Einstein ou encore John Lennon y ont séjourné. On peut le visiter même si l'on n'y réside pas.

Autrefois appelé Jigokudani (vallée de l'Enfer), le site a été rebaptisé Ôwakudani (vallée du Grand Jaillissement) à l'occasion de la visite de l'empereur Meiji, à la fin du XIXe s. : il était hors de question que l'empereur visite l'enfer, même au figuré...

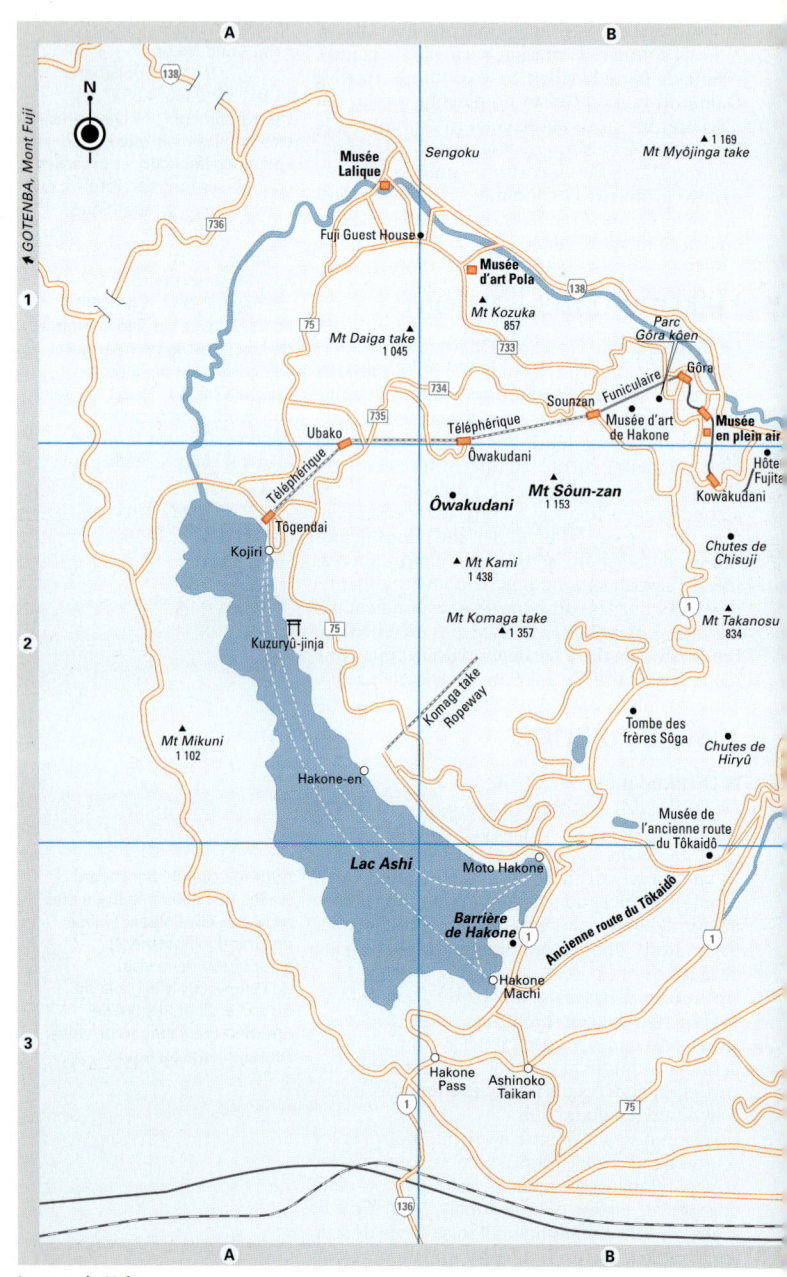

Le parc de Hakone.

Hakone • Plan • 247

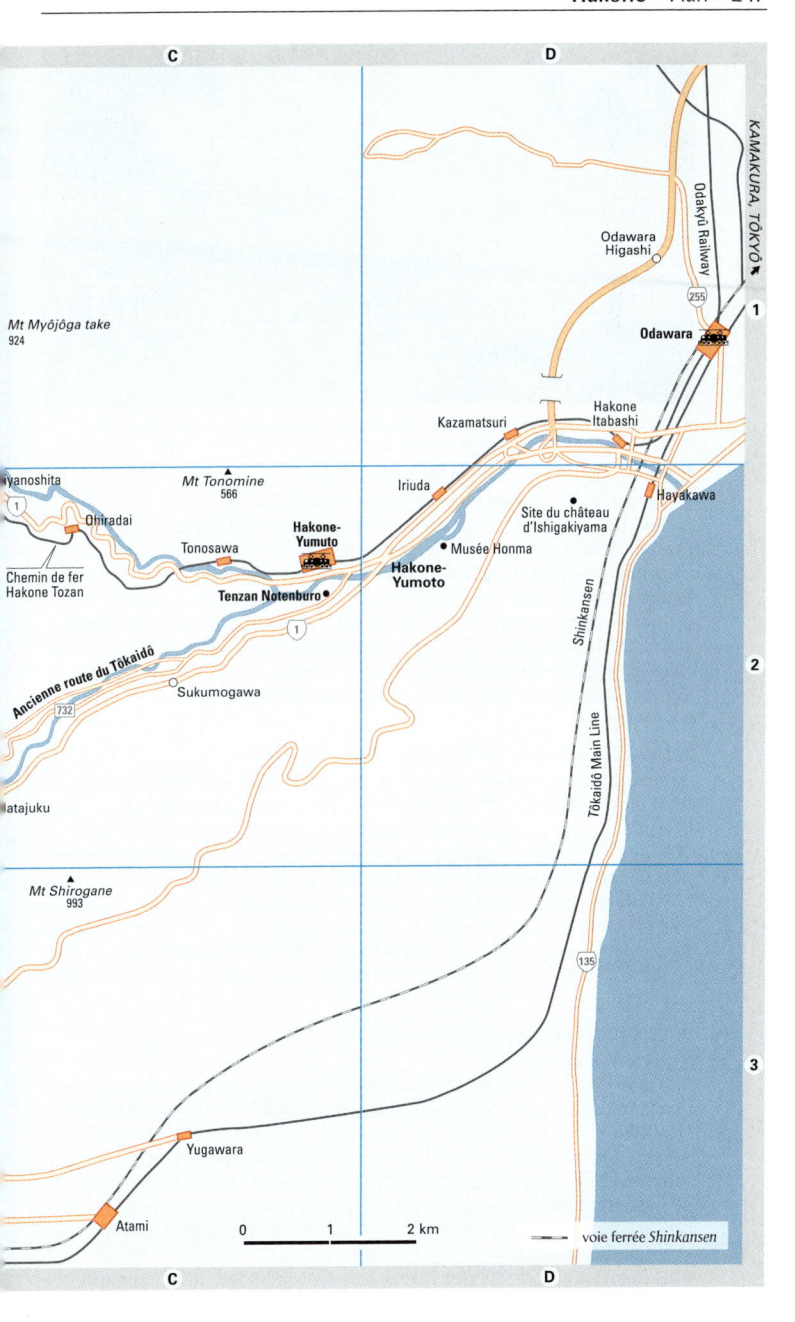

Map of Hakone region showing:

- **Mt Myôjôga take** 924
- **Mt Tonomine** 566
- **Mt Shirogane** 993
- Odawara Higashi
- **Odawara**
- Kazamatsuri
- Hakone Itabashi
- Iriuda
- Hayakawa
- Site du château d'Ishigakiyama
- Musée Honma
- **Hakone-Yumoto**
- **Tenzan Notenburo**
- Tonosawa
- Ohiradai
- iyanoshita
- Chemin de fer Hakone Tozan
- Ancienne route du Tôkaidô
- Sukumogawa
- atajuku
- Yugawara
- Atami
- Odakyû Railway
- KAMAKURA, TÔKYÔ
- Shinkansen
- Tôkaidô Main Line
- Routes: 1, 255, 732, 135

0 — 1 — 2 km

voie ferrée *Shinkansen*

Hakone

▲ Par temps clair, le lac Ashi offre l'une des plus belles vues sur le mont Fuji.

■ Le lac Ashi★★ 芦ノ湖 (Ashino-ko) A-B2-3
Reprendre le téléphérique jusqu'au terminus Tôgendai.
À 760 m d'altitude, il occupe une caldeira vieille de 400 000 ans. D'une superficie de 7 km² et profond, en son centre, de 43 m, il présente la particularité de ne jamais geler, même en hiver : truites et carpes y abondent, et la pêche à la ligne y est pratiquée toute l'année. Outre le ferry, un bateau « pirate », décoré d'amusantes figures en carton-pâte, effectue la traversée du lac entre Tôgendai, au N., et Hakone machi *(30 mn)*. Juste avant d'y accoster, sur la g., le *torii* rouge émergeant des flots marque l'entrée du **sanctuaire Hakone Gongen** 箱根権現, connu pour avoir abrité, en 1180, le vainqueur des Taira, Minamoto no Yoritomo.

■ L'ancienne route du Tôkaidô★★ 東海道 C2
À quelques mètres du débarcadère de Hakone machi se trouvent la **barrière de Hakone** 箱根関所 (Hakone sekisho) et son musée commémoratif, dont la visite n'est pas indispensable. Dirigez-vous plutôt vers l'ancienne route du Tôkaidô, grossièrement pavée, qui commence au-delà de la barrière et serpente à travers bois jusqu'à Moto Hakone. Les quelque 420 cèdres du Japon (cryptomerias) qui la bordent, plantés en 1618 et classés Trésors nationaux, sont effectivement magnifiques. Si vous avez de bonnes chaussures, continuez sur la même route *(2 km)* jusqu'à la **maison de thé** *Amazake Chaya* 甘酒茶屋, où l'on déguste un original riz fermenté sucré, appelé *amazake*, avec une tasse de thé.

■ Hakone-Yumoto★ 箱根湯本 D2
Desserte par autobus.
Agréable station thermale où vous pourrez vous restaurer mais surtout vous relaxer dans l'un des *onsen* de la ville. Les **bains** les plus connus *(Tenzan Notenburo* 天山野天風呂 *: à 2 km S.-O. du centre-ville ☎ 0460/6.4126 • navette depuis le pont situé au N. de la gare Hakone-Yumoto • ouv. t.l.j. 9 h-22 h)* sont constitués de cavités creusées dans la roche et alimentés en eau de source de différentes températures. On peut également, moyennant un supplément, profiter d'un sauna et d'un service de massage. Attention, les bains hommes et femmes sont séparés.
Plus luxueux encore, l'*onsen Yu no sato* 湯の里おかだ温泉 appartient à l'hôtel *Okada (à 5 mn en bus de la gare ☎ 0460/5.3955 • navettes depuis le*

pont). Il accueille les visiteurs pour une journée entière consacrée au bain avec, en prime, une **vue**★★ magnifique sur les montagnes environnantes.

■ **Le musée en plein air**★★ 彫刻の森美術館 **(Chôkoku no mori bijutsukan) B1**
Petit train jusqu'à la gare Chôkoku no mori 彫刻の 森 ☎ *0460/2.1161 • ouv. t.l.j. 9 h-16 h, jusqu'à 17 h de mars à nov.*
« La sculpture est un art de plein air », disait Henry Moore. Ce musée ouvert en 1969 propose un parcours alliant art et nature. De Rodin à Niki de Saint-Phalle en passant par Miró, Henry Moore ou Jean Dubuffet, vous découvrirez une autre façon de regarder la sculpture contemporaine grâce au magnifique parc qui lui sert d'écrin. Un pavillon (couvert), entièrement consacré à Picasso, rassemble plus de 200 œuvres.

■ **Le musée d'art Pola**★★ ポーラ美術館 **(Pôra bijutsukan) B1**
Bus Hakone Tozan 箱根登山バス *dir. Sengokuhara* 仙石原, *descendre à l'arrêt Pola Museum* ポーラ 美術館 ☎ *0460/4.2111 • ouv. t.l.j. 9 h-17 h • www.polamuseum.or.jp*
Créé en 2002 à l'initiative de la société de cosmétiques Pola, cet établissement est en grande partie en sous-sol afin, disent ses concepteurs, de ne pas défigurer le paysage environnant. Néanmoins très clair et spacieux, il accueille plus de 9 500 œuvres (exposées en alternance) d'artistes occidentaux et japonais, dont Delacroix, Renoir, Monet, Cézanne, Van Gogh, Magritte, Dalí ou encore Picasso. Des expositions temporaires sont régulièrement organisées autour d'un thème ou d'un artiste.

■ **Le musée Lalique**★ 箱根ラリック美術館 **(Hakone Rarikku bijutsukan) A1**
Bus dir. Tôgendai 桃源台 *jusqu'à l'arrêt Sengoku Annaijo mae* 仙石案内所前 ☎ *0460/4.2255 • ouv. t.l.j. 9 h-17 h • www.lalique-museum.com*
Un homme d'affaires de Tôkyô, M. Hata, a collectionné méticuleusement durant plus de 30 ans tout ce qui concerne le célèbre joaillier français René Lalique (1860-1945). Depuis 2005, près de 1 500 pièces de cristal, d'argent ou de pierres semi-précieuses sont alternativement exposées dans de très belles salles, particulièrement bien conçues sur le plan de l'éclairage et de la mise en scène. Un **wagon** Pullman de type « Côte d'Azur » de 1929, importé de Zurich et entièrement décoré par Lalique, accueille les visiteurs par groupes de 30 *(rés. nécessaire à l'entrée)* ; café et pâtisserie sont servis tandis qu'une hôtesse commente *(le plus souvent en japonais)* les différents éléments du décor.

La marqueterie de Hakone

C'est un artisan du quartier de Hatajuku, Ishikawa Nihei (1790-1850), qui créa le style de marqueterie appelé Hakonezaiku. Six essences différentes qui poussent dans les forêts environnantes sont utilisées pour composer une grande variété de motifs rappelant parfois les emblèmes des grandes familles de *daimyô* ou reproduisant des estampes célèbres. Plateaux, coupelles mais surtout « boîtes magiques », à systèmes d'ouverture en forme de casse-tête chinois, font aujourd'hui partie des souvenirs obligés dans la plupart des boutiques de la ville.

Démonstrations au **Hatajuku Yosegi Kaikan Hall** : *103, Hatajuku, Hakone machi* ☎ *0460/ 5.8170 • t.l.j. 9 h-17 h.*

☞ EN SAVOIR PLUS
Sur les influences artistiques entre Europe et Japon, lire le théma p. 116-117.

Sur le rabat arrière de la couverture, vous trouverez un Tableau chronologique indiquant les grandes périodes de l'histoire japonaise.

Kamakura★★★ 鎌倉

Situation : à 50 km S. de Tôkyô.

173 500 hab. ; préfecture de Kanagawa.

À ne pas manquer	
Le Grand Bouddha★★★	251
Le Kenchô-ji★★★	254
Le sanctuaire Tsurugaoka★★	255

🛈 1-1-1, Komachi Kamakura eki Konai (C2) ☎ 0467/22.3350
• www.city.kamakura.kanagawa.jp

🛈 www.kanagawa-kankou.or.jp : le site Internet de la préfecture de Kanagawa (Yokohama, Kamakura, Hakone).

☞ **POSTE ET DAB**
Poste centrale : 1-10-3, Komachi (C2) ; ouv. du lun. au ven. 9 h-19 h, jusqu'à 15 h le sam.

✎ **BON À SAVOIR**
Les volontaires de la *Kamakura City Tourist Association* (1-12, Onari-chô ☎ 0467/23.3050) proposent d'assister gratuitement les touristes dans la visite de la ville ; certains guides parlent français sur demande.

Mer du Japon — Voir carte régionale p. 162
Niigata • Fukushima • Toyama • Nikkô • Nagano • Maebashi • Mito • Saitama • Kôfu • Tôkyô • Hakone • Yokohama • Shizuoka • **Kamakura** — OCÉAN PACIFIQUE

Capitale du Japon de 1192 à 1333, Kamakura est associée depuis des siècles au bouddhisme zen, arrivé tout droit de Chine. Sur le plan culturel, l'époque fut très riche car les shoguns encouragèrent de nombreux artistes et financèrent des constructions religieuses inspirées de l'architecture chinoise. Plusieurs ont survécu aux tremblements de terre et aux bombardements de 1945. C'est aujourd'hui une bourgade traditionnelle pleine de charme où les habitants de Tôkyô aiment venir se ressourcer, la proximité de la mer en faisant une destination idéale de week-end.

Kamakura mode d'emploi

Accès : depuis la gare de Tôkyô (mais on peut aussi partir de Shinbashi ou de Shinagawa), prendre la ligne JR Yokosuka 横須賀 (1 h de trajet). La plupart des temples se trouvent entre les gares Kamakura 鎌倉 **C2** et Kita-Kamakura 北鎌倉 **B1**. Si vous voulez commencer par le Grand Bouddha, mieux vaut descendre à la gare Hase 長谷 **B3** (sur la ligne Enoden 江の電, avec changement à Kamakura).

Combien de temps : sans doute plusieurs semaines pour visiter les 65 temples bouddhiques et 19 sanctuaires shintoïstes ; en 1 j., vous pouvez voir le Grand Bouddha, le sanctuaire Tsurugaoka Hachiman-gû et les plus beaux temples zen de la ville, autour de la gare JR Kita-Kamakura.

Fêtes et manifestations : du 2ᵉ au 3ᵉ dim. d'avr., **festival** de Kamakura : nombreuses processions et danses au sanctuaire Tsurugaoka **C2** • du 14 au 16 sept., *matsuri* du même sanctuaire, avec processions de *mikoshi*, démonstrations de *yabusame* (tir à l'arc à cheval ; → encadré p. 221) et représentations de théâtre nô.

Kamakura dans l'histoire

Kamakura fut la capitale politique et surtout militaire du Japon entre 1192 et 1333. Profitant de l'incapacité de la cour impériale de Heian (Kyôto) à régler les multiples conflits entre clans de guerriers, les Taira et les Minamoto, les deux clans les plus puissants d'alors, s'affrontèrent dans une guerre sans merci. Minamoto no Yoritomo (1147-1199) finit par l'emporter et se fit nommer par l'empereur *seii tai shôgun* (généralissime chargé de soumettre les barbares). En échange, il laissa la noblesse mener une vie de cour à Heian. Ce régime féodal, d'inspiration si martiale qu'on l'appelait bakufu (gouvernement sous la tente), doit beaucoup au bouddhisme zen, introduit au Japon l'année même de la victoire de Yoritomo. Après la mort de ce dernier et la disparition de ses descendants, les Hôjô s'emparèrent du pouvoir, qu'ils conservèrent jusqu'en 1333.

Visiter Kamakura

■ Le Grand Bouddha*** 大仏 (Daibutsu) B2
Prendre la ligne Enoden 江の電 depuis la gare Kamakura et descendre à la gare Hase 長谷 (5 mn de trajet) • ouv. t.l.j. 7 h-17 h 30.
Encadrée par le **temple Kôtoku-in** 高徳院, cette impressionnante statue en bronze mesure 11,4 m de hauteur et pèse 124 t. Symbole de la ville, elle représente Amida, bouddha (*butsu* en japonais, *dai* signifiant « grand ») de la lumière éternelle, assis en lotus avec la position caractéristique des mains qui se rejoignent par les pouces et la deuxième phalange des index. Considérée comme l'une des plus belles représentations du Bouddha au Japon, elle fut fondue en 1252, bien après la mort de son commanditaire, le premier shogun Minamoto no Yoritomo, qui voulait supplanter le Bouddha de Nara.

▲ **L'intérieur du Grand Bouddha étant creux, on peut monter jusqu'à ses épaules par un petit escalier.**

■ Le temple Hase dera* 長谷寺 A3
À 600 m S. • ouv. t.l.j. 8 h-16 h 30 • accès payant.
Il mérite un détour ne serait-ce que pour la **vue**** magnifique qu'on a sur toute la baie. Fondé en 736, il recèle plusieurs **statues** de bois représentant Bouddha ou Jizô, dont certaines datent de l'époque de Minamoto no Yoritomo. La plus grande, Kamakura Kannon, atteint 9 m de haut.

■ Le temple Engaku-ji** 円覚寺 B1
À hauteur de la gare Kita-Kamakura • ouv. t.l.j. 8 h-16 h ou 17 h, selon les mois.
Érigé en 1282, juste après une invasion mongole, en hommage aux combattants des deux camps, le temple Engaku-ji est entouré de cèdres centenaires. C'est l'un des rares exemples qui mêle le style chinois (de l'époque Song, 960-1279) et l'austérité de l'architecture zen. Il appartient toujours à l'école Rinzai, l'une des principales sectes zen du Japon. Son **pavillon des reliques** (*shari-den*), construit en 1285, abriterait une dent de Bouddha. La **cloche** en bronze date de 1301. Tous deux sont classés Trésors nationaux.

252 • Tôkyô et le Kantô

Kamakura.

Kamakura • Plan • 253

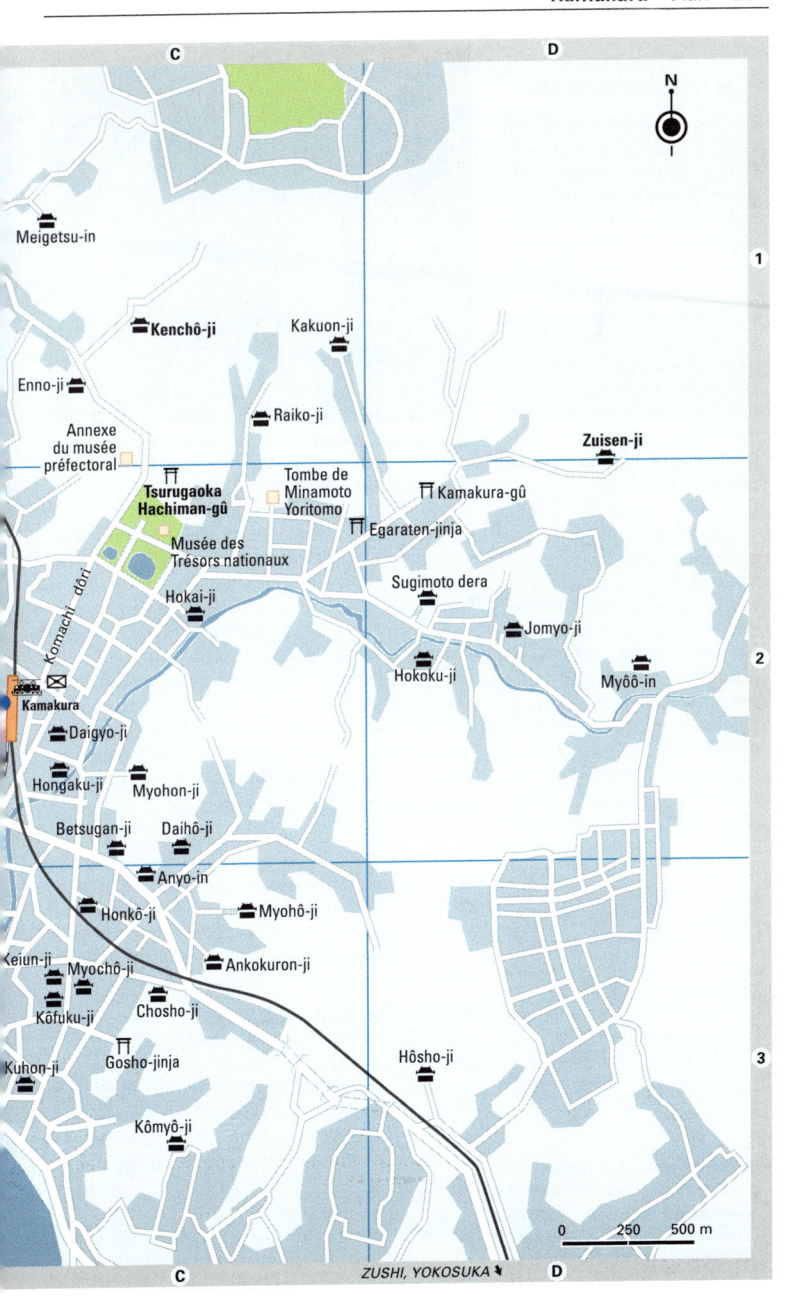

Map of Kamakura

Locations shown on the map:

- Meigetsu-in
- Kenchô-ji
- Kakuon-ji
- Enno-ji
- Raiko-ji
- Annexe du musée préfectoral
- Zuisen-ji
- Tsurugaoka Hachiman-gû
- Tombe de Minamoto Yoritomo
- Kamakura-gû
- Egaraten-jinja
- Musée des Trésors nationaux
- Hokai-ji
- Sugimoto dera
- Komachi-dôri
- Jomyo-ji
- Hokoku-ji
- Myôô-in
- Kamakura
- Daigyo-ji
- Hongaku-ji
- Myohon-ji
- Betsugan-ji
- Daihô-ji
- Anyo-in
- Honkô-ji
- Myohô-ji
- Keiun-ji
- Myochô-ji
- Ankokuron-ji
- Kôfuku-ji
- Chosho-ji
- Kuhon-ji
- Gosho-jinja
- Hôsho-ji
- Kômyô-ji

ZUSHI, YOKOSUKA →

0 — 250 — 500 m

Kamakura et le bouddhisme zen

En 1168, un moine nommé **Eisai** (1141-1215), formé au monastère du mont Hiei, près de Kyôto, décide de partir en Chine d'où il rapportera, au terme d'un second voyage (1187), le bouddhisme zen *(chan* en chinois). Contrairement aux autres écoles, le zen enseigne la méditation sans objet ou sans profit *(mushotoku)* et la « pensée sans pensée » *(hishiryo)*. Une large part est accordée au travail sur la posture *(zazen)* et la respiration.

Dans un premier temps, Eisai cherche à faire école au sein de son propre monastère, mais, devant les réactions hostiles des moines du mont Hiei, il s'exile à Kamakura où il bénéficie du soutien du shogun Minamoto no Yoriie, grâce à qui il peut construire le temple Jufuku-ji. Eisai est à l'origine de la secte zen Rinzai, l'une des trois principales du Japon, qui devint populaire parmi les samouraïs et les nobles et prospéra grâce au soutien du shogunat. Son école (Rinzai-shû) refuse l'autorité des sutras et donne la priorité à la transmission de maître à disciple. Contrairement à d'autres écoles préconisant l'illumination graduelle, elle prône l'illumination subite et fait un grand usage des *kôan*, énigmes à méditer censées provoquer une compréhension intuitive. → *aussi p. 104*.

▲ L'impressionnante cloche du temple Engaku-ji.

■ Le temple Tôkei-ji★★ 東慶寺 B1
Ouv. t.l.j. 8 h 30-16 h, jusqu'à 17 h l'été.
Fondé en 1285 par la veuve d'un shogun Hôjô, ce temple fut longtemps surnommé « temple des Divorces », car les femmes qui souhaitaient se séparer de leur mari se retiraient ici durant trois années au terme desquelles elles avaient officiellement le droit de divorcer. Jetez un coup d'œil sur la **cloche** de bronze, la plus ancienne de Kamakura, coulée en 1264.
Le **cimetière**★ situé derrière le temple, perdu dans les mousses et les cryptomerias, semble hors du temps ; on s'y imagine sans peine au XIIIe s.

■ Le temple Jôchi-ji★ 浄智寺 B1
À 200 m S. • ouv. t.l.j. 9 h-16 h 30.
C'était autrefois l'un des cinq temples zen les plus importants de Kamakura, mais il a été presque entièrement détruit par le séisme de 1923. Seul vestige d'époque (1283) : la **porte** d'entrée de style chinois. À présent, les visiteurs s'y rendent principalement pour admirer les iris au mois de mai.

■ Le temple Kenchô-ji★★★ 建長寺 C1
Ouv. t.l.j. 8 h 30-16 h 30 • entrée payante.
Entouré de verdure, ce temple est l'un des plus agréables à visiter. C'est aussi le plus important sur le plan religieux car il est aujourd'hui le siège de la secte Rinzai. Fondé en 1253 par le shogun Hôjô Tokiyori, entièrement ravagé par un incendie en 1415, il fut reconstruit au milieu du XVIIe s. ; le *hondô* (pièce principale) et la *kara-mon* (porte chinoise) datent de cette époque (1646). Le *hondô* est célèbre pour son **plafond**, peint par Kanô Motonobu (→ *encadré p. 380*), et pour une **statue**★★ en bois représentant Hôjô Tokiyori, chef-

---

Comme à Kyôto, cinq temples zen *(Gozan)* de Kamakura avaient été choisis par le pouvoir shogunal pour diffuser et encadrer la vie religieuse : Kenchô-ji, Engaku-ji, Jufuku-ji, Jôchi-ji et Jômyô-ji (auj. au S. de la gare Kamakura).

d'œuvre représentatif de l'époque Kamakura : le shogun est assis, de face, arborant une expression si naturelle qu'on le croirait vivant. La **cloche** en bronze (1255) est classée Trésor national.

▶ À voir également, le **sanctuaire Zeni arai Benten**★ 銭洗弁天 **B2**, tapi dans une grotte à mi-chemin entre le Jôchi-ji et le Grand Bouddha *(suivre les indications pour Genjiyama kôen)*. Zen ni arai signifie « laver la monnaie » ; si on plonge de l'argent dans la source voisine, on est assuré, dit-on, de voir cette somme se multiplier dans les mois qui suivent. Certains vont jusqu'à « laver » leurs billets de banque !

Une allée de *torii* flanqués de bannières conduit au **sanctuaire Sasuke Inari-jinja** 佐助稲荷神社 fondé par Minamoto no Yoritomo en l'honneur de la déesse Inari qui lui aurait, en songe, conseillé de lever une armée alors qu'il était exilé à Izu. ◀

Depuis le Kenchô-ji, prendre la rue principale (Kamakura kaidô) vers le S. sur 300 m.

■ Le sanctuaire Tsurugaoka Hachiman-gû★★
鶴岡八幡宮 **C2**
À 10 mn à pied de la gare Kamakura • ouv. t.l.j. sf lun. 9 h-16 h.
Fondé en 1063 et dédié à Hachiman, dieu de la guerre, c'est le plus grand de la ville. Les deux **étangs** qui l'entourent symbolisent la supériorité des Minamoto sur les Taira : les trois îlots qui émergent du premier étang, associés au clan Minamoto, figurent l'idéogramme de la naissance (autre sens du mot *san*, « trois »), tandis que les quatre qui affleurent à la surface du deuxième symbolisent la mort (*shi* signifie à la fois « quatre » et « mort »). Le sanctuaire, reconstruit en 1823, abrite le **musée des Trésors nationaux**★ *(☎ 0467/22.0753 • ouv. t.l.j. sf lun. 9 h-16 h)*, où l'on verra essentiellement de l'art religieux réalisé par des moines des temples de Kamakura, aux époques Kamakura et Muromachi.

▶ Si vous en avez le temps, la visite du **temple Zuisen-ji**★ 瑞泉寺 **D1-2** est recommandée *(ouv. t.l.j. sf lun. 9 h-17 h)*, surtout au mois de mai, pour voir l'incroyable variété des **fleurs** qui l'entourent. *Situé assez loin vers l'E., il est préférable de s'y rendre en taxi.* ◀

■ Le temple Jufuku-ji★ 寿福寺 **B2**
À 500 m O. • ouv. t.l.j. 9 h-17 h.
C'est le plus vieux temple zen de Kamakura, fondé en 1200 par le moine Eisai avec le soutien de Hôjô Masako, veuve de Minamoto no Yoritomo, qui y repose ainsi que son fils, le shogun Sanetomo. Le temple conserve une **statue** de Jizô en bois aux yeux de jade d'époque Kamakura.

■ L'île Eno shima 江ノ島 h.pl. par A3
Au S.-O. • les trains de la ligne Enoden 江の電, depuis la gare Kamakura, empruntent un pont impressionnant long de 600 m.
Laissant aux surfeurs les grandes vagues de la plage Shônan 湘南, à l'O., on peut flâner jusqu'au **jardin tropical** *(ouv. t.l.j. 9 h-17 h)*, au sommet de l'île. Non loin de la gare d'Enoshima 江ノ島駅, sur la dr., le temple Ryûkô-ji 龍口寺 fut fondé par Nichiren en 1271 : alors qu'il allait être décapité ici pour avoir critiqué ouvertement le gouvernement, le moine fut sauvé par l'arrivée d'un messager du shogun. À g. du temple, la grotte où il fut enfermé conserve une statue. Des trois sanctuaires accessibles par un escalier mécanique, le **Hetsunomiya** 辺津宮 est célèbre pour sa statue de Benten, déesse de la chance et des arts, exceptionnellement représentée nue *(visible t.l.j. 9 h-17 h, dans un bâtiment octogonal en bois)*.

THÉMA

Les images bouddhiques

Né en Inde au VIe s. avant notre ère, le bouddhisme possède des codes de figuration précis : caractères physiques du Bouddha, gestes, postures, attributs rituels. Les artistes asiatiques ont ainsi retenu, parmi les 32 principaux signes distinctifs : les longs lobes étirés, vestiges du port de lourds pendants d'oreille par le prince Siddartha, avant qu'il ne devienne le Bouddha historique ; la protubérance crânienne, souvenir d'un haut chignon ; la touffe de poils au milieu du front entre les sourcils ; les mains aux doigts palmés ; et le port d'une robe monastique.

◀ Le Bouddha Amida Nyorai, en position de méditation, trône au milieu d'une salle carrée à déambulatoire (bois doré, construction en plusieurs parties ; temple Hôkai-ji, Kyôto, 2e moitié du XIe s.).

■ Positions symboliques des bouddhas

Les gestes des mains et les poses des jambes *(inzô)* des bouddhas rappellent des moments mémorables de la vie du Bouddha historique. Assis « à l'européenne », ses jambes pendent le long d'un trône ; dans la pose de délassement, une jambe pend et l'autre est repliée sur le siège ; dans la pose de délassement royal, la jambe gauche est repliée à l'horizontale, et la droite à la verticale. La position de méditation « en lotus » ou en « demi-lotus » consiste à croiser les jambes, un ou deux pieds étant apparents sur les cuisses. Elle caractérise les grands bouddhas (**Daibutsu**).

Les poses des mains sont tout aussi significatives : la main droite levée à hauteur du buste, paume en avant, symbolise l'absence de crainte, la protection et la paix. Cette pose est combinée avec celle de la main gauche : le bras est abaissé et la paume de la main ouverte vers l'avant exprime le don, la compassion ou l'accueil. Les deux mains levées devant le torse, paumes ouvertes vers l'avant, pouces touchant les index, rappellent la prédication du Bouddha et les explications de son enseignement au fidèle. Si les deux mains sont placées devant la poitrine, une paume tournée vers l'extérieur, l'autre vers le buste, doigts se touchant, il s'agit de la position de mise en mouvement de la Roue de la Loi, symbolisant le prêche du Bouddha. La pose de la méditation est représentée par les mains superposées, paumes tournées vers le haut, placées sur les jambes pliées en lotus. Cette position assise peut s'accompagner de l'abaissement de la main droite, seule, paume vers l'intérieur, doigts frôlant le sol : ce geste symbolise le moment où le Bouddha historique prit la terre à témoin de sa foi inébranlable.

■ Principales figures

Le courant religieux qui pénétra au Japon relève du bouddhisme du Grand Véhicule (« véhicule » signifiant voie d'accès au salut ou nirvana), qui offre une riche iconographie. Celle-ci a été augmentée au Japon de nombreuses

▶ Kongôyasha Myô-ô, du groupe des Cinq Grands Rois de science magique qui, particulièrement vénérés dans le cadre de cérémonies pour la paix du pays, appartiennent au bouddhisme ésotérique introduit de Chine au IXe s. Figurés sous une apparence courroucée, ils protègent les humains des puissances maléfiques et les guident vers la Loi bouddhique (couleurs sur soie, début XIIIe s., Daigo-ji, Kyôto).

représentations de divinités appartenant pour beaucoup aux sectes ésotériques (comme les rois de Science magique, figures à l'aspect courroucé). Une place importante a toutefois été accordée au Bouddha historique, fondateur de la doctrine, Shakyamuni (en japonais *Shaka*) et à des bouddhas de vénération *(Nyorai)*, qui comptent parmi les cinq grands bouddhas de Sagesse, résidant aux quatre points cardinaux et au zénith. À ces figures, il convient d'ajouter les *bosatsu*, « êtres de compassion » et intercesseurs entre le Bouddha et les êtres humains, identifiables à leurs bijoux et couronne.

■ Cultes particuliers

Certaines de ces divinités font l'objet d'un culte spécifique au Japon. Celui d'**Amida Nyorai**, bouddha de l'au-delà, « consolateur des êtres », se répand au XIe s. Figuré assis en méditation, il accueille les âmes défuntes dans son paradis de la Terre pure de l'Ouest. Le bouddha « guérisseur », **Yakushi Nyorai**, fut vénéré dès le VIe s. au Japon et un temple lui fut consacré au VIIe s. à Nara (Yakushi-ji). Il est habituellement représenté assis tenant dans sa paume gauche un pot à médecine. La divinité principale des doctrines ésotériques, figurant au centre des *mandara* (→ *encadré p. 113*), est **Dainichi Nyorai**, Bouddha suprême et premier bouddha de Sagesse. Au nombre des poses qui le caractérisent, celle du poing de sagesse est typique du Japon et de la Corée : le poing droit enserre l'index dressé de la main gauche.

■ Des divinités salvatrices

Parmi les *bosatsu* les plus vénérés au Japon, il faut mentionner **Kannon Bosatsu**, sauveur suprême, dont on reconnaît de multiples formes (Kannon aux mille bras, Kannon à onze têtes, etc.). **Jizô Bosatsu** est le sauveur des âmes tombées dans l'enfer. Figuré sous la forme d'un moine tenant un bâton de pèlerin dans la main droite et un « joyau qui exauce les désirs » dans la main gauche, il protège les enfants morts dont les âmes errent dans les limbes.

◀ Jizô Bosatsu (encre et couleurs sur soie, XVe s.) apparaît ici monté sur un nuage et descendant quérir les âmes des défunts dans les enfers pour les conduire au paradis.

Nikkô★★★ 日光

Situation : à 128 km N. de Tôkyô.

17 500 hab. ; préfecture de Tochigi.

ℹ 591, Goko machi (D3)
☎ 0288.54.2496 ;
www.nikko-jp.org

☞ **POSTE ET DAB**
Poste centrale : sur l'artère principale, près de l'OT ; ouv. du lun. au ven. 9 h-18 h, jusqu'à 17 h le sam.

À ne pas manquer

Le sanctuaire Tôshô-gû★★★	259
Ganmanga fuchi★★	262

✎ **BON À SAVOIR**
Si vous couplez la visite de Nikkô à celle du lac Chûzenji et/ou de Yumoto Onsen, un pass de 2 jours (Nikkô-Kinugawa Free Pass) inclut le transport en train (hors train express) de la station Tôbu Asakusa à Nikkô, les trajets en bus entre Nikkô, le lac Chûzenji, Yumoto Onsen et Kinugawa, ainsi que le téléphérique du lac Chûzenji. En vente au guichet de la compagnie Tôbu à Asakusa.

Voir carte régionale p. 162

Un proverbe japonais prétend que « l'on ne connaît pas le beau si l'on ne connaît pas Nikkô ». Haut lieu du bouddhisme japonais depuis plus de mille ans, Nikkô connut un léger déclin à la fin du XVIe s., lorsque Toyotomi Hideyoshi, alors maître du pays, voulut punir les moines de la ville d'avoir combattu contre lui. Mais en 1636, pour rendre hommage à son grand-père inhumé ici, Tokugawa Iemitsu fit construire un ensemble de temples unique au Japon – classé au patrimoine mondial de l'Unesco.

Nikkô mode d'emploi

Accès : de Tôkyô, le moyen le plus direct consiste à prendre la ligne Tôbu 東武 depuis la station Tôbu Asakusa 東武浅草 ; le trajet dure 1 h 45 jusqu'à la station Tôbu-Nikkô 東武日光 **D3** (1 train toutes les 30 mn). On peut également emprunter la ligne JR depuis la gare de Tôkyô et changer de train à Utsunomiya 宇都宮.

Combien de temps : 1 j. permet de voir le Tôshô-gû, le lac Chûzenji et la cascade Kegon.

Se déplacer : nombreux bus entre la gare et le sanctuaire Tôshô-gû.

Fêtes et manifestations : le 17 mai, on peut assister à des démonstrations de **tir à l'arc à cheval** ainsi qu'à une **procession** au cours de laquelle est rejouée la cérémonie funèbre de Tokugawa Ieyasu, avec plus de 1 000 participants en costumes de samouraïs.

Visiter Nikkô

■ **Le pont sacré★** 神橋 (Shinkyô) **B2**
Ouv. pour les cérémonies seulement.
Ce pont de bois rouge, entièrement restauré en 2005, marque l'entrée du site qui regroupe le temple Rinnô-ji et le sanctuaire Tôshô-gû. Selon la légende, le moine Shôdô Shônin a traversé la rivière à cet endroit grâce à deux serpents qui ont pris la forme d'un pont ; il allait fonder le premier temple bouddhique de Nikkô.

Prendre l'allée qui part à g. du pont.

■ Le temple Rinnô-ji★ 輪王寺 B2
Ouv. t.l.j. 8 h-15 h 30, jusqu'à 16 h 30 d'avr. à oct.

Ce fut autrefois le principal centre religieux de Nikkô, fondé en 766 par le moine Shôdô Shônin, dont on peut voir la statue à l'entrée. Le **hall principal** 三仏堂 (Sambutsu-dô) abrite trois imposantes **statues**, de plus de 8 m de haut, représentant Amida Nyorai (divinité principale du bouddhisme Mahayana), Juichimen Kannon (déesse aux 11 visages) et Kannon Batô, considérée comme la protectrice des animaux, qui porte une tête de cheval sur le front. Un peu plus loin, la **salle du trésor**★ 護法天堂 (Gohôten-dô) contient les statues des divinités Bishamon, Daikoku et Benzai ten.

Ne manquez pas le **jardin Shôyô-en** 逍遥園, attenant, et son vénérable cerisier, connu sous le nom *kongô zakura*.

■ Le sanctuaire Tôshô-gû★★★ 東照宮 B1
Au N. du Rinnô-ji • mêmes horaires.

Érigé en 1636 en hommage à Tokugawa Ieyasu, le Tôshô-gû est un chef-d'œuvre baroque de style Momoyama, où l'on sent nettement l'influence chinoise de l'art Ming.

La **pagode à cinq étages** (32 m de haut), à g. du *torii*, construite en 1650, fut incendiée et reconstruite en 1819. On arrive ensuite aux **magasins sacrés** *(à dr.)* et à l'**écurie sacrée** *(à g.)*. Notez, au fronton de celle-ci, les fameux **trois singes** plaçant leurs mains respectivement sur leurs yeux, leur bouche, leurs oreilles : ils symbolisent le triple précepte de la secte bouddhique Tendai (ne pas regarder le mal, ne pas le dire, ne pas l'écouter).

L'entrée du sanctuaire proprement dite est située en haut des marches. On y pénètre par la **porte Yômei-mon** 陽明門 (de la Lumière du

▲ Le Tôshô-gû : probablement le sanctuaire shintoïste le plus richement décoré du pays : dorures, toits tarabiscotés, colonnes, balcons à motifs compliqués....

soleil), bâtiment le plus célèbre du site, orné de plus de 500 sculptures animales et végétales de style chinois. Le portique est soutenu par 12 colonnes dont l'une est inversée car, par superstition, les architectes n'ont pas voulu créer une œuvre trop parfaite.

Après la Yômei-mon, on pénètre dans une cour où s'élève, à dr., le **Mikoshi-gura** 神輿蔵 : ici sont conservés les palanquins *(mikoshi)* qu'on transporte lors des fêtes religieuses. Sur l'une des portes figure le Nemuri Neko (Chat qui dort), sculpture signée Hidari Jingorô (1594-1634), l'un des artistes les plus célèbres du XVIIe s. Juste à côté, le **Honji-dô** 本地堂 est l'une des attractions du site : on y pénètre par groupes d'une trentaine de personnes pour entendre rugir le dragon dessiné au plafond – en réalité, un moine frappe l'une contre l'autre deux briques en bois, et l'écho semble provenir de la bouche du dragon.

On passe ensuite sous la porte *karamon* 唐門 qui donne accès au *haiden* 拝殿

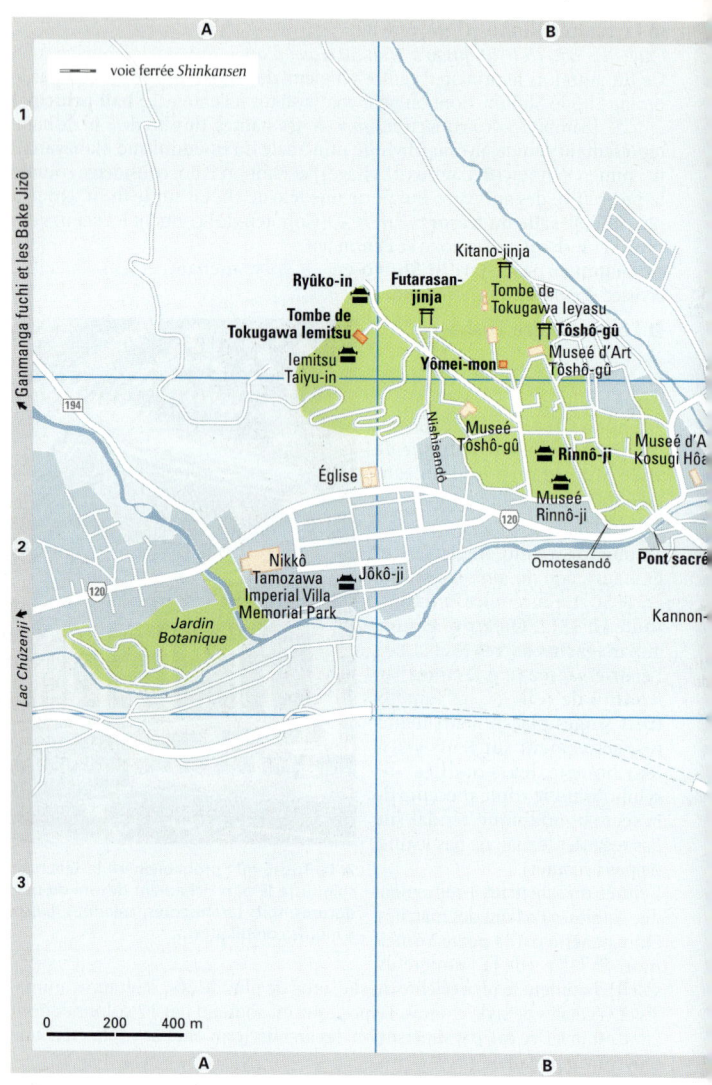

Nikkô.

(salle des prières) puis au *honden* 本殿, le bâtiment principal. Le **mausolée** de Tokugawa Ieyasu se trouve en haut d'un petit escalier, une fois franchie une dernière porte appelée Sakashita-mon 坂下門. Cette disposition est fidèle au style *gongen zukuri*, un type d'architecture réservé au culte des héros divinisés.

Revenir ensuite jusqu'à la pagode et emprunter l'avenue qui conduit au sanctuaire Futarasan.

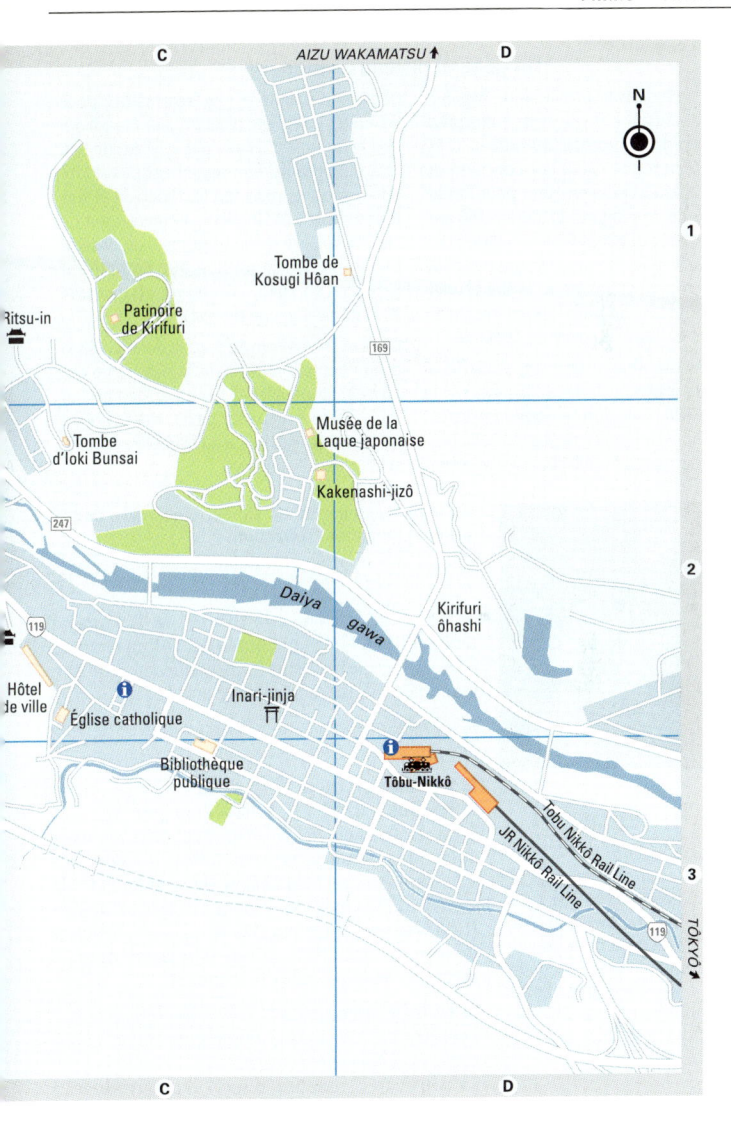

■ Le sanctuaire Futarasan-jinja 二荒山神社 B1
Ouv. t.l.j. 8 h-15 h 30, jusqu'à 16 h 30 d'avr. à oct.
Initialement fondé en 782 par le moine Shôdô Shônin, ce sanctuaire est surtout célèbre pour sa **lanterne aux fantômes** 化け物灯篭 *(bakemono tôrô)*, fondue en 1292 : la légende prétend que plusieurs spectres sont apparus, éclairés par sa lueur, et ont livré de terribles batailles. Les éraflures qu'on peut voir seraient les traces de leurs coups de sabre.

Un général devenu divinité

Né en 1542 dans la province de Mikawa (actuel département d'Aichi), **Tokugawa Ieyasu** rejoint Toyotomi Hideyoshi en 1590 dans la région nouvellement conquise du Kantô. Il lui succédera en 1603 pour fonder une dynastie de shoguns qui durera 260 ans. Habile politicien, il met fin à la guerre civile qui ravage le pays et réussit ce que personne avant lui n'avait vraiment accompli : l'unification du Japon. Sa philosophie : ne jamais se presser et traiter la colère en ennemie.

Quelques mois avant sa mort, en 1616, il demande à être enterré à Suruga, sur le mont Kunô, mais donne cette consigne : « Un an après ma mort, déplacez mon corps et faites-le reposer à Nikkô, d'où je protégerai mon peuple et ma descendance pour l'éternité. » Requête d'autant plus étonnante que Ieyasu n'est jamais allé à Nikkô de son vivant. Pourtant, non seulement sa volonté sera respectée, mais son fils Hidetada et surtout son petit-fils, **Iemitsu**, auront à cœur de construire, autour du mausolée, un ensemble architectural unique que l'empereur baptisera, en 1645, « Tôshô-gû » (sanctuaire de la lumière venue de l'est).

Dans le même temps, il accorde à Ieyasu la distinction suprême dans la hiérarchie des divinités impériales (à l'époque, l'empereur est le chef religieux du pays) : il fera l'objet d'un véritable culte jusqu'en 1867, date de la chute des Tokugawa.

◄ Tombe du moine Shôdô Shônin, à qui Nikkô doit quelques fondations religieuses.

À 200 m de là s'élève la **tombe de Tokugawa Iemitsu★** 大猷院廟 (Taiyûin-byô). Volontairement plus sobre, moins ostentatoire, que celui de son grand-père Ieyasu, il a été élevé en 1652.

Revenir jusqu'au pont sacré et prendre à dr. le long de la rivière sur 1 km.

■ Ganmanga fuchi 含満ガ淵 et les Bake Jizô★★ 化け地蔵 h.pl. par A2

C'est un site peu visité car un peu excentré, mais vous ne regretterez pas votre effort. Faisant face à la rivière, dans un paysage de sous-bois et de roches volcaniques, des dizaines de statues de **Jizô** (bodhisattva protecteur des enfants) recouvertes de mousse défient le temps. Un havre de paix bienvenu après la foule du Tôshô-gû.

■ Le lac Chûzenji-ko★ 中禅寺湖 h.pl. par A2

Prendre un bus depuis la gare de Nikkô pour Chûzenji Onsen 中禅寺温泉.

La **route**, très sinueuse, réserve de merveilleuses surprises. Une fois sur place, on peut faire le tour du lac en bateau *(1 h)*, mais la plupart des touristes qui viennent jusqu'ici veulent surtout voir la spectaculaire **cascade Kegon no taki★** 華厳の滝, connue comme étant le lieu de prédilection de suicides romanesques. Haute de 98 m, elle se divise vers le bas en plusieurs petites cascades. Une plate-forme d'observation a été aménagée à une centaine de mètres de là *(accès par escalier)*.

♥ **RESTAURANT**
Hoshinoyado Konishi 星の宿小西 : 1115, Kamihachiishi-chô (B1) ☎ 0288/54.1105 ; ouv. t.l.j. 11 h-22 h. Spécialisé dans la cuisine à base de *yuba* (crème de soja), au milieu d'un très beau jardin. Prix raisonnables au déjeuner.

Sur le rabat arrière de la couverture, vous trouverez un Tableau chronologique indiquant les grandes périodes de l'histoire japonaise.

Yokohama★ 横浜

La deuxième ville du Japon en nombre d'habitants se distingue à peine de Tôkyô, à laquelle elle est reliée par plusieurs lignes de train. Pourtant, Yokohama a sa personnalité propre avec son « Port du futur » (Minato Mirai) et surtout sa ville chinoise regorgeant de restaurants et de commerces traditionnels.

Yokohama mode d'emploi

Accès : prendre la ligne JR Yokosuka 横須賀 depuis la gare de Tôkyô, de Shinbashi ou de Shinagawa jusqu'à la gare de Yokohama h.pl. par A2, puis la ligne de métro Minato Mirai みなとみらい. Le trajet dure 20 mn ; prévoir le double si l'on part de Shibuya (ligne JR Tôkyû Tôyoko 東急東横).

Combien de temps : 1 journée est nécessaire (et généralement suffisante) pour avoir un aperçu de la ville incluant notamment le port, Minato Mirai 21 et la ville chinoise. Affluence les w.-e.

Fêtes et manifestations : fin janv.-début fév., au moment du **Nouvel An chinois**, les rues de Chinatown sont décorées de milliers de lanternes, d'immenses dragons s'agitent à tous les coins de rue • la **ville chinoise** est également en fête les 10 oct., 13 mai et 25 août.

Yokohama dans l'histoire

Le petit port de pêche a vu son destin changer à partir de 1858, lorsque le dernier shogun Tokugawa le désigna comme l'un des cinq ports ouverts au commerce international. Dès lors, cette ville voisine de Tôkyô n'a jamais cessé de se développer. Autour du commerce de la soie, d'abord, dominé par les Anglais, puis du thé, enfin de tout ce qui pouvait s'échanger avec le reste du monde. Au début du XXe s., Yokohama était, de loin, le premier port international du Japon. Le grand tremblement de terre de 1923 endommagea gravement la ville, dès lors supplantée par Kôbe, et les bombardements de la Seconde Guerre mondiale lui portèrent le coup de grâce. Sa deuxième place reconquise, après Tôkyô mais devant Ôsaka, n'en est que plus remarquable. Elle doit, en partie, son développement aux

Situation : à 24 km S.-O. de Tôkyô.
3,6 millions d'hab. ; chef-lieu de la préfecture de Kanagawa.

🛈 *Yokohama Tourist International Association* (☎ 045/641.4759) et *Kanagawa Prefectural Tourist Association* (☎ 045/681.0007), au r.-d.-c. du Centre de la soie (C2) : 2 Yamashita-chô, Naka-ku ; f. les w.-e. et j. fériés.
Autres centres d'information dans les gares (ouv. t.l.j.).

🛈 www.city.yokohama.jp : site Internet de la ville
• www.kanagawa-kankou.or.jp : site Internet de la préfecture de Kanagawa (Yokohama, Kamakura, Hakone).

☞ **POSTE ET DAB**
Citybank : sortie O. de la gare (h.pl. par A2), sur la façade O. du *Yokohama Bay Sheraton* ; ouv. 24 h/24. Poste centrale : à l'E. de la gare de Sakuragichô 桜木町 (A3).

À ne pas manquer	
Minato Mirai 21★★	264
Chinatown★★	267

Voir carte régionale p. 162

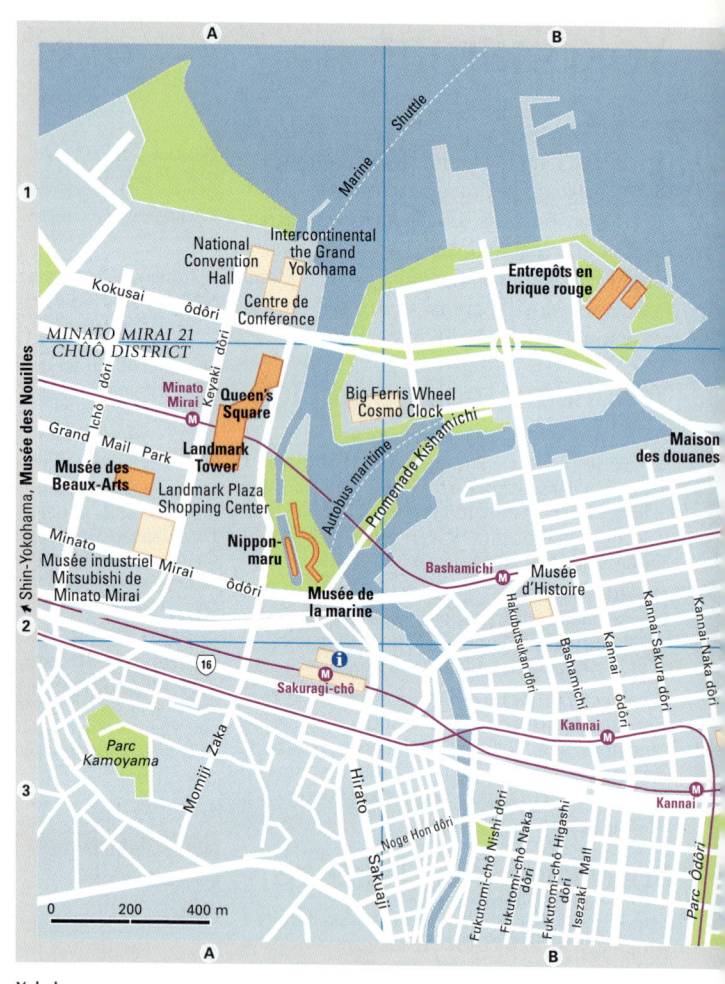

Yokohama.

opposants chinois qui, fuyant les régimes chinois successifs, ont trouvé refuge dans sa *Chinatown* (Chûkagai), la plus importante du Japon. Depuis le début des années 2000, la municipalité a entrepris de gigantesques travaux afin de gagner 186 ha sur la mer... Situé entre les gares de Yokohama et de Kannai, le nouveau centre de la ville s'appelle Minato Mirai 21.

Visiter Yokohama

■ Minato Mirai 21★★ みなとみらい21 A2

M° Minatomirai みなとみらい *(ligne Minato Mirai) ou gare Sakuragichô* 桜木町 *(ligne JR Tôkyû Tôyoko* 東急東横*).*

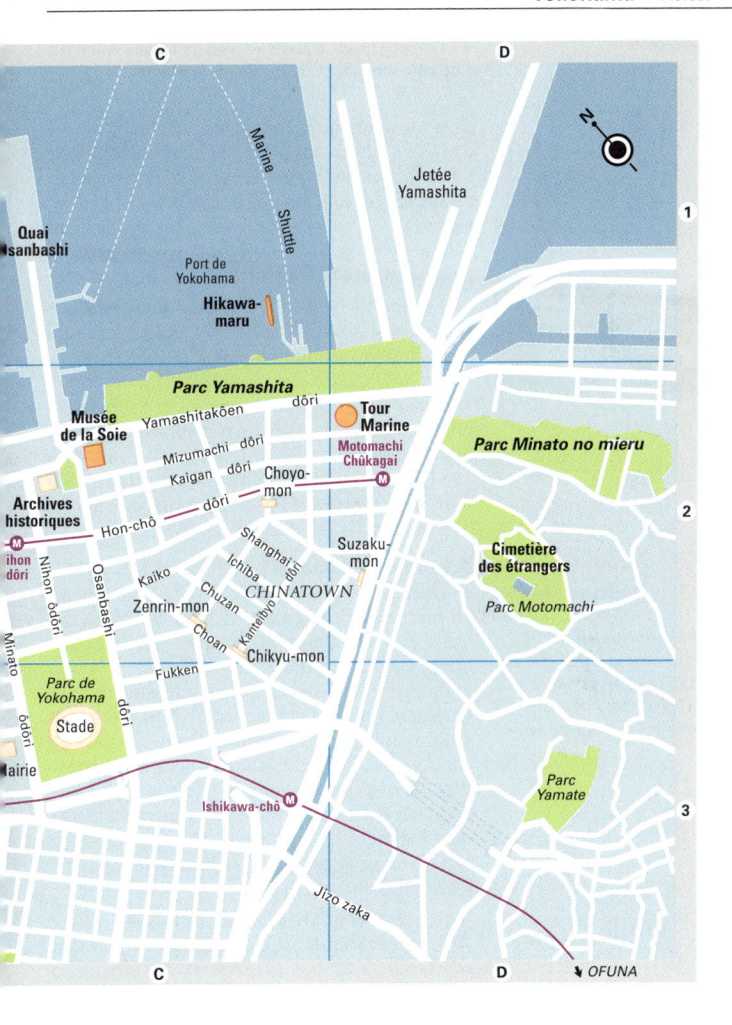

Cet impressionnant complexe (aussi désigné comme MM21), voulu par la municipalité, s'organise autour du gigantesque centre commercial **Queen's Square** クイーンズスクエア et de la plus haute tour du Japon (296 m), **Landmark Tower** ランドマークタワー, tous deux situés à quelques pas de la mer. Du 69e et dernier étage de la tour (Sky Garden ; *accès payant, t.l.j. 10 h-21 h*), la **vue***** sur Tôkyô est exceptionnelle et, par temps clair, on voit très bien le mont Fuji.

Juste derrière la tour, le **musée des Beaux-Arts*** 横浜美術館 **A2** (Yokohama bijutsukan ; *3-4-1, Minato Mirai, Nishi-ku* ☎ *045/221.0300 • ouv. t.l.j. sf mar. 10 h-18 h*), conçu par Tange Kenzô, a ouvert en 1989. Dédié à l'art contemporain (essentiellement peinture et photographie), il possède également,

◀ Le *Nippon maru*, amarré au pied de Minato Mirai 21, est partie intégrante du musée de la Marine.

dans ses collections permanentes, quelques œuvres d'artistes européens comme Cézanne, Magritte, Ernst, Braque ou Picasso. Les expositions temporaires organisées tout au long de l'année sont généralement consacrées à des artistes japonais travaillant dans le style « japonais » (*nihonga*) ou organisées en partenariat avec de grands musées étrangers.

De l'autre côté de la tour, le **musée de la Marine**★ 横浜マリタイムミュージアム **A2** (Yokohama maritaimu myûjiamu ; *2-1-1, Minato Mirai, Nishi-ku* ☎ *045/221.0280* • *ouv. t.l.j. sf lun. 10 h-17 h, jusqu'à 18 h 30 les ven. et sam. de juin à sept.*) offre pour principal intérêt la visite du *Nippon maru* 日本丸, quatre-mâts de 1930 resté en service jusqu'en 1984. Le musée retrace l'histoire portuaire de la ville, des origines jusqu'aux aménagements les plus récents.

♥ RESTAURANTS

Musée des Nouilles ラーメン博物館 (**Râmen hakubutsukan**) : 2-14-21, Shin-Yokohama (h.pl. par A2) ☎ 045/471.1453 • ouv. t.l.j. 11 h-23 h. On y déguste des nouilles du monde entier.

■ **Le quai Ôsanbashi**★ 大さん橋 **C1-2**
M° Nihon ôdôri 日本大通り *(ligne Minato Mirai)*.
En suivant la **promenade Kishamichi A-B2**, qui longe le bord de mer, vous traverserez une presqu'île (Minato Mirai 21 Shinkô みなとみらい21新港), où sont conservés deux anciens **entrepôts** en brique rouge (Aka renga sôko 赤煉瓦倉庫) de 1911, réaménagés en centre commercial et hall d'exposition. Puis vous passerez devant l'embarcadère international **Ôsanbashi**★ dont le réaménagement, en 2002, a été confié à de jeunes architectes talentueux. Le *beer garden*, en particulier, est très réussi avec sa terrasse en bois et sa vue sur toute la baie de Yokohama.

Juste en face se trouve le **musée de la Soie**★ シルク博物館 **C2** (Shiruku hakubutsukan ; *1, Yamashita-chô, Naka-ku* ☎ *045/641.0841* • *www.silkmuseum. or.jp* • *ouv. t.l.j. sf lun. 9 h-16 h 30*), au 2ᵉ étage du Centre de la soie, inauguré en 1959 lors du centenaire du port de Yokohama. Les collections expliquent le processus de production du tissu à partir du ver à soie et retracent l'histoire des vêtements de soie japonais.

La première ligne de chemin de fer du pays, établie en 1872, reliait Yokohama à Tôkyô (gare de Shinbashi).

■ **Le parc Yamashita** 山下公園
(Yamashita kôen) **C-D2**
M° Nihon ôdôri *(ligne Minato Mirai)* • *ouv. 10 h-19 h, jusqu'à 22 h les ven. et sam.*

Créé pour commémorer le tremblement de terre de 1923, qui causa plus de 40 000 morts à Yokohama, ce parc au bord de l'eau offre une promenade très

▲ La baie de Yokohama est enjambée depuis 1989 par un pont à haubans d'une portée de 460 m.

fréquentée par les habitants de la ville, surtout le week-end. Si la **tour Marine** (hauteur 106 m ; *f. pour rénovation jusqu'en 2009*), autrefois plus beau point de vue sur la baie, est supplantée par Landmark Tower, le parc présente deux centres d'intérêt, notamment pour les enfants : *Hikawa maru* 氷川丸 *(ouv. t.l.j. 9 h-19 h 30, jusqu'à 21 h 30 de juin à sept.)*, paquebot de 1930 transformé en attraction, et la **Maison des poupées**★ 人形の家 (Ningyô no ie ; *ouv. t.l.j. sf lun. 10 h-17 h*), entièrement rénovée en 2006, qui présente, parmi des exemplaires venus du monde entier, une très belle collection de poupées japonaises anciennes, traditionnellement exposées le 3 mars pour le festival des Poupées (Hina matsuri).

■ **Chinatown**★★ 中華街 (**Chûkagai**) C-D2
Juste derrière le parc Yamashita • gare JR Ishikawa-chô 石川町 *(ligne JR Negishi* 根岸*) ou M° Motomachi* 元町*, Chûkagai* 中華街 *(ligne Minato Mirai).*

Le quartier chinois de Yokohama, fondé en 1863, est l'une des plus grandes *Chinatown* du monde. De ses 10 portes *(paifû)*, disposées selon les principes du feng shui, la plus impressionnante est la Tenchô-mon 天長門 (à l'E.). Elles délimitent une ville chinoise où des ruelles colorées et odorantes alignent quelque 500 boutiques (herbes et médicaments, ustensiles de cuisine…) et restaurants, authentiquement chinois, qui proposent une très grande variété de plats. Très animé au moment du Nouvel An chinois.

Au S., le temple **Kantei-byô** 関帝廟 est le centre de la vie religieuse de la communauté. Il honore Guan Yu, général chinois du IIIe s. qui, divinisé, était très populaire en Chine ; les habitants de Chinatown l'ont choisi comme protecteur.

✐ BON À SAVOIR
Le parc Yamashita est relié à Minato Mirai par le *Marine Shuttle*, qui permet une balade en mer autour du port (40 mn, embarcadère à côté du *Hikawamaru*).

♥ RESTAURANTS
La plupart des restaurants de Chinatown sont situés près de la porte Tenchô-mon.
• *Tung Fat* : 148, Yamashita-chô (C2) ☎ 045/681.7273. L'un des plus populaires de Chûkagai. Canards laqués en vitrine, excellente cuisine de Hongkong.
• *Manchin-rô* : 153, Yamashita-chô (C2) ☎ 045/681.4004. Probablement le plus ancien (ouvert en 1892), il reste le plus typique même s'il a été reconstruit en 2002 après un incendie. Spécialité de cuisine cantonaise.
• *Peking Hanten* : 79-5, Yamashita-chô (C2) ☎ 045/681.3535. Plus près de la porte Choyo-mon. Très connu pour son canard laqué, qu'il fut le premier à introduire au Japon.

Yokohama et les soyeux lyonnais

Bien que la sériciculture ait été inventée en Chine il y a 4 500 ans, le Japon, pourtant tout proche, semble n'avoir commencé à élever les vers à soie qu'à l'époque Nara. Durant des siècles, les vêtements de soie furent réalisés sur des métiers à tisser créés en Chine, jusqu'à l'introduction, dans la deuxième moitié du XIXe s., de la mécanique Jacquard par les industriels lyonnais. Ce transfert de technologie répondait au besoin, pour les Français, de trouver d'autres sources d'approvisionnement de matière première, car les élevages européens de vers à soie avaient été décimés par diverses épidémies. Ainsi, le Japon fournit aux sériciculteurs lyonnais des œufs de vers à soie sains, et aux soyeux des longueurs de soie grège, permettant à l'industrie lyonnaise de traverser cette crise. Une maison suisse s'étant spécialisée dans l'exportation de soie entre l'archipel et la France, une nouvelle « route de la Soie » s'ouvrit entre Yokohama et Lyon, et les sériciculteurs français adaptèrent de plus en plus de méthodes japonaises. En 1868, le japonisant Léon de Rosny publiait un *Traité de l'éducation des vers à soie*, traduit du japonais et dont les illustrations s'inspiraient d'estampes japonaises. En 1959, les deux villes ont signé un accord de jumelage.

■ Le quartier Moto machi 元町 et le cimetière des Étrangers★
外国人墓地 **(Gaikokujin bochi)** D2
Gare JR Ishikawachô (ligne JR Negishi) ou M° Motomachi, Chûkagai (ligne Minato Mirai).

Le pont Yato relie la ville chinoise à **Moto machi**, quartier commerçant, autrefois habité par les étrangers, où se concentrent les principales boutiques de luxe.

Au N. de Motomachi, le **cimetière des Étrangers**★ *(ouv t.l.j. sf lun. 10 h-17 h)* a été aménagé au début de l'ère Meiji. 4 200 citoyens de 45 pays y reposent. Un bâtiment, au N. du cimetière, présente des informations sur quelques personnalités enterrées ici, parmi lesquelles le Français François Bouffier (1844-1881), qui participa à la bataille de Hakodate (1868) aux côtés du shogun, ou Charles Richardson, un marchand anglais tué en 1862 pour ne pas s'être découvert au passage du *daimyô* de Satsuma.

À quelques pas du cimetière, le **parc Minato no mieru** 港の見える丘公園 **D2** (Minato no mieru oka kôen) offre l'une des plus belles **vues**★★ qu'on puisse avoir sur le port de Yokohama.

■ Le jardin Sankei-en★★ 三渓園
À 10 mn d'autobus (n°s 58, 99, 101, 108 ou 126) depuis la gare JR Negishi 根岸 (ligne JR Negishi) ☎ *045/621.0635 • ouv. t.l.j. 9 h-17 h • accès payant.*

Achevé en 1906 pour le compte d'un riche marchand de soie, ce très beau jardin à la japonaise recèle plusieurs bâtiments remontant à l'époque Edo ou avant. À voir, en particulier, une très belle *gasshô zukuri*★ (maison paysanne) de Shirakawa-gô *(→ p. 316)*, remontée ici en 1960. Depuis le sommet d'une **pagode** à trois étages, classée Propriété culturelle nationale, on peut voir le mont Fuji : élevée à Kyôto en 1457, démontée et reconstruite ici en 1914, c'est la plus ancienne du Kantô. Le jardin est très fréquenté lors de la floraison des cerisiers *(début avr.)*.

Le Chûbu 中部

Les entrées principales	
Le mont Fuji***	274
Gifu*	278
La péninsule d'Izu**	282
Kanazawa***	287
Matsumoto** et les Alpes japonaises*	294
Nagano*	299
Nagoya*	305
Takayama***	312

Doté, depuis 2005, d'un aéroport international proposant des vols directs quotidiens pour la France, le Chûbu est fier de sa réussite économique due, en grande partie, à la présence de Toyota, près de Nagoya. Mais le Chûbu, c'est surtout l'une des régions dont les paysages sont les plus contrastés avec, au sud, les villages de pêcheurs de la péninsule d'Izu et, au nord, les Alpes japonaises dont les sommets dépassent souvent les 3 000 mètres. Autre fierté du Chûbu : le célèbre mont Fuji, dont le cône quasi parfait est devenu le symbole même du Japon. On peut en effectuer l'ascension l'été, l'admirer depuis l'un des cinq lacs qui l'entourent ou encore depuis Hakone, station thermale la plus prisée des Tokyoïtes. À moins que l'on ne préfère explorer les paysages déchiquetés de la mer du Japon, au nord, et en profiter pour visiter Kanazawa et son fameux Kenroku-en, considéré comme l'un des trois plus beaux jardins de l'archipel. Enfin, on découvrira avec bonheur quelques villages miraculeusement préservés, comme Takayama et surtout Shirakawa-gô, classé au patrimoine mondial de l'Unesco pour ses maisons à toit de chaume semblant tout droit sorties d'un dessin animé de Miyazaki.

La région du milieu

Comme son nom l'indique (*chû* signifie « milieu »), le Chûbu occupe la partie centrale de l'île de Honshû, entre Tôkyô et Kyôto, qui atteint ici sa plus grande largeur. On ne s'étonnera donc pas d'y trouver une grande variété de paysages allant des côtes découpées de la péninsule de Noto aux

Que voir dans le Chûbu

271

- OTARU (Hokkaidō)
- SAKATA, AKITA
- MORIOKA, AOMORI

Murakami • Yamagata • Sendai • Natori

YAMAGATA

Ryōtsu
Aikawa
Île de Sado ★
Ogi

Nagai • **MIYAGI**

Niigata • Oguni • Yonezawa •

Agano • Parc nat. Bandai-Asahi • Parc nat. Higashi Azuma Yama • Fukushima • Sōma

Sanjō • Kitakata • Motomiya • Namie

NIIGATA • Aizu Wakamatsu • Lac Inawashiro • Tōhoku

Kashiwazaki • Tadami • Shimogō • Koriyama • Tamura • Tomioka

Jōetsu • Uonuma • Minamiaizu • **FUKUSHIMA** • Sukagawa

Tōkamachi • Shirakawa • Iwaki

Myōkō • Tsunan • Parc nat. Nikkō • Tanagura

Parc nat. Jōshinetsu Kōgen • Iiyama • Ōtawara • Daigo • Kitaibaraki

Togakushi ★ • **Nozawa Onsen** • Numata • Yaita • Takahagi

Obuse ★ • Suzaka • Shirane 2160 • Akagi 1828 • Nikkō • Hitachi

Nagano ★ • Naganohara • Shibukawa • Kanuma • Utsunomiya • Hitachiōta

NAGANO • Asama yama 2568 • **GUNMA** • Kiryū • **TOCHIGI** • Naka • Tōkai

Karuizawa ★ • Ueda • Maebashi • Ashikaga • Mōka • Mito

Bessho Onsen • Saku • Takasaki • Oyama

Matsumoto ★★ • Tomioka • Isesaki • Chikusei • **IBARAKI**

Shiojiri • Fujioka • Jōetsu • Shimodate • Ichioka • Hokota

Okaya • Koumi • **SAITAMA** • Jōsō • Tsuchiura

Chino • Chichibu • Kitamoto • Lac Kasumigaura • Kashima

Parc nat. Chichibu Tama • Kawagoe • Ōmiya • Noda • Toride

Nirasaki • Sayama • Urawa • Matsudo • Narita

Komagane • Parc nat. Minami Arupusu • Ōme • **TŌKYŌ** • Narashino • Asahi

Kōfu • Ōtsuki • Uenohara • **CHIBA** • Sosa

YAMANASHI • Parc nat. Fuji Hakone Izu • Kawasaki • Chiba • Tōgane

Fuji Yoshida ★ • **KANAGAWA** • Ichihara • Sanmu

Lac Kawaguchi ★ • Chigasaki • Yokohama • Baie de Tōkyō • Mobara

Mont Fuji ★★★ 3776 • Gotenba • Kamakura • Futsu • Isumi

SHIZUOKA • Hiratsuka • Yokosuka • Baie Hant

Fuji • Odawara • Miura • Katsuura

Numazu • Hakone • Kamogawa

Shizuoka • Shimizu • **Atami** • Baie de Sagami

Shimada • Itō • Tateyama

Fujieda • **Shuzenji** • OCÉAN PACIFIQUE

Kakegawa • Matsuzaki • **Péninsule d'Izu ★★** • Parc nat. Fuji Hakone Izu • Île Ōshima

Shimoda ★★

0 — 20 — 40 km

sources thermales de Hakone en passant par les sommets enneigés des Alpes japonaises. On peut cependant distinguer trois grands ensembles géographiques principaux : le littoral du nord (Hokuriku), qui s'ouvre sur la mer du Japon et qu'on appelle souvent « Japon de l'envers » *(Ura Nihon)* ; le littoral sud (Tôkai), qui borde le Pacifique, est surnommé, lui, « Japon de l'endroit » *(Omote Nihon)* ; ces deux « Japon » étant séparés par les hautes montagnes du centre (Tôsan). Avec 22 millions d'habitants, le Chûbu est relativement peu peuplé, même si l'on observe de grandes différences de densité entre les neuf préfectures qui le composent : alors que celle d'Aichi (région de Nagoya) compte plus de 1 400 hab./km^2 – chiffre comparable à celui du Kantô (région de Tôkyô) –, celle de Nagano, au nord, atteint diffici-lement 160 hab./km^2, l'une des plus basses du Japon.

Au nord : le grenier à riz du pays

Hokuriku (continent nord) désigne une bande de terre assez étroite coincée entre mer et montagne et présentant un climat très contrasté avec d'importantes chutes de neige en hiver et des étés à la fois chauds et pluvieux. Il comprend les préfectures de Toyama, Ishikawa et Fukui, auxquelles s'ajoutent celles de Niigata et Nagano, qui forment cependant une entité à part appelée Shin-Etsu.

▲ Source thermale à Toyama, à la racine de la péninsule de Noto.

▲ La pagode du temple Myotsu-ji, fondé au XIIIe s. dans l'actuelle préfecture de Fukui.

Extrêmement fertile, le Hokuriku produit essentiellement du riz, sur plus de trois quarts de ses surfaces cultivées. Une grande partie de l'électricité vient des rivières des Alpes japonaises, mais la présence de gaz naturel et même de pétrole a permis le développement d'industries chimiques, pétrochimiques, textiles et métallurgiques, notamment à Niigata, Takaoka et Toyama. La richesse de ces villes est également due, en partie, à leur activité portuaire et aux échanges commerciaux avec la Russie, la Corée du Sud et la Chine.

La partie ouest du Hokuriku (la préfecture d'Ishikawa) a davantage misé sur l'artisanat que sur l'industrie avec des spécialités comme la porcelaine de Kutani, la laque (à Wajima) ou encore la feuille d'or (à Kanazawa). Le tourisme constitue du reste l'une des principales ressources de cette région qui a su préserver ses paysages naturels (péninsule de Noto) et ses sites historiques comme, à Kanazawa, l'ancien quartier des samouraïs de Naga machi ou l'exceptionnel jardin Kenroku-en. Cette ville, qui a mira-

▲ Sec et ensoleillé l'hiver, le climat du Tôkai est très chaud l'été et favorise non seulement la culture du riz, mais aussi celle du thé, notamment autour du mont Fuji.

culeusement échappé aux bombardements de la Seconde Guerre mondiale, fut longtemps gouvernée par les Maeda, une riche famille qui a favorisé les arts et la culture, notamment le théâtre nô. Durant l'époque Edo et jusqu'à l'aube de l'ère Meiji, Kanazawa était la quatrième ville du pays après Edo, Kyôto et Ôsaka.

Les Alpes japonaises : le toit du Japon

Le Tôsan, également appelé Kôshin, est constitué pour l'essentiel de montagnes avoisinant ou dépassant les 3 000 m d'altitude. Six bassins naturels surélevés, reliés par d'étroites vallées, ont cependant permis le développement de villes relativement importantes comme Nagano, Kôfu ou Matsumoto. Deux routes principales traversent la région d'est en ouest : le Nakasendô et le Kôshû kaidô qui étaient, au temps des shoguns, une alternative au Tôkaidô, au sud, pour relier Edo, la capitale, à Kyôto. Jusqu'au début du XXe s., cette région fut un grand centre de production de soie, mais la concurrence de pays comme la Chine ou l'Inde et l'arrivée de tissus synthétiques ont peu à peu réduit cette activité à néant. L'exploitation des forêts et la production d'électricité constituent aujourd'hui les principales ressources du Tôsan, qui a également misé sur le développement des stations de sports d'hiver, particulièrement rapide depuis les Jeux olympiques de Nagano en 1998. Une partie importante du Tôsan est occupée par des parcs nationaux, le plus connu étant le Chûbu Sangaku, au nord.

Le Tôkai, ancienne route des *daimyô*

Le Tôkai, dont le nom signifie « mer de l'Est », est, comme le Hokuriku, une plaine littorale étroite interrompue, çà et là, par des montagnes qui plongent dans la mer. Le fameux Tôkaidô en a reçu son nom, *dô* signifiant « route » : reliant Tôkyô à Kyôto, ce dernier constituait un axe majeur de communication sous les shoguns. Les principales étapes de cette liaison ont été mises en images par Hiroshige, l'un des maîtres de l'estampe de l'époque Edo. Aujourd'hui, les trains à grande vitesse Shinkansen, inaugurés à l'occasion des Jeux olympiques de Tôkyô en 1964, ont remplacé les chaises à porteur, reliant les deux villes en moins de trois heures à raison d'un train tous les quarts d'heure, ce qui en fait, de très loin, le premier axe ferroviaire du pays.

Beaucoup plus industriel que le nord, le sud du Chûbu inclut la région de Nagoya, quatrième ville du pays, dont le fleuron est l'usine Toyota, qui a donné son nom à une localité et fait travailler dans toute la préfecture d'Aichi des centaines de sous-traitants pour la fabrication de ses véhicules. Plus à l'est et aussi plus proche de la capitale, le Tôkai possède un atout touristique de taille avec le parc national Fuji-Hakone-Izu, qui draine chaque année des millions de visiteurs.

Le mont Fuji★★★ 富士山

Situation : à 120 km O. de Tôkyô.

Alt. 3 776 m ; préfectures de Shizuoka et de Yamanashi.

ℹ à la gare Fujiyoshida 富士吉田 (ouv. t.l.j. 9 h-17 h) et à la gare Kawaguchi-ko 河口湖 (ouv. t.l.j. 8 h 30-18 h) ☎ 0555/72.6700 ou 24.1236.

À ne pas manquer

Le mont Fuji★★★	275
Le musée Kubota★★, à Kawaguchi-ko	276

☞ EN SAVOIR PLUS
Sur le volcanisme, reportez-vous au théma p. 576-577.

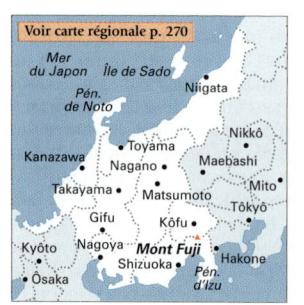

Voir carte régionale p. 270

Le Fuji-san (Fuji-Yama ne se dit pas en japonais) n'est pas seulement le point le plus haut du Japon : c'est aussi, dans le monde entier, le symbole du pays, presque au même titre que le drapeau national. Cette célébrité, le mont Fuji la doit à sa forme conique presque parfaite et à son sommet enneigé une bonne partie de l'année. Vénéré comme une divinité, il appartient d'ailleurs officiellement, depuis 1962, au sanctuaire Sengen de Fujiyoshida. En juillet-août, plus de 250 000 personnes se lancent à l'assaut de ses flancs, mais tout au long de l'année des millions de touristes, principalement japonais, se pressent autour de la célèbre montagne.

Le mont Fuji mode d'emploi

Bon à savoir : bien que toute personne en bonne santé puisse a priori effectuer la montée, il est conseillé d'avoir un peu d'entraînement physique. Des refuges (ouv. en juil.-août slt) permettent de faire des haltes, voire de passer la nuit ; certains proposent aussi un repas rudimentaire. Prévoir de l'eau et des vêtements chauds pour le sommet, où il fait froid même en plein été (autour de 5 °C).

Accès : de Tôkyô, le plus pratique est le **bus** depuis la gare routière de Shinjuku, en face du grand magasin *Keio* (**plan Tôkyô VI C2**), départs pour Fujiyoshida, Yamanaka-ko ou Kawaguchi-ko (2 h de trajet) • on peut aussi prendre le **train** à la gare de Shinjuku, avec changement à Ôtsuki 大月 (même durée). Des bus partent également de Hakone pour Yamanaka-ko et Kawaguchi-ko.

Combien de temps : 1 j. pour les deux principaux lacs ; 1 ou 2 j. supplémentaires si l'on veut faire l'ascension du Fuji.

Se déplacer : un excellent réseau de bus sillonne la région, permettant de visiter les cinq lacs et d'accéder à la 5ᵉ station du Fuji-san (2 305 m). Un *Pass* de 3 jours, vendu à Shinjuku, donne accès aux trains, aux bus ainsi qu'au funiculaire et aux bateaux du lac Kawaguchi.

Le mont Fuji dans l'histoire

Né il y a 25 000 ans, le Fuji-san est l'une des plus « jeunes » montagnes du Japon ; il n'a pris sa forme actuelle qu'aux alentours de 8000 av. J.-C. Dix-sept éruptions ont eu lieu depuis la plus ancienne dont on ait retrouvé la trace, en 864. Selon la mythologie japonaise, le Fuji-san serait la demeure d'une *kami*, la princesse Konohana Sakuya. C'est d'ailleurs pour ne pas provoquer sa jalousie que l'ascension était strictement interdite aux femmes. La Japonaise Takayama Tatsu y monta, travestie en homme, en 1832 ; une Anglaise, Lady Parkes, osa également en 1867 braver cette loi, par la suite désuète. Même s'il n'a connu aucune éruption depuis 1707, le Fuji-san est toujours en activité ; des digues ont été construites afin de limiter les dégâts en cas de nouvelles coulées de lave.

Visiter le mont Fuji

Les lieux les plus populaires sont les bords des lacs Kawaguchi et Yamanaka, aménagés pour la pêche et la détente, d'où la vue sur le Fuji-san est exceptionnelle.

■ Fujiyoshida★ 富士吉田

Cette petite bourgade au pied du volcan est l'un des points de départ possibles, à pied ou en autobus, pour escalader le Fuji-san. Son principal intérêt est le **sanctuaire Sengen-jinja**★ 浅間神社, propriétaire officiel de la montagne sacrée. Fondé en 788, il était un passage obligé pour les pèlerins, qui entreprenaient

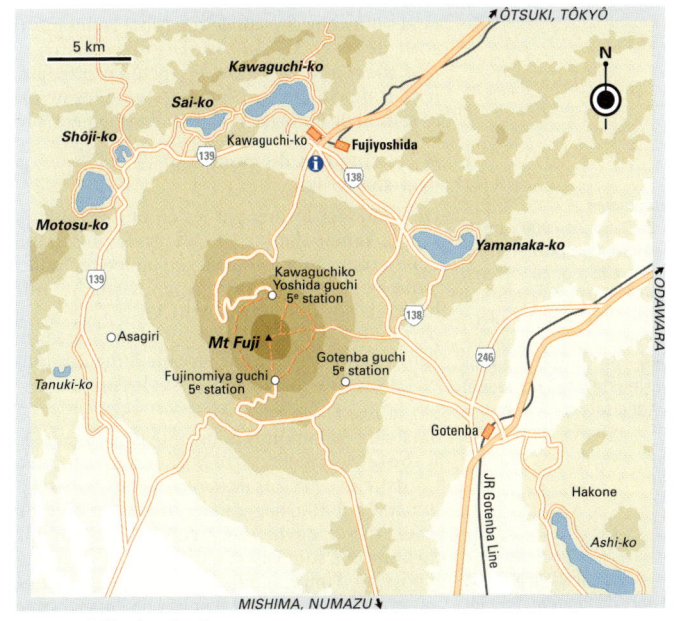

Le mont Fuji et les cinq lacs.

l'ascension pour des raisons religieuses. Le bâtiment principal, construit en 1615, est précédé d'un *torii* haut de 18 m. Une allée de lanternes conduit ensuite au sanctuaire, où l'on vient prier les *kami* avant de s'élancer vers le sommet.

▶ À une station de train, le parc d'attractions **Fujikyû Highland** 富士急ハイランド *(ouv. t.l.j. 8 h-21 h en août, jusqu'à 18 h le reste de l'année ; f. le 3ᵉ mar. du mois)* attire évidemment plus de visiteurs. ◀

■ L'ascension du mont Fuji★★ 富士山

Le Fuji-san est gradué en 10 « stations », la station n° 10 marquant le sommet. Le circuit le plus classique, le sentier **Yoshida guchi**, commence au sanctuaire Sengen-jinja. Il traverse de très jolis paysages sylvestres, notamment à l'approche du 5ᵉ niveau, mais il faut compter près de 10 h pour gravir les 19 km qui séparent le sanctuaire du sommet.

La plupart des randonneurs partent de la 5ᵉ station, qu'on atteint par autobus, et n'ont plus ensuite « que » 4 h 30 de marche. Il y a trois « 5ᵉ station » suivant la ville d'où l'on arrive : les grimpeurs en provenance de Tôkyô ou de Kawaguchi-ko commencent l'ascension à 2 305 m d'altitude, tandis que ceux arrivant de l'O. (piste Fujinomiya) sont déposés à 2 380 m. Les deux pistes se rejoignent à la 8ᵉ station. On peut ensuite faire le tour du cratère en 1 h. La descente jusqu'à la 5ᵉ station de Kawaguchi-ko prend facilement 3 h.

■ Les cinq lacs du mont Fuji★ 富士五湖 (Fuji-san go-ko)

Des cinq lacs formés par les éruptions du Fuji-san, le **Yamanaka-ko** 山中湖 est le plus grand mais n'offre, pour le touriste, qu'un intérêt limité. Nous vous recommandons, en revanche, une halte au bord du **Kawaguchi-ko** 河口湖, d'où part un funiculaire *(t.l.j. 9 h-17 h)* pour le **mont Tenjô-zan**★★ 天上山 qui procure l'une des plus belles vues qu'on puisse avoir sur le Fuji-san.

Sur la rive N. du lac, à 4 km du centre-ville, les amateurs de kimonos pourront visiter le **musée Kubota**★★ 久保田一竹美術館 (Kubota Itchiku bijutsukan ; *des bus desservent le musée • t.l.j. 9 h 30-17 h 30 d'avr. à nov., 10 h-17 h de déc. à mars ; f. mer. de déc. à mars*). Une quarantaine de **kimonos** sont exposés dans un bâtiment qui repose sur d'impressionnants piliers de bois – une annexe, plus récente, est inspirée de l'architecture « molle » du Catalan Antoni Gaudí. Les kimonos,

---

🖉 **CONSEIL**
La tradition veut qu'on escalade le Fuji-san de nuit (ne pas oublier une lampe de poche) afin d'admirer le lever du soleil depuis le sommet et de crier, avec tous ceux qui sont présents, *banzai !* (« 10 000 ans », la durée de vie qu'on souhaitait autrefois à l'empereur).

♥ **RESTAURANT À KAWAGUCHI-KO**
Saneokuen さねおくえん : ☎ 0555/73.1000 ; sortir de la gare à g., puis prendre à nouveau à g. au *7-Eleven* et marcher 800 m ; le restaurant est à dr. Une immense pièce traditionnelle sous un toit de chaume ; on s'installe devant un *irori* (feu de bois) sur lequel on grille soi-même viandes, légumes et poissons.

☞ **EN SAVOIR PLUS**
Sur le port du kimono, voir les pages thématiques p. 42-43.

▲ La silhouette du mont Fuji à l'horizon du lac Tamuki.

dessinés sur le thème des saisons, forment un paysage lorsqu'ils sont exposés côte à côte. Assez complexe, la technique de teinture Tsujigahana s'est pratiquée à la période Muromachi mais s'est perdue au début de l'époque Edo. Elle a été littéralement réinventée par Kubota, bouleversé dans son jeune âge par un morceau de tissu aperçu au Musée national de Tôkyô et qui s'est senti investi de la « mission » de sauver cette technique de l'oubli, jusqu'à sa mort en 2003.

Les trois autres lacs, **Shôji-ko*** 精進湖, **Sai-ko*** 西湖 et **Motosu-ko*** 本栖湖 (le plus profond), beaucoup moins visités car pratiquement dépourvus d'infrastructures d'accueil, sont accessibles en bus et offrent d'intéressants points de vue sur le mont Fuji. Le Sai-ko, en particulier, est entouré de grottes volcaniques que l'on peut visiter.

Gifu★ 岐阜

Situation : à 30 km N. de Nagoya, 140 km N.-E. de Kyôto, 127 km S. de Kanazawa.

422 500 hab. ; préfecture de Gifu.

🛈 dans la gare JR
☎ 058/262.4415 ;
www.gifucvb.or.jp

À ne pas manquer

La vue★★ du haut du château	280
Le château d'Inuyama★★★ (Environs)	279
Le musée Meiji Mura★★ (Environs)	280

♥ SHOPPING

La région de Gifu est connue pour ses ombrelles (*Gifu wagasa*) et ses lampes multicolores (*Gifu jôchin*) en papier de riz huilé. Une quinzaine de boutiques les vendent, mais seules quelques-unes proposent des démonstrations. La plus connue, **Sakaida Honten**, se trouve à 10 mn à pied de la gare JR vers le S. (27, Kanônaka Hiroe ☎ 058/271.6958, ouv. t.l.j. sf dim. 9 h-12 h et 14 h-17 h).

Voir carte régionale p. 270

Détruite par un séisme en 1891 puis bombardée en 1945, la ville de Gifu n'offre que peu d'intérêt touristique. Si elle se trouve sur votre itinéraire, vous pouvez y passer un agréable moment en visitant son parc ou en participant à une partie de pêche au cormoran, qui se pratique également à Inuyama, avec pour toile de fond un château médiéval. Les environs offrent d'autres témoignages du Japon féodal aussi bien que de l'ère Meiji.

Accès : à 20 mn en train de Nagoya (ligne JR Tôkaidô 東海道線).

Fêtes et manifestations : la pêche au cormoran (→ encadré p. 280) se pratique du 11 mai au 15 oct. ; les bateaux sont amarrés près du pont Nagara bashi, accessible en bus depuis la gare.

Visiter Gifu

Presque tout ce qu'on peut voir d'intéressant est concentré dans le très agréable parc Gifu kôen, qui s'étend autour du mont Kinka.

■ **Le parc de Gifu★** 岐阜公園 (**Gifu kôen**)
À 15 mn en bus de la station Gifu (ligne JR ou Meitetsu 名鉄線) ☎ 058/262.3951 • ouv. toute l'année et gratuit.

Au sommet du mont Kinka, le **château Gifu-jô** 岐阜城 (*accès rapide par téléphérique ☎ 058/263.4853 • ouv. t.l.j. 9 h 30-16 h 30, jusqu'à 22 h en été*) est de construction récente (1956), mais selon les plans de l'ancien château qu'occupa en son temps Oda Nobunaga. Il vaut la visite essentiellement pour le **point de vue★★** qu'on a, d'ici, sur la rivière.

Dans le parc, vous pourrez découvrir un **jardin chinois** en hommage à la ville de Hangzhou, avec laquelle Gifu est jumelée, et, un peu plus loin, l'emplacement de la résidence de Oda Nobunaga (il ne reste que quelques pierres).

Plusieurs **musées** se trouvent dans l'enceinte du parc : celui des **frères Katô** 加藤栄三東一記念美術館 (Katô Eizô Tôichi kinen bijutsukan

☎ *058/264.6410 • ouv. t.l.j. 9 h-17 h*), peintres originaires de Gifu ; le **Musée historique de la ville de Gifu** 岐阜市歴史博物館 (Gifu-shi rekishi hakubutsukan ☎ *058/265.0010 • ouv. t.l.j. 9 h-17 h*) ; enfin le **musée Nawa des insectes★** 名和昆虫博物館 (Nawa konchû hakubutsukan ☎ *058/263.0038 • ouv. t.l.j. 10 h-17 h, 9 h-18 h en été*), l'un des meilleurs au Japon avec plus de 18 000 espèces différentes.

■ Le temple Shôhô-ji 正法寺
À 5 mn à pied de l'entrée principale du parc • ouv. t.l.j. 9 h-17 h.

Il abrite un célèbre **bouddha géant★** (13,7 m de haut), dont la structure en bambou est recouverte de milliers de pages de sutras traitées comme du papier mâché, puis laquées et dorées à la feuille. Commencé en 1794, il ne fut terminé qu'en 1832. À noter : le temple, d'influence chinoise, sert d'intéressants repas de cuisine végétarienne (chinoise) appelée *fucha ryôri* (*rés.* ☎ *058/264.2760*).

Environs de Gifu

1 Le château d'Inuyama★★★ 白帝城 (Hakutei-jô) *17 km E.*
À 35 mn en train (ligne Meitetsu Inuyama 名鉄犬山線), puis à pied (10 mn env.) depuis la gare Inuyama yûen 犬山遊園ぐ ☎ 0568/61.1711 • vis. t.l.j. 9 h-17 h ⓘ *www.city.inuyama.aichi.jp*

Bien que la ville n'ait été officiellement créée qu'en 1954, son château, lui, est le plus vieux du Japon. Construit en 1537 par Oda Nobuyasu, grand-père d'Oda Nobunaga, il changea plusieurs fois de mains en fonction des défaites des shoguns,

♥ **RESTAURANT**
Kawaraya かわらや :
à Hon machi, près du parc Gifu kôen ☎ 058/262.0039. Maison traditionnelle spécialisée dans le poisson de rivière *(ayu)*.

☞ MANIFESTATION À INUYAMA
Le 1er week-end d'avril, pour Inuyama matsuri, 13 magnifiques chars surmontés de marionnettes articulées sillonnent la ville, tirés par des figurants en costume. Le soir, des centaines de lanternes éclairent les cerisiers en fleur, ajoutant au charme de cette fête shintoïste célébrée depuis 1635.

◀ Le pavillon de thé du château d'Inuyama, d'une grande finesse, initialement construit à Kyôto (il fut déplacé ici en 1972), est magnifiquement mis en valeur par les chemins de pierres bordés de mousses du jardin.

> **La pêche au cormoran (ukai)**
>
> Cette activité, principalement proposée de nos jours aux touristes, était très pratiquée à l'époque Edo. La technique, vieille de plus de 13 siècles, exploite l'habileté du cormoran à repérer le poisson, plonger et le rapporter dans son bec. Chaque capitaine de bateau, vêtu d'un habit de paille traditionnel, possède 12 cormorans tenus en laisse, qu'il balance tous ensemble par-dessus bord, tandis qu'une torche placée au-dessus de l'eau attire le poisson vers la surface. La corde passée au cou des volatiles évite à la fois qu'ils s'échappent et qu'ils avalent le poisson. Il est très spectaculaire de les voir rapporter, en quelques secondes, autant de poissons qu'un pêcheur à la ligne en plusieurs heures.
>
> *Du 1er juin au 30 sept. Pour une démonstration, monter dans l'une des curieuses embarcations qui mouillent le long de la rivière Kiso, près du pont Inuyama bashi. Sur fond de château illuminé, la pêche commence généralement vers 18 h (y être pour 17 h 30) et se termine 2 h plus tard. Rés. : ☎ 0568/61.0057 et 058/ 262.0104.*

jusqu'à ce que Tokugawa Ieyasu y place la famille Naruse, au début du XVIIe s. À l'ère Meiji, il fut confisqué par le gouvernement central mais, en 1891, un important séisme l'endommagea gravement, et la famille Naruse accepta d'assumer les réparations en échange de la propriété du bâtiment ; en 2004, la ville en a fait l'acquisition. De style Momoyama, son originalité, par rapport aux autres châteaux d'époque féodale, est le **balcon** qui entoure le donjon. La **vue**★★ sur la rivière Kiso et les environs mérite l'effort d'y monter. Le château est évidemment classé Trésor national.

À l'E. du château, dans le périmètre de l'hôtel *Meitetsu Inuyama*, se trouve le **jardin de thé** Uraku-en 有楽園 *(accès payant)* dont le **pavillon de thé**★ Jo-an 如庵 *(pas de vis.)* fut dessiné en 1618 par Oda Urakusai, frère cadet de Oda Nobunaga et élève du célèbre maître de thé Sen no Rikyû.

② Le musée Meiji Mura★★ 明治村
7 km S.-O. d'Inuyama

À 20 mn en bus de la gare d'Inuyama 犬山 ☎ 0568/67.0314 • www.meijimura.com (descriptif illustré de chaque bâtiment et plan interactif du musée) • ouv. t.l.j. 9 h 30-16 h, jusqu'à 17 h de mars à oct.

Sur plus de 1 million de mètres carrés, sont rassemblés, en plein air, une soixantaine de très beaux bâtiments des ères Meiji et Taishô, consciencieusement démontés dans diverses régions du Japon, juste avant leur destruction programmée. Des écoles, des banques, des églises construites, le plus souvent, dans le style occidental, ont été remeublées avec du mobilier d'époque. Parmi les bâtiments les plus spectaculaires, l'entrée principale de l'*Imperial Hotel* de Tôkyô, conçu par Frank Lloyd Wright et démoli à la suite du grand tremblement de terre de 1923, qui eut lieu le lendemain de l'inauguration ! Quelques lampadaires et des locomotives complètent ce panorama de l'époque, où on passe facilement une demi-journée.

▶ À 3 km O. de Meiji Mura en direction de la gare de Gakuden 学田 *(ligne Meitetsu Komaki 名鉄小牧線)* se trouve le **sanctuaire Ôgata-jinja** 大潟神社, voué au culte de la déesse Izanami. Son frère jumeau, **Tagata-jinja** 田県神社, dédié au dieu Izanagi, est plus accessible *(5 mn à pied de la gare Tagatajinja mae 田県神社前, ligne Meitetsu Komaki)*. Le premier, visité surtout par les femmes qui veulent se marier et/ou avoir des enfants, contient de multiples objets et statues figurant le sexe féminin. Le second exalte le sexe masculin et renferme quantité de représentations du pénis.

> *Sur le rabat arrière de la couverture, un Tableau chronologique indique les périodes de l'histoire japonaise. En fin de volume, le Petit dictionnaire répertorie le vocabulaire spécifique.*

Autour du 15 mars, les deux sanctuaires fêtent à tour de rôle leur sexe respectif, offrant l'étrange spectacle de pénis ou de vagins géants portés par les prêtres dans une ambiance bon enfant. ◄

3 Gujô Hachiman* 郡上八幡
53 km N.-E. de Gifu
À 1 h en bus de Gifu ❶ *ouv. t.l.j. 9 h-17 h* ☎ *057/ 67.1819.*

Contrairement à Gifu, ce village médiéval n'a pas été touché par les bombardements de la Seconde Guerre mondiale, et la plupart de ses édifices religieux datent du milieu du XVIIe s. Un incendie, survenu en 1919, a cependant détruit une partie de la ville située au N. de la rivière Yoshida.

Pour avoir une idée de l'histoire du village et de son célèbre **festival de danse**** (Gujô Odori ; → *encadré*), visiter le **musée historique Hakuran-kan*** 博覧館 *(*☎ *0575/65.3215 • ouv. t.l.j. 9 h 30-17 h)*, au N. de la rivière, face au château ; il présente également les techniques d'artisanat local comme la teinture ou le travail du bambou. De là, vous pourrez monter au **château Gujô Hachiman-jô*** 郡上八幡城 *(ouv. t.l.j. 9 h-16 h 30)*, rebâti en 1934 d'après les plans de l'original, construit en 1559 par le seigneur d'alors, Endo Morizaku. Des 17 temples et sanctuaires que compte Gujô Hachiman, le **Jion-ji*** 慈恩寺 *(*☎ *057/565.2711 • ouv. t.l.j. 9 h-17 h)* est remarquable pour son magnifique jardin zen, le **Tetsu-en**** 草園, de style Muromachi.

Le festival Gujô Odori

« En quittant Gujô Hachiman, même s'il ne pleut pas, vous mouillerez vos manches avec vos larmes », dit l'une des 10 chansons jouées lors du festival de danse qui a lieu chaque année entre le 15 juillet et le 8 septembre. Créée en 1590, cette fête de la danse est célèbre dans tout l'archipel car, durant 31 jours, habitants et touristes (qui viennent par milliers) se déchaînent dans les rues. Au moment de la fête des morts (*O-bon*, autour du 15 août ; → encadré *p. 102*), on danse même toute la nuit. Une dizaine de danses différentes sont pratiquées, auxquelles il est possible de s'initier l'après-midi au bureau d'informations touristiques situé au centre du village. Un « diplôme » est même remis aux apprentis danseurs. L'idéal, pour passer (relativement) inaperçu, est de revêtir un *yukata* et des *geta*, mais le jean et les baskets ne sont absolument pas rédhibitoires.

La péninsule d'Izu★★
伊豆半島 (Izu hantô)

Situation : Atami est à 60 km S.-O. de Tôkyô ; Shimoda, à 100 km S.-O. de Tôkyô.

Péninsule rocheuse au S.-O. de Tôkyô, appartenant au parc national Fuji-Hakone ; préfecture de Shizuoka.

À ne pas manquer
Shimoda★★   283

Formée en partie par les éruptions du mont Fuji, la péninsule d'Izu se prête à une escapade d'un ou deux jours. À partir d'Atami, le Deauville des Tokyoïtes, la côte est d'Izu, aux paysages déchiquetés, est constituée d'une succession de petits ports, de plus en plus charmants vers le sud. Celui de Shimoda est, en outre, chargé d'histoire. Au centre de la péninsule, la station thermale de Shûzenji Onsen est célèbre pour la qualité de ses eaux.

Izu dans l'histoire

La péninsule n'a que très peu compté dans l'histoire japonaise avant le milieu du XIXe s., même si Shûzenji fut, dans les années 1200, le théâtre de plusieurs assassinats de membres de la famille Minamoto, alors au pouvoir.

On peut dire en revanche que la modernité est entrée au Japon par Izu, car c'est dans la baie de Shimoda que, en 1853, le commodore américain **Matthew Perry** a ancré ses menaçants navires noirs *(kurofune)*, attendant poliment mais fermement que le gouvernement shogunal veuille bien signer un « pacte d'amitié » avec les États-Unis. Il s'agissait, en réalité, de forcer le shogun Tokugawa à autoriser les relations commerciales entre les deux pays ; la supériorité militaire des Américains, mais aussi les nouvelles technologies que Perry apportait d'Occident, convainquirent les autorités nippones que le temps de l'isolement était révolu. Le traité, signé le 17 juin 1854, provoqua indirectement la chute du régime des Tokugawa au profit d'un surprenant retour de l'empereur aux affaires (restauration Meiji en 1868), après plus d'un millénaire de pouvoir militaire.

Visiter Izu

■ **Atami** 熱海
Train direct depuis la gare de Tôkyô ❶ *dans la gare* ☎ *0557/81.2033 ; t.l.j. 9 h 30-17 h 30.*
L'une des stations thermales les plus chics (et les plus chères) des environs de Tôkyô – les hôtels

en particulier y sont hors de prix. Son seul véritable intérêt est le **musée MOA d'Art oriental★** MOA 美術館 (MOA bijutsukan ; *ouv. t.l.j. sf jeu. 9 h 30-16 h 30* ☎ *0557/84.2511* • *www.moaart.or.jp*), ouvert en 1982, qui présente une collection exceptionnelle d'art principalement chinois (époque Tang : 618-907) et japonais (époques Nara et Kamakura). Sculptures, peintures et calligraphies sont présentées dans un cadre moderne, mettant parfaitement les œuvres en valeur. Des expositions temporaires complètent ce dispositif.

■ Shimoda★★ 下田 *40 km S. d'Atami*
Train depuis la gare de Tôkyô (changement à Atami) ❶ *à côté de la gare* ☎ *0558/23.5593 ; t.l.j. 10 h-17 h.*

Ce très joli port de pêche vit la signature du traité d'amitié nippo-américain entre le commodore Perry et l'envoyé du shogun, Hayashi Daigaku. Prendre la rue principale à dr. en sortant de la gare. Le premier **temple**, **Hôfuku-ji** 法福寺 (*ouv. t.l.j. 8 h-17 h*), conserve les cendres de l'infortunée Okichi (→ *encadré*). Continuer jusqu'au **temple Ryôsen-ji★** 了仙寺 (*ouv. t.l.j. 8 h-17 h* ☎ *0558/22.0657*) où, en 1854, fut signé le traité. Outre le document original, on peut voir de très nombreuses gravures et estampes relatant l'arrivée des « barbares rouges à longs nez » qu'étaient alors les Occidentaux pour les Japonais. Une salle du **musée** attenant au temple est consacrée à Okichi, tandis qu'une autre, plus inattendue, est vouée au sexe et à ses représentations dans la religion (étonnantes statuettes phalliques liées au shinto ou aux religions d'Inde). ▶▶▶

☞ **POSTE ET DAB**
Poste centrale et distributeur dans le centre, près de Perry Road ; ouv. 9 h-19 h.

♥ **HÉBERGEMENT À SHIMODA**
Shimoda View Hotel 下田ビューホテル : 633, Ohara Kakizaki ☎ 0558/22.6600. *Ryokan* moderne avec superbe vue sur la mer, un spa tout neuf en bois et une excellente cuisine.

♥ **SUSHI BAR À SHIMODA**
Mimatsu 美松 : 2-12-8, Shimoda-shi ☎ 0558/22.0495. Sushi bar au centre de la ville, poisson ultrafrais, menus très raisonnables à l'heure du déjeuner.

La triste histoire d'Okichi la servante

Okichi avait 15 ans lorsque, à la demande du gouvernement japonais, elle dut rompre avec son fiancé pour servir le premier consul américain au Japon, **Townsend Harris** (1804-1878), arrivé à Shimoda en 1856. Leur liaison dura un an, jusqu'à ce que Harris soit autorisé à négocier directement à Edo avec le shogun. Il rentra finalement aux États-Unis en 1861, sans se soucier du sort d'Okichi, dont il avait toujours pensé qu'elle n'était qu'une geisha mise à sa disposition par des hôtes attentionnés. Okichi, dès lors traitée en pestiférée par la population locale, devint alcoolique. Un jour, elle tomba par hasard sur son ex-fiancé qui, contre toute attente, accepta de l'épouser ; mais leur union ne dura pas et Okichi se retrouva à nouveau seule. Elle ouvrit alors un restaurant (*Anchokuro*, dont la façade a été conservée), mais l'affaire périclita et la quinquagénaire, à bout de forces, finit par se jeter dans la rivière…

Les étapes de sa triste vie (qui, comme tous les destins tragiques, passionne les Japonais) sont reproduites en estampes dans le musée du Ryôsen-ji. Elles ont également fait l'objet de très nombreux films, dont le fameux *Okichi, l'étrangère*, de Mizoguchi Kenji (1930) ou encore *Le Barbare et la Geisha*, de John Huston, sorti en 1958, avec John Wayne dans le rôle de Harris.

THÉMA

La maison traditionnelle

Plus que tout autre changement, celui de l'habitat souligne la profonde évolution des mentalités et l'occidentalisation des esprits des Japonais. Il faut dire que la maison traditionnelle japonaise, tout en bois, est particulièrement peu adaptée au climat de l'archipel et, même si elle est capable d'absorber en douceur les séismes, elle ne résiste pas aux incendies que ceux-ci provoquent immanquablement. Inchauffable l'hiver, étouffante l'été, elle ne convient réellement qu'à l'intersaison…

▲ Au XIIIe s., l'invention des panneaux coulissants (*fusuma*) permet d'ouvrir totalement la maison sur l'extérieur et de modifier la taille des pièces selon l'utilisation souhaitée.

■ Une maison en accord avec la nature

À l'origine, la maison japonaise (*ie*) n'est pas faite pour être confortable, au sens occidental du terme, mais plus pour être en harmonie avec la nature et pour vivre au plus près d'elle, y compris dans ses manifestations les plus extrêmes. D'où le choix du bois pour la structure (alors même que la pierre est abondante sur l'archipel) et de la paille de riz (*tatami*) pour le sol. Son origine remonte au VIIe-VIIIe s., époque où le Japon importe de Chine, via la Corée, un modèle de construction qui servira de base à toute l'architecture japonaise. Il s'agit d'un bâtiment principal (*moya*) entouré d'une galerie couverte (*hisashi*), qui en est en quelque sorte l'extension. Cette possibilité de moduler l'espace grâce aux panneaux coulissants, dont on ne trouve pas d'équivalent dans l'architecture occidentale, est due au fait que, dès le départ, les bâtisseurs japonais, – le terme « architecte » n'est apparu que très tard et a été importé d'Occident – ont conçu la maison comme un espace communautaire et non comme une succession de pièces individuelles.

■ Le mot « maison » désigne aussi le clan

Le terme qui signifie « maison », *ie* ou *uchi*, désigne non seulement le lieu où l'on dort, le foyer, mais aussi la famille, le clan, au sens le plus large du terme. À l'entrée (*genkan*), chacun doit se déchausser avant de pénétrer dans la maison. Mais c'est bien le seul endroit du lieu où tout le monde est à égalité, car, sitôt qu'on arrive dans la pièce de réception (*zashiki*), la position sociale impose sa place à chacun. Parmi les invités, la personne la plus importante s'assoit face au *tokonoma*, une alcôve où, sur fond de tableau ou de calligraphie, on a disposé un bouquet de fleurs. Les autres invités prendront place autour de la table – unique meuble de la pièce – selon un ordre hiérarchique très précis.

■ L'organisation de l'espace

Le propriétaire d'une maison japonaise ne cherche jamais à « en mettre plein la vue ». Aucune ostentation, aucune décoration superflue, aucune matière brillante ne vient rompre l'harmonie

▲ Pièce principale d'une maison traditionnelle.

des volumes. Ce qui, au Japon, fait la qualité d'un espace à vivre n'est pas le luxe, ni le confort, ni même la luminosité des pièces, mais une notion très difficilement traduisible : le *shibui*. Ce terme possède plusieurs significations dont celles de tranquille et de beau sans être pour autant inerte, d'original mais aussi de familier, de sobre tout en étant intéressant… En réalité, l'espace traditionnel japonais est d'une telle sobriété qu'il confine à l'intemporel, au quasi-abstrait. Dans *L'Empire des signes*, Roland Barthes propose au lecteur de renverser une photo d'une pièce japonaise tout en l'avertissant par avance qu'il n'y trouvera « rien de plus, rien d'autre, rien ».

Pas plus qu'il ne trouvera de « chambre à coucher », celle-ci étant entièrement « escamotable » grâce à de profonds placards *(oshiire)*, où l'on range les *futon*, sortes de matelas assez fins pour être repliés. Cet astucieux système permet d'affecter la pièce à d'autres usages (étude, réception, salle à manger…) durant la journée. La cuisine *(daidokoro)* est en revanche uniquement destinée à la préparation des repas, mais elle est rarement accessible aux invités. Toujours située à l'arrière de la maison, elle est le domaine exclusif de l'épouse, aujourd'hui encore appelée *okusan*, ce qui signifie, littéralement, « la personne du fond »… Ce n'est sans doute pas elle qui regrettera l'évolution des mœurs…

◀ Bien peu de Japonais d'aujourd'hui échangeraient leur 3-DK (trois pièces plus une *dining-kitchen*) dans une confortable *mansion* (petit immeuble) en béton contre une *minka* (maison populaire) en bois telle qu'on en construisait encore jusqu'aux années 1950.

▶▶▶ *Emprunter ensuite Perry Road, qui longe un charmant petit canal avant de rejoindre la baie ; depuis la colline qui la surplombe, la **vue**★★ est magnifique.*

▶ Si votre temps n'est pas compté, visitez la **gasshô zukuri**★★ 合掌造り de Shimoda *(de l'autre côté de la colline, non loin de la mer ☎ 0558/22.2764 • ouv. t.l.j. 9 h-17 h)*, l'une des maisons traditionnelles qu'on ne trouve, en principe, qu'à Shirakawa-gô *(→ encadré p. 316)*, à plus de 300 km de là. En 1963, un certain Murakami racheta la plus grande maison de ce village qui, démontée pierre par pierre et poutre par poutre, fut reconstruite ici à l'identique par des charpentiers venus spécialement de Shirakawa-gô. Une telle opération ne serait plus possible aujourd'hui, car tout le village de Shirakawa-gô est classé au patrimoine mondial de l'Unesco.

La maison appartient toujours aux Murakami, qui assurent la visite guidée. Dans une telle demeure, toute une famille (jusqu'à 90 personnes !) dormait en bas tandis que les étages (cinq niveaux en tout) étaient réservés au travail : on y élevait notamment des vers pour la soie (belle collection d'outils de sériciculture d'époque). Dans les immenses pièces à tatamis, notez l'astucieux système de ventilation, avant de vous asseoir autour d'un thé offert par le propriétaire. ◀

■ **Shuzenji** 修善寺 *35 km N. de Shimoda, 25 km S.-O. d'Atami*
Train depuis la gare de Tôkyô via Atami (attention, seule une partie du train continue jusqu'à Shuzenji) ; autobus depuis Shimoda • DAB à la sotie du village ; ouv. 9 h-17 h.

Le village tire son nom du **temple Shuzen-ji**, qui aurait été fondé en l'an 807 par Kôbô-Daishi, père de la secte bouddhique Shingon *(→ p. 102 et encadré p. 334)*. Le bâtiment actuel, reconstruit au XIXe s., a gardé sa structure du Moyen Âge. Cette localité est également liée à l'histoire des Minamoto, dont plusieurs membres importants se sont suicidés ou ont été assassinés dans leur bain ; un petit **musée** *(ouv. t.l.j. 8 h 30-16 h)*, en face du temple, en donne tous les détails.

Mais c'est surtout pour ses *onsen* que le village est connu : **Shuzenji Onsen**★ 修善寺温泉 *(à 3 km du centre ; desserte par bus)*. La **source Tokko no yu** 独鈷の湯 *(ouv. 24 h sur 24)*, située en plein centre, est gratuite, ce qui est exceptionnel. Rien à voir, cependant, avec le luxe du *Kikuya ryokan* 喜久家旅館 *(☎ 0558/72.2000 ; restaurant gastronomique)*, où le romancier Natsume Sôseki avait ses habitudes. Si on y passe une nuit, on bénéficiera des bains de jour comme de nuit ; sinon, un billet d'une journée donne accès à ces derniers, qui comptent parmi les plus beaux du Japon.

Kanazawa★★★ 金沢

Nichée entre la mer du Japon et la chaîne de montagnes Hakusan, Kanazawa est la ville la plus importante de la région d'Ishikawa (ancienne province de Kaga). C'est aussi l'une des plus plaisantes, tant par l'art de vivre et l'hospitalité de ses habitants que par ses traditions artisanales ou encore ses anciens quartiers de samouraïs magnifiquement préservés. Son admirable jardin, le tout nouveau musée d'Art contemporain qui attire des visiteurs de tous les pays et la proximité de la péninsule de Noto, parenthèse en pleine nature, complètent le tableau.

Situation : à 64 km S.-O. de Toyama, 180 km N.-O. de Takayama, 250 km N. de Nagoya.

457 000 hab. ; préfecture d'Ishikawa.

❶ dans la gare (A1)
☎ 076/262.5931 ;
www4.city.kanazawa.lg.jp
ouv. t.l.j. 9 h-19 h.

☞ POSTE ET DAB
À Kata machi (A3), près de Kôrinbô 109 et dans la gare.

À ne pas manquer

Le jardin Kenroku-en★★★	290
Le musée d'Art contemporain du XXIe siècle★★★	291
Le quartier de Naga machi★★	288
Le quartier Higashi des geishas★	291
Wajima★★	293

Kanazawa mode d'emploi

Accès : de Tôkyô, le plus rapide est de prendre l'**avion** : 1 h de vol jusqu'à l'aéroport de Komatsu, puis 1 h de bus pour rallier la ville par la navette • **liaisons ferroviaires** par les lignes JR : de Tôkyô (gare d'Ueno ; 4 h de trajet avec changement à Echigoyuzawa 越後湯沢), d'Ôsaka (2 h 30) ou de Nagoya (2 h 45).

Combien de temps : 1 à 2 jours.

Se déplacer : à pied ou en bus (des lignes touristiques proposent des tours de ville).

Fêtes et manifestations : le 6 janv., **Kagatobi Dezomeshiki**, la compagnie des pompiers de la ville se livre à d'impressionnants exercices sur des échelles, rappelant la façon dont on luttait contre les incendies au Moyen Âge ; le spectacle a lieu dans le lit de la Sai gawa A3, sec à cette période de l'année (accès gratuit) • le 2e sam. de juin, le **Hyakumangoku matsuri** commémore la prise de pouvoir de Maeda Toshiie (→ *encadré p. suiv.*) en 1583 : la fête rappelle les 150 000 t (1 million de *koku*) de riz produites pour la première fois cette année-là ; grands défilés en costumes.

Il pleut si souvent à Kanazawa qu'un proverbe local dit : « Tu peux oublier d'emporter ton déjeuner mais n'oublie jamais ton parapluie. »

Voir carte régionale p. 270

Kanazawa dans l'histoire

Connue autrefois sous le nom de Yamazaki, la ville passe, en 1583, sous le contrôle du seigneur de guerre Maeda Toshiie (1538-1599 ; → *encadré*). Rebaptisée Kanazawa, elle prospère si bien sous la tutelle de son clan qu'elle devient la 4e ville du pays après Edo, Ōsaka et Kyōto, finissant même par inquiéter les shoguns Tokugawa. Mais les Maeda les rassurent en dépensant leur immense fortune dans le commerce, l'art et l'artisanat. Mécènes, ils encourageront notamment la naissance d'une école de nô qui reste, aujourd'hui encore, l'une des plus célèbres du Japon. La ville, qui n'a pas connu de catastrophe naturelle majeure, et n'a pas été non plus touchée par les bombardements de la Seconde Guerre mondiale, a conservé intacts ses vieux quartiers, autrefois habités par les geishas ou les guerriers.

Visiter Kanazawa

■ La gare★ 駅 (eki) A1
La ville s'est dotée d'une gare ultramoderne contrastant avec son aspect traditionnel. L'impressionnant dôme de verre, baptisé Motenachi (bienvenue), évoque le parapluie qu'on ouvre pour raccompagner ses hôtes.

■ Le quartier de Naga machi★★ 長町 A2
À 1 km S. de la gare.
Coincé entre deux canaux, cet ancien **quartier de samouraïs** a été préservé, extérieurement tout au moins, tel qu'il était à l'époque Edo, avec des murs en terre, parfois recouverts de paille. On ne peut visiter que deux maisons : celle de la **famille Nomura** 野村家 (Nomura-ke ; *ouv. t.l.j. 8 h 30-17 h 30, f. à 16 h 30 d'oct. à mars*), à voir surtout pour son très beau jardin, et la **maison Saihitsu-an** 彩筆庵 (*t.l.j. 9 h-12 h et 13 h-16 h 30*), autrefois propriété d'un maître de thé, transformée aujourd'hui en centre de la Soie Yûzen – démonstrations de cette forme de teinture, remontant à la fin XVIIIe s., qui permet une grande variété de couleurs et de dessins. Un peu plus loin, la pharmacie *Nakaya*, fondée en 1579, a également été convertie en **musée de la Pharmacopée** 老舗記念館 (Shinise Kinenkan ; *t.l.j. 9 h 30-17 h*).

■ Le quartier de Tera machi★★ 寺町 A3
Au S. de Naga machi (10 mn à pied), de l'autre côté de la rivière Sai gawa.
Son nom signifie « ville des temples » : c'est effectivement là que sont concentrés la plupart des édifices religieux de la ville. Le plus visité est

---

Une fille, un fief

Si le nom des Maeda est profondément lié à la ville de Kanazawa, c'est pourtant dans la province d'Owari (aujourd'hui Nagoya et ses environs) que naît **Maeda Toshiie** en 1538. Guerrier hors pair, il se fait remarquer d'Oda Nobunaga qui, pour le remercier de divers services rendus, lui donne une partie de la péninsule de Noto où Maeda prend le titre de *daimyô*. À la mort d'Oda, Maeda choisit judicieusement de se ranger au côté de Toyotomi Hideyoshi, qu'il aide notamment à remporter la bataille de Shizugatake (11 juin 1583). Il réussit même à créer un lien familial avec le maître du Japon en lui offrant l'une de ses filles comme concubine. Reconnaissant, Hideyoshi lui donnera en récompense le domaine de Kanazawa que sa famille conservera, bon an mal an, jusqu'à la restauration Meiji grâce à une alliance avec les Tokugawa.

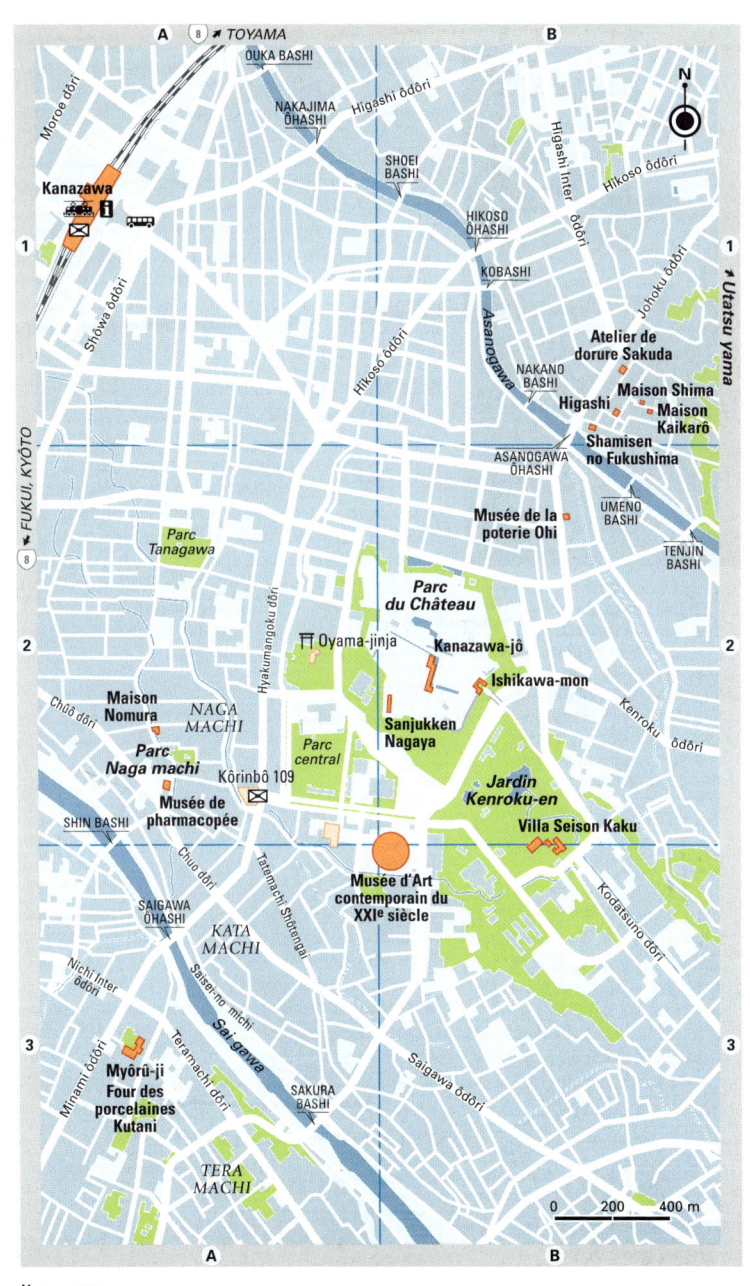

Kanazawa.

▲ Le nom du jardin Kenroku-en fait référence aux six (roku) perfections (ken) des jardins chinois des Song : espaces ouverts et espaces fermés, apports artificiels et substrat authentique, circulation de l'eau et notion de panorama – principes que l'on trouve rarement réunis dans un même lieu.

♥ **RESTAURANT**
Miyoshian :1-11, Kenroku machi (B2) ☎ 076/221.0127. Face au jardin Kenroku-en, ce restaurant en bois vieux d'un siècle sert de la cuisine locale, à base de canard (l'hiver), de crabe et de poisson. Le dîner au bord du lac est un enchantement.

le **Myôryû-ji** 妙立寺 (☎ *076/241.0888 • ouv. t.l.j. 9 h-16 h • vis. guidées slt, en japonais, sur rés.*), construit au milieu du XVIIe s. par la puissante famille Maeda et plus connu sous le nom Ninja dera (temple de *Ninja*). C'est un vrai labyrinthe de passages cachés et d'escaliers dérobés, tels qu'en construisaient ces confréries d'espions de l'époque féodale.
À quelques minutes de marche, on peut observer au **four des porcelaines Kutani** 金沢九谷真栄堂 (Kanazawa Kutani Shineidô ☎ *076/241.0902*) les techniques de fabrication d'un style connu dans le monde entier pour ses couleurs très vives et le trait appuyé de ses motifs.

■ **Le château Kanazawa-jô**★ 金沢城 **B2**
1-1, Maruno'uchi ☎ *076/234.2800 • à 500 m E. de Naga machi • ouv. t.l.j. 9 h-16 h 30.*
L'édifice actuel a été entièrement reconstruit entre 1997 et 2001 d'après des plans anciens. Du château original des Maeda, bâti en 1632, n'a subsisté que la **porte Ishikawa-mon**, elle-même reconstruite en 1788 : le reste a brûlé au cours des multiples incendies survenus sur le site, principalement en 1620 et en 1759, puis une dernière fois en 1881. Un entrepôt datant de 1858, **Sanjukken Nagaya**, a cependant résisté aux flammes.

■ **Le jardin Kenroku-en**★★★ 兼六園 **B2**
1-1, Maruno'uchi • au S.-E. du parc du château • ouv. t.l.j., de mars à oct. 7 h-18 h, le reste de l'année 8 h-17 h.
En 1676, Tsunanori, cinquième *daimyô* de Kaga, en commence l'élaboration en aménageant les abords d'un étang ; le jardin sera ensuite régulièrement agrandi, jusqu'à atteindre aujourd'hui 11,4 ha. Les *daimyô* de Kaga, connus pour leur amour de l'art et de la culture, mêlèrent ici des éléments modernes et classiques qui en font l'un des trois plus beaux jardins du Japon. Les arbres les plus fragiles sont protégés, l'hiver, par des filins reliés à un mât central, afin que la neige ne s'accumule pas sur leurs branches. La **lanterne à deux pieds** située à l'une des extrémités de l'étang (sans doute l'une des plus photographiées du Japon), est devenue le symbole de la ville.

■ **La villa Seison Kaku**★ 成巽閣 **B2-3**
Au S.-E. du jardin ☎ *076/221.0580 • ouv. t.l.j. sf mer. 9 h-17 h.*
Le treizième *daimyô* Maeda fit construire cette ravissante villa pour sa mère en 1863. Les pièces et le mobilier (de style très européen) ont été conservés en l'état.

■ Le musée d'Art contemporain du XXIe siècle★★★
21世紀美術館 (Nijuisseiki bijutsukan) B2-3

1-2-1, Hirosaka ☎ 076/220.2800 • à la pointe O. du jardin Koraku • ouv. t.l.j. sf lun. 10 h-18 h, jusqu'à 20 h ven. et sam.

Ouvert en 2004, ce musée est sans doute l'un des plus novateurs du monde. Le bâtiment de verre, d'une étonnante fluidité, a été dessiné par Sejima Kazuyo, qui a aussi conçu l'annexe du Louvre à Lens. Mais c'est surtout le choix des œuvres, souvent ludiques, qui est un enchantement. Les enfants adorent, par exemple, la fausse piscine de l'Argentin Leandro Erlich où l'on peut pénétrer « sous l'eau » sans se mouiller et peuvent passer des heures sous le carré découpé dans le ciel de l'Américain James Turrell ou devant la perspective magique créée par l'Indien Anish Kapoor *(L'Origine du monde)*. La nature n'a pas été oubliée avec un très beau mur végétal du Français Patrick Blanc (qui a notamment signé la façade du musée du quai Branly à Paris). La plus petite œuvre d'art du musée est une mauvaise herbe factice « poussant » dans une vraie fissure !

■ Le musée du Nô★ 能楽美術館 (Nôgaku bijutsukan) B2-3

1-2-25, Hirosaka ☎ 076/220.2790 • contigu au précédent • ouv. t.l.j. 10 h-18 h.

Durant le règne du clan Maeda, le théâtre nô était la principale distraction des samouraïs. Les *daimyô* ont encouragé la création et le développement d'une école spécifique appelée Kaga Hôshô, dont on disait que les chants semblaient venir du ciel. En réalité, les acteurs étaient souvent des jardiniers ou des charpentiers qui, travaillant en hauteur, avaient entraîné leurs cordes vocales de façon à être entendus au sol. Le musée, qui a ouvert ses portes en 2005, a pour ambition de sauvegarder et, si possible, de promouvoir cette forme de théâtre quelque peu tombée en désuétude. Nombreux masques et costumes.

■ Le quartier Higashi des geishas★ 東茶屋街 (Higashi chaya-gai) B1

Au N.-E. de la ville • depuis la gare, prendre le bus sur le quai n° 4, direction Hashiba-chô 橋場町.

Une journée zen

Fondé en 1244 par le moine Dôgen (1200-1253), qui introduisit le zen Sôtô au Japon après l'avoir étudié en Chine, le **temple Eihei-ji** est une véritable ville composée de 70 bâtiments reliés entre eux par des corridors. L'édifice original, détruit au XVIe s. par les disciples d'une autre secte bouddhiste, fut reconstruit au XVIIIe s. Il accueille chaque année des milliers de visiteurs qui viennent expérimenter, pour un jour, une semaine ou plusieurs années, la vie religieuse. Les candidats doivent écrire au temple un mois avant la date choisie et attendre confirmation de leur inscription. On leur demande d'arriver vers 14 h, et ils commencent par prendre un bain afin de se purifier. Un repas végétarien est proposé vers 17 h avant une première séance de méditation assise *(zazen)* qui dure 30 mn. Ils peuvent ensuite visionner une vidéo (en anglais) montrant la vie du temple ou suivre une autre séance de zazen avant de se mettre au lit à 21 h. Une nouvelle séance a lieu à 3 h 30, suivie par la récitation des sutras du matin *(choka)* et par le petit déjeuner, pris à 7 h. Le reste de la journée est consacré à l'étude et à la méditation.

Temple Eihei-ji 永平寺 *(19 km E. de Fukui, 94 km S.-O. de Kanazawa) : Shihi, Eiheiji-chô, Yoshida-gun, Fukui-ken ☎ 0776/63.3640 • accès en train : gare de Fukui, à 1 h de Kanazawa par la ligne Hokuriku* 線 *; pour le temple, prendre la ligne Echizen Shôsan Eihei-ji* 線 *et descendre à la gare Eihei-ji Guchi (25 mn).*

▲ Les moines du temple zen Daijo-ji, dans la banlieue de Kanazawa, partent en priant quémander leur subsistance auprès des habitants.

♥ **SHOPPING**
En allant vers la rivière, dans la boutique **Shamisen no Fukushima** 三味線の福島 (B1 ☎ 076/252.3703 ; ouv. t.l.j. sf dim. et j. fériés 10 h-16 h), vous pourrez vous initier au shamisen pour un prix très modique, qui comprend également une tasse de thé et des confiseries japonaises.

Le quartier s'étire sur la rive dr. de la rivière Asano et au pied du mont Utatsu yama (très belle **vue** sur la ville depuis son sommet). Il est constitué exclusivement d'anciennes maisons de geishas *(chaya)* à l'architecture traditionnelle en bois. Quelques-unes pratiquent encore le métier, mais la plupart des anciennes « maisons de thé » remplissent aujourd'hui d'autres fonctions.

Deux *chaya* ont été préservées dans leur état originel à titre de témoignages historiques : la **maison Shima** 志摩 (*☎ 076/252.5675 • ouv. t.l.j. 9 h-16 h),* où l'on peut admirer de belles collections de peignes et de shamisens et déguster une tasse de thé *matcha* dans le salon Kanson-an ; et, juste en face, la **maison Kaikarô** 懐華楼 (*☎ 076/253.0591 • ouv. t.l.j. 9 h-17 h),* dont la construction remonte à 1820 et qui a conservé un très beau mobilier.

Au N. du quartier, ne manquez pas d'assister à une démonstration de *kinpaku* (travail à la feuille d'or), spécialité de Kanazawa, dans l'**atelier de dorure Sakuda**★ 金銀箔工芸さくだ (Kinpaku kôgei Sakuda *☎ 076/251.7677 • ouv. t.l.j. 9 h-18 h).*

Plus au S. se trouve le **musée de la Poterie Ôhi**★ 大樋美術館 (Ôhi bijutsukan *☎ 076/221.2397 • ouv. t.l.j. sf lun. 9 h-17 h),* école de poterie fondée au début de l'époque Edo par la famille Chôzaemon. La forme des bols (principalement destinés à la cérémonie du thé) assez rustique, la surface très lisse et les teintes sombres et marbrées sont les principales caractéristiques de ce style perpétué depuis 10 générations.

La péninsule de Noto★

能登半島 (**Noto hantô**)

Situation : au N. de Kanazawa et de Toyama.

Relativement préservée du tourisme de masse, elle a conservé d'admirables paysages, tout au long de ses côtes aux contours accidentés, et ses traditions de pêche en mer du Japon.

Accès : une dizaine de **bus** relient chaque jour Kanazawa à Wajima, le principal village de Noto (compagnie *Hokutetsu kankô* ; départ devant la gare ; 2 h de trajet). Sosogi, à 40 mn en bus de Wajima • il peut être judicieux (et plus économique) de louer une **voiture** à Kanazawa pour

Sur le rabat arrière de la couverture, un Tableau chronologique indique les périodes de l'histoire japonaise. En fin de volume, le Petit dictionnaire répertorie le vocabulaire spécifique.

se déplacer d'un village à l'autre • depuis Tôkyô (aéroport de Haneda 羽田空港 Haneda kûkô), il est possible de venir en **avion** jusqu'à l'aéroport de Noto, au centre de la péninsule.

Combien de temps : 1 ou 2 jours.

■ **Wajima**** 輪島 *130 km N. de Kanazawa*
Ce charmant village de pêcheurs est célèbre dans tout le Japon pour sa production de laques *urushi (→ encadré)*, spécialité régionale depuis plus de 500 ans. Deux musées présentent des collections passionnantes et très différentes. Le **Wajima shikki shiryôkan*** 輪島漆器資料館 *(à côté du pont Shin bashi, au centre de la ville* ☎ *078/22.2155 • ouv. t.l.j. 8 h 30-17 h)* est le plus pédagogique, avec une série d'illustrations montrant toutes les étapes de la fabrication des laques – on peut parfois assister à des démonstrations. Certaines pièces exposées au 1ᵉʳ étage ont plus de cinq siècles. Le **musée d'Art Ishikawa Wajima** 石川輪島 *(un peu plus au S.* ☎ *078/22.9788 • ouv. t.l.j. 9 h-17 h)*, plus récent, expose des laques de différentes époques.

Ne quittez pas Wajima sans avoir fait un tour au **marché du matin** *(asa ichi)*, où l'on peut acheter des fruits de mer tout frais pêchés, mais aussi des objets en laque fabriqués par les artisans de Wajima. L'avenue du marché débouche sur un port très animé quelle que soit l'heure de la journée.

■ **Sosogi** 曾々木 *15 km E. de Wajima*
À mi-chemin entre Wajima et Sosogi, ne manquez pas d'admirer les champs de riz plantés en terrasses de **Senmaida*** 千枚田 (littéralement : 1 000 rizières), magnifiquement étagés face à la mer.
Le village de Sosogi offre pour principal intérêt deux demeures anciennes ayant appartenu à la famille Tokikuni, descendants supposés des Taira : l'un d'eux aurait survécu au massacre de son clan par les Minamoto en 1185 et se serait établi ici. Coiffée d'un épais toit de chaume et possédant un magnifique jardin, la **Shimo Tokikuni-ke** 下時国家 *(*☎ *0768/32.0075 • ouv. t.l.j., d'avr. à nov. 8 h 30-17 h, de déc. à mars 9 h-16 h)* fut construite en 1590 dans le style Kamakura, qui privilégie les matériaux bruts comme les troncs d'arbre avec leur écorce ou la paille tissée. À quelques minutes à pied, la **Kami Tokikuni-ke** 上時国家 *(*☎ *0768/32.0171 • ouv. t.l.j., d'avr. à nov. 8 h 30-18 h, de déc. à mars 8 h 30-17 h)*, plus récente (fin de l'ère Meiji), possède un beau mobilier.

ℹ devant l'ancienne gare
☎ 0768/22.1503 ;
ouv. t.l.j. 7 h-22 h.

Wajima-nuri, des laques exceptionnels

La laque de Wajima *(Wajima-nuri)* est l'une des plus renommées au Japon. Depuis plusieurs siècles, on recueille ici l'*urushi*, la sève de l'arbre à laque, pour en faire des bols ou des ustensiles de cuisine. La qualité du produit fini est due à l'extrême soin apporté à l'ensemble du processus : 120 étapes sont nécessaires pour assurer aux objets leur dureté et une résistance analogue au verre. Sans parler des décorations à la feuille d'or, une spécialité régionale. La récolte de l'*urushi* est comparable à celle du caoutchouc, mais le rendement est bien plus faible : chaque arbre ne donne que 150 g de sève par an, ce qui limite la production annuelle à 1,5 t d'*urushi* pour tout le Japon. D'où son prix relativement élevé et le recours, de plus en plus fréquent, aux importations de Chine. Mais si vous achetez un bol de Wajima-nuri, vous le garderez probablement toute votre vie et remarquerez que le polissage naturel de vos mains le rend de plus en plus beau.

Matsumoto★★ 松本
et les Alpes japonaises★

Situation : Matsumoto, à 72 km S.-O. de Nagano, 193 km N.-E. de Nagoya, 252 km N.-O. de Tôkyô.

Matsumoto : 212 000 hab. ; préfecture de Nagano ; alt. 592 m.

à Matsumoto : sortie E. de la gare ☎ 0263/32.2814 ; www.city.matsumoto.nagano.jp ; ouv. t.l.j. 9 h 30-17 h 30.

☞ **POSTE ET DAB**
Poste principale : Honmachi dôri, Matsumoto.

À ne pas manquer	
Le château de Matsumoto★★★	294
Le musée des Estampes japonaises★★	296
Tsumago★★	298
Magome★★	298
Kamikôchi★	296

♥ **RESTAURANT**
Restaurant populaire *Yoneyoshi* よねよし : à 3 mn à pied de la gare ☎ 0263/32.9321. Sert du « sashimi » de cheval *(basashi)*, une spécialité de Matsumoto.

Ville agréable et aérée au cœur des Alpes japonaises, Matsumoto a su conserver intactes les traces de son passé, en particulier son château du XVIe s. Existant au moins depuis le VIIIe s. (elle s'appelait alors Fukashi), cette éternelle rivale de sa voisine Nagano fut, au XIVe s., le fief des Ogasawara. Ils en gardèrent le contrôle durant près de deux siècles, ne cédant qu'au général Toyotomi Hideyoshi (1536-1598), premier grand unificateur du Japon. Les sommets environnants s'inscrivent dans un parc national protégé dont les paysages comptent parmi les plus beaux du Japon. La région, très volcanique, est surtout appréciée des Japonais pour ses sources thermales souvent doublées, l'hiver, de stations de ski.

Matsumoto mode d'emploi

Accès : de Nagano, 1 h par les lignes JR ; de Nagoya, 2 h par la ligne Shinano Tokkyû しなの特急線 ; de Tôkyô, prendre le Super Azusa スーパー梓 (JR Chúô Line) à la gare Shinjuku (2 h 45).

Combien de temps : 1 jour.

Se déplacer : la ville peut aisément se visiter à pied ou à vélo, à l'exception du musée de l'Ukiyo-e, éloigné du centre, pour lequel mieux vaut prévoir un taxi.

Visiter Matsumoto

■ **Le château Matsumoto-jô★★★** 松本城
À 15 mn à pied N.-E. de la gare ☎ 0263/32.2902 • ouv. t.l.j. 8 h 30-17 h.
Les éléments les plus anciens (murs extérieurs et douves) ont été édifiés en 1504 par Shimadate Sadanaga sur les ruines d'un château antérieur. Matsumoto-jô sera le fief des Ogasawara avant

▶ Le château de Matsumoto, aussi appelé Karasu-jô (château du Corbeau) en raison de ses toitures et parements sombres, est l'une des forteresses médiévales les plus belles et les mieux conservées de l'archipel.

que le général Hideyoshi y installe la famille Ishikawa. Plus tard, il sera occupé par les Matsudaira ou les Mizuno, grandes familles liées au pouvoir shogunal. Enfin, il reviendra à la famille Toda, proche des Tokugawa qui s'y maintiendront jusqu'à la restauration impériale en 1868.

Le **donjon** central *(tenshu ; accès par un escalier étroit)* à six niveaux, édifié en 1593 sous les Ogasawara, fournit un exemple rare d'architecture féodale encore intacte ; il est classé Trésor national. La découverte des grandes salles de bois est à la fois ludique et très instructive : chaque étage présente des collections d'objets et d'armes d'époque. Notez que le 3e niveau, invisible de l'extérieur, n'a pas de fenêtres : il servait à dissimuler des soldats. Depuis le dernier étage, la **vue**★★ sur la ville et, au-delà, sur les Alpes japonaises est très impressionnante.

Un inattendu **musée du Folklore japonais**★ 日本民俗資料館 (Nihon Minzoku shiryôkan ; *mêmes horaires et billet d'entrée que le château*), situé juste avant les douves, propose une rétrospective sur les styles de vie à Matsumoto depuis avant la construction du château jusqu'à l'ère Meiji. Il possède une belle collection de **poupées Tanabata**, utilisées lors de la fête des Enfants, ainsi que toutes sortes d'objets liés aux croyances populaires.

▶ L'**école de Kaichi**★ 開智学校 (Kaichi gakkô ; *au N. du château* ☎ *0263/32.5725 • ouv. t.l.j. sf dim. 8 h 30-17 h ; de déc. à fév., f. également le lun.*), construite en 1876, au tout début de l'ère Meiji, symbolise la volonté du nouveau régime de transformer le pays en adoptant jusqu'à l'architecture des établissements d'enseignement occidentaux. Les **salles de classe** modèles, avec pupitres en bois et tableau noir, ressemblent en tout point à celles qu'on trouve à la même époque en Angleterre ou en France. L'établissement, situé à l'origine près de la rivière Metoba, a été démonté en 1963 et reconstruit ici pour devenir un musée en 1965. ◀

Redescendre vers le S. par la rue Daimyôchô dôri et, juste avant la rivière, tourner à g. dans Nawate dôri 縄手通り. *Traverser ensuite l'un des ponts de la rivière.*

■ **Le quartier Naka machi**★ 中町
Au cœur de la ville, il a conservé ses maisons de type *kura zukuri* (entrepôts avec greniers – *kura*), aux façades noir et blanc, typiques de l'ère Meiji – la plupart ont été transformées en galeries ou en commerces d'artisanat. Une ancienne brasserie, **Kura no kaikan** 蔵の会館, a été particulièrement bien restaurée *(vis. gratuite)*.

■ Le musée des Estampes japonaises★★
浮世絵博物館 (Ukiyo-e hakubutsukan)
2206-1, Koshiba, Shimadachi ☎ 0263/47.4440 • à 3 km O. de la gare (10 mn en taxi) • ouv. t.l.j. 11 h-19 h.

C'est sans doute la plus importante collection privée d'estampes du Japon. Elle est due aux efforts de la famille Sakai qui, depuis le début du XIXe s., n'a cessé d'acquérir les œuvres des artistes les plus célèbres et continue d'en acheter aux collectionneurs du monde entier. Le résultat : plus de 100 000 pièces dont des centaines de chefs-d'œuvre de Hokusai ou Hiroshige. Ceux-ci sont exposés alternativement en fonction de thèmes renouvelés plusieurs fois par an et choisis par le directeur du musée, Sakai Nobuo (11e génération).

Les Alpes japonaises★
日本アルプス (Nihon Arupusu)

Situation : le parc national des Alpes japonaises s'étend entre Matsumoto et Takayama *(85 km O.).*

En 1888, William Gowland, ingénieur anglais participant à la modernisation du Japon, utilisait pour la première fois, dans son *Japan Guide*, l'expression « *Japan Alps* » à propos du Hotaka dake (alt. 3 190 m) et du Yariga take (3 180 m), dont il fut aussi l'un des premiers étrangers à découvrir la beauté. Un autre Anglais, Walter Weston, missionnaire également passionné de montagne, transmit le virus à des milliers de Japonais qui, à la fin des années 1890, se lancèrent eux aussi à l'assaut de ces sommets.

■ Kamikôchi★ 上高地 *25 km O. de Matsumoto*
Station ouv. de début mai à fin oct., en raison des importantes chutes de neige le reste de l'année • alt. 1 500 m • à partir de Nakanoyu 中の湯, la route est interdite aux véhicules particuliers (mais autorisée aux bus et taxis) • train Matsumoto Dentetsu 松本電鉄 jusqu'à Shin Shimashima 新島々, puis bus ❶ à l'arrivée des bus à Kamikôchi ☎ 0263/34.3271 ; ouv. t.l.j. 9 h-17 h.

Au sortir d'un long tunnel, l'arrivée est spectaculaire, avec une vue sur le **lac Taishô ike** 大正池 (formé en 1915 à la suite de l'éruption du volcan Yake dake 焼岳) et, en arrière-fond, les **pics Hotaka dake** et **Yariga take** 槍ヶ岳, aux flancs desquels

---

◀ Une belle route panoramique traverse la partie N. des Alpes japonaises entre Takayama et Norikura, à 2 700 m d'altitude ; elle est réservée aux bus et aux taxis.

> **⌖ BON À SAVOIR**
> Si vous le pouvez, évitez le mois de juin (saison des pluies) et le mois d'août, qui voit arriver à Kamikôchi des milliers de touristes (principalement japonais) de Tôkyô ou de Nagoya.

s'accrochent des brumes dignes des plus belles estampes. L'escalade des deux monts ne doit être entreprise que par des grimpeurs expérimentés et munis du matériel nécessaire *(rens. à l'OT)*.

Une belle promenade *(1 h en terrain plat)* conduit du **pont suspendu Kappa bashi** jusqu'au **lac Myôjin** 明神池 en suivant la **rivière Azusa** 梓川 : dans la forêt, vous croiserez sans doute quelques singes de montagne (très nombreux dans la région) et entendrez toutes sortes de chants d'oiseaux. Vous pouvez ensuite pousser jusqu'à **Tokusawa** 徳沢, au pied du mont Hotaka dake *(1 h de plus, sans difficulté)*.

■ **Shin Hotaka Onsen**★ 新穂高温泉 *35 km O. de Matsumoto*
À 1 h 50 en bus de Matsumoto ou de Takayama.
Cette station est appréciée pour son bain public gratuit *(ouv. 8 h-21 h)* mais souvent bondé. Les bains privés des *ryokan* situés le long de la rivière Kamata sont bien plus beaux et justifient d'y passer une nuit.

▶ Depuis Shin Hotaka, un téléphérique, le plus long d'Asie, conduit au sommet du **Nishi Hotaka dake** 西穂高岳 (alt. 2 156 m) d'où l'on peut, à condition d'être en bonne forme physique, rejoindre Kamikôchi *(3 h de marche)*. ◀

■ **Hirayu Onsen** 平湯温泉 **et Fukuchi Onsen**★ 福地温泉 *35 km O. de Matsumoto*
Hirayu Onsen est desservi par la plupart des bus allant de Kamikôchi à Takayama. Pour Fukuchi Onsen, prendre un taxi (15 mn).
Proches l'une de l'autre, ces deux stations thermales sont plus faciles d'accès que Shin Hotaka Onsen. La jolie **cascade Hirayu** 平湯大滝 (Hirayu ôtaki), haute de 64 m, est illuminée entre le 15 et le 25 fév., lorsque'elle est prise par les glaces. Au N. de Hirayu, **Fukuchi Onsen** 福地温泉 est un peu moins fréquentée. Elle recèle pourtant l'un des plus beaux *onsen* privés du Japon, *Yumoto Chôza* 湯元長座 (☎ *0578/92.146)*, qui offre cinq bassins découverts dans un cadre magnifique et une cuisine de montagne au feu de bois absolument délicieuse.

La vallée Kisoji★ 木曽路

Situation : au S.-O. de la préfecture de Nagano.

Entourée de forêts de cyprès, elle était traversée par le Nakasendô (également appelé Kisokaidô), route qui reliait Edo à Kyôto par l'intérieur du pays. Sur les 69 relais qui existaient à l'époque des Tokugawa (tous reproduits en estampes par le grand Hiroshige), trois ont été si bien préservés et restaurés qu'on se croirait dans un décor de film.

♥ **HÉBERGEMENT À KAMIKÔCHI**
On peut visiter Kamikôchi en une journée depuis Matsumoto, mais il serait dommage de ne pas passer une nuit dans l'une des auberges du parc national.
• *Kamikôchi Nishi Itoya Sansô* 上高地西糸屋山荘 : ☎ 0263/95.2206. *Lodge* en pleine forêt offrant des chambres à tatamis d'un excellent rapport qualité-prix.
• Hôtel *Imperial* 帝国ホテル : ☎ 0263/95.2001.
Plus luxueux, ouvert en 1933, dégage un charme suranné ; très confortable, il jouit d'une vue magnifique.

Wasabi, la racine qui pique

Si vous êtes allé ne serait-ce qu'une fois dans un restaurant de sushis, vous avez certainement sursauté quand votre langue est entrée en contact avec la petite pâte verte glissée par le *sushiman* entre le poisson et le riz. Communément appelé « wasabi », ce condiment est en réalité, le plus souvent, du raifort coloré en vert pour rappeler le véritable *Wasabia japonica*, de plus en plus rare. À 15 km N.-O. de Matsumoto, une ferme de vrai wasabi se visite, où vous pourrez mesurer l'extrême soin que demande cette racine qui a besoin à la fois de beaucoup d'eau et de soleil pour s'épanouir. D'où son prix (jusqu'à 2 500 yens pour une racine) et sa rareté. Sur place, vous pourrez acheter le wasabi sous toutes ses formes et déguster des beignets et même de la glace au wasabi !
Dai-ô 大王 : ☎ 0263/82.2118
• *en gare de Matsumoto, prendre la ligne JR Ôito* 大糸 *pour Hotaka* 穂高 • *ouv. t.l.j. 9 h-16 h 30, jusqu'à 17 h 15 d'avr. à oct.* • *vis. gratuite.*

« Narai aux 1 000 maisons », comme on l'appelait autrefois, était le 34ᵉ et le plus important des 69 relais du Kisokaidô.

♥ HÉBERGEMENT À NARAI
Iseya いせや（旧下問屋）: ☎ 0264/34.3051. Ce *minshuku* exceptionnel occupe une maison vieille de près de 200 ans, dans la rue principale. Le tarif, très raisonnable, comprend deux repas.

■ **Narai★** 奈良井 *30 km S.-O. de Matsumoto*
À 45 mn en train (ligne Chûô 中央線*) de Matsumoto ; on peut aussi venir de Nagoya par la même ligne.* Plusieurs bâtiments en bois du XVIIIᵉ et du XIXᵉ s. ont été préservés, notamment dans la rue principale qui part au S. de la gare. On peut en visiter quelques-uns, comme la **maison Nakamura-ke** 中村家, datant de 1830 *(ouv. t.l.j. 9 h-16 h 30)*, autrefois spécialisée dans les peignes en bois de cyprès.

■ **Tsumago★★** 妻籠 *46 km S.-O. de Narai, 80 km S.-O. de Matsumoto*
Descendre à la gare de Nagiso 南木曽 *(ligne Chûô* 中央線*) puis autobus (10 mn) ou à pied – le trajet, assez agréable, prend alors une petite heure* ❶ *au centre-ville* ☎ *0264/57.3123 ; ouv. t.l.j. 8 h 30-17 h.*

Aucune construction moderne, aucune antenne de télévision… S'il ne fallait voir qu'un village dans la vallée, ce serait sans hésiter celui-ci. La rue principale (Terashita), avec ses maisons de bois, semble tout droit sortie d'un *jidai-geki* (film de samouraïs), tout a été fait pour qu'aucun détail ne vienne rappeler le XXIᵉ s. Ne pas manquer de visiter la **maison Okuya Kyôdo-kan** 奥屋郷土館 *(ouv. t.l.j. 9 h-16 h 45)*, où l'on recevait les *daimyô* de passage : reconstruite en 1877, elle a été transformée en musée où sont rassemblés toutes sortes de documents sur l'histoire du Nakasendô.

On peut rejoindre Magome à pied par le **Nakasendô**. C'est une très belle balade qui prend 3 h. Un service de transport de bagages entre les deux villes est proposé par l'OT de Tsumago.

■ **Magome★★** 馬籠 *9 km S. de Tsumago, 55 km S. de Narai*
La gare la plus proche est Nakatsugawa 中津川*, desservie depuis Nagoya ou Matsumoto ; puis bus (30 mn)* ❶ *face au musée Tôson* ☎ *0264/59.2336 ; ouv. t.l.j. 8 h 30-17 h.*

Moins connu à l'étranger que son contemporain Natsume Sôseki, Shimazaki Tôson (1872-1943) est toujours très lu au Japon, où on le considère comme le chef de file des naturalistes japonais. Son roman *Yoake mae* (« Avant l'aube » ; 1935) raconte la vie à Magome au XIXᵉ s. Grand admirateur de Zola, Shimazaki a séjourné quelques mois en France en 1914.

Ici les maisons ont été reconstruites à la suite d'un grand incendie (1915) qui a détruit la quasi-totalité du village. La reconstitution est tout à fait acceptable et Magome vaut largement la visite, ne serait-ce que pour son **musée Tôson** 藤村記念館 (Tôson kinenkan ; *ouv. t.l.j. 8 h 30-16 h 45*), consacré à l'écrivain naturaliste Shimazaki Tôson, né ici : photos et nombreux manuscrits.

Nagano★ 長野

La plus importante agglomération du nord du Chûbu, fondée à l'époque Kamakura, est célèbre dans le monde entier depuis qu'elle a accueilli, en 1998, les Jeux olympiques d'hiver. Point de départ vers de nombreuses stations de ski et stations thermales, Nagano est surtout visitée pour son Zenkô-ji, censé abriter la première représentation du Bouddha au Japon, et où chaque année plus de huit millions de personnes viennent chercher « la clé du paradis ».

Accès : depuis la gare de Tôkyô, le trajet en Shinkansen prend 1 h 45 (2 trains/h) ; depuis Kanazawa, il faut changer à Toyama.

Combien de temps : 1 journée.

Situation : à 72 km N. de Matsumoto, 138 km E. de Kanazawa, 252 km N.-E. de Nagoya.

381 000 hab. ; préfecture de Nagano.

❶ dans la gare ☎ 026/226.5626 ; ouv. t.l.j. 9 h-18 h ; www.city.nagano.nagano.jp ; également www.nagano-cvb.or.jp

☞ DAB
West Plaza Nagano : face à la sortie Zenkô-ji 善光寺 de la gare.

Visiter Nagano

■ Le temple Zenkô-ji★★ 善光寺
Au bout de l'avenue qui part devant la gare • 491, Motoyoshi-chô ☎ 026/234.3591 • ouv. t.l.j. 5 h 30-16 h 30.

Fondé au VIIe s., peu après que le bouddhisme a pénétré au Japon, ce temple a été reconstruit en 1707 et son bâtiment principal *(hondô)* est classé Trésor national. L'une des raisons de la faveur dont jouit le Zenkô-ji auprès des Japonais est qu'il n'appartient à aucune secte en particulier et admet les femmes même aux plus hautes fonctions. Ainsi, le temple est administré à tour de rôle par un homme et par une femme d'écoles bouddhiques différentes.

On pénètre dans l'enceinte du temple par une rue commerçante, **Nakamise dôri**, et l'on doit franchir les deux portes Niô-mon et San-mon avant d'arriver au bâtiment principal. Si la **statue** Ikkô Sanzon Amida Nyorai demeure cachée aux yeux du public (→ *encadré p. suiv.*), on peut en revanche s'attarder devant celle du moine Binzuru, un disciple de Bouddha, censée soigner les maladies. De longues files de fidèles attendent ainsi de pouvoir toucher la statue à l'endroit où ils souffrent, ce qui a pour effet de lisser tous les reliefs de la sculpture – le visage, en particulier, a perdu toute expression.

À ne pas manquer

Le temple Zenkô-ji★★	299
Le musée Hokusai-kan★★ d'Obuse (Environs)	301
Le Village des Singes Jigokudani Yaen kôen★ (Environs)	301

♥ **HÉBERGEMENT**
Les petits temples qui dépendent du Zenkô-ji proposent presque tous le *shukubô*, c'est-à-dire un hébergement et deux repas de cuisine végétarienne. Vous participerez aux séances de méditation zen qui commencent tôt le matin (rens. ☎ 026/234.3591).

▶ Le Bouddha du Zenkô-ji, entouré de *bosatsu* (bodhisattvas, → *Petit dictionnaire*) dans diverses postures.

La statue invisible

La légende veut que le temple Zenkô-ji abrite la première image du Bouddha qui soit arrivée au Japon : **Ikkô Sanzon Amida Nyorai**, trois personnages partageant le même halo, sculptés en bois, dit-on, par Bouddha lui-même. La triade aurait transité par la Corée pour être offerte, en 552, à l'empereur du Japon. Conservée un temps dans un temple aux environs d'Ôsaka, elle aurait ensuite fait l'objet de la convoitise de deux clans rivaux dont aucun n'aurait réussi à s'en emparer. Jetée dans un canal, elle aurait été peu après récupérée par un passant, un certain Honda Yoshimitsu, originaire de Shinano (aujourd'hui Nagano) qui la rapporta chez lui. La nouvelle vint aux oreilles de l'impératrice d'alors, Kôgyoku (r. 642-645), qui, pour le remercier, ordonna la construction dans sa ville du temple Zenkô-ji, dont le nom est la lecture chinoise de Honda. Elle demanda également qu'une copie soit exécutée de la statue et que l'original soit à jamais soustrait à tout regard humain. Personne n'a donc revu Ikkô Sanzon Amida Nyorai et seule la copie est exhibée, une fois tous les six ans, lors d'une cérémonie appelée Gokaichô (prochaine présentation : 2015, entre début avr. et fin mai).

Nul ne saurait quitter le Zenkô-ji sans avoir auparavant essayé de sauver son âme en touchant la « **clé du paradis** », cachée au fond d'un labyrinthe dans les souterrains du temple. On y arrive par un escalier *(Okaidan meguri ; accès payant)* situé près de l'autel et on avance à tâtons (et à la queue leu leu) dans un tunnel plongé dans les ténèbres.

À la sortie du temple, vous pouvez faire un tour au **Kura mura**★ 倉村, un ensemble de maisons traditionnelles *(kura)* récemment restaurées et transformées en village *(mura)* d'artisanat et de galeries d'art.

Environs de Nagano

La région est avant tout vouée aux sports d'hiver, de nombreuses stations s'atteignent en une heure *(→ encadré p. suiv.)*. Un certain nombre de sites touristiques méritent cependant la visite quelle que soit la saison.

1 Togakushi★ 戸隠 *20 km N.-O.*
À 50 mn en bus de la gare de Nagano.
Ce petit village de montagne n'est pas seulement une station de ski : l'été, de belles randonnées permettent de visiter trois beaux sanctuaires : **Hôkôsha** 宝光社, **Chûsha** 中社 et **Okusha** 奥社, séparés de plusieurs kilomètres *(reliés par le bus de Nagano)*. Le second est le plus célèbre, pour son cèdre vieux de plus de 800 ans. Depuis Okusha, il est possible d'escalader le **mont Togakushi-zan** 戸隠山 (1 911 m), mais il faut avoir un bon niveau d'alpinisme.

Les enfants apprécieront sans doute le **village des Ninja** 子供忍者村 (Kodomo ninja mura ☎ *026/ 254.3723 • ouv. de fin avr. à fin nov., t.l.j. sf jeu.*

Où skier à Nagano ?

La ville olympique est entourée de stations de ski, souvent doublées de stations thermales : après une journée sur les pentes, on peut se délasser dans des sources chaudes aux effets très bénéfiques.

Hakuba 白馬村, de loin la plus fréquentée *(à 1 h de bus de la gare de Nagano • www.vill.hakuba.nagano.jp • alt. 800-1 800 m)*, se subdivise en sept stations ; Hakuba Happo-One, l'une des pistes olympiques de descente, possède un très beau slalom de 3 km, un tremplin de saut ainsi que de nombreux cafés et restaurants.

Le domaine de **Shiga Kôgen** 志賀高原 *(www.shigakogen-ski.com • alt. 1 500-2 300 m)*, également site olympique de 1998, revendique en tout 80 km de pistes. La station se trouve à proximité du Village des Singes de Jigokudani.

Nozawa Onsen 野沢温泉 *(à 1 h 15 en bus de la gare de Nagano • www.nozawaski.com • alt. 565-1 650 m)* allie les plaisirs de la glisse à ceux de la baignade avec plus d'une trentaine de bains sulfureux (forte odeur dans toute la station), certains en activité depuis l'époque Edo.

---

9 h-17 h). Togakushi était en effet, au Moyen Âge, un centre d'entraînement pour ces guerriers-espions *(→ encadré p. 303)*. Outre un **musée** fort intéressant, **Togakushi Minzoku-kan** 戸隠民族館 *(☎ 026/254.2395 • ouv. t.l.j. 9 h-17 h)*, on a reconstitué une maison de *ninja* avec tout ce qu'il faut d'escaliers dérobés et de chemins secrets.

2 Obuse* 小布施 *20 km N.-E. de Nagano*
À 20 mn de Nagano en train.

Ce village de 12 000 âmes est célèbre dans tout le Japon car Hokusai Katsushika (1760-1849), grand artiste de l'*ukiyo-e*, y vécut les 10 dernières années de sa vie grâce à la générosité d'un mécène, Takai Kôzan. Le **musée Hokusai-kan**** 北斎館 *(☎ 026/247.5206 • ouv. t.l.j. 9 h-17 h, de nov. à fév. 9 h 30-16 h 30)* présente une quarantaine d'œuvres du maître, dont deux plafonds de chars utilisés pendant les *matsuri*. Non loin de là, la **maison de Takai Kôzan*** 高井鴻山 *(ouv. t.l.j. 9 h-17 h ☎ 026/247.4049)*, transformée en musée commémoratif, conserve l'atelier que le commanditaire de Hokusai avait construit pour lui vers 1840.

3 Jigokudani Yaen kôen* 地獄谷野猿公苑
35 km N.-E. de Nagano

☎ 0269/33.4379 • à 40 mn en train depuis Nagano (ligne Nagano Dentetsu 長野電鉄線) jusqu'à Yudanaka 湯田中 puis bus (15 mn) jusqu'à Kanbayashi Onsen 上林温泉 • ouv. t.l.j. 8 h 30-16 h, jusqu'à 17 h d'avr. à oct. • filmer et photographier les singes est autorisé, mais il est déconseillé de les nourrir, de les toucher ou même de les approcher.

La balade à travers la forêt qui permet d'accéder à ce **Village des Singes** est déjà un enchantement. Jigokudani (vallée de l'Enfer) fut créé en 1964, un espace protégé au cœur du parc national

Dehors, un joli parcours de forêt jalonné de ponts suspendus permet de vérifier si l'on a les qualités physiques requises pour pratiquer le *ninjutsu* (littéralement, techniques furtives).

♥ **RESTAURANT À OBUSE**
Obusedô 小布施堂 :
☎ 026/247.2027. L'un des nombreux restaurants liés à la fabrique de saké Masuichi-Ichimura. Cuisine de saison de type *kaiseki (→ p. 155)* avec le fameux riz aux châtaignes en hiver. Déjeuner seulement, menu fixe à prix raisonnables.

☞ **SPÉCIALITÉS**
Obuse est également connu pour son saké produit, principalement, par la brasserie *Masuichi-Ichimura* 桝一市村, et ses châtaignes *(kuri)* cuites à la vapeur et systématiquement ajoutées au riz dans les restaurants de la ville.

◀ Au Village des Singes vivent 200 macaques, que l'on peut notamment observer tandis qu'ils prennent les eaux dans une source thermale qui leur est réservée.

Jô shin-etsu kôgen. Le **macaque** japonais *(nihonzaru)*, unique espèce de primate vivant au Japon, est appelé « singe des neiges » car il vit essentiellement dans les régions montagneuses au N. de Honshû et s'est parfaitement adapté au climat rigoureux (jusqu'à -15 °C) qui sévit dans ces régions durant les mois d'hiver. Menacée de disparition par la déforestation et la chasse illégale, l'espèce est protégée depuis les années 1960.

4 Bessho Onsen 別所温泉
30 km S.-O. de Nagano
Shinkansen jusqu'à Ueda 上田 *(15 mn), puis Ueda Railway* 上田電鉄 *(30 mn)* ❶ *dans la gare* ☎ *0268/38.3510.*

Cette station thermale existait déjà à l'époque Heian, mais c'est sous l'ère Kamakura qu'elle se développa comme résidence d'été du shogun Hôjô et centre religieux important. Plusieurs temples datant de cette époque ont résisté aux assauts du temps : l'**Anraku-ji** 安楽寺 (☎ *0268/38.2062* • *ouv. t.l.j. 6 h-18 h*) est classé Trésor national pour

♥ HÉBERGEMENT À BESSHO ONSEN

• *Kashiwaya bessô* 柏屋別荘 : ☎ 0268/38.2345. L'une des plus belles auberges traditionnelles du Japon, qui possède ses propres bains entourés de verdure. Parmi les clients célèbres, le prix Nobel de littérature Kawabata Yasunari a écrit ici *Hana no warutsu* (« La Valse des fleurs » ; 1936).

• *Hanaya ryokan* 花屋旅館 : ☎ 0268/38.3131. Adresse presque aussi prestigieuse, dispose de chambres à tatamis entourées de jardins, certaines possédant même leur bain privé.

Histoires de singes japonais

L'image du singe dans la population japonaise doit beaucoup à celle, plutôt positive, qu'en ont les Chinois. Ils pensaient autrefois qu'avoir un singe dans son écurie protégeait les chevaux des maladies.

Dans le calendrier chinois, le jour attribué au singe (*kôshin no hi* en japonais), était celui où, au cours de la nuit, les trois vers malfaisants *(san shi)* résidant dans le corps humain allaient répéter au maître du ciel les fautes de chaque dormeur. On s'efforçait donc, cette nuit-là, de lire des sutras pour empêcher les vers de quitter le corps et l'on accrochait des « singes subscients »,

figurines en tissu rouge et blanc, pour se protéger du châtiment possible. Les trois vers ont été progressivement remplacés par la représentation des trois singes bouddhiques bien connus qui se bouchent les yeux, les oreilles et la bouche.

Enfin, un conte japonais très apprécié des enfants raconte l'histoire d'un singe qui tenta de voler un kaki à un petit crabe et qui échoua lamentablement bien que l'animal fût plus faible que lui. La morale de cette histoire est devenue un proverbe très populaire : même un singe peut tomber d'un arbre.

sa pagode octogonale remarquablement conservée ; le **Chûzen-ji** 中禅寺 et le **Zenzan-ji** 前山寺 *(à 15 mn en bus du centre-ville)* datent respectivement des périodes Kamakura et Muromachi. Mais c'est surtout pour profiter des **bains** qu'on vient dans cette station qui a conservé le charme du vieux Japon. Leur teneur en soufre agit en effet contre le diabète ou les rhumatismes et fait merveille sur la peau. Si vous ne séjournez pas dans un *ryokan* pourvu de bains, les trois bains publics situés au centre-ville seront parfaits : **Ishiyu** 石湯, **Ohyu** 大湯 et **Daishiyu** 大師湯 *(ouv. t.l.j. 6 h-22 h).*

5 Karuizawa★ 軽井沢 *48 km S.-E. de Nagano*
À 30 mn de Nagano par le Shinkansen, 1 h de Tôkyô • la ville se visite facilement en 1 j., à pied ou à vélo ℹ à la gare ☎ 0267/42.2491 ; ouv. t.l.j. 9 h-17 h.
Cette ville située au pied du volcan Asama-zan 浅間山 (alt. 2 568 m) est la résidence secondaire de nombreux Tokyoïtes (et people du monde entier) qui apprécient la nature environnante sans renoncer aux boutiques de mode identiques à celles de la capitale. En 1886, un missionnaire britannique, Alexander Croft Shaw, découvre Karuizawa et décide d'y faire construire une résidence d'été afin d'échapper à la canicule de Tôkyô. Il sera suivi par de nombreux étrangers qui transformeront en quelques années Karuizawa en l'une des villes les plus internationales du Japon.

Le centre de la ville, **Kyû Karuizawa★** 旧軽井沢 *(à 2 km N. de la gare de Karuizawa)*, recèle de jolies villas appartenant à de riches Tokyoïtes. C'est aussi le *shopping center* le plus chic de la préfecture avec plus de 500 boutiques représentant les plus grandes marques japonaises et internationales. L'ancien hôtel *Mikasa★* 旧三笠ホテル (Kyû Mikasa hoteru ; *à 10 mn en bus, 30 mn de marche N. de Kyû Karuizawa* ☎ 0267/42.7072 • *vis. t.l.j. 9 h-17 h*), entièrement en bois, fut l'un des tout premiers de type occidental à être construit au Japon. Inauguré en 1906, exploité jusqu'en 1972, classé bien culturel important, il se visite à présent comme un monument historique.

Karuizawa Taliesin 軽井沢タリアセン *(217, Shiozawa, Karuizawa machi, Kitasaku-gun ☎ 0267/46.6161 • ouv. t.l.j. 9 h-17 h • 10 mn en taxi depuis la gare de Karuizawa)*, grand parc aménagé autour du lac Shiozawa, regroupe de nombreuses activités pour les enfants (tir à l'arc, karting, minigolf...), mais aussi pour les adultes : on peut notamment voir quelques résidences secondaires d'écrivains

Le temps des assassins

Aux XVe-XVIe s., les *ninja* ou *shinobi* (personne qui se cache, qui évite) étaient parfois aussi appelés *kusa*, « herbe », car une de leurs techniques favorites consistait à se tapir dans l'herbe pour surprendre leurs victimes. L'origine de ces guerriers-espions n'est pas très claire mais on pense qu'il s'agit, au départ, de réfugiés chinois et coréens, auxquels se seraient agrégés quelques rônins (samouraïs sans maître) entre le IXe et le XIe s. Ils se seraient rassemblés dans les régions d'Iga et de Kôga (actuelles préfectures de Mie et de Shiga, près de Kyôto) où ils auraient mis au point une redoutable technique de combat et de survie appelée *ninjutsu*.

Contrairement aux samouraïs, les *ninja* n'ont pas de code d'honneur, leur seul impératif consiste à mener à bien leur mission : ni la honte ni la colère ne viennent jamais perturber leur action et tout est bon — mensonge, déguisement, prestidigitation, attaques dans le dos — pour vaincre. Souvent mercenaires, ils ont été utilisés comme armée secrète du pouvoir, en particulier par les Tokugawa qui s'en servaient pour surveiller les *daimyô* ou assurer leur sécurité personnelle. Certaines techniques des *ninja* continuent d'être enseignées sous le nom de *ninpô* (doctrine des *ninja*).

L'école la plus connue, le *bujinkan* de Hatsumi Masaaki, se trouve à Noda, au N. de Tôkyô, et accepte des disciples venus de tous pays.

Karuizawa était autrefois une étape importante sur la route Nakasendô qui reliait Tôkyô à Kyôto par l'intérieur du pays.

Le Japon possède deux des quatre musées consacrés au dessinateur Peynet dans le monde : le deuxième se trouve à Mimasaka (50 km N. d'Okayama), les deux autres en France (rens. : www.peynet.com).

célèbres et visiter un étonnant **musée Peynet★** ペイネ美術館 (Peine bijutsukan), très intime, inauguré en 1986 par le dessinateur lui-même (Raymond Peynet, 1908-1999). Plusieurs versions de ses Amoureux sont exposées, de même que son travail d'affichiste des années 1950 et 1960, très peu connu en France.

6 L'île de Sado★ 佐渡島 (Sado ga shima)
au large, au N. de Nagano

Accès : de Niigata 新潟 (234 km N.-E. de Nagano), 8 bateaux/j. (durée 2 h 20) ou par hydroglisseur (entre 3 et 11/j. ; durée 1 h) ; arrivée à Ryôtsu 両津 • plusieurs lignes de bus circulent dans l'île mais ils ne passent que 2 ou 3 fois/j. ; on peut très facilement louer une voiture à l'arrivée au port de Ryôtsu ❶ à Ryôtsu 両津, face au terminal des ferries ☎ 0259/23.3300 ; ouv. t.l.j. sf dim. 8 h 30-17 h.

Bordée par deux chaînes de montagnes, c'est la cinquième plus grande île de l'archipel (857 km^2). Elle reste peu peuplée (70 000 hab.) et assez peu visitée en raison d'une mauvaise réputation liée à son histoire : après avoir été un lieu de déportation (→ *encadré*), la découverte, au XVIIe s., de mines d'or et d'argent sur Sado entraîna une véritable ruée de tout ce que le Japon comptait d'aventuriers. Puis la « relégation aux mines de Sado » fut souvent prononcée comme peine de travaux forcés par la justice shogunale. L'exploitation de ces mines, qui permit d'extraire des centaines de tonnes d'or en quatre siècles, se poursuivit jusqu'en 1989.

À Aikawa 相川, on a conservé un vieux puits d'extraction à ciel ouvert et le **musée Sado kinzan** 佐渡金山 retrace la saga de cette période (☎ *0259/74.2386 • ouv. 8 h-17 h en été, 8 h 30-16 h 30 en hiver*). Aujourd'hui, on vient à Sado avant tout pour prendre un « bain de nature » ou pour assister, en été, au **festival Earth Celebration** initié par le célèbre groupe de tambours japonais (*taiko*) Kodô (☎ *0259/86.3630 ; www.kodo.com*), basé sur l'île à Kodô, au N. d'Ogi. En été également, les meilleures troupes de nô du Japon se produisent dans les temples et sanctuaires de l'île (*rens. à l'OT*).

Déportés illustres

Dès le XIIIe s., l'île de Sado fut un lieu d'exil forcé pour des hommes politiques ou des religieux considérés comme dangereux par le pouvoir. Le plus célèbre d'entre eux, l'empereur **Juntoku** (1197-1242), y fut envoyé en 1221 pour avoir osé tenter de renverser les régents Hôjô ; il y finit sa vie. Une cinquantaine d'années plus tard, le moine **Nichiren** (1222-1282), fondateur d'une école bouddhique, y purgea trois ans d'exil (1271-1274) après avoir été gracié *in extremis* de la peine capitale – il s'était attaqué à des sectes bouddhiques fort influentes. C'est là, dans un dénuement presque total, qu'il écrivit quelques-uns de ses textes les plus importants. Autre grand déporté dans l'île : **Zeami** (1363-1443), acteur et dramaturge, tombé en disgrâce à la cour, considéré comme le père du théâtre nô. C'est par lui que cet art se développa avec grande vigueur sur toute l'île.

Nagoya★ 名古屋

Quatrième ville du Japon après Tôkyô, Yokohama et Ôsaka, Nagoya est une agglomération moderne où l'on cherche en vain les traces du passé : même son château est une copie en béton ! C'est pourtant une ville attachante, aux traditions (notamment culinaires) originales, et recelant quelques sites qui méritent largement la visite comme le sanctuaire Atsuta ou le fantastique musée Tokugawa.

Situation : à 147 km E. de Kyôto, 252 km S. de Kanazawa, 380 km O. de Tôkyô.

2,21 millions d'hab. ; chef-lieu de la préfecture d'Aichi.

🛈 le bureau le plus important est situé dans la gare de Nagoya (A2) ☎ 052/541.4301 ; ouv. 9 h-19 h. Antennes dans les gares de Sakae 栄 (B2) et de Kanayama 金山 (B3) ; www.city.nagoya.jp

Nagoya mode d'emploi

Accès : train toutes les 15 mn de Tôkyô (1 h 50 en Shinkansen), Kyôto (55 mn) ou Ôsaka (1 h) • aéroport international à 30 mn du centre-ville.

Combien de temps : 1 journée.

Se déplacer : en métro (7 lignes) et en bus.

Fêtes et manifestations : début juin, *matsuri* du sanctuaire Atsuta h. pl. par B3 : feux d'artifice et tournois de sumo (sport lié au shintoïsme) ; le soir, des centaines de lanternes sont accrochées sur de grandes structures en paille de riz (*kentômakiwara*) • du 1er au 3e dim. de juil. : **Nagoya bashô**, l'un des six grands tournois de sumo de l'année, au gymnase préfectoral d'Aichi B1 ; il faut se rendre sur place à partir de 8 h 30 le jour même • mi-oct. : **Nagoya matsuri**, le plus important de l'année, au parc Hisaya ôdôri kôen 久屋大通公園 B2 ; très beaux défilés en costume.

☞ **DAB**
Citibank, Sugi Bldg, 3-14-15, Sakae, à 3 mn de la sortie 7 du M° Sakae 栄 (B2 ; lignes Meijô 名城線 ou Higashiyama 東山線).

À ne pas manquer	
La vue** du haut du château	309
Le musée Tokugawa**	309
Le jardin** du musée Furukawa	310

Nagoya dans l'histoire

Après avoir vu naître le général Toyotomi Hideyoshi en 1536, Nagoya s'est surtout développée grâce à Tokugawa Ieyasu (1542-1616), premier shogun de la dynastie. La ville, étape importante sur le Tôkaidô (→ *théma p. 90-91*), ne pouvait être contrôlée que par un proche du shogun. C'est pourquoi Ieyasu fit construire ici un château pour son septième fils, Yoshinao (1600-1650). Les descendants de ce dernier, les Tokugawa d'Owari, y résideront et règneront sur la région, avec le titre de *daimyô*, jusqu'en 1868 (fin du shogunat).

Voir carte régionale p. 270

Nagoya.

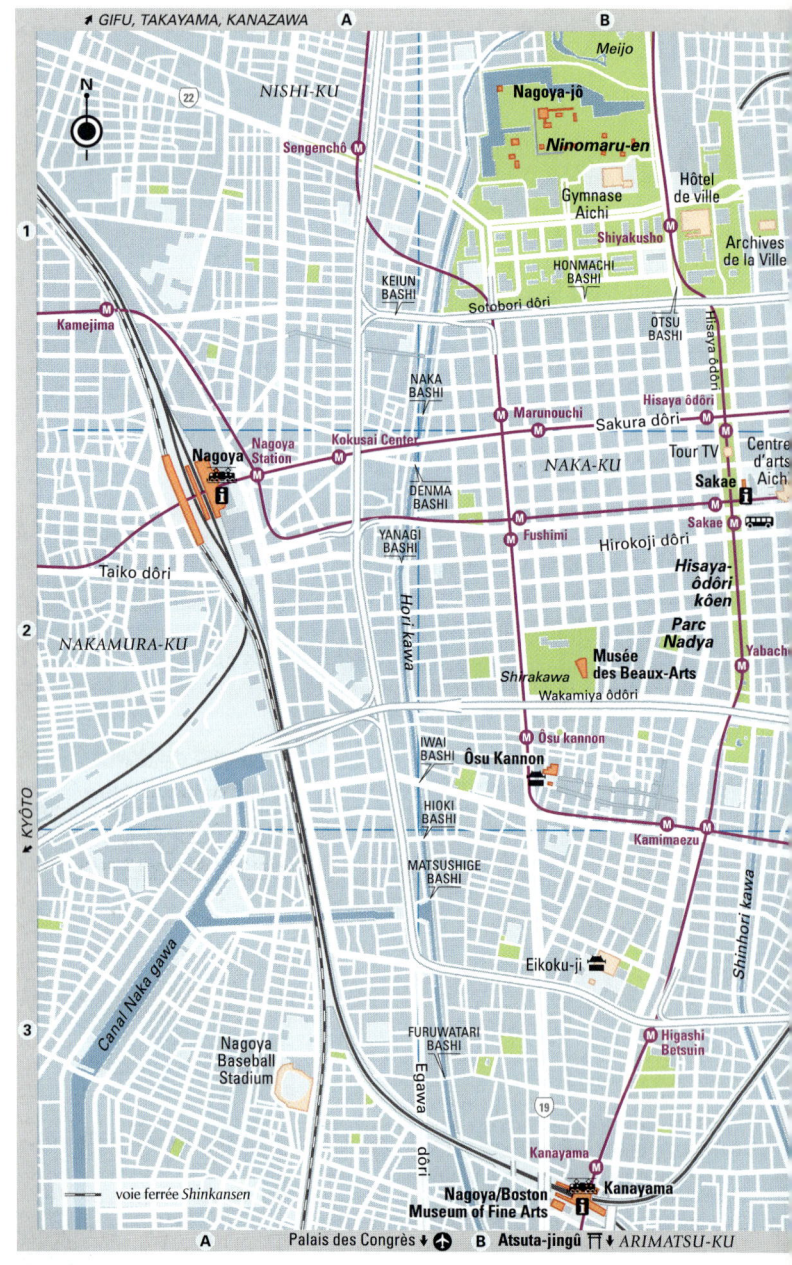

Nagoya • Plan • 307

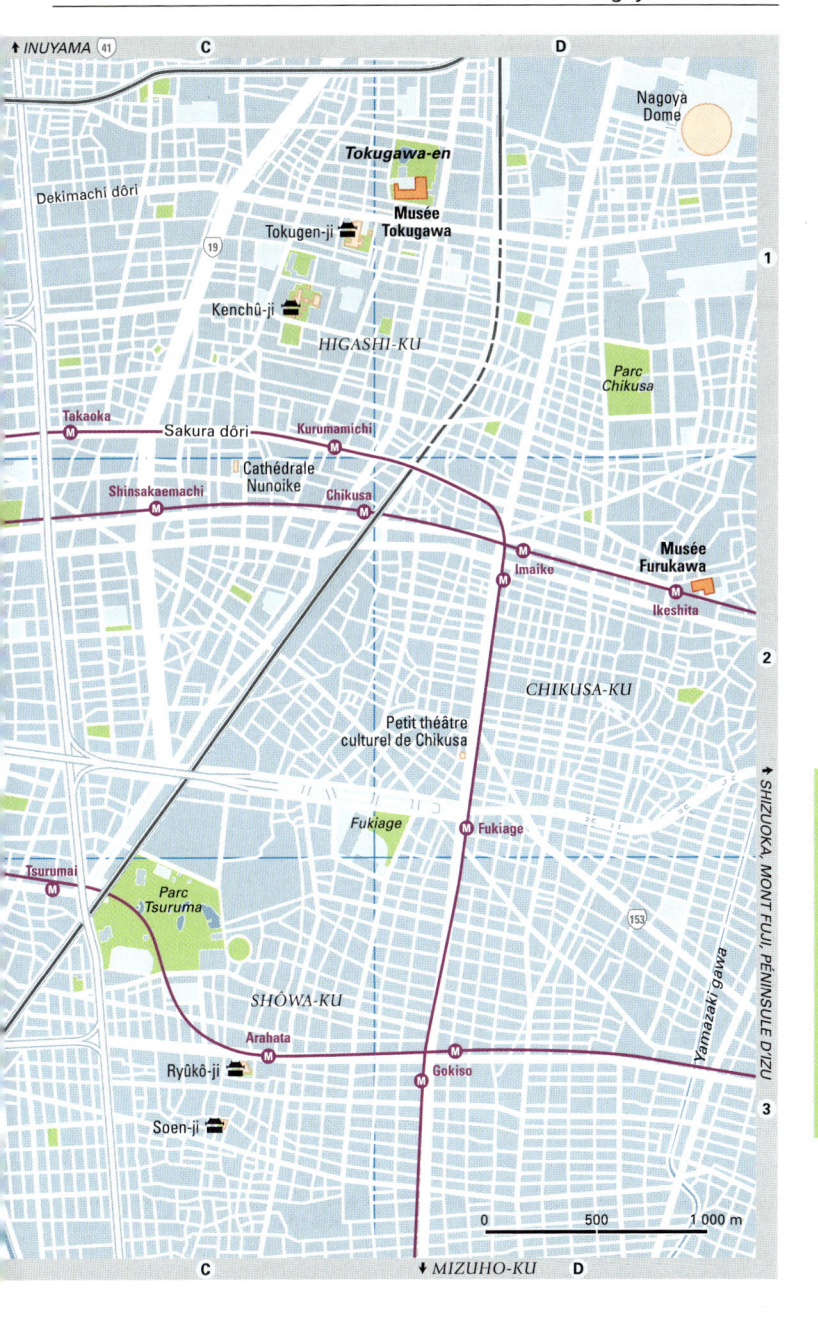

▶ Aux abords du temple d'Ôsu Kannon, se tient un marché aux puces les 18 et 28 de chaque mois.

♥ RESTAURANT
Les meilleurs *miso katsu* (porc au *miso*) sont servis chez *Yabaton* 矢場とん, enseigne reconnaissable à son petit cochon habillé en lutteur de sumo ! En activité depuis plus de 60 ans, *Yabaton* possède plusieurs succursales, dont celle d'Ôsu, au centre-ville (3-6-18, Ôsu ☎ 052/242.8810 ; M° Yabachô 矢場町 ; t.l.j. sf lun. 11 h-21 h). On y fait presque toujours la queue.

Toyota est brièvement devenu, en 2009, le 1er constructeur automobile du monde. Nagoya héberge, à l'O. du château, son musée commémoratif de l'Industrie et de la Technologie (☎ 052/551.6111 ; ouv. t.l.j. sf lun. 9 h 30-17 h).

♥ RESTAURANT
Kawadokoya Sozoroaruki 川床屋そぞろあるき : 3-12-31, Sakae (B2) ☎ 052/259.7008 ; M° Yabuchô 養父町 (t.l.j. 17 h-2 h). Vous y dégusterez d'excellentes anguilles cuites au feu de bois (*mabushi*).

La guerre sino-japonaise (1894-1895) contribue à la prospérité économique de Nagoya dont le port, achevé en 1907, devient vite l'un des plus importants du pays. Ses nombreuses usines sont également mises à contribution en 1939-1945, mais les bombardements américains détruiront la ville à plus de 50 %. Rapidement reconstruite, elle retrouvera en moins de trois décennies une place prépondérante dans l'économie japonaise.

L'implantation, dans sa périphérie, de la ville de **Toyota**, créée autour du siège du constructeur automobile, assoit son statut de capitale économique, comme Tôkyô ou Ôsaka. L'ouverture du nouvel aéroport international, en 2005, à l'occasion de l'Exposition universelle d'Aichi, vient ratifier cette orientation.

Visiter Nagoya

■ **Le temple d'Ôsu Kannon★** 大須観音 **B2**
M° *Ôsu Kannon* 大須観音 *(ligne Tsurumai* 鶴舞線*)*. Il se dressait autrefois dans la préfecture voisine de Gifu. Déplacé ici sur l'ordre de Tokugawa Ieyasu en 1612, il a été détruit plusieurs fois depuis. Bien que d'apparence ancienne avec sa façade vermillon, l'édifice actuel est postérieur à la Seconde Guerre mondiale.

Le temple marque l'entrée d'un réseau de galeries commerçantes couvertes où sont installées de nombreuses boutiques *risaikuru* (de l'anglais *recycle* : articles d'occasion « recyclés ») ou à prix réduit.

■ Le musée des Beaux-Arts de Nagoya★
名古屋市美術館 (**Nagoya-shi bijutsukan**) **B2**
2-17-25, Sakae, Naka-ku ☎ *052/212.0001 • 10 mn à pied du temple ; 10 mn à pied du M° Fushimi* 伏見 *(ligne Higashiyama* 東山線*), sortie 5 • ouv. t.l.j. sf lun. 9 h 30-17 h.*
Dans ce très beau bâtiment, dessiné en 1988 par Kurokawa Kishô (natif de Nagoya et mort en 2007), sont organisées des expositions thématiques ou des rétrospectives. Les conservateurs puisent dans les collections propres du musée (2 500 œuvres japonaises et occidentales) ou empruntent à d'autres musées du monde. Parmi les artistes exposés en permanence : Modigliani, Chagall, Soutine, Foujita…

■ Le château Nagoya-jô★ 名古屋城 **B1**
1-1, Honmaru, Naka-ku ☎ *052/231.1700 • M° Shiyakusho* 市役所 *(ligne Meijô* 名城線*) • vis. t.l.j. 9 h-16 h 30.*
Édifié de 1610 à 1612 pour Tokugawa Yoshinao, entièrement détruit par les bombardements de 1945, le château sera reconstruit par la municipalité en 1959, à l'identique (du moins l'extérieur) mais en béton. Un ascenseur dessert le sommet où, en dehors d'une très belle **vue**★★ sur toute la ville, on trouvera une collection d'objets (dont certains originaux) évoquant la famille Tokugawa. Notez, en ornementation du toit, deux dauphins mythiques dorés à tête de tigre (**Shachihoko**), l'un mâle et l'autre femelle, censés protéger la ville.

Le château est entouré du très beau **jardin Ninomaru-en** 二の丸園, au centre duquel se trouve une ravissante maison de thé où l'on peut déguster un *matcha* (thé de cérémonie) avec une pâtisserie.

■ Le musée Tokugawa★★ 徳川美術館 (**Tokugawa bijutsukan**) **D1**
1017, Tokugawa-chô, Higashi-ku ☎ *052/935.6262 • à 15 mn à pied du M° Ôzone* 大曽根 *(ligne Meijô) ; sinon, bus de la gare de Nagoya jusqu'à l'arrêt Tokugawa-en Shindeki* 徳川園新出来 *• ouv. t.l.j. sf lun. 10 h-17 h ; f. de mi-déc. à début janv.*
Inauguré en 1935, ce très beau musée est un véritable album de souvenirs des Tokugawa d'Owari. Il présente l'histoire des 19 *daimyô* qui se

▶ Le château de Nagoya renaquit de ses cendres après les destructions de la Seconde Guerre mondiale.

Le symbole de la ville, que l'on retrouve sur le drapeau municipal, les bus et les wagons de métro, reproduit le sceau des Tokugawa d'Owari. Créé en 1907, ce *Maru no hachi* figure le chiffre 8 en japonais *(hachi)* entouré d'un cercle *(maru)*.

Selon la légende, le Shachihoko, monstre marin d'origine chinoise, nage aux côtés des baleines, veillant à ce qu'elles ne mangent que des petits poissons.
Si une baleine ne respecte pas cette règle, le Shachihoko lui mord la langue afin de la tuer. Même les plus puissants doivent respecter la loi !

Histoire du sabre faucheur d'herbe

La légende remonte à l'arrivée sur terre du dieu de l'orage, Susanoo, chassé du ciel par les autres *kami*. Là, il rencontre un couple qui, en pleurs, lui explique qu'un monstre à huit têtes a mangé leurs sept premières filles et s'apprête à dévorer leur huitième et dernière enfant, Kushinada. Susanoo s'engage à tuer le monstre à condition de pouvoir épouser celle-ci, ce que les parents acceptent de bonne grâce. Grâce à une ruse, le *kami* parvient à couper les huit têtes du monstre ainsi que ses huit queues. Dans la quatrième il découvre un sabre qu'il confiera, plus tard, à la déesse Amaterasu. Plusieurs siècles plus tard, l'empereur Keikô (IIe s.) envoie son fils, Yamato Takeru, pacifier les Emishi (barbares de l'E.) au N. de Honshû. Lorsqu'il arrive sur place, un chef local le supplie de se rendre dans une prairie, afin de tuer un dieu rebelle. Il s'agit en réalité d'un piège et le chef met le feu à l'herbe. À ce moment, le sabre du prince se met à bouger tout seul et fauche l'herbe enflammée, sauvant son propriétaire d'une mort certaine. En l'honneur de ce fait d'armes, Yamato Takeru rebaptisera le sabre légendaire Kusanagi no tsurugi, « sabre faucheur d'herbe ».

sont succédé ici entre 1612 et 1868, à commencer par Tokugawa Yoshinao, septième fils du premier shogun. Armes, vêtements, manuscrits... chaque membre de la dynastie a inauguré un style différent, qu'il est intéressant de voir ici en perspective. Sur les 10 000 pièces que totalisent les collections, la plus importante est une version illustrée du *Dit du Genji* datant du XIIe s. et classée Trésor national. Son état de fragilité ne permet pas de le montrer plus d'une fois par an *(quelques jours en nov.)*. En 1987, le musée s'est agrandi d'une nouvelle aile reproduisant des chambres de réception, une scène de nô ou encore une pièce pour le thé.

Le **jardin Tokugawa-en**★ 徳川園, voisin du musée, a été créé en 2004 à l'emplacement où se trouvait autrefois celui de Mitsutomo, le deuxième Tokugawa d'Owari.

■ **Le musée Furukawa** 古川美術館 (Furukawa bijutsukan) **D2**
2-50 Ikeshita-chô, Chikusa-ku ☎ 052/763.1991 • M° Ikeshita 池下 (ligne Higashiyama 東山線), sortie 1, à trois blocs d'immeubles vers l'E. • ouv. t.l.j. 10 h-17 h.

Durant sa longue vie, Furukawa Tamesaburô (1890-1993) fut l'une des personnalités les plus en vue (et les plus riches) de Nagoya, créant notamment la compagnie de distribution de films Herald Ace. Il possédait en outre un important réseau de salles de cinéma à travers le pays. Collectionneur d'œuvres d'art (principalement japonaises), Furukawa a créé en 1991 un musée privé où sont exposées alternativement, et par thèmes, les 2 800 pièces de ses collections, d'un intérêt relatif. Mais c'est surtout sa maison privée, le **mémorial Tamesaburô**★ 爲三郎記念館 (Tamesaburô kinenkan), qui vaut la visite. Bâtie en 1934 dans l'élégant style *sukiya* (couramment employé au XVIIe s. pour les pavillons de thé), elle est entourée d'un merveilleux **jardin**★★. Le **pavillon de thé** Chisoku-an 知足庵 est une copie d'un Trésor national, Jo-an, situé dans la ville d'Inuyama (→ *p. 279*). S'il n'y a pas trop de monde, on peut s'installer face au jardin et prendre un thé accompagné d'une pâtisserie.

■ **Nagoya/Boston Museum of Fine Arts**★ 名古屋ボストン美術館 (Nagoya/Boston bijutsukan) **B3**
1-1-1 Kanayama-chô, Naka-ku • M° Kanayama 金山 (ligne Meikô 名港線 ou Meijô 名城線) • ouv. t.l.j. sf lun. 10 h-19 h (jusqu'à 17 h les w.-e. et j. fériés).

Affilié au musée des Beaux-Arts de Boston, il présente essentiellement des œuvres en provenance

Sur le rabat arrière de la couverture, vous trouverez un Tableau chronologique indiquant les grandes périodes de l'histoire japonaise.

> ### Trois spécialités culinaires
>
> Nagoya est considérée comme l'une des villes du Japon où l'on mange le mieux. Toutes les cuisines de l'archipel y sont représentées, mais la capitale du Chûbu revendique au moins trois spécialités qu'on ne déguste qu'ici.
>
> • **L'anguille** cuite au feu de bois (*hit-sumabushi*), contrairement à ce qui se fait partout ailleurs, n'est pas ici cuite à la vapeur, mais directement mise sur la braise. Coupée en petits dés sur un bol de riz, elle peut être ensuite consommée de trois façons différentes : nature ; saupoudrée de poireaux émincés, d'algues et de wasabi ; ou encore arrosée de thé vert (*ochazuke*).
>
> • **Le porc au miso** (*miso katsu*) est *la* grande spécialité de Nagoya : la viande est panée puis nappée d'une épaisse sauce sucrée à base de *miso* (soja fermenté).
>
> • Au dessert, le **gâteau du diable** (*oni manju*), ainsi nommé car sa forme tout en bosses et en pointes rappelle celle d'un démon. On trouve ce gâteau, jaune et peu sucré, à base de patate douce, dans presque toutes les pâtisseries de la ville.

de ce dernier lors d'expositions thématiques (2 par an) souvent liées à la production américaine (par exemple : « L'enfant dans l'art américain » ou « Le design automobile des années 1940 aux années 1970 »).

■ Le sanctuaire Atsuta-jingû★ 熱田神宮 h. pl. par B3

M° Jingû-Nishi 神宮西 (ligne Meijô) ou M° Jingû mae 神宮前 (ligne Meitetsu Nagoya Honsen 名鉄名古屋本線線) ☎ 052/671.4151 • ouv. 9 h-16 h 30, f. les derniers mer. et jeu. du mois • entrée libre.

Dédié à la déesse du soleil Amaterasu, la plus importante des divinités shintoïstes, ce sanctuaire est, avec celui d'Ise (→ *p. 321*), le plus vénéré du Japon. Fondé au Ier s., il abriterait le « sabre faucheur d'herbe » (→ *encadré p. préc.*), l'un des trois trésors sacrés du shintoïsme – les deux autres sont un bijou, conservé au Palais impérial de Tôkyô, et un miroir, gardé au sanctuaire d'Ise. Le sabre n'étant jamais montré au public, nombreux sont ceux qui doutent de son existence ; en revanche, le petit musée attenant expose une intéressante collection de sabres.

Plus que le bâtiment lui-même (presque entièrement détruit pendant la guerre, reconstruit en 1955), le **parc** qui l'entoure mérite la visite, certains arbres ayant, pense-t-on, plus de 1 000 ans. Des cérémonies religieuses ou des spectacles de théâtre nô y ont lieu presque toute l'année en fin de semaine.

■ Le quartier d'Arimatsu 有松 h. pl. par B3

Au S.-E. de la ville • gare d'Arimatsu 有松, 30 mn par la ligne Meitetsu 名鉄線.

Ce quartier est le seul à avoir traversé à peu près sans dommages les bombardements de la Seconde Guerre mondiale. Quelques maisons de la fin de l'époque Edo ou du début de l'ère Meiji ont été conservées et rénovées.

Le **musée de la Teinture Shibori**★ 有松 鳴海絞会館 (Arimatsu Narumi Shibori kaikan ; *60-1, Hashi-Higashi Minami, Arimatsu-chô ☎ 052/621.0111 • ouv. t.l.j. sf mer. 9 h 30-17 h • www.shibori-kaikan.com*) présente cette spécialité locale consistant à dessiner toutes sortes de motifs en nouant le tissu, centimètre par centimètre, autour d'aiguilles ou en l'enroulant dans de la ficelle. Un travail qui prend parfois plusieurs mois, mais dont le résultat est spectaculaire. Il est possible de s'initier à cette technique à condition de prendre rendez-vous *(info@shibori-kaikan.com)*.

Takayama★★★ 高山

Situation : à 60 km O. de Matsumoto, 180 km S.-E. de Kanazawa, 190 km N. de Gifu.

97 500 hab. ; préfecture de Gifu.

ⓘ face à la gare (A2)
☎ 0577/32.5328 ; ouv. t.l.j. 8 h 30-18 h 30 ; www.hida.jp

☞ **POSTE ET DAB**
Poste principale : à l'E. de la gare, Hirokôji dôri (A2).
Ôgaki Kyôritsu Bank : S.-E. de la gare, près du marché Miya gawa (B1).

À ne pas manquer	
La vieille ville Sanmachi suji★★★	314
Le village Hida no sato★★★	315
Le marché du matin★★	314
Le musée Kusakabe mingei-kan★★	314
Les chars au Takayama yatai kaikan★★	314
Shirakawa-gô★★★ (Environs)	316

Voir carte régionale p. 270

Surnommée « petite Kyôto » en raison de ses ruelles traditionnelles à angle droit et de ses maisons en bois datant, pour certaines, de près de trois siècles, Takayama est une fort jolie ville au cœur des Alpes japonaises. Capitale de l'ancien district de Hida, elle a été miraculeusement préservée de l'urbanisation du XXe s. et demeure pour une bonne part telle que l'ont conçue les Kanamori à la fin du XVIe s. Ville paysanne, Takayama est aussi connue pour ses charpentiers qui, du fait de leur savoir-faire exceptionnel, ont été enrôlés dans plusieurs autres villes du Japon. À quelques dizaines de kilomètres, le village-musée de Shirakawa-gô offre la plus grande concentration de maisons à toit de chaume du Japon.

Accès : trains de Gifu (2 h 10), Nagoya (2 h 30), Toyama (1 h 30), Kanazawa (2 h 30) • **cars** de Shôkawa, Hirayu, Matsumoto. Liaisons avec Ôsaka, Kyôto, Tôkyô.

Combien de temps : 2 j. pour visiter Takayama et Shirakawa-gô *(Environs)*.

Takayama dans l'histoire

À l'époque où Nara était capitale du Japon (VIIIe s.), une loi obligeait les villes et villages de l'empire à payer un impôt en riz ou en étoffes. N'en produisant pas assez, Takayama, qui s'appelait alors Hida, proposa de s'acquitter de la taxe en envoyant quelques-uns de ses meilleurs artisans, principalement des charpentiers, pour aider à la construction de temples et de palais de la capitale. La réputation des artisans de Hida ne s'est, depuis, jamais démentie. À partir de 1585 et pour 107 ans (six générations), un clan de guerriers, les Kanamori, régna sur le bourg depuis un château (aujourd'hui disparu) construit quelques années plus tôt par un certain Takayama Geki. Puis la région passa sous le contrôle direct des Tokugawa. La ville, qui a pris le nom de Takayama en 1936, a fusionné en 2005 avec neuf villages et bourgs environnants couvrant une superficie comparable à celle de… Tôkyô !

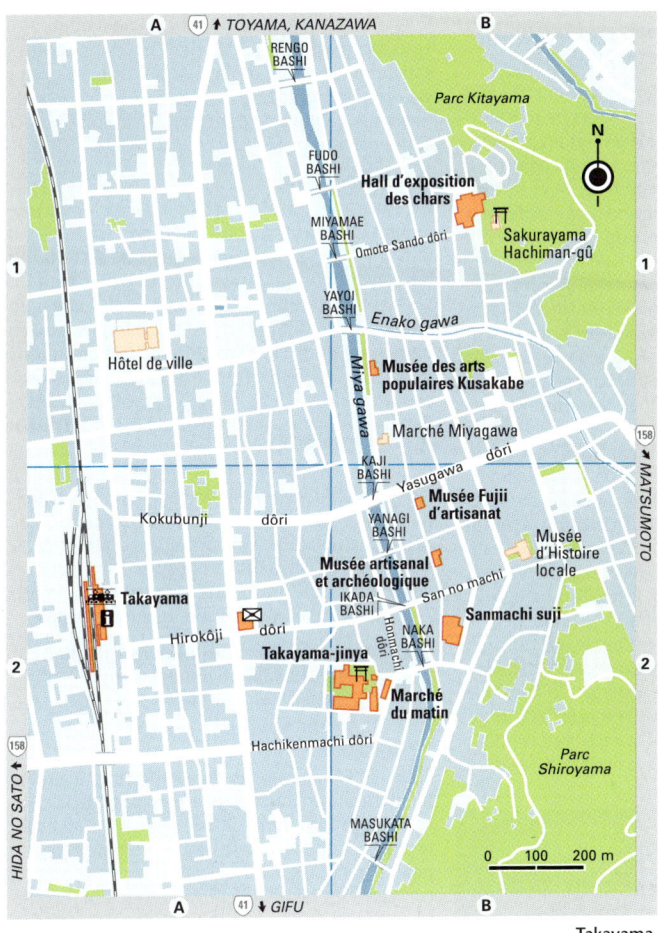

Takayama.

Visiter Takayama

■ **Takayama-jinya**★ 高山陣屋 **B2**

Sortir de la gare à dr. et prendre la 3e rue sur la g. • *ouv. t.l.j. 8 h 45-17 h (jusqu'à 16 h de nov. à fév.).*

Ce bâtiment, construit pour la première fois en 1615, fut le siège du clan Kanamori puis du gouvernement shogunal jusqu'au XIXe s. Bien que l'édifice actuel ait été reconstruit en 1816, c'est le seul du genre à avoir subsisté dans tout le Japon. Il a l'aspect d'un petit château et l'on a conservé les greniers à riz qui servaient à stocker le produit des taxes imposées aux paysans. On visite ensuite les salles de réception et les bureaux gouvernementaux ; une chambre de torture a même été reconstituée…

À la sortie du sanctuaire, prendre à g. deux fois jusqu'à la rivière.

Festivals de printemps et d'automne

Deux *matsuri* attirent chaque année des milliers de touristes, étrangers mais surtout japonais, à Takayama. Celui du printemps, Sannô matsuri, les 14 et 15 avril, est reconnu comme l'un des trois plus beaux du Japon avec celui de Gion, à Kyôto (→ *encadré p. 349*), et celui de Chichibu, à Saitama, au nord de Tôkyô. Il est organisé par le sanctuaire Hie, censé protéger le sud de la ville. À cette occasion (et à condition qu'il ne pleuve pas), 12 chars paradent dans les rues, tirés par des centaines de figurants en costume d'époque. En automne, c'est au tour du sanctuaire Sakurayama Hachiman-gû, au nord de la ville, d'organiser un festival similaire les 9 et 10 octobre. Les deux festivals durent deux jours pleins et se prolongent la nuit par des défilés aux lanternes très impressionnants. Attention : hôtels et auberges de Takayama sont tous réservés très longtemps à l'avance pour ces deux événements majeurs de la ville.

■ Le marché du matin** 朝市 (asa ichi) B2

Tous les matins, à partir de 7 h, les paysannes s'installent le long de la rivière Miyagawa pour vendre leur production de légumes, de fleurs ou de *tsukemono* (légumes vinaigrés). Un marché coloré et très authentique.

■ Sanmachi suji*** 三町筋 B2

Ce nom désigne la **vieille ville**, concentrée aujourd'hui sur trois rues : Ichi no machi, Ni no machi et San no machi. Les maisons de bois qui les constituent datent en moyenne du début du XVIIe s. et ont toutes été transformées en musées ou en commerces traditionnels. Ne manquez pas, en particulier, le **Musée artisanal et archéologique** 飛騨民族考古館 B2 (Hida minzoku kôko-kan ; *ouv. t.l.j. 8 h 30-17 h*), plein de passages secrets et de pièces cachées, ou le **musée Fujii d'artisanat** 藤井美術民芸館 B2 (Fujii bijutsu mingei kan ; *ouv. t.l.j. 9 h-17 h*), qui présente une belle collection d'objets de la vie quotidienne originaires de Chine, de Corée et du Japon. Plusieurs maisons abritent, depuis parfois plus d'un siècle, des **distilleries de saké** où l'on peut acheter et déguster l'excellent vin de riz local ; une grosse boule de feuilles de cyprès (*sugidama*) en marque symboliquement l'entrée.

■ Le musée des Arts populaires Kusakabe** 日下部民芸館 (Kusakabe mingei-kan) B1

Longer la rivière vers le N. sur 300 m à partir du pont Kaji bashi • ouv. t.l.j. 9 h-16 h 30 (jusqu'à 16 h déc. à fév.) ; f. mar. de déc. à fév.

Sous les Tokugawa, les Kusakabe étaient probablement les plus riches commerçants de la ville. Leur magnifique maison brûla en 1875, mais fut reconstruite dans le style traditionnel de la région quatre ans plus tard. Traversée de grosses poutres en cyprès du Japon, elle donne tout à la fois une idée du savoir-faire des charpentiers locaux et de l'intérieur d'une famille aisée au début de l'ère Meiji. Elle a été classée « important bien culturel national » en 1966.

■ Le hall d'exposition des chars de Takayama** 高山屋台会館 (Takayama yatai kaikan) B1

Sortir du musée vers la dr., prendre la 1re rue à g. après le pont Yayoi bashi ; remonter Omote Sando dôri sur 200 m • ouv. t.l.j. 8 h 30-17 h 30.

Situé dans le périmètre du sanctuaire Sakurayama Hachiman-gû, il abrite 4 des 12 superbes **chars** qui paradent dans la ville lors des deux festivals annuels (→ *encadré*). Tous datent du XVIIe s. et ont été réalisés par des artisans de Takayama. Certains,

Une expérience culinaire unique

Les plus fins gourmets viennent de tout le Japon pour déguster la cuisine *Sôwa ryû honzen*, une tradition unique qui trouve ses origines dans la période Muromachi. Un repas demandait alors une semaine entière de préparation. Les rares ménagères qui pratiquent encore cette cuisine mettent une bonne journée pour confectionner la dizaine de plats qui composent le menu. Influencée d'abord par la *kaiseki ryôri* de Kyôto et, à partir de 1603, par la gastronomie d'Edo, la *Sôwa ryû honzen ryôri* est avant tout une cuisine de saison (le menu est changé deux fois par mois) utilisant exclusivement les légumes cultivés aux environs de Takayama et les poissons pêchés dans les rivières voisines.

La **famille Susaki**, la seule à avoir perpétué la tradition de façon professionnelle, dirige le restaurant du même nom depuis 1794. Dix générations se sont succédé pour préserver, dans le cadre exceptionnel d'une maison trois fois centenaire, une qualité d'accueil et de cuisine qui mérite, à elle seule, un détour par Takayama.

Restaurant Susaki 洲さき : *entre les ponts Naka bashi et Yanagi bashi, côté San machi suji* **B2** • ☎ *0577/32.0023 (rés. indispensable)* • *www.ryoutei-susaki.com* • *ouv. t.l.j. 11 h 30-14 h et 17 h-21 h* • *le déjeuner est moitié moins cher que le dîner.*

---

comme le Hoteitai, sont « conduits » par des **marionnettes**, véritables œuvres d'art : l'une d'elles est ainsi commandée par 36 cordes nécessitant l'intervention simultanée de 8 marionnettistes ! Un spectacle de ces marionnettes extrêmement sophistiquées a lieu 2 fois/j. durant les festivals à côté du Takayama-jinya *(rens. à l'OT)*.

Dans une autre salle, une impressionnante reproduction au 1/10 du Tôshô-gû de Nikkô *(→ p. 259)* bénéficie d'un éclairage progressif qui simule le lever et le coucher du soleil sur Nikkô.

■ **Le musée Hida Takayama**** 飛騨高山 美術館 **(Hida Takayama bijutsukan)** h. pl. par A2
1-124-1, Kami Okamoto-chô ☎ *0577/35.3535* • *15 mn à pied à l'O. de la gare sur la route de Hida no sato* • *ouv. t.l.j. 9 h-17 h.*

Entièrement dédié à l'**Art nouveau** : œuvres de Lalique, Gallé, Tiffany, Majorelle.

■ **Hida no sato***** 飛騨の里 h. pl. par A2
1-590, Kami Okamoto-chô • *à 10 mn à pied du musée vers le S.* • *ouv. t.l.j. 8 h 30-17 h.*

Une trentaine de fermes et de maisons anciennes provenant de toute la région sont réparties sur près de 100 000 m². Les plus anciennes datent du milieu du XVIIIe s. Plusieurs bâtisses ont été transformées en boutiques ou en ateliers d'artisanat où l'on peut parfois assister à des démonstrations.

♥ **RESTAURANT**
Suzuya 寿々や : 24, Hanakawa-chô ☎ 0577/32.2484.
On déguste sur tatamis une cuisine de montagne « naturelle » : légumes cultivés localement *(sansai)* et poissons pêchés dans la rivière voisine.

▼ *Gasshô zukuri*, habitat traditionnel du Chûbu de l'intérieur : la pente des toits de chaume, qui rappelle des mains en prière (sens du mot *gasshô*), est si forte que la neige ne peut s'y accumuler.

Environs de Takayama

■ **Shirakawa-gô**✱✱✱ 白川郷 *88 km N.-O.*
Desservi par les bus Nôhi 濃飛バス *(1 h 45 ; rés. obligatoire* ☎ *0577/32.1688)* ❶ *près de la gare routière* ☎ *0576/96.1013 ; www.shirakawa-go.org ; ouv. 9 h-17 h.*

Inscrit au patrimoine mondial de l'Unesco depuis 1995, le village rassemble 110 demeures et fermes de montagne de style *gasshô zukuri*, conçues pour affronter les hivers rigoureux de la région et notamment les importantes chutes de neige. Les poutres sont assemblées par des cordes à l'exclusion de tout clou ou vis. La construction demandait la collaboration de 150 à 200 personnes, soit la quasi-totalité du village. À la suite de l'exode massif des paysans vers la ville à la fin des années 1960, un plan de sauvegarde des maisons a été mis en place aboutissant, en 1972, à la création de ce véritable musée en plein air.

La visite se déroule en trois étapes. On commence par se rendre *(à pied ou en bus : navettes depuis la gare des autobus)* jusqu'à **Shiroyama Tendôbai** 白山展望台, un point de vue qui surplombe toute la vallée. Puis on redescend vers le centre du village, **Ogi machi** 荻町, où chaque maison abrite un musée ou un commerce. La **maison Wada-ke** 和田家 *(vis. t.l.j. 9 h-17 h)*, la plus grande du village, appartenait durant l'époque Edo à une famille de sériciculteurs ; l'atelier d'élevage des vers à soie, qui se pratiquait dans les combles, a été conservé ainsi que tous les outils nécessaires à cette activité. Enfin, on visite les 12 plus belles maisons regroupées dans un parcours appelé **Gasshô zukuri Minka-en** 合掌造り民家園 *(juste à côté de la gare routière • ouv. t.l.j. 8 h 40-17 h, jusqu'à 16 h en hiver • vis. payante)*. Elles ont été démontées à la fin des années 1960 depuis les villages voisins de Okubo, Magari ou Kazura et remontées ici avec leur mobilier. Les bâtisses situées près de l'entrée ont été transformées en musées d'architecture et d'artisanat.

Boire et danser

Du 14 au 19 octobre se tient à Shirakawa-gô le *Doburoku matsuri*, fête des moissons et du saké. Les villageois prient les dieux de la montagne de leur apporter une bonne récolte et leur offrent un saké non raffiné, appelé *doburoku* – boisson épaisse et légèrement sucrée qui rappelle l'*amazake* (saké doux). Évidemment, les dieux ne sont pas les seuls à boire ce nectar : les habitants les accompagnent gaiement tout en dansant et en improvisant chansons et bouffonneries appelées *niwaka*. L'une des traditions particulières de ce festival très coloré est la danse des lions *(shishimai)*, présentée par sept associations différentes.

La plupart des cérémonies se déroulent autour du sanctuaire de Hachiman.

Le Kansai 関西

Les entrées principales	
Le sanctuaire Ise-jingû***	321
Kôbe**	327
Le mont Kôya***	333
Kumano***	338
Kyôto***	343
Nara***	395
Ôsaka**	407

Depuis l'inauguration, en 1994, de l'aéroport international du Kansai, les touristes ont la possibilité d'accéder directement au Japon traditionnel symbolisé par Nara et Kyôto, les deux anciennes capitales, sans forcément passer par Tôkyô, souvent perçue (à tort) comme une mégalopole déshumanisée. La région a d'ailleurs largement de quoi occuper un premier voyage « découverte » d'une, voire deux semaines.

Le visiteur qui choisira cette option abordera l'archipel par son histoire, sa culture et sa spiritualité en visitant quelques-uns des 2 000 temples et sanctuaires de Kyôto, en méditant devant la cascade sèche d'un jardin zen ou en découvrant le château médiéval Himeji-jô, probablement le plus beau et le mieux conservé du Japon. Il ne manquera pas non plus de se rendre au mont Kôya, l'une des plus grandes communautés bouddhistes au monde fondée il y a près de 1 200 ans par le moine Kûkai. La tradition, cependant, n'exclut pas la modernité qui s'incarne, plus encore, peut-être, qu'à Tôkyô dans l'incessante activité d'Ôsaka la commerçante, à la pointe mondiale de la recherche dans la robotique ou les nanotechnologies.

▲ Trésors d'iconographie bouddhique au mont Kôya.

Kansai ou Kinki ?

Deux termes sont couramment employés pour désigner cette région qui comprend, entre autres grandes villes, Ôsaka, Kôbe, Kyôto et Nara. Kansai, le plus fréquemment utilisé par les Tokyoïtes et la francophonie, s'oppose à Kantô (région de Tôkyô) et signifie « à l'ouest de la frontière » : cette frontière se situait, à l'époque Edo, entre Kyôto et Ôsaka et constituait un point de contrôle sur la

◀ À l'écart des villes, le sanctuaire Kumano Hayatama, classé par l'Unesco au nombre des « Sites sacrés et chemins de pèlerinage dans les monts Kii », au sud de Nara.

route du Tôkaidô entre les provinces de Yamashiro et Ômi (aujourd'hui préfectures de Kyôto et de Shiga). Plus volontiers utilisée par les habitants eux-mêmes (et par l'administration), l'appellation Kinki, que l'on peut traduire par « les abords de la capitale » et qui rappelle l'époque où Kyôto était capitale impériale.

Région une et plurielle
Le Kansai, notion plus culturelle et historique qu'administrative, s'étend sur 33 000 km² et comprend cinq *ken* (préfectures) : Shiga, Mie, Nara, Wakayama, Hyôgo, et deux *fu* (préfectures urbaines) : Kyôto et Ôsaka. Certains voyagistes incluent dans leurs « Kansai Tours » également les préfectures de Fukui (au nord du Shiga) et même de Tokushima (sur l'île de Shikoku). Dotés d'un caractère plus méridional, moins formel que leurs compatriotes de la capitale, les habitants du Kansai demeurent très attachés à leur dialecte, le kansai-ben, mais leur identité commune s'arrête là : il n'y a pas grand-chose en commun entre ceux d'Ôsaka, volubiles et volontiers rigolards, et ceux de Kyôto, plus réservés, au point qu'on les soupçonne parfois de duplicité.

Une situation exceptionnelle
Le Kansai bénéficie d'une position privilégiée puisqu'il s'ouvre sur trois mers, reliées par les plaines du lac Biwa, de Kyôto, d'Ôsaka et de Yamato (au sud de Nara). Les contrastes climatiques sont à l'avenant : le San'in (côte septentrionale) est très enneigé l'hiver et plutôt sec l'été, tandis que le San'yô (côte méridionale) produit des hivers secs pour des étés chauds et humides. L'irrigation y est encore organisée de façon traditionnelle, ce qui convient parfaitement à des exploitations de petite taille, mais où l'on pratique une culture intensive permettant souvent une double récolte annuelle de fruits et de légumes. La production agricole couvre une gamme extrêmement variée allant du riz et des céréales aux légumes en passant par le thé, dont on trouve à Uji, près de Kyôto, l'une des variétés les plus réputées du Japon.

▲ Miraculeusement épargnés par les guerres et les incendies, certains bâtiments de Nara comptent parmi les plus anciennes constructions en bois du monde : ici, le temple Tôdai-ji.

Que voir dans le Kansai

▲ L'un des chars du Gion matsuri, festival majeur de Kyôto.

Le foyer culturel du pays

Le Kansai se pose en berceau de la culture et de l'histoire du Japon pour lui avoir fourni pendant plus d'un millénaire (du VIIIe s. jusqu'à la restauration impériale de 1868) un centre politique et religieux. Avant cela, les capitales nippones se déplaçaient continuellement car, selon le shintoïsme, la mort du souverain rendait impur son palais qui devait être détruit. En 710 pourtant, la nécessité de disposer d'un centre politique permanent l'emporta sur cette croyance et Nara fut choisie comme première capitale fixe du Japon. Construite sur le modèle des villes chinoises, avec des rues qui se croisent à angle droit, elle le resta jusqu'en 784 sous le nom de Heijô-kyô. Mais c'est Heian-kyô, rebaptisée plus tard Kyôto, qui marqua le plus durablement l'histoire du pays dont elle resta la capitale impériale de 794 à 1868 même si, à partir du début du XVIIe s., le vrai pouvoir passa aux mains du shogun, qui dirigeait les affaires depuis Edo. Le Kansai concentre sur son territoire plus de la moitié des Trésors nationaux : raison supplémentaire d'inclure cette région à un premier voyage au Japon.

Une économie prospère

Très dynamique et traditionnellement plus commerçant que le Kantô, le Kansai est aussi un pôle économique de première importance, en concurrence quasi permanente avec la région de Tôkyô. Son produit intérieur brut (19 % du PIB national), comparable à celui de l'Espagne, dépasse même celui du Canada ! Non seulement de grandes sociétés de renommée internationale y ont leur siège (Nintendo, Panasonic, Sanyo, Sharp...), mais la région n'a pas ménagé ses investissements sur les secteurs d'avenir comme la robotique ou les biotechnologies, encourageant par une fiscalité attrayante les entreprises et chercheurs étrangers à s'installer sur son territoire. Le prix de l'immobilier, environ trois fois plus bas qu'à Tôkyô, pousse du reste bon nombre de sociétés étrangères à choisir le Kansai plutôt que le Kantô.

Ôsaka, deuxième cité industrielle et deuxième port du Japon, dont la banlieue s'étend jusqu'à Kôbe, occupe le cœur d'une mégalopole de près de 25 millions d'habitants (si l'on inclut Kyôto) baptisée Hanshin 阪神 – lecture chinoise du second idéogramme d'Ôsaka 大阪 et du premier de Kôbe 神戸. Outre son rôle primordial dans le commerce avec la Chine, la Corée et l'Asie du Sud-Est grâce à ses débouchés maritimes, la région est desservie depuis 1994 par un aéroport international ultramoderne, construit en partie sur des terrains gagnés sur la mer.

En somme, un concentré de Japon

Mais le Kansai, c'est aussi la capitale gastronomique du Japon. La *kaiseki ryôri* (→ *encadré p. 350*), inspirée du bouddhisme, se déguste dans le silence et le raffinement des *ryôtei*, restaurants traditionnels où, assis sur des tatamis, derrière une cloison coulissante, on est d'un coup transporté dans le Japon des samouraïs et des geishas. Tout un monde que le Gion matsuri, célèbre festival costumé, fait chaque année revivre pour le plus grand plaisir des photographes.

Le sanctuaire Ise-jingû★★★
伊勢神宮

La ville d'Ise vit au rythme de son majestueux sanctuaire shintoïste, lieu le plus sacré du Japon qui, chaque année, reçoit plus de six millions de pèlerins et de visiteurs. L'atmosphère particulière de la ville tient à ce joyau de l'architecture japonaise prébouddhique et à sa forêt plusieurs fois centenaire. Ise est aussi le point d'entrée sur la péninsule montagneuse de Shima, avec ses paysages de centaines d'îles et d'îlots baignés par les eaux bleues de l'océan Pacifique. Ses côtes sont très renommées pour la culture des huîtres perlières et une tradition de pêche en apnée pratiquée par les femmes. À cette manne touristique s'ajoutent pour la région les revenus de la culture du thé et de l'industrie de la pêche.

Situation : à 80 km S.-O. de Nagoya, 100 km S.-E. de Kyôto, 110 km E. d'Ôsaka.

100 000 hab. ; préfecture de Mie.

ℹ face à l'entrée du sanctuaire extérieur Gekû ☎ 0596/44.0800 ; www.iseshima-kanko.jp
ℹ sanctuaire Ise-jingû : www.isejingu.or.jp

À ne pas manquer

Le sanctuaire intérieur Naikû★★★	322
La baie d'Ago★★ (Environs)	326

Ise mode d'emploi

Accès : trains depuis Nagoya (1 h 30), Ôsaka (1 h 45), Kyôto (2 h 30) • gares : Ise-shi 伊勢市, Uji-yamada 宇治山田 (lignes JR et Kintetsu 近鉄).

Combien de temps : 1 j. entier pour les deux parties du sanctuaire (2 à 3 h pour le Naikû, 1 h pour le Gekû) et le quartier de Oharai machi.

S'organiser : Ise-jingû est constitué de deux sanctuaires, distants de 5 km, donnant lieu chacun à une visite séparée. Ils sont ouv. du lever au coucher du soleil, leur entrée est gratuite. Mieux vaut commencer le matin très tôt par le sanctuaire intérieur Naikû (à 6 km du centre-ville) avant qu'il soit bondé puis, en sortant, flâner dans l'ancien quartier Oharai machi et s'y restaurer le midi. Le sanctuaire extérieur Gekû peut être visité l'après-midi ou négligé si le temps manque.

Fêtes et manifestations : en avr. et fin sept. (selon le calendrier lunaire), **Kagura-sai**, 3 j. de musique sacrée, danse et théâtre nô au sanctuaire Naikû ; entrée libre ; rens. à l'OT ou auprès de la direction du sanctuaire ☎ 0596/24.1111.

✎ **BON À SAVOIR**
Le sanctuaire extérieur Gekû, quoique moins spectaculaire que le Naikû, peut offrir un excellent aperçu aux voyageurs qui ne pourraient visiter ce dernier.

Ise dans l'histoire

Le mythe de l'origine
Le développement d'Ise a toujours été étroitement lié à celui de son sanctuaire. Selon la première histoire officielle japonaise, le *Nihon shoki* (720), la déesse Amaterasu Ômikami, ancêtre mythique de la famille impériale, aurait dès les origines habité Ise. Elle voyage ensuite jusque dans la région du Yamato (→ *Nara*) sous le règne de Sujin, dixième empereur d'une généalogie traditionnelle non confirmée par les historiens. Là, Amaterasu attend la venue d'un nouvel empereur pour retourner à Ise où, bientôt, un grand sanctuaire lui est édifié. Selon la recherche actuelle, Ise aurait d'abord été consacré à d'autres divinités locales avant que, dans la première moitié du VIe s., à la faveur de l'affermissement de l'autorité centrale, le culte d'Amaterasu vienne s'unir puis se confondre avec elles.

L'expansion
À l'époque de Nara, pour le démarquer des petits sanctuaires *(jinja)*, Ise reçoit l'appellation *Dai-jingû* (Grand Sanctuaire). Les rites y sont rendus par une princesse non mariée. Le sanctuaire augmente considérablement ses revenus en étendant son contrôle sur les districts voisins, qui sont au nombre de trois en 897. Mais au Xe s., ces possessions passent dans le giron de gouverneurs militaires et d'intendants. Cependant le culte d'Amaterasu a commencé à se démocratiser et le nombre croissant des pèlerins permet au double sanctuaire de conserver son lustre. À l'époque de Kamakura, huit districts font partie du domaine qui connaît un apogée à l'époque Edo. L'ère Meiji consacre la prédominance du shintoïsme : le sanctuaire passe sous contrôle gouvernemental, son image se teinte de nationalisme. Cette situation prend fin après la Seconde Guerre mondiale, lorsque Ise-jingû est entièrement séparé de l'État.

1 Le sanctuaire intérieur Naikû★★★ 内宮

Situation : à 6 km S. de la gare ; 15 mn en bus depuis le centre-ville, descendre à Naikû mae 内宮前.

Le Naikû, dédié à Amaterasu Ômikami, déesse ancestrale de la famille impériale, vit au rythme de multiples cérémonies quotidiennes, toujours très codifiées. Il se trouve le long de la rivière Isuzugawa, au milieu d'une vaste forêt.

■ Le pont Uji bashi★ 宇治橋
Long de 100 m, ce pont qui enjambe la rivière sacrée délimite l'entrée du sanctuaire. Tous les 20 ans, il est reconstruit avec le bois du pilier principal du pavillon central du Naikû ou bien du Gekû *(→ encadré)*. Sa partie supérieure, en cyprès, est soutenue par des piliers en bois imputrescible de *keyaki* (*Zelkova serrata* du Japon). Après avoir traversé le pont, on passe d'abord sous le **Grand Torii** 第一鳥居 (Daiichi torii).

Une large allée de graviers mène, sur la dr., aux pavillons consacrés à la purification symbolique des mains et de la bouche préalable à la visite. Il est d'usage pour les visiteurs étrangers d'y procéder aussi.

■ Les pavillons des ablutions★ みそぎ館 (Misogi-kan)
L'un, le **Sai-kan** 斎館, est réservé aux prêtres et l'autre, le **Temizusha** 手水舎, aux pèlerins. Mais certains d'entre eux préfèrent perpétuer la tradition avec l'eau de la rivière Isuzu sur une petite plage, appelée **Mitarashi** 御手洗.

Le sanctuaire Ise-jingû ❶ Le sanctuaire intérieur Naikû

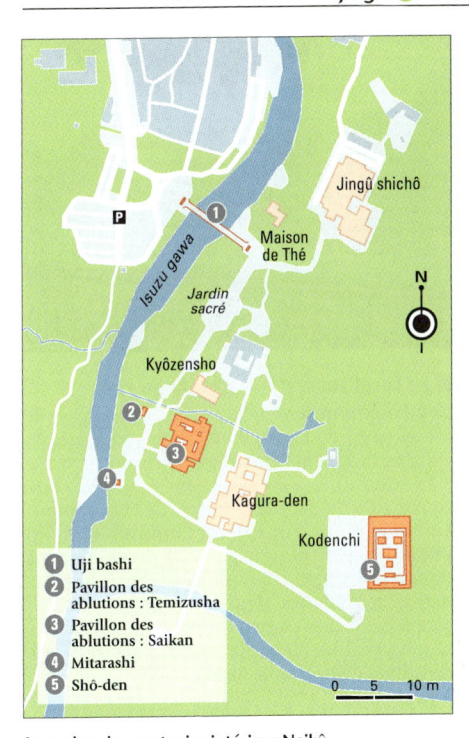

Ise : plan du sanctuaire intérieur Naikû.

❶ Uji bashi
❷ Pavillon des ablutions : Temizusha
❸ Pavillon des ablutions : Saikan
❹ Mitarashi
❺ Shô-den

■ Le Shô-den*** 正殿

Le Shô-den n'est ouvert qu'à un cercle restreint de prêtres, à l'empereur et à l'impératrice : l'entrée, en haut de quelques marches, est voilée par un rideau qui, à la grâce du vent, laisse apparaître une partie du bâtiment aux pèlerins • les photos ne sont autorisées que du bas des marches, surveillées par un gardien en uniforme.

Avec ses planchers surélevés, le bâtiment a conservé l'aspect primitif des greniers à riz de l'époque protohistorique. Ce type architectural *(Shinmei zukuri)*, exclusivement représenté à Ise, se caractérise par des poutres de pignon prolongées en V, à la manière de ciseaux ouverts, au-dessus d'un faîte surmonté par de courtes poutres disposées perpendiculairement. La toiture, recouverte de chaume, est coiffée d'une poutre faîtière supportée par deux gros piliers enfoncés directement dans le sol. Le bois brut n'est ni verni ni peint, à l'exception de dorures aux extrémités des poutres coupées net. Dans la même enceinte, deux pavillons plus petits sont disposés en retrait, de part et d'autre de l'édifice.

Reconstruction à perpétuité

Tous les 20 ans, les deux édifices principaux du sanctuaire Ise-jingû sont détruits et intégralement reconstruits à l'identique. Cette tradition shintoïste trouverait sa source dans un tabou ancien selon lequel, à la disparition d'un empereur, la capitale contaminée par la mort devait être détruite et reconstruite ailleurs. Ainsi, à côté de l'édifice actuel, un espace sacré est déjà réservé sur lequel un nouveau sanctuaire se dressera, à l'identique, en 2013. La construction de cette copie conforme sera exécutée en un an par dix charpentiers triés sur le volet utilisant le bois d'arbres prélevés sur le site, dans la forêt sacrée. Puis les esprits des divinités, Amaterasu Ômikami pour le Naikû et Toyo'uke no Ômikami pour le Gekû, seront transférés vers les nouvelles constructions au cours d'une cérémonie nocturne célébrée à huis clos par un noyau très restreint d'officiants. L'ancien bâtiment, qui aura perdu son caractère sacré, pourra alors être détruit et ses anciens bois serviront à la reconstruction des édifices secondaires, qui ne se fait que tous les 60 ans. C'est pourquoi, paradoxalement, les murs flambant neufs du sanctuaire peuvent être considérés comme plus que millénaires.

À l'intérieur du Shô-den se trouve le Yata no kagami (miroir sacré), l'un des trois emblèmes impériaux avec l'épée Kusanagi no tsurugi (sabre faucheur d'herbe ; → encadré p. 310), qui est à l'Atsuta-jingû de Nagoya, et les joyaux Magatama du Palais impérial de Tôkyô.

▶ La faible hauteur des palissades permet de deviner le sanctuaire intérieur.

En 2004, quasiment inchangés depuis le VIIe s. malgré leurs reconstructions rituelles (→ encadré p. préc.), les deux édifices principaux, ainsi que l'ensemble du sanctuaire et de sa forêt, ont été classés au patrimoine mondial.

♥ RESTAURANT
Déguster un *gyûdon* (spécialité de bœuf et oignons sautés sur lit de riz) au restaurant **Buta Sute** 豚捨 : 52, Nakano Kirimachi.

Sur le rabat arrière de la couverture, un Tableau chronologique indique les périodes de l'histoire japonaise. En fin de volume, le Petit dictionnaire répertorie le vocabulaire spécifique.

■ **La forêt sacrée**** 神宮林 (Jingû-rin)
Composée principalement de cyprès (*hinoki*) et de cèdres (*sugi*) du Japon, dont certains sont âgés de 500 ans, la forêt qui entoure le sanctuaire participe à sa solennité. S'étendant sur 5 500 ha, elle couvre près du tiers de la surface de la commune. Faune et flore, considérées comme sacrées, y sont strictement protégées. De petits chemins transversaux permettent de découvrir 120 sanctuaires secondaires, parfois très petits ; certains sont les répliques exactes des bâtiments principaux non accessibles au public, d'autres peuvent être constitués d'une simple roche.

▶ **Oharai machi***** おはらい町 (*au N. du Naikû ; 2 mn à pied sur la dr. du pont Uji bashi en sortant du Naikû*). Le long de la rivière Isuzu, cet ancien village a prospéré depuis l'époque Edo en accueillant les pèlerins. L'animation mercantile (*souvenirs et restauration*) y conserve une certaine authenticité dans des magasins et échoppes scrupuleusement restaurés.
Le **musée Sangû rekishikan Okage-za**** 参宮歴史館・おかげ座美術館 (Sangû rekishikan Okage-za bijutsukan ; *ouv. t.l.j. 10 h-16 h 30 l'hiver*), dans une petite rue perpendiculaire à la rue principale, présente une reconstitution très pittoresque de l'ancien quartier des plaisirs, dit « de la Lanterne rouge » (Aka chôchin) à l'époque Edo. ◀

▶ Le petit **musée historique du Sanctuaire** 神宮徴古館 (Jingû chôkokan ; *à 2 km E. du Gekû • ouv. t.l.j. sf lun. 9 h-16 h 30*), d'architecture occidentale classique, présente des trésors, des costumes de cérémonie, des offrandes et des pièces archéologiques, tous en rapport avec l'histoire du sanctuaire. Une **maquette en bois*** au 1/20 donne un aperçu de l'ensemble des bâtiments composant le Naikû. ◀

② Le sanctuaire extérieur Gekû★★ 外宮

Situation : 5 km N.-O. du Naikû ; 5 mn en bus, 10 mn à pied du centre-ville. L'entrée principale se fait en franchissant un ruisseau par le pont Hiyoke bashi 火除橋.

Le Gekû est la demeure de Toyo'uke no Ômikami, divinité protectrice des récoltes et du foyer, chargée de nourrir Amaterasu. Nombre de bâtiments sont semblables à ceux du Naikû (→ *promenade 1*) dans un ensemble cependant moins grandiose.

■ L'étang Magatama★ 勾玉池 (Magatama ike)

Situé sur la g., juste avant le pont, cet étang, creusé en 1889, est le lieu de promenade et de détente des habitants d'Ise, surtout au mois de juin pour sa superbe floraison d'iris. Un petit édifice sur pilotis et sert de scène pour des danses rituelles célébrant la récolte du riz lors des équinoxes d'automne.

■ Le Shô-den★★ 正殿

C'est le sanctuaire proprement dit. On y arrive par l'allée principale après avoir passé successivement sous deux *torii*. Protégé par quatre rangs de palissades, l'accès du Shô-den est, comme celui du Naikû, réservé à un cercle restreint de prêtres ainsi qu'à l'empereur et l'impératrice. Devant l'entrée, voilée par un rideau, les pèlerins se pressent en claquant deux fois les mains pour signaler leur présence à la divinité.

▲ Le Shô-den du Gekû témoigne d'une architecture issue de l'époque protohistorique.

Dans le **Mike-den**, un pavillon contigu qui n'a pas d'équivalent dans le Naikû, selon un rituel immuable, la nourriture destinée à la déesse Amaterasu est apportée deux fois par jour.

Environs d'Ise

■ La péninsule de Shima★★ 志摩半島 (Shima hantô)

À l'E. et au S. d'Ise • compter 1 j. • de petites routes et la ligne de train Kintetsu 近鉄 *permettent de découvrir cette péninsule jusqu'au S., dans la paisible baie d'Ago* ❶ *face à la gare de Toba* 鳥羽 *; www.toba.or.jp*
Malgré un statut de parc national, Shima hantô est partagée entre l'agitation de Toba, station balnéaire très fréquentée avec son île de Perles, et le panorama idyllique d'une côte découpée où s'égrène un chapelet d'îles verdoyantes sur les eaux bleues du Pacifique.

• **L'île des Perles Mikimoto★★** ミキモト真珠島 (Mikimoto shinju-tô ; *accessible par la route n° 23 ou le train, gare de Toba* 鳥羽 *• entrée payante • prévoir 2 h de vis.*). Cette petite île privée, reliée par un pont à Toba, porte le nom de Mikimoto Kokichi, le fondateur d'une méthode qui, à la fin du XIXe s., a permis à la culture des huîtres perlières d'atteindre une échelle industrielle. L'intérêt essentiel réside dans le **musée des Perles** 真珠博物館 (Shinju hakubutsukan ; *ouv. t.l.j. 8 h 30-17 h, en déc. ouv. variable*) où histoire

> ### Les sirènes de l'archipel
>
> Sur certaines côtes japonaises, selon une tradition deux fois millénaire, un mode de pêche en apnée est pratiqué par des femmes à qui l'on prête aujourd'hui une forme de matriarcat. En 760, les louanges de ces plongeuses (*ama*) sont déjà chantées dans la plus ancienne anthologie conservée de poésies japonaises, le *Man'yôshû*. Au milieu du XXe s., l'innocence de leur nudité charme l'écrivain Mishima Yukio et l'éloigne un temps de ses chimères militaristes en lui inspirant le roman *Le Tumulte des flots* (1954). Aujourd'hui, vêtues de combinaisons de plongée recouvertes d'amples robes blanches censées effrayer les requins, elles sont quelques milliers de villageoises à perpétuer cette tradition. Si l'initiation commence à 12 ou 13 ans, il leur faut attendre d'en avoir 30 ou 40 pour, parfaitement aguerries, descendre jusqu'à 10 m de profondeur. Ces solides travailleuses de la mer vivent alors au rythme quotidien de plongées de 1 mn, répétées pendant deux cycles de 50 mn. Rompues à cet exercice dont elles disent ne plus pouvoir se passer, c'est jusqu'à 70 ans et plus que certaines remontent des fonds marins oursins, langoustes et ormeaux qui font les délices de l'archipel.

et techniques de culture des huîtres perlières sont présentées de manière pédagogique. Une très belle collection de bijoux en perles, venus du monde entier, est exposée ; certains remontent à l'époque romaine. La boutique vend des perles à tous les prix. Chaque après-midi, des pêcheuses de perles locales se livrent à une démonstration très touristique de leur plongée en apnée.

• **La baie d'Ago**★★ 英虞湾 *(accès par la route côtière Pearl Road ou le train)*. De la gare d'Ugata 鵜方 *(35 km S. de Toba)*, on parvient en 40 mn de marche *(ou en voiture)* à l'**observatoire de Yokoyama** 横山, qui offre un remarquable **panorama**★★ sur les 60 îles de la baie d'Ago et de nombreux sentiers de randonnée. La gare suivante, terminus de la ligne, est le port sans relief de **Kashikojima** 賢島, d'où de nombreux ferries desservent les îles.

Le petit port de pêche de **Goza**★★ 御座港 *(de l'autre côté de la baie ; 30 mn de ferry de Kashikojima)*, est réputé pour sa tranquillité et pour son pittoresque marché aux poissons. La qualité des fruits de mer provient d'une pêche en apnée pratiquée exclusivement par les femmes depuis des temps reculés *(→ encadré)*.

Kôbe★★ 神戸

Dès les origines, Kôbe fut ouverte aux influences étrangères ; son nom a pour les Japonais un parfum d'exotisme. À l'opposé de sa voisine Ôsaka, vouée au monde des affaires, Kôbe a su conserver une dimension humaine malgré l'importance de son port. C'est ainsi que, coincée sur une bande étroite entre mer et montagne, la ville peut être parcourue à pied par un bon marcheur qui ne trouvera aucune trace du terrible séisme de 1995. Plus à l'ouest, la cité industrielle de Himeji abrite une authentique forteresse féodale, Trésor national surnommé « château du Héron blanc ».

Situation : à 34 km O. d'Ôsaka, 76 km S.-O. de Kyôto, 114 km E. d'Okayama.

1,5 million d'hab. ; préfecture de Hyôgo.

❶ sortie S. de la gare de Sannomiya 三ノ宮 ☎ 078/322.0220, ou à l'intérieur de la gare Shin-Kôbe 新神戸.

☞ **DAB** *Citybank*, dans la gare de Sannomiya 三ノ宮 ou derrière la mairie ; distributeur ouv. 24 h/24, banque ouv. du lun. au ven. 9 h-15 h.

Kôbe mode d'emploi

Accès : par le train (gare de Sannomiya 三ノ宮), 25 mn depuis Ôsaka, 50 mn depuis Kyôto 京都 ; en Shinkansen (gare Shin-Kôbe 新神戸), respectivement 15 mn et 30 mn • **aéroports** : Kansai International 関西国際空港 (Kansai kokusai kûkô), Kôbe Airport 神戸空港 (Kôbe kûkô, lignes intérieures).

Combien de temps : 1 journée.

S'organiser : le centre-ville se trouve aux abords de la gare de Sannomiya ; à 20 mn à pied (5 mn en métro), la gare Shin-Kôbe est à proximité du quartier Kitano et d'une station de téléphérique. Au départ des deux gares, le bus à l'ancienne City Loop dessert les principales curiosités touristiques (toutes les 20 mn, de 10 h à 17 h 30).

À ne pas manquer	
Nunobiki Herb Park★★★	330
Les maisons des étrangers du quartier Kitano★★	330
Le château Himeji-jô★★★ (Environs)	331

Kôbe dans l'histoire

Muko, village de pêcheurs

De nombreux vestiges, remontant jusqu'au paléolithique, ont été découverts sur le site de Kôbe. Au IVe s., un petit port de pêche appelé Muko y échange déjà avec la Chine et la Corée. Mais il faut attendre 1180 pour que la baie fasse son entrée dans l'histoire, quand le puissant général Taira no Kiyomori (1118-1181) décide d'y établir une capitale éphémère. La baie offre un excellent mouillage que bientôt se partagent deux ports : Kôbe et son voisin Hyôgo, en pleine expansion.

Voir carte régionale p. 319

> ☞ **SPÉCIALITÉ**
> Le steak de bœuf de Kôbe, élevé à la bière.

Au XVIIe s., quand le Japon se ferme au monde, les liaisons avec la Chine et la Corée se réorientent vers la mer du Japon et l'île de Hokkaidô.

Un grand port ouvert sur le monde

En accord avec le traité d'amitié nippo-américain de Kanagawa signé en 1854, Hyôgo s'ouvre progressivement aux vaisseaux étrangers. Une école navale est fondée à Kôbe, qui devient vite prépondérante dans l'importation de matières premières pour l'industrie textile. Avec Yokohama, elle a le plus grand port du Japon. Tant et si bien que, ancien faubourg, elle absorbe Hyôgo en 1889. Au tournant du XXe s., les guerres avec la Chine puis la Russie favorisent son activité qui, bientôt, s'ouvre largement aux influences de l'Occident. Après la Seconde Guerre mondiale, la ville détruite aux deux tiers se reconstruit et s'étend sur des terrains gagnés sur la mer. Durant les années 1980-1990, elle connaît une prospérité sans précédent, brusquement interrompue en 1995 par un terrible tremblement de terre (→ encadré).

Kôbe aujourd'hui

Deux ans après le séisme, les principales infrastructures étaient rétablies et le port reconstruit intégralement, tandis qu'une partie de la population était hébergée dans des logements provisoires. Avec plus de 200 000 logements construits entre 1995 et 2003, la ville semble sortie de ses difficultés, le port a retrouvé sa place majeure. Mais les nombreuses entreprises qui avaient déplacé leurs activités durant la période critique ne sont pas revenues, pénalisant une économie qui peine à retrouver son niveau d'avant le séisme. Une politique ambitieuse d'expansion est cependant menée, concrétisée en 2006 par l'ouverture controversée d'un nouvel aéroport construit sur la mer.

Visiter Kôbe

Dans la partie S., les quartiers de Sannomiya et Nankin machi délimitent un centre-ville animé, très couleur locale. Le parc Meriken, avec son Musée maritime, est un petit havre de calme ouvert sur le port. Au N., le pittoresque quartier Kitano est résidentiel.

■ **Le quartier chinois*** 南京町 (Nankin machi)
Près de la gare Motomachi 元町 • *compter 1 h.*
Cette petite enclave chinoise, implantée depuis l'ère Meiji, contribue à l'exotisme de Kôbe. Arches ornées de dragons et kiosques laqués de rouge marquent l'entrée de rues colorées par des maga-

---

> ### Le grand séisme de 1995
>
> Le 17 janvier 1995 à 5 h 46, un très violent séisme (magnitude 7,3 sur l'échelle de Richter) secoue Kôbe, sa banlieue et l'île d'Awaji. Dans la seule cité sont dénombrés 4 571 morts, 14 678 blessés et près de 68 000 maisons détruites, dont 10 % ravagées par des incendies. Le monde découvre alors les images d'une ville dévastée aux immeubles renversés, éventrés, aux ponts effondrés.
>
> La violence extrême du séisme s'explique par la faible profondeur de son hypocentre, situé juste sous le port. Les secousses verticales, les plus destructrices, ont prédominé, atteignant jusqu'à 1 m d'amplitude. Car les failles mises en action n'avaient jusqu'alors pratiquement jamais joué, emmagasinant une énergie particulièrement importante. Comme si cette longue période de calme avait fait perdre à Kôbe la mémoire des séismes, et si les normes antisismiques avaient été appliquées ici avec moins de vigilance. De même, les secours officiels, très aguerris dans le reste de l'archipel, semblent avoir été pris au dépourvu. À l'inverse, les observateurs étrangers ont été fortement impressionnés par l'absence de panique, la discipline et l'entraide spontanée conduites par les sinistrés eux-mêmes.

sins de produits chinois et des échoppes de raviolis frits à emporter.

■ Le Musée municipal** 市立博物館 (Shiritsu hakubutsukan)

24, Kyo machi • à 10 mn à pied des gares Sannomiya 三ノ宮 *et Motomachi* 元町 *• ouv. t.l.j. sf lun. et j. fériés 10 h-17 h • compter 1 h.*

Il a été aménagé en 1982 dans l'immeuble à colonnes grecques d'une ancienne banque. Le rez-de-chaussée et une partie du 1er étage sont consacrés à la préhistoire du Japon, aux échanges avec le continent et aux premiers Européens. Voir notamment la collection de 14 **cloches** de bronze du Ier millénaire, découvertes en 1964 dans le quartier de Sakuragaoka. Au 1er étage, une salle est consacrée aux *nanban byôbu*, **paravents** peints aux XVIe et XVIIe s. selon une technique de tradition japonaise, mais reflétant l'influence picturale de la Renaissance, introduite par les missionnaires portugais dont ils décrivent l'arrivée au Japon. Les originaux de ces œuvres sont montrés au public selon un cycle annuel d'expositions temporaires ; le reste du temps, des copies sont présentées.

■ Le parc Meriken★ メリケンパーク (Meriken pâku)

À 10 mn à pied de Nankin machi, 20 mn de Sannomiya • ouv. 24 h/24.

Dans un édifice à l'architecture futuriste, le **Musée maritime**★★ 海洋博物館 (Kaiyô hakubutsukan ; *ouv. t.l.j. sf lun. et j. fériés 10 h-17 h • compter 1 h*) offre une riche collection de maquettes anciennes

♥ **RESTAURANT**
Café de Kôbe カフェドコウベ : juste derrière le Musée municipal ☎ 078/334.0015. Restaurant raffiné à prix raisonnables, cuisine occidentale japonisée dans une belle demeure européenne du XIXe s.

Le terme *nanban*, « Barbares du Sud », désigne les premiers Européens arrivés par la partie méridionale de l'archipel.

▼ Vue du port de Kôbe avec, au premier plan, la tour rouge Port Tower.

♥ HÉBERGEMENT

Hôtel *Kitano Plaza Rokkôsô* ホテル北野プラザ六甲荘 : dans le quartier excentré de Kitano ☎ 078/241.2451 ; www.rokkoso.com Calme, confortable et de bon goût ; bon rapport qualité-prix.

De Kôbe à São Paulo

Durant l'ère Meiji, alors que le Japon se modernisait et s'ouvrait au monde, le pouvoir instaura une politique de migration des paysans vers le continent américain. Il s'agissait de désamorcer des tensions sociales engendrées par les grands bouleversements du monde rural. C'est ainsi que de nombreux Japonais embarquèrent à Kôbe pour le Nouveau Monde. Si la plupart choisirent alors les États-Unis, la destination changea à partir de 1910, lorsque ce pays se ferma à l'immigration nippone.

Le Brésil, alors devenu terre d'élection, compte aujourd'hui près de 1,5 million de descendants de Japonais, dont la plupart, concentrés à São Paulo, sont devenus catholiques et ne parlent plus que le portugais. D'autres pays d'Amérique latine accueillirent, en moindre proportion, des émigrants nippons, tels les parents de l'ancien président du Pérou, Alberto Fujimori. Les vagues d'émigration se sont arrêtées après la Seconde Guerre mondiale. Et, depuis les années 1980, le mouvement semble même s'être inversé : pour pallier son manque de main-d'œuvre, le Japon fait appel à des immigrés brésiliens d'origine nippone.

et contemporaines de voiliers, cargos, paquebots et prototypes. Une pièce maîtresse est la **figure de proue** du voilier *Mihako Maru* (XIXe s.), à l'effigie d'une muse japonaise drapée à la grecque. Un musée dans le musée est consacré à la firme **Kawasaki** et à ses premières motocyclettes.

La tour **Port Tower**★★ ポートタワー (Pôto tawâ ; *ouv. t.l.j. 9 h-20 h, jusqu'à 21 h en août et 18 h de déc. à fév.*), en structures métalliques rouges, haute de 108 m, a bien résisté au séisme. Ses derniers étages *(ascenseur)* offrent un **panorama** instructif sur le port, l'agglomération et la montagne de Kôbe. Au sommet, un **salon de thé** pivote à 360°.

Le **Parc mémorial du tremblement de terre**★ 地震メモリアルパーク (Jishin memoriaru pâku ; *à 5 mn du Musée maritime • ouv. t.l.j. 24 h/24*) revient, au moyen de maquettes, photos et vidéos, sur les dégâts du séisme de 1995 (→ *encadré p. 328*), les ferries suppléant à l'absence de trains, et sur l'historique de la reconstruction. Une section de **quai** détruite par la secousse, conservée en l'état, donne une idée de l'ampleur de la catastrophe.

Le **monument aux émigrants**★ *(au S. du mémorial)*, statues représentant un homme coiffé d'un canotier, une femme et un enfant, rend hommage aux nombreux Japonais qui, au début du XXe s., ont émigré depuis Kôbe vers l'Amérique du Sud (→ *encadré*).

■ Le quartier Kitano★★ 北野
À 20 mn à pied au N. de Sannomiya, 15 mn au S.-O. de la gare Shin-Kôbe • ouv. t.l.j. 9 h-18 h, jusqu'à 17 h en hiver • certaines entrées sont payantes.

Dans cet ancien quartier résidentiel des étrangers (aux ères Meiji puis Taishô), les rues sinueuses à flanc de colline, les églises et belles demeures européennes entourées de jardinets forment un îlot d'exotisme pour les Japonais ou de nostalgie pour le voyageur occidental. Certaines de ces **maisons des étrangers** *(ijin-kan)* sont aujourd'hui des petits musées nationaux ; sentant le cuir et l'encaustique, le bar cossu du manoir anglais est ouvert aux visiteurs tandis qu'une antique limousine noire est stationnée dans le jardin.

■ Nunobiki Herb Park★★★ 布引ハーブパーク (Nunobiki hâbu pâku)
Accès par téléphérique, derrière le complexe Crown Plaza Kôbe (à 5 mn de la gare Shin-Kôbe) • ouv. du lun. au ven. 9 h 30-17 h ; d'avr. à oct., également les w.-e. et j. fériés 9 h 30-20 h 30 • entrée payante.

Presque au sommet de la montagne, refuge de calme et de fraîcheur durant la canicule d'été, cet agréable jardin de **plantes aromatiques** procure une **vue** panoramique sur Kôbe. Possibilité de redescendre à pied par l'agréable sentier qui traverse le jardin puis un parc forestier : 30 mn jusqu'au premier arrêt du téléphérique, 1 h 30 jusqu'à son point de départ.

Juste derrière la montagne, **Arima Onsen** 有馬温泉 *(à 45 mn en train de la gare de Sannomiya)* est connue comme l'une des plus anciennes stations thermales du Japon. Sa grande capacité d'hébergement en fait un point d'attraction touristique facilement accessible.

Environs de Kôbe

■ **Le château Himeji-jô**★★★ 姫路城 *57 km O.*

Accès par le Shinkansen, puis 15 mn à pied de la gare JR (5 mn en bus, arrêt Himejijô Otemon mae 姫路城おてもん前) • la ligne du Loop Bus dessert les principaux points touristiques de la ville • ouv. 9 h-16 h, jusqu'à 17 h de juin à août • donjon en rénovation jusqu'en 2014 mais reste ouv. au public • 2 h de vis. en suivant le parcours fléché, mais prévoir plutôt 1/2 j. ❶ *dans la gare* ☎ *0792/85.3792 ; ouv. t.l.j. 9 h-17 h ; prêt gratuit de vélos.*

Du haut de ses 46 m, le château, classé au patrimoine mondial, semble veiller sur la ligne du Shinkansen desservant l'O. du Japon. Cette même position stratégique, le long de l'antique route du Sanyôdô, fit construire à un seigneur une forteresse en 1346. En 1580, Toyotomi Hideyoshi en prend possession pour y adjoindre un donjon de trois étages. En 1610, le seigneur Ikeda ajoute un donjon de cinq étages ainsi que trois tours plus petites. Son successeur, le seigneur Honda, agrandit l'ensemble en 1617, lui donnant sa silhouette actuelle.

Entouré d'une enceinte de plus de 3 km de long, Himeji-jô est défendu par un labyrinthe de portes, de mâchicoulis, de passages dérobés et de chicanes, séparés par des cours plantées de cerisiers. Les lourdes murailles de pierre sont surmontées d'un enchevêtrement de toitures incurvées couvertes de plus de 350 000 tuiles. Ce chef-d'œuvre d'architecture militaire, symbole de puissance

▲ Épargné par les bombardements de la Seconde Guerre mondiale, le château de Himeji a servi, en 1985, de décor pour le film *Ran* de Kurosawa Akira.

et de pouvoir, a traversé l'histoire sans dommages, protégé par un ingénieux système de trois douves concentriques, dont une seule subsiste.

La **porte des Losanges★** 菱の門 (Hishi no mon), élégant portail laqué de blanc, marque l'entrée du château, surmontée de fenêtres arrondies et bordée de gros murs de pierre. Bien connue des Japonais, elle sert de décor à nombre de films historiques.

La **tour du Maquillage★★** 化粧櫓 (Keshô yagura), située dans la partie N. de l'enceinte O., abritait le salon de repos de la princesse Sen (1597-1666), fille aînée du shogun Tokugawa Hidetada et arrière-petite-fille de Tokugawa Ieyasu. Les mariages forcés, les veuvages et les soupirants de cette grande dame, qui décida de se faire nonne, ont alimenté sa légende romanesque. Agenouillé sur les tatamis de son boudoir, un mannequin de cire, vêtu d'un kimono, immortalise les séances de maquillage de la belle.

Bâti au sommet de la colline, le monumental **grand donjon★★★** 大天守 (Daitenshu), haut de 15 m, surplombe l'ensemble des fortifications. Reposant sur un solide socle de pierre, il est composé de cinq niveaux de toitures montés en ordre pyramidal. L'intérieur, soutenu par de gigantesques piliers de bois, comporte sept étages dont l'ascension se fait par des escaliers sombres et abrupts. Dans les salles au confort spartiate sont exposés des armures de samouraïs, des sabres anciens et des **fusils** japonais, héritiers des arquebuses laissées au XVe s. par des navigateurs portugais venus sur l'île de Tanega shima, au S. du Kyûshû. Les fenêtres étroites s'ouvrent sur les environs et la mer Intérieure.

Ville industrielle de 480 000 hab., **Himeji** attire pour son seul château. Mais le **parc Kôko-en★★★** 好古園, avec son pavillon de thé, peut être une raison de prolonger la visite. Dessiné en 1992 dans le plus pur style paysager de l'époque Edo, il comprend neuf jardins différents, dont la beauté se décline au gré des saisons ; l'un est dédié au bambou, un autre à la cérémonie du thé *(à 5 mn à pied sur la g. après la douve en sortant du château ; arrêt de bus Kôkoen mae* 好古園前 • *ouv. t.l.j. 9 h-16 h 30, jusqu'à 17 h 30 de juin à août • entrée payante, cérémonie du thé payante)*.

Le mont Kôya★★★ 高野山

Un plateau étroit s'étendant sur six kilomètres d'est en ouest à 900 mètres d'altitude. Un mont entouré de deux cercles concentriques de chacun huit collines noyées dans la brume ; les anciens y voyaient le centre d'une fleur de lotus. C'est ce qui inspira peut-être la fondation, au IXe s., d'un grand monastère. Aujourd'hui, un pittoresque petit train à crémaillère gravit la pente escarpée, qui isolait jadis les religieux du vaste monde. En haut du Kôya-san, une centaine de pagodes et de temples forme un trésor architectural où sont perpétués quotidiennement les rites du bouddhisme tantrique par des moines, qui accueillent les voyageurs étrangers sans aucun esprit de prosélytisme.

Situation : à 55 km S.-E. d'Ôsaka, 87 km S. de Kyôto, 159 km S.-O. de Nagoya.

7 000 hab. ; préfecture de Wakayama.

ℹ bureau en centre-ville face à l'arrêt de bus Senjuinbashi 千手院橋. ☎ 0736/56.2616 ; www.shukubo.jp et www.koyasan.or.jp Rés. d'auberge, information, vente de billets combinés pour la visite des sites, location de vélos et d'audio-guides en français.

À ne pas manquer

Le cimetière★★★ de l'Okuno-in   335

Kôya mode d'emploi

Accès : 1 h 30 de train (ligne Nankai 南海) depuis la gare de Nanba à Ôsaka, via Gokuraku bashi 極楽橋 ; puis 10 mn de bus depuis la gare de Kôya-san 高野山.

Combien de temps : 2 j. ou plus.

S'organiser : les temples sont répartis dans le périmètre d'une petite ville agréable à découvrir à pied, à vélo, en voiture ou en autobus. Les sites sont généralement ouv. de 8 h 30 à 16 h.

Se loger : pas d'hôtels, mais de nombreux temples ont une structure d'hébergement très confortable où est servie la fameuse cuisine végétarienne *shôjin ryôri* (→ *encadré p. 335* ; → *aussi shukubô, encadré p. 344*).

Fêtes et manifestations : 15 juin, **Aoba matsuri**, l'anniversaire très coloré de la naissance de Kûkai • 13 août, **festival des Bougies**, pour rappeler les morts.

Kôya dans l'histoire

Un sage sur la montagne

En l'an 816, Kûkai (→ *encadré p. suiv.*), fondateur de la secte bouddhique Shingon, obtient de l'empereur Saga d'établir une communauté religieuse

✎ **BON À SAVOIR**
Très fréquenté l'été pour sa fraîcheur, le Kôya-san est sous la neige en hiver.

♥ **SHOPPING**
Hamadaya 浜田屋 : dans une ruelle au S.-E. de l'OT et de l'arrêt de bus Senjuinbashi 千手院橋 ☎ 0736/56.2343. Ce magasin artisanal est renommé pour son *goma-dôfu*, un tofu au sésame, spécialité du Kôya-san.

Voir carte régionale p. 319

Quand Kûkai devint Kôbô Daishi

Né en 774 dans l'île de Shikoku, Kûkai se consacre dès l'âge de 15 ans à l'étude des textes classiques chinois. En 804, il s'embarque pour la Chine et s'établit à Changan (aujourd'hui Xi'an), la capitale des Tang, où ce lettré étudie le bouddhisme auprès des plus grands maîtres. Après deux ans, il revient au Japon et présente à la cour une riche collection d'objets liturgiques et de textes bouddhiques. Puis, à Kyôto, il se consacre à la diffusion du bouddhisme ésotérique selon lequel, avec l'aide d'un maître, il est possible au cours d'une vie de parvenir à l'état de bouddha. Fuyant les rumeurs du monde, il édifie en 816 le monastère du mont Kôya pour s'y consacrer à la méditation. Mais en 823, il se voit confier le temple Tô-ji de Kyôto qui, avec 50 religieux, devient le centre de la secte Shingon dont il est le fondateur.

Auteur de nombreux traités religieux, il demeure aujourd'hui l'une des plus grandes figures religieuses du Japon. Le moine s'éteint en 835 ; selon le rituel bouddhique, il reçoit le nom posthume de Kôbô Daishi (grand maître de la diffusion de la loi).

☞ **EN SAVOIR PLUS**
Sur la secte Shingon et le bouddhisme en général, voir le chapitre « Religions », p. 100.

▶ Dynamique et ouvert sur le monde, le Kôya-san accueille chaque année un flux ininterrompu de pèlerins et de touristes de tous horizons qui lui assurent sa prospérité.

au sommet du mont Kôya. Il entreprend l'ascension accompagné de ses fidèles et édifie le monastère Kongôbu-ji dans la lignée des montagnes saintes du bouddhisme chinois et indien. Après la mort du sage, c'est à son successeur Shinmen que revient d'achever l'édification des sept pavillons principaux. Le Kôya-san s'épanouit et devient bientôt un important centre du bouddhisme ésotérique. Il prospère au fil des siècles à la faveur de protections et de donations accordées par les empereurs et les *daimyô* : au Moyen Âge, il compte jusqu'à 1 500 bâtiments, où vivent 90 000 moines.

Bouddhisme et prospérité

La vie monastique ne préserve cependant pas des vicissitudes. Pendant le Moyen Âge, les moines se confrontent violemment à ceux de la secte rivale Tendai. Des querelles de factions opposent, au sein même du monastère, les trois ordres monastiques : « clercs » (consacrés à l'étude), « pratiquants » (voués à l'administration) et « saints » ou ascètes. À plusieurs reprises, des bâtiments sont incendiés et, en 1581, le mont Kôya doit se soumettre au général Oda Nobunaga, l'unificateur du pays. En dehors de ces périodes tourmentées, le Kôya-san a su demeurer un îlot de paix. En 1872, les femmes sont enfin autorisées à établir un couvent et aujourd'hui, avec ses 117 temples et ses 7 000 moines, le mont est l'un des grands centres du bouddhisme nippon.

Visiter le mont Kôya

■ **Okuno-in**★★★ 奥の院
20 mn à pied vers l'E. depuis le centre, 5 mn en bus, descendre à Ichi no hashi guchi 一の橋口 • *compter 2 à 3 h.*

Ce site assez fréquenté conserve son mystère en début ou en fin de journée. Un chemin étroit, long de 2 km, traverse une immense nécropole avant de conduire au temple des Lanternes puis au mausolée de Kôbô Daishi.

Le cimetière✱✱✱ 墓地 (bochi ; *il est préférable de commencer par la partie ancienne en traversant le petit pont blanc Ichi no hashi puis de suivre le chemin vers la dr.*). Dans la pénombre d'une forêt monumentale aux troncs couverts de mousse, plus de **200 000 stupas** de pierre grise s'enchevêtrent. Très anciens, ils renferment les cendres de bouddhistes anonymes ou de personnages historiques comme Toyotomi Hideyoshi. Dans une partie récente, une stèle est dédiée aux morts des deux camps durant la Seconde Guerre mondiale à Bornéo. Les employés défunts d'une usine d'aérospatiale y ont aussi leur monument, en forme de fusée...

Le temple des Lanternes✱✱ 灯籠堂 (Tôrô-dô ; *en marchant vers l'E.*). Selon la tradition, parmi les **10 000 lampes** offertes par des fidèles, qui brûlent jour et nuit dans ce vaste temple, deux auraient été tenues allumées sans interruption depuis la première édification au XIe s. L'une offerte par l'empereur Shirakawa, l'autre par une femme pauvre qui aurait vendu ses cheveux pour payer ce don.

Le mausolée de Kôbô Daishi✱✱ 弘法大師 (Gobyô ; *visible derrière le Tôrô-dô*). Le saint homme se serait éteint en position de méditation, les jambes croisées, à l'âge de 62 ans. C'est ainsi qu'il reposerait dans sa tombe, à l'intérieur de cet humble sanctuaire, à l'ombre de grands cryptomerias.

■ **Le temple Kongôbu-ji**✱✱✱ 金剛峰寺

Vers l'O., à 5 mn à pied du centre-ville • entrée payante • compter 1 h.

Siège historique et officiel de l'école Shingon, ce temple possède une série de peintures anciennes très raffinées qui justifient une visite approfondie.

Le **pavillon principal**✱✱✱ *(hondô)* fut édifié au XVIe s. Ses nombreuses salles sont visibles depuis un long couloir entouré de jardins, faisant le tour de l'édifice. La plupart des **peintures** ont pour support des panneaux coulissants. Certaines relatent le voyage initiatique de Kôbô Daishi en Chine, puis son installation au Kôya-san. D'autres, aux motifs d'oiseaux et de fleurs, déclinent les saisons par une combinaison délicate de la couleur et de la dorure. Une salle, où thé et gâteaux sont offerts à tous les visiteurs, permet d'admirer le **jardin de pierre**

Gastronomie au mont Kôya

Introduite au Japon au XIIe s., la cuisine végétarienne s'est imposée au Kôya-san pour permettre aux moines de se conformer au précepte du respect de la vie animale. Il importait aussi que cette alimentation leur procure le réconfort et le bien-être nécessaires à la pratique. Ce qui n'était au début que l'humble ration monastique a donné lieu à un art culinaire original, élaboré au fil du temps, pour aboutir à une cuisine des plus sophistiquées : le ***shôjin ryôri***. Ainsi au Kôya-san, plaisir du palais et exercices religieux font bon ménage.

Dans des bols de porcelaine fine disposés sur un plateau laqué, champignons, herbes et plantes sauvages des montagnes sont présentés bouillis ou frits en *tempura*. Les légumes de saison sont grillés ; l'œuf est remplacé par l'igname ; ail et oignon sont bannis car préjudiciables à la sérénité ; et, comme partout dans l'archipel, soupe de *miso* et riz accompagnent les mets. La touche finale est un tofu de sésame que l'on ne trouve que sur le mont Kôya. Quant à la bière et au saké, ils ne font l'objet d'aucun interdit...

De façon funeste, c'est dans l'une des plus belles salles du Kongôbu-ji, celle des Saules, que Toyotomi Hidetsugu, fils adoptif en exil de Hideyoshi, dut commettre en 1595 le seppuku (suicide rituel) auquel il avait été contraint.

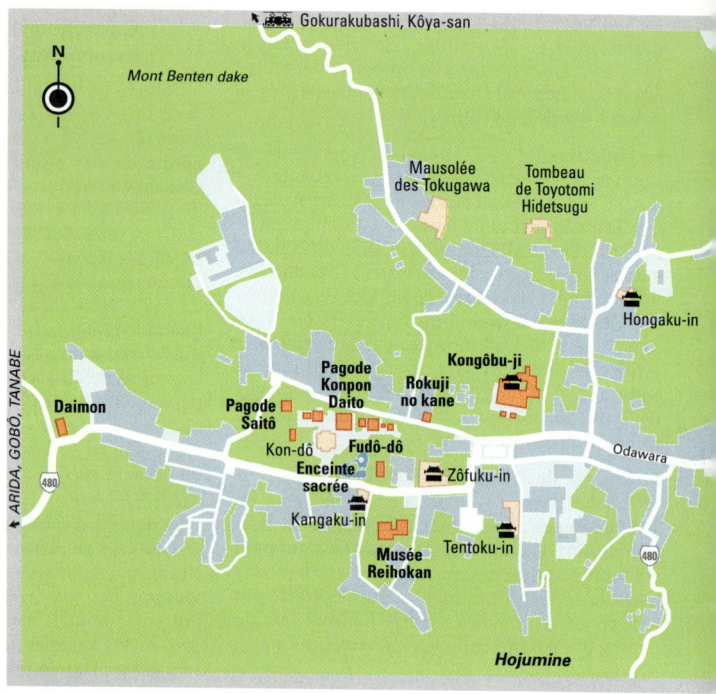

Le mont Kôya.

Banryû-tei** 蟠龍庭, le plus grand du Japon, composé de roches venues de Shikoku. Un couple de dragons semble y émerger d'un nuage fait de sable blanc.

Rokuji no kane* 六時の鐘 *(à 2 mn, face au pavillon principal)*. Cette « cloche de 6 heures » est abritée par un petit édifice du XVIIe s. campé sur un solide socle de grosses pierres digne d'un château féodal. Un bonze la fait sonner à chaque heure de 6 h à 22 h.

■ L'enceinte sacrée** 伽藍 (garan)
Vers le S. à 5 mn à pied du Kongôbu-ji • compter 1 h.
Elle est l'un des sites les plus importants du mont Kôya. Une vingtaine de pavillons et pagodes y sont répartis dans un bois.
Édifiée au XIIe s., la **pagode Konpon Daito**** 根本大塔 fut reconstruite en 1937. À l'intérieur de cet imposant stupa laqué de vermillon, haut de 48 m, se dressent une grande statue du bouddha Amida et des piliers décorés à l'effigie des bodhisattvas.
Le **Fudô-dô**** 不動堂 *(dans la partie E. du garan)*, petit pavillon aux proportions harmonieuses, a été construit en 1198. Représentatif de l'époque de Kamakura, il fait partie des Trésors nationaux du Japon.
La **pagode Saitô***** 西塔 *(dans la partie N.-O. du garan)*, est le plus ancien bâtiment du *garan* (hauteur 27 m). Non laquées, ses structures de bois parfaitement visibles sont exemplaires du degré de raffinement de la charpenterie

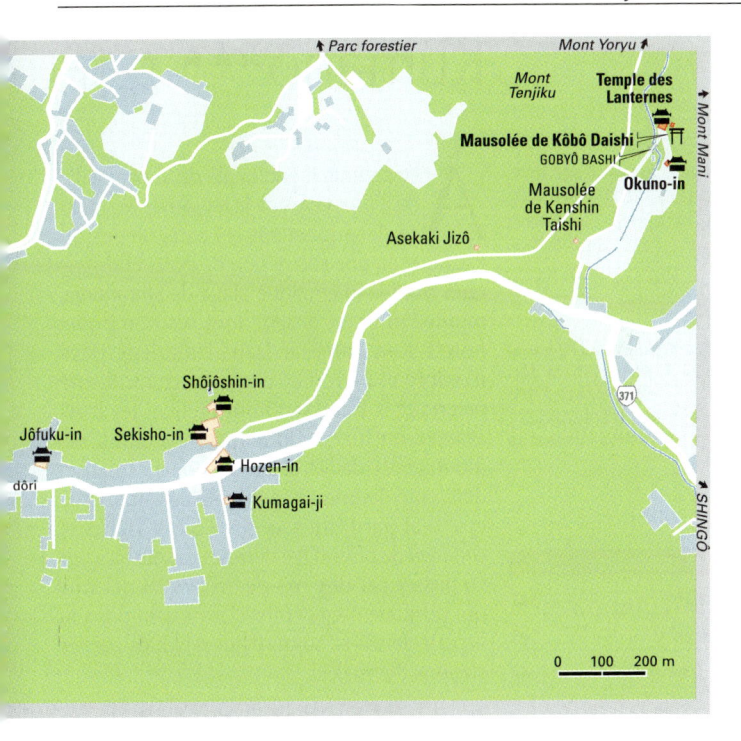

nippone. Leur patine, ainsi que les cèdres géants qui l'entourent, participe à la magie du lieu.

■ Le musée Reihô-kan** 霊宝館
Vers le S. à 5 mn à pied du garan et du Kongôbu-ji • ouv. t.l.j. 8 h 30-16 h.
La collection de ce musée des Trésors serait riche de 29 000 pièces : peintures, sutras, mandalas et livres anciens. Leur présentation en alternance est renouvelée à un rythme saisonnier. L'une des statues, la remarquable **Seitaka-dôji**, est l'œuvre du grand sculpteur sur bois Unkei (XIIe s.).

■ La porte Dai-mon** 大門
Vers l'O. à 15 mn à pied du centre-ville.
Cet édifice monumental était l'entrée principale du Kôya-san jusqu'à la mise en service du train à crémaillère durant les années 1930. Haut de 25 m, laqué de vermillon et flanqué de deux énormes statues grimaçantes de divinités gardiennes, il domine la vallée.

Kumano★★★ 熊野

Situation : Shirahama, à 60 km S. du mont Kôya, 110 km S. d'Ôsaka, 114 km S.-O. de Yoshino, 150 km S.-O. d'Ise.

Préfecture de Wakayama.

🛈 à Wakayama (70 km S. d'Ôsaka) : 1-1, Komatsubara dôri ☎ 073/441.2785, fax 073/427.1523 ; www.tb-kumano.jp

À ne pas manquer

Nachi no taki★★★	341
Kawayu Onsen★★★	341
Yunomine Onsen★★★	342

✍ **BON À SAVOIR**
La signalétique locale indique en caractères latins
« Kumano Sanzan » pour les sanctuaires, « Kumano Kodô » pour les chemins de pèlerinage. La région est souvent désignée sous le nom de la ville côtière de Tanabe 田辺 ou de la préfecture de Wakayama 和歌山.

Voir carte régionale p. 319

À l'extrémité méridionale de la péninsule de Kii, les côtes de la région de Kumano se découpent sur les eaux bleues du Pacifique en une succession de ports et de criques dont la magnifique plage de Shirahama, réputée pour les *onsen*, dont ses nombreux hôtels sont pourvus. Dans l'intérieur, pays d'ombre et de forêts, d'anciennes routes de pèlerinages (Kumano Kodô) relient les trois grands sanctuaires du Kumano Sanzan (trois montagnes), dédiés chacun à une incarnation différente de Bouddha. Inscrits au Patrimoine mondial par l'Unesco, ces « Sites sacrés et chemins de pèlerinage dans les monts Kii » ont vu passer par dizaines de milliers les pèlerins qui purifiaient également leur esprit dans la vapeur de bains, aujourd'hui exploités par les stations thermales.

Kumano mode d'emploi

Accès : train JR sur le littoral • nombreuses lignes de **bus** vers l'intérieur au départ de Tanabe 田辺 et Shingû 新宮.

Combien de temps : 2 j. ou plus.

S'organiser : commencer par Kii-Tanabe ou Shirahama, longer la côte jusqu'à la cascade de Nachi puis, vers l'intérieur, loger à Kawayu Onsen ou Yunomine Onsen pour leurs sources thermales. Des bus locaux desservent ces villages ainsi que les chemins de randonnée. Ce circuit peut compléter la visite du mont Kôya (→ p. 333) ou de Yoshino (→ p. 403).

Fêtes et manifestations : le 14 juil., Hi matsuri à Nachi 那智, de grands palanquins dorés descendent de la montagne à la lueur d'énormes torches.

Kumano dans l'histoire

Pirates de la côte et esprits de la montagne

Aux temps anciens, les côtes des régions de Kii et de Kumano étaient infestées de pirates, tandis que

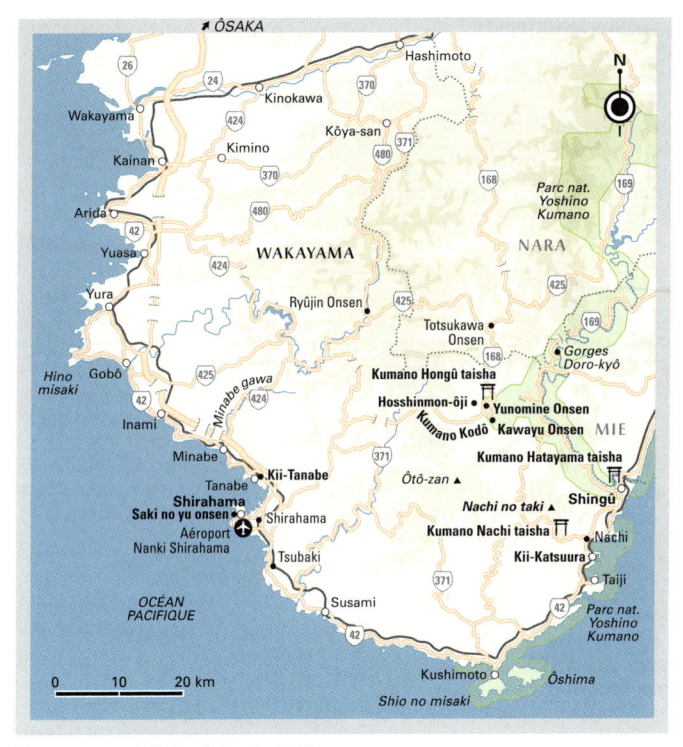

Kumano, au sud de la péninsule de Kii.

les montagnes de l'intérieur, couvertes de forêts impénétrables, formaient le domaine des *kami* et de ceux qui les honoraient. Le bouddhisme commence à y pénétrer à l'époque de Heian et bientôt, dans les trois sanctuaires du Kumano Sanzan, une lente fusion s'opère entre cultes des *kami* et des divinités bouddhiques Amida et Kannon. En 907, ces lieux saints reçoivent même en pèlerinage l'empereur retiré Uda. Ses successeurs perpétuent cette tradition puis, au fil des siècles, aristocrates comme couches populaires les imitent en masse, guidés et encadrés par une confrérie d'ascètes de la montagne, les *yamabushi*.

Deux mondes se rejoignent

Au XIIe s., des liens commencent à se créer entre les populations des régions montagneuses et des zones côtières. Certaines bandes de pirates se structurent alors en associations respectables et finissent par se placer sous le contrôle administratif des sanctuaires du Kumano Sanzan. En s'appuyant sur cette nouvelle force, l'administrateur Tanzô joue un rôle déterminant dans la guerre entre les Minamoto et les Taira (fin XIIe s.). Quant aux *yamabushi*, une partie d'entre eux renoncent à la vie d'anachorètes. Une diminution du nombre des pèlerins s'ensuit jusqu'à ce que, en 1619, le seigneur Tokugawa Yorinobu décide de restaurer les chemins de pèlerinage du Kumano Kodô. Ceux-là retrouvent alors leur popularité jusqu'en 1872 : alors, l'élévation

LES TROIS GRANDS SANCTUAIRES DU KUMANO SANZAN

Kumano Nachi taisha
熊野那智大社   341

Kumano Hayatama taisha
熊野速玉大社   (photo p. 318)

Kumano Hongû taisha
熊野本宮大社   342

✎ BON A SAVOIR
L'office du tourisme, à droite de la gare, remet le plan d'un circuit pédestre (www.tb-kumano.jp/en/dining/) où sont répertoriés 29 *izakaya* sélectionnées pour la qualité de leurs menus, rédigés en anglais.

♥ **HÉBERGEMENT À SHIRAHAMA**
Minshuku Katsuya
民宿かつ屋 : à 2 mn de la plage ☎ 0739/42.3814. Auberge familiale entourant un petit jardin japonais. Petits prix, anglais parlé et accueil agréable.

♥ **CAFÉ-RESTAURANT À SHIRAHAMA**
Ryokan Mantei 旅館万亭 : à 10 mn de la plage ☎ 0739/43.5005 ; www.mantei.jp Belle auberge traditionnelle au calme avec vue sur la mer, *onsen* et dîner gastronomique. Prix à la hauteur de la prestation.

♥ **BIEN-ÊTRE À KATSUURA**
Spa Hotel Urashima
ホテル浦島 : dans la baie de Katsuura ☎ 0735/52.1011 ; www.hotelurashima.co.jp Cet incroyable complexe thermal accueille jusqu'à 2 500 hôtes dans une île privée traversée de tunnels et d'ascenseurs menant à sept *onsen* aménagés sur le pic d'un rocher ou dans des grottes ouvertes sur l'océan.

du shintoïsme au rang de religion d'État sonne le glas des manifestations de syncrétisme, devenues pour le pouvoir objet de suspicion.

Visiter Kumano

■ **Kii-Tanabe**★★ 紀伊田辺
Accès par train JR : 2 h 20 depuis Ôsaka, 3 h 50 du mont Kôya • en bus : 2 h de Hongû, 3 h 30 du mont Kôya.

Cette petite station balnéaire est le point d'entrée idéal pour découvrir la côte vers l'est, ou bien gagner directement le Kumano Kodô. Réputée pour sa gastronomie, la ville regorge de gargotes (*izakaya*) servant poissons et fruits de mer. De la gare, la rue principale mène à la **plage d'Ogigahama** *(20 mn à pied)* où se dresse la statue d'un grand maître natif de Tanabe : Ueshiba Morihei, le fondateur de l'aïkido, dont la tombe se trouve dans le temple **Kôzan-ji** 高山寺 *(15 mn à pied vers la dr. depuis la gare).*

■ **Shirahama**★★★ 白浜 *4 km S.*
Accès par train JR : 10 mn depuis Kii-Tanabe puis bus ou taxi pour la plage, 2 h 30 depuis Ôsaka, 4 h du mont Kôya ❶ *dans la gare, t.l.j. 9 h 15-17 h* ☎ *0739/42.2240.*

Le nom de Shirahama (plage blanche) se justifie par un sable fin d'une blancheur exceptionnelle. Cette jolie station balnéaire borde des eaux particulièrement bleues et constitue une étape très agréable avant de suivre la côte vers l'est. La **plage**★★★, bondée en juillet et en août, est tranquille le reste de l'année. Le petit *Saki no yu onsen*★★★ 崎の湯温泉 *(sur la partie g. de la baie en faisant face à la mer • entrée payante)*, l'un des plus anciens et des plus célèbres du Japon, est aménagé dans la cuvette d'un promontoire rocheux, alimentée naturellement par une source chaude. En plein air (hommes et femmes séparés par un muret), les bassins s'ouvrent tout grand sur l'océan Pacifique et ses embruns.

■ **Kii-Katsuura**★ 紀伊勝浦 *60 km E.*
Accès par train JR (1 h 20).

Ultime d'étape avant Nachi, ce petit port de pêche, bétonné mais entouré de collines verdoyantes, dispose d'un spectaculaire **marché aux thons** *(le matin à 7 h, sauf sam. et fêtes)* et propose des promenades en mer, à la rencontre des baleines. De petits bateaux blancs desservent gratuitement des îlots où des hôtels ont aménagé des *onsen*.

◀ Avec 133 m de haut, 16 m de large et 1 m³ d'eau par seconde, la cascade Nachi no taki semble naître de la montagne couverte de cèdres noirs.

■ **La cascade sacrée Nachi no taki**★★★
那智の滝 *60 km E.*

Accès par bus local (20 mn depuis la gare de Kii-Katsuura). À mi-route, les marcheurs descendent à la station Daimonzaka 大門坂 pour grimper par l'ancien sentier des pèlerins (45 mn à pied). Le bus continue jusqu'en haut.

Cette gigantesque chute d'eau est un lieu sacré qui ne s'observe que de loin, depuis le le flanc d'une montagne où, dans un mode syncrétique, se succèdent l'imposant temple bouddhique **Nachi Seigantoji**★★ 那智青岸渡寺, aux murs de bois patinés par les siècles, et le sanctuaire **Kumano Nachi taisha**★★ 熊野那智退社. De rouge et d'ocre, son pavillon principal jouxte six petits pavillons sacrés réservés à un cercle restreint de prêtres. Il est néanmoins possible d'apprécier la rigueur et la beauté de leur architecture issue de l'époque protohistorique. Non loin de là, une plate-forme permet d'observer la cascade.

■ **Kawayu Onsen**★★★ 川湯温泉
30 km N.-O. de Nachi no taki

À 2 h de bus de Shirahama ou Tanabe 田辺, 1 h 30 de Shingû.

Par un phénomène géothermique naturel, une eau très chaude ruisselle des graviers d'une plage au bord de la rivière Oto. Il est possible d'y creuser sa propre baignoire qui, se remplissant d'eau bouillante mêlée aux eaux glacées du torrent, prend la température idéale. Faisant face à une colline de pins, une des rives est bordée de *ryokan* dont chacun dispose de son propre *rotenburô* (bain chaud en plein air). De déc. à fév., un bassin pouvant contenir 1 000 personnes est aménagé ; ensuite, le village retrouve sa tranquillité.

« Agnostique aux yeux bleus »

Quand, en 1974, **André Malraux** (1901-1976) se rend au Japon pour la quatrième fois, ses hôtes ont l'acuité de penser que le site de Nachi, grandiose et intime, sera à la mesure de l'auteur du *Musée imaginaire*. La représentation de cette cascade sur un célèbre rouleau de l'époque Kamakura, conservé au musée Nezu à Tôkyô, avait déjà fasciné Malraux. Lorsqu'il arrive à Nachi, son émotion est encore plus grande. Nous en est resté le témoignage de son traducteur et ami Takemoto Tadao : « Devant la cascade, Malraux murmura : "J'ai rarement été ému par la Nature…" […] Ses traits allaient se changer en expression presque pleurante. Il tendit la main droite vers la cascade, et dit : "C'est Amaterasu…" Quelle ne fut pas ma surprise d'entendre lui échapper ici le nom de la déesse solaire, suprême divinité du culte *shintô* ! […] Qu'a-t-il vu, lui, pèlerin agnostique aux yeux bleus ? » (*André Malraux et la cascade de Nachi*, Julliard, 1989.)

♥ **HÉBERGEMENT À KAWAYU ONSEN**
Ryokan Fujiya 旅館富士屋 :
☎ 0735/42.0007,
fax 0735/42.1115 ;
www.fuziya.co.jp Auberge de grand confort dans un chalet récent le long de la rivière ; bains dans les sources thermales, calme et cuisine raffinée.

▲ Les monuments cultuels jalonnent les chemins de pèlerinage de Kumano.

♥ **HÉBERGEMENT À YUNOMINE ONSEN**
Ryokan Adumaya
旅館あづまや : ☎ 0735/42.0012, fax : 0735/42.0186. Ancienne auberge campagnarde d'exception où sont déclinés les raffinements du clair-obscur à la japonaise. Fréquentée par la famille impériale, par André Malraux en 1974… Prix à la mesure du lieu.

■ **Hosshinmon-ôji★★** 発心門王子 *5 km N.-O.*
À 15 mn en bus de Kawayu Onsen.
Au sommet d'une colline, ce grand *torii* et ce modeste temple marquent le début de l'ancienne route de pèlerinage **Kumano Kodô**.

■ **Le Kumano Hongû taisha★★★**
熊野本宮大社 *à l'E.*
À 2 h à pied de Hosshinmon-ôji, 20 mn par bus de Kawayu Onsen • ❶ face au sanctuaire, www.city.tanabe.lg.jp/hongukan/ • en anglais, plans et conseils pour circuits pédestres, dans un bel édifice contemporain d'inspiration traditionnelle.
On accède par un escalier de grosses pierres à ses pavillons en bois, couverts d'écorces et de chaume. Ils sont habités par les esprits d'Amaterasu et d'autres divinités du shintoïsme, considérées par syncrétisme comme incarnations des bouddhas.

■ **Yunomine Onsen★★★** 湯の峰温泉 *au S.-O.*
À 10 mn en bus de Kumano Hongû taisha (1 h à pied par un chemin forestier) ou de Kawayu Onsen.
Ce village, l'un des plus anciens de la région, s'étend en bordure d'un torrent au fond d'une vallée boisée. Des sources chaudes alimentent les *onsen* de nombreuses auberges simples ou luxueuses. Dans la rue principale, des échoppes vendent des œufs frais à cuire soi-même dans le bassin d'une source jaillissant à 90 °C : les *onsen tamago* ainsi obtenus ont le blanc dur à point et le jaune délicatement saisi.

Le **Tsuboyu★★★** つぼ湯 *(ouv. t.l.j. 7 h-22 h • entrée payante • prévoir une attente)*, minuscule cabanon du XIIe s. planté sur la rivière au beau milieu du village, est un joyau rustique de l'architecture du bois. Il abrite un *onsen* alimenté par une source thermale dont les eaux, dit-on, changent sept fois de couleur au cours de la journée. Le bain privé, ouvert sur la rivière, se prend seul ou en couple, pour une durée limitée à 30 mn.

Les officiantes du shintoïsme

Les sanctuaires shintoïstes sont généralement animés par de très jeunes femmes aux longs cheveux noirs, vêtues d'un haut de kimono blanc et d'une large jupe écarlate. Ces officiantes assurent la vente des porte-bonheur mais aussi l'exécution d'énigmatiques danses cérémonielles au son de la musique suraiguë de petites flûtes dorées. Elles sont les lointaines héritières des femmes chamanes qui, dans le Japon ancien, entraient en transe pour communiquer avec les esprits dont elles rapportaient les oracles. Ce rôle fut plus tard dévolu à des *miko*, souvent filles de prêtres.

Aujourd'hui que la pratique est tombée en désuétude, la tradition est souvent perpétuée par des employées à temps partiel qui trouvent au sanctuaire un petit travail sur mesure. Cela n'empêche pas ces officiantes de prendre la tâche très au sérieux en exécutant les cérémonies avec le mystère et la gravité requis.

Kyôto★★★ 京都

Souvent ravagée par les guerres et les incendies, Kyôto a été épargnée par les bombardements de la Seconde Guerre mondiale, ce qui lui vaut le statut de « ville mémoire » du Japon. Capitale et centre religieux du pays durant plus d'un millénaire, elle attire chaque année plus de 45 millions de touristes, aussi bien japonais qu'étrangers. Près de 20 % des Trésors nationaux sont en effet conservés dans ses 1 600 temples et 400 sanctuaires, eux-mêmes parmi les plus anciens du pays, figurant pour certains au patrimoine mondial de l'Unesco. Elle possède également 200 jardins classés…

Il y a tant à découvrir ici, à peine parvient-on à définir quelques priorités : les littéraires commenceront probablement leur visite par le fameux pavillon d'Or, mondialement célèbre depuis la publication du roman de Mishima, d'autres préféreront s'isoler dans l'un de ces merveilleux jardins zen où quelques pierres et un peu de sable suffisent à créer des espaces de méditation. Au soir venu, des geishas trottinent sur leurs hautes socques de bois vers de mystérieuses soirées où les étrangers sont rarement admis.

Situation : à 42 km N.-E. d'Ôsaka, 44 km N. de Nara, 148 km O. de Nagoya.

1,4 million d'hab. (6e ville du pays par le nombre d'hab.) ; préfecture de Kyôto.

ℹ️ *Tourist Information Center (TIC)* : dans la gare, au niveau 9 du grand magasin *Isetan* 伊勢丹 ☎ 075/343.5666 ; ouv. 10 h-18 h sf les 2e et 4e mar. du mois. Antenne au niveau 2, dans la partie centrale de la gare (ouv. t.l.j. 8 h 30-19 h). www.kyotojoho.co.jp

✎ **Consulat général de France :** 8, Izumidono-chô, Yoshida Sakyô-ku, 606-8301 Kyôto ☎ 075/761.2988 ; www.consulfrance-osaka.or.jp

✎ **BON À SAVOIR**
Le JTB (Japan Travel Bureau) organise des tours de la ville de 1 j. en autobus incluant les sites les plus connus ☎ 075/341.1413.

Kyôto mode d'emploi

■ Accès

• **En avion :** inauguré en 1994, l'**aéroport international du Kansai** 関西国際空港 (couramment abrégé KIX) dessert également Ôsaka, Kôbe et Nara. Des vols directs de Paris rendent possible une visite limitée au Kansai, sans passer par Tôkyô. Pour rejoindre Kyôto (gare), le moyen le plus rapide est la ligne Haruka はるか (Limited Express 特急 ; 1 h 15). Des bus « Airport Limousine », pas beaucoup moins chers, parcourent le même trajet en 2 h. Évitez également le taxi, hors de prix sur un trajet aussi long.

Voir carte régionale p. 319

Kyôto en 8 promenades

❶	Autour de la gare***	357
❷	Le centre-ville***	363
❸	La promenade de la philosophie***	369
❹	Le quartier du pavillon d'Or***	376
❺	Higashiyama et le parc Maruyama***	380
❻	Deux temples et un sanctuaire**	383
❼	Arashiyama et Sagano**	385
❽	Le circuit impérial***	388

🖉 **BON À SAVOIR**
Certaines *machiya*, anciennes maisons d'artisans où vivaient plusieurs familles (→ encadré p. 360), ont été rénovées pour la location. Elles peuvent accueillir jusqu'à 10 personnes (comptez 10 000 à 20 000 yens par nuit et par personne).
Rens. : www.kyoto-machiya.com

L'**aéroport d'Itami** 伊丹空港, plus proche d'Ôsaka, est réservé aux vols intérieurs. Des bus assurent la navette avec la gare de Kyôto, le trajet prend un peu moins de 1 h lorsque la circulation est fluide.

● **En train :** tous les Shinkansen en provenance de Tôkyô s'arrêtent à Kyôto ; les plus rapides (Nozomi, super-express) effectuent le trajet en 2 h 15, les traditionnels Hikari mettent 30 mn de plus. Des liaisons directes, extrêmement rapides, existent également avec Ôsaka (15 mn), Nagoya (45 mn), Hiroshima (2 h 10) et Fukuoka (3 h 20). Comme dans les autres trains, les cinq premières voitures ne sont pas réservées.

● **En bus :** plusieurs compagnies assurent la liaison avec Tôkyô, certaines partent de la gare de Tôkyô 東京駅, d'autres de Shinjuku 新宿. Toutes arrivent à la gare de Kyôto 京都駅 I C3 ; suivant les compagnies, l'arrêt se trouve devant le grand magasin *Avanti* ou face à la sortie N. de la gare. Trois fois moins cher que le train, le trajet est aussi trois fois plus long (compter 8 h).

■ Se loger

Bien qu'il soit généralement plus intéressant d'acheter un package avion et logement, trouver un **hôtel de style occidental** à Kyôto n'est pas un problème : la ville en compte une bonne cinquantaine, dans toutes les gammes de prix. Il serait dommage, cependant, de ne pas profiter de votre séjour dans ce berceau de la tradition pour essayer une **auberge à la japonaise** (*ryokan*). Cette forme d'hôtellerie couvre ici un large spectre d'établissements, de la petite pension familiale à la demeure

Dormir dans un temple

Bien que l'hébergement de visiteurs soit traditionnellement réservé aux pèlerins et aux fidèles, de nombreux temples à Kyôto accueillent les touristes qui souhaitent, pour une ou plusieurs nuits, se familiariser avec la vie des moines. Le confort varie suivant les temples, mais le calme et l'authenticité sont au rendez-vous. « L'hôtellerie » religieuse (*shukubô*) ressemble beaucoup à celle des auberges traditionnelles (*ryokan*), en un peu plus contraignante. Les repas se prennent à heures fixes (vers 18 h le soir et 6 h le matin) : il s'agit toujours de cuisine végétarienne, et les temples sont probablement l'endroit idéal pour déguster une authentique cuisine *shôjin* (cuisine de moines : → encadré p. 335). Une fois le petit déjeuner avalé, en général dans la chambre, pas question de grasse matinée : une armée de femmes de chambre s'active à ranger les futons. Certains temples, en particulier les temples zen, proposent de participer à des cérémonies ou à des séances de méditation, mais c'est rarement une obligation. Les prix varient selon que le petit déjeuner et le dîner sont ou non inclus et en fonction du standing du temple.

Une liste des temples qui pratiquent le shukubô est disponible au Kyôto Tourist Information Center, à la gare de Kyôto ; également sur le site www.japantravelinfo.com

Kyôto • Mode d'emploi

historique avec un jardin japonais pour chaque chambre ! À moins que vous ne préfériez passer la nuit dans un **temple** (→ *encadré p. préc.*) ou **chez l'habitant** (*minshuku*), alternative économique doublée d'une très bonne expérience.

■ S'orienter

La ville est composée de 11 arrondissements (*ku*) qui couvrent un peu plus de 600 km² : Kamigyô 上京, Kita 北, Nakagyô 中京, Shimogyô 下京, Minami 南, Ukyô 右京, Sakyô 左京, Higashiyama 東山, Fushimi 伏見, Yamashina 山科 et Nishikyô 西京. Mais l'essentiel des activités se concentre dans le centre, notamment autour du **carrefour Shijô-Kawaramachi** 四条河原町 **I C2** : grands magasins, hôtels et principaux restaurants. On y circule généralement à pied.

Le plan de l'ancienne capitale, conçu sur le modèle chinois, est extrêmement simple : dix artères principales traversent la ville d'E. en O., coupées par trois grandes avenues : Horikawa 堀川, Karasuma 烏丸 et Kawaramachi 河原町. Même avec un faible sens de l'orientation, il est difficile de se perdre : où qu'on soit, on finit toujours par voir émerger la **tour de Kyôto** 京都タワー **II B2** (Kyôto tawâ), phare rouge et blanc qui indique le chemin de la gare ; la rivière Kamo (Kamo gawa 加茂川), qui traverse la ville du N. au S., fournit un point de repère supplémentaire.

■ Se déplacer

Des lignes de métro, et surtout d'autobus, suivent les axes E.-O. et N.-S. Attention, Kyôto est bien plus étendue qu'il n'y paraît…

• **En métro et en train :** les deux lignes de **métro** – Karasuma-sen 烏丸線, orientée du N. au S., et Tôzai-sen 東西線, orientée d'E. en O. – se croisent à la station Karasuma Oike 烏丸御池, au centre-ville.

Plusieurs lignes de **train** partent vers les sites à la périphérie de Kyôto. Les lignes JR partent toutes de la gare de Kyôto : la JR Nara-sen 奈良線 conduit notamment au Tôfuku-ji (→ *p. 383*), au sanctuaire Fushimi Inari (→ *p. 384*) et à la ville d'Uji (→ *p. 393*) • la JR Kyôto-sen 京都線 mène à Ôhara (→ *p. 393*) • la JR Sagano-sen 嵯峨野線 est pratique pour se rendre à Arashiyama (→ *p. 385*) • la JR Biwako-sen 琵琶湖線 relie Kyôto au lac Biwa-ko, au N.-E.

Les autres lignes de train sont : Hankyû 阪急 (pratique pour aller à Ôsaka), Keihan 京阪 (elle longe la rivière Kamo et permet d'aller jusqu'au mont Hiei), Kinki 近畿, Keifuku 京福 et Eizan えいざん.

LES 3 PLANS DE KYÔTO

- Plan I : plan d'ensemble — 346-347
- Plan II : le quartier de la gare — 358-359
- Plan III : les quartiers est — 370

À ne pas manquer

Le quartier Ponto-chô***	366
Le quartier de Gion***	367
La promenade de la philosophie***	369
Le pavillon d'Argent***	369
Le pavillon d'Or***	378
Le jardin sec du Ryôan-ji***	378
Le temple Kiyomizu***	380
Les villas impériales***	390
Le sanctuaire Fushimi Inari**	384
Le Byôdô-in*** d'Uji (Environs)	393
Ôhara** (Environs)	393

🖉 BON À SAVOIR

• Le Kansai Thru Pass donne accès à tous les bus, métros et trains (sauf JR) de tout le Kansai, incluant Ôsaka, Nara, Kôbe, Himeji et Kôya-san : en formule 2 ou 3 j., il s'achète à l'aéroport international du Kansai ou dans les OT des villes ci-dessus.

• Les lignes de train JR font l'objet du Kansai JR Pass, valable de 1 à 4 j., en vente à la gare de Kyôto.

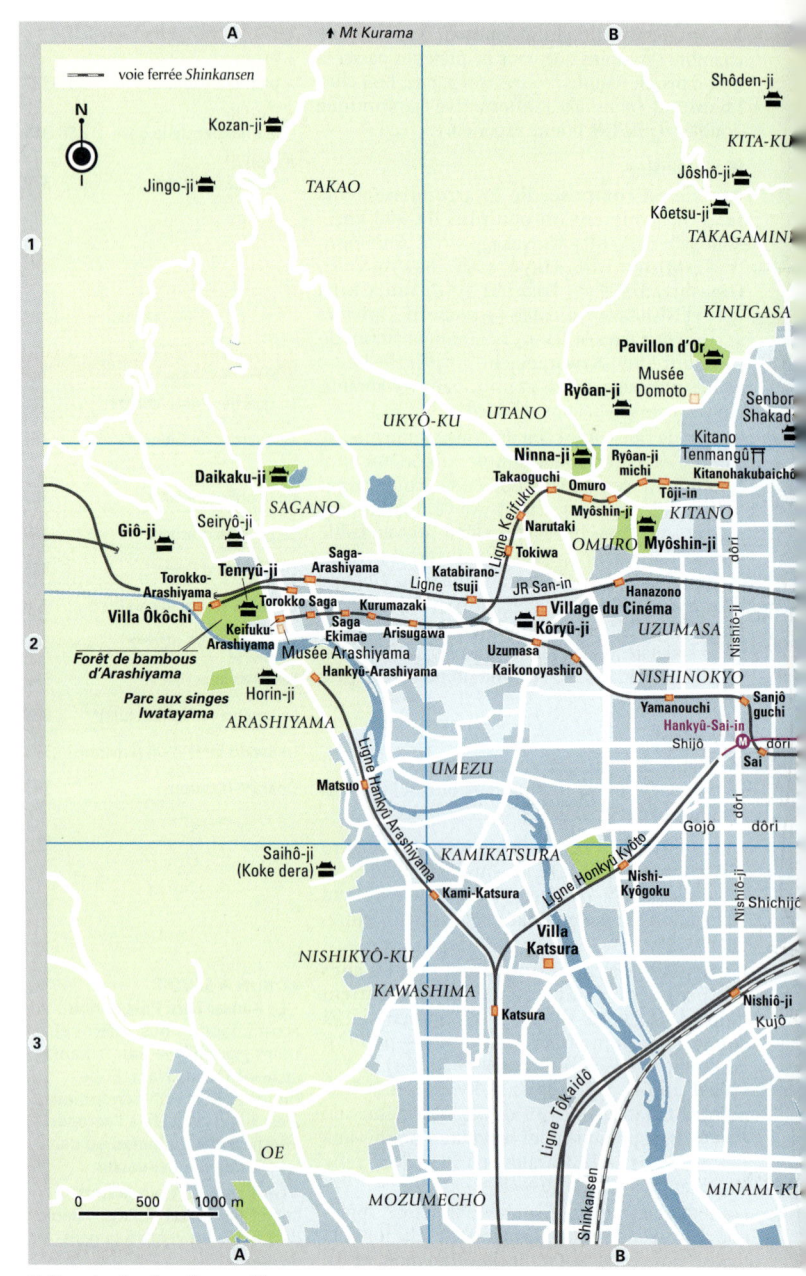

Kyôto, plan I : plan d'ensemble.

Kyōto • Plan I : plan d'ensemble • 347

(Map of Kyōto — Plan I: plan d'ensemble)

Labels visible on the map:

KAMIGAMO — Hachiman-mae, Kokusaikaikan, Étang et Parc Takaragaike, Renge-ji, Yase-yûen, Miyakehachiman, Takaragaike, **SHUGAKUIN**, Villa impériale Shûgaku-in, Kamigamo-jinja, Kitayama, Kitayama dôri, Matsugasaki, Riv. Takano, Shugaku-in, Jardin Botanique, **KITA-SHIRAKAWA**, Imamiya-jinja, Kitaoji, Kitaoji dôri, Ichijoji, Shisendo, Daitoku-ji, **SHIMOGAMO**, Shimogamo-jinja, **TAKANO**, Chayama, **MURASAKINO**, Hôkyô-ji, Kuramaguchi, Shokoku-ji, **SAKYÔ-KU**, **NISHIJIN**, Mototanaka, Ligne Eizan, Demachiyanagi, plan III p. 370, Ginkaku-ji, Imadegawa dôri, Imadegawa, Nishijin Textile Center, Palais impérial, Keihan Demachiyanagi, Parc impérial, Palais Sentô, Keihan Marutamachi, **SHISHIGATANI**, Senbon dôri, Karasuma dôri, Shirakawa, Château Nijô-jô, Marutamachi, Musée du Manga, Marutamachi dôri, Shiyakushomae, Sanjô-Keihan, Higashiyama, Nijôjô-mae, Nijô, Oike, Sanjô, Sanjô dôri, Higashioji, Keage, Hankyû-Omiya, Karasuma-Oike, Hankyû-Karasuma, Shijô-Keihan, Shijô, Shijô dôri, Kawaramachi, **PONTO-CHÔ**, Mibu-dera, Shijô-Omiya, Horikawa dôri, Galerie Teramachi-Shinkyôgoku, Tambaguchi, Gojô, Gojô dôri, Keihan-Gojô, Kiyomizu-dera, Misasagi, **MISASAGI**, plan II p. 358, Keihan-Shichijô, Yamashina, Ligne Tôkaidô, Keifuku-Yamashina, Yamashina, **YAMASHINA-KU**, Shinkansen, Higashino, Tô-ji, Kyôto, Tôfuku-ji, **NAGOYA TÔKYÔ**, Tô-ji, Kujô, Tôfuku-ji, Ligne Kinki Nippon, Jûjô, Jûjô dôri, Tobakaidô, Nagitsuji, **KANSHUJI**, Fushimi-Inari, **INARIYAMA**, Fushimi Inari, Kuinabashi, Inari, Fukakusa, Ligne JR, Kamitobaguchi, Fujinomori, **FUKAKUSA**, Ono, Château Fushimi Momoyama, ÔSAKA, Daigo-ji

Kyōto

• **En autobus :** c'est le moyen de transport idéal car les bus desservent tous les temples à partir de la gare de Kyôto 京都駅 ou du centre-ville (Shijô-Kawaramachi 四条河原町). Lorsqu'ils desservent un temple connu, son nom est toujours écrit en anglais à l'avant du bus, même si ce n'est pas le terminus.

Il existe plusieurs compagnies de bus : City Bus シティバス (Shitî basu), Kyôto Bus 京都バス, JR Bus JRバス, Keihan Bus 京阪バス et Kyôto Kôtsû Bus 京都交通バス. Différents *pass*, valables 1 ou 2 j., permettent d'emprunter les City Bus ou d'y joindre les Kyôto Bus et le métro. Ils sont en vente, notamment, à l'OT du 2ᵉ étage de la gare.

• **En taxi :** ils constituent un excellent complément aux bus et aux trains pour se rendre, par exemple, d'un temple à un autre dans un même secteur de la ville. Pour moins de 2 km, on paie le tarif minimum qui reste très raisonnable, surtout lorsqu'on se déplace à 3 ou 4 personnes.

Il y a presque toujours des taxis à la sortie des temples, et on attend rarement plus de 1 mn dans le centre-ville. Un taxi libre se reconnaît au signal rouge situé à l'avant, à dr., le vert signifiant qu'il est occupé. La portière arrière s'ouvre et se ferme seule. Aucun pourboire n'est attendu par le chauffeur.

• **À vélo :** surtout valable dans le centre-ville. Entre autres points de location, à l'heure ou à la journée : *Kitazawa Bicycle Shop*, sur Kawabata dôri, à 200 m de la gare Sanjô keihan 三条京阪 **I C2** ☎ 075/771.2272 (venir avec une pièce d'identité).

■ Renseignements utiles

Distributeurs automatiques de billets : les cartes internationales sont acceptées à l'agence de la *Banque Mitsui Sumitomo* 三井住友銀行 (Mitsui Sumitomo ginkô) de Karasuma shijô 烏丸四条 **I C2** (☎ 075/221.2111) et à celle de la *Citibank* シティバンク, au croisement de Shijô dôri et de Karasuma dôri **I C2**. Également sous la **tour de Kyôto II B2**.

Poste principale 京都中央郵便局 **II B2** (Kyôto chûô yûbinkyoku) : 843-12, Higashi Shiokoji, Shimogyô-ku ☎ 075/365.2473 (juste à la sortie de la gare). On peut s'y faire adresser son courrier en poste restante. Timbres de collection en vente au 1ᵉʳ étage *(→ encadré p. 201)*.

Location de voitures : *Nippon Rent-a-Car* (☎ 075/681.0311) est la plus importante société de location. Son siège se trouve juste à la sortie O. de la gare **II B3**. On peut aussi y louer des **scooters** (casque fourni).

Institut franco-japonais 関西日仏学館 **I D1** (Kansai nichifutsu gakkan) : Izumidono-chô, 8, Yoshida, Sakyô-ku ☎ 075/761.2105.

■ Fêtes et manifestations

Janvier : du 1ᵉʳ au 3, le *Nouvel An (Hatsumôde)* se fête surtout dans les sanctuaires shintoïstes, comme tout ce qui est nouveau (le bouddhisme se chargeant des événements liés à la mort). On vient en famille faire un vœu en agitant la cloche et en frappant deux fois dans ses mains pour s'attirer les faveurs des *kami*. Les sanctuaires les plus fréquentés sont le Heian-jingû, le Yasaka-jinja et le Fushimi Inari • le 15, un concours de **tir à l'arc** rassemble plus de 600 participants au Sanjûsangen-dô **II D2**.

Février : le 3, grande fête au **sanctuaire Fushimi Inari I C3**.

Mars : le 3, *Hina matsuri*, fête des Poupées très appréciée des enfants. Les plus belles sont exposées au Hôkyo-ji **I C1**, au N.-O. du Palais impérial • le 15, au Seiryô-ji d'Arashiyama **I A2**, une *cérémonie des torches (Otaimatsu)* honore Shakyamuni ; l'occasion d'admirer sa statue, exposée uniquement ce jour-là.

Trois festivals majeurs

Les trois principaux *matsuri* de Kyôto comptent parmi les plus impressionnants du Japon.

• Le plus célèbre, ***Jidai matsuri*** (festival des Âges), a lieu le 22 octobre. Il a été créé en 1895 à l'occasion du 1 100e anniversaire de la fondation de Kyôto comme capitale impériale. Il évoque les grands événements de son histoire au moyen de personnages marquants : l'empereur Kanmu, les généraux Toyotomi Hideyoshi ou Oda Nobunaga, Dame Murasaki, auteur du *Dit du Genji*, ou Izumo no Okuni, prêtresse qui serait à l'origine du kabuki. Le cortège, formé par 2 000 figurants portant des costumes de différentes ères, quitte le Palais impérial vers midi pour se diriger vers le sanctuaire Heian, qu'il atteint 2 h plus tard (4,5 km).

• Le 15 mai, ***Aoi matsuri*** : festival des Roses trémières, auxquelles les Japonais prêtent des vertus particulières, comme la protection contre les orages et les séismes. Créé au VIe s. par l'empereur Kinmei pour conjurer plusieurs années de mauvaises récoltes, c'est l'un des plus vieux *matsuri* du Japon. Un superbe défilé en costumes de l'époque Heian quitte le Palais impérial vers 10 h 30 et

▲ Défilé en mai pour l'Aoi matsuri.

suit la rivière Kamo jusqu'au sanctuaire Shigamo ; de là, après une cérémonie, tout le monde repart vers le sanctuaire Kamigamo, pour un 2e office religieux.

• Enfin, durant tout le mois de juillet, le ***Gion matsuri*** attire plus de 1 million de visiteurs ; il culmine le 17, lors du spectaculaire défilé des 32 chars entre Gion et le sanctuaire Yasaka. Chaque année, un enfant, appelé Chigo, est choisi pour symboliser la pureté. Créée en 869 pour lutter contre l'épidémie de peste qui sévissait sur la ville, cette parade en costume est la plus importante fête de Kyôto.

Avril : le 2e **dimanche**, le *Yasurai matsuri* au sanctuaire Imamiya Ebisu 今宮戎神社 **I C1** (non loin du temple Daitoku-ji), est l'occasion de voir des danses et processions en costumes (vers 15 h) • **le 8**, le *Hana matsuri* célèbre dans tout le pays la naissance de Bouddha ; vous pouvez la suivre au Chion-in **III A2** ou au Nishi Hongan-ji **II A1** • **du 21 au 29**, *Mibu kyôgen*, festival de théâtre comique qui remonte au Moyen Âge : représentations à 13 h et 15 h au Mibu dera 壬生寺 **I C2** (bus 26 ou 28 depuis la gare de Kyôto).

Mai : le 15, *Aoi matsuri (→ encadré)* • **le 3e dimanche**, fête des Bateaux (*Mifune matsuri*) à Arashiyama **I A2** : la procession quitte le sanctuaire Kurumazaki à 13 h, et tous les participants, en costumes de l'époque Heian, embarquent vers 14 h au parc Nakanoshima, sur une trentaine de bateaux, richement décorés, au son d'une musique ancienne ; l'une des fêtes les plus spectaculaires de l'année.

Juillet : *Gion matsuri (→ encadré)*.

Août : le 16, on allume de **grands feux** sur chacune des cinq collines qui entourent Kyôto afin d'éclairer le chemin des morts, qui, selon le bouddhisme, reviennent chaque année à cette date parmi les vivants ; les particuliers se contentent de petites lanternes.

Octobre : au début du mois (généralement entre le 5 et le 7), grandes **fêtes aquatiques** en costumes de Heian autour d'un plan d'eau au jardin du Daikaku-ji **I A2** • le 22, *Jidai matsuri* (→ *encadré p. préc.*). Le soir même a lieu le ***Kurama no hi matsuri***, durant lequel on brûle de gigantesques torches avant la parade des *mikoshi*, petits temples que l'on porte jusqu'au mont Kurama **h. pl. I par A1**.

Novembre : le 2ᵉ dimanche, *Momiji matsuri* (fête des Érables) à Arashiyama **I A2** : grande parade sur des bateaux à bord desquels on joue de la musique traditionnelle.

Décembre : le 1ᵉʳ se déroule, au Kitano Tenmangû **I B2**, une **cérémonie du thé** exceptionnelle, dans les sept maisons de thé du sanctuaire : l'occasion de goûter jusqu'à 15 h plus de 100 sortes de gâteaux japonais !

■ **Se restaurer**

Kyôto est la capitale gastronomique du Japon : c'est là, en particulier, que s'est épanouie la cuisine *kaiseki*, essentiellement végétarienne car héritée de la tradition bouddhique (→ *encadré*). On la déguste dans certains temples, dans quelques restaurants traditionnels du centre-ville, également dans les *ryokan*, où le prix inclut en général le petit déjeuner (à la japonaise) et le dîner.

Comme toutes les grandes villes habituées aux touristes, Kyôto regorge de restaurants de tous styles et de tous prix : spécialités japonaises, françaises, italiennes… les fast-foods, d'origine américaine ou typiquement japonais, sont également très nombreux.

■ **Shopping**

• **Commerces et grands magasins :** la plupart des boutiques de souvenirs, les pâtisseries traditionnelles et les grands magasins sont concentrés sur Shijô dôri **I C2** (sous les arcades) et Sanjô dôri **I C2**, entre Kawaramachi et Karasuma dôri.

Un réseau de **galeries commerçantes** très animé, Teramachi et Shinkyôgoku **I C2** (→ *p. 365*), recèle aussi bien des boutiques d'estampes que des disquaires ou des magasins de vêtements (de loin les plus nombreux).

Les deux principaux **grands magasins** *(depâto* デパート*)*, *Hankyû* et *Takashimaya*, se font face au croisement des avenues Shijô et Kawaramachi **I C2**. Au sous-sol, entièrement réservé à l'alimentation, règne une ambiance de marché, chaque vendeur essayant d'attirer le client à grand renfort de rabais et de dégustations gratuites. Restaurants variés au dernier étage

---

Le festin du bonze

Le *kaiseki*, forme la plus raffinée de la gastronomie japonaise, était à l'origine une pierre chaude que les moines plaçaient sur leur ventre pour atténuer la sensation de faim. Au XVIᵉ s., sous l'influence du maître de thé Sen no Rikyû, le mot sera détourné de son sens pour désigner un repas (léger), servi avant la cérémonie du thé afin d'affiner les sensations du palais et de préparer l'estomac à recevoir une boisson trop forte pour être bue à jeun. Cette collation *(cha kaiseki)* se composait d'un bol de soupe *miso* et de trois plats.

Revu et corrigé par des chefs soucieux à la fois de goût et d'esthétique, le *kaiseki* traditionnel servi aujourd'hui commence par un bol de riz suivi d'une soupe *miso* et d'un poisson vinaigré. Viennent ensuite deux mets, l'un grillé et l'autre mijoté. Le repas se termine par des galettes de riz servies dans un bouillon accompagné de légumes macérés. À cette base commune peuvent s'ajouter quelques créations personnelles et même un dessert.

Extrêmement délicate, la cuisine *kaiseki* utilise toujours des ingrédients de saison ; celle-ci est souvent évoquée discrètement dans la présentation (feuille d'érable en automne, branche de cerisier au printemps…). Associé, le plus souvent, à la ville de Kyôto, le *kaiseki* servi dans les *ryôtei* est parfois appelée *kyô kaiseki*. Un autre type de *kaiseki*, visant à faire apprécier un alcool, donne lieu à des collations plus conséquentes.

Les magasins d'**appareils photo** et d'**ordinateurs** se massent dans la rue Fuyachô dôri I C2, qui donne sur Shijô dôri, entre Kawaramachi et Karasuma. **Livres en anglais et en français** chez *Junku-dô* ジュンク堂, au dernier étage du grand magasin *BAL* I C2 (Kawaramachi dôri, Sanjô sagaru ☎ 075/263.6460 • ouv. t.l.j. 11 h-20 h).

• **Artisanat** : les boutiques sont concentrées dans le centre-ville et plus particulièrement sur Shijo dôri, entre le parc Maruyama et la rivière Kamo. Le quartier de **Nishijin** 西陣 I C2, commençant au carrefour des avenues Imadegawa et Horikawa, au N. de la ville, est dédié au tissu et à l'art de la teinture. De très nombreuses boutiques spécialisées, datant souvent de l'ère Meiji, entourent le **Nishijin Textile Center** 西陣織会館 (Nishijin ori kaikan ; → p. 389), où l'on peut assister à des démonstrations et, parfois, à des défilés de kimonos.

• **Antiquités** : le grand Salon des antiquaires, **Kyôto Antique Grand Fair**, a lieu 3 fois/an au *Pulse Plaza* de Fushimi I C3 (☎ *075/522.2307*), dans le S. de la ville. C'est l'un des grands événements nationaux en la matière : plus de 300 exposants y participent. Entrée libre, navette gratuite depuis la station Takeda 竹田, sur la ligne Karasuma • rens. sur les dates exactes (généralement en mars, juin et oct.) à l'OT de la gare.

■ **Spectacles**

Deux magazines en anglais publient la liste des spectacles : *Kansai Time Out* (payant) et *Kyôto Visitor's Guide*, distribué gratuitement par l'OT et dans les grands hôtels (également disponible sur internet : www.kyotoguide.com).

• **Kabuki** : l'imposant **théâtre Minami-za** III A3 (→ *p. 367*), situé juste en face du pont Shijô, côté Gion, ne propose des spectacles qu'à certains moments de l'année, notamment du 1er au 26 déc. (festival Kaomise) et pendant la saison touristique, de mai à sept. Rens. à l'OT ou au théâtre.

• **Nô** : spectacles t.l.j. sf lun. au **Kanze kaikan** 観世会館 III A2 (Sakyô-ku, Okazaki ☎ 075/771.6114 ; M° Higashi-yama 東山 sur la ligne Tôzai) • les 1er et 2 juin, le **sanctuaire Heian-jingû** III A2 (→ *p. 376*) accueille le Takigi nô, une série de représentations à la lueur des torches, à partir de 17 h 30.

• **L'art des geishas** : → *encadré p. suiv.*

♥ SHOPPING
• Le 15 de chaque mois, un marché du « fait main » (Tezukuri no ichi) se tient aux abords du temple Chion-in 知恩院 (III A2 ; bus 206, arrêt Hyakumanben 百万遍). On y trouve toutes sortes d'objets ainsi que des vêtements et des tissus.
• Marché aux puces *(Nomi no ichi)* le 21 du mois, devant le temple Tô-ji (II A3 ; près de la gare), et le 25 au sanctuaire Kitano Tenmangû (I B2), au N.-O. de la ville. Les premiers exposants arrivent à l'aube.
• Le 1er dimanche du mois, marché d'antiquités devant le temple Tô-ji (II A3 ; à 500 m au S. de la gare de Kyôto).

▼ Masques de théâtre kabuki.

Programme

■ Un jour à Kyôto
Visitez le matin le **pavillon d'Or**★★★ et le jardin zen du **temple Ryôan-ji**★★★ *(promenade 4)*. Puis allez en taxi jusqu'au **pavillon d'Argent**★★★ et, après l'avoir visité, descendez à pied jusqu'au **temple Nanzen-ji**★★★ en empruntant la **promenade de la philosophie**★★★ *(promenade 3)*. Passez la soirée à **Gion**★★★ *(promenade 2)*.

■ Deux jours
Le 2ᵉ jour, promenez-vous le matin, sur **Shijô dôri**. Empruntez les galeries commerçantes de **Teramachi**★ et faites un tour au marché d'alimentation de **Nishiki**★★ *(promenade 2)*. L'après-midi, vous pouvez effectuer au moins deux visites du **circuit impérial**★★★ *(promenade 8)*, en commençant nécessairement par le Palais impérial (→ *encadré p. 388*). Passez la soirée à **Ponto-chô**★★★ *(promenade 2)*.

■ Une semaine
C'est la durée idéale pour un 1ᵉʳ séjour à Kyôto : vous aurez largement le temps de boucler une grande partie des promenades proposées et pourrez probablement faire une ou deux visites dans les environs, par exemple le Saihô-ji (→ *Environs, p. 391 ; attention, rés. longtemps à l'avance*) ou encore la jolie ville d'Uji (→ *Environ 4, p. 393*).

Kyôto dans l'histoire

Heian-kyô et les Fujiwara
En 794, l'empereur Kanmu transporte sa cour de Nara (Heijo-kyô) à Heian-kyô (« capitale de la paix », premier nom de Kyôto), qu'il a fait construire sur le modèle des capitales chinoises, avec de larges avenues se coupant à angle droit. Presque immédiatement, la famille Fujiwara s'empare du pouvoir en mariant systématiquement ses filles aux jeunes empereurs. À l'instar de Go-Sanjô (r. 1069-1072), quelques souverains conserveront malgré tout un semblant d'influence en prenant le statut d'« empereurs retirés » après avoir officiellement abdiqué (→ *p. 80*). Lorsque, en 1192, les Minamoto établissent leur bakufu (gouvernement militaire) à Kamakura, un Fujiwara est à nouveau nommé régent à la cour de Kyôto.

Au théâtre des geishas

Kyôto est, par excellence, la ville des arts traditionnels, pratiqués surtout par les **geishas** (→ *encadrés p. 88 et 367*). Pour ceux qui n'ont pas la chance d'être admis dans un *ryôtei* (maison de thé où elles se produisent habituellement), le **théâtre Gion Corner** ギオンコーナー **III A3** *(t.l.j. à 19 h, de mars à nov. également à 20 h* ☎ *075/561.1119)* propose, depuis 1962, un spectacle hétéroclite donnant un aperçu de sept arts traditionnels de Kyôto : *kyômai* 京舞 (danse de Kyôto), *kadô* 華道 (arrangement floral), *chadô* 茶道 (cérémonie du thé), *koto* 琴 (harpe japonaise), *kyôgen* 狂言 (théâtre comique), *gagaku* 雅楽 (musique ancienne) et *bunraku* 文楽 (théâtre de marionnettes). Entre le 1ᵉʳ et le 30 avril, ne manquez pas la *Miyako odori*, spectacle monté chaque année par les geishas de Gion au **théâtre Kaburen-jô** 歌舞練場 **III A3** *(Gion Hanami-koji, Higashiyama-ku* ☎ *075/561.1115 • 4 représentations/j.)*.

Du 1ᵉʳ au 24 mai, puis du 15 octobre au 7 novembre, celles du quartier Ponto-chô dansent la *Kamo gawa odori* (danse de la rivière Kamo) au **Pontochô Kaburen-jô** 先斗町 歌舞練場 **III A2** *(Ponto-chô, sanjô kudaru* ☎ *075/221.2025 • 3 représentations/j.)*.

Sous les shoguns Ashikaga

En 1336, le général Ashikaga Taka'uji (1305-1358) réussit à évincer du pouvoir à la fois la famille Hôjô, qui a succédé aux Minamoto, et l'empereur Go-Daigo (r. 1319-1339), qu'il s'était pourtant engagé à rétablir sur le trône. Il se fait nommer shogun et installe son gouvernement à Kyôto. Les Ashikaga conservent le pouvoir jusqu'en 1573 (époque Muromachi) mais laissent le Japon en proie aux luttes de clans et Kyôto à des bandes de pillards que rien ne semble pouvoir arrêter. Jusqu'à ce qu'un petit seigneur d'Owari, Oda Nobunaga, prenne les choses en main : à la tête de 20 000 hommes et secondé par les généraux Toyotomi Hideyoshi et Tokugawa Ieyasu, il s'empare de la capitale et devient le nouveau maître du Japon. À sa mort (1582), Hideyoshi lui succède, remplacé lorsqu'il meurt (1598) par Tokugawa Ieyasu.

Kyôto à l'époque Edo

En 1603, le nouveau shogun, Tokugawa Ieyasu, établit son gouvernement à Edo où il possède un château, mais conserve à Kyôto son titre de capitale impériale. Durant un peu plus de 250 ans, les empereurs se succéderont sans heurts, n'exerçant aucun rôle hormis celui de chefs religieux et laissant les Tokugawa gouverner en leur nom. La vie de cour, luxueuse, encourage la poésie et les autres arts. Paradoxalement, la restauration du pouvoir impérial, en 1868, marque pour Kyôto la fin de son statut de capitale du pays, l'empereur préférant déménager à Edo, rebaptisée Tôkyô (capitale de l'Est). ▶▶▶

▲ En 1868, l'empereur Meiji s'installa brièvement au château Nijô-jô (→ p. 364) avant d'établir la capitale à Tôkyô.

Régents de père en fils

En 858, pour la première fois, un enfant (il n'a que neuf ans) accède au trône impérial. Son grand-père maternel, Fujiwara no Yoshifusa (804-872), en profite alors pour mettre en place une régence qui sera ensuite systématiquement reconduite. Les **Fujiwara** étaient d'ailleurs liés à la famille impériale depuis l'époque Nara, puisque Fujiwara no Fuhito avait donné une de ses filles pour concubine à l'empereur Monmu et une autre pour épouse à son successeur, Shômu. Se parant lui-même du titre de *sesshô* (régent), Yoshifusa conduit les affaires du pays en attendant prétendument que l'empereur, monté sur le trône à huit ans, soit en âge de gouverner.

Fujiwara no Mototsune (836-891) n'aura pas les mêmes scrupules. Devenu à son tour *sesshô* de l'empereur Yôzei (r. 877-884), il dépose ce dernier et, quand le suivant monte à son tour sur le trône, crée le titre de *kanpaku* (régent de majorité), prétendant que l'empereur, bien que majeur, est incapable de gouverner en raison d'une soi-disant déficience mentale. L'expression *sekkan*, agglutination des titres de *sesshô* et de *kanpaku*, qualifie le système de gouvernement qui, bon an mal an, permettra aux Fujiwara de se maintenir au pouvoir jusqu'à la fin du XIIe s. → *aussi encadré p. 80.*

THÉMA

Les dames de la cour de Heian

La civilisation de l'époque de Heian (794-1192) semble avoir donné une place privilégiée aux femmes, du moins à celles qui appartenaient à l'aristocratie de cour. Illusion produite par le nombre et la qualité des textes littéraires rédigés sous leur pinceau ? Phénomène social réel qui donnerait à l'univers de Heian une place à part dans le cours d'une histoire japonaise largement marquée par la domination masculine des guerriers ? Le débat reste ouvert, mais une chose est certaine : sans ces femmes de Heian, la culture du Japon traditionnel aurait eu une tout autre saveur.

▲ Au temple Hirano de Kyôto, Japonaises déguisées en aristocrates de la cour de Heian.

■ Vie publique, vie privée

L'essentiel de la vie publique de l'époque de Heian fut assurément animé par des hommes. De fait, alors que quelques femmes avaient pu accéder à la fonction politique suprême de *tennô* (que l'on traduit par « empereur ») aux VIIe et VIIIe s., le titre devint exclusivement réservé à la gent masculine à partir du moment où la capitale fut fixée à Heian (794). Pourtant, toutes sortes de femmes ont eu leur mot à dire et leur rôle à jouer au sein de la cour impériale du Japon ancien : parentes directes des empereurs (mères, épouses, filles…), femmes placées à la tête de certains bureaux du palais, vestales sacrées envoyées aux sanctuaires shintoïstes d'Ise et de Kamo.

Ce sont des femmes qui ont eu la charge et l'honneur de conserver deux des trois emblèmes de l'autorité impériale : le miroir, l'épée et le joyau qui, d'après le *Kojiki*, auraient été confiés par la déesse Amaterasu Ômikami à son petit-fils Ninigi no Mikoto au moment où il s'apprêtait à descendre sur terre pour régner sur le Japon.

Dans leur vie quotidienne, les femmes de l'aristocratie jouissaient également d'un certain nombre de droits : droit à l'éducation, puisqu'on espérait qu'une fille soigneusement élevée pourrait se marier avec un haut dignitaire, voire, dans l'idéal, avec un empereur ; droit de propriété, car en tant qu'épouses ou filles elles avaient juridiquement la possibilité d'hériter, de conserver et de gérer librement des biens ; droit à une certaine liberté sexuelle, aussi, dans une société mondaine qui ne reprochait pas à la femme célibataire d'avoir un ou plusieurs amants.

■ Ombres et couleurs

Les goûts et les couleurs des dames de l'aristocratie imprégnèrent l'atmosphère de la cour de Heian. Comme partout ailleurs la beauté physique y fut valorisée : une belle femme, selon les critères de l'époque, avait le teint blanc, les cheveux extrêmement longs, le visage ovale, la bouche minuscule, les yeux à peine fendus. Mille ruses permettaient de rehausser un physique défaillant : l'étiquette imposait de se poudrer et de se parfumer abondamment ; les sourcils étaient rasés pour être redessinés au milieu du front ; les lèvres étaient colorées de rouge, les dents noircies.

Dans cette cité impériale qui s'évertuait à classer les uns et les autres selon une rigoureuse hiérarchie, le vêtement eut une extraordinaire importance en tant que marque sociale. Courtisanes de haut rang, femmes fonctionnaires, servantes, domestiques, toutes se devaient d'exprimer par leur mise leur rang mais aussi leur bon goût. Le costume le plus élégant et le plus solennel était celui que la postérité a appelé « costume en douze robes » (*jûni-hitoe*), un vêtement composé de plusieurs robes superposées, tout l'art des dames consistant à choisir des motifs et des couleurs de tissus de soie qui formeraient une composition visuelle à la fois réglementaire (certaines couleurs étaient réservées à des catégories particulières de personnes) et originale.

Il est assez surprenant que, dans cette société où le paraître jouait un rôle social fondamental, les femmes furent pratiquement peu visibles : elles sortaient rarement de chez elles ; l'obscurité qui régnait dans leurs résidences empêchait qu'on les voie clairement ; elles-mêmes se dérobaient souvent volontairement à la vue des visiteurs masculins. Ceux-là devaient accepter de s'entretenir avec des dames qui tenaient leur visage caché derrière un éventail, quand ce n'était pas toute leur personne qui disparaissait derrière un rideau tendu dans la pièce où elles recevaient.

▼ Rouleau tissé au XXe s. par Yamaguchi Itarô, inspiré du célèbre roman du XIe s., *Le Dit du Genji* (Musée national des arts asiatiques Guimet, Paris). Au palais impérial, les femmes de la cour de Heian ne laissent en général deviner leur présence que par les manches, les pans et les traînes de leur costume qui dépassaient des panneaux derrière lesquels on les avait placées.

Kyôto aujourd'hui

Un urbanisme encore mal maîtrisé

Au cours des 50 dernières années, Kyôto a connu une urbanisation comparable aux autres villes nippones. Ses grandes avenues bordées d'immeubles sans grâce contrastent violemment avec le Kyôto des temples, des jardins et des vieilles maisons en bois cher au visiteur. Certains quartiers, comme Gion ou Arashiyama, ont su malgré tout préserver presque intacte l'atmosphère de l'ancien Japon, que font revivre au son des tambours de gigantesques défilés en costumes d'époque. La nouvelle gare, très décriée au moment de son inauguration en 1997, constitue le symbole éclatant des efforts d'urbanisme de la municipalité, tentant de concilier tradition et modernité.

Une ville industrielle et universitaire

Le tourisme joue bien évidemment un rôle de premier plan dans l'économie kyotoïte, mais la ville est également un pôle industriel important, fortement spécialisé dans l'électronique. C'est ici, par exemple, qu'est né et que continue de se développer le géant du jeu vidéo Nintendo. Kyôto est également une cité universitaire reconnue : elle compte pas moins de 37 universités dont la fameuse Kyôdai (Kyôto daigaku) dont plusieurs chercheurs ont été récompensés par un prix Nobel. Les étudiants représentent d'ailleurs 10 % de la population.

Une population fière de ses racines

Un proverbe dit que les habitants de Kyôto se ruinent pour s'habiller. Plus que partout ailleurs au Japon, les femmes (mais aussi, parfois, les hommes) sont encore très attachées au kimono, qu'elles enfilent même pour aller faire les courses… Car ici, l'apparence et le statut social comptent davantage que dans les autres villes du pays. Fiers de leur passé, les Kyotoïtes se veulent plus calmes, mais aussi plus distingués que ces « fous » de la capitale qui ne savent pas prendre le temps de vivre. Même la sauce de soja est réputée plus raffinée que celle consommée à Tôkyô ! Car s'il est un domaine où personne ne songe à contester la suprématie absolue de Kyôto, c'est bien la gastronomie, héritée de la culture bouddhique. D'un raffinement inouï, elle s'adresse autant à l'œil qu'au palais, et les grands chefs de *kyô ryôri* (haute cuisine de Kyôto) sont respectés à l'égal des plus fameux artistes.

Le protocole de Kyôto

Faisant suite à la Convention-cadre des Nations unies sur les changements climatiques, en vigueur depuis 1994, et aujourd'hui ratifiée par 192 gouvernements, le protocole de Kyôto a déjà été accepté par 156 États. Bien que les États-Unis aient refusé de le ratifier (tout en l'ayant signé), cet accord est devenu, pour l'ensemble de la planète, le symbole de la lutte contre l'augmentation des gaz à effet de serre.

Entré en vigueur depuis février 2005, il a marqué un tournant majeur dans la gestion mondiale des ressources de la Terre. D'ici 2012, 38 pays se sont engagés à réduire les émissions de dioxyde de carbone (considéré comme à l'origine du réchauffement climatique) de 5,2 %. Kyôto, ainsi promue aux yeux du monde comme à la pointe de la lutte pour l'environnement, compte bien conforter cette image de ville modèle dans les années à venir.

◀ Le temple Tô-ji, inscrit au patrimoine mondial de l'humanité.

❶ Autour de la gare★★★

Situation : II B2 ; S. de la ville, dans l'arrondissement de Shimogyô-ku.

La gare de Kyôto, desservie aussi bien par les Shinkansen que par les lignes locales, est le point de départ des autobus à destination des principaux sites touristiques. En dehors de la gare elle-même, le quartier ne compte que peu de sites touristiques, mais ils sont de première importance, comme les temples Higashi Hongan-ji et Nishi Hongan-ji, ou encore le Musée national.

Combien de temps : 1 j. au pas de course.

■ La gare★★ 京都駅 (eki) II B2

Reconstruite à l'occasion du 1 200ᵉ anniversaire de la ville (choisie pour capitale en 794), la nouvelle gare de Kyôto fut inaugurée en 1997. Son gigantisme et son parti pris de modernité furent, au départ, très controversés par une population attachée aux traditions mais l'originalité du bâtiment, de l'architecte Hara Hiroshi, emporta finalement l'adhésion générale et la gare accueille aujourd'hui davantage de visiteurs que n'importe quel temple ou jardin de la ville ! Immense cage de verre traversée de passerelles métalliques, elle abrite comme une ville miniature avec hôtel de luxe, grand magasin et même une salle de spectacles de 900 places ; au sous-sol, des centaines de commerces et de restaurants.

■ La tour de Kyôto★ 京都タワー (Kyôto tawâ) II B2

Karasuma dôri, Higashi Shiokôji ☎ *075/361.3215 • face à la sortie N. de la gare • ouv. 9 h-20 h 30.*
Où que l'on soit, on finit toujours par voir émerger ce phare rouge et blanc, haut de 131 m, construit en 1964. Mais il faut reconnaître que l'édifice a pris un coup de vieux depuis la reconstruction de la gare, et même la vue depuis son sommet n'est plus si impressionnante. Au sous-sol, on trouve toutes sortes de commerces et marchands de souvenirs aux étalages délicieusement surannés.

■ Le temple Tô-ji★★ 東寺 II A3

Kujô dôri, Minami-ku ☎ *075/391.3325 • au S.-O. de la gare (sortie Karasuma 烏丸) • ouv. 8 h-16 h 30.*
Fondé en 796 par l'empereur Kanmu, le Tô-ji (temple de l'Est) gardait la ville, associé au Sai-ji (temple de l'Ouest) – qui a disparu dans un incendie et n'a jamais été reconstruit. En 823, le Tô-ji a été

À NE PAS MANQUER

Le Sanjûsangen-dô★★★	361
Le Musée national★★★	362
Le temple Hongan-ji★★	360

LES 3 PLANS DE KYÔTO

- Plan I :
  plan d'ensemble — 346-347
- Plan II :
  le quartier de la gare — 358-359
- Plan III :
  les quartiers est — 370

♥ HÉBERGEMENT

Hôtel *Gran Via Kyôto* ホテルグランヴィア京都 : dans la gare même (II B2) ☎ 075/344.8888 ; www.granvia-kyoto.co.jp Très pratique pour rayonner dans la ville ; très confortable et étonnamment silencieux.

♥ RESTAURANT

Kyo Suishin 京すいしん : sur le côté dr. de l'av. Karasuma dôri (à quelques mn à pied de la gare) ☎ 075/365.8888. Cuisine traditionnelle servie dans un décor moderne de bon goût ; les plats (crabe, brochettes, sushis ou *nabe*), tous excellents, peuvent se choisir dans la vitrine.

♥ SHOPPING

Le 21 de chaque mois se tient au Tô-ji un marché aux puces appelé Kôbô san no ichi, en hommage à Kôbô Daishi, mort le 21 avril 835.

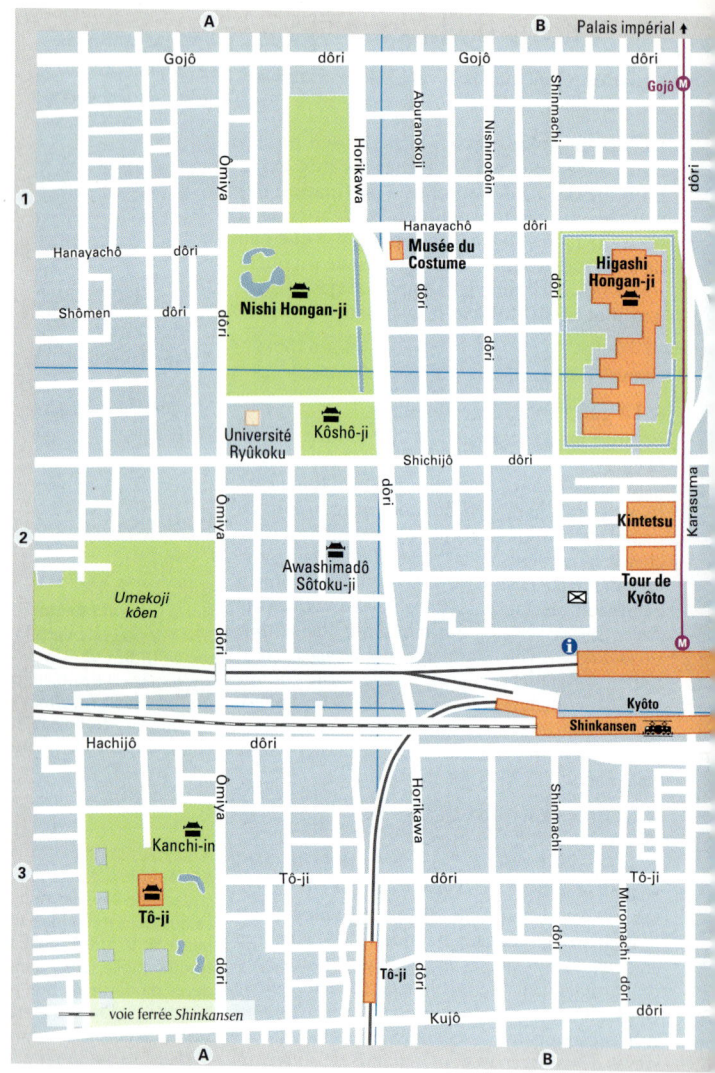

Kyôto, plan II : le quartier de la gare.

confié par l'empereur Saga au moine Kûkai, fondateur de la secte ésotérique Shingon (→ *encadré p. 334*). Il est aujourd'hui composé de bâtiments datant du XVe au XVIIe s., aucun n'ayant subsisté du temple original.

La **pagode de cinq étages** 五重の塔 *(gojû no tô)*, édifiée en 1644 au S.-O. du temple, est la plus haute tour en bois du Japon (57 m). La **salle du Trésor** 宝物館 *(homotsu-kan)* abrite plusieurs **statues** bouddhiques ainsi que des **dessins** rapportés de Chine par Kûkai lui-même. La **salle principale** 金堂 *(kondô)*, de 1599, conserve une **triade** représentant Yakushi Nyorai, le bouddha guérisseur, et deux de ses élèves, Nikkô et Gakkô, datant de la période Momoyama.

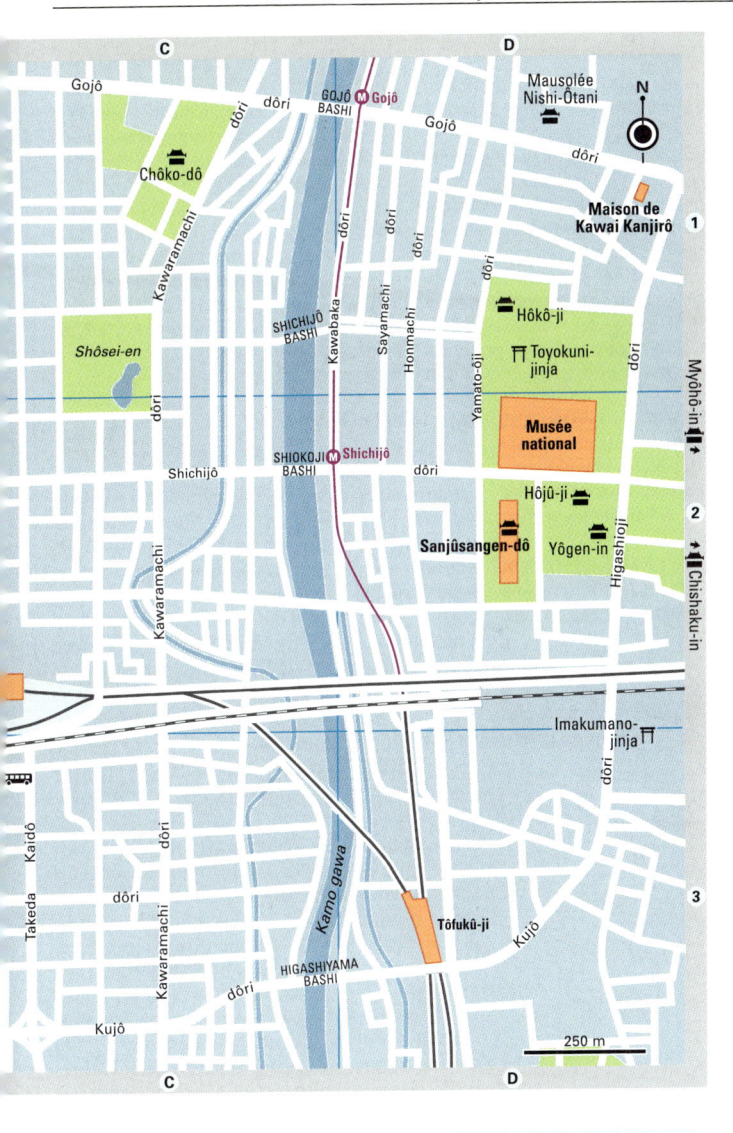

Sur le rabat arrière de la couverture, vous trouverez un Tableau chronologique indiquant les grandes périodes de l'histoire japonaise.

Les machiya

Les habitants de Kyôto les surnomment parfois *unagi no nedoko* (chambre à coucher des anguilles), sans doute en raison du long couloir *(hashiri niwa)* qu'il faut emprunter pour y pénétrer. Une *machiya* (maison de ville) regroupe plusieurs habitations dans un même bloc ayant une seule entrée. La principale raison de cette disposition réside dans l'ancien système de taxe d'habitation qui prenait en compte non pas la surface des demeures mais la largeur de la façade. Ainsi, plusieurs familles pouvaient cohabiter par métiers, ou encore par affinités religieuses autour d'un temple. Une *machiya* est généralement constituée, à l'avant, de la partie commerce où l'on reçoit les clients, tandis qu'au fond on trouve les appartements répartis autour d'un jardin intérieur ainsi qu'une cuisine et un entrepôt où sont remisés les « trésors » de la communauté. Construites exclusivement en bois, les *machiya* de Kyôto sont extrêmement fragiles et bien peu d'entre elles ont survécu aux incendies ou, tout simplement, à l'usure du temps. Il n'en reste qu'un petit nombre, dont les plus anciennes ont un siècle.

☞ **EN SAVOIR PLUS**
Pour vous y retrouver parmi les écoles bouddhiques, reportez-vous au chapitre « Religions », p. 102.

☞ **MANIFESTATION**
Fête du Nishi Hongan-ji *(Ho Onko)* du 9 au 16 janv.

La secte Jôdo shin-shû (secte authentique de la Terre pure) revendique plus de 12 millions de fidèles.

♥ **CAFÉ**
Shijô-kyô machiya 市場京町家 : sur Shijô dôri (I C2) ☎ 075/213.0350, M° Shijô 四条 (ligne Karasuma). Une *machiya* (→ *encadré*) transformée en café-galerie, où l'on peut déguster boissons et pâtisseries traditionnelles ; entrée libre, t.l.j. sf mer. 11 h-21 h.

■ **Le temple Hongan-ji**** 本願寺 II B1/2
À 1 km N. de la gare (sortie principale).
Établi en 1272 sur le mont Higashi yama, à l'endroit où est enterré le fondateur de la secte Jôdo shin-shû, Shinran Shônin (1173-1262), le Hongan-ji formait à l'origine un seul et unique temple. Souvent attaqué par des sectes rivales, comme Tendai, ou par le pouvoir politique, inquiet de sa puissance montante, il dut changer d'emplacement à maintes reprises. Oda Nobunaga, en particulier, essaya (vainement) de le détruire, tandis que le temple s'était installé à Ôsaka. En 1602, Tokugawa Ieyasu, plus fin, décida de le diviser, parvenant ainsi à réduire son influence.

• À l'E., **Higashi Hongan-ji*** 東本願寺 II B1/2 *(Karasuma dôri, Shichijô ☎ 075/371.9181 • vis. 5 h 50-17 h 30, 6 h 20-16 h 30 de nov. à fév.)*, cérémonieusement surnommé Ohigashi-san, est le siège de la branche Ôtani-ha de la secte. La **salle du Fondateur** 御影堂 *(Goei-dô)* est abritée sous un immense toit, le plus grand du monde, dit-on. Plusieurs fois détruit au cours des siècles, le bâtiment a été reconstruit pour la dernière fois en 1895. À cette occasion, de très nombreuses fidèles se rasèrent la tête pour offrir leurs cheveux au temple ; 53 cordes en furent alors tressées, qui servirent au transport des lourds troncs d'arbres utilisés pour les piliers. L'une d'elles, conservée à titre de relique, est exposée dans le couloir qui sépare le *Goei-dô* de la **salle Amida** où trône une statue du bouddha Amida.

• À l'O., **Nishi Hongan-ji**** 西本願寺 II A1 *(Horikawa dôri, Hanaya-chô ☎ 075/371.5181 • vis. 5 h 50-17 h 30, 6 h 20-16 h 30 de nov. à fév.)*, ou Onishi-san, appartient à la branche Hongan-ji de la secte. Élevé à cet endroit en 1591, le temple a entièrement brûlé en 1617. La **salle du Fondateur** 御影堂 *(Goei-dô)* a été reconstruite en 1636, la **salle principale** en 1760. Chacun des bâtiments qui composent le temple abrite des **peintures religieuses** du Xe s. L'ensemble (classé par l'Unesco) comprend également une **scène de théâtre nô**, la plus ancienne du Japon, et un adorable petit **jardin sec** (Kokei no niwa 虎渓の庭). L'intérieur des **appartements** est décoré par des peintures de l'école Kanô *(vis. guidée sur rés. écrite préalable ; rens. à l'OT).*

■ **Le musée du Costume*** 風俗博物館 **(Fûzoku hakubutsukan) II B1**
Horikawa/Shinhanayachô dôri ☎ 075/342.5345 • au N.-E. du Nishi Hongan-ji, au 5ᵉ étage de l'immeuble Izutsu • ouv. 9 h-17 h, f. dim et j. fériés.
Ce petit musée ouvert en 1974 possède des collections de la préhistoire jusqu'à l'ère Meiji. Une partie plus récente (1998) prend pour thème *Le Dit du Genji* (→ *p. 118*) : les personnages de la cour de Heian y sont tous reproduits au 1/4, dans un décor qui reprend fidèlement les descriptions du roman *(→ aussi théma p. 354-355).*

■ **Le Sanjûsangen-dô*** 三十三間堂 **II D2**
Chaya machi, Higashiyama-ku ☎ 075/525.0033 • à 1 km E. de la gare, 1 km S.-E. du Higashi Hongan-ji • vis. 8 h-17 h en été, 9 h-16 h l'hiver • interdiction de photographier ou de filmer à l'intérieur du bâtiment.
En 1164, le chef de guerre Taira no Kiyomori faisait élever le Rengeô-in, constitué d'une seule pièce divisée en 33 compartiments, d'où son surnom *(sanjûsan* signifie 33). Ce nombre correspond aux incarnations successives de Kannon, déesse de la miséricorde à qui est dédié le temple. Reconstruit en 1266 à la suite d'un incendie, il est classé Trésor national en raison de sa longueur exceptionnelle : 120 m (c'est le plus long bâtiment de bois du Japon).
Mais le temple doit surtout sa célébrité aux **1 000 statues** en cyprès du Japon représentant Kannon. 124 d'entre elles datent de la fondation, les autres ayant été ajoutées au moment de sa reconstruction. Les 28 statues au premier rang *(explications en anglais)* représentent des « **gardiens** » protégeant la déesse, d'où l'expression terrifiante de leurs visages. Elles sont dues à des grands maîtres du XIIIe s. tels Unkei et Tankei. Les bras et les têtes, sculptés

▲ Les 1 000 statues de Kannon conservées au Sanjûsangen-dô sont classées Trésor national.

séparément, ont été assemblés avec de la laque et enfin peints. Au centre se dresse la statue de **Kannon** aux 1 000 bras, haute de 3,4 m.

■ Le Musée national★★★ 京都国立博物館
(Kyôto Kokuritsu hakubutsukan) II D2

527, Chaya machi, Higashiyama-ku ☎ 075/541.1151 • bus 206 ou 208, arrêt Sanjûsangendô 三十三間堂 *• ouv. t.l.j. sf lun. 9 h 30-17 h, jusqu'à 20 h le ven. • prévoir 2 h.*

Dessiné par Katayama Tokuma (1854-1917), le bâtiment principal, en briques rouges, s'inspire de l'architecture baroque française du XVIIe s., dans un style qualifié d'impérial, cette influence étant attribuée à l'ouverture vers l'Occident de l'empereur Meiji (Mutsuhito). Les 12 000 pièces que possède le musée sont présentées par roulement.

• **Archéologie** *(salles 1 et 2)*. Dans la *salle 1*, on peut voir des objets datant du paléolithique (pierres taillées), des époques Jômon et Yayoi (poteries, petites sculptures), ainsi que de celle des Kofun (statuettes *haniwa*). La *salle 2* présente les produits des différentes fouilles réalisées à Kyôto ainsi que des objets bouddhiques des époques Asuka (VIIe s.), Nara et Heian.

• **Céramique** *(salles 3 et 4)*. La *salle 3* propose une véritable histoire de la poterie japonaise, avec des pièces allant de l'époque Nara à la fin de l'époque Edo. La *salle 4* contient de magnifiques réalisations chinoises datant des dynasties Han (206 av. J.-C. - 220 apr. J.-C.) et Tang (618-907), des céladons ainsi que des porcelaines de différentes périodes de l'histoire de la Chine. Également quelques porcelaines coréennes.

• **Sculpture** *(salles 5 à 7)*. Dans la *salle 5*, on trouve des bouddhas de **pierre** en provenance d'Inde ou de Chine ainsi que des **bronzes** japonais des époques Nara et Heian. La *salle 6* rassemble des sculptures plus petites, principalement d'époque Kamakura ; ne pas manquer la superbe série de **masques de procession** en bois du Xe s. La *salle 7* est réservée aux statues de grandes dimensions ; celle, en cyprès passé à la feuille d'or, qui représente **Amida** assis, accueillant d'un signe de la main l'esprit des morts, est très impressionnante.

• **Peinture** *(salles 8 à 12)*. Parmi les œuvres présentées, essentiellement d'inspiration bouddhique, se distinguent les **kakemonos** sur soie (XIIIe s.) figurant le bouddha Amida ou celui qui représente les 500 *rakan* (disciples du Bouddha), attribué au moine Minshô (1352-1431). L'une des plus belles pièces de cette section est un **rouleau peint** (fin de l'époque Heian), d'une extraordinaire luminosité, montrant le bouddha Shakyamuni sortant de son cercueil d'or ; les milliers de rayons dorés qui émanent de son corps contiennent, selon la tradition, des milliers de bouddhas.

• **Calligraphie** *(salle 13)*. Textes bouddhiques, poèmes ou documents historiques illustrent l'évolution de cet art *(→ encadré p. 194)*. L'une des pièces maîtresses de la collection consiste en **49 poèmes★** d'amour, seuls rescapés d'un recueil de *waka* de l'époque Heian. Écrits dans un style très personnel, d'un mouvement ample et continu, sur un papier importé de Chine, ils sont classés Trésor national.

• **Textiles** *(salle 14)*. Magnifiques vêtements, dont certains remontent au XIVe s. comme le *kaibu no mo*, un pantalon-jupe de 1390 classé Trésor national.

• **Laques** *(salle 15)*. Parmi ces œuvres exceptionnelles, certaines viennent de Chine (laques sur bois sculpté du XIVe s. – dynastie Yuan) mais la plupart ont été produites au Japon comme ces étonnants laques *nanban* (→ *Petit dictionnaire*) réalisés à l'ère Momoyama et destinés à l'exportation.

• **Métal** *(salle 16)*. Cet art est ici très richement illustré : miroirs en bronze offerts aux temples et aux sanctuaires, bouilloires de cérémonie du thé, sabres et armures de différentes époques. Parmi les plus belles pièces de la salle : une **lanterne** d'époque Kamakura (elle est datée de 1319) en fer finement travaillé et décoré d'éléments en écaille de tortue, ou encore un **sabre court** du XIVe s. dont l'étui, en peau de requin polie, est laqué et doré à l'or fin.

■ **La maison de Kawai Kanjirô**★★
河井寛次郎記念館
(Kawai Kanjirô kinenkan) II D1
569, Kanei-chô, Gojozaka ☎ *075/561.3585 • à 500 m S.-O. du temple Kiyomizu et à 500 m N. du Musée national • ouv. t.l.j. sf lun. 10 h-17 h.*
Le sculpteur et écrivain **Kawai Kanjirô** (1890-1966) vivait et travaillait dans une immense *machiya* que la municipalité a transformée en musée et ouverte au public en 1973. On peut y admirer un grand nombre de pièces en céramique ainsi que des sculptures en bois ou en métal, réalisées par l'artiste tout au long de sa vie. Mais c'est le bâtiment lui-même qui constitue le principal intérêt de la visite. Cette très belle maison traditionnelle composée de pièces à tatami entourant un jardin central est un véritable havre de paix. Au fond, le long four de potier a été conservé en état.

❷ Le centre-ville★★★

Situation : I C2 et III A2-3 ; à 3 km N. de la gare.

Délimité par Shijô dôri au S., par le château de Nijô à l'O., par le Palais impérial au N. et par le parc Maruyama à l'E., le centre-ville est traversé par la rivière Kamo, dont les quais constituent l'une des plus agréables balades, notamment en avril, lorsque les cerisiers sont en fleur. Cette partie de Kyôto, qui se parcourt très facilement à pied, vous mettra en contact avec l'artisanat traditionnel (notamment la pâtisserie, une grande spécialité) ainsi qu'avec le monde des geishas.

Combien de temps : 1 j. en passant la soirée à Gion ou Ponto-chô.

Départ : de très nombreux bus s'arrêtent au carrefour de Shijô dôri et de Kawaramachi dôri ; M° Shijô 四条 I C2, ligne Karasuma.

🔖 BON À SAVOIR
Dans la salle 14 se tient chaque année, au mois de mars, à l'occasion de la fête des Filles, une exposition temporaire de poupées anciennes.

🔖 BON À SAVOIR
Une lettre en anglais, publiée tous les deux mois et distribuée gratuitement à l'entrée du musée, indique, salle par salle, les œuvres exposées temporairement.

LES 3 PLANS DE KYÔTO
- Plan I : plan d'ensemble — 346-347
- Plan II : le quartier de la gare — 358-359
- Plan III : les quartiers est — 370

À NE PAS MANQUER
Le château Nijô-jô★★★	364
Ponto-chô★★★	366
Kiyamachi dôri★★★	366
Gion★★★	367

☞ SOIRÉES
Boîtes de nuit et bars à l'occidentale sont presque tous concentrés à Gion (III A3) et à Ponto-chô (III A2), les seuls quartiers qui vivent la nuit.

■ Le château Nijô-jô*** 二条城 I C2

M° Nijôjô mae 二条城前 *: de la gare, prendre la ligne Karasuma vers le N., changer à Karasuma Oike* 烏丸御池 *pour la ligne Tôzai • vis. t.l.j. 8 h 45-16 h.*

Cet impressionnant édifice fut construit par Tokugawa Ieyasu de 1601 à 1603, l'année où il est nommé shogun. En 1626, son petit-fils Iemitsu y ajoute plusieurs bâtiments en provenance du château de Fushimi (au S.-E. de la ville). Plusieurs Tokugawa y ont temporairement résidé jusqu'au dernier d'entre eux, Yoshinobu, peu avant son abdication en 1867. En 1939, l'empereur Hirohito en fit présent à la ville, qui l'ouvrit à la visite l'année suivante. Le château est inscrit au patrimoine mondial comme l'un des plus beaux exemples d'architecture de style Momoyama (→ *Petit dictionnaire*).

• Le **palais Ninomaru*** 二の丸御殿 (Ninomaru goten), composé de cinq bâtiments reliés entre eux, constitue la pièce maîtresse du château ; c'est d'ailleurs la seule partie classée Trésor national. On visite successivement 11 pièces dont la plus importante, la 3e grande pièce 大広間三の間 (ohiroma san no ma) servait au shogun à réunir ses vassaux. C'est là que, en octobre 1867, il déclara remettre officiellement le pouvoir à l'empereur, comme le rappelle une reconstitution grandeur nature. Presque toutes les salles ont été décorées de paysages ou d'animaux par des maîtres des XVIe-XVIIe s. de l'école Kanô. Conduisant de l'entrée au 1er grand salon, le **couloir du Rossignol** 鴬針 (uguisu bari), est doté d'un parquet qui, à chaque pas, émet un crissement rappelant le chant de l'oiseau : ce dispositif permettait d'être averti du moindre mouvement.

Le Ninomaru est flanqué du **jardin Ninomaru-en*** 二の丸苑, l'un des plus beaux du Japon, qu'aurait dessiné le maître de cérémonie du thé Kobori Enshû (1579-1647). Le plan d'eau autour duquel le jardin s'organise est orné des trois îles du Bonheur éternel, de la Grue et de la Tortue.

Les restaurants-terrasses

De mai à sept., les restaurants situés le long de la rivière Kamo ou du canal Takase gawa – qui servait autrefois à transporter le bois entre Kyôto et Ôsaka – accueillent leurs clients dans de vastes vérandas de bois surplombant l'eau. Il en existe actuellement moins d'une centaine, répartis sur trois quartiers : Kamikiya machi 上木屋町, au début du canal Takase gawa ; Ponto-chô 先斗町 III A2, l'un des quartiers les plus typiques du centre de Kyôto ; et enfin Shimokiya machi 下木屋町, au S. de Shijô dôri. Certes, les *yuka*, qui servent généralement une cuisine traditionnelle de Kyôto, sont un peu plus chers que les autres restaurants du centre-ville, mais vous y ferez un dîner inoubliable, à la lueur des lanternes, tout en profitant de la fraîcheur de l'eau.

◀ La tradition des *yuka*, restaurants en terrasse sur la Kamo gawa, remonte au XVIe s.

- Le **palais Honmaru** 本丸御殿 (Honmaru goten), situé à l'O. du Ninomaru, également entouré d'un jardin, n'est ouvert au public qu'exceptionnellement. Le bâtiment original a brûlé en 1750 puis en 1788, cette reconstitution date de 1893-1894.
- Le **jardin Seiryu-en**** 青龍苑, ajouté au site en 1965, est en partie de style japonais et en partie occidental. Des pierres et rochers qui le composent, 800 proviennent de la villa d'un riche marchand de Kyôto, 300 sont issues d'autres régions. Les deux **pavillons de thé** sont utilisés pour des cérémonies officielles.

■ Le musée du Manga**
京都国際マンガミュージアム
(Kyôto kokusai manga myûjiamu) I C2
M° Karasuma Oike 烏丸御池 *☎ 075/254.7414 • à 200 m E. du château Nijô-jô • ouv. t.l.j. sf mer. 10 h-18 h • www.kyotomm.jp*

Aménagé dans une ancienne école primaire, ce musée ouvert en 2006 est consacré à l'art typiquement japonais du **manga**, sorte de bande dessinée très populaire issue de l'art de l'estampe. La consultation d'albums (300 000 en 2009) dans d'anciennes salles de classe en compagnie de lycéens nippons est très amusante, mais l'ambition du musée consiste surtout à mettre à la disposition du public tous les outils pour comprendre la naissance et l'évolution de cet art. Des **expositions temporaires** de grande qualité, avec des thèmes comme les monstres dans la BD, par exemple, sont régulièrement proposées *(entrée non comprise dans le prix du billet normal).*

■ La galerie Teramachi-Shinkyôgoku*
寺町・新京極 I C2
Depuis le château, bus 12 ou 101, arrêt Shijô-Kawaramachi 四条河原町.

Sur l'avenue Shijô dôri, à quelques pas de Kawaramachi dôri, se trouve l'entrée de la **galerie commerçante** Teramachi reliée à celle, parallèle, de Shinkyôgoku. Idéales pour faire ses achats, ces galeries couvertes sont une véritable caverne d'Ali Baba où l'on peut dénicher aussi bien des vêtements traditionnels que du thé, des estampes en encore des babioles en tout genre vendues dans les boutiques à 100 yens. Sans compter plusieurs dizaines de restaurants, généralement bon marché, et cafés.

Le **marché de Nishiki**** 錦小路 I C2 (Nishiki koji ; *à 200 m de l'entrée de la galerie, sur la g.*) occupe une allée à part où, sur 400 m, viennent se fournir les gourmets et bon nombre de restaurateurs

♥ RESTAURANT
Ganko Sushi がんこ寿司 :
Nijô dôri, Honya machi (I C2)
☎ 075/223.3456. Cette chaîne propose, dans un cadre traditionnel avec tatamis, une cuisine variée et authentique à des prix tout à fait abordables. Spécialités : *shabushabu* (marmite de viande de bœuf), sashimis ou cuisine *kaiseki*. Celui de Nijô est constitué de plusieurs petits salons ouvrant sur un jardin qui compte parmi les 25 plus beaux du Japon. Ouv. t.l.j. 10 h 30-21 h 30.

☞ EN SAVOIR PLUS
Pour une approche historique et artistique du succès du manga, reportez-vous au chapitre « Au pays des mangas », p. 136.

♥ SHOPPING
Dans la galerie Teramachi-Shinkyôgoku, la librairie ***Daishodô*** 大聖堂 est spécialisée dans la vente de gravures et de livres anciens (f. le mer.).

♥ HÉBERGEMENT

Hôtel Kyôto Royal
京都ロイヤルホテル : Sanjô agaru, Kawara machi, Nakagyo-ku (I C2) ☎ 075/223.1234 ; www.ishinhotels.com/kyoto-royal/en
À 5 mn à pied de Ponto-chô et de la rivière Kamo, l'un des meilleurs rapports qualité-prix de la ville. Chambres agréables (à l'occidentale) et petits déjeuners très copieux.

♥ RESTAURANT

Misogi gawa 禊川, à Ponto-chô (I C2), rés. ☎ 075/221.2270. Le chef Inoue Terao, qui a étudié la cuisine en France, propose d'étonnants menus (de 12 000 à 30 000 yens) mêlant avec bonheur les deux traditions culinaires.

LES 3 PLANS DE KYÔTO

- Plan I :
  plan d'ensemble   346-347
- Plan II :
  le quartier de la gare   358-359
- Plan III :
  les quartiers est   370

de la ville car on y trouve tous les ingrédients de la cuisine de Kyôto. Poisson frais, légumes, pickles, algues et toutes sortes de préparations inconnues vous attendent dans ce temple de la gastronomie qui existe depuis plus de 400 ans.

Juste après avoir traversé Gokomachi dôri, sur votre g., l'échoppe *Notoyo* のとよ, spécialisée dans l'**anguille** et le **poisson** grillés, fournit les meilleurs *ryokan* de la ville. Presque en face, *Yubakichi* 湯波吉 a pour spécialité le *yuba*, la « peau » de tofu (qui se forme quand on cuit le lait de soja), traditionnellement servie dans la cuisine *shôjin*. Un peu plus loin, sur le même côté, la maison *Yamadashiya* やまだし屋 est la seule du marché à commercialiser du **thé en feuilles** torréfié sur place. Plus loin, *Kinki* きんき ne vend que du **tofu**, avec pour spécialité le *hiryozu*, un tofu frit à commander à l'avance. Enfin, ne manquez pas le spectacle fascinant de la fabrication des **omelettes** à la japonaise, à partir d'un *dashi* (bouillon de poisson) dont la recette est tenue secrète : cinq ou six cuisiniers roulent les omelettes dans des poêles carrées en y introduisant de la bonite séchée.

■ Ponto-chô*** 先斗町 I C2 et III A2

Prendre l'av. Shijô dôri vers la rivière et tourner à g. dans la dernière ruelle avant le pont.

Coincé entre la rivière Kamo et le canal Takasegawa, Ponto-chô est, avec Gion, l'un des deux principaux **quartiers de geishas** de Kyôto. Exclusivement piétonnier – aucune voiture ne pourrait circuler dans ces étroites ruelles où même les piétons se croisent difficilement –, c'est un adorable ensemble de restaurants et de maisons de thé très apprécié des touristes. Les bâtiments sur la dr. (lorsqu'on vient de Shijô) sont presque tous des **restaurants traditionnels** (cuisine de Kyôto) donnant sur la rivière avec terrasses en été *(yuka ; → encadré p. 364)*. Peu avant d'atteindre l'avenue Sanjô dôri, le **théâtre Pontochô Kaburen-jô** 先斗町歌舞練場 III A2 présente, en mai et en oct., un très beau spectacle de danses rassemblant les geishas et *maiko* (apprenties geishas) du quartier. En musardant par ici aux alentours de 18 h ou 22 h, vous avez de grandes chances de voir ces dernières se rendre à une soirée, ou en revenir.

▶ Parallèle à Ponto-chô et à la rivière Kamo, la **Kiyamachi dôri*** 木屋町 III A2 longe le canal Takasegawa. C'est un lieu de promenade très populaire au moment où les **cerisiers en fleur** (début avril) forment un véritable tunnel blanc et rose au-dessus de l'eau. Durant quelques jours (voire quelques heures), l'eau du canal est entièrement couverte des pétales arrachés par le vent. Un moment de grande poésie. ◂

■ **Le théâtre Minami-za★** 南座 III A3
Shijô Ôhashi ☎ *075/561.0160* • *traverser le pont Shijô bashi, le théâtre se trouve au coin opposé.*
Construit à l'origine en 1615, le Minami-za est le plus vieux théâtre du Japon et, dit-on, le lieu de naissance du kabuki ; le bâtiment actuel, entièrement rénové en 1991, ne date que de 1929. On y donne des spectacles traditionnels : kabuki mais également *rakugo* et *kyôgen*, deux formes de théâtre comique très prisées dans le Kansai.

Continuer dans l'av. Shijô dôri et tourner à dr. à 300 m dans Hanami-koji, qui marque l'entrée de la partie S. de Gion.

■ **Gion★★★** 祇園 III A3
Parfaitement conservé et entretenu, avec ses vieilles **maisons en bois**, ce quartier, l'un des plus anciens de Kyôto, donne une bonne idée de la ville à l'époque Edo. Ses façades discrètes abritent presque toutes des *zashiki* (maisons de thé où se produisent les geishas) ou des *machiya* (→ *encadré p. 360*). Il vaut la peine d'explorer systématiquement les contre-allées où vous pourrez observer de plus près la vie de ce quartier, très différent de

▲ Trois apprenties geishas (*maiko*).

♥ **RESTAURANT**
Setsugekka 雪月花, à l'E. de Kiyamachi dôri (III A2) ☎ 075/342.1777. Pour un repas de *kaiseki* mêlant tradition et créations contemporaines : déjeuner à partir de 2 500 yens, dîner à partir de 7 000 yens.

Geisha ou prostituée ?

La confusion, très fréquente chez les Occidentaux, vient en partie du fait que, au XVIIIe s., les femmes de bateliers qui déchargeaient, le long des canaux, le charbon le jour étaient parfois contraintes à la prostitution. N'ayant pas le temps de laver la suie sur leur visage, elles le recouvraient d'une épaisse couche de blanc, ce qui les faisait ressembler aux geishas.

Prostituées et geishas travaillaient d'ailleurs côte à côte dans les mêmes quartiers réservés de la ville et, jusqu'à l'interdiction de la prostitution, vers 1750, la limite entre les deux activités était assez floue. Les jeunes filles étaient en effet vendues par leur famille à des « maisons de geishas » *(okiya)* qui se chargeaient de leur éducation. Elles y apprenaient les arts traditionnels comme la musique (notamment le shamisen), la danse, la cérémonie du thé ou l'art floral. Un client pouvait acheter leur virginité et même leur liberté en remboursant à l'*okiya* tous les frais liés à leur éducation mais généralement elles demeuraient toute leur vie prisonnières de cette dette.

La prostitution ayant été à nouveau officiellement abolie en 1956, les quelque 200 geishas et *maiko* (apprenties) de Kyôto ont toutes choisi ce métier et ne sont jamais obligées d'« accorder l'oreiller ». → *aussi encadrés p. 88 et 352.*

♥ SHOPPING

Monju もんじゅ : Hanamikoji Higashi iru, Minami gawa, Shijô dôri, Higashiyama-ku (III A3) ☎ 075/525.1617. Tous les objets vendus ici sont d'authentiques laques de Kyôto : plateaux, boîtes ou simplement baguettes… tout dépend de votre budget. Ouv. t.l.j. sf jeu. 10 h 30-19 h 30.

Ponto-chô dont il partage la vocation. Vous entendrez peut-être, provenant d'une des nombreuses écoles où les *maiko* étudient les arts traditionnels, les accords d'un shamisen ou d'un koto accompagnant une voix stridente.

Au bout de la rue centrale, juste avant d'arriver au temple Kennin-ji (→ ci-après), vous trouverez, sur la g., le **Gion Corner** ギオンコーナー III A3 (Gion konâ), théâtre destiné aux touristes qui présente les différents arts pratiqués par les geishas (→ encadrés p. 88 et 352).

Au N. de Shijô dôri, un Gion plus moderne égrène **boîtes de nuit**, *soaplands*, *love hotels*, ce qui n'en fait pas un quartier dangereux ni même « louche » : il est au contraire assez agréable d'y flâner dans la nuit éclairée aux néons des bars. On y croise le monde du *mizu-shôbai* (« commerce de l'eau » : désigne ceux qui travaillent dans les bars), auquel se mêlent des geishas plus ou moins authentiques.

À quelques centaines de mètres du carrefour, deux ruelles, **Shinmonzen dôri** 新門前通 et **Furumonzen dôri** 古門通, concentrent les plus belles **boutiques d'antiquités**★★ de la ville.

▶ En prenant la Hanami Koji dôri du côté g. lorsqu'on vient de la rivière, on découvre l'adorable **quartier de Shinbashi**★★ III A2-3, où maisons anciennes et restaurants traditionnels bordent le minuscule canal du même nom, qui serpente entre les ruelles. Relativement ignoré des touristes, c'est l'un des quartiers les mieux préservés de Kyôto. ◀

▲ Maison traditionnelle dans le quartier de Gion.

■ Le temple Kennin-ji★ 建仁寺 III A3

Au bout de la rue Hanami-koji, côté S. ☎ 075/ 561.0190 • ouv. 10 h-16 h mais il est nécessaire de réserver à l'avance pour visiter les salles.

Fondé par le moine Eisai en 1202, c'est le temple principal de la secte zen Rinzai. Seule la porte centrale, **Chû-mon** 中門, est d'origine, le reste ayant été reconstruit au XVIIIe s. après un incendie. Il est constitué de plusieurs bâtiments de style chinois et d'un jardin zen. Le temple renferme plusieurs **rouleaux peints** ou **paravents** de grande valeur, tel le chef-d'œuvre de Tawaraya Sôtatsu (1600-1640) représentant Fûjin et Raijin, les dieux du vent et du tonnerre.

> Sur le rabat arrière de la couverture, un Tableau chronologique indique les périodes de l'histoire japonaise. En fin de volume, le Petit dictionnaire répertorie le vocabulaire spécifique.

③ La promenade de la philosophie★★★

Situation : III B1 ; N.-E. de la ville.

Ainsi nommée parce que les moines des temples environnants viennent y méditer depuis des siècles, la route qui mène du pavillon d'Argent au Nanzen-ji est un classique touristique, emprunté chaque année par des millions de touristes japonais et étrangers, particulièrement au moment où les cerisiers sont en fleur, début avril.

Combien de temps : 1 journée.

Départ : en général, on commence la promenade par le pavillon d'Argent, au N., pour redescendre vers le centre-ville ; mais on peut très bien faire l'inverse et partir, par exemple, du sanctuaire Heian-jingû.

À NE PAS MANQUER

Le pavillon d'Argent★★★	369
Le temple Nanzen-ji★★★	372
Le sanctuaire Heian-jingû★★	376

✎ **BON À SAVOIR**
La promenade est fléchée : suivre les panneaux « Path of Philosophy ».

■ Le pavillon d'Argent★★★ 銀閣寺 (Ginkaku-ji) III B1

Sakyô-ku ☎ 075/711.5725 • bus 5 de la gare (terminal A1) à l'arrêt Ginkakuji michi 銀閣寺道 *puis remonter à pied Higashi-Imadegawa dôri • vis. t.l.j. 8 h 30-17 h 30, 9 h-16 h 30 de déc. à mi-mars.*

En 1460, le shogun Ashikaga Yoshimasa commença la construction de cette résidence. Interrompus par le déclenchement de la guerre d'Ônin (guerre de clans, 1467-1477), les travaux reprirent après que Yoshimasa eut abdiqué en faveur de son fils (1473), avec l'ambition avouée de concurrencer le pavillon d'Or de son aïeul (→ p. 378). Il mourut avant de mettre à exécution son projet – faire recouvrir la demeure de plaques d'argent –, que rappelle le nom actuel du Ginkakuji (temple d'Argent), inscrit au patrimoine mondial de l'humanité. À l'origine, le domaine comprenait 12 bâtiments et un grand jardin conçu par Sôami (1480-1525), célèbre peintre

▲ Le pavillon d'Argent n'a jamais reçu son précieux placage.

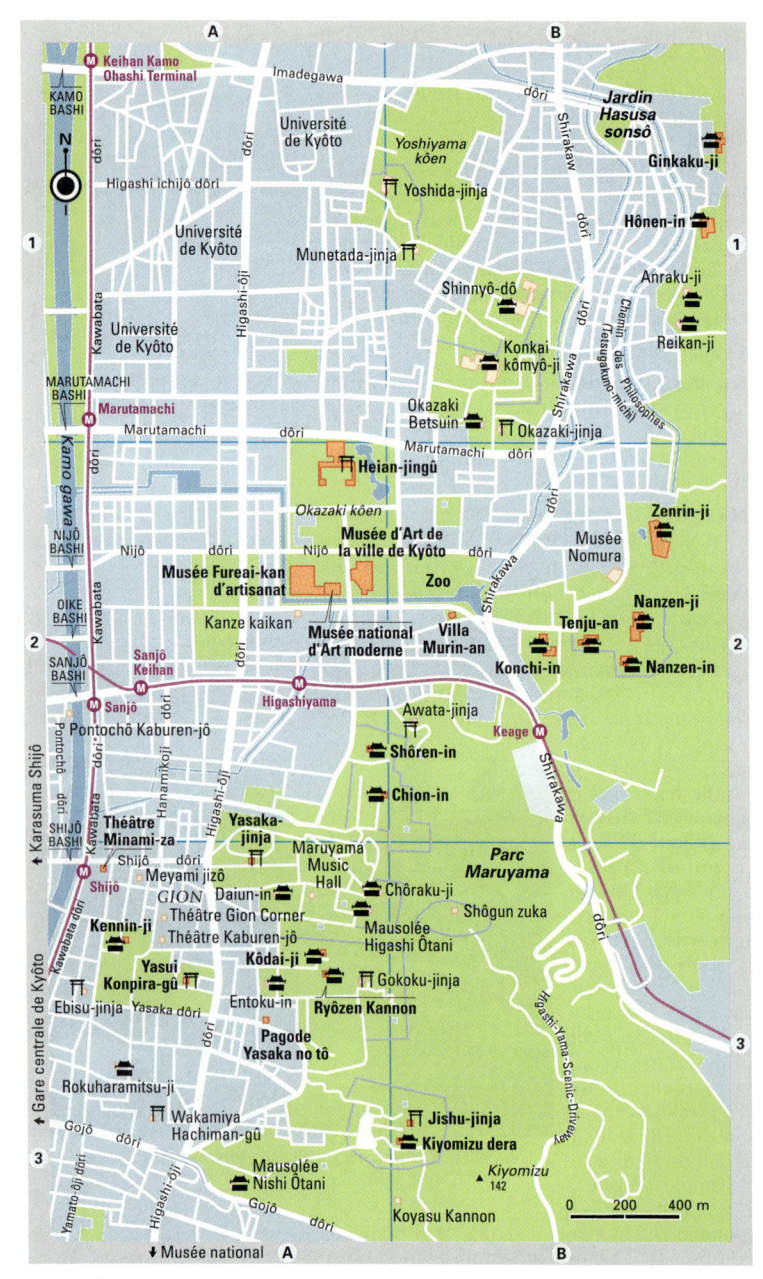

Kyôto, plan III : les quartiers est.

et paysagiste. À la mort de Yoshimasa (1490), il devint le temple Jishô-ji, de la secte Rinzai.

Dès l'entrée dans l'enceinte, le visiteur est accueilli par un **jardin sec**★★ en deux parties : le *Ginshadan* (mer de sable d'argent), surface plane recouverte de sable gris alternant avec un sable blanc par longues bandes ratissées chaque jour avec soin ; derrière s'élève le *kôgetsudai* (plate-forme pour regarder la lune), un cône de sable haut de 2 m dont certains pensent qu'il figure le mont Fuji. Pour d'autres, il ne s'agissait, à l'origine, que du « tas de sable » abandonné ici par les ouvriers et auquel on a donné une forme acceptable… Cette partie du jardin aurait d'ailleurs été ajoutée au XVIe s. lors de la première rénovation du site.

Sur la g., on trouve deux bâtiments : le *hondô* et le **Tôgu-dô**★★ (1487), qui renferme une statue du shogun Ashikaga Yoshimasa ainsi que deux statues du Bouddha (XIe et XIIIe s.). C'est là, pense-t-on, que s'était installé Ashikaga Yoshimasa. À l'intérieur, une pièce spéciale pour la cérémonie du thé *(Dôjinsai)* a été dessinée par Murata Shukô (1423-1503), peintre et maître de thé du shogun.

Le visiteur est ensuite entraîné dans un parcours qui serpente à flanc de colline, ménageant un nouveau point de **vue** après chaque tournant. Lorsqu'on redescend vers le pavillon, sa sombre silhouette trouée de blanc semble flotter au milieu de l'étang, entourée des ilots traditionnels dits de la Grue et de la Tortue, symboles de longévité.

▶ À 200 m du début de la promenade de la philosophie, le **jardin Hakusa sonsô**★★ 白沙村荘 (☎ *075/751.0446 • ouv. t.l.j. 10 h-17 h*) est probablement le plus grand jardin privé de Kyôto. La grande maison traditionnelle en bois qui en marque l'entrée, construite en 1916, appartint au peintre **Hashimoto Kansetsu** (1883-1945), l'une des grandes figures du courant artistique Nihonga, qui défendait la peinture japonaise contre une hégémonie occidentale au début du XXe s.

La petite-fille du peintre accueille les visiteurs et leur montre quelques-unes de ses œuvres ou des miniatures persanes qu'il collectionnait. Après avoir fait un tour de ce jardin digne des temples les plus fameux (avec plan d'eau, sous-bois, lanternes de pierre…), vous pourrez déguster une tasse de thé de cérémonie accompagnée d'une pâtisserie dans une pièce traditionnelle avec tatamis. On peut également y déjeuner ou dîner (cuisine *kaiseki* ; *rés. obligatoire*). ◀

■ **Le Hônen-in**★ 法然院 **III B1**
☎ *075/771.2420 • ouv. t.l.j. 6 h-16 h • entrée gratuite.*

Ce petit temple de 1680 est dédié au moine Hônen (1133-1212), fondateur de la secte Jôdo, qui a œuvré toute sa vie à faire du bouddhisme une religion populaire. L'allée qui mène au temple, bordée d'**érables**, est magnifique en automne et le très beau jardin, noyé dans la forêt, est célèbre pour ses **camélias**. Il est rarement possible de visiter l'intérieur du temple, mais chacun peut se recueillir sur la **tombe de Tanizaki Jun'ichirô** (1886-1965), l'un des écrivains les plus célèbres de Kyôto.

■ **Le temple Zenrin-ji**★★ 禅林寺 (**ou Eikan-dô** 永観堂) **III B2**
À mi-parcours entre le pavillon d'Argent et le Nanzen-ji • vis. t.l.j. 9 h-17 h.

Fondé en 863, il appartient également à la secte Jôdo ; le moine Yôkan, plus connu sous le nom de Eikan, vécut ici au XIe s. On vient surtout y admirer la statue du **Bouddha regardant par-dessus son épaule** (Mikaeri no Amida), une posture très rare due à la rencontre entre la divinité et Eikan. Ce dernier

♥ RESTAURANT

Kikusui 菊水 : 3-1, Fukuchi-chô, Nanzen-ji (III B2), rés. ☎ 075/771.4101. Cette maison traditionnelle entourée d'un splendide jardin appartenait à un riche marchand de kimonos. C'est aujourd'hui l'un des restaurants de cuisine *kaiseki* parmi les plus raffinés. À midi, menu à 5 000 yens d'un excellent rapport qualité-prix.

Cinq temples zen de Kyôto (*Gozan*) revêtaient une importance particulière car officiellement soutenus par les shoguns en vue de contrôler la vie religieuse : Nanzen-ji, Tenryû-ji, Tôfuku-ji, Kennin-ji et, à l'E. de Sakai machi, Manju-ji.

Aux environs du Nanzen-ji, vous découvrirez d'innombrables jardins appartenant à des maisons privées, mais visibles de l'extérieur.

✎ BON À SAVOIR
Le temple Nanzen-ji marque la fin de la « promenade de la philosophie ».

♥ RESTAURANT

Okutan 奥丹 : presque en face de la porte *sanmon* du Nanzen-ji (III B2) ☎ 075/771.8709. Servi sur tatamis, on déguste ici le tofu sous toutes ses formes en admirant un adorable jardin. Prix très raisonnable compte tenu de la qualité. Service jusqu'à 17 h 30, f. le jeu.

---

s'arrêta un jour de prier quand il s'aperçut que Bouddha était assis à côté de lui. « Pourquoi t'arrêtes-tu, Eikan ? », lui demanda Bouddha en se tournant vers lui.

Les différentes pièces du temple abritent une soixantaine d'œuvres dont deux sont classées Trésor national : un **rouleau peint** représentant Amida descendant de la montagne (époque Kamakura) et un **instrument de musique** chinois en forme de fleur de lotus datant de la dynastie des Tang (618-907).

Après avoir traversé un très agréable **jardin** d'érables, on peut monter jusqu'à une pagode d'où la **vue** sur la ville est splendide.

■ Le temple Nanzen-ji★★★ 南禅寺 III B2
☎ *075/771.0365 • ouv. t.l.j. 9 h-16 h 30.*

Sa construction commença en 1291, à l'emplacement d'une villa ayant appartenu à l'empereur Kameyama (r. 1260-1274). Totalement détruit durant la guerre d'Ônin (1467-1477), il ne fut rebâti qu'au début de l'ère Edo. C'est aujourd'hui le siège de la secte Rinzai et le plus important des cinq grands temples zen de Kyôto.

On pénètre dans l'enceinte par la gigantesque **porte sanmon**★★ 三門, construite en 1628. On peut y monter pour prendre une **vue** d'ensemble du temple et admirer un **plafond** peint par des disciples de Kanô (→ encadré p. 380).
On visite essentiellement, transférés du Palais impérial en 1611, le *hôjô* 宝条 (bâtiment principal) et le *hôjô seiryôden*★★★ 宝条清涼殿 (appartements abbatiaux). Classé Trésor national, ce dernier abrite de nombreuses **peintures** de l'école Kanô, dont le fameux *Tigre se désaltérant* peint au XVIIe s. par Kanô Tanyû (1602-1674). Ce bâtiment donne sur un **jardin**★★ zen composé de rochers dont l'agencement rappelle un tigre en train de boire, écho à la peinture de Tanyû. Il a été dessiné par le célèbre maître de thé Kobori Enshû au début de l'époque Edo.

En longeant l'aqueduc (Sôsui 送水) à dr. du Nanzen-ji, on parvient au **Nanzen-in**★★★ 南禅院, petit temple où repose l'empereur Kameyama. Le **jardin** est très apprécié pour son étang en forme de dragon et pour son île dont les contours dessinent le caractère *kokoro* 心 (cœur).

Deux autres temples dépendent du Nanzen-ji, avec chacun un jardin comptant parmi les plus beaux de Kyôto. Dessiné au début du XIVe s. autour de deux **étangs** aux carpes multicolores, le **Tenju-an**★★★ 天授庵 III B2 (☎ *075/771.0365 • vis. 9 h-17 h*), presque en face de la porte *sanmon*, charme par sa simplicité et la grande beauté de ses proportions.

Un peu plus bas, sur la g., se trouve le **Konchi-in** 金地院 III B2 (☎ *075/771.3511 • vis. 8 h 30-17 h*), dont le **jardin**★★★ a été dessiné par Kobori Enshû, comme celui du Nanzen-ji. Une grue est symbolisée, à dr., par deux rochers tandis qu'un autre groupe de pierres, à g., représente une tortue, le sable figurant la mer.

■ La villa Murin-an
無隣庵 III B2

En sortant du Konchi-in, traverser en biais la Niomon dôri (grande route qui passe devant la station Keage 蹴上*) et prendre la ruelle qui part en oblique ; la villa se trouve au coin de la rue suivante* ☎ *075/771.3709.*

Un riche politicien de l'ère Meiji, Yamagata Aritomo (1838-1922), en dessina lui-même le **jardin**, empruntant comme fond les collines de Higashiyama. Terminée en 1896, elle reste l'un des trésors cachés de Kyôto et vous permettra de savourer une tasse de thé en admirant un paysage empreint de douceur et de poésie.

▲ Le jardin du Konchi-in (première moitié du XVIIe s.).

La villa Murin-an abrita, en 1903, une réunion décisive entre le Premier ministre de l'époque, Katsura Tarô, et quelques chefs de partis, pour lancer la guerre contre la Russie.

■ Le musée d'Art de la ville de Kyôto★
京都市美術館 (**Kyôto-shi bijutsukan**) III A2

Okazaki, Enshoji-chô ☎ *075/771.4107 • presque en face de la villa Murin-an en empruntant le pont de la Okazaki michi • ouv. t.l.j. sf lun. 9 h-17 h.*

Ouvert en 1933 dans le **parc Okazaki** 岡崎, ce musée possède 2 000 œuvres d'artistes essentiellement originaires de Kyôto : sculptures, peintures et photographies représentatives de la production locale depuis l'ère Meiji. L'un des artistes les mieux représentés, **Take'uchi Seihô** (1864-1942), mêle dans son style l'art traditionnel japonais et les techniques occidentales empruntées, notamment, à Turner et à Corot.

▶ À côté du musée, le **zoo de Kyôto** 京都市動物園 III B2 (Kyôto-shi dôbutsu-en ; ☎ *075/771.0210 • ouv. t.l.j. sf lun. 9 h-17 h*), le deuxième du Japon après celui de Tôkyô, présente 700 animaux. ◀

■ Le Musée national d'art moderne★
京都国立近代美術館 (**Kyôto kokuritsu kindai bijutsukan ; Momak**) III A2

Okazaki, Enshoji-chô ☎ *075/761.4111 • ouv. t.l.j. sf lun. 9 h-16 h 30.*

Initialement ouvert en 1963 comme annexe à celui de Tôkyô, le Momak a été entièrement reconstruit en 1986. Il a pour mission d'acquérir et d'exposer

LES 3 PLANS DE KYÔTO

- Plan I : plan d'ensemble — 346-347
- Plan II : le quartier de la gare — 358-359
- Plan III : les quartiers est — 370

▶▶▶

THÉMA

Les jardins

Alors qu'en Occident les fleurs constituent l'élément principal des jardins, elles sont presque toujours absentes du jardin japonais, qui privilégie des symboles d'une nature plus pérenne : mousses, pierres, eau, sable… Son ressort principal n'est pas la création mais plutôt la citation. Il reproduit en effet presque toujours un paysage naturel, plus ou moins miniaturisé, presque toujours stylisé, que l'on a pris grand soin d'intégrer dans l'environnement auquel est conféré le statut de « **paysage emprunté** ».

▲ Construit par les Fujiwara, le Byôdô-in, à Uji (au sud de Kyôto), est l'un des rares représentants du style de l'époque Heian.

■ L'influence chinoise

Bien qu'il n'existe plus aujourd'hui d'exemples datant de cette époque, on sait que les premiers espaces extérieurs aménagés furent, au Ve siècle, les abords des sanctuaires shintoïstes. Il s'agissait surtout, pour les prêtres et leurs paroissiens, de protéger le sanctuaire des assauts de la nature tout en en reproduisant certains traits. Des fouilles pratiquées à Nara et à Kyôto ont mis au jour les traces de jardins réalisés durant l'époque Nara (710-794) s'inspirant du modèle chinois : les *yarimizu* ou jardins-rivières. Il s'agissait de paysages dans lesquels un cours d'eau se jetait dans un étang qui figurait celui où Bouddha est souvent représenté sur sa feuille de lotus. Au fond se détachait presque toujours une montagne « empruntée » à la nature voisine qui représentait le mont Sumeru considéré, dans le bouddhisme, comme l'axe du cosmos. Ce type de jardin paysager est appelé *tsukiyama* (montagne fabriquée).

La plupart des jardins de cette époque étaient cependant conçus également pour la promenade et le divertissement. Profitant d'une période de paix relativement longue, la cour passait en effet le plus clair de son temps dans les jardins à composer des poèmes au clair de lune qu'elle faisait ensuite voguer sur l'eau dans de petits bateaux. Durant l'époque Heian (794-1192), les cours d'eau qui serpentaient entre différents pavillons étaient enjambés par de petits ponts de pierre ou de rondins. C'est à cette époque qu'a été rédigé le *Sakuteiki*, premier traité sur l'art de dessiner les jardins. On y retrouve des concepts venus du taoïsme, du bouddhisme et du shintoïsme.

■ Le zen et les jardins de méditation

L'esprit de dépouillement qui prévaut pendant la période Kamakura (1192-1333) n'est pas sans effet sur la philosophie des jardins, de moins en moins conçus pour la promenade.

En réaction à ce que la nouvelle classe des samouraïs considère comme la décadence de la cour de Kyôto, naît une nouvelle esthétique beaucoup plus austère. Sous l'influence grandissante du bouddhisme, on dessinera, comme en témoigne le Daitoku-ji à Kyôto, des jardins-refuges, destinés non plus aux plaisirs frivoles de la noblesse mais à la méditation et au recueillement. Cette tendance atteindra son paroxysme avec les **jardins secs** (*kare sansui*) inspirés par le zen, durant les ères Muromachi (1338-1573) et Momoyama (1573-1603). Le minéral y est sublimé au point que même l'eau est figurée par les pierres donnant l'illusion de « cascades sèches ». Le Ryoan-ji, chef-d'œuvre de l'art zen, date de cette époque.

▲ Le parc Suizenji (à Kumamoto) est composé de paysages miniatures, y compris celui du mont Fuji (à gauche).

■ Les jardins de thé

Il faudra attendre le XVIIe s. pour voir se développer de nouveau des jardins d'agrément. Sous l'impulsion de **Kobori Enshû** (1579-1647), un maître de cérémonie du thé qui fut également un grand architecte, naissent les « jardins de thé » ou *chaniwa*. Ceux-ci comportent plusieurs pavillons reliés par un chemin aux détours savamment agencés. La villa Katsura de Kyôto est considérée comme la merveille du genre. La période Edo (1615-1867), entièrement tournée vers le plaisir, remet à la mode le jardin de promenade. Plus grand que ceux des époques précédentes, il ressemble davantage à un parc à l'occidentale.

■ D'Edo à Meiji

Fermé durant deux siècles et demi, le Japon n'intégrera que très tard la notion de perspective et, durant toute la période Edo, continuera de favoriser la diversité des points de vue dans la conception des jardins. Tout est fait pour que le visiteur aille de surprise en surprise au fur et à mesure qu'il avance. Les bâtiments actuels du Palais impérial de Kyôto, qui datent de 1855, sont représentatifs du style Edo. Avec Meiji (1868-1912), l'influence de l'Occident est telle que très peu de jardins purement japonais sont créés. Partout, au contraire, naissent de grands parcs à l'anglaise ou à la française avec de grandes allées cavalières et des bosquets fleuris. Citons néanmoins le très beau jardin zen du Tôfuku-ji, à Kyôto, qui, datant de 1938, est l'exception qui confirme la règle.

◀ Jardin zen du Kômyôzen-ji, à Dazaifu.

▶▶▶ des œuvres représentatives de l'art moderne japonais (artistes de l'Ouest surtout) et international. Outre les expositions temporaires, le musée fait régulièrement tourner son fonds permanent constitué, notamment, de 420 **céramiques** de Kawai Kanjirô, l'un des plus grands potiers japonais du XXe s., ou encore 181 **dessins** de Hasegawa Kiyoshi (1891-1980), artiste atypique qui a beaucoup travaillé à la plume et qui finit par se fixer en France.

■ **Le sanctuaire Heian-jingû**★★ 平安神宮 III A2
À 200 m N. du Momak ☎ *075/761.0221* • *vis. du « palais impérial » (sentô gosho) t.l.j. 8 h 30-17 h ; jardin ouv. 6 h-18 h.*

L'immense *torii* rouge vermillon, haut de plus de 24 m, qui en marque l'accès est l'un des symboles les plus connus de Kyôto. Élevé en 1895 pour le 1 100e anniversaire de la ville, le sanctuaire est la copie en modèle réduit (2/3 de l'original) du premier palais impérial qui s'élevait ici. Il est dédié à Kanmu (r. 782-805) et Komei (r. 1846-1867), respectivement les premier et dernier empereurs qui résidèrent à Kyôto. À l'occasion de la déification de l'empereur Komei, en 1940, plusieurs bâtiments furent ajoutés, comme le **sanctuaire principal** ou la **salle des rituels** et, en 1976, la ville effectua une grande restauration générale.

Mais c'est surtout pour son splendide **jardin**★★★ qu'on visite le Heian-jingû. Il est composé de quatre parties qui entourent le sanctuaire principal sur plus de 30 000 m² : à l'O., les **iris**, magnifiques au mois de juin, sont mis en valeur autour du petit étang Byakko ike 白虎池 • au S., la floraison des **cerisiers** centenaires, en avr., est suivie par celle des **azalées** en juin : c'est dans ce type de jardin que les aristocrates de l'époque Heian pratiquaient le *kyokosui no en*, garden-party au cours de laquelle on composait des poèmes • la partie centrale du jardin qui, comme la précédente, date de 1895, est la plus souvent représentée en photo pour son **étang Soryû** 祖流池 (Soryû ike), couvert de nénuphars et que des piliers en pierre permettent de traverser • le jardin du S., ajouté en 1910, reprend le concept de **paysage emprunté** en utilisant en arrière-fond les collines de Higashiyama.

■ **Le musée Fureai-kan d'artisanat**★ 伝統産業ふれあい館
(Dentô sangyô Fureai-kan) III A2
Face à l'entrée principale du sanctuaire ☎ *075/762.2670* • *ouv. t.l.j. 9 h-17 h* • *entrée gratuite.*

Toutes les techniques artisanales, de la teinture des tissus aux laques en passant par la fabrication des instruments de musique en bambou et aux estampes, sont expliquées dans ce musée très pédagogique. Une petite vidéo accompagne chaque partie de l'exposition, permettant d'apprécier le temps et le savoir-faire nécessaires à l'élaboration de ces très beaux objets. La boutique du musée garantit des produits de très bonne qualité.

Depuis le sanctuaire Heian, bus 5 ou 206 pour le centre-ville ou la gare.

④ Le quartier du pavillon d'Or★★★

Situation : I B-C1 ; N.-O. de la ville.

Bien qu'assez éloigné du centre-ville, ce quartier est incontournable : outre le célèbre pavillon d'Or, il abrite le temple Ryôan-ji et son fameux jardin sec, ainsi que le Daitoku-ji, ensemble de 24 temples dont plusieurs possèdent de splendides jardins zen.

Combien de temps : 1 journée.

Kyôto ④ Le quartier du pavillon d'Or • 377

Se déplacer : les sites étant relativement éloignés les uns des autres, vous devrez avoir recours au bus ou au taxi pour effectuer dans la journée le parcours ci-dessous, qui suit un axe N.-S. Il est cependant possible de relier à pied le pavillon d'Or au Ryôan-ji et de terminer la visite, toujours à pied, par les temples Ninna-ji et Myôshin-ji.

■ Le sanctuaire Kamigamo-jinja★★
上賀茂神社 I C1

339, Motoyama, Kamigamo ☏ *075/781.0011 • bus 9 depuis la gare ou bus 46 depuis le M° Shijô* 四条 *(ligne Karasuma) ; arrêt Kamigamojinja mae* 上賀茂神社前 *• vis. toute la journée • entrée gratuite • www.kamigamojinja.jp*

Dédié au dieu du tonnerre comme son pendant, le **Shimogamo-jinja** 下鴨神社 *(situé plus au S.)*, ce sanctuaire est l'un des plus anciens de Kyôto. Tous deux sont classés par l'Unesco. On situe généralement leur date de fondation au VIᵉ ou au VIIᵉ s., avant la désignation de Heian-kyô comme capitale du Japon. Il ne reste rien du Kamigamo originel, cité à plusieurs reprises dans le *Dit du Genji* (vers l'an 1000). Les 34 bâtiments qu'il compte aujourd'hui datent du XVIIᵉ s., à l'exception du *honden* (classé Trésor national), construit en 1863 dans le style Heian par l'empereur Komei. Les deux **cônes de sable** situés après le deuxième *torii* représentent deux montagnes sculptées par les *kami* ; on leur attribue des pouvoirs purificateurs.

■ Le Daitoku-ji★★★ 大徳寺 I C1

Murasakino, Daitokuji-chô ☏ *075/491.0019 • à 5 mn en taxi du sanctuaire Kamigamo ; ou bus 205 depuis la gare (terminal B3), arrêt Daitokuji mae* 大徳寺前 *; ou bus 46 depuis la station de M° Shijô* 四条 *(ligne Karasuma), arrêt Imamiyajinja* 今宮神社 *• vis. t.l.j. 9 h-17 h • droit d'entrée pour chaque temple.*

Les 24 temples qui composent le Daitoku-ji appartiennent tous à l'école zen Rinzai. Le premier, élevé en 1319 pour l'empereur Go-Daigo (1319-1339), fut d'abord privé de ressources par le shogun Ashikaga Taka'uji – qui manifestait ainsi son mécontentement envers le souverain –, puis totalement détruit par la guerre d'Ônin, en 1468. La plupart des bâtiments actuels datent des XVIᵉ et XVIIᵉ s. On s'y promène comme dans un village ; sept temples seulement sont ouverts au public.

Le **Daisen-in**★★★ 大仙院 (fondé en 1509 et classé Trésor national) est le plus célèbre, non seulement pour les **peintures** de l'école Kanô qui décorent les pièces, mais surtout pour son **jardin sec**★★★,

À NE PAS MANQUER

Le Daitoku-ji★★★	377
Le pavillon d'Or★★★	378
Le temple Ryôan-ji★★★	378

Déjeuner dans un temple zen

Au **Daitoku-ji**, un restaurant géré par des nonnes sert une délicieuse cuisine végétarienne qui change à chaque saison. Il faut traverser plusieurs temples et emprunter quelques sentiers bordés de bambous avant d'arriver chez *Izusen* 泉仙 (☏ *075/491.6665 • ouv. à midi slt, t.l.j. sf jeu.*). Le repas commence par un thé vert *matcha* servi avec une pâtisserie au *mochi* (pâte de riz). Vient ensuite « l'apéritif », un vin doux de prune *(umeshû)* suivi d'une bonne dizaine de petits plats combinant tofu, légumes et algues, présentés dans des plats de laque rouge. Lorsqu'il fait beau, on peut déjeuner sous les arbres, assis en tailleur devant une table basse : un pur moment de bonheur !

♥ RESTAURANT

I-Kyu : à l'extérieur du Daitoku-ji, non loin de la porte E. ☏ 075/493.0019. Si *Izusen* est complet *(→ encadré)*, ce restaurant sert également une cuisine de moines extrêmement raffinée.

Le fameux maître de thé **Sen no Rikyû** (1522-1591) repose dans un petit temple du Daitoku-ji : le Jukô-in 寿光院. Une anecdote rapporte qu'il aurait offensé le général Toyotomi Hideyoshi en installant en 1589 une statue de lui-même en haut de la porte *sanmon* du temple. Hideyoshi lui aurait demandé de se suicider pour réparer l'affront.

divisé en quatre parties, et qui figure parmi les plus connus du Japon. Surprenante composition minérale en forme de croix, il inscrit un symbole chrétien dans cette immense enceinte bouddhique zen : exemple frappant du syncrétisme japonais. Réalisé au tout début du XVIe s., il s'inspire de la peinture chinoise d'époque Song (960-1279). Observez, en particulier, la partie la plus au N., qui représente le « fleuve de la vie » : au début, cascade sèche, symbolisant l'impétuosité de la jeunesse, il se poursuit par une bande de sable soigneusement ratissée, représentant l'acquisition d'une certaine sagesse à l'âge adulte, ce qui n'empêche pas les épreuves de la vie symbolisées par des rochers émergeant çà et là.

Le **Kohô-an***** 孤篷庵 est très visité pour son **jardin** dessiné par Kobori Enshû (1579-1647) en 1621, sur le thème du bateau sur les flots, à observer depuis la ravissante **maison de thé** *Bôsen* 忘筌.

Le **Zuihô-in**** 瑞峯院 est un cas unique car, dans les années 1960, les pierres du **jardin** ont été redisposées en forme de croix, en hommage à l'ancien propriétaire, le *daimyô* Ôtomo Sôrin (1530-1587), qui s'était converti à la religion chrétienne.

Enfin, ne manquez pas non plus le **Hoshun-in***** 芳春院 pour son jardin et son magnifique **pavillon** *(donko kaku)*, construit en 1798 au milieu d'un paisible étang.

Le chemin qui mène du Daitoku-ji au pavillon d'Or n'ayant pas d'intérêt particulier, vous pouvez prendre le bus 12 ou un taxi pour couvrir les 1 500 m qui les séparent.

■ Le pavillon d'Or*** 金閣寺 (Kinkaku-ji) I B1
☎ *075/461.0013 • vis. t.l.j. 9 h-17 h.*

Édifié à la fin du XIVe s., il fut d'abord la résidence du shogun Ashikaga Yoshimitsu (1358-1408) peu de temps avant son retrait de la vie politique ; à sa mort, il devint le temple Rokuon-ji, qui brûla de nombreuses fois et n'a pas été reconstruit. Seul le pavillon d'Or, détruit pendant la guerre d'Ônin (1467-1477) puis reconstruit, avait ensuite miraculeusement échappé aux incendies, mais un soir de juillet 1950, un jeune moine pris de démence décida d'y mettre le feu *(→ encadré)*. Le bâtiment actuel, en tout point identique à l'original, date de 1955.

Plusieurs styles d'architecture s'y superposent : au rez-de-chaussée, celui des palais impériaux *(shinden zukuri)*, le 1er étage est copié sur les maisons de samouraïs *(buke zukuri)* et le 2nd sur les temples zen *(karayo)*. Il est entièrement et régulièrement recouvert de feuilles d'or. Le pavillon d'Or est entouré d'eau, mais aussi d'un très beau **jardin** dessiné par le moine zen Musô Soseki (1275-1351), qui « emprunte » le fond des montagnes environnantes pour accroître l'impression d'espace. Dans celui-ci se trouve une ravissante **maison de thé** construite par l'empereur Go-Mizunoo (1596-1680).

▲ Le pavillon d'Or, inscrit au patrimoine mondial de l'humanité, est, avec le mont Fuji, le site le plus célèbre du Japon.

■ Le temple Ryôan-ji*** 龍安寺 I B1
À 1,2 km du pavillon d'Or • ouv. t.l.j. 8 h-17 h.

Fondé en 1450, ce temple de la secte Rinzai renferme un **jardin** zen de sable et de pierres (*karesansui*), considéré comme le plus parfait jamais conçu (et inscrit au patrimoine mondial de l'humanité). Sa composition, au début du XVIe s., est due au peintre Sôami. Ses 15 rochers répartis en cinq groupes forment un paysage qui change au fur et à mesure qu'on se déplace ; il est d'ailleurs impossible, quel que soit le point de vue, d'embrasser plus de 14 rochers à la fois. Rançon de sa notoriété, ce lieu conçu pour la méditation voit défiler les groupes de touristes, de lycéens, de retraités…

Le temple est également célèbre pour son *tsukubai* 蹲踞, petit bassin rond à l'ouverture carrée, offert au temple par le *daimyô* de Mito (*au N. de Tôkyô*), Tokugawa Mitsukuni (1628-1701). La forme carrée du bassin fait référence au caractère *guchi* 口, qui signifie « bouche ». De chaque côté du carré sont gravés quatre caractères qui, associés à la bouche, donnent la phrase : « Je n'apprends que pour être heureux. »

Enfin, ne manquez pas de faire le tour du **lac-miroir** 鏡容地 (*kyôyôchi*) qui entoure le Ryôan-ji, bien moins fréquenté que le jardin sec.

■ Le temple Ninna-ji★ 仁和寺 I B2

Omuro Ôuchi ; au S.-O. du Ryôan-ji ☎ *075/ 461.1155 • vis. t.l.j. 9 h 30-16 h 30.*

Terminé en 888 par l'empereur Uda, détruit durant la guerre d'Ônin et rebâti au XVIIe s., il fut à plusieurs reprises la résidence d'empereurs retirés. Inscrit au patrimoine mondial de l'humanité, on le visite surtout pour son **jardin** planté de cerisiers nains et pour son **pavillon de thé**.

■ Le Myôshin-ji★★ 妙心寺 I B1

Hanazono Myoshinji-chô ; au S.-E. ☎ *075/461. 5226 • vis. t.l.j. 9 h-15 h 30.*

La visite de ce vaste ensemble appartenant à la secte zen Rinzai se justifie essentiellement par le jardin du **Taizô-in** 退蔵院, l'un des 47 temples de cette véritable cité bouddhique fondée en 1342. Dessiné au XVIe s. par Kanô Motonobu, l'un des grands peintres de l'époque Muromachi, ce **jardin** s'organise, autour d'une pièce d'eau, en différentes parties : dans la plus spectaculaire, pierres, mousses et sable parviennent à donner l'illusion d'une rivière et d'une cascade.

Dans le temple principal **Reiun-in** 霊雲院, les amateurs de **peinture** pourront admirer plusieurs paysages du XVIe s. dus aux artistes de l'école Kanô (→ *encadré p. suiv.*). La **cloche** du temple, fondue en 698, est la plus vieille du Japon.

L'incendie du pavillon d'Or

Le 2 juillet 1950, colère et consternation au Japon et dans le monde entier : le pavillon d'Or vient d'être incendié par un apprenti moine qui avait projeté, initialement, de se jeter dans les flammes. Renonçant à cette mort, il essaiera sans succès de se tuer et finira par se rendre à la police. Lors de son procès, il expliquera que, obsédé par son bégaiement, il ne pouvait souffrir la beauté autour de lui et avait décidé de brûler ce qui, à ses yeux, en représentait l'essence. Fasciné par cette histoire, l'écrivain **Mishima Yukio** (1925-1970) en tire un roman, *Kinkaku-ji* (1956 ; trad. fr. *Le Pavillon d'Or*, 1961), qui deviendra très vite son plus grand succès : en deux semaines, le livre se vend à 155 000 exemplaires et vaut à son auteur d'être reconnu comme l'un des meilleurs de sa génération. Il raconte l'histoire de Mizoguchi, un moine laid et affublé d'un bégaiement, dont l'enfance a été marquée par la vision de sa mère ayant des relations sexuelles avec des amants de passage alors que son père se meurt dans la pièce voisine. Sur cette trame, assez proche de la réalité, Mishima développe sa réflexion sur l'impossibilité de vivre une vie « normale » face à la beauté et la tradition, considérations qu'on retrouve dans l'ensemble de son œuvre et qui ne sont pas étrangères à son suicide, en protestation contre la « capitulation morale » du Japon.

En 1958, Ichikawa Kon tourne *Enjô* (*Le Pavillon d'Or*), tiré du roman de Mishima, et qui compte comme l'un des chefs-d'œuvre du cinéma japonais.

L'école Kanô

La dynastie des Kanô commence avec Kanô **Masanobu** (1434-1530), l'un des premiers peintres de l'archipel à s'affranchir de l'influence chinoise. Il peint principalement des portraits et des paysages monochromes en s'inspirant du style des moines bouddhistes zen. Remarqué par le shogun Ashikaga Yoshimasa (1435-1490), qui en fait l'un des peintres les plus en vue de la cour, il crée une véritable école que ses descendants perpétuent jusqu'au XIXe s. Son fils Kanô **Motonobu** (1476-1559) continue dans la veine religieuse en y ajoutant sa touche personnelle. Le style Kanô se renouvelle totalement avec Kanô **Eitoku** (1543-1590), qui introduit la couleur (et notamment l'or) dans des compositions jusque-là plutôt austères. Dès lors, les commandes affluent aussi bien en provenance des temples que des palais impériaux dont on lui confie toute la décoration. Il travaille successivement pour les shoguns Oda Nobunaga et Toyotomi Hideyoshi, dont il décore les châteaux d'Azuchi et d'Ôsaka. La majeure partie de ses œuvres fut malheureusement détruite dans les affrontements de clans rivaux. Après lui, l'école Kanô connaît un certain déclin jusqu'à ce que son petit-fils, Kanô **Tanyû** (1602-1674), également connu sous le nom de Morinobu, devienne, en 1621, peintre officiel des Tokugawa. Il créera d'ailleurs sa propre école de peinture.

▲ Cyprès peint sur un paravent, par Kanô Eitoku (Tôkyô, Musée national).

5 Higashiyama et le parc Maruyama★★★

Situation : III A-B3 ; à l'E. du centre-ville.

Le quartier de Higashiyama, à l'E. de Gion, est l'un des plus touristiques de la ville. Autour du parc Maruyama, très fréquenté à la saison des cerisiers en fleur, en avril, se concentrent cinq temples, une pagode et un sanctuaire. Un ravissant dédale de rues piétonnières et commerçantes, noyées dans la végétation, relie le temple Kiyomizu au sanctuaire.

Combien de temps : 1 demi-journée.

■ Le temple Kiyomizu★★★ 清水寺 (Kiyomizu dera) III B3
Accès en bus 206 depuis la gare (terminal A2), arrêt Kiyomizu michi 清水道
☎ *075/551.1234 • vis. t.l.j. 6 h-18 h.*

Fondé en 798, le Kiyomizu dera doit son nom (temple de l'Eau claire) à une source qui coule du mont Otowa auquel il est adossé. Reconstruit en 1633 par

Kyôto 5 Higashiyama et le parc Maruyama • 381

Tokugawa Iemitsu, il appartient à la branche Hossô du bouddhisme et figure au patrimoine mondial. La statue de « Kannon aux 11 têtes », à qui le temple est dédié, n'est exposée qu'une fois tous les 33 ans *(à ne pas manquer en 2010)*.

Véritable symbole de la ville, le Kiyomizu est surtout connu pour son bâtiment principal dont la véranda *(butai)*, qui repose en équilibre sur 139 pilotis, offre une **vue** superbe de toute la ville. C'est dans ce bâtiment, recouvert de tuiles en cyprès, qu'est conservée la fameuse statue de la déesse.

Au S. du bâtiment principal s'élève une **pagode** de trois étages qui renferme la statue de Koyasu Kannon, déesse protectrice des femmes enceintes, qui viennent ici prier pour un accouchement sans complications.

En avançant vers la sortie, vous apercevrez sans doute des dizaines de jeunes lycéennes et lycéens attendant en file indienne pour boire à la **fontaine** Otowa no taki 音羽の滝, censée les aider à réussir leurs examens.

Le Kiyomizu dera abrite le **sanctuaire Jishu-jinja** 地主神社, dont l'administration est complètement indépendante.

■ **La pagode Yasaka no tô★** 八坂の塔 III A3
En remontant vers le N. ☎ *075/551.2417 • vis. t.l.j. 10 h-16 h.*

C'est tout ce qui reste du temple Hôkan-ji, dont les origines remonteraient au VIIe s. Haute de 46 m, la pagode a été élevée en 1440 par le shogun Ashikaga Yoshinori et est devenue le symbole de Kyôto. Un escalier intérieur permet d'accéder au dernier étage, d'où la **vue★★★** sur la ville est impressionnante. Quelques cendres du Bouddha reposent, croit-on, sous son pilier central « gardé » par quatre **statues** de Bouddha en bois doré.

▶ Un peu plus loin, le **temple Ryôzen Kannon** 霊山観音 III A3 n'a d'autre intérêt que la gigantesque **statue★** de Kannon élevée ici en 1955 en hommage aux morts de la Seconde Guerre mondiale : 24 m de haut pour 500 t de béton. ◀

■ **Le temple Kôdai-ji★★** 高台寺 III A3
☎ *075/561.9966 • ouv. 9 h-17 h, nocturnes en été avec de très belles illuminations.*

C'est la veuve du général Toyotomi Hideyoshi (1536-1598), Kita no Mandokoro, dite « Nene », qui, en 1605, fit élever ici un temple en mémoire de son mari. La construction fut en grande partie financée par Tokugawa Ieyasu, qui fut le vassal de Hideyoshi avant de devenir shogun. Comme

À NE PAS MANQUER

Le temple Kiyomizu★★★	380
Le temple Kôdai-ji★★	381
Le Chion-in★★	382

Quiconque survit à un saut depuis la terrasse du temple Kiyomizu (13 m) verrait ses vœux se réaliser. Cette pratique est interdite de nos jours mais, pendant l'époque Edo, 234 personnes ont tenté l'expérience avec un taux de survie de plus de 85 %... On ne connaît malheureusement pas le taux de réalisation des vœux !

Une légende veut que, si une personne réussit à parcourir les yeux fermés les 18 m qui séparent deux pierres *(mekura ishi,* « pierres aveugles ») placées à l'entrée du sanctuaire Jishu-jinja, elle rencontrera bientôt l'amour. On peut se faire aider dans cette épreuve.

LES 3 PLANS DE KYÔTO

- Plan I :
  plan d'ensemble 346-347
- Plan II :
  le quartier de la gare 358-359
- Plan III :
  les quartiers est 370

Sur le rabat arrière de la couverture, vous trouverez un Tableau chronologique indiquant les grandes périodes de l'histoire japonaise.

presque tous les temples de Kyôto, le Kôdai-ji a été plusieurs fois ravagé par les flammes, mais quelques bâtiments ont été épargnés, comme la **chapelle mortuaire** (Otama-ya), décorée de laques en relief, et les deux **maisons de thé** (Kasa-tei et Shigure-tei) dues à Sen no Rikyû.

Le **jardin**, dessiné par Kobori Enshû (1579-1647), a été « rafraîchi » en 2007 par le paysagiste Kitayama Yasuo, qui a cherché à renforcer l'impression d'être encerclé par la nature. Un sentiment de paix et de plénitude se dégage des deux **étangs** qui entourent le bâtiment principal, tandis que le petit **bois de bambous**, planté à flanc de colline, apporte une touche plus sauvage. L'ensemble est féerique le soir, lorsque les éclairages prennent le relais du jour. La partie « moderne » du jardin, avec ses volumes colorés implantés dans le sol, est peut-être la moins convaincante.

■ Le sanctuaire Yasaka-jinja★ 八坂神社 III A3

À 300 m N. du Kôdai-ji, près de la station de M° Shijô keihan 四条京阪 ☎ *075/561.6155 • ouv. 24 h/24, mais on ne visite pas l'intérieur des bâtiments.*

Autrefois appelé « sanctuaire Gion », il est toujours chargé de la protection du quartier. Il a été fondé en 656, puis reconstruit entre 1654 et 1664 dans le style appelé *Gion zukuri* comprenant notamment un toit en tuiles de cyprès. Il est dédié au *kami* Susanoo, demi-frère d'Amaterasu.

On y pénètre par un impressionnant *torii* en granite élevé en 1666. C'est d'ici qu'est parti, en 869, le premier Gion matsuri, pour conjurer une épidémie qui s'était déclenchée dans la ville *(→ encadré p. 349)*. C'est également le sanctuaire le plus visité de la ville durant les fêtes du Nouvel An.

Au-delà de Yasaka-jinja commence le **parc Maruyama★** 円山公園 (Maruyama kôen), très populaire en avril au moment de la floraison des cerisiers. L'un d'eux (appelé *shidare zakura*), particulièrement volumineux, fait l'objet d'un mitraillage photographique si intense qu'il est presque impossible de l'approcher.

■ Le Chion-in★★ 知恩院 III A2

À l'extrémité E. du parc ; proche du M° Higashiyama 東山 *(ligne Tôzai)* ☎ *075/531.2111 • vis. t.l.j. 9 h-16 h.*

Siège de la secte Jôdo, le temple a été fondé en 1234 par un moine nommé Genchi, disciple du fondateur de la secte, Hônen. Les bâtiments actuels, reconstruits sous les Tokugawa, remontent à 1633. Ils sont tous de taille

▲ Défilé en costume pour le Gion matsuri *(→ encadré p. 349)*.

démesurée, à commencer par la **porte** *sanmon* 三門 (1619), haute de 24 m et surmontée d'un étage, probablement la plus imposante du pays. Le colossal *hondô*, qui abrite la statue du fondateur, symbolise bien la puissance de cette secte, l'une des plus importantes du bouddhisme japonais. Le **parquet** « chantant » 鴬針 (Uguisu bari), qui grince à chaque pas, était destiné à assurer la sécurité du shogun lorsqu'il était en visite au Chion-in. Une énorme **cloche** (74 t), autre curiosité du temple, mobilise les efforts de 17 sonneurs pour être mise en mouvement. Les **jardins** du temple ont été dessinés en 1644 par le célèbre Kobori Enshû.

■ Le Shôren-in★★ 青蓮院 III A2

Au N. du Chion-in ; même accès ☎ *075/561.2345 • vis. 9 h-17 h.*

Fondé en 1144, ce temple était le lieu de résidence du prêtre principal de la secte Tendai. Il a brûlé en 1893 et a été reconstruit deux ans plus tard. Quatre **jardins**, dessinés par Sôami (1480-1525) et Kobori Enshû (1579-1647), plusieurs fois modifiés, constituent le principal intérêt de cette visite.

6 Deux temples et un sanctuaire★★

Situation : I C3 ; au S.-E. de la gare.

Au S. de la gare, peu de sites intéressants ; ils sont, de plus, assez éloignés les uns des autres. Le Tôfuku-ji vaut néanmoins le déplacement ne serait-ce que pour ses remarquables jardins zen de facture moderne ; le sanctuaire Fushimi Inari, avec son impressionnant tunnel de portiques, mérite lui aussi la visite.

Combien de temps : une bonne demi-journée.

■ Le temple Tôfuku-ji★★ 東福寺 I C3

Hon machi, Higashiyama-ku ☎ *075/561.0087 • à 1,5 km S.-E. de la gare ; train JR jusqu'à la gare Tôfukuji* 東福寺 *; bus 208 (terminal A2), arrêt Tôfukuji mae* 東福寺前 *• ouv. t.l.j. 9 h-16 h.*

Souvent ignoré des touristes du fait de sa situation légèrement excentrée, c'est l'un des cinq grands temples zen de Kyôto. Il a été fondé en 1236 comme siège de la secte Rinzai par le moine Enni (1202-1280) à la demande de Kujô Michiie, un chef de clan qui souhaitait rivaliser avec les grands temples de Nara : le nom Tôfuku 東福 est d'ailleurs emprunté aux caractères composant celui des deux plus grands temples de Nara : Tôdai 東大 et

♥ **SHOPPING**

• ***Jusan-ya*** じゅさん屋 : Kiyomizu, Higashiyama-ku (III B3) ☎ 075/221.2008. La famille qui tient cette boutique fabrique des peignes en bois depuis l'ère Meiji, tous faits à la main à partir de différentes essences. Geishas et acteurs de kabuki s'approvisionnent ici.
Ouv. 10 h-18 h.

• ***Nakanishi Toku Shoten***
中西とく書店 : 359, Motochô, Yamato-ôji Higashi iru, Furumonzen dôri, Higashiyama-ku (III A3) ☎ 075/561.7309. Vous y trouverez des poupées de Kyôto *(Kyô ningyô)*, mais également des masques de nô.
Ouv. 10 h-17 h 30.

À NE PAS MANQUER

Le temple Tôfuku-ji★★	383
Le sanctuaire Fushimi Inari★★	384
Le temple Daigo-ji★★	384

LES 3 PLANS DE KYÔTO

• Plan I :
plan d'ensemble — 346-347
• Plan II :
le quartier de la gare — 358-359
• Plan III :
les quartiers est — 370

Kôfuku 興福. Souvent détruit par des incendies, le Tôfuku-ji a été rebâti, pour la dernière fois en 1911.

Outre le bâtiment central, il comprend encore 24 temples secondaires, sur les 53 de l'époque médiévale. Seule la **porte** *sanmon* 三門, avec ses statues bouddhiques et ses plafonds peints par Minchô (1352-1431), est classée Trésor national ; datant de 1236, c'est la plus ancienne porte zen du Japon. Mais l'attrait principal du temple réside dans quatre **jardins zen** dessinés par Shigemori Mirei en 1939, dont les compositions de rochers, de végétations et de sable, résolument modernes avec leurs formes symétriques, restent cependant respectueuses de la tradition et de l'esprit zen.

☞ **EN SAVOIR PLUS**
Sur les jardins japonais, voir la double page thématique p. 374-375.

☞ **SPÉCIALITÉS**
À chaque étape de la progression dans le Fushimi Inari, on peut s'arrêter et déguster des *kitsune udon*, nouilles « du renard », au tofu frit, servies dans de très beaux restaurants de montagne. Aux abords de l'entrée du sanctuaire sont vendus des *Inari zushi*, boules de riz vinaigré enveloppées dans du tofu frit.

Kami prospère

Divinité shintoïste censée veiller sur les récoltes (notamment celle du riz), **Inari** a toujours été associé au renard *(kitsune)*, son messager sur terre. Le nom de ce *kami* serait d'ailleurs la contraction du mot *inanari* (croissance du riz). Au IXe s., le moine Kûkai le fit entrer au panthéon bouddhiste, avec la charge de protéger le temple Tô-ji *(→ p. 334)*. Inari est donc l'un des cas de divinités japonaises reconnues à la fois par les traditions shintoïste et bouddhiste. À la fois craint (car il peut ensorceler les hommes) et révéré pour sa réputation de fertilité, Inari se situe à mi-chemin entre l'homme et l'animal, avec une connotation plutôt féminine. Il est d'ailleurs également le protecteur des prostituées. De nombreux sanctuaires lui sont dédiés à travers le pays.

■ **Le sanctuaire Fushimi Inari**★★
伏見稲荷大社 **(Fushimi Inari taisha)** I C3
☎ *075/641.7331* • *train JR direction Nara, gare Inari* 稲荷 *; train Keihan* 京阪*, gare Fushimi Inari* 伏見稲荷 • *entrée gratuite.*

Au VIIIe s., la famille Hata, originaire de Corée et l'une des plus puissantes de Kyôto, fit élever ce sanctuaire au *kami* Inari, protecteur des cultures de riz *(→ encadré)*. Durant plus d'un millénaire, les agriculteurs ont offert au renard céleste toutes sortes de victuailles afin qu'il favorise la récolte. Aujourd'hui, ce sont davantage les hommes d'affaires qui viennent offrir un *torii* gravé au nom de leur entreprise… sous réserve qu'on leur trouve une place : car ce lieu, unique au Japon, en compte plus de 30 000, alignés sur près de 5 km qui grimpent dans la montagne. Heureusement pour les affaires des prêtres, on les renouvelle tous les 10 ans environ. Cet interminable tunnel de portiques orange et noir dessert plusieurs mini-sanctuaires perdus dans les bois, signalés par des dizaines de **renards** en pierre, dont certains tiennent dans leur bouche la clé du grenier à riz.

■ **Le temple Daigo-ji**★★ 醍醐寺 h. pl. I par C3
☎ *075/571.0002* • *de Fushimi Inari, prendre un taxi (20 mn) ; de la gare de Kyôto, train JR jusqu'à la gare Rokujizô* 六地蔵 *puis bus 26, arrêt Daigo* 醍醐 • *vis. 9 h-16 h* • *salle du trésor ouv. slt en avr., mai, oct. et nov.*

Fondé en 874 par le moine Shôbô, il appartient à la secte Shingon et figure au patrimoine de l'Unesco. Sa **pagode**, construite en 951 et classée Trésor national, a échappé aux incendies et aux ravages des guerres : c'est la plus ancienne pagode du Japon et le plus vieil édifice de Kyôto.

Généralement fermée au public, elle renferme plusieurs peintures d'époque Heian, dont un mandala sur bois considéré comme le plus ancien du Japon. D'autres objets d'art (il y en aurait plus de 100 000) datant des ères Heian, Kamakura et Muromachi sont exposés dans la salle du Trésor *(reihô-kan)*. Autre Trésor national, la **porte Kara-mon** 唐門 (ou porte Chinoise, autrefois réservée aux messagers de l'empereur) ouvre sur la **villa Sampô-in** 三宝院 *(au N. du Daigo-ji)*, construite par Toyotomi Hideyoshi. Celle-ci est entourée d'un **jardin** de style Momoyama parsemé de petites maisons de thé. Il y a aussi un petit **jardin sec** dont l'une des 800 pierres, *Fujito no ishi*, est célèbre pour avoir appartenu à Toyotomi. Elle est d'ailleurs le sujet d'une pièce de nô qui porte son nom : *Fujito*.

7 Arashiyama et Sagano★★

Situation : I A-B2 ; O. de la ville.

Durant l'ère Heian, l'empereur et sa cour venaient se divertir dans ces quartiers, de part et d'autre de la rivière Ôi. Particulièrement bien préservé, Arashiyama peut être le point de départ de très belles balades à pied ou à vélo, notamment au printemps, au moment de l'éclosion des fleurs de cerisiers, ou en automne, quand les érables prennent une belle teinte rouge.

Combien de temps : 1 journée.

Accès : de la gare (terminal C6), **bus** 71, 72, 73 ou 28 ; bus 61, 62, 63 depuis le carrefour Sanjô-Kawaramachi 三条河原町 ; par **train**, ligne Sagano 嵯峨野, gare Saga Arashiyama 嵯峨嵐山.

■ Le Village du Cinéma★ 太秦映画村 (Uzumasa eiga mura) I B2

Uzumasa Hachigaoka, Ukyo-ku ☎ *075/864.7716 • arrêt de bus Eiga mura* 映画村 *; train Sagano* 嵯峨野 *(départ quai 33), gare Hanazono* 花園*, puis 10 mn à pied • ouv. t.l.j. 9 h-17 h (9 h 30-16 h en hiver).*

Des centaines de films de samouraïs ont été tournés par la compagnie Tôei (à qui le site appartient) dans ce village de l'époque Edo, fidèlement reconstitué, où l'on croise soldats en armure et geishas éplorées. Vous pourrez aussi vous faire photographier en habit de samouraï ou de courtisane. De nouvelles attractions, mettant l'accent sur la science-fiction ou les monstres façon Godzilla, ont été ajoutées ces dernières années à ce parc ouvert en 1975.

■ Le temple Kôryû-ji★★★ 広隆寺 I B2

32, Hachigaoka-chô, Uzumasa ☎ *075/861.1461 • vis. t.l.j. 9 h-17 h.*

Fondé en 622, il abrite plusieurs chefs-d'œuvre dont la fameuse **statue en bois** de Miroku Bosatsu (bouddha de l'Avenir), qu'aurait offerte au prince Shôtoku (m. 622 ; → *encadré p. 403*) un émissaire venu de Corée. Sculptée dans du pin rouge de Corée, elle est travaillée à partir d'une seule pièce de bois, technique typiquement coréenne à l'époque. Cela n'a pas empêché le gouvernement japonais d'en faire le premier Trésor national. Parmi les autres pièces conservées dans la salle du Trésor *(reihô-kan)*, signalons un **portrait de Shôtoku** (XIIIe s.) qui le représente en jeune homme de 16 ans, et une autre statue du Bouddha : Amida Nyorai.

Bien que la plupart des bâtiments aient été reconstruits au XVIIe s., le *kôdô* date de 1165, ce qui en fait l'un des plus anciens du Japon.

Un univers impitoyable

Arashiyama fournit le cadre à un grand classique de la littérature japonaise, le *Heike monogatari* (Dit des Heike ; → aussi p. 130 et 192), consigné par écrit aux XIIIe-XIVe s. Plusieurs temples des environs sont liés au tragique affrontement entre deux clans rivaux : les Heike (ou Taira) et les Genji (ou Minamoto). Racontées sur plusieurs épisodes, qu'on peut lire séparément à la façon des *Mille et Une Nuits*, leurs luttes sanglantes durent plus de 20 ans avant de se conclure, en 1185, par la victoire absolue du clan Minamoto. Trois personnages sont tour à tour les héros de ce récit épique. Le cruel **Taira no Kiyomori** (1118-1181) d'abord, que sa haine des Minamoto dévore au point, dit-on, que même plongé dans l'eau glacée, son corps ne refroidit pas. Le héros de la deuxième partie, **Minamoto no Yoshinaka** (1154-1184), défait les Taira, les obligeant à fuir Kyôto. La troisième et dernière partie est dominée par la figure de **Minamoto no Yoshitsune** (1159-1189 ; → encadré p. 476), l'un des héros les plus populaires de l'histoire japonaise, que son demi-frère Yoritomo, jaloux de son succès, contraint au suicide.

◀ La lutte entre les Taira et les Minamoto a donné matière à de très nombreuses pièces de théâtre (nô ou kabuki).

■ Le temple Daikaku-ji** 大覚寺 I A2

Saga Osawa-chô ☎ *075/871.0071 • arrêt de bus Daikakuji* 大覚寺 *• vis. 9 h-16 h 30.*

Ce « temple du Grand Éveil » fut d'abord la résidence de l'empereur Saga. Sa fille le transforma en place en 876. Plusieurs empereurs s'y retirèrent par la suite, ce qui explique l'autre nom du temple : Saga rikyû (ancien palais impérial de Saga). Les plus anciens bâtiments conservés remontent à 1289 ; ils ont été construits pour accueillir l'empereur Kameyama lorsqu'il devint moine. À l'intérieur, on peut voir plusieurs *fusuma* (portes coulissantes) peintes par de grands artistes tels que Kanô Sanraku (1559-1635).

Le **jardin**, l'un des plus vieux du Japon, a été dessiné d'après le paysage chinois du lac Dongting, et ses formes s'accordent merveilleusement aux collines d'Arashiyama, « empruntées » comme toile de fond.

■ Le temple Giô-ji* 祇王寺 I A2

À l'O. du Daikaku-ji ☎ *075/861.3574 • vis. 9 h-16 h 45.*

Entouré de bambous et d'érables, il est connu pour avoir abrité la retraite monacale d'une danseuse nommée Giô, un temps fiancée au chef de guerre Taira no Kiyomori, l'un des héros du *Heike monogatari* (→ encadré). Celui-ci lui ayant finalement préféré Hotoke Gozen (veuve de Minamoto no

✎ **BON À SAVOIR**
Location de vélos à la journée dans les alentours de la gare.

Le Daikaku-ji est également le siège de l'école Saga Goryû d'ikebana, qui a des disciples dans le monde entier.

À NE PAS MANQUER

Le temple Kôryû-ji★★★	385
Le temple Tenryû-ji★★★	387
La villa Ôkôchi★★	387

Yoshitomo), Giō prit l'habit de bonzesse. Elle fut rejointe, quelques années plus tard, par sa rivale qui devint elle aussi religieuse. Des statues de bois les représentant toutes deux sont conservées dans le temple ainsi qu'une statue de Dainichi Nyorai, bouddha de la Lumière.

■ Le temple Tenryû-ji★★★ 天龍寺 I A2
À 300 m de la gare Arashiyama 嵐山 ☎ *075/881.1235 • ouv. t.l.j. 8 h 30-17 h 30 (17 h en hiver).*
Le temple du Dragon céleste, fondé en 1339 par le shogun Ashikaga Taka'uji, compte parmi les cinq grands temples zen de Kyôto. Les bâtiments actuels datent de 1900, mais c'est essentiellement pour son **jardin** que le temple est inscrit au patrimoine mondial de l'Unesco. Il est attribué au peintre Musô Soseki (1275-1351), qui a aussi dessiné le jardin de mousses du Saihô-ji. Ici, il a imaginé une cascade sèche de rochers se jetant dans un petit étang qui a la forme de l'idéogramme chinois « cœur » 心.

■ Le sanctuaire Nonomiya-jinja★
野々宮神社 I A2
À l'arrière du Tenryû-ji ☎ *075/871.1972 • ouv. 9 h-17 h.*
Cité dans le *Dit du Genji* (début XIe s.), c'est l'un des plus vieux du Japon. De très nombreux visiteurs (notamment des femmes enceintes) viennent ici toucher la pierre Okame ishi en formant un vœu, censé se réaliser dans l'année. La meilleure période pour cette visite est l'automne, car le sanctuaire est entouré de très beaux érables.

■ La forêt de bambous d'Arashiyama★★
嵐山の竹林 (**Arashiyama no chikurin**) I A2
Elle commence juste derrière le Tenryû-ji et conduit à la villa Ôkôchi Sansô *(→ ci-après)*. Les bambous mesurent plus de 10 m de haut et sont plantés si près les uns des autres qu'ils s'entrechoquent sans cesse, produisant un fond sonore fascinant. Probablement l'une des plus surprenantes balades qu'on puisse faire à Kyôto.

■ La villa Ôkôchi★★ 大河内山荘
(**Ôkôchi sansô**) I A2
10 mn à pied du Tenryû-ji par la forêt de bambous ☎ *075/872.2233.*
L'acteur Ôkôchi Denjirô (1898-1962), célèbre pour ses interprétations de samouraï dans les films des années 1930, s'est fait construire ici, au pied du mont Ogura, une demeure entourée d'un splendide jardin de plus de 30 000 m². Le **bâtiment principal** (*Daijô kaku*), construit en 1931 et recouvert de tuiles en bois de cyprès, est un mélange de plusieurs styles d'architecture classiques : *shinden*,

♥ RESTAURANTS
• **Tenryû-ji Shigetsu**
天龍寺篩月 : dans l'enceinte du Tenryû-ji ☎ 075/881.1235. Ce restaurant de cuisine zen (simple et naturelle) sert de délicieux repas végétariens à prix raisonnable. T.l.j. 11 h-14 h (rés. au temple).

• **Sagano** 嵯峨野 : juste à la sortie du temple ☎ 075/871.6946. À l'ombre d'un jardin de bambous, on déguste l'un des meilleurs tofus de la ville. T.l.j. 11 h-19 h.

✐ BON À SAVOIR
Pour revenir à la gare de Kyôto, vous pouvez reprendre le train à la gare de Saga 佐賀, située à 10 mn du temple Tenryû-ji.

LES 3 PLANS DE KYÔTO
• Plan I :
plan d'ensemble   346-347
• Plan II :
le quartier de la gare   358-359
• Plan III :
les quartiers est   370

Formalités impériales

Bien que l'empereur n'habite plus Kyôto depuis 1868, une autorisation est indispensable pour visiter les quatre principaux sites qu'ont occupés ses ancêtres. Depuis qu'il est possible de réserver par Internet *(sankan.kunaicho.go.jp)*, mieux vaut programmer ce circuit plusieurs semaines avant votre départ en fonction des disponibilités.

Les visites se font à heures fixes, sont obligatoirement guidées (en anglais ou en japonais), mais entièrement gratuites. Attention, les visiteurs doivent avoir plus de 18 ans. Si vous n'avez pas réservé à l'avance, vous pouvez essayer de vous présenter (démarche plus hasardeuse), muni de votre passeport, à l'**Agence impériale**, à l'O. de la porte Seisho-mon du Palais impérial *(Kyôto gyôen-nai, Kamigyo-ku* ☎ *075/211.1215 • ouv. 8 h 45-16 h, f. sam., dim. et j. fériés)*. Arrivez 30 mn avant l'heure de visite afin de remplir le formulaire (en anglais), et profitez-en pour réserver les visites des autres sites impériaux.

À NE PAS MANQUER

Le Palais impérial★★★	388
La villa Katsura★★★	390
La villa Shûgaku-in★★★	390

♥ SHOPPING

Aizen Kôbô 愛染工房 : Chieko-in imadegawa, Sagaruhigashi-iru, Kamigyo-ku (C2) ☎ 075/441-0355. Vêtements traditionnels teints à la main chez l'un des plus anciens marchands de tissus du quartier de Nishijin. Ouv. 9 h-17 h 30.

shoin et *sukiya* (→ *L'art japonais, p. 107*). Il se visite, tout comme le petit **temple bouddhique** et la pièce de **cérémonie du thé** où l'on vous servira un *matcha* accompagné d'une pâtisserie *(inclus dans le billet d'entrée)*.

Le **jardin**, constitué de parties très différentes (jardin sec, de mousses, etc.), utilise parfaitement les arrière-plans que forment le mont Hiei ou la ville de Kyôto et réserve de belles surprises au fur et à mesure qu'on y progresse.

Traverser le pont Togetsu-kyô 渡月橋, *dont le nom est une évocation poétique de la lune (getsu) traversant (to) le ciel nocturne.*

■ Le parc aux Singes d'Iwatayama★★
嵐山モンキーパーク (**Arashiyama monkî pâku**) I A2
☎ 075/861.1616 • *ouv. t.l.j. 9 h-17 h (16 h en hiver)*.
Il faut grimper une bonne vingtaine de minutes pour parvenir au sommet de cette colline où 200 singes évoluent en totale liberté. Un personnel très bien formé surveille en permanence les lieux afin de garantir une bonne cohabitation avec les visiteurs. Il possède également toutes les techniques (principalement à base de cacahuètes !) permettant de s'assurer la coopération des macaques pour la sacro-sainte séance photo. La **vue**★★★ sur Kyôto, depuis la réserve, est exceptionnelle.

8 Le circuit impérial★★★

Situation : les sites sont assez éloignés les uns des autres : le Palais impérial I C2 et le palais Sentô I C2 sont situés au N. du centre-ville, la villa Katsura I B3 au S.-O. et la villa Shûgaku-in I D1 au N.-E.

L'ancien palais de l'empereur de même que les villas construites pour sa famille ou pour les empereurs « retirés » comptent parmi les plus belles réalisations architecturales du pays. Entièrement conçues pour le plaisir des yeux et de l'esprit, elles reflètent à la perfection le raffinement de la culture japonaise.

Combien de temps : 1 j., en repassant par la gare pour accéder aux villas. *Attention, les visites doivent être réservées à l'avance (→ encadré).*

■ Le Palais impérial★★★ 京都御所 (Kyôto gosho) I C2
M° *Imadegawa* 今出川 *; bus 2 ou 36, arrêt Kyôto gosho* 京都御所 • *vis. en anglais t.l.j. sf sam. à 10 h et 14 h, pour les groupes à 11 h 30 et 15 h 30.* → *encadré.*

Au cœur d'un *parc à l'anglaise de 84 ha (accès libre)*, le palais a été détruit et reconstruit huit fois au cours de l'histoire. Il ne reste évidemment rien de l'édifice original élevé par l'empereur Kanmu en 794, ni même de ceux qui ont accueilli les empereurs des ères Muromachi et Momoyama. Entouré d'une impressionnante **enceinte** (tsuji), le palais actuel a été reconstruit en 1855 dans un style qui rappelle l'architecture de Heian, quelques années avant que l'empereur Meiji s'établisse à Tôkyô.

La plupart des pièces étant fermées au public, on doit se contenter de circuler entre quelques bâtiments, dont les portes ont été laissées entrouvertes afin de laisser entrevoir la **décoration** intérieure. Parmi les salles ainsi aperçues, remarquer celle où l'on recevait les dignitaires (Shodaibu no ma 諸大夫の間), celle des cérémonies (Seiryô-den 清涼殿) et surtout celle du couronnement (Shishin-den 紫宸殿), où ont été intronisés l'empereur Hirohito (r. 1926-1989) ainsi que son père (Taishô, r. 1912-1926) – on aperçoit le **trône** (takamikura) où prenait place le monarque lors des cérémonies. Les *fusuma* (portes coulissantes) qui ornent la plupart des pièces ont été peints par des artistes de l'école Tosa, fondée par Tosa Yukihiro au début du XVᵉ s. et très inspirée de la peinture chinoise.

Un très beau **jardin japonais**★★ (Oike no niwa) entoure le palais.

▶ **Nishijin Textile Center** 西陣織会館 I C2 (*Nishijin ori kaikan ; Horikawa imadegawa minami-iru* ☎ *075/451.9231* • *bus 9 depuis la gare, bus 12, 51 ou 59 depuis Sanjô keihan* 三条京阪 *; arrêt Horikawa imadegawa* 堀川今出川 • *ouv. t.l.j. 9 h-17 h* • *entrée libre*). La tradition du tissage de la soie à Kyôto est antérieure à son statut de capitale : elle remonte à l'arrivée dans la région, au VIᵉ s., de descendants du puissant clan Hata, venus de Corée, qui possédaient déjà des techniques de culture des vers à soie. Lors de la guerre d'Ônin (1467-1477), tous les ateliers furent détruits et les artisans durent fuir dans les localités voisines. La guerre finie, ils revinrent s'installer dans le quartier qu'occupait l'armée de l'Ouest (*Nishijin*), dont le nom est resté.

▲ Tissage d'un kimono au Nishijin Textile Center.

Ce centre, mi-culturel mi-commercial, retrace l'histoire des différentes techniques de tissage et de teinture de la **soie** avec des artisans présentant chaque étape. Les visiteurs sont invités à s'asseoir derrière le métier à tisser puis à emporter leur création. On peut aussi apprendre à enfiler un kimono et même en louer un pour la journée *(rés. à l'avance)*. Un petit **musée** présente l'évolution des styles de **kimonos**, et de très beaux défilés sont organisés en continu. ◀

■ **Le palais Sentô**★★★ 仙洞御所 (Sentô gosho) I C2
Au S. du Palais impérial • *vis. en japonais seulement, à 11 h et 13 h 30.* → *encadré p. préc.*

Ce palais des Empereurs retirés (→ *Petit dictionnaire*), édifié en 1630 pour Go-Mizunoo, a été entièrement détruit en 1708, reconstruit et à nouveau détruit. Il fut rebâti en 1867 pour l'impératrice douairière Kujô Asako, veuve de l'empereur Komei, le dernier ayant régné à Kyôto. Le principal bâtiment du site, le palais Omiya, ne se visite pas, mais on admirera, juste à côté, la ravissante **maison de thé** offerte à la maison impériale par la famille Konoe en 1884.

Le **jardin** du palais a été dessiné par l'empereur Go-Mizunoo lui-même, aidé du célèbre paysagiste et maître de thé Kobori Enshû. C'est l'un des plus beaux du Japon, avec ses deux étangs reliés par le Momiji bashi (pont aux Érables). La partie S. correspond à l'ancien jardin, aujourd'hui disparu, dont subsistent trois îles auxquelles on accède par plusieurs ponts ; le Yatsu hashi, en zigzag, est recouvert de glycines. Sur la berge S. ont été disposées 11 000 pierres rondes offertes à l'empereur par le clan Odawara ; chacune d'elles valait, à l'époque, le prix de 2 l de riz.

■ La villa Katsura★★★ 桂離宮 (Katsura rikyû) I B3

De la gare, bus 33 ou 60 (terminal C6), arrêt Katsurarikyû mae 桂離宮前 (30 mn de trajet) • vis. en japonais slt à 10 h, 11 h, 14 h et 15 h • photo et vidéo interdites. → encadré p. 388.

Construite au début du XVIIᵉ s. pour le prince Toshihito (1579-1629), jeune frère de l'empereur Go-Yôzei, cette résidence fut longtemps attribuée à Kobori Enshû qui, selon des études récentes, serait peu impliqué dans sa réalisation. Sa conception, entièrement nouvelle pour l'époque, s'inspire à la fois de l'esthétique austère du zen, avec une présence très marquée d'éléments minéraux dans le jardin, mais aussi de la littérature, à laquelle elle emprunte de multiples « citations » : on sait en particulier que de nombreux points de vue du jardin font de fines allusions au *Dit du Genji*, dont le prince Toshihito était un grand admirateur.

Aujourd'hui, la villa Katsura est une référence absolue pour les paysagistes du monde entier. Entièrement conçue pour le plaisir de l'œil, elle comprend plusieurs **pavillons** qu'on découvre au fur et à mesure, chacun voué à une fonction particulière : ainsi, du Shoka-tei, l'empereur admirait les fleurs du jardin ; du Sho-in 所院, le bâtiment principal, il contemplait la lune… Chaque détail fait l'objet d'un soin inouï, et tout a été fait pour qu'on ne puisse jamais embrasser l'ensemble du **jardin**, lequel intègre des éléments lointains de paysage à son espace clos. Remarquablement conservée, elle est l'un des joyaux du patrimoine japonais.

■ La villa Shûgaku-in★★★ 修学院離宮 (Shûgaku-in rikyû) I D1

De la gare (terminal A1), bus 5, arrêt Shûgakuin rikyû michi 修学院離宮道 • vis. en japonais slt, à 9 h, 10 h, 11 h, 13 h 30 et 15 h. → encadré p. 388.

Construite grâce aux fonds offerts par les Tokugawa, la villa était destinée à l'empereur Go-Mizunoo (1596-1680) afin d'agrémenter sa retraite forcée en 1629, mais la construction ne commença réellement qu'en 1650. L'empereur en aurait dessiné les plans, sous l'influence, sans doute, de son maître paysagiste Kobori Enshû (1579-1647), décédé bien avant le début des travaux. Trois **pavillons** principaux composent cette villa, chacun possédant son propre **jardin**, auxquels s'ajoutent plusieurs **maisons de thé**, l'ensemble constituant l'une des plus fines réalisations architecturales du patrimoine nippon.

Depuis le **Pavillon près des nuages** 隣雲亭 (Rin'un-tei), le plus haut des trois bâtiments, s'ouvre la plus belle **vue** de l'étang et de l'ensemble du domaine (540 000 m²), qui emprunte en toile de fond la magnifique chaîne montagneuse Kita yama. C'est également de cette « villa haute » que l'on peut admirer l'emblème de la villa, le **Chitose bashi** 地登世橋, pont couvert reposant sur deux piliers de pierres et reliant les deux îles principales.

Environs de Kyôto

Kyôto est entourée de montagnes et de collines qui constituent autant d'excursions possibles vers des sites moins fréquentés et pourtant pleins de charme. Certains « incontournables » se situent à la périphérie même de la ville.

Sur le rabat arrière de la couverture, un Tableau chronologique indique les périodes de l'histoire japonaise. En fin de volume, le Petit dictionnaire répertorie le vocabulaire spécifique.

Accès : pour les dessertes par train, → *aussi Kyôto mode d'emploi, p. 344.*

1 Le Saihô-ji***西芳寺 (ou Koke dera 苔寺) *8 km O.*

Matsuo, Jingatani-chô, Nishikyô-ku ☎ *075/391. 3631 • attention, rés. indispensable (→ encadré) • bus 73 (Kyôto Bus ; 1 bus/h ; trajet 1 h) de la gare de Kyôto (terminal 1B), arrêt Kokedera 苔寺 • prévoir 1/2 j. de vis.*

Ce monastère zen de la branche Rinzai fut fondé en 1339 par le moine paysagiste Musô Soseki, qui croyait possible d'atteindre l'illumination par la méditation dans un jardin. Les bâtiments originaux ont tous été détruits par les guerres et les incendies, mais deux **pavillons de thé** (dont le Shonan-tei しょなん帝, de l'ère Momoyama) sont classés Trésors nationaux.

Pourtant, l'intérêt essentiel du temple (patrimoine mondial de l'humanité) réside dans son extraordinaire **jardin de mousses**, que les moines entretiennent depuis 700 ans. On en compte plus de 100 variétés différentes, qui semblent pousser naturellement dans un décor de sous-bois aux couleurs extraordinaires. En réalité, les mousses demandent un soin permanent et ne supportent pas la poussière déplacée par les trop nombreux visiteurs (il y en eut jusqu'à 8 000 par jour !).

Avant de pénétrer dans l'enceinte du jardin, on est invité à méditer en écoutant des sutras durant 1 h. Puis, en se promenant autour d'un étang de la forme de l'idéogramme « cœur » 心, on pourra observer les mousses, éclairées par le soleil oblique, changeant de couleur suivant les heures. Après avoir traversé un petit bosquet de bambous et grimpé quelques marches, on arrive dans un jardin de type *karesansui* (jardin sec) où « coule » une impressionnante « cascade sèche ».

◀ C'est pour protéger les mousses du Saihô-ji que la visite du temple est aujourd'hui sévèrement réglementée et tarifée.

Saihô-ji, mode d'emploi

• **La meilleure période** pour la visite est le printemps (idéalement après une averse), mais la floraison des lotus en été ou le rougeoiement des érables en automne sont également très appréciés.

• Une **demande d'autorisation** de visite doit être déposée au moins cinq jours à l'avance – formulaires à retirer au TIC (*p. 343*). Vous pouvez aussi, une fois au Japon, écrire directement au temple (Saihô-ji, 56, Kamigaya-chô, Matsuo, Nishikyô-ku, Kyôto-shi, 615-8286 Kyôto), en indiquant en anglais le jour et l'heure souhaités (de 9 h à 17 h) et en joignant une carte prétimbrée à votre adresse pour la réponse.

• Vous devrez, lors de la visite, acquitter un « don » permettant d'assister aux cérémonies et de formuler un vœu sur une planchette en bois que vous laisserez au temple. Ce **droit d'entrée**, d'un montant trois ou quatre fois supérieur à ceux habituellement réclamés dans les temples, est censé dissuader ceux qui n'éprouvent pas un réel intérêt pour le Saihô-ji.

2 La villa-musée d'art Ôyamazaki-Asahi Beer アサヒビール大山崎山荘美術館 (Asahi bîru Ôyamazaki sansô bijutsukan) *12 km S. de Kyôto*

5-3, Zenihara, Ôyamazaki-chô, Ôtukuni-gun, Kyôto-fu ☎ 075/957.3123 • depuis la gare de Kyôto, ligne JR (train local) jusqu'à Yamazaki 山崎 ; puis 10 mn à pied, ou navettes gratuites toute la journée.

Cette villa de type occidental, magnifiquement insérée dans un écrin de verdure, appartenait à l'ancien P.-D. G. des bières Asahi, **Shotarô Kaga** (1888-1954) : les collections d'objets d'art qu'il a accumulées tout au long de sa vie sont exposées ici. Aucune thématique, aucune logique ne relie les différentes pièces exposées : une collection de chopes de bière avoisine un bas-relief du IIe s., qui lui-même côtoie des sculptures de Joan Miró ! Une partie plus moderne, conçue par l'architecte **Andô Tadao**, a été ajoutée en 1995, afin d'accueillir les plus belles pièces de la collection : des *Nénuphars* de Monet, un Modigliani et quelques œuvres de Van Gogh, Georges Rouault ou Picasso.

3 Le mont Hiei★ 比叡山 (Hiei-zan) *13 km N.-E. de Kyôto*

☎ 077/578.0047 • prendre le bus portant l'indication « Mount Hiei » devant la poste, à la gare de Kyôto (trajet 1 h 20) • prévoir 1 j. de visite.

Le moine Saichô (767-822) construisit ici, en 788, une cabane ainsi qu'un petit temple pour conserver une statue du Bouddha qu'il avait lui-même sculptée. Plus tard, il voyagea en Chine, d'où il rapporta une nouvelle pratique du bouddhisme selon laquelle n'importe qui pouvait atteindre l'illumination grâce à l'étude des sutras, en particulier celui du Lotus. Cette école Tendai est à l'origine de presque toutes les sectes bouddhiques du Japon *(→ Religions, p. 102)*.

Le **temple Enryaku-ji**★★ 延暦寺 *(vis. t.l.j. 9 h-16 h)* prospéra si bien qu'il devint une véritable forteresse, dont la puissance finit par inquiéter les autorités : au XIe s., il disposait d'une armée de plusieurs milliers de moines entraînés au combat, qui s'affrontaient régulièrement avec les autres temples. En 1571, Oda Nobunaga décida de mettre un terme à ces luttes de clans, fit brûler l'ensemble des temples qui composaient la cité religieuse (il y en avait alors plus de 3 000) et tuer tous ses moines. Reconstruit par Toyotomi Hideyoshi puis soutenu par les Tokugawa, l'Enryaku-ji ne retrouva cependant jamais cette gloire. Le temple actuel, classé par l'Unesco, se compose de trois parties.

• La première, qui entoure la Tô-tô 東塔 (pagode de l'Est), est celle où arrivent les bus. Reconstruit en 1642, son *konpon chûdô* 根本中堂 (pièce centrale), classé Trésor national, renferme trois lanternes ayant appartenu, dit-on, à Saichô lui-même. Dans le *daikô-dô* 大光堂 s'alignent les statues en bois de plusieurs penseurs bouddhistes.

• Dans la 2e partie, appelée Sai-tô 西塔 (pagode de l'Ouest), on visite le **Shaka-dô** 釈迦堂, construction du XVIe s. déplacée ici sur l'ordre de Hideyoshi. Il contient une statue sacrée du Bouddha (Shaka Nyorai), généralement tenue cachée.

• Distant de 4 km, le dernier ensemble de bâtiments, Yokawa 横川, présente peu d'intérêt.

Depuis la partie O. de l'Enryaku-ji, vous pouvez marcher jusqu'à l'observatoire du **mont Shimei-dake** 四明岳 (alt. 839 m ; *15 mn de marche*), qui donne une **vue**★★★ superbe sur le lac Biwa (le plus grand du Japon) et la baie d'Ôsaka. Plusieurs restaurants permettent une pause déjeuner. De l'observatoire, un téléphérique transporte au sommet du **mont Hiei**★ (alt. 848 m), où sont installés un parc d'attractions et un autre **belvédère**★★ dévoilant, sous un autre angle, le lac Biwa et ses environs.

▲ Le Byôdô-in, inscrit au patrimoine mondial, figure sur les pièces de 10 yens.

Retour vers Kyôto par le funiculaire pour Yase 八瀬 et, de là, le téléphérique jusqu'à la station Demachiyanagi 出町柳 puis la ligne Keifuku 京福線 qui ramène vers le centre-ville.

4 Le Byôdô-in*** 平等院 *15 km S. de Kyôto*

À Uji 宇治 ☎ 0774/21.2861 • accès par train (trajet 12 mn), ligne JR Nara 奈良 ou Keihan 京阪線 • vis. t.l.j. 8 h 30-17 h 30, 9 h-16 h l'hiver • prévoir 1 j. de vis.

Avant de devenir un temple qui attire chaque année des milliers de touristes, il fut la propriété de Minamoto no Torû (IXe s.), puis de la famille Fujiwara. Le bâtiment le plus intéressant – et le seul datant de sa fondation – est le **Hôô-dô** 鳳凰堂 (pièce du Phénix), construit en 1053, l'un des rares exemples d'architecture Heian encore debout. L'ensemble représente un phénix – oiseau mythique vénéré par les Chinois – au moment où il se pose sur le sol. À l'intérieur, vous pouvez admirer une sculpture haute de 3 m, en bois doré à la feuille, représentant **Amida** en méditation, assis sur un piédestal en forme de lotus. Datant du XIe s., elle est attribuée au moine Jôchô (m. 1057).

La **salle du Trésor** 宝物館 *(hômotsu-kan ; ouv. du 1er avr. au 31 mai et du 15 sept. au 23 nov., t.l.j. 9 h-16 h)* renferme une impressionnante collection de peintures, de sculptures et de bronzes. La **cloche** originale du temple y est notamment conservée.

Non loin du temple *(de l'autre côté de la rivière)* se dresse le **sanctuaire Ujigami-jinja*** 宇治上神社, considéré comme le plus ancien établissement shintoïste du Japon et inscrit au patrimoine de l'Unesco : il a été fondé en 313, et le bâtiment actuel remonte au Xe s.

5 Ôhara** 大原 *18 km N.-E. de Kyôto*

Bus 17 ou 18 depuis la gare de Kyôto (terminal C3 ; trajet 1 h) • compter 1 j. de vis.

Ce petit village de montagne permet de se faire une idée de la vie rurale japonaise. On peut y observer les agriculteurs repiquant le riz ou récoltant toutes sortes de légumes ou d'herbes utilisés dans la cuisine végétarienne des temples. Un très sympathique **marché de végétaux** s'y tient le dim. matin à partir de 7 h, très fréquenté par les restaurateurs de Kyôto. Ôhara est également connu pour deux temples exceptionnels.

• **Le Sanzen-in**★★★ 三千院 (☎ 075/744.2531 • *vis. t.l.j. 8 h 30-16 h, jusqu'à 16 h 30 l'été*). Fondé en 784 par le prêtre Saichô, à qui l'on doit également l'Enryaku-ji (→ *Environ 3, p. 392*), il appartient à la secte Tendai. Le ravissant **jardin Yûsei-en** 悠生園, qu'on observe depuis le bâtiment principal 神殿 (Shin-den), est l'un des plus photographiés du pays. Un peu plus loin, parmi les mousses et les cryptomerias, s'élève l'**Ôjo Goraku-in** 王女娯楽院 (temple de la Renaissance au paradis), fondé en 985 par le moine Genshin, qui abrite notamment une statue du XIIe s. : le bouddha Amida, accompagné de Kannon (déesse de la compassion) et de Seichi (déesse de la sagesse).

Une jolie balade en forêt *(20 mn de marche)* conduit à la **Cascade silencieuse** 音無の滝 (Otonashi no taki), qui en réalité produit une sorte de musique lancinante qui aurait inspiré le chant bouddhique *(shômyô)*.

• **Le Jakkô-in**★ 寂光院 (☎ 075/744.2545 • *vis. 9 h-17 h*). Ce couvent, fondé vers le VIIe s., abrita l'impératrice Kenrei Mon'in, dernière survivante du clan des Taira, massacrés par les Minamoto en 1185. Elle passa ici les 27 dernières années de sa vie, comme religieuse, après avoir vainement tenté de se suicider avec son fils, le jeune empereur Antoku (1178-1185), qui lui se noya. Entièrement détruits par un incendie en 2000, les bâtiments, reconstruits à l'identique, ont perdu une grande partie de leur charme. Le splendide **jardin**, datant de la fin de l'époque Edo, a aussi beaucoup souffert des flammes.

6 Le musée Miho 比叡山ミホミュージアム (Miho myûjiamu) *40 km E. de Kyôto*

300, Momodani, Shigaraki, Shiga 529-1814 ☎ *078/82.3411 • http://miho.jp, depuis la gare de Kyôto, ligne JR Tôkaidô jusqu'à la gare d'Ishiyama* 石山, *sortie sud (15 mn) ; le bus Teisan, sur le quai n° 3, dessert le musée en 50 mn • ouv. t.l.j. sf lun. 10 h-17 h, f. entre mi-déc. et mi-mars • prévoir 1/2 j. de visite.*

Ouvert en 1997, le musée doit son existence à la générosité de la secte religieuse **Shinji Shumeikai**, qui compte plus de 300 000 adeptes dans le monde et possède même une antenne en France. Il ne s'agit pas pour autant d'un musée consacré à la religion mais d'un véritable **musée d'art et d'archéologie**. Passé l'entrée, on monte dans de petites voitures électriques conduites exclusivement par des femmes en uniforme tout droit sorties d'un film d'anticipation des années 1960 ! Un impressionnant tunnel en acier débouche sur le bâtiment principal, œuvre de l'architecte sino-américain **Ieoh Ming Pei**. Construit en verre et en métal, le musée n'est pas sans rappeler la pyramide du Louvre, œuvre du même Pei, dont il reprend le motif triangulaire. La grande différence, c'est l'environnement : le musée Miho s'intègre parfaitement dans une nature sauvage qui s'étend à perte de vue.

Les très riches collections permanentes sont principalement constituées d'objets d'art ou d'artisanat appartenant à la famille Shumei, fondatrice de la secte, et représentent les cultures chinoise, perse, égyptienne, grecque et romaine ainsi que celles des pays d'Asie du Sud et de l'Ouest. On appréciera la scénographie, souvent époustouflante, qui met bien en valeur de très belles pièces comme la **mosaïque romaine** (IIIe s.) représentant Dionysos et Ariane à Naxos ou encore un **bouddha** de schiste au bras coupé provenant du Pakistan (IIe s.).

Nara★★★ 奈良

Capitale du Japon au VIIIe s., Nara a conservé de son âge d'or de gigantesques temples bouddhiques et des sanctuaires shintoïstes aux mille lanternes. Ces monuments, d'une richesse artistique inestimable, se découvrent en remontant les allées d'un grand parc boisé au cœur même de la cité où pas moins de huit sites sont classés au patrimoine mondial de l'humanité. Au-delà, le temple Hôryû-ji compte parmi ses trésors la plus ancienne construction en bois du monde. Puis, s'étendant vers le sud, la grande plaine du Yamato mène à Yoshino, nid d'aigle des anciens empereurs, perdu sur une montagne plantée de cerisiers. Nara, « ville à la campagne » si bien préservée, ne se résigne pas à devenir le satellite d'Ôsaka : attirant chaque année des millions de visiteurs, elle mène une ambitieuse politique de restauration avec en point de mire 2010, pour la célébration de dimension internationale de son 1 300e anniversaire.

Situation : à 35 km E. d'Ôsaka, 45 km S. de Kyôto, 109 km S.-O. de Nagoya.

373 400 hab. ; préfecture de Nara.

❶ rue Sanjô dori (C2), près de la gare Kintetsu Nara 近鉄奈良 ☎ 0742/22.5595 ; www.pref.nara.jp/nara_f (en français). Sur rés., guides volontaires parlant anglais.

Nara mode d'emploi

Accès : **trains** depuis Kyôto (45 mn), Ôsaka (50 mn), Kôbe (1 h 30), Nagoya (1 h 30) • liaisons directes bus ou trains depuis l'**aéroport international du Kansai**, dans la baie d'Ôsaka (trajet 1 h 30).

Combien de temps : la plupart des temples étant concentrés dans le parc Nara kôen D2, 1 j. suffit à les visiter ; compter 1 ou 2 j. de plus pour les sites de l'O. et les environs.

Fêtes et manifestations : 2e dim. de janv., **festival pyrotechnique** de l'embrasement de la montagne Wakakusa • 3 fév., cérémonie d'**allumage des lanternes** au sanctuaire Kasuga taisha • 19 mai, cérémonie du **lancer des éventails** au temple Toshôdai-ji.

À ne pas manquer

Le quartier Nara machi★★★	398
Le temple Tôdai-ji★★★	400
Le temple Hôryû-ji★★★	402
Yoshino★★★ (Environs)	403

Voir carte régionale p. 319

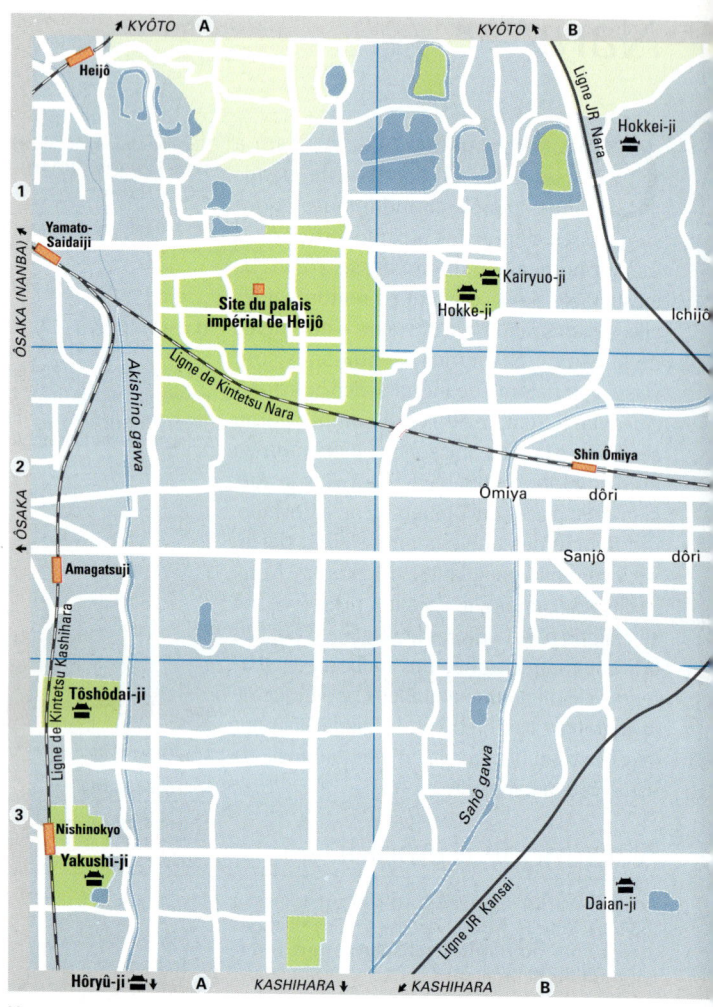

Nara.

Nara dans l'histoire

Du Yamato à l'empire

D'impressionnants tertres funéraires (*kofun* ; → *Environ 1, p. 402*) qui, dès le IVe s., jonchent le paysage, témoignent de la prédominance d'un clan de guerriers sur la plaine du Yamato, au sud de Nara. À cette époque, les tabous liés à la mort imposent de déménager la capitale après le décès du chef. Bientôt, le pays est touché par le rayonnement de la civilisation chinoise au point que le bouddhisme est adopté par la cour à partir de 552. Puis, bravant pirates et typhons, des envoyés passent par la Corée, partent vers la Chine pour des séjours d'étude qui durent jusqu'à 30 ans. Ils en reviennent chargés de manuscrits et deviennent des maîtres respectés ou des dignitaires de l'administration impériale.

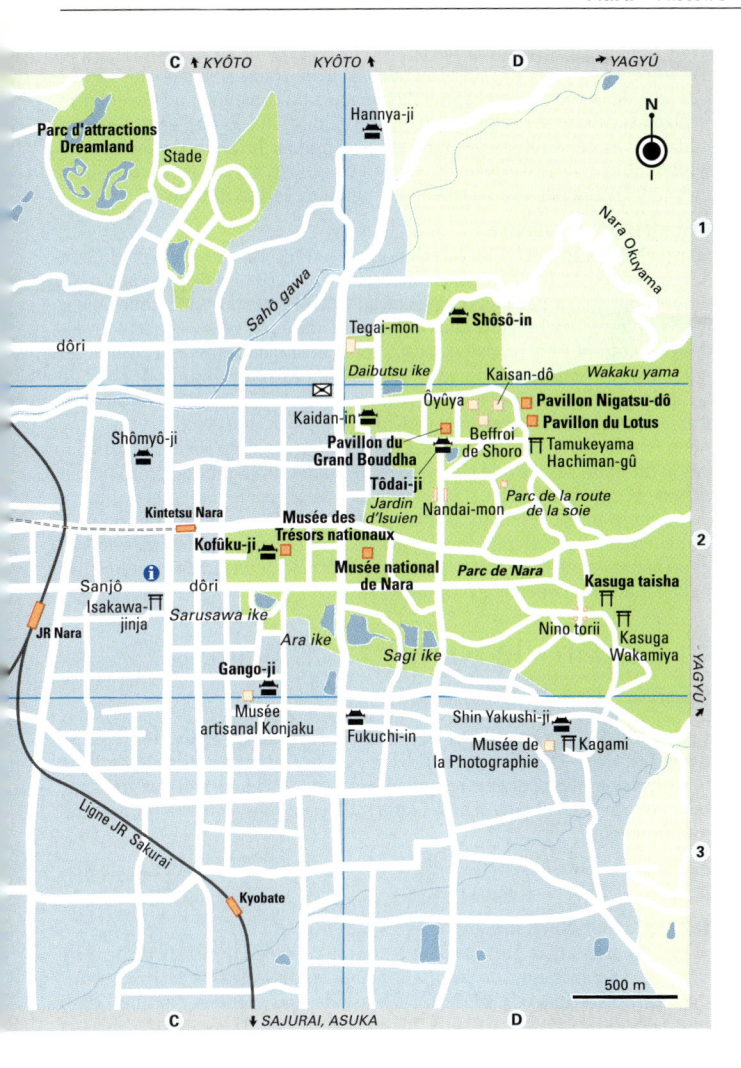

Au modèle de la Chine
Au début du VIIe s., le prince Shôtoku *(→ encadré p. 403)* promulgue une Constitution qui, complétée par ses successeurs, vise à affirmer le pouvoir en centralisant le pays, sur le modèle chinois. Si la réforme est trop précoce pour un Japon encore peu développé, la dynamique est en marche et la nécessité

d'une capitale permanente se fait sentir. Elle sera établie en 710, sous le règne de l'impératrice Genmei, sur le site de l'actuelle Nara, alors appelée Heijô-kyô (cité de la paix). Son chantier de construction constitue une révolution : le plan est calqué sur celui de Changan (aujourd'hui Xi'an), capitale de la brillante dynastie chinoise des Tang, dont il applique les règles de dimensions symboliques et de géomancie. La ville est quadrillée, sur un axe nord-sud, de rues et de bâtiments répartis en damier autour de l'artère centrale.

Grandeur et décadence

Bénéficiant des apports d'artisans chinois ou coréens, les sculpteurs produisent des chefs-d'œuvre, les charpentiers rivalisent d'ingéniosité et de prouesses techniques pour édifier palais et temples en adaptant les plans bouddhiques à leur propre culture. Très brillante dans le domaine artistique, cette période, souvent désignée comme « ère Tenpyô », constitue l'un des fondements de la civilisation japonaise. L'aventure se poursuit jusqu'en 784 lorsque, pour se dégager de l'emprise grandissante des monastères, la cour décide de transférer sa capitale, d'abord à Nagaoka (au sud-ouest de Kyôto), puis à Heian (Kyôto).

Après cette heure de gloire, les rizières reprennent leurs droits sur Nara ; la population diminue, tandis que temples et sanctuaires ne cessent de prospérer en richesse et en puissance. En 1180, la ville est assiégée par le clan Taira et, malgré la résistance armée des moines, finit par être en partie incendiée. Elle sera rapidement reconstruite. Depuis lors, les trésors architecturaux de la capitale déchue n'ont jamais cessé d'être entretenus et restaurés grâce à une tradition perpétuée par les maîtres charpentiers nippons.

① Le parc de Nara★★★ 奈良公園 (Nara kôen)

Situation : D2 ; à l'E. de la gare.

Créé en 1880, il s'étend sur 525 ha non loin du centre-ville. Il est le domaine de 1 200 daims, symboles de la ville, considérés comme messagers des dieux depuis les premiers siècles. Mêlés au flot des visiteurs, ces animaux sacrés arpentent les larges allées qui mènent à la plupart des monuments.

Accès : de la gare JR Nara 奈良, 25 mn à pied (5 mn en bus) ; de la gare Kintetsu Nara 近鉄奈良, 5 mn à pied.

■ Le quartier Nara machi★★★ 奈良町 C2

À mi-chemin entre les gares et le parc, ce vieux quartier populaire offre un agréable lieu de promenade après, ou avant, la visite. Autour du **temple Gango-ji** 元興寺, un dédale de rues étroites évoque l'époque Edo. Boutiques d'artisans, fabricants de *geta* (socques de bois) et restaurants se succèdent. Certaines anciennes maisons de maître sont ouvertes à la visite.

■ Le temple Kôfuku-ji★★★ 興福寺 C2
À l'entrée du parc • ouv. t.l.j. 9 h-17 h • compter 1 h.

Fondé en 669 à Yamashina, dans la région de Kyôto, ce temple fut transféré à Nara en 710. Il connut son heure de gloire grâce à l'ascension du clan Fujiwara et compta jusqu'à 175 édifices. Mais, au fil de nombreux incendies et des reconstructions successives, son importance décrut jusqu'à se réduire aux 10 bâtiments qui le composent aujourd'hui. La **pagode à cinq étages★★★**, premier de ces monuments qu'aperçoivent les visiteurs, date de 1426 : c'est la sixième reconstruction d'un édifice bâti en 730.

Le **musée des Trésors nationaux***** 国宝館 (Kokuhô-kan), datant du XXe s., présente, en alternance saisonnière, des chefs-d'œuvre du VIIe au XIIIe s. L'une des pièces maîtresses du trésor, exposée en permanence, est l'émouvante **statue d'Ashura**, à six bras et trois visages : originaire d'Inde et de Perse, cette divinité aux traits maléfiques s'est adoucie et féminisée, dans cette représentation japonaise exécutée en 730, par un travail savant du tissu et de la laque, selon un procédé venu de Chine.

■ **Le Musée national de Nara**** 国立博物館 (Kokuritsu hakubutsukan) D2
À 5 mn à pied du Kôfuku-ji • www.narahaku.go.jp • ouv. t.l.j. sf lun. 9 h-16 h 30, jusqu'à 18 h 30 le ven. d'avr. à oct. • compter 1 h 30 • une partie des œuvres est présentée selon un roulement saisonnier.
Deux ailes composent ce musée. À l'O. l'édifice principal, d'architecture occidentale du XIXe s., est consacré, dans un décor délicieusement suranné, à la **statuaire bouddhique** des époques Asuka, Tenpyô et Heian (VIIe-XIIe s.). Dans la galerie n° 2, toute de bois et de laque, une saisissante statue du VIIIe s. représente un bonze en méditation. Dans la galerie n° 7, des **masques** de théâtre *gigaku*, avec leurs traits caricaturaux d'étrangers, témoignent du cosmopolitisme de l'ancienne Nara.

♥ **BRASSERIE**
Maison Imanishi-ke
今西家 : 24-1, Fukushi-in-chô (D3)
☎ 0742/23.2255 ;
www.harushika.com
Cette charmante demeure d'un ancien brasseur de saké, typique de l'époque Muromachi, est classée Trésor national. Visite et dégustation de glaces face au jardin ; vente de saké dans le magasin attenant, *Harushika* 春鹿.

♥ **RESTAURANT**
Harishin はりしん :
15, Nakanoshinya-chô (C2-3)
☎ 0742/22.2669. Cadre traditionnel, coffrets repas de saison *(bentô)* à déguster sur place. Spécialité de fromage d'Asuka ; cuisine *kaiseki* sur rés.

♥ **BONNE ADRESSE**
Nara Hotel 奈良ホテル :
1096, Takabatake-chô (C2)
☎ 0742/26.3300, fax 0742/23.5252 ; www.narahotel.co.jp
Ce bel établissement, dont l'occidentalisme nippon rappelle l'ère Meiji, est une institution à Nara. Préférer les chambres de l'aile ancienne pour leur romantisme. Visiteurs admis au salon de thé avec vue sur l'étang et la pagode du Kôfuku-ji.

◀ Édifiée sur un promontoire, la pagode du Kôfuku-ji, haute de 50 m, est l'une des plus élevées du Japon.

À l'E., le 2ᵉ édifice, d'architecture japonaise contemporaine, présente des collections de **peintures**, sur toiles ou sur rouleaux suspendus, et, chaque année à l'automne, des pièces du trésor du Shôso-in (→ *ci-après*).

■ Le temple Tôdai-ji*** 東大寺 D2
À 20 mn à pied du Musée national • ouv. t.l.j. : d'avr. à sept. 7 h 30-17 h 30, en oct. 7 h 30-17 h, de nov. à fév. 8 h-16 h 30, en mars 8 h-17 h • compter 1 h 30.

Fondé en 742 par l'empereur Shômu, ce temple est l'un des plus visités au Japon ; l'omniprésence des groupes de touristes ne nuit cependant pas à sa splendeur.

La **porte du Sud**★★★ 南大門 (Nandai-mon), édifiée au VIIIᵉ s., reconstruite au XIIᵉ s., haute de 25 m et soutenue par 18 piliers de bois, abrite les **statues** colossales de deux rois divins appelés *Niô* (→ *Petit dictionnaire*). Datant du XIIIᵉ s., hautes de 8,40 m, ce sont les œuvres des grands sculpteurs Unkei et Kaikei.

Trésor national datant du VIIIᵉ s., la **lanterne octogonale**★★ *(face au Daibutsu-den)*, toute en bronze, haute de 4,60 m, a échappé à tous les incendies. Son imposant foyer, protégé par un petit toit en forme de pagode, comporte huit faces gravées, avec une grande finesse, de lions, de nuages et de musiciens aux drapés remarquables.

Une large allée mène au triple portail et à la double toiture du **pavillon du Grand Bouddha**★★★ 大仏殿 (Daibutsu-den), imposant bâtiment carré de l'époque de Nara détruit par un incendie au XIIᵉ s. Reconstruit à l'époque Edo, l'édifice actuel (88 m x 52 m et 47 m de haut) est plus petit que l'original, mais néanmoins considéré comme la plus grande structure en bois du monde. À l'intérieur se dresse l'impressionnant **Grand Bouddha Vairocana**, statue haute de plus de 15 m, réalisée en 751 par l'artiste coréen Kimimaro, faite de 437 t de bronze et de 130 kg d'or.

Le **pavillon Nigatsu-dô**★★ 二月堂 D2 *(à 500 m E. du Daibutsu-den)*. Sur un promontoire, à l'écart de la foule, la terrasse de ce temple sur pilotis de bois offre une vue panoramique sur le pavillon du Grand Bouddha et ses alentours.

Le **pavillon du Lotus**★★ 法華堂 D2 (Hokke-dô, aussi appelé Sangatsu-dô ; *à 50 m S.*) abrite une somptueuse **statue** de bronze doré de la déesse Fukûkensaku Kannon, entourée de deux bodhisattvas et 14 divinités gardiennes, aux cheveux hirsutes, aux yeux exorbités et aux bouches effrayantes. La force et l'expressivité de ces sculptures sont représentatives du haut degré artistique de l'époque de Nara.

Le **Shôsô-in**★★ 正倉院 D1 *(à 300 m du Daibutsu-den • généralement f. au public)*, pavillon de 33 m de long, bâti en cyprès du Japon *(hinoki)*, est isolé du sol par des pilotis, à la manière des greniers à riz de l'époque Yayoi. Ses parois, faites de poutres horizontales à section triangulaire, se dilatent ou se rétractent selon l'hygrométrie de l'air, régulant la ventilation en fonction de la saison. Cet ingénieux procédé des maîtres charpentiers du VIIIᵉ s. pourrait expliquer le remarquable état de conservation des nombreuses pièces du trésor de l'empereur Shômu *(→ encadré)*. Considéré comme le plus ancien musée du Japon, il expose ses trésors chaque automne au Musée national de Nara *(→ ci-avant)*.

■ Le sanctuaire de Kasuga★★ 春日大社 (Kasuga taisha) D2
À 35 mn à pied du Tôdai-ji • ouv. 9 h-16 h 30 • compter 1 h 30.

À l'orée de la forêt sacrée de Kasuga yama, demeurée primitive, une grande arche ouvre sur une allée bordée de 3 000 **lanternes** de fer, de bronze, de

◀ Au Tôdai-ji, le Grand Bouddha, assis sur une fleur de lotus, recueille les prières de la paume ouverte de sa main gauche tandis que sa main droite dressée exprime le prêche et la vertu.

bois ou de pierre. Elle mène au sanctuaire édifié au VIIIe s., sous l'égide du clan Fujiwara. Les colonnes laquées de vermillon, contrastant sur le vert profond du sous-bois, confèrent une atmosphère irréelle au site.

❷ Les sites de l'ouest★★

Situation : A1-3 ; au S.-O. de la ville.

Une promenade champêtre aux abords immédiats de Nara permet de découvrir trois grands temples, parmi les plus importants de la région.

■ Le site du palais impérial de Heijô kyô★
平城宮跡 **(Heijô kyûseki)** A1-2
À 10 mn en train par la ligne Kintetsu 近鉄奈良, *gare Yamato-Saidaiji* 大和西大寺, *puis 15 mn à pied vers l'O.*
Édifié en 710, le palais occupait un espace de 120 ha au centre de la capitale. Abandonnés en 784 par l'empereur Kanmu, ses monuments en bois n'ont pas laissé de ruines mais des archéologues ont exhumé les fondations en bon état et des recherches ont permis, en 1998, de reconstruire la grande porte d'honneur Suzaku-mon. En 2010, l'édifice principal Daigoku-den devrait compléter l'aménagement du site, appelé à devenir un musée archéologique en plein air.

Le terminus de la route de la Soie

La culture aristocratique qui s'épanouit à Nara au VIIIe s. est fortement influencée par celle de la Chine des Tang. Or, celle-ci comporte des éléments venus d'Inde et d'Asie centrale par le biais du bouddhisme, véhiculé par les caravanes de la route de la Soie. À Nara, ils arrivent relayés par des Chinois, des Coréens, ou des bonzes nippons de retour de Chine. Certains moines indiens seraient même parvenus jusqu'au Japon.

Ces influences étrangères se retrouvent dans la statuaire et dans l'architecture des temples et des pagodes. C'est ainsi que la collection de l'empereur Shômu, conservée dans le fameux pavillon Shôsô-in (→ *p. préc. et encadré p. 107*), est aujourd'hui constituée de 10 000 pièces : meubles, verreries, calligraphies ou laques, provenant de régions aussi lointaines que l'Asie centrale, l'Inde, la Perse et même la Grèce. Ce trésor comprend aussi des œuvres d'artistes nippons dont la facture reflète une forte influence étrangère.

Un tel résumé des grandes civilisations d'Asie au VIIIe s. permet d'affirmer que Nara, située plus à l'E. que la Chine, a bien été l'ultime étape de la route de la Soie.

■ Le temple Tôshôdai-ji★★ 唐招提寺 A3

Gare d'Amagatsuji 尼ケ辻 (à 5 mn en train de Yamato-Saidaiji), puis 15 mn à pied vers le S. • ouv. t.l.j. 8 h 30-17 h • le bâtiment principal (kondô), en cours de restauration, devrait être ouv. au public en 2010.

Ce site, éminemment historique pour le bouddhisme nippon, fut fondé en 759 par le moine chinois Ganjin qui vint introduire au Japon le courant hinayaniste (→ encadré p. 101). Dans un paysage bucolique, les pavillons sont des trésors architecturaux de l'ère Tenpyô (729-749). La **salle de lecture** (kôdô) abrite plusieurs trésors dont une grande statue assise de Miroku Bosatsu, bodhisattva très révéré dans le Japon ancien.

■ Le temple Yakushi-ji★★ 薬師寺 A3

À 15 mn à pied • ouv. t.l.j. 8 h 30-17 h.

Fondé en 680 par l'empereur Tenmu, ce vaste temple compte parmi les plus anciens du Japon. Les édifices aux murs blancs, aux boiseries vermillon et aux volets verts sont répartis, à la mode chinoise, sur un plan strictement symétrique. Le bâtiment principal (kondô) est flanqué de deux **pagodes** dont l'une (à l'E.) est le seul édifice original ayant échappé aux incendies.

■ Le temple Hôryû-ji★★★ 法隆寺 h. pl. par A3

À 30 mn de bus depuis la gare de Nishinokyô 西ノ京, arrêt Hôryûji mae 法隆寺前, puis 20 mn à pied vers l'O. • ouv. t.l.j. 8 h-16 h, jusqu'à 16 h 30 de fév. à nov.

Sur une plaine à la beauté discrète, des trésors architecturaux de la période d'Asuka (VIIe s.) se répartissent dans deux enceintes.

À l'O., une **pagode à cinq étages**, considérée comme l'édifice en bois le plus ancien du monde et haute de 37 m, a traversé 13 siècles en résistant aux séismes et aux typhons grâce à un ingénieux procédé architectural élaboré au VIIIe s. (→ théma p. 404-405).

À l'E., le **pavillon des Songes** abrite sous sa structure octogonale une statue de la divinité Kannon ayant les traits du prince Shôtoku, fondateur du temple en 607.

Regagner la gare Hôryûji 法隆寺 (20 mn à pied vers le S., ou 10 mn en bus), puis 15 mn de train jusqu'à la gare JR Nara.

Environs de Nara

1 Asuka★ 飛鳥 *30 km S.*

En train, 45 mn depuis Nara, ligne Kintetsu 近鉄奈良, changement à Yamato-Saidaiji 大和西大寺 • location de vélos face à la gare ; Kame-bus 亀バス, navette vers les points touristiques ❶ face à la gare ☎ 0744/54.3624.

Une série de collines ponctue la plaine du Yamato aux abords d'Asuka : ce sont des *kofun*, tumulus de pierres couverts de terre, sépultures de chefs de la fin de l'époque Yayoi jusqu'au VIIe s.

• **Ishibutai kofun★★** 石舞台古墳 *(à 15 mn de la gare en bus).* La terre qui recouvrait ce *kofun* (tumulus) a disparu, laissant apparaître des blocs massifs de roches qui forment un dolmen. La chambre funéraire qu'il abrite, de plus de 7 m de long, aurait été, au VIIe s., la sépulture du chef de clan Soga no Umako, oncle de l'impératrice Suiko. La lourdeur de cette sépulture mégalithique se démarque du raffinement du temple d'Asuka (→ ci-après), pourtant contemporain : ce contraste témoigne des profonds bouleversements qui s'opéraient alors au Yamato.

• **Le temple d'Asuka**** 飛鳥寺 (Asuka dera ; *à 15 mn en bus de la gare ou d'Ishibutai*). Fruit du savoir de bonzes et d'artisans venus du royaume coréen de Paekche, ce lieu de culte, qui aurait été fondé à la fin du VIe s. sous le règne de l'impératrice Suiko, est réputé le premier temple bouddhique du Japon. Haute de 3 m, une statue du **Bouddha Shakyamuni**, au croisement des influences de la Chine du N. et de l'E., est considérée comme la plus ancienne au Japon. Une niche abrite une statue de bois du prince Shôtoku réalisée durant la période Muromachi.

▲ Au temple d'Asuka.

② Le monastère de Hase*** 長谷寺 (Hase dera) *25 km S.-E. de Nara*

En train, sur le trajet Kintetsu Nara-Asuka, changer à Yamato-Yagi 大和八木 pour Hase dera (5 stations), puis 20 mn à pied vers le N. • *ouv. t.l.j. 9 h-16 h 30* • *compter 2 h.*

Un très long escalier mène, sous des lanternes, à ce grand site bouddhique dont l'origine remonte au Ve s. Les 30 pavillons de l'école Buzan de la secte Shingon *(→ encadré p. 334)* s'étalent à flanc de montagne. Beauté de la nature, terrasses sur pilotis, statue de Kannon et pagode vermillon participent à la magie du lieu.

③ Yoshino*** 吉野 *15 km S.-E. d'Asuka*

En train, ligne Kintetsu 近鉄奈良, à 30 mn d'Asuka, puis téléphérique (jusqu'à 17 h) ou 20 mn à pied • *compter 1/2 j.* ❶ *sur la grand-rue, juste après l'entrée du Kinpusen-ji.*

Ce village, niché sur une montagne, est l'un des plus courus au printemps pour la beauté de ses **cerisiers** en fleur. L'été également, la **grand-rue***** s'emplit de touristes qu'attirent ▶▶▶

Le soleil levant du prince Shôtoku

Né vers 573, fils de l'empereur Yômei, le prince Shôtoku est choisi, en 593, comme régent par sa tante, l'impératrice Suiko, qui vient d'accéder au trône à Asuka. Pétri de confucianisme, de bouddhisme et de culture chinoise, Shôtoku est un réformateur. En 603, il institue un rituel d'État à la codification particulièrement minutieuse : les plus hauts personnages de la cour sont tenus d'arborer un chapeau dont la forme et la couleur affichent clairement leur rang et leur fonction selon une hiérarchie de 12 degrés. L'année suivante est promulguée une Constitution en 17 articles visant à adapter le pays aux principes confucéens. L'empire prend le nom symbolique de Nippon, ou Nihon 日本 (« origine du soleil », ou « soleil levant »). Shôtoku, père du bouddhisme nippon, fonde enfin de grands temples comme l'Asuka dera ou le Hôryû-ji (→ p. préc.), aux normes de la construction chinoise. Il meurt en 622. Son patronage sera revendiqué aussi bien par les confucianistes que par les bouddhistes, qui en feront un être surnaturel.

♥ **HÉBERGEMENT À YOSHINO**
Chikurin-in Gunpô-en
旅館竹林院群芳園 :
☎ 0746/32.8081,
www.chikurin.co.jp
Au cœur du jardin Gunpô-en, ce *ryokan* allie le luxe à la rusticité : bains en plein air communs ou privés ; hébergement confortable et cuisine raffinée, déjeuner *kaiseki*. Rés. longtemps à l'avance en haute saison. Un salon de thé est ouvert aux visiteurs.

THÉMA

Le mystère des temples de bois

Au pays du Soleil-Levant, les temples sont en bois et jamais en pierre. En dépit de cette fragilité supposée, nombre de ceux qui, dès le VIIIe s., ont été bâtis à Nara, alors capitale impériale, sont demeurés intacts jusqu'à nos jours. Aussi mystérieux que cela puisse paraître, leur excellent état de conservation trouve son explication dans un savoir-faire millénaire.

▲ Au temple Tôshôdai-ji de Nara, ce pavillon du VIIIe s., démonté, forme un puzzle géant dont chacune des pièces retrouvera sa place initiale après restauration, en 2010.

■ Par transmission orale

Jusqu'à aujourd'hui, ce savoir-faire ne s'est transmis que par voie orale de maître à apprentis, sans qu'aucun livre ni traité n'ait été nécessaire. Avant même l'arrivée du bouddhisme au Japon, une tradition voulait que les sanctuaires shintoïstes soient régulièrement démontés puis reconstruits à l'identique avec des matériaux entièrement neufs ; tradition encore vivante aujourd'hui, notamment au sanctuaire d'Ise. Cet usage ancien peut avoir inspiré aux charpentiers d'en faire autant avec les temples bouddhiques, avec cependant une différence importante. Ceux-ci sont démontés non pour en édifier de neufs mais, au contraire, pour en faire une restauration scrupuleuse visant à préserver les matériaux d'origine. De tels chantiers sont réalisés tous les deux, trois ou quatre siècles.

■ L'apport de la science

C'est ainsi qu'a été mis à plat, en l'an 2000, le pavillon principal (kondô) du grand temple bouddhique Tôshôdai-ji, à l'ouest de Nara. De nos jours, de tels travaux sont mis à profit par les scientifiques pour analyser les cernes de croissance qui, dans le bois, gardent les empreintes des climats du passé. Cela a permis de connaître avec précision la date d'abattage des arbres qui ont fourni les pièces maîtresses du kondô. Ceux-ci avaient été coupés en l'an 781.

◀ Les temples japonais ont pu traverser les siècles grâce à la sophistication du travail du bois, comme au Kinpusen-ji, à Yoshino.

Contrairement à ce qu'écrivirent les chroniqueurs, ce pavillon était donc postérieur à la mort, en 763, du fondateur du temple, le moine chinois Ganjin (→ *Religions, p. 103*). À cette époque, le Japon est déjà entré en contact avec la civilisation chinoise véhiculée par le bouddhisme. Théâtre d'un extraordinaire bouillonnement culturel, la ville de Nara, nouvelle capitale impériale, ressemble à un gigantesque chantier. Rivalisant de splendeur, les nombreux temples qui y sont édifiés requièrent toute l'ingéniosité des artisans nippons qui, forts de leur expérience des sanctuaires shintoïstes, bénéficient en outre du savoir-faire de nombreux confrères coréens.

■ Ni clous ni vis

Dans la forêt japonaise, des essences d'arbres particulièrement robustes comme les cryptomerias, les cyprès géants et les cèdres monumentaux offrent un matériau de choix. Toutes ces conditions permettent à une architecture originale du bois de s'élaborer. Clous et vis sont proscrits au profit des emboîtements et des chevilles. Au fil des siècles, ces assemblages, de plus en plus savants, forment de véritables articulations qui confèrent aux structures souplesse et résistance face aux séismes et aux typhons de l'archipel. Ainsi, les temples ploient mais ne rompent pas. Et s'il leur arrive de s'écrouler comme des châteaux de cartes, il est toujours possible d'emboîter à nouveau leurs éléments comme dans un jeu de construction.

■ Gratte-ciel avant l'heure

Près de Nara, la pagode du temple Hôryû-ji paraît exemplaire de ce degré de sophistication. Pourtant, son édification repose sur un principe très simple : un énorme pilier central autour duquel s'accrochent cinq étages indépendants les uns des autres. Pour comprendre pourquoi cette pagode a pu défier les cataclysmes, il suffit d'imaginer une tour constituée de cinq bols en bois empilés à l'envers sur un plateau. Si ce plateau reçoit une secousse,

▲ Avec ses 32 m de haut, la pagode à cinq étages du temple Hôryû-ji, à Ikaruga (Nara), se dresse malgré treize siècles de tempêtes et de séismes.

fût-elle légère, l'édifice s'écroule. Mais si l'on perce un orifice au fond de chaque bol pour y passer une baguette verticale, les bols forment une tour souple et solide qui reste debout même si l'on secoue le plateau. Chaque bol est retenu avec les autres par la baguette. C'est sur un principe analogue qu'ont été édifiées les 36 autres pagodes en bois, véritables gratte-ciel avant l'heure, que compte le Japon. Le tableau serait presque parfait si ce n'est que, grâce à ces prouesses techniques et à ces cures de jouvence, ces temples antiques affichent une insolente jeunesse prompte à surprendre l'amateur de « vieilles pierres » non averti...

> ### Le refuge des empereurs
>
> Au VIIe s. av. J.-C., selon la légende, Yoshino fut le théâtre de la victoire de l'empereur **Jinmu** sur le chef de clan Nagasane Hiko, déterminante pour l'établissement du pouvoir de la dynastie impériale. À la même époque, un bonze nommé Enno Ozamu y aurait planté les célèbres cerisiers. Quelques siècles plus tard, le 15e empereur **Ôjin** se fait établir une résidence à Yoshino, bientôt imité par ses successeurs.
>
> En 1185, le général Minamoto no Yoshitsune vient y trouver refuge, accompagné de sa bien-aimée la belle Shizuka Gozen, qu'il doit abandonner pour partir en exil (→ encadré p. 476). 150 ans plus tard survient le fringant empereur **Go-Daigo** : depuis Yoshino, il défie l'empereur de Kyôto, Kômyô, qu'il tient pour un usurpateur. Il mourra avant le dénouement de cette crise, qu'il inaugure et qui durera près de 60 années (1333-1392 ; → p. 84).

▶▶▶ les nombreux restaurateurs, hôteliers et marchands de souvenirs auxquels se joignent des paysans venus vendre des produits de la montagne. Atmosphère des grands lieux de pèlerinage du Japon ancien.

Au **temple Kinpusen-ji**★★★ 金峰山寺 *(sur la grand-rue, une arche de bronze et un escalier de pierre annoncent l'entrée)*, des cultes syncrétiques sont pratiqués par une confrérie d'ascètes de la montagne *(yamabushi)*. Le portail Niô-mon est gardé par des rois divins *Niô*, qui seraient l'œuvre des grands sculpteurs du XIIIe s. Unkei et Tankei. Le pavillon principal Zao-dô, l'un des plus imposants édifices en bois au Japon, a conservé la patine des temps anciens.

L'architecture du **sanctuaire Yoshimizu-jinja**★★★ 吉水神社 *(remonter la grand-rue puis, après l'OT, tourner à g.)* s'apparente plutôt à celle d'une résidence du XIVe s., car l'empereur Go-Daigo en fit son refuge *(→ encadré)*. À l'intérieur, collection de paravents et d'armures dont celles du général Minamoto no Yoshitsune et de son lieutenant Benkei. Cet émouvant sanctuaire domine une forêt de cerisiers.

Le délicat **jardin Gunpô-en**★★★ 群芳園 *(retourner sur la grand-rue, remonter 150 m puis tourner à dr. après le sanctuaire Katte-jinja* 勝手神社 *• entrée payante)* aurait été dessiné au XVIe s. par le maître de thé Sen no Rikyû ; l'auberge traditionnelle qui s'y trouve serait bien plus ancienne (fondée au VIIIe s.) ; l'un des camélias aurait été planté au XIIe s. par Minamoto no Yoshitsune.

Ôsaka★★ 大阪

Depuis l'Exposition universelle de 1970, cette troisième ville du Japon a acquis une stature internationale concrétisée en 1994 par l'inauguration, sur une île artificielle, du grand aéroport international du Kansai. Si aujourd'hui la plupart des grandes sociétés ont leur siège à Tôkyô, Ôsaka n'en demeure pas moins, notamment grâce à son port, l'un des très grands pôles d'échanges en Asie. Pourtant ses habitants ont su conserver l'empreinte d'une culture populaire originale marquée par la pratique d'un dialecte aux accents truculents, l'osaka-ben, et par une solide réputation de bons vivants

Situation : à 35 km O. de Nara, 40 km S.-O. de Kyôto, 160 km E. d'Okayama.

2,6 millions d'hab. ; préfecture d'Ôsaka.

🛈 *Ôsaka Tourist Association* (ouv. 8 h-20 h) : gare Shin-Ôsaka 新大阪 (h. pl. par A1) ☎ 06/6305.3311 ; gare d'Umeda 梅田 **(A1)** ☎ 06/6345.2189 ; www.city.osaka.jp

☞ **POSTE ET DAB**
Poste centrale dans la gare JR Ôsaka (ouv. 24h/24).
Citybank, ouv. du lun. au ven. 9 h-15 h : en gare d'Umeda 梅田 **(A1)**, distributeur 8 h-22 h
• en gare de Shinsaibashi 心斎橋 **(A2)**, distributeur 24 h/24.

Ôsaka mode d'emploi

Accès : aéroport d'Itami 伊丹空港 (Itami kûkô ; lignes domestiques, 10 km N. d'Ôsaka), à 30 mn par navette ; **Kansai International Airport** 関西国際空港 (Kansai kokusai kûkô ; 50 km S.), à 50 mn par navette • **train** : desserte par les lignes JR, JR Shinkansen 新幹線, Hankyû 阪急 et Kintetsu 近鉄.

Combien de temps : 1 j. peut suffire ; les distances sont grandes, les déplacements se font en métro ou en taxi.

Fêtes et manifestations : 24-25 juil. : **Tenjin matsuri**, procession costumée partant du sanctuaire Tenmangû 天満宮 **B1**, se poursuivant en bateau sur la rivière Ôkawa et se terminant par des feux d'artifice.

À ne pas manquer

Le musée des Céramiques orientales★★★	410
Le Théâtre national de Bunraku★★★	412
Dôtonbori★★★	412

Ôsaka dans l'histoire

L'ancienne Naniwa

Au VIIe s. avant notre ère, selon la légende, l'empereur Jinmu, de retour d'une odyssée, débarque à l'embouchure du fleuve Yodo gawa sur la mer Intérieure. Favorisé par cette situation géographique, durant le Ier millénaire, un port nommé Naniwa s'y développe pour approvisionner la capitale Nara, puis Kyôto. Cette prédominance

> **☞ SPÉCIALITÉ**
> L'*okonomiyaki*, savoureux en-cas entre la crêpe, l'omelette et la pizza.

Le façonneur d'Ôsaka

Dans un pays où l'on n'est rien sans diplôme, **Andô Tadao** fait figure d'ovni. Car cet autodidacte, qui s'est essayé comme chauffeur de camion et boxeur, est aujourd'hui l'une des stars mondiales de l'architecture.

Tout commence par un livre sur Le Corbusier qui passionne ce gamin d'Ôsaka (né en 1941) et le décide à voyager à travers le monde avant de fonder son agence en 1969. La reconnaissance arrive plus tard, avec la maison Row House, construite dans sa ville natale en 1975. Puis s'enchaînent les projets prestigieux, aussi célèbres que variés, au Japon et à l'étranger : maisons individuelles, musée de Nao shima (1990), pavillon de l'Unesco (Paris, 1994), temple Kômyô-ji (Ehime, 2000), complexe commercial Omotesandô Hills (Tôkyô, 2006)…

Combinant influences japonaises et modernisme, dans une esthétique qui fait appel à l'eau, à l'air, au bois ou au béton, les bâtiments d'Andô sont partout.

▲ Le musée Suntory d'Ôsaka, construit en 1994 sur les plans d'Andô Tadao.

s'estompe durant la période Muromachi jusqu'à ce que, en 1583, Toyotomi Hideyoshi y édifie un château. Ôsaka restera dès lors un centre florissant, malgré un premier siège mené en 1614 par Tokugawa Ieyasu, bientôt suivi par un second qui, en 1615, provoque un incendie.

Un vent de liberté

Au XVIIIe s., bénéficiant d'une relative autonomie, la cité est peuplée de 400 000 habitants et compte 600 entrepôts. Les grands négociants y sont si prospères qu'ils déterminent le cours du riz pour tout le pays. Cette puissance fait naître un sentiment de liberté et bientôt des écoles sont ouvertes sous l'égide de ces marchands. Scientifiques et écrivains s'y révèlent tandis que se structurent des formes d'art nouvelles. Mais ces mêmes grands négociants abusent de leur monopole pour faire monter les prix. Des révoltes éclatent, qui entraînent le déclin de la ville.

La Manchester de l'Orient

Durant l'ère Meiji, le développement de filatures fait entrer la ville dans l'âge industriel. À tel point que, à la fin du XIXe s., la noirceur des cheminées d'usines lui vaut le surnom de Manchester de l'Orient. Tendance confirmée pendant l'ère Taishô, quand le port s'équipe pour le trafic international. Dans les années 1930, Ôsaka devient le centre de la conurbation industrielle la plus puissante du Japon, ce qui lui vaut des bombardements intensifs lors de la Seconde Guerre mondiale. Malgré une reconstruction rapide, elle est largement distancée par Tôkyô.

Néanmoins, depuis les années 1970, cette cité vouée au monde des affaires a trouvé sa place sur la scène internationale. La ville a également entrepris de gigantesques travaux de rénovation, notamment dans la zone située au sud de la gare d'Umeda : ce projet, incluant conjointement investisseurs publics et privés, vise à créer une « capitale de la connaissance ».

Visiter Ôsaka

■ Le quartier d'Umeda★ 梅田地区 (Umeda no chiku) A1

Au N. de la gare, M° Umeda 梅田.

Conglomérat d'immeubles et de gratte-ciel, enchevêtrement de bretelles autoroutières, ferroviaires ou piétonnières, ce quartier concentre restaurants, grands magasins et centres commerciaux dont les ramifications s'étendent dans un réseau dense de galeries souterraines. Paradis du shopping et facette trépidante de la vie japonaise.

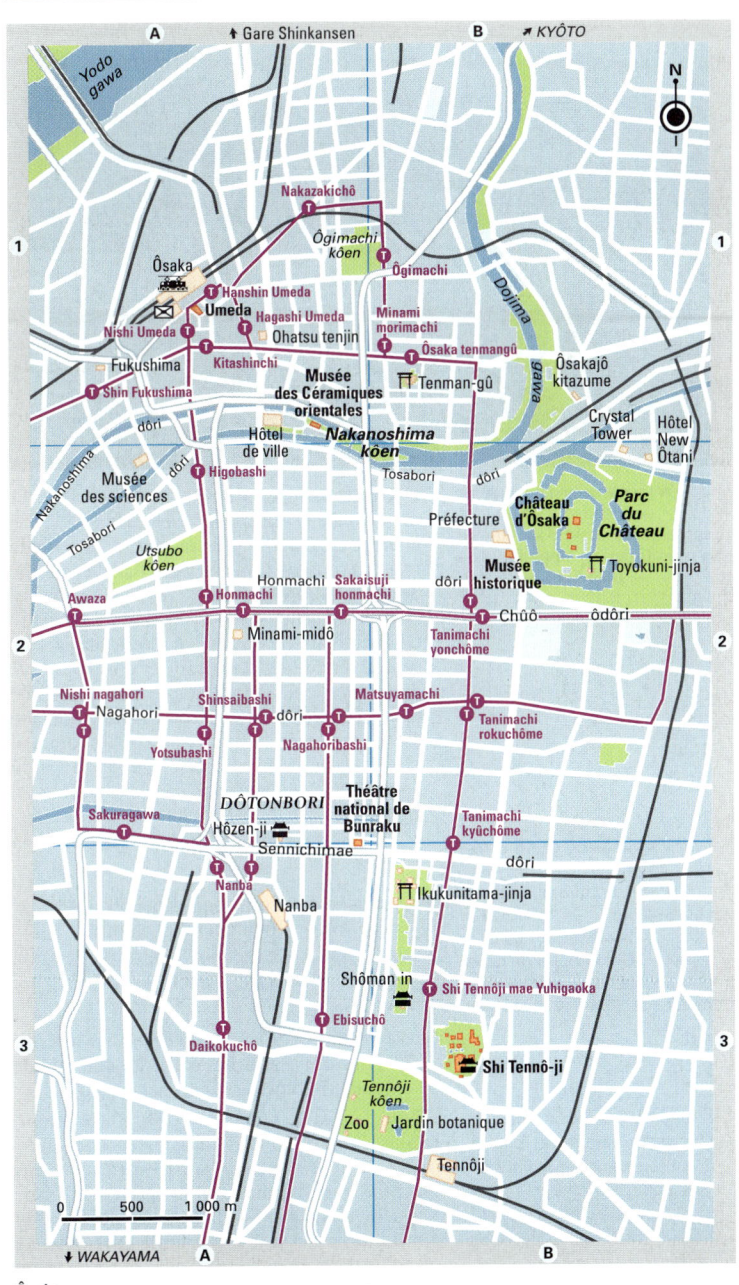

Ôsaka.

▲ Jungle urbaine de néons, de béton et d'autoroutes suspendues, Ôsaka pourrait être la caricature d'un Japon futuriste pour films de série B.

♥ **HÉBERGEMENT**
Hôtel *New Otani Ôsaka*
ホテルニューオータニ大阪
(B2) : 1-4-1, Shiromi, Chûô-ku
☎ **06/6941.1111, 06/6949.3232 ;**
www.newotani.co.jp
Grand hôtel de classe internationale dont des chambres donnent sur le parc et le château.

Sur le rabat arrière de la couverture, un Tableau chronologique indique les périodes de l'histoire japonaise. En fin de volume, le Petit dictionnaire répertorie le vocabulaire spécifique.

▶ **Ohatsutenjin dôri**★★ お初天神通り **A1**
(à 10 mn de marche du M° Umeda vers le S.-E.). Dans le quartier le plus moderne, ce pâté de maisons conserve l'âme du vieil Ôsaka et accueille des brocanteurs les 1er et 3e vendredis du mois. La rue marchande mène à l'émouvant **sanctuaire Ohatsu tenjin** où un autel est dédié aux amours réprouvées d'une courtisane et d'un employé du quartier qui, au XVIIe s., furent contraints de mettre fin à leurs jours. La compassion populaire en fit une légende qui inspira à Chikamatsu Monzaemon la pièce *Double Suicide d'amour à Sonezaki* (*Sonezaki shinjû*, 1703), devenue un grand classique du théâtre bunraku (→ *encadré p. 352*) – Masumura Yasuzô en fit un film en 1978. ◀

■ **Le musée des Céramiques orientales**★★★
東洋陶磁美術館 (Tôyô tôji bijutsukan) **A1**
À 5 mn à pied du M° Yodoyabashi 淀屋橋 *ou Kitahama* 北浜 • *ouv. t.l.j. sf lun. et j. fériés 9 h 30-17 h* • *compter 1 h.*

Ce petit bâtiment de brique, bordé par une roseraie, recèle l'une des plus belles collections au monde de céramiques chinoises, coréennes et japonaises.

Privilégiant la présentation et l'éclairage savant, le musée expose en alternance 2 700 céramiques, à raison de 300 pièces, au fil d'expositions temporaires. Parmi les plus précieuses : une bouteille en **céladon** de la dynastie des Song du Nord (XIe-XIIe s.) et une **bouteille coréenne**, au motif de poisson et d'oiseau, de la dynastie Joson (XVe-XVIe s.).

■ Le parc du château★★★ 大阪城公園 (Ôsakajô kôen) B2

Au S.-E. de la gare ; à 2 mn à pied du M° Ôsakajô kôen 大阪城公園, Tanimachi-4-chôme (yonchôme) 谷町四丁目 ou Morinomiya 森ノ宮 • compter 2 h.

Poumon de verdure, cet agréable parc entoure le château avec, à l'E., un jardin de cerisiers et, à l'O., un jardin de pruniers. Le dim. après-midi, les pelouses accueillent de petits groupes de rock avec leurs fans dans une ambiance bon enfant.

Le château Ôsaka-jô★★ 大阪城 *(au centre du parc, à 15 mn des entrées • ouv. 9 h-17 h • audio-guides en anglais • compter 1 h)*, édifié en 1583, plusieurs fois détruit puis reconstruit au gré des batailles, ses murs actuels en béton datent de 1931. Un travail de restauration mené en 1997 lui a donné un lustre qui ne peut cependant rivaliser avec celui, authentique, du château Himeji-jô (→ p. 331). Le 8e étage *(ascenseur)* offre une **vue★★** panoramique ; aux 4e et 3e étages sont exposés casques, armes et armures de samouraïs au gré d'expositions temporaires *(panneaux en anglais)*.

■ Le Musée historique★★★ 大阪歴史博物館 (Ôsaka rekishi hakubutsukan) B2

En face du parc • www.mus-his.city.osaka.jp • ouv. t.l.j. sf mar. 9 h 30-17 h, jusqu'à 20 h le ven. • compter 2 h • audio-guides en anglais.

Dans un immeuble futuriste de 13 étages avec vue sur le château, la visite débute au 10e étage par la Naniwa du VIIe s. (restitution en images 3D ou en maquettes des colonnades vermillon du palais). Elle se termine au 7e étage par une reconstitution d'Ôsaka au début du XXe s. : en taille réelle ou réduite, les rues égrènent leur animation de boutiques et de véhicules. Bibliothèques et expositions temporaires se répartissent les autres niveaux. Au 1er étage, une « capsule à remonter le temps », en forme de marmite, contient 2 098 objets hétéroclites, représentatifs du développement socioculturel de l'an 1970. Enterrée cette année-là, elle a été mise au jour en l'an 2000. Sa sœur jumelle est restée sous terre près du château, à l'attention des archéologues du XXVe s.

Le Grand Théâtre de Takarazuka

À Takarazuka, banlieue coquette au N.-E. d'Ôsaka, est fondée en 1914 une compagnie qui, en 1927, crée une comédie musicale sous le titre évocateur *Mon Paris* : la revue à l'occidentale vient de faire son entrée au Japon ! Et, jusqu'à aujourd'hui, elle connaît un succès jamais démenti, avec notamment *La Rose de Versailles* qui, tiré du célèbre manga homonyme, a pour cadre la Révolution française. Imitation de pacotille ? Non, car le grand sens artistique des Japonaises est au rendez-vous. Avec Takarazuka, elles tiennent leur revanche : tous les rôles sont interprétés exclusivement par des femmes, à l'inverse du kabuki qui n'est joué que par des hommes. Et, sous un jour délicieusement rétro, les spectacles possèdent une haute qualité artistique. La troupe compte 400 comédiennes, danseuses et chanteuses triées sur le volet et formées par la propre école de la compagnie. Ce succès a abouti à l'ouverture d'un second théâtre à Tôkyô *(à proximité du M° Hibiya)* et à des tournées à l'étranger. L'art du divertissement de Takarazuka pourrait demain rejoindre au panthéon de la culture nippone les théâtres kabuki et bunraku.

☎ *0570/00.5100 ; accès en train de la gare d'Ôsaka Umeda 大阪梅田 : 30 mn par la ligne JR Tanbaji kaisoku 丹波路快速 ou Hankyû 阪急, descendre à Takarazuka 宝塚 puis 10 mn à pied • spectacles en japonais ; en matinée sf mer. • rés. dans les OT • kageki.hankyu.co.jp*

■ Le Théâtre national de Bunraku★★★ 国立文楽劇場
(Kokuritsu Bunraku gekijô) A2/3

Au S. d'Ôsaka ☎ 06/6212.2531 • à 2 mn à pied de la sortie n° 7 du M° Nipponbashi 日本橋 • représentations à partir de 11 h, programme en anglais, traduction simultanée par écouteurs • sur place à partir de 10 h, on peut acheter un billet pour un seul acte de moins de 2 h.

Ce théâtre dédié à l'art du bunraku (→ encadré p. 352) fut édifié en 1984. Les représentations n'ont pas lieu certains mois et peuvent être alternées avec de la danse japonaise. Un spectacle peut durer jusqu'à une journée. Les entractes sont prétextes à déguster des coffrets-repas (obentô) au restaurant du rez-de-chaussée, près duquel se trouve une salle d'**exposition de marionnettes**.

▶ Le **temple Shi Tennô-ji** 四天王寺 B3 *(à 5 mn à pied au S. du M° Shitennôji mae 四天王寺前, 15 mn à pied de la gare Tennôji 四天王寺)*, reconstruit en 1960 après avoir été détruit lors des bombardements de 1945, serait le plus ancien site bouddhique existant au Japon : le prince Shôtoku l'aurait fondé en 593. La **porte Chû-mon** 中門 donne accès à la cour principale, au centre de laquelle s'élève une **pagode** à cinq étages. Le trésor du temple abrite de nombreux objets précieux dont des épées qui auraient appartenu au prince Shôtoku. ◀

■ Dôtonbori★★★ 道頓堀 A3

À l'O. du Théâtre national de Bunraku (5 mn à pied) ; 5 mn à pied du M° Nanba 難波 ou Nipponbashi 日本橋.

Dédale de rues piétonnes et de galeries marchandes aux abords de la rue Shinsabashi suji et de la rivière Dôtonbori gawa, ce quartier chaud d'Ôsaka prend toute sa couleur le soir, particulièrement le samedi. Dans une ambiance de fête permanente, écrans géants, musique traditionnelle et gigantesques enseignes à l'effigie de crabes ou de poissons articulés animent les devantures d'une profusion de restaurants et de bars.

Le Chûgoku 中国

Situé à l'extrémité ouest de Honshû, le Chûgoku est une région où coexistent deux Japon : celui des villes et celui des champs. Ces deux mondes distincts s'étirent d'est en ouest, répartis respectivement au sud et au nord d'un axe formé par une chaîne montagneuse. Ils diffèrent autant par leur climat que par leur développement ou la densité de leur population. La partie méridionale, la côte San-yô, est protégée des vents et des typhons par les montagnes, au nord, et par les reliefs de l'île de Shikoku, au sud. Cette situation géographique, ajoutée aux températures de la mer Intérieure, lui garantit une douceur méditerranéenne. Couloir de passage entre Kyûshû et Kansai, la côte San-yô a vu se développer de grandes villes industrielles et commerciales très dynamiques.

À l'inverse, au nord de la chaîne montagneuse, la côte San-in est battue de plein fouet par les vents violents de la mer du Japon. Demeurée rurale et peu peuplée, cette région de littoraux désertiques, de collines boisées et de vallées encaissées a vu se développer des communautés isolées. Ce Japon rural et authentique ne correspond en rien au cliché d'un archipel survolté.

Le pays du Milieu

Chûgoku signifie « pays du Milieu », car dans l'ancien Japon cette région se trouvait à mi-chemin entre deux pôles civilisés : le Kansai et le Kyûshû.

Les entrées principales	
Hagi***	420
Hiroshima***	427
Kurashiki***	435
Matsue et Izumo***	440
Onomichi**	446
Tsuwano***	449

▲ Onomichi et son téléphérique.

Hiroshima	titre de chapitre
Yamaguchi	lieu rattaché à un chapitre
Fukuyama	lieu repère

★★★ exceptionnel
★★ très intéressant
★ intéressant

―――― voie ferrée *Shinkansen*

0   20   40 km

N

Mer du Japon

Hinomi saki

Ôda
Yunotsu
Gôtsu
Iwami
Hamada
SHIMANI
Taka shima
Masuda
Mito
Chiyoda
Susa
Akiôta
Abu
Tsuwano ★★★
Hiroshima ★★★
Mi shima
Hagi ★★★
Atô
Yoshika
Hatsukaichi
Tsuno shima
Nagato
YAMAGUCHI
Hongô
Tewarayama Onsen
Miyajima ★★★
Baie de Hibiki
Yamaguchi ★★
Ôtake
Kure
Mine
Etajima
Futao jima
Kusunoki
Hôfu
Tokuyama
Iwakuni ★★★
Onoda
Kudamatsu
Kurahashi jima
Shimonoseki
Ube
Hikari
Yanai
Kita Kyûshû
Yashiro jima
Yukuhashi
Iwai jima
Heguri jima
Tagawa
Taketazu
Hime shima
Baie de Sûo
Baie de Iyo

Que voir dans le Chûgoku

415

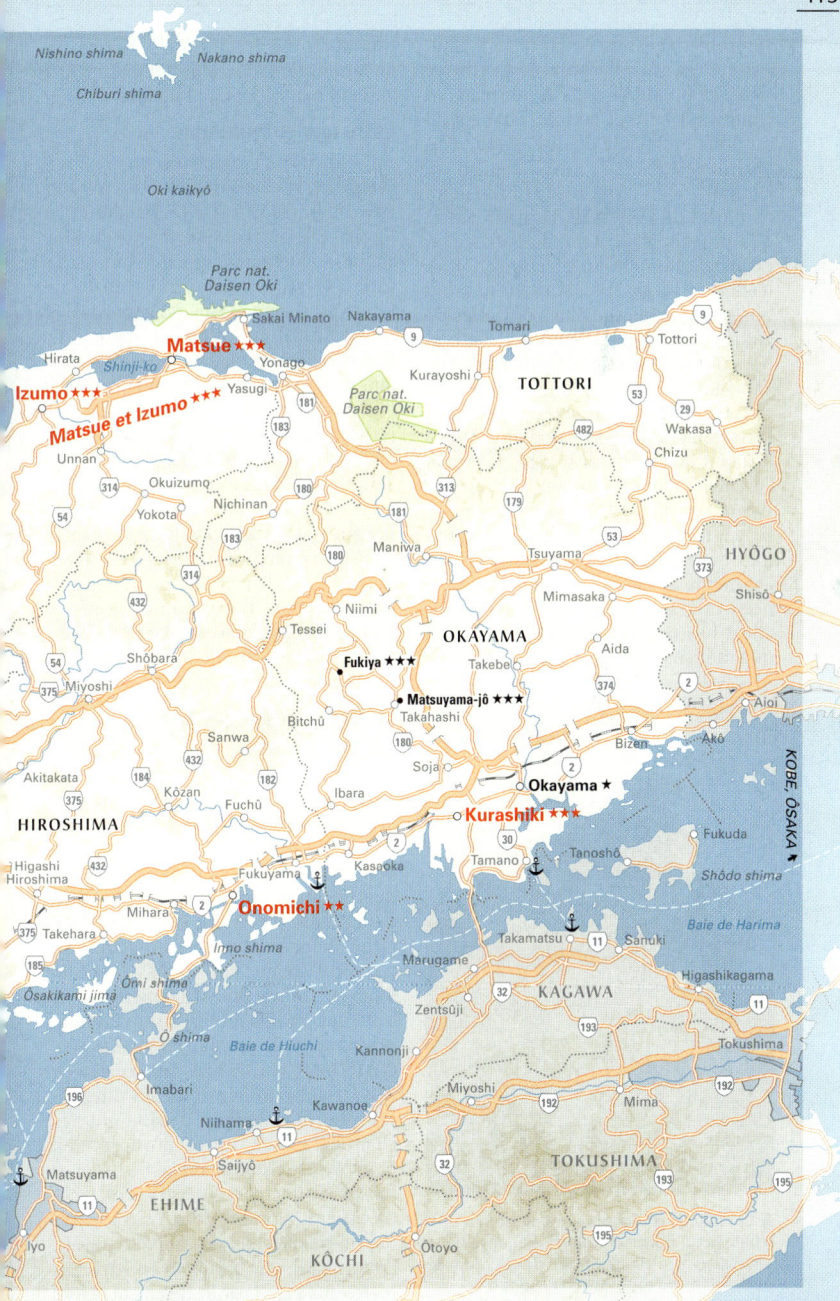

Matsue ★★★
Izumo ★★★
Matsue et Izumo ★★★
Fukiya ★★★
Matsuyama-jō ★★★
Okayama ★
Kurashiki ★★★
Onomichi ★★

Nishino shima
Nakano shima
Chiburi shima

Oki kaikyō

Parc nat. Daisen Oki

Hirata — Sakai Minato — Nakayama — Tomari — Tottori
Shinji-ko — Yonago — Kurayoshi — **TOTTORI**
Yasugi — Parc nat. Daisen Oki — Wakasa
Unnan — Chizu
Okuizumo — Nichinan — Maniwa — Tsuyama
Yokota — Mimasaka — **HYŌGO**
Niimi — Shisō
Tessei — Takebe — Aida
Shōbara — **OKAYAMA**
Miyoshi — Takahashi — Bizen — Aioi
Bitchū — Sanwa — Soja — Akō
Akitakata — Kōzan — Fuchū — Ibara — Okayama — Fukuda
HIROSHIMA — Tamano — Tanoshō — Shōdo shima
Higashi Hiroshima — Fukuyama — Kasaoka
Mihara — Onomichi — Takamatsu — Sanuki — Baie de Harima
Takehara — Inno shima — Higashikagama
Ōsakikami jima — Ōmi shima — Marugame — **KAGAWA**
Zentsūji — Tokushima
Ō shima — Baie de Hiuchi — Kannonji
Imabari — Miyoshi — Mima
Niihama — Kawanoe
Matsuyama — Saijō — **EHIME** — **TOKUSHIMA**
Iyo — **KŌCHI** — Ōtoyo

KOBE ŌSAKA

Le problème est qu'en japonais « Chûguku » est aussi le nom de la Chine, « empire du Milieu ». Cela crée bien des confusions, surtout pour les étrangers. Il est donc préférable de dire « Chûgoku-chihô » ▶ 中国地方, soit « région du Chûgoku » ou bien, tout simplement, de parler de l'ouest de Honshû. Quoi qu'il en soit, le territoire de cette région est partagé en cinq préfectures. Celles d'Okayama et de Hiroshima au sud sont bordées par la côte San-yô. Celles de Tottori et de Shimane au nord sont bordées par la côte San-in. Enfin, celle de Yamaguchi, à l'ouest, touche le Kyûshû et s'ouvre sur les deux côtes. Okayama et Hiroshima firent jadis partie de l'antique royaume de Kibi qui se développa durant l'époque Yayoi puis durant l'époque des tumulus funéraires royaux, les *kofun*. Ce royaume de Kibi demeura indépendant de la cour du Yamato jusqu'au VIe s. De même, Shimane aurait été gouvernée à cette même époque par de grands chefs légendaires qui n'auraient fait que tardivement allégeance au pouvoir central du Yamato. Dans ces régions, de gigantesques *kofun* témoignent encore aujourd'hui de ce passé lointain.

Entre mer et montagne

Au sud, par sa situation sur la mer Intérieure, la côte San-yô fut très tôt une voie de passage entre le Kyûshu et le Kansai. Elle fut aussi une fenêtre ouverte sur des influences venues de Chine et de Corée. C'est sur cette même voie qu'au XXe s. s'est constitué l'un des grands pôles de l'industrie nippone sur une bande presque continue, parfois fort étroite, partant d'Okayama, passant par Hiroshima et continuant jusqu'à Shimonoseki. Mais cette conurbation, coincée entre mer et montagne, n'est cependant pas parvenue à s'immiscer dans tous les recoins du littoral formé d'un imbroglio d'îles, d'îlots, de caps et de presqu'îles. C'est ainsi qu'il demeure possible de traverser des villages tranquilles et de paisibles petits ports de pêche, comme Tomo no ura, dont les maisons de bois jouxtent les flots d'une mer au bleu enchanteur, rappelant la couleur des gravures du Japon ancien.

Effervescence et quiétude

Malgré la grande effervescence de cette côte, une ville trépidante comme Okayama recèle le vaste jardin Koraku-en, avec ses étangs, ses collines, ses rizières et ses plantations de thé. Une autre ville industrielle, Kurashiki, possède un remarquable quartier historique bâti autour d'un canal où peuvent être savourés le raffinement artistique et la quiétude du Japon de l'époque Edo. De tels contrastes semblent trouver une illustration parfaite à Onomichi, ville portuaire souvent utilisée comme toile de fond par les cinéastes. Car à Onomichi, collines aux cerisiers en fleur, temples anciens et ruelles villageoises côtoient cheminées d'usine, grues et chantiers navals. Tout cela sur le fond d'un paysage paradisiaque d'îles tropicales. Malgré tous ces contrastes, il est facile de visiter l'ensemble de cette région sud du Chûgoku en bus, en train de banlieue, en tortillard, en voiture ou en ferry. Car les réseaux y sont particulièrement denses

▲ Le château d'Okayama, est surnommé Ujô (château du Corbeau), pour l'élégance de sa silhouette et la couleur noire de ses murailles surmontées de toitures rehaussées d'or.

▶ Miyajima : le Grand Torii se dresse entre l'île au sanctuaire et la terre ferme.

et efficaces. De plus, le train à grande vitesse Shinkansen permet d'aller à peu près partout et d'en revenir dans une même journée.

Zones industrielles et villes à la campagne

Une des principales gares du Shinkansen est Hiroshima, une ville, qui pour des raisons funestes est la plus célèbre du Japon. Après la Seconde Guerre mondiale, elle s'est rebâtie autour d'un grand parc de la Paix et d'un musée de la Bombe qu'il est important de visiter. Mais Hiroshima est devenue aussi une grande métropole active, accueillante et cosmopolite. Tout près se trouvent l'île sacrée de Miyajima, l'un des plus beaux sites de l'archipel, et la petite ville pittoresque d'Iwakuni avec son château, ses vieilles maisons et ses serpents sacrés. Au-delà, la côte sud de la préfecture de Yamaguchi pourrait, par sa concentration industrielle, rappeler la vallée allemande de la Ruhr. Il ne faut cependant pas rebrousser chemin, car cette impression se dissipe rapidement dès que l'on arrive dans l'arrière-pays. La ville de Yamaguchi, avec ses allures de petite sous-préfecture, ressemble à une « ville à la campagne ». Parfois comparée à un petit Kyôto, elle est un point de passage pour gagner la région de San-in, au nord. La côte de San-in est en fait l'inverse de celle de San-yô. Car le rythme de la vie y est plus lent, et les transports aussi. Campagnes désertes, forêts et routes en lacets mènent à la paisible Hagi. Célèbre pour ses poteries, cette cité a conservé intact un grand quartier de samouraïs débouchant sur les eaux bleues de la mer du Japon. Son histoire turbulente en fit un bastion des partisans de la fin du régime shogunal lors de la révolution de Meiji.

Peuplé de fantômes et de légendes

Un dédale de collines, de plaines et de torrents mène à Tsuwano. Cette cité, minuscule par ses dimensions et par le nombre de ses habitants, est grande par son histoire et par ses musées. Ses belles maisons anciennes, ses canaux paisibles où nagent des carpes multicolores, invitent à y prolonger l'étape de quelques jours pour prendre l'air du temps. Ensuite, il faut suivre la côte rocheuse de San-in, entre Hagi et Matsue en longeant la mer du Japon vers l'est, pour découvrir des panoramas lumineux de criques désertes et de petits ports de pêche. Mais dans les profondeurs de l'arrière-pays, la forêt a recouvert les anciennes mines d'argent d'Iwami Ginzan. Les campagnes sont peuplées des fantômes et des légendes qu'a si bien su décrire, au XIXe s., l'écrivain d'origine occidentale Lafcadio Hearn que les Japonais nomment Koizumi Yakumo. Et, bientôt, dans le secret d'une forêt d'arbres monumentaux, apparaît un sanctuaire intimement lié aux fondements de la mythologie japonaise : Izumo, où des rites venus du fond des âges n'ont cessé de se perpétuer jusqu'à nos jours. Mais non loin de là, la gravité religieuse cède le pas devant la beauté du lac Shinji, bordé par la ville de Matsue où certains édifices rappellent une époque aimable où des samouraïs se vouaient aux arts et à la cérémonie du thé.

THÉMA

Le thermalisme comme art de vivre

Si les Français ont oublié depuis bien longtemps l'usage des thermes de leurs ancêtres gallo-romains, les Japonais, au contraire, n'ont jamais cessé, depuis les temps anciens, de vouer un culte à l'art du bain. Il est vrai que la nature a doté l'archipel de plus de 26 000 sources thermales emplissant le creux des rochers de leurs eaux chaudes comme s'il s'agissait de baignoires. Aux abords de celles-ci ont été bâties des auberges puis, au fil des âges, ont été aménagées de véritables stations thermales appelées *onsen*. Une architecture demeurée en parfaite symbiose avec la nature fait que ces *onsen* sont devenus aujourd'hui les oasis d'un Japon ancien où les Nippons aiment à venir se ressourcer.

▲ Source thermale traditionnelle (*onsen*).

■ Des vertus curatives

Jadis, les moyens médicaux étant réduits, on attribuait des vertus thérapeutiques aux eaux jaillissant des entrailles de la terre, pour soigner les blessures ou soulager des affections, comme par exemple les rhumatismes. Leur pureté et leur chaleur apportaient aussi un délassement faisant oublier les rigueurs de l'hiver ou bien la moiteur de l'été. De nos jours, la plupart de ces *onsen* se trouvent dans des auberges traditionnelles, des *ryokan*, où les bains peuvent être pris de jour comme de nuit. Choix des essences de bois, carrelages, marbres ou roches participent à une harmonie avec le paysage de montagne ou de mer sur lequel s'ouvrent de grandes baies vitrées. Ces bains peuvent ne contenir que quelques personnes ou bien former de véritables piscines. À certaines heures, des bassins sont réservés aux dames tandis que d'autres le sont aux messieurs. Comme il ne s'agit pas de baignade, on entre dans l'eau dévêtu après s'être savonné. Et ce n'est que dûment rincé que l'on se plonge dans le bassin où l'usage du savon est proscrit. Mais le non-initié doit veiller à d'abord s'asperger d'eau chaude et à n'entrer que progressivement dans ces eaux brûlantes venues des profondeurs.

■ Le vide intérieur

Le regard des baigneurs est absent, ou bien rivé sur le sommet des montagnes. Certains parlent, beaucoup se taisent.

Au milieu des vapeurs soufrées semble venir le fameux vide intérieur. Le temps paraît s'arrêter et on est saisi par une paresse apparente, qui pourrait être le secret d'un peuple aussi actif. Au sortir du bain, il est d'usage de remettre son kimono de coton léger *(yukata)* et, en hiver, de passer par-dessus une veste *(haori)*. Tous deux sont fournis par le *ryokan*, comme le sont également des socques de bois, les *geta*. C'est dans cette tenue que les curistes s'adonnent à la gastronomie locale puis sortent se promener en redonnant ainsi à la station thermale son cachet d'antan. Cependant, tous les porteurs de *yukata* ne sont pas obligatoirement pensionnaires du *ryokan*, il est souvent possible aux touristes d'un jour de profiter des bains pour un faible coût.

▲ Dans une station thermale, le costume de bain peut être très chic à porter dans la rue.

■ Dans un torrent glacé

Certains bassins en plein air, les *rotenburo*, permettent de baigner dans une eau bien chaude tout en étant au milieu d'un paysage enneigé. D'autres donnent l'occasion de profiter des rayons du soleil et des eaux bleues de l'océan Pacifique. Ainsi, des sources jaillissant des rochers jouxtent les flots bleus sur la plage de **Shirahama** dont les *onsen* étaient déjà mentionnés dans le *Nihon shoki*, une chronique du Japon réalisée à l'aube du VIIIe s. Non loin de là, dans les montagnes de **Kumano**, un autre phénomène géothermique naturel fait que, jaillissant des berges d'un torrent glacé, une eau très chaude ruisselle entre les graviers. Il n'en fallait pas plus pour que, jadis, les Japonais installent à **Kawayu** des *onsen* et des *ryokan* devant lesquels il suffit aujourd'hui de creuser soi-même sa propre baignoire dans le lit de graviers. Celle-ci se remplit alors d'une eau délicieusement chaude au milieu d'un panorama de forêts et de collines.

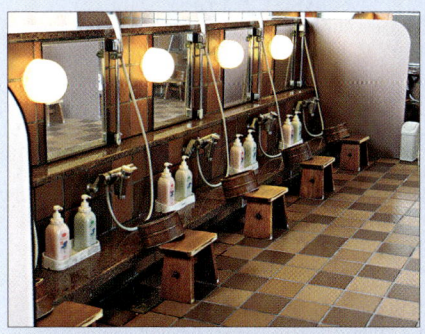

■ Des senteurs de bois mouillé

D'autres lieux, moins spectaculaires, sont chargés d'histoire comme le Dôgo onsen de **Matsuyama**, dans le Shikoku. Là, dans un bâtiment aux multiples toits de pagodes imbriqués, se mêle un monde de kimonos, de bruissements d'eau, de senteur de bois mouillé et de thé vert. Le visiteur y reçoit le *yukata* dont il doit se revêtir en pénétrant dans une vaste pièce aux larges piliers de bois. Les bassins sont alimentés par de lourdes fontaines de granite surmontées de mosaïques bleues, tandis qu'un majestueux bassin décoré d'or est réservé à la famille impériale. Dôgo, vieux de 3 000 ans, est l'un des *onsen* les plus célèbres du Japon et peut-être aussi le plus ancien...

▲ Un savonnage long et scrupuleux doit précéder le bain. Baquets et douchettes sont prévus à cet effet.

Hagi★★★ 萩

Situation : à 96 km O. d'Hiroshima, 180 km S.-O. d'Izumo, 322 km O. d'Ôsaka.

55 000 hab. ; préfecture de Yamaguchi.

❶ à g. de la sortie de la gare Higashi-Hagi (C1) ☎ 0838/25.3145 ; ouv. t.l.j. 9 h-12 h et 13 h-17 h.

Vue des côtes de la mer Intérieure, la préfecture de Yamaguchi offre le profil d'une gigantesque zone industrielle. Or, il suffit de remonter de quelques kilomètres vers le nord pour que cette impression disparaisse. Hagi est l'une des cités historiques les plus belles et les plus authentiques du Japon. Située à l'extrême ouest de Honshû, confrontée à la décroissance de sa population, elle est restée en marge d'un développement concentré autour de l'axe de la mer Intérieure.

Hagi mode d'emploi

Accès : en **train** depuis Matsue, descendre à la gare Higashi-Hagi 東萩 **C1** • en **bus** depuis Hiroshima, Tsuwano • en **avion** depuis Tôkyô et Ôsaka, vols quotidiens pour le Hagi-Iwami Airport 萩石見空港 **h. pl. par D1** (Hagi-Iwami kûkô).

Combien de temps : 1 j. ou plus.

Se déplacer : l'ancien quartier de Horiuchi **A1-B2** se prête à la découverte à pied bien que les distances incitent à se déplacer à vélo ou en bus.

À ne pas manquer

Le quartier de Horiuchi★★★	423
La plage de Kikugahama★★★	425
La pagode du temple Ruriko-ji★★★ à Yamaguchi (Environs)	425

Hagi dans l'histoire

La capitale du clan des Môri

Hagi n'est encore qu'un petit port de pêche quand, au XIIIe s., une forteresse est édifiée. Plus tard, Hagi passe sous le contrôle de la famille Môri au sein d'une vaste région ayant Hiroshima pour capitale. Mais en 1600, les Môri s'opposent à Tokugawa Ieyasu lors de la bataille de Sekigahara, leur domaine est amputé, et les Môri sont relégués à Hagi où ils doivent se faire construire un nouveau château. Môri Terumoto s'installe à Hagi accompagné de deux grands artisans coréens qui seront à l'origine du *Hagi-yaki* (→ *encadré p. 424*).

Les artisans de la restauration de Meiji

Au milieu du XIXe s., Hagi devient l'un des bastions des partisans de la restauration du pouvoir impérial. À la tête de ceux-ci, le nationaliste Môri

▲ Maison de samouraï à Yamaguchi.

Motonori est, en 1867, l'artisan de la chute du shogun et cède au nouvel empereur Meiji l'ensemble de ses domaines. À l'inverse, Maebara Hissei, lui aussi natif de Hagi, déclenche une révolte en 1876. Mais celle-ci est matée, et Maebara, qui tente de s'enfuir par bateau, est rattrapé et décapité à Yamaguchi, ville ayant pris fait et cause pour le pouvoir impérial.

Visiter Hagi

La vieille ville regroupe les anciens quartiers de samouraïs et le parc du château. Les rues calmes, avec leurs ateliers de poterie et leurs maisons anciennes, forment un labyrinthe où il est agréable de se perdre avant d'aboutir à la jolie plage de Kikugahama.

■ **Le musée d'Art Uragami**** 浦上記念館 (Uragami kinenkan) B2

35 mn à pied vers le S.-O. depuis la gare JR-Higashi-Hagi, 15 mn à vélo ; 20 mn à pied depuis la gare routière • ouv. t.l.j. sf lun. 9 h-17 h • compter 1 h.

Fondé en 1996, ce musée possède 5 000 *ukiyo-e* dont la célèbre *Grande vague* de Hokusai (1760-1849). Avec une collection de 400 céramiques orientales *(au r.-d.-c.)*, ces œuvres sont exposées en alternance selon un calendrier renouvelé au rythme des saisons. Le 1er étage est réservé à des expositions temporaires.

☞ SPÉCIALITÉS
• Le *natsumikan* est un délicieux agrume à déguster en fruit ou en jus.
• La région de Yamaguchi est célèbre pour son *fugu*, poisson-lune à la préparation étroitement réglementée à cause de la toxicité de certains de ses organes (→ p. 154).

♥ HÉBERGEMENT
Petit Hôtel Clanvert : extrémité O. du pont Hagi, à 5 mn à pied de la gare JR Higashi Hagi (C1) ☎ 0838/25.8711. Un hôtel « à la française » typiquement japonais. Prix raisonnables.

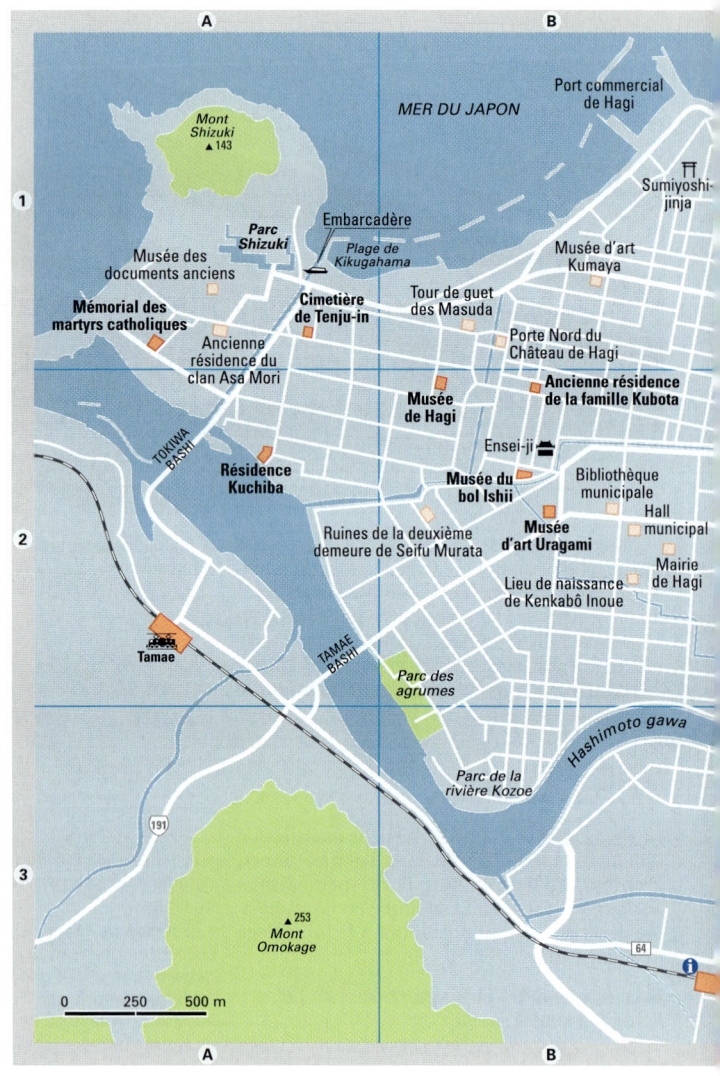

Hagi.

■ Le musée du Bol Ishii★★ 石井茶碗美術館
(Ishii chawan bijutsukan) B2

5 mn à pied vers le N. en traversant le canal • ouv. t.l.j. sf mer. 9 h 30-16 h 30 • compter 30 mn • panneaux explicatifs en japonais.

Les murs verts d'une maison discrète abritent une petite collection de poteries précieuses. Parmi elles, le *Hagi no sato*, l'un des plus anciens bols de *Hagi-yaki* révèle, sous une simplicité apparente, les nuances d'un véritable chef-d'œuvre artistique. Une telle visite est le moyen d'exercer son œil avant l'achat d'une poterie chez un artisan.

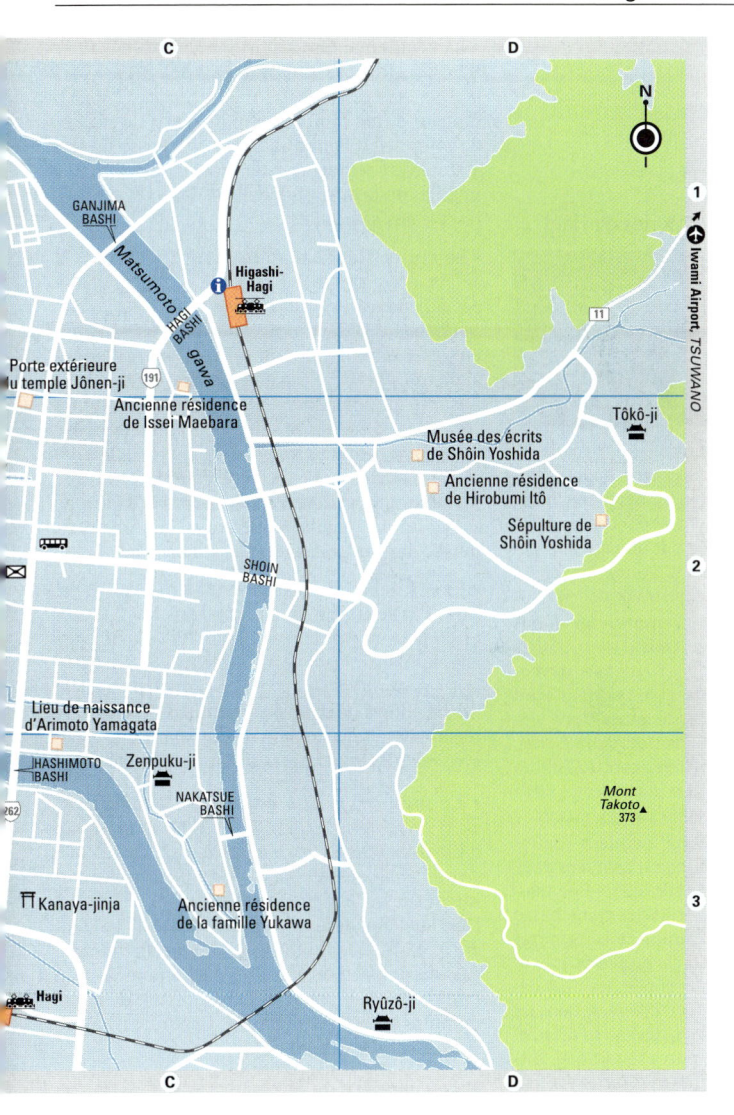

■ L'ancien quartier de samouraïs de Horiuchi★★★ 堀内 A1-B2
25 mn à pied vers l'O. depuis la gare JR-Higashi-Hagi, 10 mn à vélo ; 20 mn à pied depuis la gare routière centrale.

Les poteries de Hagi

Le style de poterie *Hagi-yaki* est identifiable par des formes humbles et subtiles dont la régularité est brisée par une entaille. Un lustre blanc donne un aspect légèrement translucide.

L'origine remonte au début du XVIIe s., quand deux potiers coréens, les frères Lee, suivent jusqu'à Hagi le seigneur Môri Terumoto, de retour d'une tentative d'invasion de la Corée. Les deux frères construisent un four de cuisson et, bientôt, leurs poteries connaissent le succès.

Ce *Hagi-yaki* s'obtient à partir d'un mélange d'au moins deux types d'argile, cuit à une température relativement basse pour un temps de cuisson très long. Selon la qualité du four et la place occupée, les nuances de la poterie diffèrent. Dans les années qui suivent sa fabrication, sa porosité fait que, dit-on, la teinte se modifie sept fois, passant du bleu tendre au rose pâle ou même au blanc. Ainsi, chaque pièce est unique ou bien le deviendra un jour. Si le prix de certains *Hagi-yaki* peut être très élevé, il peut n'en coûter que 1 000 yens pour une simple tasse.

• **La résidence des Kubota**★★ 旧久保田家住宅 B2 *(Kyû Kubota-ke jûtaku ; 5 mn à pied vers le N. • ouv. t.l.j. 9 h-16 h 45 • compter 15 mn)*, maison d'une famille de marchands de saké et de kimonos à l'époque Edo. La richesse de son architecture témoigne de la prospérité de certains négociants ayant pu s'établir dans le quartier réservé aux samouraïs.

• **Le musée Hagi hakubutsukan**★★ 萩博物館 B2 *(7 mn à pied vers le S.-E. • ouv. t.l.j. 9 h-16 h 30 • pas de panneaux explicatifs en anglais mais prêt de brochures sur demande • compter 45 mn)* a été construit en 2004 dans le plus pur style des résidences anciennes de Hagi. Aux éléments historiques se juxtaposent des vitrines sur les agrumes ou sur les coquillages. Cet hétéroclisme savamment pensé offre un panorama très pédagogique de la ville sous les angles de sa géologie, de son histoire, de sa faune et de sa flore. Face au bâtiment principal, sur la dr., un pavillon abrite un amusant petit **musée des Arts ménagers** des années 1960.

• **La résidence des Kuchiba**★★★ 口羽家住宅 A2 (Kuchiba-ke jûtaku ; *15 mn à pied vers le S.-E. • ouv. t.l.j. 9 h-16 h 45 • compter 15 mn)* fut celle de l'une des plus illustres familles de samouraïs au service de la seigneurie. On y entre par un portail très ancien. Les **pavillons**, de styles architecturaux différents, se répartissent dans un petit **jardin** au bord de l'eau avec vue sur l'estuaire et la rivière Hashimoto.

• **Le mémorial des martyrs catholiques**★ 萩キリシタン殉教者記念公園 A1 (Hagi kirishitan junkyôsha kinen kôen ; *10 mn à pied vers le N.-O. depuis la résidence des Kuchiba*). 40 personnes moururent sur les 300 chrétiens qui furent déportés à Hagi au début de la restauration de Meiji *(→ encadré p. 454)*. À la fin du XIXe s., un prêtre français des Missions étrangères de Paris, le père Villion, fit ériger avec les pierres de leur prison de petits monuments en leur mémoire. L'endroit est niché sous les arbres au bord du chemin.

■ **Le cimetière de Tenju-in**★★ 天樹院墓所 **(Tenju-in bosho)** A1

100 m à pied vers l'O., rejoindre le canal, le longer 10 mn vers le N.-O., tourner à dr. au niveau du 2e pont.

C'est à l'ancien emplacement de sa résidence que fut édifiée la **tombe de Môri Terumoto**. À ses côtés se trouvent celles de son épouse et de son suivant, qui choisit de l'accompagner dans la mort.

Une porte de style chinois, un *torii* et une allée bordée de lanternes de pierre sous de vieux arbres participent à l'atmosphère mélancolique du lieu.

■ Le parc Shizuki★★ 指月公園 (Shizuki kôen) A1

10 mn à pied en traversant le canal vers le N.-E. • compter 1 h.

Avec ses nombreux cerisiers, sa maison de thé et son grand hall d'exposition de poteries, c'est un lieu de promenade dominicale. Des douves entourent les **ruines du château** édifié en 1604 pour Môri Terumoto. Seuls sont demeurés intacts les épais soubassements de pierre.

■ La plage de Kikugahama★★★ 菊が浜 海水浴場 (Kikugahama kaisuiyokujô) A-B1

10 mn à pied vers l'E. depuis le parc Shizuki.

À quelques pas du quartier historique s'étend une magnifique plage tropicale de sable blanc ouverte sur la mer du Japon et ses îles. Bordée par une voie cyclable, elle est une invitation à la baignade.

> Sur le rabat arrière de la couverture, un Tableau chronologique indique les périodes de l'histoire japonaise. En fin de volume, le Petit dictionnaire répertorie le vocabulaire spécifique.

♥ **HÉBERGEMENT**

Hotel Wel Heartpia ウェルハートピア (A/B1) : ☎ 0838/22.7580. Situé sur la plage, cet hôtel moderne et confortable propose des chambres dont la plupart ont vue sur la mer. Le restaurant et le *onsen* sont ouverts aux non-résidents.

Environs de Hagi

■ Yamaguchi★★ 山口 *47 km S.-E.*

Train JR Yamaguchi depuis Tsuwano et Hiroshima, descendre à Shin-Yamaguchi 新山口 à 10 km (location de vélos face à la gare) ; vols t.l.j. depuis Tôkyô pour Yamaguchi-Ube Airport 山口宇部空港 ❶ au 1er ét. de la gare ; ☎ 0839/33.0090 ; ouv. t.l.j. 9 h-18 h, 8 h 30-17 h 30 de déc. à mars ; www.city.yamaguchi.lg.jp/kanko/org

Yamaguchi est le chef-lieu de préfecture le moins peuplé du Japon (191 000 hab.) qu'un grand nombre de temples fait parfois comparer à un petit Kyôto d'avant l'urbanisation galopante. Fondée en 1350, la ville servit au XVe s. de capitale de repli alors que Kyôto était déchirée par les guerres d'Ônin (1467-1477). Yamaguchi fut le fief de la puissante famille Ôuchi dont l'un des membres accueillit saint François Xavier en 1550 (→ encadré p. suiv.).

• **L'Ichinosaka gawa**★★ 一の坂川 *(5 mn vers le N. depuis la gare • compter 1 h 15).* Une petite route suit le bord de la **rivière**, plantée d'azalées et de cerisiers. En remontant vers le N., on peut arriver par le chemin des écoliers jusqu'à la pagode du temple Rurikô-ji.

• **La pagode à cinq étages du temple Rurikô-ji**★★★ 瑠璃光寺国宝五重塔 (Rurikô-ji kokuhô

À mi-chemin entre Hagi et Yamaguchi, une rivière souterraine s'étend sur 10 km à l'intérieur des grottes d'Akiyoshidai. Au-dessus, la campagne est jonchée d'une multitude de pics rocheux. L'endroit est touristique.

☞ **FÊTES ET MANIFESTATIONS**

6 et 7 août : Chôshin Tanabata Matsuri, le centre-ville est illuminé par 10 000 lanternes rouges.

♥ **BONNE ADRESSE**

La Francesca ラフランチェスカ : ☎ 0839/34.1888. Exotique au Japon, cet hôtel-restaurant est aménagé dans une villa toscane au pied de la colline Kame yama. Excellente cuisine italienne.

♥ **ONSEN**

Yuda Onsen 湯田温泉 : grand complexe thermal situé à 2,5 km O. du centre de Yamaguchi, face à la gare Yuda Onsen.

François Xavier à Yamaguchi

Né en Navarre en 1506, François Xavier étudie la théologie à la Sorbonne et devient à Paris l'un des membres fondateurs de la Compagnie de Jésus. En 1541, il s'embarque pour l'Extrême-Orient dans le sillage des navigateurs portugais. À Malacca, dans la péninsule malaise, la rencontre d'un Japonais devenu chrétien lui inspire l'envie de gagner l'archipel. Xavier débarque en 1549 à Kagoshima où il passe un an, puis arrive en novembre 1550 à Yamaguchi. Là, le seigneur Ôuchi Yoshikata l'autorise à prêcher. Mais Xavier, ignorant les subtilités de la langue, ne rencontre que peu de succès. Il se rend donc à Kyôto pour tenter, en vain, d'obtenir une audience de l'empereur. Cependant, opiniâtre, il décide de se mettre à l'école du Japon, et c'est avec une ardeur nouvelle qu'il revient à Yamaguchi en avril 1551. Là, il donne des conférences, prêche tout le jour, et parvient à susciter 300 conversions ! Mais en septembre, le seigneur de Bungo le fait quérir pour qu'il se rende à Funai, l'actuelle Oita, où des navigateurs portugais sont venus le chercher. Le second et dernier séjour de Xavier n'aura duré que quatre mois. Pourtant Yamaguchi en conserve une empreinte durable dont témoigne aujourd'hui la très contemporaine église qui, au centre de la ville, porte son nom.

◄ La pagode du temple Rurikô-ji permet d'observer l'extrême sophistication de l'assemblage des éléments de bois.

gojûtô ; *45 mn à pied vers le N. depuis la gare de Yamaguchi • ouv. t.l.j. 9 h-16 h 30 • compter 1 h*), adossée à une colline plantée d'érables et de cerisiers, se reflète dans les eaux d'un étang. Haute de 31 m, elle fut édifiée en 1442 avec du bois de cyprès. Dans l'enceinte du temple, qui compte plusieurs pavillons et un jardin, un petit **musée** présente une carte détaillée des 53 pagodes à cinq étages du Japon.

• **L'église Saint-François-Xavier**★ サビエル記念聖堂 (Sabieru kinen seidô ; *20 mn à pied vers le S. depuis le temple Rurikô-ji, au sommet de la colline du parc Kameyama • musée ouv. t.l.j. sf mer. 9 h-17 h • compter 1 h*). Édifiée en 1952 pour commémorer le 400e anniversaire de la venue de François Xavier, elle fut reconstruite en 1998 après un incendie. D'architecture résolument contemporaine, elle laisse largement pénétrer la lumière. Deux hauts clochers la surmontent. À dr. de l'entrée, un petit **musée** retrace l'histoire du saint patron.

Hiroshima★★★ 広島

Le nom de Hiroshima résonne partout dans le monde comme synonyme d'apocalypse. Mais, bien que la plaie ne se soit jamais refermée, la ville s'est depuis longtemps relevée de ses cendres. Elle s'est reconstruite autour d'un grand parc de la Paix qui attire chaque année des cohortes de visiteurs venus du monde entier. La cité, florissante et moderne, est résolument ouverte au monde. Non loin de là, l'île sacrée de Miyajima est l'un des plus beaux sites de l'archipel, tandis qu'Iwakuni est une ville particulièrement pittoresque.

Hiroshima mode d'emploi

Accès : avion, l'aéroport principal est à 40 km à l'O. du centre (bus depuis la gare), petit aéroport régional Hiroshima-Nishi 広島西飛行場 h. pl. par A2 (Hiroshima nishi hikôjô) à 4 km à l'O.
• train lignes JR Sanyô 山陽線 et Shinkansen ; gare JR Hiroshima D2, lignes régionales et Shinkansen.

Combien de temps : 2 j. ou plus.

Se déplacer : au départ de la gare D2, le service de bus et de tramway (*street-cars*) est très efficace, mais le centre-ville se prête à une découverte à pied. La gare étant légèrement excentrée, il est conseillé de choisir un hôtel en plein centre, à moins d'opter pour une auberge à l'écart de la ville, sur l'île de Miyajima.

Fêtes et manifestations : 17 juin, **Kangensai**, au sanctuaire Itsukushima *(Environs, p. 432)*, rituel shintoïste en costumes de l'époque de Heian, en bateau, au son des flûtes • 6 août : des milliers de **lanternes** flottent sur la rivière en mémoire des morts autour du parc de la Paix.

Hiroshima dans l'histoire

Le port de Gokanoshô
Un cercle de montagnes protège une plaine dans laquelle un large delta déverse les eaux du fleuve Ôta gawa dans la mer Intérieure. Le site, bien protégé,

Situation : à 67 km O. d'Onomichi, 165 km O. d'Okayama, 280 km O. d'Ôsaka, 680 km S.-O. de Tôkyô.

1,1 million d'hab. ; préfecture de Hiroshima.

❶ sorties N. et S. de la gare (D2) : ☎ 0822/61.1877 ; www.city.hiroshima.jp ; ouv. t.l.j. 9 h-17 h 30 • entrée N.-E. du parc de la Paix (A2-B3) : ouv. t.l.j. 9 h-18 h, jusqu'à 17 h d'oct. à mars ; www.kankou.pref.hiroshima.jp

☞ **POSTE ET DAB**
• Poste centrale (B3) à côté de l'arrêt de tramway Shiyakusho mae 市役所前 ; ouv. du lun. au ven. 9 h-19 h, jusqu'à 17 h le sam., 12 h 30 le dim.
• Sumimoto Bank : Rijô dôri (B2-3).

À ne pas manquer	
Le dôme de la Bombe A★★★	431
Le parc de la Paix★★★	431
Le sanctuaire d'Itsukushima★★★ à Miyajima (Environs)	432
Le pont aux cinq arches★★★ à Iwakuni (Environs)	433

Voir carte régionale p. 414

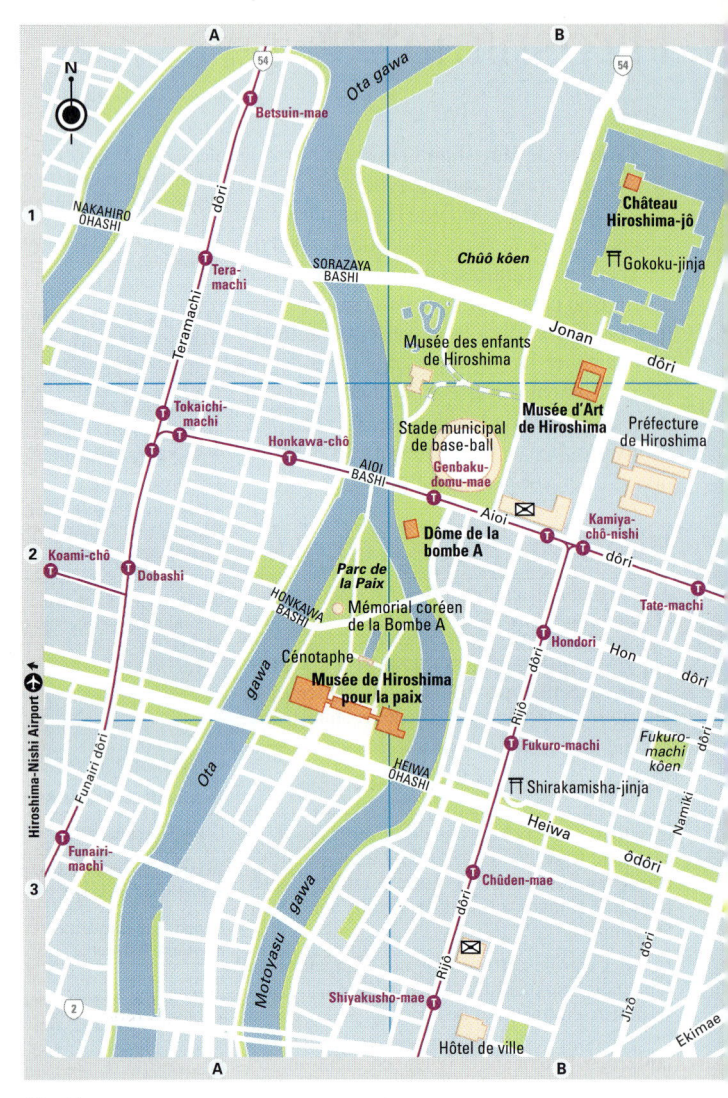

Hiroshima.

offre un mouillage au port de pêche de Gokanoshô placé sous le contrôle du clan Taira puis des Minamoto. En 1589, le chef du clan Môri étend son contrôle sur le delta et décide d'y faire édifier un château. Mais les Môri, opposés aux Tokugawa, sont bientôt contraints à se replier à Hagi et laissent Hiroshima au clan des Asano. Deux siècles et demi passent durant lesquels la ville s'étend par des travaux de remblai du delta.

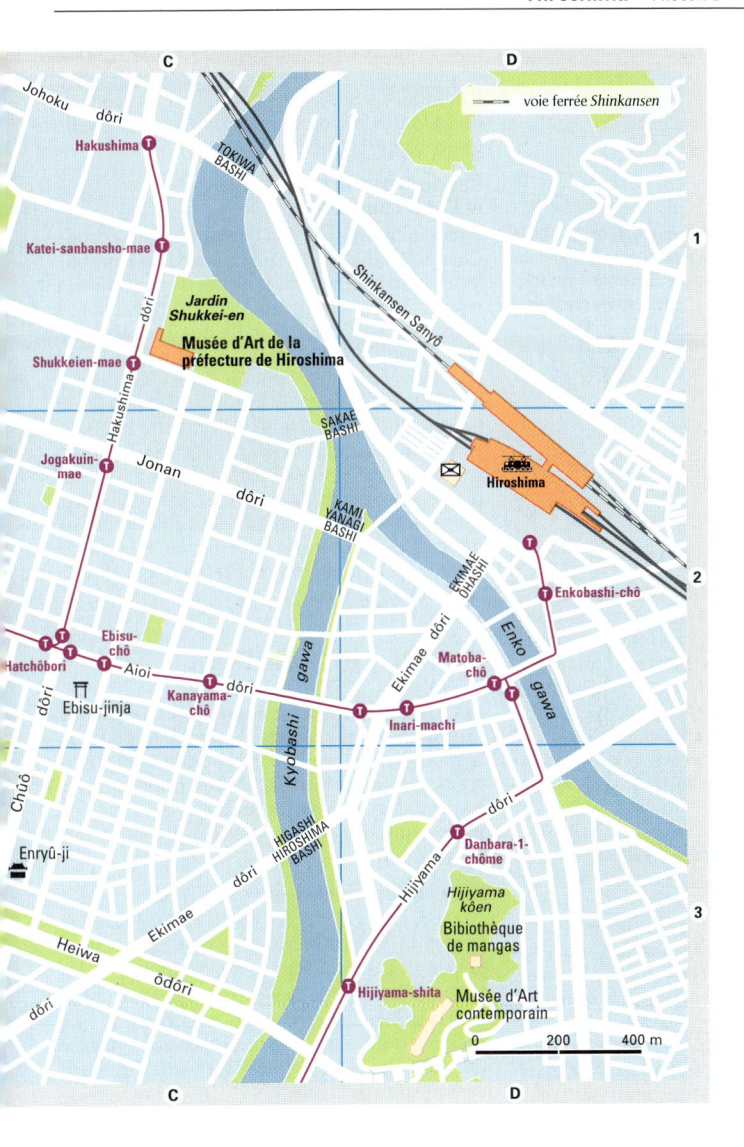

Le quartier général de l'empereur

Après la restauration de Meiji, Hiroshima devient une préfecture desservie par le chemin de fer. C'est à cette époque qu'éclate la guerre sino-japonaise (1894-1895), bientôt suivie par la guerre russo-japonaise (1904-1905). Hiroshima est alors la première base militaire du Japon. L'empereur vient y installer son quartier général. La ville s'agrandit et se modernise jusqu'à ce

Chaque 6 août, la ville de Hiroshima lance un appel solennel au monde entier pour l'abolition des armes nucléaires.

que la Grande Dépression de 1929 frappe le Japon de plein fouet. Des factions militaristes étendent leur influence sur le pays et trouvent un mode de diversion en déclenchant en 1937 une nouvelle guerre contre la Chine.

L'apocalypse, la reconstruction et l'appel au monde

L'activité militaire s'accélère durant la Seconde Guerre mondiale en faisant tourner à plein régime les nombreux chantiers et usines de construction navale. C'est ainsi que, en 1944, 80 % du budget national va à l'armée, tandis que les habitants sont soumis aux privations et aux réquisitions. Souffrances qui atteignent un paroxysme quand, le 6 août 1945, les États-Unis larguent la première bombe atomique *(→ encadré)*. Ville martyre, Hiroshima est, après la guerre, décrétée « ville de la Paix » par le nouveau Parlement qui initie un plan de reconstruction supervisé par l'architecte Tange Kenzô *(→ encadré p. 213)*. La nouvelle cité qui sort de terre, construite autour du parc de la Paix, est aujourd'hui prospère et dévouée à la cause du pacifisme.

La bombe

Jusqu'au jour fatal d'août 1945, Hiroshima avait été épargnée des attaques, tout comme les autres cibles potentielles : Kokura, Niigata et Nagasaki. Il s'agissait, pour l'état-major états-unien, de pouvoir étudier les effets de la bombe sur une ville intacte. Le 6 août au matin, le choix final se porte sur Hiroshima, dont le ciel est dégagé. À 8 h 15, la Bombe, recouverte de graffitis, de signatures et d'injures, est larguée. Elle explose à la verticale du cœur de la ville qui, en un instant, est anéanti. Aucune trace des habitants ne restera dans un rayon de 500 m autour de l'hypocentre. Un décompte des victimes est impossible mais on estime que 75 000 personnes sont tuées sur le coup et que quatre mois plus tard, leur nombre total s'élève à 140 000. Des milliers d'autres mourront ou souffriront des effets de l'irradiation. Les jours suivants, le niveau de radioactivité décroît car l'explosion a eu lieu à 600 m du sol. Aujourd'hui, ce niveau est à la normale.

Visiter Hiroshima

Les principaux sites se regroupent autour de trois grands espaces verts : le jardin Shukkei-en, le parc du château et le parc de la Paix. Trois artères parallèles forment les axes principaux : la rue Aioi dôri, où passent les tramways, la galerie marchande Hon dôri et le boulevard de la Paix Heiwa ôdôri.

■ Le jardin Shukkei-en★★ 縮景園 C1

20 mn à pied à l'O. de la gare JR Hiroshima, après le pont de la Kiyobashigawa • ouv. t.l.j. 9 h-18 h, jusqu'à 17 h d'oct. à mars • compter 30 mn.

Ce jardin vallonné, conçu en 1620 par le maître de thé Ueda Sôko, fut touché par l'explosion en 1945. De nos jours, il a retrouvé sa composition originale qui en fait un lieu de promenade particulièrement agréable près de la gare.

■ Le musée d'Art de la préfecture★ 広島県立美術館 (Hiroshima kenritsu bijutsukan) C1

Attenant au jardin Shukkei-en • ouv. t.l.j. sf lun. 9 h-17 h, jusqu'à 18 h 30 le sam. ; f. du 28 déc. au 4 janv. • compter 1 h.

Ouvert en 1968, il abrite quelques porcelaines japonaises et des œuvres de Salvador Dalí *(1er étage)*, ainsi que des expositions temporaires *(2e étage)*.

■ Le château Hiroshima-jô 広島城 et son parc* 中央公園 (Chûô kôen) B1

15 mn du musée à pied vers l'O. • ouv. t.l.j. 9 h-17 h 30, jusqu'à 16 h 30 d'oct. à mars • compter 40 mn.

Surnommé jadis Ri-jô (château de la Carpe), il fut édifié en 1589 pour le seigneur Môri Terumoto puis démantelé sous l'ère Meiji pour ne laisser qu'un élégant donjon à quatre étages qui fut pulvérisé le 6 août 1945. Sa reconstruction en 1958, au milieu de son ancien parc, fut riche de symboles. Signalé par une pancarte, un eucalyptus fait partie de quelques arbres calcinés qui, revenus miraculeusement à la vie après le bombardement, ont redonné espoir aux habitants.

▶ Le petit **musée d'Art de Hiroshima**★★ 広島美術館 B1/2 (Hiroshima bijutsukan ; *10 mn à pied vers le S. du parc de la Paix • ouv. t.l.j. 9 h-17 h ; f. du 29 déc. au 2 janv.*), ouvert en 1978 dans un élégant édifice de forme ronde, possède une belle collection d'œuvres impressionnistes parmi lesquelles le *Jugement de Pâris* d'Auguste Renoir et le *Jardin de Daubigny* de Vincent Van Gogh. ◀

■ Le dôme de la Bombe A★★★ 原爆ドーム (Genbaku dômu) B2

20 mn à pied vers le S.-O. depuis le château • compter 15 mn.

Cet ancien palais du Développement industriel, conçu en 1915 par l'architecte tchèque Jan Letzel dans un style européen, fut seul à rester debout près du lieu de l'explosion atomique car il a subi le souffle juste sous l'épicentre. Les habitants l'ont préservé, tel quel, comme témoignage pour les générations futures. Les structures métalliques déchirées de son dôme sont devenues le symbole de Hiroshima. De là, un pont mène au parc de la Paix.

■ Le parc de la Paix★★★ 広島平和記念館公園 (Hiroshima heiwa kinenkan kôen) A2-B3

Entrée N.-E. à 5 mn à pied du dôme de la Bombe A • compter 1/2 h.

Ici se trouvaient les quartiers de Nakajima et de Sarugako-chô, où vivait une population bigarrée d'acteurs de théâtre nô, d'artisans et de petits commerçants. Proche de l'hypocentre de l'explosion, tout fut volatilisé. Aujourd'hui, ce parc paisible et vert est parsemé de monuments commémoratifs dont le **mémorial des Enfants** pour la paix *(à l'entrée N.-E.)*. À travers le parc résonne tel un tocsin la **cloche de la Paix** *(située au N.)*. Au centre, les noms connus des victimes sont inscrits sur un

---

☞ **SPÉCIALITÉ**
L'*okonomiyaki*, savoureux en-cas, entre la crêpe, l'omelette et la pizza, est plus léger et riche en légumes à Hiroshima qu'à Ôsaka.

▲ En 1996, le dôme de la Bombe A a été classé par l'Unesco au patrimoine mondial en tant que « symbole dur et puissant de la force la plus destructrice que l'homme ait jamais créée, incarnant en même temps l'espoir de la paix ».

Le mémorial des Enfants pour la paix est inspiré par la tragédie de Sasaki Sadako, une enfant qui, sortie indemne de l'explosion, mourut neuf ans plus tard des suites de son exposition aux radiations.

cénotaphe en face duquel se consume une flamme appelée à ne s'éteindre que lors du démantèlement de la dernière arme nucléaire au monde.

■ Le musée de Hiroshima pour la Paix***
広島平和記念資料館 (Hiroshima heiwa kinenkan shiryôkan) A2/B3

Dans la partie S. du parc de la Paix ; l'entrée se fait par le bâtiment E. du musée composé de deux édifices • ouv. t.l.j. 8 h 30-18 h, jusqu'à 17 h de déc. à fév. • audioguides en français • compter 2 h.

Vidéos, photos et maquettes racontent l'histoire de la ville, l'ascension du militarisme et le développement de la bombe atomique *(au r.-d.-c.)*. Dans une vitrine, une ancienne montre exhumée reste arrêtée à 8 h 15, heure de l'explosion. Au sous-sol sont exposés des dessins réalisés par les survivants. Aux niveaux supérieurs sont expliquées les conséquences de l'événement sur la ville et ses habitants, puis la reconstruction. Chiffres à l'appui, l'état actuel de l'armement nucléaire mondial est présenté, ainsi que les activités pacifistes de Hiroshima.

Une passerelle conduit au bâtiment O. Là, sont exposés des objets fondus, des vêtements en lambeaux et une saisissante photo des rescapés prise à plus de 2 km de l'hypocentre, trois heures après l'explosion.

♥ SHOPPING

La galerie marchande *Hon dôri* 本通 : à 10 mn à pied à l'E. du parc de la Paix (B2). Une large rue piétonne abritée où les habitants viennent flâner et faire leurs achats.

♥ RESTAURANT

Okonomimura お好み村 (B2/3) : à 5 mn à pied au S. de l'extrémité E. de la galerie Hon dôri ; ouv. t.l.j. 11 h 30-2 h du matin. Les 2e, 3e et 4e étages d'un immeuble regroupent des restaurants populaires servant les meilleurs *okonomiyaki* de Hiroshima.

Environs de Hiroshima

1 Miyajima*** 宮島 *22 km S.-O.*

15 mn en train depuis la gare JR Hiroshima, arrêt Miyajima guchi 宮島口*, ou 50 mn en tramway depuis le centre de Hiroshima, puis 15 mn en ferry • 1 j. ou plus.*

Non loin de Hiroshima, l'île de Miyajima est considérée par le shintoïsme comme une entité divine. Sa forêt intacte, peuplée de daims sauvages, est sillonnée de chemins de randonnée. Le sanctuaire d'Itsukushima, inscrit au patrimoine mondial, cohabite avec les temples bouddhiques tandis que le village accueille pèlerins et touristes. Dotée de bonnes auberges, facile d'accès, cette île est un lieu de séjour idéal.

☞ SPÉCIALITÉS

• *Kaki* 牡蠣, huîtres crues ou bien grillées à la braise
• *Momiji manjû* 紅葉饅頭, gâteau aux haricots rouges à déguster avec du thé vert.

☞ EN SAVOIR PLUS

Sur les sanctuaires, consultez le théma p. 466-467.

• Le grand sanctuaire Itsukushima-jinja***
厳島神社 *(10 mn à pied vers l'O. depuis le débarcadère, passer devant une pagode à cinq étages • compter 1 h)*. Une série d'édifices reliés par un réseau de déambulatoires aux piliers rouges. L'ensemble, entouré par la mer à marée haute, donne l'impression de flotter sur les eaux en pleine harmonie avec le paysage de la baie. Ce sanctuaire aurait été fondé

◀ Le complexe cultuel sur Miyajima.

en l'an 593, bien que sa structure actuelle ait été bâtie en 1168 sous l'égide de Taira no Kiyomori. Symbole de Miyajima, le **Grand Torii**, haut de 16 m, occupe une position avancée sur les flots à la surface desquels se reflète sa couleur vermillon. Dans son alignement, loin derrière, se trouve une scène de théâtre nô qui, édifiée en 1568, est la plus ancienne du Japon ; puis, en arrière-plan, les quatre pavillons principaux. Cette **perspective** est considérée comme l'une des plus belles du Japon.

• **Le temple Daigan-ji**★★ 大願寺 *(à 5 mn à pied à l'O. du sanctuaire)*. Jusqu'à ce que la restauration de Meiji consacre la prédominance du shintoïsme, c'est à ce modeste temple bouddhique que revenait l'honneur de veiller à la maintenance du sanctuaire. Les pavillons recèlent bon nombre de **statues bouddhiques** dont celle de Fudo Myô-ô, divinité de la sagesse et du feu, réalisée en 2006 par le sculpteur Matsumoto Myokei dans un bloc de 20 t de bois de santal.

• **Le temple Daishô-in**★★★ 大聖院 *(15 mn à pied vers le S.-O. depuis le Daigan-ji, tout en haut d'un escalier • compter 30 mn)*. Sur la pente du mont Misen, pavillons très raffinés, petits ponts de bois et lanternes de pierre participent au charme de ce temple bouddhique de la secte Shingon, édifié au IXe s., qui reçut la visite du dalaï-lama en 2006.

2 Iwakuni★★★ 岩国 *40 km S.-O. de Hiroshima*
18 mn en Shinkansen depuis la gare JR Hiroshima, arrêt Shin-Iwakuni 新岩国*, puis 15 mn de bus, arrêt Iwakuni kintai kyô* 岩国錦帯橋 *• compter au moins 1/2 j.*
Située dans la préfecture de Yamaguchi, Iwakuni est une petite ville particulièrement pittoresque.

♥ **RESTAURANTS À MIYAJIMA**
• **Anagomeshi** あなご飯 : Miyajima guchi ☎ 0829/56.0006 ; www.anagomeshi.com Restaurant spécialiste d'anguilles grillées sur lit de riz, dans un décor de l'ère Meiji. Le midi, vente de *bentô*.
• **Momiji-sô ryokan** もみぢ荘旅館 : ☎ 0829/44.0077 ; www.gambo-ad.com Auberge en pleine nature au bord d'un chemin de randonnée, fréquentée par les étrangers.
• **Iwasô ryokan** 岩惣旅館 : ☎ 0829/44.2233 ; www.iwaso.com Le luxe feutré d'une auberge à l'ancienne. Préférer les tarifs promotionnels, accessibles sur Internet.
• **Watanabe ryokan** 渡辺旅館 : ☎ 0829/44.0234 ; www.auberge-watanabe.com Devant un petit pont sur un torrent, chaque chambre est équipée d'une véritable baignoire en bois à l'ancienne. Bon rapport qualité-prix.

Les serpents blancs sacrés d'Iwakuni

À Iwakuni, d'étranges reptiles, longs de 1 à 2 m, ont le corps entièrement blanc avec parfois quelques reflets dorés. Leurs yeux sont rouges et leur langue écarlate. Ces créatures à l'aspect effrayant ne sont pourtant que de bien inoffensifs serpents ratiers du Japon qu'une mutation génétique, devenue héréditaire, a fait naître albinos. Une telle particularité ne pouvant qu'être liée au divin, ces *shirohebi* sont devenus des animaux sacrés. Une population d'un millier d'individus avait déjà été répertoriée en 1925 par la préfecture de Yamaguchi qui les avait alors désignés comme un trésor qu'il convenait de protéger. C'est ainsi que ces serpents avaient reçu le statut de Monuments historiques vivants. Aujourd'hui, ils continuent d'être l'objet de soins attentifs. Les petits, élevés dans une nurserie jusqu'à l'âge adulte, sont relâchés ensuite dans la nature tandis que des scientifiques se consacrent à leur étude.

- **Le pont Kintai***** 錦帯橋 (Kintai-kyô; *face à l'arrêt de bus • réservé aux piétons • passage payant*). De pierre et de bois, ce pont long de 193 m fut édifié en 1673 puis reconstruit à l'identique en 1953. Typique du Japon ancien, il rappelle, avec ses **cinq arches** en dôme, les vieilles *ukiyo-e*. Il enjambe la rivière Nishiki où, de juin à août, se pratique la pêche au cormoran de nuit sauf à la pleine lune *(→ encadré p. 280)*.

- **L'ancien quartier des samouraïs***** *(en traversant le pont Kintai • compter 2 à 3 h)*. Coincé dans un méandre de la rivière Nishiki, ce vieux quartier ressemble à un village insulaire planté de cerisiers. La rue principale bordée de *ryokan* débouche sur un jardin central menant aux différents sites dont le **musée Kikkawa**, avec sa collection d'armes anciennes, et aussi une réserve de serpents albinos *(→ encadré)*.

- **Le château Iwakuni-jô*** 岩国城 *(à 5 mn du quartier des samouraïs par téléphérique)*. Édifié en 1601, plusieurs fois détruit, il domine du haut de la montagne la plaine d'Iwakuni. On y accède aussi par des chemins de randonnée.

Kurashiki★★★ 倉敷

Cette ville industrielle de taille moyenne possède en son centre un jardin secret. Il s'agit d'un quartier de l'époque Edo dont le dédale des ruelles serpente jusqu'à un canal bordé d'anciennes maisons de négoce devenues auberges ou musées. Dans ce cadre paisible, le voyageur peut goûter au raffinement et à la quiétude d'un Japon ouvert aux valeurs de la tradition et de l'universalité de l'art.

Situation : 55 km E. d'Onomichi, 112 km S.-E. de Matsue, 128 km O. d'Ôsaka, 168 km E. de Hiroshima.

478 000 hab. ; préfecture d'Okayama.

❶ dans la gare JR Kurashiki ☎ 0864/26.8681, ouv. t.l.j. 9 h-18 h • quartier de Bikan, au bord du canal ☎ 0864/22.0552, ouv. t.l.j. 9 h-18 h, jusqu'à 17 h de nov. à mars.

Kurashiki mode d'emploi

Accès : train Shinkansen depuis Kyôto, Ôsaka, Kôbe et Hiroshima, train JR depuis Matsue, descendre à Shin-Kurashiki 新倉敷 ou Okayama 岡山, puis correspondance pour JR Kurashiki • **avion,** 45 mn de bus jusqu'à l'aéroport domestique et international d'Okayama.

Combien de temps : 1 j. ou plus.

Se déplacer : les abords de la gare sont bruyants et sans attrait. Il est préférable de séjourner dans le quartier historique de Bikan où tout peut être visité à pied.

✎ **BON À SAVOIR**
Promenade en barque sur le canal : t.l.j. sf lun. et jours de pluie, de mars à nov. 9 h 30-11 h 30 et 13 h-16 h. Promenade en pousse-pousse *(jinrikisha)* les sam. et dim. Rens. et billets à l'OT ☎ 0864/22.0552.

À ne pas manquer

Le quartier historique de Bikan★★★	436
Le musée d'Art Ôhara★★★	436

Kurashiki dans l'histoire

L'antique royaume de Kibi

La région de l'actuelle Kurashiki fit d'abord partie de l'ancien royaume de Kibi qui, s'étendant jusqu'à Hiroshima, se développa durant l'époque Yayoi puis durant l'époque des *kofun*. Demeuré autonome jusqu'au VIe s., Kibi devient peu à peu vassal de la cour du Yamato. L'histoire de Kurashiki se confond alors avec celle de sa voisine Okayama. En 1572, le seigneur Ukita Naoie y édifie une forteresse que son clan perd lors de la bataille de Sekigahara, en 1600. La région passe alors sous le contrôle des Tokugawa qui, en 1632, mettent en place le seigneur Ikeda Mitsumasa. Ce dernier, fin lettré et adepte du confucianisme, favorise l'éducation et développe la culture du riz. C'est pourquoi de nombreux entrepôts sont édifiés à Kurashiki qui, grâce à son canal, devient un grand centre d'échange jusqu'à ce que, au XIXe s., ce commerce cède le pas à l'industrie du coton.

Voir carte régionale p. 414

> **SPÉCIALITÉ**
> *Mamakari sushi* : délicieux sushis de petites sardines.

Des artistes à la rencontre de l'Occident

À la faveur de cette prospérité, Kurashiki s'ouvre aux arts et à la culture. En 1930 est créé dans la ville le premier musée d'Art occidental du Japon, dont la renommée s'étend bien vite jusqu'à l'étranger. Si bien que, durant la Seconde Guerre mondiale, sa présence préserve la ville des bombardements qui ravagent les environs. Après la fin des hostilités, la vocation artistique de Kurashiki se renforce, et de nombreux autres musées ouvrent, contribuant à faire de la ville une destination touristique très prisée.

Visiter Kurashiki

■ Le musée Ôhara★★★ 大原美術館 (Ôhara bijutsukan)

20 mn à pied vers le S.-E. depuis la gare JR Kurashiki • ouv. t.l.j. sf lun. 9 h-17 h • audioguides en anglais • compter 2 h.

L'entrée de ce très beau musée se situe entre les colonnes d'une façade massive de style néogrec (→ encadré). Trois galeries sont réparties dans le jardin tandis qu'une quatrième, le mémorial Kojima Torajirô, est située dans une autre partie du centre historique (→ p. 438).

- **La galerie principale** : ses collections de **peintures** et de **sculptures occidentales**, d'une richesse exceptionnelle, regroupent, entre autres, des œuvres de Cézanne, Chagall, Matisse, Picasso et Modigliani. Au r.-d.-c. sont présentées des œuvres de Rodin, de Bourdelle et de Maillol, et au 1er ét. : une *Nymphéa* de Monet, le *Te Nave Nave Fenua* de Gauguin et la *Jeune femme à sa toilette* de Renoir. Une des pièces maîtresses du musée est l'*Annonciation* du Greco, exécutée entre 1590 et 1603.

- **L'annexe** *(traverser le jardin)* présente des œuvres d'artistes japonais de la fin du XIXe s. et du début du XXe s. influencés par la peinture occidentale. Le plus connu du public français est **Foujita Leonardo**, dont la peinture *Avant le bal* a été réalisée en 1925. Le sous-sol est consacré à des artistes japonais contemporains.

- **La galerie d'art et d'artisanat asiatique**, aménagée dans un ancien entrepôt à riz, comprend huit petites salles. La 1re présente une intéressante collection de **terres cuites** japonaises du XXe s. dont une théière au glaçage d'acier noir de Hamada Shôji, réalisée en 1931. La 2e salle présente les terres cuites de style japonais réalisées par l'artiste occidental Bernard Leach. La 7e salle est consacrée

---

> **Kurashiki et l'universalité de l'art**
>
> L'aventure commence à Kurashiki au début du XXe s. quand un riche industriel, **Ôhara Mogasaburô**, rencontre un peintre de talent sans fortune, **Kojima Torajirô**. Les deux hommes partagent deux mêmes passions : l'art et les horizons lointains. Ôhara s'ennuie dans sa ville, mais nourrit pour elle de grands projets. Kojima connaît la lointaine Europe, où il a séjourné en 1907 en s'initiant à la peinture impressionniste. Les deux hommes croient à l'universalité de l'art. Ensemble, ils échafaudent le projet de faire cohabiter œuvres japonaises et européennes dans un même musée, à Kurashiki. Cette idée admirable est à contre-courant, car à l'époque est déjà aux bravades des militaristes. Pourtant, Kojima, mandaté par le richissime Ôhara, retourne en Europe pour acquérir des œuvres des plus grands maîtres. Il se rend à Giverny, y rencontre Claude Monet, grand amateur d'*ukiyo-e*, qui lui réserve le meilleur accueil. Bientôt, une collection prestigieuse est constituée. Malheureusement, Kojima meurt au Japon en 1929, juste un an avant l'inauguration du musée de Kurashiki.

◀ Bikan, le quartier historique, s'étale entre le canal et la colline Tsurugata. Passé 18 h, il s'endort comme à l'époque Edo.

aux œuvres bouddhiques, tandis que la 8e expose des objets du néolithique provenant d'Inde, de Chine, de Corée et du Japon.

Traverser le pont de pierre Ima bashi, puis continuer 5 mn à pied vers le S.-E. le long du canal.

■ Le Musée archéologique★ 倉敷考古館 (Kurashiki kôko-kan)

Ouv. t.l.j. 9 h-17 h, jusqu'à 16 h de déc. à fév. • compter 40 mn.

Il présente 1 400 pièces archéologiques provenant de fouilles effectuées autour de Kurashiki dont des outils en pierre et des poteries de l'époque Jômon.

■ Le parc de la colline Tsurugata★★★ 鶴形山公園 (Tsurugata yama kôen)

15 mn à pied vers le S.-E. depuis la gare JR Kurashiki par la galerie marchande Ebisu dôri puis escalier vers l'E. en direction du temple Seigan-ji.

Il offre le meilleur **point de vue** sur le quartier historique de Bikan dont il domine les toitures d'ardoise et les rues anciennes serpentant jusqu'au canal. Le parc recèle trois petits **temples**, le Seigan-ji, le Kanryu-ji et le Honei-ji, à découvrir parmi des arbres centenaires en marchant vers l'E. jusqu'à une arche rouge marquant l'entrée du **sanctuaire Achi-jinja**. De là, un escalier descend jusqu'à une longue rue bordée de maisons anciennes qui marque l'entrée O. du quartier de Bikan.

■ Le musée des Arts populaires★★ 民芸館 (Mingei-kan)

Depuis le Musée archéologique traverser le pont Naka bashi, puis suivre le canal vers le S. • ouv. t.l.j. sf lun. 9 h-17 h, jusqu'à 16 h 15 de déc. à fév. • compter 30 mn.

À lui seul, cet ancien entrepôt à riz du XVIIIe s. pourrait justifier la visite. La collection qu'il abrite

♥ HÉBERGEMENT

• **Ryokan Kurashiki** 旅館倉敷 : ☎ 0864/22.0730 ; www.ryokan-kurashiki.jp
Située au bord du canal, cette auberge traditionnelle dispose de chambres et de suites superbement décorées. Salles de bains privées, salon de thé ouvert sur un jardin, cuisine raffinée et qualité du service en font une adresse exceptionnelle.

• **Kurashiki Kokusai Hotel** 倉敷国際ホテル : ☎ 0864/22.5141 ; www.kurashiki-kokusai-hotel.co.jp
Un agréable hôtel à l'occidentale aménagé dans le style des années 1960. Certaines des chambres ont vue sur le jardin du musée d'Art Ôhara.

• **Tôyoko Inn** 東横イン : Kurashiki eki Minamiguchi ☎ 0864/30.1045 ; www.toyoko-inn.com ;
Ce *business-hotel*, proche du quartier historique, dispose de chambres simples et confortables. Option économique au bon rapport qualité-prix.

Sur le rabat arrière de la couverture, un Tableau chronologique indique les périodes de l'histoire japonaise. En fin de volume, le Petit dictionnaire répertorie le vocabulaire spécifique.

comprend de nombreux objets artisanaux anciens de la vie quotidienne dont des poteries de la région voisine de Bizen, des tissus et des vaisselles laquées.

■ Le musée du Jouet*** 倉敷郷土玩具博物館 (Kurashiki kyôdo gangu hakubutsukan)

2 mn à pied vers le S. • ouv. t.l.j. 9 h-17 h • compter 40 mn.

Une belle collection de jouets, japonais et étrangers, est rassemblée dans quatre salles aménagées par un collectionneur qui a créé son propre musée. La 4ᵉ salle est consacrée aux poupées de l'époque Edo.

■ Le musée mémorial Kojima Torajirô** 児島記念館 (Kojima kinenkan)

10 mn à pied vers l'E., en traversant le canal par le pont Takasoga bashi • ouv. t.l.j. sf lun. 9 h-17 h • compter 1 h.

Cette annexe du musée Ôhara est située à 15 mn de celui-ci, dans le parc Ivy Square aménagé sur le site d'une ancienne filature restaurée. Elle est consacrée aux œuvres du peintre **Kojima Torajirô** (→ encadré p. 436). Au rez-de-chaussée se trouve une remarquable suite de trois **peintures impressionnistes** de femmes en kimono dans un jardin fleuri. Une autre salle est dédiée aux **antiquités orientales** ramenées par l'artiste, dont une collection d'objets de l'Égypte ptolémaïque comprenant un portrait funéraire du Fayoum et un masque de momie à l'effigie d'une jeune femme. Au 1ᵉʳ étage sont exposées un grand nombre d'études académiques.

■ Le musée Momotarô* 桃太郎美術館 (Momotarô bijutsukan)

2 mn à pied vers le S. sur le trottoir opposé à Ivy Square • ouv. t.l.j. sf lun. 10 h-17 h • compter 30 mn.

Ce sympathique petit établissement est voué au légendaire **Momotarô**, petit garçon né, selon le folklore local, d'une pêche. Une visite pleine de farces et attrapes recommandée aux enfants.

Environs de Kurashiki

1 Okayama* 岡山 *17 km N.-E.*

*15 mn en train depuis la gare JR Kurashiki, arrêt JR Okayama • 1/2 j. ou plus • l'île Nao shima*** (→ p. 542), dans le Shikoku, est accessible depuis Okayama en 1 h de train ou bus jusqu'à Uno, puis en 20 mn de ferry.*

Okayama est une capitale de préfecture dont le rythme trépidant contraste avec la tranquillité de Kurashiki. Une large avenue mène, vers le S., à un agréable jardin dominé par un grand château.

Le château Okayama-jô** 岡山城 *(25 mn à pied vers l'E. depuis la gare JR Okayama en suivant la rue Momotarô ôdôri, ou 10 mn en tramway, arrêt Shiroshita 城下 • ouv. t.l.j. 9 h-17 h • compter 1 h.)* fut édifié en 1597 pour le seigneur Ukita Hideie. En 1945, un bombardement détruisit la presque totalité des bâtiments qui, en 1966, furent reconstruits à l'identique bien que les éléments en bois soient remplacés par du béton. La visite des six étages permet de découvrir l'histoire du château à travers des objets et des documents ainsi qu'un **point de vue**** sur la ville, la rivière Asahi et le jardin Kôraku-en.

Le jardin Kôraku-en** 後楽園 *(5 mn à pied vers le N. en traversant la rivière Asahi gawa • ouv. t.l.j. 7 h 30-18 h, 8 h-17 h d'oct. à mars • compter 1 h)*, aménagé à partir de 1686 sous l'égide du seigneur d'Okayama Ikeda Tsumanasa, est répertorié comme l'un des plus beaux de l'archipel. Son charme n'est pas dû aux raffinements habituels des jardins japonais, mais à un aménagement de son espace réparti sur plus de 13 ha. Étangs, collines, rizières et plantations de thé en font un agréable lieu de promenade avec pour toile de fond la majestueuse silhouette du château d'Okayama.

2 Le château Matsuyama-jô*** 松山城
50 km N.-O. de Kurashiki
25 mn en train depuis la gare JR Kurashiki, arrêt Bitchû-Takahashi 備中高梁駅, *puis 10 mn en taxi ou en bus jusqu'au parking et 30 mn à pied par un sentier montagneux • compter 2 h 30 pour la visite et le trajet A/R.*

À 430 m d'altitude, au sommet du mont Gagyû, au milieu d'une forêt peuplée de singes, ce château surprend par ses dimensions modestes et par l'harmonie de ses proportions. Le site est enchanteur, au point de faire oublier une histoire guerrière qui commence en 1240 lorsqu'un fort est édifié par un seigneur à l'abri des regards ennemis. Les aménagements et les reconstructions se succèdent au fil des siècles jusqu'à l'ère Meiji, où il est abandonné. Mais au début du XXe s., la population de **Takahashi** s'émeut de voir son patrimoine partir en ruine ; en 1929, des associations se créent pour prendre en charge sa restauration en n'utilisant que du bois, de la pierre et du torchis : pas de béton. En quatre décennies, artisans locaux et volontaires se relaient et parviennent, en 1960, à une restauration parfaitement authentique.

3 Fukiya*** 吹屋 *42 km N.-O. de Kurashiki*
3 bus/j. et depuis la gare JR-Bitchû-Takahashi, 40 mn en taxi • compter 1/2 j. ou plus.

Les alentours de ce hameau de montagne étaient exploités, au XIXe s., pour leurs riches mines de cuivre. Ces ressources épuisées, le village s'est endormi, demeurant jusqu'à aujourd'hui tel qu'à l'époque Edo. Les portes coulissantes des petites boutiques et des auberges s'ouvrent toutes grandes sur l'unique rue bordée de maisons à colombages croisés. Avec ses deux petits musées, ses sentiers de randonnées et son gîte, Fukiya est un lieu de retraite idéal pour découvrir le Japon rural, loin des sentiers battus.

▲ Le jardin Kôraku-en est l'un des plus étendus du Japon.

♥ **HÉBERGEMENT**
Fukiya Villa 吹屋ヴィラ :
☎ 0862/56.2535, www.harenet.ne.jp/villa/ Cette maison traditionnelle de construction récente reçoit des visiteurs étrangers pour des séjours à la nuit ou à la semaine. Salles de bains et toilettes sont en commun.
Une solution économique idéale pour un séjour prolongé.

Matsue 松江 et Izumo★★★ 出雲

Situation : Matsue est à 112 km N. de Kurashiki, 162 km N.-E. de Tsuwano, 237 km N.-O. d'Ôsaka ; Izumo, à 33 km à l'O. de Matsue.

Matsue : 200 000 hab., Izumo : 88 000 hab. ; préfecture de Shimane.

❶ à Matsue, face à la sortie de la gare JR Matsue (B2) ☎ 0852/21.4034, www.city.matsue.shimane.jp ; ouv. t.l.j. 8 h 30-17 h 15.

☞ Plan de Matsue p. 442.

❶ à Izumo, dans la gare Ichibata-Izumo taisha, ouv. t.l.j. 9 h-18 h.

À ne pas manquer	
Le château★★★ de Matsue	441
La rue Shiomi Nawate★★★ de Matsue	442
Le sanctuaire d'Izumo★★★	444

Voir carte régionale p. 414

Au cœur d'une région riche en archéologie et en histoire, Matsue et Izumo, situées de part et d'autre du magnifique lac Shinji, apparaissent comme le cœur d'un Japon ancien. Izumo perpétue dans son sanctuaire des rites venus du fond des âges tandis que Matsue s'enorgueillit d'édifices datant de l'époque où les samouraïs se vouaient à la cérémonie du thé. C'est peut-être cela qui, à la fin du XIXe s., convainquit l'écrivain Lafcadio Hearn d'en faire son lieu de prédilection.

Matsue et Izumo mode d'emploi

Accès : **train** depuis Ôsaka, Kyôto, Kurashiki, Hagi et Tsuwano jusqu'aux gares JR Matsue **B2** ou Matsue-Shinjiko-Onsen 松江しんじ湖温泉 **A2** (ligne Ichibata Dentetsu 一畑電鉄) ; pour aller à Izumo, descendre à la gare JR Izumo-shi 出雲市 depuis la gare JR Matsue • **avion** depuis la plupart des grandes villes japonaises : aéroport d'Izumo 出雲空港 (Izumo kûkô) et Yonago 米子空港 (Yonago kûkô).

Combien de temps : Matsue : 1 j. ou plus ; Izumo : 1/2 j.

Se déplacer : la ville de **Matsue**, avec ses grands magasins, s'étend autour de la gare JR Matsue **B2**, le centre historique, accessible en bus (toutes les 20 mn depuis les gares, la ligne *Matsue Lake Line* relie tous les points touristiques) ou à vélo (location face à la gare), peut être visité à pied • la ville d'**Izumo** peut être évitée en marchant directement vers le sanctuaire depuis la gare.

Fêtes et manifestations : 5 et 6 août : grands **feux d'artifice** sur le lac Shinji **A2** à Matsue • fin oct. (selon le calendrier lunaire) : **Kamiari-sai**, au sanctuaire Izumo-taisha, fête de toutes les divinités du shintoïsme.

Matsue et Izumo dans l'histoire

Des souverains de l'époque Yayoi
Matsue et Izumo se confondent dans une même histoire prenant racine à l'époque Yayoi. De gigantesques tombes jonchent alors le paysage, celles de souverains puissants dont les effets témoignent d'échanges avec le Kyûshû, la Corée et même la Chine. Ces grands chefs forment un clan rival des princes du Yamato. Pourtant ces derniers, devenus empereurs, consentent aux chefs d'Izumo un titre très élevé dans la hiérarchie du régime des codes. Selon les légendes rapportées par les anciens recueils du *Kojiki* et du *Nihonshoki*, ils leur accordent aussi la charge sacrée de certains rites essentiels du shintoïsme. Le sanctuaire d'Izumo, qui aurait été érigé pour la première fois au Ve s., est étroitement lié aux fondements de la mythologie japonaise.

Les clans et le maître de thé
Aux siècles suivants, les artisans d'Izumo se distinguent par leur travail du fer. Puis, durant la première moitié du IIe millénaire, des clans se disputent le pouvoir qui finit par échouer, en 1566, à la puissante famille Môri, bientôt dépossédée par les Tokugawa. Le fief est alors attribué aux Horio qui, en 1611, font édifier un château entouré d'une petite ville fortifiée nommée Matsue. À la fin du XVIIIe s., le seigneur Matsudaira Harusato, fin lettré, y encourage les arts et devient lui-même un grand maître de la cérémonie du thé. Cette époque s'achève avec l'avènement de l'ère Meiji et la création de l'actuelle préfecture de Shimane. Encore ancrée dans la mythologie des temps anciens, Izumo va se tenir en marge du monde moderne tandis que Matsue va en affronter les défis.

Visiter Matsue★★★ 松江

Capitale régionale à taille humaine, Matsue est traversée par des canaux qui embrassent son château et possède de belles résidences anciennes.

■ **Le parc du château**★★★ 松江城公園 **(Matsue-jô kôen) A1**
30 mn à pied vers le N.-O. depuis la gare JR Matsue, 15 mn en bus • ouv. t.l.j. 7 h-19 h 30, 8 h 30-17 h d'oct. à mars • entrée S. par le pont Chidôri bashi • compter 1 h 30.
Situé sur une colline, c'est un agréable lieu de promenade. Ici se trouvait l'ancienne cité fortifiée du

Terres d'exil ou d'évasion ?
Au large de Matsue, battu par les vents et les vagues, l'archipel des **îles Oki** 八丈島 fut jadis un lieu de relégation pour *daimyô* en disgrâce. Au XIIIe et XIVe s., les deux empereurs Go-Toba puis Go-Daigo, fautifs de vouloir restaurer leur pouvoir, eurent à y connaître les affres de l'exil. De nos jours, ces îles de pêcheurs sont devenues une destination pour voyageurs en mal d'évasion.

Merveilles de la nature sauvage, paysages marins et vestiges historiques sont au rendez-vous. Dôgo, l'île principale, pourvue d'un aéroport, est reliée par bateau aux autres îles, dont Nishi no shima, qui compte 13 km de côtes de roches basaltiques formant une extraordinaire succession de grottes, de criques et de falaises escarpées.

Accès : bateaux rapides et ferries au départ du port de Shichirui 質類*, à 25 km N.-E. de Matsue • vols quotidiens depuis Izumo et Ôsaka • rens. à l'OT de la gare JR Matsue ☎ 0852/21.4037 • www.e-oki.net*

☞ **SPÉCIALITÉS**
Fruits de mer du lac Shinji ou des côtes, dont les *shirauo*, petits poissons blancs ou les *shijimi*, petits crustacés servis dans la soupe *miso*.

☞ **SORTIE EN BATEAU**
Horikawa Boat Tour : croisière de 50 mn pour découvrir le centre historique de Matsue depuis ses canaux. Départ près de l'entrée S. du parc du château (A1).

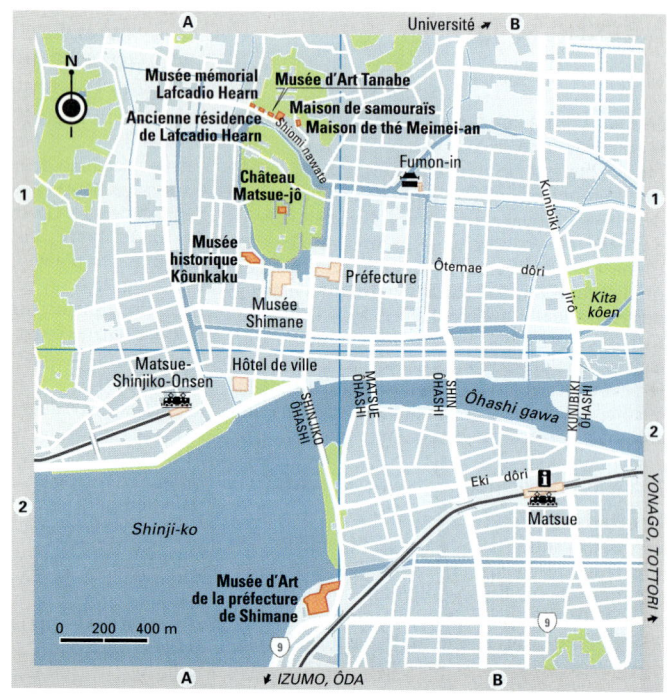

Matsue.

XVIIe s. dont demeurent ruines et remparts. Des chemins, bordés de cerisiers, mènent au musée et au château.

• **Le Musée historique Kôun-kaku**★★ 興雲閣郷土館 A1 (Kôun kaku kyôdo-kan ; *t.l.j. 8 h 30-17 h • entrée gratuite • compter 30 mn*). Tout blanc, avec balcons et colonnades, cet élégant manoir à l'occidentale fut construit en 1903 pour recevoir l'empereur Meiji qui ne vint jamais. En 1973, cet édifice de bois fut transformé en musée. Au r.-d.-c., maquettes et photos anciennes expliquent l'évolution de Matsue à l'époque Edo. Parmi les collections du 2e ét., des **marionnettes** du théâtre d'ombre de l'ère Meiji.

• **Le château Matsue-jô**★★★ 松江城 A1 (*à 5 mn à pied vers le N. • t.l.j. 8 h 30-18 h 30, jusqu'à 17 h d'oct. à mars • compter 30 mn*). Bâti en 1611, c'est, avec celui de Himeji, l'un des châteaux médiévaux les mieux conservés au Japon. Sa silhouette noire, avec son socle de grosses pierres, a des proportions harmonieuses. L'intérieur, sobre et austère, présente, au 1er ét., une collection d'**armures**. Des escaliers mènent au sommet avec **vue**★★ sur la ville et le lac. Sortir du parc au N.-O. par le pont Inari bashi.

■ **La rue Shiomi Nawate**★★★ 塩見縄手 A1
À 5 mn à pied vers le N. : après avoir traversé le pont Inari bashi, suivre le canal vers la dr. • compter 2 h 30.
Des édifices historiques se succèdent sur un même côté de la rue qui s'étend vers le S.-E., en suivant les douves du château.

• **Le musée mémorial Lafcadio Hearn*****
小泉八雲記念館 A1 (Koizumi Yakumo kinenkan ; *à l'angle de la rue, t.l.j. 8 h 30-18 h, jusqu'à 16 h 30 d'oct. à mars • compter 30 mn*). Fondé en 1933 à côté de l'ancienne résidence de Lafcadio Hearn, ce musée présente de nombreux objets et documents ayant appartenu au grand écrivain *(→ encadré)*. Parmi ces souvenirs, le bureau en bois qui, avec son pupitre surélevé, permettait à l'auteur malvoyant de lire et d'écrire.

• **L'ancienne résidence de Lafcadio Hearn****
小泉八雲旧居 A1 (Koizumi Yakumo kyûkyo ; *à côté du musée • t.l.j. 9 h-18 h 30, jusqu'à 17 h 30 d'oct. à mars • compter 30 mn*). C'est dans le calme de cette petite maison japonaise ouverte sur un jardin que Hearn commença à écrire en 1891 son célèbre recueil de contes *Kwaidan*. Murs et tatamis ont conservé l'empreinte du Japon ancien.

• **Le musée d'Art Tanabe**** 田部美術館 A1 (Tanabe bijutsukan ; *à côté de la résidence • t.l.j. sf lun. 9 h-17 h • compter 30 mn*). Voué à la **céramique** et à la **cérémonie du thé**, ce musée présente les œuvres et les collections de Tanabe Chômon XXIII, artiste, homme de presse et homme politique, disparu en 1979. De subtils jeux d'ombres et de lumières mettent en valeur les œuvres présentées en alternance selon un calendrier saisonnier.

• **La maison des samouraïs***** 武家屋敷 A1 (buke yashiki ; *à 5 mn à pied vers le S.-E. • t.l.j. sf lun. 8 h 30-18 h, jusqu'à 17 h d'oct. à mars • compter 30 mn*). Cette belle demeure de l'époque Edo, ayant appartenu à des samouraïs au service du clan Matsudaira, est dans un parfait état de conservation. Le pavillon du fond recèle de grands **tambours** anciens. Les autres sont répartis dans un jardin où un modeste **salon de thé** accueille les visiteurs.

• **La maison de thé Meimei-an***** 明々庵 A1 (*à 5 mn à pied vers le S.-E., prendre la rue à g. puis chercher un escalier sur la g. • t.l.j. 9 h-17 h • entrée et dégustation de thé payantes*). Ce pavillon de thé, l'un des plus célèbres du Japon, fut édifié en 1779 avant d'être démonté puis replacé en haut de cette colline où, depuis 1966, il niche dans un jardin merveilleux avec vue sur le château.

♥ **HÉBERGEMENT**
Hôtel *Ichibata* 一畑ホテル (A2) : ☎ 0852/22.0188 ; www.ichibata.co.jp ; bon confort à l'occidentale, *onsen* et vue sur le lac.

Koizumi Yakumo alias Lafcadio Hearn

Koizumi Yakumo est l'un des auteurs classiques étudiés au Japon. Pourtant, nombre d'écoliers oublient l'origine européenne de ce Japonais débarqué dans l'archipel en 1890, à l'âge de 40 ans. Son nom était alors Hearn car son père était britannique, et son prénom Lafcadio car il était né sur l'île de Leucade d'une mère grecque.

Il grandit à Dublin où il perd accidentellement un œil puis va à Paris et s'installe ensuite aux États-Unis. Là, il mène une carrière chaotique de journaliste. Il voyage, passe par les Antilles, puis arrive au Japon… Il est nommé professeur d'anglais à Matsue où il épouse Koizumi Setsu, fille d'un samouraï, dont il prend le patronyme et la nationalité.

Étant parvenu à maîtriser la langue japonaise, c'est sous son nouveau nom qu'il étudie les légendes locales et s'attache à les fixer sur le papier avant qu'elles ne disparaissent des mémoires. Il en tire de nombreux ouvrages, dont le recueil de contes fantastiques *Kwaidan* et l'essai sur la psychologie japonaise *Kokoro*. Lorsqu'il meurt en 1904, ses obsèques sont célébrées selon les rites bouddhiques. Son œuvre, traduite dans de nombreuses langues, révélera sa compréhension intime et lucide de l'âme populaire du Japon, à une époque où Pierre Loti n'en saisit, avec talent, que le pittoresque.

■ **Le musée d'Art de la préfecture de Shimane**★★ 島根県立美術館 (Shimane-kenritsu bijutsukan) A2
15 mn à pied vers le S.-O. depuis la gare JR Matsue, en bus depuis le château, arrêt Prefectural Museum • t.l.j. 10 h-18 h 30, f. 30 mn après le coucher du soleil de mars à sept. • compter 1 h 30.
Son architecture contemporaine s'intègre dans le paysage du lac de Matsue dont les **couchers de soleil** peuvent être contemplés depuis une grande terrasse. Les collections comptent des œuvres d'artistes français dont Rodin, Monet et Courbet, ainsi que des œuvres de style occidental de peintres japonais de l'ère Taisho.

■ **Aux environs de Matsue**
• **Matsue Vogel Park**★★ 松江ヴォゲルパーク *(à 15 mn en train par la ligne Ichibata depuis la gare Matsue-Shinjiko-Onsen, arrêt Vogel Park Station • ouv. t.l.j. 9 h-18 h 30, jusqu'à 17 h d'oct. à mars)*. Fleurs rares et oiseaux du monde entier dans le plus grand conservatoire floral de la planète.

• **Le musée d'Art Adachi**★★★ 足立美術館 (Adachi bijutsukan ; *à 20 km S.-E. de Matsue, 20 mn en train JR jusqu'à Yasugi* 安来 *puis 20 mn en navette gratuite • t.l.j. 9 h-17 h 30, jusqu'à 17 h d'oct. à mars • compter 2 h*). De grands jardins d'un raffinement exceptionnel entourent un musée de **peintures japonaises** des XIXe et XXe s. Jardins de thé ou de mousses et étangs se contemplent depuis de luxueux salons de thé ou bien depuis les baies vitrées des salles d'exposition. Une collection de 1 300 œuvres est exposée par rotation, en harmonie avec les lumières de la saison. Ainsi, fleurons du musée, les **paravents** « Feuilles d'automne » de Yokoyama Taikan ne sont exposés qu'à l'automne.

Visiter Izumo★★★ 出雲

Izumo est connue pour son grand sanctuaire aux antiques pavillons de bois où se perpétuent des rites venus du fond des âges au son des tambours et des flûtes.

■ **Le sanctuaire d'Izumo**★★★ 出雲大社 (Izumo taisha)
20 mn à pied vers le N. depuis la gare Ichibata-Izumo taisha 一畑出雲大社 : *prendre la rue principale vers le N. • compter 2 h.*
Dans la forêt, une large allée mène à un *torii*, haut de 23 m, délimitant l'enceinte du sanctuaire où est vénérée la divinité Ôkuni-nushi no kami, fondatrice de la province d'Izumo, protectrice du mariage et du foyer. Ce sanctuaire regroupe plusieurs édifices.

• **Le *haiden*★★★** 拝殿 *(face au grand torii)*. Le fronton de cette salle des oracles est surmonté de trois gigantesques **cordes** de paille de riz formant une tresse horizontale. Ici sont accomplis des rites quotidiens, accompagnés de danses sacrées.

• **Le *shinkoden*★★** 神幸殿 *(à dr. du haiden • t.l.j. 8 h-16 h 30)*. De construction récente, ce **pavillon des Trésors** abrite, au rez-de-chausée., une salle de danse sacrée *kagura* (→ *Les arts de la scène, p. 147*) et, au 1er étage, des bijoux, statues et instruments de musique anciens, classés Trésors nationaux.

• **Le *honden*★★★** 本殿 *(derrière le haiden ; accès réservé aux prêtres et à certains participants ; la structure se distingue au-dessus du mur d'enceinte et par le portail)*.
Il est bâti en bois brut sur un plan carré de 11 m de côté et 24 m de hauteur. Son type architectural *Taisha zukuri* se caractérise par une toiture de chaume dont la poutre faîtière, supportée par de gros piliers enfoncés dans le sol, est

▲ À Izumo, les pèlerins claquent quatre fois leurs mains pour saluer les esprits, et non deux fois comme dans les autres sanctuaires.

surmontée de courtes poutres perpendiculaires ainsi que d'éléments décoratifs posés à la manière de ciseaux ouverts. Vieille d'au moins 1 500 ans, inspirée des anciens greniers à riz surélevés, cette forme architecturale est l'une des plus anciennes du Japon. Sa dernière reconstruction remonte à 1744.

• **Le *shôkokan*★** 彰古館 *(au fond à g. derrière le honden • t.l.j. 8 h-16 h 30).* Ce petit musée des Trésors présente une collection de **statuettes de divinités**, dont Ôkuni-nushi no kami sous toutes ses formes. Des maquettes expliquent la fabrication des gros piliers de soutènement en bois.

■ Le musée de l'ancienne Izumo★★★
古代出雲歴史博物館
(Kodai Izumo rekishi hakubutsukan)

10 mn à pied à l'E. de l'entrée S. du sanctuaire • ouv. t.l.j. 9 h-18 h, jusqu'à 17 h de nov. à fév. ; f. le 3ᵉ mar. du mois • audioguides anglais gratuits.

L'architecture contemporaine de ce musée ouvert en 2007 s'intègre à un arrière-plan de forêt. Quatre salles d'exposition présentent des découvertes archéologiques récentes telles qu'une série de 39 **cloches de bronze** de l'époque Yayoi et de larges **piliers de bois** datant du XIIIᵉ s. Une maquette au 1/10 reproduit l'ancien *honden* (édifice principal du sanctuaire) qui, selon certaines sources historiques, aurait été perché, jusqu'au Xᵉ s., sur d'énormes pilotis lui faisant atteindre 48 m de hauteur.

Le pays minier oublié

Perdue à 600 m d'altitude dans la partie O. de la préfecture de Shimane, la région d'**Iwami Ginzan** 石見銀山 fut, jusqu'au XVIIIᵉ s., essentielle pour l'économie du Japon et de l'Asie du Sud-Est. Son histoire avait commencé en 1309 par la découverte d'un filon de minerai d'argent d'une richesse exceptionnelle. Il fut exploité en un vaste réseau de mines reliées à la côte d'où le minerai partait pour la Corée et la Chine. Mais le gisement, épuisé, fut abandonné en 1923. La région se recouvrit alors de forêts et sombra dans l'oubli jusqu'à ce que historiens et archéologues viennent redécouvrir ses vertes collines entrecoupées de vallées profondes. Aujourd'hui encore, les maisons de marchands ou de samouraïs s'alignent dans des villages intacts reliés au petit port historique de Yunotsu. L'Unesco a inscrit la région au patrimoine mondial en 2007.

Depuis Izumo, 20 mn de train, ligne San'in, arrêt Ôda-shi 大田市, *puis 20 mn de bus jusqu'à Yunotsu* 温泉津 *• visite d'Iwami Ginzan en voiture ou en taxi.*

Onomichi★★ 尾道

Situation : à 55 km O. de Kurashiki, 67 km E. de Hiroshima, 213 km O. d'Ôsaka.

152 000 hab. ; préfecture de Hiroshima.

❶ à dr. de la sortie de la gare ouv. 9 h-18 h ;
www.city.onomichi.hiroshima.jp

Une petite cité côtière chargée d'histoire, avec ses temples anciens, sa vie de quartier et ses collines couvertes de cerisiers en fleur. Mais autour, le paysage est un curieux mélange d'installations industrielles et d'une multitude de jolies îles. Dans ce cadre improbable, la ville semble s'être figée dans les années 1960. C'est précisément de là qu'elle tient un charme désuet comme celui des images en noir et blanc ou en couleurs des films classiques du cinéma japonais.

Onomichi mode d'emploi

Accès : train Shinkansen depuis Kurashiki (25 mn), Ôsaka (2 h) ou Hiroshima (40 mn), descendre à Shin Onomichi 新尾道 puis 10 mn en bus, ou correspondance à Mihara 三原 ou Fukuyama 福山 puis 15 mn pour la gare JR Onomichi ; gare Shin Onomichi à 3 km • **voiture** depuis Matsuyama (Shikoku) par le pont Seto-uchi Shimanami kaidô 瀬戸内しまなみ海道.

Combien de temps : 1 j. ou plus. Ses ressources touristiques et hôtelières invitent cependant à venir y faire étape.

Se déplacer : la ville se parcourt à pied, à vélo (location face à la gare) ou en bus *Sukippu Line* スキップ線バス (relie tous les points touristiques au départ des deux gares).

Fêtes et manifestations : dernier sam. de juil. ou 1er sam. d'août : **Sumiyoshi**, sortie de bateaux et feux d'artifice • 3 nov. : **Beccha**, grande parade masquée.

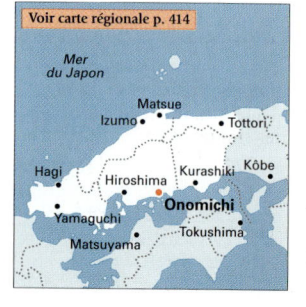

Onomichi dans l'histoire

L'impôt sur le riz et la Chine

Domaine de l'empereur retiré Go-Shirakawa au XIIe s., le port d'Onomichi contrôle l'acheminement du riz collecté au titre de l'impôt. Cette activité assure à ses négociants une prospérité qui leur permet de financer de nombreux temples. Mais, en 1320, le port est attaqué par le gouverneur de la province de Bingo, et la ville est incendiée. Les

---

À ne pas manquer

Le mont Senkôji★★★	447
Le temple Jôdo-ji★★★	448

siècles suivants, la baie bénéficie d'une excellente position maritime pour les échanges avec la Chine et elle attire de nombreux navires de commerce qui en font leur port d'attache.

Poètes et navigateurs

Au XVIIe s., Onomichi devient un grand fournisseur en sel, en cotonnades et en tatamis pour les provinces du nord de l'archipel. Puis, sous l'ère Meiji, le port commence à charmer les poètes. Et au XXe s., Onomichi devient un rendez-vous d'écrivains et d'artistes même si les industries lourdes commencent à s'y implanter. Cependant, cette rencontre inattendue donne à la cité une atmosphère romanesque qui ne nuit pas à son renom.

Onomichi aujourd'hui

Bien qu'épargnée durant la Seconde Guerre mondiale, la ville n'a pas poursuivi son essor et a même connu un déclin dans les années d'après-guerre. Mais les contrastes extraordinaires de son panorama inspirent des metteurs en scène qui trouvent là un décor de cinéma sur mesure (→ *encadré p. suiv.*). C'est ainsi que les paysages d'Onomichi sont célèbres à travers tout le Japon et que, aujourd'hui, la ville est devenue une destination touristique originale. Elle en tire des revenus complétant ceux de la pêche, de la culture des oranges, de la construction navale et de l'industrie des cristaux liquides.

Visiter Onomichi

Le chemin historique des 23 temples et celui du mont Senkôji forment deux axes perpendiculaires dont l'intersection se trouve à la station inférieure du téléphérique. Il est donc possible de combiner les deux promenades à loisir.

■ **Le mont Senkôji**★★★ 千光寺

7 mn de bus depuis la gare JR Onomichi, arrêt Nagae guchi 長柄口 *puis 5 mn de téléphérique jusqu'au parc Senkôji • compter 1 h 30.*

• **Le téléphérique du mont Senkôji**★★★ 千光寺のロープウェイ (Senkôji no rôpu uei ; *ouv. t.l.j. 9 h-17 h 15*). La petite cabine blanc et vert a conservé l'esthétique des années 1950. Au début de l'ascension, le téléphérique surplombe les ardoises grises des maisons et des temples. Le panorama s'ouvre sur le port puis sur les îles Seto Nankai de la mer Intérieure et révèle les montagnes de Shikoku.

• **Le parc Senkôji**★★ 千光寺公園 (Senkôji kôen). Depuis le sommet (alt. 139 m), le parc s'étend sur le flanc de la colline, dominant le port. Au printemps, les chemins sont bordés d'azalées et de cerisiers qui seraient au nombre de 1 000. Puis en été, glycines et roses s'épanouissent. Un belvédère permet d'observer les allées et venues des ferries jusqu'à l'**île Mukai**, toute proche, qui, avec son paysage industriel, contraste fortement avec celui, bucolique, du mont Senkôji.

• **Le temple Senkô-ji**★★★ 千光寺 (*en s'engageant sur le chemin*). Fondé en 806, ses murs laqués de vermillon recèlent une statue de Senju Kannon, la déesse aux mille bras. Autour du temple, le sol est jonché des statuettes de pierre du petit dieu Jizo vêtu de son tablier de coton rouge. Un **autel** en forme de cœur est là pour recevoir les vœux des amoureux, et une **chaîne d'escalade** est arrimée à un grand rocher pour que, selon une tradition, les candidats au pèlerinage du Shikoku (→ *théma p. 529*) puissent y tester leurs forces.

• **Le chemin de la Littérature**★★★ 文学の小道 (Bungaku no komichi ; *en redescendant à partir du Senkô-ji*). 25 rochers bordent le chemin. Dessus sont

☞ **SPÉCIALITÉS**
Soupes de nouilles *Onomichi râmen* ; daurades grillées.

Onomichi, port des cinéphiles

Un petit port charmant au milieu des îles de la mer Intérieure. Une voie ferrée, des cheminées d'usines et des chantiers navals. Onomichi est, durant les années 1950 et 1960, le symbole parfait d'un Japon provincial en pleine mutation. C'est probablement ce qui inspire au grand cinéaste Ozu Yasujirô de venir tourner ici, en 1953, une partie de son chef-d'œuvre *Le Voyage à Tôkyô*, en 1960. *L'Île nue*, primé au Festival de Moscou, est tourné sur l'île voisine Sukune jima par Shindo Kaneto, originaire d'Onomichi. Et, en 1983, s'y déroule l'un des films de la série culte *Tora-san*, joué par l'acteur Atsumi Kiyoshi. Enfin, en 1995, c'est encore un enfant d'Onomichi, Obayashi Nobuhiko, qui tourne le film *Demain (Ashita)*. Avec une quarantaine de films depuis 1928, les paysages de ce modeste port sont connus des cinéphiles du monde entier.

▲ La pièce maîtresse du petit Musée cinématographique est la célèbre caméra d'Ozu Yasujirô qui, avec son trépied très court, permettait des prises de vues « au ras du tatami ».

gravés des poèmes composés par les écrivains qui ont aimé et fréquenté Onomichi, comme la femme de lettres Hayashi Fumiko, auteur du roman *Nuages flottants* (1950).

• **La maison de Shiga Naoya★** 志賀直哉旧居 (Shiga Naoya kyûkyo ; *à mi-descente, à la fin du chemin de la Littérature, sur la dr.* • *ouv. t.l.j. 9 h-17 h 30, jusqu'à 16 h 30 de nov. à mars, f. du 28 déc. au 3 janv. et le mar. de déc. à fév.*). C'est dans cette petite maison japonaise à l'ancienne, avec vue sur le port et la baie, qu'a habité l'écrivain Shiga Naoya (1883-1971), auteur du roman *À Kinosaki* et ami du cinéaste Ozu Yasujirô. Sa demeure, devenue musée, croise le chemin historique des temples.

■ **Le chemin historique des 23 temples★★**
古寺めぐりコース (**Koji meguri kôsu**)
Depuis la gare JR Onomichi à 5 mn à pied vers l'E., à g. à partir de la statue de Hayashi Fumiko 林芙美子像 *(Hayashi Fumiko-zô)* • *compter 2 h.*
Des 81 temples qu'avait comptés Onomichi dans le passé, il en reste 23, tous différents, qui bordent une vieille chaussée de pavés de pierre. Ce chemin historique serpente en bas de la colline. À mi-chemin, se trouve la station de départ du téléphérique.
Le temple Jôdo-ji★★★ 浄土寺 (*à l'extrémité E., avant-dernier temple du chemin*), peu visité, a conservé le mystère des temples anciens. Le prince Shôtoku (→ *encadré p. 403*) aurait fondé ce temple en 616. Détruits par le grand incendie du XIVe s., son **pavillon principal** et sa pagode ont été rebâtis puis laqués de rouge pour repousser les mauvais esprits. Ils sont devenus des Trésors nationaux tout comme une Kannon aux 11 visages, divinité protectrice des marins d'Onomichi dont la **statue** n'est présentée au regard des vivants qu'une fois tous les 33 ans. Plus loin, des gravures de l'époque Ming (XIVe-XVIIe s.), rapportées de Chine, témoignent de l'ancienneté des échanges maritimes d'Onomichi. Enfin, dans la partie du parc surplombant la voie ferrée, se trouve une lanterne de pierre qui servit de décor à une scène célèbre du film d'Ozu Yasujirô *Le Voyage à Tôkyô* (→ *encadré*).

■ **Le Musée cinématographique★★** おのみち映画資料館 (**Onomichi eiga shiryôkan**)
À 15 mn à pied du Jôdo-ji en revenant vers l'O. le long de la côte, ouv. t.l.j. 10 h-18 h ; f. mar. et du 28 déc. au 3 janv. • *compter 1 h.*
La façade blanche de cet ancien grenier à riz accueille les passionnés de cinéma japonais avec un antique projecteur à sa devanture. Des revues, des photos, quelque 15 000 affiches des années 1950 à 1970 et d'anciens appareils forment les collections.

Tsuwano★★★ 津和野

Village au fond de la vallée, Tsuwano s'étale sur un plateau de rizières avec fond de montagnes. Des canaux au cours tranquille sont le domaine de milliers de carpes. Des ruelles mènent à des maisons anciennes, à des temples et à des sanctuaires. Elles débouchent aussi sur des musées et des églises. Tous ces édifices racontent l'histoire de la petite ville avec ses grands hommes, ses heures de gloire et d'autres plus noires.

Situation : à 65 km O. de Hiroshima, 162 km S.-O. de Matsue, 344 km O. d'Ôsaka.

2 500 hab. (9 600 avec les environs) ; préfecture de Shimane.

❂ à dr. de la sortie de la gare ; ouv. 9 h-17 h ; www.tsuwano.ne.jp/kanko

Tsuwano mode d'emploi

Accès : depuis Hiroshima : 1 h en **train** Shinkansen jusqu'à Shin-Yamaguchi 新山口 puis 1 h en train JR (train à vapeur irrégulier de mars à nov.) jusqu'à la gare JR Tsuwano ; depuis Matsue : 2 h 45 en train JR • depuis Hagi : 1 h 30 en **bus**.

Combien de temps : 1 j. ou plus.

Se déplacer : la ville et ses environs peuvent être facilement visités à pied où à vélo (location face à la gare) depuis la gare.

Fêtes et manifestations : 2ᵉ dim. d'avr., **Yabusame Shinji**, grand tournoi de tir à l'arc à cheval (→ *encadré p. 221*) • 3 mai, **Otome Tôge matsuri**, procession chrétienne en hommage aux martyrs de Tsuwano (→ *encadré p. 454*) • 20 et 27 juil., **Sagimai**, danses rituelles en costumes de hérons à travers la ville.

À ne pas manquer	
Le quartier des samouraïs★★★	452
Le temple Yômei-ji★★★	453
Le sanctuaire Taikodani Inari★★	453

✎ **BON À SAVOIR**
Visite express de la ville en 15 mn sur un *jinrikisha* (pousse-pousse à l'ancienne) : t.l.j., départ de la rue Tonomachi dôri.

Tsuwano dans l'histoire

La peur des Mongols

Des fouilles archéologiques ont mis en évidence un peuplement dès le début de la période Jômon, soit il y a 9 000 ans. Des débris de poteries témoignent d'une continuité jusqu'au IVᵉ s. de notre ère. Tsuwano semble avoir été un relais entre Yamaguchi et la région côtière de San-in, mais ce n'est qu'à l'époque de Kamakura qu'une véritable ville se développe. Un château fort est édifié en 1295 par le seigneur Yoshimi Yoryuki pour protéger

La carpe, animal de compagnie

L'animal de compagnie le plus répandu au Japon n'est ni le chien ni le chat mais un poisson de belle taille. Il s'agit de la *koi*, sorte de carpe devenue si familière qu'elle n'hésite pas à venir se nourrir dans la main de son maître et à se laisser caresser. C'est ainsi que, au bord des bassins, les visiteurs faisant mine de les nourrir voient aussitôt les *koi* s'agglutiner et sortir la tête de l'eau jusqu'à former une masse compacte et colorée. Cette familiarité en fait un poisson ornemental omniprésent, des douves des châteaux aux bassins des pavillons de banlieues. Fruit de croisements favorisés par l'homme, leur robe tachetée décline toute la gamme des couleurs chaudes sur fond noir ou blanc. Certaines combinaisons de couleurs en font des spécimens rares et précieux au point que les collectionneurs se les arracheraient, dit-on, pour le prix d'une maison. Les carpes unicolores sont moins bien loties car il leur arrive de finir sur l'étal d'un poissonnier...

Tsuwano.

Sur le rabat arrière de la couverture, vous trouverez un Tableau chronologique indiquant les grandes périodes de l'histoire japonaise.

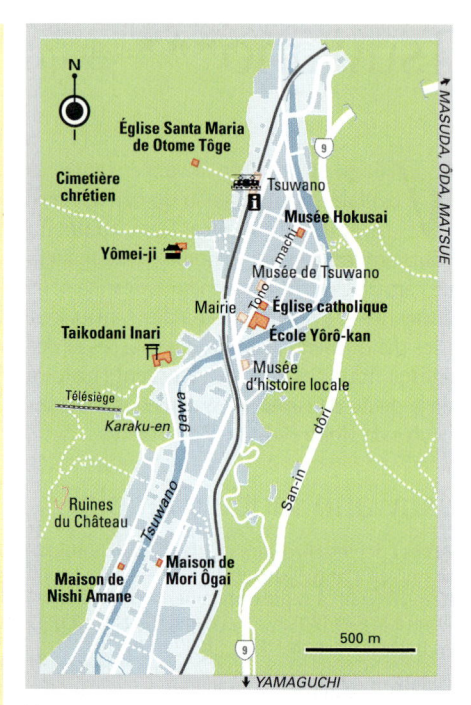

la ville d'une éventuelle attaque des Mongols. Or, ceux-ci ne parviennent pas à envahir le Japon et encore moins Tsuwano. Le clan Yoshimi parvient ainsi à régner jusqu'à 1600, lorsque la ville passe sous contrôle du clan Sakazaki.

Prospérité et instruction

Tandis qu'une industrie artisanale du papier se développe, Tsuwano avec ses canaux, ses rizières et ses élevages de carpes, prend alors le visage qu'elle a encore aujourd'hui. Durant l'époque Edo, la ville prospère et une école est même créée pour les enfants de samouraïs. Puis lors de la révolution de Meiji, le château est démantelé, et des chrétiens déportés sont internés dans un camp en forêt. Cependant, Tsuwano doit sa renommée à son école d'où sortent le philosophe Nishi Amane (1829-1897) et l'écrivain Mori Ōgai (1862-1922). Aujourd'hui encore, avec sa dizaine de musées, Tsuwano ne manque pas de surprendre les visiteurs.

▶▶▶

La Voie des Fleurs

Indifféremment appelé *kadô* (Voie des Fleurs) ou **ikebana** (donner vie aux fleurs), l'art du bouquet, importé de Chine en même temps que le bouddhisme, existe au Japon depuis le VIe s. Longtemps pratiqué par les seuls moines, il est devenu, au fil des siècles, un art nippon à part entière donnant naissance à plusieurs styles et écoles dont la plupart existent encore aujourd'hui, sur l'archipel mais aussi dans le monde entier.

▲ Bouquet placé dans un *tokonoma*.

■ Les origines religieuses

Le premier nom de l'ikebana est *kyôka*, fleurs d'offrande (au Bouddha), que les moines assemblaient selon le principe taoïste du masculin et du féminin intégrés dans le grand Tout. Les bouquets exprimaient à leurs yeux l'harmonie entre l'homme et la nature à travers la trinité confucéenne terre-homme-ciel. Ambassadeur du Japon auprès de la Chine des Tang, Ino no Imoko, connu plus tard sous son nom religieux de Senmu, fut « l'importateur » officiel de l'ikebana au Japon.

■ Un art aristocratique…

Vers le Xe s., l'aristocratie s'empare de l'ikebana pour en faire, avec la poésie ou la musique, un art de divertissement en lui ajoutant une dimension d'esthétique et de beauté jusque-là absente de la pratique des moines. Ce n'est qu'au XIIe s. que cet art sera véritablement codifié avec la naissance du style Rikka défini par Senkei, premier maître d'ikebana. Le Rikka est caractérisé par un bouquet de forme triangulaire composé de sept lignes de charpente et comportant toujours un nombre impair de tiges, la plus haute (*ryô*, « sommet ») symbolisant le ciel.

■ … qui finit par se démocratiser

À la fin du XVIe s., la classe montante de marchands simplifie le style Rikka en Seika (ou Shôka) en réduisant à trois le nombre des tiges. Réalisés à l'occasion d'événements (mariages, fêtes des jeunes filles…) ou placés dans le *tokonoma*, alcôve présente dans toutes les maisons traditionnelles, les bouquets deviennent de plus en plus opulents et compliqués. On assiste alors à un renversement esthétique qui prône un retour au sacré et à la simplicité. Sen no Rikyû, le célèbre maître de thé, aurait lancé ce mouvement à la demande du général Hideyoshi qui lui demandait de créer un bouquet « différent ». Sen no Rikyû coupa quelques iris, les attacha à son poignard et lança le tout dans un seau, donnant à ce nouveau type d'arrangement le nom de *nageire*, littéralement : jeté et introduit.

Il faudra attendre le XIXe s. pour voir l'ikebana s'affranchir totalement de la religion. Le style Moribana (« fleurs groupées »), créé par Ôhara Unshin (1861-1914), utilise pour la première fois des fleurs venues d'Occident.

■ Plus de 3 000 écoles

Les écoles d'ikebana sont gérées par des *iemoto* (maisons ou écoles) dirigées chacune par un grand maître héritier d'une tradition ancestrale. On dénombre au Japon pas moins de 3 000 écoles différentes regroupant quelque 20 millions d'adeptes. Les trois principales sont :
- **Ikenobô**, qui enseigne les styles Rikka et Shôka. Créée au XVIe s., c'est la plus ancienne des *iemoto*.
- **Ôhara**, école créée en 1895 par Ôhara Unshin, qui enseigne le style Moribana.
- **Sôgetsu**, école créée en 1927 par Teshigahara Sôfu (1901-1979), qui enseigne une forme moderne d'ikebana utilisant des matériaux ne se trouvant pas dans les compositions classiques (écorces, plastique, verre, etc.).

▶▶▶ Visiter Tsuwano

La ville s'étend en longueur, sur un axe N.-S., en suivant le cours d'une rivière et une voie ferrée. Le quartier des samouraïs est facile d'accès tandis qu'il faut marcher à flanc de colline pour visiter le sanctuaire Taikodani Inari, le temple Yomei-ji et l'église Santa Maria.

■ Le quartier des samouraïs de Tonomachi dôri*** 殿町通

Depuis la gare, traverser la route, puis 5 mn à pied vers le S. • compter 2 h.
La rue principale est bordée d'auberges, de maisons d'artisans, de potiers et d'un magasin de *kanpo* (pharmacopée chinoise traditionnelle à base de plantes). Puis elle s'ouvre sur la rue Tonomachi dôri, bordée de petits canaux où se pressent des carpes multicolores. De part et d'autre s'alignent jardins, portails et façades d'anciennes maisons de samouraïs.

• **Le musée Hokusai**** 北斎美術館 (Hokusai bijutsukan ; *côté g. de la rue • ouv. t.l.j. 9 h 30-17 h • compter 30 mn*). Regroupée par un amateur local, une collection d'œuvres du grand artiste de l'*ukiyo-e* **Hokusai Katsushika** (1760-1849) est exposée. Au rez-de-chaussée, une présentation pédagogique montre les 14 stades de réalisation d'une même gravure. Au 1er étage sont exposées, entre autres, six gravures originales de la célèbre série des *36 Vues du mont Fuji*.

• **L'église catholique*** カトリック教会 (Katorikku kyôkai ; *en continuant 5 mn à pied vers le S. • ouv. t.l.j. 9 h-17 h 15*). Avec son clocher et ses murs gris, elle marque l'entrée de la partie restaurée de l'ancien quartier des samouraïs. Elle fut construite en 1892 sous l'impulsion d'un prêtre français des Missions étrangères de Paris, le père Aimé Villion. Puis elle dut être reconstruite en 1932 après un incendie. Des tatamis remplacent ici les habituels bancs d'église.

• **L'école Yôrô-kan*** 養老館 (*5 mn à pied vers le S. • ouv. t.l.j. 8 h 30-17 h • compter 30 mn*). Dans cette école supérieure, fondée à la fin de l'époque Edo, les matières enseignées étaient aussi diverses que les mathématiques, le confucianisme, la médecine et la stratégie, sans oublier le savoir-vivre et le respect de l'étiquette. Aujourd'hui, l'ancienne école abrite un **musée des Arts et Traditions populaires**.

Après le Yôrô-kan, un pont traverse une rivière au bord de laquelle vivent des hérons. La route continue vers le S.

■ La maison de Mori Ôgai* 森鴎外旧宅 (Mori Ôgai kyûtaku)

À 15 mn à pied vers le S. depuis le Yôrô-kan • ouv. t.l.j. sf lun. 9 h-17 h.

Le grand écrivain de l'ère Meiji naquit à Tsuwano en 1862 dans la famille des médecins de la seigneurie. Brillant chirurgien et homme de culture, il étudia le hollandais et l'allemand puis vécut à Berlin, expérience dont il tira son premier roman *La Danseuse (Maihime)*. Des photos anciennes et des souvenirs sont présentés dans un musée au milieu de l'agréable jardin qui jouxte la petite demeure.

■ La maison de Nishi Amane* 西周旧宅 (Nishi Amane kyûtaku)

À 5 mn à pied en traversant le pont vers l'O.
C'est l'incursion des bateaux noirs du commodore Perry en 1853 qui incite ce jeune philosophe, natif de Tsuwano, à rechercher l'évasion en voyageant

◀ D'impressionnantes allées de *torii* desservent le sanctuaire Taikodani Inari.

♥ **HÉBERGEMENT**
Hoshi ryokan 星旅館 : à 3 mn de la gare vers le S.-E. ☎ 0856/72.0685. Grandes chambres meublées à l'ancienne et bain commun.

♥ **BONNE ADRESSE**
Tsuwano Onsen Yado Wataya 津和野温泉宿わた屋 : ☎ 0856/72.0333. Un hôtel-auberge luxueux aux petites chambres simples. Cuisine très raffinée, bel *onsen* commun et *rotenburo* (bain en plein air) particulier dans un jardin clos.

♥ **SHOPPING**
La fabrique de papier ***Tsuwano dentô kôgeisha*** 津和野伝統工芸社 : à 10 mn à pied vers le S. en contrebas du sanctuaire ☎ 0856/72.1518. Ce magasin artisanal propose une initiation rapide aux techniques ancestrales de la fabrication du papier japonais.

≼ **PANORAMA**
À 5 mn à pied sur la route redescendant du sanctuaire, prendre un télésiège puis marcher 15 mn jusqu'aux ruines du château Tsuwano-jô qui, à 369 m d'altitude, forment une plate-forme ouverte sur la vallée de Tsuwano avec ses canaux et ses rizières. En redescendant, le télésiège rallie le S. de la ville.

jusqu'en Hollande. Il y étudie le droit et traduit des ouvrages juridiques. À son retour, promu haut fonctionnaire du gouvernement de Meiji, il introduit la philosophie occidentale au Japon. Sa maison, préservée, authentique et classée monument historique, est ouverte aux visiteurs.

■ Le sanctuaire Taikodani Inari-jinja★★
太鼓谷稲成神社
Sur la dr. avant le pont, 5 mn à pied après le passage à niveau • compter 40 mn, dont 10 mn pour l'ascension.
Plus d'un millier de *torii* vermillon recouvrent des marches qui, à flanc de colline, mènent aux pavillons blanc et rouge de l'un des rares grands sanctuaires du Japon voués au culte d'Inari. Cette divinité agraire très ancienne affectionne à se métamorphoser en renard *(→ encadré p. 384)*, d'où les statues de l'animal. Une route redescend vers la ville que le sanctuaire domine.

■ Le temple Yômei-ji★★★ 永明寺
À 20 mn à pied au N. du Taikodani Inari ou à 20 mn au S.-O. de la gare, par un chemin pavé dans la forêt • compter 30 mn.
Lorsqu'il fut créé, en 1420, ce temple zen pouvait accueillir jusqu'à 200 bonzes. Peu restauré et peu visité, il garde son charme et son authenticité. À gauche, après une arche, un petit cimetière abrite la modeste **tombe de Mori Ôgai** qui, bien qu'ayant mené sa carrière d'écrivain loin de Tsuwano, voulut y être enterré sous son nom de naissance : Mori Rintarô. À dr., quelques marches débouchent face au grand toit de chaume de l'un des deux pavillons. L'une des pièces, aux belles **peintures anciennes**, était jadis réservée au seigneur pour sa méditation face à un petit jardin, minéral et végétal.

La déportation des chrétiens

En 1858, le Japon signe avec les puissances occidentales un traité dont le 8e paragraphe accorde aux étrangers la liberté de bâtir des églises. En 1865, devant une chapelle nouvellement édifiée à Nagasaki, des *kakurekirsistan* (Chrétiens cachés, → encadré p. 567) décident de sortir de l'ombre. Mal leur en prend, car la liberté de culte n'a été accordée qu'aux seuls étrangers. Hommes, femmes et enfants sont alors déportés vers des camps, dont celui de Tsuwano. Faim, torture et lavage de cerveau y sont employés pour obtenir l'abjuration. Le consul britannique de Nagasaki s'en émeut et finit par obtenir, en 1873, de faire relâcher les 3 394 déportés que compte le Japon. 613 d'entre eux ont déjà péri. Mais bientôt, à Tsuwano, le propre fils du chef des tortionnaires décide de se convertir au christianisme et, en 1918, demande pardon aux victimes. Aujourd'hui, la liberté de culte est garantie par la Constitution (article 20) et, bien que très minoritaire, le christianisme est parfaitement toléré et semble même avoir intégré la vie japonaise.

En pleine forêt, des pierres tombales moussues et des croix composent le **cimetière*** des 36 martyrs chrétiens de Tsuwano *(à 10 mn à pied vers l'O. depuis le Yômei-ji • compter 15 mn).*

◀ Une statue commémore l'apparition de la Vierge aux chrétiens emprisonnés à Tsuwano.

■ L'église Santa Maria de Otome Tôge**
乙女峠マリア聖堂
(Otome Tôge Maria seidô)
À 20 mn à pied vers le N.-O. depuis le Yômei-ji • compter 1/2 h.
Otome Tôge signifie « le passage de la Vierge ». Cependant, ce n'est pas de la Vierge Marie mais d'une fiancée jadis répudiée que serait venu ce nom antérieur à l'introduction du christianisme. Par un hasard funeste, un ancien temple situé sur ce passage servit en 1865 de camp d'internement à 153 chrétiens *(→ encadré)* dont 36 périrent. De nos jours, une petite église en bois est dédiée à la Vierge Marie qui serait apparue à l'un des martyrs.

Le Tôhoku 東北

Les entrées principales	
Aizu Wakamatsu**	459
Aomori**	463
Sendai**	469
Entre Sendai et Aomori**	475

Avec une superficie de 67 000 km² étalée sur six préfectures, le nord de l'île de Honshû s'affiche comme la plus vaste région du Japon (à l'exception de Hokkaidô), mais souffre aussi d'être la plus délaissée par les touristes. Tel est le paradoxe du Tôhoku, qui s'explique notamment par cette image, encore ancrée dans les mentalités collectives, d'une province attardée. Mais s'il est vrai que cette région n'est ni la plus passionnante ni la plus vibrante du pays, il serait injuste de la réduire à cette caricature. Car le Tôhoku est aussi un conservatoire de traditions et de rites anciens, certains célébrés lors de fêtes d'été connues dans tout le Japon ; une terre qui porte l'empreinte des glorieux clans féodaux et du prestige de la classe des samouraïs, ainsi Date Masamune à Sendai ou les sites d'Aizu Wakamatsu ; une superbe région pour suivre la progression des feuilles d'automne dans les forêts du parc de Bandai ou le plateau volcanique de Hachimantai. Enfin, trois sites valent à eux seuls de visiter le Tôhoku : l'époustouflant sanctuaire d'Osore-zan qui célèbre les âmes des défunts, le « paradis bouddhique » des temples de Hiraizumi, et la fameuse baie de Matsushima, considérée par les Japonais comme l'un des trois plus beaux paysages de leur archipel.

▲ Depuis des temps reculés, les Japonais viennent prier pour les âmes des morts à Osore-zan (le mont de la peur).

Que voir dans le Tôhoku

Légende :
- **Sendai** — titre de chapitre
- **Morioka** — lieu rattaché à un chapitre
- Akita — lieu repère

- ★★★ exceptionnel
- ★★ très intéressant
- ★ intéressant

voie ferrée *Shinkansen*

Lieux indiqués sur la carte :

- HOKKAIDÔ
- ↑ HAKODATE
- ↑ MURORAN
- Ôma
- *Shimokita hantô* ★★
- *Osore-zan* ★★★
- *Hotokegaura* ★★
- Mutsu
- Imabetsu
- *Wakinosawa* ★
- Détroit de Tsugaru
- Tsugaru hantô
- Baie de Mutsu
- Yokohama
- ↑ OTARU
- **Aomori** ★
- Noheji
- Ogawara-ko
- Tsugaru
- *Sannai-Maruyama*
- *Hakkôda-san* 1 584
- Misawa
- AOMORI
- *Hirosaki* ★★
- Tôwada
- Hachinohe
- *Towada-ko* ★★
- Ôdate
- Ninohe
- Kuji
- Noshiro
- Kazuno
- Iwate
- Fudai
- Oga
- AKITA
- Katagami
- *Parc nat. Towada Hachimantai*
- Hachimantai
- Akita
- *Tazawa-ko* ★
- *Tazawako*
- **Morioka** ★
- Miyako
- Yurihonjô
- *Kakunodate* ★★
- Daisen
- Hanamaki
- IWATE
- Nikaho
- Yokote
- Tôno
- Kamaishi
- Yozawa
- Kitakami
- Ôshû
- Sakata
- *Hiraizumi* ★★★
- Ôfunato
- Shinjô
- Ichinoseki
- Rikuzentakata
- Tsuruoka
- Kurihara
- Kesennuma
- YAMAGATA
- Obanazawa
- *Entre Sendai et Aomori* ★★
- Tôhoku
- Tome
- Higashine
- Ôsaki
- Ishinomaki
- MIYAGI
- *Matsushima* ★
- Yamagata
- *Shiogama* ★
- Kinka-san
- **Sendai** ★★
- Nagai
- OCÉAN PACIFIQUE
- Yonezawa
- Niigata
- Shigata
- Agano
- *Iimori yama* ★ 1 595
- Sanjô
- *Parc nat. Bandai Asahi*
- Fukushima
- Sôma
- *Goshiki numa* ★★
- *Kitakata*
- FUKUSHIMA
- *Bandai* ★★ 1 818
- Motomiya
- **Aizu Wakamatsu**
- *Inawahiro-ko* ★
- Koriyama
- Namie
- Tadami
- Tamura
- Tomioka
- Uonuma
- Shimogô
- Sukagawa
- Minamiaizu
- Shirakawa
- Iwaki
- *Parc nat. Nikkô*
- Tanagura
- TOCHIGI
- Ôtawara
- Yaita
- Daigo
- Nikkô
- Kitaibaraki
- ↓ TÔKYÔ

Mer du Japon

Awashima

0 — 20 — 40 km

Sur les pas de Bashô

C'est à la fois un voyageur et un poète, le célèbre Matsuo Bashô (1644-1694), qui a laissé l'une des plus fameuses descriptions du Tôhoku. En 1689, Bashô quitte Edo (ancien nom de Tôkyô) pour un « pèlerinage vers les lieux lointains » du nord du Japon. Ce voyage de 156 jours le mène de Fukushima à Niigata en passant par des sites aujourd'hui très touristiques : Sendai, la baie de Matsushima, Hiraizumi, Dewa Sanzan... Bashô en tirera un carnet de voyage méditatif intitulé *La Sente étroite du Japon* (*Oku no hosomichi*, 1689), l'un des ouvrages les plus remarquables de la poésie classique nippone. Sans prétendre refaire le périple du poète (ce que font pourtant certains voyageurs ; *prévoir un bon mois*), s'aventurer dans les terres reculées du Tôhoku, c'est un peu marcher sur les traces de Bashô, défricher une région encore mal connue, être tour à tour ennuyé et émerveillé par ce Japon austère et rural, se recueillir sur des sites illustres.

Un Japon à l'abandon ?

C'est avec une certaine appréhension que Bashô abordait ces « routes reculées » (*Michinoku*, l'ancien nom du Tôhoku), se demandant s'il n'avait pas atteint le « bout du monde » : à cette époque déjà, la région était considéré comme une terre hostile et peu développée, et pénétrer dans le Nord revenait à quitter le monde civilisé pour celui des « sauvages »... Pour nos contemporains japonais encore, le Tôhoku reste une région *inaka*, « campagnarde », avec tout ce que le terme comporte de péjoratif. Même sa capitale Sendai, pourtant dynamique et cosmopolite, souffre d'un complexe d'infériorité par rapport à d'autres grandes villes de province comme Ôsaka ou Fukuoka. Complexe qui touche aussi, et cette fois avec raison, les métropoles d'Akita, Yamagata ou Fukushima.

Mais au-delà des représentations, ce « Japon de l'envers » (*Ura Nippon*) accuse aussi un retard industriel et économique notable, et il compte les départements les moins riches de l'archipel.

▲ Le mont Iwate domine le parc national Towada-Hachimantai.

L'avenir touristique du Tôhoku

Résultat : le Tôhoku peine à attirer les touristes japonais et encore plus les touristes étrangers. Mais le tourisme joue un rôle majeur dans le développement de l'économie régionale, d'où les efforts entrepris depuis 20 ans pour désenclaver la région : l'ouverture de la ligne à grande vitesse Tôhoku Shinkansen en 1985 (Tôkyô-Hachinohe) et des branches reliant Akita et Yamagata, la grande autoroute qui relie Tôkyô à Aomori, et l'ouverture du tunnel de Seikan (1988) qui facilite les liaisons avec l'île de Hokkaidô au nord. Une place de choix est aussi dévolue au Tôhoku dans le cadre de la campagne touristique « Bienvenue au Japon » (*Yôkoso Japan*) : pour inciter les voyageurs étrangers à visiter cet « autre Japon », la Northern Tôhoku Welcome Card offre des réductions dans des hôtels, restaurants, boutiques, transports, sites touristiques... du nord de la région (préfectures d'Aomori, Akita et Iwate). Inscriptions et liste des partenaires : *www.northern-tohoku.gr.jp*

Nature et culture du Tôhoku

Côtes déchiquetées d'une étrange beauté (aiguilles de Hotokega'ura au nord d'Aomori, parc national de Rokuchu-Kaigan à l'est de Morioka), lacs volcaniques par centaines (le Towada et le Tazawa sont les plus célèbres), denses forêts traversées de rivières, monts escarpés propices aux sports d'hiver : le patrimoine naturel du

▲ L'un des chars illuminés du Nebuta matsuri, à Aomori.

Tôhoku est sans conteste son meilleur argument pour convaincre le voyageur hésitant. La dorsale volcanique qui traverse la région en fait un pays aussi réputé pour ses sources chaudes que craint pour la rigueur de son climat : températures et chutes de neige sont redoutables en hiver, surtout à l'ouest de la région, où l'on déblaie quatre à cinq mois dans l'année et où sont bâtis chaque hiver des igloos typiquement japonais appelés *kamakura* (région d'Akita). À l'inverse, l'été est plus frais que dans le sud du pays, ce qui n'est pas pour déplaire.

Mais surtout, nature et climat hostiles ont contribué à forger cette culture originale qui fait le charme du Tôhoku, car ses habitants ont longtemps vécu à l'écart de tout, cultivant un mode de vie propre qu'on retrouve dans le langage (le *tôhoku-ben*, fort différent du japonais standard et soumis à des variations locales), les spécialités culinaires tel le *kiritanpo* d'Akita (potée à base de riz en brochette grillé), délicieux en hiver, la musique *tsugaru-jamisen* d'Aomori, ou l'artisanat (poupées *kokeshi*, objets en écorce de cerisier à Kakunodate) que les paysans pratiquaient durant la longue saison froide.

Festivités d'été

Bref, le charme du Tôhoku est aussi celui de ses innombrables traditions séculaires qui ont survécu à l'ouverture de la région. Les plus célèbres sont les *matsuri* de la région, ces festivals qui battent leur plein en été. Certains voyageurs font même spécialement le voyage pour la tournée des fêtes locales au début du mois d'août.

● **Neputa matsuri** à Hirosaki (du 1er au 7 août) : les participants paradent chargés d'énormes structures en éventail aux couleurs vives appelées *neputa*.

● **Nebuta matsuri** à Aomori (du 2 au 7 août) : dynamique et haut en couleur. 1 000 danseurs sautent au cri de « *rassera* », processions de chars illuminés, 50 000 participants et 3,5 millions de touristes.

● **Kantô matsuri** à Akita (du 4 au 7 août) : une centaine d'hommes portent d'énormes mâts ornés de lanternes symbolisant des épis de riz et pesant jusqu'à 50 kg, qu'ils placent en équilibre sur leurs fronts, hanches ou épaules.

● **Hanagasa matsuri** à Yamagata (du 5 au 7 août) : festival de danse pratiqué par des milliers d'habitants, qui effectuent une chorégraphie avec leurs chapeaux de paille décorés de fleurs *(hanagasa)*.

● **Tanabata matsuri** à Sendai (du 6 au 8 août) : lors de cette « fête des étoiles », le centre-ville est orné de mâts de bambou décorés de papiers votifs *(tanzaku)* aux couleurs vives, sans oublier les feux d'artifice et les défilés.

Aizu Wakamatsu★★ 会津若松

Son clan de samouraïs et l'épisode tragique des Tigres blancs ont rendu Aizu Wakamatsu célèbre dans tout le Japon. Beaucoup plus intéressante que la capitale régionale Fukushima, la ville conserve de son passé sanglant et glorieux une atmosphère désuète : venelles tortueuses, sites liés à son histoire féodale, artisanat réputé, et un attachement certain à l'image d'Épinal du valeureux samouraï. Facilement accessible depuis Tôkyô, Aizu Wakamatsu est située au pied du mont Bandai et du parc naturel du même nom, une destination courue pour ses lacs volcaniques, dont le vaste Inawashiro et son domaine skiable.

Situation : à 200 km S.-O. de Sendai, 300 km N. de Tôkyô, 570 km S. d'Aomori.

128 000 hab. ; préfecture de Fukushima.

🛈 dans la gare
☎ 0242/32.0688 et dans le château ☎ 0242/39.1111 ;
ouv. t.l.j. 9 h-17 h 30 ;
www.city.aizuwakamatsu.fukushima.jp

▲ L'akabeko, mascotte de la ville (→ encadré p. suiv.).

Aizu Wakamatsu mode d'emploi

Accès : train Tôhoku Shinkansen depuis Tôkyô, changer à Kôriyama 郡山 pour la ligne JR Banetsu 磐越 (2 h 30) ; ou ligne privée Tôbu 東部 (passe par Nikkô) depuis Tôkyô Asakusa 東京浅草, changer à Aizu Tajima 会津田島 pour la ligne Aizu Railways • bus JR et Aizu Bus 会津バス depuis Tôkyô Shinjuku.

Combien de temps : 1 journée entière.

Se repérer, se déplacer : la gare est un peu excentrée au N.-O. De là, la rue Byakko dôri va vers l'E. et Iimori yama, tandis que Chûô dôri (artère principale : boutiques, restaurants) plonge au S. vers le centre-ville. Celui-ci s'étend entre le carrefour Nanoka machi-Chûô dôri et le flanc E. du château. Certains sites (Buke yashiki, Oyaku-en) sont à l'opposé de la gare au S.-E., mais tous sont desservis par 2 lignes de bus qui partent de la gare (rouge dans le sens des aiguilles d'une montre, verte dans l'autre).

Manifestations : du 22 au 24 sept., **festival d'Automne** : grande parade à la gloire de l'histoire féodale et des héros de la ville ; des centaines de participants en costumes d'époque défilent dans le jardin du château et dans le centre.

À ne pas manquer

Une promenade
dans le jardin Oyaku-en★★★ 461

La villa de samouraï
Buke yashiki★★ 460

Le sentier des « bassins
aux cinq couleurs★★ » (Environs) 462

Voir carte régionale p. 456

Visiter Aizu Wakamatsu

■ La colline Iimori yama★ 飯盛山
À 15 mn de la gare en bus • ouv. t.l.j. 8 h-17 h, 8 h 30-16 h 30 de déc. à mars.
Les Japonais s'y rendent comme en pèlerinage pour célébrer la mémoire des **Tigres blancs** *(Byakkotai → encadré p. 462)*. En haut des marches *(escalator payant)*, les **tombes** des samouraïs (19 car l'un d'eux survécut ; *sur la g.*) où brûlent des bâtonnets d'encens. À dr., **deux monuments** jettent un froid : une colonne surmontée d'un aigle offerte par Mussolini et dédicacée « à l'esprit du bushido » et une stèle nazie de 1935. Entre les deux, quelques marches mènent à l'endroit où les Tigres blancs se suicidèrent, d'où on aperçoit à peine le château de Tsuruga *(au loin sur la colline la plus à dr.)*, mais la **vue★** y est surprenante.
En redescendant le grand escalier, dans la galerie commerçante, un petit **musée★** délabré présente de vieilles photos et un tableau des *Byakkotai* ; on croise ensuite le **temple Sazae-dô★★** さざえ堂 *(ouv. de 8 h 15 au coucher du soleil, 9 h-16 h de déc. à mars)* avec son étonnant double escalier en spirale et ses 33 statues de la déesse Kannon. Au bas de la colline, le **musée des Byakkotai** 白虎隊記念館 (Byakkotai kinenkan ; *ouv. t.l.j. 8 h-17 h, jusqu'à 16 h 30 de déc. à mars)* retrace leur histoire et l'engouement des Japonais pour ce tragique destin.

Prendre le bus touristique pour Bukeyashiki mae 武家屋敷前 *ou descendre la grande rue sur 2 km vers le S. puis prendre à g.*

■ L'Aizu Buke yashiki★★ 会津武家屋敷
☎ *0242/28.2525 • ouv. t.l.j. 8 h 30-17 h, 9 h-16 h 30 de déc. à mars.*
C'est dans cette luxueuse *yashiki* (villa reconstituée, l'originale étant partie en fumée en 1868) que vivait le dernier grand chef du clan Aizu, **Saigô Tanomo** (1829-1905). Un parcours fléché permet de déambuler entre les bâtiments et les 38 pièces de la demeure découpée en 4 parties : réception des invités de marque, bureaux du chef du clan, pièces familiales et pièces des serviteurs. L'une d'elles rejoue à l'aide de mannequins le tragique épisode du suicide de toute la famille de Saigô Tanomo le 23 août 1868 : alors que les troupes impériales approchaient de la demeure à la fin de la guerre de Boshin, la femme du seigneur poignarda ses filles et se trancha la gorge. 21 membres de la famille feront de même.

Les spécialités d'Aizu Wakamatsu

• **Poupées** *okiagari koboshi*, petit culbuto en papier mâché représentant un personnage • **Akabeko**, petite vache rouge dont la tête dodeline sur son axe, déclinée sous toutes les formes • Aizu Wakamatsu est réputée depuis plus de quatre siècles pour son **saké** : une dizaine de brasseurs sont encore en activité et les amateurs visiteront le **musée historique du Saké** 会津酒造歴史観 (Aizu shuzô rekishi-kan ; *Kitademaru, à 10 mn de l'entrée N. du château • ouv. 8 h 30-17 h, 9 h 30-16 h de déc. à mars)* • Poisson cuit à la vapeur dans un récipient en bois et posé sur un lit de riz, le **wappa meshi** est le plat emblématique de la ville ; plusieurs restaurants sur Chûô dôri et Nanoka machi dôri, où l'on dégustera aussi des **dengaku**, brochettes de légumes grillées à la sauce *miso* • L'artisanat de la **laque Aizu nuri** est parmi les plus fameux du pays avec ceux de Wajima et Aomori, grâce au soutien des seigneurs locaux depuis 500 ans ; voir le **musée-boutique Suzuzen** 鈴善 sur Chûô dôri • Les **bougies** traditionnelles locales sont décorées de fleurs aux couleurs vives peintes à la main.

La résidence comporte aussi un salon de cérémonie du thé (apanage de la classe des samouraïs), un sanctuaire shintoïste, une ancienne rizerie (où l'on traitait le riz après la récolte), un petit **musée de Trésors bouddhiques**★ et un autre retraçant à l'aide de passionnants clichés l'**histoire du clan**.

Prendre le bus touristique pour Oyaku-en ou remonter la grande rue qui aboutit à l'Aizu Buke yashiki.

■ Le jardin Oyaku-en★★★ 御薬園
8-1, Hanaharu machi • ouv. 8 h 30-17 h • entrée payante.
Dans ce jardin de 1,7 ha dessiné dans un style typiquement japonais, les seigneurs du clan Aizu ont pris l'habitude de cultiver des **plantes médicinales** depuis 1670, notamment du ginseng coréen, d'où son nom « jardin médicinal ». On y trouve encore près de 400 variétés de fleurs et d'arbres, ce qui rend la visite des plus agréables au printemps. Le jardin *(à dr. de la zone botanique)* s'étend autour d'un **bassin** central agencé selon la forme du caractère *kokoro* (心 cœur) et reproduisant en miniature montagnes, mers et forêts. Face au bassin, dans le somptueux **pavillon de thé Ochaya-goten**★★ お茶屋御殿 (époque Muromachi), les seigneurs d'Aizu conviaient leurs invités de marque à profiter de la beauté des lieux. On peut y boire un bol de *matcha* (thé vert en poudre) dans une atmosphère d'une rare sérénité, le regard perdu sur le bassin peuplé de carpes, au milieu duquel une petite île accueille une autre maison de thé.

Prendre le bus touristique pour Tsurugajô kitaguchi (entrée N.) 鶴ケ城北口 ou Tsurugajô sannomaru 鶴ケ城三の丸 (entrée E.) ou remonter la rue Hanaharu jusqu'au château.

■ Le château Tsuruga-jô
鶴ケ城
Bâti il y a plus de six siècles, détruit lors de la guerre civile de Boshin et reconstruit en 1965, le château d'Aizu exhibe larges remparts et douves isolant une île centrale où émerge la tour du château, **Tenshukaku**★ 天守閣 *(ouv. t.l.j. 8 h 30-17 h ; f. 1ʳᵉ sem. de mai et de déc.)*. À l'intérieur, très jolie **vue**★ sur la ville et musée d'histoire locale. À l'angle S.-E. du site, **Rinkaku**★★ 麟閣 est un ancien pavillon au toit de chaume où l'on s'adonne aux

▲ L'imposant château d'Aizu.

plaisirs du thé vert. On peut ensuite ressortir à l'E. par le pont **Rôka bashi** 廊下橋 et le mur d'enceinte **Takaishigaki** 高石垣, haut de 19 m et réputé imprenable même pour des *ninja*.

Environs d'Aizu Wakamatsu

① Kitakata 喜多方 *20 km* N.
15 mn en train JR Banetsu 磐越 ❶ *à g. de la gare ; ouv. 8 h 30-17 h.*
Cette bourgade dynamique et commerçante produisait saké, *miso*, riz et charbon de bois pour approvisionner sa voisine. D'où ces centaines de *kura*, entrepôts aux épais murs de boue, qui se visitent encore aujourd'hui. Même le

Sur le rabat arrière de la couverture, un Tableau chronologique indique les périodes de l'histoire japonaise. En fin de volume, le Petit dictionnaire répertorie le vocabulaire spécifique.

temple Ansho-ji et le bureau de poste y sont installés ! Emprunter la rue face à la gare pour rejoindre *(20 mn)* le **centre-ville**, sa grande rue commerçante Fureai dôri, ses musées (Kitakata kurazashiki pour les *kura*, Yamatogawa pour le saké, et un musée des Laques). Inutile d'y passer plus d'une demi-journée, mais escapade très agréable à bord des **calèches touristiques** *(1 h • départ devant la gare)* avant un bol de nouilles *râmen*, grande spécialité locale.

2 Les lacs de Bandai★ 磐梯 *à l'E.*
ⓘ *Bandai : http://e-bandaisan.com*

1888 : une forte éruption du volcan Bandai donne naissance à un haut plateau (Bandai kôgen) et à un chapelet de 300 lacs et bassins au milieu d'une forêt touffue. Devenu le deuxième **parc naturel** du pays en taille, **Ura Bandai** 裏磐梯 est une destination populaire et dépaysante à moins de 1 h d'Aizu Wakamatsu.

• **Le lac Inawashiro-ko★** 猪苗代湖 *(à 30 km E. ; accès en 30 mn par train JR Banetsu* 磐越 *, gare d'Inawashiro* 猪苗代*, ou en 45 mn par bus Aizu* 会津バス ⓘ *à g. de la gare d'Inawashiro ; ouv. 8 h 30-17 h)*. Il est le plus facile d'accès mais offre peu d'attractions sinon des **plages** (notamment Naga hama, rive N.-O.) en été. L'hiver, outre les cygnes qui barbotent sur le lac, la douzaine de pistes du domaine Inawashiro-jô (versant S. du mont Bandai) est tout indiquée aux skieurs ; la Coupe du monde de ski acrobatique y était organisée en 2008.

À quelques km au N.-E. du lac, le **Tenkyôkaku★** 天鏡閣 *(accès par bus Aizu, 15 mn depuis la gare d'Inawashiro* ☎ *0242/65.2811 • ouv. 9 h-16 h 30)* est une résidence d'été somptueuse et ancienne de la famille impériale.

• **Goshiki numa★★** 五色沼 *(à 50 km N.-E. d'Aizu Wakamatsu ; accès par bus Aizu de la gare d'Inawashiro à Goshikinuma iriguchi* 五色沼入口 *– 25 mn – ou Bandai kôgen eki* 磐梯高原駅 *– 30 mn* ⓘ *Centre des visiteurs à côté de l'arrêt de bus Goshiki numa ; ouv. t.l.j. sf mar. 8 h 30-16 h)*. Environnement volcanique oblige, ce chapelet d'une douzaine de lacs abrite très peu de poissons, mais jouit d'une exceptionnelle clarté et de couleurs qui varient en fonction de la lumière et de la saison (du fait des sédiments volcaniques) – d'où ce surnom *go-shiki-numa*, « bassins aux cinq couleurs ». Un sentier de **randonnée★★** de 3,7 km *(1 h)* serpente entre eux et aboutit au **lac Hibara-ko★★** 桧原湖, le plus grand du parc, à l'étrange forme de crochet. Il est constellé d'îlots et attire de nombreux campeurs ; plusieurs trajets possibles en bateau et sur pistes cyclables.

Les Tigres blancs de la guerre de Boshin

Loin d'être totalement pacifique, la restauration de Meiji s'est achevée dans le sang lors de la guerre civile de Boshin (1868-1869), qui demeure le dernier coup d'éclat de la classe des samouraïs avant sa disparition. Plusieurs clans restés fidèles au pouvoir des Tokugawa affrontent les armées impériales, et alors que l'ensemble des provinces rebelles capitule, les dernières troupes hostiles à la modernisation du pays se retranchent dans le château d'Aizu Wakamatsu. C'est alors qu'intervient le geste tragique des Tigres blancs (*Byakkotai*), 20 jeunes samouraïs qui, postés sur la colline Iimori yama, aperçurent de la fumée s'élever du château de leur clan. Persuadés que les forces impériales qu'ils combattaient avaient pris le dessus, ils accomplirent tous le suicide rituel du seppuku… alors qu'aucun incendie ne ravageait le Tsuruga-jô en réalité (il brûlera néanmoins peu de temps après). Leur fidélité à la cause du shogun et aux valeurs du bushido (code d'honneur des samouraïs) est restée célèbre dans tout le Japon.

Aomori ★★ 青森

Blotti au fond d'une baie, le plus gros centre urbain du nord de Honshû, autrefois peuplé par les Aïnous, est une ville moderne et attachante dotée d'une forte identité culturelle et spirituelle. Détruit à 90 % par les bombardements américains de 1945, le centre affiche cette fadeur propre aux villes reconstruites. Mais le nord du Tôhoku est riche en littoraux, caps, paysages naturels et forêts touffues (*Ao-mori* signifie « la forêt verte »), et les deux péninsules qui enserrent la ville offrent différentes opportunités de visites d'une journée. Si celle de Tsugaru (à l'ouest) est le berceau de l'histoire et de la culture locales, la péninsule de Shimokita abrite l'un des sites les plus passionnants du Tôhoku : le mont Osore.

Situation : à 380 km N. de Sendai, 480 km S. de Sapporo, 740 km N. de Tôkyô.

305 000 hab. ; préfecture d'Aomori.

❶ dans le terminal de bus
☎ 017/723.4670 ; ouv. t.l.j. 8 h 30-17 h 30 • au 1ᵉʳ niveau du bâtiment ASPAM
☎ 017/734.2500 ; ouv. t.l.j. 8 h 30-17 h 15, jusqu'à 18 h de nov. à mars
• www.city.aomori.aomori.jp

☞ **POSTE ET DAB**
Poste principale à l'E. à côté du centre culturel
• annexe à g. de la gare.

Aomori mode d'emploi

Accès : **train** JR Tôhoku 東北 depuis Tôkyô jusqu'à Morioka puis train Tôhoku Honsen 東北本線 (5 h) ; ligne JR Tsugaru 津軽 depuis Sapporo ou Hakodate ; train-couchette depuis Tôkyô-Ueno et Ôsaka • **bus** depuis Morioka, Sendai, Tôkyô • **ferry** depuis Hakodate, Muroran 室蘭 • **avion**, départ de bus pour l'aéroport à la gare d'Aomori et devant ASPAM (Centre de tourisme de la préfecture d'Aomori).

Combien de temps : 1/2 j. pour découvrir la ville ; peuvent s'ajouter des excursions de 1 j. à Osore, Hirosaki (→ *p. 483*) ou au lac Towada (→ *p. 482*).

Se déplacer : à pied dans le centre-ville ; l'Aomori City Bus fait le tour des sites touristiques.

Manifestations : du 2 au 7 août, **Nebuta matsuri**★★ (→ *p. 458*).

Visiter Aomori et ses alentours

■ Le centre-ville

Délimité par la gare à l'O. *(terminal des bus sur la g. en sortant)* et la grande rue Yanagimachi dôri à l'E., reliées par les galeries de Shinmachi

À ne pas manquer	
Le mont Osore-zan★★★	468
Le festival Nebuta matsuri★★	465
La baie d'Aomori★	464

✎ **BON À SAVOIR**
Aomori reçoit parmi les plus fortes chutes de neige du pays. Le brouillard y est une autre « spécialité » locale.

Voir carte régionale p. 456

▲ Aomori, sa baie et son ferry devenu musée maritime.

dôri, ce rectangle fourmille d'hôtels, restaurants et boutiques, sans compter le **marché aux poissons** *(au r.-d.-c. de l'Auga Bldg, face à la gare • ouv. t.l.j. sf mer. 5 h-18 h 30)*, le sanctuaire Uto et le parc d'Aomori. Il est traversé par la rue Aspam dôri qui mène au front de mer. Avant l'océan, vous verrez l'imposante pyramide de verre **ASPAM** アスパム (Asupamu ; *à 5 mn de la gare* ☎ *017/735.5311 • ouv. t.l.j. 9 h-22 h, les boutiques jusqu'à 19 h*) qui renferme un étage panoramique *(entrée payante)* avec superbe **vue★** sur la baie ceinte de montagnes et des **ateliers-boutiques★** d'artisanat local : objets en laque, poupées *kokeshi* et surtout gracieuses broderies *tsugaru kogin* que les paysannes de la région réalisaient à l'époque Edo. En lin teint, brodées de motifs géométriques, elles comptent parmi les plus belles du Japon. Des concerts de *tsugaru-jamisen* ont lieu le samedi : il s'agit d'une version propre à Aomori du célèbre luth japonais shamisen. Ses cordes et sa caisse sont plus larges et son jeu beaucoup plus rythmique, rappelant le banjo, avec des sonorités blues. *Rens. à l'OT pour les représentations.*

De l'autre côté d'ASPAM, la jolie **baie d'Aomori★** est l'occasion d'une balade qui vous fera passer sous le **pont** (joli éclairage la nuit), face auquel est amarré le *Hakkôda maru* 八甲田丸 *(ouv. t.l.j. 9 h-19 h)* : ce long ferry à la coque jaune est l'alter ego du *Mashû maru* de Hakodate (→ p. 496), il faisait la liaison avec l'île de Hokkaidô avant d'être mis au chômage par un tunnel sous-marin et reconverti en musée maritime.

■ Sannai Maruyama 三内丸山 *à 10 km S.-O. de la gare*
30 mn en bus depuis l'arrêt n° 2 devant la gare, dir. Menkyo Center 免許センター, *descendre à Sannai-Maruyama Iseki mae* 三内丸山遺跡前 ☎ *017/781.6078 • ouv. t.l.j. 9 h-18 h, jusqu'à 16 h 30 d'oct. à mai • entrée gratuite • http://sannaimaruyama.pref.aomori.jp*

Le plus important site archéologique de la **civilisation Jômon** au Japon, installée là il y a 3 500 ans. Les vestiges de plus de 800 habitations ont été mis au jour depuis le début des fouilles dans les années 1950. Les objets exposés (vases coniques de style *ento*, figurines de terre, bijoux) donnent une idée de la vie quotidienne de cette époque et des relations du site avec d'autres peuplements.

■ Le mémorial Munakata Shikô★ 棟方志功記念館
(Munakata Shikô kinenkan) *à 5 km S.-E. de la gare*
2-1-2, Matsubara ☎ 017/777.4567 • 15 mn en bus • ouv. t.l.j. sf lun. 9 h 30-17 h.

Ce musée est dédié à l'un des plus célèbres citoyens d'Aomori, Munakata Shikô (1903-1975). Ses **gravures** sur bois (divinités bouddhiques, portraits de femmes, paysages) sont familières à nombre de Japonais depuis les années 1940. Parmi les 700 pièces du mémorial, on verra aussi ses calligraphies et peintures, témoignages d'une œuvre ancrée dans le folklore et les croyances du Japon ancien.

■ Le musée Nebuta no sato★ ねぶたの里 *à 10 km S.-E. de la gare*
1, Yaegiku, Yokôchi ☎ 017/738.1230 • 30 mn en bus JR depuis l'arrêt n° 9 devant la gare, dir. Aomori kôritsu daigaku 青森公立大学, arrêt Nebuta ねぶた • ouv. t.l.j. 9 h-17 h 30, jusqu'à 20 h de juin à sept.

Dans un vaste hall sont exposées les **figurines** en papier traditionnel, montées sur une armature en fil de fer, de la fête de Nebuta *(→ p. 458)*. Depuis le VIIIe s., ces figurines représentent l'âme d'Aomori pour ses habitants. On peut y observer de près leurs spectaculaires motifs au son des musiques traditionnelles. Chaque *nebuta* nécessite les efforts quotidiens de 20 personnes pendant trois mois. Ils mesurent 9 m de largeur, 7 m de profondeur et 5 m de hauteur et contiennent près de 800 ampoules éclairant la figurine de l'intérieur.

■ Le centre d'Art contemporain★★ 国際芸術センター青森
(Kokusai geijutsu sentâ Aomori) *à 15 km S.-E. de la gare*
152-6, Goshizawa, Yamazaki ☎ 017/764.5200 • 40 mn avec le même bus que le musée Nebuta, descendre à Aomori kôritsu daigaku • ouv. t.l.j. 10 h-20 h • entrée gratuite.

Sur le modèle des festivals et d'expositions d'art contemporain en plein air qu'affectionne le Japon, ce centre est un havre de paix naturel et artistique bâti au milieu d'une luxuriante forêt par le célèbre Andô Tadao *(→ encadré p. 408)* en 2001. On peut y voir une série de sculptures disposées dans un environnement naturel (remarquable expérience en hiver sous la neige), assister à des expositions et des représentations dans une galerie en forme de fer à cheval. La visite vaut autant pour la richesse des projets présentés que pour l'« architecture invisible » des lieux, voulue par Andô Tadao en pleine harmonie avec son environnement.

La péninsule de Shimokita★★ 下北半島
(Shimokita hantô)

Accès : bus directs depuis Aomori (2 h 30) • **train** JR Ôminato 大湊, via Noheji 野辺地, descendre à Shimokita 下北 (gare au S. de Mutsu) puis prendre un bus pour Mutsu (1 h 45 en tout) ou descendre au terminus Ôminato et prendre un bus JR pour Mutsu.

■ Mutsu むつ *120 km N.-E.*
ⓘ *Masakari Plaza, à côté de la gare Tanabu 田名部, 1-20-25, Yanagi machi ; ouv. t.l.j. 8 h-17 h.*

Au centre de la péninsule, c'est la capitale locale : on y trouve hôtels, restaurants, un OT et un réseau de transports. Mutsu a deux gares routières, municipale et JR (appelée Tanabu Station 田名部駅) d'où partent les bus pour Wakinosawa 脇野沢, Osore 恐 et Ôma 大間.

▶▶▶

THÉMA

Les sanctuaires shintoïstes

Alors que *ji* et *tera* sont les suffixes qui désignent habituellement les temples bouddhistes, les noms des sanctuaires shintoïstes sont toujours suivis des mots *gû* ou *jingû* pour les plus grands, de *taisha* pour ceux de taille intermédiaire et de *miya* ou *jinja* pour les sanctuaires locaux. Les deux types de construction étant assez semblables, l'élément qui permet de les distinguer à coup sûr d'un temple est le portique *(torii)* placé à chacune de ses entrées, symbole de la religion shintoïste *(shintô)*.

▲ Le mot *torii* (portique) évoque aussi le perchoir, les oiseaux étant traditionnellement, dans le shintoïsme, des messagers entre les hommes et les divinités.

■ Le domaine des *kami*

Le *torii* symbolise le passage du monde terrestre au monde sacré des dieux *(kami)*, comme le suggère l'une de ses étymologies possibles, *tori-iru* : passer et entrer. Écrit avec un autre caractère, *tori-iru* signifie « le lieu où se trouve l'oiseau ». L'un d'entre eux, le coq, joue un rôle particulier puisque, par son chant, il a le pouvoir de faire apparaître Amaterasu, déesse du Soleil, divinité tutélaire du Japon et ancêtre supposée de la famille impériale.

■ Un espace sacré

À l'origine, les sanctuaires shintoïstes étaient construits dans des lieux isolés par de l'eau, des montagnes ou une forêt, mais le manque de place fait que peu d'entre eux répondent aujourd'hui à cette exigence. La séparation avec le monde profane est marquée, outre par le *torii*, par des symboles comme les cordes de chanvre *(shimenawa)* ou des chaînes réalisées avec du papier blanc plié *(gohei)*. Tous les sanctuaires sont « gardés » par deux statues représentant des animaux mi-chiens mi-lions *(koma-inu)*, l'un à la bouche ouverte, l'autre à la bouche fermée. À eux deux, ils représentent l'ensemble des forces cosmiques régissant l'univers. Parfois, les chiens-lions sont remplacés par d'autres animaux. C'est le cas du Hie-jinja, à Tôkyô, gardé par deux guenons, symboles de la naissance, ou du Fushimi Inari-taisha, à Kyôto, confié à des renards, messagers d'Inari, le dieu des céréales.

■ Une architecture très simple

En règle générale, les sanctuaires se composent de deux bâtiments principaux : le **honden**, souvent recouvert d'un toit de chaume, où réside la divinité et dont l'accès est strictement interdit aux visiteurs, et le **haiden** réservé aux cérémonies. S'y ajoutent parfois des petits oratoires *(masha)* destinés aux prières individuelles ainsi qu'une boutique où l'on peut acheter divers porte-bonheur. Les plus populaires sont des plaquettes votives en bois *(enma)* ornées d'un signe du zodiaque chinois et sur lesquelles chacun peut écrire son vœu. La plaquette est ensuite accrochée sur un portant parmi des centaines d'autres. Enfin, les grands sanctuaires possèdent souvent une scène de théâtre nô (des représentations y sont régulièrement données ; → *Les arts de la scène, p. 147*) ainsi que des installations permettant d'accueillir des sports « sacrés » comme le sumo (→ *théma p. 182-183*) ou le tir à l'arc (→ *encadré p. 221*).

■ Une pratique religieuse très libre

Lorsqu'un visiteur pénètre dans un sanctuaire, il doit d'abord se purifier en se rinçant les mains et la bouche : un bassin *(chôzuya)* avec plusieurs louches en bois ou en étain est toujours situé à l'entrée à cet effet. Il se dirige ensuite vers l'entrée du *haiden* où il peut prier ou formuler un vœu. Pour cela, il doit d'abord attirer l'attention de la divinité en agitant la cloche (quand il y en a une) ou en tapant plusieurs fois dans ses mains. Il est également d'usage, avant de prier, de jeter quelques pièces de monnaie destinées à l'entretien du sanctuaire. Mais la « pratique » shintoïste n'exige pas tel ou tel comportement précis. Certains ne font que traverser le sanctuaire lorsqu'il se trouve sur leur chemin où y amènent leurs enfants comme s'il s'agissait d'un square ; d'autres y apportent des offrandes (des fruits, un verre de saké…) lorsqu'ils ont une demande particulière.

▲ Bassin de purification à l'entrée du sanctuaire.

■ Une fête permanente de la vie

Les sanctuaires shintoïstes sont profondément intégrés à la vie des Japonais, laquelle est ponctuée de cérémonies. Le jour de la fête des Enfants, par exemple, les petits garçons de cinq ans et les fillettes de trois et sept ans se rendent au *jinja* en grand costume afin d'être présentés à la divinité. C'est également au sanctuaire qu'a lieu le mariage religieux, les futurs époux échangeant leurs vœux après avoir bu chacun trois coupes de saké. Une fois par an, à des dates extrêmement variables, les sanctuaires invitent la population à participer à leur *matsuri*, un festival au cours duquel on transporte la divinité à travers la ville dans des temples portatifs appelés *mikoshi*. Ces défilés en costume figurent parmi les événements les plus spectaculaires qu'on puisse admirer au Japon.

◄ Arbre à vœux et plaquettes votives en bois.

▶▶▶ ■ **Le mont Osore-zan**★★★ 恐山
20 km O. de Mutsu, 120 km N.-E. d'Aomori
Accès en bus Shimokita kôtsu 下北交通 *depuis la gare Tanabu de Mutsu (30 mn) ou depuis les gares de Shimokita et Ôminato (45 mn)* • *ouv. t.l.j. 6 h-18 h* • *entrée payante.*

Des trois montagnes sacrées de la spiritualité japonaise (avec le mont Hiei à Kyôto et le mont Kôya, → p. 392 et 333), c'est sans doute la plus effrayante : une forte odeur de soufre, un décor aride et lunaire, un silence de mort brisé par le seul cri des corbeaux confèrent à son environnement désolé une atmosphère mystique.

La première partie du sanctuaire est délimitée par le temple **Bodai-ji**★ 菩提寺 qui s'élève au bout d'un passage bordé de temples secondaires et, après le passage de la **porte sanmon**★★ 三門, de trois mansardes en bois qui abritent des **sources chaudes**★★ *(se renseigner pour prendre un bain, expérience très rare dans un lieu sacré)*. Un chemin *(à g. du temple)* conduit vers l'autre partie d'Osore, un paysage infernal fait d'escarpements volcaniques d'où s'échappent des fumerolles et ponctué de nombreuses statues de Jizô (divinité des morts), de monticules de pierres recouverts de pièces de monnaie laissées par les pèlerins, noircies par les vapeurs de soufre, et de petites éoliennes colorées qui symbolisent les âmes des morts.

Entre « lac de sang » et « rivière des âmes », les routes convergent vers **Usori yama**★★ 宇曽利山. Cet inquiétant lac volcanique, dont l'acidité a banni toute vie aquatique, sépare le monde des vivants de celui des morts. Sur sa rive (Gokuraku hama, « plage du paradis »), on vient brûler de l'encens et abandonner pour les défunts quelques mets, en général emportés par les corbeaux.

■ **Le reste de la péninsule**★★
Après la visite d'Osore-zan, longer la côte O. en partant du **cap Ôma** 大間岬 (Ôma misaki), point le plus au N. de Honshû *(liaisons par ferry avec Hakodate, sur Hokkaidô)* pour atteindre les aiguilles de **Hotokega'ura**★★ 仏ヶ裏 (3 km de falaises tout indiquées pour les amateurs de photo) puis le joli port de **Wakinosawa**★ 脇野沢. Possibilité d'y prendre un ferry pour Aomori *(1 h, départs à 8 h 30 et 14 h)* ou Kanita 蟹田, sur la péninsule de Tsugaru 津軽 *(trains pour Aomori ou Hokkaidô)*. On trouve à proximité, dans le **parc Yaen** やえん公園, une tribu de centaines de macaques sauvages estampillés « singes les plus nordiques du monde ».

▲ Les nombreuses offrandes (saké, boulettes de riz, bonbons, sandales pour aider le dieu Jizô à traverser les enfers) que les pèlerins disposent un peu partout rendent le paysage du mont Osore à la fois émouvant et fantastique.

☞ MANIFESTATION À OSORE-ZAN
Deux fois par an (du 20 au 24 juil. et début oct.) a lieu le festival Osore-zan Taisai 恐山大祭, lors duquel les pèlerins viennent en masse communiquer avec les morts. De longues files se forment alors devant les tentes des *itako*, femmes aveugles de naissance qui, moyennant 3 000 yens, établissent un lien avec le défunt en égrenant des chapelets et en récitant des incantations en dialecte local. Une cérémonie qui s'apparente au chamanisme, mais sans rituel de possession ni visions.

À l'extrême E. de la péninsule, le cap Shiriya est occupé en hiver par les chevaux sauvages de Kandachime, connus pour paître tranquillement malgré le froid hivernal.

Sendai★★ 仙台

Le tout premier visiteur japonais en France venait de Sendai ! C'était en 1615, à une époque où la ville rayonnait de la gloire de Date Masamune. Aujourd'hui capitale économique et culturelle du Tôhoku, Sendai porte toujours la griffe de ce puissant seigneur médiéval mais y allie une modernité qui fait son caractère : son urbanisme d'après-guerre et sa médiathèque, la jeunesse de ses habitants qui se rassemblent pour la fête de Tanabata, ses universités, ses zones commerçantes et son quartier animé Kokubun-chô en font une étape incontournable du Tôhoku. Sendai est la porte d'entrée de l'un des sites touristiques les plus célèbres du Japon : la jolie baie de Matsushima, constellée d'une centaine d'îlots où se visitent parmi les plus beaux temples de la région.

Situation : à 190 km N.-E. d'Aizu Wakamatsu, 375 km N.-E. de Tôkyô, 380 km S. d'Aomori.

1,1 million d'hab. ; préfecture de Miyagi.

❶ dans la gare (B2), à l'étage ☎ 022/222.4069 ; ouv. t.l.j. 8 h 30-20 h ; www.city.sendai.jp/kikaku/kokusai/france (en français) • au Sendai International Center (A2), à proximité du Musée municipal ☎ 022/265.2471 ; ouv. t.l.j. 9 h-20 h ; www.sira.or.jp

Alliance française de Sendai : à 5 mn à pied de la gare sur Hirose dôri, 3e ét. du Daisan Shira'ume Bldg ☎ 022/225.1475 ; www.alliancefrancaise-sendai.org ; ouv. du lun. au ven. 10 h-18 h 30, jeu. à partir de 14 h et sam. jusqu'à 17 h.

▼ En janvier, purification par les flammes au Dontosai matsuri.

À ne pas manquer

La médiathèque★★★	471
Le mausolée Zuihô-den★★	471
Le temple Zuigan-ji★★ à Matsushima (Environs)	473
L'île Fukuura jima★★ à Matsushima (Environs)	474

Sendai mode d'emploi

Accès : train Tôhoku Shinkansen 東北新幹線 depuis Tôkyô (1 h 40 en express) • **bus** Tôhoku kyûkô 東北急行 depuis Tôkyô, Nagoya, Aomori, Kyôto, Ôsaka, Akita 秋田 ; terminaux longues distances à 5 mn au N. de la gare • **avion** depuis les grandes villes japonaises et liaisons vers l'Asie (aéroport à 40 mn de la gare en navette) • **ferry** depuis Nagoya et Tomakomai (Sapporo) ; port au N.-O. du centre (à 40 mn en bus).

Voir carte régionale p. 456

☞ POSTE ET DAB
Dans la gare (B2), à l'étage. Poste centrale : 1-7, Kitame machi (B2) ; remonter Kitame machi dôri depuis la gare puis à g. sur Higashi-nibancho dôri.

Sendai est jumelée avec Acapulco, Minsk, Dallas et… Rennes. Les deux villes ont fêté le 40ᵉ anniversaire de leur amitié en 2007.

✐ SPÉCIALITÉ
La langue de bœuf (*gyûtan* 牛タン) est servie habituellement en tranches grillées et salées ; certains oseront les steaks ou sushis de langue.

♥ TRAITEUR
Sasabu no sato 笹生の里 (A2) : Loople Bus arrêt n° 3 ; ouv. t.l.j. 8 h 30-18 h, jusqu'à 18 h 30 d'avr. à sept. Célèbre producteur de *sasakamaboko*, petites quenelles de poisson en forme de feuilles de bambou qui font partie du patrimoine culinaire de Sendai. Goûts variés.

▲ Date Masamune, seigneur de Sendai.

⩽ PANORAMA
Joli panorama en montant au 31ᵉ ét. du bâtiment AER (B1 ; gratuit).

Combien de temps : 1 journée entière.

Se déplacer : Sendai se visite à pied, en métro et en Loople Bus, ligne qui fait le tour des sites touristiques, départs de la gare de 9 h à 16 h toutes les 20-30 mn ; possibilité de prendre un ticket de bus à la journée pour un nombre illimité de trajets (One Day Ticket).

Manifestations : le 14 janv., **Dontosai matsuri** : fête de purification pour la nouvelle année, des hommes presque nus paradent au sanctuaire Hachimangû *h. pl. par A1* et brûlent des décorations • le 3ᵉ w.-e. de mai, **Aoba matsuri** : fête de printemps, défilé en costumes de samouraïs et danses • du 6 au 8 août, **Tanabata matsuri** : la « fête des Étoiles » de Sendai est l'une des plus célèbres du Japon, 2 millions de visiteurs viennent admirer ses guirlandes multicolores attachées à des mâts de bambou et son feu d'artifice.

Sendai dans l'histoire

La ville est marquée par l'empreinte de **Date Masamune** (1567-1636), *daimyô* charismatique dont on retient surtout le surnom « Dragon borgne » (la variole lui fit perdre un œil dans sa jeunesse) et le casque orné d'une demi-lune. Seigneur cruel et vengeur, il se fait rapidement une mauvaise réputation, mais sa fidélité au futur shogun Tokugawa Ieyasu est récompensée : Date reçoit en 1600 un immense fief qui fait de lui l'un des plus puissants seigneurs du Japon. Il s'installe en 1604 dans le petit port de Sendai et en fera bientôt une cité prospère (grands travaux, culture du blé, salines…). On dit que son agressivité et ses mauvaises manières l'ont empêché de devenir lui-même shogun… Mais Date était aussi un fin stratège, un esthète féru de théâtre nô et de calligraphie, un homme ouvert au contact avec les étrangers et au christianisme.

Visiter Sendai

■ Le centre-ville* B1-2
Sortie O. de la gare.
Du **bâtiment AER** *(à dr. en sortant de la gare)* part la **Chûô dôri** 中央通 (ou Clis Road), galerie saturée de boutiques comme la grande rue qu'elle longe, **Aoba dôri** 青葉通 *(principale artère de Sendai, un bloc plus au S.)*. Toutes deux aboutissent sur la galerie **Higashi Ichibanchô dôri** 東一番庁通, qu'il faut remonter à dr. pour arriver *(200 m à g.)* dans le plus grand quartier de divertissement du Tôhoku :

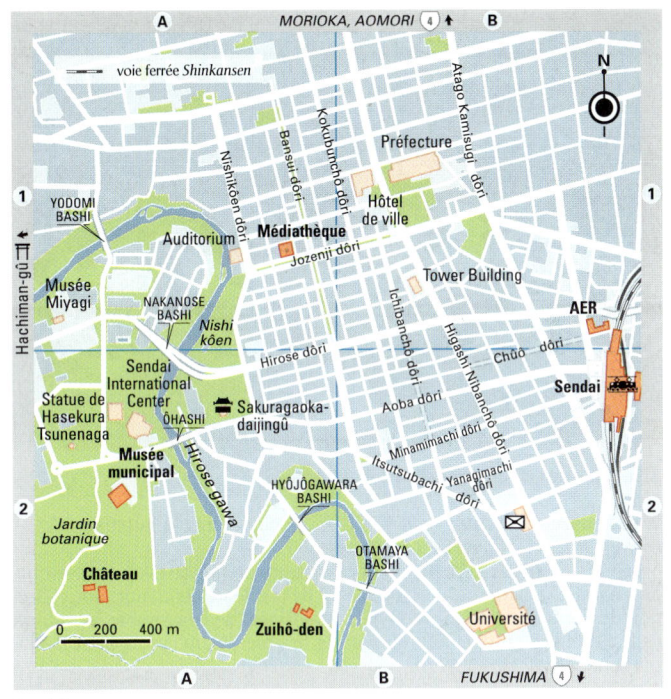

Sendai.

Kokubun-chô★★ 国分町. Ambiance bruyante avec ballet de taxis et overdose d'enseignes lumineuses, idéal pour goûter au plat emblématique de Sendai : la langue de bœuf.

Kokubun-chô et Ichibanchô dôri débouchent au N. sur l'avenue **Jôzenji dôri** 上善寺通, plantée d'ormes, où se tient en été un festival de jazz de rue *(2ᵉ sem. de sept.)* et lieu d'implantation de la célèbre **médiathèque de Sendai**★★★ 仙台 メディアテーク *(2-1, Kasuga machi* ☎ *022/713.3171 • M° Kotodai kôen, Loople Bus arrêt n° 9 • ouv. t.l.j. 9 h-21 h • entrée libre)*. Son architecte Itô Toyô a empilé six plateaux carrés de 2 500 m² de côté reposant sur 13 colonnes et habillés d'une peau de verre. Sans doute le plus bel ouvrage contemporain au N. de Tôkyô.

■ Le Zuihô-den★★ 瑞鳳殿 A2
Loople Bus, arrêt n° 4 • ouv. t.l.j. 9 h-16 h 30, jusqu'à 16 h en déc. et janv.
Après une vertigineuse volée de marches au milieu d'une dense forêt de cèdres, on passe la **porte Nehan-mon**★ 涅槃門 pour pénétrer dans le mausolée de Date Masamune, bâti en 1637 selon ses dernières volontés. Entre les couleurs éclatantes des reliefs sculptés et les dorures de ses portes, le **pavillon**★★ est un magnifique exemple de l'architecture riche et ampoulée de style Momoyama. Mais attention, rien n'est d'époque : le Zuihô-den original est parti en fumée en 1945, et celui-ci date de 1979. À g. du pavillon, un petit **musée**★ rassemble des pièces mises au jour lors de fouilles, par exemple de supposés cheveux de Date Masamune et des pièces d'armures.
La colline Kyogamine accueille aussi les mausolées de Tadamune (Kansen-den) et Tsunamune (Zenno-den), successeurs de Masamune.

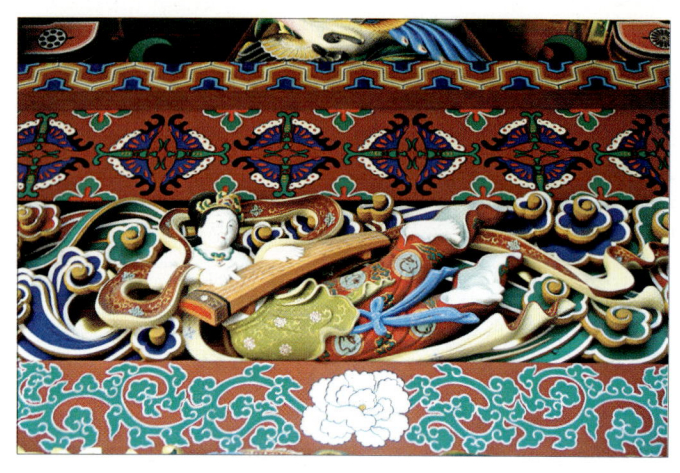

▲ Le Zuihô-den arbore des décorations bigarrées.

■ **Le Musée municipal** 仙台市博物館 (Sendai-shi hakubutsukan) A2
Loople Bus, arrêt n° 5 • ouv. t.l.j. sf lun. 9 h-16 h 45.
Entre autres pièces héritées de la glorieuse époque de Date Masamune, on y admire son armure, au casque orné de la célèbre demi-lune, une collection de portraits du seigneur, et des témoignages de l'incroyable expédition de Hasekura en Europe dont un portrait le représentant avec le pape Paul V (→ *encadré p. 474*).

■ **Le château de Sendai** 青葉城 (Aoba-jô) A2
Loople Bus, arrêt n° 6.
Construit en 1601 par Date Masamune sur une colline, il est aujourd'hui réduit à quelques vieilles pierres et une tour de garde reconstruite. Le site offre néanmoins une **vue★★** spectaculaire sur Sendai, un bronze de Masamune en armure et une **salle d'exposition★** 青葉城資料展示館 (Aoba-jô shiryô tenjikan ; *ouv. t.l.j. 9 h-17 h*) qui montre que le château était aussi un somptueux palace où les Date vécurent pendant 270 ans.

Environs de Sendai

Arrivé à Matsushima, le poète Bashô fut à tel point frappé par sa beauté que les mots lui manquèrent et qu'il ne put qu'écrire : « Ah ! Matsushima. Matsushima, ah ! Ah ! Matsushima. » Cette anecdote tient peut-être de la légende mais une chose est sûre : la beauté des lieux souffre terriblement de la surexploitation touristique. Évitez absolument week-ends et jours fériés.

1 Shiogama★ 塩竈 *15 km N.-E.*
Accès en train JR Senseki 仙石, *arrêt Hon-Shiogama* 本塩竈 *(20 mn)* ❶ *dans la gare ; ouv. 8 h 30-17 h 15.*
Blotti au S. de la baie de Matsushima, c'est un port affairé qui réalise parmi les plus importantes prises de thon du pays. Plusieurs sites célèbrent la pêche : le sanctuaire **Shiogama-jinja★** 塩竈神社 *(à 15 mn à pied de la gare)*, où les pêcheurs vénèrent depuis 1 200 ans les *kami* des océans ; le **marché aux poissons★★** et ses enchères du matin où sont écoulés d'énormes stocks de thon, à quelques

minutes du **Shiogama Marine Products Center** 塩竈水産物仲卸市場 où l'on peut acheter au détail. Plutôt que de rejoindre Matsushima en train, très agréable excursion à bord des ferries partant du **Marine Gate** *(9 h-17 h, départs toutes les 30 mn, 50 mn de trajet).*

2 Matsushima★ 松島 *25 km N.-E. de Sendai*
Accès en train JR Senseki, arrêt Matsushima kaigan 松島海岸 *(30 mn)* ❶ *dans le terminal des ferries (ouv. 8 h 30-17 h) et à côté de la gare (ouv. 9 h-16 h 30, jusqu'à 17 h d'avr. à nov. et les w.-e.).*
Matsushima fait partie des *Nihon sankei*, les trois paysages les plus célèbres du Japon, avec Miyajima (→ *p. 432*) et Amanohashidate (préfecture de Kyôto). Cette classification revient au penseur confucéen Hayashi Razan (XVIIe s.)

- Depuis la gare, une route mène directement au Zuigan-ji (→ *ci-après*) et passe devant l'**Entsu-in★★** 円通院 *(ouv. 8 h-17 h)*, mausolée du petit-fils de Date Masamune, empoisonné à 19 ans. Son surnom « temple de la Rose » vient de sa **porte principale**, décorée d'une peinture à l'huile (la plus ancienne connue au Japon) représentant une rose et une jonquille, rapportée de son périple par Hasekura Rokuemon *(→ encadré p. suiv.).* Autour, une splendide **roseraie** et un **jardin★★★** de pierres et de mousses figurant la baie de Matsushima. Face à la sortie, une ruelle passe devant un original **genévrier de Chine★** vieux de plus de 700 ans et aux branches curieusement entremêlées.

- Au bout de la rue s'élève le plus célèbre **temple zen** du Tôhoku, le **Zuigan-ji★★** 瑞巌寺 *(ouv. 8 h-17 h, jusqu'à 15 h 30 d'oct. à mars)*, édifié en 828 par des moines de la secte Tendai puis embelli dans le style Momoyama par Date Masamune. L'édifice porte ainsi la marque du grand seigneur de Sendai avec ses plafonds lambrissés, ses traverses, ses paravents dorés représentant aigles, chrysanthèmes, pins et paons. Certains sont des reproductions, mais le petit **musée des Trésors Seiryû-den★** 清流殿 *(à g. du temple • entrée comprise dans le billet)* exhibe des originaux ainsi que d'intéressantes statues. Observez attentivement celle de la fille de Date Masamune arborant un rosaire : elle fut une fervente chrétienne à une époque où cette religion était interdite au Japon.

Redescendre du Zuigan-ji par le parc ombragé de cèdres. Le chemin à g. dessert des cavités rocheuses tapissées de mousse et utilisées comme monuments funéraires. Devant elles, une dizaine de statues représentent la déesse Kannon dans diverses postures.

✐ BON À SAVOIR
Brochure et plan en français *La Baie de Matsushima* disponibles auprès des OT.

♔ PANORAMA
On dit que quatre collines offrent les plus beaux panoramas sur la baie : Sôkan-zan et Ogitani sont accessibles en 30 mn à pied à l'O. d'Oshima, Saigyô Modoshi no matsu derrière la gare et Shintomi yama au N.-O. de la ville.

♥ RESTAURANT À MATSUSHIMA
Ungai 運街 ☎ 022/353.2626 ; ouv. 11 h-14 h. Cuisine bouddhique végétarienne *(shôjin ryôri)*, vue sur le jardin voisin de l'Entsu-in. Rés. obligatoire.

☞ SPÉCIALITÉ
Les huîtres sont le plat emblématique de Matsushima, et le festival Kaki matsuri les honore (1er w.-e. de fév.). Éviter les restaurants qui bordent la baie, souvent chers et de piètre qualité.

✐ SORTIES EN MER
Plusieurs compagnies assurent des trajets en ferry dans la baie. Trois parcours sont proposés entre 40 mn et 1 h 30, départs toutes les 30 mn en saison, de 9 h à 16 h. Rens. à l'embarcadère et à l'OT face à la baie.

▲ Portrait de Hasekura Rokuemon conservé au Musée municipal de Sendai.

De Sendai à Saint-Tropez

Sendai, le 28 octobre 1613. Un mystérieux galion espagnol de construction japonaise quitte le petit port de Tsuki no ura avec un équipage hétéroclite de navigateurs, missionnaires ibériques et négociants nippons. Cette délégation, conduite par le samouraï **Hasekura Rokuemon** et le prêtre franciscain Luis Sotelo, est mandatée par Date Masamune malgré un climat de persécutions à l'encontre des chrétiens. Leur mission : obtenir l'aval du pape pour nouer des relations commerciales avec la Nouvelle-Espagne (le Mexique).

Ces hommes vivront une aventure extraordinaire qui les conduira en Amérique, à Cuba, puis en Espagne avant de rencontrer enfin Paul V à Rome, duquel ils n'obtiendront rien. Mais en octobre 1615, le hasard d'une tempête les contraint à débarquer sur la plage de Saint-Tropez. Les Provençaux, éberlués, réservent le meilleur accueil à ces « petits hommes, ayant leurs faces assez larges [...], le front grand, sans barbe et peu de poils à leurs joues » (récit de l'époque). C'est ainsi que Hasekura, le samouraï de Sendai, deviendra, pour l'histoire, le premier Japonais à avoir foulé le sol français...

• À l'extrême g. de la baie, un pont de bois vermillon long de 252 m *(ouv. 8 h-17 h • payant)* mène à la charmante **île Fukuura jima**★★ 福浦島, seul refuge pour échapper à la foule. En en faisant le tour *(30 mn)*, soyez attentif aux chants des oiseaux et aux richesses botaniques. Le petit temple **Benten-dô** 弁天堂, dédié à la déesse de la fortune, est reconnaissable aux dizaines de figurines de Daruma qui habillent sa fenêtre.

• En revenant vers l'embarcadère, un îlot accueille le **Godai-dô** 五大堂, joli temple qui est l'objet de toutes les curiosités puisqu'il n'ouvre ses portes que tous les 33 ans. Rendez-vous en 2039 pour en admirer l'intérieur (des statues de divinités bouddhiques). On arrive ensuite au pavillon **Kanran-tei**★ 観瀾亭 *(8 h 30-17 h)*, fameuse maison de thé au nom ô combien poétique (l'endroit d'où regarder les ondulations de la mer) qui fût bâtie à Kyôto puis transportée à Matsushima en 1645. Le petit **musée** attenant (Matsushima hakubutsukan 松嶋博物館) présente des pièces du clan Date (céramiques, laques...) parmi lesquelles on retiendra le grand paravent **Matsushima byôbu** 松島屏風 représentant la baie telle qu'elle apparaissait au XVIIe s.

• L'îlot **Oshima**★★ 雄島 *(extrémité dr. de la baie)* est plus intéressant : ses grottes accueillaient autrefois des moines en retraite spirituelle et il était interdit aux femmes. On y voit encore nombre de sculptures bouddhiques logées dans des cavités rocheuses ainsi qu'un temple dont les interstices du toit sont bouchés de pièces placées par des fidèles. Jolie **vue**★★ sur la baie depuis le côté g. de l'îlot.

3 Kinka-san★★ 金華山 *80 km O. de Matsushima Train JR Senseki* 仙石線 *jusqu'à Ishinomaki* 石巻, *puis bus pour Ayukawa* 鮎川, *enfin ferry jusqu'à Kinka-san (départs d'avr. à nov., toutes les heures 8 h 30-16 h) ; ou train jusqu'à Onogawa* 小野川 *puis catamaran à grande vitesse.*

À 1 km au large de la péninsule d'Oshika, cet îlot conique surnommé « la montagne dorée » fait partie des trois sommets sacrés du Tôhoku (avec Osore-zan, *p. 468*, et Dewa-sanzan, près de Yamagata). Il est préférable d'y passer la nuit pour avoir le temps de visiter le **sanctuaire Koganeyama-jinja** 黄金山神社 et de gravir le **mont Kinka** (445 m) dans une atmosphère des plus reposantes, puisque absolument rien n'existe sur l'île : ni boutique ni restaurant, exception faite de quelques hôtels ouverts en saison. Logement possible au sanctuaire *(☎ 0225/45.2264 • 10 000 yens/ personne avec deux repas)*.

Entre Sendai et Aomori★★

Reliant les deux grandes métropoles du Tôhoku, cette longue diagonale s'apparente à un pèlerinage sur les « routes reculées » (*Michinoku*, l'ancien nom de la région) du Japon du Nord à travers quatre préfectures. Pèlerinage sur les traces du poète Bashô, au cœur d'un patrimoine naturel sauvage et préservé (lacs de Tazawa et Towada, plateau de Hachimantai). Pèlerinage aussi dans un Japon modeste et rural qui exhibe quelques joyaux, vestiges d'un Japon au passé glorieux : le « paradis bouddhique » des temples de Hiraizumi, l'héritage des samouraïs de Kakunodate ou encore Hirosaki, ancien fief du clan Tsugaru.

Se déplacer : la première moitié de cet itinéraire se fait facilement jusqu'à Morioka et Kakunodate grâce aux lignes rapides du Shinkansen. Il faudra ensuite emprunter bus et lignes locales, le plus pratique étant de circuler motorisé sur la grande voie express qui relie Sendai à Aomori.

Combien de temps : une petite semaine.

Itinéraire de 500 km env.

Préfectures de Miyagi, Iwate, Akita, Aomori.

À ne pas manquer

Le temple Chûson-ji★★★ à Hiraizumi	476
Les bols de *wanko-soba* à Morioka★	477
Le quartier des samouraïs à Kakunodate★★	481
Une promenade en bateau sur le lac Towada★★	482
Les temples du Zenrin-gai à Hirosaki★★	484

❶ Hiraizumi★★★ 平泉

Situation : à 120 km N. de Sendai

Au XIIe s., ses temples rivalisaient de beauté et de prospérité avec ceux de Kyôto. Oubliée par l'histoire, Hiraizumi conserve pourtant de très beaux atours, notamment les trésors du Chûson-ji.

Accès : train JR Tôhoku Shinkansen 東北新幹線 jusqu'à Ichinoseki 一関 (2 h 10 depuis Tôkyô, 30 mn depuis Sendai), puis ligne JR Tôhoku Honsen 東北本線平泉 (10 mn) ou bus.

Hiraizumi dans l'histoire
À la fin de l'ère Heian, la ville fut l'illustration du « paradis bouddhique » grâce aux efforts du clan Fujiwara, dont les mines d'or servirent à édifier le pavillon d'or Konjiki-dô (1124). Pendant un siècle (1089-1189) et trois générations du clan, Hiraizumi jouit d'un immense prestige militaire et culturel, et les Fujiwara règnent de Fukushima à Aomori. Mais

🛈 à dr. en sortant de la gare
☎ 0191/46.2110 ; ouv. t.l.j. 8 h 30-17 h.

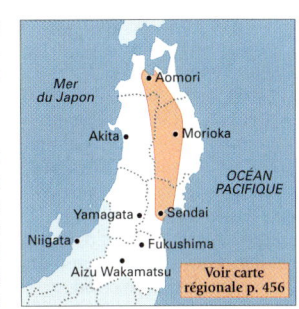

Voir carte régionale p. 456

tout cela fait de l'ombre à Minamoto no Yoritomo, qui doit se débarrasser des Fujiwara pour devenir, en 1192, le premier shogun de l'histoire du Japon : la ville est pillée et brûlée en 1189 dans des circonstances qui tiennent autant de l'histoire que de la légende (→ encadré).

■ Le Chûson-ji*** 中尊寺
à 1,5 km N.-O. de la gare
Accès en bus ou 25 mn à pied depuis la gare • vis. t.l.j. 8 h-17 h, jusqu'à 16 h 30 de nov. à avr. • entrée gratuite sf Konjiki-dô et Sankôzô (billet combiné) • compter 1/2 j. • éviter les w.-e. • www.chusonji.or.jp
Posé sur une colline boisée entre l'autoroute et la rivière Kitakami, ce splendide complexe de **temples** est fondé en 850 par un moine de la secte bouddhique Tendai et agrandi par Fujiwara Kiyohira avant d'être quasiment détruit par un incendie en 1337. On y accède par une route escarpée, bordée de temples et de cèdres, qui mène au **musée Sankôzô**** 讃衡蔵 où sont exposés les trésors rescapés, notamment des statues de Bouddha en bois laqué et feuille d'or (XIIᵉ s.) dont le dépouillement indique qu'ils ont atteint l'Éveil *(satori)*. Ne pas manquer l'incroyable **sutra en feuilles d'or***** dont les centaines de caractères représentent une pagode à 10 étages figurant les 10 étapes de l'illumination de Bouddha.

Le **Konjiki-dô***** 金色堂 *(plus haut sur la g. • montrer son ticket au bonze)*, époustouflant joyau de l'art bouddhique protégé par une vitre, se regarde dans le détail : structure en bois recouverte de feuilles d'or, autels de laque et nacre éclatants, verre et métaux fins, statues de bouddha Amida Nyôrai et de sa suite tout en dorures… Le chef-d'œuvre du clan Fujiwara, dont les dépouilles momifiées sont enterrées sous les trois autels.

■ Le Môtsû-ji** 毛越寺
À 10 mn par la grande rue qui part de la gare • vis. t.l.j. 8 h 30-17 h, jusqu'à 16 h 30 de nov. à avr. • www.motsuji.or.jp
Ici se tenait, sous le règne des Fujiwara, le plus vaste complexe de **temples** du Tôhoku. Avec sa quarantaine de bâtiments et ses 500 moines, on dit que sa magnificence et sa taille excédaient même celles du Chûson-ji. Victime des guerres et des incendies, il n'en reste rien sinon le joli pavillon vermillon (reconstruit) du **Môtsûji hondô*** 毛越寺本堂 et des fondations. Mais l'intérêt du site est surtout son jardin de l'époque Heian, le mieux préservé du pays : le **Jôdo teien**** 浄土庭園, propice aux balades autour de son lac central qui figure un océan

---

Le Bayard nippon

La légende de **Minamoto no Yoshitsune** se forge durant les guerres de Genpei (fin XIIᵉ s.) lors desquelles lui et son frère Yoritomo soumettent le clan Taira. Fin stratège et guerrier valeureux, il jouit alors d'un immense prestige que son frère jalouse bientôt : Yoritomo demande la tête de Yoshitsune, le forçant à se déguiser pour se réfugier chez ses alliés du clan Fujiwara à Hiraizumi, flanqué du fidèle moine Benkei. Nommé gouverneur militaire, il est ensuite trahi par le cadet des Fujiwara, et Yoritomo envoie ses troupes. Cerné par l'ennemi, le samouraï Yoshitsune se donne alors la mort par seppuku tandis que Benkei résiste à l'ennemi avant d'être transpercé de dizaines de flèches. La vie de Minamoto no Yoshitsune est devenue l'un des plus grands mythes de l'histoire féodale japonaise, inspirant nombre d'écrivains et poètes, un film de Kurosawa Akira (*Sur la queue du tigre*, 1945) et des jeux vidéo. Chevalier sans peur et sans reproche à la japonaise.

avec îles, caps et plages. La sérénité règne dans ce parc dont le nom et l'agencement sont censés évoquer la pureté du paradis bouddhique *(jôdo)*. Le petit cours d'eau Yarimizu, derrière le lac, est utilisé lors du festival de Poésie classique *(4ᵉ dim. de mai)* : imitant l'aristocratie de Heian, les participants rédigent des *waka* (poésie traditionnelle) qu'ils laissent filer sur l'eau *(rens. et vidéos disponibles au petit musée à g. de l'entrée du Môtsû-ji)*.

Sur le rabat arrière de la couverture, un Tableau chronologique indique les périodes de l'histoire japonaise. En fin de volume, le Petit dictionnaire répertorie le vocabulaire spécifique.

◀ Le temple de la grotte Takkoku no Iwaya.

▶ **Le temple de la grotte Takkoku no Iwaya**★ 達谷窟毘沙門堂 (Takkoku no Iwaya Bishamon-dô ; *5 km S.-O. de la gare ; accès en taxi ou bus • ouv. t.l.j. 9 h-16 h 30*). Surprenant pavillon (801, reconstruit en 1961) monté sur pilotis dans une cavité rocheuse en l'honneur de Bishamon (dieu des guerriers et de la loi bouddhique). 108 des **statues** le représentant y sont exposées (le nombre de désirs qui empêchent d'atteindre le nirvana). Ne pas manquer le **visage bouddhique** gravé dans la paroi rocheuse derrière le temple. ◀

❷ Morioka★ 盛岡市

Situation : à 90 km N. de Hiraizumi, 190 km N. de Sendai.

À la confluence de trois rivières, dominée par le mont Iwate-san, la capitale de la préfecture d'Iwate est une ancienne ville médiévale célèbre au Japon pour son artisanat en fonte et son rituel culinaire du *wanko soba* (→ *encadré p. 481*). Point de passage obligé dans le Tôhoku, qu'on fasse route vers l'O. (Kakunodate, Akita) ou le N., Morioka (300 000 hab.) mérite le détour pour son atmosphère et son cosmopolitisme.

❶ à l'étage de la gare JR (A2)
☎ 019/625.2090 ; ouv. t.l.j.
9 h-17 h 30 • en centre-ville
dans le bâtiment Plaza Ode'te
☎ 019/604.3305 ; ouv. t.l.j.
9 h-20 h sf 2ᵉ mar. du mois
• www.city.morioka.iwate.jp

☞ **POSTE ET DAB**
Bureau central au N. d'Ôdôri
(B1-2, rue Eigakan dôri) ;
annexe face à la gare (A2).

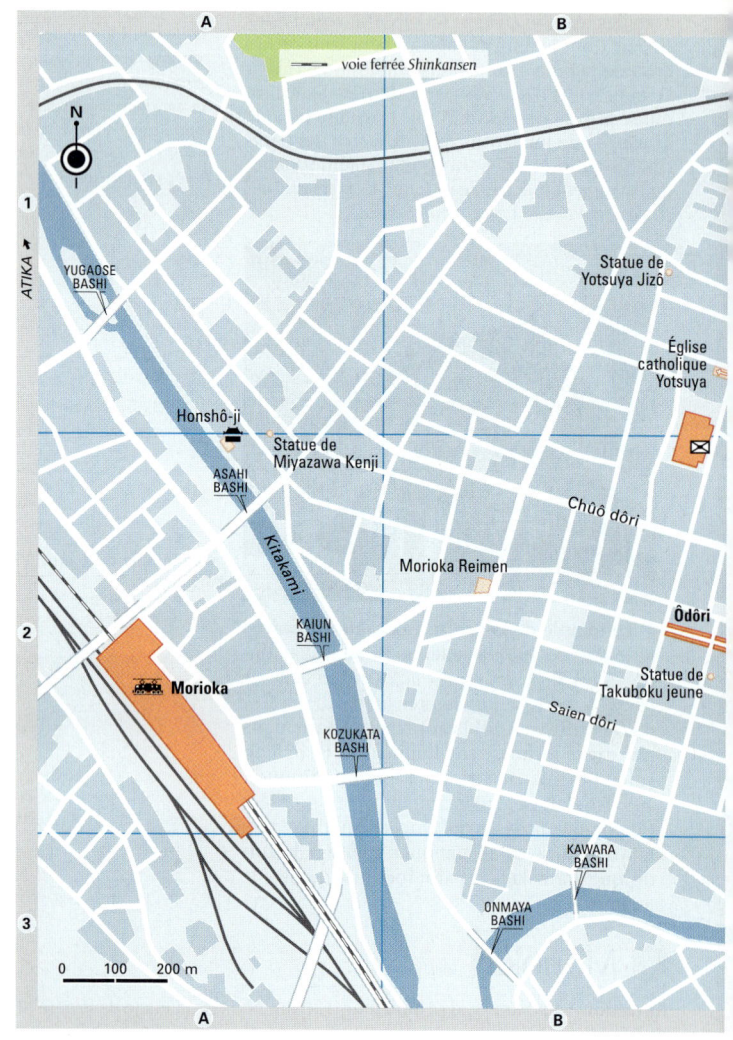

Morioka.

■ **Le parc d'Iwate★** 岩手公園 (Iwate kôen) C2
Depuis la gare, traverser la rivière Kitakami et emprunter l'une des deux grandes artères commerçantes.

À l'époque de la fondation de Morioka (1597), le seigneur Nanbu Nobunao fit bâtir un château au bord de la rivière ; les samouraïs puis les commerçants s'installèrent autour. L'ancien site du château, situé en plein centre-ville, est devenu un parc. Dans les deux grandes rues commerçantes qui y mènent, **Ôdôri★** 大通り et **Saien dôri★** 菜園通り, on goûte des spécialités culinaires qui sont ici de véritables institutions (*râmen* pimenté *Morioka reimen*, nouilles épaisses *jajamen*).

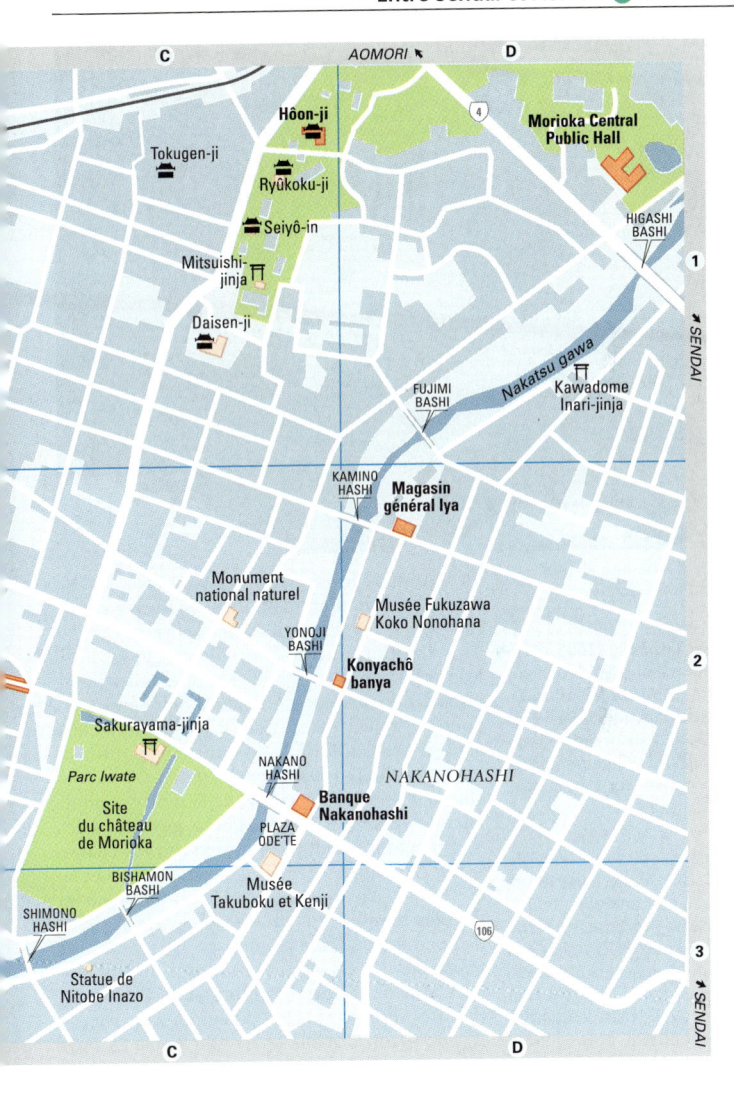

■ Le long de la rivière Nakatsu 中津川 C2-D1-2

Depuis le parc, traverser la rivière par le pont Nakano hashi.

Dans ce quartier survivent quelques beaux bâtiments de style occidental de l'ère Meiji, en particulier la **banque *Nakanohashi***★★ 中ノ橋 (succursale de la banque *Iwate* ; 1911) en brique rouge et granit blanc *(face au Plaza Ode'te)*.

▲ Couleurs d'automne au parc du Central Public Hall.

Ishikawa Takuboku (1886-1912) – auteur mélancolique souvent comparé à Rimbaud – et Miyazawa Kenji (1896-1933) sont deux grands poètes de Morioka. Plusieurs statues et un musée leur sont dédiés.

♥ **SHOPPING**

L'artisanat en fonte émaillée Nanbu Tekki est une fierté locale prisée des amateurs de thé. À l'atelier *Morihisa*, on forge le fer depuis 1625 : pour des souvenirs chers et lourds, mais uniques. 1-6-7, Minami Odôri (C2-3), dans le quartier Nakanohashi, près de Plaza Ode'te ; www.suzukimorihisa.com

En remontant le long de la Nakatsu gawa *(rivière sur la g.)*, le quartier traditionnel de **Konya-chô★★** 紺屋町 exhibe les anciens magasins du *Gozaku* ござ九 et la tour de contrôle des pompiers, **Konyachô banya★** 紺屋町番屋. Entre les deux sont installées deux célèbres boutiques, *Shirasawa* 白沢 pour les fameux gâteaux de riz au sésame *Nanbu Senbei*, et *Sôshidô* 草紫堂 pour de somptueux kimonos teints en violet appelés *shikon-zome*.

Une agréable balade le long de la rivière conduit ensuite vers l'antique **magasin général Iya★** いや (détour possible à l'impressionnant sanctuaire Tenmangû★ 天満宮 : *prendre à dr. Honcho dôri et aller tout droit*) puis en 15 mn vers le **quartier des temples★★** et les 500 statues de disciples de Bouddha du **temple Hôon-ji★** *(prendre le pont Fujimi bashi)* ou l'intéressant musée du Folklore local **Morioka Central Public Hall★** 盛岡市中央国民館 (Morioka-shi chûô kokumin-kan ; *prendre le pont Higashi Ohashi et entrer dans le jardin à droite • ouv. t.l.j. 9 h-17 h sf lun.*).

③ Kakunodate★★ 角館

Situation : à 63 km S.-O. de Morioka.

Située à l'écart de la route d'Aomori, dans la préfecture d'Akita, voici une ville féodale célèbre pour ses cerisiers et ses maisons de samouraïs. Une charmante étape à moins de 1 h de Morioka, surtout sous un épais manteau neigeux.

Accès : depuis Morioka en train JR Akita Shinkansen 秋田新幹線 (50 mn) ou ligne locale (2 h).

Se repérer : comme il y a 400 ans, Kakunodate est organisée en deux parties, le quartier des marchands au S. et celui des guerriers au N.

■ Uchi machi** 内町, le quartier des samouraïs

Il ne comptait pas moins de 80 demeures de samouraïs à la création de la ville (1620), et même s'il n'en reste qu'une dizaine, elles sont remarquablement conservées le long de la **rue Bukeyashiki** 武家屋敷. Autant opter pour les **demeures de samouraïs**** sur le trottoir de dr. *(le centre-ville dans le dos)*, dont la visite est gratuite, comme celles des familles Odano, Kawarada ou Iwahashi. Mais impossible de faire l'impasse sur celle d'**Aoyagike***** 青柳家 *(ouv. t.l.j. 9 h-17 h • entrée payante)*. Plus qu'une maison, on y visite une succession de petites salles d'exposition : objets de la classe guerrière (dont une incroyable gourde en carapace de tortue), effets personnels du clan (avec des livres d'histoire de samouraïs aux superbes couvertures), photos de famille (passionnants portraits et photos de groupe datant des débuts de la photographie au Japon – l'une a même été prise devant le Sphinx de Gizeh !).

En face, le **musée Denshô-kan**** 伝承館 *(9 h-16 h 30 • certaines salles payantes)* expose le fleuron artistique local, le *kaba-zaiku* : une technique de fabrication d'objets et de meubles en écorces de cerisier polies, aux superbes reflets. Les samouraïs des environs, assez modestes, confectionnaient eux-mêmes des étuis pour le tabac ou les médicaments. On peut aujourd'hui observer les 10 derniers détenteurs de ce savoir-faire travailler dans l'atelier, et acheter dans la boutique du musée de jolis souvenirs.

■ Le centre-ville

Une fois passé le *hiyoke*, bloc vide qui isolait les deux quartiers de la ville pour éviter la propagation des incendies, on accède au quartier commerçant qui offre les quelques hôtels et restaurants de Kakunodate, une une grande rue autrefois bordée d'échoppes. Certaines sont encore occupées voire en activité, comme l'*Andô Jôzômoto honten*** 安藤醸造元本店 (1891 ; *quartier Shimoshin machi*), célèbre entreprise familiale produisant de la sauce au soja et du *miso*, avec salle d'exposition d'objets anciens et salle de réception.

ℹ face à la gare
☎ 0187/52.1170 ; ouv. t.l.j. 9 h-18 h, jusqu'à 17 h de nov. à mars. Plan de ville en anglais disponible.

Ras-le-bol !

On peut déguster les **nouilles** *soba* (fines, brunes, au sarrasin) partout au Japon, mais à Morioka on les ingurgite : c'est le rituel du *wanko soba*, concours qui consiste à avaler le plus grand nombre de bols au cours du repas. On dit qu'un glouton en aurait avalé 500 en 10 mn… Une fois passé un tablier spécial et installé devant la table, la performance peut commencer. À chaque bol avalé, on est immédiatement resservi, et ainsi de suite. Deux, cinq, dix, cinquante… Les petits bols s'entassent, et la serveuse ne laisse aucun répit car tant qu'on ne pose pas de couvercle sur le bol, le *wanko* continue. Un conseil : avalez vite mais laissez le jus. Aux encouragements de la serveuse s'ajoutent les regards (pesants), les sourires des habitués du restaurant, et une envie certaine de tout régurgiter… Mais il faut tenir pour décrocher un certificat de glouton, voire les applaudissements de la salle !

Deux adresses célèbres dans le quartier de Nakanohashi (D2) : Azuma-ya et Chokurian.

▶ **Le lac Tazawa-ko** ★ 田沢湖 *(20 km N.-E. de Kakunodate • gare Tazawako sur la ligne Akita Shinkansen, à 15 mn de Kakunodate et 30 mn de Morioka ; puis bus depuis la gare pour les rives du lac • OT dans la gare)*, le plus profond du Japon (423 m), attire les amateurs de panoramas, baignades, sorties en bateau et camping. À moins de 1 h de bus, randonnées sur le **mont Komaga take** et sources chaudes à **Nyûtô Onsen**★ 乳頭温泉 *(bus depuis Tazawa Kohan, village en bordure du lac, ou depuis la gare de Tazawako)*. ◀

④ Le parc national Towada-Hachimantai★
十和田八幡平国立公園
(Towada Hachimantai kokuritsu kôen)

Situation : à cheval sur les préfectures d'Iwate et d'Akita, délimité par le lac Tazawa au S. et celui de Towada au N.

Le plateau volcanique Hachimantai est un havre de paix naturel et sauvage, mais peu desservi, surtout en hiver (routes fermées, lignes de bus suspendues). Les randonneurs affectionnent cet itinéraire en automne, avant d'arriver à Aomori.

🛈 à Yasumiya やすみや (port sur la rive S.-E. du lac) : à côté des terminaux ☎ 0176/75.2425, ouv. t.l.j. 8 h-17 h.

■ **Le lac Towada-ko**★★ 十和田湖 *à 100 km N. de Kakunodate ou Morioka, 80 km S.-E. de Hirosaki, 110 km S.-E. d'Aomori*
Train JR Hanawa 花輪 *de Morioka à la gare Towada Minami* 十和田南 *(1 h 50) puis bus (1 h) ; bus de Morioka, Hirosaki et Aomori à Yasumiya d'avr. à nov. seulement. Attention, il existe deux terminaux à Yasumiya, se renseigner en fonction des destinations.*
En forme de trident, ce lac volcanique en altitude est l'un des sites les plus prisés du Tôhoku. Sa profondeur (plus de 300 m à certains points) l'empêche de geler malgré un rude –20 °C en hiver. On peut se contenter d'une **promenade en bateau**★★ *(aller simple de Nenokuchi à Yasumiya ou boucle depuis Yasumiya, 50 mn de trajet – toutes les heures d'avr. à nov.)*, mais l'endroit est aussi idéal pour les promenades, le VTT *(location à Yasumiya)*, et sa rive E. est constellée de campings.
Depuis Nenokuchi 根の口 *(rive N.-E.)*, un sentier longe la **vallée d'Oirase**★★, rivière qui prend sa source dans le Towada et décline chutes d'eau et superbes reflets abrasés en automne sur ses rivages boisés, jusqu'à **Ishigedo** 石ヶ戸 *(9 km, 3 h de marche)*. Possibilité d'y aller ou d'en revenir en bus.

Au N. du lac, les sommets du **Hakkôda-san** 八甲田山 marquent l'entrée dans la région d'Aomori

♥ ONSEN
Aoni onsen 青荷温泉 :
1-7, Okiura Aonisawa, Kuroishi-shi
☎ 0172/54.8588. Entre Hirosaki et le lac Towada, cette station thermale à cheval sur une rivière perdue dans la montagne est entièrement éclairée à la lampe à huile. L'auberge comprend 32 chambres dans des bâtiments en bois. Le repas et le bain du soir y sont empreints d'une rare magie. Réserver longtemps à l'avance en saison. Accès en train de Hirosaki à Kuroishi 黒石 puis navettes gratuites.

et sont une destination de premier choix pour les skieurs : *bus depuis Yasumiya via la station thermale de Sukayu* 酸ヶ湯 *jusqu'au téléphérique qui rejoint le pic de Tamoyachi (1 324 m) ; arrêt Ropeway mae* ロープウェー前. C'est là que, en 1902, le blizzard emporta 199 soldats japonais s'entraînant en prévision de la guerre russo-japonaise, tragique épisode appelé « marche vers la mort ».

■ Le plateau Hachimantai★ 八幡平
à 60 km S. du lac Towada,
50 km N. du lac Tazawa et de Morioka
Accès en bus du lac Towada, de la gare Tazawako ou de Morioka pour Hachimantai Chôjô (2 h) • ❶ à côté du parking de Hachimantai Chôjô.
Le village **Hachimantai Chôjô** 八幡平頂上 est le principal point d'accès pour le plateau, situé au pied du mont Hachimantai et à proximité de la station thermale de **Tôshichi★** 藤七, l'une des plus courues de la région. En 30 mn de marche depuis le village, on atteint le **lac Hachiman numa** 八幡沼, bordé de fleurs alpines, puis un magnifique **point de vue**★★ depuis la forêt Genta mori. À l'O., la région de **Goshogake** 後生掛, au pied du mont Yakeyama, est un autre point de rendez-vous des randonneurs de tout poil.

À 20 km à l'E. du lac Towada sur la route 454, le village de Shingô 新郷 abrite… la tombe du Christ, qui aurait échappé à la crucifixion et s'y serait réfugié avant de mourir âgé de 106 ans ! On dit que des Chrétiens cachés (→ *encadré p. 567*) déportés ici auraient développé ce culte, mais il semble surtout tenir d'un tourisme insolite (rens. au petit musée local).

❺ Hirosaki★★ 弘前

Situation : 60 km N.-O. du lac Towada, 45 km S.-O. d'Aomori.

L'ancien fief du clan Tsugaru fut le plus grand centre culturel et politique du N. du Tôhoku avant qu'Aomori ne s'impose comme capitale régionale. La renommée de cette ville moyenne (182 000 hab.) vient autant de ce passé glorieux que de ses cerisiers en fleur et du festival de Neputa.

Accès : train JR Ou おう depuis Aomori (30 mn), train JR Hanawa 花輪 depuis Morioka, changer au terminus Odate おだて pour la ligne JR Ou • **bus** ligne Kônan 弘南 depuis Aomori, Morioka (2 h 30) ou Sendai.

■ Autour du parc de Hirosaki★★
Accès en bus depuis la gare, arrêt Shiyakusho mae 市役所前 *ou Kôen iriguchi* 公園入り口 *(20 mn).*
Le bus dépose à l'entrée S. du parc, à côté de l'élégant jardin de paysages empruntés **Fujita kinen teien**★ 藤田記念庭園 *(ouv. de mi-avr. à mi-nov. t.l.j. sf lun. 9 h-17 h • entrée payante)*, et du **Centre d'information touristique** 観光館 (Kankô-kan)

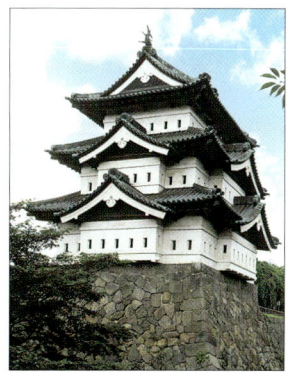

▲ Vestige de la grandeur passée de Hirosaki : son donjon.

❶ dans la gare
☎ 0172/32.0524 ; ouv. t.l.j. 8 h 45-18 h, jusqu'à 17 h de nov. à mars • dans le Kankô-kan, à l'entrée S. du parc
☎ 0172/37.5501 ; ouv. t.l.j. 9 h-18 h, jusqu'à 17 h de nov. à mars.

▲ Détail d'un éventail géant servant pour le Neputa matsuri.

qui expose quelques chars de la fête **Neputa matsuri** ねぷた祭 *(→ p. 458)* : d'énormes éventails richement décorés de scènes guerrières et de figures féminines tirées des traditions populaires chinoise et japonaise. À côté, le **Dashi tenjikan**** 山車展示館 *(ouv. t.l.j. 9 h-18 h)* est un pavillon consacré aux **chars**** utilisés de 1682 à 1882 lors des processions en l'honneur du dieu guerrier Hachiman. Chacun mêle un symbole de la ville, des poupées et une scène tirée de contes anciens ou de pièces de théâtre nô.

On peut ensuite entrer dans le **parc Hirosaki kôen**** 弘前公園 du côté S. *(par la porte Ôtemon* 大手門*)* et se promener sur l'ancien site du château (1611). Symbole des heures de gloire du clan Tsugaru, il ne tient plus aujourd'hui qu'au **Tenshukaku*** 天守閣, donjon à trois étages reconverti en musée d'Histoire militaire *(ouv. t.l.j. 9 h-17 h)* en plein centre du parc. Le château n'a donc plus grand-chose à offrir, mais la balade dans le parc, entre le triple réseau de douves concentriques et les cerisiers en fleur au printemps *(festival du 23 avr. au 5 mai)*, est des plus agréables.

Sortir du parc par le S.

■ Zenrin-gai** 禅輪街
15 mn à pied au S.-O. du parc ; bus n° 3 depuis la gare, arrêt Chôshôji iriguchi 長勝寺入口.

Cette allée bordée de temples zen aboutit au mausolée (1610) du clan Tsugaru, le **Chôshô-ji**** 長勝寺 *(ouv. t.l.j. 9 h-16 h, d'avr. à oct. 8 h 30-16 h 30)*, qui abrite notamment 500 petites statues des disciples de Bouddha et une momie du prince Tsugutomi découverte en 1954 (derrière l'autel).

■ Les bâtiments occidentaux*
Contrastant avec ce Japon d'autrefois, les bâtiments occidentaux de Hirosaki sont dus aux missionnaires étrangers arrivés à l'ère Meiji et à l'audace de quelques architectes. En sortant du parc, à côté du Kankô-kan, on remarque la jolie **ancienne bibliothèque*** *(ouv. 9 h-16 h 30 • entrée payante)* face à l'**ancienne résidence des missionnaires** *(mêmes horaires, billet combiné)*. Vers l'E., l'ancien siège de l'**Aomori Bank*** expose toutes les pièces et billets de l'histoire monétaire du Japon, par exemple d'étonnantes coupures de 1 yen datant de 1916 (aujourd'hui le plus petit billet vaut 1 000 fois plus). Remonter ensuite au N. : l'**église de Hirosaki** 日本キリスト教団弘前教会 (Nihon kirisuto kyôdan Hirosaki kyôkai ; 1875, style gothique) et l'**église catholique** カトリック弘前教会 (Katorikku Hirosaki kyôkai ; 1910) sont assez surprenantes dans cette ville médiévale.

Hokkaidô 北海道

Les entrées principales	
Daisetsuzan* et Akan**	490
Hakodate**	495
Sapporo*	502
La péninsule de Shiretoko***	508
Wakkanai**	514

Pour le Japonais des villes qui subit les transports, les foules urbaines et les appartements exigus, Hokkaidô est synonyme de grands espaces, d'environnement préservé : de fait, Hokkaidô est bien la région à découvrir si l'on veut prendre un bol d'air dans cette île qui renferme les plus vastes étendues naturelles du pays. La visite d'au moins un des parcs nationaux s'impose donc. Ils sont réputés les plus beaux du pays, en particulier Akan et la fantastique péninsule de Shiretoko, endroit le plus sauvage de tout le Japon. Plateaux montagneux, forêts touffues, volcans fumants, lacs de caldeiras et sources chaudes vous y attendent.

Dans l'imaginaire japonais, Hokkaidô est aussi ce Grand Nord éloigné de tout et civilisé tardivement : une sorte de Sibérie nippone, une frontière qui était la terre mère du peuple aïnou avant la colonisation japonaise de la fin du XIXe s. La réalité n'est pas si différente : l'île ne propose pas de paysages exotiques (ils rappellent plutôt ceux d'Europe du Nord) et a peu à voir avec le Japon de Nara ou de Kyôto. Ne vous attendez pas à des ribambelles de temples ou à des instantanés d'un Japon traditionnel : visiter Hokkaidô, c'est mettre les pieds sur une terre de feu et de glace où le tourisme est moins culturel (mis à part le folklore aïnou) que naturel, sportif et gastronomique.

▲ Lac volcanique et fumerolles au parc de Daisetsuzan (Asahi dake).

Une île presque vide

Hokkaidô reçoit chaque année plus de 49 millions de visiteurs, soit neuf fois la population locale ! Car la deuxième île du Japon a beau représenter 20 % de son territoire, elle n'abrite que 5 % de

Que voir à Hokkaidô

Mer d'Okhotsk

Etorofu-tō

Okoppe
Monbetsu
Yūbetsu
Takinode
Engaru
Saroma-ko
Notoro misaki
Chutes de Kamuiwakka ★★★
Shiretoko misaki
Les Cinq Lacs ★★
Iwaobetsu ★★★
Abashiri ★★
Notoro-ko
Utoro
Kitami
Bihoro
Chutes de Ōshinkoshin ★★
Rausu ★
Kunashiri-tō
Oketo
Tsubetsu
Pén. de Shiretoko ★★★
Kussharo-ko ★★★
Kawayu ★★
Shibetsu
Shikotan-tō
Rikubetsu
Parc nat. Akan ★★
Mashū-ko ★★★
Notsuke saki
Taraku-tō
Shihoro
Akan-ko
Teshikaga
Bekkai
Suishō-tō
Shibotsu-tō
Akan Kohan
Shibeha
Nemuro
Yuri-tō
Ashoro
Akiyuri-tō
Ikeda
Akkeshi
Obihiro
Shiranuka
Hamanaka
Toyokoro
Urahoro
Kushiro ★

Taiki

Hirō

OCÉAN PACIFIQUE

Erimo
Erimo misaki

★★★ exceptionnel
★★ très intéressant
★ intéressant

Sapporo titre de chapitre
Otaru lieu rattaché à un chapitre
Tomakomai lieu repère

sa population. Conséquence : une très faible densité (68 habitants/km²), un territoire très inégalement peuplé et une organisation administrative unique. La population se répartit entre l'immense métropole Sapporo, les grandes villes de Hakodate et Asahikawa, et les agglomérations moyennes et assez tristes que sont Kushiro, Nemuro, Wakkanai ou Obihiro. L'île est ainsi en grande partie inoccupée, et elle correspond à une seule préfecture (celle de Hokkaidô).

Aïnous et colonisation

Hokkaidô a longtemps été la terre des seuls Aïnous, ces chasseurs-pêcheurs qui forment l'un des peuples primitifs du Japon *(→ théma p. 500-501)*, et la présence japonaise n'y remonte qu'au VIIe s. Il faut attendre l'époque Edo pour voir se développer des échanges commerciaux entre Japonais et Aïnous, et le début d'une colonisation. Ainsi, en 1599, le shogun Tokugawa confie au clan Matsumae le soin de pacifier l'île. Un château est construit à 80 km au sud-ouest de Hakodate et la ville de Matsumae devient le centre politique et économique de l'île, alors appelée Yeso (terre des barbares). Mais climat et insécurité obligent, l'occupation japonaise n'est que saisonnière et côtière, l'intérieur restant presque inexploré.

▲ L'ancien siège du gouvernement de l'île préfecture de Hokkaidô, à Sapporo.

Inquiété par l'intérêt du puissant voisin russe pour la région au début du XIXe s., le gouvernement place l'île sous son autorité et décide une colonisation militaire. La capitale est transférée à Sapporo en 1869, l'île prend son nom actuel (de Hokukai-dô : « voie de la mer du Nord ») et le bureau colonial (Kaitakushi) s'occupe de faire du Grand Nord une région prospère : acheminement des pionniers, introduction du riz, chemin de fer… Le peuple aïnou souffrira terriblement de la colonisation impériale, et la région telle que nous la connaissons aujourd'hui est inséparable de cette politique d'assimilation forcée.

De la mer à l'assiette

Les forêts, qui composent plus de 70 % du territoire, structurent l'économie de Hokkaidô : l'industrie du bois et du papier y est importante, même au-delà de l'économie puisque l'artisanat aïnou utilise principalement le bois (paniers, sculptures, pirogues…). Le développement agricole y reste limité à une polyculture de riz, blé et agrumes, qui permet cependant à la région de produire d'excellentes bières, pommes de terre, melons, beurre…

Mais c'est de la mer que l'île tire ses plus belles ressources, ou plutôt de trois mers : du Japon à l'ouest, d'Okhotsk au nord, de l'océan Pacifique à l'est. Hokkaidô est célèbre dans tout le Japon pour ses variétés de crabes (crabe des neiges, *zuwaigani* ; araignée, *taraba-gani* ; tourteau, *kegani*), que propose une chaîne de restaurants dont vous ne manquerez pas l'enseigne, de gigantesques crabes qui agitent leurs pinces. Ses eaux très froides donnent aussi des oursins, *uni*, des crevettes, des seiches (à Hakodate) ou l'algue *konbu* (Wakkanai, Shiretoko). Pour l'hiver, Sapporo sert la soupe *miso râmen* (variante locale des célèbres nouilles, ici à la sauce de soja) et l'agneau Genghis Khan, grillé sur une plaque ; tout le pays se réchauffe en avalant un bouillon *ishikari nabe*, aux fruits de mer et légumes. On peut aussi à certains endroits goûter de la cuisine russe ou aïnoue.

▲ Hakodate garde de son histoire récente un riche patrimoine d'édifices chrétiens.

Les saisons de Hokkaidô

C'est en été qu'on profite le mieux des beautés de l'île, une fois passé l'humidité du printemps (pluies d'avril à juin) et avant l'arrivée du froid. Un été frais, contrairement au reste du Japon où l'on étouffe (température moyenne en août : 25 °C), idéal pour les loisirs même si l'on n'est pas à l'abri d'averses en montagne et de brouillard sur la côte. Attention juillet-août est aussi la haute saison touristique… et le soleil fait le service minimum, se couchant avant 19 h 30 en juin. En octobre, le froid s'installe et les températures tombent entre 3 et –12 °C (de décembre à mars). Routes et villes sont recouvertes d'un manteau blanc et les tempêtes de neige ne sont pas rares. À Asahikawa, on enregistre parfois –30 °C en hiver contre 30 °C en été ! Cet hiver très rigoureux, qui fait la réputation sibérienne de Hokkaidô, est réservé à un tourisme *ad hoc* : découverte des blocs de glace en mer d'Okhotsk, courses de chiens de traîneaux à Wakkanai ou observation des otaries. Mais surtout, c'est le moment pour goûter aux joies de la neige dans les nombreux domaines skiables de l'île. Les plus connus sont autour de Sapporo : Niseko et Rusutsu, La Mecque de la poudreuse (au sud-ouest), ou Teine et le mont Moiwa, à seulement 15 mn du centre-ville. Les pistes du Daisetsuzan sont moins fréquentées et ouvertes plus longtemps (de novembre à mai), par exemple à Furano, Kamui Ski Links (Asahikawa), ou au sud du parc, dans le domaine de Tomamu-Sahoro.

À savoir avant de partir

Que l'on choisisse la découverte de la culture aïnoue, le circuit des parcs naturels ou le tour de l'île par la côte, il faut garder à l'esprit que des distances très importantes séparent les sites intéressants et que les déplacements ne sont pas toujours faciles sur Hokkaidô. Plus qu'ailleurs au Japon, il est très utile d'y voyager en voiture, malgré la quasi-absence de voies rapides, et de louer des vélos pour visiter une ville, un parc ou une région. Si vous circulez en train, pensez à vous procurer le JR Hokkaidô Pass auprès de l'office de tourisme avant votre départ.

Enfin, deux jours sont le strict minimum pour un avant-goût de l'île (Sapporo ou Hakodate), l'idéal étant d'y consacrer au moins une semaine pour un circuit en diagonale de Hakodate à Shiretoko en passant par le Daisetsuzan et Akan.

Daisetsuzan★ 大雪山 et Akan★★ 阿寒

Situation : Daisetsuzan, à 150 km N.-E. de Sapporo ; Akan, à env. 400 km N.-E. de Sapporo.

Préfecture de Hokkaidô.

À ne pas manquer

Furano★★ et ses jardins de fleurs 491
Les gorges de Sôunkyô★★ 492
Une balade sur le lac★★ Akan-ko 493
Un bain d'hiver dans le bassin Sennin★★ 493
Une promenade sur la presqu'île de Wakoto★★ 494

Monts volcaniques, lacs cristallins, stations thermales et pistes de ski : tel est le décor de carte postale offert par les deux parcs du centre de Hokkaidô, souvent considérés comme les plus beaux du pays. L'immense Daisetsuzan (2 300 kilomètres carrés) est le plus vaste du Japon et le plus haut perché de la région, grâce à un sommet au nom évocateur : Asahi (soleil levant). Plus ramassé, Akan, à l'est, est plus pratique et agréable à visiter. Plus riche aussi en beautés naturelles et en activités. Les communautés aïnoues encore installées ici en ont fait un haut lieu de leur spiritualité, et leur culture y est particulièrement vivante. Camping, randonnées, sources chaudes et panoramas sont au programme, en gardant à l'esprit que les communications n'y sont pas simples.

❶ Le parc national de Daisetsuzan★ 大雪山国立公園
(Daisetsuzan kokuritsu kôen)

Accès : la région d'Asahikawa et de Furano est la porte d'entrée la plus pratique et la plus fréquentée du parc (à l'O.), mais on peut aussi s'y introduire via Kamikawa 上川 au N. ou, au S., Obihiro 帯広 et Shimizu 清水.

Combien de temps : comptez au moins 2 j.

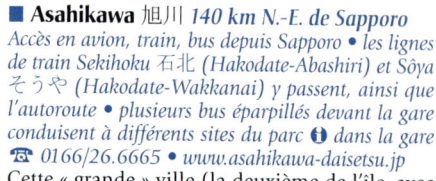

■ **Asahikawa** 旭川 *140 km N.-E. de Sapporo*
Accès en avion, train, bus depuis Sapporo • les lignes de train Sekihoku 石北 (Hakodate-Abashiri) et Sôya そうや (Hakodate-Wakkanai) y passent, ainsi que l'autoroute • plusieurs bus éparpillés devant la gare conduisent à différents sites du parc ❶ dans la gare ☎ 0166/26.6665 • www.asahikawa-daisetsu.jp
Cette « grande » ville (la deuxième de l'île, avec 360 000 hab.) a peu de charme, mais joue bien ses rôles de nœud de communications et de base de départ pour visiter le Daisetsuzan. Si vous devez

y passer un peu de temps, sachez que Asahikawa propose d'intéressants **musées aïnous**, un centre animé (quartier de Sanroku), et son **zoo** est l'un des plus vastes (Asahiyama dôbutsuen 旭山動物園 ; *bus ou train jusqu'à Higashi Asahikawa Station* 東旭川駅 *• ouv. t.l.j. 9 h 30-17 h 15 en été, 10 h 30-15 h 30 en hiver ☎ 0166/36.1104*). Le **saké** *Otokoyama* a excellente réputation : un **musée*** lui est consacré au N. de la ville (Otokoyama sake tsukuri shiryôkan 男山酒造り資料館 ; *www.otokoyama.com*). Les **bières** locales sont également connues : dégustation à la brasserie **Taisetsu-ji** 大雪地ビール館 (Taisetsu-ji bîru-kan).

■ **Furano**** 富良野 *145 km N.-E. de Sapporo, 55 km S. d'Asahikawa*
Le train JR Furano 富良野 *fait le trajet Asahikawa-Biei-Furano • de Sapporo, train avec changement à Takikawa* 滝川 *• bus depuis Sapporo ou Asahikawa* ℹ *à côté de la gare ☎ 0167/23.3388 : rens. sur Furano et Biei.*

Autre accès au parc, Furano a des airs de Provence avec ses odorants **jardins de lavande**** (floraison en juin-juil.) et son **vignoble**, fierté locale baptisée Château Furano. Visite et dégustation de vins blancs et rouges sur la colline Budogaoka, à quelques kilomètres N.-O. de la gare : dans l'usine **Furano Wine Factory** 富良野ワイン工場 (*☎ 0167/22.3242 • ouv. t.l.j. 9 h-16 h 30, jusqu'à 18 h de juin à août*) et au restaurant **Furano Wine House** ふらのワインハウス (*☎ 0167/23.4155 • ouv. t.l.j. 11 h-20 h de mai à oct.*). D'autres fabriques de produits locaux (confiture, fromage…) se visitent et tous sont disponibles au magasin *Product Center* 富良野物産センター (Furano bussan sentâ ; *10 mn à pied au S. de la gare*).

■ **Biei**** 美瑛 *25 km S. d'Asahikawa, 30 km N. de Furano*
Accès en bus depuis Furano ℹ *face à la gare ☎ 0166/92.4378.*

Le long de la route 237 entre Furano et Biei, les flamboyants champs de fleurs rouges, bleus ou jaunes méritent bien une photo, notamment à la **Tomita Farm** ファーム富田 (Fâmu Tomita *☎ 0167/39.3939 • vis. de mai à sept.*) ou au **Flower Land Kami Furano*** フラワーランドかみふらの (Furawâ rando kami Furano *☎ 0167/45.9480 • vis. de mai à sept.*). En hiver, ces paysages au pied des sommets du Daisetsuzan offrent un domaine skiable réputé.

Mêmes beautés florales, balades estivales et ambiance montagnarde au village de **Biei****, qui est aussi, avec **Kami-Furano** 上富良野, la porte

☞ **EN SAVOIR PLUS**
Sur les Aïnous, consultez les pages théma p. 500-501.

La très populaire série TV « Un secret venu du Nord » *(Kita no kuni kara himitsu)* a été tournée à Furano de 1981 à 2002. Cette *Petite Maison dans la prairie*, version nippone, a rendu célèbres au Japon les paysages de la région.

Sur le rabat arrière de la couverture, un Tableau chronologique indique les périodes de l'histoire japonaise. En fin de volume, le Petit dictionnaire répertorie le vocabulaire spécifique.

d'entrée pour le S.-O. du Daisetsuzan. Des bus desservent les stations thermales de **Shirogane★** 白金 *(depuis Biei)*, **Fukiage** 吹上 et **Tokachidake Onsen★** 十勝岳温泉 *(depuis Kami-Furano)*, blotties à quelque 20 km au pied du volcan Tokachi dake (alt. 2 077 m). De parfaits points de départ pour les randonnées en montagne.

▲ Établissement d'*onsen* au cœur du parc national de Daisetsuzan.

■ **Le mont Asahi dake★★** 旭岳
30 km E. de Biei et d'Asahikawa
Accès en bus depuis Asahikawa ou Biei
ℹ *dans la station de téléphérique.*
Au bout d'une petite route qui serpente entre les établissements thermaux d'**Asahi-dake Onsen★** 旭岳温泉 et les chalets en bois, un téléphérique (☎ *0166/68.9111 • ouv. t.l.j. 9 h-16 h en été • payant*) emporte vers le « toit de Hokkaidô » : le **mont Asahi dake★★** 旭岳, 2 290 m d'altitude et des panoramas en cascade. Arrivé au pied du volcan, on peut choisir de se promener entre les lacs cristallins et les blocs de soufre fumants ou se lancer à son ascension *(ardue et très éprouvante par mauvais temps ; compter 2 h ; rens. auprès des OT dans les stations de téléphérique).* Depuis la crête du volcan, la **vue★★★** est merveilleuse par temps dégagé, et une randonnée fort prisée rallie en 8 h l'autre côté du parc, via une multitude de sommets, à Sôunkyô Onsen (→ *ci-après*).

■ **Sôunkyô Onsen★★** 層雲峡温泉 *70 km E. d'Asahikawa*
Accès en bus depuis Asahikawa ou Obihiro 帯広 ℹ *à côté du terminal des bus ; quelques rens. sur www.sounkyo.net • privilégier le vélo pour visiter les environs (locations en centre-ville) • des bus desservent aussi les sites.*
La station thermale la plus populaire et la plus fréquentée du parc est située dans l'environnement pittoresque du **canyon de Sôunkyô★★** 層雲峡峡谷 (Sôunkyô kyôkoku), enfilement de gorges escarpées. Ainsi les **chutes d'eau de Ryûsei** 流星の滝 (Ryûsei no taki) **et de Ginga★★** 銀河の滝 (Ginga no taki), qui tombent de part et d'autre d'un pic et sont surnommées « chute féminine » et « chute masculine ». La renommée de Sôunkyô est montée en flèche depuis la découverte de ses sources en 1857, et la station est prise d'assaut en été. On accède au **mont Kuro dake★** 黒岳 via un téléphérique puis un remonte-pente ; nombreuses randonnées depuis le sommet.

Depuis Sôunkyô, on peut rejoindre le S. du parc en bus par la route 273 (splendide trajet via le lac Nukabira) ou quitter le Daisetsuzan pour le parc d'Akan en prenant un bus pour Kushiro.

② Le parc national d'Akan★★ 阿寒国立公園
(Akan kokuritsu kôen)

Sa position en fait une étape incontournable pour qui se rend dans l'E. de Hokkaidô, que l'on soit sur la route de Shiretoko (au N.) ou celle de Kushiro (au S.). Abashiri (→ *p. 509*) fournit aussi une excellente base de départ.

Akan* *partie S.-O. du parc*

Accès en bus depuis Kushiro 釧路 *(au S.) ou Ashoro* 足寄 *(à l'O.).*

Cette partie S.-O. du parc est dominée par un couple bien connu dans la région : O-Akan dake (alt. 1 371 m) et Me-Akan dake (1 499 m), montagnes sacrées des Aïnous. **Akan Kohan*** 阿寒湖畔 est une base d'exploration commode pour les visites, située sur la rive S. du lac Akan et à quelques kilomètres du chemin de randonnée du mont O-Akan (3 h 30). Les bateaux *Akankisen* 阿寒汽船 permettent de s'offrir une balade sur le **lac Akanko**** 阿寒湖 : navigation sur les eaux gelées en avril, croisière de nuit en été ou observation des curieuses algues *marimo* (*☎ 0154/67.2511 • ouv. t.l.j. 6 h-17 h du 15 avr. au 15 nov. • 2 circuits et 2 points de départ*).

Akan est aussi un *kotan*, village aïnou moribond qui porte les stigmates du sort réservé à ce peuple par le colonisateur nippon : une culture dynamique et chaleureuse, mais une dégradation sociale difficile à cacher. Ici se succèdent les échoppes décorées regorgeant d'un folklore intéressant, parfois trop commercial pour être crédible, mais qui constitue la principale source de revenus de la communauté. On peut en rapporter de jolies broderies aïnoues, participer à la construction de grands canoës de bois en été ou s'essayer au *mukkuri*, petite guimbarde traditionnelle aïnoue en bambou qui produit des vibrations à l'aide d'une ficelle.

Kawayu Onsen** 川湯温泉 *60 km N.-E. d'Akan Kohan*

Un train relie Kushiro 釧路 *à Shari* 斜里 *en traversant le parc : gares à Kawayu, Biruwa* 美留和 *et Mashû* 摩周 *• liaisons par bus entre Kawayu* 川湯 *et Bihoro* 美幌*, Mashû* 摩周 *ou Akan Kohan* ❶ *2-4-1, Kawayu Onsen (à proximité de la poste) ☎ 0154/ 83.2255 ; ouv. t.l.j. 9 h-18 h 30, jusqu'à 17 h d'oct. à mai.*

Les amateurs s'y baignent dans la rivière Ohtô où se jettent les eaux brûlantes des volcans. En hiver, le bain en plein air dans le **bassin Sennin**** est unique *(6 h 30-22 h de nov. à fév.)*. On y visite aussi un **musée** dédié à la star locale Taiho Kôki : le plus grand champion de sumo d'après-guerre, auteur du record historique de 32 tournois remportés *(à côté de l'arrêt de bus ☎ 0154/83.2924 • très intéressant malgré l'absence d'explications en anglais)*. Attention la gare de Kawayu est à 4 km du centre. Le bus qui les relie passe par **Iô-zan**** 硫黄山 : un paysage lunaire, tout en mares bouillonnantes et vapeurs sulfureuses, à ne pas manquer même s'il est interdit de gravir le volcan.

> ✎ **BON À SAVOIR**
> Si le temps manque, visitez en priorité la moitié N. du parc, plus intéressante et mieux desservie.

La petite algue *marimo* est un symbole de la région du lac Akan, l'un des très rares endroits où on peut la trouver. Cette petite balle verte et touffue est menacée depuis qu'elle a été déclarée Trésor national ! Il est donc très mal vu d'essayer d'en rapporter… mais elle prête son apparence à de nombreux cadeaux-souvenirs.

> ✎ **BON À SAVOIR**
> Teshikaga est le carrefour d'Akan, situé au croisement des routes 391, 241 et 243, et desservi par la gare de Mashû.
> Mais la bourgade thermale de Kawayu Onsen est autrement plus sympathique et pittoresque pour passer le temps ou la nuit.

■ Le lac Kussharo-ko★★★ 屈斜路湖 *15 km O. de Kawayu*

Depuis Kawayu, ce vaste lac (57 km de circonférence) est un must du parc. Autour de lui sont dispersés stations thermales et campings. Des foules fréquentent les bains chauds de **Sunayu**★ 砂湯, peut-être dans l'espoir d'y apercevoir le monstre du loch Ness local surnommé Kusshii, censé habiter une île au milieu du lac… La minuscule **presqu'île de Wakoto**★★ 和琴, sur la rive S., est autrement plus tranquille et sauvage. Superbe balade de moins de 1 h en profitant des bains sauvages, voire en naviguant en kayak sur le lac.

■ Le lac Mashû-ko★★★ 摩周湖 *25 km E. de Kawayu*

À mi-chemin entre Kawayu et Teshikaga, il est considéré comme l'un des plus beaux panoramas de Hokkaidô. Ce cratère enfoui au pied de falaises à pic révèle un lac d'un bleu presque transparent, mais il faut se contenter d'observer depuis des plateformes car l'accès y est interdit.

■ Kushiro★ 釧路 *100 km S. du parc*

Accès en avion, bus ou train depuis Sapporo, Asahikawa, Shari 斜里 *ou Nemuro* 根室.

La plus grande ville (200 000 hab.) à l'E. de Hokkaidô est une bonne étape si l'on visite l'île en passant par le S. Son centre n'offre rien de notable sinon un épais brouillard, mais le **parc national Kushiro Shitsugen**★ 釧路湿原国立公園 (Kushiro Shitsugen kokuritsu kôen ; *accès par train ou bus*) comprend les marais les plus vastes du pays, refuges de centaines d'espèces de plantes et d'oiseaux, dont la fameuse grue japonaise à crête rouge. Incroyable visite du parc à bord du **train Norokko-gô**★ ノロッコ号, qui roule lentement pour permettre d'observer la faune.

▲ Le lac Mashû.

Hakodate★★ 函館

Stratégiquement postée face à Honshû, Hakodate se déploie en éventail entre les vestiges du fort Goryô-kaku et la colline qui lui donne nom. Elle est la seule ville de la région à allier un charme indéniable à un riche patrimoine historique : le quartier de Moto machi, avec ses anciens édifices occidentaux et ses églises, rappelle volontiers Nagasaki. Romantique et animée, Hakodate est aussi la troisième ville de Hokkaidô et son port le plus important, d'où les délices d'oursins et de seiches (sa mascotte) dont elle régale le visiteur. Aux alentours, la bourgade médiévale de Matsumae et la station thermale de Yunokawa prolongent agréablement le séjour.

Situation : à 160 km N. d'Aomori, 280 km S.-O. de Sapporo.

288 000 hab. ; préfecture de Hokkaidô.

❶ dans le hall de la gare JR (B2) ☎ 0138/23.5440 ; www.hakodate-kankou.com ; ouv. t.l.j. 9 h-19 h, jusqu'à 17 h de nov. à mars.

☞ **POSTE ET DAB**
1-6, Shinkawa-chô (h. pl. par B2), à 10 mn de la gare (tram Shinkawa-chô).

☞ **MARCHÉ**
Marché du matin (asa ichi), à côté de la sortie O. de la gare.

Hakodate mode d'emploi

Accès : avion depuis Tôkyô, Ôsaka, Sapporo ; l'aéroport, à l'E. de la ville, est à 20 mn en bus de la gare • **train** Shinkansen depuis Tôkyô via Aomori 青森, changement à Hachinohe 八戸 ; train-couchettes depuis Tôkyô-Ueno (12 h) et Ôsaka (18 h) ; ligne JR Hokuto 北斗 depuis Sapporo • **bus** depuis Sapporo (3 lignes ; terminal en face de la gare B2) • **ferry** depuis Aomori 青森 et Ôma 大間, sur la péninsule de Shimokita (terminal des ferries au N. de la baie).

Combien de temps : au moins 1 nuit et 1 journée.

S'orienter : la ville s'étire de part et d'autre d'une minuscule péninsule, bordée au N. par la baie de Hakodate et au S. par le détroit de Tsugaru. Si la presqu'île rassemble le port, le vieux quartier de Moto machi A2 et les sites touristiques, c'est autour de la gare que se situent les quartiers commerciaux et administratifs.

Se déplacer : la visite à pied est très agréable, de nombreuses indications sont en anglais. Le tramway est pratique et certains wagons gardent un charme désuet. Deux lignes partent de la station thermale Yunokawa et passent par le Goryô-kaku, la gare, les docks. Une fourche les sépare à l'arrêt Jûjigai 十字街 B3, la n° 2 poursuit au S. vers le cap Tachimachi 立町岬 et la n° 5 au N. vers Moto machi.

À ne pas manquer

Le panorama★★★ de nuit depuis le mont Hakodate	496
Les rues encaissées du quartier occidental★★	496
Les jardins★ du Goryô-kaku	498
Le charme médiéval de Matsumae★ (Environs)	499

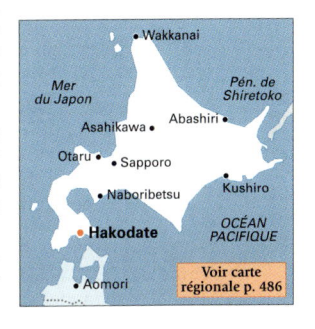

Hakodate dans l'histoire

La ville eut un rôle militaire à l'époque féodale, lorsque le clan local Matsumae affrontait les « barbares » aïnous. Mais elle est surtout l'un des deux ports nippons (avec Shimoda) ouverts au commerce étranger dès 1854. Non par choix mais sous la menace : le commodore américain Matthew Perry avait alors débarqué à la tête d'une escadre de guerre. Cela explique les nombreuses influences occidentales qu'on peut trouver à Hakodate, des premiers daguerréotypes aux nombreuses églises en passant par l'architecture.

Hakodate est enfin le lieu d'une tragédie navale : en 1954, le *Toya maru*, touché par un typhon, coule pendant la traversée du dangereux détroit de Tsugaru. 1 155 passagers périrent dans ce naufrage parmi les plus meurtriers de l'histoire. Cette tragédie a motivé la construction du tunnel ferroviaire de Seikan, le plus long de la planète (54 km, dont 23 km sous le détroit), qui relie depuis 1988 Hakodate à Aomori.

Visiter Hakodate

■ Le port et les anciens docks★ A-B2

Derrière la gare de Hakodate mouille le *Mashû maru* 魔週丸 **B2**. Cet ancien ferry reconverti en **musée** flottant (*☎ 0138/27.2500 • ouv. t.l.j. 8 h 30-18 h 30, 9 h-17 h de nov. à mars*) appartient à la dernière génération de navires faisant la liaison avec Aomori, avant l'ouverture du tunnel de Seikan. En longeant le quai vers le mont Hakodate-san 函館山 au loin, on passe devant le **marché de gros** (*normalement interdit aux visiteurs, mais on peut s'y infiltrer tôt le matin et assister aux enchères*). Plus loin à g., un alignement de façades de brique rouge : les **anciens docks★** 函館ドック **A2** (Hakodate dokku) du port, construits à l'ère Meiji et reconvertis récemment en agréable zone touristique. Bars, restaurants et boutiques y ont élu domicile. Prendre à g. et passer devant le joli **musée Takadaya Kahei** 高田屋嘉兵資料館 **B2** (Takadaya Kahei shiryôkan ; grand commerçant naval du XIXᵉ s.), puis emprunter l'avenue sur la g. pour revenir vers l'**ancien bureau de poste Meiji-kan★** 明治館 **B2**. Son intérieur est reconverti en boutiques et le bâtiment, avec sa façade habillée de lierre et ses poutres de bois, vaut une photo.

Sortir de la poste, prendre l'avenue sur la dr. jusqu'à croiser le tramway, suivre la ligne vers la dr.

▶ Le **mont Hakodate A3** (alt. 334 m) offre une **vue panoramique★★★** sur la ville et la baie, superbe au coucher de soleil. Le spectacle est encore plus impressionnant de nuit, lorsque la ville s'éclaire de mille feux. *Accès par téléphérique en haut de la rue Nanbu zaka (à 10 mn à pied du tramway Jûjigai 十字街) ☎ 0138/23.3105 • ouv. t.l.j. 10 h-22 h, jusqu'à 21 h de nov. à avr. • payant. Un bus fait aussi le trajet en 30 mn depuis la gare (sf de nov. à mai).* ◀

■ Les maisons occidentales★ A2-3

Tous les établissements ouv. t.l.j. 9 h-19 h, jusqu'à 17 h de nov. à avr. • entrée payante.

L'intéressant **musée des Peuples du Nord★★** 函館市北方民族資料館 **A2** (Hakodate hoppô minzoku shiryôkan ; *au niveau du tramway Suehiro-chô* ☎ 0138/22.4128), malgré la quasi-absence d'explications en anglais, expose de très rares pièces du folklore aïnou, telles des couronnes de cérémonie en dents d'ours et des croix chrétiennes. Remonter sur la g. la rue pavée **Motoi zaka** 基坂 **A2** (ancien départ de la route vers Sapporo) vers le square Matthew

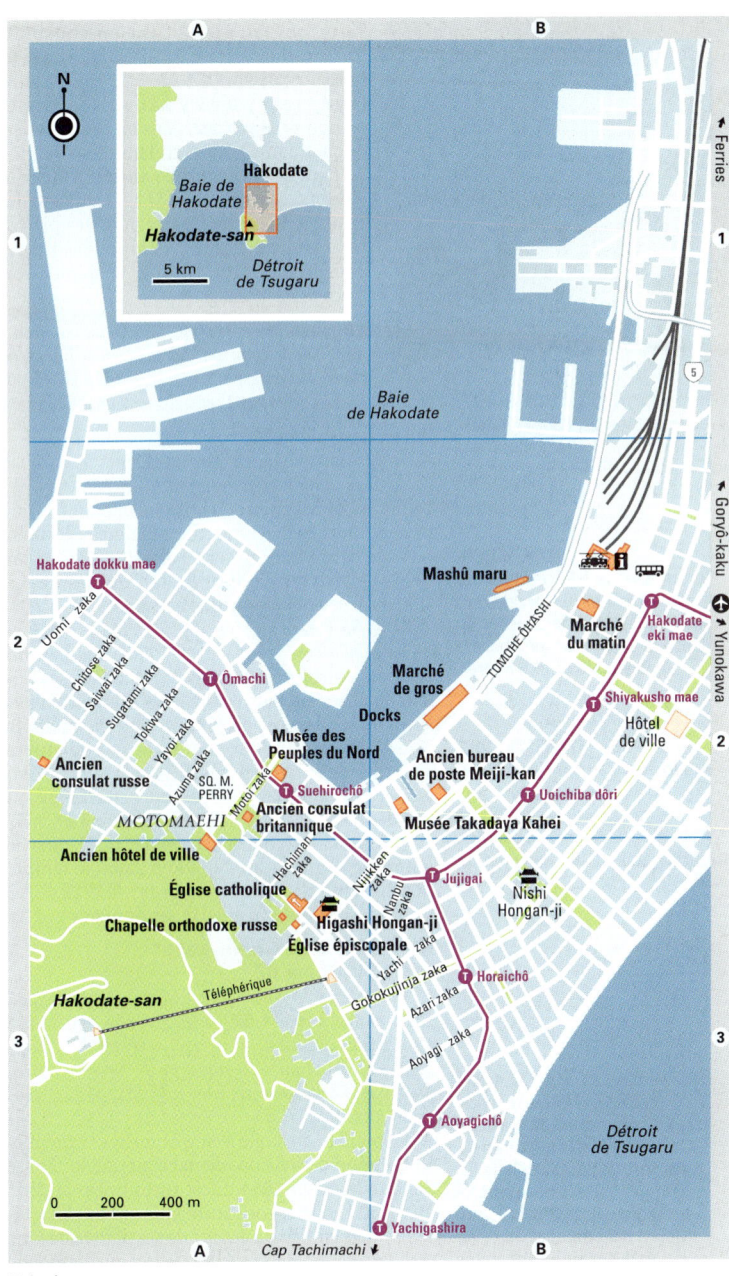

Hakodate.

Perry, qui fait face à l'**ancien consulat britannique** 旧イギリス領事館 **A2** (Kyû Igirisu ryôji-kan ☎ *0138/27.8159*) : un musée assez pauvre y raconte l'ouverture du port de Hakodate, mais on peut profiter de charmants jardins et d'un salon de thé. En haut de la rue trône l'**ancien hôtel de ville**★★ **A2/3** (☎ *0138/22.1001*), datant de 1910 : à ne pas manquer pour ses pièces richement décorées, sa grande salle de concerts, la superbe **vue**★★★ depuis les balcons du 1er étage.

En sortant du bâtiment, un chemin conduit, à g., vers le quartier des temples et l'ancien consulat russe★ 旧ロシア領事館 *(Kyû Roshia ryôji-kan), et à dr. vers les églises.*

▲ De style colonial, l'ancien hôtel de ville est sans doute le plus bel édifice du quartier.

■ Les lieux de culte★★ A3
Accès depuis Moto machi par un chemin touristique bordé de boutiques et de restaurants.

Toutes les obédiences du christianisme sont représentées dans ce petit quartier religieux, blotti en haut de la rue Daisan zaka. Surnommée Gangan dera (l'église ding-dong) du fait du son de ses cloches, la **chapelle orthodoxe russe**★★ ハリストス正教会 **A3** (Harisutosu seikôkai ; *ouv. t.l.j. 10 h-17 h, jusqu'à 16 h le sam., 13 h-16 h le dim.*) est un symbole du cosmopolitisme de Hakodate. Sa couleur blanche, son plan centré et ses coupoles vertes surmontées de croix en font un superbe exemple du style byzantin. On peut ensuite poursuivre vers l'**église épiscopale** 英国聖公開 **A3** (Eikoku seikôkai) et son étrange architecture cruciforme, ou descendre vers l'**église catholique romaine**★ 元町天主教堂 **A3** (Moto machi tenshu kyôdô), de style gothique. Dans la rue Nijikken zaka, le temple bouddhique **Higashi Hongan-ji**★ 東本願寺 **A3** vaut la visite pour son autel et ses dorures.

■ La forteresse Goryô-kaku★
五稜郭 **h. pl. par B2**
3 km N.-E. de la gare • ouv. t.l.j. 8 h-19 h, jusqu'à 18 h de nov. à mai • ☎ 0138/51.2864 • accès par les 2 lignes de tramway, arrêt Goryôkakukôen mae 五稜郭公園前 *puis 15 mn à pied ; accès par bus, arrêt Goryôkakukôen iriguchi* 五稜郭公園入口 *puis 5 mn à pied.*

Avec son plan en étoile à cinq branches, le premier fort nippon de style occidental était une forteresse Vauban bâtie en 1864. C'est surtout son **jardin**★ aux 1 600 cerisiers qui attire aujourd'hui les visiteurs, mais en flânant autour de ses douves, le long des passerelles, on se plaît à penser aux heures de gloire du Goryô-kaku. Notamment à la révolte

---

🖉 **BON À SAVOIR**
Les principaux édifices de Moto machi (le quartier occidental) sont éclairés entre le coucher du soleil et 22 h, pour une balade entre ombres et lumières.

🖉 **SORTIES EN MER**
Amarré face aux anciens docks, le *Blue Moon* (B2) propose des minicroisières de 15 mn dans la baie de Hakodate. Très sympathique par beau temps.

Le film *Le Dernier Samouraï* (2004), d'Edward Zwick, s'inspire notamment de l'histoire du Français Jules Brunet. Cet instructeur d'artillerie fut l'un des leaders de la révolte des samouraïs japonais contre Meiji à Hakodate, et participa activement à l'éphémère république d'Ezo.

▲ Une forteresse Vauban au Japon : Goryô-kaku.

de Takeaki Enomoto : ce militaire loyaliste s'y réfugia avec plusieurs milliers de soldats en 1869, après l'échec de la guerre de Boshin (→ *encadré p. 462*), pour fonder la fugace république indépendante d'Ezo.
À l'intérieur de l'enceinte, le **Musée municipal★** 函館博物館 (Hakodate hakubutsukan ☎ *0138/51.2548 • ouv. t.l.j. 9 h-16 h 30, jusqu'à 16 h de nov. à mars*) revient sur l'histoire militaire du fort, et la **tour Goryô-kaku** 五稜郭タワー (Goryô-kaku tawâ ; *angle S.-O. du fort ; ouv. t.l.j. 9 h-18 h, de nov. à mars 8 h-19 h • entrée payante*) permet un regard panoramique sur Hakodate du haut de ses 107 m.

Environs de Hakodate

1 Yunokawa Onsen★ 湯の川温泉 *7 km S.-E.*
Accès en tramway, arrêt Yunokawa 湯の川 *(terminus).*
Cette station thermale, où une quarantaine d'établissements bordent la rivière Matsukura, serait la plus ancienne de Hokkaidô. En se baignant de nuit on aperçoit, au loin, flottant sur l'eau, les lumières des bateaux de pêche aux calamars. On y trouve aussi temples, parc et plages.
À 4 km E. de Yunokawa, un **couvent de Trappistines** français est installé depuis 1898 (*accès en bus depuis Yunokawa ou la gare de Hakodate, arrêt Trappistine iriguchi* トラピスチヌ入口, *puis marcher 10 mn • pas de vis., mais boutique de produits faits maison*).

2 Matsumae★ 松前 *80 km S.-O.*
Train JR Esashi 枝幸, *changer à Kikonai* 木古内 *puis prendre un bus ; ou bus direct depuis la gare de Hakodate* ⓘ *dans la gare.*
Cette petite ville postée à l'extrême S.-O. de la péninsule est chargée d'histoire : le clan Kakizaki-Matsumae, qui eut la haute main sur Hokkaidô du XVIe s. à l'ère Meiji, en avait fait son fief. Elle abrite le seul château de l'île (1854, reconstruit un siècle après), **Matsumae-jô★** 松前城 (☎ *0139/42.2216 • ouv. t.l.j. d'avr. à déc. 9 h-17 h*), un village médiéval reconstitué, le **Matsumae-han Yashiki** 松前藩屋敷 (☎ *0139/43.2439 • mêmes horaires*), et le quartier de temples anciens **Tera machi★** 寺町. Visite recommandée au printemps, lorsque ses fameux cerisiers sont en fleur.

THÉMA

Les indigènes du Japon

Ils ne sont plus que quelques dizaines de milliers (entre 20 000 et 100 000) répartis sur Hokkaidô, mais les **Aïnous** peuplaient l'archipel bien avant que les Japonais ne s'y installent. Opprimés depuis plus d'un siècle, ils sont toujours en quête de reconnaissance.

■ Un peuple millénaire

Autant que la date de son installation au Japon (entre 10 000 et 2 000 ans avant notre ère), les origines du peuple aïnou demeurent mystérieuses. Les théories divergent, mais une chose est certaine : ce peuple aborigène vivait au Japon bien avant l'arrivée des Wajin (ancêtres des Japonais actuels). Originaires de Sibérie, les Aïnous se seraient installés sur Hokkaidô avant de migrer vers le sud (Kyûshû) d'où ils auraient été repoussés par les Wajin, arrivés de Corée. Sur l'île du Nord, les Aïnous vivent pendant plusieurs siècles de la chasse et de la pêche, tissent des liens commerciaux avec leurs voisins japonais. Mais une série de guerres (1457, 1669, 1789) aboutit à l'emprise japonaise. En 1855, le traité d'amitié russo-japonais proclame de fait la domination nippone sur Hokkaidô : c'est le début d'une politique d'assimilation forcée.

■ La culture aïnoue

Étudiée par de nombreux ethnologues, leur culture est à la fois proche de celles des peuples du cercle arctique et originale. Sans parenté linguistique ou presque, leur langue est quasiment éteinte mais compose 95 % des noms de lieux à Hokkaidô (Sapporo : « grande rivière sèche », Shiretoko : « le bout de la terre »…). L'animisme

▲ Vêtement aïnou brodé.

est la clé de voûte de la culture aïnoue, fondée sur une conception symbiotique des relations avec la nature et la vénération d'un monde d'esprits (les *kamui*). Il se manifeste aussi par des pratiques artistiques et artisanales : tatouages, motifs brodés, gravure sur bois, musique jouée au *mukkuri* (petite harpe buccale) et au *tonkori* (cithare aïnoue). Ils sont également les plus vieux potiers du monde.

■ Le combat pour la reconnaissance

Alors que le Japon colonise Hokkaidô, le « problème » aïnou est réglé par une loi (1899) qui favorise les expropriations et force les Aïnous à adopter une économie fondée sur l'exploitation agricole des terres. Leur langue et leurs cérémonies sont interdites, l'assimilation forcée est violente. Leur part dans la population passe de 14,5 % en 1873 à 0,5 % avant la Seconde Guerre mondiale. Méprisé, exploité, contraint

▲ Le hibou, animal vénéré chez les Aïnous.

▲ Kayano Shigeru, premier Aïnou à entrer au Parlement, est mort en 2006 à l'âge de 79 ans.

à renier sa culture, le peuple aïnou revendique sa différence après 1945. Un combat mené par **Kayano Shigeru**, qui se battra toute sa vie pour faire reconnaître la minorité indigène et lutter contre les injustices. Il est l'un des partisans de la loi de 1997 qui reconnaît leur minorité et encourage la préservation de ses coutumes.
Le 6 juin 2008, le Parlement japonais admet enfin le caractère indigène de cette population ainsi que « le fait historique que les Aïnous ont souffert de discriminations et ont été contraints à la pauvreté en période de modernisation ». Une date historique, mais ils demeurent victimes de discriminations, frappés par l'alcoolisme et le chômage, et l'État refuse toujours la restitution de leurs terres. La vitalité de leur culture s'illustre par exemple dans les albums d'Oki, musicien engagé qui contribue à médiatiser la question aïnoue.

▶ Boutiques artisanales et fabrication de pirogues à Akan Kohan.

■ La culture aïnoue à Hokkaidô

Le sud de Sapporo (Shiraoi, Nibutani), Asahikawa, Shiretoko et Akan sont des aires de peuplement historique des Aïnous. On y trouve encore la majorité de leur population et de leurs centres culturels.

• À **Sapporo** 札幌, centre de Promotion de la culture aïnoue : maison et bateau reconstitués, expositions, bibliothèque (☎ *011/596.5961* • *ouv. t.l.j. 8 h 45-22 h* • *entrée payante*).

• À **Hakodate** 函館, musée des Peuples du Nord★★ (→ *p. 496*).

• À **Shiraoi** 白老, Poroto Kotan (village reconstitué), **musée aïnou**★ et démonstrations diverses (☎ *0144/82.3914* • *ouv. t.l.j. 8 h 45-17 h* • *entrée payante* • *www.ainu-museum.or.jp*).

• À **Nibutani** 二部谷, musée de la Culture aïnoue★★ (☎ *01457/2.2892* • *ouv. t.l.j. sf lun. 9 h-16 h 30* • *entrée payante*) : collections de vêtements et ustensiles, et vidéothèque (nombreux documentaires en anglais) À côté, le **musée Kayano Shigeru**★★ (☎ *0145/72.3215* • *ouv. t.l.j. 9 h-17 h* • *entrée payante*) rassemble des objets aïnous et de populations aborigènes du monde entier. Discothèque de chants aïnous en libre accès. Nibutani est également un véritable village aïnou (80 % de sa population) et un fief du mouvement identitaire.

• À **Akan** 阿寒, l'Aïnou Kotan★ (→ *p. 493*) est le lieu d'un tourisme kitsch mais intéressant. Musée, spectacles de danse, boutiques artisanales.

• À **Abashiri** 網走, musée des Peuples du Nord de Hokkaidô★★★ (→ *p. 510*).

Sapporo★ 札幌

Situation : 280 km N.-E. de Hakodate, 400 km S. de Wakkanai.

1,89 million d'hab. ; chef-lieu de la préfecture de Hokkaidô.

🛈 **Deux bureaux dans le hall de la gare JR (A1)** ☎ 011/213.5088 ; ouv. t.l.j. 8 h 30-20 h. Sapporo International Plaza (A1) : N1 W3, au 3ᵉ étage du MN Bldg ☎ 011/211.3678 ; ouv. t.l.j. sf dim. 9 h-17 h 30. www.welcome.city.sapporo.jp

☞ **POSTE ET DAB**
Poste centrale Chûo (B1) : N6 E1, à l'E. de la gare. Bureau de poste (A/B1) à l'intersection Ôdôri-Tokeidai dôri.

☞ **Alliance française :** S2 W5, Bldg 2F ☎ 011/261.2771.

À ne pas manquer

Le marché de Nijô★★★	505
Le Sapporo Beer Garden★★	505
Le canal et les entrepôts à Otaru★★ (Environs)	507
Les sources chaudes de Noboribetsu★★ (Environs)	507
Le lac Tôya-ko★★ (Environs)	507

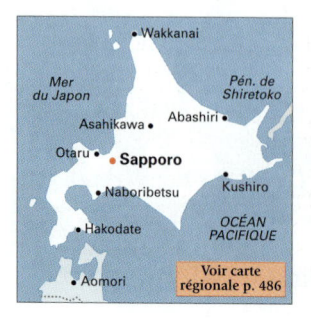

Voir carte régionale p. 486

Dire qu'il y a un siècle ce n'était qu'un village… Le chef-lieu de Hokkaidô s'affiche aujourd'hui fièrement comme la ville la plus dynamique au nord de Tôkyô et la cinquième métropole du pays. Cité vibrante, enthousiaste et attachante, elle a su faire oublier sa monotonie urbaine et son hiver rigoureux pour devenir à la mode grâce à ses espaces verts, sa vie nocturne, son dynamisme culturel et sa gastronomie réputée (bière et crabes). Excellent point de départ pour découvrir les beautés naturelles de l'île en été, elle se mue en capitale des sports d'hiver grâce aux nombreuses stations qui l'entourent.

Sapporo mode d'emploi

■ Accès

Liaison par **avion** avec Tôkyô, Ôsaka, Fukuoka ; aéroport Sapporo-New Chitose, à 40 km S.-E. (40 mn en train) • par **train-couchettes** Hokutosei 北斗星 depuis Tôkyô-Ueno et Ôsaka ; train JR Hokuto 北斗 depuis Hakodate • par **bus** avec toutes les grandes villes de Hokkaidô ; le terminal principal est situé sous la gare ferroviaire A1 (sortie S.), celui de Chûo 中央 à côté de la TV Tower, à l'intersection N1 E1 B1.

■ Combien de temps

Sapporo se visite rapidement : comptez une grosse journée et utilisez le reste du temps pour explorer les environs.

■ S'orienter

On se repère facilement dans Sapporo grâce à son plan en damier. Le point de repère de référence est la **TV Tower** B1, au bout du parc Ôdôri, à partir de laquelle tous les blocs sont numérotés et situés sur les points cardinaux. Ainsi, le jardin botanique, à l'adresse N3 W8, est situé à 3 blocs au N. et 8 blocs à l'O. (West) de la tour.

Le **centre-ville** est délimité par la gare au N. et le quartier de Susukino au S., reliés par la rue Ekimae dôri (20 mn à pied entre les deux). C'est un ensemble de blocs de 12 rues sur 8, très dense en commerces, restaurants et attractions diverses,

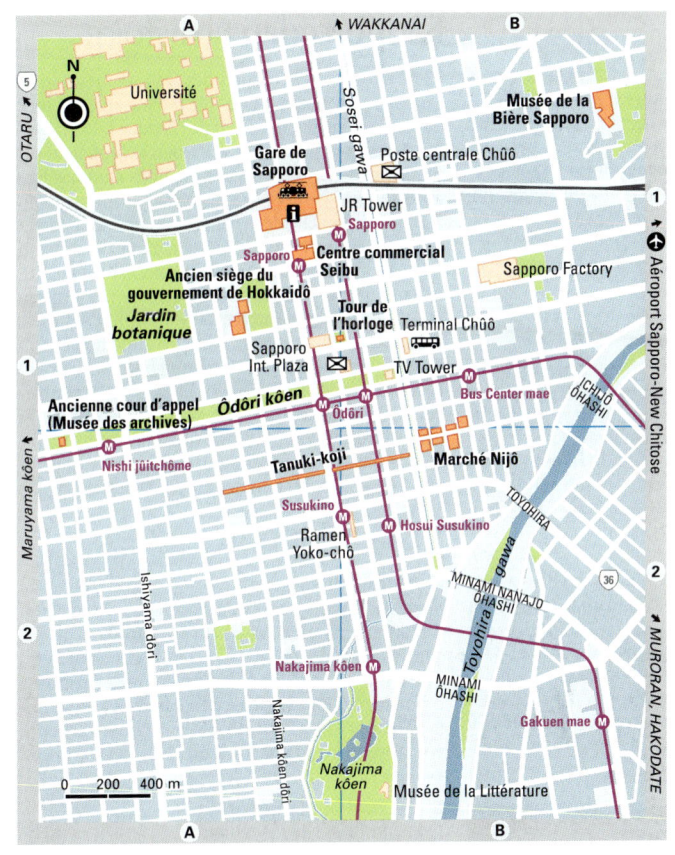

Sapporo.

traversé au milieu par l'avenue Ôdôri kôen. Les autres **espaces verts** et calmes de Sapporo sont situés autour de l'université (au N.-O.), au bord de la rivière Toyohira et dans le parc Nakajima, au S.

■ **Se déplacer**

Le centre de visite facilement à pied, et les trois lignes de métro emmènent partout ailleurs ; elles se croisent à la station Ôdôri 大通駅 A/B1. La ligne Nanboku 南北 (couleur verte) traverse Sapporo du N. au S. et dessert les principaux sites. Possibilité de circuler toute une journée avec des *pass* métro ou métro-bus-tramway.

■ **Manifestations**

Depuis 1950, début fév., **festival de la Neige**, plus de 300 sculptures de glace et de neige bordent le parc Ôdôri et les rues de Susukino (rens. : www.snowfes. com ; attention, les hôtels sont pris d'assaut) • 2e sem. de juin, **Yosakoi Soran Festival** : danses et chants traditionnels dans les rues, ambiance festive et populaire.

Sapporo dans l'histoire

PRÉCAUTIONS
Les hivers sont très rigoureux à Sapporo et le mercure descend facilement à -10 °C. Prévoyez des vêtements en conséquence et attention aux trottoirs enneigés.

Contrairement à la plupart des grandes métropoles nippones, Sapporo est une ville récente, qui a poussé du jour au lendemain à la fin de l'époque Edo (1866), lorsque les premiers colons japonais s'y installent sur un ancien territoire de communautés aïnoues. Peu après, Sapporo succède à Hakodate (jugée trop au S.) comme capitale de la région. Son développement urbain est ensuite rapide, porté par la Commission pour le développement de Hokkaidô (Kaitakushi), les conseils de l'agronome américain Horace Capron et l'afflux de colons, attirés par les emplois agricoles et industriels de la région. Sapporo aura bientôt son école agricole (qui deviendra université impériale) et son réseau de transports (train en 1880, tramway en 1918, métro en 1971). En 1972, un siècle après sa fondation, elle compte plus d'un million d'habitants et accueille les Jeux olympiques d'hiver (ceux prévus en 1940 avaient été annulés du fait de la guerre).

BON À SAVOIR
Les adresses à Sapporo sont parfois données avec les points cardinaux japonais : Kita 北 (N.), Minami 南 (S.), Higashi 東 (E.) et Nishi 西 (O.).

Visiter Sapporo

BON À SAVOIR
Plusieurs compagnies proposent une trentaine de circuits touristiques à Sapporo et dans les environs d'avr. à nov. : rés. et départs dans les gares ferroviaires ☎ 011/231.0500 et 011/867.5143.

■ Autour de la gare

Avec ses tours saturées de boutiques, le quartier de la gare est un paradis du shopping. Tous les centres commerciaux s'y ressemblent, sauf celui de **Seibu** 西武 **A1**, en brique sombre et surmonté d'un clocher. Sur la place de la gare *(angle N.-E.)*, la **JR Tower★** JRタワー **A1** (JR tawā) est idéale pour voir Sapporo à 160 m de haut *(ouv. t.l.j. 10 h-23 h • entrée payante)*.

■ Les bâtiments historiques

La célèbre **tour de l'Horloge★** 時計台 **A/B1** (Tokeidai) est un symbole de la ville et un point de rendez-vous pratique *(à 10 mn S.-E. de la gare par la Tokeidai dôri ; N1 W2 ☎ 011/231.0838 • ouv. t.l.j. sf lun. 8 h 45-17 h 10 • entrée payante)*.

L'**ancien siège du gouvernement de Hokkaidô★★** 旧本庁社 **A1** (Kyû honchô-sha) est une imposante demeure de brique *(renga)* rouge *(aka)*, d'où son surnom Aka renga *(marcher vers l'O. sur l'avenue N1 et prendre la 3ᵉ à dr. ; N3 W6 ☎ 011/231.4111 • ouv. t.l.j. 8 h 45-17 h)*. Bâtie en 1888, elle abritait la commission coloniale et en a conservé de nombreux documents d'époque, exposés dans des pièces somptueusement meublées à l'occidentale.

■ Le jardin botanique★★ 北大植物園
(Hokudai shokubutsu-en) A1
Juste derrière l'Aka renga : N3 W8 ☎ 011/221.0066 • ouv. de mai à nov., t.l.j. sf lun. 9 h-16 h 30 • entrée payante.

▲ Juchée en haut d'un bâtiment en bois, l'horloge de Sapporo, fabriquée à Boston, n'a cessé de sonner les heures depuis 1881.

Dans ce havre de paix cerné par les buildings poussent près de 4 000 espèces végétales réparties dans une grande serre et des jardins thématiques. La visite est d'autant plus belle en période de floraison *(d'avr. à oct.)*.

■ **Le parc Ôdôri*** 大通公園 (Ôdôri kôen) A1-2
Le S. du centre-ville *(W1 à W12)* est marqué par cette artère verdoyante de 1,5 km, aménagée à l'ère Meiji pour empêcher les incendies de se répandre vers le quartier gouvernemental. À la bordure E., la **TV Tower** テレビ塔 (Terebi-tô) B1 ☎ 011/241.1131 • *ouv. t.l.j. 9 h 30-21 h 30, 9 h-22 h en été • terrasse payante*) propose un joli panorama, notamment sur la piste de saut à ski des JO d'hiver de 1972 (vers l'O.). Au centre du parc, l'**ancienne cour d'appel** 資料館 (Shiryôkan A1/2 ; *ouv. t.l.j. 9 h-19 h • entrée gratuite*) a été reconvertie en musée des Archives.

Le **marché de Nijô*** 二条市場 B1/2 (Nijô shijô ; *S3 E1-2 • à 5 mn du M° Ôdôri* 大通 *• ouv. t.l.j. 7 h-18 h*) propose les spécialités locales : crabes, oursins, œufs de saumon... dans une ambiance affairée. Quelques statues d'une divinité des pêcheurs bordent la rue principale. Allez-y tôt le matin et dégustez le petit déjeuner local : le *donburi uni ikura* (bol d'oursins et œufs de saumon sur le riz).

■ **Susukino**** すすきの A-B2
Ce quartier *(S3 à S9)*, l'un des plus animés du Japon, s'atteint en redescendant l'av. Ekimae dôri. En chemin, on croise la galerie commerciale **Tanuki-koji** 狸小路. Dans Susukino, ambiance garantie 100 % japonaise avec bars à hôtesses, néons, foule infernale et ballet de taxis. Attention cependant à ne pas laisser toutes vos économies dans ces 4 500 établissements, où les touristes ne sont pas partout les bienvenus.

■ **Sapporo Beer Garden**** サッポロビールガーデン (Sapporo bîru gâden) B1
À 10 mn à pied du M° Higashi kuyakusho mae 東区役所前 *(ligne Tôho* 東豊*, sortie 4), ou en bus Factory depuis Ôdôri ou la tour de l'Horloge (toutes les 20 mn) ; N7 E9* ☎ *011/731.4368 • ouv. t.l.j. 11 h 30-22 h • entrée gratuite.*
C'est ici que fut bâtie la première brasserie japonaise, en 1876, qui a fait de Sapporo la capitale nippone de la bière et l'une de ses plus importantes zones de production au monde *(→ encadré p. suiv.)*. Son site, avec son bâtiment de brique rouge habillé de lierre et sa cheminée portant haut l'étoile polaire (rouge à cinq branches), est devenu un **musée** où l'on peut voir les toutes premières

Nibutani 二部谷 (à 100 km E. de Sapporo) rassemble une petite communauté aïnoue ainsi que deux musées. Shiraoi 白老 (30 km N.-E. de Noboribetsu), village aïnou reconstitué, entretient un folklore moribond (musée, danses, boutiques).
→ **théma p. 500-501.**

☞ MANIFESTATION
Le parc Ôdôri accueille chaque hiver le fameux festival de la Neige (Yuki matsuri) de Sapporo, et en été un beer-garden à l'ambiance munichoise (20 juil.-10 août).

♥ BONNE ADRESSE
Râmen Yoko-chô
ラーメン横町 (A/B2) :
S5 W3, dans Susukino. Ruelle ultra-célèbre où s'entassent les gargotes de nouilles chinoises *râmen*, savoureuses et bon marché. Sapporo est l'une des villes de *râmen* les plus célèbres au Japon.

Sur le rabat arrière de la couverture, un Tableau chronologique indique les périodes de l'histoire japonaise. En fin de volume, le Petit dictionnaire répertorie le vocabulaire spécifique.

De la bière au pays du saké

Blonde et légère, la bière se trouve partout au Japon, y compris en distributeurs, et se boit volontiers durant le repas. Si les Hollandais ont introduit les premières « mousses » à l'époque Edo, des Américains y construisent la première brasserie en 1869. Face à l'intérêt suscité par la boisson chez les Japonais, Nakagawa Seibei, de retour d'Allemagne, lance une usine et la bière Sapporo en 1876. Viendront ensuite Yebisu et Kirin (Tôkyô), Asahi (Ôsaka), Suntôry et d'autres marques qui vont hisser les bières en tête des ventes d'alcool au Japon (60 l par adulte par an). Ces compagnies se partagent aujourd'hui le marché (à côté de petites productions locales) grâce à un matraquage publicitaire, au sponsoring (dont celui de l'équipe nationale de football) et aux lancements incessants de nouveaux produits. Attention à ne pas confondre les bières traditionnelles et les *happoshu*, bières allégées en malt qui ont la cote chez les consommateurs nippons.

▲ La brasserie historique Sapporo.

BON À SAVOIR
Éviter le *Sapporo Factory*, complexe insipide de boutiques et restaurants.

♥ **RESTAURANT**
Sushi Zen 寿司善
(h. pl. par A1/2) : N1 W27
☎ 011/612.0068.
Proche du parc Maruyama, le meilleur *sushi-ya* de la ville. Installez-vous au comptoir pour observer les chefs, véritables artistes qui préparent à la demande sushis d'oursin, saint-jacques, crabe, seiche, œufs de saumon... Addition moins salée le midi. Ouv. t.l.j. 11 h-22 h.

bouteilles de la marque Sapporo, une collection d'affiches publicitaires qui racontent à leur manière l'histoire du Japon au XXe s., et terminer la visite par une dégustation *(payante)*. À côté, le **beer-garden** rassemble des restaurants où l'on prépare l'un des plats emblématiques de Sapporo, l'agneau grillé Genghis Khan *(prononcez « djin-gisukan »)*.

■ **Le parc Maruyama** 円山公園
(Maruyama kôen) h. pl. par A1/2
À l'O. du centre-ville, au pied du mont Maru yama ; M° Maruyama kôen (ligne Tôzai 東西).
On trouve dans ce parc aux allures forestières une foule d'écureuils, un zoo, de jolis cerisiers et l'unique sanctuaire shintoïste de Sapporo : le **Hokkaidô-jingû*** 北海道神宮, établi en 1869. La mémoire des pionniers de l'île est célébrée dans le sanctuaire secondaire, Kaitaku-jingû 開拓神宮.

Environs de Sapporo

1 Jôzankei Onsen** 定山渓温泉 *30 km S.-O.*
Bus Jôtetsu じょうてつバス *ou Dônan* 道南バス *depuis le terminal principal (compter bien 1 h de trajet)* ❶ *devant l'arrêt de bus Jôzankei* 定山渓.
Petite ville entourée de montagnes et de forêts, développée autour des sources chaudes découvertes en 1866 et de la rivière Toyohira, c'est la station la plus populaire de la région. Principale

attraction : les nombreux *onsen* et les sources au cœur de la ville, comme la chute d'eau chaude **Yu no taki**★ 湯の滝. Les Japonais y adressent des vœux aux *kappa* (génies des eaux) selon un rituel précis. Jolie balade possible le long du chemin **Futami Jôzan** 双海定山, à l'O. du centre, qui passe par un étang, une statue de *kappa*, un pont suspendu… Jôzankei est aussi cotée chez les amateurs de couleurs automnales et de sports d'hiver.

2 Otaru★★ 小樽 *40 km N.-O.*

Accès en train et bus ; en ferry depuis Niigata 新潟 (Chûbu) ❶ *dans la gare* ☎ *0134/29.1333 ; ouv. 9 h-18 h.*

Destination prisée des touristes russes, face à la baie d'Ishikari, Otaru est un port bourré de charme qui alimente Sapporo en crabes et poissons. On y déguste les meilleurs sushis de la région, soit dans les nombreux marchés aux poissons du centre (Sankaku et Chûô, le plus important, juste à côté de la gare), soit dans la fameuse **Sushiya Street**★★ (rue des restaurants de sushis). Les Japonais louent aussi le « romantisme » d'Otaru, ses maisons occidentales du début du XXᵉ s., son **canal**★★ éclairé à la lanterne le soir, bordé d'anciens entrepôts reconvertis (fin XIXᵉ-début XXᵉ s.), de style européen. L'un d'eux abrite le **musée d'Otaru**★★ 小樽資料館 (Otaru shiryôkan ; *2-1-20, Ironai* ☎ *0134/33.2439 • ouv. t.l.j. 9 h 30-17 h*), un cran au-dessus des habituels musées d'histoire locale.

3 Noboribetsu★★ 登別 *115 km S. de Sapporo*

Train de Sapporo (1 h) ou Hakodate jusqu'à la gare de Noboribetsu, puis 15 mn de bus ; ou directement en bus Dônan 道南バス ou Hokkaidô Chûô 北海道中央 depuis Sapporo à (3 h de trajet) ; les trains JR Muroran 室蘭 et des bus assurent la liaison avec le lac Tôya (de 40 mn à 1 h 30 de trajet) ❶ *dans la rue principale, à côté de l'arrêt de bus* ☎ *0143/84.3311 ; ouv. 8 h 30-17 h.*

Jolie station thermale en altitude, très fréquentée pour son incroyable variété d'eaux fumantes. Les amateurs trouveront leur bonheur au **Dai-ichi Takimoto-kan**★★ 第一滝本館 (ouvert en 1858) : une dizaine de bains en intérieur et extérieur répartis sur deux étages. Noboribetsu propose aussi diverses **excursions**★ dans la vallée volcanique du Jigokudani 地獄谷 (*à 5 mn à pied du centre*). La plus courte traverse un paysage lunaire d'où s'échappent des fumerolles, jusqu'au brûlant bassin de Tessen 鉄扇 (80 °C ; *gare aux geysers*). En 1 h ou plus, on atteint celui d'Oyunuma お湯沼, voire le **lac Kuttara-ko**★★ クッタラ湖.

4 Le lac Tôya-ko★★ 洞爺湖 *20 km N.-O. de Noboribetsu, 165 km S.-O. de Sapporo*

Train de Sapporo (1 h 45) ou Hakodate jusqu'à la gare de Tôya 洞爺 puis 25 mn de bus ; ou directement en bus Dônan, des mêmes villes pour Tôyako Onsen (3 h de trajet, rés. demandée : ☎ *011/865.5511 à Sapporo ou 0142/75.2351 à Tôyako)* ❶ *à côté de l'arrêt de bus* ☎ *0142/75.2446, www.laketoya.com ; ouv. 9 h-18 h, jusqu'à 17 h d'avr. à oct.* C'est l'un des trois lacs volcaniques du parc national Shikotsu-Tôya (1 000 km²). Les Japonais le comparent volontiers à un *doughnut* en raison de sa forme circulaire (40 km de circonférence) et de l'île qui émerge au milieu. Les sites intéressants sont sur la rive S. : le dôme du mont **Shôwa shin-zan** 昭和新山 (*1 bus/h depuis Tôyako Onsen, de mai à oct., t.l.j. 9 h-16 h • un téléphérique relie les deux sommets Shôwa shin-zan et Usu-zan*) ; le fumant **Usu-zan**★ 有珠山, dont la violente éruption de 2000 est restée dans les mémoires locales ; les sources chaudes de **Tôyako Onsen**★ 洞爺湖温泉 ; les nombreuses promenades.

La péninsule de Shiretoko★★★
知床半島 (Shiretoko hantô)

Situation : péninsule à la pointe E. de Hokkaidô, à 400 km N.-E. de Sapporo.

386 km² ; préfecture de Hokkaidô.

🛈 www.shiretoko.or.jp

À ne pas manquer

Les chutes de Kamuiwakka★★★	512
Les sources chaudes d'Iwaobetsu★★★	513
Le sentier des Cinq Lacs★★	512

À l'extrémité septentrionale du Japon se trouve un joyau touristique, destination difficilement accessible, mais à la beauté troublante et véritablement inoubliable. Shiretoko, « là où finit la terre » : le nom donné à cette péninsule volcanique il y a plus de deux mille ans par le peuple aïnou est toujours d'actualité. Il s'agit en effet de la région la plus sauvage et la plus préservée du Japon, un exceptionnel conservatoire naturel constitué de reliefs tourmentés, de forêts épaisses, de falaises abruptes et de lacs profonds où s'épanouit un écosystème unique.

Shiretoko mode d'emploi

■ Accès

Il faut d'abord se rendre à Abashiri en avion, bus ou train (→ *ci-après*) et y prendre un bus pour Utoro, ville la plus proche du parc. Une alternative consiste à gagner Shari 斜里 en train ou en bus depuis Abashiri (40 km E.), et d'y emprunter l'un des bus (plus nombreux) pour Utoro.

■ Combien de temps

Comptez au moins 2 jours.

■ Se repérer

Le parc naturel couvre la moitié de la péninsule, soit 35 km entre le début de la zone protégée et le cap. Son centre est parcouru par une chaîne volcanique de six sommets où culmine le Rausu dake. De part et d'autre de la base du parc se trouvent les villes d'Utoro (côte N.) et de Rausu (côte S.), reliées par le tortueux **col de Shiretoko** 知床峠 (Shiretoko tôge), d'où la vue est exceptionnelle (route de 30 km, f. en hiver ; quelques bus font le trajet en 1 h).

✎ **PRÉCAUTIONS**
Shiretoko est pris d'assaut par les visiteurs toute l'année (2,5 millions par an) et surtout en été. Essayez d'éviter juil. et août, et les heures de pointe des cars de touristes (9 h-12 h).

Voir carte régionale p. 486

◄ L'idéal pour découvrir Shiretoko est d'être motorisé, mais les gaz d'échappement nuisent aussi à la préservation du site…

Shiretoko, patrimoine mondial

Désignée parc national en 1964, la majeure partie de la péninsule (386 km²) rejoint en 2005 le club très fermé des sites naturels classés par l'Unesco. Nature superbe et inviolée, océan de forêts vierges, plantes rarissimes (comme *Viola kitamiana*, qu'on ne trouve qu'ici), espèces d'oiseaux endémiques et menacées (kétoupa de Blakiston, oiseaux migrateurs), otaries, lions de mer de Steller… les raisons de ce classement sont multiples. Pour protéger ce patrimoine naturel d'un flux touristique qui frôle la saturation, les autorités de Shiretoko ont édicté des règles qui rendent la visite plus contraignante, mais permettent d'espérer que ce site remarquable survivra au passage d'*Homo touristicus*.

■ Se déplacer

Locations de voitures à Abashiri (aéroport et gare) et Shari 斜里. Attention, presque aucune route n'est praticable à l'intérieur du parc, et certaines sont fermées aux véhicules individuels.
En saison (de juin à oct.), des navettes touristiques desservent les Cinq Lacs et Kamuiwakka de 8 h à 16 h 30 : 15 départs/j. du terminal d'Utoro (à côté du port), 30 départs/j. du Shiretoko Nature Center.

Abashiri** 網走

Situation : 350 km N.-E. de Sapporo.

La « grande ville » la plus proche de Shiretoko est plus qu'une étape avant la péninsule. Ses grands lacs, les rives de la mer d'Okhotsk, une faune et une flore rares font d'Abashiri un site à ne pas manquer lorsqu'on visite le N.-E. de Hokkaidô. Elle demeure aussi une excellente base de départ pour les parcs naturels de Shiretoko et d'Akan (→ p. 492).

Accès : **avion** depuis Sapporo, Tôkyô, Ôsaka (l'aéroport Memanbetsu est à 30 mn du centre) • **train** JR Okhotsk オホーツク (Ohôtsuku) depuis Sapporo via Asahikawa 旭川 • **bus** Dreamint Okhotsk ドリーミントオホーツク depuis Sapporo.

■ Le cap Nôtorô* 能取岬 (Nôtorô misaki)

Au N.-O. d'Abashiri, son phare et ses falaises tombant à pic offrent l'un des plus beaux **panoramas** sur la mer d'Okhotsk, surtout l'hiver, lorsque glace et neige en font un désert blanc à perte de vue. On y observe aussi une faune rare : phoques ou grands aigles de mer. Il surplombe le **lac Nôtorô-ko**★★ 能取岬湖, bordé d'étendues de salicorne qui virent au rouge en automne et offrent de superbes contrastes colorés. Vous y croiserez hérons, hirondelles et courlis cendrés.

🛈 à côté de la gare
☎ 0152/44.5849 ;
ouv. t.l.j. 9 h-17 h.

✉ POSTE ET DAB
À g. en sortant de la gare ;
ouv. t.l.j. sf dim. 9 h-17 h.

✦ SPÉCIALITÉ
Abashiri propose une excellente bière à base de malt et de blé. La brasserie *Abashiri Beer* 網走ビール se visite, à 10 mn à pied de la gare.

La querelle des Kouriles

Dans cet archipel qui forme une ligne discontinue entre Hokkaidô et le Kamtchatka, quatre îles sont à l'origine d'un très sérieux contentieux territorial entre le Japon et la Russie. Kunashiri, Etorufu, Shikotan et Habomai étaient sous autorité japonaise depuis l'époque Edo, avant que la Russie ne s'y intéresse au XVIIIe s. Le traité de Saint-Pétersbourg (1875) clarifie la situation : Sakhaline revient totalement à la Russie et les Kouriles au Japon. 17 000 citoyens nippons y vivaient ainsi en 1930. Mais alors que la défaite du Japon se profile en 1945, l'Union soviétique en profite pour envahir l'archipel, et au prix de combats meurtriers achève sa conquête le 31 août.

Voilà donc plus de 60 ans que le Japon réclame la restitution de ce qu'il appelle « Territoires du Nord », ces quatre îles les plus au S. des Kouriles, pour au moins deux raisons : leur valeur stratégique, puisqu'elles constituent une porte d'entrée sur le Pacifique, et leur intérêt économique, car les zones de pêche qui les entourent sont extrêmement riches en poissons. Le dialogue est aujourd'hui bloqué, Tôkyô et Moscou campant sur leurs positions, et les incidents frontaliers sont fréquents.

◾ Le pénitencier* 博物館網走監獄 (Hakubutsukan Abashiri kangoku)

1-1, Aza-Yobito ☎ *0152/45.2411* • *au S. de la ville, à 10 mn de la gare en bus* • *ouv. t.l.j. 8 h-18 h, 9 h de nov. à mars* • *entrée payante.*

Mafieux, opposants politiques et criminels de tout poil ont longtemps peuplé ces geôles construites en 1890 et réputées les plus terribles du Japon (en bois et sans chauffage quand les températures tombent facilement à –20 °C en hiver). Transformées en un musée pas commun, on peut y visiter cinq couloirs de cellules et des reconstitutions de moments de la vie carcérale. Un petit restaurant propose le « menu du prisonnier » tel que servi à l'époque, et une boutique commercialise le folklore de cet Alcatraz japonais. Si le pénitencier a fermé en 1984, une prison moderne est toujours en activité, sur la rive g. d'Abashiri.

Les musées sont situés à flanc du mont Tentô, à proximité de l'ancien pénitencier (accès en bus depuis la gare).

◾ Le musée des Peuples du Nord***
北海道立北方民族博物館
(Hokkaidô-ritsu hoppô minzoku hakubutsukan)

☎ *0152/45.3888* • *ouv. t.l.j. sf lun. 9 h 30-16 h 30.*

De loin le musée le plus abouti et le plus intéressant de Hokkaidô sur les cultures du cercle arctique : Aïnous du Japon, Samet de Laponie, Inuits, Indiens… De formidables collections ethnographiques viennent à l'appui des plaquettes et écrans interactifs (en anglais) pour expliquer les points communs de ces cultures, l'importance de la pêche et la vie spirituelle notamment (chamanisme, cérémonie de l'ours…) ; ne pas manquer l'imposant **totem** qui domine la salle Spiritual World. Scénographie et éclairage mettent superbement en valeur les outils et costumes présentés. Des expositions temporaires y sont organisées.

◾ Le musée Okhotsk Ryûhyô-kan*
オホーツク流氷館 (Ohôtsuku ryûhyô-kan)

☎ *0152/43.5951* • *ouv. t.l.j. 8 h-18 h, 9 h-16 h 30 de nov. à mars.*

La mer d'Okhotsk y est un objet d'étude et de fascination, notamment le mécanisme de formation des fameux blocs de glace flottante en hiver. Son eau salée en profondeur mais très peu en surface (de l'eau douce qui se déverse depuis le fleuve russe Amour) permet cette glaciation à la mi-janv.

✎ SORTIES EN MER
Alors que gèle la mer en hiver (de janv. à avr.), le brise-glace *Aurora* embarque les touristes pour une balade de 1 h en mer d'Okhotsk. Glacial mais d'une beauté époustouflante. Départs 4 fois/j. au port d'Abashiri ☎ 0152/34.6000.

Mais le réchauffement climatique menace cette situation atypique qui en fait la mer la plus au S. du globe dont les eaux gèlent en hiver. Des **aquariums** polaires permettent d'observer l'étonnante faune sous-marine d'Okhotsk tels la **clione**, un mollusque de 2 cm devenu la mascotte d'Abashiri, ou le poisson *namedango*. Enfilez ensuite un blouson d'hiver pour vivre le grand frisson, au milieu de blocs de glace dans une salle spécialement maintenue à –20 °C, et terminez la visite par l'**observatoire panoramique**, au dernier étage du musée.

▲ La clione, mollusque mascotte d'Abashiri, nage en se maintenant verticalement entre deux eaux, à des températures inférieures ou égales à 10 °C.
À des températures supérieures, elle nage la tête vers le bas et regagne la profondeur habituelle.

Le parc national de Shiretoko★★★ 知床国立公園
(Shiretoko kokuritsu kôen)

■ Utoro★ ウトロ *77 km E. d'Abashiri*
ⓘ dans la gare routière ☎ 0152/24.2639 ; ouv. t.l.j. 8 h 30-18 h 30.
Cette bourgade est devenue la plaque tournante d'un tourisme de masse : les navettes partent d'ici, et le Shiretoko Nature Center est à 15 mn en bus *(gare routière située au S. du port)*. On y trouve quantité d'hôtels et de restaurants, associations et boutiques aïnoues, sources chaudes, et de curieuses formations rocheuses, tel **Oronko iwa**★ オロンコ岩, rocher de 60 m de haut planté au milieu du port.

À 7 km au S. d'Utoro *(accès en bus)* se trouve l'une des plus belles chutes d'eau du Japon, **Oshinkoshin**★★ オシンコシン, d'où l'eau douce plonge de 80 m dans la mer.

■ Le Shiretoko Nature Center
知床自然センター (Shiretoko shizen sentâ)
Accès en navette ou voiture ☎ 0152/24.2114 • ouv. t.l.j. 9 h-16 h de mi-oct. à mi-avr., sinon 8 h-17 h 40.
Une excellente introduction au parc prodiguant photos, cartes, matériel (notamment des sprays pour éloigner les ours), renseignements et conseils divers sur la météo, les sites, les dangers de la région…

Derrière, un sentier mène en 10 mn aux **chutes de Furepe**★★ フレペの滝 (Furepe no taki) : cette « eau rouge » (en langue aïnoue) jaillit en cascade d'une falaise et tombe à pic dans la mer, au-delà d'une crique encastrée entre des parois rocheuses. Le coucher de soleil y est somptueux et les biches peu farouches.

SORTIES EN MER
Une croisière qui part d'Utoro longe les falaises en remontant vers le cap (4 h AR ; départ 10 h, de juin à sept.). Un trajet plus court (1 h 30 ; 4 départs/j. d'avr. à nov.) va jusqu'aux chutes de Kamuiwakka.
Voir au port les compagnies *Aurora* ☎ 0152/24.2147 ou *Gojiraiwa* ☎ 0152/24.3060.

Sur le rabat arrière de la couverture, un Tableau chronologique indique les périodes de l'histoire japonaise. En fin de volume, le Petit dictionnaire répertorie le vocabulaire spécifique.

Les 10 commandements du voyageur à Shiretoko

Prologue. La densité de population d'ours bruns (35/100 km²) est l'une des plus importantes au monde : respecter les consignes de sécurité et éviter de marcher seul.

I. Prévoir cartes, vêtements, boissons ; les portables ne captent pas de réseau.

II. Éviter le camping sauvage (risque d'endommager l'écosystème).

III. Ne pas apporter au parc ni en remporter des plantes ou des animaux.

IV. En camping, protéger nourriture et déchets, qui pourraient attirer des ours.

V. Éviter de déranger les animaux sauvages (risque d'affecter leur reproduction).

VI. Ne jamais nourrir les animaux. Ils pourraient prendre l'habitude de venir chercher à manger auprès des touristes.

VII. Les ours détestent être surpris : manifester sa présence en randonnée (clochette au sac à dos, par exemple).

VIII. Ne pas paniquer en cas de rencontre avec un ours brun, éviter de courir et de crier.

IX. En voiture, rouler doucement, surtout lorsque la nuit tombe : cerfs et renards traversent sans prévenir.

X. Le meilleur moyen d'éloigner un animal de la route est d'utiliser le klaxon.

■ Les Cinq Lacs** 知床五湖 (Shiretoko-go-ko)

Accès en navette ; l'accès en voiture est possible (parking), mais dans ce cas interdiction de prendre la navette pour Kamuiwakka.

Le site le plus célèbre et le plus fréquenté du parc : cinq lacs cristallins y sont répartis au cœur d'une épaisse forêt vierge où gambadent biches, cerfs, renards et ours. Le sentier permet plusieurs balades : choisissez la grande boucle *(3 km en 1 h)* et prenez votre temps, soyez attentifs aux habitants des bords des lacs (libellules, minuscules grenouilles…), vous n'en apprécierez que mieux la beauté de cet écrin naturel.

■ Les chutes de Kamuiwakka*** カムイワッカの滝 (Kamuiwakka no taki)

Accès en navette (toutes les 20 mn) depuis le Shiretoko Nature Center ou les Cinq Lacs • attention, le dernier bus en repart vers 17 h 30 • voitures interdites.

Les Aïnous ont appelé « eau des dieux » cette cascade sulfureuse d'eau chaude car elle ne gèle jamais, même en hiver… Kamuiwakka est un site à ne pas manquer, parce qu'il est l'endroit accessible aux touristes le plus repoussé dans le parc, mais aussi parce que cette cascade se déverse dans de petits **bassins naturels** où l'on peut goûter à un bain d'exception. On les atteint en progressant à pied dans la cascade : soyez prudent, pensez à vous munir d'une serviette de bain et de sandales *(location au Shiretoko Nature Center)*. Attention : l'eau y est plutôt tiède, il faut un maillot de bain, et depuis un éboulement en 2006 seule la première partie des chutes est accessible.

■ Iwaobetsu Onsen*** 岩尾別温泉
Accès en bus du terminal d'Utoro (1 bus/j.)

L'un des sites de sources chaudes les plus exceptionnels de Hokkaidô. L'accès n'y est pas aisé, mais l'endroit vaut vraiment l'effort. Empruntez un petit chemin à g. de l'hôtel *Chinohate* pour accéder à ces *rotenburo* aménagés à même la forêt et alimentés en eau chaude par une rivière voisine. Ne soyez pas surpris ni timide : les couples s'y baignent nus et remarquent à peine les marcheurs à côté d'eux. Le dernier bassin, plus tranquille, se trouve caché plus loin sur le sentier, qui remonte ensuite le cours de la rivière jusqu'à une cascade de montagne.

▶ D'Iwaobetsu part le principal chemin de randonnée pour le **mont Rausu dake** 羅臼岳 (alt. 1 661 m ; *5 h d'ascension difficile*), depuis le refuge Kinoshita goya 木下小屋 (☎ *0152/24.2824 • ouv. de juin à sept.*). ◀

◀ Bain sauvage dans les chutes de Kamuiwakka.

♥ HÉBERGEMENT
Hôtel **Chinohate** ホテル地の涯 : ☎ 0152/24.2331.
Loin des hôtels bondés de Shiretoko, le *Chinohate* (bout du monde) est un *ryokan* admirable par son environnement 100 % naturel. L'intérieur ne paie pas de mine, mais le repas pris en commun sur tatamis est un ravissement, de même que les sources chaudes aménagées autour de l'hôtel. Véhicule recommandé, compter 10 000 yens par personne.

■ **Rausu★** 羅臼 *30 km S.-E. d'Utoro*
❶ *sur la route d'Utoro à Rausu, après le camping Kuma no yu* 熊の湯 ☎ *0153/87.2828 ; ouv. t.l.j. sf lun. 9 h-17 h (jusqu'à 16 h de nov. à avr.).*

Dépossédée du tourisme par Utoro, Rausu permet d'éviter les foules d'été, mais sa visite reste secondaire. Cette petite ville offre un accès sur la côte S. de la péninsule, où les sites sont rares, mais faciles d'accès grâce à la route 87 (le **rocher Tengu★** ou l'*onsen* **Aidomari★**).

Les pêcheurs font dans ses eaux les meilleures prises de baleines de tout le pays, que les restaurants locaux servent crue ou cuisinée *(par exemple chez Marumi* ☎ *0153/88.1313)*. Sur les hauteurs, la **Rausu Kunashiri Observation Tower★** 羅臼国後展望塔 (Rausu Kunashiri tenbô-tô ☎ *0153/87.4560 • ouv. t.l.j. sf lun. 9 h-17 h, 10 h-15 h en déc. et janv., 10 h-16 h en mars et avr.)* offre l'une des meilleures vues sur Kunashiri (île occupée par la Russie depuis 1945 et revendiquée par le Japon) et des renseignements sur l'histoire des Territoires du Nord (→ *encadré p. 508*).

🖉 BON À SAVOIR
Des compagnies proposent d'aller observer de près aigles de mer, otaries et baleines en fonction de la saison. Rens. à l'OT et au port de Rausu.

Wakkanai★★ 稚内

Situation : à 320 km N. de Sapporo.

45 000 hab. ; préfecture de Hokkaidô.

ℹ dans la gare JR
☎ 0162/22.2384 • ouv. 9 h-18 h.

À ne pas manquer

La baie de Wakkanai★★ paralysée
par les glaces en hiver 514

Les caps★ les plus nordiques
du pays 515

Les fleurs de Rebun★★★
(Environs) 516

C'est le navigateur français
La Pérouse qui découvrit en 1787
le détroit qui relie la mer du Japon
à celle d'Okhotsk. Les Japonais
l'appellent « détroit de Sôya ».

♥ HÉBERGEMENT
Hôtel *Hyôsetsu* 氷雪ホテル :
☎ 0162/22.6702. Un bon
rapport qualité-prix juste en face
de l'embarcadère des ferries
pour Rishiri-Rebun
(→ Environs, p. 516) ;
repas de spécialités locales,
et minisauna dans la chambre !

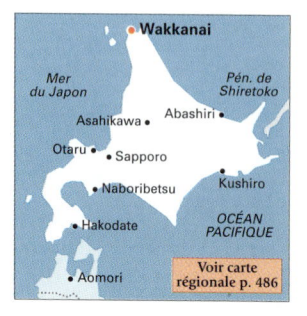

L'extrême nord de Hokkaidô n'est pas franchement trépidant. Ses villes plutôt mornes, ses grands espaces, ses basses températures et son vent incessant n'invitent pas à y rester longtemps. Mais le charme de Wakkanai, cité la plus septentrionale de l'archipel, est ailleurs : dans le sentiment d'avoir atteint un « bout du monde », une frontière qui est aussi un point de rencontre entre les cultures japonaise et russe ; dans la vision d'un Japon modeste que la pêche fait vivre malgré les glaces d'hiver ; et dans l'exceptionnel patrimoine naturel dont jouissent les îles de Rishiri et Rebun.

Wakkanai mode d'emploi

Accès : en **train** depuis Sapporo (5 h) et Asahikawa 旭川 (possibilité de couchettes) • en **bus** Sôya 曽谷バス depuis les mêmes villes • en **avion** depuis Sapporo-Chitose, Tôkyô, Ôsaka ; l'aéroport, à l'O., est à 30 mn du centre.

Combien de temps : le développement touristique de Wakkanai est timide, mais permet d'y passer 1 ou 2 agréables journées, avant de mettre le cap sur le centre ou la côte E.

Se déplacer : à pied ou à vélo dans Wakkanai ; des bus desservent les sites alentours. Mais être motorisé est un avantage appréciable dans la région.

Les joies de l'hiver : durant la saison froide, on peut observer les **blocs de glace** en mer d'Okhotsk, les centaines de **phoques** du Groenland regroupés à Bakkai (de nov. à mars), pratiquer le **traîneau**, visiter des **igloos**, et assister au championnat national de courses de **chiens de traîneau** (fév.).

Visiter Wakkanai

Ce port monte la garde sur le détroit de La Pérouse. Le domaine de Matsumae (à la pointe S. de l'île ; → *p. 499*) en fit en 1685 un comptoir commercial, prospérant grâce au hareng et aux échanges avec Sakhaline.

■ Le centre-ville★

Depuis la gare, marcher 10 mn vers le N. pour arriver à l'embarcadère des ferries. Le **North Breakwater Dome** 稚内港北防波堤ドーム (Wakkanai-kô kita bôhatei dômu) qui borde la jetée est un ouvrage bien connu ici, long couloir de béton d'inspiration vaguement romaine où se tient le marché du matin. À sa base, une rue longe le bord de mer et permet d'observer la récolte de l'algue *konbu*, principale activité économique locale. De vieilles femmes déchargent les bateaux et étendent ces longues algues caoutchouteuses sur des parcelles de graviers pour les faire sécher.

Par temps dégagé, un impressionnant **panorama**★★ est visible depuis la **tour de commémoration du Centenaire de la ville** 開基百年記念塔 (Kaiki hyaku nen kinen-tô *☎ 0162/24.4019 • ouv. 10 h-18 h, f. en hiver • entrée payante*), juchée au sommet d'une colline et du petit parc municipal.

■ Les caps★

Ils prennent en sandwich la pointe N. de Hokkaidô. Au **cap Noshappu★** ノシャップ岬 (Noshappu misaki ; *suivre le bord de mer à g. du Breakwater Dome ou 10 mn en bus depuis la gare*), sous le plus grand **phare** de l'île, se rassemblent locaux et touristes pour regarder le soleil plonger dans la mer du Japon dans des couleurs féeriques (printemps et été sont les meilleurs moments).

Quant au **cap Sôya★** 宗谷岬 (Sôya misaki ; *à 30 km E. de Wakkanai, accès en bus depuis la gare*), il est bien connu au Japon comme son point le plus septentrional, ce qui en fait le lieu d'un pèlerinage touristique soutenu. Au large d'un étrange monument triangulaire, l'île russe de Sakhaline se voit par beau temps. Gravir la colline derrière le front de mer pour atteindre la **tour de la Prière** 祈りの塔 (Inori no tô), autre curieux monument qui rend hommage aux victimes d'un vol de la Korean Airlines abattu par l'URSS en 1983 au large du cap.

Environs de Wakkanai

Au large à l'O. de Wakkanai, les îlots voisins Rishiri et Rebun sont tout indiqués pour les amateurs de randonnées sauvages et de panoramas. Rishiri est célèbre pour son cône volcanique, souvent comparé au mont Fuji (d'où son nom Rishiri fuji), et Rebun n'est pas surnommée « l'île aux fleurs » pour rien.

♥ RESTAURANTS

• ***Pechika*** ペチカ : 1-6-28, Minato ☎ 0162/23.7070. Cette petite baraque rend hommage au voisin russe et à sa cuisine : riz pilaf, salades, poissons marinés... Prix très raisonnables. Musique et revues en VO contribuent à l'ambiance.

• Dans le centre, autour de la gare, on trouve quelques animations et de bons restaurants de fruits de mer (poulpe, araignée...).

▲ En hiver, superbe spectacle d'une mer glacée à perte de vue.

⌘ SORTIES EN MER

De Wakkanai, la compagnie *Heart Land Ferry* (☎ 011/233.8010 ; www.heartlandferry.jp) dessert en 5 h 30 Korsakov, sur l'île russe de Sakhaline, du 15 mai au 25 oct. : départ à 10 h, retour le lendemain même heure, 5 à 10 départs/mois. Compter 40 000 yens AR. Le visa est obligatoire : rens. auprès du consulat russe de Sapporo : 826, W12 S14 ☎ 011/561.3171 ou 3172.

Le voisin russe

Ne soyez pas surpris qu'on vous prenne ici pour un citoyen russe : ce sont les premiers visiteurs étrangers et des partenaires commerciaux essentiels. Wakkanai est ainsi le port nippon le plus fréquenté par les marins russes. Autres indices de l'omniprésence de ce voisin : des panneaux routiers trilingues (japonais-anglais-russe), des cours de langue russe à la télévision locale, et une cuisine venue du nord. Les Russes se retrouvent autour du port de Wakkanai, au S.-E. de la gare, et dans le centre commercial Saijô. Soyez discret : une partie de leurs prises sont illégales, pêchées dans les eaux russes et rapidement revendues ici. Ce marché noir atteint un million de dollars par an et fait les choux gras de la mafia locale.

Accès : en avion, Sapporo-Rishiri-tô (50 mn) et Wakkanai-Rebun-tô (20 mn) • par **ferry** depuis Wakkanai (1 h 45 pour Rishiri, 2 h pour Rebun) ; attention, dernier ferry avant 16 h, et service réduit en hiver.

1 L'île Rishiri-tô★★ 利尻島

Un bus fait le tour de l'île (60 km) en 1 h 45 • location de vélos à côté du terminal d'Oshidomari ℹ dans le terminal ☎ 0163/82.2201 ; ouv. 8 h-17 h 30 de mi-avr. à mi-oct.

Mis à part les randonnées et l'observation des fleurs de montagnes, Rishiri n'offre pas d'opportunités touristiques majeures. L'île a une forme ovale, sa capitale **Oshidomari** 鴛泊 (au N.) rassemble l'aéroport, le terminal des ferries, les hôtels, restaurants et boutiques. C'est le volcan **Rishiri-zan★★** 利尻山 (alt. 1 721 m) et ses superbes panoramas qui attirent les randonneurs *(compter 6 h de marche pour joindre le sommet depuis le camping Rishiri Hokuroku 利尻北麓, à 3 km S. d'Oshidomari).*

D'autres balades à la portée de tous sont possibles : du camping à l'étang de **Himenuma** 姫沼 en passant par une épaisse forêt vierge et les sommets de Kopon-san et Pon-san *(3 h)* ; le long de la côte S.-O., pour atteindre les curieuses formations de lave de **Senbôshi misaki★** 仙法志御崎 ; ou encore autour du **cap Kutsugata misaki** 沓形岬 à l'O. *(point de vue sur le volcan, camping, centre des visiteurs).*

2 L'île Rebun-tô★★★ 礼文島

Service de bus, mais le vélo reste la meilleure option (location à Kafuka) ℹ dans le terminal de Kafuka ☎ 0163/86.2655 ; ouv. 8 h-17 h 30 de mi-avr. à mi-oct.

Sur sa forme allongée (20 km du N. au S.) en pince de crabe se nichent trois petits villages de pêcheurs : **Kafuka** 香深, au S.-E., centralise terminal des ferries, animations, hôtels et restaurants. ; le petit aéroport local est au N., à côté de **Funadomari** 船泊 ; enfin, **Moto-chi** もとち. Mais c'est surtout aux centaines d'espèces de fleurs alpines qui la recouvrent au printemps et en été que Rebun doit sa réputation.

Les **randonnées★★** se déclinent selon les ambitions : 32 km du Hachijikan 八時間コース *(8 h)* du cap Sukoton au N. à Moto-chi au S. à travers champs et forêts *(attention fin de parcours difficile)*, mais on peut n'en faire qu'une partie ; la balade de **Rebun rindô hanabatake★★** 礼文林道花畑 passe par le centre de l'île depuis Kafuka et traverse les champs de fleurs ; le chemin escarpé du **rocher Momoiwa★** 桃岩 relie Kafuka à Rebun-rindô 礼文林道 en passant par Uen'ai 宇遠内. *Pensez à vous munir d'eau et de vivres, vérifiez la météo et les bus disponibles si vous ne voulez pas revenir à pied.*

Shikoku 四国

Les entrées principales	
La côte ouest**	522
Kôchi*	530
Takamatsu**	534
Tokushima*	543

« *Inaka !* » (la cambrousse !), s'entend-on souvent répondre quand on évoque l'île de Shikoku devant des Japonais qui vivent à Tôkyô ou à Ôsaka. De fait, peu d'entre eux font l'effort de visiter cette région, même si la plupart se promettent d'y aller un jour accomplir le fameux pèlerinage des 88 temples. L'île est pourtant devenue très accessible depuis l'ouverture des formidables ponts qui relient Honshû aux villes de Tokushima, Takamatsu ou Imabari, et les Tokyoïtes ont bien tort de la snober ! Car Shikoku, la plus petite des quatre grandes îles de l'archipel, est peut-être aussi la plus authentique. Elle réserve en tout cas de belles surprises, ne serait-ce que par ses paysages qui vont des grandes plages de sable blanc du sud aux sommets escarpés et enneigés du nord en passant par les gorges spectaculaires de la vallée de l'Iya, une région si secrète que les guerriers Heike, défaits par les Minamoto au XIIe s., y ont trouvé refuge.

▲ Pêcheurs à Kôchi.

Autre atout majeur de Shikoku : sa cuisine, véritable identité, non seulement pour l'île mais pour chacune des quatre préfectures qui la composent. Ainsi Kagawa est-elle célèbre pour ses *sanuki udon*, grosses nouilles de blé qu'on aspire à grand bruit. Celle de Tokushima est très fière de sa production de *sudachi*, un agrume très parfumé qu'on utilise notamment dans les soupes. Kôchi est, depuis toujours, le pays de la bonite, servie ici sous le nom de *katsuo tataki*. Quant à Ehime, elle s'enorgueillit d'une spécialité introuvable ailleurs : le *jakoten*, délicieux pâté de poisson qu'on croque à toute heure du jour.

Les 88 temples sacrés de Shikoku

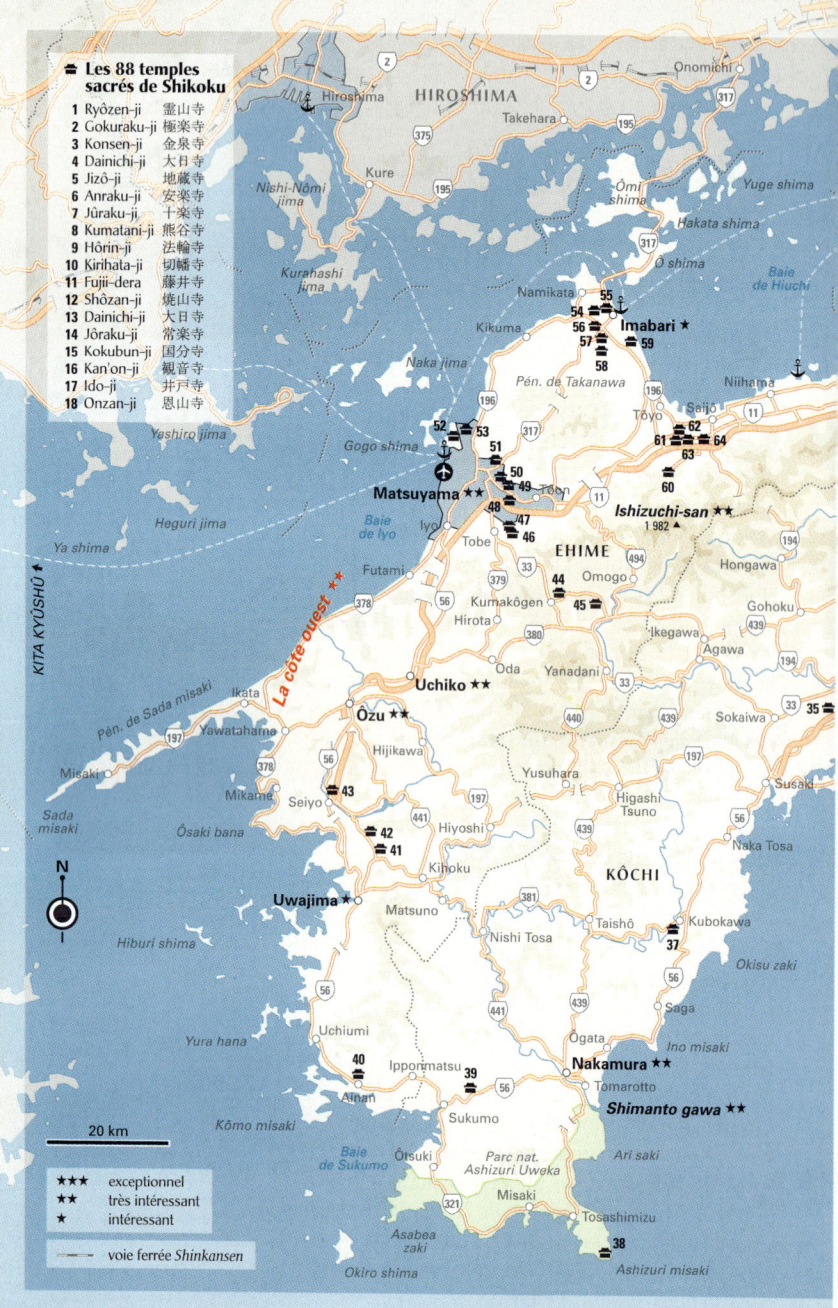

1. Ryôzen-ji 霊山寺
2. Gokuraku-ji 極楽寺
3. Konsen-ji 金泉寺
4. Dainichi-ji 大日寺
5. Jizô-ji 地蔵寺
6. Anraku-ji 安楽寺
7. Jûraku-ji 十楽寺
8. Kumatani-ji 熊谷寺
9. Hôrin-ji 法輪寺
10. Kirihata-ji 切幡寺
11. Fujii-dera 藤井寺
12. Shôzan-ji 焼山寺
13. Dainichi-ji 大日寺
14. Jôraku-ji 常楽寺
15. Kokubun-ji 国分寺
16. Kan'on-ji 観音寺
17. Ido-ji 井戸寺
18. Onzan-ji 恩山寺

*** exceptionnel
** très intéressant
* intéressant

— voie ferrée *Shinkansen*

Que voir à Shikoku

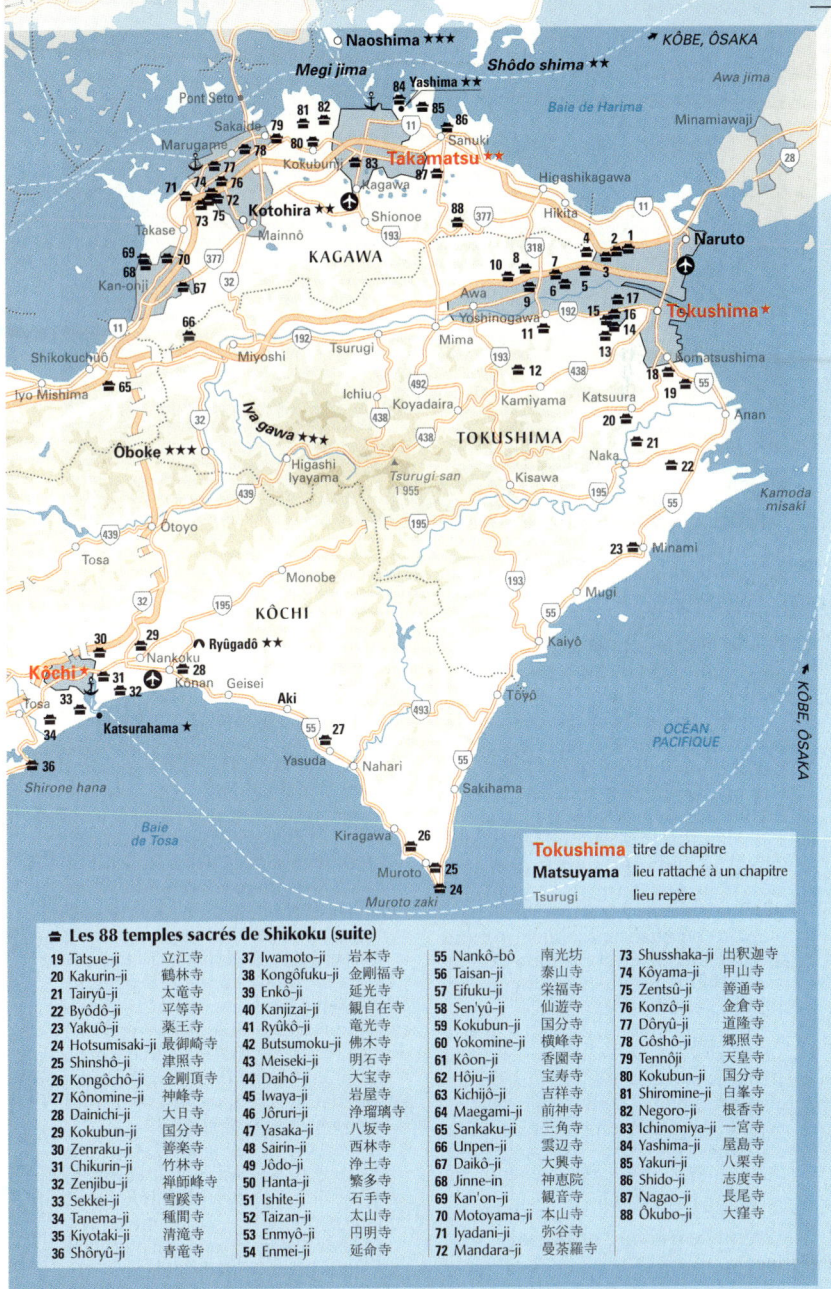

⚓ Les 88 temples sacrés de Shikoku (suite)

#	Nom	漢字	#	Nom	漢字	#	Nom	漢字
19	Tatsue-ji	立江寺	37	Iwamoto-ji	岩本寺	55	Nankô-bô	南光坊	73	Shusshaka-ji	出釈迦寺
20	Kakurin-ji	鶴林寺	38	Kongôfuku-ji	金剛福寺	56	Taisan-ji	泰山寺	74	Kôyama-ji	甲山寺
21	Tairyû-ji	太竜寺	39	Enkô-ji	延光寺	57	Eifuku-ji	栄福寺	75	Zentsû-ji	善通寺
22	Byôdô-ji	平等寺	40	Kanjizai-ji	観自在寺	58	Sen'yû-ji	仙遊寺	76	Konzô-ji	金倉寺
23	Yakuô-ji	薬王寺	41	Ryûkô-ji	竜光寺	59	Kokubun-ji	国分寺	77	Dôryû-ji	道隆寺
24	Hotsumisaki-ji	最御崎寺	42	Butsumoku-ji	佛木寺	60	Yokomine-ji	横峰寺	78	Gôshô-ji	郷照寺
25	Shinshô-ji	津照寺	43	Meiseki-ji	明石寺	61	Kôon-ji	香園寺	79	Tennôji	天皇寺
26	Kongôchô-ji	金剛頂寺	44	Daihô-ji	大宝寺	62	Hôju-ji	宝寿寺	80	Kokubun-ji	国分寺
27	Kônomine-ji	神峰寺	45	Iwaya-ji	岩屋寺	63	Kichijô-ji	吉祥寺	82	Negoro-ji	根香寺
28	Dainichi-ji	大日寺	46	Jôruri-ji	浄瑠璃寺	64	Maegami-ji	前神寺	83	Ichinomiya-ji	一宮寺
29	Kokubun-ji	国分寺	47	Yasaka-ji	八坂寺	65	Sankaku-ji	三角寺	84	Yashima-ji	屋島寺
30	Zenraku-ji	善楽寺	48	Sairin-ji	西林寺	66	Unpen-ji	雲辺寺	85	Yakuri-ji	八栗寺
31	Chikurin-ji	竹林寺	49	Jôdo-ji	浄土寺	67	Daikô-ji	大興寺	86	Shido-ji	志度寺
32	Zenjibu-ji	禅師峰寺	50	Hanta-ji	繁多寺	68	Jinne-in	神恵院	87	Nagao-ji	長尾寺
33	Sekkei-ji	雪蹊寺	51	Ishite-ji	石手寺	69	Kan'on-ji	観音寺	88	Ôkubo-ji	大窪寺
34	Tanema-ji	種間寺	52	Taizan-ji	太山寺	70	Motoyama-ji	本山寺			
35	Kiyotaki-ji	清滝寺	53	Enmyô-ji	円明寺	71	Iyadani-ji	弥谷寺			
36	Shôryû-ji	青竜寺	54	Enmei-ji	延命寺	72	Mandara-ji	曼荼羅寺			

Tokushima titre de chapitre
Matsuyama lieu rattaché à un chapitre
Tsurugi lieu repère

▲ Le grand pont Seto ôhashi vu du Chûgoku. C'est, bien entendu, le nord de Shikoku qui profite prioritairement des ponts la reliant à Honshû, le sud n'en retirant pour ainsi dire aucun avantage.

L'île la moins peuplée

Plus petite que la Sardaigne mais plus grande que la Corse, l'île de Shikoku s'étire sur 225 km pour une largeur comprise entre 50 et 150 km. Séparée de Honshû, au nord, par la mer Intérieure, elle est bordée, au sud, par l'océan Pacifique. Essentiellement montagneux, son relief s'organise autour de la chaîne Shikoku, dont le sommet le plus haut, Ishizuchi-san, situé dans le centre, culmine à près de 2 000 m. Cette géographie peu hospitalière explique en partie la faible densité de population de l'île : 4 155 000 habitants seulement pour 18 808 kilomètres carrés, soit à peine 221 hab./km^2 alors qu'elle est de plus de 1 000 dans le Kantô et de plus de 5 000 à Tôkyô. Elle est aussi responsable des disparités entre le nord de l'île, relativement industrialisé, car proche des zones d'activité économique que sont Ôsaka-Kôbe ou Hiroshima, et le sud, plus isolé, beaucoup plus agricole.

L'éternelle fracture nord-sud

Les conditions climatiques sont également fort contrastées entre le nord, plus sec avec des précipitations ne dépassant pas 1 200 mm par an, et le sud, qui en reçoit plus de 2 500 mm (les plus hauts niveaux du Japon) tout en jouissant de températures plus clémentes. Ce seul avantage du sud sur le nord ne suffit pas, malheureusement, à équilibrer économiquement les deux parties de l'île. Longtemps coupé du nord par des montagnes difficiles à franchir, le sud a en effet toujours été moins peuplé et moins développé. Les violents typhons qui s'abattent chaque année sur la côte pacifique, au climat quasi tropical, y sont sans doute aussi pour quelque chose. Seule la plaine de Kôchi, où les conditions climatiques permettent une double récolte de riz, parvient encore à retenir une population irrésistiblement attirée par les grandes villes du nord (Matsuyama ou Takamatsu).

À l'inverse, le fait que le nord-est de l'île (préfectures de Kagawa et de Tokushima) soit le centre industriel de Shikoku ne l'empêche pas d'être, en même temps, une grande région agricole où l'on cultive non seulement du riz grâce à une irrigation artificielle, mais aussi du blé qui

▶ Avec 100 000 danseurs qui, quatre jours durant, défilent dans les rues de Tokushima, l'Awa odori n'a rien à envier au carnaval de Rio !

permet de fabriquer les fameux *udon*, ces célèbres nouilles servies dans toute la province. On y trouve aussi du tabac, des patates douces, ainsi que de nombreuses variétés de fruits.
La péninsule de Takanawa, au nord-ouest de l'île, ne manque pas non plus d'atouts : si la production fruitière (agrumes) y tient une place importante, c'est cependant la chimie lourde et l'industrie mécanique qui constituent l'essentiel de son activité. Grand centre de pétrochimie, Matsuyama (la plus grande ville de Shikoku) s'est également spécialisée dans les industries textiles, mécaniques, ou encore les conserveries de fruits.

Quatre pays

Selon la mythologie décrite dans le *Kojiki* (→ *encadrés p. 78 et 99*), Shikoku serait la troisième île japonaise à avoir été créée par les divinités Izanagi et Izanami. Après la victoire des Minamoto sur les Taira en 1185, l'île est partagée en quatre fiefs correspondant plus ou moins aux quatre préfectures actuelles : Sanuki couvrait la préfecture de Kagawa, Awa celle de Tokushima, Tosa celle de Kôchi et Iyo celle d'Ehime, chacune étant gouvernée par un vassal de Minamoto no Yoritomo. Mais en 1334, les Hosokawa se rendent maîtres de l'ensemble de Shikoku, et il faut attendre l'avènement de Toyotomi Hideyoshi, à la fin du XVIᵉ s., pour que les « quatre pays » (signification de *Shikoku*) retrouvent de nouveau une certaine autonomie. Des familles soumises au pouvoir shogunal (à l'exception de Tosa, contrôlée par les Chôsokabe, successeurs des Hosokawa) règnent désormais sur leurs sujets depuis ces magnifiques châteaux féodaux dont certains, comme celui de Matsuyama (le plus connu) ou de Kôchi (le plus ancien) ont résisté aux incendies et aux bombardements de la Seconde Guerre mondiale. Cette situation perdurera jusqu'à la restauration de Meiji, en 1868.

Des traditions ancestrales

Shikoku attire chaque année, depuis plus d'un millénaire, des hordes de visiteurs un peu particuliers venus des quatre coins de l'archipel accomplir le pèlerinage sacré des 88 temples (*O-henro-san* ; → *théma p. 529*). Si vous passez quelques jours sur l'île, vous les rencontrerez parfois, vêtus de blanc, un bâton à la main, allant de temple en temple en espérant trouver l'illumination comme Kôbô Daishi, grand maître du bouddhisme de la « parole vraie » (Shingon), qui traça le chemin au IXᵉ s. (→ *encadré p. 334*). De ce fait, les habitants de Shikoku ont développé un sens de l'hospitalité qui n'a guère d'équivalent au Japon et se font un point d'honneur de bien recevoir les pèlerins en leur offrant le *settai* : un don qui peut être de la nourriture, un hébergement ou même, tout simplement, un peu de temps…
D'autres traditions séculaires sont encore bien vivantes à Shikoku, comme les combats de taureaux d'Uwajima qui, pour les aficionados, exaltent les vertus du bushido, la Voie des Samouraïs. Ces combats ne vont d'ailleurs jamais jusqu'à la mort d'un animal et s'apparentent plus au sumo qu'à la corrida. Peut-être préférerez-vous malgré tout l'ambiance plus bon enfant de l'Awa odori, le grand festival de Danse de Tokushima et l'un des plus colorés du Japon.

La côte ouest★★ 四国

Situation : Uwajima, à 83 km S.-O. de Matsuyama, 154 km S.-O. de Kôchi ; Matsuyama, à 127 km N.-O. de Kôchi, 162 km S.-O. de Takamatsu.

Itinéraire de 135 km.
Préfecture d'Ehime.

À ne pas manquer	
Uchiko★★	524
Les bains Dôgo onsen honkan★★★ à Matsuyama	525
Le mont Ishizuchi-san★★	528

♥ **HÉBERGEMENT À UWAJIMA**
Clement Hotel ホテル クレメント宇和島 : au cœur de la ville, sur la place de la gare ☎ 0895/23.6111. Un hôtel à l'occidentale confortable et à prix raisonnable.

♥ **RESTAURANT À UWAJIMA**
Gan Sui ガンスイレストラン : ☎ 0895/22.3636. Adresse familiale d'un excellent rapport qualité-prix servant des spécialités comme le requin aux algues *konbu* (*fuka no yuzarashi*) ou la peau de daurade en *maki* (*tai kawa maki*).

Voir carte régionale p. 518

La côte ouest de Shikoku, entre Uwajima et Imabari, appartient tout entière à la préfecture d'Ehime. Cette région, qui vit essentiellement de la pêche et de la culture des oranges, a su conserver intactes certaines traditions, comme les combats de taureaux, pratiqués à Uwajima, ou l'art du bain perpétué à Matsuyama, dans l'un des plus anciens établissements thermaux du Japon. Outre ces deux villes, il ne faut pas manquer Uchiko et le mont Ishizuchi, le plus haut sommet de l'ouest du Japon.

La province d'Ehime dans l'histoire
Le nom Ehime 愛媛, qui signifie « belle jeune fille », provient du *Kojiki*, le plus ancien écrit japonais connu *(→ encadrés p. 78 et 99)*. Ehime joua souvent, au cours des siècles, un rôle de bouclier contre les pirates et les invasions mongoles, ce qui valut aux habitants une relative indépendance par rapport au gouvernement de Kyôto. Pourtant, en 1585, le général Toyotomi Hideyoshi prend le contrôle de la province. Après la bataille de Sekigahara (1600), la famille Katô, placée à Matsuyama par le shogun, régnera sans partage sur la région jusqu'en 1867.

Visiter la côte ouest

■ **Uwajima★** 宇和島
À 3 h de train de Kôchi via Kubokawa 窪川 ❶ *face à la gare JR* ☎ *0895/22.3934 (t.l.j. 8 h 30-17 h).*
Célèbre pour ses **combats de taureaux** *(→ encadré)*, cette petite ville est également très fière de posséder l'une des 12 forteresses du Japon encore dans leur état d'origine : le **château Uwajima-jô★** a en effet été construit en 1596 par Tôdô Takatora, qui avait reçu ce fief en récompense de son soutien au général Toyotomi Hideyoshi. La visite du château, perché sur une colline, ne présente pas un grand intérêt sinon pour la **vue★** depuis le 3ᵉ et dernier étage. Beaucoup plus inhabituel, le **musée du Sexe★** (☎ *0895/22.3444* • *ouv. t.l.j. 8 h-17 h*) est installé dans l'enceinte du **sanctuaire Taga-jinja** 多賀神社 : le prêtre de ce sanctuaire a parcouru le monde à la recherche d'objets représentant

le sexe (masculin comme féminin) et a accumulé ici un invraisemblable bric-à-brac de statues, de poupées, de godemichés, exposés dans des vitrines passablement poussiéreuses et sans logique apparente.

Vous terminerez votre visite par une promenade au bord de la **rivière Suka** 須賀川, bordée par plusieurs temples et sanctuaires. Le plus connu est le **Warei-jinja★** 和霊神社 dédié à un certain Yanbe Seibei, assassiné en 1620 par le seigneur d'alors, Date Hidemune. Le *torii* en pierre qui en marque l'entrée est l'un des plus grands du Japon. C'est ici qu'a lieu le **Warei taisai** (ou Uwajima Ushioni-matsuri), durant lequel on fait s'affronter d'immenses « taureaux-démons » en carton-pâte *(3 jours fin juil.).*

■ **Ôzu★★** 大洲 *35 km N. d'Uwajima*
Accès : 40 mn en train depuis la gare de Uwajima par la ligne Tokkyû 特急.
Entre le 1er juin et le 20 septembre, cette petite bourgade plutôt tranquille voit affluer des touristes par centaines pour la saison de la **pêche au cormoran** *(ukai ; → encadré p. 280)*, pratiquée sur la rivière Hiji kawa 肘川 dont les berges ont été réaménagées pour la promenade. Ils en profitent pour visiter le **château Ôzu-jô★** 大洲城 (☎ *0893/24.1146 • ouv. t.l.j. 9 h-17 h)*, reconstruit par la ville en 2004 selon une maquette qu'avait conservée la famille d'un charpentier. Une pièce entière est consacrée à l'histoire de la reconstruction, avec de nombreux détails techniques. Autre visite à ne pas manquer : la **villa Garyû sansô★★** 臥竜山荘 (☎ *0893/24.1146 • ouv. t.l.j. de 9 h à 17 h)*, autrefois résidence secondaire du seigneur local, rachetée durant l'ère Meiji par un riche commerçant qui l'a réaménagée selon le principe esthétique *wabi sabi*, qui veut que les choses vraiment belles ne soient jamais ostentatoires. Au fond du jardin, un pavillon dominant la rivière est en partie soutenu par un arbre que les jardiniers s'ingénient à maintenir à la même taille depuis près de 100 ans.

Combats de taureaux

Au XVIe s., deux magnifiques taureaux offerts à Uwajima par un équipage portugais auraient commencé à se battre aussitôt débarqués, ce qui aurait donné l'idée aux habitants d'organiser régulièrement des joutes. En fait, la « lutte des taureaux » *(tôgyû)* n'est devenue vraiment populaire qu'à partir de la 2e moitié du XIXe s., à une époque où le déclin de l'agriculture incitait les paysans à diversifier leurs activités.
Ces combats, assez poussifs, n'ont rien à voir avec la corrida espagnole : ici, ni banderille ni mise à mort. Les deux taureaux sont mis en présence dans l'arène et, excités par un arbitre *(seko)*, ils se repoussent du front et des cornes jusqu'à ce que l'un des deux cède.
Comme au sumo, dont ce spectacle s'inspire largement, il existe différentes issues au combat, la plus fréquente étant l'abandon par l'un des taureaux. Les lutteurs sont classés par catégories : seuls les grands champions *(yokozuna)* ont le droit de parader dans l'arène en portant tablier et collier de corde blanche. Les combats de taureaux sont censés exalter les valeurs de courage et de désintéressement propres au bushido, le code des samouraïs. Ainsi, par exemple, le propriétaire d'un taureau qui perd le combat empoche une somme supérieure au gagnant : en effet, la défaite est assez humiliante pour ne pas, en plus, supporter une perte financière !

L'enfant du pays

L'écrivain **Ôe Kenzaburô** est né en 1935 à Ôse mura, village aujourd'hui intégré à Uchiko. Il y passe son enfance et son adolescence jusqu'à l'âge de 18 ans, où il va à Tôkyô étudier la littérature française. Très influencé par les écrits des existentialistes, et notamment ceux de Jean-Paul Sartre, Ôe – qui se définira plus tard comme un « écrivain français né au Japon » – reçoit en 1958 le prix Akutagawa (équivalent du Goncourt) pour son récit *Gibier d'élevage*. Mais l'œuvre littéraire d'Ôe sera surtout marquée par la naissance, en 1964, de son fils Hikari, atteint de trisomie 21. *Une affaire personnelle* raconte ce que Ôe et son épouse ont vécu en découvrant qu'ils venaient d'avoir un enfant anormal et comment ils ont décidé de le garder après une visite au mémorial des victimes de Hiroshima. Lauréat du prix Nobel de littérature en 1994 (il est le second Japonais à avoir obtenu cette distinction après Kawabata Yasunari en 1968), Ôe décide, en 1995, de ne plus écrire de romans. Il expliquera que ses écrits avaient pour but principal de « donner une vie » à son fils. Or, grâce au soin constant et à l'amour prodigué par ses parents, Hikari, malgré son handicap, est désormais devenu un musicien reconnu.

♥ **HÉBERGEMENT À UCHIKO**
Résidence *Takahashi-tei* 高橋邸 : ☎ 0893/44.2354. Située près de la rue Yôkaichi, cette magnifique maison traditionnelle a été transformée en musée, mais on peut y dormir (chambres à tatamis) à condition de réserver à l'avance. Prix très raisonnable.

☞ **EN SAVOIR PLUS**
Concernant le kabuki, voyez le chapitre « Arts de la scène », p. 148.

☞ **POSTE ET DAB**
À 5 mn à pied de la gare JR (sortie N. ; A/B3).

■ Uchiko★★ 内子 *10 km E. d'Ôzu*

Accès : 15 mn en train d'Ôzu, 50 mn d'Uwajima, 25 mn de Matsuyama (ligne Tokkyû 特急) ❶ *à dr. de la gare JR (au S. de la ville)* ☎ *0893/43.1450 (ouv. t.l.j. sf mer. 9 h-16 h)* • *un pass donne accès aux principaux sites de la ville.*

Important centre de production de **cire végétale** (*moku-rô*) jusqu'au début du XXe s., Uchiko a conservé quelques traces de ce passé glorieux où de riches commerçants se faisaient construire de luxueuses maisons sur Yôkaichi, la rue chic de la ville. Depuis la gare, on remonte la rue principale sur 300 m pour atteindre d'abord le **théâtre Uchiko-za★★** 内子座 (☎ *0893/44.2840* • *ouv. t.l.j. 9 h-16 h 30*), dédié au kabuki, qui date de 1916, et qui a été magnifiquement restauré en 1985. La scène pivotante, dont on peut observer le mécanisme en descendant au sous-sol, est l'une des originalités de cette salle. Un peu plus au N. se trouve le **musée de la Vie commerçante et domestique★★** 商いと暮らし博物館 (Akinai to kurashi hakubutsukan ☎ *0893/44.5220* • *ouv. t.l.j. 9 h-16 h 30*) : les différentes pièces de cette ancienne pharmacie sont animées par des mannequins de cire qui se mettent à parler lorsqu'on approche. La rue suivante est la fameuse **Yôkaichi★★** 八日市, dont les maisons couleur crème ont toutes fait l'objet d'une très belle restauration. On peut visiter la **résidence Kami Haga★** 上芳我邸 (Kami Haga-tei ☎ *0893/44.2771* • *ouv. t.l.j. 9 h-16 h 30*), qui comprend un musée flambant neuf expliquant toutes les phases de production de la cire à partir de l'arbre *haze* (famille des sumacs).

■ Matsuyama★★ 松山 *45 km N. d'Uchiko*

Accès : liaisons aériennes avec les principales villes du pays (compter 1 h 20 depuis Tôkyô) • *un train assure la liaison entre Uwajima et Matsuyama (1 h 15), compter 25 mn depuis Uchiko ❶ dans la gare JR* A/B3 *(☎ 089/931.3914 • t.l.j. 8 h 30-20 h 30) ; www.pref.ehime.jp/izanai/english*

À mi-chemin entre les îles de Honshû et Kyûshû, Matsuyama est, avec plus de 500 000 habitants, la plus importante agglomération de Shikoku. C'est aussi une destination touristique très prisée des Japonais. Fierté de la ville, le **château Matsuyama-jô**★★ 松山城 B1 *(☎ 089/921.4873 • ouv. t.l.j. 9 h-17 h)* se dresse au sommet d'une colline haute de 132 m (Katsu yama ; *accès par un télésiège partant d'un immeuble situé à 5 mn à pied de la gare Ôkaidô* 大街道). Commencé en 1602, l'édifice (qui comptait à l'origine cinq niveaux) n'a été achevé qu'en 1627 et fut occupé à partir de 1635 par la famille Matsudaira, apparentée aux Tokugawa. Détruit par la foudre en 1784, il sera reconstruit (sur trois étages seulement) en 1854 et entièrement restauré en 1968, après avoir beaucoup souffert des bombardements de la Seconde Guerre mondiale. Depuis le dernier étage, la **vue**★★★ sur la mer est impressionnante. En redescendant à pied (côté O.), on peut visiter le jardin **Ninomaru Shiseki teien**★ 二の丸史跡庭園 B2 *(☎ 089/921.2000 • ouv. t.l.j. 9 h-16 h 30)*, construit sur les ruines de l'ancienne résidence des Matsudaira, qui faisait autrefois partie du château.

Non loin de la gare Ôkaido, au centre de la ville, le **musée Saka no ue no kumo**★ 坂の上の雲ミュージアム B2 *(☎ 089/915.2600 • ouv. t.l.j. sf lun. 9 h-18 h 30)* emprunte son nom (nuage en haut de la pente) au titre d'un roman historique de Shiba Ryôtarô (1923-1996) qui décrit l'émergence du Japon sur la scène internationale à partir de l'ère Meiji. Construit par Andô Tadao, le musée présente la vie des trois personnages principaux du roman : le poète Shiki Masaoka et les frères Akiyama, deux militaires qui ont joué un rôle déterminant dans la victoire du Japon contre la Russie, en 1905.

Situé à 2 km du château, au N.-E. de la ville, le **Dôgo onsen honkan**★★★ 道後温泉本館 D1 *(☎ 089/921.5141 • ouv. t.l.j. 6 h-23 h)* est sans doute l'un

▲ Le Dôgo onsen honkan reçoit chaque année plus de 1,5 million de visiteurs, qui viennent autant pour la beauté du lieu (c'est le premier *onsen* à être classé Bien culturel important) que pour l'effet bienfaisant de ses sept sources.

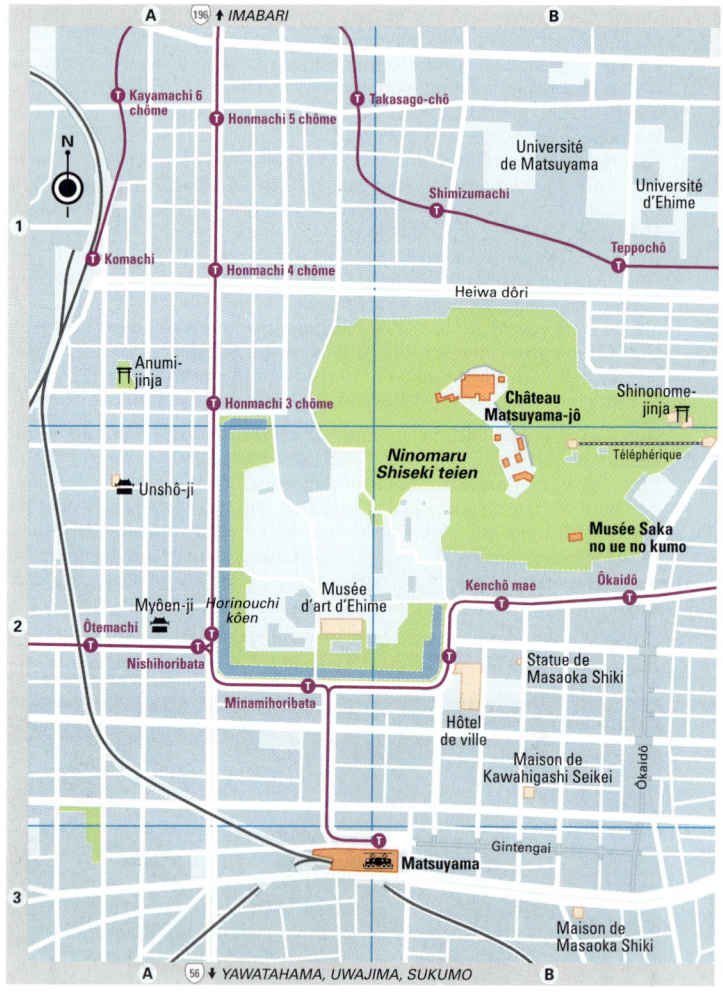

Matsuyama.

des établissements de bains les plus célèbres du Japon. Le bâtiment actuel, construit en 1894, avait alors coûté à la municipalité l'équivalent de trois fois son budget annuel ! Plusieurs formules de visite sont proposées, du simple bain dans le *kami no yu* (le bain des dieux) à l'accès aux salles de repos comprenant la location d'un *yukata* et une petite collation. Dans tous les cas, ne manquez pas de visiter le **Yûshinden** 又新殿, bain spécialement aménagé en 1899 pour la famille impériale, avec une entrée séparée et de très beaux appartements privés.

Dans les environs immédiats des bains (côté N.) se trouve le **musée Shiki★** 子規記念博物館 **D1** (Shiki kinen hakubutsukan ☎ *089/931.5566* • *ouv. t.l.j.*

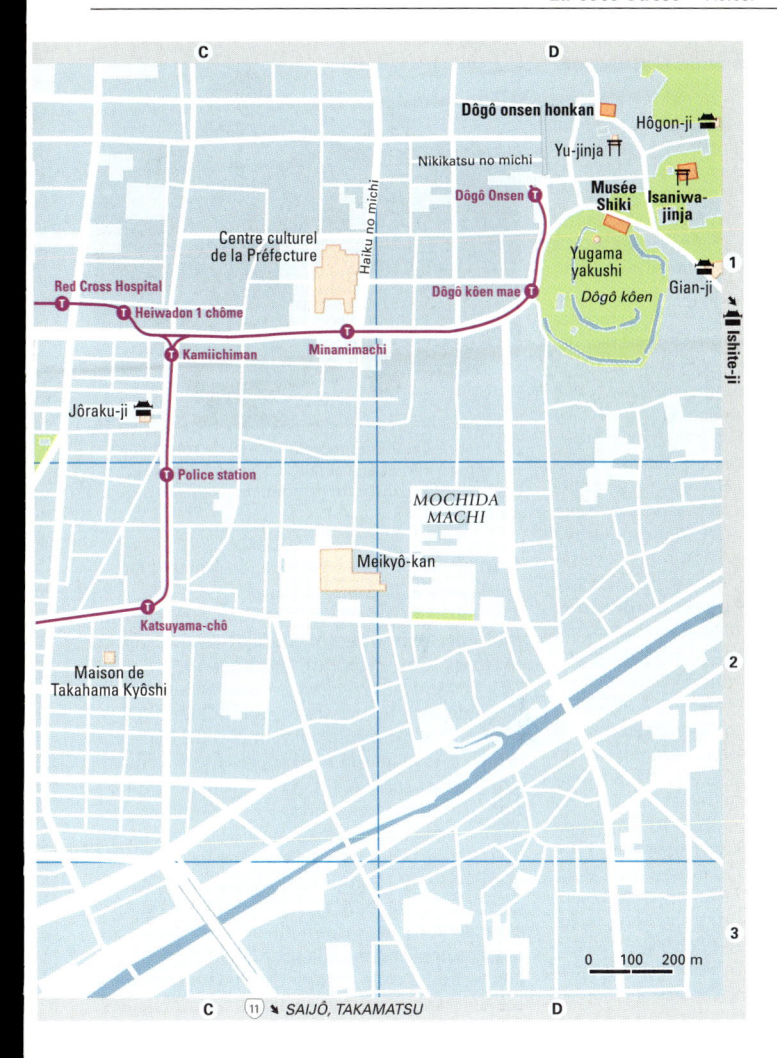

sf lun. 9 h-17 h) consacré au poète **Shiki Masaoka** (1867-1902), sorte de Rimbaud japonais mort (de la tuberculose) à 35 ans : tous les écoliers nippons connaissent par cœur plusieurs de ses poèmes.

Un peu plus loin, une volée de 140 marches conduit au **sanctuaire Isaniwa-jinja**★ 伊佐爾波神社 **D1** *(☎ 089/947.7447)*, construit en 1667 par le troisième seigneur Matsudaira et dédié à Hachiman, dieu de la guerre.

Enfin, à un peu plus de 1 km E. du Dôgo onsen, le **temple Ishite-ji**★ 石手寺, construit dans le style Kamakura, est le 51ᵉ du pèlerinage de Shikoku et l'un des plus visités. Sa porte principale date de 1318.

Le roman de Matsuyama

Rarement roman aura autant façonné l'identité d'une ville que ne l'a fait pour Matsuyama *Botchan*, œuvre de **Natsume Sôseki (1867-1916)**, l'un des auteurs japonais les plus célèbres, tant au Japon qu'à l'étranger, qui vécut à Matsuyama entre 1895 et 1896.

Quasi autobiographique, *Botchan*, publié en 1906, raconte la vie d'un jeune professeur qui arrive de Tôkyô pour enseigner les mathématiques à Matsuyama durant les dernières années du XIXe s. Il se trouvera presque immédiatement en butte à l'hostilité des élèves et de ses collègues qui le prennent pour un citadin prétentieux et il finira par démissionner. Un siècle plus tard, Matsuyama, bien que sévèrement jugée dans le roman, préfère oublier le mauvais accueil qu'elle a fait à Sôseki pour le glorifier presque à chaque coin de rue comme un enfant du pays.

Les lieux qu'il aimait, comme le Dôgo onsen, lui consacrent un petit musée, et divers hommages lui sont rendus dans la ville, comme la très kitsch horloge Botchan Karakuri, élevée en 1994 et d'où, toutes les heures, jaillissent des personnages du roman. Un petit train à l'ancienne, également appelé Botchan, sillonne le centre-ville plusieurs fois par jour en faisant joyeusement sonner sa trompe.

Sur le rabat arrière de la couverture, vous trouverez un Tableau chronologique indiquant les grandes périodes de l'histoire japonaise.

▲ Entouré de douves remplies d'eau de mer, le château d'Imabari est l'un des rares exemples de forteresse construite presque directement sur la côte.

■ **Imabari★** 今治 *45 km N.-E. de Matsuyama*
À 1 h de train de Matsuyama.

Cette ville portuaire industrielle sans charme possède néanmoins des atouts touristiques majeurs. Son **château Imabari-jô★** 今治城 (☎ *0898/31.9233, ouv. t.l.j. 9 h-17 h*) comprenait à l'origine (1604) une tour centrale de cinq étages, neuf portes d'entrée et 20 tourelles. Le bâtiment actuel ne date que de 1980 et présente des dimensions nettement réduites. À l'intérieur, belle collection d'**armures** et de **sabres**.

À 10 mn en taxi au N. du château se trouve l'entrée du très beau **pont suspendu Kurushima kaikyô★★** 来島海峡大橋 (Kurushima kaikyô ôhashi), reliant sur 4 015 m Imabari à l'île d'Ôshima. Il est possible de louer des vélos à l'heure ou à la journée pour passer le pont sur la piste (protégée) réservée aux cyclistes et aux piétons. Ce pont est le premier d'une longue série qui, enjambant plusieurs îles, relient Shikoku à Honshû.

Culminant à 1 982 m, le **mont Ishizuchi-san★★** 石鎚山 est le plus haut de l'O. du Japon *(accès par train jusqu'à la gare de Saijô* 西条*, 30 mn, puis bus jusqu'au départ du funiculaire)*. Une fois au sommet, vous pourrez atteindre en 15 mn le **sanctuaire Jôju-jinja★** 成就神社, lieu de pèlerinage très fréquenté en été, car il est réputé réaliser les vœux, mêmes les plus audacieux (*jôju* signifie « accomplissement, succès »). Très belle **vue★★★** sur la mer depuis le sommet. L'excursion est aussi très appréciée pour ses couleurs en automne.

THÉMA

Le pèlerinage des 88 temples

Impossible, pour un Japonais, d'évoquer l'île de Shikoku sans l'associer immédiatement à cet itinéraire dont l'origine remonte au IXe s., juste après la mort du moine Kûkai, plus connu sous son nom posthume de **Kôbô Daishi**.

■ Un enfant du pays

Né en 774 à 30 km de Takamatsu, un lieu aujourd'hui transformé en temple (le Zentsû-ji, 75e du pèlerinage), Kûkai *(→ encadré p. 334)* aurait connu l'illumination sur son île natale, près de Kôchi, après avoir longtemps cheminé et médité. Marcher dans ses pas et visiter « avec lui » les 88 temples qu'il a fondés sur Shikoku est donc, pour les pèlerins, une façon de suivre la voie qu'il a tracée et la possibilité d'atteindre à leur tour la sagesse éternelle. Reconnu de son vivant comme un sage, Kûkai mourut en 835 et repose au mont Kôya-san *(→ p. 333)*, où se rendent généralement les pèlerins avant de venir sur Shikoku.

■ Le pèlerinage
(→ la carte p. 516-517)

Il commence au Ryôzen-ji, à Naruto, car c'est le premier temple rencontré lorsqu'on vient du Kôya-san, et se termine au temple Ôkubo-ji, dans la préfecture de Kagawa. La distance entre ces deux temples, si l'on suit le circuit « officiel », est de 1 200 km, ce qui prend un à deux mois à pied, deux à trois semaines à vélo et une semaine en voiture. Les pèlerins qui veulent respecter l'ordre font à peu près le tour de Shikoku dans le sens des aiguilles d'une montre. Mais on peut aussi visiter les temples dans l'ordre inverse *(gyaku uchi)*, ce qui est réputé plus difficile car les panneaux indiquent toujours le temple suivant, jamais le précédent. En réalité, on peut effectuer le pèlerinage dans le sens que l'on veut, en une seule fois *(tôshi uchi)* ou en plusieurs *(kugiri uchi)*, préfecture par préfecture *(ikkoku mairi)* ou dans un ordre totalement aléatoire. Dans chaque temple, on fait tamponner un petit cahier.

■ Les pèlerins

On les appelle « O-henro-san », quelle que soit leur origine ou nationalité, et ils inspirent à la fois respect et compassion. Lorsqu'un *henro* vient à passer, il est d'usage de lui offrir quelque chose *(osettai)*, parfois même le gîte et le couvert. Les *henro* portent un vêtement blanc *(hakui)*, un bâton *(kongôzue)* qui symbolise Kôbô Daishi, un chapeau de paille *(sugegasa)* qui les protège de la pluie comme du soleil et, enfin, une besace *(zudabukuro)* contenant le strict minimum. Ils voyagent seuls ou en groupe, dorment dans les temples ou dans des hôtels.

Kôchi★ 高知

Situation : à 127 km S.-E. de Matsuyama, 154 km S.-O. de Takamatsu, 194 km S.-O. de Tokushima.

341 000 hab. ; préfecture de Kôchi.

🛈 dans la gare JR
☎ 088/882.7777 ;
www.city.kochi.kochi.jp
✉ POSTE ET DAB
À la sortie O. de la gare.

À ne pas manquer	
Le château de Kôchi★★★	530
La grotte de Ryûga-dô★★ (Environs)	532
La rivière Shimanto★★ (Environs)	533

Troisième ville de Shikoku après Matsuyama et Takamatsu, Kôchi est célèbre pour son château dont la construction remonte au début du shogunat des Tokugawa (XVIIe s.). C'est d'ailleurs le premier seigneur du château, Yama'uchi Katsutoyo, qui donna son nom à la ville, puis à toute la préfecture jusque-là connue sous le nom de Tosa-ken. Kôchi joua également un rôle important au moment de la restauration de Meiji, l'un de ses habitants, Sakamoto Ryôma, devenant l'un des héros tragiques du retour au pouvoir de l'empereur. La ville compte, pour autres centres d'intérêt, deux musées, un jardin, et un temple qui fait partie du pèlerinage de Shikoku.

▶ Le château de Kôchi a survécu aux incendies, aux tremblements de terre et aux bombardements.

Visiter Kôchi

■ Le château Kôchi-jô★★★ 高知城
À 15 mn à pied de la gare, au bout de la galerie couverte Obiya machi 帯屋町 • *ouv. t.l.j. 9 h-17 h*
☎ *088/824.5701.*

Sa construction débute en 1601 pour s'achever en 1611. Détruit par un incendie en 1727, il est reconstruit en 1748, à une époque où le Japon connaît une période de paix qui se poursuivra jusqu'à la restauration. La plupart des pièces sont vides, sauf celles des deux premiers niveaux (sur six) où l'on peut voir des maquettes représentant des scènes de la vie quotidienne à l'époque Edo.

Le samouraï commerçant

Peu connu en dehors du Japon (et à vrai dire en dehors de la préfecture de Kôchi), **Sakamoto Ryôma** est sans aucun doute la personnalité dont Kôchi est le plus fière. Des photos de lui sont placardées un peu partout dans la ville, et un musée flambant neuf lui est dédié à Katsurahama *(Environ 1)*. Né en 1836 dans une famille de samouraïs, il est l'un des premiers à se lancer dans le commerce à une époque où la loi shogunale l'interdit aux guerriers. La compagnie navale qu'il crée à Nagasaki vend des navires et des armes, ce qui inquiète, bien sûr, un régime Tokagawa affaibli. Ses prises de position ouvertement pro-impériales lui valent de solides inimitiés dans le camp des partisans du shogun. Utilisant ses relations, il joue un rôle important dans la restauration du pouvoir impérial auquel il apporte en outre des fondements idéologiques : ses idées politiques et économiques, révolutionnaires pour l'époque, seront en partie reprises par le gouvernement de Meiji. Mais lui-même ne verra pas leur mise en application : son assassinat, en 1867, achèvera de lui donner ce statut de héros malheureux que les Japonais affectionnent.

■ Le marché du dimanche*
高知市場 (**Kôchi ichiba**)

Sur Otesuji dôri, au pied du château • dim. 6 h-17 h.

Une institution presque aussi ancienne que le château lui-même. Poissons et légumes locaux sont vendus à la criée. On peut aussi déguster des spécialités sur place.

■ Le musée des Mangas de Yokoyama Ryûichi* 横山隆一記念漫画館
(**Yokoyama Ryûichi kinen manga-kan**)

À quelques mn à pied du pont Harimaya bashi はりまや橋 • ouv. t.l.j. sf lun. 9 h-18 h ☎ 088/883.5029.

Mort en 2001, Yokoyama Ryûichi fut l'un des mangakas les plus connus de l'après-guerre, publiant ses histoires en épisodes dans les principaux quotidiens du pays. Son héros, **Fukuchan**, a battu tous les records de longévité avec plus de 5 000 épisodes publiés sur une trentaine d'années ! Le musée présente de très nombreux dessins ainsi que quelques œuvres hors manga, comme cette étonnante **tour Gyo-gyo** en forme de poisson géant.

■ Le musée d'Art de la préfecture de Kôchi**
高知県立美術館 (**Kôchi-ken ritsu bijutsukan**)

À 15 mn en tramway de Harimaya bashi はりまや橋 (descendre à la station Kenritsu bijutsukan 県立美術館) • ouv. t.l.j. sf lun. 9 h-17 h ☎ 088/866.8000.

Les amoureux de **Chagall** ne manqueront à aucun prix cette visite, certes un peu éloignée du centre-ville. L'établissement possède en effet la plus belle collection d'œuvres du peintre de tout le Japon (et l'une des plus riches au monde). Une salle de spectacles attenante au musée propose régulièrement des **spectacles de nô** ou de théâtre traditionnel.

♥ HÉBERGEMENT

Jyosei-kan 城西館 : 2-5-34, Kamimachi ☎ 088/875.0111. Étonnant mélange architectural nippo-européen, ce *ryokan* propose de luxueuses chambres japonaises ou occidentales pour moins de 15 000 yens la nuit avec petit déjeuner.

☞ SPÉCIALITÉ

La spécialité culinaire de la région est la bonite (**katsuo tataki**), dont on grille l'extérieur sur un feu de paille avant de la servir, en sashimi, accompagnée d'ail et d'oignons crus. Le meilleur endroit pour la déguster est le marché Hirome ichiba, non loin du château ☎ 088/822.5287. ▼

Combats de chiens

C'est pour stimuler les samouraïs et leur donner un bel exemple de bravoure que les premiers combats de chiens auraient été organisés à Kôchi au début de l'époque Edo. Des combats « pour l'honneur » qui n'allaient jamais jusqu'à la mort et sur lesquels les paris étaient interdits. Ce n'est pourtant qu'en 1912, à la fin de l'ère Meiji, que les combats de chiens seront officiellement autorisés et que des règles seront établies sur le modèle des combats de sumo. Seuls sont autorisés à combattre les *Tosa tôken* (chiens de combat de Tosa, ancien nom de la préfecture de Kôchi). Ces animaux, dont le poids peut atteindre les 100 kg, sont lâchés l'un contre l'autre dans une arène de 3 m de diamètre entourée de barreaux. Le perdant est celui qui, le premier, laisse entendre une plainte ou abandonne le combat. Comme au sumo, les chiens sont classés depuis le simple *sekiwake* (combattant de base) jusqu'au *yokozuna* (grand champion).

*Les tournois officiels ont lieu en janv., mars, mai et oct. Toute l'année, au **Tosa Tôken Centre** (☎ 088/842.3315), on peut assister à des combats d'entraînement (sur rés., pour 30 spectateurs au moins). D'autres informations sur les chiens de combat de Tosa sur : www.bulldoginformation.com/Tosa-inu.html*

Sur le rabat arrière de la couverture, vous trouverez un Tableau chronologique indiquant les grandes périodes de l'histoire japonaise.

■ Le temple Chikurin-ji 竹林寺
À 15 mn en bus de Harimaya bashi はりまや橋 (station Yama no moto 山の元) • ouv. t.l.j. 9 h-17 h ☎ 088/882.3085.

31ᵉ temple (fondé en 724) du pèlerinage de Shikoku, Kûkai passa ici plusieurs mois à étudier ; les bâtiments actuels remontent à l'époque Muromachi, à l'exception de la pagode des années 1970 qui contiendrait **un os du Bouddha**.
Jouxtant le temple, les **jardins Godai-san** 五台山洋蘭園 (Godai-san yôran-en) offrent l'une des plus belles **vues**★★ sur la ville ; le **jardin Makino**★ 牧野植物館 (Makino shokubutsukan ; *t.l.j. sf lun. 9 h-17 h* ☎ 088/882.2601), du nom d'un botaniste local, comprend une serre et un **Musée botanique**.

Environs de Kôchi

1 Katsurahama★ 桂浜 *13 km S.*
À 30 mn en bus du pont Harimaya bashi はりまや橋.

Cette petite ville balnéaire possède de jolies **plages** d'où l'on peut parfois *(de fin avr. à sept.)* observer les **baleines** ; des *whale watching tours* organisés par l'association des pêcheurs permettent de les voir de plus près *(rés. ☎ 088/842.2850)*. Les **combats de chiens**, l'autre grande attraction *(→ encadré)*, se pratiquent ici depuis plus de 400 ans.
Le **musée Sakamoto Ryôma**★ 坂本龍馬記念観 (Sakamoto Ryôma kinenkan ; *près de la plage • ouv. t.l.j. 9 h-17 h* ☎ 088/8841.0001), consacré à ce héros de la restauration impériale *(→ encadré p. 531)*, est plus intéressant pour son architecture, en forme de parallélépipède sur pilotis, que pour son contenu, somme toute assez pauvre. En allant vers la plage, on peut voir une **statue de Sakamoto** et un **aquarium**, qui présente des spectacles de dauphins *(t.l.j. 9 h-17 h 30)*.

2 La grotte de Ryûga-dô★★ 龍河洞
24 km N.-E. de Kôchi
À 30 mn en voiture (aucun transport en commun) • ouv. t.l.j. 8 h 30-17 h ☎ 088/753.2144.

Découverte en 1931 par un instituteur de Kôchi, Yama'uchi Hiroshi, cette grotte vieille de plusieurs millions d'années s'étend sur 4 km. Sur le parcours ouvert à la visite (1 km), on observe de magnifiques stalactites et stalagmites auxquelles on a donné des noms : « cascade silencieuse », « bouche du dragon » ou « les sept divinités de la bonne fortune ». Moyennant un supplément, les spéléologues en herbe se verront proposer un parcours « aventure » : 2 h de reptation dans la boue en combinaison spéciale *(rés. obligatoire)*.

▲ Rivage de Katsurahama.

3 Nakamura 中村 et la rivière Shimanto★★ 四万十川 (Shimanto gawa) *50 km S.-O. de Kôchi*

À 1 h de Kôchi par la ligne Tosa Kuroshio 土佐黒潮 ❶ *à côté de la gare* ☎ *0880/ 35.4171.*

Dernière ville, au S. de Shikoku, à pouvoir être rejointe en train, **Nakamura** est une bonne base pour explorer les environs de la **rivière Shimanto★★**, la seule du Japon qui n'ait ni barrage ni rives bétonnées. En été, on peut la longer sur plusieurs kilomètres à bicyclette ou la parcourir en canoë *(rens. à l'OT, très compétent et actif)*. En période de crue, en revanche, les troncs d'arbre qu'elle charrie détruisent tout sur leur passage ; c'est pourquoi les ponts n'ont pas de garde-fou.

À 15 mn en bus de la gare de Nakamura, le **parc des Libellules** トンボ 自然公園 (Tonbo shizen kôen ☎ *0880/37.4111 • ouv. t.l.j. sf lun. 9 h-17 h*) en présente plus de 3 000 espèces différentes (dont beaucoup sont vivantes) ainsi que les principaux poissons de la rivière.

Au port d'**Ôgata** *(à 20 mn en bus de Nakamura)*, on peut embarquer pour l'observation des **baleines** (*whale watching tour ; rens. et rés. auprès de l'association des pêcheurs d'Ôgata* ☎ *0880/55.3131 • meilleure période : mai et juin*).

La région est également célèbre pour ses longues **plages** de sable blanc fréquentées, surtout, par les surfeurs ; celle de **Tomarotto** とまろっと, tout près de l'embouchure de la Shimanto gawa, est l'une des plus belles et dispose d'un **camping** très bien équipé (☎ *0880/33.0101*).

Le **cap Ashizuri misaki** 足摺岬, à la pointe S. de l'île *(1 h de bus de la gare de Nakamura)*, encore relativement préservé, est la patrie du pêcheur **Nakahama Manjirô** (1827-1898) qui, tel Robinson Crusoé, se retrouva sur une île déserte après un naufrage en 1841. Secouru par un baleinier américain, il gagna le Massachusetts où il apprit l'anglais, les mathématiques ainsi que les techniques de pêche à la baleine. Un musée, le **John Man House** (☎ *0880/88.1136 • ouv. t.l.j. sf mar. 9 h-16 h*), lui rend hommage. Presque en face se trouve le **Kongôfuku-ji**, 38ᵉ temple du pèlerinage (→ *théma p. 529*).

Takamatsu★★ 高松

Situation : à 60 km S. d'Okayama, 77 km N.-O. de Tokushima, 140 km O. de Kôbe.

419 000 hab. ; chef-lieu de la préfecture de Kagawa.

🛈 à côté de la gare JR
☎ 087/851.2009 ;
www.city.takamatsu.kagawa.jp/kankou (site de la ville).

☞ **POSTE ET DAB**
Poste centrale au N. de la galerie Marugame, face au grand magasin *Mitsukoshi*. On y trouve des distributeurs de billets internationaux.

À ne pas manquer	
Le parc Ritsurin★★★	535
Le musée Isamu Noguchi★★★ (Environs)	537
Shikoku mura★★, à Yashima (Environs)	536
Le sanctuaire Konpira-gû★★, à Kotohira (Environs)	538
L'île Nao shima★★★ (Environs)	542
L'île Shôdo shima★★ (Environs)	539

Voir carte régionale p. 518

L'histoire de la ville remonte à la fin du XVIᵉ s., lorsque le seigneur Ikoma y fait bâtir son château d'où il contrôle toute la province. Par la suite, les Matsudaira, proches des Tokugawa, y régneront sans partage durant 228 années jusqu'à la restauration de Meiji. Entièrement détruite au cours de la Seconde Guerre mondiale, Takamatsu s'est progressivement relevée de ses cendres. Parmi ses nombreux atouts : le parc Ritsurin, qui compte parmi les plus beaux du Japon, et la proximité d'îles passionnantes comme Nao shima, entièrement dédiée à l'art moderne. Il est également très facile de se rendre à Kotohira, célèbre dans tout le Japon pour son sanctuaire Konpira-gû.

Accès : liaisons par **avion** depuis les principales villes du Japon, notamment Tôkyô (1 h) et Fukuoka (1 h 10) • en **train**, Shinkansen jusqu'à Okayama, puis un train local rallie Takamatsu par le pont Seto ôhashi • **ferries** rapides pour Ôsaka (2 h 10) et Kôbe (2 h).

S'organiser : l'activité se concentre autour du port d'où partent les bateaux pour les îles Megi shima, Nao shima et Shôdo shima (→ p. 542 et 539) ; de là, il est possible de se rendre à pied au parc Tamamo, mais il est nécessaire de prendre un train ou un bus pour accéder au parc Ritsurin, situé au S. de la ville.

Visiter Takamatsu

■ **Le parc Tamamo** 玉藻公園 (Tamamo kôen) **et les ruines du château Tamamo-jô★** 高松城
À 5 mn à pied à l'E. de la gare JR • ouv. t.l.j. 7 h-17 h ☎ *087/851.1521.*
Du château original, construit en 1588 par le seigneur Ikoma, qui régna pendant 54 années sur la région, il ne reste que la **Tsukimi yagura** 月見櫓, tour d'observation de trois étages classée Trésor national – la bâtisse originale en comptait une vingtaine. Bordé d'un côté par la mer, le château était jadis protégé par

des douves sur ses trois autres flancs, mais celles-ci ont été comblées pour laisser place à de nouveaux bâtiments. On peut, à l'occasion d'expositions, de concerts ou de conférences, visiter l'imposante **résidence seigneuriale Hiunkaku** 飛雲閣, reconstruite en 1917, au centre du parc.

▲ Avec près de 75 ha, 6 étangs et plus de 1 000 arbres, le parc Ritsurin est classé parmi les 25 jardins les plus beaux du pays.

■ **Le parc Ritsurin***** 栗林公園 (Ritsurin kôen)
À 10 mn en bus au S. de la gare JR (descendre à Kotoden Ritsurinkôen mae ことでん栗林公園前) • *ouv. t.l.j. 7 h-17 h, 5 h 30-18 h 30 en été* ☎ *087/ 833.7411* • *entrée payante.*
Son aménagement commence en 1620 avec la construction du bassin S. prenant le **mont Shiun-zan** 紫雲山 en arrière-plan « emprunté ». La famille Matsudaira, qui contrôle alors la province, ne le finira qu'en 1745, et le parc sera la résidence de ses seigneurs jusqu'à la restauration de Meiji. Il faudrait une journée entière pour en explorer tous les recoins, mais un parcours de 1 h permet d'en admirer l'essentiel : la longue rangée de *hako-matsu* (pins « boîtes ») patiemment taillés par des générations de jardiniers de façon à leur donner l'aspect de coffrets végétaux ; le pavillon de thé **Kikugetsu-tei** 菊月亭 qui présente la particularité d'être ouvert sur quatre côtés (on peut s'y faire servir un thé *matcha* avec une pâtisserie) ; enfin le bassin S., traversé par le **pont Engetsu-kyô** 円月橋, qui épouse la forme de la montagne et que l'on admire depuis une hauteur.

Environs de Takamatsu

Combien de temps : tous les sites des environs nécessitent chacun au moins une demi-journée ; prévoir une journée entière pour visiter Nao shima (→ *p. 542*) ou Shôdo shima (→ *p. 539*).

Les effets pervers d'un pont très médiatique

Inauguré en avril 1988 au terme de 10 ans de travaux, le pont **Seto ôhashi** relie les préfectures d'Okayama (sur Honshû) et de Kagawa (Shikoku) en s'appuyant successivement sur cinq petites îles. D'une longueur totale de 13,1 km, il est en réalité composé de 11 ouvrages successifs dont la traversée prend une vingtaine de minutes tant en train qu'en voiture. Chaque véhicule doit acquitter 3 500 yens pour le passage du pont : il faut bien rembourser les 20 milliards de dollars qu'a coûté sa construction !

Les édiles de Takamatsu, qui attendaient depuis longtemps la fin d'un certain isolement, ont engagé un programme de rénovation titanesque. La zone portuaire a été réaménagée en promenade avec fontaines et jardins, et le centre-ville, autour de la gare, a pris des allures de petit Manhattan. Pourtant, la mise en service du pont a eu un effet inverse de celui qui était attendu. Les Japonais originaires de Shikoku qui, autrefois, passaient au moins une nuit à Takamatsu lorsqu'ils rentraient, une ou deux fois par an, dans leur village natal, peuvent désormais rallier directement leur destination. En conséquence, les tours du centre-ville restent désespérément vides, et l'offre hôtelière dépasse de beaucoup la demande.

1 Yashima★★ 屋島 *5 km E.*
À 30 mn en train (ligne JR ou Kotoden 琴電線), gare Yashima.

Nichée au pied d'un plateau volcanique (alt. 300 m), cette petite ville fut, en 1185, le théâtre de violents affrontements entre les Taira et les Minamoto (aussi appelés, respectivement, Heike et Genji). Au sommet du plateau, à l'emplacement même des combats, s'élève le **temple Yashima-ji** 屋島寺, 84e du pèlerinage des 88 temples *(accès par funiculaire, départs toutes les 20 mn 7 h 30-19 h)* ; son **trésor** recèle quelques pièces (poteries, bijoux…) témoignant de cette époque. L'étang derrière le temple est surnommé l'« **étang de sang** », car les victorieux Minamoto y auraient lavé leurs sabres.

À 5 mn à pied de la gare de Yashima, le **musée des Maisons traditionnelles Shikoku mura**★★ 四国村 *(ouv. t.l.j. 8 h 30-18 h, f. à 17 h 30 en hiver* ☎ *087/843.3111)* rassemble une vingtaine de bâtiments provenant des quatre préfectures de Shikoku, soigneusement démontés puis remontés ici pièce par pièce. On y accède par un **pont de lianes** qui reproduit ceux qu'on peut voir dans la vallée de l'Iya *(→ p. 545)*, puis on visite successivement un **théâtre kabuki** « paysan » de Shôdo shima (où les fermiers montaient eux-mêmes sur scène), une **hutte** où l'on pressait la canne à sucre, une **maison de pêcheurs** ou encore un **entrepôt** pour la sauce de soja…

À l'extrémité E. du site, un **musée** 四国村美術館 (Shikoku mura bijustukan), construit par l'architecte Andô Tadao en 2002, propose des expositions temporaires d'art contemporain. Il donne sur une série de **bassins** en étages où l'eau dégringole en cascades très rafraîchissantes en été.

2 Le musée Isamu Noguchi★★★ 勇野口美術館 (Isamu Noguchi bijutsukan)
7 km E. de Takamatsu
À 30 mn en train de Takamatsu (5 mn d'Yashima) par la ligne Kotoden 琴電線 : descendre à la gare Yakuri 薬理 puis prendre un taxi pour « Isamu Noguchi » • vis., sur rés. obligatoire, les mar., jeu. et sam. à 10 h, 13 h et 15 h ☎ 087/870.1500 • www.isamunoguchi.or.jp

Né en 1904 à Los Angeles d'un père japonais et d'une mère américaine, Noguchi Isamu s'est très tôt consacré à la sculpture qu'il a apprise en France dans l'atelier de Brancusi. Véritable touche-à-tout, il doit sa notoriété internationale aux lampes en papier qu'il dessine dans les années 1960 et qui seront vendues à des millions d'exemplaires dans le monde entier. Noguchi a également dessiné des jardins comme celui du siège de l'Unesco à Paris (fin des années 1950) ou le Billy Rose Sculpture Garden à Jérusalem (1965).

Ce **jardin-musée**, créé à l'emplacement de son atelier, rend surtout hommage à son œuvre sculpté. La plupart des pièces ont été laissées telles que l'artiste les avait disposées, à ciel ouvert, juste protégées par un mur de pierres. Les œuvres les plus connues, comme *Sun at Midnight* (1973), gigantesque anneau qui tient mystérieusement en équilibre sur son socle, sont exposées dans deux entrepôts *(kura)*. La visite se termine par une promenade dans le très beau **jardin** conçu par Noguchi lui-même quelques années avant sa mort, en 1988.

3 Kotohira★★ 琴平 *30 km S.-O. de Takamatsu*
À 1 h en train (ligne JR Dosan 土讃線), il faut parfois changer à Tadotsu 多度津 ❶ entre les gares Kotohira JR et Kotohira Kotoden 琴電琴平線 ☎ 0877/75.3500.

Cette petite ville est connue dans tout le Japon, car elle abrite le célèbre Konpira-gû, qui fut longtemps à la fois un temple bouddhique et un sanctuaire shintoïste. Tous les ans, des milliers de Japonais s'y rendent pour s'attirer les faveurs des *kami* spécialement dédiés à la santé et à la fertilité.

• **Le théâtre kabuki Kanamaru-za**★ 金丸座 *(au S. de la gare, non loin de l'entrée du Konpira • ouv. t.l.j. sf mar. 9 h-17 h ☎ 0877/73.3846)*, magnifique bâtiment en bois construit en 1835, entièrement restauré en 1976 puis en 2003, est le plus ancien du Japon. On entre par le *hanamichi* (chemin des fleurs) qu'empruntent les comédiens pour arriver sur la scène, puis on monte dans les tribunes et les loges d'où on peut observer de près le faux plafond

---

La tournée des restaurants d'*udon*

Chacune des quatre préfectures de Shikoku revendique une ou plusieurs spécialités culinaires. Celle de Kagawa est connue dans tout l'archipel pour ses *Sanuki udon* (Sanuki est l'ancien nom de la préfecture de Kagawa), de grosses nouilles de blé tendre que l'on consomme dans un bouillon accompagné parfois de beignets de légumes ou bien de crevettes.

Certains restaurants sont installés dans des baraques en préfabriqué, ce qui ne les empêche pas de jouir d'une réputation telle que, à toute heure, il faut patienter plus d'une demi-heure avant d'être servi. L'ambiance de ce type de restaurant bon marché (on dépasse rarement 500 yens par repas) est très populaire : on fait la queue avec son bol jusqu'à la cuisine pour être servi par les cuisinières elles-mêmes qui surveillent d'un œil la cuisson des nouilles. On va ensuite s'asseoir à une grande table où chacun commente le goût du bouillon tout en aspirant les nouilles avec force bruits de bouche.

De nombreux citadins viennent d'Okayama, d'Ôsaka et même de Tôkyô pour faire la tournée des *udon-ya*, testant parfois à la suite trois ou quatre de ces restaurants !

♥ HÉBERGEMENT À KOTOHIRA
Un peu à l'écart du centre-ville, néanmoins accessible à pied, le *ryokan* **Kotohira-Kadan** 琴平花壇 (☎ 0877/75.3232) offre à la fois confort et tradition. Joli jardin et chambres à tatamis, prix raisonnables.

> ### En auto, plutôt
>
> Certes, la conduite au Japon n'est pas de tout repos pour les étrangers (→ *encadré p. 36*). Néanmoins, la banalisation du GPS rend les choses nettement plus aisées et, bien que les indications vocales soient données en japonais, il suffit de saisir le numéro de téléphone de sa destination pour que l'itinéraire s'affiche. En fait, la plus grande difficulté n'est pas de conduire mais plutôt de garer son véhicule, car il est strictement interdit de stationner dans la rue. Louer une voiture pour circuler à l'intérieur de Shikoku peut cependant vous faire gagner beaucoup de temps, car la circulation y est fluide, notamment sur les belles autoroutes qui relient les principales villes. Si vous arrivez sur l'île par Kôbe et Awa jima, l'idéal est de prendre la route du sud à partir de Tokushima en faisant un détour par la vallée de l'Iya. Vous visiterez successivement Kôchi et Uwajima pour remonter ensuite vers Matsuyama et Imabari et terminerez le circuit par Takamatsu. Si vous choisissez d'entrer dans Shikoku depuis Okayama par le pont Seto (*Seto ôhashi*), commencez votre circuit par Takamatsu puis descendez la vallée de l'Iya et poursuivez vers le sud jusqu'à Kôchi avant de remonter vers Matsuyama et Imabari. De là, empruntez l'autoroute jusqu'à Tokushima.

en bambous (unique au Japon) permettant aux techniciens de faire pleuvoir des pétales de fleurs sur le public. On descend enfin sous la scène pour observer l'ingénieux système qui permet de la faire pivoter.

• **Le sanctuaire Konpira-gû**** 金比羅宮 (ou **Konpira-san** 金比羅山) fut probablement dédié au dieu indien Kumbhira, dieu crocodile maître du Gange, devenu au Japon le protecteur des marins. Jusqu'à la restauration de Meiji, bouddhisme et shintoïsme cohabitèrent ici sans heurts. Mais à partir de 1868, le nom officiel devint **Kotohira-gû** 金刀比羅宮 (sanctuaire de Kotohira), supprimant toute référence bouddhique. La seule divinité reconnue fut désormais Ononushi no Mikoto, favorisant la fertilité, la médecine et le commerce.

Il faut compter une bonne demi-heure pour grimper les 785 marches qui conduisent au sanctuaire, à condition de ne pas s'arrêter dans les dizaines de boutiques qui bordent le chemin. On peut toutefois faire une halte salutaire à mi-parcours, au **pavillon Shô-in** 松蔭 (classé Trésor national ; *ouv. t.l.j. 9 h-16 h*), qui date de 1659 ; il renferme de magnifiques peintures sur paravent et cloisons de **Maruyama Ôkyo** (1733-1795), l'un des grands peintres de l'époque Edo. Sa série de **tigres blancs**, en particulier, mérite incontestablement une visite.

Une fois parvenu au sommet, on se trouve face au **sanctuaire du Soleil Levant** 朝日の社 (Asahi no yashiro) dédié à la déesse Amaterasu. Magnifique **vue***** sur toute la vallée et la mer Intérieure. Un peu plus loin, le curieux **musée Ema-dô** 絵馬堂 rassemble des dizaines d'images et de sculptures de navires, et même un bateau à énergie solaire qui a traversé le Pacifique. Les plus courageux pourront, en montant 583 marches supplémentaires, atteindre le « sanctuaire du fond », **Oku-sha** 奥社.

• **Le temple Zentsû-ji**** 善通寺 *(6,5 km N.-O. de Kotohira • ligne JR Dosan, à une station de Kotohira ☎ 0877/62.0111),* 75ᵉ temple du pèlerinage *(→ théma p. 529),* occupe le lieu de naissance de Kôbô Daishi. S'étendant sur 45 000 m², c'est, avec le Kôya-san (→ *p. 333*) et le temple Tô-ji à Kyôto (→ *p. 357*), le troisième grand lieu sacré lié à la secte Shingon et à son fondateur. Vous visiterez la **salle du Trésor,** où sont conservés des objets rapportés de Chine par le moine, ainsi que des calligraphies qui lui sont attribuées (plusieurs sont classées Trésors nationaux). Puis vous descendrez le **Kaidan meguri** 階段巡り, escalier conduisant à un corridor plongé dans l'obscurité, d'où l'on passe symboliquement des ténèbres à la lumière.

Les îles au départ de Takamatsu

1 L'île Megi jima 女木島 *4 km N.*
À 15 mn en ferry.
Selon la légende, vivait ici autrefois, dans une grotte, un géant cannibale qu'un héros nommé Momotarô finit par terrasser. C'est pourquoi les Japonais ont surnommé **Oni ga shima** 鬼が島 (île du Démon) cette île, où ils viennent en famille. Remplie de personnages en carton-pâte, la fameuse **grotte** *(entrée payante)* n'offre aucun intérêt. En revanche, les deux petites **plages** de l'île se prêtent à la baignade l'été.

2 L'île Shôdo shima** 小豆島 *28 km N.-O.*
À 1 h en ferry (30 mn par l'express) ❶ *à l'arrivée des ferries* ☎ *0879/62.5300* • *location de vélo ou de scooter dès l'arrivée au port de Tonoshô* 土庄 • *l'association de bénévoles Dream Island propose plusieurs circuits pour 2 à 10 personnes* ☎ *0879/62.5963 (certains incluent une balade en kayak en mer Intérieure).*
Cette île (dont le nom signifie « petit haricot ») est fort intéressante pour ses paysages, qui évoquent tour à tour la Méditerranée (champs d'oliviers, arbre apporté de Grèce au début du XXᵉ s.) et Bali (rizières en terrasses), mais également pour ses **88 temples** qui forment un mini-pèlerinage plus facile à réaliser que celui de Shikoku (150 km au lieu de 1 200). Avec 33 000 habitants, Shôdo shima n'est pas seulement une destination touristique : on y produit de la sauce de soja *(→ encadré)*, des nouilles *sômen* ainsi que de l'huile de sésame.
En une journée d'excursion, vous pourrez voir le **théâtre kabuki paysan** 農村歌舞伎 (Nôson kabuki) qui accueille, le 3 mai et le 10 octobre, des spectacles amateurs *(rés.* ☎ *0879/82.0469)* ; puis vous promener dans les **rizières** et visiter quelques-uns des **88 temples** (le premier, Dôunzan 洞雲山, est situé au sommet du **mont Dôun**, au S. de l'île) ; enfin, prendre un téléphérique jusqu'au sommet du **mont Kankakei** 寒霞渓 (alt. 600 m), d'où la **vue**** sur la mer Intérieure évoque un paysage à l'encre de Chine. ▶▶▶

☞ **FÊTES ET MANIFESTATIONS**
Le 4ᵉ week-end de février se déroule l'impressionnant Hadaka matsuri (festival de la Nudité), durant lequel des centaines de fidèles à peu près nus affrontent en dansant le froid de l'hiver. L'autre grande fête de l'année, Kûkai matsuri, a lieu le 3 novembre : danses en costumes, en l'honneur de Kôbô Daishi.

Dans l'antre du *shôyu*

Marukin, l'une des grandes marques de *shôyu* (**sauce de soja**), a son siège et son site de production au sud-est de Shôdo shima (ainsi qu'un **musée** ; *ouv. t.l.j. 9 h-16 h* ☎ *0879/82.0047*). Cela n'empêche pas de petits artisans (21 en tout) de continuer à produire de petites quantités de *shôyu* de très haute qualité, qu'ils vendent aux touristes mais aussi à de grands restaurants de la capitale. La plupart seront ravis de vous expliquer le processus de fabrication : on verse d'abord le *daizu* (graines de soja) dans de grandes cuves, puis on ajoute de l'eau et du sel ; la présence de trois bactéries est nécessaire pour une bonne fermentation. Le mélange repose ainsi pendant un an au moins, il est remué tous les jours avec une grande rame de bois. La pâte obtenue sera enveloppée dans un tissu qu'on replie en accordéon et qu'on presse pour en extraire le *shôyu*.
La maison Yamaroku (☎ *0879/82.0666) est l'une de celles qui accueillent le plus régulièrement des visiteurs.*

♥ **RESTAURANT SUR SHÔDO SHIMA**
Pour le déjeuner, faites une halte dans l'excellent **Nonoka** ののか (☎ *0879/82.6077*) où l'on sert de très jolis *bentô* de cuisine locale.

THÉMA

Les arts martiaux

◄ Combat de *jûdô*.

L'armée américaine les avait interdits en 1945, mais les arts martiaux japonais ont depuis reconquis leurs lettres de noblesse. Héritiers des techniques des samouraïs, ils restent étroitement liés aux traditions, à la spiritualité et à l'histoire du Japon, qui demeure, grâce à leur diversité et au nombre de leurs pratiquants, le foyer d'arts de combat le plus célèbre et foisonnant de la planète.

■ Des *jutsu* aux *dô*

À l'époque médiévale, guerres et luttes claniques ont favorisé l'éclosion de nombreuses « techniques guerrières », les *bujutsu*, apanage de la classe des samouraïs, qui devaient maîtriser l'art du sabre *(kenjutsu)*, de la lance, de l'arc, de l'équitation…

Alors qu'à l'époque Edo le Japon connaît une longue période de stabilité, elles sont progressivement codifiées et identifiées à des arts raffinés, en même temps que la spiritualité zen y devient essentielle : l'art de la guerre passe de la technique de combat *(jutsu)* à la recherche de la maîtrise de soi *(dô,* « la voie »), à l'art de vivre. Alors qu'à l'ère Meiji est aboli le système féodal, le *bujutsu* va céder sa place au *budô*, qui perpétue, sous une forme moderne et accessible à tous, ces disciplines autrefois réservées aux guerriers. Voici un abécédaire des arts martiaux modernes.

■ *Aikidô*

Technique passive basée sur l'utilisation de la force de l'adversaire : il s'agit moins de combattre que de réduire à néant toute tentative d'agression. Fondé sur le combat à mains nues, l'*aikidô* (Voie de l'Harmonie des énergies) combine également des techniques du *jûdô*, du *karate* ou du *kendô*. Il provient des techniques secrètes du clan Takeda, synthétisées par Ueshiba Morihei (1883-1969).

■ *Jûdô*

C'est l'art martial le plus populaire du Japon (et une discipline olympique depuis 1964) : le *jûdô* (Voie de la Souplesse), issu des techniques traditionnelles du *jûjutsu*, est une pratique d'autodéfense fondée par le maître Kano Jigorô (1860-1968). Il se compose pour l'essentiel de projections, immobilisations, étranglements et clefs.

■ *Karate*

Issu de la boxe des moines de Shaolin (en Chine), le *karate* apparaît au XVIIe s. sur l'île d'Okinawa, où un édit impérial interdisait le port d'armes par crainte de révoltes locales. Ses habitants développent alors un style de combat à mains nues baptisé *Okinawa-te* (main d'Okinawa) qui se diffusera ensuite dans tout le Japon. L'ensemble de ses techniques (mouvements enchaînés utilisant mains et jambes, projections, esquives…) est codifié dans les années 1920 par Funakoshi Gichin. Le *karate* est le seul art martial japonais ne provenant pas des techniques des samouraïs.

◀ Maître de *kendô* et ses élèves.

■ Kendô
Symbole par excellence des samouraïs, l'art du *katana* (sabre) est devenu un art martial très populaire et pratiqué à une large échelle au Japon sous le nom de *kendô*. Il s'agit de manier un sabre de bambou (le *shinai*) avec un imposant équipement (cuirasse, casque), le tout exigeant une parfaite harmonie entre l'esprit (détermination dans l'assaut), le sabre (le coup porté) et le corps.

■ Kobudô
Ensemble de disciplines anciennes, il désigne aussi les arts martiaux développés par les paysans d'Okinawa avec des instruments agraires : fléau pour battre le riz *(nunchaku)*, bâton à moudre le blé *(tonfa)*, faucille, houe, harpon…

■ Kyûdô
Inspiré d'une discipline chinoise, la « Voie du Tir à l'arc » est celle qui requiert le plus de maîtrise mentale. Il se pratique généralement en groupe, à l'aide d'un arc de plus de 2 m de long, au cours d'une cérémonie codifiée. On dit souvent que la cible est atteinte avant même que le trait soit tiré, car le *kyûdô* consiste surtout à travailler la posture, la respiration, le calme et la concentration. Lors de certaines cérémonies shintoïstes se pratique un tir à l'arc depuis un cheval au galop : le *yabusame* (→ encadré p. 221).

■ Iaidô
Hérité comme le *kendô* de l'art médiéval du *kenjutsu*, l'*iaidô* consiste à dégainer le sabre et à trancher en un unique mouvement. Il se pratique avec de véritables sabres en acier mais pas en duel, l'essentiel résidant dans la justesse du mouvement et la spiritualité zen, dont l'*iaidô* est fortement imprégné.

■ Naginata
Ce court sabre fixé sur une hampe de 2 m ne ressemble à aucune autre arme et était utilisé sur les champs de bataille. Le *naginata* est aujourd'hui surtout pratiqué par les femmes.

■ Ninjutsu
Ensemble des techniques employées par les *ninja* (guerriers obéissant au code du *ninpô* – « loi de l'endurance » – et spécialistes en espionnage, embuscades et assassinats) : combat à mains nues, techniques d'endurance, de camouflage, d'hypnose, lancer de couteaux… Elles sont aujourd'hui enseignées dans les écoles du courant Bujinkan.

▶ *Yabusame*, rituel religieux considéré comme une offrande aux dieux.

▶▶▶ **3 L'île Nao shima★★★** 直島 *25 km N.*
À 1 h en ferry de Takamatsu ; à 20 mn d'Uno 宇野*, au S. d'Okayama (Chûgoku)* ❶ *à l'arrivée des ferries* ☎ *087/892.2299.*

En 1987, Fukutake Nobuko, président de la maison d'édition Fukutake Shoten (aujourd'hui Benesse Corporation), décide de créer sur l'île un musée destiné à accueillir sa collection d'art moderne. Il en confie la réalisation à l'architecte Andô Tadao (→ *encadré p. 408*), lui demandant d'intégrer au mieux l'art et l'architecture à la nature. Afin d'enrichir les collections déjà existantes (Andy Warhol, Jasper Johns, David Hockney…), des artistes du monde entier seront invités à créer une œuvre pour le musée. Ainsi, certaines pièces, comme les assemblages de Jannis Kounellis, trouvent place dans le bâtiment, tandis que d'autres sont installées à l'extérieur du musée, sur la plage ou même sur le port, comme cette énorme courge signée Yayoi Kusama.

Ouverte en 1992, la **Benesse House** ベネッセハウス *(t.l.j. 8 h-21 h* ☎ *087/892.2030 • rens. sur les trois projets : www.naoshima-is.co.jp)* a entraîné la création de deux autres projets, également pilotés par Benesse Corporation. **Art House Project** est une proposition faite à sept artistes de transformer un bâtiment en œuvre d'art *(presque toutes les maisons sont ouv. t.l.j. sf lun. 10 h-13 h et 14 h-16 h • plan à l'OT)*. *Kadoya*, par exemple, est une maison traditionnelle dont la pièce principale a été transformée en bassin à la surface duquel clignotent des centaines de compteurs numériques.

Le dernier volet du projet, **Chichû Art Museum** 地中美術館 (Chichû bijutsukan ; *ouv. t.l.j. sf lun. 10 h-18 h, f. à 17 h d'oct. à fév.* ☎ *087/892.3755*), inauguré en 2004 au S. de l'île, se limite volontairement à trois artistes : **Claude Monet**, dont le jardin de Giverny a été en partie reproduit sur le chemin d'accès et dont de gigantesques toiles de la série des « Nénuphars » sont exposées dans une salle spécialement conçue à cet effet ; et les artistes contemporains **James Turrell** et **Walter De Maria**, qui ont créé eux-mêmes les espaces où sont présentées leurs installations.

♥ **RESTAURANT SUR NAO SHIMA**
Ô Miyake 大宮家 : presque en face de la *Gokaisho*, une des maisons du Art House Project ☎ **087/892.2328**. Restaurant de spécialités marocaines, inattendu dans un tel cadre. Le propriétaire, Miyake Shigehisa, qui a longtemps vécu en France et au Maroc, sert de très bons tagines dans un jardin qui embaume la lavande, les roses et la menthe.

☞ **SPÉCIALITÉS**
Les *udon*, grosses nouilles de blé, sont la grande spécialité de Takamatsu et de ses environs (→ *encadré p. 537*).

Tokushima★ 徳島

Capitale de l'ancienne province d'Awa, la ville fut, de 1586 à la restauration de Meiji, en 1868, le quartier général du clan des daimyô Hachisuka, installés ici par Toyotomi Hideyoshi. S'il ne reste presque rien du château, détruit en 1896, Tokushima est plutôt connue pour son festival de Danse, Awa odori. Elle offre une bonne base pour découvrir la vallée de l'Iya, une des régions les plus reculées de Shikoku, d'où son surnom « Tibet du Japon ».

Accès : par **avion**, 1 h 10 depuis Tôkyô • par la **route**, depuis Kôbe, il faut traverser l'île Awaji shima • par **bateau**, au départ de Wakayama (le trajet dure un peu plus de 2 h).

Se repérer : l'essentiel de l'activité se concentre sur Shinmachibashi dôri, grande avenue bordée d'arbres qui, partant de la gare JR, se termine devant l'immeuble Awa odori kaikan, au pied du mont Bizan.

Situation : à 77 km S.-E. de Takamatsu, 194 km N.-E. de Kôchi.

268 000 hab. ; préfecture de Tokushima.

🛈 **devant la gare JR**
☎ 088/622.8556 ; www.city.tokushima.tokushima.jp/english (site de la ville).
On peut aussi s'adresser à la Tokushima Prefecture International Exchange Association (Topia), située au 6ᵉ étage du Clement Plaza, à la gare (ouv. t.l.j. 10 h-18 h ☎ 088/656.3303).

☞ **POSTE ET DAB**
Distributeurs internationaux de billets à la poste centrale (sortie S. de la gare JR).

Visiter Tokushima

■ Le parc Chûô kôen★ 中央公園
Au N.-E. de la gare • ouv. toute l'année ☎ *088/621.5295.*

Ce vaste parc abrite le **musée du château de Tokushima** 徳島城博物館 (Tokushima-jô hakubutsukan ; *ouv. t.l.j. sf lun. 9 h 30-17 h* ☎ *088/656.2525*) qui présente, outre des armes et des armures ayant appartenu aux seigneurs Hachisuka, une maquette du château tel qu'il se présentait à l'époque Edo ; il n'en reste aujourd'hui que quelques pierres. Jouxtant le musée, le **Senshukaku teien**★★ *(ouv. t.l.j. sf lun. 9 h-17 h)*, est un très beau jardin d'époque Momoyama parfaitement conservé.

■ L'Awa odori kaikan 阿波踊り会館 et le mont Bizan★ 眉山
À 10 mn à pied S.-O. de la gare • immeuble ouv. 9 h-17 h ; f. les 2ᵉ et 4ᵉ mer. du mois ☎ *088/611.1611.*

Au 2ᵉ étage de l'**immeuble Awa odori kaikan**, une salle de spectacles propose une version scénique

À ne pas manquer	
Le mont Bizan★	543
Les tourbillons de Naruto★ (Environs)	545
La vallée de l'Iya★★★ (Environs)	545

Voir carte régionale p. 518

☞ **BON À SAVOIR**
Une autre façon de découvrir la ville consiste à prendre (gratuitement !) un bateau au niveau du pont Ryôgoku 両国, au S. de la gare.

Tokushima abrite (au S. de la ville) la plus petite montagne naturelle du Japon : le Benten yama ne s'élève en effet qu'à 6,1 m au-dessus du niveau de la mer.

Le festival Awa odori

Plus de 1 million de personnes participent chaque année, entre le 12 et le 15 août, à ce gigantesque défilé qui rappelle, par certains côtés, le carnaval de Rio. 100 000 danseurs et danseuses d'écoles *(ren)* différentes vêtus de *yukata* colorés et de chapeaux de paille arrondis, arpentent durant quatre jours et quatre nuits les rues de la ville en chantant à tue-tête le *Yoshikono*, un air devenu célèbre dans tout le Japon et dont le refrain dit : « Le fou qui danse et le fou qui regarde sont tous les deux fous. Alors pourquoi ne pas danser ? » Des centaines de musiciens, joueurs de *taiko*, de shamisen, de flûte japonaise *(fue)* les accompagnent, et tout le monde est invité à se joindre au cortège.

La fête remonterait à 1587, au moment où le premier seigneur d'Awa, Hachisuka Iyemasa, célébra la fin de la construction du château en distribuant généreusement de l'alcool à la population, laquelle se serait mise à danser de joie. Si elle s'est ainsi perpétuée, c'est parce qu'elle coïncide avec le *O-bon*, fête bouddhique des morts, qu'il s'agit d'accompagner, ici très joyeusement, lors de leur bref retour sur terre (→ encadré p. 102).

du **festival Awa odori** tandis que, au 3ᵉ étage, un musée retrace l'histoire de la « danse des fous » *(→ encadré)*.

Du 5ᵉ étage, un téléphérique permet d'accéder au sommet du **mont Bizan★** (alt. 280 m), d'où l'on a une très belle **vue★** sur toute la ville. Un **stupa** y a été élevé en 1958 en mémoire des soldats japonais morts en Birmanie durant la Seconde Guerre mondiale. Juste à côté, le petit **musée Wenceslau de Moraes** est consacré à cet officier de marine portugais (1854-1929) qui, consul au Japon, épousa une geisha et décida de s'installer à Tokushima où il écrivit plusieurs ouvrages sur le Japon *(ouv. 9 h 30-17 h ; f. les 2ᵉ et 4ᵉ mer. du mois ☎ 088/623.5342)*.

▲ Représentation à la résidence Jûrôbei. Plusieurs manipulateurs masqués animent les marionnettes.

■ La résidence Jûrôbei★
阿波十郎兵衛屋敷 (**Awa Jûrôbei yashiki**)

Au N.-E. de la gare, en traversant la rivière Yoshino • à 15 mn en bus, départ quai n° 7 du terminal, devant la gare • ouv. 9 h 30-17 h • représentations t.l.j. à 11 h, et à 14 h les sam. et dim. ☎ 088/665.2202.

Jûrôbei est l'un des héros locaux dont les habitants de Tokushima sont le plus fiers. Parti de presque rien, ce samouraï du XVIIIᵉ s. obtient la charge enviée d'« inspecteur des importations de riz » pour la région d'Awa. Mais des irrégularités sont commises et, bien que personnellement innocent, Jûrôbei est condamné à mort et exécuté en 1699. Son histoire a inspiré de nombreuses pièces de théâtre, dont la célèbre *Keisei Awa no Naruto* (1768), écrite par Chikamatsu Hanji pour être jouée par des marionnettes *(ningyô jôruri)*.

Elle est représentée tous les week-ends dans le **théâtre de marionnettes**★ 人形浄瑠璃 (Ningyô jôruri) construit à l'endroit même de sa résidence.

Environs de Tokushima

1 Naruto 鳴門 *17 km N.*
À 1 h de bus du terminal de Clement Plaza ; descendre à Naruto ôhashi 鳴門大橋.

Au **Ryôzen-ji** 霊山寺 (☎ *088/689.1111*) de Naruto commence officiellement le pèlerinage des 88 temples (→ *théma p. 529*) : c'était, en effet, le premier temple de l'île pour les pèlerins venant du Kôya-san (→ *p. 333*). Pourtant, la ville est surtout célèbre pour les violents **tourbillons**★ 鳴門の渦 (Naruto no uzu) qui se forment à chaque marée *(plus spectaculaires les jours de pleine lune ; rens. à l'OT de Tokushima)* dans le détroit qui sépare Shikoku de l'île Awaji shima et que traverse le pont Naruto ôhashi 鳴門大橋. Une passerelle spéciale, Uzu no Michi (la route des Tourbillons ; *payante*), permet de se placer juste au-dessus du phénomène.

2 La vallée de l'Iya★★★ 祖谷渓谷 **(Iya keikoku)** *70 km O. de Tokushima*
L'idéal est de louer une voiture pour visiter cette région très peu desservie par les transports en commun. Awa Ikeda est à 1 h en train de Tokushima ; un autre train rejoint Awa Kawaguchi 泡川口, *mais il faut ensuite prendre des bus pour se rendre dans les gorges d'Ôboke ou à Kazura bashi* ❶ *à Awa Ikeda, à la sortie de la gare* ☎ *0883/72.7620.*

Traversée par la rivière Yoshino, qui s'écoule entre des gorges impressionnantes, elle servit de refuge aux Heike après leur défaite contre les Minamoto, à la fin du XIIe s.

Depuis **Awa Ikeda** 阿波池田, on suit la route 32 *(un bus assure le trajet)* jusqu'à **Iya guchi** 祖谷口 (littéralement « porte d'Iya »). Ensuite, la route principale traverse les **gorges de Koboke**★ 小歩危 **et Ôboke**★★★ 大歩危, spectaculaires précipices rocheux creusés par la rivière *(à partir d'Ôboke, possibilité de rafting sur une partie de la rivière • prévoir une demi-journée)*.

♥ **RESTAURANT**
Kokin Aoyagi 古今青柳 : Naruto Park Hills, Aza Nakayama 1-1, Oshimada, Seto Town, Naruto City ☎ **088/688.1155**. Le maître des lieux, Koyama Hirohisa, est l'une des stars de la gastronomie nippone. Le repas (cher), composé d'une dizaine de plats de saison entièrement réalisés avec des produits locaux, est réellement inoubliable.

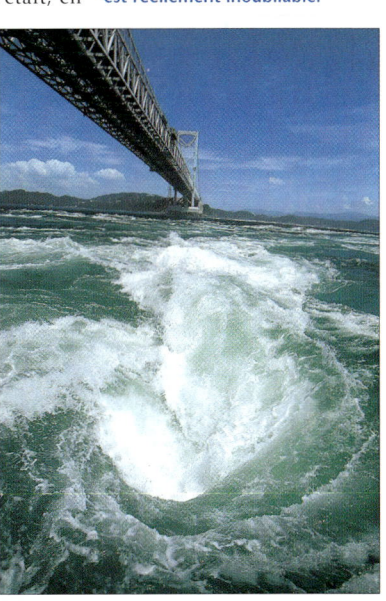

▲ Les tourbillons de Naruto.

Sur le rabat arrière de la couverture, un Tableau chronologique indique les périodes de l'histoire japonaise. En fin de volume, le Petit dictionnaire répertorie le vocabulaire spécifique.

> ### À la recherche du Japon perdu
>
> Publié en 1993 en japonais et en anglais, *Lost Japan* d'**Alex Kerr** a connu un énorme succès sur l'archipel, car il raconte, sur un ton très personnel, la mutation récente du pays. Né en 1952, l'auteur, d'origine américaine, a en effet passé une partie de son enfance au Japon où son père était officier de marine, avant de s'y installer définitivement en 1977. Le livre a surtout contribué à faire prendre conscience aux Japonais de la richesse de leur patrimoine naturel et du désastre qu'a provoqué, dans les années 1960-1970, la désertification des campagnes. L'auteur a lui-même racheté, en 1973, une ferme du XVIIIe s. qu'il a baptisée **Chiiori** 篪庵 et qu'il a rénovée avec l'aide de bénévoles ; le chantier se poursuit toujours. Située à Tsurui 鶴居 *(20 km E. de la gare JR Ôboke)*, cette bâtisse couverte d'un toit de chaume fonctionne un peu comme un gîte rural, mais chacun est invité à participer aux activités de la communauté.
>
> *Chiiori* ☎ *0883/88.5290 ; www.chiiori.org • accès en auto slt : de Nishi Iya, prendre la route d'Ikeda* 池田 *puis, à 5 km, tourner à dr. en direction de Kimura Ke* 木村家 *; suivre cette petite route sur 3 km.*

D'Iya guchi, l'**ancienne route 32** (spectaculaire, qu'on appelle *kyû kaidô*) serpente sur 50 km env. jusqu'au pied du **mont Tsurugi** 剣山(Tsurugi-san ; alt. 1 955 m ; *nombreuses possibilités d'excursion • télésiège jusqu'à mi-hauteur puis 40 mn d'ascension facile jusqu'au sommet*). Avant cela, à 10 km d'Iya guchi, l'**Iya onsen**★★ 祖谷温泉 offre sa source thermale juste au bord de la rivière *(accès par un funiculaire)* : on se baigne dans une eau délicieusement chaude en écoutant chanter les eaux du torrent.

5 km plus au S., le village de **Nishi Iya** 西祖谷 (Iya ouest) abrite le célèbre pont de lianes et de bambou **Kazura bashi**★★ かずら橋. Ce style d'ouvrage végétal est typique d'un XIIe s. où l'on devait pouvoir rapidement le détruire pour couper la route à l'ennemi.

On en trouvera un exemple plus rustique (et bien plus charmant) en suivant la route sur 15 km *(en direction de Higashi Iya)* jusqu'à **Oku Iya Kazura bashi** 奥祖谷かずら橋, où se cache le « couple » de ponts **Fûfu bashi**★★ 夫婦橋 (pont des Époux). À mi-chemin, entre Nishi Iya 西祖谷 et Higashi Iya 東祖谷, sur une colline au N. de la route, le village **Higashi Iya Ochiai**★ 東祖谷落合 mérite également une visite : les habitants tentent d'y préserver le mode de vie d'autrefois.

Le Kyûshû 九州

L'île la plus méridionale et ensoleillée du Japon (Okinawa exceptée), troisième en superficie, doit son nom aux « neuf provinces » *(kyû-shû)* médiévales qui la composaient avant l'ère Meiji. Aujourd'hui divisé en sept préfectures, le Kyûshû est réputé dans tout le Japon pour sa richesse culturelle, ses volcans, ses poteries et son climat, plutôt tempéré dans le nord et subtropical au sud, où poussent agrumes, bambous et palmiers. C'est aussi une terre de passages, de métissages, la porte d'entrée de nombreuses influences étrangères sur l'archipel, dont subsistent notamment un remarquable patrimoine chrétien et un art de la céramique importé de Corée. Le bouddhisme lui-même s'est répandu au Japon via le Kyûshû.

S'il fallait en retenir un paysage emblématique, ce serait la région d'Aso, au centre, qui cumule une nature d'un vert luxuriant et des panoramas volcaniques sidérants. Mais l'île compte de nombreux autres volcans et reste l'une des principales destinations du pays pour les amateurs de sources chaudes. Plus proche de la Chine et de la Corée que de Tôkyô, le Kyûshû a perdu sa réputation de bout du monde depuis l'arrivée du Shinkansen en 1975 (il descend jusqu'à Kagoshima).

Les entrées principales

Beppu	551
Fukuoka**	556
Entre Fukuoka et Nagasaki**	564
Kagoshima**	568
Kumamoto** et le mont Aso***	575
Miyazaki	582
Nagasaki***	586

▲ L'imposante statue du parc de la Paix, à Nagasaki.

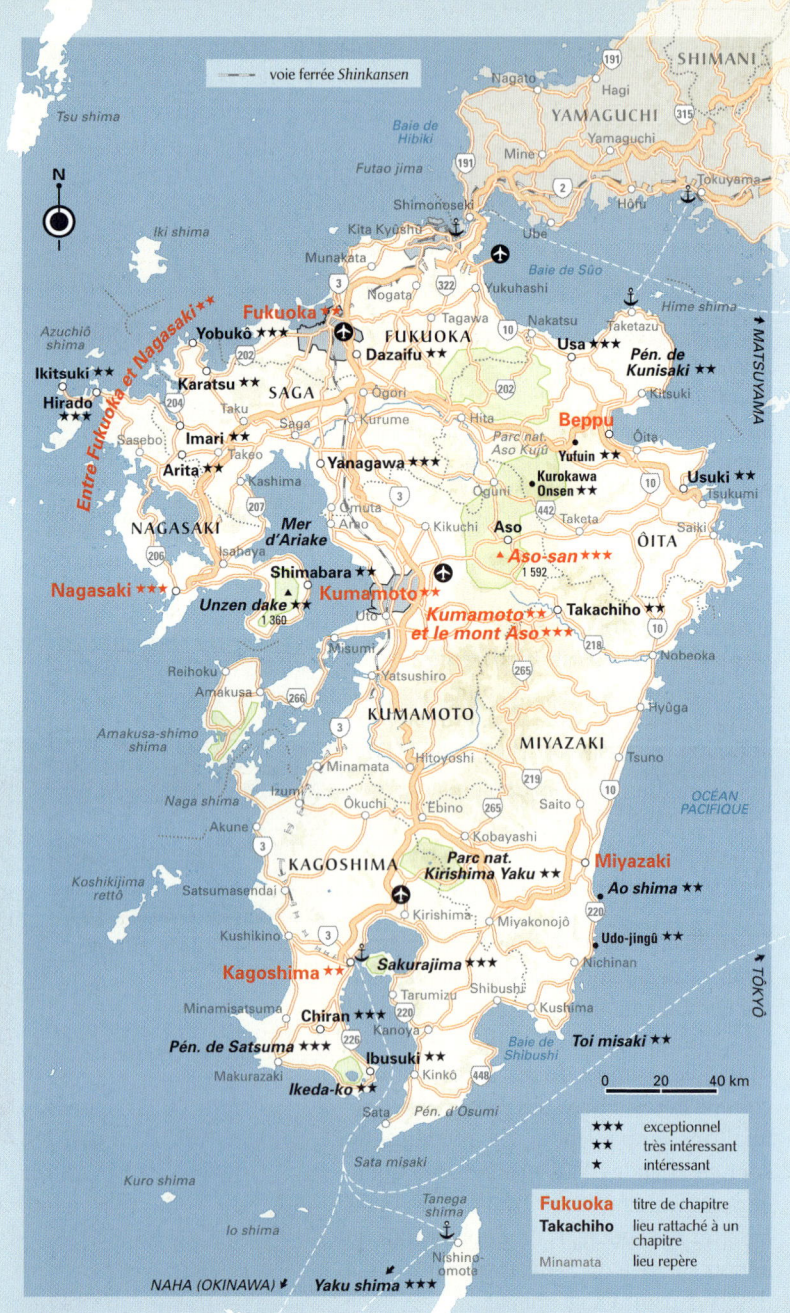

Que voir dans le Kyûshû

voie ferrée Shinkansen

SHIMANI
YAMAGUCHI

Tsu shima
Baie de Hibiki
Nagato
Hagi
Yamaguchi
Futao jima
Miné
Shimonoseki
Hôfu
Tokuyama
Iki shima
Kita Kyûshû
Ube
Baie de Suô
Munakata
Yukuhashi
Azuchiô shima
Nogata
Tagawa
Nakatsu
Hime shima
Fukuoka ★★
Taketazu
Yobuko ★★★
FUKUOKA
Usa ★★★
Pén. de Kunisaki ★★
Ikitsuki ★★
Dazaifu ★★
Kitsuki
Hirado ★★★
Karatsu ★★
SAGA
Ôgôri
Hita
Parc nat. Aso Kujū
Ôita
Beppu
Taku
Saga
Kurume
Yufuin
Imari
Takeo
Kashima
Kurokawa Onsen ★★
Tsukumi
Arita ★★
Yanagawa ★★★
Oguni
Usuki ★★
NAGASAKI
Isahaya
Ômuta
Arao
Kikuchi
Taketa
Saiki
Mer d'Ariake
Aso
Aso-san ★★★
1 592
ÔITA
Nagasaki ★★★
Shimabara ★★
Uto
Kumamoto ★★
Takachiho ★★★
Unzen dake ★★
1 360
Kumamoto et le mont Aso ★★★
Misumi
Reihoku
Yatsushiro
Amakusa
Nobeoka
Amakusa-shimo shima
KUMAMOTO
Hitoyoshi
MIYAZAKI
Tsuno
Minamata
Hyûga
Izumi
Naga shima
Okuchi
Ebino
Saito
Akune
OCÉAN PACIFIQUE
Kobayashi
KAGOSHIMA
Parc nat. Kirishima Yaku ★★
Miyazaki
Koshikijima rettô
Satsumasendai
Kirishima
Miyakonojô
Ao shima ★★
Kushikino
Udo-jingû ★★
Nichinan
Kagoshima ★★
Sakurajima ★★★
Tarumizu
Kushima
Shibushi
Chiran ★★★
Kanoya
Baie de Shibushi
Toi misaki ★★
Minamisatsuma
Pén. de Satsuma ★★★
Ibusuki ★★
Kinkô
Makurazaki
Ikeda-ko ★★
Sata
Pén. d'Ôsumi

0   20   40 km

★★★ exceptionnel
★★ très intéressant
★ intéressant

Fukuoka titre de chapitre
Takachiho lieu rattaché à un chapitre
Minamata lieu repère

Sata misaki
Kuro shima
Tanega shima
Io shima
Nishino-omote
NAHA (OKINAWA)
Yaku shima ★★★

Entre Fukuoka et Nagasaki ★★
← MATSUYAMA
TÔKYÔ →

Invasions et influences

Le Kyûshû est une région riche en légendes et en vestiges archéologiques. Le sud de l'île est ainsi le théâtre de nombreux mythes fondateurs, dont celui du premier empereur Jinmu. À Yoshinogari (au sud de Fukuoka) et Uenohara (entre Kagoshima et Miyazaki), des fouilles archéologiques ont prouvé que la région constitue un très ancien foyer de peuplement remontant aux ères Jômon et Yayoi. Trait récurrent de son histoire : le Kyûshû partage un destin commun avec ses voisins asiatiques. Les influences et les échanges entre la Chine, la Corée et le nord de l'île se développent dès le IVe s., important ensuite le système d'écriture puis le bouddhisme. Mais ce destin est aussi fait de guerres et d'invasions : celle, repoussée, des Mongols à la fin du XIIIe s., ou encore les campagnes japonaises en Corée trois siècles plus tard. À partir de 1542, des visiteurs portugais, espagnols et hollandais font du Kyûshû la première terre de rencontre entre le Japon et l'Occident. Les missionnaires en seront vite chassés, laissant sur place quelques poches d'un christianisme clandestin. Seul le comptoir hollandais de Dejima, à Nagasaki, restera pendant toute la période de fermeture du pays un point de contact avec le monde extérieur.

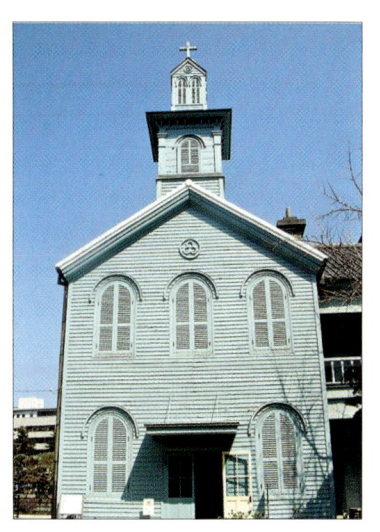

▲ Un séminaire protestant signale l'ancienne enclave occidentale de Dejima, à Nagasaki.

Volcans et sources chaudes

Terre volcanique par excellence, l'île de Kyûshû est dotée de deux volcans qui valent pour symboles régionaux : le mont Aso, qui constitue la plus grande caldeira du monde, et le Sakurajima, au pied duquel s'étend la ville de Kagoshima. Ils offrent de très belles possibilités de promenades, pour peu que l'on garde à l'esprit que ces cratères sont encore actifs. Le reste de l'île est parsemé de sommets volcaniques qui font du Kyûshû une terre d'élection du tourisme thermal. Si Beppu tient le haut de l'affiche, on recense des centaines de sites de *onsen* dans l'île comme à Unzen, Kurokawa ou Ibusuki, d'où s'échappent vapeurs et fumerolles. On y trouvera des décors lunaires à couper le souffle, composés de sources fumantes, de lacs de cratères et de boues hoquetantes.

Parcs naturels et littoraux

Cette importante activité géothermique, combinée à un climat généreux, a donné naissance à des paysages verdoyants, des plaines et des forêts recelant une faune et une flore protégées. D'où de nombreux parcs naturels nationaux, comme ceux de Saikai (au nord-ouest), Unzen-Amakusa ou Aso-Kujû. Le plus célèbre est le parc Kirishima-Yaku, qui s'étend au sud entre Kagoshima et Miyazaki. Au sud du Kyûshû, l'île tropicale de Yaku shima est réputée pour être l'une des plus belles destinations du pays : les trois quarts de sa surface sont recouverts d'une végétation luxuriante et son patrimoine naturel (cèdres plusieurs fois centenaires, mangrove) est classé par l'Unesco. Le littoral régional offre également de somptueux paysages, formés de côtes découpées, de petites criques, de caps et de vastes baies. Sur les caps Toi et Sata, au sud, on peut voir chevaux sauvages et dauphins se détacher sur le panorama océanique. À l'ouest, coincée entre Kumamoto et la péninsule de Shimabara, la superbe mer d'Ariake bénéficie d'une faune et d'une flore exceptionnelles : coquillages

◀ Vue sur les monts d'Aso
(préfecture de Kumamoto).

nacrés, poissons des mangroves ou crabes violonistes y vivent dans des eaux peu profondes et particulièrement salées.

Les marmites du Kyûshû

Ses habitants prétendent qu'on ne mange nulle part mieux que chez eux. Et même si cette fierté culinaire est répandue dans l'archipel, ils n'ont pas tout à fait tort. Le Kyûshû est notamment la patrie d'origine de l'un des plats les plus populaires au Japon, les nouilles *râmen*. Originaires de Chine, elles se déclinent sous diverses formes sur l'île du sud : avec un bouillon de porc à Hakata (Fukuoka), des légumes régionaux dans le *takana-râmen* de Kumamoto, un bouillon de poulet à Miyazaki… À Nagasaki, le style *shippoku* remporte la palme de la cuisine cosmopolite avec sa succession de petits plats raffinés d'inspirations hollandaise, chinoise et japonaise. Les spécialités de poisson sont nombreuses dans le Kyûshû, du célèbre *fugu* aux plus rares poissons volants de Miyazaki, et sa viande la plus savoureuse est le porc noir *kurobuta* servi à Kagoshima. Au rayon des raretés, on trouvera aussi du cheval *basashi*, cru ou cuit, spécialité de Kumamoto, de la tortue trionyx (région de Beppu), de la baleine (dans le nord-ouest), de l'ours et du sanglier (région d'Aso).

Le Kyûshû s'enorgueillit aussi de sa liqueur *shôchû*, dont il est la région d'origine et le plus gros producteur. Les habitants de Kagoshima vous diront que leur recette à base de pomme de terre est la meilleure, ce que démentiront ceux d'Ôita (qui la préparent à base d'orge), de Miyazaki (à base de nouilles *soba*) et de Kumamoto (à base de riz).

Un développement inégal

La richesse et la multiplicité des sites sur Kyûshû ne sauraient cacher la persistance d'inégalités économiques. Le nord concentre ainsi les atouts industriels et économiques de l'île avec Kitakyûshû, l'une des plus grandes villes sidérurgiques du monde, et la capitale économique et administrative Fukuoka, qui est aussi le plus grand port de la région. Quant à Nagasaki et Kagoshima, elles ont connu une impressionnante croissance industrielle au XIXe s., respectivement grâce à la construction navale et aux technologies modernes. Mais le reste du Kyûshû, si l'on ne peut se taxer de sous-développé, s'est tenu à l'écart du miracle économique, mises à part les zones à forte concentration touristique comme Beppu. La capitale préfectorale du sud-est, Miyazaki, cherche encore un nouveau souffle économique, et l'archipel d'Amakusa, entre Kumamoto et Kagoshima, demeure l'une des régions les moins riches du Japon. La baie de Minamata, qui lui fait face, est restée tristement célèbre depuis un immense désastre écologique à la fin des années 1960 : des rejets de mercure industriel dans la mer contaminèrent alors de nombreux habitants, occasionnant maladies et malformations. Grâce aux efforts des collectivités locales et de la population, la ville de Minamata est devenue un modèle d'action en matière d'environnement.

Beppu 別府

Des fumerolles et des vapeurs s'élèvent d'un peu partout, des hordes de touristes (12 millions chaque année) se baladent serviette autour du cou : si vous n'aimez pas les *onsen*, passez votre chemin ! 3 000 sources, une centaine d'établissements, la plus grande variété d'eaux chaudes du Japon (10 types sur 11), Beppu doit tous ces prodiges géothermiques à une éruption du volcan Tsurumi en 867, qui domine sa magnifique baie. Si la ville reste assez terne, ses environs sont charmants et recèlent des pièces parmi les plus anciennes de l'art bouddhique, à Usuki. De l'autre côté de la péninsule de Kunisaki, le sanctuaire d'Usa est un site religieux majeur.

Situation : à 180 km S.-E. de Fukuoka, 170 km N.-O. de Kumamoto.

122 000 hab. hors saison ; préfecture d'Ôita.

ℹ dans la gare JR : 12-13, Ekimae-chô ☎ 0977/24.2838 ; ouv. du lun. au sam. 8 h 30-17 h 30.

☞ POSTE ET DAB
En descendant Ekimae dôri, juste avant le centre commercial *Cosmopia* コスモピア ; dans Kannawa, à côté de la gare routière Kamenoi basu 亀の井バス.

Beppu mode d'emploi

Accès : trains JR depuis Fukuoka (2 h 30), Kumamoto (3 h) ou Miyazaki (3 h 30) • **bus** depuis les mêmes villes • lignes directes en **avion** depuis Tôkyô, Ôsaka et Nagoya ; l'aéroport est à Ôita, au S.-E. de Beppu (liaison en 45 mn) • **bateaux** depuis Ôsaka et Kôbe.

Combien de temps : 2 j. pour Beppu et une visite dans les environs.

S'orienter : le centre-ville, autour de la gare et de l'av. Ekimae dôri (quartier des bars, restaurants et shopping), est assez éloigné des sources chaudes de Kannawa et Myôban, éparpillées au N.-O. de Beppu.

Se déplacer : les bus Kamenoi 亀の井バス font le tour de la baie et des principaux sites ; la carte My Beppu Free permet de circuler 1 j. dans la ville et ses environs. Terminal des bus (Kitahama 北浜) en bord de mer, au bout de l'av. Fujimi dôri, qui passe devant l'hôtel de ville et le parc de Beppu.

Fêtes et manifestations : début avr., grand **festival des Sources chaudes** ; un immense feu dévore tout un pan de la montagne et illumine la ville.

À ne pas manquer	
Les bains Myôban**	553
Le sanctuaire d'Usa*** (Environs)	554
Les bouddhas d'Usuki** (Environs)	553

Voir carte régionale p. 548

L'ambassadeur-poète

Diplomate globe-trotter, **Paul Claudel** (1868-1955) tombe amoureux de l'Asie dès son arrivée à Shanghai, en 1895. Il ne repart de Chine qu'en 1909 et poursuivra son immersion dans l'Extrême-Orient quelques années plus tard au Japon. Ce séjour, s'il ne fut pas le plus long (en tout quelque quatre ans, entre 1921 et 1927), marqua durablement sa vie et sa carrière.

La contemplation paisible des choses qui caractérise le rapport des Japonais à la nature et à l'univers, l'harmonie profonde qui s'en dégage le fascinent. Tandis que son écriture approche de la brièveté du haïku, il se lie à des peintres, travaille avec des calligraphes pour publier des éditions illustrées, s'inspire du théâtre nô et des principes zen. Ces conversations avec artistes et professeurs alimentent les entretiens imaginaires que l'on retrouve dans plusieurs textes, tels que *Le Poète et le Shamisen* (1926). Cette inflexion de la poétique cherche à rendre au mieux ce que Claudel appelle « sentiment du Ah », sorte de satisfaction intérieure presque douloureuse face à la beauté du monde.

En tant qu'ambassadeur de France à Tôkyô, il a mis en place des outils durables pour un rapprochement culturel entre France et Japon : la Maison franco-japonaise à Tôkyô, l'Institut franco-japonais du Kansai à Kyôto comptent toujours parmi les piliers des relations entre les deux pays.

☞ **SPÉCIALITÉ**
Restaurants et établissements d'*onsen* proposent souvent une cuisine *jigoku-mushi* : la cuisson se fait avec la vapeur dégagée par les sources chaudes.

Beppu dans l'histoire

La légende dit qu'un dieu blessé retrouva la santé après un bain dans les eaux de Beppu. Peut-être est-ce la raison qui poussa le samouraï Yoriyasu Ôtomo à y faire bâtir au XIIIe s. un sanatorium, destiné à soigner les soldats victimes des combats contre l'armée mongole. Si ses sources chaudes font venir des amateurs dès l'époque Edo, c'est sous l'ère Meiji que Beppu commence à attirer des foules, notamment grâce à la construction du port, à l'agrandissement de la ville et à des travaux de forage. Un certain Kumahachi Aburaya, grand initiateur du tourisme organisé, y bâtit bientôt un hôtel et propose en 1927 les premiers bus touristiques de Beppu, qui deviendra une station thermale de premier ordre. Elle accueillera notamment Charlie Chaplin et Paul Claudel (→ *encadré*).

Visiter Beppu

■ **Takegawara onsen★** 竹瓦温泉
16-23, Moto machi ☎ 0977/23.1585 • ouv. t.l.j. 6 h 30-22 h 30.
Au bord de la mer, au bout de l'av. Ekimae dôri, cet établissement remonte à l'ère Meiji et propose aussi des bains de sable 砂湯 *(jusqu'à 21 h 30 ; → encadré p. 574)* chauffés par l'eau bouillante des *onsen*. Takegawara est aussi le vieux quartier de Beppu, avec ses ruelles et ses animations nocturnes. Le littoral propose plusieurs autres bains.

■ **Kannawa onsen★** 鉄輪温泉
Au N.-O. ; accès en bus.
C'est le quartier thermal le plus réputé de Beppu. Parmi une dizaine d'enseignes, le bain public **Hyôtan onsen** ひょうたん温泉 *(159-2, Kannawa ☎ 0977/66.0527 • ouv. t.l.j. 8 h-1 h)* sort du lot avec ses nombreux bassins et ses *kazoku buro*, bains réservés aux couples ou aux familles *(sur rés.)*.

■ **Le quartier des enfers** 地獄巡り
(Jigoku meguri)
Dans Kannawa • ouv. t.l.j. 8 h-17 h • entrée payante • circuit des enfers possible en bus.
On désigne ainsi une partie des sources de Beppu, ensemble de parcs à thèmes kitsch et très fréquentés où eaux, vapeurs et geysers deviennent des attractions fumantes et colorées (par la présence de sulfate de fer ; *baignade interdite*). Les plus connus sont **Umi jigoku** (enfer de la Mer), avec son eau bouillante couleur azur, et **Oniishi Bôzu jigoku** (enfer du Moine), composé de mares de boue frémissantes.

■ **Myôban onsen**★★ 明礬温泉
Dans les collines au N.-O.
Site excentré, calme et plein de charme. Dans les huttes de chaume de **Yunohana goya**★ 湯の華小屋, on peut observer la production de sels de bain traditionnels au sulfure (et en acheter). Les adeptes d'*onsen* sauvages et préservés pourront aussi essayer *(au S.-O. de Myôban)* les sources naturelles de **Hebin'yu** へびん湯 et **Tsurunoyu**★★ 鶴の湯 : les habitants de la région s'y baignent en plein air, à même la rivière, loin des foules de Kannawa.

♥ HÉBERGEMENT
Hôtel *Suginoi* 杉乃井ホテル : 1, Kankaiji, sur les hauteurs de Beppu ☎ 0977/24.1141. Dans les étages de ce grand hôtel, l'*onsen Tanayu*, en plein air, offre une vue panoramique sur Beppu (accessible aux non-résidents de l'hôtel de 9 h à 11 h ; entrée payante).

Environs de Beppu

1 Yufuin★★ 湯布院 *25 km O.*
Accès en train JR Nippô 日豊線 *et en bus* ❶ *dans la gare JR* ☎ *0977/84.2446.*
Aussi calme, champêtre et raffinée que Beppu est urbaine et bruyante. Le tourisme thermal s'organise surtout autour des eaux fumantes du lac **Kinrin-ko**★★★ 金鱗湖, à l'E. de Yufuin, par exemple dans les anciens bains publics au toit de chaume du **Shitan'yu**★★ 下ん湯 *(ouv. t.l.j. 10 h-21 h • entrée payante)*. Yufuin offre aussi de superbes panoramas et promenades sur le volcan **Yufu dake** 由布岳 et au bord de la rivière Yufu, ainsi qu'une riche vie culturelle (nombreux musées et galeries).

♥ HÉBERGEMENT À YUFUIN
Pour séjourner dans un hôtel de caractère comme *Tamanoyu* 玉の湯 (2731-1, Kawakami ☎ 0977/84.2158) ou *Kamenoi Bessô* 亀の井別荘 (2633, Kawakami ☎ 0977/84.3166), pensez à réserver plus d'un an à l'avance.

2 Les 60 bouddhas d'Usuki★★ 臼杵の６０石仏
(Usuki no 60 sekibutsu) *45 km S.-E. de Beppu*
Accès en train JR Nippô 日豊線 *• vis. t.l.j. du lever au coucher du soleil • entrée payante* ❶ *près de l'entrée* ☎ *0972/65.3300.*
Sculptés dans la roche aux époques Heian et Kamakura, ces 60 *sekibutsu* (bouddhas de pierre)

▼ L'origine des bouddhas sculptés à Usuki intrigue encore : certains évoquent un artiste chinois sous les auspices d'un riche commerçant...

♥ **RESTAURANT**
Fuguyoshi ふぐ良し :
3-6-26, Chûô machi, 4ᵉ étage
☎ 097/538.2941 ; ouv. t.l.j. 12 h-14 h et 16 h-22 h. L'une des plus fameuses enseignes d'**Ôita** 大分 (14 km S.-E. de Beppu) à servir le *fugu* (→ p. 154), spécialité de la région ; petits salons privatifs, bonne ambiance et prix plus doux pour le déjeuner.

✐ **BON À SAVOIR**
Le bus touristique *Ôita Kôtsû* 大分交通 fait, depuis Beppu (terminal Kitahama) ou Usa, le tour de cette péninsule volcanique, haut lieu de la culture bouddhique dans le Kyûshû, et s'arrête aux principaux sites.

Sur le rabat arrière de la couverture, un Tableau chronologique indique les périodes de l'histoire japonaise. En fin de volume, le Petit dictionnaire répertorie le vocabulaire spécifique.

sont répartis en quatre niches reliées par des escaliers. La niche **Hoki**★★ 堂が佐古 (Hoki dô ga sako) abrite la trinité d'Amitabha, avec une figure centrale de 3 m de haut, ainsi que neuf statues figurant les neuf étapes de l'illumination bouddhique. Celle de **Furuzono**★★★ 古園 est la plus impressionnante, recueillant la tête de Dainichi Nyorai, principale divinité du bouddhisme ésotérique. Les visages et expressions des statues, remarquablement conservés, sont à observer de près, chefs-d'œuvre respirant la sagesse et la sérénité. Belle **balade** possible dans la forêt de bambous derrière les statues, ou au N. du site : autour d'un lac couvert de lotus (surtout en été) et au **temple Mangetsu**, à proximité.

▶ Quitter le site des bouddhas pour une demi-journée dans la ville d'**Usuki**★★ 臼杵 : sa baie, le vieux quartier de Nioza et son **temple Tafuku-ji** 多福寺 (restaurant végétarien sur place), ou sa pagode à trois étages. ◀

3 La péninsule de Kunisaki★ 国東半島
(Kunisaki hantô) *au N. de Beppu*
Accès en train JR Nippô 日豊線 *(jusqu'à Usa* 宇佐*) et en bus.*

Les grands bouddhas de Kumano (**Kumano Magaibutsu**★ 熊野磨崖仏 ; VIIIᵉ s.) constituent l'un des plus imposants hauts-reliefs taillés dans une paroi rocheuse au Japon. Parmi les nombreux temples de la péninsule, le **Fuki-ji** 富貴寺 (XIᵉ s.) porte sur l'un de ses murs une superbe fresque du Jôdo, ou « paradis occidental de la Terre pure » dans le bouddhisme. À côté du mont Futago, planté au milieu de la péninsule, le **Futago-ji** 双子寺 est un symbole régional. Son escalier est flanqué de deux impressionnants gardiens : des statues Niô, divinités protectrices des lieux saints.

4 Le sanctuaire Usa-jingû★★★ 宇佐神宮
50 km N.-O. de Beppu
Accès en train JR Nippô 日豊線 *jusqu'à Usa* 宇佐*, puis bus ; bus direct de Beppu • vis. t.l.j. 5 h-21 h • entrée gratuite • prévoir 3 h* ℹ *2859, Minami Usa, Usa-shi* ☎ *0978/37.0001.*

Bâti en 725 et reconstruit à la fin du XIXᵉ s., c'est l'un des sanctuaires les plus célèbres du Japon, avec son pavillon vermeil, la dense forêt qui l'entoure et son réseau de sanctuaires reliés par des chemins et des escaliers *(attention : tous les panneaux sont en japonais)*. Traversez le pont rouge vif pour accéder au complexe, vous pouvez ensuite vous perdre dans le dédale d'allées et de temples secondaires, ou rejoindre le grand pavillon, bâti au sommet

◀ Le sanctuaire Usa-jingû est la « maison mère » des 30 000 lieux de culte dédiés au dieu Hachiman à travers le Japon.

d'une ancienne colline funéraire. Une fois passé la jolie **porte Saidai-mon** 西大門, le **pavillon**★★★ 本殿 *(honden)* s'impose, écarlate, aux toits de chaume, parfait exemple du style *Hachiman zukuri* avec ses deux bâtiments disposés l'un derrière l'autre : le *gaiden* 外殿 (sanctuaire extérieur) et le *naiden* 内殿 (sanctuaire intérieur, pour le culte).

On peut admirer dans le **musée du Trésor**★★ 宇佐神宮宝物館 (Usa-jingû hômotsu-kan ; *vis. t.l.j. sf. mar. 9 h-16 h • entrée payante*) des reliques sacrées, dont un **autel portatif** *(mikoshi)* réputé le tout premier du Japon : il aurait emmené l'esprit de Hachiman d'Usa vers Nara.

♥ **RESTAURANT**
Yamasa やまさ旅館 : 1785, Ôaza Shimoge, à Ajimu あじむ (petite ville entre Beppu et Usa) ☎ 0978/44.0002 ; ouv. t.l.j. 11 h-20 h. Ce *ryokan* centenaire propose de la tortue sous toutes ses formes : en sashimis, en *nabe* (bouillon), en friture ou grillades. Un mets rare et assez cher, réputé excellent pour la vigueur masculine. On sert souvent en entrée un verre d'*ikichi* (sang de tortue mélangé à un peu de saké).

Fukuoka★★ 福岡

Situation : à 150 km N.-E. de Nagasaki, 190 km N.-O. de Kumamoto.

1,4 million d'hab. ; préfecture de Fukuoka.

❶ dans la gare JR Hakata (D2), près de la sortie E. ☎ 092/431.3003 ; www.city.fukuoka.jp ; ouv. t.l.j. 8 h-19 h.

☞ **DAB**
À la sortie O. de la gare JR Hakata (D2) et au M° Tenjin 天神 (C2).

À ne pas manquer

Le musée folklorique Hakata Machiya★★	560
Le parc Ôhori★★	561
Le sanctuaire Tenman-gû★★★ à Dazaifu (Environs)	562
Yanagawa★★★ (Environs)	563

☙ PANORAMA
Vue panoramique sur la baie et la ville du haut de la **Fukuoka Tower** 福岡タワー (A2 ; en fait du 5ᵉ étage, à 123 m de haut – la tour mesure 234 m). 2-3-26, Momochi hama, Sawara-ku ☎ 092/823.0234 ; M° Nishijin 西陣 ; ouv. t.l.j. 9 h 30-21 h, jusqu'à 22 h d'avr. à sept. ; accès payant.

C'est la porte d'entrée du Kyûshû pour le voyageur qui veut découvrir le Japon méridional, et celle du pays tout entier pour ses voisins asiatiques, car leurs influences ont toujours transité par Fukuoka avant de gagner le reste du pays. La capitale du Kyûshû est une grande ville, moderne et animée, un paradis du commerce et des loisirs qui jouit d'une excellente réputation culinaire. Si Fukuoka n'offre guère matière à un long séjour, elle reste une étape agréable avant de découvrir le reste de l'île, avec notamment les villes de Dazaifu et Yanagawa.

Fukuoka mode d'emploi

■ Accès

Pour les **trains**, Hakata D2 est le terminus de la ligne Shinkansen Tôkyô (6 h) Ôsaka (3 h) Kyôto (2 h 45) Hiroshima (1 h 30) • **bus** depuis les mêmes villes • en **avion**, lignes internationales et domestiques depuis Tôkyô, Ôsaka, Nagoya (aéroport à proximité de la gare Hakata, à 5 mn en métro) • **bateaux** depuis Pusan (Corée), Okinawa.

■ Combien de temps

2 j. pour la ville et une visite dans les environs.

■ S'orienter

Le centre nerveux de Fukuoka tient entre ses deux **gares**, situées de part et d'autre de la rivière Nakagawa : à l'E., JR Hakata 博多駅 D2 (trains et bus locaux et nationaux) et, à l'O., Tenjin-Nishitetsu Fukuoka 天神西鉄福岡 C2 (trains et bus régionaux). Compter une grosse demi-heure à pied entre les deux.

À l'E. de la Nakagawa, le quartier de **Hakata** D2 est un peu l'âme de Fukuoka, charmant conservatoire de l'histoire et des traditions de la ville. L'île intérieure de **Nakasu** D2, plutôt paisible de jour, est incroyablement animée la nuit. À l'O., **Tenjin** C2 est dédié aux affaires et au shopping : larges avenues, hordes de salariés en costume.

■ Se déplacer

Deux lignes de **métro** desservent les principaux sites : la ligne Kûkô 空港線 relie d'E. en O. l'aéroport à la banlieue de Meinohama en passant par Hakata, Nakasu, Tenjin et Ôhori. La station Nakasu-Kawabata なかすかわばた **D2** fait la jonction avec la ligne Hakozaki 箱崎, qui remonte au N. vers le quartier des administrations via le temple Sôfuku-ji. Privilégiez le ticket à la journée.

Les **bus** Nishitetsu 西鉄 quadrillent également la ville ; terminaux dans les gares de Hakata **D2** (gare routière Kôtsú 交通) et de Tenjin **C2**. Moins cher que le métro, mais plus compliqué dans une grande ville. Le One-Day Bus Pass permet de circuler partout pendant 1 j.

■ Fêtes et manifestations

Début mai, **Hakata Dontaku**, carnaval traditionnel, avec musiques, danses et chants • première quinzaine de juil. : festival **Hakata Gion Yamakasa**, au sanctuaire Kushida-jinja **D2** (→ *encadré p. 560*) • mi-nov. : tournoi de sumo **Kyûshû Basho** au Fukuoka Kokusai Center **C1/2**.

■ Shopping

Parmi les nombreuses zones commerçantes, on retiendra le quartier de **Tenjin C2**, avec ses grands magasins (Daimaru, Mitsukoshi), et **Canal City D2** : immense complexe futuriste ouvert en 1996 sur la rive dr. de la Nakagawa, traversé par un canal long de 180 m.

On trouve à Nishijin un **marché en plein air** très populaire **A3** (M° Nishijin 西新, sortie n° 4 • ouv. t.l.j. sf dim.), mais rien ne vaut une visite au vieux marché de Yanagibashi **D3** (M° Tenjin 天神, descendre sur Watanabe dôri • ouv. t.l.j. sf dim.).

■ Baignade

Les plages, souvent artificielles, sont très agréables en saison. Les baigneurs se retrouvent à Momochi 百道 **A2** (devant la Fukuoka Tower), dans le quartier de **Mei no hama** 姪の浜 **h. pl. par A2** (à l'O. de la ville, nombreuses plages tranquilles) ou sur l'**île Shikano shima** 志賀島 **h. pl. par D1** (à 30 mn en ferry).

▲ Fukuoka Tower.

♥ RESTAURANTS

Raumen Stadium ラーメンスタジアム, dans Canal City (D2 ; 5ᵉ étage), à l'O. de la gare Hakata, propose (presque) toutes les recettes régionales de nouilles *râmen* au Japon.
Ses huit restaurants sont notés par les clients, et seuls les meilleurs cuisiniers restent après un classement semestriel. Plats très copieux, recettes régionales et prix très abordables.

Fukuoka.

Fukuoka dans l'histoire

Son destin est depuis toujours marqué par la proximité des voisins asiatiques du Japon, tantôt envahisseurs (les Mongols y débarquèrent en 1274 et 1281, d'où la construction d'une barrière de pierre le long de la baie), tantôt partenaires commerciaux et importateurs d'objets, d'idées et de modes de vie.

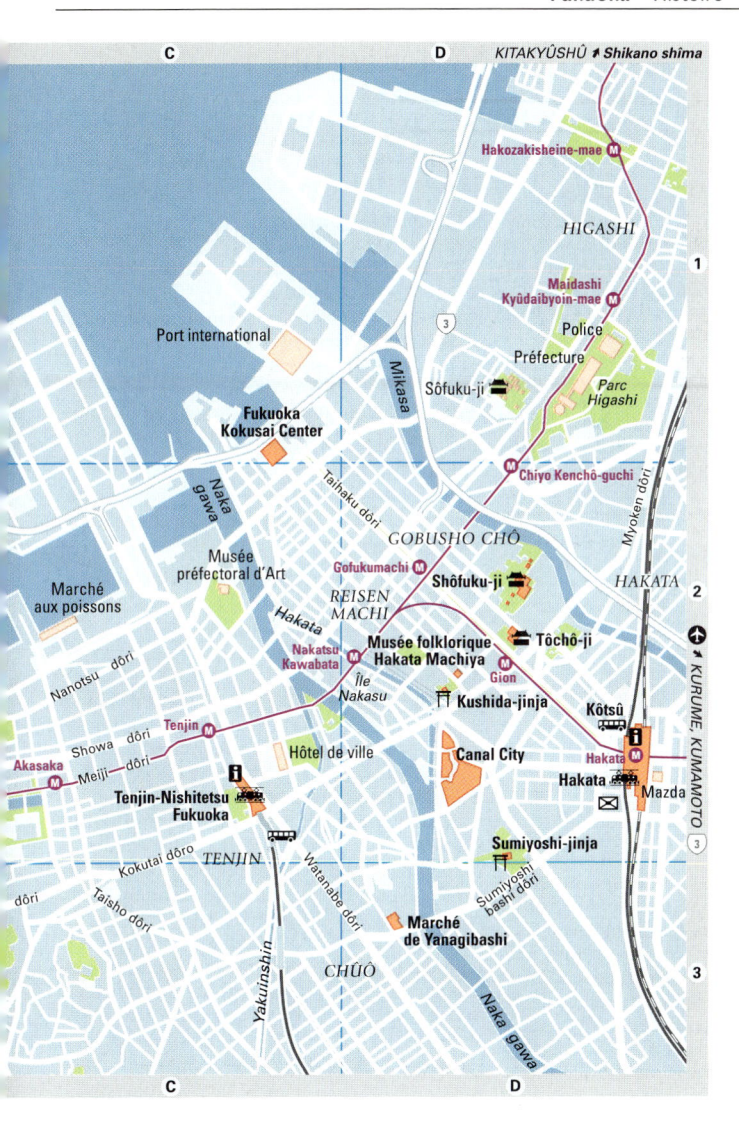

Fukuoka a ainsi été la porte d'entrée du bouddhisme, de la médecine, de l'architecture et des sciences venus de Chine et de Corée.

La ville contemporaine est véritablement née le 1er avril 1889 de la fusion de Fukuoka, cité seigneuriale du clan Kuroda (depuis la construction d'un château en 1608), et du quartier marchand et populaire de Hakata. On dit que les samouraïs imposèrent le nom de Fukuoka, mais Hakata est plus couramment utilisé par les Japonais pour désigner la ville.

Visiter Fukuoka

Fukuoka est une très grande ville, mais son intérêt touristique demeure limité. S'il s'agit d'une étape vers le S. du Kyûshû, c'est sans hésiter au vieux quartier de Hakata qu'il faut consacrer les visites.

■ Le sanctuaire Kushida-jinja★★
櫛田神社 D2

1-41, Kamikawabata machi, Hakata-ku ☎ *092/291.2951 • M° Gion* 祇園.

Fondé en 757, Kushida est le sanctuaire historique de Fukuoka, ouvert, boisé (un énorme ginkgo y est planté), fréquenté par des fidèles qui viennent y chercher santé et prospérité – comme les marchands autrefois. Posé à proximité sous un arbre, un immense **char** rappelle la fête de Hakata Gion Yamakasa *(→ encadré)*.

Sortir du sanctuaire par l'accès principal et traverser ; le musée est dans la rue en face, reconnaissable à ses maisons de bois sombre.

■ Le musée folklorique Hakata Machiya★★
博多町家ふるさと館
(Hakata Machiya furusato-kan) D2

6-10, Reisen machi, Hakata-ku ☎ *092/281.7761 • M° Gion* 祇園 *• ouv. t.l.j. 10 h-18 h.*

Il gagne à être visité dès l'arrivée à Fukuoka, pour sa carte interactive à l'entrée qui permet de repérer tous les sites intéressants. Le musée raconte 200 ans d'histoire du quartier, ses particularités et ses fêtes, au moyen de documents audio et vidéo *(en japonais)*, dont un film de 20 mn sur le festival Hakata Gion Yamakasa *(→ encadré)*. D'antiques combinés téléphoniques diffusent des phrases en argot local, le *hakata-ben*, ancienne langue des marchands. Démonstrations d'artisanat à l'étage.

Juste à g. du musée, le **Machiya** 町家 **D2** est la reproduction d'une ancienne manufacture familiale du tissu local *(Hakata-ori)*. La toute première maison abrite une **boutique de souvenirs★★** authentiques du savoir-faire de Hakata : pinceaux, toupies, verrerie, textile, poupées…

Prendre à g. en sortant du musée et rejoindre Taihaku dôri 大博通り *; le Tochô-ji est sur le trottoir d'en face.*

■ Le temple Tôchô-ji★ 東長寺 **D2**

2-4 Gokusho machi, Hakata-ku • M° Gion 祇園 *• ouv. t.l.j. 9 h-18 h.*

Si son bâtiment est moderne (1995), sa fondation remonte au début du IXᵉ s., lorsque le moine Kôbô Daishi *(→ encadré p. 334)* revint d'un voyage en

---

♥ **BRASSERIE**

Ishikura shuzô 石蔵酒造 : 1-30-1, Katakasu, Hakata-ku ☎ 092/633.5100 (à 10 mn du M° Gion 祇園 ou du M° Chiyo Kenchô-guchi 千代県庁口) ; ouv. t.l.j. 10 h-17 h. Dans cette brasserie de 1871, on fabrique le dernier saké de Hakata : vis. instructive, boutique intéressante. Des concerts y ont régulièrement lieu, et on peut boire en fév. le *shinshu*, nouveau saké non pasteurisé.

Cinq kilomètres de fête

Du 1ᵉʳ au 15 juillet, le sanctuaire Kushida-jinja devient l'endroit le plus animé de Fukuoka : après des mois de préparatifs, des chars richement décorés, les *kazariyama*, envahissent alors la ville, ornés de poupées confectionnées par des artisans locaux. L'ambiance et la tension montent jusqu'au petit matin du 15 juillet, à 5 heures : sept chars s'élancent alors de Kushida, portés par des centaines d'hommes en costumes traditionnels. Durant cette course effrénée de 5 km, appelée Oiyama, les spectateurs massés le long des rues haranguent les porteurs de chars et leur jettent de l'eau.

Chine. Il est surtout connu pour son imposant **Bouddha assis** en bois (10 m de haut pour 30 t ; *à l'étage*), le plus grand du Japon.

■ Le temple Shôfuku-ji★ 聖福寺 D2
6-1 Gokusho machi, Hakata-ku • M° Gion 祇園.
En prenant sur la dr. après la sortie du Tôchô-ji, puis encore à dr., on accède au premier temple zen du Japon. Le moine Eisai le fit bâtir en 1195 après quatre ans d'études en Chine, d'où il ramena le bouddhisme zen et l'art raffiné du thé – on dit même que le long des allées de ce temple, poussèrent les premiers buissons à thé du pays.

■ Le parc Ôhori★★ 大濠公園 (Ôhori kôen) B2-3
À l'O. de la gare Tenjin-Nishitetsu Fukuoka • M° Ôhorikoen 大濠公園.
Aménagé autour d'un vaste lac de 2 km de circonférence, Ôhori est le grand parc de l'O. de la ville, rendez-vous des joggeurs. On peut traverser le lac par un système de ponts de style chinois suspendus entre des îlots. La zone appartenait autrefois au château bâti sur la colline par Kuroda Nagamasa (fin XVIe s.), dont quelques ruines subsistent au S.-E., à côté du petit parc Maizuru.
Au S. du lac, le **musée de Fukuoka** 福岡市美術館 **B3** (Fukuoka-shi bijutsukan) présente de l'art contemporain occidental (Chagall, Warhol, Dalí) et son rez-de-chaussée recèle des pièces de

▲ Bouddha du temple Tôchô-ji.

À NOTER
Ne pas confondre le Shôfuku-ji 聖福寺 et le Sôfuku-ji 崇福寺, temple du clan Kuroda au N.-O. de la ville.

Restaurants ambulants
En fin d'après-midi, sur les trottoirs de Nakasu, Tenjin ou Nagahama, s'installent les *yatai*, roulottes gourmandes qui font l'identité culinaire et la vie nocturne de Fukuoka. On en compte près de 200 dans le quartier à la belle saison, tenues par des familles ou des cuistots solitaires, ayant chacune sa spécialité. La plus répandue : les épaisses nouilles *tonkatsu-râmen*, symbole gastronomique de la ville. Mais on y mangera aussi des bouillons (*nabe*), fritures (*tenpura*), brochettes (*yakitori*)... Il y en a pour tous les goûts, et pour toutes les bourses : demandez bien les prix avant de commander sous peine de mauvaise surprise. L'ambiance y est particulièrement joyeuse à la sortie du bureau et les samedis soirs.

la famille Kuroda et des statues bouddhiques (*1-6, Ôhori kôen, Chûo-ku* ☎ *092/714.6051 ; 10 mn à pied du métro • ouv. t.l.j. sf lun. 9 h 30-17 h 30, jusqu'à 19 h 30 en juil.-août*).

Environs de Fukuoka

À moins d'une heure de Fukuoka, Dazaifu et Yanagawa sont des escales au riche patrimoine historique et culturel. Si votre temps est compté, leur visite est préférable à celle de Fukuoka.

1 Dazaifu★★ 太宰府 *20 km S.-E.*

Accès en train Nishitetsu 西鉄 *depuis la gare de Fukuoka Tenjin* 福岡天神 *(changement à Futsukaichi* 二日市*)* ❶ *à côté de la gare* ☎ *092/925.1880.*

Son histoire est étroitement liée aux voisins asiatiques du Kyûshû, que Dazaifu fut chargée de surveiller en tant que base militaire et diplomatique. Elle devint à l'époque Nara un centre administratif important par lequel transitaient les émissaires venus de Corée ou de Chine.

• **Le sanctuaire Tenman-gû**★★★ 天満宮 (*4-7-1, Saifu* ☎ *092/922.8225 • à 5 mn à pied de la gare par la rue Tenjin-sama* 天神様 *• ouv. t.l.j. 8 h 30-17 h • entrée payante*). On y croise de nombreux étudiants, venus chercher le succès aux examens à proximité de la tombe du poète Sugawara no Michizane (845-903), vénéré après sa mort, sous le nom de Tenjin, comme bienfaiteur de la culture et du savoir. Des 12 000 sanctuaires où il est honoré, ce Tenman-gû (905) est le plus important. On y accède par trois **ponts**★★ successifs enjambant l'étang Shinji ike, qui figurent le passé, le présent et l'avenir et permettent au visiteur de se purifier. Le *honden*★★ 本殿 (pavillon principal), construit fin XVIe s., est caractéristique de l'architecture Momoyama : style sophistiqué et chargé, d'influence chinoise. Parmi les nombreux pruniers plantés alentour, le *tobi-ume* (« prunier volant » ; *sur la dr. du pavillon*) est censé s'être envolé de Kyôto vers Dazaifu pour suivre Sugawara en exil.

Prendre le tunnel qui relie le Tenman-gû au musée ou revenir à la gare et prendre le chemin piéton.

• **Le Musée national du Kyûshû**★ 九州国立博物館 (Kyûshû kokuritsu hakubutsukan; *4-7-2, Ishizaka* ☎ *092/918.2807 • ouv. t.l.j. sf lun. 9 h 30-17 h*). Le quatrième musée national du Japon, ouvert en 2005, est consacré aux influences et interactions entre les civilisations asiatiques et la culture japonaise. Au dernier étage, l'exposition « Voies maritimes, chemins asiatiques » raconte

---

☞ **SPÉCIALITÉS**
Les échoppes et restaurants entre la gare et le Tenman-gû servent de savoureuses spécialités à base de prune ainsi que le *umegae-mochi*, gâteau de riz fourré aux haricots rouges.

▲ Dans les ors du sanctuaire Tenman-gû de Dazaifu.

✎ **CONSEIL**
Si la foule est trop dense au Tenman-gû, vous pouvez vous réfugier dans le jardin zen du **temple Kômyôzen-ji**★★★ 光明禅寺 (en revenant vers la gare). Sérénité assurée et superbes couleurs en automne.

l'histoire des échanges économiques, culturels, religieux entre l'archipel et ses voisins, de l'ère Jômon au XIXe s. On y comprend notamment comment les émissaires envoyés en Chine à partir du VIIIe s. ont forgé l'identité japonaise en ramenant des concepts religieux, des savoir-faire artisanaux ou des styles littéraires. Les pièces sont nombreuses – laques, céramiques, peintures, sculptures – et d'une particulière rareté : ainsi cette *oni-gawara* (tuile démoniaque) qui ornait, au VIIIe s., le toit du palais du gouvernement de Dazaifu et qui montre l'influence de la culture Silla (ancien royaume coréen). L'étage intermédiaire est réservé aux expositions temporaires.

2 Yanagawa★★★ 柳川 *50 km S. de Fukuoka*
Accès en train Nishitetsu Ômuta 西鉄大牟田 *depuis la gare de Fukuoka Tenjin* 天神, *puis 1 bus par heure pour le centre-ville* ❶ *à g. en sortant de la gare, ou en centre-ville : 35, Okinohata machi* ☎ *0944/73.2145, à l'endroit où le canal fait un coude.*

Cette petite Venise du Kyûshû combine un environnement naturel exceptionnel (la baie d'Ariake) et l'indéniable charme de ses canaux (470 km, soit 12 % de sa superficie). La région, marécageuse, fut drainée pour permettre les cultures, et un réseau de canaux a vu le jour au cours des siècles. Au XVIe s., lorsque la ville fortifiée était l'une des bases militaires de Tanaka Yoshimasa, de nombreuses douves furent aménagées.

Dans ces mêmes douves, bordées d'arbres, de fleurs et de villas anciennes, on peut aujourd'hui glisser à bord de **gondoles touristiques**★★★ どんこ舟 *(donkobune)* et découvrir en 1 h les charmes de la « cité de l'eau » en prenant un repas à bord *(départs à côté de l'OT • il y a plusieurs arrêts)*. Les canaux quadrillent la ville jusqu'aux environs de la gare.

On peut aussi marcher le long des quais pavés pour visiter Yanagawa : son petit **marché aux poissons**★ *(à dr. de l'OT)*, l'ancienne résidence de la famille Toshima et son jardin de thé de l'époque Edo, le **parc Ohana**★★ 御花・松濤園 (Ohana Shôtô-en), enfin ses nombreux temples et sanctuaires. Une partie des sites ont trait à la vie de Kitahara Hakushu (1885-1942), fils d'un négociant de saké devenu un poète célèbre au début du XXe s.

Les canaux de Yanagawa sont tous alimentés par la rivière Okinohata, qui se jette au S. dans la superbe **mer d'Ariake**★★. Le littoral, à couper le souffle, n'est accessible qu'en voiture : repérez des pêcheurs dans le centre-ville (reconnaissables à leurs petites camionnettes blanches) et demandez-leur gentiment de vous y déposer. Possibilités de sorties en bateau.

☞ **SPÉCIALITÉS**
Yanagawa est la ville d'où rapporter des objets rares, comme ces vêtements traditionnels teintés selon une technique ancienne (boutique le long du quai qui part à dr. de l'OT), ou les boules *Yanagawa mari*, tissées de fils de couleurs.
À déguster sur place : la fameuse anguille locale *(unagi no seiromushi)*, cuite à la vapeur et posée sur un lit de riz, accommodée d'une sauce de soja sucrée.

Sur le rabat arrière de la couverture, un Tableau chronologique indique les périodes de l'histoire japonaise. En fin de volume, le Petit dictionnaire répertorie le vocabulaire spécifique.

Entre Fukuoka et Nagasaki★★

Situation : itinéraire de 250 km env., reliant Fukuoka à Nagasaki.

Préfectures de Saga et Nagasaki.

À ne pas manquer

Le marché aux poissons★★★ de Yobukô	565
L'île de Hirado★★★	566
La vue★★ du château Karatsu-jô	564
Les fours d'Okawachiyama★★	565

♥ **BONNE ADRESSE À YOBUKÔ**
Ryokan Kanamaru 旅館金丸 : 3068, Yobukô machi ☎ 0955/82.3921. Cette charmante auberge traditionnelle, ouverte en 1927, donne sur le port de Yobukô et l'île de Kabeshi. Dégustation exceptionnelle de dorade ou calamars ; les poissons sont élevés dans un bassin derrière l'hôtel.

Entre les deux grandes métropoles du Kyûshû se cache un Japon tranquille, rural, marqué par les présences étrangères (coréenne, portugaise et hollandaise). Le triangle Karatsu-Arita-Imari est célèbre dans tout le Japon pour ses céramiques aux styles variés. Les amateurs de poteries trouveront matière à s'y attarder, les autres pousseront jusqu'à Hirado, première terre de contact entre les Japonais et les « barbares » occidentaux. Le patrimoine chrétien y est impressionnant, et la vision des nombreuses croix et clochers peut sembler surréaliste sur cet îlot nippon.

Accès : les trains JR Chikuhi 筑肥 relient **Fukuoka** (depuis Meinohama 姪浜, terminus du métro) à **Karatsu** (1 h 30) puis **Imari** (50 mn) ; les bus Shôwa Jidôsha 昭和自動車 assurent le même trajet. Pour atteindre **Arita** directement depuis Fukuoka : trains JR Nagasaki 長崎 et Sasebo 佐世保. La ligne locale Nishi Kyûshû 西九州 (compagnie Matsuura 松浦線) relie Imari à Arita (30 mn) et à Tabira Hirado guchi たびら平戸口 (1 h), d'où un bus rallie l'île de **Hirado** par pont suspendu. Pour enfin faire la jonction avec **Nagasaki**, ligne Matsuura 松浦線 de Hirado à Sasebo 佐世保 (1 h 30) puis ligne Ômura 大村 (2 h).

Le triangle des potiers★★

La route pour Nagasaki passe par les petites villes d'Imari et d'Arita, berceaux de la porcelaine japonaise.

■ **Karatsu★★** 唐津 *À 55 km S.-O. de Fukuoka* ❶ *dans la gare JR* ☎ *0955/72.4963 ; ouv. 9 h-18 h.* Le **château Karatsu-jô★★** 唐津城 *(Higashi-jonai* ☎ *0955/72.8171* • *à 20 mn à pied de la gare* • *ouv. t.l.j. 9 h-17)* fut bâti en 1608 en utilisant les ruines du château de Nagoya *(au N. de Karatsu)*. Ancien promontoire stratégique, il offre une **vue★★** panoramique sur Karatsu et ses plages. Un **musée** régional (armures, poteries…) est logé dans son donjon de 5 étages. Les céramiques de Karatsu sont

▲ Le château de Karatsu offre une visite particulièrement agréable lorsque les cerisiers du jardin sont en fleur.

réputées depuis plus de 400 ans chez les amateurs de cérémonie du thé. Les fours et **ateliers de potiers**** sont disposés dans le quartier d'Ochawan-gama *(à 10 mn à pied au S.-E. de la gare)*, parmi lesquels le **Nakazato Tarouemon**** 中里太郎右衛門 *(3-6-29, Machida ☎ 0955/28.0176 • ouv. t.l.j. 9 h-17 h 30 • entrée libre)* est tenu par l'une des plus anciennes dynasties de potiers de la région. On pourra voir et acheter toutes sortes de céramiques au **centre Arpino** アルピノセンター, à côté de la gare.

■ Yobukô*** 呼子港 *25 km N. de Karatsu*
Accessible en 40 mn par les bus Shôwa 昭和バス.
Ce port de pêche, le plus pittoresque de la **presqu'île Higashi-Matsuura***** 東松浦, est réputé pour ses fameux calamars que les pêcheurs font sécher sur des filins le long des quais. Attention, l'animal se déguste cru et encore vivant. La visite tôt le matin du **marché aux poissons***** 魚市場 (Sakana ichiba ; *ouv. t.l.j. 7 h 30-11 h*), tenu par des femmes, est indispensable : oursins, fruits de mer ou encornets pêchés pendant la nuit. Possibilités de croisières dans les environs.

■ Imari* 伊万里 *35 km S. de Karatsu*
ⓘ *à côté de la gare, sur Shinten-chô ☎ 0955/22.6820 ; ouv. 9 h-17 h.*
Imari devient une ville potière en 1675, lorsque le seigneur local fait construire des fours dans le village voisin d'**Ôkawachiyama**** 大川内山 *(au S. ; 20 mn en bus depuis Imari)*. Cette zone, nichée au creux d'une vallée encaissée, était étroitement surveillée afin que les techniques des céramistes restent secrètes. Les fours sont aujourd'hui ouverts au public le long de l'artère principale, d'où dépasse une cheminée de brique.

À Imari même, ne pas manquer les **ponts**** Aioi bashi 相生橋 ou Enmei bashi 延命橋, aux parapets décorés d'imposantes statues de porcelaine.

■ Arita** 有田 *15 km S. d'Imari*
ⓘ *dans la gare JR ☎ 0955/42.4052 ; ouv. 9 h-17 h.*
La ville doit son charme à ses ruelles encaissées, bordées de murs faits de briques récupérées sur des fours centenaires. On trouvera à **Akae machi**** 赤絵町

Les premiers potiers de la région furent kidnappés en Corée pendant une campagne militaire à la fin du XVIe s. L'un d'eux a même découvert, en 1615, un gisement de kaolinite (argile blanche) dans la région d'Imari, ouvrant la porte à la production d'une porcelaine raffinée, aux tons bleus, dont raffolaient les cours de France ou d'Allemagne.

(à l'E. de la gare ; bus depuis la gare, arrêt Arita Yûbinkyokumae 有田郵便局前*)* les fours et galeries les plus renommés, parmi lesquels **Imaemon Imaizumi**★★★ 今泉今右衛門 et **Shôbidô** 賞美堂. Tout dans ce quartier entretient d'étroits rapports avec la céramique, jusqu'au portail de porcelaine du sanctuaire Tôzan. Le **musée des Céramiques du Kyûshû**★ 九州陶磁文化館 (Kyûshû tôji bunkakan ; *3100-1, Toshaku otsu* ☎ *0955/43.3681* • *ouv. t.l.j. sf lun. 9 h-18 h* • *entrée libre*), au bas de l'artère qui part de la gare, raconte l'évolution des styles d'Arita et expose les deux prestigieuses collections de Kanbara et Shibata.

Hirado★★★ 平戸

Situation : 44 km N.-O. d'Imari, 130 km N.-O. de Nagasaki.

C'est un Japon hors des sentiers battus que l'on découvre à l'extrême O. du Kyûshû. L'île de Hirado, avec ses côtes découpées et battues par les vents, ses nombreuses églises, ressemble à une petite Bretagne nippone très accueillante.

■ Le château Hirado-jô★ 平戸城
1458, Iwanokami-chô ☎ *0950/22.2201* • *à 15 mn à pied de la gare* • *ouv. t.l.j. 8 h 30-17 h 30.*
Seuls la **porte d'entrée Kitakoguchi-mon** 北虎口門 et le petit **pavillon Tanuki yagura** 狸櫓, tous deux en bois, sont d'époque (début XVIIIe s.), le reste ayant été reconstruit dans les années 1960. Le donjon principal recèle quelques pièces intéressantes dans un musée, mais le principal intérêt de la visite est sa **vue**★★ imprenable sur les environs.

Redescendre vers le port et emprunter l'artère principale, derrière le quai.

■ Le chemin de garde★★
Les sites de Hirado sont presque tous regroupés derrière le port, le long de l'artère principale et d'un chemin de garde un peu escarpé. Ce dernier offre une **vue** d'ensemble sur le port et le château, et mène notamment au **Musée historique Matsuura**★★★ 松浦史料博物館 (Matsuura shiryô hakubutsukan ; *12, Kagamigawa-chô* ☎ *0950/22.2236* • *ouv. t.l.j. 8 h-17 h 30*). Ici sont conservées d'étonnantes traces de la présence hollandaise à Hirado : bouteilles, compas de navigation, livres d'histoire naturelle, remontant à l'époque où les Pays-Bas avaient installé un comptoir dans ce petit port avant d'en être chassés en 1641. On y verra aussi de magnifiques *kaiawase*, coquillages décorés au pinceau.

ℹ 1508-3, Iwanokami-chô
☎ 0950/22.4111.

Sur le rabat arrière de la couverture, un Tableau chronologique indique les périodes de l'histoire japonaise. En fin de volume, le Petit dictionnaire répertorie le vocabulaire spécifique.

À g. en sortant du musée, le chemin de garde passe par des **jardins** et aboutit au **front de mer**, où l'on trouve d'autres souvenirs de la présence hollandaise.

■ Le patrimoine chrétien

Une bonne partie de la population de Hirado est chrétienne depuis l'évangélisation du Kyûshû par François Xavier *(→ encadré p. 426)*. Dans la belle **église Saint-François-Xavier**★★ 聖フランシスコ・ザビエル記念聖堂 (Sei Furanshisuko Zabieru kinen seidô ; *emprunter les escaliers vers le temple Shôju-ji, l'église est à dr.*), impressionnant édifice vert pâle, les femmes se recueillent coiffées de crêpes en dentelle. Voyez aussi la **tombe de Matsuura Takanobu**★ 松浦隆信の墓 (Matsuura Takanobu no haka ; *voisine du temple*).

Au centre de l'île *(30 mn en bus ou taxi)*, le **Musée chrétien de Hirado**★★ 平戸市切支丹資料館 (Hirado kirishitan shiryôkan ☎ *0950/28.0176 • ouv. t.l.j. 9 h-17 h 30*) raconte l'époque du martyre et des Chrétiens cachés *(→ encadré)*, avec entre autres pièces un *nandogami* (dieu du placard), statue de la déesse Kannon adorée comme une Vierge chrétienne.

Les chrétiens nippons ont été persécutés, forcés à cacher ou à abjurer leur foi ; les récalcitrants ont été déportés dans d'autres régions du pays ou exécutés, par exemple précipités dans des sources volcaniques ; ancienne terre de supplices, l'îlot voisin **Ikitsuki**★★ 生月 *(relié par un pont • 1 h en bus)* est l'un des derniers lieux au Japon où l'on trouve encore des Chrétiens cachés. Son **musée municipal**★★ 生月町博物館 (Ikitsuki-chô hakubutsukan ; *à g. après le pont suspendu* ☎ *0950/53.3000 • ouv. t.l.j. 8 h-17 h*) est partagé entre la tradition régionale de pêche baleinière et de très rares reliques (images pieuses, objets votifs) rescapées des destructions et amassées par son directeur chez les familles des environs.

Les Chrétiens cachés

En 1865, alors que le christianisme retrouve droit de cité au Japon (il sera autorisé en 1873), le missionnaire français Bernard Petitjean s'installe à Nagasaki et a la surprise de découvrir des chrétiens japonais. Malgré les persécutions et les massacres subis depuis le début du XVIIe s. *(→ encadrés p. 85 et 454)*, certains ont en effet conservé en secret le culte du Christ, transmis par voie orale et mué en un syncrétisme unique, mélange de christianisme primitif et d'éléments shintoïstes. Leurs chants liturgiques *(orassho)* mêlent ainsi des mots japonais, portugais et latins. La moitié de ces 60 000 cryptochrétiens va rejoindre l'Église catholique, mais les autres préfèrent conserver leurs croyances et leurs traditions. Aujourd'hui, on trouve les derniers Chrétiens cachés *(kakure Kirishitan)* dans la région de Sotome (au N. de Nagasaki) et les îles de Hirado, Ikitsuki et Gotô (au large de Nagasaki). Ils ne seraient guère plus d'un millier, et leur religion se meurt lentement : faute de nouveaux fidèles, les Chrétiens cachés n'existeront probablement plus d'ici à 2030.

▲ Peinture chrétienne conservée au musée de Hirado : sous l'œil vigilant de Dieu le Père, l'ange (à gauche) annonce à la Vierge Marie qu'elle est enceinte de Jésus (déjà visible contre son sein).

Kagoshima★★ 鹿児島

Situation : à 126 km S.-O. de Miyazaki, 197 km S. de Kumamoto, 315 km S. de Fukuoka.

604 000 hab. ; préfecture de Kagoshima.

🛈 dans les deux gares (A3 ; C1) et au centre-ville : bâtiment *I'm Building* (B2 ; r.-d.-c. et 11ᵉ ét.), Izuro dôri, arrêt Tenmon-kan 天文館.

☞ **POSTE ET DAB**
Poste centrale (24 h/24) à côté de la gare Kagoshima Chûô (A3) ; autre bureau sur Asahi dôri (B2), à côté du parc Chûô.

À ne pas manquer	
Le Sengan-en★★★	569
Le volcan Sakurajima★★★	572
Le musée des kamikazes★★★ de Chiran (Environs)	574
Les cèdres millénaires de Yaku shima★★★ (Environs)	574
Les sables chauds★★ d'Ibusuki (Environs)	573

Voir carte régionale p. 548

Un ciel bleu, du soleil, des palmiers : bienvenue dans le Sud ! Kagoshima, la grande ville la plus méridionale du Japon (excepté Okinawa), est même surnommée la « Naples de l'Orient » et jumelée à Miami. Ici le rythme se ralentit, la décontraction est de mise, et ne vous étonnez pas qu'on vous aborde d'une tape sur l'épaule ! Kagoshima tire de son histoire mouvementée et de sa forte identité culturelle des sites touristiques, un artisanat et des spécialités culinaires renommés dans tout le Japon. Pour complément de séjour, visitez la péninsule de Satsuma ou naviguez jusqu'à l'île subtropicale de Yaku shima.

Kagoshima mode d'emploi

Accès : train JR Kagoshima 鹿児島 depuis le N. (2 h 10 de Fukuoka, 1 h de Kumamoto), ligne JR Nippô 日豊線 depuis Miyazaki (2 h 15) • liaisons par **avion** avec Tôkyô, Ôsaka, Sapporo (aéroport à 1 h de la gare Chûô en limousine-bus).

Combien de temps : 1 j. suffit pour visiter la ville et faire une balade autour du terrible volcan Sakurajima.

S'orienter, se déplacer : le centre-ville se trouve entre les deux **gares** : Kagoshima Chûô 鹿児島中央 **A3**, au S., et Kagoshima Station 鹿児島 **C1**, au N., reliées par l'avenue Izuro dôri いづろ通り. Commerces, animations et restaurants sont nombreux entre l'Asahi dôri あさひ通り et la galerie commerçante **Tenmon-kan** 天文館 **B2**. Deux lignes de **tramway** vous conduisent presque partout en ville ; les **bus** City View font le tour des principaux sites de la ville (départ gare Chûô 中央), et le One-Day Ticket permet de prendre tous les transports pendant 1 journée.

Fêtes et manifestations : fin août, festival nocturne de **feux d'artifice**, le plus important du Kyûshû (13 000 feux tirés depuis la baie de Kinkô).

Kagoshima dans l'histoire

Première ville japonaise à avoir accueilli le missionnaire François Xavier (→ encadré p. 426), le 15 août 1549, c'est au XIXe s. que son histoire s'accélère, prise révolution industrielle et révolution politique. Le Shûseikan, première usine de style occidental au Japon, y est bâtie en 1852. Son créateur, Shimazu Nariakira, à la tête du clan le plus puissant du Kyûshû (il régna sur Kagoshima de la fin du XIIe s. jusqu'à l'ère Meiji), en fera un complexe d'un genre nouveau, s'inspirant de techniques de production révolutionnaires et employant 1 200 personnes au plus fort de son activité. Les manufactures bordaient alors la baie de Kinkô, produisant des épées, des pièces de canons, de la verrerie, sans compter la construction navale et les recherches sur les moteurs à vapeur.

Mais Kagoshima est vite secouée par les événements de l'ère Meiji : ses dirigeants, dont Saigô Takamori (→ encadré p. 174), soutiennent d'abord le camp impérial avant de se soulever contre l'abolition de la classe guerrière. La révolte de Satsuma est un combat désespéré pour préserver ceux dont elle marque la fin : les samouraïs. Elle s'achève dans le sang en 1877, sur la colline de Shiroyama, où Takamori se suicide. Kagoshima en garde une immense fierté et un côté rebelle.

Visiter Kagoshima

■ Autour du parc Shiroyama★★ B1

Descendre à Tenmon-kan 天文館, *prendre Tenmonkan dôri, longer le parc Chûo et continuer tout droit ; Shiroyama est derrière le sanctuaire Terukuni* 照国神社.
C'est le quartier des musées, des vestiges historiques ainsi que le poumon de la ville. Le **parc Shiroyama**★★ 城山展望台 B1 (Shiroyama tenbôdai) offre le point de vue le plus intéressant sur Kagoshima et ses environs grâce à son observatoire à 120 m d'altitude. En redescendant l'avenue Nakanohira dôri 中之野平通り, le N.-E. du parc est flanqué des ruines de l'ancien **château Tsurumaru-jô** 鶴丸城 B1, construit en 1602 et détruit lors de la révolte de 1877. On y trouve aujourd'hui un **Musée régional historique et folklorique** (Reimei-kan 黎明館 ; *7-2, Shiroyama-chô* ☎ *099/222.5100* • *ouv. t.l.j. sf lun. 9 h-17 h ; f. le 25 de chaque mois*).

■ Dolphin Port ドルフィンポート (Dorufin pôto) C2

Rebaptisé ainsi depuis sa rénovation, le front de mer est l'endroit idéal pour une promenade apaisante après un repas dans l'un des nombreux restaurants du coin. Une île artificielle accueille l'**aquarium**★ 鹿児島水族館 D1 (Kagoshima suizoku-kan ; *3-1, Hon Minato Shin machi* ☎ *099/226.2233* • *ouv. t.l.j. 9 h 30-18 h*) qui, en plus de ses poissons des mers du Sud, crabes géants et dauphins, détient le record du plus grand bassin aquatique au monde.

Les **plages** à proximité du front de mer ne sont pas indiquées pour la baignade ; les habitants de Kagoshima se retrouvent généralement sur la plage d'**Iso** h. pl. par D1, sur le littoral N., sur la route du Sengan-en.

■ Le Sengan-en★★★ 仙巌園 *à 4 km N.-E. de Kagoshima*

Accès en bus City View ou Hayashida Bus 林田バス *depuis Kagoshima Chûô* 鹿児島中央 *(compter 25 mn)* ☎ *099/247.1551* • *vis. t.l.j. 8 h 30-17 h 30* • *billet combiné jardin et musée* • *compter au moins 2 h.*

Entre la baie de Kinkô, derrière laquelle se dresse le majestueux Sakurajima, et les collines de Iso yama, le site condense l'histoire et les charmes de

570 • Le Kyûshû

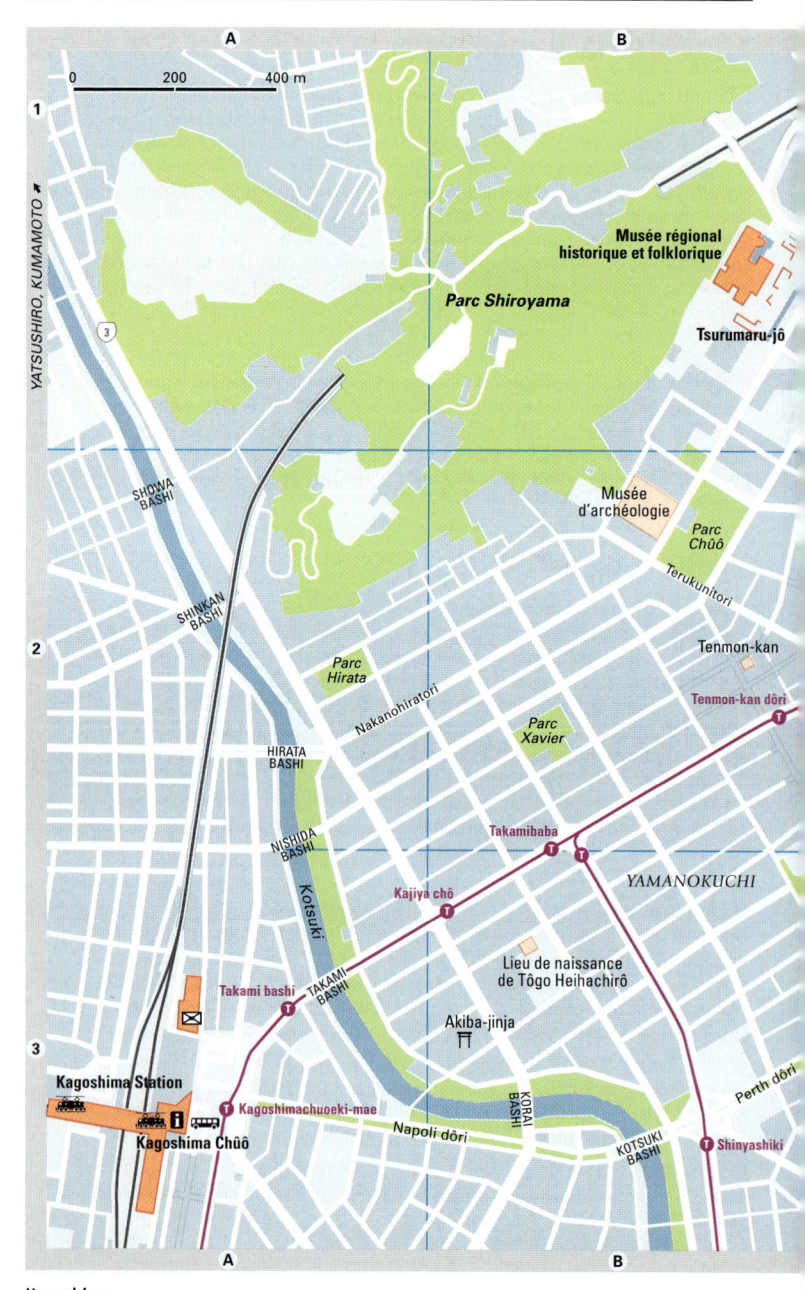

Kagoshima.

Kagoshima • Plan • 571

Parc Nanshu ↑   **C**   *Plage Iso,* **Jardin Iso** ⑩ ↗ **Musée Shôko Shûseikan**   **D**

N

Kagoshima
- Kagoshimaeki-mae
- Sakurajimasanbashi dôri
- Suizokukanguchi
- Shiyakushio-mae

Musée Yozan
- Asahi dôri

Terminal du Sakurajima Ferry

Aquarium

NHK

Dolphin Port

- Izuro dôri
- Miami dôri
- Izuro dôri

Mitsukoshi

TENMON-KAN

Higashi Hongan-ji

Parc Tenmonkan

Matsubara-jinja

Baie de Kinkô

→ Sakurajima, Observatoires Arimura et Yunohira, Furusato

Aira   ⑩   Kirishima

Musée Shôko Shûseikan

Jardin Iso

Baie de Kinkô

③   **Sakurajima**   ㉒⓪
- Observatoire Yunohira
- Observatoire Arimura

Kagoshima   ㉔

Furusato

Tarumizu

Baie de Kinkô

㉖   ㉒⓪

10 km

C   ↓ Préfecture   **D**

Kagoshima

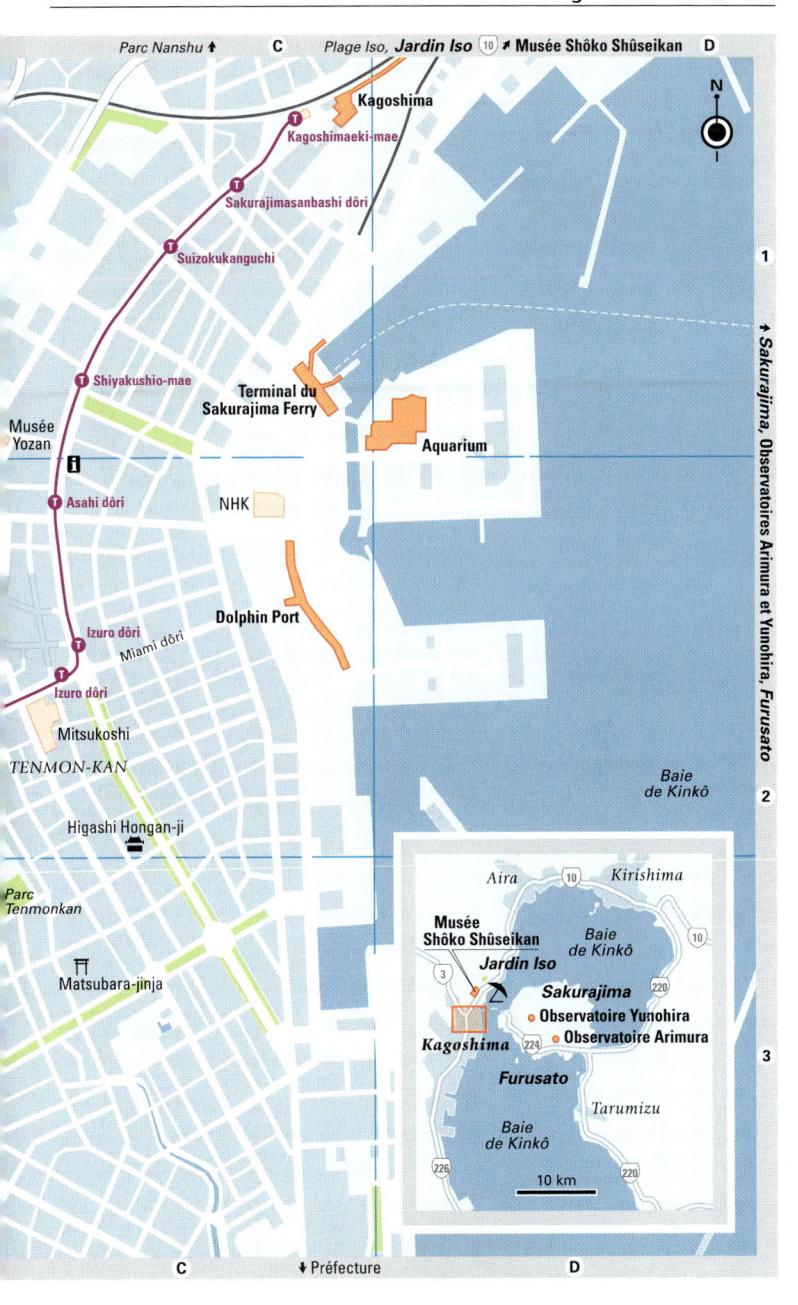

BON À SAVOIR

Kagoshima faisant partie de l'ancienne région féodale de Satsuma, ne vous étonnez pas de retrouver ce nom un peu partout : pour désigner la cuisine locale *Satsuma ryôri*, la spécialité au poisson *Satsuma age*, les poteries *Satsuma yaki*, le cristal *Satsuma kiriko*…

♥ RESTAURANT

Karen 華蓮 :
3-12, Yamanokuchi-chô (B3)
☎ 099/725.1905 ; ouv. t.l.j. 11 h 30-14 h et 17 h 30-23 h. L'une des meilleures adresses pour déguster du porc noir *kurobuta* et du bœuf noir *kuro'ushi* en pot-au-feu, *sukiyaki* (fines tranches) ou steak. Prix raisonnables le midi. Ne pas manquer les peintures réalisées par le cinéaste Kurosawa Akira à l'entrée.

Le Sakurajima est célèbre pour les poteries réalisées à partir de cendres du volcan, sa production d'énormes radis blancs (*Sakurajima-daikon*, 40 kg en moyenne) et de mandarines, les plus petites du monde, mais aussi les plus chères.

♥ ONSEN

Furusato Kankô Hotel 古里観光ホテル ☎ 099/211.3111 ; accès gratuit par navette depuis le terminal du ferry ; f. lun. mat. et jeu. après-midi. Cet *onsen* exceptionnel, situé au bord de la mer, est aussi un sanctuaire connu comme le « spa de Bouddha ». Le bain dans ce lieu sacré et mixte, vêtu d'un *yukata* (kimono léger), sous un imposant camphrier, est une expérience unique.

Kagoshima : aménagé en 1658, il comprend un superbe jardin, la résidence des seigneurs Shimazu, et un musée.

Anciennement appelé Isotei-en 磯庭園, le **jardin**★★★ offre l'un des plus beaux points de **vue**★★ sur le Sakurajima. Le volcan, la baie et les collines alentour sont en fait intégrés à la scénographie du lieu selon l'esthétique des « paysages empruntés » *(shakkei zukuri)*, destinée à donner l'impression d'un jardin aux dimensions infinies, dédié à la contemplation. Bassins, rochers et végétation sont aménagés avec le plus grand raffinement. La lanterne de pierre en forme de crâne, au bas de la **résidence Iso**, fut la première du Japon alimentée au gaz, et dans le jardin, préservé dans son état d'origine, les seigneurs Shimazu s'adonnaient à la déclamation de poésies.

Le **musée Shôko Shûsei-kan**★ 尚古集成館 expose des pièces liées à l'histoire des Shimazu et à la révolution industrielle (matériel militaire, poteries…). Il est installé dans l'ancienne usine du même nom, détruite par des bombardements anglais en 1863 en représailles de l'attaque d'un groupe d'étrangers par des samouraïs (incident de Namamugi). Derrière se trouvent le sanctuaire familial Tsurugane et deux ateliers d'artisanat local (cristal taillé et poteries de Satsuma).

■ Le volcan Sakurajima★★★ 桜島
à 4 km E. de Kagoshima

Accès par le Sakurajima Ferry (15 mn de trajet, départ toutes les 15 mn) ; terminal à quelques minutes de la gare Kagoshima Station 鹿児島 *: au N. du Dolphin Port, à g. du bâtiment de la NHK • sur l'île, circuit en bus 2 fois/j. (à 9 h 30 et 13 h 30), billets en vente dans le terminal de l'île • location de vélos en face, mais attention, route escarpée.*

En arrivant, le **centre d'accueil de Sakurajima**★ 桜島ビジターセンター (Sakurajima bijitâ sentâ ☎ *099/293.2443 • vis. t.l.j. sf lun. 9 h-17 h • entrée libre*) donne des précisions historiques, physiques et sociales sur le volcan et son environnement. Promenade agréable et joli panorama en empruntant, sur la g. du centre d'accueil, un chemin pavé de pierres volcaniques. Le plus beau panorama sur les cratères, Kagoshima et la baie de Kinkô, est visible depuis l'**observatoire Yunohira**★★ 湯之平展望台 (Yu no hira tenbôdai ; alt. 373 m). Celui d'**Arimura** 有村展望所 (Arimura tenbôjo), de l'autre côté du volcan, surplombe la célèbre coulée de lave de 1914 *(→ encadré)*. Une promenade *(1 km)* en part vers les champs de lave, mais l'ascension du volcan reste interdite.

◀ 52 km de circonférence, 80 km² de surface et trois sommets : impossible de manquer le Sakurajima, qui symbolise Kagoshima autant que le mont Fuji incarne le Japon.

Environs de Kagoshima

1 La péninsule de Satsuma*** 薩摩半島 (Satsuma hantô) *au S. de Kagoshima*

Elle doit sa renommée à la station thermale d'Ibusuki ; son climat très doux et ses paysages champêtres en font un havre de paix à moins d'une heure de Kagoshima. Si la côte O. recèle de charmants ports de pêche comme Makurazaki ou Bônotsu, la côte E. mérite à elle seule d'y passer une journée.

• **Ibusuki**** 指宿 *(50 km S. de Kagoshima ; accès en train JR Ibusuki-Makurazaki いぶすき・まくらざき ; en bus circuit Ibusuki-Chiran depuis la gare Kagoshima Chûô 鹿児島中央* • *superbe trajet en hydroglisseur Toppy トッピー depuis Kagoshima ❶ dans la gare ; ouv. t.l.j. 9 h-18 h.).* Aussi célèbre que la fourmillante Beppu, la petite ville d'Ibusuki est très fière de ses **sables chauds**** *(suna mushi, « bain de vapeurs de sable »)* uniques au monde. Les 10 km de côte qui la longent (côte de Sugira hama) sont bordés d'établissements, et l'expérience du bain dans un sable noir et chaud (plus de 50 °C) attire des touristes toute l'année *(→ encadré p. suiv).* Le reste de la ville offre peu de sites et aurait bien besoin d'un coup de peinture.

• À 10 km O. d'Ibusuki, le **lac volcanique Ikedako**** 池田湖 est idéal pour une pause au bord du plus vaste plan d'eau du Kyûshû (19 km de circonférence), accessoirement connu pour ses anguilles de plus de 2 m de long. À l'arrière-plan trône le **volcan Kaimon dake** 開聞岳.

• **Chiran***** 知覧 *(34 km S. de Kagoshima ; accès en bus : circuit Ibusuki-Chiran depuis Kagoshima Chûô 鹿児島中央).* Entre Kagoshima et Ibusuki, cette charmante bourgade était à l'époque Edo la base

Quand le Sakurajima se réveille

Son sommeil durait depuis un siècle lorsque le Sakurajima se réveille, le 11 janvier 1914. Panache de cendres volcaniques, nuées ardentes, l'éruption est très violente et les coulées de lave engloutissent de petites îles voisines et des villages. La lave rebouche même le détroit (400 m de large pour 70 m de profondeur) qui séparait, à l'est, l'île volcanique de la péninsule voisine d'Osumi, faisant du Sakurajima une presqu'île ! Même s'il n'a pas connu d'explosion importante depuis cette année-là, le Sakurajima demeure l'un des volcans les plus actifs du monde avec plus de 30 éruptions majeures recensées ; à ce titre, il est l'un des volcans les plus surveillés et les mieux étudiés. Son dernier cratère en activité, le Minami dake, crache toujours cendres et fumées et connaît plusieurs centaines de petites explosions par an.

♥ **RESTAURANT À IBUSUKI**
Salut : 1-7-13, Yunohama, dans une petite rue au début de la galerie commerciale ☎ 0993/22.5828 ; ouv. t.l.j. 12 h-14 h et 18 h 30-21 h. Plats délicieux, déco très soignée, on y parle un peu français.

La mère des kamikazes

Torihama Tome tenait un petit restaurant à Chiran, le *Tomiya*, lorsque l'armée ouvrit juste à côté sa base d'attaque. Elle vit défiler nombre de jeunes soldats avant leur dernier vol, préparant leurs plats préférés, recueillant leurs confidences, postant leurs lettres d'adieux et donnant l'ultime accolade. Torihama Tome est depuis connue à travers tout le Japon comme « la mère des kamikazes ». Après sa mort, en 1992, une réplique de son restaurant a été bâtie à côté du musée de Chiran.

♥ RESTAURANT À CHIRAN
Taki-an 高城案 : au bout de la rue des maisons de samouraïs ☎ 0993/83.3186 ; ouv. t.l.j. 10 h 30-16 h 30. Dégustation inoubliable, sur tatamis, d'un repas traditionnel.

Jusqu'au cou

En bord de mer, quelques têtes ceintes d'un drap blanc dépassent du sable noir. Des employés armés de pelles ensevelissent des corps et la sérénité se lit sur les visages : bienvenue aux bains de sable chaud d'Ibusuki, visités depuis 300 ans par des Japonais qui adorent cela. Les bienfaits sont nombreux sur la circulation du sang, le cœur, les difficultés respiratoires et les problèmes d'articulations. C'est une eau souterraine de 60 à 85 °C qui réchauffe ce sable volcanique. Attention, l'expérience est déconseillée dans certains cas (problèmes cardiaques, femmes enceintes…).

Ibusuki Sunamushi onsen 指宿砂むし温泉 : 5-25-18, *Yunohama* ☎ 0993/23.3900 • *ouv. t.l.j. 8 h 30-20 h 30.*

arrière des hommes de guerre du clan Shimazu. Réparties le long d'une rue, d'anciennes **maisons de samouraïs**★★ *(buke yashiki)* en parfait état sont ouvertes à la visite pour sept d'entre elles *(t.l.j. 9 h-17 h • entrée payante, prendre les billets à un guichet au début de la rue)*, avec pour principal intérêt leurs **jardins**★★ : certains reproduisant des scènes de la peinture chinoise, d'autres intégrant le paysage dans la composition esthétique (jardins Hirayama). On y notera les influences de la culture d'Okinawa par exemple dans le *sekkanto*, monuments de pierre censés éloigner les mauvais esprits.

Chiran est aussi un haut lieu de la mémoire des kamikazes : la ville a accueilli une école de pilotes en 1942 avant de devenir une base spéciale d'attaque en 1945. Plus d'un millier ont ainsi décollé de Chiran durant la bataille d'Okinawa *(→ encadré)*. Leur mémoire est célébrée dans le **musée de la Paix des kamikazes**★★★ 特攻平和会館 (Tokkô heiwa kaikan ☎ *0993/83.2525 • ouv. t.l.j. 9 h-17 h)*, où les Japonais viennent comme en pèlerinage, souvent bouleversés par l'émotion et les traces qu'a laissées cette génération sacrifiée : exemplaires (intacts) d'avions Mitsubishi Zero, centaines de photos d'aviateurs, effets personnels, lettres d'adieux laissés aux vivants… Cette visite poignante contribue à faire comprendre que les kamikazes qui effectuaient des missions suicides à la fin de la Seconde Guerre mondiale étaient assurément plus des « malgré-nous » que des militaires fanatisés.

2 L'île Yaku shima★★★ 屋久島
à 60 km S. de Kagoshima, au large
Desserte par avion, ferry ou hydroglisseur depuis Kagoshima • tous arrivent au port principal de Miyano'ura, où se trouvent un bureau d'information (dans le terminal des ferries ; ouv. 8 h 30-17 h) et le Centre environnemental et culturel (ouv. 9 h-17 h ; entrée payante).

Au cœur de l'archipel de Satsunan, Yaku shima dispose d'un environnement naturel exceptionnel qui lui vaut d'être classée au patrimoine mondial de l'Unesco. Sa végétation luxuriante, son mont Miyano'ura (1 935 m, le plus haut du Kyûshû), ses cèdres millénaires en font une destination prisée des marcheurs. Symbole de l'île : un immense cèdre de 30 m de haut, dont le tronc mesure à son pied 43 m de tour, vieux de 7 200 ans, surnommé « **le cèdre de Jômon** » 縄文杉 (Jômon sugi ; *2 sentiers d'accès : Kusugawa, au S.-E. de Miyano'ura, et Arakawa, depuis le port d'Anbô ; prévoir 8 à 10 h de marche aller-retour).*

Kumamoto★★ 熊本 et le mont Aso★★★ 阿蘇山 (Aso-san)

En descendant vers Kagoshima ou en suivant une diagonale de Nagasaki à Beppu, la région d'Aso impose une étape culturelle et volcanique. Très bien desservie, sa capitale Kumamoto est une grande ville (la seconde de l'île) branchée et dynamique, dont l'imposant château vaut comme symbole régional. Mais les sommets volcaniques du mont Aso sont plus célèbres encore : à l'est de Kumamoto, cette immense dépression offre bien plus qu'une vue de carte postale. Paysages superbement marqués par la succession des saisons, sources chaudes, coutumes et folklores locaux… Aso est sans doute l'un des plus beaux volcans du Japon, le grand Kurosawa Akira y tourna même certains de ses films.

Situation : Kumamoto, à 190 km S. de Fukuoka, 215 km E. de Nagasaki (77 km à vol d'oiseau). Aso, à 50 km E. de Kumamoto.

Kumamoto : 680 000 hab. ; préfecture de Kumamoto.

ℹ dans la gare JR
☎ 096/352.3743 ; ouv. t.l.j. 8 h 30-19 h. Un autre OT se trouve dans l'aéroport.

✉ **POSTE ET DAB**
À côté de la gare, et 2-1-1, Shin machi (tramway Senba bashi 船場橋).

Kumamoto mode d'emploi

Accès : trains JR Ariake 有明 ou Tsubame ツバメ depuis Fukuoka (1 h 20) ; Kyûshû Ôdan Express 九州横断特急 (Kyûshû ôdan tokkyû) depuis Beppu (2 h 50) • liaisons par **bus** avec Fukuoka, Nagasaki ou Beppu (gare routière Kôtsu Center 交通センター, au S. du château, tramway Karashimachô 辛島町) • **ferries** depuis Shimabara • lignes directes en **avion** depuis Tôkyô ou Ôsaka (1 h de la gare par la navette).

Combien de temps : 1 journée.

S'orienter, se déplacer : le centre-ville est blotti entre le pied du château et la rivière Shira kawa, autour des galeries couvertes Shimotori et Kamitori. Pour aller au-delà, utiliser les deux lignes de tramways : la n° 2 part de la gare, passe par le centre et le château pour atteindre le Suizen-ji. Un *pass* quotidien est vendu dans les trams. Le Kumamoto Castle Loop Bus part de la gare routière et fait le tour des sites touristiques (toutes les 30 mn de 8 h 30 à 17 h). ▶▶▶

À ne pas manquer	
Le mont Aso★★★	580
Le château de Kumamoto★★	578
La demeure Gyôbu-tei★★	579

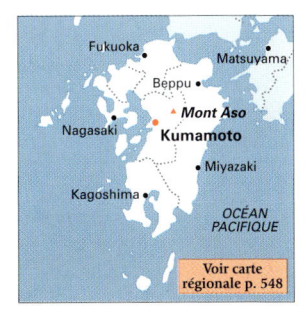

Voir carte régionale p. 548

THÉMA

Une terre volcanique

Il n'est pas anodin que le Japon ait pour symbole un volcan – le cône parfait du mont Fuji. Cette terre de feu en abrite en effet une impressionnante quantité, dont certains sont encore très actifs. Éparpillés sur le territoire, les volcans (*kazan*, soit « montagne de feu ») façonnent de nombreuses manières la vie des Japonais… et les séjours des touristes.

▲ Zone volcanique d'Ebino kôgen, à Miyazaki (Kyûshû).

■ Une terre de feu
Situé sur le cercle de feu (guirlande volcanique qui s'étire dans le Pacifique et regroupe 90 % des volcans actifs du monde), l'archipel se trouve dans une zone marquée par la rencontre, il y a plusieurs millions d'années, entre la plaque asiatique et ses voisines pacifique et philippine. Conséquence : une intense activité et quelque 260 volcans recensés, dont une grosse centaine restent actifs (10 % du total mondial), répartis dans quatre zones. L'île de Kyûshû, au sud de l'archipel, apparaît comme leur terre d'élection (Sakurajima, Unzen, Aso, Kirishima…), mais ils sont légion en remontant vers le nord, dans la région de la fosse Magna (entre Toyama et la péninsule d'Izu) et le Tôhoku (Bandai, Zao, Iwate). Aux confins nord du pays, Hokkaidô n'est pas en reste avec les sommets du Daisetsu-zan, d'Akan, et les îles volcaniques de Rishiri et Rebun.

■ Vivre avec le danger
Habiter une terre parsemée de volcans n'est pas sans risques, et la menace volcanique s'est parfois tristement rappelée au souvenir des Japonais. Le complexe du **mont Unzen** (à l'est de Nagasaki) est ainsi à l'origine de la plus grande catastrophe volcanique de l'histoire du pays : en 1792, en se démantelant, l'un de ses dômes de lave libère une immense quantité de boue sur la ville voisine de Shimabara et dans la mer, générant un tsunami qui tuera plus de 14 500 personnes. Unzen se réveillera en 1991 pour libérer plusieurs nuées ardentes ; 12 000 personnes seront évacuées mais les deux volcanologues français Katia et Maurice Krafft trouveront la mort. Parmi les autres volcans à la réputation sulfureuse, on trouve aussi l'Asama yama (1 500 morts en 1783 – sa dernière éruption date de 2009), le Sakurajima

▲ Mare bouillonnante.

(où le risque humain est l'un des plus élevés du pays), ou le mont Oyama (sur l'île Miyake jima, presque désertée par ses habitants suite à son activité continue).

Dangereux, les volcans actifs du Japon sont aussi parmi les mieux étudiés de la planète. Sismographes et caméras permettent une surveillance constante, et l'on ne s'étonnera pas de trouver certains volcans fermés au public (l'ascension du Sakurajima est interdite et le site d'Aso régulièrement fermé). Attention, même en l'absence de danger manifeste, toute visite sur un volcan doit s'accompagner des précautions d'usage, en particulier contre les intoxications aux gaz. Pourtant, entre fumerolles et solfatares (bouches de soufre), geysers et mares bouillonnantes, lacs volcaniques et époustouflants paysages lunaires (Aso, Noboribetsu, Iô-zan…), les visites de sites volcaniques au Japon sont souvent d'inoubliables moments.

■ **Des volcans et des hommes**

À défaut de le dompter, les Japonais ont appris à vivre avec leur entourage volcanique, voire à en tirer parti. C'est le cas dans les activités agricoles, qui profitent souvent de la fertilité de terres riches en silicium, grâce auxquelles la région du Sakurajima donne les plus gros radis chinois du monde. En outre, qui dit volcan dit source chaude : les meilleurs *onsen* du pays (→ *théma p. 418-419*) ont été aménagés dans ses régions volcaniques. Ainsi les sables d'Ibusuki chauffés par le mont Kaimon dake, le Tsurumi et les 3 000 sources de Beppu, celles des Alpes japonaises à proximité de Nagano ou encore le village Shuzenji, sur la péninsule d'Izu.

Surtout, les caprices et colères de ces « montagnes de feu » ont structuré la vie spirituelle des Japonais, que leur animisme (shintoïsme) a souvent érigées au rang de divinités ou du moins de montagnes vénérées. Le plus célèbre exemple est celui du **mont Fuji**, considéré comme la montagne la plus sacrée du pays depuis le VIIe s. Plusieurs sanctuaires et confréries y sont établis, et son ascension était interdite aux femmes jusqu'en 1872. Au sud du Japon dans la région du Kirishima, le Takachihô no mine est, selon la légende, l'endroit où est arrivé le dieu Ninigi no Mikoto, descendant de la déesse du Soleil et ancêtre de tous les empereurs du Japon. Le peuple aïnou (→ *théma p. 500-501*) vénérait lui aussi certains volcans de Hokkaidô comme les sommets d'Akan.

▲ Lac du cratère d'Okama sur le mont Zao (Tôhoku).

◀ Vendeur de soufre au pied du mont Naka dake (Kyûshû).

▶▶▶ **Fêtes et manifestations :** le 3e lun. de sept., **Boshita matsuri** : festival traditionnel avec procession, parade en tenues médiévales, chevaux… entre le sanctuaire Fujisaki Hachiman-gû (à l'E. du château) et le château.

Les romanciers Natsume Sôseki (→ encadré p. 193) et Lafcadio Hearn (→ encadré p. 443) ont tous deux vécu à Kumamoto. Leurs demeures se visitent :
• mémorial Sôseki, à 15 mn N. du Centre artisanal traditionnel (4-22, Tsubo machi ; ouv. 9 h-16 h 30 sf lun.). • maison de Lafcadio Hearn, en bordure de l'arcade Shimotori, derrière le magasin *Tsuruya* (2-6, Ansei machi ; ouv. 9 h-16 h 30 sf lun.).

Visiter Kumamoto

■ **Le château Kumamoto-jô**** 熊本城
1 km N.-E. de la gare ; accès en tramway, arrêt Shiyakusho mae 市役所前 ☎ 096/352.5900 • *vis. t.l.j. 8 h 30-18 h, jusqu'à 17 h de nov. à mars ; vis. guidée gratuite en anglais 1 fois/j. • possibilité de billet combiné avec le Gyôbu-tei (→ ci-après) • compter au moins 2 h.*

C'est l'un des trois châteaux les plus célèbres du Japon, avec ses larges fortifications et son parc *(accès libre)*, exquis à la saison des cerisiers. Érigé au début du XVIIe s. par Katô Kiyomasa (célèbre chef de guerre, architecte militaire et général de l'armée lors des campagnes de Corée), il fut réduit en cendres en 1877 après un siège de 53 jours mené par Saigô Takamori lors de la révolte de Satsuma (→ *p. 569 et encadré p. 174*). Seule la **Uto yagura**** 宇土櫓 *(angle S.-O. de l'enceinte principale)* est d'époque, superbe tour de camphre, chêne et pin destinée à repousser les envahisseurs. Le **donjon principal**** 天守閣 (Tenshu kaku), qui domine la ville, abrite un musée sur plusieurs étages exposant l'histoire du château (voir l'impressionnante **maquette** en bois au 2e ét.) et des objets de la vie quotidienne et guerrière de la classe des samouraïs : palanquin, armures, obus… Ne manquez pas de jeter un œil au **Sukiyamaru*** 数寄屋丸 *(à dr. de l'entrée)*, qui accueille des expositions temporaires (art floral, photo…).

♥ **HÉBERGEMENT**
Minshuku Higoji 民宿ひごじ : 39-31, Kasuga, sur la colline derrière la gare ☎ 096/352.7860.
Un peu loin du centre, sur une colline derrière la gare, ce *minshuku* propose une véritable ambiance « chez l'habitant ». Excellent rapport qualité-prix et extrême gentillesse de l'hôte, Baba-san, qui vient vous chercher à la gare et prodigue toutes sortes de conseils sur la région.

♥ **RESTAURANT**
Suganoya 菅野屋 : 2-12, Jôtô machi, à proximité du château, au 2e étage du Lion Parking Bldg ☎ 096/355.3558.
L'une des meilleures adresses de *basashi ryôri* (→ *p. suiv.*).

▶ **Le Centre artisanal traditionnel*** 県伝統工芸館 (Ken dentô kôgei-kan ; *2, Ninomaru ; sortir du château au N.-E. par la porte Akazu no mon* 不開門 ☎ 096/352.2111 • *ouv. t.l.j. sf lun. 9 h 30-16 h 30*) expose et vend les œuvres d'artisans de Higo (ancien nom du domaine de Kumamoto) : toupies, coutellerie, vannerie, céramiques… et un papier traditionnel fabriqué à l'usage exclusif des seigneurs Hosokawa, qui contrôlaient la région à l'époque médiévale. ◀

◀ Le château de Kumamoto était réputé imprenable grâce aux *musha-gaeshi*, ces larges murs d'enceinte concaves et dotés de meurtrières.

Traverser les jardins du château vers le N.-O. en direction du sanctuaire Gokoku et dépasser le musée préfectoral d'Art.

■ **La demeure Kyû Hosokawa Gyôbu-tei**★★ 旧細川刑部邸
3-1, Furukyo machi ; tramway arrêt Sugidomo 杉塘 • *mêmes conditions de vis. que le château* ☎ 096/352.6522.
Cette ancienne résidence de l'un des membres du clan Hosokawa, Gyôbu, fut construite en 1678 dans l'actuel quartier de Higashikokai machi, avant d'être déplacée en 1873 près du château, où elle a connu des travaux. Néanmoins, le Gyôbu-tei reste un remarquable exemple d'habitat du gratin de la classe des samouraïs, d'où émane un charme hors du temps, dans la succession de pièces éclairées à la lanterne et décorées d'objets du clan (toiles, rideaux *noren*, peignes laqués, paravent calligraphié), entre lesquelles sont coincés de petits jardins de mousses et de fougères. Les cloisons coulissantes (*shôji*) s'ouvrent sur l'*engawa*, une promenade de bois typique de l'architecture japonaise traditionnelle.

▶ Au bas de la route qui mène à la résidence, le **stade de base-ball Fujisakidai** 県営藤崎台球場 (Ken'ei Fujisakidai kyûjô) se prête à une pause originale : avaler un plateau-repas dans l'ambiance animée d'un match de lycéens et observer la ferveur des supporters (→ encadré). ◀

Prendre le tramway à Sugidomo 杉塘 *ou Dan'yama machi* 段山町.

■ **Le jardin Suizen-ji Jôju-en**★★ 水前寺成趣園
1 km S.-E. du centre • *accès en tramway, arrêt Suizenji kôen* 水前寺公園 • *vis. : t.l.j. 7 h 30-17 h, jusqu'à 18 h de mars à nov.* ☎ 096/383.0074 • *entrée payante.*
Si le temple qu'il accueillait est aujourd'hui détruit, le parc (commencé en 1632, terminé après 80 années et 3 générations de seigneurs Hosokawa) demeure un écrin naturel de 65 ha au design impressionnant : il reproduit à échelle réduite les 53 étapes de l'ancienne route du Tôkaidô (→ *théma p. 90-91*), dont le mont Fuji ou le lac Biwa. Construit pour accueillir le pavillon de thé du clan Hosokawa, le jardin a conservé la jolie **maison de thé Kokindenju no ma**★★ 古今伝授の間, vieille de 400 ans (importée du Palais impérial de Kyôto en 1912) et son style Momoyama.

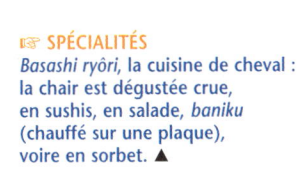

☞ **SPÉCIALITÉS**
Basashi ryôri, la cuisine de cheval : la chair est dégustée crue, en sushis, en salade, *baniku* (chauffé sur une plaque), voire en sorbet. ▲

Yakyû, le sport national

Introduit en 1873 par un Américain enseignant à l'université de Tôkyô, le **base-ball** (*yakyû*) s'est vite popularisé dans l'archipel avant-guerre. Aujourd'hui, les 130 matchs de la saison (d'avril à fin septembre) tiennent en haleine des millions de fans. Certains joueurs qui ont réussi à intégrer le championnat américain sont devenus des icônes, tel Suzuki Ichirô, et le base-ball a inspiré des mangas très populaires (*Star of Giants* dans les années 1960, *Touch* dans les années 1980). Fait marquant : les 12 équipes professionnelles, réparties en deux ligues, sont la propriété de grandes entreprises – le journal *Yomiuri* pour les Giants de Tôkyô, le FAI SoftBank pour les Hawks de Fukuoka. Les équipes sont moins identifiées à une ville qu'à une corporation. Et si l'entreprise déménage, l'équipe se délocalise avec elle !

La région d'Aso★★★

Situation : à l'E. de Kumamoto.

« Aso-san » désigne un massif de cinq sommets volcaniques qui ont donné naissance à l'une des plus grandes caldeiras du monde : 128 km de circonférence. Plus de 50 000 personnes vivent sur cette « terre de feu », verdoyante en été, recouverte d'un manteau neigeux l'hiver. 18 millions de visiteurs viennent chaque année voir le volcan, marcher dans le massif et profiter des sources chaudes.

▲ Aso-san en tenue d'hiver.

Accès : trains JR Hôhi JR豊肥 de Kumamoto (1 h 30) ou Beppu, jusqu'à Aso • bus Kujû 久住バス et Aso 阿蘇バス depuis les mêmes villes, prendre ensuite le bus de la ville d'Aso (7/j.) et un téléphérique pour atteindre le volcan (30 mn). Le Kyûshû Sankô Bus 九州産交バス passe aussi par le mont Komezuka et le musée du Volcan. On peut également partir de Takamori ou Takachiho, au S. • **voiture** pratique pour circuler librement (Eki Rent-a-Car, face à la gare d'Aso, ou à Kumamoto).

⚠ **ATTENTION**
Prendre toutes les précautions nécessaires en cas de randonnée ; éviter les vapeurs de soufre en cas de difficultés pulmonaires. Tôt le matin, les nuages empêchent de profiter du paysage.

Combien de temps : au moins 2 j. pour la caldeira et une visite à Kurokawa, Takachiho ou une autre ville du massif.

■ Aso 阿蘇 *50 km E. de Kumamoto*

C'est la plus grande ville de la caldeira et le principal point d'accès vers les volcans grâce à sa position de carrefour ; nombreuses possibilités d'hébergement, trains, bus et location de voitures.

ℹ À Aso dans la gare
☎ 0967/34.0751 ;
ouv. t.l.j. sf mer. 9 h-18 h.

■ Les volcans d'Aso★★★ 阿蘇岳 (Aso dake)
10 km S. d'Aso

On y accède via le **Komezuka**★ 米塚, petit sommet (alt. 954 m) dont la forme rappelle une motte de riz (d'où son nom) ; puis un immense bassin verdoyant marque l'arrivée au pied des cinq sommets d'Aso. La **plaine de Kusasenri**★★★ 草千里, ancien cratère (1 km de diamètre) où la vue se perd entre un lac bleu nuit et la chaîne volcanique, offre une aire de pâturage pour les bovins et de promenades à cheval. C'est là qu'est installé le **musée du Volcan Aso**★ 阿蘇火山博物館 (Aso kazan hakubutsukan ; *ouv. t.l.j. 9 h-17 h* ☎ *0967/34.2111*), assez vieillot mais utile pour comprendre l'activité volcanique régionale, notamment grâce aux caméras installées à l'intérieur même du cratère Naka.

☞ **EN SAVOIR PLUS**
Sur le volcanisme,
lire le théma p. 576-577.

À g. de la route après le musée se dresse le **mont Kijima dake** 杵島岳 (alt. 1 321 m), mais il faut poursuivre en bus puis en téléphérique *(t.l.j. 9 h-17 h)* pour atteindre le **Naka dake**★★★ 中岳 (1 506 m).

Ce gouffre béant et fumant constitue un spectacle unique, au fond duquel, 160 m plus bas, brille une eau azur. Seul cratère d'Aso en activité, le Naka s'est calmé récemment, mais ses éruptions ont déjà tué des visiteurs *(des abris de béton sont là en cas de danger)*. On peut ensuite marcher en direction des autres sommets, le **Taka dake** 高岳 (1 592 m ; *option courte*) et le **Neko dake** 猫岳 (1 408 m ; *option longue*) à l'E., l'**Eboshi dake** 烏帽子岳 au S.-O. (1 337 m).

■ Kurokawa Onsen★ 黒川温泉
20 km N.-E. d'Aso
Bus depuis Kumamoto via Aso, depuis Miyazaki, bus Kokasego こかせご *depuis Fukuoka • réservez plusieurs mois à l'avance si vous comptez y passer la nuit* ❶ *à côté de l'arrêt de bus* ☎ *0967/44.0076 ; ouv. t.l.j. 9 h-18 h.*

Certains adorent son charme désuet, d'autres lui reprochent son côté vieillot : nichée dans une vallée escarpée, cette station thermale rassemble une trentaine d'hôtels luxueux le long d'une rivière. Les visiteurs y partagent les joies des sources chaudes dans des bains variés : mixtes, en plein air, aménagés dans des grottes ou de vieux bassins de fer… Tous sont accessibles aux non-résidents, et un *pass* permet de plonger dans trois bains de son choix.

■ Takachiho★★ 高千穂 *80 km S.-E. d'Aso*
Accès en train puis bus depuis Kumamoto via Aso ; bus Kokasego こかせご *depuis Fukuoka ; de Miyazaki, rejoindre Nobeoka* 延岡 *en train JR Nippô* 日豊線 *puis prendre un bus (ligne ferroviaire en réparation)* ❶ *Takachiho Tourism Association* ☎ *0982/72.1213 ; Takachiho Tourist Information Center* ☎ *0982/72.4680.*

Bien que situé dans la préfecture de Miyazaki, ce village de montagne (agréable station de ski en hiver) est plus proche, par sa culture, ses paysages et son climat, de la région d'Aso ; les **gorges Takachiho-kyô★** 高千穂峡 *(à 2 km du centre ; accès en bus ou 25 mn de marche)* offrent ainsi une superbe randonnée à pied ou en bateau.

Mais Takachiho est surtout un haut lieu de la mythologie japonaise, à laquelle permettent de s'initier des panneaux explicatifs dispersés dans le centre-ville. En redescendant la rue principale, le **sanctuaire Takachiho-jinja★** 高千穂神社 est le berceau d'une danse traditionnelle très populaire au Japon, masquée et jouée avec emphase, figurant des épisodes de la mythologie nippone : le *kagura*. Des représentations un peu kitsch ont lieu dans une salle du sanctuaire *(t.l.j. à 20 h • entrée payante)*, animées par des habitants du village attachés à la tradition.

Depuis le **sanctuaire Amano Iwato-jinja★** 天岩戸神社 *(à 8 km E. du centre ; accès en bus)*, un chemin qui serpente dans les sous-bois et traverse une rivière conduit *(10 mn)* à l'un des plus célèbres lieux de la mythologie japonaise : la **grotte Amano Yasugawara★★** 天安河原. On dit que la déesse du soleil Amaterasu, déçue par les dieux, s'y était cachée, privant ainsi le monde de lumière. Les dieux se livrèrent alors à une danse suggestive devant la grotte, d'où sortit enfin Amaterasu, piquée par la curiosité… Le *kagura* était né.

◄ Le *kagura* de Takachiho se danse la nuit, prenant le nom de *yokagura*.

Miyazaki 宮崎

Situation : à 126 km N.-E. de Kagoshima, 220 km S. de Beppu, 407 km S.-E. de Fukuoka.

365 000 hab. ; préfecture de Miyazaki.

❶ 1-8, Nishiki machi, dans la gare, à côté de la sortie E. ☎ 0985/22.6469 ; ouv. du lun. au sam. 9 h-19 h.

☞ **POSTE ET DAB** 1-1-34, Takachiho dôri (grande rue qui part de la gare).

À ne pas manquer

La presqu'île d'Aoshima** (Environs) 584

Délaissé par la ligne du Shinkansen, souffrant d'un manque de dynamisme économique, le sud-est du Kyûshû n'est pas une destination touristique majeure. Sa capitale, ville côtière calme et baignée de soleil, offre néanmoins un paradis aux plagistes, golfeurs et surfeurs, sensibles à ses palmiers (symboles de la ville) et au courant chaud qui remonte le long du rivage. Mais Miyazaki est aussi un pays de dieux et de légendes : surnommée *Himuka no kun* (« pays du soleil levant »), sa région est le théâtre de nombreux mythes fondateurs du Japon et ses sanctuaires shintoïstes y ont une aura particulière.

Miyazaki mode d'emploi

Accès : train JR Nippô 日豊線 depuis Kagoshima (2 h), Beppu (3 h 30) ou Fukuoka (5 h) • **bus** depuis les mêmes villes et Kumamoto • **avion** (aéroport à 10 mn de la gare en train et 30 mn en bus) • **ferry** depuis Ôsaka (13 h).

Se déplacer : à pied, en train et bus dans le centre-ville. La Welcome Bus Card (gratuite) permet d'utiliser tous les bus pendant 1 j. ; terminal Miyazaki Unkô Center 宮崎運行センター à côté de la gare ferroviaire et terminal Miyakô 宮交バスターミナル au S. de la ville, près de la gare Minami-Miyazaki 南宮崎 (se renseigner selon les destinations).

Fêtes et manifestations : mi-avr., *Furusato matsuri*, fête folklorique locale (processions, danses, chants) • fin juil., festival de **feux d'artifices**, le plus important du Kyûshû, sur la rivière Ôyodo gawa 大淀川 • fin oct., grand festival de **Jinmu-sama** au sanctuaire Miyazaki-jingû.

Visiter Miyazaki

■ Le centre-ville

Pas d'attractions ou de site majeur dans le centre, mais pour prendre le pouls de la ville, restez dans le **quartier de la gare** et empruntez la longue galerie commerçante qui part de la gare (Ekimae dôri puis l'arcade Wakakusa dôri). Le quartier des sorties et des restaurants se trouve à 15 mn à pied, au croisement avec Tachibana dôri *(principale avenue de la ville, d'où l'on peut prendre tous les bus de Miyazaki)*. Sur place, dégustation des spécialités locales : poulet grillé *jidori* ou frit *nanban*, soupe froide *hiyajiru* (poisson, concombre, *miso*) ou gâteaux au fromage *(chiizu-manjû)*.

■ Le parc Heiwadai* 平和台 (parc de la Paix)
Au N.-O. de la gare ; 20 mn en bus.

Site facilement repérable grâce à sa **tour** haute de 37 m, dont le socle est composé de pierres offertes par des Japonais du monde entier en 1940. Le parc, juché sur une colline, offre une **vue**** imprenable sur Miyazaki et ses environs. Sur le versant N. de la colline, le **jardin Haniwa** 埴輪公園 (Haniwa kôen) est planté, non de fleurs, mais de 400 reproductions de *haniwa* ; un petit **musée** à proximité vous en dira plus sur ces figures mortuaires en terre cuite remontant à l'époque Jômon. Beaucoup ont été découvertes à Saitobaru *(30 km N. de Miyazaki)*, site archéologique majeur des IIIe-VIIe s., qui rassemble plus de 300 tertres et tumulus.

■ Himuka ひむか, la route de la Mythologie
Desserte par bus et train.

Ce circuit joint du N. au S. les principaux sites relatifs aux mythes fondateurs du Japon, racontés notamment dans le *Kojiki (→ Petit dictionnaire).*

Prendre le bus pour Hasuga no ike 蓮ケの池 *et marcher 15 mn vers la mer.*

• **Misogi no ike**** みそぎの池, « l'étang de la purification », est un plan d'eau couvert de nénuphars. Selon la légende, c'est dans ces eaux que le dieu Izanagi s'est purifié à son retour du royaume des morts, lavant ses plaies dont sortirent certains dieux comme Amaterasu, *kami* du soleil.

Plus au S., dans une forêt de pins, le **sanctuaire Eda-jinja*** 江田神社 honore ce couple divin, qui est aussi à l'origine de la fondation du Japon.

• **Le sanctuaire Miyazaki-jingû*** 宮崎神宮 *(à 10 mn à pied de la gare Miyazaki-jingû, dans le parc préfectoral)* est dédié à Jinmu, premier empereur supposé du Japon. On dit qu'il a résidé dans la maison Koguya, située à côté du temple, avant de partir vers l'E. pour unifier le pays.

• **Le sanctuaire Kibana-jinja** 木花神社 *(accessible en train, gare Kibana* 木花*)*, au S. de la ville, est un lieu à haute valeur mythologique : on dit que la déesse Konohana (symbolisée par la fleur de

♥ HÉBERGEMENT ET ONSEN
Miyazaki Kankô Hotel 宮崎観光 ホテル : 1-1-1, Matsuyama, au bord de Tachibana Park près du pont d'Ôyodo (au S. de la gare) ☎ 0985/27.1212. Luxueux et onéreux, mais sa source chaude, très agréable, est accessible à tous (entrée payante).

☞ PLAGE
Le littoral de Miyazaki offre de belles plages, calmes et sauvages. Choisissez le Miyazaki Seaside Park, Hitotsuba et les plages du littoral N. ; Kizaki hama est La Mecque des surfeurs. L'Ocean Dome (dans le complexe Seagaia) offre une immense plage artificielle avec sable et palmiers, pouvant accueillir 10 000 personnes !

Les deux premiers sites de la route de la Mythologie se trouvent en bordure de l'immense complexe Seagaia, dont la construction dans les années 1990 a redynamisé la fréquentation touristique de Miyazaki.

Sur le rabat arrière de la couverture, vous trouverez un Tableau chronologique indiquant les grandes périodes de l'histoire japonaise.

▲ La presqu'île d'Aoshima.

cerisier) y a donné naissance aux fils de son époux Ninigi no Mikoto, petit-fils d'Amaterasu et grand-père du premier empereur Jinmu, donc ancêtre de tous les empereurs du Japon.

La route de Himuka se poursuit au S. avec les sanctuaires d'Aoshima et d'Udo (→ ci-après).

Environs de Miyazaki

1 Aoshima★★ 青島 *14 km S.*

Accès en train JR Nichinan 日南線 *ou en bus Miyazaki kôtsû* 宮崎交通.
C'est l'attraction de la région : une presqu'île ovale (1 500 m de circonférence) ourlée d'étranges formations rocheuses résultant de l'érosion marine, et rattachée à la terre par un pont. La végétation subtropicale (plus de 200 espèces) y est tellement dense qu'on ne peut pas atteindre le centre d'Aoshima (l'île bleue), simplement en faire le tour par la plage. Cette promenade d'une petite demi-heure, très agréable, passe par le **sanctuaire Aoshima-jinja★** 青島神社, d'un rouge éclatant, qui célèbre Yamasachi (divinité de la montagne, née de Ninigi et Konohana) et son épouse Toyotama (fille du dieu de la mer et nièce d'Amaterasu). *Attention, les vœux ne se réalisent que si l'on brise une coupelle sur une pierre prévue à cet effet, dans un sanctuaire secondaire à dr. du pavillon principal.*

2 Le sanctuaire Udo-jingû★ 鵜戸神宮 *40 km S. de Miyazaki*

Accès en train JR Nichinan 日南線 *ou en bus depuis Miyako* 宮古 *ou Aoshima* 青島 ☎ *0987/29.1001 • vis. t.l.j. 6 h-19 h.*
Superbe sanctuaire au vermeil éclatant, niché dans une grotte entre les pentes rocheuses et la mer. 15 mn de marche sur un chemin étroit séparent le *torii* de l'antre sacré (dédié au père de Jinmu). Là encore, seuls les vœux des plus adroits seront réalisés : la coutume veut que l'on lance des « pierres de chance » *(undama ; disponibles sur place • de la main g. pour les hommes, dr. pour les femmes)* au sommet d'un rocher en forme de carapace de tortue, pour favoriser un mariage ou une grossesse.

▲ Les paysages et les charmes du parc Kirishima varient en fonction des saisons : choisissez le printemps pour une randonnée au milieu des azalées, l'automne pour admirer ses feuilles rougeoyantes.

▶ **Le cap Toi**★★ 都井岬 (Toi misaki ; *50 km d'Udo-jingû ; accès en train JR Nichinan jusqu'à la gare de Kushima* 串間 *puis en bus, ou bus direct de Miyazaki ; compter 2 h de vis.*). À 300 m au-dessus du niveau de la mer, c'est l'endroit idéal pour profiter du **panorama** sur la côte N. et la baie de Shibushi. Le cap Toi est célèbre pour les chevaux sauvages qui fréquentent ses prairies et se laissent facilement approcher. Le grand **phare** à la pointe du cap peut être visité. ◀

3 **Le parc national Kirishima**★★ 霧島屋久国立公園
(Kirishima Yaku kokuritsu kôen) *80 km O. de Miyazaki*
Le plateau d'Ebino, au N. du parc, est accessible en bus depuis Miyazaki (Miyako Bus 宮古*) et Kagoshima (bus Hayashida* 林田 *n° 8) ; Kirishima-jingû, au S., par train. Service de bus entre Ebino et Kirishima-jingû.*
Cette zone naturelle, la première à avoir été désignée « parc national » au Japon, s'étend entre Miyazaki et Kagoshima. Sa chaîne montagneuse compte 23 sommets volcaniques, dont les plus connus sont le **Karakuni** 唐国 (alt. 1 700 m) à l'O., avec son superbe **lac volcanique Ônami**★★ 大浪池 (Ônami ike), et le **Takachiho no mine**★★ 高千穂峰 (1 574 m) à l'E. Le **plateau d'Ebino**★ えびの高原 (Ebino kôgen ; alt. 1 200 m) offre de belles balades autour de ses lacs ainsi que la station d'*onsen* la plus en altitude du Kyûshû.

Au S. du parc enfin, le **sanctuaire Kirishima-jingû**★ 霧島神宮 vénère un personnage mythologique, Ninigi no Mikoto, descendant de la déesse du soleil Amaterasu et envoyé sur le mont Takachiho pour régner sur l'archipel.

Nagasaki★★★ 長崎

Situation : à 155 km S.-O. de Fukuoka, 215 km O. de Kumamoto (77 km à vol d'oiseau).

438 000 hab. ; préfecture de Nagasaki.

❶ OT municipal dans la gare JR (B2) ☎ 095/823.3631 ; www.city.nagasaki.nagasaki.jp ; ouv. du lun. au sam. 8 h-19 h. Pour l'OT régional, emprunter la passerelle piétonne devant la gare et aller au 2e ét. du terminal des bus ☎ 095/826.9407 ; ouv. du lun. au sam. 9 h-17 h 30.

☞ **DAB**
Tous les distributeurs (dont celui de la gare) acceptent les cartes internationales.

À ne pas manquer

Le musée de la Bombe atomique★★★	591
Les temples de Teramachi★★	588
Shianbashi★★	589
Les maisons occidentales★★ de Yamate	590
Chinatown★	589
Les sources chaudes d'Unzen★★ (Environs)	593

Voir carte régionale p. 548

À la pointe ouest du Kyûshû, un « long cap » *(naga saki)* s'étire au milieu d'une poussière d'îles. Sur son port naturel s'est bâtie la ville la plus cosmopolite et la plus agréable de la région : Nagasaki. La culture locale y est à l'image du plat emblématique de la ville, le bouillon *chanpon*, mélange de nouilles, de viandes et de légumes. Car Nagasaki s'est enrichie depuis longtemps d'influences chinoises, portugaises ou hollandaises, qui lui confèrent un charme discret et romantique ainsi que de superbes lieux de mémoire. Mais Nagasaki, c'est aussi une atmosphère, la clochette du tramway ou les cloches des églises, les vues du port, les collines environnantes, mais aussi les somptueux paysages volcaniques d'Unzen et le littoral de Shimabara, sur la péninsule du même nom.

Nagasaki mode d'emploi

Accès : trains JR Kamome かもめ depuis Fukuoka (45 mn) • liaisons par **bus** avec Fukuoka, Kumamoto ou Beppu (gare routière Ken'ei 県営 face à la gare JR B2) • lignes directes en **avion** depuis Tôkyô ou Ôsaka (navette de l'aéroport à la gare en 45 mn).

Combien de temps : au moins 2 j. pour Nagasaki, 1 j. de plus pour les environs.

S'orienter : Nagasaki s'étire le long du port et de la rivière Urakami. À proximité de son embouchure et du pont Asahi ôhashi, la **gare** B2 marque le début du centre-ville. Mais il faut descendre 1 km vers le S. pour trouver le cœur de Nagasaki : **Shianbashi** B2 (le quartier des sorties), les galeries couvertes Hamano machi et Kankô dôri, la rivière Nakashima et **Chinatown** B2. Le quartier de **Yamate** B3, plus au S. encore, concentre les célèbres sites des marches hollandaises, de l'église Ôura et du jardin Glover.

Se déplacer : visite très agréable à pied ou en tramway, en particulier les lignes 1 (couleur bleue :

Nagasaki • Mode d'emploi • 587

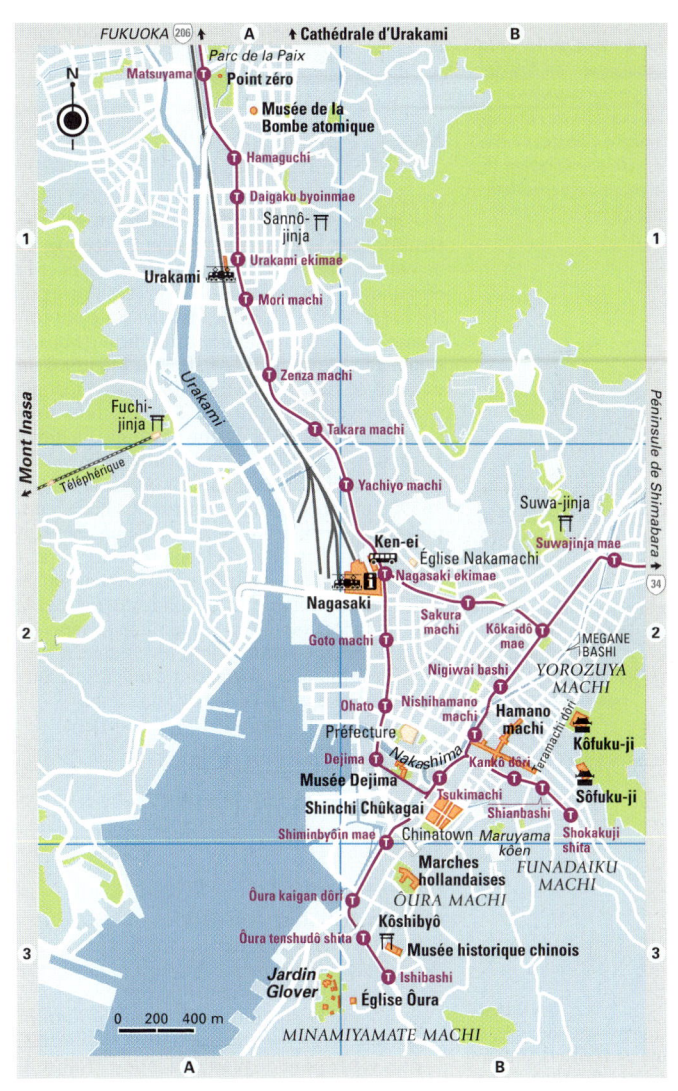

Nagasaki.

de la banlieue N. à Shianbashi en passant par Urakami, la gare, Dejima) et 5 (couleur verte : quadrille l'E. de la ville), qui desservent les principaux sites. Privilégier le One-Day Pass, qui permet de prendre toutes les lignes pendant 1 j., en vente dans les OT.

Fêtes et manifestations : en fév. à Chinatown B2, **festival des Lanternes** : la communauté chinoise célèbre le Nouvel An avec illuminations, danses du

Sur le rabat arrière de la couverture, un Tableau chronologique indique les périodes de l'histoire japonaise. En fin de volume, le Petit dictionnaire répertorie le vocabulaire spécifique.

Mitsubishi est l'un des plus anciens (1870) et des plus puissants zaibatsus (conglomérats) du Japon. Ses activités mêlent construction navale, mines, raffinage, chimie, banque, automobile, informatique… Mitsui ou Nissan sont également célèbres.

⇐ **PANORAMA**
Face aux collines de Nagasaki, de l'autre côté de la rivière Urakami et de la baie, le mont Inasa yama 稲佐山 **(h. pl. par A2) offre le plus beau panorama sur la ville et le port. Marcher 10 mn depuis l'arrêt de tram Takara machi** 宝町**. Un téléphérique part à côté du sanctuaire Fuchi-jinja** 富知神社 **(A1) ☎ 095/861.3640 ; ouv. t.l.j. 9 h-21 h, jusqu'à 22 h d'avr. à nov.**

tigre et du dragon • du 7 au 9 oct., au sanctuaire Suwa-jinja **B2**, **Kunchi matsuri**, avec processions de chars et danses du dragon.

Nagasaki dans l'histoire

Avant le bombardement atomique de 1945 (→ *encadré p. 591*), la ville a connu une histoire cosmopolite et mouvementée, marquée par les arrivées successives de visiteurs étrangers et la christianisation de l'O. du Japon. Les Portugais débarquent en 1571 pour installer un comptoir commercial et une mission catholique. Mais le seigneur Toyotomi Hideyoshi voit bientôt d'un mauvais œil leur prosélytisme religieux et redoute une intervention militaire. Les chrétiens sont alors persécutés, et 26 d'entre eux sont crucifiés à Nagasaki en 1597. Les Portugais devront bientôt se réfugier sur l'îlot de Dejima, puis quitter la ville en 1639, remplacés par des commerçants hollandais, plus soucieux de négoce que de religion. Pendant la période de fermeture du Japon (*sakoku*), ce petit comptoir hollandais sera le seul point de contact officiel entre l'archipel et le monde extérieur, et la ville un laboratoire de la modernité nippone. En 1858, Nagasaki compte parmi les cinq ports rouverts au commerce ; il deviendra un gigantesque centre industriel sous l'égide de Mitsubishi.

① De Teramachi à Chinatown★★

Situation : B2.

Combien de temps : 1/2 journée.

■ **Teramachi dôri** 寺町通り, **l'allée des Temples★★ B2**
En tramway, descendre à Nigiwaibashi 賑橋 *et se diriger vers la rivière Nakajima gawa.*
C'est un moine du Kôfuku-ji (→ *ci-après*) qui fit construire le célèbre **Megane bashi★** 眼鏡橋 **B2**, le plus vieux pont de pierre du Japon (1634). Il doit à ses deux arches son nom (pont lunettes), car lorsque celles-ci se reflètent dans l'eau de la rivière, l'ensemble fait penser à un binocle.
Après l'avoir emprunté, longer la rivière à g. et tourner dans la 3ᵉ rue à dr. pour arriver au **temple Kôfuku-ji★** 興福寺 **B2** (*ouv. t.l.j. 8 h-17 h • entrée payante*) : de son architecture chinoise (1623) se dégage l'aura de la secte zen Ôbaku, dont il est le plus ancien temple.

La tranquille allée des Temples serpente ensuite entre les édifices religieux au pied d'une colline jusqu'au **Sôfuku-ji**★★ 崇福寺 **B2** *(prendre à g. à la fin de la rue et remonter Sôfukuji dôri • ouv. t.l.j. 8 h-17 h • entrée payante)*, qui date de 1629. Sa majestueuse porte ocre et son pavillon principal, tous deux classés, font partie des rares exemples de l'architecture Ming au Japon.

■ **Shianbashi**★★ 思案橋 **B2**
Descendre la rue Sôfukuji dôri et prendre à g. la rue Kajiya machi. Shianbashi est après l'intersection avec l'artère Kankô dôri • en tramway, arrêt Shianbashi.
Ce quartier des plaisirs est en fait à deux pas de celui des temples. Dans ses rues noyées de néons, on trouvera tous les exemples des divertissements nocturnes japonais et certains des meilleurs restaurants de la ville. Au bout de Shianbashi dôri, **Fukusaya**★★ 福砂屋 **B2** *(3-1, Funadaiku machi ☎ 095/821.2938)* est une institution à Nagasaki : depuis 1624, on y fabrique la célèbre pâtisserie *castella* (*kasutera* en japonais, de « Castille »), gâteau à base d'œufs, de farine de blé et de sucre introduit par les Portugais au XVIe s.

■ **Chinatown**★ 中華街 **B2**
Revenir sur Kankô dôri, descendre vers la rivière et prendre à dr. la rue Nishihama dôri • en tramway, arrêt Tsuki machi 築町.
Le quartier chinois est ramassé sur une superficie d'à peine 200 m², dans quelques rues auxquelles on accède par l'une des quatre portes ornées de dragons multicolores. Plus petit que ceux de Kôbe ou Yokohama, il est pourtant le plus ancien du Japon (XVIe s.), et la communauté chinoise de Nagasaki est particulièrement dynamique : vers la fin du XVIIe s., quelque 10 000 de ses 60 000 habitants étaient chinois. **Shinchi Chûkagai**★ 新地中華街 **B2** (nouveau quartier chinois) déploie ses rues animées et encombrées de restaurants, dans lesquels on goûtera la fameuse soupe *chanpon*.

② Yamate 山手, le quartier colonial★★★

Situation : B3.

Combien de temps : 1/2 journée.

■ **Le musée Dejima**★ 出島資料館 (Dejima shiryôkan) **B2**
6-1, Dejima machi • en tramway, arrêt Dejima 出島 *• ouv. t.l.j. 8 h-18 h.*

Le Sôfuku-ji était autrefois une étape obligée pour les marins qui faisaient escale à Nagasaki : chaque jonque transportait alors une statue de Masa, leur patronne, qu'ils venaient déposer au temple pour se prémunir contre les dangers de la mer.

♥ **HÉBERGEMENT**
Nishiki-sô Bekkan にしき荘別館 **:** 1-2-7, Nishikoshima (B2) ☎ 095/826.6371. Petit *ryokan* familial à deux pas du quartier de Shianbashi, avec une clientèle internationale. L'un des meilleurs rapports qualité-prix de la ville. Attention aux valises : la montée vers l'hôtel est rude.

♥ **RESTAURANTS**
• **Harbin** ハルビン **:** 4-13, Yorozuya machi, dans la galerie commerciale Kankô dôri, 2e ét. (B2 ; tramway arrêt Kankô dôri 観光通り) ☎ 095/824.6650 ; ouv. t.l.j. 11 h 30-23 h.
Le fondateur (1959) a ramené de Russie de délicieuses recettes, et son fils a pris la suite après des études à Paris. D'où une carte franco-russe étonnante et savoureuse, faite de petits plats très abordables et d'une jolie cave, dans une atmosphère très chic.
• **Kagetsu** 花月 **:** 2-1, Maruyama machi, derrière le petit square Maruyama (B2) ☎ 095/822.0191 (tramway arrêt Shianbashi 思案橋) ; ouv. t.l.j. sf mar. 12 h-22 h (menus pour 2 au minimum, sur rés.). Cet établissement de luxe (1642) était une maison de geishas avant de devenir la plus fameuse adresse de *shippoku* de Nagasaki, mélange de recettes chinoises et japonaises, servies dans des salles privées avec vue sur le jardin. On vous fera ensuite visiter ce superbe bâtiment classé, son jardin et son petit musée.

La minuscule enclave de **Dejima** 出島 *(→ encadré p. 87)* fut un incroyable lieu d'échanges à l'époque de la fermeture du Japon : bénéficiant alors d'une dérogation exceptionnelle, elle sera jusqu'en 1853 la seule fenêtre ouverte sur l'Occident grâce à un comptoir commercial hollandais établi en 1641. De l'or et de l'argent, des soieries, des porcelaines ou des manuels scientifiques y transitaient. Il en reste aujourd'hui un village-musée, facilement repérable au clocher vert qui dépasse du séminaire protestant : entrepôts, maisons, bureaux commerciaux reconstitués exposent les traces d'un glorieux passé.

Prendre le tramway à Dejima et descendre à Shiminbyôin mae 市民病院前, *ou bien emprunter à pied la grande artère qui longe le port jusqu'aux marches qui partent sur la g.*

■ Les marches hollandaises** オランダ坂 (Oranda zaka) B3

L'ascension est parfois rude, mais les petites rues pavées et encaissées du quartier valent l'effort ; là, à Higashi-Yamate, s'installèrent divers visiteurs européens ainsi que des consulats à la fin du XIXe s. Et s'il n'en reste guère de trace, la vue sur la ville et les quelques **maisons occidentales**** ouvertes au public *(t.l.j. sf lun. 9 h-17 h • entrée payante)* en font une escapade charmante. L'ancien consulat français installé dans la **Jûsanban-kan** 十三番館 est aujourd'hui un café, et le **Furushashin shiryôkan**** 古写真資料館 abrite un petit musée de Photos anciennes.

En redescendant vers le tramway n° 5, on tombe sur le sanctuaire confucéen de **Kôshibyô**** 孔子廟 **B3** (fin XIXe s.). Paré de rouge et de jaune clinquants, au toit orné de superbes dragons, c'est l'un des très rares lieux sacrés confucéens du Japon ; il abrite un petit **Musée historique chinois*** *(10-36, Ôura machi ☎ 095/824.4022 • ouv. t.l.j. 8 h 30-17 h • entrée payante).*

Redescendre vers la ligne de tramway et la suivre sur la dr. jusqu'à l'arrêt Ôura tenshudô shita 大浦天主堂下. *Traverser le pont.*

■ Le jardin Glover** グラバー園 (Gurabâ-en) A3

801, Minami-Yamate ☎ 095/822.8223 • ouv. t.l.j. 8 h-18 h, jusqu'à 21 h 30 du 16 juil. au 10 oct. • entrée payante.

Surplombant la ville d'une colline, Minami-Yamate était le grand quartier occidental de Nagasaki avec ses jardins et ses belles résidences de style colonial. Le tout a été reconstitué ici, où l'on serpente depuis le sommet entre neuf majestueuses **demeures**. La plus imposante est aussi la plus visitée, celle de

---

Chrysanthème et hortensia

Madame Chrysanthème, de son vrai nom Okane-san, fut la compagne du voyageur Pierre Loti, à Nagasaki en 1885. Le petit roman qu'il a tiré de leur histoire d'amour, publié en 1888, aurait inspiré l'opéra de Puccini, *Madame Butterfly* (1904), célèbre amante qui attend désespérément le retour de son Américain.

Certains voient chez Mme Tsuru, l'épouse japonaise de Thomas Glover (→ *Le jardin Glover, ci-contre*), l'un des modèles de ce personnage fictif et ô combien romantique. La maison de l'aventurier écossais est d'ailleurs surnommée « maison de Madame Butterfly », et l'on trouve à côté une statue de **Miura Tamaki**, la prima donna nippone qui chanta cet opéra à travers le monde.

C'est enfin à une autre femme de Nagasaki que l'on doit le nom d'une célèbre fleur : un naturaliste allemand ayant découvert au Japon un nouveau spécimen lui donna le nom de sa fiancée, **Otaki-san**, qui par déformation donnera « hortensia ».

Nagasaki ③ Le quartier d'Urakami • 591

◄ Aujourd'hui visible au jardin Glover, ce bâtiment se dressait à l'origine (1896) sur le port : la firme Mitsubishi y logeait ses équipages le temps de l'escale à Nagasaki.

Thomas Glover***, aventurier écossais (1838-1911) arrivé au Japon à 21 ans et touche-à-tout notoire (armes, finances, industrie). Avec ses quatre ailes formant une croix et son intérieur richement décoré, elle est la plus ancienne de style occidental au Japon. On verra aussi dans le jardin les résidences des industriels anglais **Robert Walker**** (fondateur de la brasserie Kirin) ou William Alt (enrichi dans le thé vert), ainsi que plusieurs curiosités tels un ancien robinet public ou la première route en asphalte du pays.

Blottie au bas du jardin, l'**église Ôura*** 国宝大浦天主堂 **B3** (Kokuhô Ôura tenshu-dô ; *ouv. t.l.j. 8 h-17 h 45 • entrée payante*) est dédiée aux 26 chrétiens (6 missionnaires européens et 20 Japonais) crucifiés à Nagasaki en 1597. Les Missions étrangères de Paris ont fait construire en 1864 ce bâtiment en bois d'un vert passé, aux jolis vitraux.

③ Le quartier d'Urakami** 浦上

Situation : A1.

Combien de temps : 1/2 journée.

■ Le musée de la Bombe atomique***
長崎原爆資料館
(Nagasaki genbaku shiryôkan) A1
7-8, Hirano-chô ☎ *095/844.1231 • en tramway, arrêt Hamaguchi machi* 浜口町 *• ouv. t.l.j. 8 h 30-17 h 30, jusqu'à 18 h 30 de mai à août.*

Nagasaki y expose les témoignages les plus poignants du calvaire atomique, dans trois parties distinctes. La visite est captivante, entre les effets personnels et les objets exposés qui montrent l'épisode sous son jour le plus cru ; ainsi les aiguilles d'une horloge murale arrêtées à 11 h 02 précises, ou les vestiges de l'église, les statues couvertes de la « pluie noire » radioactive. Les nombreuses photos

---

9 août 1945, 11 h 02…

C'est presque par hasard que Nagasaki a été détruite par l'explosion atomique du 9 août 1945. Le bombardier B-29 américain avait alors pour objectif le centre industriel de Kokura (aujourd'hui incorporé à Kita Kyûshû), mais les nuages l'empêchèrent de localiser sa cible et il mit le cap au S., vers les chantiers navals de Nagasaki. Là encore, le temps était couvert et la bombe de 4,5 t, Fat Boy, fut lâchée à l'aveuglette sur la cathédrale d'Urakami.

La déflagration fit immédiatement 75 000 morts et autant de blessés. La moitié des 270 000 habitants décéderont des suites du bombardement : brûlures par rayonnement thermique, irradiations par la « pluie noire » et leurs conséquences (leucémies, cancers, cataractes, stérilité, malformations…). Absolument tout fut détruit dans un rayon de 1 km, un tiers de la ville partit en fumée. En 2007, plus de 250 000 personnes étaient encore considérées comme *hibakusha*, survivantes de la bombe.

▲ Le musée de la Bombe atomique.

montrent une ville annihilée par le souffle de la bombe, et le public finit ému et silencieux devant une exposition didactique sur l'enjeu du nucléaire dans le monde moderne.

■ **Le Point zéro★ et le parc de la Paix** 平和パーク (Heiwa pâku) A1
À proximité du musée, le **parc du Point zéro** est un lieu de mémoire sobre et discret. Au fond, une colonne noire symbolise le point d'impact de la bombe (qui explosa en fait à 500 m en altitude ; → *encadré p. préc.*) ; à g. de l'entrée, une sculpture verte aux visages tordus de douleur rappelle que 70 % des victimes étaient des femmes, des vieillards et des enfants.
À 300 m N.-O., le **parc de la Paix** se distingue par son imposante statue assise, un doigt pointé vers le ciel d'où surgit la catastrophe. Ici se trouvait alors une maison d'arrêt, dont les 134 prisonniers et employés furent parmi les premières victimes de l'explosion. Une manifestation pacifiste se tient dans ce parc le 9 août de chaque année.

Sortir à dr. de la statue ; la cathédrale est repérable à ses deux croix et à sa toiture verte.

■ **La cathédrale d'Urakami★** 浦上天主堂
(Urakami tenshu-dô) h. pl. par A1
Urakami abritait la plus grande église d'Asie orientale, dessinée par un missionnaire français et construite par les fidèles, avant que la bombe américaine ne la rase. On peut en voir quelques vestiges en bas à g. de l'actuelle cathédrale (1959), visitée par le pape Jean-Paul II lors de son voyage au Japon en 1981. La nouvelle chapelle abrite l'incroyable « **Marie atomique** », un buste calciné de l'Immaculée Conception retrouvé dans les ruines de l'ancienne église.

La péninsule de Shimabara★

島原半島 (Shimabara hantô)

À 2 h de bus vers l'E., cette péninsule volcanique constitue une agréable escapade d'une journée ou plus, et laisse le choix entre le sommet d'Unzen (volcan et sources chaudes) et la ville côtière de Shimabara (château et maisons de samouraïs).

La révolte de Shimabara

La péninsule de Shimabara a laissé son nom dans l'histoire en 1637. À la fin de cette année, des dizaines de milliers de paysans, chrétiens en grande partie, s'insurgent contre les répressions religieuses, les impôts et les conséquences de la grande famine de 1636. Ces forces rebelles, conduites par un samouraï de 16 ans, Amakusa Shirô, prennent le château de Hara (au S. de la péninsule) et s'y réfugient. Les troupes shogunales lancent plusieurs attaques infructueuses contre ces révoltés qui revendiquent leur christianisme, puis font bombarder leur forteresse par la marine hollandaise en 1638. L'assaut final est sanglant : tous les survivants, chantant des cantiques et brandissant des croix, seront massacrés.

■ Unzen** 雲仙 *80 km E. de Nagasaki*

Accès en bus direct depuis le terminal Ken'ei 県営, *à côté de la gare de Nagasaki*
🛈 *320, Unzen* ☎ *0927/35.8890 ; www.unzen.org*

Le nom de cette station vient des *onsen*, sources chaudes qui jonchent ce massif volcanique et y attirent de nombreux visiteurs. De luxueux établissements thermaux sont installés à Unzen, mais rien de tel que les anciens bains publics : le *Shin-yu* 新湯 et le *Yunosato* 湯の里 sont dans le centre, mais autant marcher 15 mn pour profiter du *Kojigoku*** 小地獄, « petit enfer » dont le bain de bois a le charme de ses années *(descendre vers la poste puis prendre toujours à g.* • *ouv. t.l.j. 9 h-21 h* • *entrée payante)*.

Comme Beppu, Unzen a ses « enfers », **Jigoku**** 地獄 : des émanations volcaniques à ciel ouvert, mares bouillonnantes et fumerolles, qui laissent échapper des nuages denses et une forte odeur de soufre. Un circuit les relie au pied du volcan *(départ derrière le centre d'accueil des visiteurs)*, et elles ne sont que plus terribles lorsqu'on pense que certains chrétiens refusant d'abjurer y furent précipités…

Unzen doit à ses sommets d'être l'un des premiers parcs nationaux du Japon (1934). Les amateurs de randonnées graviront le massif en passant par le col Nita 仁田峠 (Nita tôge ; *accès en bus depuis la gare routière)* pour le **mont Myôken dake** 妙見岳 (alt. 1 333 m ; *accès en téléphérique)*, voire le **mont Fugen dake***** 普賢岳 (1 359 m). La vue y est grandiose par temps dégagé : coulée de lave du mont Heisei shinzan, mer d'Ariake, et mont Aso au loin.

■ Shimabara* 島原 *20 km E. d'Unzen*

Accès depuis Nagasaki en train JR jusqu'à Isahaya 諫早 *puis ligne Shimabara ; bus depuis Unzen* 🛈 *dans le terminal des ferries* ☎ *0957/62.3986.*

Shimabara est aujourd'hui une ville portuaire un peu terne. Son **château*** 島原城 (Shimabara-jô ; *à 5 mn de la gare* ☎ *0957/62.4766* • *ouv. t.l.j. 9 h-17 h 30* • *entrée payante)*, bâti en 1625, se dresse derrière des douves asséchées et des murs d'enceinte. Dans le donjon principal, un **musée** rassemble *(2ᵉ niveau)*, parmi les plus intéressants témoignages de l'époque chrétienne, médailles, statues, crucifix ou portraits de François Xavier. Une large toile évoque la violence de la révolte de 1637 *(→ encadré)*.

En sortant par le N. *(au fond du château)*, prendre à g. pour accéder aux anciennes **résidences de samouraïs*** 武家屋敷 : ces *buke yashiki* aux toits de chaume bordent une longue rue, où coule un petit canal qui les fournissait en eau de source. On peut voir dans trois d'entre elles des objets et des scènes reconstituées de la vie quotidienne des samouraïs à l'époque Edo.

De Shimabara, un ferry relie en 30 mn Kumamoto ou le port de Misumi みすみ港, *petite ville au S.*

THÉMA

Les îles Ryûkyû et Okinawa

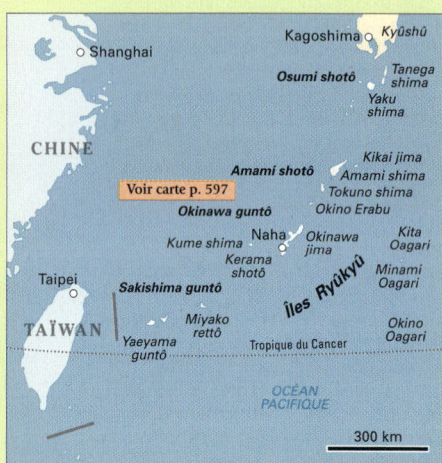

La préfecture d'Okinawa se distingue par un nombre de coutumes et de pratiques culturelles spécifiques, ainsi que par un artisanat de grande qualité qui reste malheureusement peu connu en dehors du Japon. L'ancien royaume de Ryûkyû, tributaire de la Chine impériale et vassal de la région de Satsuma (Kagoshima, sur Kyûshû) du XVIIe s. au XIXe s., englobait les îles d'Amami shotô et les archipels d'Okinawa. Si, dans les années 1980, son atmosphère méridionale en a fait une destination très prisée des Japonais, Okinawa, peu industrialisée, montre un niveau de vie inférieur au reste du pays.

■ Milieu naturel et climat

Les archipels qui s'étendent entre Kyûshû et Taïwan composent une chaîne, « l'arc des Ryûkyû », de plus de 140 îles et îlots (*Nansei shotô* : « les îles du sud-ouest ») : les îles immédiatement au S. du Kyûshû (Tanega shima, Yaku shima, Takara rettô...) et l'archipel d'Amami sont rattachés à la préfecture de Kagoshima (Kyûshû) ; l'île centrale d'Okinawa, les îles Sakishima avec les archipels méridionaux de Miyako et Yaeyama forment la préfecture d'Okinawa, la 47e du pays. Le « courant noir » *(kuroshio)* qui les baigne prend naissance à l'E. des Philippines et contribue au climat subtropical, humide et chaud de l'archipel. Dans les îles, d'Amami shotô jusqu'à Sakishima guntô, la

▼ La forme parfaite de l'îlot Maruma Bonsan, comme un bol renversé posé sur l'eau devant la plage de Sonai (Yaeyama), atteste de la présence du sacré pour les villageois. Il marque la direction de l'horizon, la source de l'énergie divine *(yui)* de croissance bénéfique, que les villageois attirent annuellement par des chants lors du Shichi matsuri.

moyenne annuelle des températures est de 22 ou 23 °C. La saison des typhons débute vers le mois d'août et se termine en octobre. À partir d'Okinawa (longue de près de 120 km pour une largeur de 5 à 30 km), les îles sont entourées de récifs de corail et baignées par des eaux de couleur turquoise. L'île la plus occidentale du Japon, Yonaguni jima, est située à 111 km de la côte N.-E. de Taïwan.

■ Aux origines d'une culture propre

Les résultats des fouilles archéologiques établissent que le peuplement des Ryûkyû jusqu'à Okinawa s'est effectué à partir du Kyûshû entre 3000 et le IIIe s. av. J.-C., tandis que les archipels méridionaux de Miyako et de Yaeyama ont été d'abord habités, à différentes périodes, par des populations de langue austronésienne, venues soit de Taïwan soit des Philippines entre 2000 et le Ier s. av. J.-C., avant que des hommes arrivés du N. s'y établissent à leur tour. À Amami et Okinawa, les premiers habitants ont laissé surtout des amas de coquillages et des poteries de styles autochtones combinés aux influences venues du Kyûshû, reflétant les traditions culturelles des époques Jômon puis Yayoi, notamment les poteries de style Ichiki et Sueki, entre 2000 av. J.-C. et 1000 apr. J.-C. La langue japonaise et les parlers d'Okinawa sont apparentés mais non mutuellement compréhensibles, les dialectes des îles conservent des archaïsmes par rapport à la langue standard (kokugo).

■ La formation du royaume

Sur l'île principale, Okinawa-hontô, le développement de villages fortifiés (gusuku), de la pêche et des échanges commerciaux, vers les XIe-XIIe s., associé à la culture du riz et de l'orge, donne naissance à une société hiérarchisée. L'introduction du syllabaire japonais (kana) afin d'écrire la langue d'Okinawa (Uchinaa guchi), remonte à la première moitié du XIIIe s. À partir du XIVe s., apparaissent de petites principautés issues des chefferies locales, au S. (Nanzan), au centre (Chûzan) et au N. (Hokuzan). Le seigneur Shô Hashi, originaire de Shashiki (village dans le S. de l'île), devient roi de Chûzan et finit par conquérir les deux

▲ Les pirogues de pêche *sabani*, de forme particulière, sont propres aux îles d'Okinawa. Elles sont décorées à la proue d'un œil protecteur tout comme autrefois les grandes jonques de commerce du royaume des Ryûkyû.

royaumes voisins, unifiant l'île d'Okinawa et fondant la dynastie Shô en 1429. Inspiré par le modèle impérial chinois, le souverain fait construire le château de Shuri (dominant la capitale, Naha) avec l'étang de Ryûtan, et aménage le port de Tomari.
Mais c'est Shô Shin, troisième souverain des Ryûkyû, qui développera le royaume, annexant les îles de Yaeyama et de Kume et introduisant un système administratif centralisé à Shuri pour l'ensemble de l'archipel. Il édicte également l'interdit de la possession individuelle d'armes dans le royaume. Les Okinawais développeront alors le karaté comme technique de défense. ▶▶▶

■ De l'État souverain (Ryûkyû ôkoku) à la vassalité

« L'âge d'or » du royaume des Ryûkyû, de 1477 à 1526, sous le règne de Shô Shin, repose sur un réseau maritime reliant Okinawa au Japon, à la Corée, à la Chine et à l'Asie du Sud-Est, où les grandes jonques d'Okinawa assurent les échanges de biens précieux entre les grands ports. La richesse générée par ce commerce et l'autonomie politique du royaume envers le shogunat ne manquent pas d'attirer la convoitise du *daimyô* de Satsuma, Shimazu, qui, en 1609, impose sa domination par une expédition militaire qui capture le roi et le fait prisonnier pendant deux ans. L'archipel d'Amami passe alors sous le contrôle direct de Satsuma. Mais la dynastie Shô se perpétuera pendant plus de deux siècles et demi jusqu'à la 12e année de Meiji (1879), après l'abdication du roi Shô Tai : est alors constituée la « préfecture d'Okinawa », intégrée à l'empire japonais. Au milieu du XIXe s. a eu lieu une timide ouverture du royaume aux voyageurs et aux missionnaires occidentaux, notamment français.

Partir à Okinawa

ⓘ Information : *Okinawa Industry Support Center*, 1831-1, Oroku, Naha ☎ 098/859.6123.

Accès : pas de vols directs depuis la France. L'**aéroport** principal de l'archipel d'Okinawa, situé à Naha, est relié à toutes les grandes villes japonaises par les deux compagnies aériennes JAL et ANA. De Tôkyô (Haneda) il faut compter 2 h 30, d'Ôsaka (Itami et Kansai) 2 h, de Hiroshima 1 h 50 et de Fukuoka 1 h 35 • en **bateau**, les compagnies maritimes *Marue Ferry* et *Arimura Sangyô* font aussi le trajet à partir de Tôkyô, Nagoya, Ôsaka, Kôbe et Kagoshima. Jusqu'à Naha, le trajet dure entre 25 h (de Kagoshima) et 47 heures (de Tôkyô) • depuis Naha, on accède aux autres îles en avion ou en ferry.

Visites : l'île principale reste la plus populaire auprès des touristes. Les principaux sites sont le sanctuaire Namino'ue, le temple Sogen-ji ainsi que le Shurei no mon. Dans **Naha**, de nombreux bus desservent les lieux touristiques tels que le château (Shuri-jô), les différents musées et jardins. Depuis l'an 2000, les sites des 12 forteresses de l'île d'Okinawa figurent au patrimoine mondial de l'Unesco. Quatre ont été reconstruits, dont le Shuri-jô de Naha.

La plupart des îles se visitent à pied ou en bus. L'attraction des autres îles reste la mer et les plages paradisiaques. C'est le cas de **Yoron-tô**, petite île de l'archipel Amami, où les activités nautiques et les plages de sable blanc sont à l'honneur. Sinon, depuis Ishigaki jima, il est possible de faire des excursions d'une journée vers les autres îles de Yaeyama guntô. L'une d'elles, **Taketomi jima**, vaut le détour pour l'atmosphère qui y règne et la gentillesse des habitants.

▲ Située en pleine ville d'Ishigaki-shi, à Yaeyama, la maison Miyara dunchi, construite en 1819, était la résidence d'une famille noble du royaume des Ryûkyû. Elle suit le plan rectangulaire des demeures à toit de tuiles rouges de l'aristocratie, édifiées près du palais de Shuri à Okinawa. L'orientation rigoureuse du bâtiment a été établie selon les principes de la géomancie.

La présence américaine

Après la terrible bataille du printemps 1945 dans le S. de l'île principale (→ *encadré p. 95*), la préfecture d'Okinawa est placée sous l'occupation militaire, puis sous l'administration civile des États-Unis. Elle sera restituée tardivement au Japon, en 1972, au terme de longues négociations entre les gouvernements Nixon et Sato. Les bases américaines occupent toujours 20 % de la superficie de l'île principale, dans sa moitié méridionale, la plus urbanisée, reconstruite dans les années 1950 (municipalités de Kadena, Chatan, Ginoza, Yomitan, Higashi...), tandis que le N. reste peu développé. La population de la capitale, Naha, atteint 315 000 hab. Près de 30 000 militaires américains sont encore stationnés sur l'île, ce qui ne manque pas d'entraîner des frictions avec la population civile. La base aérienne de Kadena, la plus grande, dont partaient les B-52 pendant la guerre du Viêt Nam, pose toujours des problèmes de pollution sonore et atmosphérique aux riverains. Les 37 bases américaines sont partagées avec les Forces d'autodéfense japonaises ; la question de leur réduction est suspendue à la révision du traité de sécurité mutuelle américano-nippon.

Des rites à part

La religion autochtone, de tradition orale, est centrée sur le rôle des prêtresses et chamanes, les *kaminchu*. Elle repose sur la notion que seules les femmes peuvent communiquer directement avec les dieux. Cette tradition la distingue du shintoïsme contemporain des grandes îles du Japon, bien que certains sanctuaires à Okinawa soient ornés de *torii*. L'importance des rites funéraires est un trait dominant de la vie sociale dans l'archipel. Les immenses tombes en forme de tortue (*kamekôbaka*), ▶▶▶

◀ Les prêtresses procèdent à de nombreuses purifications rituelles avant d'invoquer les divinités tutélaires (*kami*) de leur communauté, qui descendent alors du ciel ou remontent des profondeurs de la mer afin de recevoir les offrandes à l'*utaki*, le sanctuaire villageois, d'habitude un bosquet sacré ou une grotte.

▶ La tradition du textile *bingata* remonte aux XIVᵉ-XVᵉ s. à Okinawa. Les vêtements, kimonos courts ou longs, sont utilisés pour la danse et le théâtre traditionnels. Autrefois, les *bingata* à fond de couleur jaune d'or étaient le privilège de la famille royale des Ryûkyû.

qui parsèment le paysage de l'île principale, témoignent d'une influence chinoise, taoïste et confucéenne.

■ Productions artisanales

Les textiles en coton *bingata*, aux motifs multicolores (animaliers ou floraux), réalisés selon une technique au pochoir, sont uniques. Ils évoquent les batiks de Chine et d'Asie du Sud-Est, tandis que les tissages au métier sont réalisés selon les techniques de réserve de l'ikat *(kasuri)*, connues ailleurs au Japon. L'indigo est largement utilisé comme colorant pour le *kasuri*. Il existe aussi un textile particulier, très léger, réalisé à partir des fibres de bananier et qui convient au climat chaud et humide : le *bashôfu*, de confection longue et difficile.

La célèbre poterie de Tsuboya porte le nom d'un quartier de Naha où sont regroupés les ateliers de céramique de terre cuite ou vernissée (coupes, plats, vases, bols…).

Le travail de la laque, notamment celui de la laque rouge foncée, était déjà pratiqué sur l'île principale au XIVᵉ s., sous le patronage du souverain. Les influences venues de Chine et d'Asie du Sud-Est se sont harmonieusement mêlées dans les objets en laque rouge et noire.

L'architecture vernaculaire des îles Ryûkyû, particulièrement adaptée à l'environnement, permet une bonne ventilation, la maison en bois étant surélevée. Le lion gardien en terre cuite *(shii-saa)*, posé sur le toit en tuiles rouges, est emblématique de la maison traditionnelle *(minka)* d'Okinawa ; l'entrée est protégée par un mur écran qui doit arrêter les mauvais esprits se déplaçant en ligne droite.

■ Des particularismes bien vivants

La vitalité de la culture d'Okinawa s'exprime aussi par sa musique populaire et folklorique *(minyô)*, les courants pop-rock okinawais contemporains intégrant des rythmes traditionnels. L'instrument à trois cordes, le *sanshin*, introduit de Chine au XVIIᵉ s., accompagne le chant et la danse. La tradition raffinée du théâtre classique dansé *(kumi-odori)* perdure. Enfin, les fêtes *(eisâ)* et les sports traditionnels, comme les courses de longues pirogues *(haarii)* à proue décorée d'une tête de dragon, sont redevenus populaires.

A.G.

▶ Les maisons à couverture en tuiles s'ornent d'un ou plusieurs *shiisaa*, censés protéger la maison et ses occupants des mauvais esprits et des maladies. Ces « lions » sont aussi placés à l'entrée de la cour, parfois du village. Les *shiisaa* en terre cuite coexistent avec des céramiques vernissées de belle facture.

découvrir
partir
séjourner
comprendre
visiter

en savoir plus

Quelques pages pour aller plus loin

Petit dictionnaire	601
Lexique	605
Bibliographie	613
Index des encadrés et des thémas	619
Index général	623

富士三十六景

駿河薩多海上

Petit dictionnaire

A **Amida** (en sanskrit, Amitâbha). Ce bouddha de méditation accueille les fidèles après leur mort. Dispensant compassion et charité, il deviendra dès l'époque de Heian l'objet d'un véritable culte.

B **Bakufu.** « Gouvernement sous la tente ». Désigne le siège du gouvernement militaire des shoguns et le gouvernement central shogunal.

Beer garden. Grande brasserie, souvent située sur les toits des immeubles, où la bière est servie à la pression.

Bentô. Panier-repas.

Bodhisattva. Désigne celui qui a formé le vœu de suivre le chemin indiqué par le Bouddha. Il doit d'abord arriver à son propre Éveil et aider ensuite les autres à s'éveiller.

Bonsai (bonsaï). Arbre qui pousse dans un pot et qui est miniaturisé en taillant ses branches et ses feuilles. Il devient ainsi une véritable œuvre d'art.

Bouddha. Dans la religion bouddhiste, le titre « bouddha » est donné à celui qui est parvenu à la sagesse et à la connaissance parfaite.

Bunraku. Théâtre traditionnel de poupées qui associe chanteurs de *jôruri* (spectacle traditionnel de marionnettes, chanté et dansé) et montreurs de marionnettes ambulants.

Burakumin. « Habitants d'un hameau ». Désigne les descendants des *eta*, individus ou groupes socioprofessionnels engagés dans des activités considérées comme impures (notamment celles qui ont trait aux dépouilles animales) par le bouddhisme et le shintoïsme.

Bushidô (bushido). « Voie des Guerriers ». Désigne les qualités physiques et morales qui sont l'apanage des samouraïs.

C **Caldeira.** Vaste dépression d'origine volcanique, de forme grossièrement circulaire, causée par l'effondrement de la partie centrale d'un volcan.

Chrysanthème (trône du). Nom couramment donné au trône impérial du Japon, le chrysanthème étant l'insigne officiel des empereurs.

Classiques (chinois). Ensemble des livres les plus anciens sur lesquels s'appuie la tradition confucéenne : *Livre des odes, Livre des histoires, Livre des mutations, Annales des Printemps et des Automnes, Livre des rites*.

Confucianisme. École philosophique, morale, politique et religieuse du sage chinois Confucius (551- 479 av. J.-C.).

Cryptomeria. Cèdre du Japon qui a depuis été implanté aussi en Chine, à Taïwan et sur l'île de la Réunion, il se reconnaît par sa grande taille et ses feuilles arrangées comme des épines. Appelé *sugi* en japonais, c'est l'arbre national.

D **Daimyô** (daimyo). Seigneur féodal possédant un fief.

Dit du Genji. Œuvre littéraire du XIe s. écrite par Murasaki shikibu. Présentée comme une œuvre véridique, elle raconte l'histoire d'un prince impérial pendant Heian. L'auteur y dépeint la vie et les relations humaines à la cour.

E **Empereur retiré.** Pour contrebalancer le pouvoir grandissant des Fujiwara, l'empereur Shirakawa inaugura en 1087 le gouvernement retiré *(insei)*. Bien qu'officiellement à la retraite, les empereurs (trois au total, Shirakawa, Toba et Go-Shirakawa) continuaient de fait à exercer leur pouvoir et à régner sur le pays.

Ère. Période inaugurée par le souverain lors de son avènement, ou décrétée en fonction d'un événement majeur, de considérations rituelles, politiques… Le calendrier japonais compte les années à l'intérieur de ces ères. Depuis 1868 (an 1 de l'ère Meiji), on ne compte qu'un nom d'ère par règne.

F **Futon.** Literie japonaise épaisse de 5 à 10 cm qui s'utilise à même le sol et se range dans un placard pendant la journée.

◀ L'une des *Vues du mont Fuji* de Hiroshige Utagawa (1797-1858 ; Paris, BNF, Estampes) : ici, le cône fameux est vu depuis le golfe de Suruga, au sud.

Geisha. « Personne qui pratique les arts ». Experte en divertissements qui rehausse, par ses talents artistiques ou sa beauté, les réunions vespérales où les hommes se retrouvent.

Géomancie. Technique de divination par les cailloux, la terre ou la poussière observés sur une surface plane. On détermine ainsi, par exemple, les sites favorables à la construction de bâtiments.

Geta. Chaussures traditionnelles en bois.

Hachiman. Divinité syncrétique : dieu de la guerre shintoïste et associé au panthéon bouddhique au VIIIe s., son culte est très largement répandu.

Haiku (haïku). Court poème de 17 syllabes comprenant trois vers de 5, 7 et 5 pieds. Le poète Bashô (1644-1694) donna ses lettres de noblesse à ce genre bucolique.

Hara-kiri. → Seppuku.

Honden ou **Konden.** Salle principale d'un sanctuaire shintoïste, dans laquelle demeure le *mitama-shiro* d'un *kami* (objet où le *kami* descend le temps des cérémonies).

Hondô (salle principale) ou **Kondô** (salle d'or). Dans un temple bouddhique, pièce où se trouve l'image principale *(honzon)* de la divinité tutélaire.

Ikebana. Art traditionnel basé sur l'arrangement floral répondant à de nombreux critères de forme et de couleur.

Japonisme. Influence de l'art japonais sur les artistes occidentaux. Dans les années 1870-1880, les premiers collectionneurs et critiques d'art européens entreprennent des voyages au Japon, les expositions universelles de Paris présentent de nombreuses œuvres japonaises et des artistes occidentaux commencent à s'inspirer des œuvres d'art japonaises.

Jinmu. Fondateur et premier empereur du Japon, considéré comme le descendant de la déesse du soleil Amaterasu.

Jizô. Bodhisattva protecteur des enfants morts, sollicité aussi par les mères ayant fait des fausses couches ou ayant avorté. Il n'est d'ailleurs pas rare de voir ces dernières mettre des bavoirs rouges ou des bonnets aux statues représentant les *jizô*. Souvent présent dans les cimetières et sur le bord de routes, il est censé libérer les esprits errants.

Kabuki. Théâtre populaire, sous forme de drame dansé et chanté, né en 1603 à Kyôto. Au début, tous les rôles de kabuki classiques étaient confiés à des hommes.

Kaiseki ryôri (cuisine *kaiseki*) : grande cuisine japonaise, souvent composée de plusieurs plats.

Kakemono. Peinture sur soie ou papier suspendue verticalement qui s'enroule autour d'un bâton.

Kami. Divinité ou esprit shintoïste.

Kamikaze. « Le vent des dieux ». Pendant la Seconde Guerre mondiale, pour éviter l'invasion de l'archipel, l'État nippon créa les premières unités d'hommes torpilles et d'avions-suicide remplis d'explosifs, les redoutables « forces spéciales du vent divin ».

Kannon. Divinité brahmanique et indienne ; elle est vénérée au Japon comme représentante de la miséricorde et de la compassion.

Kôdô. Dans les temples et monastères bouddhiques, salle réservée aux sermons ou aux réunions de religieux.

Kojiki. « Chronique des faits anciens », considérée comme le plus ancien ouvrage écrit au Japon et comme la première œuvre de la littérature nippone. On dit que les empereurs le firent écrire par O no Yasumaro, envoyé à travers le Japon pour recueillir récits et légendes entre 680 et 712. Ce recueil des principaux mythes fondateurs de l'archipel est un composant majeur de la culture japonaise et du culte shintoïste. Le *Kojiki* est composé de trois parties : la genèse du Japon, l'arrivée des premiers dieux, Izanagi et Izanami, et la naissance de la déesse du soleil Amaterasu ; puis le périple du premier empereur Jinmu et les règnes de ses 14 successeurs ; enfin le récit de la vie des empereurs Nintoku (le 16e) à Suiko (le 33e, impératrice).

Konden. → Honden.

Kondô. → Hondô.

Mandara. Terme dérivant du sanskrit mandala signifiant autel ou système schématique. Il s'agit d'une peinture symbolique et mystique représentant l'univers à l'aide d'images « cosmiques » reprenant l'iconographie propre au panthéon bouddhiste et aux sectes ésotériques Tendai et Shingon.

Matsuri. Fête rituelle d'origine shintoïste célébrée par les membres d'une communauté locale.

Meiji. Empereur connu également sous le nom de Mustsuhito (1852-1912). Il reçut le nom posthume de Meiji, nom de l'ère qui a débuté sous son règne (1868) et pris fin le jour de sa mort (1912). Sous son règne, le Japon va connaître de nombreuses réformes et entrer dans la modernité.

Mikoshi. Sanctuaire portatif que l'on promène dans les rues lors des *matsuri*.

Minshuku. Établissement familial semblable aux chambres d'hôtes. Les chambres sont souvent composées de futons et de tatamis et le prix comprend généralement le petit déjeuner et le dîner.

Momoyama, style (1573-1614). Style artistique de l'époque Azuchi-Momoyama. De nombreux jardins, châteaux ou demeures ont été construits à cette époque.

Moyen Âge. Étiqueté très souvent comme âge féodal, le Moyen Âge japonais débute en 1185 avec l'époque Kamakura et se termine à la fin du XVIe s.

Mutsuhito. → *Meiji*.

N

Nanban. « Barbare du Sud ». Désigne les Européens qui arrivent en bateau au Japon, en 1543 par le Sud. Ce terme est utilisé aussi pour nommer toute forme d'art japonais en rapport avec l'Europe ou influencée par elle à cette époque.

Nihon shoki. Rédigé en 720, il s'agit, avec le *Kojiki*, des plus anciennes annales ou chroniques historiques japonaises. Ils décrivent tous deux l'origine divine de la famille impériale japonaise ainsi que l'histoire des origines du Japon.

Ninja. Espion-guerrier du Japon médiéval qui utilisait les techniques du *ninjutsu* : combats à la lance, maîtrise du sabre, étranglement, etc.

Niô. Les statues colossales de ces deux rois divins, gardiens du bouddhisme, se trouvent sous le portail d'entrée de certains temples majeurs. L'un, Agyô, par ses dents menaçantes et sa posture violente, exprime la colère déchaînée. Sa bouche ouverte prononcerait, dit-on, le premier son de l'alphabet sanskrit tandis que l'autre, Ungyô, par sa bouche fermée et crispée, en prononcerait le dernier, signifiant ainsi le début et la fin de toute chose.

Nô. Forme de théâtre lyrique, empreinte d'austérité et d'hiératisme, créée au XIVe par Zeami. Issu de danse d'origine continentale (*sarugaku*), le nô deviendra le divertissement privilégié de la noblesse d'épée.

Nôren. Rideau fendu et suspendu à l'encadrement d'une porte, souvent de couleur bleue, orné d'idéogrammes et servant d'enseigne à l'entrée d'un magasin ou d'un restaurant.

O

Onsen. Bain thermal japonais. L'eau chaude de ces bains est souvent issue de sources volcaniques.

P

Pachinko. Sorte de billard électrique vertical né au lendemain de la Seconde Guerre mondiale.

R

Râmen. Nouilles d'origine chinoise servies dans un bouillon accompagné de légumes ou de viande.

Rangaku. « Études hollandaises ». Désigne l'ensemble des connaissances occidentales introduites au Japon par l'intermédiaire des marchands hollandais résidant à Deshima (Nagasaki) à l'époque d'Edo.

Rônin. « Homme de la vague ». Terme péjoratif désignant les samouraïs sans maître, particulièrement nombreux à l'époque d'Edo. Aujourd'hui, ce terme désigne les étudiants recalés se préparant à un nouvel examen.

Ryokan. Auberge traditionnelle souvent accompagnée d'un *onsen*. Les chambres sont composées de futons, de tatamis et de portes coulissantes.

Ryotei. Restaurant traditionnel haut de gamme où les clients sont généralement installés dans des pièces individuelles.

S

Sake (saké). Alcool de riz fermenté au malt servi chaud ou tiède en début de repas.

Salaryman. Ce terme japonais désigne les cadres ou ouvriers d'une entreprise qui passent beaucoup de temps à leur travail, sortent le soir entre collègues et ne participent pas beaucoup à leur vie de famille.

Samurai (samouraï). « Celui qui sert ». Membre d'une caste guerrière, active sous le règne des shoguns Tokugawa (époque Edo).

Sanctuaire. Lieu central du culte shintoïste où les *kami* sont vénérés. Ils se distinguent des temples bouddhiques par leur *torii*.

Seppuku. Suicide rituel par éventration. Le terme *hara-kiri*, synonyme, appartient à la langue populaire. Le seppuku est un privilège réservé exclusivement à la noblesse d'épée.

Shamisen. Sorte de mandoline à trois cordes jouée avec un plectre d'ivoire. Avec le koto (longue cithare à 13 cordes), le shamisen est l'instrument de prédilection des geishas.

Shinkansen. Train à grande vitesse japonais, mis en service en 1964.

Shintô (shintoïsme). « Voie des Dieux ». Ensemble de croyances animistes et panthéistes propres au peuple japonais. Cette religion primitive, fortement influencée par le chamanisme, se distingue par la croyance en une infinité de divinités tutélaires *(kami)* peuplant l'univers et dont on s'attire les bonnes grâces par diverses pratiques.

Shôgun (shogun). Titre porté dès le XIIIe s. par les généraux et les chefs de guerre exerçant la réalité du pouvoir politique, militaire et administratif.

Shôji. Porte traditionnelle coulissante à cloison en papier translucide posée sur un cadre en bois.

Soleil levant, empire du. Terme qui désigne le Japon, dont le nom en japonais *(Nihon)* signifie « origine du soleil ».

Sumô (sumo). Les origines du sumo sont très anciennes, puisque le premier tournoi aurait eu lieu au Ier s. de notre ère, probablement pour commémorer la lutte mythique de deux divinités qui se seraient disputé la possession de l'ancienne province d'Izumo. Aujourd'hui le sumo est un sport national, mais aussi un spectacle extrêmement populaire au Japon.

Sutra. Texte attribué au Bouddha ou à ses disciples immédiats.

T **Taoïsme.** Religion chinoise fondée par Laozi au VIe s. av. J.-C. Elle influença tout l'Extrême-Orient par ses applications en médecine chinoise (équilibre entre énergies), dans la calligraphie et dans l'art (naturalisme).

Tatami. Natte de paille (1,80 m x 0,90 m) recouvrant le plancher de la maison japonaise. C'est également une unité de mesure de la pièce japonaise.

Temple. Ensemble de bâtiments où l'on célèbre le culte de divinités bouddhiques.

Tennô. « Souverain céleste ». Terme honorifique désignant l'empereur depuis le milieu du VIe s.

Tôkaidô. « Route de la mer de l'Est ». Historiquement, ce terme désigne une circonscription administrative qui englobe les provinces situées entre les régions du Kantô et du Kansai. C'est aussi la route qui traverse ces provinces et qui joignait Edo à Kyôto en 53 étapes.

Torii. Portique annonçant l'entrée dans une enceinte sacrée shintoïste (sanctuaire).

Trésor national. Sont ainsi désignées les plus célèbres propriétés culturelles de la nation – le plus souvent des pièces de musée, mais aussi parfois des personnalités.

U **Ukiyo-e.** « Peinture du monde flottant ». Désigne les estampes représentant les plaisirs terrestres fugitifs dont se montraient friands les citadins de l'époque d'Edo.

V **Véhicule.** Appellation donnée aux principaux courants du bouddhisme.

Y **Yakitori.** « Oiseau grillé ». Brochette constituée traditionnellement de poulet et de légumes, mais faite aujourd'hui avec toutes sortes de viandes ou de poissons.

Yamato. Ancienne province du Japon, correspondant à l'actuelle préfecture de Nara.

Yukata. Kimono léger en coton que l'on porte chez soi ou durant les chaudes nuits estivales, lors des *matsuri*.

Z **Zaibatsu.** « Clique financière ». Trusts ou cartels extrêmement puissants qui dominèrent l'économie japonaise du début du XXe s. jusqu'à la fin de la Seconde Guerre mondiale.

Zen. Cette école bouddhiste est connue en Occident grâce notamment à Suzuki Daisetsu (1870-1966), pour qui « le Zen est, dans son essence, l'art de voir dans la nature de son être » (*Essais sur le bouddhisme zen*, 1940-1946). Si l'esprit du zen a profondément imprégné la culture japonaise, réduire la pratique du bouddhisme au zen serait une grossière erreur.

Lexique

Le japonais s'écrit à l'aide de caractères chinois *(kanji)* et de deux syllabaires *(hiragana* et *katakana)*. Dans ce guide, les noms de lieux sont la plupart du temps suivis de leur transcription en lettres romaines, appelée *rômaji*.

Les **voyelles longues** sont accentuées par un accent circonflexe, les consonnes géminées sont indiquées par un doublement de la consonne sauf exceptions.

Les **noms des personnes** japonaises ont été écrits conformément à la pratique courante sur l'archipel : le patronyme avant le prénom.

Hiragana

あ a	い i	う u	え e	お o
か ka	き ki	く ku	け ke	こ ko
さ sa	し shi	す su	せ se	そ so
た ta	ち chi	つ tsu	て te	と to
な na	に ni	ぬ nu	ね ne	の no
は ha	ひ hi	ふ fu	へ he	ほ ho
ま ma	み mi	む mu	め me	も mo
や ya		ゆ yu		よ yo
ら ra	り ri	る ru	れ re	ろ ro
わ wa				を wo
ん n				

Katakana

ア a	イ i	ウ u	エ e	オ o
カ ka	キ ki	ク ku	ケ ke	コ ko
サ sa	シ shi	ス su	セ se	ソ so
タ ta	チ chi	ツ tsu	テ te	ト to
ナ na	ニ ni	ヌ nu	ネ ne	ノ no
ハ ha	ヒ hi	フ fu	ヘ he	ホ ho
マ ma	ミ mi	ム mu	メ me	モ mo
ヤ ya		ユ yu		ヨ yo
ラ ra	リ ri	ル ru	レ re	ロ ro
ワ wa				ヲ wo
ン n				

■ Prononciation

Elle ne présente guère de difficultés car elle ne possède pas de tons comme dans d'autres langues asiatiques, et toutes les consonnes et voyelles se prononcent. Les seules différences de prononciation avec la langue française sont :

> *u* = ou
> *e* = é
> *ch* = tch (ex. : tchèque)
> *f* = dans la syllabe *fu*, se prononce lèvres un peu fermées et en soufflant légèrement (entre fu et hu)
> *h* = h aspiré
> *j* = dj
> *r* = entre l et r
> *s* = s (ex. : soirée)
> *sh* = ch (ex. : chat)

■ Syntaxe

Pour un francophone, les phrases japonaises paraissent construites à l'envers. En effet, le verbe est toujours placé à la fin et, la plupart du temps, le sujet n'est pas précisé. S'il veut aller au cinéma, un Japonais dira : « 映画館に行きたい » *(eigakan ni ikitai)*, soit « cinéma au aller vouloir ». La particule *ka* (か) à la fin d'une phrase marquera l'interrogation, *tai* (たい) la volonté, *nai* (ない) la négation, *katta* (かった) le passé. Pour exprimer la non-volonté au passé, on les associe en modifiant un peu *(nakutakatta)*.

■ Formules usuelles

Oui はい　hai
Non いいえ　iie
Non merci いいえ、結構です　iie kekkô desu
Merci ありがとう　arigatô
Merci beaucoup どうもうありがとう　dômô arigatô
De rien どういたしまして　dôitashimashite
Bonjour (le matin) おはようございます　ohayôgazaimasu
Bonjour (la journée) こんにちは　konnichiwa
Bonsoir こんばんは　konbanwa
Bonne nuit お休みなさい　oyasuminasai
Au revoir さようなら　sayônara
Au revoir (entre amis) じゃね　ja-ne
À bientôt ではまた　dewa mata
Excusez-moi すみません　sumimasen
Je suis désolé ごめんなさい　gomennasai
Je vous en prie どうぞう　dôzô
OK, pas de problème 大丈夫　daijôbu
Allô もしもし　moshi moshi
Comment allez-vous ? 元気ですか　genki desu ka
Je vais bien 元気です　genki desu
Enchanté はじめまして　hajimemashite
Je ne parle pas japonais 日本語を話せません　Nihon-go wo hanasemasen
Parlez-vous anglais ? 英語を話せますか　eigo wo hanasemasuka
Je ne comprends pas わかりません　wakarimasen
Pouvez-vous répéter s'il vous plaît ? もう一度言ってください　mô ichido itte kudasai
Comment cela s'appelle en japonais ? 日本語では何と言いますか　nihon-go dewa nan to iimasuka

■ Présentations

France フランス　Furansu
Japon 日本　Nihon
Pays 国　kuni
Français (nationalité) フランス人　Furansu-jin

Repères pour le visiteur

Afin de comprendre le sens de certains mots, il suffit d'en regarder la terminaison car elle indique sa fonction.

-an 庵 (pavillon de thé)
-chô 丁 (quartier)
-den 殿 (salle)
-dô 堂 (bâtiment religieux)
-en 園 (parc)
-gai 街 (quartier)
-in 院 (bâtiment)
-ji 寺 (temple bouddhique)
-jingû 神宮 (sanctuaire)
-jinja/-jinya 神社 (sanctuaire)
-jô 城 (château)
-kan 館 (bâtiment)
-ke 家 (maison)
-ken 県 (préfecture)
-ko 湖 (lac)
-ku 区 (arrondissement)
-mon 門 (porte)
-rin 林 (forêt)
-san さん (nom de personnes)
-san/-zan 山 (montagne)
-sen 線 (ligne)
-shi 市 (ville)
-tei 邸 (résidence)
-to 都 (capitale)
-tô 塔 (pagode)
-tô 島 (île)
-zan/-san 山 (montagne)

bashi/hashi 橋 (pont)
bijutsukan 美術館 (musée)
dake/take 岳 (volcan)
dani/tani 谷 (vallée)
dera/tera 寺 (temple)
dôri 通 (avenue)
eki 駅 (gare, station)
gawa/kawa 川 (rivière)
hama 浜 (plage)
hantô 半島 (péninsule)
hashi/bashi 橋 (pont)
ike 池 (étang)
jima/shima 島 (île)
kawa/gawa 川 (rivière)
kôen 公園 (parc)
kura 倉 (entrepôt)
machi 町 (ville ; quartier)
mae 前 (devant ; souvent utilisé dans les noms de station ou d'arrêt de bus pour désigner l'arrêt devant un bâtiment ou monument)
misaki 岬 (cap)
mura 村 (village)
saka/zaka 坂 (rue en pente)
shima/jima 島 (île)
taisha 大社 (sanctuaire)
take/dake 岳 (volcan)
taki 滝 (cascade)
tani/dani 谷 (vallée)
tera/dera 寺 (temple)
yama 山 (montagne)
zaka/saka 坂 (rue en pente)

Je suis... 私は. . .です
　watashi wa... desu
Comment vous appelez-vous ? お名前
　は何ですか o-namae wa nandesu ka
Je m'appelle... 私は. . .と申します
　watashi wa... to môshimasu
Homme 男　otoko
Femme 女　onna
Enfants 子供　kodomo
Adulte 大人　otona
Nom de famille 名字　myôji

Prénom 名前/名　namae/mei
Adresse 住所　jûsho
Date de naissance 青年月日　seinen gappi
Sexe 性別　seibetsu
Je 私　watashi ou watakushi
Tu 君　kimi
Il/elle 彼　kare
Nous 私達/我々　watashitachi/wareware
Vous あなた　anata
Ils/elles 彼ら　karera
Qui ? だれ　dare

■ Compter
1 一 ichi
2 二 ni
3 三 san
4 四 shi/yon
5 五 go
6 六 roku
7 七 shichi/nana
8 八 hachi
9 九 ku
10 十 jû
11 十一 jû ichi
12 十二 jû ni
13 十三 jû san
14 十四 jû yon
15 十五 jû go
16 十六 jû roku
17 十七 jû shichi
18 十八 jû hachi
19 十九 jû ku
20 二十 ni jû
30 三十 san jû
40 四十 yon jû
50 五十 go jû
60 六十 roku jû
70 七十 nana jû
80 八十 hachi jû
90 九十 ku jû
100 一百 ippyaku
200 二百 ni hyaku
1 000 一千 issen
2 000 二千 nisen
5 000 五千 gosen
10 000 一万 ichi man
20 000 二万 ni man

■ Saisons
Printemps 春　haru
Été 夏　natsu
Automne 秋　aki
Hiver 冬　fuyu

■ Mois
Janvier 一月　ichi gatsu
Février 二月　ni gatsu
Mars 三月　san gatsu
Avril 四月　shi gatsu
Mai 五月　go gatsu
Juin 六月　roku gatsu
Juillet 七月　shichi gatsu
Août 八月　hachi gatsu
Septembre 九月　ku gatsu
Octobre 十月　jû gatsu
Novembre 十一月　jû ichi gatsu
Décembre 十二月　jû ni gatsu

■ Jours
Lundi 月曜日　getsu yôbi
Mardi 火曜日　ka yôbi
Mercredi 水曜日　sui yôbi
Jeudi 木曜日　moku yôbi
Vendredi 金曜日　kin yôbi
Samedi 土曜日　do yôbi
Dimanche 日曜日　nichi yôbi

■ Temps
Quand ? いつ　itsu ?
Aujourd'hui 今日　kyô
Hier 昨日　kinô
Demain 明日　ashita
Après-demain 明後日　asatte
Matin 朝/午前　asa/gozen
Après-midi 午後　gogo
Soir 夕方　yûgata
Nuit 夜　yoru
Ce soir 今晩　konban
Cette nuit 今夜　konban
Maintenant 今　ima
Jour 日　nichi
Semaine 週　shû
Mois 月　gatsu

Pour écrire une date en japonais, il faut d'abord écrire l'année, puis le mois et ensuite le jour. Par exemple, pour le 18 mars 2001, nous écrirons 2001年03月18日. L'idéogramme 年 se lit *nen* et suit l'année, 月 se lit *gatsu* et suit le mois et enfin, 日 se lit *nichi* (sauf exceptions pour les jours de 1 à 10, 14, 20 et 24) et signifie « jour ».

■ Voyage
À destination de… . . . 行き …yuki
Aéroport 空港 kûkô
Avion 飛行機 hikôki
Bagages 荷物 nimotsu
Passeport パスポート pasupôto
Billet/ticket 切符 kippu
Guichet 切符売り場 kippu uriba
Billetterie automatique 券売機 kenbaiki
Annulé 中止/キャンセル chûshi/kyanseru
Retardé 遅延 chien
Douane 税関 zeikan
Enregistrement チェックイン chekku in
Navette シャトルバス shatoru basu
Aller 片道 katamichi
Aller-retour 往復 ôfuku
Train 電車 densha
Train rapide (super express) 特急 tokkyû
Train express 急行 kyûkô
Train semi-express 準急 junkyû
Train normal, local 普通 futsû
Gare/station 駅 eki
Quai ホーム hômu
Départ 出発 shuppatsu
Arrivée 到着 tôchaku
Horaires 時刻表 jikokuhyô
Réservation 予約 yoyaku
Consigne automatique コインロッカー koin rokkâ
Bateau 船 fune
Embarcadère 船着き場 funatsukijô
Taxi タクシー takushî
Métro 地下鉄 chikatetsu
Correspondance 乗り換え norikae
Bus バス basu
Arrêt de bus バス停 basutei
Gare routière バスターミナル basu tâminaru
Vélo 自転車 jitensha
Voiture 車 kuruma

■ Hébergement
Voyez aussi le chapitre Séjourner, p. 29.
Avez-vous une chambre libre ?
空き部屋はありますか
akibeya wa arimasuka
Auberge traditionnelle 旅館 ryokan
Auberge de jeunesse ユースホステル yûsu hosuteru
Hôtel ホテル hoteru
Pension ゲストハウス gesuto hausu
Gîte rural/chambre d'hôtes 民宿 minshuku
Hébergement dans un temple 宿望 shukubô
Chambre 部屋 heya
Chambre simple シングルの部屋 shinguru no heya
Chambre double ツインの部屋 tsuin no heya
Chambre de style japonais 和室 washitsu
Chambre de style occidental 洋室 yôshitsu
Bain japonais お風呂 O-furo
Salle de bains 浴室 yokushitu
Toilettes トイレ toire
Lavabo 手荒い tearai
Chauffage 暖房 danbô
Climatisation エアコン eakon
Clé 鍵 kagi
Combien est-ce par nuit ? 一泊いくらですか ippaku ikura desu ka
Bon marché 安い yasui
Cher 高い takai

■ Orientation
Où ? どこ doko ?
Ici ここ koko
Là そこ soko
Droite 右 migi
Gauche 左 hidari
Est 東 higashi
Ouest 西 nishi
Nord 北 kita
Sud 南 minami
Entrée 入り口 iriguchi
Sortie 出口 deguchi
Sortie de secours 非常口 hijôguchi
Tout droit まっすぐ massugu
Milieu/centre 中 naka
Jusqu'à… ….まで …made
Derrière 後ろ ushiro
Devant 前 mae
Proche 近くに chikakuni
Loin 遠くに tôkuni
Tourner 曲がる magaru
Carrefour 交差点 kôsaten
À pied 歩いて aruite
Plan/carte 地図 chizu
Je suis perdu 迷いました mayoimashita

■ En ville
Je voudrais… …をください …wo kudasai
Avez-vous… ? …がありますか …ga arimasuka
Ambassade 大使館 taishikan
Consulat 領事館 ryôjikan
Banque 銀行 ginkô

Distributeur automatique 自動販売機 jidôhanbaiki
Bureau de poste 郵便局 yûbinkyoku
Timbre 切手 kitte
Poste de police 警察署 keisatsusho
Office de tourisme 観光協会 kankô kyôkai
Téléphone public 公衆電話 kôshû denwa
Carte de téléphone テレフォンカード telefon kâdo
Consigne automatique コインロッカー koin rokka
Agence de location de voitures レンタカー renta kâ
Café Internet インターネットカフェ intânetto kafe
Combien cela coûte-t-il ? いくらですか ikura desu ka
Musée 美術館/博物館 bijutsukan/hakubutsukan
Centre-ville 都心 toshin
Cinéma 映画館 eigakan
Théâtre 劇場 gekijô
Marché 市場 ichiba
Librairie 本屋 honya
Magasin 店 mise
Café 喫茶店 kissaten
Bar バー bâ
Ouvert 営業中 eigyôchû
Gratuit 無料 muryô
Réservation 予約 yoyaku
Stationnement interdit 駐車禁止 chûsha kinki
Interdiction de fumer 禁煙 kin'en
Attention 注意 chûi
Information 案内 annai

■ Santé
Hôpital 病院 byôin
Médecin 医者 isha
Dentiste 歯医者 haisha
Pharmacie 薬局 yakkyoku
Médicament 薬 kusuri
Ambulance 救急車 kyûkyûsha
Salle des urgences 救急病院 kyûkyû byôin
Je suis malade 病気です byôki desu
Où avez-vous mal ? どこが痛みますか doko ga itamimasuka
J'ai mal ici ここが痛いです koko ga itai desu
Dents 歯 ha
Ventre お腹 onaka
Tête 頭 atama

■ Restaurant
Voyez aussi les chapitres Séjourner (p. 31) et Gastronomie (p. 153).
Bon appétit いただきます itadakimasu
Merci pour ce repas ごちそうさまでした gochisô sama deshita
Restaurant レストラン resutoran
Bistro 居酒屋 izakaya
Café 喫茶店 kissaten
Restaurent de sushi 寿司屋 sushi-ya
Cafétéria 食堂 shokudô
Menu 定食/メニュー teishoku/menyû
Addition お勘定 o-kanjô
Commande 注文 chûmon
Petit déjeuner 朝ご飯 asa gohan
Déjeuner 昼ご飯 hiru gohan
Dîner 晩ご飯 ban gohan
Bentô (boîte-repas) 弁当
Baguettes 箸 hashi
Fourchette フォーク fôku
Couteau ナイフ naifu
Cuillère スプーヌ supûnu
J'ai faim お腹がすいています onaka ga suiteimasu
Je n'ai plus faim もうお腹がいっぱいです mô onaka ga ippai desu
Bon おいしい oishii
Mauvais まずい mazui
Chaud 熱い atsui
Froid 冷たい tsumetai
Épicé 辛い karai
Sucré 甘い amai
Bouilli ゆでた yudeta
Frit 揚げた ageta
Sauté 炒めた itameta

■ Boissons
Boisson 飲み物 nomimono
À votre santé 乾杯 kanpai
J'ai soif のどが渇いてた nodo ga kawaita
Eau 水 mizu
Vin ワイン wain
Vin blanc 白ワイン shiro wain
Vin rouge 赤ワイン aka wain
Bière ビール bîru
Café コーヒー kôhî
Thé お茶 o-cha
Thé vert 緑茶 ryokucha
Thé vert de cérémonie (en poudre) 抹茶 matcha
Thé noir 紅茶 kôcha
Jus de fruits フルーツジュース furûtsu jyûsu
Jus d'orange オレンジジュース orenji jyûsu

Poissons et fruits de mer

Abalone 鮑 / あわび awabi
Anguille de mer 穴子 anago
Anguille 鰻 / うなぎ unagi
Bar スズキ suzuki
Bonite 鰹 / かつお katsuo
Chinchard 鯵 / あじ aji
Coquille Saint-Jacques 帆立貝 / ほたてがい hotategai
Crabe 蟹 / かに kani
Crevette 蝦 / えび ebi
Crevette crue なま蝦 なまえび nama ebi
Daurade 鯛 / たい tai
Hareng 鰊 / にしん nishin
Maquereau 鯖 / さば saba
Oursin うに uni
Palourde あまぐり amaguri
Poulpe たこ tako
Sardine 鰯 / いわし iwashi
Saumon 鮭 / さけ saké
(œufs de saumon : いくら ikura)
Seiche 烏賊 / いか ika
Thon 鮪 / まぐろ maguro
Thon gras とろ toro

Lait ミルク miruku
Saké 酒/日本酒 sake/nihonshu
Liqueur de prune 梅酒 umeshu

■ Aliments

Aubergine なつ natsu
Beurre バター batâ
Bœuf 牛肉 gyûniku
Carotte にんじん ninjin
Champignon キノコ kinoko
Fraise いちご ichigo
Fruit 果物 kudamono
Haricot 豆 mame
Huile 油 abura
Jambon ハム hamu
Légume 野菜 yasai
Mandarine みかん mikan
Œuf 卵 tamago
Oignon たまねぎ tamanegi
Pain パン pan
Pêche 桃 momo
Poisson 魚 sakana (→ *encadré*)
Poivre こしょう koshô
Pomme りんご ringo
Porc 豚肉 butaniku
Poulet 鶏肉 toriniku
Prune 梅 ume
Radis japonais 大根 daikon
Riz ご飯 gohan
Salade サラダ sarada
Sauce de soja しょうゆ shôyu
Sel 塩 shio
Sucre 砂糖 satô
Viande 肉 niku

■ Plats traditionnels

Voyez aussi le chapitre Gastronomie, p. 153.

Chirashi zushi (tranches de poisson cru posées sur un bol de riz vinaigré) ちらし寿司
Gyôza (raviolis chinois à base de porc et de légumes) 餃子
Gyûdon (tranches de bœuf à la sauce de soja sur un bol de riz) 牛丼
Katsudon (côtelette de porc panée et œuf sur un bol de riz) カツ丼
Nabe (bouillon et divers ingrédients dans une grande marmite, sorte de pot-au-feu) 鍋
Nattô (haricots de soja fermentés, gluants) 納豆
Okonomiyaki (grosse crêpe à base d'œuf, de choux, de viande, légumes ou poisson) お好み焼き
Râmen (soupe de nouilles chinoises) ラーメン
Sashimi (tranches de poisson cru) 刺身
Sushi 寿司
Soba (pâtes de sarrasin mangées chaudes en soupe ou froides sur une assiette de bambou) そば
Shabu-shabu (plat de viande de bœuf et de légumes plongés dans un bouillon) しゃぶしゃぶ
Sukiyaki (bœuf, légumes et tôfu cuits dans une marmite avec de la sauce de soja et du sucre) すき焼き
Takoyaki (boulette contenant des morceaux de poulpe enrobés de pâte à crêpe) たこ焼き
Tenpura (beignets de légumes ou fruits de mer) 天ぷら
Teppan yaki (viande et crevette cuites sur une plaque chauffante) 鉄板焼き
Tôfu (lait de soja fermenté) 豆腐
Tonkatsu (porc pané) とんかつ
Udon (pâtes de blé épaisses mangées en soupe avec de la viande) うどん
Yakitori (brochettes de poulet) 焼き鳥

TAKAYAMA

A bientôt dans notre ville de Takayama !

Festival du printemps de Takayama

Anciennes demeures privées

Village folklorique de Hida

Alpes du Nord et Téléphérique de Shinhotaka

春夏秋冬

飛騨髙山

http://www.hida.jp/

TAKAYAMA
KYOTO
TOKYO
NAGOYA
OSAKA

PARIS-TOKYO, OSAKA et NAGOYA
SANS ESCALE, TOUS LES JOURS*
avec JAPAN AIRLINES !

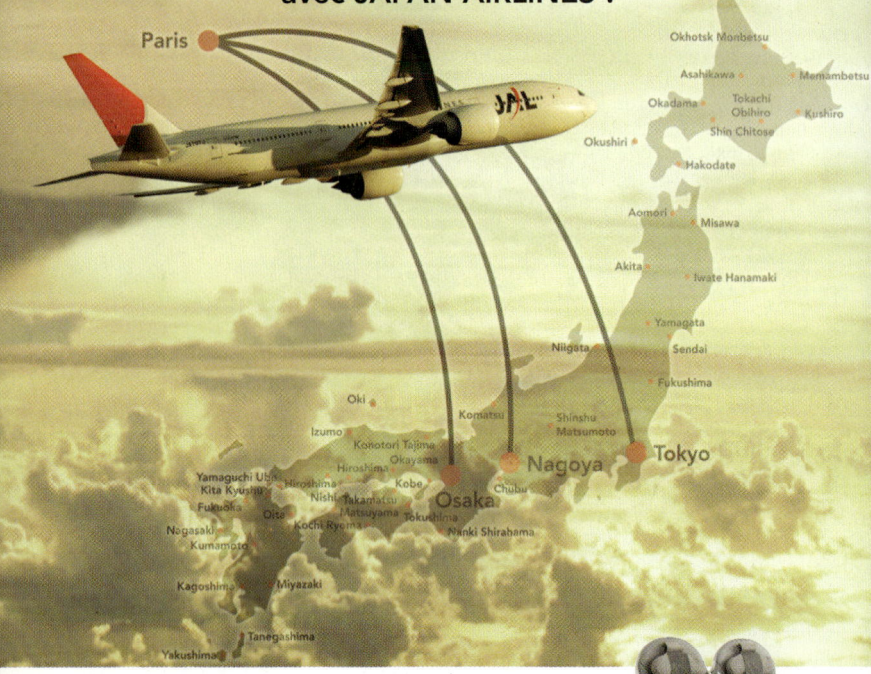

Au Japon, le Groupe JAL vous propose le plus vaste réseau intérieur avec 60 aéroports desservis.

Et découvrez désormais la nouvelle Classe **JAL Premium Economy** sur nos vols Paris-Tokyo ! Une cabine exclusive, 20% d'espace en plus, un nouveau fauteuil à coque enveloppante. Service à bord Premium. Comptoir d'enregistrement spécifique. Voilà quelques-unes des nouveautés de la Classe JAL Premium Economy qui font toute la différence.

oneworld
www.fr.jal.com
Tél. Réservations: 0810 747 700

JAL
JAPAN AIRLINES

* dont certains vols en exploitation conjointe avec Air France.

Bibliographie

Ouvrages généraux

BENEDICT R., *Le Chrysanthème et le Sabre*, Philippe Picquier, 1995. L'auteur n'est jamais allée au Japon, mais pourtant son ouvrage, commandé pour servir de manuel aux forces d'occupation américaines, est considéré comme un grand livre au Japon.

BERQUE A., *Dictionnaire de la civilisation japonaise*, Hazan, 1994. Loin des clichés habituels, cette introduction présente de multiples aspects de la civilisation japonaise.

FRÉDÉRIC L., *Le Japon, Dictionnaire et civilisation*, Robert Laffont, 1996. Plus de 20 000 articles sur l'histoire et la culture, accompagnés de biographies et d'illustrés.

MACÉ F. et M., *Le Japon d'Edo*, Les Belles-Lettres, 2006. À l'époque d'Edo (1603-1868), les frontières du pays étaient fermées aux étrangers et tout échange avec l'extérieur prohibé. Les auteurs évoquent de façon didactique tous les aspects de la vie durant cette période dont il existe peu de témoignages.

PELLETIER P., *Le Japon : géographie, géopolitique et géohistoire*, Sedes, 2007. Une analyse du Japon contemporain, très complète et pédagogique.

PEZEU MASSABUAU J., *Géographie du Japon*, PUF, coll. « Que sais-je ? », 1968. Une synthèse précieuse sur un archipel où le milieu naturel ne cesse de se transformer.

PONS P., *Misère et crime au Japon du XVIIe siècle à nos jours*, Gallimard, 1998. Décryptage de la société japonaise analysée sous l'angle de populations marginales et silencieuses.

PONS P. et SOUYRI P.-F., *Le Japon des Japonais*, Liana Lévy, 2004. Petit ouvrage de vulgarisation complet pour sortir des sentiers battus et des clichés.

SABOURET J.-F. (sous la dir. de), *Invitation à la culture japonaise*, La Découverte, 2001. Ce livre a pour ambition de dépasser les clichés sur le Japon et de faire mieux connaître la culture nippone ;

—, *Japon, peuple et civilisation*, La Découverte, 2004. Cet ouvrage collectif aborde le Japon tant d'un point de vue historique, sociologique que politique ou géographique.

Histoire

CALVET R., *Les Japonais, Histoire d'un peuple*, Armand Colin, 2003. Entre samouraïs et geishas, le peuple japonais a souvent été stéréotypé. Présentation de cette population hors norme depuis ses origines.

ELISSEEFF D., *Histoire du Japon*, Éditions du Rocher, 2001. Étude générale sur le Japon de 8000 av. J.-C. à l'an 2000, ponctuée d'anecdotes et de repères chronologiques.

HÉRAIL F. (sous la dir. de), *Histoire du Japon*, Horvath, 1991. L'histoire de l'archipel des origines jusqu'à l'ère Meiji (1868-1912) par une des plus grandes historiennes françaises spécialistes du Japon.

KOUAMÉ N., *Pèlerinage et société dans le Japon des Tokugawa : le pèlerinage de Shikoku entre 1598 et 1868*, École française d'Extrême-Orient, 2001. Aspects historique et culturel du pèlerinage de Shikoku.

KOUAMÉ N. et HÉRAIL F., *Conversations sous les toits*, Philippe Picquier, 2008. Entretiens sur l'histoire du Japon, la manière de la vivre et de l'écrire, conversations entre historiennes orientalistes.

PARVULESCO C., *Samouraï et kamikaze, La Tradition guerrière du Japon*, Du May, 2009. Des guerres contre la Corée et la Chine jusqu'aux bombardements suicides de la fin de la Seconde Guerre mondiale ainsi que, dans une seconde partie, la vie des samouraïs.

REISCHAUER E. O., *Histoire du Japon et des Japonais* (2 volumes), Seuil, 1973 (remise à jour en 2001). L'auteur, ancien ambassadeur au Japon sous J. F. Kennedy, livre les clés du Japon contemporain mais aussi celles de ses origines.

Souyri P.-F., *Le Monde à l'envers, La Dynamique de la société médiévale*, Maisonneuve et Larose, 1998. Une somme éclairante sur le Japon au Moyen Âge et sa société.

Thiébaud J.-M., *La Présence française au Japon du XVIe siècle à nos jours*, L'Harmattan, coll. « Recherches asiatiques », 2008. En annexe, un dictionnaire biographique rassemble 2 640 acteurs de cette présence française et francophone.

Touchet É. de, *Quand les Français armaient le Japon*, Presses universitaires de Rennes, 2003. Réflexion sur les relations franco-japonaises du XIXe s.

Arts

Bayard-Sakai A., *La Parole comme art, le rakugo japonais*, L'Harmattan, 1992. Histoire et études de textes d'un art de la scène qui a su traverser les siècles.

Black A., *La Maison japonaise*, Flammarion, 2002. Parcours instructif dans des maisons et jardins japonais où la tradition reste très présente.

Kozyreff C., *Les Arts du Japon à l'époque d'Edo, 1603-1868*, Renaissance du Livre, 2003. La ville d'Edo (Tôkyô) donne son nom à la période durant laquelle elle est capitale politique. Cette époque sera très faste dans le domaine des arts et plus particulièrement celui de l'estampe (*ukiyo-e*).

Lucken M., *L'Art du Japon au vingtième siècle*, Hermann, 2001. L'auteur explore les œuvres d'arts du XXe s. et étudie ses différentes formes.

Sacchi L., *Tokyo : architecture et urbanisme*, Flammarion, 2005. Ouvrage très complet sur la capitale de l'architecture contemporaine avec rappels historiques, extraits d'œuvres littéraires ainsi que de nombreuses photos.

Shimizu C., *L'Art japonais*, Flammarion, 2001. Analyse très complète des arts japonais depuis la préhistoire jusqu'à l'époque contemporaine.

Tessier M., *Le Cinéma japonais, une introduction*, Armand Colin, 2000. Présentation sous un aspect social, historique et esthétique d'un cinéma que l'on ne finit jamais de découvrir.

Zoughari K., *Ninpô : Ninjutsu, l'Ombre de la lumière*, Guy Trédaniel, 2003. Ouvrage très complet sur un art martial ancestral par un spécialiste de cette discipline des *ninja*.

Beaux-livres

Bouvier N., *Le Japon*, Haëbeke, 2002. Lors de son séjour à Tôkyô et Kyôto en 1956, Nicolas Bouvier a photographié toutes sortes de choses et de gens, mais a fait surtout des portraits. Outre ses photographies, nous découvrons des textes inédits.

Fontaine C., *Mes carnets du Japon*, Flammarion, 2002. Récit illustré à la peinture du séjour au Japon d'une jeune architecte. Quelques *haiku*, des motifs de tissus traditionnels, des paysages et des portraits complètent ce carnet de voyage plein de poésie.

Images du monde flottant, Réunion des Musées nationaux, 2004. Catalogue de l'exposition sur les peintures et les estampes japonaises qui a eu lieu au Grand Palais à Paris.

Murasaki Shikibu, *Dit du Genji*, Diane de Selliers, 2007. Œuvre majeure de la littérature japonaise écrite au XIe s. par une dame de la cour de Heian. En plus de la traduction, cette édition comporte 500 illustrations de peinture japonaise commentées.

Spiritualité

Frank B., *Dieux et bouddhas du Japon*, Odile Jacob, 2000. Un des grands spécialistes de l'iconographie bouddhique nous aide à mieux comprendre les différentes écoles religieuses et les divinités du Japon.

Lavelle P., *La Pensée japonaise*, PUF, coll. « Que sais-je ? », 1997. Dans cet ouvrage de référence sont répertoriées toutes les religions et pensées japonaises avec un historique très complet.

ROTERMUND H.-O., *Religions, croyances et arts populaires au Japon*, Maisonneuve et Larose, 2000. Plusieurs religions coexistent depuis toujours au Japon. L'auteur explique tout sur le shintoïsme, le bouddhisme ou le christianisme dans le pays.

SIEFFERT R., *Les Religions du Japon*, Plon, 2000. L'un des plus grands spécialistes français du Japon nous explique la relation entre les Japonais et les religions, très nombreuses dans leur pays.

TOULA-BREYSSE J.-L., *Le Zen*, PUF, coll. « Que sais-je ? », 2008. Ce n'est pas de l'attitude occidentale « zen » dont on parle dans cet ouvrage mais de la célèbre école bouddhique, de sa création au VIe s. jusqu'au monde contemporain.

Cuisine

COTTRELL N., GOMES M. et PIETER D., *Sushis faciles*, Marabout, 2000. Petit livre sur les sushis avec photos à l'appui et de nombreuses recettes.

DUVAL P., *Itadakimasu*, Théma Press, 2008. Guide des meilleurs restaurants japonais de France et d'Europe.

KAZUKO E. et FUKUOKA Y., *La Cuisine japonaise*, Manise, 2002. Présentation très complète des ustensiles et des produits, accompagnée de recettes. Toute la cuisine japonaise est réunie dans ce beau livre.

KIÉ L., *Ma petite cuisine japonaise*, Marabout, 2009. Recettes simples et originales mêlant les origines japonaises et méditerranéennes de l'auteur.

MIYAUCHI Y. et M., *100 recettes de cuisine japonaise*, Grancher, 2003. Recettes originales réalisées par un maître de la cuisine japonaise.

TAKEUCHI Hisayuki, *Nouvelle cuisine japonaise, Recettes pour le corps et l'esprit*, Agnès Vienot, 2008. La nouvelle cuisine japonaise présentée par le grand chef japonais de Paris : des recettes inventives et raffinées.

Bandes dessinées

AURITA A., *Je ne verrai pas Okinawa*, Les Impressions nouvelles, 2008. Lors de son premier séjour au Japon, l'auteur est tombée amoureuse du pays et d'un Français résidant là-bas. Malheureusement, les services d'immigration voient d'un mauvais œil ses allers et retours fréquents entre la France et le pays du Soleil-Levant.

BOILET F., *L'Épinard de Yukiko*, Égo comme X, 2002. Histoire d'amour (imaginaire ?) entre Frédéric Boilet et une jeune Japonaise rencontrée lors d'un vernissage au Japon.

CHAVOUET F., *Tôkyô sanpo*, Philippe Picquier, 2009. Le carnet de voyage original d'un Français venu passer six mois à Tôkyô. Muni d'un vélo, d'une chaise pliante et de crayons de couleurs, il dépeint en détail « la plus belle des villes moches ».

Japon, Casterman, 2005. Le pays vu par 17 auteurs, japonais et français, de bandes dessinées.

KAZUICHI Hanawa, *Contes du Japon d'autrefois*, Kana, 2008. Contes et mythes populaires japonais adaptés en manga et mêlés à de la science-fiction.

MIZUCHI Shigeru, *Nononbâ*, Cornélius, 2006. Ce très gros manga raconte l'histoire d'une vieille femme qui, après la mort de son mari, va travailler dans une famille pour survivre.

OBATA Takeshi, *Death Note*, Dargaud, 2007. Chaque personne dont le nom est écrit sur le « death note », un carnet magique, meurt. La criminalité chute brusquement lorsque ce carnet tombe entre les mains d'un lycéen exemplaire.

TANIGUCHI Jirô, *Le Journal de mon père*, Casterman, 2004. Le narrateur retrouve son père et sa ville natale après dix ans d'absence. Roman graphique très touchant.

TEZUKA Osamu, *Barbara*, Delcourt, 2005. Un artiste en panne d'inspiration rencontre une jeune femme alcoolique et délurée qui devient sa muse.

Littérature

■ Écrivains japonais

Abe Kôbô, *La Femme des sables*, Stock, 1998. Un passionné d'insectes se retrouve bloqué dans un village au fond des dunes. Il ne pourra en sortir malgré ses nombreuses tentatives.

Akutagawa Ryûnosuke, *Rashômon et autres contes*, Gallimard, 1965. Dans ce recueil écrit entre 1915 et 1927 (qui a fait l'objet, en 1950, d'un film de Kurosawa Akira), le lecteur est plongé au cœur d'un Japon de légende rempli de sorcières et de brigands.

Anthologie de nouvelles japonaises contemporaines, Éd. du Rocher, 2007. Pour découvrir la littérature japonaise depuis 1945, une compilation de nouvelles inédites d'auteurs connus (Ôe, Dazai, Nakazawa…).

Bashô Matsuo, *Friches*, Verdier, 2006. La plupart des poèmes de ce recueil datent de 1689 et ont été écrits par le premier poète du *haiku*.

Dazai Osamu, *Soleil couchant*, Gallimard, 1961. Ce célèbre roman narre la déchéance d'une famille aristocrate pendant la Seconde Guerre mondiale.

Edogawa Ranpo, *Le Lézard noir*, Philippe Picquier, 1998. Le créateur du roman policier japonais entraîne le lecteur dans une course-poursuite avec une femme fatale cambrioleuse et voleuse de gros diamants.

Fujino Chiya, *Havre de paix*, Thierry Magnier, 2006. Recueil de nouvelles (*L'Étrange Histoire d'un bavard* ; *L'Amie de la « collégienne »* ; *BJ* ; *Lovely Planet*) dressant un tableau bigarré de la société japonaise contemporaine.

Fukazawa Shichirô, *Narayama*, Gallimard, « coll. Folio », 1980. Selon une légende locale, les habitants de Narayama ne communiquent qu'au moyen de chansons. Ce récit âpre de la survie d'une communauté villageoise a donné lieu à deux adaptations cinématographiques.

Furui Yoshikichi, *Le Passeur*, Seuil, 1998. Dans un village japonais dans les années 1960, deux jeunes gens vivent une histoire d'amour intense sur fond de déchéance individuelle et sous le poids des traditions liées à la mort.

Horie Toshiyuki, *Le Pavé de l'ours*, Gallimard, 2006. L'histoire de ce roman, récompensé au Japon, se déroule en France où un traducteur japonais rend visite à un ami français photographe.

Inoue Yasushi, *Le Faussaire*, Stock, 1995. Dans ce recueil de trois nouvelles, Inoue dépeint la vie et les êtres avec beaucoup de sensibilité et de justesse.

Kawabata Yasunari, *Le Grondement de la montagne*, Albin Michel, 1969. Très beau roman qui traite des thèmes chers à Kawabata – la mort et la vieillesse – dans un style lent et dépaysant.

Kawakami Hiromi, *Manazuru*, Philippe Picquier, 2009. Un homme disparaît, après avoir écrit dans son agenda le mot « Manazuru ». Son épouse, qui se retrouve seule avec sa fille et sa mère, décide de se rendre régulièrement dans la station balnéaire du même nom.

Kojiki, Maisonneuve et Larose, 2000. Ces « chroniques de faits anciens » compilées en 712 sont réunies dans un recueil considéré comme le plus ancien écrit du Japon. Il traite de l'histoire et de la mythologie japonaises.

Man yô-shû, Maisonneuve et Larose, 1993. Le premier recueil de poésie japonaise, compilé au VIIIe s., contient des centaines de poèmes d'auteurs reconnus ou inconnus.

Mishima Yukio, *Le Pavillon d'or*, Gallimard, 1975. Un jeune bonze laid et bègue met le feu au Pavillon d'or pour protester contre la beauté ;

—, *L'École de la chair*, Gallimard, 1993. Adapté au cinéma par Benoît Jacquot, ce roman se situe dans le Japon des années 1960 où Taeko, jeune bourgeoise divorcée, tente de séduire le barman d'une boîte de nuit homosexuelle.

Murakami Haruki, *La Course au mouton sauvage*, Seuil, 1982. Le plus occidental des écrivains japonais nous livre ici un roman mêlant fantastique et réalisme ;

—, *Kafka sur le rivage*, Belfond, 2007. Roman d'initiation où deux voix s'entrecroisent : celle de Kafka, jeune garçon fuyant son père, et celle de Nakata, vieil homme victime d'un coma qui aurait réduit ses capacités intellectuelles.

Murakami Ryû, *Les Bébés de la consigne automatique*, Philippe Picquier, 1998 (poche). Deux bébés abandonnés dans une consigne automatique puis élevés dans un orphelinat partent à la recherche de leurs origines dans les bas-fonds de Tôkyô ;

—, *Miso soup*, Philippe Picquier, 1999. Le lecteur est invité à suivre Franck, un tueur américain, dans les quartiers chauds de Tôkyô. Murakami décrit avec violence la société actuelle.

Nagai Kafû, *Scènes d'été*, Éd. du Rocher, 2007 (poche). Censurée à sa parution au Japon (1915), cette nouvelle raconte la vie d'un riche commerçant amoureux d'une geisha.

Nakagami Kenji, *Le Cap*, Philippe Picquier, 1998. Récit sur une région chère à l'auteur (la péninsule de Kishû) où il est question d'inceste, de consanguinité et de liens familiaux.

Natsume Sôseki, *Petits contes de printemps*, Philippe Picquier, 1999. Recueil de nouvelles autobiographiques très « début-de-siècle » (XXe s.), sous la forme d'un journal intime, par l'auteur de *Je suis un chat* ;

—, *Botchan*, Le Serpent à plumes, 2003. Personnage très célèbre au Japon créé par Sôseki en 1906, ce professeur de Tôkyô part travailler en province où il rencontrera diverses personnes.

Ôe Kenzaburô, *Dites-nous comment survivre à notre folie*, Gallimard, 1982. Recueil de quatre nouvelles (*Gibier d'élevage, Dites-nous comment survivre à notre folie, Agwîî le monstre des nuages, Le Jour où Il daignera Lui-même essuyer mes larmes*) inspirées de la vie personnelle du prix Nobel de littérature. Aux frontières de la normalité, une réflexion sur l'humanité.

Ogawa Yôko, *La Piscine*, Actes Sud, 1995. Dans cette première traduction en français d'Ogawa Yôko, la narratrice évoque son enfance dans l'orphelinat que dirigent ses parents.

Ôoka Shôhei, *L'Ombre des fleurs*, Philippe Picquier, 1990. Portrait d'une entraîneuse de bar dans le Tôkyô des années 1950 ;

—, *Les Feux*, Autrement, 1995. Roman d'après-guerre, qui prend aux tripes, sur l'errance d'un soldat japonais aux Philippines lors de la débâcle de l'armée impériale.

Shiga Naoya, *À Kinosaki*, Philippe Picquier, 1989. Recueil de quatorze nouvelles du précurseur de l'autobiographie au Japon (1883-1971).

Tanizaki Junichirô, *Le Chat, son maître et ses deux maîtresses*, Gallimard, 1994. Quatre nouvelles datant de 1918 à 1936 sont réunies ; celle qui donne son titre au recueil narre une relation triangulaire entre un homme et deux femmes, avec leurs obsessions ;

—, *Journal d'un vieux fou*, Gallimard, coll. « Folio », 2002. Un vieil homme tombe éperdument amoureux de sa belle-fille, qui décide de profiter de son argent.

Yoshimoto Banana, *N•P*, Rivages, 1997. Après le suicide d'un écrivain japonais, plusieurs traducteurs d'un recueil posthume de nouvelles sont retrouvés morts.

■ **Études littéraires**

Lozerand E., *Littérature et génie national*, Les Belles Lettres, 2005. L'histoire des origines de la notion de littérature japonaise au XIXe s.

Origas J.-J., *Dictionnaire de littérature japonaise*, PUF, 1994. Présentation par 80 spécialistes des auteurs, des œuvres, ainsi que des courants des lettres japonaises.

Pigeot J. et Tschudin J.-J., *La Littérature japonaise*, PUF, coll. « Que sais-je ? », 1995. Deux spécialistes de la littérature japonaise d'aujourd'hui présentent leur discipline de recherche.

Sieffert R., *Treize siècles de lettres japonaises*, POF, 2002. Le traducteur du *Man yô-shû* présente certains de ses travaux qui couvrent treize siècles de littérature.

■ Récits d'Occidentaux

Barthes R., *L'Empire des signes*, Seuil, coll. « Points », 2005. De son voyage au Japon en 1970, Roland Barthes a rapporté ce texte sur le travail du signe et sur le pays en général.

Bouvier N., *Chronique japonaise*, Payot, 1989. L'écrivain-voyageur livre un récit passionnant sur ses échappées au pays du Soleil-Levant.

Caron F., *Le Puissant Royaume du Japon*, Chandeigne, 2003. François Caron (1600-1672) vécut plus de vingt ans au Japon où il rencontra sa femme. Il fut l'un des premiers Occidentaux à maîtriser la langue japonaise et laissa deux textes sur ce pays, jamais publiés pendant trois siècles.

Claudel P., *L'Oiseau noir dans le soleil levant*, Gallimard, 2000. Recueil de textes très différents écrits pendant un des séjours de Paul Claudel, ambassadeur de France à Tôkyô dans les années 1920.

Hearn L., *Ma première journée en Orient*, Gallimard, coll. « Folio », 2008. Lafcadio Hearn, le premier Occidental à avoir obtenu la nationalité japonaise, promène ses lecteurs à travers le Japon tel qu'il l'a connu à la fin du XIXe s.

Nothomb A., *Stupeur et tremblements*, Albin Michel, 1999. Récit autobiographique de la célèbre romancière belge sur son travail dans une grande entreprise japonaise. Son roman a par la suite été adapté au cinéma par Alain Corneau.

Le Guide de conversation du Routard, Larousse-Hachette Livre, 2008. Outil indispensable pour communiquer durant votre séjour.

▲ Jardin du musée Adachi, aux environs de Matsue (Chûgoku).

Index des encadrés et des thémas

Architecture et urbanisme

Un conservatoire exceptionnel (le Shôsô-in)	107
Au centre du monde (la pagode)	108
Des capitales à la chinoise (Nara et Kyôto)	114
Shinjuku-Est, Shinjuku-Ouest	209
Tange Kenzô le visionnaire	213
Mori, l'empereur de la pierre	230
La maison traditionnelle	284-285
Reconstruction à perpétuité (du sanctuaire Ise-jingû)	323
Les *machiya* (habitat traditionnel à Kyôto)	360
Le mystère des temples de bois	404-405
Le façonneur d'Ôsaka (Andô Tadao)	408

Les arts et les lettres

Arts plastiques et artisanat

Le tableau des dieux (*mandara* sculptés et peints)	113
À l'école de l'Occident	116-117
Les trésors de l'archipel (Trésors nationaux)	189
La Voie de l'Écriture (la calligraphie)	194
Images du monde flottant (les estampes japonaises)	225
La marqueterie de Hakone	249
Les images bouddhiques	256-257
Wajima-nuri, des laques exceptionnels	293
L'école Kanô (peinture)	380
Les poteries de Hagi	424
Kurashiki et l'universalité de l'art (la création du musée Ôhara)	436
La Voie des Fleurs	451

Littérature

L'art de la liste et ses séductions (les *Notes de chevet* de Sei Shônagon)	131
Je suis un chat (1905-1906), de Natsume Sôseki	133
Le succès planétaire du *haiku*	134
Le roman policier	135
Abécédaire des genres de manga	138
Du manga à l'animation	139
Les mangas au musée	140
Écrivain à 1 000 yens (Natsume Sôseki)	193
« Agnostique aux yeux bleus » (Malraux et la cascade de Nachi)	341
Un univers impitoyable (le *Dit des Heike*)	386
Koizumi Yakumo alias Lafcadio Hearn	443
L'enfant du pays (Ôe Kenzaburô)	524
Le roman de Matsuyama (*Botchan*, de Natsume Sôseki)	528
À la recherche du Japon perdu (*Lost Japan*, d'Alex Kerr)	546
L'ambassadeur-poète (Paul Claudel)	552

Musique, cinéma, théâtre

Les bons et mauvais genres (cinéma)	142
Érotisme et sexualité (au cinéma)	144
Musiques et instruments traditionnels	150
Le théâtre japonais en France	152
Au théâtre des geishas (à Kyôto)	352
Le Grand Théâtre de Takarazuka	411
Onomichi, port des cinéphiles	448

Cuisine, gastronomie

Des riz et des nouilles	31
Douceurs sacrées (les pâtisseries)	34
Une exception culinaire nippone (la baleine)	55
Dépaysement garanti (pour les papilles)	154
Gastronomie ferroviaire (les *ekiben*)	155
Un musée des raviolis (Gyôza Stadium, à Tôkyô)	236
Des grands chefs français au Japon	239
Wasabi, la racine qui pique	297
Trois spécialités culinaires (de Nagoya)	311
Une expérience culinaire unique (la cuisine *Sôwa ryû honzen*)	315

Gastronomie au mont Kôya (le *shôjin-ryôri*)	335
Le festin du bonze (le *kaiseki*)	350
Les restaurants-terrasses (*yuka*, à Kyôto)	364
Déjeuner dans un temple zen	377
Les spécialités d'Aizu Wakamatsu	460
Ras-le-bol ! (les nouilles *soba*)	481
De la bière au pays du saké	506
La tournée des restaurants d'*udon*	537
Dans l'antre du *shôyu* (fabrique de sauce soja sur l'île Shôdo shima)	539
Restaurants ambulants (les *yatai*)	561

Fêtes et manifestations

La fête des dieux (les *matsuri*)	39
O-bon : la fête des âmes	102
Le plus grand festival shintoïste du monde (*Sanja matsuri*, à Tôkyô)	178
Le festival Gujô Odori	281
Festivals de printemps et d'automne (à Takayama)	314
Boire et danser (la fête des moissons et du saké à Shirakawa-gô)	316
Trois festivals majeurs (à Kyôto)	349
Le festival Awa Odori	544
Cinq kilomètres de fête (à Fukuoka)	560

Histoire

Une Constitution pacifique	74
La stratégie des Fujiwara	80
Histoire de la Nonne-Shogun (Hôjô Masako)	82
Un comptoir sur l'eau (Deshima)	87
Geisha	88
Sur la route de Tôkaidô	90-91
Les premiers échanges franco-japonais	93
La bataille d'Okinawa	95
Un héros vaincu (Saigô Takamori)	174
Le sanctuaire de la discorde (Yasukuni)	200
La légende des 47 *rônin*	242
Yokohama et les soyeux lyonnais	268
La triste histoire d'Okichi la servante	283
Une fille, un fief (alliance des Maeda avec Toyotomi Hideyoshi)	288
Le temps des assassins (les *ninja*)	303
Déportés illustres (sur l'île de Sado)	304
Le grand séisme de 1995 (à Kôbe)	328
De Kôbe à São Paulo (émigration)	330
Les Fujiwara, régents de père en fils	353
Les dames de la cour de Heian	354-355
Geisha ou prostituée ?	367
L'incendie du pavillon d'Or	379
Le terminus de la route de la Soie (Nara)	401
Le Soleil levant du prince Shôtoku	403
Le refuge des empereurs (Yoshino)	406
Terres d'exil ou d'évasion ? (les îles Oki)	441
Le pays minier oublié (la région d'Iwami Ginzan)	445
Les Tigres Blancs de la guerre de Boshin	462
De Sendai à Saint-Tropez (Hasekura Rokuemon)	474
Le Bayard nippon (Minamoto no Yoshitsune)	476
La querelle des Kouriles	510
Le samouraï commerçant (Sakamoto Ryôma)	531
La mère des kamikazes (Torihama Tome)	574
Chrysanthème et hortensia (quelques femmes de Nagasaki)	590
9 août 1945, 11 h 02… (bombardement atomique de Nagasaki)	591
La révolte de Shimabara	593

Nature, environnement

Les jardins	42-43
Histoires de singes japonais	302
Le protocole de Kyôto	356
La carpe, animal de compagnie	450
Shiretoko, patrimoine mondial	509
Quand le Sakurajima se réveille	573
Une terre volcanique	576-577

Okinawa

Okinawa	12
Les îles Ryûkyû et Okinawa	594-598

Politique et société

Le Japon rural	51
La douce mélancolie des choses (vision du monde)	54
Le Japon en bref	57
Une allergie nucléaire tempérée	58
Du Miti au Meti	60

La mutation du syndicalisme	61
Nostalgies	64
La fête de la nuit	65
Une pègre contenue	67
Femmes du Japon	68-69
Planète jeunes	72
L'autre voyage (les quartiers « chauds »)	176
Des villages de SDF	186
L'empereur, symbole de la nation	190-191
Le commerce de l'eau et de la nuit (vie nocturne à Tôkyô)	214
L'histoire du chien Hachikô	216
La pop culture	218-219
Les créateurs nippons à Paris	226
Le Parlement japonais	231
Les indigènes du Japon (les Aïnous)	500-501
Le voisin russe	516
Les effets pervers d'un pont très médiatique (de Honshû à Shikoku)	536

Religions et traditions

Le kimono traditionnel	42-43
Récit des faits anciens (le Kojiki)	78
Heurs et malheurs des chrétiens du Japon	85
Naissance mythologique (du shintoïsme)	99
Les trois Véhicules (les courants bouddhiques)	101
La Voie (à suivre pour les bouddhistes)	105
La cérémonie du thé	120
L'art du tir à l'arc à cheval	221
La Voie du Thé	232
Poupée zen et chat porte-bonheur (Daruma et Maneki neko)	237
L'art des bonsaïs	241
Kamakura et le bouddhisme zen	254
Un général devenu divinité (Tokugawa Ieyasu)	262
La pêche au cormoran (ukai)	280
Une journée zen (au temple Eihei-ji)	291
La statue invisible (la première représentation de Bouddha au Japon ?)	300
Histoire du sabre faucheur d'herbe (un des trois trésors du shintoïsme)	310
Les sirènes de l'archipel (ama, les pêcheuses de perles)	326
Quand Kûkai devint Kôbô Daishi	334
Les officiantes du shintoïsme	342
Kami prospère (la divinité Inari)	384
François Xavier à Yamaguchi	426
Les serpents blancs sacrés d'Iwakuni	434
La déportation des chrétiens	454
Les sanctuaires shintoïstes	466-467
Le pèlerinage des 88 temples	529
Les arts martiaux	540-541
Les Chrétiens cachés	567

Sports et loisirs

Les bains publics	181
Le sumo	182-183
Comment jouer au pachinko ?	198
Timbres de collection	201
Où skier à Nagano ?	301
Le thermalisme comme art de vivre	418-419
Combats de taureaux	523
Combats de chiens	532
Jusqu'au cou (bains de sable noir à Ibusuki)	574
Yakyû, le sport national (base-ball)	579

Vie pratique

Le Japon en ligne	23
Urgences	29
Temps et rythmes du Japon (les calendriers)	32
Conduire au Japon	36
Sécurité cartes bancaires	37
Entrées payantes et accès libres	41
Tailles et pointures (saizu)	41
Que faire en cas de séisme ?	44
Téléphoner	45
Écrit en chinois, lu en japonais !	124
Une langue sans sujet ?	126
Les « onomatopées »	127
Comment payer le métro ?	166
Trouver une adresse	170
De la cave au grenier (les grands magasins)	202
Dormir dans un temple	344
Formalités impériales (pour visiter les sites impériaux, Kyôto)	388
Saihô-ji, mode d'emploi	391
Les 10 commandements du voyageur à Shiretoko	512
En auto, plutôt (pour visiter Shikoku)	538

D 33 — SᵗGAPOUR

HEUREUSEMENT,
ON NE VOUS PROPOSE
PAS QUE LE TRAIN.

Voyages-sncf.com, première agence de voyage sur Internet avec plus de 600 destinations dans le monde, vous propose ses meilleurs prix sur les billets d'avion et de train, les chambres d'hôtel, les séjours et la location de voiture. Accessible 24h/24, 7j/7.

SINGAPOUR,
TOUTE L'ASIE
ET LE RESTE DU MONDE.

Voyages-sncf.com

Index général

Les nombres en **gras** signalent les pages où le lieu reçoit un traitement plus développé ; les numéros de page en bleu indiquent une carte ou un plan ; ceux en *italique*, une illustration séparée de l'entrée correspondante.
Fukiya : nom de lieu
Kitano, Takeshi : nom de personne
Nouilles : mot-clé

A

Abashiri	509
Abe Kôbô	135
Adresse	170
Agriculture	51
Aikidô	540
Aïnous	463, 488, 493, 500-501, 510
Aizu Wakamatsu	92, **459**
Akan	493, *501*
Akan, parc national d'	490, **492**
Akutagawa Ryûnosuke	134
Alpes japonaises	273, **294**, 296
Amaterasu, divinité	334
Amida (Nyorai), divinité	103, 257
Amidisme	103
Andô Tadao	225, 392, 408, 465, 542
Anguille	158, 311
Animation, films d'	139, 218
Aomori	463
Aoshima	584
Architecture	13, 114, 243, 445, 466
Argent	23, 37
Arita	565
Art	107-121, 256-257, 436
Artisanat	249, 293, 424, 189
Arts de la scène	147-152
Arts martiaux	44, 540-541
Asahi dake, mont	*485*, **492**
Asahikawa	490
Ashikaga, clan	84-85, 353
Aso	580
Aso, mont	**580**
Aso, volcans d'	575, **580**
Asuka	402
Atami	282
Awa odori	*521*, 544

B

Bains	63, 181, 418-419, 574
Baleine	55, 532, 533
Bandai, lacs de	**462**
Bars	46, 65, 209, 214
Base-ball	579
Beignets	157
Beppu	**551**
Bessho Onsen	**302**
Biei	491
Bière	238, 505, 506
Biwa	150
Bœuf	157
Bombe atomique	430, 591
Bonsaï	241
Bosatsu	257
Botchan	528
Bouddha	79-80, 100, *251*, 256-257, 300, 371, *401*, 561
Bouddhisme	54, 79, 83, 100-105, 108, 110, 404
Bouddhisme zen	54, 104, 109, 113, 194, 254, 291, 375, 377
Bras, Michel	239
Brésil	330
Bunraku	132, 150, 412
Butô	151
Byôdô-in	393

C

Calendrier	32
Calligraphie	113, 194, 362
Campagne	51, 64, 88, 457
Carpe	450
Cérémonie du thé	120, 232, 241

CHADÔ	voir Voie du Thé
Chagall, Marc	531
CHEFS FRANÇAIS (CUISINE)	239
CHIEN HACHIKÔ	216
Chiiori	546
Chikamatsu Monzaemon	132
CHINE	78-79, 85, 110, 122, 124, 374, 398, 446
CHRÉTIENS CACHÉS	567
CHRISTIANISME	85, 106, 424, 426, 454, 567, 593
Chrysanthème, Madame	590
Chûbu	10, **269**, 270-271
Chûgoku	10, **89**, **413**, 414-415
CINÉMA	141-146, 385, 448
Cinq-Lacs (Chûbu)	**276**
Cinq-Lacs (Hokkaidô)	**512**
Claudel, Paul	552
CLIMAT	49
COLONISATION	488, 500-501
COMBATS DE CHIENS	532
COMBATS DE TAUREAUX	523
COMME DES GARÇONS	226
CONSTITUTION	67, 74, 96, 98, 403, 454
CULTURE POPULAIRE	voir Pop culture

D

DAIBUTSU	256
Dainichi Nyorai, divinité	257
Dai-ô	297
Daisetsuzan, parc national de	**485**, **490**, **491**
DANSE	147, 151
Date Masamune	469-471
Dazai Osamu	135
Dazaifu	**375**, **562**
DENGAKU	147
DESHIMA	87
DIÈTE	voir Parlement
DIT DES HEIKE	81, 130, 386
DIT DU GENJI	118, 130, 310, 355
Dô	voir Voie
Dôshô, moine	102
Ducasse, Alain	239

E

ÉCOLOGIE	55, 58
ÉCONOMIE	59, 60-61, 66-67, 70-72, 214, 550
ÉCRITURE	122-128, 194
EDO, ÉPOQUE	87-92, 173
Edogawa Ranpo	135
Eihei-ji, temple	291
Eisai, moine	104, 254
Ekan, moine	102
EKIBEN	155
ÉMIGRATION	330
EMPEREUR	84, 99, 190-191, 353, 388, 406
ESTAMPE	119, 224, 225, 296
ÉTUDES HOLLANDAISES	116

F

FEMMES	68-69, 88, 191, 326, 354-355, 590
FESTIVITÉS	39, 65, 102, 171, 178, 281, 314, 316, 320, 348, 349, 458, 467, 521, 544, 560
FLEURS	451
FLÛTES	150
FRANCE	93, 140, 152, 239, 268, 474
François Xavier	85, 116-117, 426
FUGU	154
Fuji, mont	248, **274**, 275, 577, 600
Fujiwara, clan	80, 352, 353
Fujiwara Michinaga	80
Fujiwara no Teika	130
Fujiyoshida	**275**
Fukazawa Shichirô	135
Fukiya	**439**
Fukuchi Onsen	**297**
Fukuoka	556, **558-559**
Fukuzawa Yukichi	132
Furano	**491**
Furui Yoshikichi	135
Futabatei Shimei	132

G

GAGAKU	150
Gagnaire, Pierre	239

Ganjin, moine	103
GASTRONOMIE	31, 34, 55, 153-158,
	236, 239, 297, 311, 315, 335, 350,
	460, 481, 506, 537, 539, 550
GÂTEAUX	34, 311
GEISHA	88, 283, 352, 366, 367
GENJI MONOGATARI	voir Dit du Genji
GÉOGRAPHIE	49-51, 520
Gifu	115, **278**
Glover, Thomas	591
Go-Daigo, empereur	406
GRANDS MAGASINS	202
Gujô Hachiman	**281**
GUJÔ ODORI	281
GYÔZA	157, 236

H

Hachikô, chien	216
Hachimantai, plateau	**483**
Hagi	420, **422-423**
Hagiwara Sakutarô	134
HAGI-YAKI, POTERIES	424
HAIDEN	466
HAIKAI	132
HAIKU	133, 134
Hakodate	489, 495, **497**
Hakone	244, **246-247**
Hakuba	301
Harris, Townsend	283
Harunobu Suzuki	150
Hase, monastère de	**403**
Hasekura Rokuemon	474
Hearn, Lafcadio	443
HEIAN	79, 103, 354-355
HEIKE MONOGATARI	voir Dit des Heike
Hiei, mont	**392**
Higuchi Ichiyô	132
Hijikata Tatsumi	151
Himeji-jô, château	**331**
HINAYANA	101
Hirado	**566**
HIRAGANA	124
Hiraizumi	**475**
Hirata Oriza	152
Hirayu Onsen	**297**
Hirohito, empereur	190
Hirosaki	**483**
Hiroshige Utagawa	90, 225, 600, 634
Hiroshima	427, **428-429**
HISTOIRE	76-97
Hôjô Masako	82
Hokkaidô	11, **485**, **486-487**
Hokusai Katsushika	225, 421, 452
HOLLANDE	87, 89, 590
HONDEN	466
Hônen, moine	104
HORTENSIA	590
Hosshinmon-ôji	**342**
HOSSÔ-SHÛ, ÉCOLE	102

I

IAIDÔ	541
IDENTITÉ	73, 89
Ihara Saikaku	88, 131, 135
IKEBANA	451
Imabari	**528**
Imamura Shôhei	144
Imari	**565**
IMPÉRIALISME	93-95
Inari, divinité	384
Inuyama, château d'	**279**
Ippen, moine	104
Isamu Noguchi, musée	**537**
Ise-jingû, sanctuaire	321, **323**
Ishii Katsuhito	146
Ishikawa Jun	135
Ishikawa Takuboku	133
Itô Jakuchû	119
Iwakuni	**433**
Iwami Ginzan	445
Iwaobetsu Onsen	**512**
Iya, vallée de l'	**545**
Izanagi, divinité	99
Izanami, divinité	99
Izu, péninsule d'	**282**
Izumi Kyôka	133
Izumi shikibu	130
Izumo	440, **444**

J

JAPONISME	117
JARDINS	13, 109, 374-375
JEUNESSE	72

Jigokudani Yaen kôen	301	KATAKANA	124
Jinmu, empereur	78, 406	KATSUDON	158
Jippensha Ikkû	131	**Katsurahama**	532
JI-SHÛ, ÉCOLE	104	*Kawabata Yasunari*	134
JIUTA-MAI	150	KAWAI	218
Jizô Bosatsu, divinité	257	*Kawai Kanjirô*	363
Jôchô, sculpteur	111	*Kawase Naomi*	146
JÔDO SHIN-SHÛ, ÉCOLE	104	**Kawayu Onsen** (Hokkaidô)	493
JÔDO-SHÛ, ÉCOLE	104	**Kawayu Onsen** (Kansai)	341, 419
JÔJITSU-SHÛ, ÉCOLE	102	*Kayano Shigeru*	501
JÔMON, PÉRIODE	76, 464	KEGON-SHÛ, ÉCOLE	103
Jôzankei Onsen	506	KEI, ATELIER	111
JÛDÔ	540	KENDÔ	541
Juntoku, empereur	304	*Kerr, Alex*	546
JUTSU	540	*Ki no Tsurayuki*	130
		Kii-Katsuura	340
		Kii-Tanabe	340
K		KIMONO	42-43, 389, 419
KABUKI	148-149, 351, 536, 537, 539, 634	**Kinka-san, mont**	474
		Kinoshita Keisuke	145
KAGERÔ NIKKI	130	**Kirishima, parc national**	585
Kagoshima	568, 570-571	*Kisho Kurokawa*	229
Kaikô Takeshi	135	**Kisoji, vallée**	297
KAISEKI (RYÔRI)	155, 350	**Kitakata**	461
Kakunodate	480	*Kitano Takeshi*	145
Kamakura	163, 250, 252-253	*Kitawaza Rakuten*	136
KAMAKURA, ÉPOQUE	81-83	*Kitayama Seitarô*	139
KAMI	98, 99, 384, 466	KÔAN	104
KAMIKAZES	574	*Kobayashi Takiji*	134
Kamikôchi	296	**Kôbe**	327
Kamo no Chômei	131	*Kôbô Daishi*	voir Kûkai
Kamuiwakka, chutes de	512, *513*	*Kobori Enshû*	375, 382, 390
Kan'ami	148	KOBUDÔ	541
Kanazawa	287, 289	**Kôchi**	530
KANBUN	124	*Kôda Rohan*	133
KANJI	124	KOFUN, PÉRIODE	77
Kannon Bosatsu, divinité	257	*Koike Mariko*	135
KANÔ, ÉCOLE	116, 119, 377, 380	*Koizumi Junichirô*	67, 200
Kanô, famille	380	*Koizumi Yakumo*	voir Hearn, Lafcadio
Kanô Eitoku	119, 380	*KOJIKI*	78, 89, 99
Kanô Masanobu	380	*Kojima Torajirô*	436
Kanô Motonobu	119, 380	**Koke dera**	voir Saihô-ji
Kanô Tanyû	380	KOKIN WAKASHÛ	130
Kansai	10, 317, 319	KONJAKU MONOGATARI	130
Kantô	9, 161, 162	*Kore-Eda Hirokazu*	146
KARATÉ	540	KOTO	150
Karatsu	564	**Kotohira**	537
Karuizawa	303		

Kouriles, îles	510
Kôya, mont	20, **333**, 336-337
Kubota, musée	276
Kûkai	103, 113, 334, 384, 529
Kumamoto	*375*, **575**
Kumano	338, *339*, 419
Kumano Hongû taisha	342
Kunisaki, péninsule de	554
Kurashiki	435
Kuratsukuribe no Tori	110
Kurokawa Onsen	581
Kurosawa Akira	143
Kurosawa Kiyoshi	146
Kusha-shû, école	102
Kussharo-ko, lac	494
Kushiro	494
Kyôgen	151
Kyôto	79, *112*, 320, **343**, 346-347, 358-359, 370

Immeubles et tours
- galerie Teramachi-Shinkyôgoku   365
- tour de Kyôto   357

Jardins et parcs
- forêt de bambous d'Arashiyama   387
- jardin Hakusa sonsô   371
- jardin du sanctuaire Heian-jingû   376
- parc aux Singes d'Iwatayama   388
- parc Maruyama   380
- zoo de Kyôto   373

Monuments
- château Nijô-jô   364
- pagode Yasaka no tô   381
- Palais impérial   388
- palais Sentô   389
- pavillon d'Argent   369
- pavillon d'Or   8, 378, 379
- villa Katsura   390
- villa Murin-an   373
- villa Ôkôchi   387
- villa Shûgaku-in   390

Musées
- d'Art de la ville de Kyôto   373
- du Costume   361
- du Manga   365
- Fureai-kan d'artisanat   376
- maison de Kawai Kanjirô   363
- national   362
- national d'Art moderne   373
- Village du Cinéma   385

Quartiers
- Arashiyama   385
- centre-ville   363
- de la gare   357, 358-359
- Gion   367, 370
- Higashiyama   380
- du pavillon d'Or   376
- Ponto-chô   366
- Sagano   385
- Shinbashi   368

Rue
- Kiyamachi dôri   366

Sanctuaires shintoïstes
- Fushimi Inari   384
- Heian-jingû   376
- Kamigamo-jinja   377
- Jishu-jinja   381
- Nonomiya-jinja   387
- Yasaka-jinja   382

Temples bouddhiques
- Byôdô-in   393
- Chion-in   382
- Daigo-ji   384
- Daikaku-ji   386
- Daitoku-ji   377
- Eikan-dô   *voir Zenrin-ji*
- Giô-ji   386
- Hônen-in   371
- Hongan-ji   360
- Kennin-ji   368
- Kiyomizu dera   380
- Kôdai-ji   381
- Koke dera   *voir Saihô-ji*
- Kôryû-ji   385
- Myôshin-ji   379
- Nanzen-ji   372
- Ninna-ji   *81*, 379
- Ryôan-ji   378
- Ryôzen Kannon   381
- Saihô-ji   *390*, 391
- Sanjûsangen-dô   361
- Shôren-in   383

Kyôto *(suite)*
  Temples bouddhiques *(suite)*
  – Tenryû-ji 387
  – Tô-ji 357
  – Tôfuku-ji 383
  – Zenrin-ji 371
  Théâtres
  – Gion Corner 352
  – Kaburen-jô 352
  – Pontochô Kaburen-jô 352
Kyôto, protocole de 356
Kyûdô 541
Kyûshû 12, **547**, 548

L

Langue 122-128, 605
Laque 121, 293, 460
Légende 242, 310
Littérature 54, 129-135
Logement 29-30, 344

M

MacArthur, Douglas 96
Machiya 360
Maeda Toshiie 288
Magome 298
Mahayana 101
Maisons 14, *82*, 284-285, *315*, 360, 368, *421*, 445, 496, 536
Maki-e 121
Makura no sôshi 131
Malraux, André 341
Mandara 113
Manga 136-140, 176, 218, 365, 531
Man'yôshû 129
Manzai 151
Maquillages (théâtre) 149
Marqueterie 249
Maruyama Ôkyo 119
Masaoka Shiki 133
Mashû-ko, lac 494
Masques (théâtre) 149
Matsue 440, 441, 442
Matsumae 499
Matsumoto 294

Matsumoto Seichô 135
Matsuo Bashô 132, 457
Matsuri 178, 316, 349
Matsushima 471
Matsuyama 419, **524**, 526-527
Matsuyama-jô, château 439
Megi jima, île 539
Meiji, ère 93, 531
Meiji Mura, musée 280
Meti (Miti) 60
Métro 35, 166
Miho, musée 394
Minamoto, clan 81, 386
Minamoto no Yoritomo 81, 251
Minamoto no Yoshinaka 386
Minamoto no Yoshitsune 386, 476
Mines 304, 445, 475
Minyô 150
Mishima Yukio 97, 135, 326, 379
Miura Tamaki 152, 590
Miti ..... *voir* Meti
Miyabe Miyuki 135
Miyajima *417*, **432**
Miyake Issey 226
Miyazaki 576, **582**
Miyazaki Hayao 139
Miyazawa Kenji 134
Mizoguchi Kenji 142
Mode 224, 226, 239
Mongols 84, 448, 522, 549, 558
Môri, clan 420, 441
Mori Hanae 226
Mori Minoru 230
Mori Ôgai 132, 133, 452, 453
Morioka **477**, 478-479
Motoori Norinaga 78
Murakami Haruki 135
Murasaki shikibu 130
Musique 150
Mythologie 98, 99

N

Nachi no taki, cascade 341
Nagai Kafû 134
Nagano 299
Nagasaki *50*, *106*, *549*, 586, 587
Naginata 541

Nagoya	305, 306-307		Ôhara	393
Naha	596		Ôhara Mogasaburô	436
Nakagami Kenji	135		*Ôjin, empereur*	406
Nakamura	533		**Okayama**	51, 416, **438**
Nakazato Kaizan	134		Oki, îles	441
NANBAN, ART	116		*Okichi, servante*	283
NANGA	119		**Okinawa**	12, 75, 594, 594, 597
Nao shima, île	542		OKINAWA, BATAILLE D'	95
Nara	48, 102, 107, *111*, 114,		OKONOMIYAKI	155
	318, 395, 396-397, *404*		ONNAGATA	148
Narai	**298**		ONOMATOPÉES	127
Naruse Mikio	143		**Onomichi**	**446**
Naruto	**545**		ONSEN	418-419 ; *voir aussi* Bains
NATIONALISME	73-75, 89, 94-95,		*Ôoka Shôhei*	135
	99, 176, 200		**Ôsaka**	28, 61, 77, **407**, 409
Natsume Sôseki	133, 193, 528		*Ôshima Nagisa*	144
NATURE	49-55, 546		**Osore-zan, mont**	**468**
Nibutani	501		**Otaru**	**506**
Nichiren, moine	105, 304		**Ôyamazaki-Asahi Beer,**	
NICHIREN, ÉCOLE	105		**villa-musée d'art**	**392**
NIHONGA	117		**Ôzu**	**523**
Nikkô	258, 260-261		*Ozu Yasujirô*	143
NINJA	303, 541			
NINJUTSU	541		**P**	
Nishi Hotaka dake, mont	**297**			
NÔ	147, 149, 291		PACHINKO	198
Noboribetsu	**507**		PACIFISME	74, 592
Nogi Maresuke	229		PAGODE	108, 399, 405, *426*
Noguchi Isamu	537		PARAVENTS	119
NOSTALGIE	64		PARCS NATURELS	15, 296, 509, 511, 549
Noto, péninsule de	**292**		PARLEMENT	59, 231
NOUILLES	31, 157, 481, 537, *542*		PARTI LIBÉRAL DÉMOCRATE (PLD)	59, 67,
Nozawa Onsen	301			231
NUCLÉAIRE	58, 430		PÂTISSERIE	34
NUIT	65, 214		PAUVRETÉ	70-71, 186
Nyorai, divinité	257		Pavillon d'Or (Kyôto)	8, 378, 379
			PÊCHE	326, 488, *517*
			PÊCHE AU CORMORAN	280
O			*Pei, Ieoh Ming*	394
			PÈLERINAGE (Shikoku)	521, 529
ÔBAKU-SHÛ, ÉCOLE	105		*Perry, Matthew*	92, 282
O-BON	102		PEUPLEMENT	52
Obuse	**301**		PLAQUE CHAUFFANTE	157
OCCIDENT	89, 116, 436, 496, 549		PLD	*voir* Parti libéral démocrate
Oda Nobunaga	86		PONZU	154
ODEN	155		POP CULTURE	218-219
Ôe Kenzaburô	135, 524		PORC	158, 311
Ôgata-jinja, sanctuaire	**280**		PORTE-BONHEUR	237
Ogawa Yôko	135			

Portugal	116
Poterie	120, 292, 362, 424, 564
Poulet	158
Poupée Daruma	237

R

Rakugo	132, 151
Râmen	157
Rangaku	116
Rausu	**513**
Rausu dake, mont	**512**
Raviolis	voir Gyôza
Rebun-tô, île	**516**
Religion	53, 98-106, 454, 597 ; voir aussi Bouddhisme, Christianisme, Shintoïsme…
Renga	131
Restaurants	31, 239, 364, 537, 561
Révisionnisme	73
Rin, école	119
Rinzai-shû, école	104
Rishiri-tô, île	**516**
Ritsu-shû, école	103
Riz	31, 272, 446
Robata yaki	156
Robuchon, Joël	239
Roman policier	135
Rônin	242
Russie	510, 516
Ryûga-dô, grotte de	**532**
Ryûkyû, îles	voir Okinawa

S

Sabre	310
Sadô	voir Voie du Thé
Sado, île de	**304**
Saichô, moine	103, 392
Saigô Takamori	174
Saihô-ji	**390, 391**
Saint-Tropez	474
Sakamoto Ryôma	530, 531, 532
Saké	33, 316, 460
Sakurajima, volcan	**572, 573**
Samouraïs	80, 242, 452, 531, 540
Sanctuaire shintoïste	13, 200, 466-467
Sanron-shû, école	102
São Paulo	330
Sapporo	488, 501, **502**, 503
Sarugaku	147
Sashimi	156
Sata Ineko	134
Satsuma, péninsule de	**573**
Savoir-vivre	31, 46, 512
SDF	186
Sei shônagon	131
Séisme	44, 45, 53, 263, 328
Sen no Rikyû	115, 120, 232, 377, 451
Sendai	469, **471**, 474
Senryû	132
Sentô	181
Serpents sacrés	434
Seto Ôhashi, pont	520, 536
Sexualité	144
Shabu-shabu	157
Shaka, divinité	257
Shakuhachi	150
Shamisen	150
Sharaku	225
Shiga Kôgen	301
Shikitei Sanba	131
Shikoku	11, **517**, 518-519
Shima, péninsule de	**325**
Shimabara	**593**
Shimabara, péninsule de	**592**
Shimazaki Tôson	133, 298
Shimanto, rivière	533
Shimizu Yoshio	117
Shimoda	**283**
Shimokita, péninsule de	**465**
Shingeki	152
Shingon-shû, école	103, 334
Shin Hotaka Onsen	**297**
Shinoda Masahiro	144
Shinran, moine	104
Shintoïsme	53, 98-100, 113, 178, 182, 310, 342, 384, 466-467
Shiogama	**472**
Shirahama	340, **419**
Shirakawa-gô	**316**
Shiraoi	501
Shiretoko, parc national de	**511**
Shiretoko, péninsule de	**508**
Shiretoko Nature Center	**511**

SHODÔ	voir Calligraphie
Shôdo shima, île	539
SHÔGEKIJÔ	152
SHOGUNAT	81, 92
SHÔJIN RYÔRI	335
SHÔMYÔ	150
SHOPPING	41, 173, 202, 350
Shôtoku, prince	397, 403
SHÔYU	539
SHUKUBÔ	344
Shuzenji	286
SINGE	302
SKI	44, 301, 489
SOBA	157
SOCIÉTÉ	56-75
SOIE	266, 268, 273, 389, 401
SOJA	539
Sosogi	293
SÔTÔ-SHÛ, ÉCOLE	104
Sôunkyô Onsen	492
SOUVENIRS	41, 460
SPORT	44
SUKIYAKI	157
SUMO	153, 180, 182-183
Susaki, famille	315
SUSHI	156
SYNDICALISME	61

T

Tagata-jinja, sanctuaire	280
TAIKO	150
Taira, clan	81, 251, 386
Taira no Kiyomori	386
Takachiho	581
Takada Kenzô	226
Takamatsu	534
Takarazuka, Grand Théâtre de	411
Takayama	312, *313*
Taketomi jima, île	596
TAKETORI MONOGATARI	130
Takizawa Bakin	131
Takkoku no Iwaya, grotte	477
Tamenaga Shunsui	131
Tange Kenzô	209, 213, 225
Tanizaki Jun'ichirô	134
TANKA	133
TANTRISME	101
TAUROMACHIE	523
Tawara Machi	135
Tawaraya Sôtatsu	119
Tayama Katai	133
Tazawa-ko, lac	482
TÉLÉPHONE	44-45
TEMPLE BOUDDHIQUE	13, 344, 404-405, 529
TENDAI-SHÛ, ÉCOLE	103
TENPURA	157
TEPPAN-YAKI	157
Tezuka Osamu	136
THÉ	33, 120, 232
THÉÂTRE	147, 152, 173, 352, 411, *634*
THERAVADA	101
THERMALISME	181, 418-419, 574
TIGRES BLANCS	460, 462
TIMBRE	201
TIR À L'ARC À CHEVAL	221, 541
TOFU	158
Togakushi	300
Tôhoku	11, 455, 456
Toi, cap	585
TÔKAIDÔ	90-91, 248, 273
TOKONOMA	284, 451
Tokugawa, clan	87, 174, 288, 353
Tokugawa Iemitsu	262
Tokugawa Ieyasu	262
Tokushima	*521*, 543
Tôkyô	9, 63, 65, 161, *164*, 165, 168-169, 177, 179, 185, 196-197, 203, 210-211, 222-223, 228, 234-235, 238
Baie de Tôkyô	205
Cathédrale Sainte-Marie	236
Centre de cérémonie du thé	232
Cimetières	
– Aoyama	230
– Yanaka	193
Immeubles, tours	
– Dentsû Building	206
– école Jiyû gakuen myônichikan	236
– Fuji TV	208, 213
– grand magasin *Seibu*	233
– grand magasin *Tôbu*	233
– hôtel *Akasaka Prince*	213

Tôkyô (suite)

Immeubles, tours (suite)
- hôtel New Otani Tôkyô ... 232
- hôtel Park Hyatt Tôkyô ... 212
- immeuble Hanae Mori ... 213
- mairie de Tôkyô ... 212, 213
- Omotesandô Hills ... 230
- Roppongi Hills ... 230
- Shinjuku Mitsui ... 211
- Shinjuku NS ... 212
- studios de la NHK ... 220
- Sunshine City ... 233
- Tôkyô Midtown ... 228
- tour Mori ... 230
- tour de Tôkyô ... 227

Jardins et parcs
- jardin Hama Rikyû onshi kôen ... 206
- jardin Happô-en ... 240
- parc Hibiya ... 200
- jardin Jingû naien ... 221
- parc Kitanomaru kôen ... 195
- jardin Kiyosumi ... 181
- parc Kôkyo Higashi gyoen ... 195
- jardin Kyû Furukawa teien ... 237
- jardin Rikugi-en ... 236
- parc Shinjuku gyoen ... 214
- étang Shinobazu ... 186
- parc d'Ueno ... 184
- zoo d'Ueno ... 192
- parc Yoyogi ... 220, 221

Marchés
- Ameyoko ... 194
- Hanayashiki yûenchi ... 178
- Kappabashi ... 180
- Tsukiji ... 205

Monuments
- Diète nationale ... 59, 231
- école Jiyû gakuen myônichikan ... 236
- gare de Shibuya ... 216
- Palais impérial ... 191, 194, 195
- pont Nihon bashi ... 201
- porte Kaminari-mon ... 176
- stade Ryôgoku Kokugi-kan ... 180
- stade de Yoyogi ... 220
- Tôshô-gû ... 186

Musées
- aquarium ... 233
- architectural Edo-Tôkyô ... 243
- d'Art de la ville de Tôkyô ... 188
- d'Art contemporain ... 184
- d'Art contemporain Watari-Um ... 226
- d'Art Teien ... 240
- d'Art Toguri ... 217
- d'Art Tôkyû Bunkamura ... 217
- des Arts et Traditions populaires ... 216
- de la Bière Yebisu ... 238
- Bridgestone ... 202
- de la Calligraphie ... 194
- centre d'Artisanat traditionnel japonais ... 234
- du Cerf-volant ... 202
- Edo-Tôkyô ... 180
- de l'Électricité Tepco ... 217
- Fukagawa Edo Shiryôkan ... 181
- Gyôza Stadium ... 236
- Hatakeyama kinenkan ... 241
- Idemitsu ... 201
- municipal de la Photographie ... 238
- National Art Center ... 229
- national d'Art moderne ... 198
- national d'Art occidental ... 187
- national des Sciences ... 187
- national des Sciences nouvelles ... 161, 208
- national de Tôkyô ... 188
- Nezu ... 225
- Nihon Minka-en ... 243
- Okamoto Tarô ... 226
- de l'Orient ancien ... 233
- Ôta kinen ... 224
- planétarium ... 233
- de la Publicité et du Marketing ... 207
- des Sabres ... 212
- des Sciences ... 200
- de la Sculpture Asakura Chôso-kan ... 193
- Suntory ... 229
- du Tabac et du Sel ... 220
- Tôgô Seiji ... 209
- de la Ville basse ... 186

Quartiers

- Akasaka — 227
- Aoyama — 220
- Asakusa — 176, *177*
- Den-en Chôfu — 242
- Ebisu — 237, *238*
- Ginza — *35*, 194, 202, *203*
- Golden-gai — 215
- Harajuku — *219*, 220, 223, *222-223*
- Ikebukuro — 232, *234-235*
- Jiyûgaoka — 242
- Kabuki-chô — 215
- Kichijô-ji — 243
- Nihonbashi — *196-197*, 201
- Odaiba — 207
- du Palais impérial — 194, *196-197*
- de la Presse — 204
- Roppongi — 227, *228*
- Ryôgoku — *179*
- Shibuya — *65*, 215
- Shimokitazawa — 242
- Shinagawa — 237
- Shinbashi — *175*, 206
- Shinjuku — *170*, 209, *210-211*
- Shiodome — 206
- Tsukuda jima — *63*, 206
- Tsukiji — *203*, 205
- Ueno — 184, *185*
- Yoshiwara — 179

Rues et places

- Aoyama dôri — 226
- carrefour de Roppongi — 227
- Chûô dôri — 204
- Daikanyama — 239
- Ebisu Garden Place — 237
- Ekimae dôri — 233
- Meiji dôri — 233
- Nakamise dôri — 177
- Omotesandô dôri — 224
- Shinjuku dôri — 213

Sanctuaires shintoïstes

- Asakusa-jinja — 178
- Hanazono-jinja — 214
- Hie-jinja — 231
- Meiji-jingû — 221
- Nogi-jinja — 229
- Okusawa — 242
- Yasukuni-jinja — 200

Temples bouddhiques

- Gokoku-ji — 236
- Jômyô-in — 193
- Kan Ei-ji — 192
- Kuhonbutsu — 242
- Sengaku-ji — 241
- Sensô-ji — 178
- Zôjô-ji — 227

Théâtre et Opéra

- Kabuki-za — 204
- Tôkyô Opera City — 213

TONKATSU — 158
Torihama Tome — 574
TORII — 466
TOSA, ATELIER — 119

Towada-Hachimantai, parc national — 482
Towada-ko, lac — 482
Tôya-ko, lac — 507
Toyotomi Hideyoshi — 288, 294
TRANSPORTS — 34-37, 155, 166, 345
TRÉSORS NATIONAUX — 189
Tsubo'uchi Shôyô — 132
Tsumago — 298
Tsushima Yûko — 135
Tsuwano — 449, *450*

U

Uchiko — 524
Udo-jingû, sanctuaire — 584
UDON — 157, 537
Ueda Akinari — 131
UKAI — 280
UKIYO-E — 225
UNAGI — 158
Unzen — 593
Unzen, mont — 576
URBANISME — 63, 114, 175, 356
URGENCES — 29
Usa-jingû, sanctuaire — 554
Usuki — 83, 553
Utoro — 511
Uwajima — 522

V

Vajrayana	101
Véhicules (bouddhisme)	101
Voie (Dō)	105, 540
Voie des Fleurs	451
Voiture	36, 538
Volcanisme	549, 572, 573, 576-577
Voyage	25-26

W

Wajima	293
Waka	129
Wakkanai	514
Wasabi	297

Y

Yabusame	voir Tir à l'arc à cheval
Yakitori	158
Yaku shima, île	574
Yakushi Nyorai, divinité	257
Yakuza	67, 176
Yakyū	579
Yamaguchi	82, 421, 425
Yamamoto Kansai	226
Yamamoto Yohji	226
Yamato	78
Yamato, peinture du	118
Yanagawa	563
Yashima	536
Yatai	561
Yayoi, période	77, 441
Yobukô	565
Yōga	117
Yokohama	263, 264-265, 268
Yoron-tô, île	596
Yosano Akiko	133
Yoshida Kenkô	131
Yoshikawa Eiji	134
Yoshino	403, 404
Yufuin	553
Yuka	364
Yukata	43
Yunokawa Onsen	499
Yunomine Onsen	342

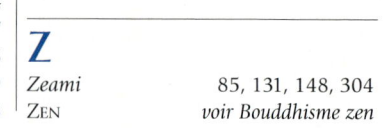

Z

Zeami	85, 131, 148, 304
Zen	voir Bouddhisme zen

▲ Scène de théâtre kabuki, estampe de Hiroshige Utagawa, vers 1830-1844.

高野山
KOYASAN WAKAYAMA JAPON

Fédération de tourisme de Wakayama
http://kanko.wiwi.co.jp/world/english/index.html

© Yoshimitsu Nagasaka

Guides Bleus

Hachette TOURISME

GUIDES BLEUS FRANCE Alsace, Lorraine • Bordeaux • Bordelais, Landes • Bretagne Nord • Bretagne Sud • Champagne-Ardenne • Corse • Côte d'Azur • France • Franche-Comté • Languedoc-Roussillon • Limousin • Marseille • Nord-Pas-de-Calais • Normandie • Paris • Pays basque (France et Espagne) • Pays de la Loire • Périgord, Quercy • Picardie • Poitou-Charentes • Provence • Rhône-Alpes • Toulouse

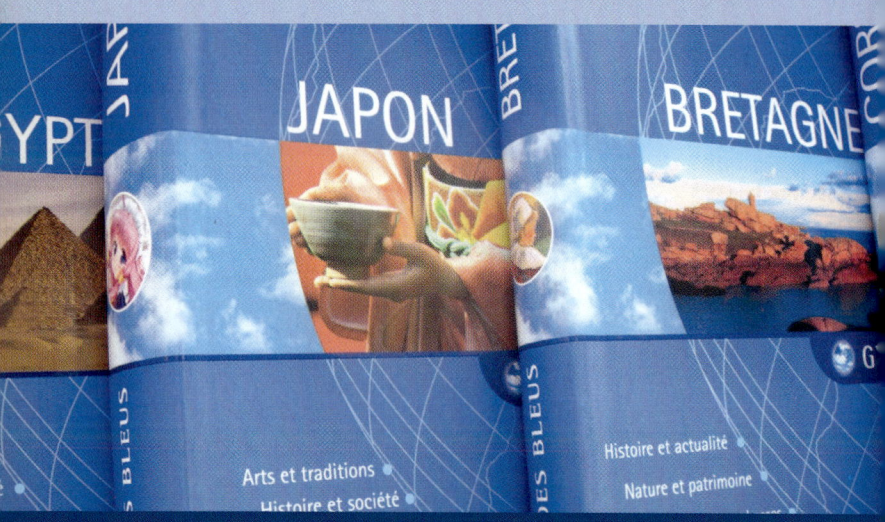

histoire arts traditions société conseils adresses nature patrimoine

GUIDES BLEUS MONDE • Andalousie • Belgique : les villes d'art • Chine : de Pékin à Hong Kong • Chine du Sud-Ouest • Égypte • Espagne Nord et Centre • États-Unis Est et Sud • États-Unis : Ouest américain • Grèce continentale • Inde du Nord : vallée du Gange, marches du Deccan • Inde du Sud • Italie du Sud • Japon • Jordanie • Lacs italiens, Milan et la Lombardie • Maroc • Mexique • Norvège • Portugal • Rajasthan et Gujarat • Rome • Syrie • Toscane • Tunisie • Turquie • Venise et la Vénétie

le Mont Saint Michel   le sanctuaire de Miyajima

La France et le Japon, si proches.

こんなに近い、日本とフランス。

http:// www.tourisme-japon.fr

Office National du Tourisme Japonais

Le Japon c'est zen et ancré dans la tradition

Yokoso! Japan Visit Japan 2010
Japan JNTO
france

Crédit photographique

AGENCE ANA/S. Amantini : 541 ht ; C. Charlier : 149 ; M. Freeman : 20 ; J.-F. Rollinger : 191 bas • **ASK IMAGES** : 101, 132, 279, 290, 300, 308, 314, 433, 445, 492 ; S. Attal : 69 bas, 69 ht, 99, 201, 212, 219 ht, 368 ; J. Y. Gougaud : 43 bas, 43 ht, 175, 218 bas ; L. Pellegatta : 44, 72, 161, 171, 219 bas, 334 ; L. Sechi : 28, 48, 59 ; A. Soldeville : 354 ht ; Theo : 148 ; **Anzenberger/** L. Dahmen : 369, 410 ; P. Gostelow : 71, 216 ; S. Isett : 183 bas ; P. Jaszczuk : 158, 205 ; A. Licht : 218 ht ; E. Loccisano : 183 ht ; D. Mattioli : 30, 160, 351, 364, 408 ; K. Zwerger : 373, 483 ; **Art Directors** : 285 ht, 401 ; **Art Directors & Trip Photo Library**/T. Bognar : 375 bas, 547, 591 ; **FocusPictures**/A. Poluectov : 8, 318 bas ; **Trip**/C. Rennie : 431 ; **VISUM**/L. Dahmen : 284 ; A. Meichsner : 63, 170, 198, 207, 224 ; R.-D. Philips : 182 ; K. Sawabe : 39 ; A. Sterzing : 32, 81, 127, 367 • **BRIDGEMAN GIRAUDON/AISA** : 118 • **F. Charron** : 163, 176 • **L. Crooson** : 10, 82, 106, 155, 324, 325, 393, 404 bas, 404 ht, 405, 413, 416, 417, 419 bas, 421, 426, 443, 448, 450, 452, 453, 454, 467 bas, 470, 474, 567, 618 • **DR** : 138 • **GAMMA/Pool**/Katsumi Kasahara : 191 ht ; **Stills**/Fotoblitz : 145 • **A. Guerreiro** : 12, 75, 594 bas, 595, 596, 597, 598 bas, 598 ht • **HAKODATE INTERNATIONAL TOURISM CONVENTION ASSOCIATION** : 489, 498, 499 • **HARUKANA MACHI-E** © 1998, 1999 by Jirô Taniguchi/Shogakukan Inc. Édition française Casterman : 137 • **JAPAN KOREA STRAIT COASTAL REGION WIDE RANGE TOURISM CONFERENCES** : 89, 154, 386, 424, 434, 557, 592 • **JNTO** (Office national du tourisme japonais en France) : 17, 35, 36, 50, 61, 77, 83, 91, 157, 178, 188, 195, 240, 248, 251, 254, 259, 266, 267, 272 bas, 272 ht, 273, 277, 295, 296, 302, 309, 329, 331, 353, 361, 374, 378, 390, 419 ht, 451, 466, 469, 509, 511, 515, 521, 528, 530, 535, 536, 555, 562, 573, 576, 584 ; Aizu Wakamatsu : 459, 461 ; Aomori Prefecture : 15, 458 ; City of Kyoto : 352 ; Ehime Prefecture : 525, 529 ; Fukui Prefectural Tourism Federation : 104 ; Fukushima : 52 ; Gunma Prefecture : 237 ; Himane Prefecture : 285 bas ; Ishikawa Prefecture Tourist Association and Kanazawa Convention Bureau : 292 ; Iwate Prefecture : 130 ; Kagoshima Prefectural Tourist Federation : 523 ; Kochi Visitors & Convention Association : 517, 533 ; Kodokan : 540 ; Kyoto Convention Bureau : 389 ; Miyazaki Prefecture : 581, 585 ; Nara Prefecture : 399, 403 ; Okayama-ken Kanko Renmei : 51, 437, 439, 520 ; Saga Prefecture : 33, 565, 566 ; Q. Sawami : 42, 79, 320, 349, 356, 382 ; Shizuoka Convention Bureau : 91 bas ; Y. Shimizu : 65, 125, 315, 467 ht, 488, 504 ; Tochigi Prefectural Tourism Association Tokyo Office : 262 ; Tokushima Prefecture : 544, 545 ; Wakayama Prefecture : 317, 341, 531 ; Yamagata Prefecture : 577 ht • **KEYSTONE-France** : 190 • **KPTF** : 174 • **Kumamoto Prefecture** : 153, 241, 375 ht, 418, 541 bas, 550 bas, 550 ht, 578, 579, 580 • **G. Loiret** : 92, 96, 164, 227, 230, 455, 464, 468, 472, 477, 484, 485, 494, 500 bas, 500 ht, 501 bas, 501 ht, 506, 513, 549 ht, 553, 561, 576 bas, 577 bas • **MORIOKA TOURISM & CONVENTION ASSOCIATION** : 457, 480 • **OFFICE DE TOURISME DE KUMANO** : 318 ht, 342 • **PHOTOTHÈQUE HACHETTE LIVRE** : 68 ht, 86, 90, 94, 116, 123, 150, 225, 380, 600 ; **Bibliothèque du Film-BIFI** : 142, 143 • **RMN**/M. Bellot : 120 ; T. Ollivier : 354-355 • **C. Shimizu** : 109, 111, 112, 115, 117 bas, 117 ht, 121, 256, 257 bas, 257 ht, 634.

Dépôt légal : mai 2010
24-4713-4 - Édition 01
ISBN : 978-2-01-244713-4
Imprimé en Italie par Bona

Tôkyô : plan d'ensemble

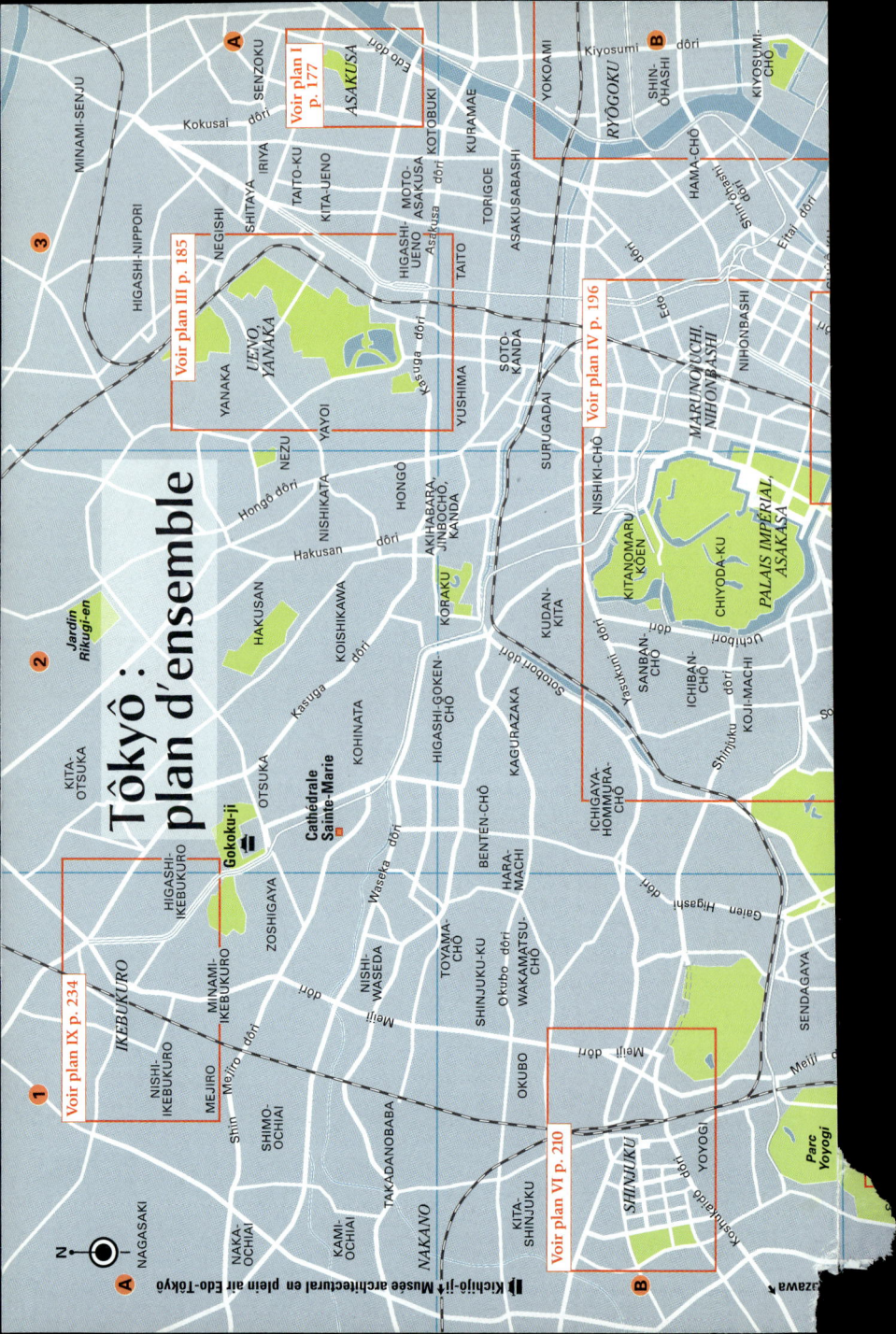